U0709972

革命文獻與民國時期文獻整理出版

學術顧問名單

（按姓氏筆畫排序）

《豐報》編輯委員會名單

總序

中華文明之所以博大精深、源遠流長，不僅與未曾斷裂的文字記録有關，也與自古有“易代修史”和重視文獻收集、整理等優良傳統密不可分。明有《永樂大典》、清有《四庫全書》，都是有力的佐證。自新中國成立，特别是改革開放以來，我國日漸加大對古代各時期文獻整理和保護工作的力度，但對具有重要價值又亟需保護的民國時期文獻的重視程度尚需進一步加强。

民國時期是中國歷史上一個重要而特殊的嬗變時期，新舊交匯、中西碰撞，形成了社會轉型期特殊的文化景觀；同時，這一時期也是中華民族遭受外侮、充滿灾難的時期。僅從文化角度考察，一方面傳統文化得到進一步的整理繼承和批判揚弃，另一方面西方文化又强烈衝擊和影響着當時人們的思想與行爲。特别是馬列著作的譯介與傳播，不僅深刻影響着人們的思想意識，而且直接導致了新民主主義革命的爆發，并由此帶來一系列社會巨變。這些政治、經濟、文化、社會的巨大變革，形諸文字，輔之於出版業和新聞業的飛速發展，使得民國時期的出版發行業達到了空前的規模。短短數十年間，積纍了圖書、期刊、報紙以及檔案、日記、手稿、票據、傳單、海報、圖片及聲像資料等大量文獻。這些文獻正是記録、反映民國時期政治、經濟、軍事、文化等諸多方面的重要載體。

概括而言，民國時期文獻具有以下特點：第一，數量衆多。據初步估算，民國時期文獻數量遠遠超過存世數千年的古籍總量，僅國家圖書館一館所藏就達八十八萬餘册。第二，内容豐富。該時期文獻涵蓋了政治、經濟、文化、軍事等領域，既有政府公報、法律規範等方面的文獻資料，也有豐富的文學作品。同時，電影及唱片等作品也大量出現。無論在内容上，還是在文獻形式上，均極爲豐富。第三，歷史和學術價值高。民國時期，中國經歷了内憂外患，中國共産黨領導中國人民開展了艱苦卓絶的革命鬥争，在中國歷史上寫下了輝煌篇章，産生了大量革命歷史文獻。這些文獻歷久彌珍，是研究中國共産黨黨史的珍貴資料。民國時期又是各種思想交匯、碰撞的時期，留下了大量記載時代印迹的資料，在政治、法律、語言文字、歷史等諸學科都留下了豐富的文化遺産，對研究民國時期的歷史，尤其是人文社會科學，有着重要的借鑒意義。第四，現實意義重大。民國時期形成的邊疆墾務、農商統計、中國經濟志、賑灾史料等文獻，對研究國家主權、邊境、民族、軍事以及農業、水利、經濟等均有重要的現實意義，同時也是開展愛國主義教育、革命傳統教育和國情教育的生動教材。例如，大量有關"東京審判"的文字記録、照片、影像資料，集中反映了日軍侵略中國的歷史，是日本軍國主義侵華罪行的有力證據。第五，紙張和印製品質不佳。民國時期正處於從手工造紙向機械造紙轉换的初期，所産紙張酸性高，加之印刷、裝訂等工藝的自身缺陷，造成了文獻印製質量上的先天不足，致使很多文獻出現了嚴重的老化或損毁現象，其保存難度大大高於傳統手工紙文獻。民國時期文獻的上述特點，决定了對其進行保護的思路必須隨着科學技術的發展不斷創新，如在文獻普查、原生性保護基礎上，充分利用影印出版、縮微、數字化等再生性保護方式，以期達到事半功倍之效果。

國家圖書館是國家總書庫，履行國内外圖書文獻的收藏和保護職能，爲中央和國家領導機關立法决策、國内科學研究和公衆提供文獻信息服務。文獻作爲一個國家的歷史積澱和文化載體，肩負着國家和民族的文化傳承重任，保存、保護和利用好這些文獻，是圖書館人的歷史責任。二〇一一年，在文化部、財政部支持下，國家圖書館聯合業内相關單位啓動了"革命文獻與民國時期文獻保護計劃"，旨在通過文獻普查、海内外文獻徵集、整理出版，以及文獻保護技術研究等各項工作的開展，切實有效地搶救與保護民國時期文獻。

文獻整理出版是保護計劃的一項重要内容，由國家圖書館策劃，將依據文獻的館藏特色、資料類型、瀕危狀況、珍稀程度和社會需求等方面，整合各文獻存藏單位所藏，彙集相關領域專家與出版工作者等多方力量，采取"民國文獻資料叢編"形式，統籌規劃、有序推進，成規模地整理、編纂出版包括民國時期政治、經濟、社會、文化、教育、外交等各領域文獻，努力爲社會各界提供豐富的、有價值的、便利的文獻資源。

中華民族的偉大復興，以文化復興爲標志。文化的復興，必須以弘揚傳統文化爲基礎。弘揚傳統文化，又必須以保護、傳承傳統文化爲前提。我們堅信，"叢編"的推出，必將爲民族復興、文化繁榮做出重要貢獻。

是爲序。

周和平

二〇一三年一月

革命文献与民国时期文献
保护计划

豐報

上

豐縣檔案館　編

國家圖書館出版社

圖書在版編目(CIP)數據

豐報:全二册/豐縣檔案館編. —北京:國家圖書館出版社,2020. 8
ISBN 978 - 7 - 5013 - 6454 - 1

Ⅰ. ①豐… Ⅱ. ①豐… Ⅲ. ①地方報紙 - 新聞事業史 - 史料 - 豐縣 - 民國 Ⅳ. ①G219. 245. 34

中國版本圖書館 CIP 數據核字(2020)第 062618 號

書　　名　豐報(全二册)
著　　者　豐縣檔案館　編
責任編輯　王錦錦
封面設計　翁　湧

出版發行　國家圖書館出版社(北京市西城區文津街 7 號　100034)
(原書目文獻出版社　北京圖書館出版社)
010 - 66114536　63802249　nlcpress@ nlc. cn(郵購)
網　　址　www. nlcpress. com
印　　裝　河北三河弘翰印務有限公司
版次印次　2020 年 8 月第 1 版　2020 年 8 月第 1 次印刷

開　　本　260 × 370(毫米)　1/8
印　　張　200

書　　號　ISBN 978 - 7 - 5013 - 6454 - 1
定　　價　1900. 00 圓

《豐報》

——民國時期中國農村發展現狀的縮影

劉　潔

本書是“革命文獻與民國時期保護計劃”成果之一。豐縣檔案館歷經數年向社會大衆、機關徵集，《豐報》收藏已初具規模。《豐報》呈現了民國時期豐縣全景；我感動於豐縣底層百姓對幸福生活的不懈追求、對黑暗社會不屈的抗争；我更感動於那時編輯的社會責任，也敬佩他們爲國家、爲民族、爲豐縣的歷史擔當！但《豐報》畢竟是國民黨統治時期的《豐報》，在新聞發布、發表社評時，都帶有國民黨統治階級的意志，作爲我們後人利用文獻時必須加以批判甄别。由於本人才疏學淺，對《豐報》也僅僅是知之皮毛，所持觀點與專家、學者、各位老師相左之處，敬請批評指正。

一、館存《豐報》基本情況

民國《豐報》是1932年11月5日創刊的國民黨豐縣地方報紙。至1938年5月停刊，次年8月復刊，到1948年11月停刊。從期號考證，停刊前出版約1700期左右，復刊後出版約400期左右。復刊後，期號編排與停刊前没有接續。豐縣檔案館現存《豐報》，部分是豐縣解放時人民政府從國民黨豐縣政府繳獲，部分自民間徵集而來。自1935年2月4日至1948年2月21日，爲鉛印豎排，白綿紙，長38.7厘米，寬28.7厘米，對開，四版、六版均有。報紙右上角豎排草書加粗繁體一號字“豐報”刊頭，刊頭下依次有：本期期號、報社地址、登記號、廣告刊例、本報價目、總理遺囑、今日版數（今日張數）等。一至六版基本欄目有：豐縣新聞、中外要聞、商行行情、各類啓示、文藝特刊、鳳鳴塔等。紙張已經發黄變脆，按照國家、省市檔案局要求，大部分做了絲綢膜托裱并進行了數字化保存。原件一般不對外展示。該報立足豐縣，關注國內，放眼國際，從一個角度反映了當時國際熱點事件、國內重大新聞，反映更多的則是豐縣的軍事、政治、經濟、司法、文化、教育、科技、農業、民生、手工業、自然灾害、風土人情等各個方面，是國民黨統治時期中國廣大鄉村的縮影，是豐縣最真實的歷史記憶，對研究民國時期豐縣乃至全國農村的發展歷史具有重大意義。

豐縣檔案館現存《豐報》共 243 期，最早是 1935 年 2 月 4 日第 691 期，最晚是 1948 年 2 月 9 日第 396 期。其中 1935 年計有 73 期，1936 年有 100 期，1937 年有 68 期，1938 年有 1 期，1948 年有 1 期。帶有“豐報”刊頭的 1935 年有 19 期，1936 年有 76 期，1937 年 48 期，1938 年有 1 期，1948 年有 1 期，其他爲留存下來的第五版和第六版副刊或特刊。此外，本次出版包含部分從民間徵集而來的底本。

二、《豐報》的內容

《豐報》是國民黨豐縣縣黨部書記長黃體潤先生提議創辦的國民黨地方報紙，是國民黨豐縣政府的宣傳媒介。黃體潤，江蘇豐縣人，是國民黨豐縣地方黨、政、軍首腦人物之一。1920 年畢業於江蘇省立第七師範學校，曾任小學老師、豐縣教育局視學、豐縣師範學校校長等職。後歷任國民黨豐縣縣黨部監察委員，豐縣教育局長、代理縣長，1939 年同時兼任縣黨部書記長。黃體潤先生出身農家，嗜書好學，學成從教，又弃文從政，但他愛家愛國愛民族，積極抗日，體恤下屬，關注民生，重視教育，關心農耕。因此黃體潤先生力主創辦的《豐報》，帶有他的秉性風格。除報道國際國內重要新聞外，更多版面報道的是豐縣本地新聞、民生舉措、教育交流、文學創作、學術探討、科學普及、教育特刊等。在它的第一版，中外要聞占三分之一版面，其餘則爲豐縣本地重要事項、啓示等；第二版中外新聞；第三版爲民生要聞；第四版爲豐縣新聞；第五版、第六版爲副刊，涉及軍事、教育、醫療、農業、手工業、畜牧、文化等，涉獵廣泛，包羅萬象，兼收并蓄。既有國際視野，又有國內眼界，更有地方特色。

1. 關注國際時事。如 1937 年 11 月 14 日的《豐報》第 1559 期，第一版第二條大字加粗新聞標題是“九國公約會議繼續舉行，與日政府直接談判現已完全無望，英法美代表擬具備忘録交會討論，顧維鈞宣稱日拒絶與會存心破壞條約，列强應援助中國繼續奮鬥”。我們查看史料記載，1937 年 11 月 3 日至 24 日，九國公約國會議在比利時首都布魯塞爾舉行。中、美、英、法、蘇等 19 個國家參加了會議，日本和德國拒絶出席。會上，中國代表顧維鈞要求與會國對日本進行經濟制裁，停止提供貸款和軍需物資，并向中國提供軍事援助。《豐報》在國內抗戰最慘烈的階段，及時跟進國際上關於中日關係的最前沿新聞，及時告知豐縣百姓中日關係現狀，告知民衆丟掉幻想，積極抗日。應該説及時、快捷是《豐報》當時的辦報特點。

2. 關注國內熱點。如 1937 年 11 月 16 日的《豐報》第 1561 期，頭版頭條大字標題的新聞“日軍司令部遷往南市，敵猛犯嘉善被我大軍擊退，京滬路雙方於青陽港對峙，敵援軍萬餘人乘運輸船抵滬”。寫道：“敵在浦東登陸後，敵迹所到之處爲自洋涇區、塘橋區至閔行一帶。至川沙縣城，尚無敵踪發現。”“南市難民區現已全入日軍之手，日軍於十四日到達該區四周……上海糧食漸感缺乏……南市難民區内，亦有難民約十萬人，飲料及糧食均成問題。租界當局因人滿，阻止難民再入……日傷兵千五百人，由運輸船三艘運返日……敵運輸船十一艘，十四日、十五日先後赴滬，除續到敵援兵萬餘人外，并有鐵甲車、坦克車、重炮等起卸上岸。”這一消息記載的正是著名的淞滬會戰最後階段的情況。編輯用醒目的標題把淞滬戰役的慘烈，國破家毁、家破人亡的民族灾難以及日本軍國主義的殘暴貪婪、蹂躪中國的實況及時呈現在豐縣民衆面前，進一步唤起豐縣百姓的覺醒。

3. 關心民族命運。在 1936 年 9 月 24 日的《豐報》第五版第一條，登載的一篇《漫談怎樣紀念九一八？》的文章，其中作者談到：“救國絶不是一個人的事，我們的國民政府主席和我們每個的小學生，擔負著同樣的救國責任，所以今天要從上問一問我們的主席，以及全國的農人、工人、商人、軍人和每一個小學生，是不是自己的工作、自己的能力，能否勝過外國人？假如每個人能這樣反省一下，再能覺悟的找出正路去走，我想不是不容易救的，那纔不負今天來紀念！如果還馬馬虎虎的下去，那麽血淋林的九一八，還是血淋淋的，還是會繼續要來的，那就永没有復興的日子了。”憂國憂民的愛國情懷力透紙背！而在 1936 年 12 月 29 日的《豐報》第六版，豐縣人素閬所作詩歌《救國之聲》這樣寫道：“快放下你們的葡萄酒杯 / 莫再昏迷沉醉 / 烈火已燒到眼前 / 胸懷六韜的青年 / 趕快給隊沙場萬里去 / 爲國征戰殺仇敵 /……/ 敵人肥肉資軍糧 / 敵人鮮血作酒漿 /……/ 破釜沉舟决戰日寇 / 戰勝歸來凱歌高唱 / 讓歡歌飄蕩中華 / 布滿世上！”這首抗日動員詩歌，我們仿佛看到作者在振臂高呼鼓勵豐縣青年走上抗日主戰場，現在讀來依然熱血沸騰！後來事實也説明豐縣有一大批熱血青年從此走上抗日前綫爲民族復興而奮鬥！

4. 關注文學巨臂隕落。魯迅先生於 1936 年 10 月 19 日病逝於上海。《豐報》爲此在 1936 年 11 月 24 日做了一期特刊，發表了多篇紀念魯迅先生的文章。編輯在《豐報哀悼魯迅先生特刊》前言中寫道：“我們在他的小説、小品和論文裏，都可以看出來他的反抗惡勢力的精神。他有冷静幽默的態度，熱烈深刻的感情，和百折不回、不屈不撓的志向，又加上一支鋒利無比、衝鋒陷陣的筆。他竟在十月十九日逝世了，這確是我國文壇和世界文壇的不幸，因爲我們失去了青年的導師……我們爲他流泪是無用的，我們應依了導師的教訓。來爲文藝而努力，來促醒全國民衆的團結，挽救危殆的中華民族！使中國、使中華民族永遠解脱了危運！那麽，魯迅先生雖死，也可瞑目了！”其中病蟄的《哀悼魯迅先生》一文中這樣寫道：“魯迅先生在十月十九日，離開了我們，離開了勞苦大衆逝去的。……在上海，在全國，轟動了勞苦的大衆，有工人，有店員，有大小學生，有被壓迫的民衆，都在悲痛的哀悼這位偉大的人民的導師，民族解放的鬥士……雖然是蟄居在風氣僻塞的豐縣的我們！對於這位偉大的人民導師、民族解放鬥士的死，若無有一點表示，總覺良心過不去……魯迅先生所以給我們印象深刻，完全是由他的作品中認識的，認識了一切，認識了我們的敵人。他唾弃一些美麗的空蟲，和躲在人皮裏的僞君子，熱諷冷嘲的暴露他們的醜惡。”作爲豐縣地方小報，爲魯迅先生逝世出專刊，體現出編輯的視野開闊、站位高遠、立意獨特以及對中國文學的熱愛、對文學巨匠的尊崇、對中華民族命運多舛的擔憂和對民族復興的熱烈渴望。

5. 關注民生，崇尚公益。在《豐報》的每一期，都有“本城糧價”“今日氣象”專欄。比如 1937 年 1 月 1 日元旦特刊第 1295 期第六版，“本城糧價”大標題下，注明各種糧食價格（每市石價目）：小麥，最高十一元七角，最低十一元四角；大麥，最高五元八角，最低五元五角；黑豆，最高六元五角，最低六元三角；高粱，最高五元八角，最低五元七角；穀子，最高五元一角，最低五元；芝麻，最高十二元，最低十一元；花生，最高六元一角，最低六元；青豆，最高六元五角，最低六元三角。在“今日氣象”欄目下，是“天氣：晴，風向：東南風，最高溫度：48 度，最低溫度 28 度”。而每隔幾期，在某一版面還有“豐縣縣黨部圖書館新書介紹歡迎借閱”專欄，如 1936 年 6 月 11 日（期號不詳）第六版，新書介紹欄目：《民衆常識的寶庫——國民説部》等；在 1936 年 6 月 30 日第六版，新書介紹欄目：《西醫實用醫藥詞典》《病理各論》《眼病皮膚病患痔須知》《花柳病的預防及治療》等；在 1936 年 7 月 9 日的新書介紹欄目：《從軍日記》《没有果醬的麵包》《拍案驚奇》《期待》《西湖二集》《傳奇小説》等。1936 年 10 月 27 日、29 日《豐報》連續在第六版刊登戒毒公益廣告：“公告　注意戒毒 1. 自 26 年 1 月 1 日起，吸毒、販毒、製毒的人一律槍決；2. 現在是吸白麵者最後戒除的機會；3. 戒除毒品嗜好，是保全個人性命的唯一途徑。”寬严相濟，説教結合，正告吸毒人員立即戒毒，體現出該報的社會責任。

6. 敢於直面矛盾，鞭撻社會。如在 1936 年 9 月 8 日第六版（期號不詳）“鳳鳴塔”副刊，豐縣閒人所寫《母和子》一文中有這樣的描述：“這孩子的娘，到了傍晚來了，剛進門，看到自己孩子的情形，嗚咽的哭泣了，她一手抱起孩子，放在懷裏，呼著嬌兒、寶寶……又在孩子臉上狂吻著，過後她含著眼泪痛恨地說：窮人真難啊！孩子都不如狗，受著錢的壓迫，做富人的奴隸，自己的孩子都不能要，爲著幾個臭錢，就把孩子斷送了，來做這乳娘，總之做娘的錯……她這樣喃喃的説著、吻著，心裏的怨恨和悲哀，她衹是詛咒著社會的不良、貧富的……”作者對黑暗社會的觀察、對社會制度的不滿、對人民生活的同情一覽無餘，字字血泪、滿腔悲憤地控訴社會的不公與黑暗。在當時登載這樣的文章，可見編輯與勞苦大衆心心相通。

7. 教書育人，重視教育。在《豐報》副刊有大量的教育專刊，主要是交流學習心得，釋疑解惑問題、督學整改不足、教育巡視報告、捐資助學啓示等。比如在1935、1936年《豐報》開闢《豐縣縣立初級中學校週刊》《豐中週刊》等，介紹日本侵華戰争、學校動向、學生習作、科學常識、老師教學體會、算學習題練習、學生旅游常識等。第五版（期號不詳）有科普文章《月全蝕時何以仍現暗淡的輪廓》《地球東轉飛機何以不遺落於起飛地點之四》等。在1935年10月19日第六版（期號不詳）《豐縣縣立初級中學校週刊》，有算學欄目，登載了幾道數學題，其中一題好似打擂臺："證明2=3，2不等於3是大家都知道的……於今我能夠證明2=3，當然這種證明是謬談，不過謬談也有謬談的理由，誰能説明爲什麽能夠證明二者相等，我願賞給他鉛筆兩支、三角板兩個、鋼筆一支。"接著就是這位老師的證明過程。在10月26日的《豐縣縣立初級中學週刊》第六版，就登載了指出"謬證"全過程的方程式，學習氛圍之濃厚可見一斑。

如是《豐報》既教學生關心國家民族命運、瞭解日軍侵華蹂躪我國土慘劇，又教學生學習知識、掌握本領，以利救國救民。爲豐縣尊師重教、崇文尚學、學以報國的優良傳統再次提供一例有力佐證。在那戰亂頻仍、硝烟彌漫、衣不蔽體、食不果腹而又白色恐怖的動蕩時期，豐縣有識之士，仍然盡力爲學子撑起一片學習的世外桃源！如是傳統已融入豐縣人的血液裏，根植豐縣人的心坎裏，代際相傳、纍土成臺，纔有新時代文化豐縣之固有靈魂！

8. 關注前沿科學和前衛文學。在1936年8月11日第六版有《四燈幹電式收音機使用及説明》，詳細介紹收音機的使用説明并附有綫路圖；在1936年8月13日第五版有豐縣羅兆豐所寫的評論文章《現社會所需要的文學》；在1936年4月23日載有程克林所寫的《漫談戰後的歐洲及現階段的國際形勢》，連載至當年5月28日。《豐報》還有大量翻譯作品如《高加索的囚人》《點金術》《風波》《打賭》《洩露秘密的心》等；有學術研究如《漫談蘇曼殊—賈寶玉的比較觀》《獸醫防治問題之商榷》《從國民經濟建設運動談到畜牧改進之應取步驟》；有評論如《時局嚴重與弱小民族應有之認識》《反映時代的文藝》《略論清明興亡》《五四紀念》《論搜集本縣民族史迹》等；有劇本如《救了小生命》《毒果》等；散文小説《春野》則謳歌贊美豐縣家鄉的田園美，而《雪夜》則描繪了豐縣底層百姓的饑寒交迫、苦苦掙扎的社會現實等衆多造詣深厚的優秀科普、文學作品。

八十年前的《豐報》，發黄的紙張告訴我們她曾經的滄桑，而她留下的每一個字，都是那個時代的真實記録。無論是新聞、小説、散文，抑或是評論、争鳴、詩歌等，都是那個時代豐縣百姓窮困潦倒、饑寒交迫、民不聊生、苦苦掙扎、而又憂國憂民、不懈奮鬥、追求自由、嚮往幸福生活的生動寫照！我們今天讀《豐報》，仿佛看到豐縣前輩們生活的影子，她給豐縣所留下的歷史記憶猶如生動的舞臺劇，訴説著國家、民族、豐縣的昨天！她根植豐縣，服務桑梓，心懷天下，爲中華民族鼓與呼！這是民國時期的豐縣，也是當時中國廣大農村的縮影！今天我們仍然折服於《豐報》編輯視野寬廣、博采衆長、兼收并蓄，爲百姓呐喊、爲民族呼號的辦報理念；手捧《豐報》，我們依然能聞到她散發的油墨書香、陶醉於她綻放的泥土芬芳、感受到她的溫度與力量。

2020 年 6 月

革命文獻與民國時期文獻整理出版工作委員會名單

革命文獻與民國時期文獻整理出版

編纂委員會名單

上册

豐報 ㄈㄥ ㄅㄠ

第三三四號
社址 豐縣大同街
本報一張 洋八厘(連郵在內)

廣告刊例
一、封面每期每方寸大洋壹角四方寸起碼。
二、第四版每期每方寸大洋八分四方寸起碼。
三、登三期以上者九折，六期以上者八折，十期以上者面議。

豐縣商會啟事

逕啟者：近來商家往往因店保戳說身多累家，則妨害營業良非淺鮮，商會有鑒及此，特開會討論辦法，決議嗣後如有請求蓋戳者，一概拒絕，以免受累。事關公議，勿謂郎之不恭。親友幸垂諒焉。

中外要聞

何健龍雲電復即討閩

廣州(一日路透電)何健龍雲今日均電粵，復即討閩。

香港(一日電)粵佛成來示閩組織偽府殊新奇，粵西南決不苟同，已向中央四實申述，李宗仁因白崇禧病留頭主持軍務，但不久必東下。

四中全會決如期舉行

(南京一日電)孫科談：中央前為敦促各地中委來京共襄國是起見，原擬推請委員赴粵，本向西南各中委疏解，現大致接洽，已以誠意相商，決定本月二十日中央第四次全體會議，大致如期舉行，不延期。

張繼談 閩事已無調解可能

(南京一日電)中委張繼談：中委李烈鈞為閩事調解，其調解方案內容如何，本人尚未知悉，惟閩方已將黨國旗取消，並更改年號，殊跡近叛，著係本人觀察，已無調解可能。

有吉訪汪請保僑

(南京一日電)日使有吉今晨訪汪，長口頭說明兩點：(一)日本政府對于福建叛亂，認為係中國內部問題，不加干涉，亦無援助叛亂之意；(二)日人僑居福建者甚多，計三萬餘人，希望中國政府深望門一隅，勿使戰亂事危及僑民生命財產。

留滬中委決全體出席四中全會

(南京一日電)據由滬來京之某中委談：在滬各委近以閩省叛亂，本黨三民主義革命目的，內長赤匪蓄煽，外中強寇肝計，公忠會國，均甚痛心，為此外侮內亂最急之秋，千鈞一髮之時，國家存亡，民族興衰，均在此一舉，以決定期召開四中全會，共商國是，解決一切，留滬各委，擬此次全體來京出席，負救亡之責。

小朋友的樂園

第五三期

本副刊以介紹小朋友的作品為宗旨。本副刊係公開的，投稿均無報酬。本副刊編輯部設豐報社內。

遊公園記

女小六年級 常仁貞

今天下午，我約了幾位最愛的朋友，到公園裡去玩；我們出了東關，到了城外，就見一帶河水，豁人心目！這正是城河；河中的波浪，和河岸相擊成聲，撥剌撥剌好似有千百人在水裡跳個不住似的。再走就是花園，園的四圍着土坡，坡上種着無數的垂柳，這也別有風趣。園中的花兒都枯萎了，葉兒凋謝了，只有傲霜的菊花，還爭艷鬥麗的開着。我們正在看得高興時，可恨的斜陽，已沉入了大地，於是我們各自回家來了。

◎日記一則

女小五年級 孫岫雲

豐縣萬源公號冬季大減價兩星期

逕啟者：本號自開張以來，近二十年，推銷國產綢緞粗細廠布、嗶嘰貢呢、各色花標、自行車輛及零件、各色洋漆，無不價廉物美，久為各界所贊許。茲新到大批冬貨，為酬答顧客起見，自十二月一日起至十二月十四日止(即廢曆十月十五日至廿七日)，特舉行大廉價兩星期，在減價期內，各貨一律九折，另設特別廉價部，四折起至八折止，這等良好機會，實在難得，各界顧客，欲購從速。

本號主人敬啟

別的先生代課

今天早晨，劉先生因家有要事，打電話來叫他，劉先生就走了。但是我們的課怎樣呢？校長和孫先生代上了。我們悲苦中生出樂來。劉先生臨走的時候，曾經看看的向我們說：「要守着秩序」，我到現在還牢牢的記着。

星期六的下午

女小五年級 蔣曉嵐

星期六的下午，我和幾位同學歡天喜地的跑向城外去。第一引我注目的便是那長短不齊，參差錯落，夾着長堤的楊柳，稍稍像破了(層金色)，飄揚着，帶着無限的深秋情味。小鳥在樹上唱着那悲秋之歌，那時我的心中也感覺着十分的淒涼。

跑到公園裡，又看見那些半存半謝的殘花兒，是多麼的富有詩意而未凋零！這時已走到園末的近邊，那河中的波浪一起一伏的動着，水中有我們的倒影，在河水中搖動，我又抬頭向上一看，那鷹鴨背的雲浮淡的站在那兒，我們正在看得很高興的時候，可恨那太陽已將入西山去了，於是我們也就回家來了。

果亦將有電訊往還，除負軍政要不職克分身之中委外，均可入京加入會議。

外部已照會各國 勿與閩偽府發生外交關係

（南京一日電）外交界息，聞有推逆組偽府外交部，已于上月照會各國駐華使館，請轉達各該國政府，勿與偽國發生任何外交關係，否則中政府不負責任，並聞外部已訓令駐外各使館，將此意就近轉達各該國政府，外部現確信各友邦決不至與偽府有何外交關係云。

閩偽府頒令大赦

（福州一日路透電）此間昨日頒布大赦令，政治及普通刑事等犯，凡在十一月二十日前行為者，不分已未決，概予赦放。

（又電）蔣憩恆昨晨由省飛永春，與泉永保衛隊一律改為人民自衛軍，歸蔡統率指揮。

郭春濤談 馮並不與閩逆接近

（南京一日電）吳次郭春濤談：對馮閩事態度，外間頗多疑慮，據個人所知，馮與閩方諸人並無多大關係，外間虽知馮與徐謙為老友，但不知馮對徐政治主張早已表示不予贊同，此次閩变，據余揣測，係于事变中冒用馮名義事或有之，至外傳余心清代表馮氏並在偽府就職，此系余個人可負責証明其非事，因本人曾随馮多年，雖知余心清之于馮，並不重要，有信件往来，余不過其駐使傳達之人，余意馮氏必不以地位低下之余心清代表其参加偽府。

宋派刘汝明赴魯謁韓馮

（張垣一日電）馮電稱：二十九軍太山衛隊彭國政因無留太必要，請即派員來魯率領回察，宋電令劉汝明赴魯，派赴魯謁韓接洽後，再赴太山謁馮，率彭團返察，劉一日由下花園赴平。

閩空軍無作戰能力

（南京一日電）航空學校副校長毛邦初談：閩方空軍力量極為薄弱，現所有者僅練習机十架，軍用机則三四架，殊無作戰能力。

內蒙兩自治區政府成立有待

（南京一日電）內蒙自治問題，自經內長黃紹竑、蒙委會副委長趙丕廉等赴蒙，與德王、雲王及其他各王公協商結果，已決定現在內蒙範圍劃為兩內蒙自治區，組織區政府，整理地方一切經濟建設事宜，黃趙二氏俟赴太原晤閻錫山後，即行返京，向中央報告經過情形，再由中央正式决定，組織法須經過立法程序，故兩區自治政府成立日期尚須有待，惟為應地方須要起見，決先設籌備處，從事籌備，俟組織法經立法院通過，即正式成立。

接收榆關日期尚難確定

（天津一日電）榆關交還，早經對方同意，惟因偽組織在榆設立偽機關，一時不能收回，故實際接收日期尚難確定。

徐州票紙擠兌已告一段落

（徐州一日電）徐埠公務卜信託等七家票號，一日晚請准當局，於二日起全体停兌，倒閉，由各機關會同清理七家財產，折價拍賣，或發行公債收回票紙，布告二日晨已張貼，擠兌風潮已暫告一段落。

本縣新聞

秋勘成數省定八分 各機關呈請核減

本縣秋成前經民財建三廳會委查勘，並召各機關會討論，定為七分。經縣府呈請省廳核示，種種情形已誌本報。茲悉縣政府奉財政廳代電，定為八分，各機關以本縣原本包荒三千頃，且今夏黃水為災，難担重負，特電請廳仍照三廳會委查勘定案，茲覓其原電如下：鎮江財政廳長趙鈞鑒，縣府宣示鈞廳馬代電，本縣本年秋勘定為八分，輿論譁然。豐縣包荒三千頃，兼受黃災，萬難担此重負，乞依據三廳會勘分數定案，以卹民艱。豐縣農會幹事長彭世亨、縣党部常務委員李馥亭、各區區長李旭良等叩勘。

縣府召開臨時會議

縣政府一日上午十二時召開臨時會議，主席縣長楊良。報告事項：一、主席交議奉令関於審查預算事項；2. 関於飛机捐款办理情形，奉令飭催報解，頗急；三、謝科長報告奉省令召集審查預算，分五縣一組，及審查預算办法各條文。討論事項：1. 主席交議審查預算，本縣地價是否需要變更，請公決案。決議：本縣地價年来日見低落，实無增加之必要，應仍維持原案。2. 関於收入方面有無增減，請公決案。決議：(1)教育局祿捐交教育行政委員會詳細討論。(2)款產處之清丈捐取消，一本届承包期間終了為止。(3)契稅与牙稅、屠宰稅帶征照舊。3. 関於支出方面有無增減，請詳細議案。決議：仍照原預算通過。4. 本縣經費百分比應如何訂定案。決議：按比例數由縣定之。5. 李委員馥亭提議農林建設等經費保管可否變更案。決議：交党政談話會討論。6. 主席交議本縣一萬元之飛机捐奉省府令嚴催解繳，究應如何办理案。決議：一面由七區商會呈請免捐，一面劝募。

第七區各鄉鎮公所地址確定

七區各公所，以各鄉鎮公所向無一定地址，對于办理鄉務殊感不便，故自此次鄉鎮長副改選後，即通飭各鄉鎮積極籌劃，現各鄉鎮公所地址均已確定，茲探錄如下：華山鎮在華山街，尹小樓鄉在胡新庄，郝樁鄉在郭樓，趙屯鄉在大程庄，趙河涯鄉在刘樓，胡樓鄉在王屯，葦子坑鄉在葦子坑，大史樓在大史樓，楊樓鄉在楊樓，大毛樓鄉在大毛樓，閔吉鄉……鄉鎮公所房舍除即拆鄉借用郭樓花園房屋，尚称寬敞外，其餘多借用學校，現已籌備建築者，惟有尹小樓、大毛樓兩鄉云。

豐報

ㄈㄥ ㄅㄠ

第三三七號

社址 豐縣大同街

本期一張 售洋八厘（送費在內）

內政部登記證警字第貳參參貳號 中華郵政登記證中字第叁叁貳號

廣告刊例

一、封面每期每方寸大洋壹角，四方寸起碼。

二、第四版每期每方寸大洋八分，四方寸起碼。

三、登三期以上者九折，六期以上者八折，十期以上者面議。

豐縣商會啟事

逕啟者，近來商家往往因店保戳記身受其累，則妨害營業良非淺鮮，商會有鑒及此，特開會討論辦法，決議嗣後如有請求蓋戳者一概拒絕，以免受累。事關公議，勿謂郤之不恭。親友幸垂諒焉。

豐縣縣政府教育局布告 字第 號

案查教育局於本年六月曾遵照本縣第三次行政會議決議案，增一元流通券[illegible]陸續收回，增印角流通券一萬元，以資周轉，在案，詎意近日忽於市面發現偽造角票，雖紙質花紋字跡同章皆與真票不同，惟恐一般民眾不知，有偽票[illegible]使用，將來為害不堪設想，[illegible]縣各界臨時會議議決，用收回一元之流通券改作角票使用，並指定此[illegible]數兌回，以免偽票[illegible]，角票五張，可兌換五角之流通券一張，同時所有角票一律作廢，仰全縣商民人等一體知照。

中外要聞

閩旅京同鄉會代表赴行政院請願討逆

（南京五日電）福建旅京同鄉為救護桑梓，特于前日開救鄉臨時大會，決請政府速頒討伐令，討伐閩變禍首陳銘樞李濟琛，並于今日上午推代表赴行政院請願，請求迅速設法救平閩亂，以救閩省同胞于水火。

閩保安隊一部反正

（杭州五日電）劉和鼎四日電魯滌平，閩保安隊第二旅第六團營長魏某，不甘附逆，率部宣布反正，現由劉予以嘉獎，魯電復表示佩慰。

張惠長赴閩不確

（南京五日電）孫科今日語記者，張惠長赴閩指揮空防說，實屬不確，張現在香港，對閩變甚憤恨，並力主撻伐。

王家烈電請討閩

（南京五日電）貴州省府主席王家烈，電呈國民政府林主席，請明令討伐叛逆陳銘樞李濟琛等，以肅紀綱。

故鄉

女子小學五年級 薛曉嵐

我的故鄉，是湖南安化縣，可說是村前流水，村後栽花，桑柘成蔭的田家景況。然我自從民國十四年的時候，就和我的故鄉分別了。那時我和我的祖父、叔母到了廣東，在那裏只住了三個月，我們又從廣東搬到了上海，在那裏住了三年，後來又移到南京住了幾年，最後我就同我的父親、弟弟，到了豐縣。我父親在縣政府裏作事，我和弟弟便在本校求學，也很快樂。然而我每念及故鄉，及近幾年來的漂流生活，心靈上總感覺着有無限的悲傷！

寄友人討論婚姻問題的信

書院小學六年級 李樹表

維新學友：

前天的晚上，我們在我家裏談了種種問題，覺的異常暢快，忽然離開我，又覺得難過。

今天我又有一個問題，本來我很想到貴校去請教，但是我們的學校相離很遠，會面頗不容易，今日我特用通信的法子，來代替面談了。

這一次我請你解決的問題，就是我的婚姻問題。我的婚姻已經被黑暗的家庭說定了。我雖時常向家庭說我不滿意，但是家庭總是不理會。有時責備我，也有時勸我說：她的臉兒是雪白的，她的腳兒是很小的，還有她那綠緞的大長辮子，多麼好看呢！我聽了這話，我要說不好又恐怕家庭責罵，便默默不樂的。我想着：等她到我家中來，她豈不是要[illegible]嗎？她有小小的金蓮怎能做事呢？她每日早晨拿着那牛尾巴式的辮子梳來梳去，又多麼費時間呢？唉！這樣包辦式的婚姻，我怎麼對付呢？請你替我解決，解決出來請給我一封回信，謝謝，敬祝

進步！

你的學友樹表 十二月四日

豐縣售賣皮貨商人鳴謝公安局啟事

逕啟者，敝商人等於每年十月會來豐營業，均蒙豐縣公安局派警保護，商人等感激之餘，特此登報鳴謝。

豐縣萬源公號冬季大減價兩星期

逕啟者，本號自開張以來，近二十年，推銷國產綢緞，粗細廠布，嗶嘰，貢呢，各色花標，自行車輛及零件，各色洋漆，無不價廉物美，久為各界所贊許，茲新到大批冬貨，為酬答顧客起見，自十二月一日起至十二月十四日止（即廢曆十月十四日至廿七日），特舉行大廉價兩星期，在減價期內，各貨一律九折，另設特別廉價部，四折起至八折止，這等良好機會，實在難得，各界顧客，欲購從速。

本號主人啟

昨日本城糧價 小麥每市斗最高價一千九百廿文[illegible] 芝麻每市斗最高價二千五百文[illegible] 高粮每市斗最高價[illegible]

本縣新聞

第四十次區長會議

[illegible]

馮樹勳即行北運

[illegible]

行政院舉行會議

[illegible]

李宗仁四日返平

[illegible]

黃郛在洋服閣

[illegible]

關內部分多已赤化

[illegible]

[illegible]

農民救濟[illegible]

[illegible]

[illegible]

豐報　ㄈㄥ ㄅㄠ
第三四三號
社址　豐縣大同街
本期一張　售洋八厘（送費在內）
內政部登記證警字第弍弍叁叁號　中央宣傳委員會登記證中字第壹弍弍玖弍號

社論

教育局取消雜捐

偏

查本縣教育經費之來源，一為地價税，一為雜捐。地價税應置不論，僅就雜捐一項言之，種類繁多，如鷄蛋捐、皮毛油捐、血封捐、猪毛捐等，教育局以其病民，業已次第取消，而今碩果僅存者，為牛馬捐、升斗餅油捐及牲畜經紀捐三種。

上述三捐，教育局弄不能直接办理，率皆包辦於人，而承包者又完全以取利為目的，凡能搾取農民之方法，無不曲用其極。吾人試一遊歷鄉間，時常可聽到牲口税真難報，及某某處某處拿漏税，某人某人被重罰種種之怨語。即教育局負責者語人，亦以終日用許多精神，應付包捐者與農民所發生之糾紛為苦，則此種捐税久應取消也明矣。不過以教款支絀，教育事業又極重要，明知其擾民害民，因無兩全辦法，致令此捐得以苟延殘喘，然吾民苦矣！

項閱教育局第二次教育行政委員會議紀錄，有牛馬捐、升斗餅油捐及牲畜經紀捐一律取消，以舒民困之決議，展讀之餘，不禁為吾民額手稱慶焉。

雖然，猶有慮者：農民久被壓迫，最易受人欺侮詐騙，今牛馬捐雖明令取消矣，但恐各集會之會主及寄生於各集會之地痞流氓，仍行私自抽捐，征税焉；升斗餅油捐雖明令取消矣，但恐各糧食行人仍舊吃合子，仍舊抽其裏外每斗一百文之行佣焉；牲畜經紀捐雖明令取消矣，但恐各牲畜經紀仍實行其五分行佣之舊制焉。是教育當局雖有心愛民，而惠終不至，為德不卒，古人所戒。深望教育當局本愛民一貫之旨，徹底實行，嚴行查禁，如遇上述一事發生，立即重辦，務使人民買賣自由，不納一税，不拿一捐。

抑猶有進者，教育局為解除民眾苛捐雜税之痛苦起見，已將所办之七種雜捐完全取消矣，但縣中所存者，尚有所謂各行，其擾民害民亦不亞于教育雜捐。尚望党政當局繼續努力，一律廓清，務使苛捐雜税之字眼，永不留存於豐人之腦筋中，則尤所切盼者也。

廣告刊例

一、封面每期每方寸大洋壹角，四方寸起碼。
二、第四版每期每方寸大洋八分，四方寸起碼。
三、登三期以上者九折，六期以上者八折，十期以上者面議。

昨日本城糧價
小麥每市斗最高價一千九百文　最低價一千八百文
黃豆每市斗最高價一千二百文　最低價一千一百五十文
芝麻每市斗最高價二千[illegible]　最低價二千四百文

文藝　第六五期

1. 本刊內容分論著、詩歌、小説、戲劇、散文、書信、書報介紹及批評等門
2. 本刊各門均歡迎投稿，文體白話文言均可
3. 來稿本社有修改権，不願者應先聲明
4. 未經登載之稿除預先聲明者外，概不退還
5. 本刊編輯部設豐報社內

一封破了的信（續）

宋曉

但有時也互相悲泣……哦，哦！那边恐怕現在還有我們悲傷流下的痕跡吧？那黄了的草地上，恐怕現在還蕩漾着我們歡笑的餘波吧？那边的一切都好像在招引着他的靈魂。

淒涼的秋風，一陣一陣的不斷的撲到了他臉上來，他轉回身來，坐在桌子旁边，從窗外微微射進幾道隱約的月光来，死板板的照在床前，桌上擺着些雜亂的書籍，堆着些零碎的用具，在這雜堆着的東西中，少年發現了一封拆破了的蒲帶着淚痕的信，使人一看，便知她所蘊藏的悲哀了，少年為着好奇心所驅使，不，也可說煩悶的心所驅使，一封破了的信，終又在他手裏顫動了。

少年抖顫着雙手，慢慢的把信展開，放大了眼睛，强打起精神，把信念了下去：

憶生我最親愛最敬佩的哥哥：

微風習習的夜晚，皎月下河边攜手同遊，黄昏時，野外來的歌唱，這都成了我們不能再用心欣賞的擡憬了。

我想得到了這個消息，定會發一狂般的哀哭大哭吧？那麼你未免太弱了！太近于沒有新青年的精神了吧？不錯！為了我們偉大的愛而犧牲……自殺是光榮的事情；這至少在一般熱血沸騰的青年心目中，是快樂榮尚的事情；然而這都不是新青年應有的表現，我不希望你也去做這種無價的事。

我希望你能把灰塵掩沒了的中國盡一點掃灰的責任，使這塵土下生活着的同胞，能走上光明的大道，幸福的國度，生哥哟？你能這樣做去，那麼在黄土下的你的愛人，雖然是肉體已变成了白骨，但我相信我的靈魂，定會為了你，為了我們偉大的愛而活着哩！而且飛到了你的身边，使你為國家，為我們的愛奔波疲乏了的精力，再来享受你靈魂上的愛人擁抱，然而這又是怎樣的一個消息呢？恐怕還有點驚為疑吧？、

（未完）

豐縣售賣皮貨商人鳴謝公安局啟事

逕啓者：敝商人等于每年十月會來豐營業，均蒙豐縣公安局派警保護，商人等感激之餘，特此登報鳴謝。

中外要聞

張繼等四中委到港準備約李宗仁等在桂會晤

（香港十二日電）張繼等四中委于十二號來港，[illegible]與陳濟棠商洽[illegible]中委並已電約李宗仁白崇禧十四日到梧會晤。

（香港十三日電）粵當局各中委對張繼等此來均表示歡迎，白已決定相偕入京，[illegible]

（香港十三日電）張繼等四中委十三日十時赴龍州，轉入粵，[illegible]隨行，聞陳氏[illegible]前赴南寧到梧，李宗仁決于十三日由邕到梧，十三日電邀張繼等前往會議。

（香港十三日電）李宗仁致電張繼等中委，電云：（銜略）頃接十一日來電，[illegible]不勝欣慰，但因職責所關，[illegible]則宗仁等既得面陳一切，此間同志亦可同受指導，特電[illegible]至祈[illegible]李宗仁叩。又張惠長[illegible]代表張任民于張等入粵時[illegible]往訪問。

閩僑救鄉協會電請討閩

（上海十二日電）海外閩僑救鄉協會已在[illegible]成立，今電中央政府及蔣委員長，請對閩[illegible]明令討伐，早平叛亂。

黃紹竑往平履新謠

（北平十三日電）黃紹竑今日[illegible]到平，本人定十四日為平返京，外傳內蒙德王等履新通電事，尚未得確證，余[illegible]決赴[illegible]內蒙[illegible]

[illegible]不值一笑。

中央財政已有相當辦法

（南京十二日電）財長孔祥熙前日[illegible]財政已于今日[illegible]左右[illegible]孔部長[illegible]最近[illegible]對財政[illegible]財政已有相當辦法，至[illegible]將減[illegible]之詞，因財政非[illegible]不得已時決不出此。

顏大使赴莫斯科任務

（南京十三日電）我國駐俄大使顏惠慶日昨由[illegible]赴莫斯科[illegible]

[illegible]其他特殊任務。

馬司尼登輪離滬

（上海十二日電）馬司尼十三日午，在滬[illegible]答謝[illegible]下午即登輪[illegible]

法使韋禮敦晉京辭行

（南京十三日電）法使韋禮敦因須返國一行，十二日[illegible]十三日下午三時許抵京，謁我政府當局辭行，十四日下午在法使館舉行茶會，招待各界，汪兼外長[illegible]下午[illegible]訪問[illegible]即[illegible]後，[illegible]

（北平十三日電）法使館十二日[illegible]法使[illegible]請假回國[illegible]

殷同晉京辭北寧路職

（南京十三日電）北寧路局長殷同[illegible]鐵部長，辭去北寧路職，並請示一切，以[illegible]一行，[illegible]進行[illegible]。

本城糧價 高粱[illegible]

本縣新聞

減輕人民負擔 教育局取消牛馬捐 猪牛[illegible]捐 [illegible]捐

教育局于本月十二日舉行本年度第二次教育行政委員會，主席王子[illegible]紀錄李子[illegible]報告事項，一本年度[illegible]甲，關于學校教育者，八年[illegible]為書院[illegible]于本[illegible]之中山村[illegible]教育[illegible]中山村中心小學[illegible]外[illegible]完全小學[illegible]關于社會教育者[illegible]二本年度[illegible]關于學校教育者[illegible]中心小學一所[illegible]級[illegible]

[illegible]

邕寧縣[illegible]

[illegible]

[illegible]

[illegible]

豐報 ㄈㄥ ㄅㄠ

第三五三號
社址 豐縣大同街
本報一期一張 售洋八厘（郵費在內）

本社徵文啟事 本社定元旦日出一特刊，如蒙各界賜以鴻文，無任歡迎，此啟。

昨日本城糧價
小麥每市斗最高價一千九百文 最低價一千八百文
黃豆每市斗最高價一千一百五十文 最低價一千一百文
芝麻每市斗最高價二千八百文 最低價二千七百文

特載

中國國民黨江蘇省豐縣執行委員會為雲南起義十八週年紀念告民衆書

親愛的民衆們：

今天是雲南起義第十八週年紀念日了。自辛亥革命成功後，袁逆世凱，因緣時會，攫得政權，當時本黨力倡民主政治，極力維護共和政體，致深遭袁逆之忌，袁逆乃日事廣植爪牙，消滅革命勢力，癸丑二次革命失敗後，袁逆益暴戾恣睢肆行無忌，而一般寡廉鮮恥趨炎附勢之宵小，如所謂六君子之流，更投其所好，設立籌安會，假造民意，鼓吹帝制，袁逆派員東渡，結歡日本，希望為實現帝制之援助，不料日本帝國主義者，竟乘歐戰方酣，列強無暇東顧的時候，來趁火打劫，無理的提出最毒辣的二十一條件強迫承認，當時袁逆帝夢方酣，竟喪心病狂，不恤斷送國本，俯首就範，民四陳英士先生在上海率領同志舉義倒袁，聲和軍艦之役，實為本黨武力反抗之先聲，此役失敗後，袁逆益顧盼自雄，遂不顧一切，悍然於十二月十二日僭號稱帝，大封籌安會諸逆並令改民國五年為洪憲元年，民國國脈為之中斷，當時本黨同志因雲南地處邊陲，袁逆暴力所不能及，故各地同志多間道往會，合謀討袁，遂組織護國軍推唐繼堯為領袖，十二月二十三日致電袁逆，促其立刻取消帝制，誅禍首楊度段芝貴等十三人，以謝國人，並限於二十五日午前答復，乃屆時竟無回電，遂即日宣佈獨立，出師討袁，計護國軍共分三路出發進攻，各省市均紛紛響應，袁逆見大勢已去，衆怒難犯，乃於民國五年三月二十二日下令取消帝制，并因憂憤而死，民國國脈乃得絕而復續。

現在我國外寇頻凌，內亂又起，陳銘樞李濟深等身為本黨中央委員，及政府要職，竟敢明目張胆，倡亂閩中，國家前途危險殊甚，今日紀念雲南義起，亟應一致擁護中央，協助政府肅清赤匪，討平叛逆，以紓內顧之憂，至於抗日禦侮工作，尤應堅持到底，務期收復東北失地，這才是今日紀念的意義。

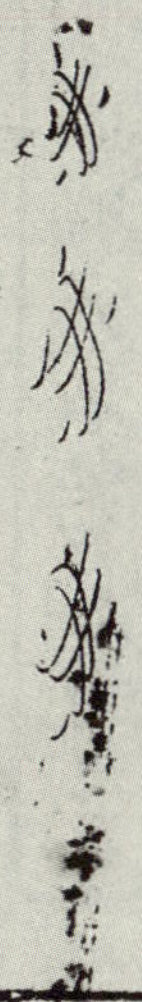

騎兵第三師師長張占魁 副師長楊天斌 禍豐二週年紀念特刊

張占魁禍豐第二週年紀念 大家應有之認識及努力

張占魁禍豐轉眼已是二年了，二年前的今天正是本縣一個空前禍變的開始，我們大家在過了半年多的慘痛生活，受盡屈辱，損盡財力，含悲忍淚地渡過了，但是渡過的歲月，慘痛的印像，卻與時俱深的保留在我們的記憶中！

張占魁禍豐後，雖其部隊縮編，嚴遭懲戒，但沒能辦到撤職正法，我們終不能無憾；本縣雖曆蒙層峯派員撫慰，但無法賠補損害，我們終不能愜意，這個公恨公仇，是我們全縣民衆永遠不能忘懷的！

「前事不忘，後事之師」，我們對于這件事至少要有以下的認識及努力：

一、國難期間，中央無暇整飭雜牌軍隊的時候，邊陲小縣，實無有安全保障！惟有民衆一致團結，訓練成強有力之保衛團體，在黨政負責人領導之下，護衛地方，為唯一出路，萬一再有雜牌軍隊如張占魁部者，誓死拒其入境，寧拼犧牲性命財產於前，決不能讓其蹂躪於後！——這不是泛話，我們要馬上準備，危險的機會多呢！

二、我們要盡可能的力量，去肅清縣奸，扶持正義，擁護忠勇的黨政公務人員，在不得已的時候，要前仆後繼的去奮鬥，各求良心的所安，表現革命民衆的精神！——這個不見得用不到，大家想々過去的慘痛，抱定决心吧！

三、時代在暴風雨裡了！我們不要把眼光祇放到本縣，我們中華民國的現在也活像本縣前年今日以後的幾個月，倭奴赤匪內外夾攻來危害國家！我們恨雜牌軍隊如張占魁者，應當更恨倭奴，我們傷感本縣过去的遭遇，應當更傷感東北現在的遭遇，張占魁與倭奴，東北同胞與我們，恰是同樣的情形！——大家記着紀念縣難不要忘了國难呀！

以上三点，革命的同胞們，注意吧！

縣難

袁敬儀

喂！諸位同胞們！過去的本縣大難，大家忘了沒有？我想大家是不會記的息想着過去的滋味，過去騎三師的蹂躪，是很沉痛悽慘的，各機關被掠一空，特捐普捐一再派催，所以弄的我們豐縣的經濟到現在益加困窘，一時不易恢復原狀，今天我們紀念縣難，應當一面努力恢復地方經濟原狀，一面繼續請嚴懲辦禍首張占魁，才不算空空的舉行一個紀念儀式。

中外要聞

海軍部大艦隊即將南下 閩逆聞風逃遁

▲李孟斌進駐馬江
▲長門要塞已收復

(南京二十三日電)海軍部息、閩方叛逆因連日受海軍封鎖之壓迫、且聞大艦隊即將南下、大舉攻剿、恐慌異常、現已紛紛逃遁、今日馬尾要崗司令李孟斌已率艦隊進駐馬江鎮懾、同時並將日前被逆軍所强佔之長門要塞及馬江海軍各機關悉數收復云。

孔財長對記者發表談話

▲前欠華北軍費已逐漸支付▼
▲外傳私傾銷稅事與事實不符▼
▲征收遺產稅稅率細則草擬中▼
▲浙邊僅有小接觸蔣仍在贛▼

(上海二十三日電)孔祥熙二十三日晨十時接見記者、首謂履任財長後、自十月份起、對於以前所欠華北軍費、逐漸支付、因國庫空虛、絕非一時一刹所能照撥、次謂立法院于上月十七日通過征收洋米麥稅率至本月十六日始實行、中間相距一月、故滬麵粉商已早知洋麥征稅、忽要求在財部未實行前免征已購洋麥八萬五千噸、理由實不充足、絕不能照准、且財部目下所征之稅率、僅及立法院通過最高稅率一半、翦對於商艱及民食均能兼顧、至於外傳元旦起增加外貨傾銷稅事、與事實不符、財部決征遺產稅後、各報均有意見發表、如滬銀行界以為開征以後、對於外國銀行存欵調查必極困難、此係過慮、因財部擬定征收手續、例如某甲有若干財產、生前已經子死後必由戚族主持分析遺產、此時調查其數目而征稅、必無困難發生、至稅率細則亦在草擬中、孔最後謂閩浙邊境風雲雖緊、但係小接觸、並未正式開大戰、蔣委員長仍在贛、外報所載、殊非事實云云。

日偽進兵察東已成過去

苗培成抵京談話

(南京二十三日電)中委苗培成今日由平抵京、據談日偽軍前藉口清匪進兵察東、喜峯砦等、北平軍事當局取鎮靜態度應付、致事態能未擴大、現此事已成過去、平津亦甚安謐。

鋼鐵廠合同草約攜滬 與德商接洽

(南京二十三日電)實業部召開之鋼鐵廠會議、業於今日下午四時閉幕、所決議關於修正合同草約一案、已由工業司司長今晚將該草約原文攜滬、與駐滬德商接洽。

張學良下月初可抵滬

(南京二十三日電)外交界息、駐西班牙公使錢泰因返國葬親、同張學良乘意郵船回國、下月初可抵上海云。

三本縣新聞三

二區鄭庄發生架案

二區鄭庄鄭作倫家於廿一日夜突來土匪五六人、各持長短槍、將其四歲幼子架去、并搶去七九步槍一枝、向東北逃竄、及鄰聞警趕至、已無踪、聞已報請縣府飭警嚴密查緝矣。

三合舖經理劉秀禮 被催欠款與人口角 回舖嘆氣一口而亡

拗扦街居民邱世義向以指取各商號剩餘食物及刷鍋水等養豬為業、日前將其喂養之豬賣與中山街三合舖、豬款尚餘三元未清、昨廿三日下午二時許、邱世義復往三合舖催討此項欠款、與該舖經理劉秀禮口角、經人解勸、邱即回家、旋劉秀禮往邱家、適邱子偕林在家、又与劉發生衝突、旋經同居李子雲祥等勸開、但邱偕林以乃父年近古稀、受劉秀罵、認為受人欺負太甚、遂往公安局報告、不意劉秀禮回舖後、竟嘆氣一口、氣絶于地、經民生醫院及救濟院施醫所醫生施救無效、當即斃命、公安局聞悉、即將邱偕林有行凶嫌疑、遂將邱拘押送交縣府法辦、聞死者劉秀禮現為廚目業職業工會理事云。

公園體育部 對於運動時間規定綦嚴 辦理認真

公園體育部近以天氣晴和、參加運動者頗多、為使每個人皆得有運動之機會起見、規定參加打球者以二十分鐘為限、如延長時間者、須向該部聲明、在可能範圍內方能准許、其他運動、亦均能如此規定、而加以正確指導、則將來大十勤作育之進展、未可限量矣。

本縣辦理糧食儲押 貸款近訊

本縣年來以糧價低落、影響農村經濟、實非淺鮮、曾聯合向徐州農民銀行商請辦理食糧儲押貸款、以資救濟、該處儲押倉庫管理委員會業已成立、各種章程及辦法亦已編製完竣、不日即行開辦儲押、至貸款總額約為萬元、如辦理順手、續優良、尚可与銀行繼續交涉、增加款額云。

公安局拿獲煙犯

公安局警察員孟光晉于昨(廿三)晚率警赴東門內細柳巷劉崇之家、保作戲班之賈煙泡者、將售賣鴉片犯劉崇之拿獲、同烟泡烟具一併帶局法辦矣。

豐報

ㄈㄥ　ㄅㄠ

第三五六號

社址　豐縣大同街

本期一張　售洋八厘（郵費在內）

中央內政部登記證警字第[illegible]號　中華郵政登記證[illegible]號

本社徵文啟事

本社定二十三年元旦日出一特刊，如蒙各界賜以鴻文，無任歡迎！此啟。

廣告刊例

一、封面每期每方寸大洋壹角，四方寸起碼。

二、第四版每期每方寸大洋八分，四方寸起碼。

三、登三期以上者九折，六期以上者八折，十期以上者面議。

中外要聞

張繼等由滬返京　所負使命圓滿達到

（南京二十六日電）中委張繼、馬超俊、王陸一、陳肇英四氏，二十五日晨八時抵滬，後馬陳二氏在滬因有私務待理，張王兩氏遂于昨晚廹車入京，今晨到達，據張氏談：余等所負中央付託之使命，業已圓滿達到，蓋以目前形勢嚴重，吾同志均能體切精誠團結救國救民之旨，以外禦強敵，內除叛逆，各地中委對閩逆之叛黨叛國，藉外力以滋內亂行為，更覺有共同嚴厲制裁之必要，四中全會開會時，除事實上萬不能離開之中委外，其他均可一律來京出席，共商救國大計，以副國人之望，此次南行結果，須俟馬陳兩委于明日返京後，才能向中央常會報告，至書面報告，亦俟馬陳二氏來京商酌云。

（上海二十六日電）陳肇英、孔祥熙、才声涛、楊樹莊、王正廷二十六晨同車入京。

浙邊中央軍防務鞏固

（南昌二十六日電）浙閩邊境中央軍防禦鞏固，在未奉討伐令前，决不呈發生武裝衝突。

屏南確已收復

（南京二十六日電）國軍于二十五日申刻確實收復閩北屏南縣。

（杭州二十六日電）匪軍約大千，槍約四千，經嚴村花山犯華埠，先是該匪一股犯常山球川，華埠已有準備，故匪甚蒙，現該股匪已退至玉山大橋頭，保安處已令某代指揮就近督隊協勦。

（杭州二十六日電）(一)逆獨立第一旅陳齊煊部兩團在古田有向福安來壽寧模樣，(二)壽寧麥赤坪匪黨經民團數千龍衣東竟日，近日匪氛稍斂。

（南昌廿六日電）現彭匪二千餘在古田，另一大隊前進松溪、壽寧，雖向大順活動甚力，款係閩方接給。

陳濟棠召開第[illegible]防會議

（香港二十六日電）陳濟棠定二十七日召繆培南、李龍光、李漢魂等及留省各高級

文藝

第六八期

[illegible]

一個革命的劇本——李才樸[illegible]

第一幕　秘密會議

地點——北平。

時間——民國二十一年十一月五日夜裏。

人物——張敬新，李才，甲，乙。

佈景——一個破廟的大廟上，後牆懸着中國的國旗，幕開時張敬新做主席，其餘三人分坐左右，共同商議革命事情，會場空氣非常沉靜。

張　今天有件要事，要和大家商量。

李　什麼事？（作發問狀）

張　現在日本已把我們的東三省奪去，又把熱河省奪去，看他們的行動口氣，各種動作，好像也要把我們這個地方——北平奪去似的，你看東三省熱河的人民在他們的鐵蹄之下，受他們的那種蹂躪，把我們的同胞當做牛馬不如的看待，要殺便殺，要砍便砍，這種痛苦，想各位同志早已知道了，我們要為民族解除痛苦，非用我們革命的手段去抵抗他們不可！！（作奮激狀）

李　是啊！！（作發奮狀）

甲　那麼怎樣辦呢？

乙　嘿！我們只要不怕死，都有辦法。

張　我昨日聽說日本的老營抽在我們的城北十里的張家村。

李　依我！（作發奮狀）拿了大刀走進他的營中殺他一下好嗎？

甲　李同志的話我很贊同，大刀的功效來的不大，至多能殺死四五個罷了，

張　（驚問）那麼，到底怎麼辦好呢？

甲　（作思量狀）拿了炸彈走進他的營中炸死一般日本小鬼好啦！

乙　（作苦思狀）

張　張同志在想什麼？

乙　我恐一時難找到炸彈，而且這件事

張　今日夜裡八點鐘就要去幹哩！諸位放心吧！小弟早已預備好了。（作得意狀，這時從囊拿出）

甲　那麼！有了這傢伙真好！給我，我去（作欲走狀）

乙　我去！我去！！（作爭先狀）

張　你們都要去，我真佩服，不過這件事只要一個人就行啦！大家都要去，我想還是用抽簽的方法決定好嗎？

甲　好的！贊成！

乙　贊成！好的！（大家要同抽簽）（未完）

將領商要有行務。

剿粵陳英[?]化保閩逆暌使

（香港二十六日電）剿陳濟棠英化偉為陳銘樞李濟深兩逆暌使，閩偽府未成立前，保李即派人赴粵市北郊組織机關。

（香港二十六日電）朱卓文近受兩逆利用，在港組織[illegible]机關，意圖危害反閩同志。

孫科定期由菲北返

（香港二十六日電）孫科定二十九日由菲乘胡佛輪北返，過港時將尋訪胡漢民商談。

行政院舉行會議

（南京二十六日電）行政院今晨舉行會議，主席汪院長，決議要案：（一）決議本院參事朱宗良另有任用，准予辭職，遺缺由陳念中繼任。（二）決議威海衛公署管理專員徐祖善另有任用，准免本職，以徐東藩繼任。（三）關于二地問題，指定顧部長、黃部長、陳部長、彭次長、甘次長、王部長組織委員會，詳細擬具意見，由[?]外部長召集。（四）其他。

接收榆関年後再進行

（北平二十六日電）接收榆関事宜，俟过年後再継續進行，因長城各口日軍頻行來犯，當局籌議始能撤出関外，故接收各口展将一并辦理，以免發生枝節。

康藏形勢已趨和緩

（南京二十六日電）康藏邊境前確一度緊張，自達賴對我國恢復後，情形已趨和緩，西藏駐京办事處已接有電，[illegible]稱，已飭令駐守金沙江兩岸之藏軍，萬勿擅起戎端，川康邊防總指揮部亦有電致該部办事處稱，金沙江兩岸安靖如常，無甚變動。

日政府草擬日偽新議定書

（東京二十五日電）日政府刻正草擬日偽新議定書，以代前此武滕所議定者，此項草案要目約在來年三月間發生新形勢，按現形日偽議定書，日本有以海陸軍保護偽組織之權。

王家楨談遊歐觀感

（北平二十五日電）王家楨談遊歐觀感，略謂東北問題自報告書公布後，引起國際間之同情，雖獲得正義之主張，國聯对第二步執行，雖有规定，亦以歐美各國对其自身问题尚多不能解决，無力兼顧遠東事件，故世界正義雖表同情，而東北四省仍在暴日摧殘，然東北係我領土，收復失地仍待自己努力，如不能一致对外，欲求收復，殊非易事。顏顧郭三代表現仍在歐对收復失地在外交上不斷努力，惟一切深望國人埋頭苦幹，否則將來不堪設想。

羅文幹擬開闢新疆交通計劃

（南京二十六日電）司法部長羅文幹前奉令出巡新疆，返京後对出巡經过已送向中央詳細報告，茲悉羅氏以新疆善後，以開闢交通為先務，特擬具詳細計劃，呈行政院採施。

于學忠應召赴平

（天津二十六日電）于學忠奉召于二十六日由津赴平謁何黄，有所商討，同時並報告津市治安。

三本縣新聞三

袁集袁際軒機警勇敢 匪徒行劫未得逞

四區袁集袁際軒家道小康，於本月二十日夜間，有匪徒踰垣入院，時際軒尚未就寢，聞聲即持槍出視，見匪徒三四人已在院中，袁際軒勇敢，即對匪開槍射擊，匪徒見事不妙，出門逃走，臨走時鳴槍示威，際軒獨自一人未便窮追，迨鄰人畢集，匪已無踪，檢点院中，未損一物，亦云幸矣。

招募員孫建領 敲詐撞騙 送將官裡去

本縣三區常店人孫建領，假招兵名義，在各集市要事敲詐，四區高庄高世法之子德福，於月前背父出外當兵，一去無耗，世法正在盼望之際，忽接孫建領由西關外泰和烟店對門之某招募處來信，言高德福已有下落，請高世法到招募處商酌辦法，及世法到招募處，孫建領即向世法言，德福現在徐州某軍內當兵，若能出洋二十元，即可到徐州將德福找回，世法與孫建領本不相識，但因急于覓子，即酒食款待，次日世法即携洋三十元與孫建領一同赴徐，及抵徐州未見德福下落，建領即向世法紿言，汝子已奉長官命令出差，三五日即回，並將高世法所帶之錢款騙去，旋孫建領騙款到手之後，將高世法安置小客棧內，又復回來向世法家庭作第二次之敲詐，言世法父子同在徐州，需款甚急，家庭即日籌洋二十元交伊帶去，誰知天網恢恢，正在敲詐之際，世法忽自徐州回家，適与孫建領相遇，遂扭送第四區公所，聞彭區長以孫建領撞騙敲詐，實屬不法，當即解送縣政府法办矣。

警察隊東門守衛警士 查獲匪皮李貨

匪皮李貨于本月廿六日化作難人，挾帶來城贓物，[illegible]被東城門警察隊守衛警士查覺，即將其扭送本隊部，嗣有第一區趙樓失主趙紀壁具文控告，由本隊長詳細詢問，認其於該趙某被劫案有重大嫌疑，因本隊部已將該李貨轉县核办矣。

便集又發生竊案

便集同祥泰當鋪前日被竊，失去大洋九[illegible]元，已請本報亦志。該鎮[illegible]務警察謝共區於前數日回城办公，臨行時將行囊物件鎖于房內，公畢回寓，見房門已開，鎖已撬毀，知係被竊，檢点行李，失去棉被棉褥各一床，被單一件，毛巾一條，該警即赴區公所報告備案。

豐報

第三六三號

社址豐縣大同街

本報一期售洋八厘（送費在內）

內政部登記證警字第叁式叁號 中央宣傳委員會登記證中字第式號

審查中等學校公民教員資格條例

廿二年八月廿一日第四屆中央執行委員會第八十一次常務會議通過

第一條 全國各中等學校公民教員資格之審查，由審查訓育主任公民教員資格委員會依本條例行之

審查訓育主任公民教員資格委員會之組織另定之

第二條 本條例所稱公民教員，係指現任或志願担任各中等學校公民課程之教員

第三條 全國各中等學校之公民教員，均應受審查訓育主任公民教員資格委員會之審查，其在各該地審查訓育主任公民教員資格委員會開始辦公三月後未經審查或審查而不合格者，不得繼續充任

第四條 全國各中等學校公民教員須由本人逕向審查訓育主任公民教員資格委員會請求審查，或由（一）各中等學校（二）各級教育行政機關（三）各級党部提請審查之

（未完）

中外要聞

中央軍收復延平 水口古田在包圍中 福州週內可下

（南京六日電）古田現僅有逆軍步兵四營，山炮二門，中央軍已收復東北各高地，西南各高地亦被我軍收復，距城各僅數百米。

（南京六日電）本日中央軍開始進攻延平，孔峯山完全為我軍佔領，延平東南之明翠閣西大教場均被我軍收復，逆刻派某參謀長出城投降，本晚不能解決，明日可一鼓而下。

（南昌七日電）中央軍已收復安仁溪、謝厝，逼近水口，距福州僅一百五十里。

（南昌七日電）古田縣城均被中央軍層層包圍。

（南昌七日電）粵尾長門二處海口所有各炮台均為中央海軍收復。

（南昌七日電）盧興邦已通電討逆，就中央

文藝

觀新劇感言

芹

昨晚觀新劇屠戶一幕，不禁有所感焉：夫王大王二分為兄弟，因薄產而至於打架鬥毆，固屬非是，而孔屠戶不惟不以長者之地位出而調解，反唆使兩造，挑撥訟端，更從中重利盤剝，巧施其吃孫喝孫，坑孫不謝孫之技倆，其居心之刁狡奸壞，實令人痛恨已極，故此劇演畢，孔屠戶結果人財兩不得，不惟足以大快人心，而對於此種惡劣份子，更可與以棒喝，故全場聽眾，未有不額手（慶稱）者也，希今之性同屠戶者，其各鏡心自胎焉！

寒窗

雯

大雪壓垂了院內的老樹，那歷來被濃枝茂葉遮蓋的鵲巢，也在疏枝中，幾幾乎成了雪白的了，兩隻喜鵲兒，本來好在風和日暖的時候歌唱的，現在已把頭插入翅下，伏在巢中不動了，牠倆這時已兩天沒吃東西，因為大地上都被白雪覆埋，沒有地方去找食了，只希望這樹下的破屋裡一位年青的被她丈夫厭棄的女人，來洒些殘剩的米飯，牠倆好飛下去，冒着風雪的威嚴去吃了充飢，可是這樹下的破屋，從昨天清早到現在，還沒冒出一縷炊烟來，牠倆的肚子，實在飢火燒的忍不住了，便伸出頭來，向那破屋很可憐的叫了兩声，那破屋裏也有一種女人的哭聲送到牠倆的耳內，牠倆的心，被哭声悲化了，不敢再叫，仰頭望着天空，微微發了一声嘆息。

這時雪花下的更大，一團一團好像棉花似的，只是不能救牠倆的寒冷，其色潔白又好像旁艷似的，但也不能醫牠倆的飢餓，加了北風又在枝頭怒吼，使渺小的牠倆，只好又把頭插入翅下，至於這樹下的破屋裏的哭声，也更覺淒涼了，在哭声中間，又加雜着一位青年男子的罵声，和一位老媽的狂喊，牠倆猜不透是什麼原因，何以那和愛的青年女人，竟這樣的痛哭，往常雖然聽過她的丈夫和婆婆的辱罵，但她從未哭過，何以這次當我們絕粮的時候，他們也生起氣來，牠倆發生了這個疑問，是潤着的，雪已沒了門檻，房上的顏色，便一齊人伸出頭來，下看那口破屋，門直接着天上，一切都成了玉的世界，只有那一方尺大小的苦寒不堪的窗洞，模模糊糊的現出了那可憐而且和愛的青年女人的淚臉，好像對牠倆同悲身世似的。（未完）

第九六期

（一）本刊內容分論著、詩歌、小說、感想、劇本、文書、信札、雜文、報告、介紹及批評等類

（二）來稿文言白話均可，新舊體均歡迎，投稿文體白話

（三）來稿本社有修改權，不願者應先声明

（四）來稿經登載之稿除預先声明者外概不退還

（五）本刊編輯部設豐報社內

[illegible]（汉口七日电）[illegible]

（香港七日电）[illegible]

（香港七日电）[illegible]

（南昌七日电）[illegible]

（香港七日电）[illegible]

（香港七日电）[illegible]

（香港七日电）[illegible]

刘桂堂匪部已不足为患

（北平六日电）刘匪桂堂全军[illegible]

（济南七日电）刘桂堂匪部[illegible]不足为患。

侵入三河日军即撤退

（北平七日电）侵入三河之日军[illegible]

日方拟将伪组织移都热河

（北平七日电）日方[illegible]

[illegible]

陶尚铭谈接收问题

（北平七日电）陶尚铭谈[illegible]

[illegible]

（南京七日电）[illegible]

◎[illegible]

本报报价 [illegible]

本县新闻

丰邑暨平三县团联会 在某集会开会

[illegible]

庆祝新年盛况续志

[illegible]

[illegible]

豐報 ㄈㄥ ㄅㄠ

第三六五號
社址豐縣大同街
本期一張售洋八厘（送費在內）
內政部登記證警字第弍弍叁零號
中央宣委會登記證中字第壹弍玖弍號

審查中等學校公民教員資格條例（續）

第七條 本黨黨員具有左列資格之一者得免審查但須提出證明資格之文件向審查訓育主任公民教師資格委員會請求登記經登記後取得中等學校公民教員之資格

一、取得中等學校黨義教師檢定或審查合格證書且有中等學校教學經驗一年以上者

二、前檢定黨義教師或審查黨義教師資格委員會委員並曾任中等學校教員者

三、現任或曾任審查訓育主任公民教員資格委員會委員者

第八條 凡經審查合格及具有本條例第七條資格之公民教員由審查訓育主任公民教員資格委員會給予合格證書

（未完）

中外要聞

蔣嘉獎克延平部隊 中央軍乘勝逼近福州 海軍陸戰隊向連江推進中

（南昌九日電）蔣以此次延平九峯山諸役逆軍頑強,工事堅固,卒因我刘指揮指揮有方,各師長無畏之精神,與部下之忠勇,大敗逆軍,佔領要地,其革命精神之表現,實不亞于十四年克惠州之役,特通令嘉獎,並望我軍各部將士聞而興起,努力討逆,奮勇爭先,完成革命大業.

（杭州九日電）據報海軍陸戰隊已克羅源,現向連江推進中,中央軍克復水口後,已乘勝向福州逼近.

（杭州九日電）閩逆匪與中央軍激戰不支敗退,沿途搶劫,福安縣屬之蟹坑下白石市被焚,人民損失達數百萬.

（香港九日電）譚啟秀電其在粵友好及家屬,謂已通電反正,並勸蔡廷楷

昨日本城糧價 小麥每市斗最高價一千七百五十文 最低價一千六百五十文 黃豆每市斗最高價一千一百五十文 芝麻每市斗最高價二千六百文 最低價二千五百文

文藝

寒窗（續）

雯

她的旁邊又現一男一女的很毒形狀,因為由外邊在那一方尺大小的苦寒不堪的窗間向屋裡看,不能分清他們臉上的曲線,惟有他們的罵声,還能清清楚楚的聽見.

「孫大姐,你不要拿哭來嚇人,以後有你哭的呢,你想想,從你過門以後,我家就接了倒運的祟子,一天的好日子也沒有過,像從前我一個人做針線,一天至少也弄一吊多錢,除去我和信兒的吃飯外,還能剩下五百文,我以為剩了無用,才叫信兒去上學,作了他的學費和零用,想叫他認識幾個字,好去學生意,他到也很用功,考的成績列在了前三名,蒙了不少先生的嘉獎,我雖然勞苦,也很歡喜,誰知你這會吃不會做的小姐來了,他就灰了心不幹,只坐在家裏,我氣生了,一直到現在,窮到斷炊,你們還不能相下.」

老媽媽說到這裏,又好像轉向那青年男子說:

「信兒,你也自己想想,你要娶什麼樣的呢,她雖然生的不美,也是正經人家的女兒,像我們這窮光蛋,向那裏去娶女學生呢,你就會動不動要死,要死大家一齊去死.」

「不是的,媽媽,我是因為我們家裏太窮吃了早飯無晚飯,添了她更要作難,所以才不去上學的.」

「你道會還是呢,我問你,同她有什麼仇,你動不動就打她,她也是她的父母把她養大的,她不好,有我來教她.」

「媽媽,我們兩天沒動火了,你不要生氣了,快去孫大姐,也別使你的少奶奶皮氣了,快去把那天人家的那條棉袍子補好,我去弄些米來做飯.」

「該死的,媽說你還不去.」

「少奶奶,不要哭吧,哭,人家也不會送飯給你吃的,生就的窮命,哭也無益.」

「媽媽,你們可憐可憐我吧,我的手昨天被他打傷了,現在還不能動,媽媽,你們就當我是個廢人吧,我沒有希望,我也沒有野心,我很安貧,我知道我的命運不好,我只好恨自己.」

她嗚嗚的哭.

「少奶奶,你也忍些痛,你看我們一家不是你來才弄到這樣的嗎.」

「賤人,還得打,打.」

接着一陣拳脚聲.

（未完）

第七〇期

一、本刊內容分論著詩歌小說戲劇散文書信書報介紹及批評等項
二、本刊各門均歡迎投稿文體白話文言均可
三、來稿本社有修改權不願者應先声明
四、來稿經登載之稿除預先声明者外概不退還
五、本刊編輯部設豐報社內

悟前非，共同効忠党國。

(香港九日電)日來福州殷実商戸遷避一空，市絶行人，陳李等并遂亦决逃厦。

(香港九日電)七日午有粤信宜人楊國柱架閩逆机一架，飛落廣州灣南區，後着立令汕留禁，楊云：閩逆已無法支持，故架机逃回故鄉，擬電請粤空軍第三隊……

(香港九日電)據報李揚敬電稱，閩北各地已為中央軍完全佔領，福州旦夕可下，集中三都澳艦隊已向福州開始動作，閩侯難民多逃北嶺，我逆防甚要。

四中全會提案在整理中

(南京九日電)行政院長汪兆銘今晨語記者，現距四中全會之期已近，中央行全体會議之提案較多，刻正由常會整理，尚未十分决定，至在正式開會前，究竟是否舉行預備會議，須視開會前之情形而定。

(南京九日電)孫院長今晨語記者，四中全會重要提案現收到頗多，刻正在整理中。

孫科由滬返京

(南京九日電)立法院長孫科，于五日偕其夫人同往菲島旅行，八日由港抵滬，定九日夜由滬乘車返京，明晨到達即出席中政會，又本星期五立法院會議照開。

張學良回國抵滬

(上海九日電)張學良抵滬後，八日夜即電蔣報告，尚未奉覆，張子文今晚在滬郎設宴為張洗塵，米春霖語記者，張在滬尚有三數日勾留，今後行蹤未定。

劉桂堂殘部竄高陽

(北平九日電)劉桂堂匪殘部圍攻任邱，經由該縣民團保安隊合力抵抗，并電于主席派騎兵馳往協剿，至八日晚已將該匪擊退，均向高陽潰竄，遺棄搶掠品物甚多，聞該匪確擬逃竄魯西老巢，韓復榘陶電于學忠，謂已飭屬嚴防。

政府對日外交原則始終不變

(南京九日電)日人正擬挾持傀儡正式稱帝，改偽滿洲國為所謂滿洲帝國，並盛傳將于三月一日正式成立，據外交当局談，日人為達其侵吞東北野心，故嗾使叛逆扮演傀儡新劇，但日人態度亦殊不一致，持此種主張之理由以為溥儀稱帝後更可擴充日人在東北之實力，並可欺騙國際各友邦謂滿洲之組織乃日人無関，反對派方面則深慮溥儀稱帝後傀儡勢力澎漲，不易駕馭，將來取消偽組織時，勢必發生困难，至我國政府以不承認偽組織為外交上原則，無論溥儀是否稱帝，此項態度始終堅持云云。

▲財部對征收遺產稅事尚待考慮。

▲趙丕廉由晉抵京。

▲第二批美麥到滬。

▲八省市粮食運銷局將成立。

三本縣新聞三

教育局公佈第一次審查登記合格之小學教師

計一百二十六名

教育局奉令辦理小學教師登記業經布告並通飭各小學教師知照，并遵章組織審查委員會，聞該會已于一月五日舉行第一次會議，計審查合格者一百二十六名，茲將合格小學教師姓名列後：

王兆中、丁正路、劉俭修、陳正鈞、王廷惠、劉孝直、鄧景瑞、陳子貞、馬金湘、李子方、吳作楫、陳正績、馬承緒、呂承康、李定國、董青雷、李香山、張曉安、張硯耕、洪光遠、路紹顏、唐成允、王傳德、武襄承、汪安民、王丕賢、王效禹、黃和玉、閻松亭、陳瑞棻、李希賢、陳寶全、張子信、孫振華、周化遠、陳謙德、江兆瑞、吳和中、張步閎、彭光忠、孫敦倫、王雲峯、王光祖、黃元瑜、李秉廉、尹文德、李登新、董玉瑤、袁逸亭、王汝經、李方正、王效忠、李子正、李進貞、魏子明、程紫光、梁敦友、王居航、陳端仁、王隆恩、孫建典、李芝田、蔣天樹、史兆申、劉敬漢、范景良、徐恒頤、李壽延、邵則民、程守謨、張運彝、劉傳同、卜憲章、王鴻基、李九思、薛振鑫、白月谿、孫正安、張隆金、戴汝學、許汝章、袁業全、葛振五、杭效程、郭兆元、李良玉、賀灃九、蔣頤德、史為功、李乃欽、李厚文、郭範東、李逢堯、王述之、夏慎言、彭方鐵、王運成、王敬尊、司廣迫、程守之、梁子厚、劉執德、馬樂三、梁運庚、張崇英、曹鳳德、李乃秀、劉鳳棠、徐淑正、李瑞增、陳慶忠、王作善、李厚純、蔣頤琛、張連勳、張明英、張昌五、李贊廷、蔣傳濟、李孜閔、師以懿、戴汝都、李學曾、王汝傑、李仲和、李蔭棠。

第三區公所解送盜犯及售賣牛肉犯

第三區邊西鄉孫姻塔家於昨夜(一月六日)夜半時忽有土匪進院行竊，幸寨中發覺尚早，即將該匪拿獲，閱匪名王全、王寡人，已經該區公所解縣法辦矣。

又訊：第三區公所于今(七日)派便衣區丁在該區高家集查獲牛肉犯朱鴻祥一名，牛肉十五斤，雜肉六斤，羔子二个，亦已解縣法辦矣。

六區鄉鎮調解委員會組織完竣

第六區公所派員分赴各鄉鎮組織鄉鎮委員會，已據本新聞刊已組織完竣，其組織方法以每鄉鎮選舉調解委員三人，候補委員二人，由區公所派員監選，該區十三鄉鎮共計選出調解委員三十九人，候補委員二十六人，現已呈報縣府備案矣。

赴徐兌換票紙代表返豐

本縣推舉汪區長張委員赴徐兌換公裕等七家票紙，已於前日返豐，聞除公裕一家僅兌流通券外，其餘六家兌換尚須有待云。

豐報 ㄈㄥ ㄅㄠ
第三六八號
社址豐縣大同街
本期一張 售洋八厘（送費在內）
內政部登記證警字第弍弍叁零號
中央宣傳委員會登記證中字第壹弍玖弍號

中外要聞

閩省府暫設延平 陳儀任主席
古田確于昨日克復
海軍陸戰隊已越連江
福州双方正在相持中

（南昌十二日電）行營頃接前方電話，我軍十日克復閩清，十二日午確實克復古田。

（杭州十二日電）據報海軍陸戰隊現已越過連江，集中馬尾，即正对福州猛進。中央陸軍現乘勝直趨福州，已逼福州城之某師正與守城逆軍相持中。

（杭州十三日電）前方來電，十一日午前我軍乘勝進迫，逆在將坪一帶陣地頑強抵抗，經我軍奮勇衝鋒，敵傷亡甚眾，紛紛渡河潰不成軍，我軍已在南岸堵截，該部逆軍不難一網打盡。

（杭州十二日電）保安處息，霞浦匪逆，因逆軍力已慘敗，十二日閩始大搶劫地方，損失無算云。

（杭州十三日電）當局对閩北收復各地，已開始積極办理善後。

（南京十二日電）確息，中央派某師以炮兵某團於十三日在下関煤炭港乘船開往馬尾登陸，會同海軍陸戰隊直搗福州。

（南京十二日電）國民政府命令：（一）任命陳儀為福建省政府委員，並兼該省主席，此令。（二）福建省府暫設延平，自行政院飭該省新任主席陳儀迅即赴任，此令。（三）福建省府各委員各兼所長，亦由行政院查明，未經附逆者，飭回原任，其附逆有據者，分別褫職，遴員補充。（四）特派蔣鼎文為贛粵閩湘鄂勦匪軍東路總司令，此令。

（廣州十三日電）閩偽散訊，迭傳此間人心大快，官方態度如常，閩將聽其自生自滅。

（香港十三日電）廈電，閩逆軍自延平水口各役慘敗後，實力大損，現偽府急謀補充，除將原有保衛團編外，並強迫人民當兵，驅赴前方作戰，怨聲載道，福州民眾已準備響應中央軍。

（杭州十三日電）官息，偽文化會主席陳銘樞、偽委王礼錫、徐翔、穆湖、狄原、彭芳草等知大勢已去，現狼狽圖逃，彭胡徐十二日竄港，胡並捲款五萬。

孫科赴滬接洽要公

（南京十三日電）立法院長孫科前赴滬粵，為與粵各中委磋商國是，意見極為融洽，孫氏以四中全會開幕在即，特于今

北關糧價 麥 低價一千 …… 高 …… 低價一千一百十文 …… 綠豆 低價一千二百五十 …… 谷子 低價八百文

豐光

第一三九期

本副刊以介紹各種科學常識為宗旨
本副刊全係公開，歡迎投稿，但來稿均無報酬，可酌贈本月報
本副刊編輯部對來稿有刪改權
本副刊編輯部對來稿如不登載，概不退還
本副刊編輯部設豐報社內

各種教學方式的研究

張厚坤

本篇內容：

1. 教學方式的種類
2. 各種教學方式的過程
3. 各種教學方式的價值
4. 最好的教學方式

一、教學方式的種類

甲、注入式的教學法

乙、啟發式的教學法

丙、道尔頓制的教學法

丁、自學輔導式的教學法

戊、設計式的教學法

二、各種教學方式的教學過程

甲、注入式的教學過程

a、教師講——學生聽

B、教師做——學生看

C、教師寫示——兒童抄錄

D、教師檢查——兒童讀默

乙、啟發式的教學過程

a、教師預備教材用問答引起學習——少數兒童因被催眠或壓迫而應答

B、教師指明學習——兒童遵令學習

C、教師指定作業——兒童按示作業。

D、教師結束——兒童隨之結束

丙、道尔頓制式的教學過程

a、教師與兒童合定研究綱要

B、教師限定研究範圍——兒童自定研究期限

C、教師供給圖書標本——兒童自己研究

D、教師分別測驗研究成績——兒童受教師測驗

丁、自學輔導式的教學過程

a、教師定妥教材引起兒童預習—兒童被引動而預習

B、教師評判預習成績—兒童自己修改

C、教師指導學習步驟—兒童互相練習

D、教師評判結果—兒童自記要項

戊、設計式的教學過程

a、教師引起動機—兒童決定目的

B、教師供給資料—兒童計劃辦法

（未完）

說明拙意，兩路總各中委對大會各項意案及意見有所商洽云。

閻對四中全會提案日內寄京

（太原十三日電）中委閻錫山現在東北努力晉省建設事業，責任繁重，不克來京出席四中全會，閻氏對大會提案現正在整理中，日內當可寄到。

接收榆關仍無開展

（北平十三日電）陶尚銘在津進行接收榆關事宜，現仍無開展，陶擬十四日赴唐山料理灤榆專員公署事務，並定二十日召集各縣行政會議，何時赴榆，尚未確定。

察東形勢不可忽視

（北平十三日電）察東日軍為避免各方重視，已向熱河撤退一部，沽源二四兩偽匪二三百餘人，殘者其餘皆係偽軍張海鵬部，人數約千餘人，正積極修築飛車路及飛機場，尚無異動，察東形勢雖不如外傳之甚，但亦未可忽視。

新傀儡醜劇行將開演

（北平十三日電）傀儡溥儀定三月一日僭號醜劇，行將開演，所謂滿洲國重大國策，首在完全為日本一手包辦，使溥儀稱帝，達到完成其侵略我東北四省，實現大陸侵略之第一步，偽組織自定憲法已經擬好，丁鑑修等在東京奉承日人之命起草，完竣後，由日外相廣田于去年十二月二十四日提交日閣議通過，定本年三月一日公佈，一面更發表日偽第二次議定書，亦定于是時簽字，日方此舉，即一方挾持溥儀稱帝，一方以条約形式詐取[illegible]，以遂其本所倡對滿最大要旨，使溥儀更無其本意東北之諾言，現偽組織對于此事已組織國策審委會，以鄭孝胥為委員長，臧式毅、謝介石、張景惠、熙洽、張燕卿、丁鑑修、馮涵清、葆康等為委員，由部組織，即設典礼、法令、庶務、人事四部，均擬于三月一日實現。

劉桂堂殘匪分二股南竄

（北平十三日電）張誠德自任師長富平，謂劉桂堂殘匪十一日深夜分兩股南竄，一股往大名、趙堡、濮陽，一股圖竄晉西山中，該師已分隊分頭追剿。

內蒙自治方案 下週中政會即可通過

（南京十三日電）據某中委今日語記者謂，日前中政會討論黃委員紹竑所擬之內蒙自治方案時，僉以事關重要，不便草率決定，當時交黃委員等審查，但大体無可變更，祗作文字上之研究，下次中政會即可提出通過，此項方案僅係大綱，將來即依此項大綱起草內蒙自治法及各種法規，交立法院通過後，內蒙自治區政府即可設立云。

達賴圓寂後藏境安謐

（南京十三日電）西藏駐京辦事處電稱，自達賴在藏圓寂後，藏政即由司倫噶廈代理，[illegible]日來內有實到京報告地方安謐，川康邊防總指揮劉文輝近亦有電到京，稱西藏安定，又自達賴大師圓寂後，中央為尊崇大師，俟靖邊疆，國府特于十二日命令發表參謀次長黃慕松為致祭專使。

昨日糧價　小麥（[illegible]　低價一千六百五[illegible]）　高粱（[illegible]）　黃豆（[illegible]）

三 本縣新聞 三

第六區舉行 第十六次區務會議 添設車樓渠坑等五處電話

第六區區公所於一月八日上午十二時舉行第十六次區務會議，主席韓紹九，紀錄劉硯田，報告事項從畧，討論事項，一、河工津貼經呈奉令緩發，可否將該款裝設電話案，決議，除支河工办公費一百七十四元一角二分六厘外，餘全數撥作裝設電話用，裝設地點定車樓、渠坑、葛芭草集、隨堤、前李樓五處，二、奉令嚴催飛機捐款，實無可再緩，應如何募解案，決議，按鄉鎮等級支配捐募，限一月內募齊繳解，三、本區結存年款十四元八角八分五厘，收徵冊款三元一角三分，識字運動款五十七元五角，積谷週款二元七角六分，韋茂堂捐款四十元，總計一百十八元二角七分五厘，可否劃一名稱為區公款案，決議通過，四、丈量于堤口潘廟等廟地共開支洋十九元三角，可否動支區公款案，決議暫借支區公款，俟變賣廟產後再行補還。

兩小兒滑冰 冰破落水

本月十二日下午二時，有女子小學女生許姓之小兒兄弟二人，一年約八九歲，一年約六七歲，在城內東南隅之水坑作滑冰之戲，因天暖冰薄，致被踏破，兩小兒同時落水，幸坑水尚淺，撈救迅速，得免性命危險，然兩小兒遍体淋漓，已飽嘗落水之苦矣。

標準鐘修理準確

本縣標準鐘前因裝置不善，時間不準，縣政府近在徐州覓得[illegible]技工一名，來豐修理，聞現已修理準確矣。

縣政府公佈 國藥用衡推行法

縣政府奉省令以國藥用衡[illegible]關民命，特公佈推行辦法，茲覓得如下：一、各縣國藥用衡推行办法，除法令別有規定外，依本办法办理，二、各縣國藥用衡應一律改用新制（市用制），三、各縣々政府應備具新舊制折合表，發交各國醫以便折合，前項表式另訂之，四、國醫應于醫方右上角加蓋「已改新制」戳記，左下角簽名或蓋章，五、國醫藥業如有不遵本办法改用新制者，縣政府得勒令其停業，六、本办法自江蘇省建設廳公佈之日施行。

豐縣國藥用衡新舊折合表

舊制	新制（市用制）	舊制	新制
一錢	[illegible]	一錢半	[illegible]
二錢	[illegible]	二錢半	[illegible]
三錢	[illegible]	三錢半	[illegible]
四錢	[illegible]	四錢半	[illegible]
五錢	[illegible]	五錢半	[illegible]
六錢	[illegible]	六錢半	[illegible]
七錢	[illegible]	七錢半	[illegible]
八錢	[illegible]	八錢半	[illegible]
九錢	[illegible]	九錢半	[illegible]

舊　一　二　三　四　五　六　七　八　九

說明　一、舊制一[illegible]合新制一[illegible]一分，二、舊制[illegible]以下九[illegible]半以上合新制若干，依本表類推之。

豐報

ㄈㄥ ㄅㄠ

第三九二號

社址 豐縣大同街

本期一張 售洋八厘 (送費在內)

內政部登記證警字第弍弍叁零號
中央宣傳委員會登記證字第壹弍玖弍號

廣告刊例

一、封面每期每方寸大洋壹角四方寸起碼

二、第四版每期每方寸大洋八分四方寸起碼

三、登三期以上者九折六期以上者八折十期以上者面議

郭兆吉啓事

逕啓者鄙人前與劉士俊合股在北門內開設三新醬園因營業不旺將店內家具存貨于國曆十二月十五日兑于朱潤德劉華亭二人自兑出之後三新醬園與鄙人脫離關係至于未往賬目及店保條據本人概不負責特此聲明

中外要聞

孫殿英部即將崩潰

于世銘電請平軍分會派員指示改編

(北平九日電)孫殿英部圍攻平羅寧夏以來,被十五路軍迎頭痛擊,已遭慘敗,閻孫部現在平羅附近約有萬餘人,石嘴子千餘人,寧夏附近兩萬人,皆因傷亡甚眾,士氣沮喪,且天寒糧絕,衣食不給,多有譁變,或向十五路軍投誠,即將自行崩潰,當孫舉兵西犯時,恐所部不願聽命,乃威脅利誘,俚稱西北富藏甚多,尚未開發,尚有黃白黑三寶(沙金白麵鴉片)得即立可致富,孫部受其搧惑,遂願西進,待開戰後,餐風住雨,慘受傷亡,始悟為孫所愚,因而紛紛逃散,于世銘劉月亭等對孫抗令西進,亦頗不知,但被其威脅,暫為附和,不久即相率反正,

(北平九日電)于世銘六日電平軍分會,五日電敬悉,世銘樗材謬承優遇,感激之情,無時或已,孫軍長辭職,既蒙照准,職自當遵令負責維持地方,惟編制及駐防各事,仍望鈞座早日派員前來指示,俾便遵循辦理,而免隕越,派員何日首途,尚祈電示,以便赴包歡迎等語。

立法院舉行

第三屆第四十六次會議

(南京九日電)今日上午九時立法院舉行第三屆第四十六次會議,到會委員七十六人,主席孫院長,討論事項,(一)本院財政委員會報告,審查南京市二十二年度地方歲收歲出總預算案,決議照審查意見通過,(二)本院財政委員會報告審查修正民廿一年湖北省善後公債條例第六條條文及還本付息表一,議照審查意見通過,(三)本院財政委員會提議請由本院咨行政院通令各省市將

第一四七期

本副刊以介紹各種科學常識為宗旨

本副刊全係公開歡迎投稿但來均無報酬可酌贈本刊

本副刊編輯部對來稿有刪改權

本副刊編輯部對來稿如不登載概不退還

本副刊編輯部設豐報社內

中國國民黨江蘇省豐縣執行委員會通告第　號

查本縣前奉江蘇省執行委員會訓令飭辦理徵求預備黨員以便合男優秀份子參加本黨工作等因現各項應用文件表冊已奉領到會茲特規定于二月一日開始徵求三月三十日辦理完竣除檢發應用文件表冊飭令各直屬區分部遵照辦理外如有志願入黨者可由本縣黨員二人介紹填具入黨申請書三份附繳最近二寸半身像片五張向所在地區分部送請審核為要

中華民國二十三年二月一日

常務委員李馥亭

文獻委員會懸賞發掘三絕碑啓事

查三絕碑湮沒於華山大橋北約三里餘之地此碑係表遵道墓表鄭貫趙孟頫書本會為保存古物起見特懸賞發掘如有人指定地點因而掘獲者賞洋二十元自行掘獲報告本會者賞洋八十元儲金以待決不食言此啓

日常生活之衛生問答(續)

問 對吐痰有何注意?

答 不隨地吐痰。

問 對咳嗽噴嚏時有何注意?

答 以手帕掩鼻。

問 坐時有何注意?

答 背必靠椅(若無椅必坐直)

問 閱書時有何注意?

答 眼與書之距離必一尺。

問 行步時姿勢宜如何?

答 宜正直。

問 於工作時對閱書有何注意?

答 不可看言情小說。

問 對工作時有何注意?

答 不躁急。

丁.衣服類

問 衣服襪子有何注意?

答 宜常清潔。

問 內裡的襯衣應如何?

答 平時至少一週更換一次,夏日當格外勤易洗之。

(未完)

所有現行一切賦稅捐稅名稱、辦法、稅率、歲收額數、起征日期、征收理由六項，限本年六月底以前彙報財政部，呈由行政院轉咨本院核議。案決議通過。(四)本院法制委員會報告審查修正國立北平故宮博物院組織法及理事會條例等草案一案，決議修正通過。(五)本院財政委員會建議請由本院呈請國民政府通令所屬凡未經立法程序之賦稅契約等，法統限本年四月底以前送交本院核議，以重法治精神而符政府功令案，決議通過。

榆關開始接收

古北口須春節後辦理

(北平九日電)陶尚銘昨到榆後，與儀我等會商榆關接收手續，定十日晨十時由陶尚銘、儀我代表雙方辦理接交，將行政一切文件點交後，臨榆公安局長蘇玉楨、縣長袁泰就職，在榆開始辦公。同時偽地方維持會宣佈結束。駐榆日偽各機關除一部份暫遷羅城外，其餘尚難即日撤銷。關東軍平田旅團準備移防關外，將另調一部常川駐榆關。又古北口原擬在春節前與榆關先後接收，然以時間匆促，日方移交代表尚未派定，且須一度請示關東軍，故改於春節後辦理。

實業部開辦造紙廠

(南京九日電)我國新聞事業及各種雜誌刊物，年來如雨後春筍，異常蓬勃，所需紙類，概係外貨，漏卮之大，誠足驚人。實部當局有鑒及此，曾發起官商合辦新聞紙製造廠，籌商以來，於茲半載，嗣以新聞紙價依商人以原料成本，恐超過外紙價格，遂告擱置。茲悉實部現決改為官辦，並定開辦費為五百萬元。

蔣委員長飛抵南昌

(南昌九日電)蔣委員長九日午後三時由杭乘福特機飛抵此。

本縣新聞

教育局更調各民教館々長

本縣教育局將趙庄集民教館々長張耀坤調任城市民教館々長，所遺趙庄集教育館職務，將由蔣顯德繼任。城市民教館々長李坤若為店子民眾教育館々長，店子民教館々長孫基武聞將担任城市民教館之重要職務云。

第七區公所舉行第三十四次區務會議

第七區公所於本月六日舉行第三十四次區務會議，到鄉鎮長十人，主席王純九，紀錄孔慶恩。報告事項從畧。討論事項(1)飛機捐款遵奉令催隨募隨解，應如何繼續勸募案，決议分派各鄉鎮長竭力勸募，限一月內解繳清楚。(2)舊曆年關臨近，宵小難免暗

中思動，各鄉鎮防務應如何整頓防禦案，決議一自本月八日起至月底止，由閭長按戶抽丁打更，不准雇代，違者罰洋[illegible]。二由區長督飭區丁會同駐防警察分赴各鄉鎮長及閭長負責巡邏。(3)鄉公所辦理契稅不日實行，各鄉公所應如何籌備接收清丈案，決議由各鄉鎮長負責籌款價購契紙，擇定及購置各項用具，以便屆時接收。(4)奉令辦理肅清烟毒，應如何將吃食鴉片之戶摘名登記，請公決案，決議由各鄉鎮監察委員負責據實報區，公所轉呈縣政府按名調驗。(5)舊曆年關臨近，應如何嚴行查禁，請公決案，決議由閭長負責宣傳，嚴行禁止，並由區公所擬具沿用舊曆年辦法，廣為宣傳。(6)下午三時閉會。

第四區公所厲行廢除舊曆年

第四區公所頃奉縣令，廢除舊曆年，該區為厲行廢除舊曆年，特派遣區丁分赴各集會禁止售賣紙馬對聯等物，並通告各鄉鎮長對于廢除舊曆辦法，嚴厲執行云。

縣政府奉令改選教導隊隊士

縣政府頃奉省令，以送教導隊士不敷補額，改選辦法如下：一、定期指派改選之縣，遴選保衛團幹部訓練班學員及資格：本縣保衛團有軍事學識之青年。二、報名地點：縣政府傳達處。三、報名日期：二月十日起至二月二十七日止。四、初試日期：二月二十八日上午十時。五、初試地點：文廟小學校內。六、初試科目：黨義、國文、常識、算術、口試、身體檢查。七、改選名額：十六名。八、保送日期：三月十日前。軍事訓練所報到。九、複試日期：三月十二日。十、赴省旅費：自備。十一、複試錄取名額：十名。十二、複試錄取者即行入隊，服食、服裝、書籍等費由省供給之。

第六區公所舉行第十七次區務會議

第六區公所於本月八日上午十一時舉行第十七次區務會議，主席韓龍九，報告從畧。討論事項(1)近來據東進赴冬防吃緊，應如何組織巡邏隊，以保公安案，決議以河南五鄉鎮劃成一鎮，每鄉鎮組織巡邏隊二十名，巡查境內各村庄，打更如更夫不見巡邏隊或巡邏隊不見更夫者，罰從稍十元。(2)鄉公所協助稅契近將實行，應如何辦理案，決議由鄉鎮公所據實從速遵章辦理。(3)奉令嚴禁舊曆年，應如何辦理案，決議由鄉鎮長轉飭所屬閭鄰長挨戶查禁。(4)遊常興鄉地畝經根警拔重一頁，核多地數四項，鄉長呈請備案，應如何辦理案，決議通過。下午二時閉會。

豐報 ㄈㄥ ㄅㄠ

第三九四號

社址豐縣大同街

本期一張售洋八厘(送費在內)

中央宣委會登記證中字第壹貳玖號 內政部登記證警字第弍叁弍零號

廣告刊例

一、封面每期每方寸大洋壹角四分起碼。

二、第四版每期每方寸大洋八分四方寸起碼。

三、登五期以上者九折，六期以上者八折，十期以上者面議。

中外要聞

汪蔣通電全國

中央與地方今後親密合作 努力勦匪及生產建設事業

(南昌十二日電)各報館轉全國國民均鑒，去歲七月，兆銘等曾以儉電宣達救亡圖存方策，以為治標莫極于勦除赤匪，治本莫極于生產建設，但以物質之不裕，財力之未充，事與願違，未速乃並自督責，以求邁進，而陳銘樞等忽發難于福建，欲使赤匪亟熄之焰，因之復熾，藉以陳禍于黨國，自國難發生以來，全國民衆全黨同志，均精誠團結共赴國難為唯一之目標，務使分崩離析之禍，永不見于國內，中央乃本此旨，對于各地方，間偶生差池，無不委為容忍，委曲求全，蓋冀以保持國內和平，使民力漸蘇，國力漸實，數年以來，事實具在，惟對于此等稱兵作亂，毀黨叛國，擅延匪禍之叛徒，乃不能不忍痛戡定，無姑惜之可能，揆之初心，實有餘痛，今年將告兩命，戡亂救平，四中全會，重申救亡圖存之要旨，以為國民及同志勗，兆銘等務為政務推力行，而不在多言，勦匪及生產建設二者，為去歲以來兆銘等所負之諾責，此諾責一日未踐，即當一日致力于實行，兆銘等所負貢獻于中央者在此，所屬望于各地方當局者亦在此，何未處中央者往往以集權為念，處地方者往往以分治為言，其實國家須有整個之結構，必須脈絡貫通，始能生身使臂，臂使指之效，乃所謂貫通脈絡，決非專恃政治軍事及權力所強制，必須于經濟文化種種之建設，通力合作，使相需相求之程度，日益加增，自然之關係，自益加密，以成為不可分之机体，與權制度乃能免于必要而確實樹立真正統一，亦必當于此求之，自今以後，中央與地方更以開誠相與，親密合作，中央當將力人員，視察各地方，務求周知各地方之狀況，各地方當局，亦當不時述職，藉知中央用人行政之大要，庶凡無味之扞格消釋于無形，無端之猜忌，可遏乎未發，政局得一日之安定，則國力得一日之儲蓄，延來世界現狀，杌隉不寧，各國無處于震撼波蕩之中，即以急起直追，已恐時不我與，國內才智之士，對于政治縱有種種不同之見解，然于其紛紛不決，反不如默無高論，何使凡救亡圖存工作，共同

曙光

第一四九期

本副刊以介紹各種科學常識為宗旨

本副刊全係公開歡迎投稿，但來稿均無報酬，可酌贈本月報

本副刊編輯部對來稿有刪改權

本副刊編輯部對來稿如不登載，概不退還

本副刊編輯部設豐報社內

日常生活之衛生問答(續)

問　對吸紙烟有何注意？

答　不吸。

問　對指甲有何注意？

答　不用口咬。

問　其他尚有何注意？

答　常修。

問　對指甲間有污垢應如何？

答　常常洗滌。

問　對手接觸面有何注意？

答　不可以手撫面。

問　其他對於手尚有何注意？

答　不抓鼻孔，不揉眼睛。

問　對銀圓及二毫銀幣有何注意？

答　不以齒咬。

問　對粘郵票有何注意？

答　決不以舌接觸。

問　對用鉛筆有何注意？

答　不以口吮。

問　對帶眼鏡有何注意？

答　非因眼有病，必不以眼鏡為裝飾品戴之，若因視力不便，欲購必依醫生之驗光。

問　對浴沐宜如何？

答　常常浴之。

問　有何標準否？

答　遇夏日每日一二次，冬日則至少一週一次。

問　對大便小便應如何？

答　大便必有足時(成人每日一次)，小便必遇欲解時即應排之。

問　對服藥有何注意？

答　妥自購。

問　對延醫有何標準？

答　必不亂就。

問　對患病時有何注意及服補品應如何？

答　不急躁，及非不得已時不服補品。

(完)

治不眠病之簡法

當患不眠病，薬石無效時，於就寢前食少許流動之溫暖食物，即可熟睡。

寢時衛生

凡人寢時，欲適於衛生，其體當偏於右方，伸其手足，勿使屈曲，但手切不可置之頭上，否則體內之血液，偏集於頭部，有不眠之患，又睡時不可不閉其口。

蓋徒，實可挽回于萬一也，事變極矣，國難深矣，民族存生之途前，繫于吾人之努力，謹陳悃愊，幸共圖之，汪兆銘、蔣中正真。

孫殿英部仍無覺悟表示

（北平十一日電）孫軍現仍在寧夏附近頑抗，該部將領丁綍庭、劉月亭近無來電表示，是否遵令撤退改編，乎世銘亦無進一步動作，似均未徹底覺悟，劉月亭部有一團譁變，向甘州逃竄，已由馬鴻賓軍截擊，將某團繳械，孫電傳孫軍一部忽向平羅北撤退，說此間未得報告，據各方觀察，決非遵令撤退，乃係避免飛機偵察，當局對此決遵中央命令，負責處置。

（北平十一日電）寧夏馬鴻逵九日電稱：一、孫軍以北之敵，本日已將在集團炮火掩護下，以一團兵力進攻我某部陣地，為我擊退，斃敵五十餘，六時申刻，敵全線移動，企圖未明，我軍正嚴厲監視中。

（南京十二日電）寧夏省黨部特派員方心廣有電到平，請迅令晉綏部隊夾擊，以期早日消滅。

（鎮江十二日電）蘇省黨十二日電中央，明令討伐孫殿英，并通電全國一致聲討。

張學良由杭返滬

（上海十二日電）張學良十二日下午四時由杭乘汽車抵滬。

殷汝耕赴平謁黃請示

（天津十二日電）殷汝耕十二日下午返平謁黃，郭有所請示，春節後再來津，並接收古北口問題，現由中日雙方商定于二月二十日實行，至關于接收後之行政設施，刻尚未商定。

邵力子談開發西北

（西安十二日電）邵力子十一日抵此，據邵談，經委會對開發西北，決可實現，已派定劉景山為該會西北辦事處處長，日內即偕外籍專家來陝，先從事調查工作，作成報告再確定進行計劃，至滬銀界來陝投資，俟潼西段通車後，定可實現。西北農業專門學校，今議決先辦高等農業職校，餘俟王玉堂返省再定。

內部擬定糧食管理辦法 已呈請行政院鑒核施行

（南京十二日電）內政部以我國糧食管理素無具體辦法，致歷年各省時有糧荒過剩或米糧短少之虞，外米乘機傾銷，農村經濟因之頻于破產，茲為救濟農村經濟杜絕外米進口起見，擬將全國糧食由政府管理，今特擬具方案呈請行政院鑒核施行云。

印度又發生大地震

（新德里十二日電）今晨十時印度復覺地震，較一月十五日尤烈，且有轟轟之響聲，歷五秒鐘之久，按上次地震死者在萬人以上，財產損失達數百萬鎊，此次地震有無損傷，尚未得報告。

本縣新聞

縣黨部舉行第六九次 總理紀念週

縣黨部於二月十二日上午十一時在該部大禮堂舉行第六十九次 總理紀念週，由李乃正主席領導行禮如儀後，繼續報告工作：一、本會執委董玉珏同志因兼任職務繁重，呈請辭職，省黨部已照准，遺缺以候補執委李員乾補充。二、本會為嚴禁廢曆年規定本會工作人員自二月十四日至二十四日一律不得請假。三、縣政府佈告奉令嚴催拖欠田賦，各戶對現任黨政軍之公務員如有拖欠田賦得請革職，勒追，希各同志明瞭。田賦關係於國省稅收且影響全縣一切事業甚大，要切實遵照。四、本縣公安局現奉令裁撤，併入縣政府辦公，內部組織分警務科，科員為方韶良，督察員為胡仲敏，消防組長為任金洲，偵緝組長為謝季綍云。

徐州公裕卜信記五貞祥 三家票號昨日兌現

由各銀行界借給共三萬元

春泉世興昌聚和昌天保育兌現無期，徐州公裕等七家票紙兌現問題，經該縣長王公璵竭力向中交各銀行疏通，並負責担保，始得銀行界允許救款，聞銀行界先借給公裕王萬元，卜信記兩萬元，益貞祥一萬元，此三家借款均以房產作抵，並由殷實商店為之担保，故公裕等三家昨日已開始兌現。至其餘四家，春泉在南鄉有田地八頃，惟際此農村破產，金融枯竭，雖拼價拍賣，亦無買主，其在本年所收租粮早已售罄，該春泉店主曾託人向銀行界接洽，請以田地抵押借款，各銀行均以難於執業為詞，婉言拒絕。至世興昌聚和昌均無殷實財產，故銀行界亦未允借款。至天保育雖報有財產，惟其財產半多糾葛，故銀行界亦拒絕抵借。以上四家現雖聯合清理，亦無變錢善策，其何時可以兌現，要看當局之如何處理也。

李委員馥亭 公畢返縣

縣黨部執行委員兼常務委員李馥亭因公赴省，聞昨已公畢返縣矣。

童子軍司令部 令縣辦理第二次各項登記

中國童子軍司令部令各縣黨部速辦理第二次童子軍、童子軍團、童子軍服務員各項登記，聞本縣黨部已遵令辦理矣。

銅沛汽車中途被劫

銅沛長途汽車於本月十日由沛開徐，不意行至沛銅交界之崔寨南，車中忽有乘客二人掣出手槍，勒令開車者停駛，同時路傍突出其同夥四人，亦各持匣槍，示威將乘客錢物搜索一空後，始行逸去。聞乘客共計損失三千餘元，其中以徐州之蔣學記慶大兩商號為最鉅云。

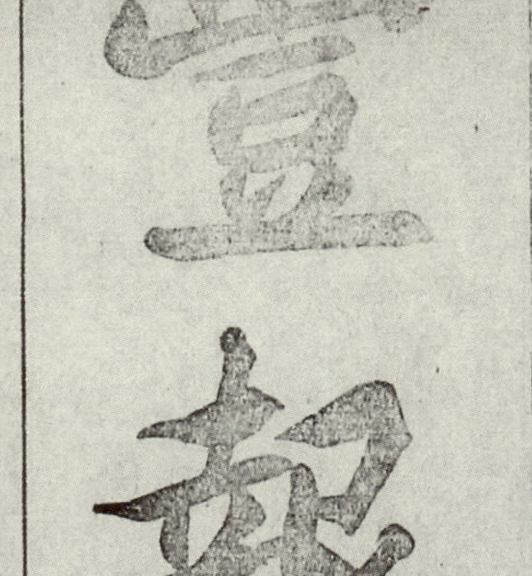

第六九一號
社址豐縣大同街
[illegible]登記認爲新聞紙類
[illegible]登記證警字第[illegible]號

總理遺囑

余致力國民革命凡四十年，其目的在求中國之自由平等。積四十年之經驗，深知欲達到此目的，必須喚起民衆，及聯合世界上以平等待我之民族，共同奮鬥。現在革命尚未成功，凡我同志，務須依照余所著建國方略、建國大綱、三民主義及第一次全國代表大會宣言，繼續努力，以求貫徹。最近主張開國民會議及廢除不平等條約，尤須於最短期間促其實現。是所至囑。

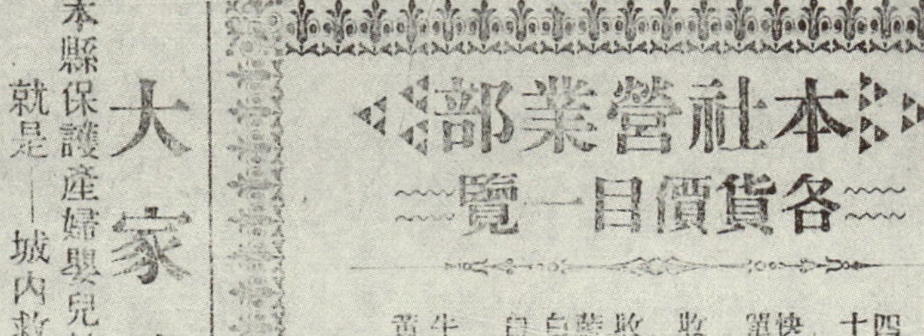

大家注意！

本縣保護產婦嬰兒的機關：就是——城內救濟院附設的平民產院。

（一）女醫生接生

本院全用女醫生接生，均接生多年富有經驗，可保大小平安。

（二）新法接生　平穩安全，產母毫不吃苦。

（三）住院生產　本院設有房產，格外安全，先期來院待產，可保大小平安。

（四）節省金錢　凡孕婦早期來院掛號，掛號不取分文，產前檢查，平產接生，均不收費，如遇赤貧人家，則藥品材料，也可分文不取。

（五）如遇頭生難產，或橫生倒養，以及崩漏小產，胎前產後各種疾病，均須即刻到院救治，切勿自誤！

新法接生的好處：

孕婦檢查，可預防難產。　產後檢查，可恢復健康。

消毒嚴密，可保母子安全。　注意臍帶，可免嬰兒臍瘋。

豐縣救濟院附設平民產院啓

本社啓事

鄉間本報各閱戶均鑒：連日雨雪載途，道路泥濘難行，兩日送達一次，事實上確有困難，爲體恤工友起見，本週暫改爲三日送達一次，希各鑒原爲荷！

豐縣教育局啓事

逕啓者：查本年度十二月份教費，本局業由縣府領出，定于二月一日開始發放，希即來局具領可也。

豐縣縣黨部購買本縣舊縣志啓事

逕啓者，本部以奉省令徵集本縣縣志，茲特出價[illegible]元採購一部，如存有該項志書，確無殘缺而願出售者，請攜來本部當即照價付款不誤。

鳴謝戴套樓天主堂徐司鐸

戴套樓天主堂徐司鐸景賢，自蒞任以來，對於慈善事業積極興辦，堂內附有西藥多種，每日親爲四方民衆診病、異常熱心，濟世活人，殊堪感戴，特此登報鳴謝。

樊心明　吳朝明　李厚居　王紹庭　王祖軒　黃榮棠　等謹啓

豐縣西區農業推廣所通告　第一號

本所培育各種苗木，歷在春季無償推廣人民領植，本年與各區民衆教育館，農民教育館，民教實驗區，各中心民衆學校合作推廣，務祈全邑民衆各向本區民教機關，即日登記，以便核發！茲擬定於二月一日起，至十五日止，爲登記期，二月二十日起，至三月十日止，爲領苗期，尚望各位農友勿失良機！特此登報週知。

中華民國二十四年二月二日　管理員劉棟

中外要聞

大灘會議口頭約定　日軍撤退原防　察軍發還收繳槍枝

○察東情況已完全恢復以前狀態

▲中央社北平二日電　大灘會議、日代表松井、偕隨員二人、一日晨八時由大灘乘汽車赴沽源、於九時餘到達、我方代表張樾亭、亦於一日晨五時、由張垣啓程、下午一時抵沽源、旋訪松井、晤談一切、雙方代表遂分乘汽車赴大灘、當晚到達、二日舉行會議、因雙方意見已趨一致、故會議當日可完結。

▲中央社北平二日電　關於察東事件中日雙方在大灘會商和平解決辦法事、軍分會正式公佈云、據陸軍第廿九軍軍長兼察哈爾省府主席宋哲元報告、察東事件、經派第廿九軍第三十七師參謀長張樾亭、率同隨員沽源縣長郭育增、察省府科長張祖德、於二月二日前往大灘、日軍第七師團第十三旅團長谷實夫、第廿五聯隊長永見俊德、及松井中佐等、於是日上午十一時、在該處會商、口頭約定解決辦法如下：察東事件原出於誤會、現雙方爲和平解決起見、日軍即返回原防、廿九軍亦不侵入石頭城子南石柱子東柵子之綫、及其以東之地域、所有廿九軍所收繳熱河民團之步槍子彈、准於七日由沽源縣長如數送大灘、發還熱河民團。

▲中央社張垣三日電　大灘會議、二日上午十一時舉行、我方出席代表爲張樾亭、郭育增及張祖德、日方爲谷實夫、永見俊德、松井、開會後、首由谷實夫報告、謂察東事件、係出於誤會、現雙方均不願擴大、故日軍即撤回原防、望嗣後不再發生不幸事件等語、繼由張樾亭致答詞、謂中國始終保持和平原則、日軍既撤退、誤會自可解除、雙方乃互表示歡意、席間除表示以上意見外、並無簽訂任何文件、會議於十二時完畢、現察東情形、已完全恢復以前狀態。

▲中央社北平三日電　大灘會議、我代表張樾亭、三日晨偕張祖德、由張抵平、下車即謁宋哲元、報告一切、旋由宋偕同張赴居仁堂謁何應欽、報告大灘會議情形、何對張頗爲嘉慰、張在平稍留、即赴張垣、據張談、此次會議、雙方代表均爲軍事人員、故討論範圍、亦僅限於軍事方面、並未提及政治問題、余來平係謁何委員長及宋主席報告一切、事畢即返張垣云。

鄧錫侯電告剿匪勝利
嘉陵江北岸已無匪蹤

▲中央社重慶二日電　五路方面、我軍先後克復鐵礦壩等處、一二路亦收復蘇家壩等地、嘉陵江北岸之匪已肅清。

▲中央社南京四日電　第二十八軍軍長鄧錫侯、昨有電到京、報告剿匪勝利情形、謂遵令會剿、徐匪三十一日派兵星夜馳赴劍門驛、即將白河左岸之匪肅清、將廣元附近之匪殲滅無算、徐匪率匪殘部向嘉陵江左岸潰退、正會同丁旅協追中。

▲中央社廣州二日電　桂軍司令今日發表公報稱、剿共之役、共匪死五千、傷者五倍於此、政府軍共俘匪一萬二千、各奪獲來福槍萬枝、機槍一百三十架、匪已成强弩之末、所俘之匪均解湘粵邊界遣散云。

蔣委員長離京赴贛

▲中央社南京三日電　蔣委員長於昨日上午十一時、偕夫人宋美齡女士、由軍校官邸、乘汽車沿京蕪國道赴蕪、轉贛主持南昌行營結束事宜、與剿匪軍事等。

趙觀濤電告
方匪志敏被擒詳情

▲中央社南昌二日電　方匪被擒後、趙觀濤曾電蔣及顧祝同報告甚詳、據稱、此役計殲斃僞十九師參謀長王裔三、僞四十一師代師長陳尚發、政委李遊斌等以下千餘名、擒獲僞十九師長王如癡、廿一師長胡天陶、紅五分校敎育長曹仰山、廿師參謀長葛信明、軍事保衛局局長周峯、政治部組織科長唐植槐、輕重機槍二十餘枝、迫炮四門、輜重騾馬甚多、匪首方志敏、劉疇西、化裝逃走、由劉震淸旅生擒、即解南昌等語。

▲中央社南京四日電　浙省府保安處長俞濟時、日昨由杭乘車來京、三日到達、向軍事當局報告在浙兜剿方匪經過、並拜訪友好、俞氏率部剿匪、其功甚偉、聞在京留一二日即赴贛謁蔣、有所請示。

清理戰區事宜
在原則上已無問題

▲中央社北平三日電　淸理戰區事宜、邇來經與日方迭次交涉、雙方决定實施辦法、但在原則上已無問題、現亟待解决者、爲（一）玉田團隊糾紛事件、（二）新保安隊出發日期、日方對前項已表示絕不干涉、並擬由冀省府派員協助戰區淸委會前往玉田辦理、至第二項則對人數及武器、尚須接洽、戰區淸委會定六日開會、[illegible]一切進行步驟、又殷汝耕二日赴津謁于學忠、商玉田團隊糾紛問題、三日午返平。

中央各要人弔唁魯滌平
國府明令追贈上將從優給卹

▲中央社南京三日電　中委兼軍事參議院副院長魯滌平逝世、其如夫人沙氏、亦同時殉節、情形至爲悲慘、中央各要人、及魯氏親友、聞耗無不震悼、軍委會蔣委員長、行政院汪院長等、昨晨十時特親赴魯宅弔唁。

▲中央社南京二日電　國民政府二日命令、軍事參議院副院長魯滌平、器識[illegible]、智慮忠純、自民國初年、服職湘軍、參加革命、追隨譚故院長、出師[illegible]、屢建奇功、北伐後洊領軍符、歷任江西湖南省府主席、治師理民、纍施適洽、遐歲主持浙江省政、興革利弊、[illegible]、中樞尤爲嘉賴、茲因宿疾未痊、調任京職、俾資將攝、遽聞逝世、軫悼良深、魯滌平着追贈陸軍上將、交行政院轉飭軍政部照上將常例從優給卹、並給治喪費五千元、生平事跡、宣付史館、用示國家篤念忠勳之至意此令。

王敬久談閩東剿匪近況

▲中央社福州二日電　第四綏靖區司令官王敬久返省後、據談、閩東剿匪事、自分期限區清剿後、旬日來頗爲順利、前後繳獲匪槍數百枝、匪傷亡甚多、各縣被匪誘惑者日漸覺悟、民衆多協助剿匪、閩東肅淸指顧間事。

王寵惠由京返滬

▲中央社南京三日電　中央監察委員王寵惠、於日前由滬來京、即分訪蔣委員長、汪院長、及中央各要、商談一切、現已事畢、已於昨晚乘京滬夜快車返滬。

陝耀縣柳林鎮
掘獲六朝碑十三座

▲中央社西安三日電　耀縣距城四十里之柳林鎮、爲當地民間掘獲六朝石碑十三座、計已可致者有大統天和、及延昌等年代、其中碑身完全、字跡淸秀者六七座。

黃郛談華北目前安謐

▲中央社上海一日電　黃郛談、察近況均報載、劉正進行交涉、華北目前安謐、此來係診治左臂痠痛之症、並擬稍事休息、至是否於最近期內就內長兼職一節、現尚未定。

吳鐵城談
上海市況金融

▲中央社上海三日電　今日爲商界總結賬期、記者特訪問吳市長、叩以對於市況之意見、吳市長答稱、現銀出口、自施行平衡稅後、本市存銀充足、多數銀行錢莊、對鈔票兌現、不成問題、但因奸人受人利用、意圖破壞金融、存心造謠、冀引起恐慌、以致向來信用卓著銀行、亦有擠兌情事、實堪痛恨、現事實證明、穩平可靠、金融市潮、當可平息。

西北攷查團
過鄭攷察

▲中央社鄭州一日電　西北攷查團一行十二人、由王均率領、三十一日晚抵鄭、據談、爲明瞭西北各省經濟農工商狀及交通特產等情況起見、特組攷查團、分赴青海陝西等處攷查、並定一日在鄭攷查、三日後西上赴陝。

何其鞏
由滬返平

▲中央社北平二日電　何其鞏二日晨偕王揖唐返平、據何談、年前南下、純係私人行動、並無任務、過京時曾謁黃委員長、彼何時就內長職、尚無所聞、本人同平度春節、何日銷假亦未定。

策覺林
赴阿拉善迎班

▲中央社歸化二日電　策覺林三十一日抵包頭、一日乘歐亞機飛寧夏、轉阿拉善晤班禪、策行前談、自達賴圓寂後、藏中喇嘛、均感羣龍無首、均盼班禪早日返藏主持、余此次代表各寺迎班回藏、以慰衆望云。

上海華俄
道勝銀行清算處朱主任
對該行債權人發表聲明

▲中央社上三日電　上海華俄道勝銀行淸算處朱主任、昨日對該行債權人發表聲明、謂中東路爲中政府特許該行所建築中東路、所有資本五百萬盧布、均爲該行所有、故中東路該行實爲惟一之主人、又查一九二四年所定中俄條約、蘇俄政府亦承認須歸還華俄道勝銀行之股本、及一九一七年三月九日以前、該欠該路之債務、茲此項條件、尚未履行、蘇俄政府依法不得以主人翁自居、而將其出售云。

太古輪通州號被刼

▲中央社香港二日電　太古輪船公司通州號、於星期二在揚子江口附近被海盜騎刼、並被勒令駛至湘海灣、今晨一時始由該處駛此間。

英法共同宣言已獲同意

▲中央社倫敦三日電　法總理佛蘭亭、及外長賴伐爾與英閣員談判英法協定後、於昨夜始各返寓、賴伐爾向記者宣布、倫敦談話之正式公報、須於今日午後談話後始可發表、又謂吾人對於英法共同宣言之大綱、已獲同意、所尚待商者、若干細則而已、此項細則、現亦正在起草中、即可竣事云。

▲中央社倫敦二日電　今晨此間舉行內閣全體會議、此爲星期六罕有之事、足證英法當選談話、已有重要發展、會議歷兩小時之久、現信諸閣員必討論法外長賴伐爾所說德國軍力一節、外間謠傳法將提出其參謀部所製關於德重製備詳情之祕密書。

漢得森賴伐爾
晤談軍縮問題

▲中央社倫敦二日電　法外長賴伐爾、頃往訪軍縮會議主席漢得森會見後、發表公報謂、賴伐爾與漢得森共同討論軍縮會議上次閉會後之形勢、現在軍縮會議各委員會、如軍火製造販賣監察委員會等、既定於下星期一開會、則原定程序、自不必再行變更。

▲中央社日內瓦一日電　軍縮會議、係於一九三二年二月二日開幕、至本日止適爲三載、會議規定、本月十八日重行召集、議程所載有組織常設軍縮委員會、及遇必要時將軍縮會議改爲常設和平會議兩案、即去年六月間蘇聯外委李維諾夫所提出也。

平市拒毒宣傳週結束

▲中央社北平二日電 二日為平市拒毒宣傳週最後一日、晨九時起市黨部派員赴四郊宣傳、聽講者踴躍、下午三時、又派員分赴各娛樂場所演講、晚五時起仍由北平河北兩電台廣播拒毒演說、宣傳週至此遂告結束。

羅斯福對赫爾主張再召集世界經濟會議事毫無所聞

▲中央社華盛頓二日電 羅總統昨日告新聞記者、國務總理赫爾主張再召集世界經濟會議一事、渠毫無所聞。

蘇各縣緝捕烟民不能容納時 應組臨時管收所 利用公共場所組織之

省禁烟會分令各縣遵照

▲江蘇社 江蘇省禁烟委員會、以第四次委員會議報告事項第十八項第十款常務委員報告據奉賢松江等縣長兼委員長聲稱、未登記之煙民、為數甚多、如果依法盡行緝捕、看守所監獄既不能容納、揆諸立法務嚴取與務寬之旨、衡情亦殊可憫、等情、除經面飭先行擇尤拿辦外、查各縣多有此情形、究應如何辦理、經議決、仍令嚴行緝捕拘留、如不能容納時、應儘以公共場所組織臨時管收所管押之等語、紀錄在卷、爰特分令各縣會遵照辦理云。

▲又訊 江蘇省禁烟委員會頃訓令各縣會文云、案據松江縣會請示有照煙民旅行外省、及上海南京兩特別市、能否發給旅行證等情前來、查上海南京兩特別市、均非本省轄境、有照煙民旅行省外及該兩省市者、應拒絕頒發旅行證、除指令遵照并分行外、合亟令仰該會遵照為要云。

總理紀念週 中央規定報告原則

闡揚遺教與檢閱本身工作

蘇省黨部頃轉令各縣遵照

▲江蘇社 蘇省黨部訓令各縣縣黨部云、案奉中央執行委員會訓令敬字第二十五號內開、「按 總理紀念週原為紀念 總理、闡揚遺教、並檢閱本身之工作而設、近查於紀念週中、時有涉及國防外交秘密之言論、竟以之公諸報端、殊屬非是、茲經本會第一五三次常會決議、一、各級黨部各軍政機關紀念週、除關於闡揚 總理遺教者外、其他一切工作報告、以不發表為原則、二、各級黨政機關之紀念週報告、應注意於本身之工作、其關於中央之重要政策者、非經中央指示、不得發表、右除分行外、特此令仰知照、并轉飭所屬一體遵照為要」等因奉此、除遵照并分行外、合行令仰該黨部遵照、此令。

郎博晤錢宗澤過徐赴滬

▲中央社徐州二日電 比國銀公司駐華代表郎博、前赴鄭州晤隴海局長錢宗澤、二日晨返徐、午刻赴滬、據談隴海路年來努力發展、聲譽海外、該路債票、在歐洲價值陡漲、比法荷各債權銀行公司、對該路債務、均抬高信仰、余因初次來華、故往鄭一晤錢局長云云。

導淮工程進行順利 工夫精神甚愉快

慰勞品娛樂品均有供給

戈涵樓日前赴各段視察

▲江蘇社 導淮入海工程現雖值天氣寒冷、然仍繼續進行、各段工夫、均能刻苦工作、且各縣（沿淮徵工之十二縣）每縣均組有導淮協進會、妥籌救濟各該縣工夫辦法、各縣縣長、并不時攜帶大批慰勞工夫食品、前往工區、省方面、亦派專員攜帶留聲機及幻燈等在工區各段中於工作完畢時、饗工夫以娛樂、故邇來工夫精神、異常愉快、至生活方面、除按土方給以土方費外、亦均有多寡之津貼、故亦無困苦、導淮工程處總工程師戈涵樓、日前為明瞭各段實況起見、特乘汽車往西壩、馬廠、漣水、洒湖、阜甯等地視察、昨已返浦、據戈談、各段工程進行、至為順利、半月前、因陰雨連綿、致進度稍緩、現連日晴明、工夫均能努力工作、上年開工、因時間匆促、原定計劃全部十六萬工夫、各縣多未能徵齊、現本處已令沿淮徵工之十二縣縣政府、統限於二月十五日以前一律徵齊、遣送工區、以利進行、至征用民地救濟辦法、已呈省核示云云。

本省初中畢業學生 蘇教廳舉行抽考

派員前往被抽各校主試

訂定抽考要點頒發各校

▲江蘇社 省教育廳為規定二十三年度初中畢業學生抽考事宜、頃檢同所訂要點令各縣教育局云、查中學學生畢業會考規程第十七條載、「各省教育行政機關對於所屬各初級中學、應屆畢業之學生、如有特殊困難情形時、經呈准後、得就全省初級中學抽取一部舉行會考」、本省公私立初級中學、現有一百三十餘校、分布於四十九縣、校數之多、地域之廣、為他省所未有、全體舉行畢業會考、誠有特殊困難情形、二十三年度初中學生畢業、擬按照前條規定、舉行抽考、惟為體卹學生起見、臨時派主試委員攜帶試題、前往被抽各校考試、其一地有數校時、得集合會考、抽考各校、臨時用抽籤法決定通知、仍以分區行之、當經擬訂二十三年度初中學生畢業抽考要點、呈准教育部備案在案、除分行外、合印發前項要點、令仰該局長轉發所屬公私立初級中學一體知照、此令、計發二十三年度初中畢業學生抽考要點一份、

抽考要點

一、抽考由廳派員主試、并得派所在地教育局職員協助之、

二、考試日期及考試時間表、由廳規定全省一律、

三、抽考科目、按照部頒中學學生畢業會考規程、規定公民、國文、算學、理化、生物、史地、外國語七科、其餘各科由各校自行考試、

四、抽考各校試題、由主試員攜往、臨時頒發、不抽考各校、自行預備、

五、試卷一律由各校製備、

六、抽考試卷、解廳評閱、

七、抽考學校分區、臨時用抽籤法決定通知、

八、抽考區域表另定之、

九、各項考試細則另定之

航空通俗畫報

蘇省黨部交防空宣傳週散發

▲江蘇社 中國航空協會前函蘇省黨部云、逕啟者、本會遵奉先 總理航空救國之遺訓、集合民衆力量輔助政府、發展航空為職責、成立以來、已逾兩載、現為啓迪民衆航空知識起見、編輯航空通俗畫報、推行全國、使民衆對於航空之常識、得以普及、暫定每月二十八日發行、茲特交郵寄呈二百八十份、即請察閱、并請代為分贈各界各團體、倘祈錫以指導、俾得與時俱進、至深感盼、惟該發行全國、費資較鉅、不得不略收報價、藉補維持之費、務乞隨時提倡、如有定閱、即請逕函本會、以便按期寄發、尤深禱切、聞蘇省黨部准函後、已將畫報交由省會防空宣傳週籌備委員會散發云。

私立潤州中學 鎮教局勒令停辦

訓教無方設備空虛

貽誤青年良非淺鮮

▲江蘇社 本縣風車山、前由外人設立潤州中學一所、迨民國十七年、自行停辦、近有楊某在該校原址、初則開辦潤州補習學社、繼而擅自改辦潤州中學、本縣教育局、以該校并未呈請立案辦理、種種不合、勒令停辦、以免貽誤青年、茲探其命令文如下、查潤州補習學社、開辦未滿一學期、即擅自改辦潤州中學校、既未依照私立學校規程呈報立案、且查設備空虛、訓教無方、各級學生數、均不足額、貽誤青年、實非淺鮮、本局自應加以取締、為此令仰遵照即便停辦、毋得遷延此令。

各營業稅局徵收處 開支應實報實銷

財廳通令各局

▲江蘇社 蘇財廳規定各營業稅局暨徵收處以每月經常費數目、係開支之最高標準、并非包辦性質、所有開支細數、仍須實報實銷、關於各項單據、應由會計主任詳加稽核、造具計算、呈送核銷、以符手續、日前通令各縣、謂如有濫支浮報、或單據不符情事、一經查出、作為侵蝕公款論、會計主任扶同蒙蔽、作為勾串舞弊論、仰各會計主任局長等遵照辦理、毋得忽誤云。

本縣新聞

嗣後如發現商民在被檢查後仍私用度量衡器具應隨時沒收

縣政府奉令轉飭

縣政府近奉省令、轉飭所屬、嗣後如發現商民在被檢查後、仍私用度量衡器具、應隨時沒收、茲將縣府訓令原文、探誌如下、案奉江蘇省政府民字第四四號建字第三四號訓令內開、「案准內政部咨開、「案准實業部咨開、「案據全國度量衡局呈稱、「案據江蘇等各縣檢定機關報稱、「每值檢定員執行檢查之時、商人當將舊制度量衡器具、暗地掩藏、及檢查過後、又復取出使用、以一縣之廣、檢定人員之少、如取締舊器事宜、專待檢定員走訪查禁、則難於澈底肅清、擬請轉呈實業部咨行內政部通令全國各地公安機關飭於查禁舊器、亦當視爲已責、隨時發現、隨時沒收、以期舊器絕跡、而促劃一完成」、等情、查檢定員執行檢查、應由公安機關派警隨往協助、曾經呈奉令咨、請內政部通飭遵行有案、惟來呈所稱取締舊器之困難、不在檢查之時、而在檢查之後、其檢查之後、如商人仍復使用舊器、在檢定員確有難於覺察之處、似應由警察隨時發現、隨時沒收、其效果較爲宏大、據呈前情、理合備文呈請鑒核、再咨內政部轉飭各地公安機關一體遵行、實爲公便等情、據此、查原呈所擬辦法、尚屬可行、於劃一度政前途、關係頗爲重大、據呈前情、相應咨請查照、訓令各省市高級公安機關、通飭所屬嗣後如發現商人在檢定員執行檢查後、仍私自使用舊制度量衡器時、隨時沒收、俾度政劃一、早日完成」、等由、准此、除咨復并分別咨令外、相應咨請查照、轉飭所屬各級警察機關一體遵照、」等由准此、查業經檢查之業別、或區域內、嗣後如再發現商民沿用舊制度量衡器具、應責成公安機關隨時沒收、除分令外、合行令仰該縣長遵照、並飭屬遵照　此令」、等因、奉此、除分令外、合行令仰遵照、如發現度量衡舊器時、可隨時沒收、此令。

公安警察拿獲私賣牛肉犯

廢歷年終　鄉間一班不肖之徒、私宰耕牛者頗多、王縣長據報後、即派督察員胡仲敏、偵緝組長陸秉森各帶長警數人、分赴張五樓丁闘集、及郭集一帶搜查、結果在郭集拿獲私賣牛肉犯于勝德崔彥起二人、牛肉數十斤、在丁闘集拿獲私售犯邢仲文一人、牛肉數十斤、并查獲海帶數十斤、除將海帶送交救國會、牛肉沒收外、並將該三犯按照冬防會議決議案、各處十日以下之拘留、以示儆誡云。

北關外被匪綁去之顏景陽昨晚自匪窟中逃回

敘述被綁經過極爲悽慘

北關外居民顏承玉之子景陽、年十五歲、去秋八月二十九日下午八時許、被匪架去、因無人說戶、迄未贖出一案、各情曾誌本報、茲悉被架之景陽、忽於昨晚自匪窟逃回、記者爲欲明瞭眞象起見、特往顏家探問、並面詢景陽被綁經過、茲將其談話略誌如下、當被架去時、土匪四人、各持長短槍、出西圩門、經柳將軍廟、約西北行、因天氣昏黑、不辨路徑、沿途或經沙灘、或走樹林、土匪催促甚急、約至黎明時、至一院落、稍息後、即由匪用皮條緊紮雙手、眼耳均用膏藥塗塞、至是外間一切聲息、均不能聞見矣、在該處僅住一宿、次晚復又遷至一處、屋內搭有地鋪、門上加鎖、吃飯多爲紅芋、稀粥之類、食不能飽、在該處窩住甚久、約至十月下旬、始又移至一家、離該處約四五里、（余即在此脫險）、亦不辯是何村莊、匪窟生活亦如前狀、舊歷臘月二十八日下午、因眼上膏藥破裂、始見房門未鎖、除西屋內有一老媪正調餃子餡外、院中無人看守、余遂冒險跑出、約四五里、即至城西北約四十里之周大莊、立即託人往家送信、翌日即同家人來城、因在匪窟數月、未着棉衣、腿部業已凍腫、痛苦不堪、難於行走、故乘驢返家云云、當記者與伊談話時、見景陽眉目聰穎、因久陷匪窟、惟神精刺激過甚、面色蒼白、形容枯槁、似久病初愈者然、其眼耳上被匪所塗之膏藥、迄未洗淨也。

季興唐等控尹克文誣告吸食鴉片案續誌

尹克文押候審室待訊

季興唐季興邦等呈控尹克文誣報吸食鴉片一案、前經庭訊、尹克文舉出董啓洲尹季氏兩人作證、縣府遂諭令尹克文交保、候傳證質訊、各情曾誌本報、茲悉昨日爲復審之期、縣政府即將有關係人等一概傳庭訊問、首詢董啓洲、謂爾被舉爲證人、要說公話、絕對不許偏袒、答以我說的話、盡屬實言、如有虛構、甘願吃罪、繼問爾與季興唐季興邦有何關係、答季興邦係吾外甥、興唐與興邦誼屬堂兄弟、問彼二人吸食鴉片否、答絕對不吸、蓋彼等盡係農民、勤儉持家、即彼之上世、亦未聞有吸食鴉片者、承審謂尹克文何以舉爾證季等吸食鴉片、答尹克文前與伊妻不和、以致尹季兩姓感情惡劣、曾託我從中轉圜、詎各走極端、因之事未和諧、彼竟挾恨中間人、今反以怨報德、克文之用心亦云險矣云云、繼傳尹季氏詢以季興唐季興邦尹克文是爾何人、答興唐是吾胞兄、興邦係吾堂兄、克文乃吾丈夫、承審謂爾與爾丈夫說過季等均有煙癮否、爾須說實話、否則將辦爾僞證罪、答吾與吾丈夫感情失和、不得歸家、暫住季莊、從未談及此事、況季等向無烟癮、此話由何說起、承審謂、季等雖無煙癮、亦偶爾吸食乎、答彼一點不吸云云、復傳尹克文、詢以爾舉之兩個證人、都說季等不吸鴉片、爾有何理由、尹對董啓洲作憤恨之狀、大聲謂、董啓洲人須憑良心說話、你于十一月二十二日吾弟結婚之時、無意之間、說出在季興甲家、同興唐興邦吸食鴉片、今不料你竟食前言、試問你之良心安在、繼又云、吾妻當吾岳父病重之際、曾言伊哥身染烟癖、將來家業難免衰落、吾岳父於病榻呻吟之時、亦說爲興唐戒烟、余因受余妻及岳父囑託、故爾出此、今你（指其妻）亦不承認、是何居心、後又舉出其姊丈蘇忠純作證、時董啓洲與季氏均與尹克文據理駁辯、尹克文仍振振有詞、末傳季興邦與季興唐之法庭代理人季朗山略事訊問、即諭令尹克文押候審室待訊。

豐縣保甲工作報告書

豐縣縣政府編印（二四）

七、慈善　俟上述各項事事、均具端倪、酌量地方經濟力量、擬就現有之救濟院貧兒所加以擴充、老幼兼收、以資救濟、並獎勵組織私人慈善團體、擴展慈善事業、務期實現建國大綱中之育幼養老濟貧救災醫病之昭示。

第三項　舉辦原則

舉辦上述各項事業、應遵照下列原則：

一、用最少金錢、做很大事業、預先詳細計劃、以免臨事張皇、

二、合羣策羣力、以廣公益、不致獨力難支、孤掌莫鳴、

三、注意事業效率、不求表面成就、

四、務求事業有普遍性、永久性、

五、推進工作時、必求科學化、經濟化、

第四項　工作標準

一、交通　以實現建國大綱「四境縱橫之道路、修築成功」、以溝通文化、便利運輸爲標準、

一、防災　以遵照　蔣委員長防災辦法、于未雨綢繆、使本縣連年水旱災患、消弭於未然、以期穀瑞年豐爲標準、

一、農林　以實行本黨七項運動中之造林運動、使本縣境內荒原曠野、蔚然成林爲標準、

一、教育　以造成讀書風氣、厲行生活教育、提高民衆智識、掃除文盲並推進新生活運動爲標準

一、牲畜　以提倡農村副業增加牧畜技能、增加生產、發展農村經濟爲標準。

一、衛生　以養成健康體格戒除不良嗜好、減低疾病死亡率、以保國强種族爲優秀之民　標準、

一、慈善　以鼓勵仁者愛人之心理、使熱心地方公益慈善事業爲標準。

本運用方案、保體察本縣人民智識之程度、經濟之力量、治安之狀況、環境之需要、決定辦理先後之程序、必集中力量、以期次第完成、不敢有始無終、敷衍了事。

（未完）

第八九八號
社址豐縣大同街
[illegible]

△廣告刊例
一本報廣告以方寸計算
一每方寸以市尺爲準
一寸計算
一封面每方寸每日大洋
一角普通每方寸每日
大洋八分三方寸起碼
一登三日以上九折六日
以上八折十日以上另
議

今日一張半

本報價目
本報每份大洋一分四厘每月大洋三角外埠每月大洋四角郵費在內

△總理遺囑▽
余致力國民革命凡四十年，其目的在求中國之自由平等。積四十年之經驗，深知欲達到此目的，必須喚起民衆及聯合世界上以平等待我之民族，共同奮鬥。現在革命尚未成功，凡我同志，務須依照余所著建國方略、建國大綱、三民主義及第一次全國代表大會宣言，繼續努力，以求貫徹。最近主張開國民會議及廢除不平等條約，尤須於最短期間促其實現。是所至囑。

本社營業部 各貨價目一覽

六頁公文紙每百張一元六角
四頁公文紙每百張一元
（零售每張一分）
四頁稿紙每百張一元
十行稿紙每百張三角
（一千以上九折）
快郵代電紙每百張八角
單據粘存紙每百張二角
（一千以上八折）
收支傳票紙每百張二角
（一千以上八折）
收支傳票封面每張一分
藍裏七寸白封每百七角五分
白三表七寸封每百七角
白三表六寸封每百六角
（一千以上九折）
牛皮紙六寸封每百五角五分
黃表古六寸封本百四角
（一千以上九折）
連史十開信紙每百三角
（一千以上八折）
連史十二開信紙每百二角五分
（一千以上八折）
連史十四開信紙每百張二角

△名片▽
意金長三號每盒七角
地長三號每盒六角
鋼版長三號每盒六角
意特二號每盒六角
意長四號每盒六角
特長三號每盒六角
特字八號每盒五角
特特二號每盒四角
明特三號每合四角四分
明長四號每合五角
意長一號每合四角
意長二號每合四角二分
意長三號每合四角四分

△如印書籍表冊賬簿廣告小說雜誌等請來社面議▽

本社啟事

鄉間本報各閱戶均鑒：連日雨雪載途，道路泥濘難行，兩日送達一次，事實上確有困難，爲體恤工友起見，本週暫改爲三日送達一次，希各鑒原爲荷！

豐縣農業推廣所通告 第一號

本所培育各種苗木，歷在春季無償推廣人民領植，本年與各區民衆教育館，農民教育館，民教實驗區，各中心民衆學校合作推廣，務祈全邑民衆各向本區民教機關，卽日登記，以便核發！茲擬定於二月一日起，至十五日止，爲登記期，二月二十日起，至三月十日止，爲領苗期，尙望各位農友勿失良機！特此登報週知。

中華民國二十四年二月 日 管理員劉棟

同樂舞臺招包啟事

本會爲求各界有公共娛樂場所起見，於前年秋經呈本縣黨政機關核准在城內高皇廟舊址，建築同樂舞臺一處，迄今二載，頗承各界贊許。現因會務繁重，無暇顧及臺內事務，爰經第十四次主席聯席會議決議「將臺內一切用具交承包人主持營業；一年改包一次」。茲將投標手續開列於左：

一、投標日期——自二月八日起至二月廿五日止。
二、地址——入和號門前。
三、標額——全年以四百元爲最底額，（一年分四期繳納。）
四、投標人須填寫眞實姓名。
五、投標人須先到縣黨部門房購買標紙，（標紙一元投准發還。）

尙望承包人依照上列各點投標 俟揭曉後來會領塡保據，以便點交營業此啟。

豐縣總工會籌備會啟

貧苦子弟欲來蔣單樓小學求學者注意

查蔣單樓小學自王君汝經長校以來，名譽日見增高，成績日見充實，鄉中老幼莫不銘心稱贊，感戴其造福鄉里，惟在校學生僅百數十人，不再繼續增加，實覺事有餘憾。雖學校費用一再□□，而踴躍就學者仍屬寥寥，推究其原因，概由農村經濟□□破産，貧苦子弟欲就學者隨受其壓迫而致失學，鄙人有鑒於此，不惜將私有財產提出一部，專供本學期貧苦子弟來就蔣單樓小學者學雜費之用（捐款數目視貧苦學生數而定）雖曰杯水車薪，不過聊盡國民之責耳。專此登諸報端，望吾豐貧苦學生速來蔣單樓小學求學，是所至盼！

一、到蔣單樓鄉公所報到、二、填具保證書、三、持□□證書入校。

豐縣第五區蔣單樓鄉蔣顯仁啓

社論

保甲長訓練開始 —向訓練者與受訓者進一言— 偏

本縣經王縣長籌備多日之保甲長訓練所，將於明日分區分鄉開始訓練，全縣七千餘衆之保甲長，亦將於明日一齊入所接收新的陶冶。從此保甲事業之日新月異，地方自治事業之逐漸發展，大可於此次訓練保甲長中預爲卜之矣。

雖然，徒法不足以自存，訓練雖開始矣，設或辦理不善，則訓練者將敷衍塞責，受訓者將虛應故事，不特無益，反使多人將寶貴之光陰，虛擲於無用之地，豈非徒多一番麻煩乎？古人云：「愼於始者，方克有終」，孔子亦云：「臨事而懼，好謀而成。」今値訓練開始之日，謹以至誠，向吾三百餘衆之訓練員，及吾七千餘衆之保甲長一告焉。

中國人平素最缺乏者，爲「自信力」，與「紀律性」。以其無「自信力」，故遇事之稍難稍大者，卽存一「辦不好」之心理；以其無「紀律性」，故遇事之稍有公共性質者，卽存一自由隨便之心理，致養成國人萎靡散漫之習性。今本縣將開始訓練保甲長矣，記者嘗爲此事，向負有訓練之責者徵詢意見，多云「辦不好」，「不好辦」；又嘗向保甲長徵詢意

鳴謝韓建蘋醫士

鄙人家嫂前患熱症，□□□□□□，均罔治不效，經本縣城西北二十五里韓□□韓建蘋醫士診治，服藥數劑，病已若癒，全已健康如常，感激之餘，特此登報鳴謝。

□運亭 謹啓

中華民國二十四年二月九日　豐報　（星期六）　第二版

見矣，多云：「事務紛忙，且日須奔走於道途，徒曠時廢業，幹此何用。」一就此寥寥數語中，已十足表現其無自信力，與不守紀律之心理矣。如不設法矯正，愼於起始，則訓練前途，豈可遽抱樂觀乎？

吾人須知處此人心渙散，外侮日急，亙古未有之危局中，挽救之法，除組織民衆，訓練民衆外，別無較好辦法；而訓練保甲長，卽爲組織民衆，訓練民衆之基礎。故今於訓練開始之時，吾人要特別注意，要力矯無自信心，與不守紀律之習性。凡負有訓練之責者，如鄉鎭長訓練員等，均應自信成績能辦好，在王縣長領導之下，一致努力，用全副精神，來辦理此事，不僅將所有科目，灌輸於保甲長之腦海中，且進而能養成其有軍事政治自治之常識及能力，俾日後能勇於爲公服務。而受訓練之保甲長等，亦應自重自愛，遵守紀律，既能虛心，又不曠課；使於此短短之三個星期中，得到許多新知識，好爲現代化之國民，以便日後組織民衆，訓練民衆，完成訓政時期中之最基本工作。能如是，庶此舉之爲不虛也。

中外要聞

蔣委員長懸重償購緝朱毛徐等匪首

劉湘發表告全川民衆書

▲中央社重慶八日電　此間某軍事機關接蔣委員長冬電云、查匪首朱德、毛澤東、徐向前等、率匪竄擾各省、於茲數載、最近該匪迭經我軍痛剿、狼狽已極、不難聚殲、茲爲早日肅清起見、特懸償格、不論軍民人等、凡拿獲匪首一律均有重償、特將償格列後、生擒朱毛徐三匪首之一者、償洋十萬元、生擒彭懷德、林彪、董振堂、周恩來、張國燾等匪首之一者、償洋五萬元、希立分飭所屬軍民人等、一體知照。

▲中央社重慶八日電　劉湘八電發表告全川民衆書、略謂、朱毛近川境、正全川團隊致力鄉土之時、川北團隊、小試而效、切望全川各處之辦團人員、一致振奮、共起殺賊、居後方者則淸戶口、以除內奸、在前敵者、則守碉堡、以園來匪、其臨近戰區者、糧食船舶、倚校、壯丁、全數編組、一律集中俾得進退一致、存亡相共、匪必自亡、務望協同軍隊、盡力禦匪、事在人爲、幸勿自餒。

立法院昨舉行第四屆第四次會議

▲中央社南京八日電　今晨九時、立法院開第四屆第四次會議、主席孫科、決議要案、（一）自治委員會報告、修正市參議員選舉法草案案、決議修正通過、（二）財政委員會會同經濟委員會、報告審查交易稅條例草案案、決議修正通過、將交易稅條例上面、冠以「交易所」三字、俾有所限制、對於標金稅率持最久、結果維持原案。

顧祝同等昨赴廬山謁蔣

▲中央社南昌八日電　顧祝同偕各綏靖區司令、各縱隊指揮、趙觀濤、毛炳文、譚道源、羅卓英、陳繼承等、八日晨由省赴廬山謁蔣委員長。

方匪志敏昨在贛審訊

▲中央社南昌八日電　八日午後三時、綏靖署軍法參謀兩處、行營政訓處、在軍法處會審方匪志敏。

財部金融顧問委員會定今日在開成立會

▲中央社上海八日電　財部金融顧問委員會、聘定李馥蓀、陳光甫、貝松蓀等十四人爲委員、定九日午後四時、在中央銀行舉行成立大會、該會章程、已由財部公布、內部組織分四組、第一組研究改進通貨現狀、第二組研究安定匯兌行市、第三組研究改善國際收付事項、第四組研究調濟內地金融事項。

張學良昨飛贛謁蔣

▲中央社上海八日電　張學良今日乘機飛潯、轉廬山謁蔣委員長。

浙贛路局鑾組南萍段察勘隊

▲中央社杭州八日電　浙贛路局鑾組南萍段察勘隊、預計本年十月前、察勘測量完竣、並定雙十節南玉段通車日、同時舉行南萍段開工典禮、又南萍段約長三百餘公里、須建築經費二千萬左右、開欵已有着。

中航昆渝綫擬下月開航

▲中央社上海八日電　中國航空公司開辦昆渝航綫、籌備竣事、由美定購之新飛機、月底可到滬、擬於下月開航、該機可乘客十人、速率每小時一百三十五英里、由重慶經貴陽至昆明、只須四小時半。

西南民航公司週內試航南貴綫

▲中央社香港八日電　西南民航公司、定週內派長庚機試飛南貴綫、貴渝貴昆兩綫、在計劃中。

蔣代表赴杭慰問航空烈士家屬

▲中央社杭州八日電　蔣委員長派章斌、胡光瑤二人代表來浙、慰問石曼中余鈞兩航空烈士家屬、章胡七日晚車由京到杭。

韓復榘日內赴青

▲中央社濟南八日電　韓復榘日內赴青島、並定返濟途中、視察膠濟綫各縣政治、民敎兩廳長、則定於韓回濟後、再出發赴魯西視察民政敎育。

全國水利處准撥百萬元爲冀魯豫河防工程費

▲中央社開封八日電　冀魯豫三省河防工程費、聞全國水利處准撥百萬元、黃水會工程組長正擬具預算及分配方法。

黃慕松昨離粵北返

▲中央社香港八日電　黃慕松由藏東返順道赴粵訪友、定八日離省北上、晉京復命、黃昨在省語記者、對中藏人民感情溶洽、表示欣慰。

蘇教廳舉行全省社教會議

▲中央社鎮江八日電　蘇教廳爲討論推行廿四年度社教計劃、八日召集全省社教會議、由周佛海主席致詞、各出席人員次第報告、旋分組審查提案、九日繼開大會討論。

蘇省府禁煙會議召開

▲中央社鎮江八日電　蘇省府爲厲行烟禁、定九日召江都區又江南各縣長來省、舉行禁烟會議、至江北各縣、由各行政專署分別定期召集。

蘇禁煙條例施行以前准烟犯自首受戒

省禁烟會鄭重會商自首辦法

定期召集江南及揚屬各縣長來省開會　江北縣長由各區專員召集省派員參加

▲江蘇社　江蘇省禁烟治罪暫行條例、已奉南昌行營核准、是事條例、規定於公布後十五日施行、對私吸烟犯、處罰極重、省政府爰更訂有烟犯自首條例、准煙犯於是項條例施行前、向縣禁煙委員會自首戒烟、聞前日省禁烟委員會常務委員余井塘、葉秀峯、項致莊三氏、會商是項自首施行辦法甚久、決定召集江南各縣縣長及揚屬各縣長於九日來省開會、指示一切、其他江北各縣、由各區專員召集縣長會議、省禁烟委員會派員參加、前項禁烟治罪暫行條例、已由省政府公布、閱煙犯自首條例、不日亦將公佈云云。

烟犯自首條例

蘇省烟犯自首條例、已於本月一日經省府委員會第七二二次會議通過、兹將該條例採錄於下、第一條、江蘇省政府爲鼓勵無照私吸煙犯悔過自新起見、特訂定本條例、第二條、在江蘇省禁烟治罪條例施行以前、本省無照私吸烟犯　得依照本條例自首、前項自首、向該管縣禁煙委員會爲之、第三條、烟犯自首、須填具自首書狀、註明姓名籍貫年齡性別住址、自首書狀式樣另定之　第四條、依法自首煙犯、得由該管縣禁烟委會發交戒烟所施戒、幷得從寬免予科刑、第五條、自首煙犯發交戒烟所施戒時應依照戒烟所收費章程繳納膳藥等費、但確保赤貧者、得酌予減免、第六條、自首煙犯經戒烟所施戒斷癮後、應給予[illegible]絕證明書、解還縣禁烟委員會取保開釋、（前項戒絕證明書、應粘貼自首烟犯本身二寸相片照相費由其自理）、第七條、烟犯經人告發而自首者、不得援用自首條例、第八條、自首煙犯過多之縣、戒烟所不能容納時、得設臨時收容所、其所需要費用由省禁烟委員會核撥專款補助、第九條、本條例未盡事宜、得由省政府修改之、第十條、本條例由江蘇省政府公布施行。

蘇省府委員會議

◆◆◆決議要案六件◆◆◆

▲江蘇社　江蘇省政府委員會第七二三次會議、於五日上午八時舉行、計出席委員陳果夫、余井塘、趙棣華、周佛海、沈百先、程天放、王柏齡、羅良鑑、葉秀峯、列席者羅時實、朱樹聲、項致莊、祝平、主席陳果夫、紀錄萬君默、開會如儀、宣讀上次會議紀錄、報告事項、（略）議決要案如次、（一）省立醫院續修改建房屋用費除原撥一千元外、准再撥一千三百六十四元四角、款在預備費下開支、（二）保安處看守所、添造房屋、估計需銀二千四百〇六元八角、准在各縣解送煙案沒收烟土變價提成項下開支、（三）依照禁烟法普通刑法、或特種治罪法私刑之烟犯毒品犯、由高等法院通飭所屬新舊監獄查收執行、所需囚糧囚衣醫藥各費、實報實銷、在禁烟經費項下開支、管理由法院負責、（四）修正江蘇省管理中醫暫行規則及江蘇省中醫檢定規則、（五）核准中國合作學社呈請將吳縣光福合作實驗區、完全委託該社辦理、幷每年補助經費二千元、在二十四年度開支、（六）前江蘇省昆虫局封存中央大學之圖書儀器標本等件、派員向該校收回。

東北來人談義軍近況

▲中央社北平七日電　據東北來人談、（一）日僞近對東北鐵道建設、積極進行、中東路收買成功後、將該路改隸於鐵道總局、並將哈長、哈綏、哈滿三段、改爲京濱、濱綏、濱洲三路、（二）吉東義軍、自鄧鐵梅殉難後、仍聚集有[illegible]、[illegible]日偽軍部於[illegible]、[illegible]鐵西段、時被拆毀、損失甚大。

四省農民銀行京分行開幕

▲中央社南京八日電　豫鄂皖贛四省農民銀行在京設分行、籌備已久、現已就緒、於今晨正式開幕、其任務爲調濟農村經濟、協助農民生產、與其他專門營利銀行性質絕不相同。

實部對專利法積極研究

▲中央社南京八日電　實部對於專利法之計劃實施、自該部成立以來、即着手籌備、現爲積極進行起見、除業咨請外交部轉駐外各使館、徵集各國現行專利法各規章、並通函國內各大學及各圖書館、商借是項書籍外、復指派部內人員、研究專利法、以期早日厘定、呈准施行。

國民政府昨日命令

▲中央社南京八日電　國民政府今日命令、（一）審計部常務次長黃冠賢、呈請辭職、黃冠賢准免本職、此令、（二）山西省府實業廳、應即裁撤、所有實業廳事務、歸併建設廳辦理此令、（三）山西省政府委員兼實業廳廳長耿步蟾另有任用、耿步蟾應免本兼各職此令、（四）乘山西省府建設廳長陸近禮、呈請辭職、陸近禮准免本兼職此令、（五）山西省府委員王茂功呈請辭職、王茂功准免本職此令、（六）任命王驤、樊相離爲山西省府委員此令、（七）任命王驤兼山西建設廳長此令。

朱耀華昨晉京弔魯滌平

▲中央社南昌八日電　五十八師師長朱耀華、八日晨離省晉京、弔魯滌平、並謁軍事當局、報告防務。

中國童子軍總會劃南京爲童軍模範區

▲中央社南京八日電　中國童子軍總會、爲整理京市童子軍俾樹全國童子軍模範起見、特決定以南京爲中國童子軍總會南京特別市模範區、並加擬定創設辦法、及工作計劃大綱、已於日昨頒發南京市童子軍整理委員會遵照。

幼童軍及羅浮童子軍事業討論會

定廿五日起舉行

各縣童軍理事及指導員均出席

▲江蘇社　中國童子軍江蘇省理事會、爲謀全省幼童軍及羅浮童子軍事業之改進與發展起見、決定於本月二十五、二十六、二十七三日在鎮江江蘇省黨部大禮堂舉行討論會、該會全體理事及各縣理事會理事、各縣黨部童子軍指導員、均須前來參加、現正積極籌備、俾可如期開會、附江蘇全省幼童軍羅浮童子軍事業討論會簡則於後、第一條、中國童子軍江蘇省理事會爲謀全省幼童軍及羅浮童子軍事業之改進與發展起見、特舉行江蘇全省幼童軍及羅浮童子軍事業討論會、第二條　本會議討論範圍如下、（甲）關於幼童軍之組織與訓練、（乙）關於女幼童軍之組織與訓練、（丙）關於羅浮童子軍之組織與訓練、（丁）關於女羅浮童子軍之組織與訓練、（戊）其他、第三條、本會議除以上江蘇理事會理事各縣理事會理事各縣黨部童子軍指導員爲當然會員外、餘由江蘇省理事會延聘之、第四條、本會議設主席一人、由江蘇省理事會常務理事一人担任之、副主席二人、由江蘇省理事會幼童軍及羅浮童子軍事業推進委員會主任委員兼任之、主席因故缺席時、由副主席代理之、第五條、本會議議決各案由江蘇省理事會採擇施行、第六條、本會議開會期間暫以三日爲期、自二月二十五日起至二十七日止、第七條、本會議假鎮江江蘇省黨部舉行、第八條、本會議會員赴會旅費由省理事會及各縣黨部經常費內分別支給、第九條、本會議議事細則另定之、第十條、本簡則經中國童子軍江蘇省理事會議決施行。

坎拿大古璧省教授送還中國漢王莽時古幣一枚

▲中央社南京七日電　內部息、前清庚子八國聯軍之役、我國珍寶古物、被擄甚夥、茲由坎拿大古璧省教授、存有中國古幣一枚、據稱係庚子事變流失、經彼收買、交由該邦外交部送還中國、經北平古物陳列所加以鑒定、認爲確係漢王莽時古幣、長二寸五分、集四枚適有一尺。

蘇省有長途電話總所

調用女接線員

・・・爲管理精密及提倡女子職業起見・・・

▲江蘇社　蘇建廳近對各縣長途電話、積極建設、大江南北除因事實困難不便敷設電話者外計有四十餘縣、計劃已久之長途電話網、業經告竣、現爲管理精密從事提倡女子職業起見、省會長途電話線交換所、一律調用女接線員云。

粵全省改徵地稅限年內實現

▲中央社香港八日電　省訊、全省改徵地稅、限年內實現、四月前改者約達五十餘縣、六月可達七十縣。

廣州市氣象台定期開幕

▲中央社香港八日電　省訊、市公務局建築之氣象台已完竣、定十五日舉行開幕禮。

意政府致文英法

對締結天空公約提出異議

▲中央社柏林七日電　據柏林日報羅馬訪員今日傳來可靠消息、英法德比意五國締結天空公約一事、意政府以此事致文英法、表示異議、並提出對案、此舉殊出人預料、據羅馬另一消息稱、聞意政府擬待德政府對英法在倫敦所成立之妥協有反響後、再作關於參加天空公約之決議。

省令廢止

前各縣保衛團勦匪傷亡褒卹暫行規則

▲江蘇社　蘇省前在顧祝同主政時、爲鼓勵各縣保衛團維持地方治安盡責起見、曾經訂定各縣保衛團勦匪傷亡暫行褒卹規則、已不適應用、頃特通令各縣、即予廢止、今後或將再行擬定云。

本縣新聞

縣政府舉行第五十九次政務會議

准第六區在大沙河沿岸舉行造林

縣政府於本月六日上午十一時在該府會議室、舉行第五十九次政務會議、主席王述先紀錄張念衢、報告事項、一、奉令凡經會議決定應行呈省請示案件、必須專案呈經令准後、方得執行、二、關於會議者、先後召開第四十七次黨政談話會、第四十九次區長會議、保甲長訓練委員會、並派員參加實驗鄉鄉政指導委員會第七區區務會議等、三、關於典禮及大會者、先後舉行慶祝新年、及中華民國成立大會、與團拜典禮、雲南起義紀念大會、淞滬抗日戰事三週年紀念會等、四、關於保安者、先後對畢業同豐之班長訓話、派李總副隊長赴各防地視察、對保安隊官兵訓話、並點名發餉、派分隊長三人赴省受訓、李總副隊長赴贛受訓、令李繼廣暫代隊長職務、孫李德調充第一中隊長、每日派耿秘書等繼續輪流赴隊講說自衞新知、五、關於保甲者、編查工作業已完竣、保甲指導員邵體璋離豐返省、專員公署對本縣辦理查報事宜、傳令嘉獎、省民廳對本縣各區區長此次辦理保甲、認為均尚優異、已予一體加委、以資鼓勵、第三批受訓鄉鎮長業經呈縣、計先後受訓者八十六名、保甲長訓練定二月十日開始、六關於建設者、各區河道公路自去年十一月一日起、截至十二月十一日止、完全報工、關於半年來建設總報告、已辦就呈省、建廳派汪工程師來縣視察建設、結果尚屬滿意、七、關於其他者、先後對戒烟所戒民訓話、派禁煙會職員分赴各區發臨時烟照　省委蔣草沈德仁來縣視察救濟、倉儲、新聞及烟苗、均有良好印象、討論事項、一主席交議、第六區呈請擬在該區大沙河沿岸栽植樹木、可否照准、請公決案、決議、准予種植、二、主席交議、第六區呈以草樓鄉居民李枝玉奪匪槍四枝、請求獎勵、應如何辦理案、決議、交保安隊估計提獎數目、呈省核示、三、救濟院建議、擬動用節餘、增建病房產房及化驗室、請公決案、決議、由救濟院造具預算、呈候核奪、散會。

第三區公所解送賭犯八名

第三區公所於本月七日在該區[illegible]鄉王[illegible]家查獲賭窩一所、計拿獲賭犯王桂花、王同科、沙貴田、沙貴海、王甚、王士成、王士永、王貴興等八名、聞已於八日稟解送縣府法辦矣。

交涉棉種及種植貸款

農業推廣所管理員赴徐州麥作試驗場

本縣農業推廣所、數年來推廣栽培美棉、成效頗著、今為擴充本縣棉田面積起見、特向徐州江蘇省立麥作試驗場交涉大批棉種、並擬商請在本縣設立棉作推廣區、暨借棉貸款、聞該所管理員劉棟氏、已於昨日銜縣長命、前往徐州麥作試驗場辦理此事矣。

縣黨部童子軍指導員程守謨與公園體育場指導員朱翼曾對調

縣黨部童子軍指導員程君守謨、對於體育素有研究、公園體育場指導員朱君翼曾、對於童子軍事業、頗感興趣、教育局董局長王督學有鑒及此、特商得雙方主管人員之同意、將兩君位置對調、俾各展所長、聞程朱二君已於本月五日分別就任新職矣。

教育局訓令各初級小學切實協助訓練保甲長

本縣保甲長訓練事宜、即將開始　教育局前曾令各社教機關及完全小學、協助所在地鄉鎮長、切實辦理、刻又商同縣府擬定初級小學協助辦法、令飭遵行、俾訓練事宜、得長足進展、茲覓得教育局原令如下、查社教機關暨完全小學訓練保甲長工作範圍及要點、業經令飭遵照在案、惟初級小學限於地址及教員之時間與精神、實難担負訓練責任、如各鄉鎮長商請協助、應在不妨礙校務進行原則之下、盡力幫助、茲由本局會同縣政府商訂協助辦法如下、（一）保甲長訓練班借用學校教室者、應在午後二時上課、不得妨礙兒童教學時間、各初小將勞作體育音樂等科暫移下午在室外教學、（二）各初小教員担任保甲長訓練班功課、每日至多不得過二節、除分令外、合行令仰各該校長主任遵照上列辦法切實予以協助　是為至要。

縣政府公佈捐稅章則（續）

第十七條　營業稅局每季徵收稅款定於次季首月十五日以前結束清解、並將營業稅收據繳繳一聯呈送財政廳查核、

第十八條　營業稅應由營業者按其應繳之稅額直接送繳營業稅局、或由局派員向商店按戶直接徵收、不得由各同業公會或任何人包辦、如有違抗阻撓者從嚴查究、

第十九條　各種營業如在本省各營業稅局一局所轄境內設有總分店或總分廠者、其營業稅得由總店或總廠一併繳納、如總店分店或總廠分廠有分設在兩局區域者、則各就其營業區域分征營業稅、如總店分店或總廠分廠有分設在省外或市區域者、則專就本省所設之分店分廠或總店總廠徵收營業稅。

第二十條　凡臨時攤設莊號收買出產地物品販運於別處者、或由總廠於出產地臨時設立分號收買物品者、其收買物品之價值應作為營業之收入額、一律徵收營業稅。

第二十一條　凡營業者自備資本、並不含有代客買賣從中取佣之行性質而冒領牙帖巧規避者、仍應繳納營業稅。

第五章　免稅

第二十二條　以營業總收入為課稅標準、而其營業總收入額全年不滿一千元者免稅、以營業資本額為課稅標準、而其資本額不滿五百元者免稅、但實際在一千元或五百元以上故意短報希圖取巧者、不在此限、

第二十三條　中央政府及地方政府所辦之公有營業、免徵營業稅、但官商合辦之營業、仍應徵收營業稅。

第二十四條　不以營利為目的之合作社及貧民工廠等得免征營業稅。

（未完）

豐縣保甲工作報告書

豐縣縣政府編印

（二九）

八、保甲規約　該區保甲規約之訂定、先由區務會議公推鄉鎮長七人、依照縣頒樣本、公開研究、擬訂草案、發交各保甲會議討論協訂、但其結果、全區保甲規約並無二致、形式與省頒編組保甲規程之保甲規約舉例一樣、其內容亦大致相同、全約計分七章、共二十四條。

綜核上開事實、足證實驗鄉暨第三四區辦理保甲、成績尚優。

乙、砀查豐縣第五六七各區保甲報告、

（一）第五區保甲、凡抽查五鄉鎮、十五保、四十五甲、四百五十三戶、所得情形如下、

一、門牌方面　門牌掛列、除發現孔店鄉有八戶、甲另有住宅、致生誤會、查有一戶漏發門牌、孔店鄉有兩戶換錯門牌、此外、門牌繕寫亦稍有錯誤、大同鄉四鄉共發現十三起、寫錯戶長姓名之門牌（每戶口調查表所用字樣不符）、趙廟鄉發現未填寫保甲戶第之門牌十起、小樓鄉發現一門牌多寫一口、孔店鄉發現一門牌少寫一口、當由邵指導員面飭更正矣。

二、戶口方面　編戶大體頗屬翔實、惟孔店鄉第二保第五甲有王劉氏者、因常往其女處居住、故當編戶時漏去該戶、既無門牌、戶口調查表亦無紀載、大同鄉第四保第二甲亦有一柴姓寡婦、以業經離鄉而無定之去、因該店保於編定時……口則稍有錯誤、於抽查二千一百七十人中、發現遺漏六口、趙廟鄉第三保遺一口、孔店鄉第二保遺一口、程集鄉第十保遺四口、此外、姓名年齡等項調查、共發現七十起錯誤、其成數當抽查人數百分之三·二、此種錯誤、屬於姓名者四起、屬於年齡者十四起、屬於職業者二十起、屬於籍貫者八起、屬於住址者十起、所有以上錯誤、均於抽查時即予更正。

三、戶長方面　於此四百五十三戶中、發現未婚之未成年人當戶長者有十起（其中八歲至十四歲者五起）、……入當戶長者有四起、當經邵指導員面飭更正矣。（未完）

鳳鳴塔

第七十六期

一、本刊內容分科學常識論著詩歌小說戲劇散文書信書報介紹及批評等項
二、本刊歡迎投稿來稿文言白話均可
三、來稿本社有修改權不願者應先聲明
四、未經登載之稿除預先聲明者外概不退還
五、本刊編輯部設豐報社內

今後的文藝途徑

（夏）

通常，文藝作品的好壞，不在美麗詞句之堆積，取料和佈局的整理，而在能透事物的「真」，由這「真」里讀者才得其營養。

所以，在現在那些空洞虛偽的作品，不但沒有發揚光大的必要，更可拋棄於故紙堆中，這，我說是中國文藝青年應有的心理。

不過，時代像車輪樣的推進，人們在這急進的條件下，當會覺着失從的荊，而一部分爲着前途開拓文藝青年，自己的主張，更有處於被支配的地位，像浮在大海裏的舟子，失了把舵的能力，東浪來，即隨東浪去，西浪到，即隨西浪去，致前途茫茫，而有聊倒苦命等悲劇演出，這，我們雖沒有親身經歷，但至少也是耳聞而親睹的。

因此，我們不會感到這是人生的不幸，而感無限的悲哀和惋惜，但我，惋惜是無濟於事的，哀嘆果不能解決的良策，這悲劇，反更一幕一幕的出現。

所以在這沉重佈悲傷的壓力下，一部分醒悟者，便先醒過來，他認識文藝是人生的鏡子，他反映人生，反映人生的一切的美與醜，文藝是人生的指路的一隻明燈，它能照出前程黑暗的方處，更使們認定我們的路徑後，便可毫不遲疑地向前邁進。

現在，我們認清楚前途的方向，更開拓寬廣的大道，這大道上有點綴的花朵，歌唱的百鳥，是充滿着歡生意的藝術。

所以，現在我們說中國文藝已脫離了黑暗的時期，而踏進光明的正軌。

然則，這正軌究竟是什麼呢？我們說：就是文藝要抓住「真」，就是文藝的真理，要有深刻的體驗實驗的工夫，而以藝術手腕表出來，它比着那於空洞，虛偽等的作品。

好，我們擬以上的所說，作一個小結束：就是最好的文藝作品，是能透出一片的「真」，而這又是深刻的體驗與實驗與藝術的點畫的產品。

這樣，便是今後我們所應走的文藝之路，從事文藝的朋友，不可忽略這樣的文藝途徑。

關於撫順慘案的話

袖浬

哀鴻遍野，白骨嶙嶙，黯黯已久的東北，昨天又傳來一樁血花四濺，死尸纍纍的消息——一般受盡壓迫，忍氣吞聲苦命的撫順礦的中國工人，無故的又大遭的吃了日人的彈丸，啊呀！這一些屈死的冤魂，有誰人來與他們報仇，有誰人來可憐，敢過問？倒霉的中國，這一頁歷史未曾付印，僥而又添上了一段慘痛的記載，我們無福的人們，偏偏的遇到這個千瘡百孔的現在。

一些不講情理的小島倭奴，齒要的不給我們一線路走，佔有我們的河山，開採了我們的寶藏，又動不動的來殺我們。然而一般忘其所以的中國人，偏偏的甘當笑臉，仍是爭先恐後的去歸日貨。你們要把眼光縮到彼窗內想想，[illegible]一分[illegible]，就是被日人賺去一分。換句話說：就是中國損失了一分財力，武力！日人加增了一分殺人的武器。也就是說中國又被多殺了一個人的可能。不是麼？日人的一粒代價微乎其微的小鉛丸，足足的與中國人的一條生命成了比例。反轉來說，我們若不損失一分金錢，則國家又多增加了一分武力，戰起來也能多殺一個日本人。

現在未能與日人絕對絕交時，看起來與事實無補，好似嘴上抹石灰白說，空唱愛國調，但是我們相信：「天下無難事，有志必竟成。」然而世界上亦無永弱之國，能團結必自強。我們爲着求生存，求安全，要把眼放到這地看，也不得不自勉，自勵，自強了。

芭蕉

秋英

冷雨寒風，
淒清淅瀝颯颯的進行曲，
狂也似的進行。
窗外的芭蕉，
受了如此的擊打，
[illegible]在舞動，
沙沙沙地，
哀鳴。
哀鳴。
那裏能
救得殘生，
阻止狂風暴雨的進行。

月下歌聲

碧藍無際的空裏，一輪明月懸掛在當中，浩浩地銀河現出異常澄清。從樹隙裡透過的湖月影着我徘徊的孤影，徘徊的孤影喲！在廣漠的人世間驅動！

○ ○ ○

猛聽得遠遠的送來了一陣淒涼的歌聲，迅速的音浪激起我心絃的顫動，[illegible]不同的調子顫動，[illegible]北鳴，歌者呀！[illegible]好像告白入生苦痛！

○ ○ ○

入生原是苦痛，歌者呀！[illegible]然而這些悽涼哀怨的聲音，怎能說盡這畸形社會的不平！

憶往事

曉光

風兒徐徐，雲兒緩緩，霎時把整個蔚藍的天空遮蔽了。一會兒只聽遠處有陣呼呼的聲響，啊，看呀！白茫茫的，霧騰騰的，那豈不就是雨來了嗎！這時風加緊了一些，同時又帶來了涼意，使人們腦筋清爽了許多，同學們，都爭先恐後的往教室裏跑，有的看書有的在歡呼著笑着看窗外亮亮的雨珠兒往下滾，然而我呢？把可悲的往事一層層的憶起，可憐的我在家庭受盡了環境的痛苦，在校裡受盡了經濟的壓迫，百感交集，而心受重創的我只有內心的煩悶，不，不是煩悶，而是憤怒，記得從前有幾次的痛哭，而今我卻不痛哭，而是冷笑。不是拿純潔的眼淚來滌自己的愁腸，而卻是拿憤怒和冷笑與環境奮鬥。現在我任是怎樣的痛苦，我卻不哭，哭是弱者的表現。我要哭也將爲快樂的世界而哭，爲歡喜而哭。啊！這也不知我心中受了什麼刺激，而心情如此的奮發。我將要努力我的前程，與這腐濁的社會，痛苦的人生掙扎！努力的掙扎！將來總可以尋着一線的光明，補償我的一生。

碎語雜拾

何波遠

（一）

瘦鶴許家的長工，王巧，年已三十九齡矣。因家貧似洗，故尚無妻室。他也許知道「不孝有三，無後爲大」的古訓了。因而，時常皺額鎖眉語人曰：「奶奶，一個媳婦五十塊還不行。眞叫窮人沒法。奶奶！」樣子顯出特別燥急。

然而，[illegible]種辦法：

『老哥，呀嘿，×××小姐長得真漂亮，滿討喜的，你若能給我說妥這樁婚事，一定有報酬的。』

『什麼？老哥家中不是已有了兩朵牡丹了嗎？』

『嘿，那算什麼呀，不但年歲大而且又醜。』

『那樣好的，就憑老哥的這許多財產，說個老婆，一定能成功的』

『那當然…………』

○ ○ ○

這大概就是現社會的矛和現社會的盾的衝突吧！最後，我默默地的這樣想。

（二）

一位朋友高興得像發現了什麼「大道理」似的對我說：

『嘿！中國現在怎麼辦呢？難道說非嘗嘗亡國奴的「苦」滋味，老牌氣才能改嗎？古人雖然這樣說「受盡苦中苦，乃得甜上甜」。但是依我看來這個「苦」還是不受最好能得到「甜」的結果，別的沒有法子只有一個「幹」

歸來（續）

劉宗信

（九）

時代的巨輪，不斷的動搖，無情的，一刻不息的往前推進，倏忽又是一月過去，劍秋的假期也滿了。數次要回去，都經母親弟妹挽留着了。鄉村的生活，雖使劍秋感覺枯燥單調，在這裏沒有跳舞廳，沒有電影院。並且近來陳家族人，每每使劍秋的兩力，來歎聯聯，劍秋着實有些討厭。

「母親，我回去吧！」

母親每次總是這樣答覆：

「劍兒，你也要爲年殘的老母着想，家裏又有田產種，何必帶年碌碌。你早日完親，也能替娘操勞井臼。」

「母親，人生應當爲社會服務，兒豈肯把這微弱的生命，埋沒在窮僻壤裏呢！况且現在國家多難，千瘡百孔，兒要作中流之砥柱，挽旣倒之狂瀾。」

「魔道 你又惹娘生氣，一個人能有多大的力量，張嘴是國家，合嘴也是國家，聽得好不膩人。」

「母親，那可不能，不能不叫我哥哥不同去。」筠秋很和平的向母親說：

「憨小子，你也竟敢給你哥哥幫腔。」

「母親 可不是麼？羞啊！羞啊！還有人充大臉呢！」櫻子劃着臉，在譏笑筠秋。

「好哥哥你忍心捨開妹子麼？我不願意再叫你出外，我願你時常的陪伴我。哥哥！你看我新做的巴黎綢旗袍美不美？嘻嘻！」櫻子撒嬌似的躺在劍秋懷裏。

實話，櫻子剛穿上一身銀青色印花的巴黎綢新旗袍，櫻子更顯得她嫵媚豔麗，宛如被月海棠，浴露玫瑰。而那玉骨姗姗，風神楚楚，蛇一般柔軟的腰肢，婀娜窈窕。尤其是那秋水爲神的眸子，射出兩道神祕的光線。嫣然一笑，兩個醉人的酒渦，蕩人心魂。正在豆蔻年華，妙齡的時候，一朵處女之花，快要向異性含笑怒放了。章仁齋也曾數次向她進攻，聰明的她，那能愛這窮教書匠呢！

「好一隻美麗的小鳥啊！眞摩登。」

「哥哥倒會和人開玩笑哩！我看你幾時才娶嫂子。」

「妹子總是這樣的嬌癡，出閣後我看你還這樣不？」

「哈哈！哥哥倒像個幽默家呢！」筠秋這樣說：

「我和哥哥說話，干你什事？」櫻子在怒視着筠秋，嬌嗔的說：

「櫻兒，和筠兒，總是這樣常常的口角，不要僅是胡鬧了。」

「櫻妹，筠弟，我們到學校裡，去找蜜司脫章玩去好麼？」

「好的」

走出門外，迎面走來一位綠衣使者。

「先生，這是陳劍秋先生的府第嗎？」

「是的」

「城裏有從南京給你來的電報」

「陳劍秋同志：本部部長易任黃膺白先生，是處工作沉繁，現假期已滿，請早日到部視事爲要，如旬日內不來，即以辭職論。　內政部」

惆悵彷徨，萬種心情齊奔湊來蹌踉的歸來，又匆匆的歸去。

在北風凛冽裏，於慈母的幽泣中，弟妹的沉默中，勇敢的劍秋，向壯莊的前途征出發。

（完）

出征

劉德廉

『……國仇未報壯士老，匣中寶劍夜有聲；何當將士凱還日？二更雪壓飛狐城。』這是陸劍南先生長歌行的末數句。他先生生在南宋外侮侵凌之世，那時的封疆大臣，都是畏難苟安，不思振作。他嘆國土的日蹙，復仇的無期，滿腹憤氣，無處發洩；不得已就借筆墨形容出來。所以他的詩歌，大概都是慷慨悲壯的詞調。這不過是隨便舉一個例子。

我們現在所處的時代，和陸先生那時同病相憐，可以說：『有過無不及。』我也妄吟了出征詩二絕，來發洩我滿腔的激憤。請君位先生指正。

青天白日旗飄揚，十萬甲兵劍吐光；誓掃倭奴侮暴日，戰雲開處陣堂堂。

★ ★ ★

短衣匹馬入重圍，那怕屍橫血肉飛？矢爲全球除暴類，男兒視死本如歸！

雪

王竹影

（一）一東韻

飛飛六出滿園中，混入梅花一色同，多少樓台齊嘗雪，可憐東北有哀鴻！

（二）十灰韻　前人

瑩瑩白雪滿樓台，幾樹梅花歸爾開，抱病蟄居絕孤寂，小橋可有敵人來！

（三）四支韻　前人

衰柳長堤雪滿枝，堂收吉兆預先知，掃除滿地害虫子，野老占年我頌詞。

社會寫眞（續）

逸劍花

第四幕　騙婚

佈景　與第一幕同吳益一榻橫陳正在吸烟壞三慢慢的走上。

吳益　（看見壞三放下烟槍坐起來）喲！來啦，三哥，坐下坐下，好多天沒見你來，或者看着兄弟窮了吧？

壞三　（坐在烟榻的一邊拿着枝紙烟吸着）說那裏話二兄弟，咱們弟兄愈窮才愈見交情來，我這幾天實在太忙，沒空兒到這裡來，怎麼樣？烟吸的還足興麼？（從懷裏摸出一包煙泡放在煙盤上）我給你帶了三十個烟泡子。

吳益　（很高興的）還是三哥，對我眞算到地好，現在正愁缺了烟沒辦法，你到帶給我這些，（拿在手裏取開聞了聞向着壞三笑）眞比借給我十塊錢還來勁，老三！吸大烟的缺了煙，比絕了糧還當緊呢！謝謝你來弄兩口吧！

壞三　你先吸兩口吧！不要再捲癮故了，過足癮我再來。

吳益　（睡到開烟大吸）三哥！你眞是我的唯一的朋友，每到我着急窘迫的時候，你總能替我想出辦法來。（吸了烟伸了伸腿表示舒適的樣子坐起來），來！三哥，弄兩口，（壞三臥倒吸煙吸後坐起喝了口茶）

壞三　咱們弟兄，這種交情，還不是憂樂與共麼？你有什麼難爲我就睡不着覺，就像這幾天吧！王守才那家伙，對於你欠他的那筆賬，還有那數十畝的地租、催的非常的急，一天找我兩三次……

—未完—

豐縣二十四年度一月份稅款收支對照表

科目	收入之部	支出之部
上月轉入	八〇、五二七、七九	
省庫款	三、九三二、四五	
省庫款繳解數		四八九、六三
省庫款劃撥數		七五、〇〇
墊付省庫抵解數		二、六六一、二三
省教育款	一、一六八、二四	
省教育款繳解數		一、五二八、九四
省建設款	二、八七九、二三	
省建設款繳解數		九、二九一、六一
縣庫款	九、三五一、六八	五、〇〇〇、〇〇
縣教育款	六、七〇四、五三	二〇、一一九、二〇
縣建設款	九七五、一七	四五五、〇〇
縣實業款	六〇五、八二	三〇〇、〇〇
田賦徵收費	七三四、五二	九九六、二四
契牙徵收費	二三九、〇五	二三九、〇五
暫付款	一一二、八〇	一五〇、〇〇
本月結存		六五、九二五、三八
合計	一〇七、二三一、二八	一〇七、二三一、二八

司法欄

△縣政府司法批示▽

刑事原具狀人李尚氏，一件，爲因孝獲罪，訴明芳哀，哀懇鴻慈，賞保恩釋，以恤貧婦由，狀悉，候庭訊核奪，此批。

刑事原具狀人王祥榮，一件，爲甘願撤訴，懇請銷案，狀悉，准予撤回，此批。

◉刑事判決◉

主文，李廣居販賣鴉片及以館舍供人吸用鴉片，處有期徒刑一年六個月，併科罰金一百五十元，所處罰金如經強制執行，無力完納，以一元折算一日，易科監禁。裁判確定前羈押日數以二日抵徒刑一日，烟膏〇泡〇具等件照單均沒收之。

△庭期審理案件▽

王敬忠李體信均無罪。

二月十五日審理田瑞清等妨害公務案。

十五日審理史爲景鴉片案。

○○○○○○○○○○○○

本城糧價

名稱	每市斗價目
小麥最	高三千文　低二千八百文
高粱最	高一千八百五十文　低一千八百文
黃豆最	高一千九百文　低一千八百文
大麥最	高一千九百文　低一千八百文
穀子最	高一千六百文　低一千五百文
菉豆最	高二千七百文　低二千六百文
黑豆最	高一千八百文　低一千七百文
芝蔴最	高三千四百文　低三千二百文
江豆最	高二千一百文　低二千文
稷子最	高一千七百文　低一千八百文
花生每斤最	高一百八十文　低一百七十文
瓜子每斤最	高二百七十文　低二百六十文

氣象

陰

風向　東西風

最高溫度　三五

最低溫度　三二

豐報

第六九九號

[illegible]

△廣告刊例

[illegible]

本報價目

[illegible]

△總理遺囑

余致力國民革命凡四十年，其目的在求中國之自由平等。積四十年之經驗，深知欲達到此目的，必須喚起民衆及聯合世界上以平等待我之民族，共同奮鬥。現在革命尚未成功，凡我同志，務須依照余所著建國方略、建國大綱、三民主義及第一次全國代表大會宣言，繼續努力，以求貫徹。最近主張開國民會議及廢除不平等條約，尤須於最短期間促其實現，是所至囑！

本社營業部 各貨價目一覽

六開公文紙每百張一元六角
四頁公文紙每百張一元
（零售每張一分）
四頁稿紙每百張一元
十行稿紙每百張三角
（一千以上九折）
快郵代電紙每百張八角
單據粘存紙每百張二角
（一千以上八折）
收支傳票紙每百張二角
（一千以上八折）
收支傳票封面每張一分
藍裏七寸白封每百七角五分
白三表七寸封每百七角
白三表六寸封每百六角
（一千以上九折）
牛皮紙六寸封每百五角五分
黃表古六寸封每百四角
（一千以上九折）

連史十開信紙每百三角
（一千以上八折）
連史十二開信紙每百二角五分
（一千以上八折）
連史十四開信紙每百張二角

△名片▽

燙金長三號每盒七角
地長三號每盒六角
銅版長三號每盒六角
意特三號每盒六角
意長四號每盒六角
特長五號每盒五角
特字八號每盒四角
明特二號每台四角
明長三號每台四角四分
明長四號每台五角
意長一號每台四角
意長二號每台四角二分
意長三號每台四角四分

△如印書籍表冊賬簿廣告小說雜誌等請來社面議▽

代徐州私立立達女子初級中學校募捐啓事

王君公輿，治豐數載，政績卓著，其與本縣黨政各機關人員相處，感情尤洽。嗣雖調長蕭銅，對豐縣事，猶多關垂。遺愛在民，故能令人至今思之。二十二年夏，王君去治蕭銅紛忙之際，猶復出其餘緒，捐廉若干金，聯合徐屬開人尹驥三、趙光壽、王洪如等，在徐州創辦私立立達女子初級中學，救濟徐海一帶失學之女子，其熱心教育，尤足稱焉。今該校成立將近二載，復賴王君夫人丁少驥女士之慘淡經營，根基始漸穩固。惟近以建築校舍，擴充學級，在在需財，特備捐冊，轉向本縣募捐。玉珽等因念本縣不乏熱心教育之士，且與王君有舊者甚多，敢請慨解義囊，贊襄盛舉，不特王君感激已也，而我徐海失學之女子，亦將受惠匪淺矣。謹啓。

捐款請交本縣縣黨部或教育局收轉

代募捐人

董玉珽　李貞乾　黃體潤　王子蘭　李乃正　劉美周
李敦禹　張紹緒　黃壽山　彭世亭　趙寶純　王漢卿
龔守信　蔣季韶　劉子粹　韓昭九　彭繼亭
董玉衡　王福九　卜憲章　彭元仁　黃仲安
仝啓

同樂舞臺招包啓事

本會籌建本縣黨政機關公共娛樂場所起見，於前年秋間呈奉縣黨部核准，在城內衙街建築同樂舞臺一處，迄今二載，頗承各界贊許。現因會務繁重，無暇兼及舞臺內部事務，爰經第十四次全體聯席會議決議，將舞臺內部一切用具交承包人主持營業，一年改包一次。茲將投標手續開列於左：

一、投標日期——自二月八日起至二月廿五日止。
二、地點——久和號門前。
三、標額——全年以四百元為最底額，（一年分四期繳納。）
四、投標人須填寫真實姓名。
五、投標人須先到縣黨部門房購買標紙，（標紙一元，投准發還。）

倘能承包人依照上列各點投標，俟揭曉後來會領填保據，以便開演營業此啓。

豐縣總工會籌備會啓

貧苦子弟欲來蔣單樓小學求學者注意

查蔣單樓小學自王君汝經長校以來，名譽日見增高，成績日見卓著，鄉中老幼莫不欽心稱讚，感戴其造福鄉里，惟在校學生僅有數十人，不再繼續增加，實覺事有餘憾。雖學校經費一再減免，而願就學者仍屬寥寥，推究其原因，概由本鄉經濟日形破產，貧苦子弟欲就學者隨受其壓迫而致失學，鄙人有鑒於此，不惜將私有財產提出一部，專供本學期貧苦子弟來蔣單樓小學者學雜費之用（捐款數目視貧苦學生數而定）雖曰杯水車薪，不過聊盡國民之一責耳。特此登諸報端，望貧苦諸生速來蔣單樓小學求學，是所至盼！

入學手續，一、到蔣單樓鄉公所報到，二、填具保證書，三、持保證書入校。

豐縣第五區蔣單樓鄉鄉長顏仁啓

鳴謝韓建禎醫士

鄙人家嫂前患熱症，曾請中西醫治，均無效果，後經本縣城西北二十五里韓河韓建禎醫士診治，服藥數劑，病已痊癒，今已健康如常，感激之餘，特此登報鳴謝。

袁適亭謹啓

鳴謝袁棟臣醫士

家嚴素患痰症，近忽轉為腹痛，寢食不安，經西街仁德堂袁棟臣先生診治，服藥二劑，豁然痊癒，感激之餘，特此登報鳴謝。

王德舉謹啓

本社啓事

鄉間本報各閱戶均鑒：連日雨雪載途，道路泥濘難行，兩日送達一次，事實上確有困難，為體恤工友起見，本週暫改為三日送達一次，希各鑒原為荷！

豐縣農業推廣所通告 第一號

本所培育各種苗木，歷在春季無償推廣人民領植。本年與各區民衆教育館，農民教育館，民教實驗區，各中心民衆學校合作推廣，務祈全邑民衆各向本區民教機關，即日登記，以便核發！茲擬定於二月一日起，至十五日止，為登記期，二月二十日起，至三月十日止，為領苗期，尚望各位農友勿失良機！特此登報週知。

中華民國二十四年二月二日　管理員劉棣

中外要聞

朱毛殘匪向建武潰竄 先頭隊已抵牛街 各路軍分途追勦

△中央社重慶十二日電　薛岳電告、匪向建武潰竄、已飭各部追勦隊、積極向該方面急進、期與川軍聯絡、將匪殲滅。

14

▲中央社重慶十二日電　朱毛殘匪先頭竄抵牛街，徐方匪[illegible]師及劉賀各旅，已分道進剿中。

▲中央社昆明十二日電　龍總司令就職後，十日發電第二路[illegible]隊司令官，略謂既承簡命，應共矢忠貞，共[illegible]責，以此朝氣之決心，肅[illegible]，用固國本等語。

▲中央社重慶十二日電　省保安處決[illegible]最近成立，[illegible]保安區，區設保安總隊部，縣設保安大隊部。

清理戰區問題　雙方意見已較趨接近

▲中央社北平十二日電　清理戰區問題，日來繼續與日方負責人員折衝，意見較前接近，殷同、殷汝耕、陶尚銘、及日武官酒井等，日前赴津與土肥原、儀我、梅津磋談，尤為緊要，大約關於新保安隊出發及接收[illegible]二事，可於日內解決，殷等定十二日晚或十三日午返平，召開戰區清理會，討論實施辦法。

▲中央社北平十一日電　于學忠因招待土肥原，故十三日殷由津來平請何應欽，並協商清理戰區事宜。

蔣委員長精神堅苦卓絕

▲中央社南昌十二日電　[illegible]長在牯嶺小住，即電召各地將領前往[illegible]，張學良、蔣鼎文、顧祝同、劉[illegible]式輝[illegible]時，及本省各綏靖區司令等，均先後到達，除[illegible]四公開訓話外，[illegible]、毛炳文、羅卓英等十八人，十一日午返省，據某將領談，蔣委員長昨午訓話完畢，即親率各將領，於大雪紛飛中，徒步下山，以示堅苦卓絕之精神，[illegible]。

劉湘通令各縣長整飭吏治

▲中央社重慶十二日電　劉湘昨通令各縣縣長，[illegible]，（一）應貢[illegible]，切戒[illegible]，（二）[illegible]求進步，（三）各縣長[illegible]。

新運總會籌備二一九紀念

▲中央社南昌十二日電　新運總會[illegible]，[illegible]九時在體育場舉行市民大會，下午二時[illegible]，公安局、[illegible]組織[illegible]。

何鍵定期謁陵原籍

▲中央社長沙十二日電　何鍵十[illegible]日[illegible]祭祖、約[illegible]。

國聯交通組長哈斯　昨拜謁汪院長

▲中央社南京十二日電　國聯交通組長哈斯，日昨由滬晉京，即訪全國經委會秘書長秦汾、[illegible]，今日午後，哈氏特偕秦[illegible]赴鐵部官舍，拜謁汪院長，[illegible]談，即辭出，聞哈斯在京將作旬日勾留，計劃國聯與[illegible]合作之工作。

外部聘張彭春赴俄　考查文化事業

▲中央社南京十二日電　外交部近函聘南開大學教授張彭春，赴蘇俄考察文化事業，南開大學已准給假二月，聞張氏定明日由津搭平滬通車南下，在京勾留一日，即赴滬與顏惠慶大使，及梅蘭芳等，同乘[illegible]放洋。

湘省府委員由[illegible]　擬定工作綱要

▲中央社長沙十二日電　湘省府委員[illegible]，昨擬具工作綱要，[illegible]，計（一）[illegible]、（二）[illegible]、（三）整理金融、（四）調查[illegible]、（五）[illegible]、（六）[illegible]保甲、（七）[illegible]、（八）整頓警衛、（九）清查戶口、（十）[illegible]、（十一）整理教育、（十二）其他興革事宜。

提選運英藝展古物共八十件

▲中央社上海十二日電　提選運英藝展古物共八十件，並定本月中旬在滬[illegible]展覽，會期三[illegible]。

法制委員會昨討論　民間適用禮節儀制案

▲中央社南京十二日電　[illegible]審定民間適用禮節儀制案，自[illegible]審查後，[illegible]於今晨九時，在立法院開會，並推定[illegible]審查結果，[illegible]。

豫民廳澈底禁[illegible]

▲中央社開封十二日電　民政廳[illegible]，[illegible]十餘縣為[illegible]，每區派專員一人[illegible]。

閩全省軍事定期總檢閱

▲中央社福州十二日電　全省[illegible]軍總檢閱，定本月十六[illegible]。

[illegible]九三日舉行，[illegible]參加。

黃郛日內赴莫干山靜養

▲中央社上海十二日電　黃郛[illegible]。

全國學生軍訓四月開始

▲中央社洛陽十二日電　[illegible]第三期軍訓[illegible]。

賀耀組下月初赴土履新

▲中央社上海十二日電　[illegible]賀耀組定下月初赴土履新，唐生智、蔣鼎[illegible]。

洛陽槍決販紅丸犯一名

▲中央社洛陽十二日電　[illegible]。

貫台堵口工程復工

▲中央社天津十二日電　[illegible]。

召集開業務會議

農民銀行[illegible]

李頓與美當局　討論中國與遠東事件

▲中央社[illegible]十一日電　[illegible]

大概所有英美諸國在遠東之政策，皆曾研究，致所提出之[illegible]計，此次會議之主要計劃，大概為討論如何可以維持遠東和平，據[illegible]李氏會議結果，美國與英國等，及其他關係國，共同要求日本對於侵略行動，稍自抑制，以免引起戰爭，按李氏曾稱，彼曾與[illegible]可合作，以維太平洋之和平，並謂[illegible]官場，對於此意[illegible]致贊同，惟美國政策，尚未正式發表，據此間消息，羅氏與羅總統曾討論各種問題，但未提及定約一節，蓋英美兩國，雖有合作辦法，亦必為一種默契也云。

▲中央社上海十二日電　華盛頓十一日電稱，李頓爵士今日在美國演講，謂日本若不願同維世界和平，則前次大戰時數萬人所流之血，[illegible]，李頓主張全世界請日本承認此事實，并請[illegible]維持世界現狀，故其不再予人以窮兵黷武之印象，李頓大聲曰，除非日本[illegible]政策，則現時若和平制度，將必全然[illegible]，李氏以為日本以[illegible]其人口之宣洩地，與其國家生命綫，惟英國與世界各國，以為世界和平條約簽定，乃世界和平之生命綫，李氏又謂，如世界各國一致向日要求俾其加入此項和平公約，則余未見日本拒絕不理，蓋日本若[illegible]了解和平利益遠勝戰爭，彼必樂於就此也，李又謂，國聯對東亞事件處置，并不失敗，蓋國際地位，原在以批評為政策，並不以軍隊[illegible]，最後李以為日本[illegible]以和[illegible]

爭方法謀東省發展、日本軍隊必須撤回、然後保持世界各國之好感也。

意亞爭案 仍甚嚴重

▲中央社羅馬十二日電　據信意政府仍將力避與亞比西尼亞開戰、昨日官場解釋動員陸軍兩師之理由、謂亞國屯兵三萬於邊界、且續出兵十萬名、意國爲未雨綢繆計、不得不備援軍、以衞意國殖民地、并取避免引起衝突之步驟。

▲中央社羅馬十一日電　亞國駐意代辦、今日語記者、如意國與亞國開戰、亞國有武裝兵八十萬、更能招募一百萬人、據意政府今日宣稱、解決爭案之談判、正在進行中。

蘇省令各縣舉行 烟犯自首宣傳週

至遲自二月十四日起至廿一日止 隨文印發宣傳週辦法及宣傳大綱

▲江蘇社　蘇省政府以禁烟條例行將施行、自首條例業經開始、特本教而後誅之義、頒製自首宣傳大綱、令各縣舉行煙犯自首宣傳週、勸導煙民從速自首、免罹重刑、茲探錄其令文及宣傳辦法宣傳大綱如次、

令各縣長　查本省禁烟治罪暫行條例及犯自首條例、業經公布、本府本先教後誅之義、規定至遲自二月十四日起至二月二十一日止、爲本省各縣舉行煙犯自首宣傳週時期、茲印發各縣辦理烟犯自首宣傳週辦法及宣傳大綱各一份、仰該縣長會同縣黨部、縣禁煙委員會、並督飭教育公安自治機關、遵照舉行普偏宣傳、務使所有未登記煙犯、深切認識此次辦理煙犯自首、實爲政府予該犯等以最後免除罪戾之機會、如再觀望不前、坐失自首限期、定按禁烟治罪暫行條例嚴厲懲辦、不稍寬容、除分令外、合行令仰遵照辦理、並將辦理宣傳經過具報、此令、附發各縣辦理烟犯自首宣傳大綱一件、各縣辦理煙犯自首宣傳週辦法二份、

宣傳大綱　各縣辦理烟犯自首宣傳大綱、

（甲）宣傳辦理煙犯自首之意義、

一、辦理烟犯自首、是爲本省未及履行登記烟犯謀自新辦法。

二、辦理烟犯自首、是本省無照煙犯免罹重刑最後機會。

三、辦理烟犯自首、是要肅清烟毒、不容本省再有私吸煙犯存在。

四、煙犯自首限期、規定在江蘇禁烟治罪暫行條例公布以後施行以前、逾期不准自首。

（乙）宣傳禁烟治罪暫行條例與過去適用之禁烟法科刑輕重之比較。

（丙）宣傳烟犯自首程序。

一、烟犯自首、須向該管縣禁烟委員會爲之

二、烟犯自首、須塡具自首書狀、註明姓名籍貫年齡性別住址。

三、自首煙犯得免科罪刑。

四、自首烟犯、由該管縣禁烟委員會發交戒烟所或收容所施戒、所需膳藥各費、由煙犯自理、但確係赤貧者得酌予減免。

五、烟犯經人告發而自首者、不得援用烟犯自首條例。

六、烟犯自首戒絕、經發給證明書後、如查明有重行私吸情事、依本省禁烟治罪暫行條例嚴辦。

宣傳辦法　各縣辦理烟犯自首宣傳週辦法、

一、爲辦理本省各縣烟犯自首普遍宣傳起見、特訂定本辦法。

二、各縣縣政府縣黨部縣禁烟委員會、及教育公安自治機關、應照本省規定日期舉行烟犯自首宣傳週。

三、各縣禁烟委員會、應爲負責計劃辦理舉行宣傳週之主體機關。

四、各縣各機關團體、應聯合組織宣傳隊、分區出發宣傳。

五、各縣禁烟委員會、應會同縣政府、令飭公安機關及各區區長、運用保甲制度、召集鄉鎮保甲長挨戶切實宣傳。

六、娛樂場所及公共場所、應遍貼關於自首宣傳標語。

七、各縣地方報紙、應於宣傳週內、劃欄專載關於辦理煙犯自首宣傳文字。

八、各縣得根據本省禁煙委員會所發關於禁烟各項法令及宣傳品、撰擬通俗文字標語擴大宣傳。

九、宣傳經費、由各機關分別負担、並得由縣政府設法補助之。

德對英法協定 復文尚待發出

▲中央社巴黎十一日電　德對英法近在倫敦成立妥協復文、預料星期四可以發出、現信其措詞必屬泛泛、必含有談判之申請、而不表示政府之見解。

英變更 南京總領署

▲中央社倫敦十一日電　今日下院開會時、保守黨議員台維森、詢及英使賈德幹抵華後、將常常至南京與上海否、外相西門答稱、現擬更動南京英總領署、俾英使離其需要時、而到南京、屆時該署之變動、尚有完畢云。

小本貸款處 一日貸款數 ◀二萬三千餘元▶

▲江蘇社　江蘇省平民小本貸款處、自開始貸款以來、已屆匝月、據該處一月來之統計、貸款戶數、約一千餘戶、發出實放貸款金、計二萬三千餘元、現該處袁主任、以貸款處自開始迄今、所有過去情形、最近貸款狀況、亟待向金城銀行有所報告、以及請示進行方針、爰於九日上午乘快車赴滬、報告一切、約下星期三返省、所有處務、均有盧副主任主持云。

蘇嘉鐵路決定 建修蘇州新車站

地點在婁葑門間

▲江蘇社　鐵道部建築蘇州至嘉興之蘇嘉鐵路、其工作正在積極進行中、該路工程師沈勘君、以該路由盤門稅關而至婁門與京滬路銜接、擬在婁門之南半公里建築蘇嘉鐵路之蘇州新車站、顧以與蘇嘉建設局擬在婁葑門間之涯門原址、嗣後成門、途以建新車站之地點、須以與新城門成一直線、而便利將來之旅客、故沈工程師特親往建設局接洽、探問新城門地點之究竟、俾便着手計劃、經建設局周局長考慮後、以現在干將坊之馬路、已經落成、故擬再將松鶴板場濂溪坊新學前繼續拓寬、而在東盡頭開闢新城門、沈工程師遂亦決定將新車站設在婁葑中心皋橋東面東木索橋地方、則由新城門入城經新學前濂溪坊松鶴板場干將坊而成一直線。

武進戽水統制辦法 各縣可參酌舉辦

建廳令各縣知照

▲江蘇社　江蘇省建設廳頃訓令各縣縣長、（武進江甯除外）文云、案據武進縣長呈報、「二十三年度第一次全縣行政會議議案、提議登記并統制戽水機船案、議決、照原案通過、茲據本府第三科長會同農業推廣所管理員、遵照原提案、擬具辦法、送請提交政務會議議決修正通過、呈請建設廳備案等語、理合錄附提案及議決統制辦法、呈送鑒核備案、」等情、據此、查該所送戽水統制辦法、尚無不合、除指令外、合行抄發該辦法、令仰該縣參酌地方情形、仿照舉辦具報云。

蘇民廳召集 各縣保甲指導員

前日在廳開談話會

～余廳長出席聽取報告～

▲江蘇社　江蘇省民政廳爲督促各縣切實辦理保甲起見、前於去冬十二月初、派遣保甲指導員十五人、分赴江南及江都區各縣指導保甲編查事宜、該廳爲欲明瞭各縣進行情況、特於前八日召集各縣指導員王慕曾等十五人來廳開談話會、會址假省府普通會議室、於上午十時舉行、余廳長、相主任秘書、周科長均親臨出席、并由余廳長致開會詞、略謂、諸位到達各縣、已逾二月、平日雖各有工作日記報告本廳、但猶有未極詳細之處、茲爲明瞭各縣保甲進行實況、交換各人指導經驗、并指示今後辦理方法起見、故特召集諸位來廳、請各就當地實際情形、及詳細報告、以供本廳之參考、并爲各位互相之觀摩云、旋即由各指導員報告各縣保甲進行之階段、辦理之困難、以及希望廳方予以補救之點、至十二時半、告一段落、即在廳中午膳、下午二時再度開會、仍循序逐一報告、六當許、報告完竣、復由孫雲霞、任映滄、杜品山、黃懋材等、分別講述視察南通鹽城等區各縣保甲辦理情形、以及宣傳、訓練、戶口塡表之優良方法、最後由相主任秘書、周科長相繼致詞、最以今後指導督促研究各方面應注意之點、直至七時一刻、始於雪花飄舞中散會。

本縣新聞

縣政府召開第五十次區長會議

確定各區攤派倉穀數目　植樹挖河在三月份內總動員

縣政府於本月八日下午二時召開第五十次區長會議、主席王述先、紀錄裴朝永、報告事項從略、討論事項、一、奉令舉辦縣倉儲、擬先籌足一千石、應如何攤派、請公決案、決議、1、一區攤一百四十七石、二區攤一百五十八石、三區攤乙百三十二石、四區攤一百三十二石、五區攤一百三十二石、六區攤一百三十二石、七區攤七十九石、商會攤七十九石、實驗鄉攤一十一石、2、各區攤派穀額限本年十月底繳縣、二、擬推定人員清查本縣過去縣倉情形案、決議、1、推王純九、郭韶九、方韶音三人、2、清查結果提下次會議報告、三、各區辦理戶口異動查報、頗多逾期及遺漏情形、自本月起一律如期呈報、並須由區先行復查、以臻確實案、決議通過、四、各區在三月份內凡已完成之河路兩旁、即須植樹、其未開濬之河道、應繼續征工動員案、決議通過、五、各區長提議、據各鄉鎮長聲稱、各鄉鎮已有豐報、無力訂閱徐報、應如何辦理案、決議、由縣政府據情轉呈專員公署、散會。

保甲長訓練委員會製定保甲長受訓應行注意之事項

保甲長訓練委員會以保甲長訓練期間甚爲短促、若不嚴定規約、恐鮮成效、特製定保甲長受訓應行注意之事項、茲探誌如下、一、本縣保甲長在訓練期間須一律到所受訓、一、保甲長受訓時不得冒名頂替、如經發現、除冒名頂替者究辦外、該保長或甲長亦並科以五元以下罰金、勒令即時入所受訓、一、保甲長無故不到所受訓、科以二元以下罰金、並勒令受訓、一、保甲長如有特別事故不能到所上課時、須事先報告總鎮長轉報區長、經查明確實方予准假、一、保甲長告假時數不得超過其所受訓各科總時數五分之一、一、保甲長每日不得遲到、如在上課後十五分鐘以後到者、即以曠課論、一、保甲長聽講時、務須肅靜、不得喧嘩、或左顧右盼、交頭接耳、一、保甲長對於某科講解不明瞭時、得即時起立詢問、一、保甲長所領講義須切實保存翻閱、一、保甲長於受訓完畢時、須接受所長或訓練員之口試、其成績優良者獎勵之。

第一區中陽鎮鎮長赴實驗鄉參觀見習

第一區中陽鎮鎮長李金玉、自受訓以來、對於地方自治事業、頗有興趣、所有該鎮應行興革之事宜、均已擬定進行計劃、只以平日缺乏相與研究指導之人、深恐有所貽誤、近特親赴該區區長、備函介紹至實驗鄉公所參觀見習、以資借鏡、實驗鄉鄉長接待後、招表歡迎、已將保甲經濟調查戶口異動查報等工作、指導該鎮長見習矣。

徐州省立麥作試驗場將來豐推廣美棉

每畝貸款兩元作種子肥料費

徐州麥作試驗場去年與中央棉業改進所合作、在豐曾推廣美棉六千畝、成績極佳、今年又籌增至兩萬畝、現已從事登記、并派專人指導、將來獲益必多、本縣西半部多屬砂質壤土、頗適植棉、近年來雖經農業推廣所一再提倡、終以種子缺乏、未能普及、縣府有見及此、前特派農業推廣所劉管理員赴徐麥作試驗場交涉、請其來豐推廣、聞劉君昨日公畢返豐、云交涉已得圓滿結果、准在本縣六區一帶推廣兩千畝、每畝貸款兩元、作種子肥料費、不日即派員來豐從事登記矣。

言語不合遽行動武　董純典打人被拘押

昨日下午三時、有程集之吃果行人程運典、來城與東大街路南同興號夥友董純典、討要洋錢、因言語不合、董某竟將程運典嘴部擊傷、當被三大券値崗警士將伊二人一併帶府、經預訊一過、該董某確有如嚴行於人之行爲、援照違警罰法第五十條第一款之規定、處以五日之拘留云。

第一區公所捕送大批賭犯

第一區區長、因恐各鄉賭習未除、借屆舊年關、招聚來賭、致生糾紛、擾亂閭閻、密派班長孟得勝、帶區丁數人、赴各鄉巡邏、於十一日晚七時許、巡邏至秦河東劉莊東首、突聞人聲吵雜、繼聞牌九聲、當即知爲聚賭者、該班長遂率區丁前往拘捕、當場拿獲正在圍賭之劉耀仁、趙安、劉耀木　劉耀明、劉耀光、劉學、劉如等七人、並賭具牌九一付、骰子兩個、碼子錢二十餘枚、并將旁觀之秦明文一名、因有賭博嫌疑一并帶所、聞已解送縣府法辦矣。

第一屆越野賽跑

定於本月十七日舉行

公……園

縣立公園第一屆越野賽跑　原擬於本年元旦日舉行、時以天雨道阻、未克辦理、後將跑道改爲豐碭路、並定一月十三日舉行、適是日又降雨雪、天寒地凍、道路泥濘、不能舉行、又行停止、業經兩誌本報、茲探悉該園以天氣和暖、道路無阻、已決定於本月十七日重行舉行、有志參加斯項運動者、可速向該園重行報名可也。

錄菸作職業工會舉行第五次會員大會

趙福增等三人當選爲出席縣總工會代表

錄菸作職業工會、於昨（十一）日下午四時、假縣黨部大禮堂、召開第五次會員大會、計出席會員四十二人、列席武襄承、首由趙福增主席領導行禮如儀、並報告召開第五次會員大會經過、及半年來工作概況後、繼由縣黨部代表武襄承解釋出席縣總工會代表選舉條例畢、旋經散票選舉、結果趙福增以三十七票、段新法以三十四票、楊品增以三十三票、當選爲出席縣總工會代表、下午五時散會。

公安警察拿獲賭犯

本城温家衚衕温殿選家、時常聚衆賭博、昨夜十時、有公安警察督察員胡仲敏、帶警巡邏經過該處、特意前往內院察看、及至該院、果見西屋內、有數人正在聚賭骨牌、惟因帶去警士太少、僅將史學堤之史孝運（即史敎萃）、無價衙之秦攝禮二人拿獲、其餘賭徒均乘隙潛逃、聞該二犯現正準備解送司法科訊辦矣。

縣政府公佈捐稅章則

江蘇省營業稅暫行章程（續）

第二十七條　營業者如有第二十六條第一項不遵定章設立帳簿之行爲、處以一元以上十元以下之罰金。

第二十八條　營業者如有第二十六條第二項抗不申報或不服調查之行爲、除強制執行外、並處以一元以上二十元以下之罰金。

第二十九條　營業者如有第二十六條第三項申報不實或避重就輕之行爲、除責令補稅外、並處以應納稅三倍以上五倍以下之罰金。（未完）

豐縣保甲工作報告書

豐縣縣政府編印　（三二）

七、鄉鎮保甲長　各鄉鎮保甲長皆經由合法手續產生、各鄉長皆堪任事、各保長、除程集鄉第十保保長杜玉山稍差外、類皆可用、各甲長亦類皆誠實之鄉人、

八、區長　區長董玉樹、曾任縣公安局局長五年、辦事亦頗努力、

（二）第六區保甲、凡抽查五鄉鎮、十六保、四十八甲、四百八十五戶、所得情形如下、

一、門牌方面　門牌排列、隨寨鄉發現三戶、宋樓鎮發現五戶紊亂、及前鄉發現兩戶換錯門牌外、大體尚屬順序、此外、門牌謄寫亦稍有錯誤、錯樓發現一起寫錯戶第者、隨寨等四鄉發現七起寫錯戶長姓名之門牌（與戶口調查表所用字樣不符）、均由鄉指導員面飭更正矣、（未完）

豐報

◀第七〇一號▶

社址豐縣大同街

中宣會登記證中字第一二九二號　內政部登記證警字第二二三〇號

△廣告刊例

一本報廣告以方寸計算
一每方寸以市尺長寬各一寸計算
一封面每方寸每日大洋一角普通每方寸每日大洋八分三方寸起碼
一登三日以上九折六日以上八折十日以上面議

今日一張半

本報價目

本報每份大洋一分四厘每月大洋三角外埠每月大洋四角郵費在內

總理遺囑

余致力國民革命凡四十年其目的在求中國之自由平等積四十年之經驗深知欲達此目的必須喚起民眾及聯合世界上以平等待我之民族共同奮鬥現在革命尚未成功凡我同志務須依照余所著建國方略建國大綱三民主義及第一次全國代表大會宣言繼續努力以求貫徹最近主張開國民會議及廢除不平等條約尤須於最短期間促其實現是所至囑

本社營業部 各貨價目一覽

六頁公文紙每百張一元六角
四頁公文紙每百張一元
（零售每張一分）
四頁稿紙每百張一元
十行稿紙每百張三角
（二千以上九折）
快郵代電紙每百張八角
證據粘存紙每百張二角
（二千以上八折）
收支傳票紙每百張二角
（二千以上八折）
收支傳票封面每張一分
藍裏七寸白封每百七角五分
白三表七寸封每百七角
白三表六寸封每百六角
（二千以上九折）
牛皮紙六寸封每百五角五分
黃表古六寸封每百四角
（二千以上九折）
連史十開信紙每百三角
（二千以上八折）
連史十二開信紙每百二角五分
（二千以上八折）
連史十四開信紙每百張二角

△名片▽

憲金長三號每盒七角
地長三號每盒六角
鋼版長三號每盒六角
憲特二號每盒六角
憲長四號每盒六角
特長三號每盒六角
特字八號每盒五角
特料二號每盒四角
明長三號每合四角四分
明長四號每合五角
憲長一號每合四角
憲長二號每合四角二分
憲長三號每合四角四分

△如印書籍表冊賬簿廣告小說雜誌等請來社面議▽

代徐州私立立達女子初級中學校募捐啟事

王君公璵，治豐數載，政績卓著；其與本縣黨政各機關人員相處，咸情洽。歸雖調長蘇銅，對豐縣事，猶多關垂。遺愛在民，故能令人至今思之。二十二年夏，王君於治蘇紛忙之際，猶復出其餘緒，捐廉若干金，聯合徐屬聞人尹聘三、韓允濤、王浩如等，在徐州創辦私立立達女子初級中學，救濟徐海一帶失學之女子，其熱心教育，允足稱焉。今該校成立將近二載，復賴王君夫人丁少蘭女士之慘淡經營，根基始漸穩固。惟近以建築校舍，擴充學級，在在需財，特備捐冊轉向本縣募捐。玉珏等因念本縣不乏熱心教育之士，且與王君有舊者甚多，敢請慨解義囊，贊襄盛舉，不特王君感激已也，而我徐海失學之女子，亦將受惠匪淺矣。謹啟。

捐款請交本縣縣黨部或教育局收轉

代募捐人

董玉珏　李效禹　馮守信　董玉樹
李貞乾　張紹緒　蔣季坦　王純九
黃體潤　董鍾山　劉子粹　卜憲章
王子衡　彭世亨　韓韶九　彭元仁
李乃正　趙寅紳　彭繼亭　龔仲安
劉業周　王漢卿

全啟

同樂舞臺招包啟事

本會為求各界有公共娛樂場所起見，於前年秋經呈本縣黨政機關核准在城內高皇廟舊址，建築同樂舞臺一處；迄今二載，頗承各界贊許。現因會務繁重，無暇顧及臺內事務，爰經第十四次主席聯席會議決議「將臺內一切用具變承包人主持營業；一年改包一次」。茲將投標手續開列於左：

一、投標日期——自二月八日起至二月廿五日止。
二、[illegible]址——久和號門前。
三、[illegible]額——全年以四百元為最底額，（一年分四期繳納。）
四、投標人須填寫真實姓名。
五、投標人須先到縣黨部門房購買標紙，（標紙一元，投准[illegible]撥還。）

倘蒙承包人依照上列各點投標，俟揭曉後來會領填保據，以便點交營業此啟。

豐縣總工會籌備會啟

貧苦子弟欲來蔣單樓小學求學者注意

查蔣單樓小學自王君汝經長校以來，名譽日見增高，成績日見充實，鄉中老幼莫不銘心碑贊，感戴其造福鄉里，惟在校學生僅百數十人，不再繼續增加，實覺事有餘憾。雖學校費用一再減免，而躑躅就學者仍屬寥寥，推究其原因，概由農村經濟日形破產，貧苦子弟欲就學者隨受其壓迫而致失學，鄙人有鑒於此，不惜將私有財產提出一部，專供本學期貧苦子弟來蔣單樓小學者學雜費之用（捐款數目視貧苦學生數而定）雖曰杯水車薪，不過聊盡國民之一責耳。特此登諸報端，望吾豐貧苦諸生速來蔣單樓小學求學，是所盼！

入學手續：[illegible]到蔣單樓鄉公所報到、二、填具保證書、三、[illegible]入校。

豐縣第五區蔣單樓鄉鄉長蔣顯仁啟

鳴謝韓建禎醫士

鄙人家嫂前患熱症，暨姑母前患崩疾，均屢治不效，後經本縣城西北二十五里韓河韓建禎醫士診治，服藥數劑，病已痊癒，今已健康如常，感激之餘，特此登報鳴謝。

袁逸亭謹啟

本社啟事

鄉間本報各閱戶均鑒：連日雨雪載途，道路泥濘難行，兩日送達一次，事實上確有困難，為體恤工友起見，本週暫改為三日送達一次，希各鑒原為荷！

豐縣縣政府繼續徵文啟事

題為「治豐計劃」

查本府徵文至本月十日業已截止惟收件無多難資借鏡特再繼續徵求務祈不吝珠玉踴躍投稿無任企盼

一　徵文方法　如前
一　徵文日期　自本月十六日起至月底止
一　發表日期　三月五日同前次徵文一併揭曉

縣長王逃先謹啟

鳴謝救濟院施醫所馮羣山醫師

舍弟守訓前患疥疾頗劇，各醫束手，後經本縣救濟院施醫所馮醫師羣山施以手術，不月痊癒，現已出院，感激之餘，特此登報鳴謝。

程守謨謹啟

中外要聞

清理戰區問題
昨在平殷同宅正式會商
具體辦法須待最後確定

▲中央社北平十四日電　清理戰區事宜、最近經中日負責人員、交換意見、雙方對原則上完全一致，決定在平續商

、十三日殷同饋我等、由津來平後、在殷宅正式會談、到殷同、殷汝耕、陶尚銘、朱式勤、及關東軍代表儀我、日駐軍代表大木、津日領田中、日使館武官高橋等、商洽結果、較前已有進展、惟具體辦法、仍待請示後再作最後確定、關於方談洽經過、第一步先解決新保安隊出發問題、人數已規定爲五千名、警察一千名、武器除步槍手槍外、並可攜帶輕機槍若干、原駐各縣保安隊、分別遣散、或調同訓練、至接收馬蘭峪亦決於短期內使其實現。

▲中央社天津十四日電　于學忠十四日下午四時乘車赴平、將與關係各方、商討戰區本決問題。

▲中央社北平十四日電　日使館高橋連日與我方商洽戰區未了問題、前以各項事宜均商有頭緒、擬於下月赴長春向關東軍作最後之請示。

梅津昨日由津赴平 何應欽晚在居仁堂設宴洗塵

▲中央社北平十四日電　津日駐屯軍司令梅津、十四日下午由津乘汽車抵平、何應欽晚七時、在居仁堂設宴爲梅等洗塵、並邀儀我高橋殷汝耕殷同陶尚銘等作陪、梅津來平、除訪晤我當局作普通之應酬外、並視察日僑狀況、聞在平稍留、即赴大同游覽雲岡石佛等名勝、日駐華武官鈴木、將奉調回國、遺缺以磯谷繼任。

廖震電劉湘 報告萬源匪區被災慘狀

▲中央社重慶十四日電　廖震師長十三日電劉湘、謂職師推進萬源、軍行數百餘里、沿途市鎮、被匪焚燬、屍骸遍野、萬城民房、火焚無餘、殺人多至三萬、鄉場民屍、各達數千、所存老幼婦孺、大都穴居野處、採食草根樹皮、小春豆麥僅種千分之一、田園荒蕪、行見凍餓流離、目及心傷、懇請鈞座迅飭該縣長、前來辦理善後、設施賑濟、用甦民命。

▲中央社雲南十三日電　朱毛以下各匪首、中央懸賞三十萬元至百萬元、總部已令各部隊各縣一體嚴緝。

中央昨舉行 第一五八次常務會議

▲中央社南京十四日電　中央黨部於今晨開一五八次常務會議、由常委居正主席、決議（一）行政院函、關於發敍孔聖嫡子後裔南宗一派案、經交內政教育兩部議覆、擬給予南宗奉祀官名義、其待遇與四陪祀官相等、（二）核准中央政治學校設研究所（三）推汪兆銘出席下星期一中央紀念週報告。

汪院長昨在滬晤孔祥熙等 定今晚夜車返京

▲中央社南京十四日電　行政院汪院長、因須與孔財長有所商談、昨晚赴滬、聞汪院長在滬除延醫檢驗身體外、並訪孔祥熙氏、商洽財政問題、大約今晚返京。

▲中央社上海十四日電　汪院長夫婦十四日晨由京抵滬、請諾爾醫士檢驗身體、旋往探視顧孟餘疾、顧向未痊癒、午訪晤黃郛、談半小時、下午訪晤孔祥熙王寵惠。

▲中央社上海十四日電　汪院長十四日下午二時往視孔祥熙疾、三時辭出赴宋宅晤宋子文、接洽經委會會務、三時半返曾仲鳴宅、接見王寵惠　有所商談、五時黃郛往謁、六時陳紹寬亦往謁、同在曾宅晚飯、梅蘭芳亦於六時往謁、接洽赴俄事宜、由曾仲鳴代見、梅定十八日與顏大使同乘俄專輪首途。

蔣嘉獎劉鎮清旅

▲中央社南京十四日電　共黨匪首方志敏、劉疇西、此次被擒係陳調元舊部劉鎮清旅所立奇功、二匪已解南昌訊辦、蔣委員長對該旅極爲嘉獎、除電劉旅長記大功一次外、並照賞格方匪八萬元、劉匪三萬元、令贛綏署撥發、以資激勵。

立法院今日大會議程

▲中央社南京十四日電　立法院明晨九時、開第四屆第五次大會、討論修正教育部組織法、陸海空軍懲罰條例、及鹽政改革委員會組織法等要案。

外部重行劃分外交員視察區

▲中央社南京十四日電　外交部近因事實之需要、將視察專員視察區域、重行劃分爲十一區、並擬具視察專員辦事處暫行規程　業經行政院會議通過、茲開十一區視察專員人選、除已有者外、其餘新增各區、須經過相當遴選時間、方能派定。

國民政府昨日命令

▲中央社南京十四日電　國民政府今日命令、（一）准審計部部長李元鼎呈請辭職、任陳之碩代理審計部長、（二）公布駐贛及駐閩綏靖公署條例。

江西農村攷查團組織竣事

▲中央社南京十四日電　行政院農村復興委員會、所組織之中央各機關江西農村攷查團、已組織完竣、并定於明日下午、在行政院開二次談話會、推定總主任、及各組人選、并確定出發日期、集合登輪等事項、以便啓程。

全國土地整理近況

▲中央社南京十四日電　關於全國土地整理事宜、去年各省市政府、已有組織地政機關、積極辦理者、今日據內部土地司負責人談、在舉行土地登記前、必須先辦清丈、目前進行土地清仗之省份極多、而開始辦理土地登記者、除京市外、河南已經核准、着手辦理、其他如安徽福建漢口、即將開始、其餘各省之內部已函咨請積極清仗、以期早日結束登記手續、全國土地得以整理。

財政當局改善鹽務

▲中央社南京十四日電　財政當局爲改善鹽務起見、特通令鹽務機關、轉飭各鹽運使、取締倉底積鹽、又財長孔祥熙電呈蔣委員長、請將前頒暫許買賣積鹽辦法、通飭取消、以肅鹽政。

內部派員赴各省抽查倉儲

▲中央社南京十四日電　各省辦理倉儲情形、尚屬良好、內部已開始派員至各省抽查、所報倉儲、是否符合、前日曾派王光强赴浙抽查、日昨內政部復派曹僊瞻前往江西、抽查倉儲實情。

王寵惠候輪出國

▲中央社上海十四日電　王寵惠私務公務、料理清楚、決在一週內候輪出國。

余漢謀將飛南昌

▲中央社香港十四日電　省訊、余漢謀定十五日離省返廣、乘機赴南昌出席贛綏靖會議。

張元夫談新疆近況

▲中央社天津十四日電　新省駐津代表張元夫談　新疆軍隊均歸盛世才統率、地方亦趨安全、馬仲英仍被扣俄境、外傳已回國、當非事實、至新省人口、約爲七百萬纏回佔五百萬、省府爲謀各族平均發展、近在各廳特設副廳長、俾各部落均有參政機會、故各族感情　頗爲融洽。

冀省各界領袖 反對蘆綱公所請緩行新鹽法

▲中央社北平十四日電　冀省黨委李東園等六十餘人、爲反對蘆綱公所、請緩行新鹽法事、十四日晨十時邀集保定大名宛平遵化等五十七縣各界領袖開會、到七十餘人、當即決議、（一）呈請中央尅期實行新鹽法、（二）向中央及津當局呈請取締並嚴斥其非法請求、并函各縣法團、一致聲援。

各國正進行談判 以謀解決意亞爭端

▲中央社羅馬十三日電　各國間現方積極進行外交談判、以謀解決意亞間之爭端、主要談判係在亞京舉行、由亞皇親與意國公使磋商、另一方面亞駐意代辦曾與意外次蘇維治會議、並由首相墨索里尼予以延見、蘇維治與阿富維克會面時、曾申述意國所採軍事措置、至目前爲止、並係預防性質云。

國際教育電影會議議決案 國聯已通知我方

▲中央社南京十四日電　國聯國際教育電影會議、於去年四月在意京羅馬舉行、到有英美德意及中國等四十餘國、及國聯秘書廳、國際勞工局、國際文化協會等代表、并由著名教育家及電影專家參加、大會之重要決議、爲電影之國際任務一案、該決議案要點、爲喚起各國政府注意電影之國際作用、以爲促進國際間精神接近方法、及增進各民族間之瞭解、而明瞭各民族物質及精神生活、經國際教育電影協會將該會送請國際聯合會、國際文化協會核議、交由各國文化合作協會、盡力協助、使此案所列各點　得以實現、合作會秘書處、已通知各國文化協會、定一公共方案、以期收得良好結果、中國教育電影協會　在國際教育

……會影協會開會時、曾推吳英為代表、大會并選該團為副會長、茲接得國聯最後前項決議通知、擬函徵世界文化合作中國協會意見、以便共同進行。

杭市籌設公共禮堂

▲中央社杭州十四日電　杭市府籌設公共禮堂、擬舉行集團結婚禮、即可實現。

民廳召集　二次保甲談話會

到江南及江都區縣長三十餘人

各縣長報告後余廳長詳加訓示

▲江蘇社　江南及江都區所屬各縣、業於二十三年十一月起、開始舉辦保甲、民廳余廳長為欲明瞭各縣保甲進行實況及面授今後辦理機宜起見、特於本月十日、（星期日）召集各該縣長等到省普通會議室、開第二次保甲談話會、計到鎮江等縣縣長三十餘人、自上午八時起、至午後一時方止、雖氣候嚴寒、雨雪交加、而到會者無不精神飽滿、經各縣長一一報告後、余廳長該加訓示、對於各種困難問題、均經逐一解答、語極誠懇、演詞甚長、待整理後方可正式發表云云。

中等學校　學生各科作業

蘇教廳變更以前規定

從本年度第一學期起

▲江蘇社　蘇教育廳訓令各縣云、本廳為中等學校學生、充實學業、提高程度、曾於提高中學程度方案中、規定各科作業、預備有練習簿筆記、實驗報告等、而課外閱讀、亦須備有簿記、施行以來、深覺過於繁多、時間固屬不濟、精力亦難為繼、尤于各生身體健康、至有影響、茲為減輕各生負担、規定各科習作如下、一、國文作文簿、英文作文及練習簿、算術演草簿、公民、歷史、地理、複習題練習簿、理化實驗報告及習題練習簿、生活實驗報告及練習題練習簿、師範學校學生教育學科習題練習簿、及參觀實習報告、職業學校學生職業科目習題練習簿、及實習報告、此外各科聽講筆錄、可隨時記載於教本或講義上、其願另備筆記簿記者聽、一、課外閱讀、有願隨時扎記、以備參考者、聽其自便、一、參加課外運動、以不妨礙正課時間為限、以上各節、應於本年第二學期施行、除分行外、合行令仰該校長局長轉行所屬公私立中等學校一體遵照云。

民廳召集公安會議　展至三月舉行

第一期二月六日

二期三月十三日

▲江蘇社　蘇民廳為統一本省警政暨改進各縣公安設施起見、特定於本年二月二十日起至二十八日止、分兩期召集各縣公安行政人員來省會議、並訂定報告事項及提案範圍、限各縣於本週呈廳審核、以便屆時提會討論等情、茲採悉民廳方面、以現在冬防期內、各縣公安行政人員職責綦重、不克一時離縣、故將前定第一期會議日期、改至三月六日舉行、第二期改至三月十三日舉行、其分期召集縣份、仍照前定、現已電飭各縣轉飭遵照云。

烟案罰金　按情提成充獎

誣栽告發意圖得獎者依法治罪

每月終了將充獎數册報并公布

▲江蘇社　本省承辦煙案之軍法機關、或受軍法機關委託辦理之行政機關、受理煙案判處之罰金、沒收之貨物財產拍賣變價之所得、提成充獎辦法、經省禁烟委員會訂定、並經省府會議修正改為『江蘇省限期禁烟罰金充獎規則』、茲將該項規則探錄於後、

○判處罰金一部充獎○　第一條、本省軍法機關、或受軍法機關委託、承辦煙案之行政機關、受理煙案判處罰金時、應依照本規則之規定、以罰鍰之一部、獎給原告發人、及破獲案件之查緝人員、及警察等行政人員、第二條、本規則所稱之罰金、係指江蘇省限期禁烟單行法所規定之各項罰金、適用本規則提成充獎、第三條、前條罰金、經依法繳納、沒收之貨物財產、經依法拍賣變價後、以百分之四十、提成充獎、如金額在五百元以下、而破獲異常出力者、得增為以百分之六十提成充獎、

○前項獎金支配標準○　第四條、前項獎金、作左列標準支配之、但查緝人員警察等行政人員之獎金、應積存至月終時發給、一、據告發人之報告、而破獲依法處判之罰金、或沒收之貨物財產、以獎金金額百分之六十獎給告發人、以百分之四十獎給承辦案之查緝人員公安等行政人員、二、由查緝人員警察等行政人員、自行破獲、依法沒收之貨物財產、以獎金金額百分之六十獎給之、其協助破獲之查緝人員警察等行政人員、以百分之四十獎給之、

○誣栽告發依法治罪○　第五條、如有如本照條受獎金者、由本案管轄機關、函呈省禁煙委員會、以其應得之獎金、製贈匾額、或獎以名譽獎勵、第六條、意圖得獎而誣栽告發、或賄賂誣陷者、依法治罪、第七條、受理煙案機關、對於各行政機關移送煙案之判處罰金者、應於執行完全後、將所有罰金、按照第三條之規定、分別核算成數、隨時移送各該縣辦行政機關、依照第四條提成發給、

○每月終了冊報公布○　第八條、受理煙案機關判處之罰金、除經依法提成充獎外、應照所報省禁煙委員會、第九條、受理煙案機關應於每月終了、將依法判處之罰金、及提成充獎數、冊報省禁煙委員會、並列表公布、（前項罰金獎金、由省禁煙委員會每三個月冊報省政府）第十條、本規則如有未盡事宜、由省禁煙委員會呈請省政府修正之、第十一條、本規則自江蘇省禁煙委員會呈請省政府核准公布施行、

本縣新聞

豐沛蕭碭銅五縣聯名呈請省政府

在徐西創辦　省立鄉村師範學校

▲地點指定黃口車站

▲經費請列入廿四年度預算

徐西寄縣、地扼兵衝、學生負笈遠方、多有不達、自徐州中學師範科取消、各縣縣立師範奉令停止招生後、欲受師範教育之青年學生、尚感困苦、且數年之後、小學師資、必感缺乏、為普及義務教育計、設立鄉村師範、亦刻不容緩、本縣縣黨部、教育局、教育會、師範學校、縣立各小學校長等、有鑒於此、特聯名呈請省政府在徐西創辦省立鄉村師範學校、徵得沛蕭碭銅四縣同意、頃已由本縣縣黨部領銜、聯名呈請、茲覓得其呈文如下：竊查江蘇教育、向稱發達、惟徐西邊陲、偏處落後、[illegible]以為擴充義務教育之基礎、徐州中學師範科既經取消、而各縣縣立師範、又早奉命停止招生、不數年後、小學師資必漸缺乏、此應請於徐西設立鄉村師範者一也、徐州僅有省立女師一所、一般有志學習教育之男生、均感就學不易之苦、反觀蘇省其他區域、鄉師學校之設立、則頗有供求相應之勢、即以較為荒瘠之東北一隅而論、海州有海師、淮水有淮師、運河亦有運師、獨徐州地為廣、交通民貧之故、欲負笈遠方、又力有不逮、此應請於徐西設立鄉村師範者二也、周邊之江蘇教育三年計劃中、本有自二十年度起、增設師範十校之擬議、嗣又有將鹽城黃口師、遷移徐州之說、現蘇省既未增設於徐州、而後者又中途變更於運河、不惟與周邊三年計劃未符、且更未應全縣人士失學青年殷望之望、此應請於徐西設立鄉村師範者三也、查二十三年度江蘇教育經費之收支盈餘、約有二十餘萬元、以此款移之一部、即敷開辦費用、在教廳既無另籌經費之勞、在地方失學青年、亦不再感向隅之嘆、此應請於徐西設立鄉村師範者四也、查徐西黃口車站、地點適中、交通便利、有蕭縣公地、可作校址、地方素甚平靖、又常有軍隊駐紮、治安可保無虞、兩縣交錯、平野無垠、除車站一帶之商業

中華民國二十四年二月十五日　豐報　（星期五）　第四版

外、蟲爲農村，不惟地點適宜，環境亦頗優美，此應請於徐西黃口設立鄉村師範者五也。

綜上各點，徐西黃口設立鄉村師範，實爲刻不容緩之事，需要迫切，詢謀僉同，爲此聯名環懇

鈞座俯賜察核，迅予令飭教育廳及早籌備，並將開辦經常等費，列入二十四度預算，地方教育幸甚！徐西學子幸甚！急切陳詞，無任屏營待命之至！

國術研究社召開第五次幹事會議

籌組師資訓練班

本縣國術研究社於前日假公園會議室，舉行第五次幹事會議，出席者馬玉熙、張業先、于啓夏、王邦貴、謝忠璉、缺席者黃啓瑞、列席者蔣天賜、李繼廣、李鳳韺、主席馬玉熙，紀錄蔣天賜，開會如儀，報告事項，一、主席報告、1,中央國術館畢業學員廬山軍官教導團國術教官史兆堃先生，於一月下旬回豐，曾談及本縣國術情形，如籌組師資訓練班時，史先生樂意担任訓練之職，藉爲地方稍盡義務，2,視察農民教育館設施國術情形，二、公園主任報告、1,代印社章社員錄各五十份，業經先後分別發出，現無餘存、2,社員證章已由銅山縣政府職員史爲昭先生在徐州訂製齊備，不日送交本社，3,社員謝克田、馬勝遠、王邦貴、樊英明、孫寶善、沈逢賢、赴銅蕭沛碭與縣境毗連之處設場情形，討論事項，一、國術教師訓練班可否進行籌備案，決議，積極籌備，辦法、1,由各幹事徵詢各社員意見，2,經費最少三十元，請公園主任召開顧問會議磋商，至三時許散會。

教育廳電調本縣各區教委視導報告

教育局昨日奉教育廳電，調閱各學區教育委員視導報告、限電到一日內遞送，並須附各該區教育機關名單，聞各區教委視導報告，早經整理完竣，惟因各校臨時書寫未確定、故遲遲未報，嗣接電令後，即將趕選送矣。

泥水作職業工會舉行第五次會員大會

楊承先等五人當選爲出席縣總工會代表

泥水作職業工會，於昨（十四）日上午十一時，假縣黨部大禮堂，召開第五次會員大會，計出席會員五十八人，列席武襄承、首由楊承先主席領導行禮如儀、並報告召開第五次會員大會意義、及半年來工作概況等、繼由縣黨部代表武襄承解釋出席縣總工會代表選舉法、旋即投票選舉、結果楊承先以三十五票、陳德潤以十九票、劉開市以十八票、沙彬以十七票、陳尙泉以十五票當選爲出席縣總工會代表、下午一時散會。

公安警察拿獲大批賭犯

公安警察於昨日晚間探悉北關外清真寺[illegible]陳氏家聚賭，當即派北區巡長宋毅典協同戶籍警察數人、前往緝拿、及至該處，見衆人圍賭方酣，遂將賭徒張金壽、[illegible]俊、蔡明貴、馬洪鈞、李寶、李井田、[illegible]端金等十八人，連同賭具一付骰子二個、當場拿獲、照違警罰法第四十五條第一款之規定，各罰[illegible]拘留矣。

訓練保甲長消息

△縣政府派員視察訓練所

△第一科長裘朝永巡視第三區

△訓練委員李貞乾黃體潤分赴二五兩區

本縣保甲長於二月十日開始訓練，已誌前報，昨日縣政府接得第二區報告，徐樓鄉受訓保甲長爲九十五名，任集鄉八十八名，雞埝鄉五十二名，賀圓鄉七十二名，陳莊鄉九十九名，趙口鎮八十七名，汪屯鄉七十名，師寨鄉九十名，蕭莊鄉九十五名，鄧莊鄉百零六名，店子鄉七十三名，郭集鄉五十五名，涉莊鄉七十三名，小營鎮八十七名，第七區華山鎮八十五名、尹樓鄉四十七名、邢橋鄉三十九名、趙莊鄉六十五名、趙河鄉三十三名，葦坑鄉五十一名、史樓鄉五十三名、楊樓鄉四十五名、毛樓鄉四十八名、縣府深恐各鄉鎮長辦理不善，已於日前分別派員赴各鄉視察，聞第一科長裘朝永於十四日晨赴第三區巡視，訓練委員李貞乾黃體潤於今晨分赴二五兩區督查，預計本縣此次訓練保甲長前途，頗可樂觀云。

△視察各區鄉保甲長訓練所日記

裘朝永

一、引言

保甲制度，爲我國古代[illegible]，[illegible]而實行於宋，其立法原旨，[illegible]消極方面，用以抵制不良份子，[illegible]在求建立行統系之組織，雖名稱各有懸殊，其用意初一致，吾國今日盜匪流行，荊棘遍地，流亡徙離，民不聊生，探厥原因，要亦全國民衆一盤散沙，缺之自衛組織，任聽宰割，吞聲怨氣，吾人自捫內省，形成將亡[illegible]之危機，良可慨也，適者本省當局，決定實行保甲爲地方庶政之首要，救亡圖存之上策，而屬風行，可謂能知務其本者矣。

然而徒具組織、並無訓練、何異盲目集團、未能發生力量、又何貴乎、本縣於編組保甲完成之後、旋即奉令調訓鄉鎮長、繼復奉令轉飭保甲長訓練、[illegible]、係各區鄉鎮長努力之精神、亦教育界及各縣民衆合作協助之功、惟際於此力、對於最初計劃與甲訓練保長一層、未獲[illegible]、第此次訓練、保長[illegible]甲長以各鄉鎮[illegible]推行社會教育、亦未[illegible]以及將來有無[illegible]頭苦幹、何患無[illegible]利鈍、有一分力量、盡一分責任、此吾人之初志、亦辦事之途徑耳、

復次、談到開始訓練、自應由十日起、對於訓練保甲長、可謂全縣總動員、各區長鄉鎮長[illegible]員社教機關職員、乃至地方[illegible]參加協助、而各機關[illegible]員、登壇講解、[illegible]之精神、是亦[illegible]誠懇態度、分[illegible]科之余、更不[illegible]鄉訓練所責任[illegible]區對茲事件之努力[illegible]逐日記錄、以備不忘。

縣政府公佈捐稅章則

江蘇省營業稅暫行章程（續）

第三十六條　營業稅額查證如有遺失或毀壞時、應呈請營業稅局補發或換領、其換領時應將原領各證繳銷。

第三十七條　營業者如有變更營業、或新加資本及移轉他人、應立即呈報該營業稅局、換領新營業稅調查證、

第三十八條　營業者自行停止營業時、須於十五日以前呈報該管營業稅局、並清繳停業以前之應繳稅額、

第三十九條　營業稅局稽徵稅款及罰金、應每季公告一次、並編造表冊呈報財政廳查核、財政廳應於年終編造全省營業稅收數報告表公佈、並呈財政部查核、

第四十條　本章程經省政府議決咨請財政部審核呈奉行政院核准備案後公布施行、（完）

豐縣保甲工作報告書

豐縣縣政府編印（二十二）

五、保甲規約　該區各鄉保甲規約之訂定、經由區公所編擬該縣第九區屬區分鄉委員及鄉鎮長五人、組織研究會、依照縣發樣本、先後討論二次、擬訂草案計二十四條、發交各保保甲會議議決、但其結果、全區一百零九保約有一百保完全通過者、[illegible]、但內有刪減而已、又有該區各保保甲規約、內容大致與縣頒保甲規約準則相同、六、民有槍枝登記烙印、[illegible]七、[illegible]保甲長、各鄉[illegible]（未完）

豐報

第七〇九號
社址豐縣大同街
中宣會登記證字第一九二號
內政部登記證字第二三二〇號

今日一張半
本報價目
本報每份大洋一分四厘每月大洋三角外埠每月大洋四角郵費在內

▲總理遺囑▼
余致力國民革命凡四十年其目的在求中國之自由平等積四十年之經驗深知欲達到此目的必須喚起民衆及聯合世界上以平等待我之民族共同奮鬥現在革命尚未成功凡我同志務須依照余所著建國方略建國大綱三民主義及第一次全國代表大會宣言繼續努力以求貫徹最近主張開國民會議及廢除不平等條約尤須於最短期間促其實現是所至囑

本社啓事

鄉間本報各閱戶均鑒：本報自本月二十日起，恢復每二日送達一次，嗣後如發生工友綏送情事，請卽告知本社李事務員敬渠，以便按章處罰爲荷！

代徐州私立立達女子初級中學校募捐啓事

王君公琠，治豐數載，政績卓著，其與本縣黨政各機關人員相處，感情尤洽。嗣雖調長蕭銅，對豐縣事，猶多關垂。遺愛在民，故能令人至今思之。二十二年夏，王君於治蕭紛忙之際，猶復出其餘緒，捐廉若干金，聯合徐屬閣人尹聘三趙光濤王浩如等，在徐州創辦私立立達女子初級中學，救濟徐海一帶失學之女子，其熱心教育，允足稱焉。今該校成立將近二載，復賴王君夫人丁少蘭女士之慘淡經營，根基始漸穩固。惟近以建築校舍，擴充學級，在在需財，特備捐冊轉向本縣募捐。玉珽等因念本縣不乏熱心教育之士，且與王君有舊者甚多，敢請慨解義囊，贊襄盛舉，不特王君感激已也，而我徐海失學之女子，亦將受惠匪淺矣。謹啓。

捐款請交本縣縣黨部或教育局收轉

代募捐人

董玉珽　李效禹　馮守信　董玉樹
李貞乾　張紹緒　蔣季坦　王純九
黃體潤　董雲山　劉子粹　卜憲章
王子蘭　彭世亭　韓韶九　彭元仁
李乃正　趙寅純　彭繼亭　董仲安
劉美周　王漢卿

仝啓

豐縣縣政府繼續徵文啓事

題爲「治豐計劃」

查本府徵文至本月十日業已截止惟收件無多難資借鏡特再繼續徵求務祈不吝珠玉踴躍投稿無任企盼

一 徵文方法　如前
一 徵文日期　自本月十六日起至月底止
一 發表日期　三月五日同前次徵文一併揭曉

縣長王進先謹啓

豐縣修理鳳鳴寶塔委員會鳴謝

逕啓者前本會借用同樂舞臺演唱義務戲時同時承蒙豐報社排印劇券登載戲目捐助工資民衆教國會捐助劇券及張貼戲報紙張東盛公司捐助劇場及燈路燈光特此登報鳴謝

華豐布莊歇業啓事

本號因營業蕭條虧累甚鉅刻已宣告歇業所有人欠欠人各款均已結算還楚現存貨物盡行作價推讓於本城東街復祥號新舊外欠亦已請託該號代爲催討以輕債累除號內借款條據暨銀錢往還業由本號主人分別情形設法清理外關於夥友私人往還賬目本號概不負責特此聲明

華豐號謹啓　二月二十日

豐縣教育局啓事

逕啓者、查本年度一月份教費、業由縣府領出、定於二月二十四日開始發放、希卽來局具領可也。

豐縣西街民衆醫院易名啓事

本院現已改爲金競辰醫師診所簡稱競辰診所每日照常診病恐未週知特此公告

中外要聞

王寵惠會晤日諸要人

▲中央社東京廿三日電　王寵惠博士與日本政治領袖、作增進中日外交之談話後、現方與陸海軍領袖會談、博士已訪問林陸相、大角海相、及荒木尊、衆院議長濱田、今晚宴待博士、陪客者有政治領袖多人、及蔣使蔣作賓氏。

▲中央社東京廿二日電　報指新聞、在三月杪將返東京、定攜有增進中日關係條陳、同時王寵惠將於今晚應衆院議長濱田宴會、而與議會議員多人討論中日關係事、今晨八時半、王往訪遞信省大臣床次、繼訪民政黨主席若槻、今日正午將赴廣田外相晤會、與外省各司長會晤、明晨擬訪前陸相荒木。

▲中央社東京廿四日電　王寵惠今日拜訪日本諸要人、討論中日間增進友誼、今日午後、日本重要政治家七十人、開茶會招待王博士、王卽席致詞、謂西方文明、以增進物質利益爲根據、東方文化、以道義爲基礎、中日接近、應基於東方文化。

朱毛殘匪已形成流寇

▲中央社昆明廿三日電　軍息、逃竄古藺之殘匪、由石夾口渡河進攻土城之企圖、已完全絕望、現已形成流寇、若我土城及赤水河之駐軍、堵截得力、則我第三縱隊到達時、定可照原定計劃、於赤水河西一鼓殲滅之也。

▲中央社重慶廿四日電　土成黔軍侯部、廿一日夜由大金河分兩路攻進猿猴土城之匪、匪愴惶潰退、天明時將該兩地卽被收復。

蔣委員長巡視武漢

▲中央社漢口廿三日電　蔣委員長廿三日晨在中央銀行行館、批閱文件、旋接見何成濬、垂詢一切、約一小時何始辭退、十一時乘車出巡、下午接見外賓。

于學忠等一行到漢

▲中央社漢口廿三日電　于學忠、萬福林、王樹常師長郭希鵬等、及隨從一行十餘人、廿三日下午由平乘車到漢、于談：此次偕萬軍長、王司令、及郭師長來漢、係奉張副司令電召、共商軍務、擬廿四日晉謁蔣委員長、張副司令、報告一切。

殷汝耕談戰區問題

▲中央社北平廿三日電　殷汝耕談解決戰區原則、早已商定、清理委員會連日開談話會、討論具體辦法、俟擬有方案、卽會同省府逐步實行、高橋定旬日內赴長春請示、我方接收馬蘭峪等問題、卽可辦理、新保安隊開入戰區日期尚未定、保安隊指揮人選、將由中央決定、余定日內赴津、

陶尚銘召開各縣長會議

▲中央社天津廿四日電　灤榆區專員陶尚銘、由平返唐後、以戰區問題原則、大致決定、爲商討推動該區各縣行政

起見、日前電召各縣長赴唐、迄廿四日止、計到有灤縣豐潤等七縣長、將在專署開會、討論問題最要者、爲取締各縣毒賭、并非法組織、及推行行政等各問題。

宋哲元昨謁何應欽

▲中央社北平廿三日電　宋哲元廿二日晚由津來平、廿三日午偕蕭振瀛謁何應欽、報告察事、宋在平留一週即返察、蕭擬日內赴漢謁蔣委員長、除報告解決察事及會晤索王經過外、並對整理蒙古稅收問題、有所請示。

湘省府厲行禁烟

▲中央社長沙廿三日電　湘省府廿一日嚴令各縣、遵照各種禁烟法令、厲行查剷烟苗、並取具各區閭永不種烟切結、另由縣長保具禁種印結、連同履勘烟苗報告、專案呈報、以憑核辦。

土肥原定期赴粵

▲中央社上海廿三日電　日領署息、土肥原定廿六日乘輪赴港轉赴廣州遊覽、約作十日勾留、再赴台灣換輪歸國、有吉同國尚無確期。

上海一月份對外貿易統計

▲中央社上海廿三日電　江海關息、上海一埠、一月份對外貿易、輸入爲五九四七九四三元、較去年同時期減少九四四八六六九元、輸出爲二七四一二四二〇元、較去年同時期增三一一六五一七元、入超爲二八三三五五二三元、較去年同期減二分之一弱。

桐油輸出急增

▲中央社廿四日電　最近桐油輸出急增、一月份對外貿易、竟超越棉紗茶葉躍居首位、共五萬餘公担、值二百餘萬元。

英外交界評汪院長演詞

▲中央社倫敦廿三日電　中國行政院長汪精衞、所發關於中日問題之演詞、此間外交界及與遠東有關係之實業界、均歡迎之、認爲可消滅久使遠東空氣緊張之中心猜忌。

中樞要人清明舉行民族掃墓

▲中央社西安廿四日電　中樞要人定清明節來陝、舉行民族掃墓節、西京籌委會正趕修周陵茂陵、及黃帝陵間公路。

蒙政會定期開會

▲中央社北平廿四日電　包悅卿談、蒙政會定三月五日開大會、預定重要議案、（一）建築會址千五百金、（二）組織及訓練蒙政會保安警察、（三）電請中央速令何應欽就指導長官職。

冀省府積極清剿各縣土匪

▲中央社天津廿四日電　冀省府以各縣匪熾、近規定清剿辦法、第一步派軍剿辦、第二步由保衛團辦理清鄉、已令津東各縣積極進行、限二月內竣事、免於青紗帳起、致匪坐大、貽害地方。

黃慕松抵漢謁蔣

▲中央社漢口廿四日電　黃慕松廿四日下午、乘輪抵漢、下榻太平洋飯店、何成濬、錢大鈞、往訪晤談甚久、黃定廿五日謁蔣、報告入藏經過。

贛農村攷查團抵贛參觀

▲中央社南昌廿四日電　贛農村攷查團、廿四日午由潯抵省、下午參觀農業院、遊覽青雲譜、廿五日廿六日、仍在省參觀攷查、廿七日離省、日程將略變更。

楊德昭謁陳濟棠

▲中央社香港廿四日電　省訊楊德昭廿三晨由港抵省、即赴總部謁陳濟棠、有所報告。

李景從由滬飛鄂

▲中央社上海廿四日電　歐亞公司總經理李景從、廿三日晨乘機飛鄂、是否赴新疆晉謁盛世才、接洽滬新綫復航事、尚待抵鄂再定。

覃振談司法會議

▲中央社上海廿四日電　覃振語人、司法會議尚在籌備中、開會日早則六月、遲須至十月、律師協會代表、要求出席、業經司法院核准六人、其餘各法學院院長、及司法專家、亦得出席。

湘各界電請中央賑災

▲中央社長沙廿二日電　湘省黨部省救濟院省商聯會及農工教商各團體、廿一日聯名電請中央、將中委王琦等向中央政治會議提案、請救濟湘災三項辦法、立予施行、詞甚痛切。

孔荷寵在修水掘獲匪藏軍用品

▲中央社南昌廿四日電　湘鄂贛邊區招撫員孔荷寵、在修水龍港、掘獲匪藏機槍四挺及其他軍用品多件、已呈報來省。

贛定期追悼勦匪陣亡將士

▲中央社南昌廿四日電　追悼勦匪陣亡將士大會、原擬四月五六日舉行三天、現改於六日一天舉行、全市將停娛樂宴會誌哀。

中航與京滬滬杭甬舉辦聯運

▲中央社上海廿四日電　中國航空公司與京滬滬杭甬路局、舉辦陸空旅客聯運、定三月一日起實行。

興薩日內赴阿拉善迎班

▲中央社南京廿三日電　青海各盟旗東來歡迎班禪大師入青宣化之代表興薩般智達佛、前由平來京、晉謁中樞各當局、旋赴滬遊歷茲興氏以班禪不久即由阿拉善赴青、極須趕至阿旗、以便迎迓、特於今晨由滬返京、分訪蒙藏委會員長石青陽、及趙丕廉辭行、四五日內即離平赴京、轉道前往阿旗、歡迎班禪啓程。

意亞戰事恐難倖勉

▲中央社羅馬廿三日電　意動員事務業已辦竣、現正由數口岸運載軍官將士勞工、前往非洲東北、對亞戰事、恐難幸免、當動員之際、禁止報紙發載關於此事之一切消息、今日悉已弛禁、故各報紙載軍隊出發情形、均淋漓盡致、戰事瀰漫全國。

▲中央社羅馬廿三日電　意國軍隊繼續向東非洲開拔、兩萬四噸郵船水山號、本日載遠征隊伍二千八、駛往非洲。

▲中央社羅馬廿三日電　亞比西尼亞駐意使館頃發表公報、謂亞政府對於伊維魯亞附近劃爲中立區、已於二月九日及十二日切實表示接受、並已訓令圭爾洛古比地方駐防軍隊司令、與華受爾意軍司令、接洽劃定中立區界綫事宜。

農業技術討論會討論林業棉業問題

趙連芳論農業改進技術合作

▲江蘇社　蘇建廳召開之全省農業技術討論會、廿一日爲第四日、出席者會員七十三人、上午全國經濟委員會農業處處長趙連芳博士演講、下午討論林業問題、茲將各情分誌如次、

趙連芳調演

全國經濟委員會農業處處長趙連芳博士演講、題爲「爲國農業改進技術合作」略謂這次蘇省召開農業技術討論會、兄弟有這個機會和諸位見面　很覺榮幸、曾記六年前、蘇省曾舉行一個農村會議、個人覺得該會此後一定可以給農村方面放一異彩、但是事實上不然、此次開農業技術討論會、意義更較深遠而重大、兄弟講題是「全國農業改進技術合作」、

◆◆◆◆第一點　要怎樣改進農業目的和改進農業技術兄弟想了半天、想了三十個字、就是（設法增加農產數量、改進農產品質、以供國內外需要、使民無傷而農民益勸）、改良農產的品質最後目的、當然是根據農產問題、中國是以農立國、改良運銷方法、要使農民與老百姓都無傷害、如果農產弄出來、他們仍要買洋米、所以我們要注意到生產和運銷。

◆◆◆◆第二點　技術合作參要有應注意之三點、一、我們看農業機關情形　過去一年、中央農業試驗場做了一件統計工作、調查全國農事機關、共有六百九十一個、農業試驗場有二百七十八個、外國人看起來、我們中國農業一定有驚人進步了、這六百餘農事機關、每月經費需二千萬元、技術人員、有四千餘人、事務人員、佔半數、於是從事農工作者、有七千餘人、但是計劃和成績怎樣、我們不敢評斷、現在把他們共同之點和諸位講一講、第一、你們的通病就是、政策變更、比方今天設備起來、而明天又把他撤廢了、有一個地方舉證、湖北省在宣統元年設蠶絲試驗場、經過十數年中間、屢撤屢設、現在又改爲蠶絲試驗場、第二、計劃不集中、事業鋪張太大、我們要曉得政府人

才和經濟力量、都有限、要以實踐力量來辦無窮改進農業問題、這是一件很困難的事、個人的意思是以集中計劃來辦一兩件事、不要過於鋪張、第三、經費不固定、全國農業經費、有二千萬元、而各縣實際領到多少、都不知道、我們向他領到多少經費、都說已欠二三個月或三四個月的經費了、在這一點上、農事機關就受莫大影響、也就是改進農業一個重要問題、第四點、缺乏技術指導人才、在內地方面、如大學畢業生、或有農業經驗而做農事機關領袖者、已算很不錯、然而適遠祥份、不說大學畢業生或有農業經驗者、做農事機關領袖、就是中學畢業生都沒有、我們要曉得國內農業急要、現在歐美各國均積極改良農產品質、取信於農民、表現為農民謀利益、同時社會對其信仰亦增高纔有技術合作、他們所以用一新學術光大事業」、這是歐美各國研究情勢、中國技術人員、由外國回來要以他們在外國所學的種種來推行於國內、要曉得歐美各國已經過七八十年之研究纔有今日、所以我剛才說、他們八十年後才做這一件事、但是從國際心理、再講到產銷複雜性、把穀放置於倉內、如是虫病翌以及改良稻種產銷等等問題、一人所不能解決、就是有專門學的人也不能解決、於是要實行技術合作、但是解決這個問題、還要藉政治力量來推廣、最後希望我們農業同志注意到現在農業急要從技術合作之途徑云、

○……○ 林業問題討論 ○……○

（一）各縣荒山荒地應如何整理利用、（二）民有林應如何提倡獎勵、并如何指導其管理經營、（以上合併討論）、（決議）一、由各縣推廣所選擇適宜荒山經營示範林、二、由各縣推廣所鼓勵學校經營學校林、三、利用鄉村農民公有荒山、使鄉民組織鄉村公林、四、對於私有荒山由林業機關供給苗木、獎勵造林、（三）本省重要林區、造林樹種及施業方針、應如何規定案、（決議）、一、注意技術問題、須使適於荒山栽植、而容易成林者、二、公私經濟問題、須選定比較有價值之林木、而適應實際需要者、三、選定樹種、須注意今後世界經濟趨勢、四、選定樹種須使適於多角式的林業經營、（四）林家副業、應如何提倡案、（決議）一、適用農家副業、尤注重墾地栽桑養羊、二、利用林間隙地種植草蔴子、三、利用農間栽植苗木、尤注意於風景樹苗、四、江南利用山地注意開墾種茶、江北利用氣候土地之適宜地方提倡飼羊、（五）各縣組織林業合作社、應如何指導獎勵、（決議）一、各縣林業團體、改為林業合作社、有沿用林業公會者、應飭改正、二、提倡組織林業合作社、指導社員共同育苗造林、共同保護、三、適用農業合作社、暫行條例獎勵組織之、（六）松毛虫之防除、以何種方法為最有效、（決議）一、視各地環境多造混交林、二、根本防範應注意於松之發育、應少修枝條、留落葉、俾地力肥沃林木生長強健、以增加其抵抗虫害力量、三、除治方法、用精密之觀察、在其最初發生時期、即將虫之卵塊、幼虫、成虫、勤加搜除、毋使蔓延、（七）森林苗圃應如何嚴查取締、（決議）一、對於私人林場苗圃、應由官廳隨時監督取締、二、對於販賣苗木育作之苗木種子、應由省林場加以抽驗、由建設廳訂定規則取締之、（八）各縣農業推廣所、應各量力經營示範林、并須注意其施業、（決議）第一二兩案辦理、（九）林業技術人員訓練標準及方法、應如何改進、（決）留待自由討論問題時、併入「教育與試驗機關、應如何切實聯絡進行」一案討論、

○……○ 前晚個別談話 ○……○

建廳總技師竹濟寬氏、藉討論會之便、為欲明瞭各縣推廣所辦理狀況起見、特於前（二十一）日晚八時至十時、在會議室分兩批召集王恩麟等念六人、舉行個別談話、出席顧思九、顧兆昌、黃兆麟、孫鬱、楊道南、陳啓端、蒸林權、錢俊、唐當友、張金誠（以上十四人為下午八時至九時談話、段世長、毛雲程、盛崙、陳福廣、封興仁、張汝霖、葉祥端、季紹宗、劉標、諸倚達、陳文蔚、魏廷壽、（以上十二人為九時至十時談話）、

▲又討論會之第三日討論棉業問題經決定、（一）棉作育種應取之目標及方法案、決議、一、目標、甲、中棉除求分高纖維長外、應注意細度柔度（每一英寸捻曲數應在一百以上）及抗風雨災害之特性、乙、美棉應注意早熟、抗風性、及抗蟲性、二、方法、參照中央大學農學院所定之棉作育種法、并可縮短年、即第一年選單本單位、第二三年田間觀察室內考種、并注意選良去劣、第四、五、六年舉行品系比較試驗、并須產量、但不必用對照、（二）引進新棉種應行注意事項案、決議、一、注意病害、二、應注意虫害、三、應注意生理變化、四、應注意草種、五、應注意來源及發芽力、六、應注意處理方法、七、種子進口應用檢查、（三）推廣改良品種及栽培方法、應如何着手進行案、決議、一、推廣員應耐勞耐苦、時往各處實地指導、二、推廣區域應集中、由地方政府盡力協助、四、取締農民卑戶種子攙雜、劃定種子統制實驗區、五、應預留一部分種子、以便將來補種之用、庶可不致混種、（四）中美棉優良品種之適宜區域應如何劃分案、決議、應選定可以代之縣份合作、舉行品種比較試驗、三四年後方可得真正之結果、現在可略分為「鹽墾區」或脫字棉或金字棉、「江北」、黑子雞腳棉、江南「江陰白子棉」、「徐州及江浦」、脫字棉「南通」愛字棉、（五）棉作需水量之試驗、應如何設計辦理案、決議、一、應攷察該處之氣候降雨蒸發量土壤之水分漏失量、及鹽分等以資參考、二、應參考埃及尼羅河疏浚及管理之報告與美國愛州及加州之灌溉報告、（六）施行強制灌溉之地方、應如何設法改種美棉案、決議、尚待研究試驗、保留、（七）關於棉產之運銷及棉子之供給、應如何統籌辦理案、決議、應劃定實驗區先行試辦、其方法如下、一、指導組織產銷合作社、二、由省政府製定棉種混雜取締法規、三、設立大規模之軋花廠、（八）原有改良棉作機關、（省立棉作試驗場棉產改進所、省立麥作試驗場、及以棉作為主業之各縣農業推廣所）、應如何分工合作、技術方面、決議）留待下次棉業改進管委會討論完。

蘇俄將償付

英商務債款

▲中央社倫敦廿二日電　近日各報載稱、蘇聯政府現擬停止運送黃金前第美國、已將其改運與英國、作為償付商務債款之用、各該報對於此事、認為關係極大、榮美國、允以長期借款貸與俄國、致使債務談判歸之失敗、但在英國不無機會可乘也、

鐵部顧問

斯文赫定謁蔣

▲中央社漢口廿四日電　鐵部顧問斯文赫定、廿三日午後由京乘專機來漢、廿四日謁蔣委員長、頃已公畢、廿四日搭中航公司機、斯氏已於廿四日上午仍乘專機返京。

本縣新聞

縣教育會舉行第三次幹事會議

推定代表赴外埠參觀　組織農村教學研究會

縣教育會於廿三日下午四時、在該會會議室、舉行第三次幹事會議、出席者、董雪山、吳耀坤、曾甫亭、王述之、王韻嶼、劉席者董子元、主席董雪山、紀錄王述之、行禮如儀、報告事項 1,此次會距上次會議已二月餘、因多在執行第四次會員大會之決議案、并分別呈請備案、經寫專刊等事宜、無須開會、故未召集、2,本會事務員吉寄塵、因就新職辭去事務、于上次經常會議中改由董子元擔任、已于去年十二月間到會工作、[illegible]第四次會員大會[illegible]何、當視行政[illegible]會、本會當[illegible]手進行、5,[illegible]開會三次、[illegible]育界同人[illegible]級小學校長[illegible]宣判、乙、大[illegible]子校長承認[illegible]告人、亦不使[illegible]用樓上三間[illegible]8,本會會指[illegible]公園代辦、9,[illegible]每月僅由教育[illegible]亦多經教育[illegible]須再開源節流[illegible]支、應如何[illegible]月份起勤務工[illegible]縣黨部于下年[illegible]參觀代表案、[illegible]代表、2,本縣[illegible]指、本會應如[illegible]各區教育會勸[illegible]渠耀坤為短堂[illegible]之、高俊才、[illegible]莊小學校長[illegible]作、有無積極[illegible]年十二時召集[illegible]呈請教育局[illegible]

縣黨部定期舉行第六次全縣代表大會

并改選執監委員

本縣縣黨部呈請定二月二十五日舉行第六次全縣代表大會、并選舉第五屆執監委員、備文呈省核示、各情已誌本報、茲悉此項指令現已到縣、准於三月十五日舉行第六次全縣代表大會、并派省執行委員兼第七區黨務指導員龍渭濱氏來蕭指導監選矣。

張會計主任根據財廳對於行政事業費等之解釋函覆教育局

本縣教育局以行政事業費及教育局旅費開支、每有特殊情形、特函請張會計主任請示辦法、張主任當經轉請財政廳解釋、聞財廳已有覆函、張主任已根據函覆教育局查照矣、茲將原文探誌如下：案查前准貴局函、以行政事業費及教局旅費開支、每有特殊情形、請示辦法等由、當經轉請財政廳會計委員會解釋去後、茲奉復稱、『逕啓者、來函事悉、查歲出預算分配表、以平均分配為原則、如因性質上或事實上不能平均分配者、得量為增減、加具說明、此項辦法、編製預算分配表辦法第五條、已明白規定、該縣教育局編製旅費一項、應視每月需要多寡分配、集會費參觀費、亦應列入應用月份、如將來實際有所變動、可臨時呈請變更、特此函覆、即希轉知』、等因、相應函達、即請查照、再本年度上半年各項報銷、亦請迅予趕造、以符功令 此復教育局。

城市民教館指導組織民衆街信用無限合作社

昨日舉行成立大會

城市民教館指導組織之民衆街信用無限合作社、昨日（二十四）上午十時在該館大禮堂舉行成立大會、由蕭館長代理主席、領導行禮如儀後、即報告籌備經過、繼由縣政府監選員張念露講演合作社之意義、社員之資格、及將來借款之用途、通過社章後、即開始討論、結果、理事主席婁步亭、書記徐亦彭、會計潘增運、監事主席柳心漢 監事劉清河、張正榮、并議決各社員股金、限本月二十八日前一律繳齊云。

公園召開第八次設計委員會

公園於本月二十四日上午十時、召開第八次設計委員會、主席蔣李坦、紀錄王韻崐、報告事項、一、園地招租、現已與各種地戶、商議辦理、二、園地種植現已遵照圖案依次進行、三、各機關團體捐助石桌五張、石凳七條、石鼓二十二個、共價洋一百三十七元、四、贈聘烈士祠募捐委員會委員八人、並選舉王述先為正委員長、李貞乾為副委員長、五、修理鳳鳴寶塔委員會辦理義務戲五天、結束賬目、除去開支淨餘洋二百一十八元四角、六、省督學夏佩白氏視察本園指導各點 討論事項、一、請規定本會設計範圍案、決定本會設計範圍約可分為行政計劃、及事業計劃兩種、二、修理鳳鳴寶塔應如何辦理案、決定、據擇工估計、最低限度需洋五百元、現以演唱義務戲之二百餘元、勢難開工、本會暫時不便具體設計、應交修塔募捐委員會、一方面繼續捐募、一方面負責將已募之款息存農工銀行、妥慎保管、三、函請烈士祠募捐委員會開第一次全體委員會議、決定如擬辦理、四、各機關團體捐助石桌石凳、應否登報鳴謝案、決定石器竣工、再行登報鳴謝 五、全縣業餘運動會籌備案、決定交體育計劃、呈請教育局採擇施行、六、關公銅像、旅滬同鄉會要求展期運回應如何辦理案、決定准展期至本年暑假、七、縣政府令發省督學改進意見四項、應如何辦理具報案、決定、遵令辦理、分別具報、

訓練保甲長消息

◆[illegible]不日即將[illegible]保甲長受訓成績

縣政府於二月十日、開始訓練保甲長、至今業已兩週、下星期日即行完竣、現正擬具各科試題、不日即將印發各區舉行考試、並評定各科成績、發給畢業證書、聞此項證書預算、業已呈由專員公署轉呈民財兩廳請示、又今日接得第一區報告、城廂四鎮受訓人數為二百七十一名、劉樓鄉六十四名、傅莊鄉七十三名 龍溪鄉八十一名、[illegible]鄉四十三名、路口鄉四十五名、李河鄉九十五名、徐樓鄉八十七名、孫樓鄉六十名、又接第二區報告、徐樓鄉[illegible]名、陳集鄉九十八名、龐[illegible]鄉五十名、賀固鄉七十[illegible]名、[illegible]鄉九十六名、轟口鎮九十六名、汪屯鄉七十九名、[illegible]鄉九十五名、蕭莊鄉九十一名、鄭莊鄉一百零八名、[illegible]鄉七十二名、郭集鄉五十三名、沙莊鄉七十二名、小營鄉九十一名。

△視察各區鄉保甲長訓練所日記　裘朝永

二月十七日、星期日 晨起派劉科員冠卿、李書記子[illegible]視察邢樓郭集劉樓等鄉訓練所、派張科員念籌視察[illegible]集兩鄉訓練所、九時二十分余即乘馬出西門、向第[illegible]莊首進、該地距城十八里、約行二小時、始抵其地、所址設在鄉公所、即鄉長吳允會之私屋、一櫊辦公[illegible]長規模、點名簿訓練日誌、均記載其詳、講堂係在另一院之北屋、雖不甚雅、尚足坐位、黑板及黨國旗總理遺像、無一欠缺、實到保甲長四十四人、餘六名均釋告假、秩序亦尚整齊、訓練員袁子琛講黨義、聲調高低上下、態度活潑和藹、頗能引人注意、余於袁先生停講時、對保甲長略述此次訓練之目的、即按點名簿指名呼喚、倘無濫混代報、乘辭往褚莊鄉之十支廟訓練所、至已下一句鐘、由鄉長張華鼎引入辦公室、休息幾分鐘、所址即十支廟之初級小學、此屋為小學生教室、東屋乃保甲長訓練講堂、光線稍可、實到五十一人、訓練員孫坦甚講保甲須知、聲波高大、惜照書誦讀、未能引譬設喻、余亦照樣向保甲長講解政府對保甲工作之重視以及禁煙造林諸問題、旋即稽查點名簿及訓練日誌、尚無不合、即策馬向西、繞南崔莊、因第四區史集鄉之保甲長訓練所設在此地、所址為一初小學校、講堂即北屋之教室、光線設備兩可、余到時正值休憩、首由余將訓練期內、不得冒名頂替、意馬心猿、旋即點名、應受訓保甲長八十九名、該鄉面積較大、南北相隔兩河、分為兩處訓練、一在袁莊、有保甲長四十人、一即本莊、劃撥保甲長四十九人、實到四十六人、精神頗佳、惟內有第八保一甲長崔廣榮係令其子（現年十八歲）代替、當被余調出責詢、罰站幾分鐘、交由該保長察看、並令其父火速入所受訓、鄉長渠時昇、人尚誠樸、訓練員渠敬止等亦頗耐勞、訓練日誌、逐日均有記載、余退出時、由訓練員渠先生入教室講農村經濟、因時已不早、未及細聽、同轡加鞭、趕填燈火滿市、

書畫研究社昨日舉行成立大會

定五月五日舉行書畫展覽會

本縣書畫研究社組織經過情形、迭誌本報、茲悉該社於昨（二十四日）下午二時假城市民教館大禮堂舉行成立大會、共有社員三十二人、出席二十二人、公推李式之為大會主席、林靖夷紀錄、行禮如儀後、首由主席報告組織書畫研究社之意義、即書畫均為藝術、而藝術可以改進人生、創造人生、發揚光大人生、使人生一切美化、繼由縣黨部派指導員程承政、教育局代表王督學韻崐訓話後、即開始討論、一、社章修正通過、二、決定第一次書畫展覽會定於五月五日舉行、繼主席指定會場職員後、即開始選舉、結果、李式之以十一票、劉子清王韻崐各以十票、朱繁熙陳雪樓各以九票當選為幹事、梁煒袁鴻秋各以五票當選為候補幹事、四時許閉會、

韓繼九拾物不昧

誠實可嘉

本縣中山村實驗中心小學教員馬承緒、日前乘腳踏車旋里、行至韓園、包裹忽然失落、馬不知覺、仍騎車前進、行約五里、回視包裹已屬烏有、即回頭尋找、時路上行人絡繹不絕、自料包[illegible]數人拾去、據為已有、比抵韓園、見一人踞包裹而坐、馬即向之詢問、據云係韓繼九、君之包裹何以遺失、吾待子多時矣、馬謂何不攜之回家、答以物各有主、苟非吾之所有、雖一介不取、馬以韓某拾物不昧、誠實可嘉、遂稱謝而去、

教育週刊

第七期目錄

視察報告專號

豐縣教育視察報告

廿三年十二月 造逵

(十六)北魏莊簡小

(甲)視察所得優劣實況

半日二部制，上午男生班，春季始業，在籍六十八人，實到五十一，下午女生班，三十餘人，均單式一年級。主事邵長松徐中普通科畢業服務已二年，教室佈置合宜，并知利用穀實花葉之法。花壇農圃尚在佈置中。簿冊缺乏，記錄不詳，到校時值課國語，教材為「坐着小飛機」精神飽滿，語言清楚，是其優點，但一節時間之內教學順序進行過驟，奪去兒童練習或思索之機會，更缺乏分部攷查，中等劣等生，關於讀講各方面未必完全曉解，教法亟應改進。

(乙)改進意見

一，此等簡小時短課重，年齡過小者應汰去。

二，校牌不可少。

三，一人任事之學校組織分二系十七股，迹近無謂。

四，「學級會」分教育，公安，實業三局，亦為不倫。

(十七)季河園初小 懲處辦法已電呈

(甲)視察所得優劣實況

單級編制。在籍四十九人，實到四十六人。主事季九忠縣師畢業。房屋六間，又新建圖書室及娛樂室三間尚未完成，農場運動場略備，讀物一百二十餘冊，自集少許生物標本裝置整齊。簿冊紀錄均少，兒童成績不佳，改訂且有訛誤，例如「豈是」誤為「其是」，「悽慘」誤為「悽殘」殊屬粗疏，應予申誡。視察時在下午二時左右，兒童教師午飯未回，辦公室教室嚴扃，又該校四無牆垣，屋宇孤立田野間，俱為異象。

(乙)改進意見

一，校舍四週如無力建泥牆，亦須設計圍以他物，內外略示畛域俾便保管。

二，文化機關在作業時期，似應有人或託人常川駐守，否則野渡無人直類荒廟。

三，作文有少至五六首者。

(十八)張五樓初小

(甲)視察所得優劣實況

單級編制。校長穆伯人縣師業。在籍生五十一，實到三十九，缺席過多學桌不齊，校舍不佳，且均為私人所有，農場四畝與運動場同在校外，距離較遠，但農場上樹木業已成林。圖書四百餘冊足敷應用。穆課低級寫字中級算術，三年級練習石斗問題，四年級練習法數二位除法，均能一致操作。圖表略備。簿冊不全，批訂雖未見荒怠，能力不免稍差，例如「積蓄」誤為「績蓄」，「清楚」誤為「清處」等，具見粗忽。

(乙)改進意見

一，舊廟辦公屋數間緊接運動場，以設法修葺從速遷校為是。

二，農場荒廢過多，可惜。

(十九)寶固寺初小 懲處辦法已電呈

(甲)視察所得優劣實況

編制一二合，三四合，計兩學級。校長劉德煒北平文治中學卒業，據稱本期接事，過去服務一年，教員王蔭梅係中高師科肄業一年。在籍人數七十九人，缺席者十七，劉課一二合書法一年生練寫板書範字，七人坐不動，二年生毛筆練寫大字，既無法帖，又無範本，隨意亂塗，成績不良。王課三四合書法，兒童桌上備帖不全，教者又於臨寫前絮聒不已，迹近浪耗時間，教導實施錄及秩序整潔比賽簿僅書一項，學級日誌未記，足見工作怠弛。語算改訂雖勤，兒童成績不良，日記多未批閱，亦否，校舍二十一間多破敗，低級教室光線尤差，惟運動場尚屬合用。劉校長資格發生疑問，成績又屬不佳，應由教局查明經歷合格予以申誡，不合格予以撤換。

(乙)改進意見

一，簿冊不應備而不用。

二，圖書室後面宜開一窗洞。

三，庭院面積不廣，原有圃地，大可分畦栽各種植物俾便直觀，一律種麥未免可惜。

(二十)史小樓初小

(甲)視察所得優劣狀況

校長史兆申教員梁德元，均縣師甲種講習科畢業。編制一四合二三合，共兩學級。在籍生六十三，實到五十八。校舍九間，破廟改建，教室湫隘不合用。圖書百餘冊，農場二畝，批訂按時，四年級綴法較佳。簿冊數少，均新製。史課二三合勞作農場上鋤地掘溝，惜工具稀少，多數袖手。梁課一四合社會，一年生書寫「鄉村情形」課文，四年生指名講「民權主義大要」，支配不差，惟一年生未能全動。

(乙)改進意見

(一)為節省經費計，一年生學桌長板下亦宜改裝木脚，堆泥為台，未免過於苟簡。

(二)三年級作文最少者僅有三次，應矯正。

(三)校牌應補製。

(四)教室中固定窗洞不可完全糊紙。

(二十一)鄭莊初小 懲處辦法已電呈

(甲)視察所得優劣實況

單級編制。校長孫振華山東七中畢業服務三年。在籍生三十七，實到三十二，圖表略具，簿籍稀少。綴法俱在十篇左右，批訂不解，兒童成績尚可觀，惟評語中發見「肯切」「清切」為「懇切」「親切」之訛，又謄清簿多數「謄」誤為「滕」，亦未改正，大非。娛樂室，博物圖書館佈置齊整，視察時該校長不在校，詢諸兒童，方知教師自由缺課，應予申誡，少頃聞訊到校課體育，中低級各由較長兒童司令，教師從旁指導，方法甚合。

(乙)改進意見

(一)舊統計表失却時效，應加修正或重製。

(二)課初級學生應參加游戲教材。

(二十二)蔣老家初小 懲處辦法已電呈

(甲)視察所得優劣實況

單級編制。校長由鄉長耿鴻韓兼任，不支俸給，教員耿壽亭七師畢業。在籍生五十，實到四十七。譯課一二衙生三四勞作，勞作科整理花圃，面積不盈半方丈，多人無所事事，一年級無課本，板書「手臉要乾淨」，「臉」字且省寫，二年級授「日光空氣和發育」，直接一年生時二年生靜默坐，均欠合。整潔檢查表，行善統計表，新生活反省統計表，家庭訪問錄等均一字不著，未免怠惰。批訂雖勤，能力不足，例如張貼教室中王機賢卷中評語為「一片愛國熱忱活躍紙上當令國人深醒」，一語內連誤兩字，粗忽已極，應予申誡促其進修。

(乙)改進意見

(一)一年級讀書方開始，仍以用書為宜。

(二)為專一責成專權計，校長以專任為是。

(二十三)趙河涯初小 懲處辦法已電呈

(甲)視察所得優劣實況

單級編制，在籍生六十，實到五十八。校長杭效程山東新民師範科畢業，在本縣服務已五年。校舍十間，新建，尚整齊。圖書一百五十冊。視察時值課低級國語中級算術，二年級抄寫課文，三年級練習千以內退位減法，四年級練習數二位乘法，除一年生朗誦欠清晰外，餘無瑕疵。簿冊數少，所備簿籍，品性簿，學校日記均未著筆，不合。兒童成績不佳，檢閱改筆「踩躪」「糞箕」等俱書寫訛誤，又文題例如「運動的益」，亦殊費解，該校長不免怠情粗忽，應予申誡。

(乙)改進意見

(一)教室光暗，須用石灰水刷牆。

(二)圖書室窗須改造使能啟閉。

(三)凡含有文學意味或空洞不著邊際之文題如「落葉」等初級不宜選用。

(二十四)王堂初小

(甲)視察所得優劣實況

編制一三合，二四合，計兩學級。校長魏俊傑師資登訓兩種，練班畢業，教員張子信縣師畢業，在籍六十三人，實到五十三。教師參攷書及兒童讀物約四百冊，不免凌亂。學桌破敗，向南教室光線不足。成績室內容陳舊，應封殊甚。魏課一三合國語，一年級誦讀「黑雲滿天」，秩序不佳，三年級默寫「你是從那裏來的」，未能全動。張課二四合國語，四年級新授「我們要回來了」，二年級默寫「小燕子學飛」，亦有枯坐不寫者。語算訂正未意，兒童綴法枯窘，字尤惡劣。是校全部欠整飭，教學成績不佳，實

[illegible]

有督促改良之必要。惟每晨第一到校兒童競取「早起牌」，按週按月統計予以獎勵，提倡勤學；又每日課一部分兒童練習「六手拳」，聘師教授，略有成績；均為比較不同之點。

（乙）改進意見

（一）一二年人多，三四年少，編制應改為一四合與二三合。

（二）辦公室太不透氣。

（三）圖書成績室中不應以窗洞作書櫥阻礙通光通氣。

（四）學桌排列不齊。

（五）簿籍欠整理。

（六）舊圖表應換去重製。

（二十五）渠坑初小　懲處辦法已電呈

（甲）視察所得優劣實況

是校性質鄉立，成立一年餘，年費一百九十餘元。編制一二三年級複式。在籍四十二人，實到三十八。校長陳寶德縣師畢業。校舍五間，讀物一百二十冊。視察時值自習課，教學未能論斷，但檢閱兒童練習成績不佳。簿冊多一字不記，三年級作文多為三四首，筆記又多未批覽。可見工作懈怠，應予申誡。

（乙）改進意見

（一）各室門口概用白紙條標記，迹近苟簡。

（二）庭院不整潔。

（二十六）陳樓初小

（甲）視察所得優劣實況

是校性質私立，本年成立，開課甫月餘。校長陳正佩縣師畢業。校董六人，年費一百八九十元，除補助費外由兒童家長分担，又學桌各由家長自備，尚在製造中，均為類似學塾之辦法。編制一二三年級複式。在籍四十三人，因放假未視教學，實際人數不詳。校舍五間勉强應用。批改按時，成績不佳。

（乙）改進意見

（一）運動場外既有隙地，應將園籬拓開加大面積，場內樹木移去。

（五）「小朋友會」有局長部長館長諸名稱，又行政系統分為若干課，均屬不倫不類。

（二十七）十里廟初小　懲處辦法已電呈

（甲）視察所得優劣實況

是校亦為私立，開辦年餘，現已立案，校董十四人，負責者二人，不獨無基金，經常費亦無明白規定及預算。校長劉冠卿縣師畢業，單級四十一人，實到三十八人。校舍借用廟宇，房屋九間勉强應用，圖書六十餘冊。花園及辦公室均欠整理，練習成績與改錯俱不良，兒童書法尤壞，視察時日為十一月廿日，校長在校不授課，改由劉德男代課算術，據稱因改訂事冗，究屬[illegible]代課者教法教[illegible]久[illegible]固不待言，察閱各年級進度，三年級方授第二課，一四年級又均已至總復習部分，或疾或徐，尤見紊亂。該校長如此漫無研究，應予申誡促其改良。

（乙）改進意見

一，速籌基金及經常費，否則决難持久。

二，教室階臺不便兒童上下，宜修理。

三，隨意託人代課，於教學有礙。

四，兒童年假須重行編配，凡程度不能十分脗合者可用補習方法或補充教材救濟之。

五，練習小楷須令用格子紙。

六，三年級作文次數不足

第五節　社會教育

全縣就現行自治區劃為七個民教區，一二四區各有民教館乙所，七區有農教館一所，六區為民教實驗區，三五區各有中心民校一所，此校無異為簡易民教館，是各區社教事業均不偏枯，分佈甚早。又七區中除第七區有巡迴民校兩所外，餘均各有一所，民校不由各機關代辦，費用雖較巨，責任却較專，仍屬利浮於弊。茲述檢閱所及各社教機關現實狀況并附意見於後：

（一）常店中心民衆學校

（甲）視察所得優劣實況

此校屬第三民教區，校舍假孫氏宗祠，上年度方成立。房屋八間，辦公室展覽室各佔其三，餘為教室，娛樂室假用殿前暗廊，不無偪仄，但全部房屋尚整齊合用。校長孫樹芳教育學院畢業，教員蔣蔚然，渠時文均縣師畢業。年費一千零五十元，除薪工耗去一半外，餘充辦公及事業之用。所辦民校本部一級四十八人，夜課，李樓一級四十七人，每日上課二時，校舍假用民居。其他事業有合作社，特約農田，（十五處）週壁報（五處）施藥等。展覽室有雜誌五六種，報三份，民衆讀物二百餘種，書籍以借閱者為較多。

（乙）改進意見

一，週壁報消息陳舊，以後宜改為二日或三日一換，如慮繕寫困難，材料不妨精選酌減。

二，閱覽室應有紀錄備查。

三，全校有教師三人午後或脫間可在附近村莊再辦一校，庶與中心名稱相合，

（二）蔣老家中心民衆學校

（甲）視察所得優劣實況

此校屬第五民教區，校長黃蘊玉山東農業畢業，教員楊寶琛黃和玉均縣師畢業。本部一級三十五人，夜課，蔣新莊及史樓各一級，共五十九人。均假用民居午後上課。此外社教事業計有借書施與週壁報（四處）問字代筆娛樂，（在廊下），合作社（本村一處外村三處）特約農田（十戶）等。簿冊略備，尚能紀錄。

（乙）改進意見

一，房屋狹小，地點又偏在本區東北隅，能謀遷地為最佳。

二，書籍百餘冊，過於菲薄，宜補充。

三，週壁報亦宜縮短發佈時期。

（未完）

司法欄

△縣政府司法批示▽

▲刑事原具狀人史用敬。一件，為案情已明，懇恩賞保省釋，免累無辜由。狀悉，仰候查明核奪，所請保釋不准，此批。

▲刑事原具狀人何興邦。一件，為託買私槍，乘機栽誣，叩求提案質訊，以明冤由。狀悉，候查明核辦，此批。

▲刑事原具狀人王居勝。一件，為挾恨栽誣，據情辯訴，懇乞電察由。狀悉，仰候調查核辦，此批。

▲刑事原具狀人渠敬增。一件，為懇請陳王氏等賞保，不誤交案由。狀悉，准保，此批。

▲刑事原具狀人尹朝馨。一件，為懇請將史仍田賞保回家安業由。狀悉，准保，此批。

▲刑事原具狀人張强。一件，為遊處罷訟，懇請銷案由。狀悉，准予撤回，此批。

▲民事原具狀人蔣增運。一件，為和解成立，懇請准予銷案，狀悉，准予撤回，此批。

▲民事原具狀人程萬善等。一件，為情虛畏審，故意拖延，再叩續傳質訊由。狀悉，候再定期傳訊，此批。

▲刑事原具狀人侯宗洲。一件，為欺逃凌逼，糾衆逞兇，訴請提案究辦由。狀悉，准予傳訊核辦，此批。

▲刑事原具狀人石秉乾。一件，為聲請訴訟救助，仰乞恩准以保產權由。狀悉，候調查核辦，此批。

▲民事原具狀人崔永民等。一件，為經人和解，懇請註銷原案由，狀悉，准予撤回，此批。

▲刑事原具狀人黃繼密。一件，為判决無罪，業經確定，懇請批准發還交案槍枝，以便領回自衛由。狀悉，查前警察隊送案原呈，並未附送槍枝，仰候令行查明，再行核辦，此批。

▲刑事原具狀人郭心悅。一件，為久病莫愈，生命堪危，哀懇鴻慈賞保釋外診治，以救蟻命由。狀悉准保，此批

◉刑事判决◉

王占奎因吸食鴉片案判决。

主文，王占奎吸食鴉片，處罰金三十元。併交戒烟所勒令戒除，所處罰金如經强制執行，無力完納，以一元折算一日，易科監禁。判决確定前羈押日數，准以二日抵罰金一元，或監禁一日。烟泡烟具等件照單均沒收之。

△庭期審理案件▽

二月

廿八日審理魏承德與陳家安勒訛款產案

廿八日審理李振標與于敬周勒訛物產案

三月

一日審理楊金道訴賈守文拐賣案

一日審理楊繼標訴楊太僞票案

▲本城糧價

名稱	每市斗價目 最高	最低
小麥	二千九百五十文	二千八百文
高粱	一千九百七十文	一千九百文
黃豆	二千五十文	二千文
大麥	一千九百文	一千八百五十文
穀子	一千九百三十文	一千八百五十文
菉豆	二千九百文	二千八百文
黑豆	一千八百五十文	一千八百文
芝蔴	三千五百文	三千三百五十文
江豆	二千一百五十文	二千一百文
稷子	一千八百文	一千七百文
花生（每斤）	二百二十文	二百一十文
瓜子（每斤）	二百八十文	二百七十文

氣象

陰

風向　東南風

最高溫度　五〇

最低溫度　二九

豐報

◁第七一〇號▷

◉社址豐縣大同街◉

中宣會登記證字第二一九號　內政部登記證警字第二三二〇號

◁今日一張半▷

◁本報價目▷

本報每份大洋一分四厘每月大洋三角外埠每月大洋四角郵費在內

△總理遺囑▽

余致力國民革命凡四十年其目的在求中國之自由平等積四十年之經驗深知欲達到此目的必須喚起民衆及聯合世界上以平等待我之民族共同奮鬥現在革命尚未成功凡我同志務須依照余所著建國方略建國大綱三民主義及第一次全國代表大會宣言繼續努力以求貫澈最近主張開國民會議及廢除不平等條約尤須於最短期間促其實現是所至囑

代徐州私立立達女子初級中學校募捐啓事

王君公瑱，治豐數載，政績卓著，其與本縣黨政各機關人員相處，感情尤洽。嗣雖調長蕭銅，對豐縣事，猶多關垂。遺愛在民，故能令人至今思之。二十二年夏，王君於治蕭紛忙之際，猶復出其餘緒，捐廉若干金，聯合徐屬開人尹聘三趙光濤王浩如等，在徐州創辦私立立達女子初級中學，救濟徐海一帶失學之女子、其熱心教育，允足稱焉。今該校成立將近二載，復賴王君夫人丁少蘭女士之慘淡經營，根基始漸穩固，惟近以建築校舍，擴充學級，在在需財，特備捐册轉向本縣募捐。玉珏等因念本縣不乏熱心教育之士，且與王君有舊者甚多，敢請慨解義囊，贊襄盛舉，不特王君感激已也，而我徐海失學之女子，亦將受惠匪淺矣。謹啓。

捐款請交本縣縣黨部或教育局收轉

代募捐人

董玉珏　李效禹　馮守信　董玉樹
李貞乾　張紹緒　蔣季坦　王純九
黃體潤　董雪山　劉子粹　卜憲章
王子蘭　彭世亭　韓韶九　彭元仁
李乃正　趙寅純　彭繼亭　董仲安
劉美周　王漢卿

全啓

豐縣縣政府繼續徵文啓事

題爲「治豐計劃」

查本府徵文至本月十日業已截止惟收件無多難資借鏡特再繼續徵求務祈不吝珠玉踴躍投稿無任企盼

一 徵文方法　如前
一 徵文日期　自本月十六日起至月底止
一 發表日期　三月五日同前次徵文一併揭曉

縣長王逃先謹啓

華豐布莊歇業啓事

本號因營業蕭條虧累甚鉅刻已宣告歇業所有人欠欠人各款均已結算清楚現存貨物盡行作價推讓於本城東街復祥號新舊外欠亦已請託該號代爲催討以輕債累除號內借款條據暨銀錢往還業由本號主人分別情形設法清理外關於夥友私人往還賬目本號概不負責特此聲明

華豐號謹啓　二月二十日

豐縣修理鳳鳴寶塔委員會鳴謝

逕啓者前本會借用同樂舞臺演唱義務戲時同時承蒙豐報社排印劇券登載戲目捐助工資民衆救國會捐助劇券及張貼戲報紙張電燈公司捐助劇場及燈路燈光特此登報鳴謝

豐縣教育局啓事

逕啓者、查本年度一月份教費、業由縣府領出，定於二月二十四日開始發放，希即來局具領可也。

中外要聞

楊虎城就勦匪軍
三路副總司令職
湘西川北勦匪告捷

▲中央社西安廿五日電　蔣委員長以徐向前股匪、久擾川北、亟應迅予勦滅、以除大患、故將贛閩浙皖等省殘匪肅清後、即集中大軍、向川省兼程推進、一致圍勦、茲爲統一指揮便利督勦計、特令蘭綏署朱主任爲勦匪軍第三路總司令、西安綏署楊主任爲副總司令、兼三路一縱隊司令官、並規定總司令不在前敵時、副總司令得代行總司令職權、楊虎城奉令後、廿四日在西安就職。

▲中央社重慶廿五日電　宣漢電告、彭師廿三日向德賀山匪進攻、匪憑險頑抗、官軍奮勇衝殺、卒將匪擊潰。

▲中央社長沙廿五日電　郭汝棟李覺兩部、由慈利進攻大庸之蕭賀匪部、斃匪甚衆。

中央昨舉行總理紀念週

▲中央社南京廿五日電　中央黨部於廿五日上午九時、舉行第一七一次總理紀念週、出席中央委員邵元沖、孫家逵、王琦等、及全體工作同志、共約五百餘人、由邵委員主席、即由邵氏報告、略謂、前中央決定以二月十九日爲新運紀念日、並於同日下午、推定李宗黃丁超五兩委員、會同本人檢閱黨部機關、結果認爲各部份對清潔整齊、按時工作情形、大體均能實行、惟少數部份、尙有應更加整頓之處、希望各同志人人能切實注意、身體力行、須知當此國難嚴重之時、本黨同志、人人負領導並訓練民衆之責、必平時有整飭嚴肅習慣、臨時乃能發揮犧牲奮鬥精神、至工作之暇、對個人修養與智識補充、尤須注意、最近中央對國民建設實際工作、爲普通教育、識字運動、保甲運動等、本黨同志、皆應負責、切實推行、此等工作須要之準備、尤望各同志努力、則平時工作既有興趣、臨時服務亦能成績裴然也。

蔣視察鄂省府

▲中央社漢口廿五日電　蔣委員長廿五日晨出席總部擴大紀念週後、乘汽車赴省府視察、並對省政推進情行、亦有所垂詢云。

唐有壬在滬之談片

▲中央社上海廿五日電　唐有壬廿五日晨語記者、王寵惠以私人資格、分訪日朝野、不久即將離日赴美遊覽、然後逕返海牙銷假、黃郛病漸痊可、每日打補血針、擬於一二日內赴莫干山暫住、顧維鈞在國內私務、料理完竣、即銷假返任、各國撤廢領事裁判權事、最近未有新進展、雷傳美將首先撤廢、國人當然十分欣慰、惟駐華美使署、尙無正式表示。

蒙古王公訪宋哲元
商談整理蒙古稅收問題

▲中央社北平廿五日電　蒙古各王公廿五日晨訪宋哲元及蕭振瀛、對整理蒙古稅收、商談甚久、蕭宋下午二時謁何應欽、報告各王公意見、聞當局擬派蕭振瀛日內赴蒙、有所接洽、蕭俟索王離平後、即可起程、宋哲元以離省日久、各項政務極待處理、擬於日內偕秦德純返察。

村農攷查團參觀贛垣

▲中央社南昌廿五日電　農村攷查團、廿五日晨九時、參觀新運總會、並分政治、合作、交通、經濟、教育、農村、建設、實業、土地等組、分別參觀各處。

新運總會派視察團 視察蘇浙閩皖京滬新運推行實況

▲中央社漢口廿五日電　新運促進會南昌總會、頃派徐慶譽率新運視察團、於三月一日起視察皖蘇浙閩四省及京滬兩市新運推行實況、徐奉令後、廿五日由南昌到漢、謁蔣會長報告一切、定廿八日赴潯、會同新運團團員、東下視察、約須兩月時間可視察完畢。

各省審計處下月一日成立

▲中央社南京廿五日電　審計部代部長陳之碩、以該部常次童冠賢、簡任秘書李崇實、相繼辭職離部後部務繁多、彙集一身、已於廿五日以用部令發表、以周佩箴代理該部簡任秘書、並呈院轉請國府簡調該部審計兼第二廳長張蓬生、升任常次、至各審計處處長人選、現已作最後決定、即可正式發表、計浙江爲劉文海、上海爲林經宇、江蘇爲周增奎、津浦路爲商文立、湖北爲任應鍾、各審計處均預定下月一日成立。

灤榆區縣長會議閉幕

▲中央社天津廿五日電　灤榆區縣長會議閉幕、廿五日紛返原縣、開議決案、有取締毒品、賭場、及非法組織等項。

意大使將北上赴平

▲中央社北平廿五日電　外交界息、意使羅亞谷諾、三月十日前北來、視察館務。

實部籌設呢絨織品實驗場

▲中央社南京廿五日電　實部鑒於國內工商事業日漸凋敝、外貨傾銷、較前更甚、改良技術、增加生產、實爲當前急務、而提倡小工業製造、扶助農民收益、尤爲復興農村收效辦法、該部特斟酌緩急事實須要、先由首都工業傳習所臨時費內、撥一部款、先行籌設呢絨織品實驗場、從事人才訓練、刻正積極籌備中。

桂徵兵集中柳州訓練

▲中央社香港廿五日電　省訊、桂實行徵兵後、名額現達四千、集中柳州訓練。

班禪周內赴青

▲中央社西甯廿四日電　駝運班禪行李之駱駝千三百餘匹、於廿一廿二兩日抵省、轉赴塔爾寺、其餘千餘駝、日內可到達、班禪駐青辦公處、特派人往寺照料、大師週內離甯轉蘭來青。

溥逆定期赴日

▲中央社天津廿五日電　唐山訊、聞溥逆定三月二日由長春啓程赴日訪問、屆時日將派艦到大連迎接、鄭逆孝胥等均不隨行、僅日人十二名、侍衛等偕往。

楊子毅到中山縣視事

▲中央社香港廿五日電　楊子毅廿五日抵中山縣、廿六日先行視事、定三月四日補行就職典禮。

中航公司 向美定購大福特機一架

▲中央社上海廿五日電　中航公司向美定購大福特機一架、俾駛飛滬漢線、廿七日可運抵滬、一俟裝配完竣、先作短距離試飛、如成績良好、即飛重慶、然後由川試飛昆明。

粵鹽銷路銳減

▲中央社香港廿五日電　省訊、粵鹽銷路銳減、十七年爲最旺時期、達三十四萬包、廿三年減至廿三萬包。

京市府昨招待新聞界

▲中央社南京廿五日電　京市府廿五日下午三時、在會議廳招待本京各報及各通訊社記者、計到記者五十餘、由石市長報告市政最近工作狀況、及本年施政方針、甚爲詳盡、至五時始散。

招商局向法定購海輪一艘

▲中央社上海廿五日電　招商局向法購置海輪一艘、定名達飛、專駛連雲港、辦理隴海路聯運、即將由港駛滬。

開灤礦局擴充銷路

▲中央社天津廿五日電　開灤礦局、因時局關係、銷路銳減、去年頗有虧累、近特實行改組、縮小範圍、幷擴充銷路、現在津浦平漢兩路設售品處、與各路接洽行駛煤車、刻在唐山配集車輛、定下月開始運輸。

馬衡由平南下晉京

▲中央社北平廿五日電　馬衡廿五日下午三時赴京、向政院報告故宮博物院近況後、即轉滬出席倫敦中國藝展籌備會復選會議、幷檢查存滬古物事畢、仍赴京出席故宮理事會然後返平。

英對意亞爭端仍進行調解中

▲中央社羅馬廿三日電　意國積極備戰、擬與亞國相見於疆場、而英國仍在活動、調解兩國爭端、駐意英大使今日與意外次作關於此問題之重要會商、當時曾言及一九〇六年英法意三國所定關於維持亞帝國土地完整之協定、其結果未悉。

隴海路西咸段 即開始購地興工

▲中央社西安廿四日電　隴海路西咸段、經測量完竣、即開始購地興工、據路局工程當局表示、本年底可完成通車。

蘇省府委員會議 開談話會

★▽▽▽★ 新任東海縣長王秉鈞不能來省遺缺以甄審合格之何振綱接充 ★▽▽▽★

▲江蘇社　江蘇省政府委員會議、前因人數不足、改開第八次談話會、出席委員余井塘、趙棣華、周佛濟、王柏齡、列席者　羅時實　蕭開瀛、主席余井塘代、紀錄萬君默、開會如儀、宣讀上次會議紀錄、報告事項（略）、議決要案如次、一、新任東海縣長王秉鈞以中央留用不能來省遺缺以甄審合格之何振綱接充、二　江蘇省保安團隊特別黨部執行委員會、以區黨務指導員辦公廳成立後、本部事業費增加、函請准予按月增撥補助費、准增撥二百元、自三月份起、三、推余委員出席下星期一紀念週報告。

農技會討論 稻麥及墾植問題

自由討論周廳長訓話

▲…擬具農建機關農教機關合作方案…▲

▲江蘇社　本省農技術會議、前繼續舉行、上午自由討論問題、由曾技師主持討論、繼由教廳周廳長蒞會訓話、下午二時、討論稻麥墾植兩問題、由沈副主席積新先生主持、經詳儘之討論、議決辦法、更爲精密、是晚八時至十時、由技師陳植召集王思鏻等二十六人、（姓名同前）分兩批舉行個別談話、對於農業問題、各會員發表甚詳、茲將前日各情分誌如次。

自由討論

前日上午九時　一照程序爲自由討論、由曾濟寬主持、所討論問題、爲「農業建設機關與農業教育機關實施合作」問題、事先由唐志才、李維章、安事農、曾濟寬、擬具方案、經詳細討論、修正如次、

「農業建設機關與農業教育機關實施合作」方案

○…導言…○　農村衰落、農業經濟崩潰、於今爲烈矣、原因雖多、農業教育與農業建設、未能爲切實一貫之聯絡者、其大因也、農業教育機關、爲培養人材探討學術之機關、農業建設機關、爲應用學術實施改進之機關、前者在於求知、後者在於力行、二者如鳥之雙翼、車之兩輪、不可不相依相恃、以完成改進本省農業、救濟本省農村之使命、否則工作互相重複、則其失敗互爲因果、在農民心理易生異感、在民族經濟之發展上、頗有阻礙也。

○…要旨…○　一、農業教育機關施教方針、應擬推廣本省農業爲對象、農業建設機關工作方針、應以實地應用農業科學方法爲對象、二、根據建教合作之精神、農業教育機關造就之人才、須與農業建設事業之需要、互相脗合、俾供給與需要不致兩歧、三、根據分工合作之精神、在農業改進方面、所有研究試驗之工作、互相商討進行計劃、以免工作重複經濟浪費之弊、四、在同一省治之下、所有農業推廣方針、兩種機關、應取共同一致之途徑、力求適應農民之需要、四、在同一農業推廣區域內、應共同

27

確定農業建設之中心工作、集中力量以完成之、〇…〇一、合辦農事〇…辦法…〇　實驗區、即以實行試辦區域內各縣農民教育館、及農業推廣所原有之經費人才爲基礎、切實合作、二、合作指導、關於農業技工作、在學校與專場方面、彼此交換指導人員、或交換特約演講、三、合設模範農田、示範蠶戶、四、水利與農業有密切關係、在學校方面、應商同水利機關、增設水利工程、水利歷史地理概要、在農事機關方面、應會同學校及水利機關指導農民耕耘及開闢溝洫、五、本省農業教育機關、應商同農業建設機關、增授農業歷史地理課程、幷會同調查地方農產補充教材、六　在農事實驗區內、農事試驗機關、應充分供給教育機關、指導學生實習之便、所有一切農業推廣工作、均須任用教育機關造成之人才担任、而教育機關對於農事試驗機關之農事改良、推廣工作、應盡量供給技術上及實質上之援助、七　合辦農民訓練班、灌輸農民之農業常識、幷增進其生產能力、八、合辦特種產銷合作社、謀增進農民之實際利益、

周廳長訓話

各位此次在省、已經開了好幾天的會、在這幾天當中、討論議案很多、幷有多許專家指導、兄弟對農業方面、是沒有什麼研究、所以今天沒有好的意見貢獻給各位、但是此次大家討論的、是農業技術問題、我們想到農業技術問題、可以說是農事經濟問題、和生產問題、因這種種問題、我們感想到現在有一句新名詞的意義、就是「經濟國家主義」、要能自己有自主狀態、一切東西、我們所需要的、自己要能夠造、所需用的東西、用不着向外方去買、現在我們看關稅進口冊子、很爲驚人、差不多我們現在所穿所吃問題「不能解決」前途豈不發生很大危機、那里還談得到抵抗人家呢、所以我們就這點看來、自主的力量、雖不能完全做到、最低穿吃的東西、要能夠自行解決爲最要緊、兄弟感覺到中國農村失敗的原因、有幾點（一）天災流行、如江蘇一省、民十民廿的水災、去年又是旱災、假使拿全中國廿幾省來說　差不多是時常有災荒的、這影響農村很大、（二）政治不安定、使農民不能安心耕種、（三）有人說土地分配不平均者、兄弟看來、這個問題幷不大重要、現在自耕農約佔百分之四十五、半自耕農百分之二十三、佃農百分之三一、參合起來、不過也是農業失敗原因之一、（四）蘇省苛捐雜稅、名目繁多、農民負担太重、還有一點、就是鄉村金融、不能流通、賦稅亦太不平均、因爲以上種種原因、以致弄到農村破產、其次就是技術問題、亦可以說是生產問題、因爲中國的生產、完全太幼稚、假使技術不改良、資料就不會好、資料不好、當然就不能與外人競爭所以兄弟以希望有幾點、（一）就是兄弟剛才來的時候、看到各位討論的是農業建設機關上農業教育機關實施合作問題、這個問題、也是非常重要、因爲中國做事、幷不是沒有力量去做、因爲下級機關不能合作、幷且有時還互相忌妒、結果大家失敗、所以以後希望將此觀念打消、自相團結合作、（二）農事技術所研究的種子、要切合農民需要、（三）不惜任何一切犧牲、耐勞耐怨、來推廣農事、務期達到目的爲止、這就是今日兄弟希望的意思云、

稻麥問題

下午二時繼續開會、由金大農學院教授沈宗瀚主持討論稻麥問題、議決如下、（一）稻麥育種、應取之目標及方法、（決議）育種方法、仍照洛夫氏方法、至高級試驗、雖可用拉丁方法、及隨機排列法、但品種少者、（不滿十五個）可用　如數目多時、似仍以採用洛夫氏方法較宜、（二）在優良品種有育成之前、應如何引進新種案、（決議）搜集附近氣候適宜土壤相同之品種、舉行品種試驗、然後擇其優良者、舉行混合選種、以作過度推行之用、（三）推廣改良品種及栽培方法、應如何着手進行案、（決議）推廣須集中、先行區域試驗、（示範試驗）、（四）稻麥需水量之試驗、應如何設計辦理、（決議）應用木槽先行小規模之灌水量試驗、（五）採用一熟制耕作方式之處應如何充分利用地方、以增生產案、（決議）可試種大麥油菜莢菇紫雲英等、視其結果、孰爲優良、孰爲經濟、而後推廣、（六）全省稻麥種植面積生產數量、消費數量、應如何精密調查統計、（決議）一、分爲數區　每區約定十家以上切實記載、二、可參攷各方調查報告、三、請土地局或墾殖委員會協助辦理、

墾植問題

下午四時半、稻麥問題討論畢、由專家李積新主持討論墾植問題、共分四項、七時完畢、（一）鹽墾區域水利工程已在研究中、此後農墾工作、應如何確定步驟、分年施行、（決議）一、舉辦測量、二、調查土質、三、確實產權、四、整理鹽灶、又（一）已開墾成熟者應設法改良、多開溝渠、減低地下水分、改良種植、從事水利種植、（二）已長草尚未開墾者、造防潮林、（材料可用柴草栽植樹種可用杞柳樹楝權柳松、合歡木、烏臼等工程）、兼營畜牧、（三）不毛之地當淡及種害、（二）各縣荒山荒地、爲數頗多、應如何設法調查利用、（決議）請土地局與墾植設計委員會協同計劃調查方法、將調查結果、分別交主管機關規劃利用、（三）以前各鹽墾公司、進行均欠順利、嗣後應如何督促改進、（決議）一、對投資數目、承墾地畝、嚴加注意、二、對水利工程注意監督指導、三、確定租額、減少業佃糾紛、（四）限期凌墾、五、對農事技術如耕地開溝選種施肥加以指導、（六）提倡墾植合作、四、臨墾區域之土地、應如何設法整理利用、（決議）在鹽墾區域、由政府直接整理經營之部分、應注意提倡集團農場、經營組織、儘量引用本省農校畢業生、使其實地從事墾植工作。

巴拉圭退出國聯

▲中央社巴拉圭京城廿三日電　巴拉圭現已脫離國聯、此爲大夏谷戰爭之直接結果、巴國在今年一月間、曾揚言各軍火禁令對玻國撤銷、而對巴國則仍實施、則巴國必退出國聯、此種恫嚇之詞、今日姑見諸實行、巴國已照會日內瓦、聲明巴決即遠出國聯、南美聞此、如聞霞靂、因巴玻糾紛和平解決希望、已成泡影也、

奧總理行抵倫敦

▲中央社倫敦廿四日電　奧總理舒斯尼加等一行、已於今晚行抵倫敦、外相西門法大使、政資等、在車站歡迎。▲中央社倫敦廿五日電　奧總理舒斯尼加抵此後、向每日快報發表談話、謂渠此來非爲借款、奧財政未見窘蹙、無須商借、舒又切實聲明、渠與英閣員談話、幷不討論哈潘斯堡皇室復辟問題。

暹羅國防大臣遇刺

▲中央社倫敦廿四日電　暹羅國防大臣蘇脅格闢遇刺後、據某要人稱、擁護暹王者、視蘇使國王出國主要份子之一、蘇爲反對國王黨之有力者、按蘇雖中二彈、傷勢無礙、兇手逃逸。

英財相勸各國擁護國聯

▲中央社倫敦廿四日電　茲財相張伯倫演說、力勸各國擁護國聯、英國最關心者、厥爲和平之保持。

蘇財廳積極清理各縣舊賦

派葉鵬椿等數員出發

▲江蘇社　江蘇省財政廳、前以各縣積欠舊賦、數百萬元之鉅、爰經迭次派員分赴各縣清理舊賦、協追新賦、至上月業經期滿、茲又延長四個月、嚴予協追、茲據財廳悉、廳方前以各縣歷年積欠田賦　有數百萬元之鉅、廳方以際此省庫支絀之時、需款甚殷、故特派員分赴各縣督催、現業經期滿、然各縣所繳舊賦稅款、仍屬寥寥、該廳長爲繼續清理舊欠協進新賦起見、特呈准省府延長四個月、繼續協追、以裕省庫　現廳方日前特派葉鵬椿等數人、分赴南通等縣、積極從事清理舊欠、協追新賦云。

陳主席令教廳計劃開辦省立劇院

教廳正在詳細規劃中

▲江蘇社　本省陳主席對音樂戲劇、認爲關係民族精神之復與、輔助宣傳普及民敎、均可利用之爲極優良之工具、故日前新運會主辦之音樂演奏會陳主席主張時常舉行以期以偉大之聲律、發揚民族固有之精神、近聞陳氏特令教廳於念四年度預算內、撥款開辦一「江蘇省立劇院」此項計劃已由敎廳詳細規劃中、一俟計劃確定、擬聘請戲劇專家主持[illegible]理、幷徵求有志研究戲劇藝術人才入學幷編撰或選擇、發揚民族精神之劇本時常舉行公演云。

本縣新聞

黨政各機關昨日舉行第八次聯合總理紀念週

耿秘書王委員分別報告黨政工作

縣政府縣黨部於昨日上午十時在縣政府中山堂舉行第八次聯合總理紀念週、到各機關公務人員五十餘人、由縣政府秘書耿伯陽主席、領導行禮如儀後、並報告

◎……政治工作……◎

略謂、今天向諸位報告的約分四點、一、集會方面、本月二十一日在城市民衆教育館舉行私吸烟民自首宣傳大會、到各界千餘人、二、禁烟方面、自本月十八日起、至二十四日止、為烟犯自首宣傳週、當由各機關聯席會議議決舉行市民大會、出特刊、散傳單、復由本府令各區轉飭各保甲長、家喻戶曉、由教育局飭令各學校廣為宣傳、三、保甲方面、袁科長於上週分赴各區視察保甲長訓練所、並派科員劉冠卿張念籌赴一、三、七、等區視察、四、建設廳汪工程師於二十一日來縣驗收農場建築房屋、二十二日離縣、報告畢、並講述中山先生之大亞細亞主義、大意謂、日前閱報載有蔣委員長對東京記者之談話、其中引證總理之大亞細亞主義、兄弟看到略有感觸、特申述之、總理之大亞細亞主義、講詞長約五千餘言、其要旨不外王道與霸道而已、所謂王道即以仁義道德為基礎、霸道則以槍炮為利器、亞洲開化最早、而中國適居其東部、又為世界文化首進之國、雖希拉羅馬亦無中國文化之攸久、而歐人得沾風化、遂銳意求進、一切竟超出亞洲以上、但物極必反、東亞日本自維新之後、倔起稱強、居然戰勝歐人、為亞洲生色不少、究日本致勝之由、固不在槍炮、而在精神、蔣委員長對日記者作此談話者、蓋諷日人以霸道之不足恃、而王道終可戰勝強權也、繼有縣黨部王委員子闓報告

◎……黨務工作……◎

一、關於協助縣政府辦理保甲長訓練者、上週黃委員體潤李委員貞乾分赴一五兩區視察保甲長訓練所、現黃委員已將五區保甲長訓練所視察完竣、李委員貞乾因事晉省、關於視察一事、由李委員乃正代理、二、關於人民團體者、廚司業工會於上週已將出席縣總工會代表選出、並定於本月二十八日舉行總工會成立大會、文藝研究會昨舉行會員談話會、並推舉文藝週刊編輯、書報研究會昨日舉行成立大會、幷舉李乃正陳雪樓劉子卿等為幹事、三、童子軍理事會第一次會議、推定朱翼曾為常務理事、四、省童子軍理事會召開幼童軍及羅浮童子軍事業討論會、董玉珏朱翼曾兩理事赴省參加、其他關於文件者、甲、奉省執委會指令、准於三月十五日舉行第六次全縣代表大會、並選舉縣執監委員、乙、奉令組織文化團體、在法令未規定前、由黨部酌奪辦理、不以三十人為限、丙、奉令各級黨部委員得兼任學校校長、丁、奉令孔子誕辰紀念日、工人須照常工作、但須加倍給與工資、至十一時禮成。

李常委返縣　黃局長赴省

縣執行委員會常務委員李貞乾、因參加全省幼童軍及羅浮童子軍事業討論會、偕本縣童子軍監軍朱翼曾赴省情形、已誌本報、茲悉李常委抵徐後、聞省方已批准本縣於三月十五日舉行第六次縣代表大會、以諸事急待籌備、遂由徐折回、另推教育局長兼童子軍理事董玉珏代表出席、聞董氏已於昨晨首途南下矣。

公安警察嚴禁抽籤

本城售賣花生各攤販、所抽賭之竹籤有違警章、前曾禁止在案、近查仍有貪圖營利者、沿街抽賭、有礙觀瞻、聞公安警察現已積極查拿、嗣後如再發現以上情事、除將竹籤立時沒收外、對於抽賭者尚有相當之懲處云。

訓練保甲長消息

▲第一科長裴朝永[?]第二區保甲長訓練所

▲幷派科員張念籌劉冠卿視察第一二三三區

縣政府第一科長裴朝永、昨日視察第二區保甲長訓練所、幷派科員張念籌劉冠卿視察第一二三三區、茲探得其報告如下、劉科員冠卿上午十時乘自行車出發、十二時至常店鎮、訓練所設寨西孫氏家祠內、實到受訓人數三十七名、請假者四名、訓練員係鎮長孫建珠、講授保甲須知、聲音洪亮、講解亦頗清晰、該鎮長二十餘歲、精明強幹、對公務異常熱心、略為講演訓練保甲長之重要及煙禁之森嚴、下午一時即乘車至邊廟鄉、訓練所設孫義樓一個民宅內、受訓人數為六十三名、請假者十二名、鄉長孫鼎臣因事赴魚台縣、訓練員李心鑄講保甲須知、頗詳實、循循善誘、毫無倦容、二時又乘車至王寨鄉、適第三區區長彭繼亭亦至、訓練所設塗莊廟內、受訓練人數為六十三名、鄉長孫建升未到、由其兄孫建都代理、訓練員孫明奎、講授公民常識、極為清楚、且能振起聽講人之精神、收效較為宏大、誠為訓練員中之卓卓者、二時半至仇集鄉、訓練所設仇集侯台田家中、至所並無一人、只有條凳數隻、橫躺豎臥、問一老人郭姓者、乃係因星期日未上課、四時返府、

▲視察各區鄉保甲長訓練所日記　裴朝永

二月十八日、星期一、即訓練第二週之第一日、早起到辦公室治理例行公事後、乘黃包車出南門過實驗鄉約行十里、到第七區之梢河鄉、該鄉訓練所係一民房、設備簡單、余到時尚未上課、先向鄉長詢問近日情形、並索閱訓練日誌點名簿、一無所有、據云、該區公所尚未轉發、訓練員趙顧賓頗老實、首由余到訓練所講述保甲之功效及訓練之目的、計到保甲長二十八人、告假五人、次由趙先生講保甲須知、照書解釋、未能發揮、余於臨行、再四囑咐趙鄉長對於授課管理諸端、多加注意、十一時抵胡樓鄉之中胡樓、訓練所附於中胡樓初小校內之北屋、光線尚可、惟過狹小、以致不能放置板凳、許多保甲長蹲在地面、殊欠雅觀、余至時適訓練員胡有文上黨義課、講民權主義、亦係照字誦讀、余即調閱訓練日誌及點名簿、記載均尚清晰、桌上陳列甲長姓名表一紙、據胡鄉長云、擬於本週起、講堂內編組保甲、十戶為甲設甲長、實習戶口異動查報事宜、足徵該鄉長尚有計劃、不無可取、余復至講堂、檢閱出席人數、實到七十五名、告假七人、當場發現第四保第一甲長戴培智保其子頂替、第六保亦有一甲長劉士勤係其孫代替、比經余指出痛斥、罰向總理像前恭立半小時、交由校長察看、並勒令原甲長入所受訓、於十二時半由胡樓轉向西南入第六區界、至畢樓鄉之蔣莊、因該鄉訓練所有二處、一在楊樓、一即是莊、所址係鄉公所、一棚西屋方形甚黑暗、應攤受訓保甲長六十三名、本日實到六十一名、鄉長孫劍泉頗誠樸、訓練員陳端素講保甲須知、頗詳盡動聽、調閱訓練日誌、每日均有填註、余即到講堂演講保甲制度之重要性、及訓練保甲長之意義、下一時由蔣莊轉至楊樓、所址設在民校內、訓練員馮桂森講合作、對於信用合作一層、闡揚分晰、既盡且詳、余於室外、約聽數分鐘、因見馮先生講入非非、未便打攪、遂巡弃渠坑、至已二時有半、六區助理員惠先生亦在彼處、本日課原已上完、因知余來、各保長均未散、余於檢閱訓練日誌及盤詢鄉長李念先近日情形之後、即入講堂、係一南屋、既小且黑、未能容納四十人、以致各保甲長、均蹲門外、此為該鄉之第一大缺點、曾囑鄉長另覓所地、余即就院中、集合各保甲長、實到九十一人、聲述本府近對訓練一事、特別注重、並宣傳禁嫖造林兩項功令、因聲浪過分高大、咽喉略啞、退向路旁飯館、購蛋充飢、驅車返縣、紅日已落西山矣。

文藝研究會昨開第一次會員談話會

選舉程守禮等三人為文藝研究會週刊編輯

文藝研究會本定於昨日（二十四）開第三次會員大會、因會員請假缺席者甚多、以致未能如期舉行大會、隨由所到會員臨時決定改為談話會、並確定第三次會員大會日期、茲將決定事項探誌如下、一、通過文藝研究會週刊章程、二、選舉程守禮劉昭祥師方建為本會週刊編輯、三、決定三月十日開第三次會員大會、四、整頓會員精神、五、本會週刊發刊日期、由編輯負責人確定、六、確定下次大會討論大綱、以「我們所須要的批評家」、為研究之標準、下午一時閉會、附豐縣文藝研究會週刊章程、一、本週刊定名為「豐縣文藝研究會週刊」、二、本刊以提倡大衆語之民族文學為宗旨、三、本刊以會員作品及本會研究之報告為主要材料、四、本刊設編輯三人、由會員大會選舉之、並互推編輯主任一人、總理會務、其任期為半年、五、本刊編輯部對來稿有去取刪改權、六、本章程由會員大會通過施行之、

豐報

第七一一號
社址豐縣大同街
中宣會登記證字第二一九號
內政部登記證警字第二〇三二號

▲總理遺囑

余致力國民革命凡四十年其目的在求中國之自由平等積四十年之經驗深知欲達到此目的必須喚起民衆及聯合世界上以平等待我之民族共同奮鬥現在革命尚未成功凡我同志務須依照余所著建國方略建國大綱三民主義及第一次全國代表大會宣言繼續努力以求貫徹最近主張開國民會議及廢除不平等條約尤須於最短期間促其實現是所至囑

代徐州私立立達女子初級中學校募捐啓事

王君公瑱，治豐數載，政績卓著，其與本縣黨政各機關人員相處，感情尤洽。嗣雖調長蕭銅，對豐縣事，猶多關垂。遺愛在民，故能令人至今思之。二十二年夏，王君於治蕭紛忙之際，猶復出其餘緒，捐廉若干金，聯合徐屬聞人尹聘三趙光濤王浩如等，在徐州創辦私立立達女子初級中學，救濟徐海一帶失學之女子，其熱心教育，允足稱焉。今該校成立將近二載，復賴王君夫人丁少蘭女士之慘淡經營，根基始漸穩固。惟近以建築校舍，擴充學級，在在需財，特備捐册轉向本縣募捐。玉珽等因念本縣不乏熱心教育之士，且與王君有舊者甚多，敢請慨解義囊，贊襄盛舉，不特王君感激已也，而我徐海失學之女子，亦將受惠匪淺矣。謹啓。

捐款請交本縣縣黨部或教育局收轉

代募捐人

董玉珽 李貞乾 黃體潤 王子蘭 李乃正 劉美周
李效禹 張紹緒 董雪山 彭世亭 趙寅純 王漢卿
馮守信 蔣季坦 劉子粹 韓韶九 彭繼亭
董玉樹 王純九 卜憲章 彭元仁 董仲安

仝啓

豐縣縣政府繼續徵文啓事

題爲「治豐計劃」

查本府徵文至本月十日業已截止惟收件無多難資借鏡特再繼續徵求務祈不吝珠玉踴躍投稿無任企盼

一 徵文方法　如前
一 徵文日期　自本月十六日起至月底止
一 發表日期　三月五日同前次徵文一併揭曉

縣長王逊先謹啓

華豐布莊歇業啓事

本號因營業蕭條虧累甚鉅刻已宣告歇業所有人欠欠人各款均已結算清楚現存貨物盡行作價推讓於本城東街復祥號新舊外欠亦已請託該號代爲催討以輕償累除號內借款條據暨銀錢往還業由本號主人分別情形設法清理外關於夥友私人往還賬目本號概不負責特此聲明

華豐號謹啓　二月二十日

中外要聞

王寵惠與日外相廣田 討論中日增進邦交具體計劃

▲中央社東京廿六日電　據國民新聞稱、王寵惠曾與外相廣田、討論中日增進邦交具體計劃、據王宣稱、退晤廣田關於中日合作意見、與其完全脗合、王語廣田、日本必須放棄其高貴自居形態、藉增進兩國邦交、要當以平等爲基礎。

▲中央社東京廿六日電　王寵惠原定下月一日離日赴美、因尚須與日朝野諸要人會談、決將行期延展、王氏今日晤外相廣田、外次重光、談話頗長。

朱毛殘餘即可完全殲滅

▲中央社重慶廿六日電　赤水電、匪部在梁村附近與滇軍激戰、郭指揮指揮所部、在東黃場與匪激戰、朱毛殘匪、即可於梁村溫水間、全數殲滅。

蔣在武昌總部 接見于學忠萬福麟等

▲中央社漢口廿六日電　蔣委員長廿五日上午在武昌總部、召見于學忠、萬福麟、王樹常、王以哲等、並接見黃慕松、及華北各師長郭希鵬等、分別垂詢要公。

武昌行營着手組織 行營主任爲張學良

▲中央社[illegible]廿六日電　武昌行營、定三月一日成立、由[illegible]續[illegible]之[illegible]、已在[illegible]總部辦事處開始組織、俟總部結束即移武昌辦公、聞行營主任爲張學良、秘書長楊永泰、參謀長錢大鈞、下設七處。

行政院舉行第二〇一次會議 內政部兩次長易人

▲中央社南京廿六日電　行政院於今晨九時、開第二〇一次會議、出席汪兆銘、孔祥熙、陳紹寬、陳公博、王世杰、陳樹人、劉瑞恒、列席褚民誼、石瑛等、主席汪院長、任免事項、（一）決議內政部政務次長甘乃光、常務次長傅汝霖、洪請辭職、應予照准、任命陶履謙爲內政部政務次長、許修直爲常務次長、（二）決議國立北平故宮博物院理事會委員黃郛病故出缺、聘任傅汝霖爲國立北平故宮博物院理事會理事、並報告政治會議、（三）外交部汪兼部長呈、駐新義州領事朱芾、介調回國、擬請免職、遺缺擬請調京城總領館領事金祖惠充任案、決議通過、（四）外交部汪兼部長呈、請簡任梁龍爲駐捷克斯拉夫國代辦案、決議通過。

▲中央社南京廿六日電　立委陶履謙、現已調任內部政次、擬俟奉到明令、並晉謁汪院長、黃部長有所請示後、再決定就職日期、聞陶氏以立委不能兼職、俟就任內部政次後、即將向立法院呈請辭去立委職務。

清理戰區負責人在津集議

▲中央社北平廿六日電　清理戰區問題、前已在平商定解決原則、其實施辦法、仍待與日方接洽、茲以日武官高橋、將赴長春、故雙方負責人員、於廿五日先後赴津集議、聞三日內返平、高橋定三月五日出關、與關東軍司令南次郎商陳一切、約留旬日再來平、屆時關於新保安隊出發、及接收馬蘭峪各事、均可開始辦理。

▲中央社天津廿六日電　戰區未了問題、前經中日雙方商討、已決定原則、惟對細目、尚待續商、現殷同、殷汝耕、及高橋、儀我等、已先後來津、廿五日起繼續交換意見、關於保安隊開入戰區問題、人數器械、均如前定、將無變更、惟劉佐周、趙雷、馮壽彭等部、調出整理問題、仍待研商、據殷汝耕談、戰區問題、經此次會商、即可告一段落。

黃郛赴莫干山小住

▲中央社上海廿六日電　黃郛廿六晨八時許乘特快車赴杭、轉往莫干山暫住。

▲中央社杭州廿六日電　黃郛廿六日下午由滬乘車抵杭、據談渠定廿七日赴莫干山、將在該處作短期休養、就內長日期尚未定。

32

孔財長由滬返京

▲中央社南京廿六日電　財長孔祥熙、現已病癒、廿五日晚由滬乘夜車晉京、於廿六晨七時到達、旋即出席行政院會議、午後赴財部處理部務、並接見國聯交通組長哈斯。

東鐵非法買賣 我政府正注意其發展

▲中央社上海廿六日電　中東鐵路非法買賣、自日俄成交後、現正草擬三種草案、三月可脫稿我政府正注意其發展、同時與該路主權有關之道勝銀行、對之亦在注意、將同時提出不承認抗議。

東北流落國內有志青年 移墾綏遠日內分批出發

▲中央社北平廿六日電　東北流落國內有志青年、移墾西北事宜、經朱霽青負責籌備以來、已在臨河以東、賜墾地三千頃、可容千人、現正購辦種子、牛馬、農俱、食糧等應用物品、決於日內分兩批出發、每批各五百人、將來視成績如何、再計劃擴充。

中法越南商約不久即可解決

▲中央社南京廿七日電　外交界息、中法越南商約附件、法迭經駐華法使韋禮敦向我外交部商洽、意見已趨接近、法使當即電呈法政府報告、並請示一切、現聞法使已奉到法政府復訓、最近並時有接洽、預料該約不久即可解決。

吳鐵城昨宴意大使

▲中央社上海廿六日電　吳鐵城廿六日晚在私邸歡宴意大使、意大使決下月初入京謁汪院長後轉平。

新運視察團今日出發

▲中央社南昌廿六日電　新運總會、擬定視察計劃、分期攷查各地新運工作、第一期視察團、定廿八日由省出發、視察皖閩蘇浙各省、京滬兩市、及京滬滬杭甬兩路。

何應欽派員赴陝北視察

▲中央社楡林廿六日電　平軍分會委員長何應欽、爲明瞭陝北共匪、滋擾眞象、特派高級參謀楊振等三人來陝北、晤井岳秀高桂滋、商談剿匪事、並赴匪區實地視察、聞楊等廿二日抵平、廿五日啓程來陝。

黃河水漲貫台堵口工程告急

▲中央社天津廿六日電　黃河水勢、廿三廿四兩日續漲一尺八寸、貫台堵口工程、及太平洋堤、同時告急、河局及長垣縣府、連日電省請續撥工款、以便搶護。

班禪已啓程赴青海

▲中央社南京廿七日電　據青海迎班禪代表與薩班智達談、班禪大師已定廿六日啓節離阿拉善旗、經蘭州赴青海宣化、本人三四日後離京北上、在平不勾留、即還返青海。

贛慰勞代表謁陳濟棠贈旗

▲中央社香港廿六日電　贛慰勞代表廿六日上午赴總部謁陳濟棠、表示慰勞熱誠、並贈旗兩面、由陳親自接受。

浙省府令各縣切實廢除苛雜

▲中央社杭州廿六日電　省府廿六日通令各縣應廢除之苛雜、曾於去年十月一日起分別核定、通令一律廢除、現各縣究否遵令辦理並仰切實辦理即日具報。

閩財廳整理財政

▲中央社福州廿六日電　財廳長徐桴、擬改良本廳財政、省稅除大宗及特殊外、概歸縣辦理、裁幷局所一〇九處、年可節省財務費四十萬元、將呈府提會決定。

粵新購巡洋艦今日由港運省裝配

▲中央社香港廿五日電　粵當局向意定購巡邏艦兩艘、已先後抵港、一艘十七日駛省、餘一艘定廿七日運省裝配、兩艦速率每小時爲四十六海里。

唐山公安局取締毒品賭場

▲中央社天津廿六日電　唐山公安局、爲肅淸盜匪、決分四步取締毒品賭博、第一步取締唐山賭局、已實行、第二步取締東四礦賭局、刻在進行中、第三步取締唐山毒品、並限制日韓洋行第四步取締東四礦毒品。

張繼過洛遊白馬寺

▲中央社洛陽廿六日電　張繼廿五夜抵洛、今日遊白馬寺、日內赴西京、籌備民族掃墓節。

顧維鈞日內赴平

▲中央社北平廿六日電　顧維鈞電平、謂定廿八日由滬北上、訪晤故舊、小住半月、再南下定期赴法回任。

倫敦中國藝展會 來華選擇古物委員到滬

▲中央社上海廿六日電　倫敦中國藝展會、來華選擇古物委員五人、其中巴德爵士、及拉飛爾兩人、已於廿五日乘輪抵滬、將會同藝展預展選委、選擇古物、以備運英展覽。

歐亞哈塔綫定期飛航

▲中央社上海廿六日電　歐亞公司息、新省哈密至塔城綫、定三月十五日飛駛、盛世才電請將滬新綫展至哈密、以便啣接。

英外相西門將遊柏林

▲中央社倫敦廿五日電　西門廿五日宣布、德政府已邀其往遊柏林、渠不久可成行、法意政府已贊成此行、至渠應否繼赴莫斯科及他國京城一節、尚在攷慮中。

▲中央社倫敦廿六日電　一般人信相、蘇俄政府業已正式邀請英政府、派遣閣員一人或數人、前往莫斯科、俾將二月三日英法倫敦宣言、所引起各項問題、會同加以討論云。

軍縮會議美代表主張 設永久國聯團管理軍火

▲中央社日內瓦廿五日電　軍縮會委員會之美代表、現決定行其設立永久國聯團、管理軍火貿易提議、而使永久國聯團有就地監督之權、如是委員會可視察造軍火之工廠、惟管理權之使用、須顧及國家情感、英意對此、現反對之、以爲此過於廣大、難於實行、而法國贊助美國立場。

全省農業技術討論會閉幕

曾濟寬鄒樹文演講 討論植物病虫害問題

▲江蘇社　全省農業技術討論、自開始以來、已有六日、二十二日仍繼續舉行、上午由曾總技師濟寬訓話專家鄒樹文演說「增加農村生產從何處着手」、曾鄒兩氏對於農業問題及現狀、發揮至爲詳盡、下午討論植物病虫害問題、由專家蔡邦華朱鳳美兩先生主持、對於植物病虫之害種種問題、及如何防治、如何補救、均有精密議決云、該會定二十三日上午十時由專家唐啓宇主持、討論農業經濟問題畢、即舉行閉幕、茲將前日情形分誌於後、

▲▲曾濟寬訓話

略謂在社會上做人、一般成功的條件、先知先覺已經告訴過我們、要立志做大事、不要立志做大官、自民國成立以來、大多數的人、先立志做大官、然後方立志做大事、中國事業之所以無成、都是這一般的錯誤、這一種現象、是不應該有的、應不做大官而努力於做大事、吾人均應有此決心、所謂做大事、是要認定目標、澈底去做、「鞠躬盡瘁死而後已」、以個人觀察、現在的政治、是所謂○……科員……○、即辦一事必須由科員起稿○……政治……○、擬具計劃、由科長秘書略事核閱後、僅須長官簽字畫行、此事即算成立、均祇要能簽字、就能做大官、所以政治之進步、不能垂永久之模範、不管自己之才能經驗、祇想僥倖得大官、這樣的情形、所以中國一日是辦不好、一國之建設基礎、在國民之生產力、今日環境、實非常危險、今後尤其是農界技術人員、要打破這種觀念、一個人○……努力……○、他總可得着○……做事……○一件報酬、這報酬、或精神的與物質的、本身所得的報酬、是短暫的、對自己職任上去努力、一定可使他得着努力的享受、就是他本身得不到、社會上可得着他善良的印象、社會上對我們的報酬、那才是永久的、正不必亟亟於目前的享受、我們要自強不息、在求學上有一段落、踏進社會的階段以後、智識技能、可以造成萬物、也能克制萬物、科學是人造出來的、宇宙一切萬物、人

都可以去運用、日積月加、就可成就敎樸不破的事業、

○……○造就人材○……○

原則有二、一、稟賦於先天者、二、造就於後天者、稟賦於先天的、如先聖先哲、實如鳳毛麟角、非人人所能、我們是造就於後天的、造就於後天的有一件最重要的事、就是養成健全的體魄、現代社會上流行一種病症、簡單的說、就是花柳病、後天的造就不能健全、大半是染有流行病、中國人以前、對事業之成否、歸之於命運、這不過是偶然的事、不能說它就是對的第一的要義、還是後天的造就、在根基方面、雖不致有花柳病、而往往形成一種憂世的憤世的神經衰弱症、而受環境的誘惑、過去先進的人、他們已在懺悔了、我們不要步他們的後塵、我們要立志做事就要

○……○迎頭趕上○……○

要把他們研究科學的精神方法拿來體驗、分工合作、實用有機組織、擇其善者而從之、他們五十年百年的工作、我們二十年三十年可趕上去、我們祇要把各名家著作搜集起來、加以補充、成爲我們適用的良法、若不照此做去、非但新的不能帶來、以前的事業、都成了半途而廢、外人每每譏笑我們、是五分鐘熱度、我你當然是不能接受、但我們也無法來消滅這句話、我們要把自己的身體精神、來克制環境我們以後做人治世、要完成先哲未完的精神、這是我們以後做人的要義、將來社會上一定要給予我們很重的報酬的、

自由討論

自由討論、并無新提議、不過將前日修正之「農業建設機關與農業教育機關實施合作方案」議決、進行步驟、由建廳依據本方案、會同教廳擬具進行辦法、呈請省政府委員會議決施行、上午十時、鄒樹文先生演講、「增加農村生產、應從何處着手、」詞長數千言、於增加農村生產之方法、發揮詳盡、

植物病虫害問題

下午二時起、討論植物病虫害問題、由蔡邦華朱鳳美先生主持、一、防治農作物病虫害應採用何種方式、以收最大之實效案、（決議）防除農作物病虫害、應按其爲害性之緩急、而分別決定各式、如驅除蝗虫、應藉政府力量、强迫驅除蝗害、採用示範方式、指導農民防治、二、本省主要農作物病虫害之種類生活史、及其有效防治方法、（決議）一、防治螟虫、以掘稻根爲最有效、或冬期用長期灌水、（一個半月以上）及獎收卵塊辦法、二、防治蝗虫、以開墾荒地及掘除卵塊爲最有效、三、防治棉金鋼鑽虫、可用清潔方法、將田間雜草除去、用砒酸鉛或砒酸灰噴射、此虫以蛹附於棉楷、越冬、故可在翌年五月前、將棉楷燒去、或在發生時將棉之嫩頭及幼蟲同時除去、或設法將其搖落後再行除去、四、棉炭疽病及小麥散黑穗病應於播種之時、用冷水溫湯浸種法浸種、五、棉枯萎病、及麥萎病、應育成可以抗病之品種、六、稻熱病、既發生之後、可以波及多流稍加糖分噴射之、極有效、七、大麥裸麥堅黑穗病、可用炭酸銅粉拌種、但其效力不如冷水溫湯浸種之大、八、浮塵子、可用洋油滴於水面、然後振動稻桿、使其落下以殺滅之、九、臭蟲可用二硫化炭或靑酸（鋼）薰蒸、惟房室須密閉、又流涙藥亦頗有效、十、害蟲之殺滅、無視其口器之不同而異、其方法．如對咀嚼口的害蟲、可直接用毒劑．如砒酸鉛等毒殺之、對於吸收口的害蟲、應用接觸劑．如煤油或肥皂與煤油之混合液使之窒息而死、三、省立各專場所應如何與省立病蟲害防治機關分工合作、聯絡進行案、（決議）甲、省立病蟲害防治所應做者如下、一、重要病蟲害有效方法之推廣、二、研究調查、三、標本及器械之收集、文字圖畫之宣傳、并召集講習會、四、器械藥品施用上之、研究、乙、省立各專場所、應各就主管事業之病蟲害、作大規模之防除實驗、四、各縣病蟲之調查工作、應如何規劃進行、（決議）目下關於各縣蝗蟲及螟蟲調查工作、暫依中央農業實驗所、發調查表格、由各會員實地調查之、其餘各項病蟲害之調查、須待省立病蟲害防治機關成立後、作具體之計劃、五、種子可傳播病毒之源、應如何施行檢查取締、（決議）充播種用之種子、應由地方政府檢查取締、充消費用者、由中央專設機關檢查取締、問題討論完畢後、由各個會員提出問題、請求解釋、均由蔡朱二君一一予以詳晰指示、至六時許散會、

討論農業經濟

關於農業問題、六日來已討論至爲周詳、所餘僅農業經濟問題、定二十四日上午十時、由唐啓宇主持討論、擬討論之問題、計有八項、一、全省合作事業、應如何按各地環境規定中心事業分區進行、二、未設合作指導員縣份、合作事業應如何推進、三、各縣合作社社員及職員、應如何施行訓練、四、全省合作社所用簿冊、應如何訂定以資一律、五、合作指導員與農民金行主持人員、應如何聯絡進行、六、合作社向農民銀行存款、應否一律改爲長期、農民銀行對於合作社放款、應否改辦活期來往、七、墾植合作社應如何設計組織、八、在江北各縣應如何倡辦特種副業合作社、九、其他、

蘇全省保甲約六月間完成

訓練壯丁辦法民廳在擬訂中

▲江蘇社　蘇民廳辦理本省保甲以來、各縣之推進、頗爲順利、江北第三期工作、業早完成、江南方面亦正在趕辦、約不久亦將完竣、茲據該廳對於訓練保甲長問題、余廳長認爲係推行保甲制度最切要之工作、故現積極督促各縣辦理、至訓練壯丁計劃、亦在所必行、將來開由民廳直接派員分赴各縣辦理、其辦法現正在該細擬訂中、一俟擬具後、即提省府會議通過施行、全省保甲、約本年六月間可全部完成云。

蘇財廳調查全省食粮

已有三十餘縣完畢　本月底可全部竣事

▲江蘇社　蘇財廳前爲明瞭全省食糧產銷狀況、以備作調劑之標準、特令各縣縣政府及範圍較大之農民敎館、調查各縣食糧產銷數目、及其他情形、茲據財廳悉、現在各縣調查完畢已呈到廳者、計有溧水、六合、高淳、江都、儀徵、東台、寶應、高郵、吳縣、崑山、吳江、松江、上海、川沙、太倉、崇明、啓東、武進、無錫、江陰、鎮江、溧陽、南通、海門、泰興、漣水、阜甯、銅山、豐縣、沛縣、碭山、邳縣、宿遷、睢甯、沭陽灌雲等三十餘縣、其餘各縣約本月底即可全部調查完畢、同時并附帶調查各縣田地狀況及人口統計云。

各縣如有肥料化驗可呈樣品轉送金大

省令各縣場所知照

▲江蘇社　江蘇省政府訓令江甯自治實驗縣縣長六十縣縣長、省立各實業專場所長云、案據建設廳呈查本廳與金陵大學所訂合使化驗、研究本省土壤肥料辦法及計劃、業經呈奉鈞府備案在案、依據是項辦法及計劃之規定、關於本省肥料、無論天然肥、或化學肥料、均可由本廳隨時交由該校代爲化驗、擬請通令各縣場所如有肥料、須請化驗者、可即檢同樣品、呈送來廳、以便轉送金陵大學化驗分析等情、據此合行令仰該縣場所長知照、此令云。

溧水縣定期放賑

○……電省賑委會前往監視　陳康和顧子揚二氏即赴溧……○

▲江蘇社　省賑務監察委員顧子揚、陳康和、接溧水縣長茵啓平及縣黨部常委李徵慶來電、以定期放賑、請蒞溧監放、顧等接電後、當即復電、屆期前往、茲探錄原電於後、「江蘇省賑務會監察委員陳康和先生台鑒、溧水縣急賑、現已調查完畢、計大小口平均（兩小口合一大口）爲三萬四千六百餘口、爰於本月十九日下午四時、在縣黨部召請各機關團體開會、決定放賑地點、在縣豫備倉、自本月二十五日起、至二十八日止、按區順次散放、計共振米一千五百包、每包一石一斗一升、共爲一千六百五十石、按照「孝悌忠信禮義廉恥」八字爲噃、孝字發米四斗、依次遞增、并決定會同函請省黨部監察委員及省振務會監察員蒞溧監放、除分電外、相應電達、即希查照蒞臨監放、江蘇振災副主任李天眞、溧水縣縣長茵啓平、溧水縣黨部常務委員李徵慶印、溧、

▲又息、上海籌募各省旱災義振會、江蘇省視察主任成靜生、前日來省、分別訪晤顧陳二委員、對各縣災情及振務近況、有我報告、成氏已於前日早車赴滬、與本省查放主任張蘭平接洽、并擬向各省義振會方面、請求對災重縣份酌加賑款云。

本縣新聞

各鄉組織合作社 縣政府奉令詳加查攷

注意社員是否優良 組織是否健全

本縣縣政府近來對於合作事業、提倡不遺餘力、故各鄉組織合作社呈請備案者甚多、建設廳深恐組織不健全、影響該項事業前途、特飭令注意社員是否優良、組織是否健全、對於各社聲請許可設立及成立登記時、應詳加查攷、擇尤給予證書、愼勿濫發云云。

第二區公所召開第二十九次區務會議

定期繼續疏浚河道

第二區公所於二月二十三日上午十時、召開第二十九次區務會議、出席蕭堰鄉鄉長蕭運逢等十五人、主席卜憲章、紀錄劉鴻猷、行禮如儀、一、報告事項、1,關於視察保甲長訓練所情形、本人及董劉二助理員均每日出發、楊書記亦間或出發、遇必要時則派區丁至各所檢查人數、結果、本區均大致不差、2,煙民自首辦法、業經詳細佈告、至於時間本月底卽行截止、希各乘此訓練期間、努力宣傳、使烟民明瞭從速自首、3,戒民入所時務須攜帶煙具、繳送禁烟委員會焚毀、4,各鄉保甲長多來所報告牛羊踐踏二麥、本人於出發時亦實際看到、倘不嚴禁、實害農民、現此事縣府早有禁令、希各位本視民如傷之精神、嚴行禁止、5,區長會議通過戶口異動須如期呈報、並由區先行復查、以臻確實、6,關於豐報問題、已由縣府轉呈專員公署說明撫力訂閱、7,關於電報電話桿線迭被割竊、望轉飭保甲長嚴緝及保護、8,關於鄉民陳訴文件、應令記明所屬區鄉鎮保甲籍、仰飭屬知照、9,區務會議不得輕意請假、因全區一月之重要事務、均須在區務會議上解決、10各位對於保甲長、應用人格感化、使心悅誠服、關於禁煙、更當以身作則、毫不沾染、否則難塞衆人之口、二、討論事項、一、本年度各鄉鎮電話豐報等費、可否限期一次清繳、請公決案、決議、由區公所在各鄉鎮公所辦公費內按月扣留、二、縣倉儲本區攤籌一百五十八石、應如何分派案、決議、（一）按各鄉鎮所有之地數分配、（二）至秋後一律捐齊、三、未完成之河道應確定繼續疏浚日期案、決議、定於三月二十日動工、四、已完成之河路兩旁、應規定開始植樹日期案、決議、（一）定於三月一日開始栽植、（二）其收益按照全縣河道公路植樹辦法辦理、五、各鄉鎮長提議、橫斷豐碭路之河口、應呈請縣政府建築橋梁、以便行旅案、決議、由區公所呈請縣府設法修築、六、劉鄉長爾斌提議、各鄉鎮地册多不正確、應設法更正案、決議、（一）由鄉鎮長自行對照、（二）交下次區務會議推定人員審查、閉會。

烟令森嚴 煙民覺悟

一般領照煙民 多先期自行戒絕

本縣禁烟工作、日來異常緊張、戒烟所煙民平時總不下百人左右、近日竟有許多領照煙民、均已覺悟、紛紛自行戒絕、聞有本城前商會會長莊獻廷、南街萬隆長主人李家祥、西街杜慶恩等、均係領照吸食煙民 在照期未滿前、皆自行赴救濟院施醫所住院戒烟、聞該煙民等吃藥打針後、未覺分毫痛苦、卽行戒絕矣。

[illegible]練保甲長消息

◎六七兩區報告實到訓練保甲長人數

縣政府接得第六區報告、王樓鎮實到訓練保甲長九十八名、邀帝鄉八十四名、祠堂鄉六十四名、宋樓鎮八十名、李寨鎮九十三名、東關鄉三十八名、西關鄉四十八名、梁樓鄉一百二十二名、錯樓鄉八十一名、渠坑八十九名、又據第七區報告、華山鎮受訓保甲長八十五名、尹樓鄉四十七名、梅橋鄉三十八名、趙莊鄉六十三名、趙河鄉三十一名、華[illegible]鄉五十二名、史樓鄉四十二名、楊樓鄉四十名、毛樓鄉四十八名、又劉驛鄉受訓人數七十八名。

◎視察各區鄉保甲長訓練所日記　裴朝永

二月十九日、星期二、上午八時乘黃包車出北門、赴第三區之邊廟鄉、路經常店、遂停車復到該鎮訓練所一視、時正十句鐘、僅到保甲長二十三人、據鎮長云、連日所到人數、均不踴躍、余查閱點名簿、內有第一保甲長孫基振一名、自開班以來、並未入所受訓、亦未正式告假、當由余着公安警察逕往其家傳詢、適赴他莊、復用電話通知區公所從速派丁將其帶區追究、以儆效尤、十一時半始抵邊廟鄉之孫義樓、所址係一櫃民房、既狹且黑、本日計到保甲長六十九名、內有一甲長係由其子代替、比經處罰、訓練員孫致義濟甯七中畢業、顏忠厚、將上保甲須知課見余來、讓余致詞、余遂將此次訓練之目的及保甲長應有之認識、約略講述、而對於禁烟問題尤爲盡量宣傳、既復檢核訓練日誌、並指示鄉長孫鼎臣應加注意及改善各點、卽出莊向西北改乘腳踏車、奔袁堂鄉之王小莊、至已下一時、區長彭樹亭君亦先我而到、相偕至訓練所卽鄉公所內、原係一初級小學、現已停辦、在辦公室略坐片刻、檢閱日誌及點名簿、並與彭區長談及常店孫義樓訓練所改進問題、旋至講堂向保甲長講演保甲是民衆自衛組織、訓練保甲長是充實民衆幹部力量、以及禁烟造林諸端、費時三十分、本日計到保甲長七十名、退卽就地購食充飢、而由訓練員王隆太君講公民常識之歷史、對於五代梁唐晉漢周、未能逐一加以說明、下二時半、由王小莊赴渠寨鄉之高莊、訓練所爲一民房、黑小觸促、大有人滿之患、余至時適鄉長王春源上課、實到保甲長五十三名、余因時間不早、尚須赴梁閣、未及對衆講演、僅將不得冒名頂替、擅自曠課、囑由鄉長轉達、並令鄉長速須更地另移、以壯觀瞻、卽偕彭區長乘腳踏車至梁閣、時已下三時二十分、本日散課、因知余來、倘集合未散、由余向衆略述訓練保甲長乃健全民衆下層組織及政府對於是項工作異常注重、約談二十分鐘、卽索閱點名簿及日誌、遺漏頗多、所址係一初級校內、鼇東兔屋、尚寬闊清潔、計到保甲長六十八名、精神頗飽滿、鄉長程守訓練員杜野之氣、但辦事尚認眞、余於臨行時、曾囑其仍須繼續努力、毋稍疏忽、四時由渠閣動身返縣、預計沿途披星戴月、詎至常店、已漸黑暗、而星沉月黯、一路摸索、至城已八時有奇。

◎　◎　◎　◎

第二區公所會同保安隊 在師寨破獲大賭窩

當場拿獲賭徒張士春等三十餘人

二區師寨居民張步倫張步堯、招聚不肖之徒百餘人、日夜豪賭、賭具中有四子寶、牌九、骰子等數種、場中幷擺列鴉片烟燈、而零食小販、如包子鍋、餃子鍋等、星羅棋佈、儼如市場、夜間燭光照耀、賭聲四溢、幷有持槍守衛者數人、事爲該區區長卜憲章保安隊第三中隊長劉敬修偵悉、遂於二月二十五日晚、親率區丁警兵六十餘人、前往捕拿、詎該賭徒等、冥不畏法、竟敢開槍拒捕、卒以心虛膽怯、該賭徒等竟將丈餘高之牆壁推倒、蜂擁鼠竄、結果僅拿獲張士春、張步岩、宋玉周、金允仁、張步禮、劉昭修、張志遠、張爾傑、張爾真、張義先、劉爾讓、張在良、劉爾密、張雷、王卿雲、杭丕蘭、劉修文趙魁士、吳春、劉麥、李美印、張文清、尚新華、劉朝君、劉昭起、劉爾周、劉魁玉、張子良、張新春、崔紹言、劉娃等三十二人、聞卜區長劉隊長已於昨日將該賭犯連同賭具等物一併解送縣府法辦矣。

教育局公佈 小學教師閱讀筆記審核結果（續）

程守之、常店小學校、各期篇數記載過少（第一期完全未記）、丙等、董仙嶺、文廟小學校、九、十兩期記載頗佳、缺第十期十二期、以後更敷衍了、丙等、李善芝、文廟小學校、紀錄尚切實際、習作要項亦應按期解答 丙等、李秉馨、李大莊初小校、各期習作要項解答、均頗詳實、惜無閱讀筆記、乙等、獎小學教師半月刊半年、劉洌秋、女子小學校、記載頗扼要、習題解答亦多正確、惜各期記載有太簡略者、乙、獎小學教師半月刊半年、陳謙德 西關外初小校、僅有解答各問題、無有其他記錄、丙等、戴儒學、劉元集初小校、習作要項尚能答出、惟缺少閱讀筆記、丙等（未完）

豐報

第一七三號

社址豐縣大同街

[illegible]
[illegible]

今日一大張半

本報價目

本報每份大洋一分四厘　每月大洋三角　外埠每月大洋四角郵費在內

代徐州私立立達女子初級中學校募捐啓事

王君公瑱，治豐數載，政績卓著，其與本縣黨政各機關人員相處，感情尤洽。嗣雖調長蕭銅，對豐縣事，猶多關垂。遺愛在民，故能令人至今思之。二十二年夏，王君於治轄紛忙之際，猶復出其餘緒，捐廉若干金，聯合徐屬聞人尹聘三趙光濤王浩如等，在徐州創辦私立立達女子初級中學，救濟徐海一帶失學之女子，其熱心教育，允足稱焉。今該校成立將近二載，復賴王君夫人丁少蘭女士之慘淡經營，根基始漸穩固。惟近以建築校舍，擴充學級，在在需財，特備捐冊轉向本縣募捐。玉珏等因念本縣不乏熱心教育之士，且與王君有舊者甚多，敢請慨解義囊，贊襄盛舉，不特王君感激已也，而我徐海失學之女子，亦將受惠匪淺矣。謹啓。

捐款請交本縣縣黨部或教育局收轉

代募捐人

董玉珏　李貞乾　黃體潤　王子蘭　李乃正　劉美周
李效禹　張紹緒　董雪山　彭世亭　趙寅純　王漢卿
馮守信　蔣季坦　劉子粹　韓韶九　彭繼亭
董玉樹　王純九　卜憲章　彭元仁　董仲安

全啓

華豐布莊歇業啓事

本號因營業蕭條虧累甚鉅刻已宣告歇業所有人欠欠人各款均已結算清楚現存貨物盡行作價推讓於本城東街復祥號新舊外欠亦已請託該號代爲催討以輕債累除號內借款條據暨銀錢往還業由本號主人分別情形設法清理外關於夥友私人往還限日本號概不負責特此聲明

華豐號謹啓　二月二十日

中外要聞

中央昨舉行第一六〇次常務會議

▲中央社南京廿八日電　中央黨部於今晨八時舉行第一六〇次常務會議、主席居正、決議要案、（一）通過中國國民黨征求預備黨員細則、（舊入黨手續廢止、）（二）通過中央及各省市黨部工作人員、從事司法工作考試辦法大綱及施行細則、（三）中央宣傳委員會主任委員邵元冲辭職照准、推葉楚傖爲中央宣傳委員會委員並指定爲主任委員、（四）推孫委員陸東出席下星期一中央紀念週報告。

總理遺囑

余致力國民革命凡四十年、其目的在求中國之自由平等、積四十年之經驗、深知欲達到此目的、必須喚起民衆、及聯合世界上以平等待我之民族、共同奮鬥。現在革命尚未成功、凡我同志、務須依照余所著建國方略、建國大綱、三民主義及第一次全國代表大會宣言、繼續努力、以求貫徹、最近主張開國民會議、及廢除不平等條約、尤須於最短期間促其實現、是所至囑。

宋孔昨飛漢謁蔣

▲中央社南京廿八日電　經委會常委宋子文、因要公須往漢與蔣委員長商洽、今晨乘機離滬、十時在明故宮飛機場降落、赴陵園休息、十二時與財長孔祥熙、同機飛漢、預計下午三時、即可到達、據孔談、本人此次赴漢、係商財政、二日即可返京、申新工廠事、已由滬辦理、救濟辦法、尚未決定。

▲中央社南京一日電　全國經委會常委宋子文、財長孔祥熙、因經委會務、及財政問題、須晉謁蔣委員長商洽、宋氏特於昨晨乘機趕到南京、中午與孔部長聯袂飛漢、已於午後到達與蔣委員長會商、兩氏在漢僅作一二日之勾留、將乘機飛滬、過京或有停留。

何鍵等通電就新職

▲中央社漢口廿七日電　何鍵等頃通電就新職、謂奉委員長電令　改任何鍵爲剿匪軍第一路總司令、劉建緒爲剿匪軍第一路前敵總指揮、陶廣爲第一縱隊司令官、李韞珩爲第二縱隊司令官、李覺爲第三縱隊司令官、李雲杰爲第四縱隊司令官、並着先行就職、所有剿匪軍追剿總司令名義、應即撤銷、鍵等遵於廿六日分在常德　源陵、同仁、鎮遠、桃源軍次、敬謹改就新職。

行政當局對匯豐拍賣申新七廠事極爲注意

▲中央社南京廿八日電　行政當局對我國新興工業、素極愛護、此次匯豐銀行拍賣申新第七紗廠事、尤爲注意、除派實業部長陳公博赴滬、又電上海吳市長詳加調查、除與該行辦理交涉外、並交財實兩部妥商救濟辦法、聞財實兩部決表示在可能範圍內、予以援助救濟、至如何救濟辦法、兩部已在積極研究調查中、目前尚未有具體決定、該事是否由政府出資償還匯豐欠款、現尚未決定。

▲中央社上海廿八日電　司法院廿八日電復申新廠、申新廠事被非法拍賣、已有合法院據理[illegible]

▲中央社上海廿八日電　申新七廠職工廿八日晨、召集緊急會議、議決、（一）推代表向黨部市府社會局請願、要求嚴重交涉、（二）請各機關團體報館、主持公道、積極援助、滬律師公會廿七日晚亦召集全體會議、申新七廠案組織專案委員會、根據法律援助、聞市府以申新七廠案關係我國整個實業前途及司法主權甚鉅、現準備向[illegible]議、又聞收買申新七廠之日方代表隨本村上正律師、廿八日對人非正式表示已與匯豐接洽妥貼、定一日交款、下週內接收。

戰區保安隊調出整理可望實現

▲中央社天津廿八日電　陶尚銘來津後、廿八日午後晤殷同、會商保安隊整理問題、據悉、戰區保安隊調出整理事、可望實現、地點已經擬定、至灤縣縣隊糾紛、陶氏表示、業已告解決。

東鐵非法買賣行將簽字

▲中央社哈爾濱廿八日電　俄人息、東京進行讓渡東鐵之俄代表、與東鐵當局報告、謂三月七日可在東京簽字。

劉湘奉令飭各軍禁止私自發行貨幣

▲中央社重慶廿七電　劉湘前接蔣委員長電令、以川省各軍師以往多有自由造幣或發行政券鈔票情事、極應力予糾正、劉廿六日通令各軍遵照。

鄧錫侯整飭軍譽

▲中央社重慶廿八日電　鄧錫侯爲整飭軍譽起見、公布懲治該部貪污人員辦法四項、凡剋扣軍餉、浸蝕械彈、及其他公物、浮報兵額、包庇烟賭等、均處徒刑或槍斃。

顏梅等一行抵海參崴

▲中央社莫斯科廿七日電　據海參崴電、顏大使及梅蘭芳劇團、於廿七日抵該處顏使定廿八日赴伯力、梅劇團則俟三月二日快車直赴莫斯科。

閩綏署限期肅清零匪

▲中央社福州廿八日電　綏署電各區司令、三月一日起、開始清剿、限一個月內肅清區內零匪。

司法行政部徵求各級法院對司法意見

▲中央社南京廿八日電　司法行政部鑒於民事執行、關係重要、迄今尚無強制執行法、以資適用、自應從速起草、以備送立法院參考、製定施行、惟事關重大、極應集思廣益、博採周諮、同時鑒於各省各級法院、辦理執行事務有年、經驗所及、當有心得、特通電各省高法院、並轉飭所屬、各就民事訴訟執行規則及補定民事執行辦法、施行以來、難以適用及不便人民各點、並其他應行增補修正之處、逐條加具意見、限於文到兩個月內呈復、以備採擇。

行政院昨召開審查會

▲中央社南京廿八日電　教育內政兩部、最近會呈行政院、爲喚起全國注重兒童教養、保育兒童身心健康、使完成兒童福體神精、及社會能力起見、規定自四月四日起至明年四月止、爲全國兒童年、並規定組織實施委員會、主持其事、行政院據呈後、經續密審核、特於廿八晨九時、召開審查會議、關係各機關、如教內兩部、中宣會、市政府均派員出席、開討論結果、以本年四月爲開始之期、籌備不及、決請行政院改定民國廿五年爲兒童年、並由主管機關詳擬辦法、以備實施、此案俟行政院核准、即可正式決定、令內教兩部通飭全國知照。

農村攷查團赴甯都

▲中央社南昌廿八日電　農村攷查團一行廿七日晨八時由南昌出發、中午過臨川、下午三時抵南城、廿八晨赴甯都。

徐州戒煙近况

▲中央社徐州廿八日電　徐州自厲行禁煙後、戒烟醫院辦理成績良佳、已戒除烟民三百餘人、戒烟醫院及其他各公私立醫院收容煙民有人滿之患、各藥房所售戒煙藥品、被購一空。

哈斯下週赴贛視察

▲中央社南京廿八日電　國聯交通組長哈斯、自於前二禮拜偕國聯秘書吳秀峯由滬來京後、即開始辦公、近一星期內、哈斯拜訪中樞各當局、會商公路建設事宜、並於昨日往訪市長石瑛、哈氏定於下週出發江西視察、然後再轉往西北。

顧部長月中可返京

▲中央社上海廿八日電　鐵道部長顧孟餘、病已痊癒、惟尚須調養、約下月中旬可返京銷假。

旅蒙商人請求救濟

▲中央社南京廿八日電　行政院對軍倫總商會呈請救濟旅蒙商人事、現已由軍政財政兩部議復、相信不久將有結果。

各地倡行集團結婚

▲中央社重慶廿八日電　成都西川郵務公會本有會員四人、定三月十七日在公會俱樂部舉行集團結婚、一切辦法、悉依照新生活規約、（即上海先例）市府亦決定在市府禮堂倡行集團結婚。

▲中央社上海廿八日電　滬市府社會局舉辦集團結婚、廿八日登記截止、計共六十對。

許修直赴莫謁黃郛

▲中央社上海廿八日電　新任內部常次許修直、廿七日由平抵滬、定一日赴莫干山謁黃郛。

日人覬覦東北航權

▲中央社天津廿八日電　哈訊日爲覬覦東北航權、曾與僞方合組哈爾濱航業聯合局、近以松黑兩江解凍在即、特新闢六航路、以便聯絡運輸、航綫如次、（一）富錦虎林間、（二）虎林興凱湖間、（三）虎林密山間、（四）黑河齊克特間、（五）江橋齊齊哈爾間、（六）齊齊哈爾日爾根間。

程義民捐產與學

▲中央社天津廿八日電　北洋工學院畢業生程義民、爲紀念乃父、近捐贈該院住宅一所、原值約六千元、作爲獎學基金、該院頃已接受。

余漢謀日內返虔

▲中央社香港廿八日電　省訊、余漢謀日內離省返虔、主持贛六區綏靖事宜。

國聯大會將於九月間討論重舉中國爲理事問題

▲中央社日內瓦廿七日電　國聯大會九月間將討論重舉中國爲國聯行政院理事問題、衆認中國頗有被選機會、自日本退會後、行政院未有代表亞洲之國、土耳其常以歐洲國自命、但未可真正認爲亞洲國、故現有一種感想、應新添永久一理事席、或非永久理事席、庶幾行政院人數不缺、而其新席自應屬之中國爲宜。

英下院工黨議員詢問遠東問題

▲中央社上海廿七日電　倫敦廿八日電稱、下院今日有提及九國公約、討論遠東問題、外務部發言人副外交大臣艾登、避免答復、詢者爲工黨議員曼德爾、其問題爲現在據稱有人違背九國公約、侵入中國土地完整、英政府對此有何計劃、艾登即引二月十三日外相西門之宣言、謂英國目前十分注意遠東局勢、且與中國維持最友好之關係、艾氏復問英國對於此事是否與美國合作、艾氏答稱、此係另一問題、自是艾氏向下院宣稱、據外務部所知、波蘭與日本交涉締結軍事防禦工事之說、實無根據。

蘇幼童軍及羅浮童軍事業討論會開幕

到各縣代表暨來賓等五十餘人　總會代表楊克敬講解羅浮意義

▲江蘇社　江蘇全省幼童軍及羅浮童子軍事業討論會、於二十五日上午九時、舉行開幕典禮

出席人員一覽

計中國童子軍總會代表楊克敬、本會理事周紹成、陳邦才、朱重明、郭季通、李家駿、宋景祁、趙啓鯤、蒯效曾、暨各縣代表、陳邦才、（宜興縣理事會整理委員會）黃興讓、（上海）郭守訓、（碭山）朱翼曾（豐縣）、范午丞、（寶應）錢浩榮、吳德成、（鎮江）徐國華（寶山）鄒善揚、（嘉定）徐汝康、（東海）夏澤支、（睢甯）包迪基、（靖江）趙鑑培、（儀徵）胡祖圻、（無錫）姜潤夫、（漣水）、陸文駿、（泰興）孫家驥、（東台）韓大任、文聚萬、（銅山）沈乃楨、（南匯）許福東、（鹽城）黃伯揚、夏錦之、（南通）施啓熊、（海門）王子蟠、黃企銘、（泰縣）紀納坤、（淮安）楊質川、（沛縣）李楚强、沈定一、（崇明）魏錦蘭、（丹陽）汪秉庸、（淮陰）金偉錚、（吳縣）陳桂森、王澄、（江都）周希聖、（啓東）蔡克堯、（宿遷）浩然、（金壇）陳隱漁、周杉柏、（武進）徐家杜、（江陰）陳書農（江都）盛文修袁（崐山）薛錫彬、（灌雲）來賓蓋其新等五十餘人、由周理事紹成主席、李理事家駿紀錄、如儀行禮、首由

主席致開幕詞

略謂各位同志、今天是江蘇全省幼童軍及羅浮童子軍事業討論會開幕的一天、同時今天又是中國童子軍創始紀念日、意義是如何的重大、江蘇童子軍的事業、在過去得到黨政機關的贊助、社會人士熱心的提倡、才有現在這樣良好的結果、但是我們不能以爲蘇省童軍事業、自有了這樣的成績就自滿了、更應該繼續努力、所以省理事會方面、特別召集各縣理事會代表、到此地開會、討論推進幼童及羅浮童子軍事業、以期共同討論、確立今後進行方針、以使幼童軍羅浮童子軍事業、得與過去的童軍事業一樣的進步、并且要使之在社會上服務、并協助新生活運動、這是今天開會的要義、（餘略）

總會代表致訓

總會代表楊克敬致訓、（略謂）各位同志、兄弟今天代表總會到此地來說幾句話、關於羅浮童子軍及幼童軍意義的重要、已由主席很詳細的報告過、今天兄弟就把羅浮童子軍的理論和組織的體系、來和諸位討論一下、（一）羅浮之定義、羅浮不是作勇敢解、現在拿貝登堡士先生自己的話來解釋、羅浮童子軍、是成人的童子軍、他有犧牲的精神、抱定目標向前去幹、改造社會、使社會完善起來、（二）羅浮的人生觀「貝登堡士先生」在白浪島組織幼童軍後、即努力羅浮童子軍事業、使成年的人快樂也就是有幸福快樂、并不是有錢有地位、而是同我國一句古語所謂「爲善最樂」的話相合、羅浮的人生觀、可分做積極消極兩方面、在消極方面、要個人好、積極方面要社會好、（三）羅浮的修養和使命、羅浮童子軍、每一個人、正好像大海中的行舟、要向光明的目標走、不要做壞事、在修養方面、要

日行一善、羅浮的使命、便是做人、要做一個完善的公民、并且使社會完善起來、四、羅浮之組織及訓練、羅浮的組織、在英國是不限定人數、也不限定隊數的、可是團長資格、是要明瞭童子軍事業、年齡在三十歲以上、副團長的年齡、要有二十五歲、設備也未詳細規定、但必須設置團部、將團員分做小隊、團部分做兩種、一種是單式團部、一種是複式團部、訓練的課程、是童子軍三級課程、有未學者、必須複習、并授以擇業訓練、五、貝先生的偉大和缺點、貝先生創始童子軍、而能風行全世界、這是由於他有幾種偉大處、他的偉大有三點、第一、平易、人人易學、第二、根據社會需要而能改造社會、第三、使社會日趨完善、可是他亦有他的缺點、就是因為他自己是基督教徒、便想拿基督教義統一世界、我想這是他最大的缺點、也是世人所公認、兄弟個人之意見、中國各地如南京市、江蘇省、天津市、河南省、先後提倡羅浮童子軍事業、羅浮之名稱、應易為「青年軍」、組織與上面羅浮事業組織同、可是在訓練上、應加以軍事訓練、值此世界二次大戰、一觸卽發之今日、尤應注意、前一二八淞滬之戰、中國成年童軍烈士、為國犧牲、可證軍事訓練之重要、并應負起羅浮童子軍之工作、自已能自治、才能指導社會、協助地方工作、指導新生活運動之推行、服務社會、上面是兄弟一點意見、隨便向諸位報告、其他容再討論、繼由省理事郭季通演說、略謂大會開會的意義、已由主席先後報告、羅浮意義、既由總會楊代表講過、個人於此也有幾點希望、與諸位談談、第一、今後要擴大我們的目標、第二、就是加重我們的責任、第三、要嚴密我們的組織、使得我們的組織得健全起來、第四、加緊我們的訓練、尤其要注意紀律訓練、第五、澈底我們的工作、來負起我們的使命、改良社會、挽救國家的危亡、復興們中華民族云云、末由省理事會常務理事兼大會秘書陳邦才報告議事日程、至十一時始散會、

下午繼續開會

▲(又訊)下午二時繼續開會、首由蓋其新先生演講、略謂、羅浮童子軍創始於英國、歐洲、各國童子軍都有羅浮童子軍之組織、但是如美國日本、尚未有此種組織、我國童子軍總綱、并未將羅浮列入、原因在以羅浮二字、係英文譯音、無何意義、我國童軍事業、現在尚未普及、將來普及時當再列入、但是實際上中國目前受軍事訓練等原因、恐尚不易實行、所以我們主張暫時不設羅浮童子軍、主張暫時不設羅浮童子軍之理由、一、我國雖有十萬童子軍、但能符合高級課程、而能及格者殊少、而羅浮童子軍、須有及格高級童子軍的課程後、方可入伍、二、初中畢業後、即無受童軍訓練之機會、三、初高級童子軍、都未能深切瞭解童軍課程、四、羅浮童子軍、不能在學校範圍之內、而是在社會上服務的、五、我國童子軍、以健全體格、服務、紀律、智識為唯一訓練之目標、并不因設羅浮而變其實質、六、我國眞的童子軍尚少、其故在因環境之影響、如在社會任事、與家庭、束縛、不能任童軍之任務、七、缺少羅浮領導人員、及羅浮童子軍、主張設置羅浮之理由、(一)羅浮人材、可由現在之童軍服務員任之、組織羅浮、藉以聯絡、(二)組織羅浮參加團部工作、可解決經濟困難問題、(三)幼童軍之工作、可由羅浮幫助、(四)童軍本身、需要羅浮、以為模範、(五)社會需要羅浮童軍服務、如救火會等、(六)羅浮可指導青年向正軌上走、創辦羅浮的條件、一、希望總會早日規定羅浮之組織及成績評判委員會、二、應獎勵高級童子軍、并加以重視、三、應設法使高級童子軍在課外有機會訓練之、四、注重童子軍品行分數、五、要將童子軍規律嚴厲實行起來、六、培養羅浮童子軍領導人員、結論、吾人對羅浮童子軍業事業、宜積極提倡之、如沒有羅浮之基礎、應先確立其基礎、注意童軍實質之改良、再者、詳有羅浮領導之能力、即應創辦羅浮或參加羅浮、但亦不宜勉強、應有始有終、(餘略)、繼即舉行羅浮童子軍事業討論

議決案件如下

一、玆擬具江蘇省羅浮童子軍入伍考試及徽章考試合格標準草案、請予討論案決議、推舉七人組織審查委員會、并由郭子通同志出席說明、審查留待明日下午再付大會討論、當推舉錢浩榮、杜召棠、顧炳華、許福東、徐福華、徐泰仕、汪秉庸、等七人、為審查委員會委員、并由錢浩榮負責召集、二、玆擬具江蘇省羅浮童子軍服裝、用品、徽章式樣、質料顏色標準表、及用品徽章佩帶法、當否請公決案、決議同上、三、請將羅浮童子軍改名為青年軍案決議、由省理事會徵集各縣意見後、作一結束、確定名稱、并呈請總會核定之、四、請省理事會計劃開辦羅浮童子軍及幼童軍領導人員訓練班案、決議通過、五、請理事會早日編譯幼童軍訓練及羅浮童子軍參考書、決議通過、六、請省理事會通令各縣理事會、指定團部試辦羅浮童子軍及幼童軍案、決議通過、七、各縣應否組織羅浮童子軍及幼童軍事業研究會案、視各縣需要情形即行組織之、決議通過。

蠶業合作社 建廳令各縣組織

……督促合作指導員切實指導進行……

▲江蘇社、蘇建廳以蠶絲事業、對於農民生計及國際貿易、關係至為重大、值茲國家致力農村復興、注重生產建設之際、尤應因蠶農民經濟改進、按所在鄉鎮、分別組織蠶業合作社、進而組織蠶業合作社聯合社、俾依合作方式、共同經營蠶種製造、烘繭銷繭、繅絲及運銷等業務、期收改進蠶業之實效、特編印蠶業合作社模範章程、令發各縣長督飭合作指導員參照章程協同蠶業改良區切實指導各蠶戶聯合進行云。

測量全省土地 省局開始第一期

并招考繪算人員三十名

▲江蘇社、江蘇省土地局前為辦理全省土地、特分期派員分往各縣舉行清丈、玆悉第一期無錫等縣、大部已將完竣、第二期為太倉、寶山、南通、泗陽、川沙、崇明、吳江、等十一縣、不日卽將繼續開始清丈事宜、又聞該局以各縣土地測量、均陸續完成、關于各項土地圖冊之繪製、需用繪圖員及計算員多人、刻已着手招攷、名額計三十人、并定三月中旬在本處外三官塘該局舉行攷試云。

辦稅非認眞不可 盡一分力卽獲一分效

……宜興契稅虧短一經整頓……一月份稅收卽超過一倍

財廳通令各縣加緊進行

▲江蘇社 財政廳訓令各縣云、案據宜興縣長鍾覺戒稱、「奉鈞廳稅字第六一一號訓令開、為關於田房契稅抵公債金關係極重、務須努力整頓催稅、隨時具報等因、奉此、查本縣關於整頓契稅一案、迭經縣長遵照積極辦理、并令飭各鄉鎮公所領請官契紙、分發各鄉鎮公所承銷、勸導人民於買賣田房不動產時、隨時向就近鄉鎮公所購買官契填寫、不得再用私紙立契、并裝製人民買賣田房產業登記單式、飭由各鄉鎮長按戶查填買賣人姓名住址田畝數、及田房屋間數、房座落區鄉、及契價銀數、逐項詳細填載、按月連同領售官契存根四柱冊一併送縣、以憑查核催稅、而杜隱漏、辦理以來、縣長督促努力進行、未敢懈怠、自上年七月份起、即經依照新令計劃實行、凡人民到縣稅契、由契稅處驗明契紙、將應完正附各稅核算清楚、并加蓋本縣印信、稅款日起、加蓋戳記發還、即由本府將正附各款按款具繳、該縣近年稅款日之虧短、經整頓本年一月份稅收卽超過比額一倍以上、此令、據此、合行令仰該縣長、卽便遵照辦理、以裕稅收、此令。

趙財廳長發起組織 商品運銷信託社

邀請各銀行籌基金百萬元 辦理實物放款不久可告成立

▲江蘇社、蘇財政廳趙廳長、鑒於年來金融周轉不靈、內地工商業尤感疲憊、為扶助內地工商業發展起見、特邀請銀行合籌基金百萬元、組織商業運銷信託社、擬在各大都市經營放款、專代內地工商業購買原料、兼以實物抵款之方式、收流通內地金融之效、并聞該項組織、已經各銀行同意、籌備已有端倪、立為期不遠、蘇省內地工商各界受益當不淺鮮云

34

本縣新聞

縣政府召開
造林運動宣傳週籌會議
舉行植樹式各機關團體學校須一律參加
派員分赴各區督促指導

縣政府於昨日（廿八日）上午十一時召開本年春造林運動宣傳週籌備會會議、主席王遜先、紀錄馮守信、報告事項、一、本年度造林運動費預算列入一百十四元、已塡具請款書、呈請財政廳核發、業經批回、討論事項、一、本屆總理逝世紀念週植樹儀式、舉行地點及時間請確定案、決議於三月十二日上午九時在縣府中山堂集合、十一時在常堤口舉行植樹儀式、二、本會應如何組織請公決案、決議設總務宣傳植樹三股、由縣府担任總務股、縣黨部担任宣傳股、農推所担任植樹股、三、舉行植樹式、本縣各機關團體學校、應否一律全體參加案、決議、全體參加、四、關於植樹式所用之林具應如何籌備案、決議、由各機關自備、五、城市及公路河道植樹時、本會應否派員督促指導案、決議、（一）派員督促指導、（二）推馮守信担任第一區、黃體潤彭世亭担任第二區、董玉珏担任第三區、趙守眞担任第四區、蔣季担任第五區、張紹緒担任第六區、董雪山担任第七區、六、中山紀念林樹苗應如何借給、請公決案、決議一律買柳棒栽植、七、農推所提議、本屆中山紀念林完成後、應否僱工保護案、決議、僱工二名、每名每月津貼洋一元、八、實驗鄉鄉長董雪山提議、中山村至本縣城公路所植樹木、擬請由本會購置本碼、可否請公決案、決議、先由本會墊款購置、俟私有地主將價繳納後歸還、九、城內東南西北兩角樹木、應否補植案、決議、由公安警察負責補植、樹苗由農推所供給、閉會。

縣農會舉行
第十一次幹事會
定期改選各鄉農會職員

縣農會於昨日（二十八日）上午十二時、舉行第十一次幹事會、出席幹事長彭世亭、副幹事長李貞乾、幹事王德璵劉萬傑、缺席幹事李星一請、主席彭世亭、紀錄吳文軒、甲、報告事項、一、本會呈請禁止放牧牲畜食踏麥苗、已奉縣政府指令出示嚴禁、二、現查本縣患黑熱病者約五百餘人、本會已呈請省廳酌發治療費、以資救濟、三、縣政府轉令知照二月十九日爲新生活紀念日、四、本會頂定江蘇省農行月刊一年、五、據各區農會報告各鄉農會會員名冊、已有多數繕造完竣、乙、討論事項、一、確定改選鄉農會職員日期及程序案、決議、自三月三日起、改選第二區各鄉農會、其餘各區臨時規定、但均於三月前通過、二、確定會員會費收存辦法案、決議、在改選區農會前、由各鄉農會交區農會轉繳縣農會保存、三、確定會員會費開支辦法案、決議、區農會各項開支、由各該區會費項下支付、鄉農會各項開支、由各該鄉會費項下支付、但均須呈報縣農會核備、四、整理第一屆會員已繳會費案、決議、通知第一屆各鄉農會幹事長造繕各該區農會作經費、五、下午三時閉會、

訓練保甲長消息

▲縣政府於三月一日派員考試各保甲長

本縣訓練保甲長自二月十日起、至三月二日止、即行滿期、所有各科功課、均皆授竣、聞縣政府擬於三月一日分別派員考試、又本日縣府接到第七區報告、華山鎮受訓保甲長八十五名、尹樓鄉四十九名、邢橋鄉三十六名、趙屯鄉六十五名、趙河鄉三十二名、常坑鄉五十二名、史樓鄉五十三名、楊樓鄉四十四名、毛樓鄉四十八名、又實驗鄉八十二名、第七區徐樓鄉七十九名、仇集鄉九十名、蕭堰鄉五十四名、賀固鄉七十一名、陳莊鄉一百名、范口鎮八十九名、汪屯鄉七十一名、師寨鄉九十四名、蕭莊鄉九十五名、鄧莊鄉一百零七名、店子鄉七十五名、郭集鄉五十七名、沙莊鄉七十四名、小營鎮八十七名、

△視察各區鄉保甲長訓練所日記　裘朝永

二月二十二日、星期五、上午九時出西門、赴第五區之周莊鄉、該鄉訓練所係設兩處、一在周莊寺、擴撲受訓保甲長四十二名、一在春秋閣、應撲受訓保甲長四十八名、余先至周莊寨、所址乃一個民房、雖不甚狹、亦欠美觀、訓練員周國器講新生活綱要、舌敝唇焦、頗爲賣力、然未得講演要領、致訓聽諄諄、聽我藐藐、本日實到保甲長三十九名、精神萎靡不振、當由余講述保甲長之責任、旋即檢閱日誌、竟無隻字、時十二句鐘、出寨向東南前進、遇黃委員玉山由齊古同趕來、連日奔走、不辭勞瘁、其精神誠令人欽佩、途次寒暄數語、請其赴所訓話、余即往春秋閣、約距六里之遙、至地已下一時、鄉長張鳴大、適在是處、初任鄉長、固有責任之心、但無辦事之才、程度經驗、更談不到、所址亦一個民房、光線雖不甚充足、黑板標語俱備、尚稍整齊、實到保甲長三十八名、訓練員張蓮勳講保甲須知之戶長責任、條理分明、惜非討論方式、未能提醒聽衆之注意、余於張先生停講時、曾接講保甲長在保甲制度之地位、以及有訓練之必要性、東拉西扯、費有四十分鐘之久、既復點名、下二時再向東南行、原擬往君集、距至中途、各保甲長均已散課回家、鄉長亦回住宅、據保甲長云、本日僅上一節課、每日至多不過一節、頗爲隨便、該鄉長韓寶仁敷衍了事、不盡職責、可見一斑、姑先告誡、以觀後效、余因適日下鄉、頭覺稍暈、亦即返縣休息。

◎　◎　◎　◎

文廟小學失竊
損失約百餘元

文廟小學於前日（二十七日）夜間、突有竊兒光顧、翌晨發覺、始悉遭教員道遠失去腳踏車一輛、皮袍一身、另有學校桌布一幅、亦同時不翼而飛、總計損失、約值百元之譜云。

民教實驗區
定期修築鄉道三條

本縣楊樓民教實驗區、爲便利交通、以利行旅起見、擬於本年三月進行修築由楊豐至王樹集至劉樓至渠坑三條幹路、以完成基本施教區之鄉道、並爲集思廣益計、特於二月二十四日上午十一時召開築路籌備委員會議、計出席委員董仲安、孫劍泉、李念先、曾慶雲等二十二人、由馮矩堂主席、張書銘紀錄、茲探錄其決議案如下、一、決議修築楊王路、楊劉路、楊渠路、二、確定三月六日舉行破土典禮、全路開始動工、限三日完成、三、決議築路面積計八尺、溝道深一尺、寬一尺五寸、四、決議築路徵工以民工爲原則、每家一人、五、決議、築路工作由實驗區丈量後、按六保平均分配、六、決議推舉各保保長爲各段築路監工員、鄉長爲總監、七、決議道旁須一律植樹、由實驗區負責購買柳木、八、樹木保護分段負責、由各保斟酌辦理、九、定於三月十二日爲植樹日期、三時閉會、

江蘇省農民銀行豐縣辦事處
籌備主任楊耀曾抵豐

江蘇省農民銀行預備在本縣設立辦事處、辦理合作社放款、食糧儲押借款、土產運銷等事業、各情已誌本報、聞該行所派籌備主任楊耀曾、已於昨日抵豐、着手籌備、不日即可正式成立云。

教育局公佈
小學教師閱讀筆記審核結果（續）

王效忠、曹廟初小校、各期僅有閱讀筆記、缺少習題解答、丙等、王汝舟、女子小學校、尚能按期記載、惟各期習作題及摘要均有太簡略者、丙等、張子信、土常初小校、記載尚可、惟缺少九十兩期筆記、丙等、渠伯銓、文店小學校、記錄尚切實際、習作要項未能完全解答、丙等、張雷光、書院小學校、摘錄過少、習作題亦未解答、丙等、蔣天樹、書院小學校、摘錄尚切實際、習作要項未能解答、丙等、卜瑟章、書院小學校、記載及解答習題、均頗詳實、惟各期摘要篇數較少、且缺十九期、丙等、彭元和、文廟小學校、各期閱讀筆記頗詳實、惟習作題未能完全解答、乙等、獎小學教師半月刊半年、包穆卿、書院小學校、習作要項解答尚可、惟未能按期記錄、丙等、魏蕊卿、坮堤口初小校、習題解答太簡略絕少、摘要記錄殊在未合、丙等、彭子常、文廟小學校、各期記載頗詳細清楚、惟缺少解答問題、丙等、張瑞麟、文廟小學校、摘錄頗扼要、惜習作要項未能解答、丙李、張連勳、王莊寨初小校、摘錄解答均頗切要、但未能按期記載、丙等、王述之、書院小學校、各期閱讀記載極扼要詳盡、惟習作要項未能完全解答（十二十三等期）乙等、獎小學教師半月刊半年、

鳳嶺塔

第八十五期

一、本刊內容分科學常識論著詩歌小說戲劇散文書信書報介紹及批評等項
二、本刊歡迎投稿來稿文言白話均可
三、來稿本社有修改權不願者應先聲明
四、未經登載之稿除預先聲明者外概不退還
五、本刊編輯部設豐報社內

論領袖（續前）

雲章

總觀以上四者，可以明了領袖并不是英雄。領袖是以公字做了出發點，為人服務。並領導大家為人服務。他所生的利益，都分散給弱者。而使社會消弭一切爭端，趨于安定狀態。在人類共生共存共進的大道上，領導着大家，勇猛的邁進。英雄是站在個人的立場上，盡量的發揮自己的才能，征服了弱者，來替自己服務。以期享受了他們的利益。如若因此起了爭端，便藉弱者來做武器，至于弱者的流血和犧牲，他是不問的。他違反了共生共存共進的法則。造成歷史上的興亡，和鬬爭。

我們回頭看看過去的歷史，所有的歷代戰爭，及民國以來的內戰，何豈不是英雄造成的呢？他們的成功，只有使社會更為紊亂，國家更為衰弱，人民的痛苦更為加重。

我們再看看孫中山先生的領導革命。四十年如一日。在英倫蒙過難，在廣州蒙難，王前幾冒過危險，出生入死，何嘗享受過一日安居的幸福。方把滿清打倒，建設了中華民國。及到孫先生逝世以後，給我們所遺留下的，除了革命的精神，革命的主義，及給妻子留下的幾本舊書以外，私產一點沒有。這樣看來，孫先生就是我們的唯一領袖，他適合以上的條件。他的偉大的功績，偉大的人格，的確值得我們擁護，信仰，和崇拜。

現在我國國家的地位，日漸低落，東北四省固非我有，而鄰居仍在虎視眈眈，共謀侵略我們。我們在這生死存亡間不容髮的當兒，貫澈孫先生的革命主張的唯一的領袖。我們應當擁護繼續孫先生的革命精神，來打倒一切的英雄，先安了內，使內戰不會再起。再領導了全國同胞，共謀救國大計，使中國轉危為安。這是我最後的希望，這是我這篇論領袖的一篇文章的結論。（完）

往事

袖裡

在這沈寂地清晨，落着悠絛的冷雨，全村莊在這靜悄悄的雨聲中，就像死去的人樣。除了隔壁小孩子的一陣哭聲外，便沒有半點聲音了。小孩子的哭聲已經在雨聲中消失了，——溶化在淒涼地雨滴聲中——因此，格外覺得這清晨的冷靜蒼涼。

我在這樣的清晨，被雨困在屋內，不能出去，只坐在門旁，對着村外的濛濛地樹梢發呆。在這呆着的時候，只有寂靜把我底周身重重地包圍着。回憶在寂靜中伸出頭來攢入我底腦海裏，於是我的腦海中，便湧起了回憶之波。一些的往事，像活動影片似的，一幕一幕的在我底腦經中演過：

那是一個星期六的下午，大約是兩三點鐘的時候。我從教室內走了出來，去找超然。走到他底房間裏，見他正在桌子上整理畫具，我便高興着問他說：「今天呀外寫生去嗎？」他聽了，便也微微地抬起頭來，笑着答我說：「是的！馬上就去，你跟我玩去罷！好不？」「好的！我正愁沒有地方去玩來，這樣很好！」我聽了他底問話，便與高采烈的答允了他底要求。

他收拾好了畫具，我們便分開拿着。開始出發，往野外寫生去。

超然是位二十歲的忠誠地青年，他去年在師範學校畢業。他是非常的刻苦自儉而且耐勞用功的。他底家庭狀況也不好，一家的人，大有靠他來生活的樣子，因這他一面努力學問，一面又要來照顧家庭。結果，便把這柔弱地他，弄成瘦弱異常，虛弱。

我們走出了校門，便離[illegible]不知往什麼地方去寫生[illegible]他問我說：「我們往西城外，去看看罷？」我說了一聲「好」。我們便移動了腳步，走往西城外去。

三月上旬的天氣，非常暖和。午後的陽光，射在我黑色的夾衣上，覺得有一股很重的熱意。因為經久不雨的原故，街道都佈滿了黃船的塵土，我倆個，便踏○着黃色的土砂，披戴着午後的陽光，往目的地進發。

走過了兩道城門，像鳥出了鳥籠似的，我底久困于房屋之內的眼光，便往郊外橫掃過去：看見了堤上的青柳，和一道環城的彎彎地溪水。在堤壩與溪水的中間，又有累累地青塚。我倆便沿着城牆下邊的羊腸小徑，折向北去。

我倆一邊走着這羊腸小足，邊望着這自然的景色。忽聽超然說：「裡！你看這青青地麥苗，青非堤柳和那在地面上矮他生長着的像褥般的小草，及不知名的野花，都在這兒比美爭豔。你看這大自然的創造多末偉大，多末美麗哟！」「是的！你看那水面上的波浪，到多有趣呀！」我笑指着河水說。「哦！偉，自然實在偉大。月多不來野多遊逛，就變得這樣的蔥蔥萃萃，這樣的春光燦爛了！」[illegible]鄭重的說了這句讚美自然的話後，我倆又復默默地走着，慢慢地走着。只有清風吹着麥浪的聲音，時時地鼓動我倆的耳膜。（未完）

社會寫真（續）

途劍花

蔡二　（見三人也現驚疑狀）怎麼啦？三爺！

壞三　怎麼啦！糟啦！趕快請你們老爺來吧！（一齊轉身向內走）

王守才　（撞出）老三！你……你來的可早呀！（忽見吳益臉色轉變）

壞三　（與益現愧色）唉！不能談啦！吳益的女兒跑啦！把他交給你吧！

王守才　（又氣又急）怎麼？跑啦！那……那不……不成。

張媒婆　這事斷正把吳二打鍋交紀你，與我們不相干，你看怎麼辦好了！

王守才　啊！你說的多……多好聽！二……二打鍋中什麼用？（轉向壞三問）老三！到底怎……怎麼辦的事呀？

壞三　我們算是盡到命啦！誰能料到臨時又弄這泥？

王守才　（向吳益問）人呢？你……把你女……兒嚴……藏到那去啦？

司法欄

△縣政府司法批示▽

▲刑事原具狀人王樹恭，一件，爲抗傳不到，有意拖延，懇請迅予拘提訊辦由。狀悉，候傳訊可也，此批。

▲民事原具狀人陳廣全，一件，爲貿易未回，致違庭期，懇請准予續傳釋理由。狀悉，候再傳訊奪，此批。

▲刑事原具保人張廣義，一件，爲懇請將謝四保出在外候審不誤傳喚由。狀悉，准保，此批。

▲刑事原具保人楊汝彬等，一件，爲丞懇將周王氏當保在外不誤傳喚由。狀悉，准保，此批。

◎刑事判決◎

畢運來因身保贓物案判決。主文　畢運來牙保贓物，處有期徒刑四個月，裁判確定前羈押日數，以二日抵徒刑一日。

△庭期審理案件▽

三月六日審理王大白與李良質地畝案。

▲本城粮價

名稱	每市斗價目
小麥	最高二千九百文　最低二千七百五十文
高粱	最高一千九百五十文　最低一千九百文
黃豆	最高一千九百文　最低一千八百文
大麥	最高一千九百文　最低一千八百文
穀子	最高一千六百文　最低一千五百五十文
菉豆	最高二千八百文　最低二千七百文
黑豆	最高一千八百文　最低一千七百文
芝麻	最高三千四百文　最低三千三百文
江豆	最高二千一百文　最低二千文
稷子	最高一千八百文　最低一千七百文
花生	每斤最高二百二十文　最低二百一十文
瓜子	每斤最高三百文　最低二百九十文

氣象

晴
風向　西南風
最高溫度　五八
最低溫度　四二

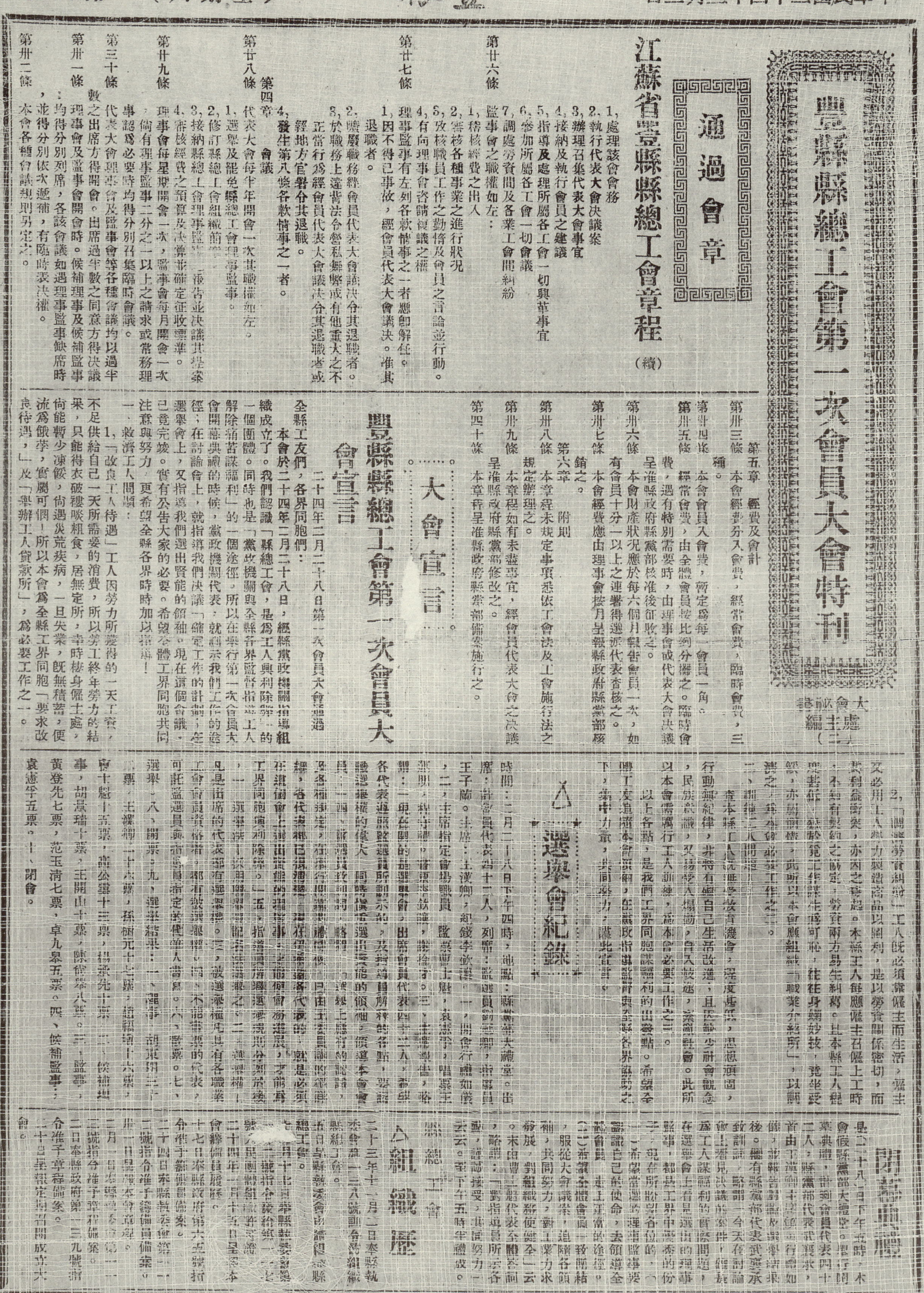

38

豐縣縣總工會第一次會員大會特刊

大會秘書處主編（二）

通過會章

江蘇省豐縣縣總工會章程（續）

第廿六條　理事會之職權如左：

1，處理該會會務
2，執行代表大會決議案
3，辦理召集代表大會事宜
4，接納及執行會員之建議
5，指導及處理所屬各工會一切興革事宜
6，參加所屬各工會一切會議
7，調處勞資間及各業工會間糾紛

監事會之職權如左：

1，稽核經費之出入
2，審核各種事業之進行狀況
3，考核職員工作之勤惰及會員之言論並行動。
4，有向理事會咨詢復議之權

第廿七條　理事監事有左列各款情事之一者，應即解任：

1，因不得已事故，經會員代表大會議決，准其退職者。
2，曠廢職務，經會員代表大會議決，令其退職者。
3，於職務上違背法令，營私舞弊，或有他重大之不正當行為，經會員代表大會議決令其退職，或經地方官署令其退職。
4，發生第八條各款情事之一者。

第四章　會議

第廿八條　代表大會每年開會一次，其職權如左：

1，選舉及罷免縣總工會理事監事。
2，修訂縣總工會組織章程。
3，接納縣總工會理事監事之報告，並決議其提案。
4，審核經費之預算及決算，並徵收費準。

第廿九條　理事會每星期開會一次，監事會每月開會一次，倘有理事監事三分之一以上之請求，或常務理事認為必要時，得召集臨時會議。

第三十條　代表大會理事會及監事會等各種會議，均以過半數之出席方得開會，出席過半數之同意方得決議。

第卅一條　理事會及監事會開會時，候補理事及候補監事均得分別列席，各該會議如遇理事監事缺席時，並得分別依次遞補，有臨時表決權。

第卅二條　本會各種會議規則另定之。

第五章　經費及會計

第卅三條　本會經費分入會費，經常會費，臨時會費，三種。

第卅四條　本會會員入會費，暫定為每一會員一角。

第卅五條　經常會費，由全體會員按比例分擔之。臨時會費，遇有特別需要時，由理事會或代表大會決議，呈准縣政府縣黨部核准後徵收之。

第卅六條　本會財產狀況，應於每六個月報告會員一次，如有會員十分一以上之連署，得選派代表查核之。

第卅七條　本會經費應由理事會按月呈報縣政府縣黨部核銷之。

第六章　附則

第卅八條　本章程未規定事項，悉依工會法及工會施行法之規定辦理之。

第卅九條　本章程如有未盡事宜，經會員代表大會之決議，呈准縣政府縣黨部修改之。

第四十條　本章程呈准縣政府縣黨部備案施行之。

大會宣言

豐縣縣總工會第一次會員大會宣言

二十四年二月二十八日第一次會員大會通過

全縣工友們，各界同胞們：

本會於二十四年二月二十八日，經縣黨政機關指導組織成立了。我們認識「縣總工會」，是為工人興利除弊的一個團體。同時也是「黨政機關與全縣工人謀福利」的一個途徑。所以在舉行第一次會員大會開幕典禮的時候，黨政機關代表，就訓示我們工作的途徑；在討論會上，又指導我們選出賢能的領袖。現在選舉會已竟完竣。實有公告大家的必要。希望全體工界同胞共同注意與努力，更希望全縣各界時時加以指導！

一、救濟工人問題：

1，「改良工人待遇」——工人因勞力所獲得的一天工資，不足供給自己一天所需要的消費，所以勞工終年勞力的結果，只能得衣破褸啖粗食，居無定所，幸時棲身傭主處，倘能暫少凍餒，倘遇災荒疾病，一旦失業，既無積蓄，便流為餓莩，實屬可憫！所以本會為全縣工界同胞「要求改良待遇」，及「舉辦工人貸款所」，為必要工作之一。

2，「調整勞資糾紛」——工人既必須靠傭主而生活，傭主又必用工人之力製造商品以圖利，是以勞資關係密切，而其利益衝突，亦因之而起。本縣工人每應傭主召僱上工時，不知有契約之訂定，勞資兩方易生糾葛。且本縣工人[illegible]往往身歸[illegible]，亦[illegible]，故所以本會應組織「職業介紹所」，以調劑之，為本會必要工作之二。

二、訓練工人問題：

查本縣工人既無受教育機會，程度甚低，思想頑固，行動無紀律，非特有礙自己生活改造，且因缺少[illegible]，民族意識，又易受人煽動，自入歧途，[illegible]以本會需厲行工人訓練，為本會必要工作之三。

以上各點，是我們工界同胞謀福利的出發點。希望各界同胞隨本會[illegible]，在黨政[illegible]之下，集中力量，共同努力，謹此宣言。

選舉會紀錄

時間：二月二十八日下午四時，地點：縣黨部大禮堂，出席：會員代表四十二人，列席：監選員[illegible]，王子廟。主席：王漢卿，紀錄：李欽謙。[illegible]

[illegible]選舉[illegible]。八、開票。九、選舉結果：[illegible]黃登先七票，范玉清七票，卓九皋五票。四、候補監事：[illegible]袁德平五票。十、閉會。

閉幕典禮

是日[illegible]下午五時，本會假縣黨部大禮堂舉行閉幕典禮[illegible]

組織經過

二十三年十一月二日本縣執委會[illegible]

第七一九號
社址豐縣大同街
中宣會登記證字第一九二二號 內政部登記證警字第二三〇二號

△總理遺囑▽
余致力國民革命凡四十年其目的在求中國之自由平等積四十年之經驗深知欲達到此目的必須喚起民衆及聯合世界上以平等待我之民族共同奮鬥現在革命尚未成功凡我同志務須依照余所著建國方略建國大綱三民主義及第一次全國代表大會宣言繼續努力以求貫徹最近主張開國民會議及廢除不平等條約尤須於最短期間促其實現是所至囑

豐縣縣政府發表徵文啓事

竊以五更三老，求賢昔爲宏規，六德八儒，謀治首崇羣策，豐縣邑稱百里，古擬諸侯，守土責在親民，爲政敢忘優學，本縣長深慚才短，襪線無以縫裳，念切師資，山石尚堪攻玉，用是廣納微言，徵求計劃，四旬以來，謬承父老昆弟，不遺鄙陋，錫以嘉猷，獎披箴規，情深意至，所惜琳瑯滿目，未能具體立言，與徵文初旨，稍有未洽，諸君賫敎，魁首猶虛，披覽之餘，殊深悅惜，除一體嘉納外 於二三兩名稍致微儀，用表敬老尊賢之意，附識 台銜并希於一個月內，來府領取爲荷。

計開

第二名張謙（酬洋十元）第三名李瑞珠（酬洋五元）

縣長 王述先

中外要聞

中央昨舉行 第一六一次常務會議

▲中央社南京七日電 中央黨部於今日上午八時、舉行第一六一次常務會議、由葉楚傖主席、決議（一）通過設立國立戲劇音樂院 及美術陳列館 並推定于右任、孔祥熙、王琦、石瑛、吳敬恆、居正、洪陸東、孫科、唐有壬、陳樹人、陳立夫、陳公博、焦易堂、梁寒操、張道藩、曾仲鳴、褚民誼、羅家倫、葉楚傖十九人爲籌備委員、（二）函國民政府褒揚黃節、（三）三月十二日總理逝世紀念、推汪兆銘主席並報告、是日謁陵推孫科主祭、（四）江西各界定四月六日在南昌舉行追悼陣亡將士大會、推程天放代表中央主祭、（五）下星期一總理紀念週、推黃慕松報告。

殷汝耕赴玉田 主持保安隊換防

▲中央社北平七日電 玉田保安隊換防、已準備完妥、定七日開拔特務隊馮壽彭部五百人調唐山、第一大隊孫雨辰王有修、第二大隊劉本志部四百餘人、調三河通縣間之下塾燕郊、因各部要求先改編再調防、殷汝耕六日抵唐山、七日赴玉田主持、至周毓英部開入玉田、保因該縣舊保安隊調防後、而新保安隊又未出發、深恐防務空虛、故先往暫維治安。

▲中央社天津七日電 殷汝耕七日晨抵唐山、即乘汽車轉赴玉田、監督保安隊換防、各部移防秩序頗爲嚴整。

林主席汪院長嘉獎川中將領

▲中央社南京七日電 國民政府林主席、行政院汪院長、以四川省府主席劉湘、曾於日前致電、爲該省將領[illegible]森等、先後將關區民財各政、奉歸省府、請予褒獎、特於今日致電劉氏、仰即傳渝嘉獎、原電略謂、鄧總指揮錫侯、楊總指揮森、羅副指揮澤洲、李總指揮家鈺、劉總指揮文輝、田總指揮頌堯、深明大義、擁護統一、體念國難、有裨時局、仰即傳令嘉獎、以昭激勸等。

有吉昨日謁汪院長

▲中央社南京七日電 駐華日使有吉明、今晨七時由滬乘車抵京、定今日下午往謁汪院長、作普通之拜會、在京約留二日、定明晚乘夜快車返滬。

行政院昨開審查會

▲中央社南京七日電 行政院以據上海市政府呈、滬市米商、紛向西貢暹羅等處、購進大批洋米、經滬市社會局登記者、已達六百廿六餘萬包、且各洋行報告之實數、尚超出登記數量、似此洋米大批入口、影響農村甚鉅、但同時又與目前之民食問題有關、故究應如何救濟、特於今晨十時、召開審查會、財政實業兩部、均派員出席、聞已縝密討論限制洋米進口辦法、將提出下星期行政院會議討論。

何成濬奉蔣召飛川

▲中央社漢口七日電 何成濬奉蔣委員長電召 定八日晨由漢乘機飛渝、襄贊戎機、在渝將作小勾留。

滬市黨部 昨討論救濟市面進行步驟

▲中央社上海七日電 滬市黨部七日開執委會、對救濟市面進行步驟、決議（一）函市政府、會同本會、召集滬商會、市參議會、市總工會、及銀錢業公會、各會負責代表、協商辦法、（二）所有工商業及失業工人救濟辦法、推員分別準備。

軍事攷查團過港北上

▲中央社香港七日電 軍事攷查團徐庭瑤一行十四人 七日晨十時乘輪抵港、下午原輪北返。

閩二綏區司令部 擬就中心工作

▲中央社福州七日電 第二綏區司令部、擬就中心工作計劃、第一期工作分（一）修築公路、（二）完成閩西各縣交通等、（三）嚴密民衆組織、（四）推行民衆教育、（五）肅清殘匪。

贛新運總會昨日開會

▲中央社南昌七日電　贛新運總會、七日開會務會議、到熊式輝、顧祝同等、討論本年工作進行方針、已推舉負責、起草辦法、並對南昌婦女改進會、決議具體辦法。

鄂教育討論會昨開一次會

▲中央社漢口七日電　鄂教育廳邀集之教育專家討論會、七日晨開一次會、出席陶知行、江問漁、董任堅、劉湛恩等八十餘人、上午討論普及教育、及民衆教育、午後二時、在省黨部開演講會、講軍國民教育、及復興民族與公民教育、五時至六時、分三處舉行特別演講。

蘇省會公安警隊昨日檢閱

▲中央社鎮江七日電　蘇省會公安警隊、七日在省體育場舉行檢閱、到官警六九六名、由傅肇仁任總指揮、首由余井塘致詞後、繼舉行檢閱式、全體精神飽滿、步伐整齊、至午檢閱完畢、下午公安會議繼續開會。

浙省府再咨財部速定有獎儲蓄結束辦法

▲中央社杭州七日電　省府七日再咨財政部、速定有獎儲蓄結束辦法、公布施行。

黃紹雄擬具浙省經濟建設計劃

▲中央社杭州七日電　黃紹雄擬定浙省經濟建議計劃、即可脫稿、擬將公開發表、徵各方評批意見後、再交浙省經濟討論會、討論決定。

全國學術諮詢處資格審查會昨日開會

▲中央社南京七日電　全國學術工作諮詢處、資格審查委員會、於今日上午十時、在該處會議室、舉行會議、決議研究專門學術人員以下資格爲標準、（甲）專科以上學校畢業、繼續研究及服務者、（乙）對專門學術有著作發明或五年以上服務經驗者。

財部令華北統稅局嚴防火柴走私

▲中央社南京七日電　財政部以冀晉察綏魯豫等區統稅局、所轄各火柴廠、間有偷漏稅款者、除飭屬嚴加緝查、予以懲處外、關於防止火柴走私、正在計劃整個辦法、俾使稅收不至減少。

魯省府派員赴沿海調漁鹽糾紛

▲中央社濟南七日電　省府派員赴沿海調查漁鹽糾紛案、漁民痛苦、漁民生活狀況、俾澈底整頓救濟、調查區域分三段、（一）小清河以北、（二）小清河南段膠濟路北、（三）膠濟路南。

蔣任夏斗寅爲武昌行營總參議

▲中央社漢口七日電　蔣委員長頃任夏斗寅爲武昌行營總參議、俾襄贊戎機、六日通令所屬知照。

滬婦女會今日舉行紀念會

▲中央社上海七日電　八日爲世界婦女節、滬市婦女會決是日在民衆教育館舉行大會、推吳鐵城夫人蔡元培夫人等爲主席團、同時滬婦女協進會、亦假市商會、舉行紀念儀式、並邀請名人講演婦女節意義。

興隆發現水晶礦

▲中央社天津七日電　興隆九撥子地方近發現水晶礦一處、季某攜樣赴平化驗、質料甚好、刻正進行領照、集資開採。

津市府擴大造林運動

▲中央社天津七日電　市府定四月四日、舉行擴大造林運動、屆時決在河北體育場四週、及馬路兩旁、遍植樹木、並舉行典禮、市屬機關主任以上人員、均須參加、現已擬定考核章則、以免流弊、刻正積極籌備、並令並務局規劃樹苗備用。

馮立民昨訪熊式輝

▲中央社南昌七日電　經委會派來贛接收辦事處之技正馮立民、七日偕辦事處主任蕭純錦訪熊式輝、晤商今後經委會在贛興辦事業推進方針。

豫省府努力造林

▲中央社開封七日電　蔣委員長電豫省府、以浚河造林、爲建設中心工作、並指定濬淇衛三河沿岸造林、幅寬五百公尺以上、省府特擬定辦法十二項、通飭沿河各縣遵辦、定三年完成、限即日興工。

希拉決痛勦叛黨

▲中央社雅典七日電　政府因叛黨拒絕哀的美敦書、故已對叛衆作最後痛勦、現氣候酷寒、叛衆亦形困害、故未必能久持。

法貨幣政策不致變更

▲中央社巴黎六日電　五日佛蘭亭總理在衆院發表演說、其眞正用意、乃在表明法國不致變更其貨幣政策、蓋佛總理與財長馬爾丹、意見絕對一致、認爲唯有穩定世界貨幣價格、方足使國際經濟關係恢復常態。

北固山氣象台落成

內部裝置就緒　月內遷入辦公

▲江蘇社　蘇省會測候所、自擴充以來、以原有地點係借建設廳房屋、不敷應用、曾在北固山中峯起建氣象台一座、興工迄今、於茲數月、現該項工程、業已完竣、內部布置、如儀器之裝設、與電燈之裝置、皆已完畢、現正從事整理文卷、大約不出月內、即可遷入新台開始辦公矣。

國聯水利專家顧德由京抵鎮

將視察邵伯等處船閘

▲江蘇社　國聯水利專家顧德、前視察黃河下游、業已事畢、茲悉顧德氏因導淮工程、與黃河有密切關係、此時導淮委員會正積極建造船閘、爲進行計劃治黃起見、有前往勘察之必要、爰於昨（四）晨八時離京赴鎮、由導淮委員會總工程師須凱、陪同前往、顧氏此行先至鎮江、再轉往邵伯淮陰劉老澗等處、視察各處船閘、及運河西堤之整理工程云。

郵務工會係特種工會不能加入總工會

▲江蘇社　蘇省黨部前以郵務工會、應否加總工會呈請中央民衆運動委員會解釋、昨奉復函云、查郵務工會係屬特種工會、未便加入總工會爲會員、來呈所稱上海郵務工呈請中央加入總工會一節、查無此案、准呈前由、相應函復、即希查照轉知爲荷云。

蘇省立小學聯合會定期開常年大會

五月十七十八兩日　地點無錫師範附小

▲江蘇社　江蘇省立小學聯合會第三屆理事會、昨在蘇園開第一次常會、到蘇師附小學校長沈善芝蘇州實小校長盛朗施仁夫、上海實小校長鍾朗西、南京實小代理校長陳一齋、及錫師附小校長潘仁等五理事、由常務理事潘仁爲主席、黃晉父紀錄、茲探得其會議詳情如次．

報告事項……一、主席報告與中英庚款委員會主席朱家驊接洽編造小學各科標準測驗及量表經費情形、二主席報告已設有童子軍之各校、經呈准教育廳於二十四年度得酌擬設備費、三施仁夫先生報告、年刊因印刷所失火、遲誤出版情形、四盛朗西先生報告實驗研究委員會擬訂各校担任研究問題、已奉廳令准予備案、五陳一齋先生報告敎費管理處最近經濟情形。

議決事項……一大會交議出版實驗研究刊物案、議決（一）刊物名稱假定爲江蘇省立小學聯合會叢刊每年暫出十六冊、（二）經費由本會通知各校編入下年度概算、按月由理事會徵收、自七月份起、（三）詳細辦法、由潘掛山擬草交担任理事各校簽註意見後決定、二、第三屆常年大會日期案、議決、五月十七十八兩日、三、本屆勞作科成績展覽會案、決議、內容包括、（一）課程、（二）敎學、（三）設備（四）研究（五）兒童成績．四、第二期年刊中心問題案、議決、以兒童研究爲中心、請盛朗西先生擬定文稿目錄、分送各校認定、並時各校在大會之前交稿、五、編造小學各科標準測驗及質問表、如何進行案、議決、呈廳撥款進行、散會後、並由潘仁導游小箕山黿頭渚寶界齋黿園諸名勝、晚膳後、各校長以事忙、均當晚返校云。

蘇各縣築路工夫津貼
廳令嚴禁剋扣
倘有吞沒及少發情事即行盡法懲辦
領款單據須鄉民親具不得代收代立
主管機關隨時派員抽查

▲江蘇社　沈建廳長以各縣承辦徵工各區鄉鎮長等能公忠任事者、固不乏其人、而勾串舞弊剋扣工夫津貼者亦多、今特令行各縣長云查徵工築路、雖屬利用民力、亦視各縣經濟能力所及、酌定土方茶水費津貼、庶於便利民行之中、仍寓補濟民生之旨、惟據各縣承辦徵工之各區鄉鎮長等、其能廉潔奉公恪遵功令者、固不乏人、而狼狽勾結吞沒津貼以欺鄉民者、亦所在多有、各縣長爲親民之官、任其欺蒙、漫不究察、固已有忝厥職、而各該縣舞弊人員、忍沒鄉民勞力所得、以阻其踴躍赴公之心、尤屬罪無可逭、嗣後各府舉辦徵工務仰各該縣長如有茶水津貼、應將核定數額及其分配具領辦法、布告週知、並嚴督所屬承辦人員、切實奉行、已規定之土方茶水費津貼、務須依方發給、涓滴歸民、舉凡承辦徵工人員、倘有吞沒及少發工款情事、一經發覺、即行盡法懲辦、無稍隱徇、即如已成公路、其土基經費、未經造報核銷者、所有土方津貼單據、均應由各領款鄉民具單粘附、不得由經辦之區鄉鎮長等代收代立、以杜流弊、並由主管官廳或轉飭各路主管機關、隨時派員抽查、如查有吞沒土方津貼及單據非經領款鄉民親具而由經辦人員僞造者、應即加倍懲治、以儆效尤、再築路時向兩旁民地取土、亦應由督工人員指定相當地點、不得一任工人隨意挖取、損壞民用云云。

商品運銷信託社
銀行界多樂參加
俟基本銀行推定後即成立

▲江蘇社　本省財廳長趙棣華、爲救濟內地工商業、特邀集銀行擬組織商品運銷信託社、以實物放欵爲主要業務、此項章程、已於上星期六邀集銀界一度集議、修正通過、惟財廳意、除中國、交通、上海、江蘇、農民五行外、其他銀行、亦望參加經營、關其他銀行、亦或於內地金融之呆滯、頗有意於內地投資、俟基本銀行代表推定後、組織監委會、成立總分社、頃據財廳秘書云、財廳方面亦希望此種組織、早日實現、其時期大致不出本月云。

當局決心肅清煙毒
利用保甲查擠烟犯
實行聯保連坐檢舉種販私吸
省禁委員會規定發賣查獲煙土辦法

江蘇社　本省禁烟當局、以鴉片之直接貽害個人身心、毀滅家庭幸福、間接危害國家命脈、斲喪民族精神、固盡人皆知、而烟毒之應徹底肅清、厲行禁絕、亦不待煩言、而禁絕之道、最宜利用保甲制度、使保甲長兼負禁政之責任、肅清烟禍、用其剔除莠民、搜索盜匪方法、以查摘栽種販運吸食鴉片毒品之犯人、則其對於禁政之推行、定有顯著效果、茲將其擬定運用此項制度方法探錄如次、(檢舉種販烟犯栽種罌粟、運販鴉片　爲煙毒之淵源、嚴禁種販、正所以杜絕私吸者犯罪之源泉、政府方面、已頒行治罪暫行條例以懲治之　凡我民衆、亦應視爲社會之蟊賊、不畏權勢、不顧情面、羣起攻之、由保甲長負責檢舉、則可一網打盡、爲民除害、查驗吸犯人民之食鴉片與否、其保甲長知之最稔、就蘇省言、雖爲登記領照限期戒絕之烟民、誰爲無照私吸之烟犯　其保甲長實不難洞悉無遺、若令其查檢、私吸烟犯、依最近頒行之烟犯自首條例令其投所施戒、並曉以利害、務使其悔過自新、則凡未領照之烟犯、當可指數戒絕、實行聯保連坐仿肅清匪患之法、如保甲人民聯保連坐、不准私種私販私吸、違者依法懲辦、其容留烟犯藏匿烟土煙具者、亦科以同罪之刑、各保甲長互爲聯保連坐、如以後在其保甲內發現烟犯、保甲長匿不呈報、加重處罰、上列三端　乃其犖犖大者、果能見諸實行、則組織嚴密、而烟毒之拔除淨盡定卜爲期不遠云。

▲江蘇社　省禁烟委員會、查明前擬訂江蘇省禁烟查緝或審判機關發賣查獲私土辦法、業經提會通過、呈送蘇省政府、旋奉秘字第二八九號指令、准予備案在案、茲悉該會除函鎭江警備司令部暨各區保安司令部、並分令外、昨特檢同該項辦法一份、令飭各縣禁烟委員會遵照辦理、所有該項辦法、探錄如下、(一)發賣查獲私土、除省會查緝或審判機關、逕送向省禁煙委員會發賣外、餘照本辦法辦理、(二)各查緝或審判機關、積存查獲私土五百兩以上時、得將質量數量、報請省禁烟委員會發賣、(三)經省禁烟委員會核定發賣、查獲私土、卽行派員監視、加貼印花、四、發賣查獲之私土、由省禁烟委員會指定土膏店估價、具領發賣、五、查獲私土發賣價格、以市價八折爲標準、視質量之優劣價值、除依照罰金充獎辦法、提成充獎外、一律解送省禁烟委員會、六、本辦法如有未盡善事宜、由江蘇省禁烟委員會修改之、七、本辦法由江蘇省禁烟委員會通過施行。

改進土地登記手續
蘇省局發特項規定
清丈完畢後應接辦土地登記
離局較遠者得設登記收件處

▲江蘇社　蘇省土地局、以各縣辦理土地登記以來、人民前往聲請登記者、寥寥無幾、但此對於手續方面　似有未盡善處、省局爲積極整頓起見、特擬具土地特項規定、頒發各縣茲特摘錄如下、

各縣土地局……清丈完畢後、於每一鄉鎮……應隨時按照本省土地登記暫行規則、辦理土地登記、如遇面積較大處之鄉鎮、得劃分若干部份、分期開辦、二、登記開辦時、應依照清丈圖、遴照登記分段辦法、以一鎮爲一分段、繪製分段圖、規定登記日期、並附各圖布告之、如遇有街市、與幾個鄉鎮交區毗連各鄉鎮　關於被歸併各鄉鎮內土地行政、須賴地方協助時、仍應知照各該鄉鎮長、合同辦理　藉期周妥、三、登記開辦時、應將本省土地登記暫行規則、擇要布告、其文須求簡明、四、登記區域、如距離縣土地局較遠者、因擇適當地點、分設登記收件處、與問訊處、以使人民就近聲請登記、辦理完竣後……、卽行裁撤前項分設之登記問訊處、應由縣土地局委派委員主持辦理、以昭鄭重、五　在四鄉所設登記收件處、接收聲請書及證明文件、應限於二日內、彙送縣土地局審核該收件處、除對於證明文件、或有缺少、或手續不合、應令補具外、其餘不得過問、六　縣土地審核文契之公告期限、應依送到之日起算、按照法定日期、在土地所在地公告之、七、清丈小票、現已改用清丈通知書、前經頒行之土地登記聲請書式內、凡裁有憑領土地登記聲請書、暫不取費、書內載有「發售書」字樣、應予删除、八、人民呈驗各項文件、除受權書保證書、應存局備查外、其單契本限、應於審查完竣發給審查通知書時、一併發還、惟須於原本單契上、加蓋一此致口口縣土地局、所有收狀「執業」字樣戳記、以免流弊、并飭令結領土地所有權狀時、仍攜帶此原契據、到局呈驗、隨時發還、八、土地聲請書……、年月日欄後、應附註……遵照江蘇省土地局、登記暫行規則第二十四條規定、應領繳登記費、計元角分字樣、九、凡遇公共道路、而爲私有之土地、其地主聲請時、應先詳加開道、務使劃出範圍、以免將來整理道路、再行更正之煩、倘地主堅持不允、姑准併入登記、但須依照下列各規定辦理、(一)此項土地、須與原准許登記所有權之土地相銜接者、(二)准許登記後應限制不得於地面上　爲一切建築妨礙交通、(三)登記聲請書登記簿、及位所有權狀附圖上、均須註明供作公共用地之面積及位置、(四)已經公布徵用之土地、不得援用此例、十、土地登記已經辦理完畢、而發現遺漏錯誤時、依照土地法之規定　應以書面聲請土地裁判、所審核後、方得更正　現在各縣土地裁判所、尚未成立、倘遇有前項漏錯誤情事發生、應即移送公斷委員會審查明確、呈經省土地局核准方許更正、十一、土地公告期內、如遇有發生異議者……、在土地裁判未成立以前、應檢齊發各權利關係人之證明文契、解送公斷委員會審查公斷之、俟公斷委員會、應俟公告期滿後　開始審查、十二、土地所有權狀領發時、應由縣土地局呈送該管縣政府核蓋縣印、再不頒發。

本縣新聞

第七區區公所舉行第四十六次區務會議
實行造林運動

七區於保甲長訓練結束後、因造林植樹極關重要、特於前日（五日）上午十一時召開第四十六次區務會議、到鄉鎮長十八人、主席王純九、紀錄孔慶恩、行禮如儀、報告事項、從略、討論事項、一、舉辦縣倉本區攤派穀子七十九石、各鄉鎮應如何分攤案、決議、按各鄉鎮地畝多寡平均分攤、依限選繳縣倉、二、本年份各鄉鎮應繳電話豐報等費、可否規定於最短期內一次繳清、請公決案、決議、限本月底一次繳清、三、經第四十九次區長會議議決、確定三月份爲造林月、各河路旁岸、分植楊柳槐桑等樹、本區豐銅路兩旁、及沙河沿岸隙地　應如何規劃地區限何日分別栽齊、請公決案、決議、由豐銅路及沙河兩岸所在鄉鎮分別規劃地區、統限本月十五日一律栽齊、四、各鄉鎮地冊多不正確、應如何設法清査登記、以昭正確案、決議、由區公所擬具冊式、發交各鄉鎮長按照行粮底冊分別負責清査、至下午二時三十分閉會、

又訊、七區華嵐二山、經歷年開採、早成乱石堆積、該區區長王純九氏、爲保護吾豐勝蹟點綴風景起見、特於上年在華山上栽植椿樹七千餘株　繁榮滋長、已見葱鬱氣象、今以嵐山又明令禁止開採、濯濯童山、亂石狼籍、殊覺不雅、特在農業推廣所領到椿樹合歡等樹四千餘株、並勸募劉保恩先生捐助柏樹一百五十餘株、於本月六日上午會同農民教育館馬館長、督率華山寨內各保甲長民衆五百餘人、在嵐山舉行造林運動、人民歡欣鼓舞、極爲樂成　四千餘株樹苗、頃刻栽植完竣、亂石堆積之童山、將見變爲茂林盛景矣。

縣黨部函請各機關編造工作報告及將來計劃
交第六次縣代表大會接納採行

本縣第六次縣代表大會、已經縣黨部呈請省執行委員會准予三月十五日舉行、依照中國國民黨總章第五十四條、全縣代表大會職權甲項規定、「接納及採行縣執行委員會及本黨縣機關各部之報告」、聞縣黨部根據此項規定已函請本縣各機關將過去工作及將來計劃　先期編送、俾便彙交大會、接納採行矣、

會計主任辦事處奉頒編製二十四年度地方預算應注意原則三點

本縣會計主任辦事處、近奉財政廳令頒二十四年度編製地方預算應行注意之原則三點　茲探誌如下、（一）各項收入、應滿收滿支、不得有預算以外之收支、（二）凡預計應支之支出、應分別科目列入、以後總預備費非於萬不得已、不得呈請動支、（三）所有雜捐、應逐目分列、不得如教育雜捐、或營業雜捐等科目統列、聞該處奉令後、已遵照辦理矣。

直屬第九區分部選出出席縣代表大會代表

直屬第九區分部於昨日假宋樓小學、開會選舉出席第六次全縣代表大會代表、縣黨部黃委員前往監選、已誌本報、聞選舉結果、李效閔馮矩堂當選爲出席縣代表大會代表云。

七區戴屯戴振聲之母前被土匪綁去現已贖回

七區大史樓鄉戴屯戴振聲之母、於去歲十一月八日夜被匪綁去、詳情已誌本報、茲悉戴母被綁後、其子即一再託人向匪說項、聞結果出洋一千元、已於本月一日在沛縣西北境某匪窟中贖回矣。

六區毛樓前被匪綁去之劉姓小兒在鉅野縣境剿出
劉姓出洋一百廿元始將小兒領回

六區六座樓鄉毛樓村居民劉鳳台家、於去歲四月二十三日夜、被匪搶刦、劉及其子秉鈞、均被匪擊死、其孫名寅、年僅九歲、被匪綁去、久無下落、各情已屢誌本報、聞劉姓小兒、被匪綁去後、窩藏於山東之鉅野縣鄉間、忽於上月十六日、被該縣保衛團剿出、劉姓出洋一百廿元、於前日（三月五日）將小兒領回、茲將經過情形探誌於後、

該案要犯　該案要犯爲魏劍啓　魏原籍山東之鉅野、十年前遷居本縣毛樓、即住劉鳳台宅、不意恩將仇報、魏某竟勾結土匪、搶刦其東人、致演此慘劇、劉姓小兒被綁後、以本縣無處窩藏、魏某竟串同土匪將其擄至鉅野鄉間之某處、魏仍不時往來兩處、居間說合、最後說定贖票洋一千二百元、烟土二百兩、款已被魏某拿去四百元、但小孩久不得歸、劉姓異常焦燥、

贖出情形　上月十八日忽有鉅野保衛團首領潘某、遣人送信至毛樓劉姓家、云該縣查清鄉、土匪魏劍啓孔憲鄂不敢家居、攜有肉票小兒一名、各處遊蕩、事爲潘會長（即保衛團首領）偵知、出洋五百元買底、始將魏孔二匪捕獲、幷將貴府小兒勒出、該二匪現押鉅野縣政府、對該案已直認不諱、請速派人攜款領人、追案爲要、劉姓聞訊後、當即派其族戚劉心印劉鳳彩李雲珍等三人、星夜前往、開幾經與潘某交涉、出洋一百廿元、始將小兒領回、此亦不幸中之大幸也。並聞劉姓已據情呈請本縣縣政府、轉咨鉅野縣政府、擬將魏孔二匪提豐法辦云。

縣黨部派員分赴五七八等區分部監選

本縣第六次縣代表大會、定於三月十五日舉行、已迭誌本報、各區分部出席縣代表大會代表、自應預先選出、當經縣黨部規定今日爲第五第七第八、三區分部選舉日期、聞縣黨部委員李貞乾、幹事董正身、已分赴五、七、八、等區分部監選矣。

縣政府公佈捐稅章則（續）
土菸葉稽征處罰規則

第一章　總則

第一條　本規則依照土菸葉特稅徵收暫行章程第九條制定之、

第二條　凡特稅區內產銷之土菸葉、其稽徵手續及登記處罰事項、除本規則所載外、其他法令有規定時、均得適用之、

第二章　稽徵

第三條　土菸葉在蘇浙皖豫鄂贛閩七省內完納特稅後　由此口運往彼口時、准予免征轉口關稅、

第四條　土菸葉未經完納特稅、不得抽出菸筋、其有先抽菸筋之土菸葉、無論係屬菸梆、或用其他名稱、確爲純淨菸葉者、均應由特稅機關查明此項純淨菸葉、按照每百市斤應抽出若干烟筋之比例、報由主管局所轉報稅務署核定、核實加入煙筋重量、一倂照章徵稅、並於完稅照上批註明白、方准運銷、如有匿報者、以漏稅論、

第五條　完納特稅後之土烟葉、刨成烟絲或抽出煙筋、在特稅區內暫免徵收煙絲或烟筋稅、

第六條　土烟葉特稅、應由收買煙葉之烟商運商或產地臨時設莊之商人照章繳納、

第七條　煙商運商或臨時設莊之商人在產烟區內向烟農買入土烟葉後、應將收買數量、逐日報由當地駐場員或主管特稅機關及兼辦特稅之稽征員、査明登記、不得隱匿或將未稅煙葉私自銷運、

第八條　煙商運商或臨時設莊之商人、於所購或經售之土烟葉、應將購進售出及結存貨量、按月刊表呈報駐場員或主管特稅機關、及兼辦特稅之稽征員查核、

各駐場員或主管特稅機關及兼辦特稅之稽徵員、對於商人所報存貨、得隨時派員檢査或核對賬表、該商人等不得拒絕、（未完）

豐報

第七二〇號

社址豐縣大同街

中宣會登記證字第二一九號　內政部登記證字第二三二〇號

今日一張半

本報價目

本報每份大洋一分四厘每月大洋三角外埠每月大洋四角郵費在內

△總理遺囑▽

余致力國民革命凡四十年其目的在求中國之自由平等積此四十年之經驗深知欲達到此目的必須喚起民衆及聯合世界上以平等待我之民族共同奮鬥現在革命尚未成功凡我同志務須依照余所著建國方略建國大綱三民主義及第一次全國代表大會宣言繼續努力以求貫徹最近主張開國民會議及廢除不平等條約尤須於最短期間促其實現是所至囑

豐縣縣政府發表徵文啓事

竊以五更三老，求賢昔爲宏規，六德八儒，謀治首崇羣策，豐縣邑稱百里，古擬諸侯，守土責在親民，爲政敢忘優學，本縣長深慚才短，襪線無以縫裳，念切師資，山石尚堪攻玉，用是廣納微言，徵求計劃，四旬以來，謬承父老昆弟，不遺鄙陋，錫以嘉猷，獎掖箴規，情深意至，所惜琳瑯滿目，未能具體立言，與徵文初旨，稍有未洽，諸君各較，魁首猶虛，披覽之餘，殊深惋惜，除一體嘉納外　於二三兩名稍致微儀，用表敬老尊賢之意，附識　台銜并希於一個月內，來府領取爲荷。

計開

第二名張謙（酬洋十元）第三名李瑞珠（酬洋五元）

縣長　王述先

中外要聞

朱毛殘匪精銳損失殆盡　徐匪傾巢西竄大受挫折

蔣委員長親自統一指揮川滇黔勦匪軍事

▲中央社貴陽八日電　此間昨奉蔣委員長電、川滇黔剿匪各軍、概由委員長統一指揮、如無命令、不得擅自進退。

▲中央社貴陽八日電　王家烈電告、朱毛殘匪、一部潰湄譚、一部潰思南、劉劉建緒部正迎頭堵擊、又川鄂軍在思南與匪激戰、匪精銳損失殆盡、陷入重圍、進退維谷、又我何執重等部、跟蹤追擊、在綏陽將匪後衛擊潰　斃匪五千以上。

▲中央社西安八日電　劉湘代表七日晨由陝飛蘭州、晤朱紹良、商剿匪軍事。

▲中央社西安八日電　川北徐匪、近受川陝剿匪軍壓迫、傾巢西竄　我第一師長胡宗南部、早有準備、在姚家渡一帶、連日與匪劇戰、胡親赴前綫指揮、匪迭受挫、五日進攻姚家渡、大獲全勝、斃匪五千餘人、殘匪狼狽潰散。

楊永泰抵萬縣

▲中央社萬縣八日電　楊永泰乘輪七日下午抵萬縣、前往歡迎者二千餘人、蔣夫人宋美齡女士所乘永綏艦　因行駛較緩、八日下午可到、楊俟宋到、九日同輪西上、計程十日可抵渝。

平津及北甯綫日軍定明日舉行大演習

▲中央社天津八日電　平津及北甯綫日軍、定十日舉行大演習、平十時在西郊演野戰、參加者一大隊、津十時在日租界演巷戰、塘沽五時演習港爭奪戰、參加騎兵六百人、唐山演野戰、參加者二百人、灤州及昌黎亦演野抵、參加者各一中隊。

日使有吉昨夜返滬

▲中央社南京八日電　日使有吉、昨日抵京　晉謁汪院長、今日設宴款我國要人以資聯歡、定今晚返滬、有吉返國期尚未定、在返國前、將再入京一行。

▲中央社北平八日電　日使館參贊清水八日語記者、（一）日對華經濟提攜問題、僅爲初步之計劃、將來如何開展、須視國際間情形、再與華方作具體談判、（二）日本召集在華總領事會議說、僅見報紙、此間未接報告、但居各地日總領、每年中均舉行一次或二次會議、所傳恐係指此例會、（三）日使館遷滬辦事處、決下月還京辦公、（四）有吉公使奉召回國、行前無北來意。

蔣電劉湘　嘉獎川省統一完成

▲中央社重慶八日電　蔣委員長六日電省府主席劉湘、嘉獎川省統一完成、原文云、川局混亂、廿有餘年、現省政府成立、事權統一、主持有人、又得傾誠讚襄、導入正軌、政治臻澄清之境、驅馬有飽騰之歡、批閱來電、良用嘉慰、希仍督率羣僚、努力邁進、益著勳猷、用紓中央西顧之憂、實所厚望。

黃河水漲長垣陸沈堪虞

▲中央社上海八日電　黃河貫台堵口工程情形、據連日冀建廳所接河務局電告、（一）水漲甚急、口門沙底冲刷日甚、各埽新成之工、大半淪陷、故近日工程由積極堵口改爲消極搶護　關係方面現企圖變更工程方法、前途如何實難預卜。

▲中央社天津八日電　黃河水漲、貫台工程異常危急、胡源匯以搶築意見、未被關係方面採納、擬日內返津、省方以工情嚴重、八日晚電胡、勉爲其難、現長垣縣仍被水圍、城外水高城內七尺、如再續漲、陸沈堪虞。

孔財長在滬發表聲明

▲中央社上海八日電　財長孔祥熙八日晚發表聲明如下、近數日來、某外國通訊社、得某方當局之授意、屢次傳播政府於金融將有某種處置消息、如規定匯兌比例之事、此種謠言、殊無否認之價值、唯恐傳聞失實有誤、故特加以聲明、總之、政府如有何種處置、亦必顧及全國利益、且如有何種公布、亦由適當機關發表也。

▲中央社上海八日電　張公權、陳光甫、杜月笙、於八日晨十時同謁孔祥熙、孔對最近金融趨勢、及銀行界調劑市面辦法、與張陳會商頗詳、並與杜談復興市面問題、十一時張等辭出、宋子文往訪、有所商談、至十二時辭去。

徐庭瑤等今日可到滬

▲中央社上海八日電　軍事交通攷查團軍事組徐庭瑤等一行二十二人、乘輪返國、九時午後三時可到滬、俞飛鵬八日夜車來滬迎迓、相偕入川、謁蔣委員長、報告此次赴歐美攷查之經過。

陳琪部官兵努力烟禁

▲中央社福州八日電　八十師師長陳琪電告、所部在詔安雲霄平和等縣、查剷烟苗、現已肅清、除留一部隊任清勦散匪外、大部移原防。

何成濬昨離漢飛渝

▲中央社漢口八日電　何成濬應蔣召、八日晨七時半乘機離漢飛渝、計程八日下午三時可抵渝、何氏臨行語記者、此次赴渝、乃應蔣委員長電召、商洽川中軍政、便中報告鄂綏靖事宜、余何時返漢、俟到渝謁蔣委員長後、方可決定云。

葉楚傖定今日就中宣會主任委員職

▲中央社南京八日電　中央宣傳委員會主任委員職務、已由中央一六〇次常會決定、推葉楚傖担任、茲悉葉氏、已決定明日上午八時、到中宣會就職視事、並悉刻已通知中宣會各科總幹事以上工作同志、定九日接事後、召集訓話、俾指示工作方針。

王克敏奉召赴莫干山

▲中央社北平八日電　王克敏奉黃郛電召、於八日下午三時離平、赴滬轉杭、登山晉謁、報告政務、約留一週、即晉京分謁當局。

馮壽彭部由玉田開抵唐山

▲中央社北平八日電　唐山電話、玉田保安隊特務隊馮壽彭部六〇三人、及代理總隊長孫繼周衛隊等、八日正午一時、開抵唐山、秩序甚佳。

羅文峪日警撤口外

▲中央社北平八日電　遵化縣長何孝伊八日電平報告、羅文峪日本警察、經我交涉、已於五日全數撤退口外。

賀耀組赴土行期延展

▲中央社南京八日電　駐土公使賀耀組、放洋之期、聞有展延之說、外間不免揣測、據確息、賀公使本定本月十三日搭輪前往土京履新、惟因此吾國在西亞細亞設館、係為創舉、關於租賃館址、及設館前一切布置、均須預為妥辦、現距登輪之期、不過六日、勢不得不展緩行期、妥為籌備、至確實放洋日期、則為四月十日云。

蘇新運促進會

組織省會家庭日新會

▲中央社鎮江八日電　蘇新運促進會、為推進各家庭施行新生活起見、組織省會家庭日新會、規定按照保甲制度、以家庭為單位、每甲成立一家庭日新會、切實奉行新運會家庭公約、及推行新運為職責、現已擬定章程簡則、呈省府備案、即着手組織。

滬新運會

組青年服務團

▲中央社上海八日電　滬新運促進會、聯絡各區黨部、及公安局、組青年服務團、劃全市為十一區、定十日出發勸導市民實行新運。

陝農村合作提前舉辦

▲中央社西安八日電　陝省農村合作、決提前舉辦、陝南區及陝北榆林米脂兩縣、同時舉辦、陝農村合作委員會、推章元善出席實部即在首都舉行之農村合作討論會、章七日晚東行赴京。

楊猴小匪殘部

已澈底解決

▲中央社榆林八日電　楊猴小匪斃命後、殘部竄抵五兔、采當、莽河、連日被井岳秀部迫近包圍、已澈底解決、正清繳搶械中。

津市

實施普及教育

▲中央社天津八日電　津市文盲佔十之五六、市府決實施普及教育、已令教局擬具計劃、呈經市政會議通過、經費除原有六萬元外、並增籌一萬五千元、以資補助、舊市區限三年、新市區限八年完成。

贛各界積極籌備

追悼陣亡將士及殉難忠烈大會

▲中央社南昌八日電　各界追悼剿匪陣亡將士及殉難忠烈大會、籌備忙碌、並搜集剿匪史略、編印特刊、以彰忠烈、連日收到各部隊寄來輓幛多件、現距會期不及一月、中央已推程天放來贛主祭。

鄂行政會議閉幕

▲中央社漢口八日電　鄂行政會議、八日上下午均開會、旋舉行閉幕式、張羣致閉幕詞、下午七時張假省府禮堂公宴出席全體會員、閉會議結果至為圓滿。

余漢謀

召開綏靖會議

▲中央社香港八日電　余漢謀八日晨偕張弛由韶赴廣、定九日召開綏靖會議。

中大各機關

昨在下關公祭陳少白靈櫬

▲中央社南京八日電　中央黨部以革命先進陳少白靈櫬過京、為追念黨國元勳起見、特於今日上午十時、在京滬路下關車站、就陳氏靈櫬專車前、舉行公祭典禮、到中委及各機關代表、共約百餘人、由林森主祭禮畢、靈櫬專車於正午離京赴滬、候船南返。

粵漢路三段會議將在粵舉行

▲中央社長沙八日電　粵漢鐵路湘鄂、株韶、韶九三段會議、定三月十五日在粵舉行、除各段局長均赴會外、湘省並派公路局管理科員前往與會、會商公鐵聯運事宜。

暹羅新王登極

▲中央社庫古七日電　前暹王之姪馬格達爾新王、現年十一歲、八日登極、惟暹王在未成年前、所有國政、由攝政團代理、前暹王現寄寓英倫、已改稱蘇可達雅親王。

古巴自由黨領袖遇刺

▲中央社哈巴那七日電　古巴自由黨領袖凡斯康樂士洛斯今晨在途中被刺、手背中一彈、兇手當時遠逸、雖經警察嚴查、迄無所獲。

意政府準備開東非軍隊甚衆

▲中央社羅馬七日電　意政府準備開往東非之軍隊、為數甚衆、第一批開往東非者、計正式軍隊兩師、共三萬人、連同築路工人、飛機隊、坦克車隊、炮兵隊等、此外尚有預備開往東非之法西斯黨志願軍共計七萬人、其中數營已開東非。

英掌璽大臣登艾

將作莫斯科及華沙之遊

▲中央社倫敦七日電　下議員某、以英國閣員往東歐各國聘問一事、詢問政府、外相西門答稱、政府最初決定、遂派員往柏林、嗣又接得蘇俄及波蘭通知、謂英閣員如往京城一行、無任歡迎、政府當予以接受、並決定由掌璽大臣艾登前往兩國、又有問是否當先赴德一行、西門答稱、關於此事、吾人並無任何義務、大約將先赴德國、然後再作莫斯科華沙之行、蓋如此較為順利也云。

鹽城區行政督察專員臧啓芳辭職照准

省委會議議決以施奎齡繼任

▲江蘇社　江蘇省政府委員會第七二九次會議、於五日上午八時舉行、計出席委員余井塘、趙棣華、周佛海、沈百先、程天放、王柏齡、羅良鑑、葉秀峯、列席者、[illegible]時實、項致莊、祁平、主席余井塘代、紀錄萬君默、開會如儀、宣讀上次會議紀錄、報告事項、（略）議決要案、如次、一、追認本會第九次談話會決定各案、二、鹽城區行政督察專員臧啓芳辭職照准、遺缺以施奎齡繼任、（施奎齡三十八歲、河北天津人、南京金陵大學學士、美國威斯康新大學碩士、哥崙比亞大學博士、曾任河北省立法商學院教務長。）

普及造林運動

省縣均積極進行

各場所儘量供給苗木

▲江蘇社　本省建廳、近對造林運動頗積極推進、規定各縣分別造林、省方經營者、除淮河流域造林、已定計劃、先設三處苗圃、此項計劃、已送請導淮會統籌經費後、即可着手、至如赤山湖工振造林、已由省林場及鍾句溧陽四

縣、供給大批苗木、三官塘中山林、以及省會中山中正路行道樹、利用鎮江隙地造林、均為該廳或轉飭省林場積極經營者、源地造林、所有苗木、可由廳撫價供給、民衆可自由請領、以資推廣、至屬於縣方者、則為每縣均應劃一黜經營中山行道樹、亦在積極推廣之列、至屬於特殊情形者、則為（一）鎮江江陰兩要塞、（二）砲兵八團營防造林省（三）崇明縣乘泗各島造林、（四）軍政部所屬機關之在本省、如學校要塞廠庫局所營房營地、今年亦由部規定、種植相當樹株、廳方已令各場所、儘量供給苗木云。

（又訊）關於長江堤防造林、建廳亦定有施業計劃、長江南北岸鎮江、句容、江甯、江都、儀征、六合、江浦、兩岸堤脚外、五十尺以內、均劃為堤防造林區域 鎮江以上沿江各縣、應於民國二十四年春季開始種植、每縣每年、對於境林堤防林區、植完三分之一、三年完全告竣、并規定保護辦法、（一）由農業機關編製小冊子宣傳、（二）各區鄉鎮長負責保護、（三）縣府隨時派員督查察云。

各縣公務人員所得捐 蘇民廳通令催繳

嗣後須按月征齊轉解

▲江蘇社 蘇民廳前訓令各縣政府文云、略謂、案准中國國民黨中央執行委員會秘書處函開、案查蘇省各縣政府職員所得捐、頗多積欠未繳、茲將各該縣政府欠捐月單、列表函達、即希貴查照、分別轉飭速解、其已呈繳到廳者、并祈即予彙轉、以便給具為荷、等因准此、查該縣公務人員應繳所得捐款、僅據呈解至上年八月止、迄未續解、茲准前因、除分令外、合行仰該縣長、迅將欠繳捐款掃數彙轉、嗣後須逐月征齊呈繳、不得延壓云云。

典業改進設計會 將開首次委員會

蘇建廳核准典業額外加推一人

▲江蘇社 本省典業改進設計委員會、照章應由省黨部、省政府民財建各廳、農民銀行、江蘇銀行、全省典聯會、商聯分推委員一二人不等、所有推定之委員、已分次登載本報、日前報載、祇典業及江蘇銀行委員、尚未推定、故尚未能定期開會、茲該行所推為胡松孫、全省典業會、已推錢孫卿周穀人二君、另函建廳聲明、以各縣典業情形不同、請准額外加派二人、以便陳述而供諮詢、建廳認為可行、已函復允許加推、大約各委員經建廳正式函聘後、即定期開第一次大會云。

改門神為門畫 以古名人像為主

如岳飛文天祥等行為忠義足法者均可 圖傍附加生平傳略使觀者起敬慕之心

蘇省黨部令知各縣推行

▲江蘇社 中央宣傳委員會前函、蘇省黨部云、「准雲南省黨務指導委員會函開、據本省紙業商民呈稱、門神雖有迷信意味、亦可改良、使成為新年中氣象更新之一種表示、紙業各商、每年附帶門神售賣之物品尤多、為維持商民生計起見、擬請規定改用新式門畫、以資代替等情、據此、查所請改良門神、係為維持商民生計起見、尚屬可行、惟所謂新式門畫、該民等擬用黨國旗、新生活掛圖、社會教育掛圖、及其他美術圖畫、若不加以限制、誠恐迷信未除、反滋流弊、究竟門神改為門畫、是否可行、其題材樣式、應如何規定之處、本會未敢擅專、理合備文轉請鑒核、規定門畫題材式樣、通令全國、遵照改良、以利推行國曆、破除迷信、並為本黨宣傳品之補助、等因准此、查我國民間舊例、新年于門上刻神之俗、此風由來已久、由通都大邑而至窮鄉僻壤、無地無之、考門神之稱、始於禮記喪大祭、註『君釋菜以禮門神』此泛言門之神也、後世乃舉人名以實之、或傳說為成慶、（古之勇士、見淮南子）或傳說為荆軻、（戰國時人、因報太子丹之恩遇、為秦所殺）或傳說為神荼鬱壘、（見風俗通神荼鬱壘兄弟二人、性能執鬼）亦有傳為魏徵、（唐名臣生平廉直、太宗敬憚之）及尉遲恭（唐初良將、屢立戰功、驪太子常以金一車招之、不為所動者）、此數種傳說中、除神荼鬱壘之說、較為荒誕無稽外、其餘諸人、非為義士、即為賢臣良將、由此可知其初、實含有紀念忠義之深意、特以年事久、以訛傳訛、漸失真意、今日欲改良此風、應先從恢復其當初之真意、並修正其錯誤始、茲擬如左列、一、名稱可改稱『門畫』、極力避免用神字、二、題材、應以古名人像為主、如岳飛、文天祥、戚繼光、張巡、班超、史可法等、其生平行為忠義、而足為後人取法者、均可、圖繪其像為門畫、二、形式、門畫之大小、人像之服式、與原有之門神畫繪法、不可相差太遠、但圖中附繪之荒誕事物、須一概刪除、圖傍附加生平傳略、無識者見其與舊式門神相仿、必樂於購買、有識者見其為古時忠義之士、而為平日所敬慕者、亦將樂於採用、如此似不獨破除迷信習、更可培養民族意識、此實一舉兩得之良法也、至於擬繪新生活掛圖、社會教育掛圖為門畫、恐其功效不及以古人像為速、然亦應參合採用、以上各點、並經函征內部同意、除由內政部通行各省市政府查照推行、並由會分行各省市黨部查照外、用特函請貴部查照為荷、」聞蘇省黨部奉函後、已轉知各縣黨部知照云。

電影明星阮玲玉自殺

▲中央社上海八日電 電影明星阮玲玉 近被前夫張達民控告、突受刺激、八日晨服安神藥片自戕 經發覺後、送中西療養院施治不救、於下午六時三十八分氣絕、當晚送萬國殯儀館、定九日大殮、阮年廿六歲、粵中山縣人、十年前投身電影界、民十九年入聯華、以主演野草閑花著名。

中央指定周厚鈞充任 三區黨務指導員

蘇省黨部轉飭前往工作

▲江蘇社 蘇省執行委員兼第三區黨務指導員邱有珍、為求深造、已於月前赴日留學、所有三區黨務指導員職務、業經中央指定省監察委員周厚鈞充任、聞蘇省黨部即將轉飭周氏迅赴第三區工作云。

春耕將屆 蘇省農行 籌辦青苗放款

各縣分行同時舉辦 預定金額四百萬元

▲江蘇社 江蘇省農民銀行總經理、自財廳趙棣華兼任以來、對於救濟農村 補助生產 及合作運銷農倉庫儲押等事業、以及行務之改進 規劃進行 不遺餘力、茲悉趙總經理、以農倉庫儲押、關於救濟農村金融之流通甚巨、且為農行主要業務之一、對於發展農倉庫儲押、業務刻不容緩、故在鎮江等三十六縣、已設有農倉庫一百七十餘所、辦理儲押款額已達四百萬元、散布農村、雖尚無顯著成效、對於農村經濟週轉、已呈活躍、際此農村衰落、已達極點、為推行全省普救濟起見、特於本年度內、擴充農倉庫二百餘所、儲押放款金額 預定為六百萬元 較之上年度農倉庫 約添一百所 儲押放款金額、增加二百萬元、斯項擴充之計劃、業經擬就、現已按照原定之步驟依次推行、並聞該行現以農村春種將屆、擬舉辦青苗放款 已在積極計劃進行中、不日可實行 並令各縣分支行 同時舉辦、聞此項青苗預定之放款金額約三四百萬元右左、值此農村凋敝之時、春耕將屆、該行有此鉅量之現金放款、農民受惠、定非淺鮮云。

蘇建廳購製新漁輪計劃

由庚款會代向英國定造 預計一年後可成四艘

派遣出國學習漁業人才亦同時辦理

▲江蘇社 蘇建廳鑒於本省沿江沿海漁產、因外輪侵漁、海氛不靖、缺乏技術、濫捕等原因、產量日少、計劃商借英庚款一百萬元、購辦新式漁輪、茲聞已得庚款會之同意、購置新式漁輪四艘、記者曾詢之建廳主管人據云 此款並不由廳經手、逕由庚款會代向英國繪圖定造、預計一年後始可造成、記者復詢以聞廳方擬選派水產畢業生赴國外學習各種漁業技術、已否着手辦理選派手續 據答現時尚未辦、但事實上頗極需要、因將來徒有新式工具、而無技術人才、亦難運用、大致如果遣派、則此學生即隨乘該項漁輪返國、至將來肅清海匪、以保漁民安全、開闢通淮入海港口為漁業根據保護水族之繁殖、及辦理、漁民資本借貸、廳方將審思熟籌、與新漁計劃同時着手併進云。

44

中華民國二十四年三月九日　豐報　（星期六）　第四版

本縣新聞

民教實驗區　辦理青苗放款

本縣楊樓民敎實驗區、以春種將屆、爲救濟農村起見、特舉辦青苗放款、以便農民購置肥料、從事美棉種植、預計款額一千元、擬向本縣農工銀行息借、已得該行經理之同意、刻該區現正辦理棉田登記、一俟派員實地勘查完竣後、即可進行放款云。

大同鎮第一保　召開甲長會議

訂定保甲新規約三十條

本城大同鎮第一保保長胡效軻、自受訓以來、對於保甲事業、積極進行、特於三月八日假同樂劇園、召集各甲長戶長舉行會議、公訂保甲新規約三十條、並聞請該鎮鎮長指導一切云、

公園體育場　籌辦民衆業餘運動會

開辦器械操訓練班

本縣公園體育場、自程君守謨担任指導員後、對於該場事業、積極進行、不遺餘力、除已將本縣第一屆民衆業餘運動會計劃大綱、暨預算書等專案呈遞教育局、轉呈教育廳、請示辦理外、並將場內所有器械、如成人組用、浪橋、平台、木馬、跳台、大椅轉、單槓、雙槓、跳箱、兒童組用、浪船、滑板、滾桶、平均台、巨人步、助躍台、軒輊板、軒輊梯等、現正興工治理、逐漸設施、俾來場民衆有所運動、所有不足之款、現正擬呈請教育局、准予撥給、茲又遵照該園二十三年度實施計劃、及進行程序、開辦第一屆器械操訓鍊班、招收學員、業已開始報名　茲探得其訓練簡章如下、一、宗旨、本園以提倡健康教育、發揚民族精神爲宗旨、二、名額、暫定三十人、三、資格、凡有志研究器械、無不良嗜好者、均得報名學習之、四、科目、暫分下列四種、一、單槓、二、雙槓、三、平台、四、木馬、五、期限、兩個月、（自三月十五日起、至五月十五日止）、六、訓練時間、除星期日外、每日下午四時至六時、七、報名日期、自本月九日起、至十四日止、八、開始日期、三月十五日、九、費用、不納費、但一切個人運動用品、及膳食等費、概由自備、十、地點、本園體育場、

店子民教館基本施教區　鄉村改進會昨開區代表會

議決　築路植樹改良私塾　舉辦識字牌等要案

店子民敎館、基本施敎區鄉村改進會、於昨日舉行區代表會、出席代表李錦章等十一人、列席私塾塾師史福漢等四人、由館長李坤若主席、行禮如儀後、並作報告、戒賭進行經過及成效、二、合作問題、三、築路植樹、四、改良私塾、五、識字牌辦法、討論事項、（一）築路應如何辦理案、決議、一、修築日期、三月十四日動工、二、工程分配、略、（二）私塾應如何改良案、決議、一、教具、每塾應設置黑板一面、學生各備石板一塊、二、教材、用小學校課本、三、算術、由教育館巡迴教學、（三）識字牌應如何教學案、決議、一、每處指定負責教學者一人、二、教材由本館編定、發給各村負責教學人抄寫、三、教學時間、試辦一星期後、再行決定、四、開學日期、三月十五日、散會、

一區各鄉農會選舉結果

縣農會幹事長彭世享、幹事劉萬傑等、日前赴二區改選各鄉農會、業已完竣、曾誌本報、茲將改選結果、探錄如下、陳莊鄉幹事長劉孝恭、副幹事長王永賢、齋堰鄉幹事長孫鈍鼎、副幹事長齊運柄、店子鄉幹事長劉貴香、副幹事長宋仍沖、河口集鄉幹事長宴錫純　副幹事長錢調思、郭莊鄉幹事長杜秉忠、副幹事長史孝友、師寨鄉幹事長陳正烈、副幹事長崔化鳳、汪屯鄉幹事長孫建節、副幹事長李秉興、仇集鄉幹事長李鳳岐、副幹事長孫建業、鄧莊鄉幹事長劉喜修、副幹事長尹朝馨、齋莊鄉幹事長劉爾靜、副幹事長孫維良、沙莊鄉幹事長王西消、副幹事長馬希昌、小營鎮幹事長劉爾壽、副幹事長劉爾春、爐口鎮幹事長高震青、副幹事長常懷昇、徐樓鄉幹事長王茂春、副幹事長董正談、聞該區區農會、於昨日假第二區公所、舉行選舉會、已將幹事長副選出矣。

趙莊集民教館附設高莊民校　昨日開學

趙莊集民敎館、爲普及敎育起見、特在高莊設立民衆學校一所、業於昨日開學、計到學生四十五人、由該館職員輪流授課、又該館以國術一道、極關重要、復在高莊成立國術訓練班、藉以鍛鍊民衆身體、現已開始訓練、計有學員四十餘人云。

店子民教館　定期舉行國術表演會

本縣店子民衆教育館、以國術一道、非實地表演、不足以資觀摩而求進步、特定於明日在該館廣場、舉行國術表演會、計前往參加者、有城市民敎館之國術訓練班、保安隊之國術隊、及吳座樓之武術團、大都工夫老練、技藝嫻熟、想屆時必有可觀云。

葦本信失盜　鋼鎗包裹盡被竊

三區葦橋鄉、葦雙廟葦本信家、於前日夜半、忽來竊賊一人、穴壁入室、時葦正睡夢方酣、該盜即將其三十二年式鋼[illegible]一枝、及包裹一個竊去、及葦知覺、見屋牆忽穿一洞、[illegible]悉失盜、爲之懊喪不置云。

縣政府公佈捐稅章則（續）

土菸葉稽征處罰規則

第九條　凡運商或臨時設莊之商人、售出或運出土烟葉、應於售運前報由當地駐場員或主管特稅機關及、兼辦特稅之稽徵員驗明包件、按照市斤逐一過秤後、即依照重數量徵收特稅、發給完稅照、並於包件上粘貼印照、在其四角重要部分蓋明戳記、方准起運。

第十條　商人完納特稅、擬將土烟葉在埠銷售者、應報由當地駐場員或主管特徵機關及兼辦特徵之稽徵、應將指銷地點報請填入照內。

第十一條　商人完納特稅領有完稅照、自發照之日起算、在一年內得報請由原照所載指銷地點改運或分銷他埠、但逾期祇准就地銷售。

第十二條　商人報請改運或分運時、應繳呈原完稅照、并將實存土烟葉件量報明、聽候主管特稅機關派員查驗屬實、即按照實存件量換給分運照若干張、分運時如有存貨一部分不能同時運出、仍須暫留本埠者、得報請即就所需分運、照上由發照員加批註明、准在本埠行銷。

第十三條　分運照應由本署直轄之土烟特稅辦事處、或統稅管理所及各省煙酒稅局、或該局呈准指定之徵發機關發給之、此外各地經徵特稅之機關、不得發給分運照。

第十四條　完稅照及分運照上、應由發照人員將該照時效由某年月日起算、至某年月日截止之文字核實填明。

一　完稅照以發照之日起算、扣足一年爲止、分運照應視原完稅照所餘之時間、移轉填入、仍以原照截止之日期爲新發分運照截止之日期。

第十五條　商人於完稅照分運照及包件上所貼印照、應妥爲保管、遇有遺失完稅照分運照或將包件上印照完全脫落無痕跡者、應照章補完特稅、方准運銷、其查係私運無照土烟葉者應依照本規則處罰。

第十六條　已完特稅之土烟葉於運途中、沿途經過特稅查驗機關時、應將所持貨照報請查驗、該管機關於據報後、應即立刻往查放行、不得留難或需索任何費用、各主管特稅查驗機關、遇有土烟葉貨照不符者係舊照重用或私運未稅烟葉者、僅能分別情節將嫌疑葉暫行扣留、同時應立即呈報主管處詢之、上級機關按規則處罰。（未完）

中國國民黨江蘇省豐縣第六次縣代表大會特刊（一）

大會秘書處主編

發刊詞

雲章

今天本縣第六次縣代表大會開幕了，這是第四屆執監委員工作的總結束，這是本縣黨的前途新生機的將開始，這是全縣民衆意志的總結合，這是全縣一切事業的新轉機。是如何的隆重！是如何的光明！是如何的偉大啊！

回想過去的豐縣，在國難縣難接連遭變以後，第四屆執監委員產生了。在困苦中，在艱難中，在千孔百瘡中，在農村經濟破產中，掙扎又掙扎，以直到了現在，雖沒有怎樣大的結果，但也把國難縣難的損失，恢復了大半。這固然是四屆委員的責任，也是整個集體團結的功績。

現在四屆委員的工作業已結束了。五屆委員的工作將要開始了。一切的工作方案，實施辦法，進行程序，無論是關於黨務的，自治的，建設的，教育的，財政的，行政的，和民衆運動的，都在這個隆重的，光明的，偉大的，第六次縣代表大會上，決定了。交給五屆委員，轉給與行政機關，自治機關和民衆團體，一步一步的，腳踏實地的，在同一口號之下，在同一路綫之上，努力前進！

我們這個特刊，是專載大會上的紀錄的。這是我們連合路綫上前進的路標，這是我們工作的程序。希與出席大會的代表，共同努力！

宣言起草委員

王韻峴 董雪山 王子蘭

總處書職員一覽

秘書 王子蘭

文書股主任 高道昭

幹事 李季詩 董正身 武襄承 王鼎明

錄事 謝掄才 薛守運 沙伯華

事務股主任 高道昭

幹事 王榮培 彭子常

錄事 李敬渠 胡麟林 李鍾九 非欽讓

出席代表一覽

直屬第一區分部代表 張紹緒 渠時融 朱翼曾

直屬第二區分部代表 董雪山 彭世亨

直屬第三區分部代表 曾慶霖 王韻峴

直屬第四區分部代表 董玉珽 李效禹

直屬第五區分部代表 李坤若 卜憲章

直屬第六區分部代表 孫敦乾

直屬第七區分部代表 吳榮昌 高本良

直屬第八區分部代表 董正身 張秀選

直屬第九區分部代表 李效閔 馮矩堂

直屬第十區分部代表 陳光宇 謝掄才

主席團

李貞乾 董玉珽 王韻峴

提案審查委員

李乃正 卜憲章 董玉珽

開幕典禮誌盛

大會於上午十一時，在縣黨部大禮堂，舉行開幕典禮。到省指導員代表暨來賓九十餘人，首由李貞乾主席領導行禮如儀後，即席報告：

主席報告

略謂：今天是我們豐縣第六次縣代表大會舉行開幕典禮的時間，本席在這個隆重盛大的儀式上，有一點意見發表。現在回想本縣自在廿一年舉行第五次縣代表大會，距今已兩年多了，這第六次縣代表大會，按照章程規定半年舉行一次，早應舉行，前曾經縣執委會一再呈請召開，均奉省令不准舉行，所以還延到今天，才能舉行。今天看見各位代表出席大會的精神，都很興奮，同時，感覺本黨使命的偉大。建國大綱上的規定，在訓政時期，是協助人民籌備自治的時期；本黨的縣機關，在政府為縣政府及所屬的各機關，在黨為縣黨部及所屬的區分部。我們根據本黨的態度，在縣黨部的最高組織，是縣黨部，他的工作，在組織方面為協助政府從事訓政建設，輔導人民，訓練四權之使用。在消極方面，要檢舉貪污腐惡及改革社會上的積弊陋習。所有的這些問題，都希望各代表共同注意，確定怎樣協助政府，怎樣檢舉貪污，怎樣改革社會的積弊及陋習。

現在在這舉行隆重的開幕禮的時間，提出一點意思上的原則，來與各代表相印證。就是「富衛政教」四個字：第一個「富」的問題，在籌備地方自治時期佔的是第一個重要地位，如果富的問題不解決，即讓一切建設裝璜的很好，總是虛設。所以中央明文規定推動各級黨部提倡合作事業，這就是解決富的問題的一個好途徑，希望各代表共同努力合作事業，救濟農村經濟。其次「衛」的問題，在本縣過去雖沒有赤匪，與土匪的擾亂，然本縣環接各縣，常有匪警發生，倘本縣對於「衛」的基礎，不有完善的鞏固，恐將來難免受鄰縣的影響，所以很希望完備保甲組織，實行保甲公約，使本縣獲得永久的安定。再次就是「政」的問題，本縣各黨政機關的組織，雖已健全，而其使命的完成，與努力的獲得，尚須前進，所以請各代表注意研究。第四個就是「教」的問題，本縣學校的設立，已有相當的普及，而一般民衆知識程度仍甚太低，所以教育的實施，更待努力。現在本席認定「富衛政教」四個問題的原則，要確實能把握，就一定的發展，是促進本縣各種事業的唯一途徑。這以上各點，所代表的事業，已有了基礎，我們應當努力促其發展，倘未有相當基礎者，更要共同努力扶其根基。還有這些問題的實施，中央及省方早有明文規定，須而推行了。現在所需要的，就是要我們去做，要我們在實際上去努力，要解決的也是些實際問題，兼顧並顧，來確定實際的方案，以為將來從事的標準。這是在這次大會上，提出來的一點意見。

省指導員致訓詞

略謂：今天是豐縣第六次縣代表大會開幕的一天，兄弟代表省黨部及七區指導員辦事處得參加這個隆重的盛典，非常榮幸，為什麼舉行縣代表大會，一般人的意思，認為舉行代表大會，不過選舉委員而已，其實不然；兄弟認為舉行縣代表大會有兩點意義，一，檢閱過去工作，豐縣第五次縣代表大會閉幕迄今，為時已久，過去黨務之如何推行，政治之如何設施，教育之如何發展，保甲之如何推動，都有總檢閱的必要，對的要特別加勉，錯的要努力予以糾正。二是確定將來方針，對黨務怎樣能使得深入民間，對縣政怎樣能獲得切實設施，對教育怎樣能使得普遍發展，都要討論出一個切實而具體的方案，這才是縣代表大會的真正意義，豐縣縣黨部在江蘇省算是健全的，算是好的，可是好的限度，是無定的，兄弟希望豐縣黨務仍要努力發展，以達到理想的目的，我們知道本黨是以黨治國，一國不好，是吾黨之恥，一縣不好，亦吾黨之恥，權望各位代表各紓己長，得到具體方案，使豐縣黨務，一步一步的發揚光大，造成一個模範縣，這才不負大會的使命云云。

王縣長演說

略謂：各位代表，今天是豐縣第六次縣代表大會開幕的一天，兄弟躬逢這個盛會，是十分榮幸的，剛才聽到主席的致詞，及省指導員的訓詞。兄弟在精神方面，更是愉快，在本黨總章上規定縣代表大會是一縣的最高權力機關，各位代表又都是各區分部所選出的精華，我很相信在這個大會上，對於將來黨務的方針，及全縣建設的推進，教育的發展，行政的整頓，公安的設備，必定有很多的辦法，很切乎實際的方案，至於縣黨部縣政府來說，兄弟到豐縣的時候，曾以安寧救三字為施政綱領，地方一切的事業，都本着這三個字進行着，在過去的工作，如整理保甲，築路，浚河，整頓公安，整頓財政，雖然沒有很大的成績，亦有相當表現，但是這一點結果也多賴縣黨部的協助，及各位同志的關繫努力所致，今天我很希望各位代表對於實施安寧救三個字的實施方案，詳細的規定，作為政府施政的標準。

代表李坤若演說

略謂：兄弟聽到主席的報告及省指導員的訓詞感觸交集，現在本黨工作的趨向有一句口號：「到農村去」，在中央有復興農村委員會的組織，在省也有改進農村的計劃，可見上下既然有不注意農村問題的，兄弟預料此次討論中心點一定很簡單，且在理論方面的討論一定很少，而注重在辦法方面，至工作事項已有七項運動為標準，無庸多說，惟希望注意三點，第一，要少說話多做事，第二，要先行後知，第三，切乎實際。望大家注意云云。

48

縣黨部及各機關工作報告

下午二時舉行第一次會議，由縣黨部及各機關報告工作，茲分誌如下：

一，縣黨部工作報告。

甲，內部工作經過。

1，關于確定本縣黨務工作方案的執行情形：

（一）前屆縣代表大會決議案之執行。

A 縣黨部內部之整頓與今後工作之計劃：

子，整頓及修補兵變後之文卷器物書籍。

丑，依照規定會期舉行委員會一百〇四次。黨政談話會十七次。全體工作人員談話會五次。

寅，擬定作息時間及遲到早退處罰規約，嚴厲執行。

卯，于二十二年度辦理工人子弟初級民衆學校一級，商店店員高級民衆學校一級。二十三年由縣黨部領導組織社會教育推進委員會，辦理民校五級。

辰，于二十一年十一月五日刊發豐報。

巳，二十二年度組織民衆俱樂部，將前鄉村巡迴宣傳隊及反日救國巡迴宣傳隊所有一切佈置用品，完全歸併俱樂部。

午，規定下級黨部集會會期，派員視察指導，（會期表另附）

未，指導下級黨部訂要工作進行程序。

申，二十二年實施改善下級黨部組織及活動方式以後，另將黨員活動範圍重行劃定，并指導其活動。

B 區分部推進情形，

子，派員督促舉行集會。

丑，督促呈報工作報告。

寅，督促加緊執行宣傳。

酉，領導各界組織民衆反日救國會。

C 關于協助地方自治情形，

子，協同政府努力七項運動。

丑，督促政府嚴禁烟賭。

寅，督促自治機關舉行不識字（?）攤指。

D，關於人民團體之指導情形，（在下邊另報）

E，訓練機關反動情形，（在下邊另報）

2，各區黨專捐款已函由政府令各區分別公佈。

3，嚴禁捐派濫用案，業會一再提倡，但仍未徹底實行。

4，確定縣黨部經費案，以事關經濟仍未確定。

5，嚴禁烟賭案，已函由縣府分別執行。

6，呈請省黨部轉中央嚴厲禁烟案，已呈請轉呈。

7，恢復獎學貸金救濟貧苦學生案已由教育局辦理。

8，積極發展本縣童子軍事業案已照所列辦法辦理。

9，修築橋梁案，已函由縣政府辦理。

10 各鄉公所設電話案，已函由縣政府裝設，一，二，六，七，四區。

11 清查事變款產處徵收處損失賬目案，已函由縣政府辦理。

12 變賣柳園地作農工銀行基金案，已變賣得項一部分及華山一部分。

13 添購槍彈充實公安力量案，已函由縣府辦理。

14 清查戶口以清匪源案，已函縣政府於法年辦理。

15 分電各層峯懲辦張占盟案，已分別電請，但未得若何效果。

16 恢復婦女放足會案，已遵照辦理。

17 致電張學良收復失地案，已遵照辦理。

18 恢復反日救國會案，已遵照辦理。

19 電報局長陳德赐玩忽職務請撤懲案，陳久已去職。

20 組織劇社以廣宣傳案，已遵照組織民衆俱樂部。

21 設法籌費檢治病以利勤匪案，已函由縣政府辦理。

（二）上級黨部命令之執行

本會對於上級黨部所有命令，均能遵照規定辦理，從未有積壓或疏忽，因數量太多，不而逐件詳列，特將較為重要者彙告於後：

1，實施改善下級黨部組織及活動方式，將原有區黨部區分部改組為十個直屬區分部，并劃定黨員活動範圍。

2，徵求預備黨員二百三十七人。

3，組織社會教育推進委員會，辦理民衆學校五處，民衆閱報社七處，講演所六處。

4，協助政府辦理保甲。

5，如期辦理人民團體總檢查。

6，辦理土地查報。

（三）縣執監委員工作之成績及其缺憾。

A 成績

1，改組下級黨部并劃定黨員活動範圍。

2，辦理社會教育。

3，協助政府辦理保甲。

4，協助政府訓練保甲長。

5，頒發人民組織各種民衆團體。

6，刊發豐報，并另換鉛印及擴大篇幅。

7，徵求預備黨員。

8，辦理土地查報。

9，舉行全縣童子軍大檢閱大露營。

10 成立童子軍理事會。

B 缺憾

督務委員李競芬積勞於二十三年九月三日病故，所遺孤兒寡婦，極為可憐，而中央撫卹，竟至今尚未發下。

（四）下級黨部工作之指導與考核

1，每月分派委員分赴各區分部指導，并參加其集會。

2，由組織科幹事每週用電話督促直屬各區分部加緊工作，并索取其工作報告。

3，由組織幹事考核直屬各區分部工作。

（五）黨員之訓練及考核

1，限定黨員閱書。

2，定期舉行測驗，已辦過者有縣黨部全體工作同志及直屬黨員。（未完）

司法欄

△縣政府司法批示▽

▲民事原具狀人李道文，一件，為李傳營辯由，狀悉，仰遵期到庭辯論，此批。

▲民事原具狀人李克明，一件，為請保債款，抗不履行，請求傳案判追由，狀悉，准予傳訊核辦，此批。

▲刑事原具狀人賈守永，一件，為恐嚇詐財已明，懇請依法反坐由，狀悉，候查明核辦，此批。

▲民事原具狀人樊金鑰，一件，為補具理由，懇准緩審由，狀悉，業經宣告判決，如有不服，仰依期上訴可也，此批。

▲民事原具狀人石東坤，一件，為被訴欠款未還，提請調解，懇請傳案質訊由，狀悉，仰遵期到庭辯論，此批。

▲刑事原具狀人陳德勝，一件，為案情已明，懇予再懇從傳全案人證質訊，以昭事信，賞保看押由，狀悉，候查卷核辦，此批。

▲刑事原具狀人黃達民，一件，為遵傳投辯由，狀悉，仰遵期到庭候訊，此批。

▲刑事原具狀人于畢氏，一件，為遵諭和解，懇請銷案由，狀悉，准予撤銷，此批。

△一周內審理案件▽

三月

十八日審理黃陳氏訴黃欽文妨害自由案。

十八日審理魏承德與陳家安債務案。

十八日審理仇吏氏與仇本與租糧執行案。

十八日審理王汎鎮訴郝月僧案。

▲本城糧價

名稱	每市斗價目
小麥	最高二千五百六十文 最低二千三百五十文
高粱	最高一千八百文 最低一千七百五十文
黃豆	最高二千 最低一千九百文
大麥	最高一千六百文 最低一千五百文
穀子	最高一千六百文 最低一千五百文
綠豆	最高二千六百文 最低二千五百文
黑豆	最高一千八百文 最低一千七百文
芝麻	最高三千四百五十文 最低三千三百文
江豆	最高二千一百文 最低二千文
稷子	最高一千七百文 最低一千六百文
花生	每斤最高二百九十文 最低二百八十文
瓜子	每斤最高二百二十文 最低[illegible]

氣象

風向：南風　天氣：晴　最高溫度：七〇　最低溫度：五二

中國國民黨江蘇省豐縣第六次縣代表大會特刊（二）

大會祕書處主編

△縣黨部工作報告　（續昨）

乙，工作方案實施情形

（一）調查工作

1，黨務調查——中央頒發之黨務統計概況表，每三月塡報一次，內有縣黨部執監委員職員及直屬各區分部執行委員之統計，人民團體之組織情形，以及建議政府各種工作之實施，均有詳細之調查。

2，調查黨員職業——黨員職業每月統計一次，以便造報黨花預算表，並調查有無失業之黨員 以便設法救濟。

8，土地調查——本會於二十三年十一月奉令調查土地，內分十一類：一，全縣土地面積，二，土地所有權之分類，三，歷年來之地價，四，城廂地價，五，歷年食糧價格，六，田賦征收數目，七，歷年田賦收數，八，二十一年度各項附稅收數，九，近二十三年內之重大災荒，十，全縣戶口，十一，度量衡制；以上十一類均已調查完竣。

（二）劃區經過

本會於民國二十二年五月間奉到省執行委員會通令改善下級黨部組織及活動方式實施區域後，即經本會第三十五次會議推定李委員乃正負責計劃本縣改善下級黨部組織及活動方式，該項計劃於第三十九次會議通過，爰將實施情形分述如下：

1，結束舊區黨部區分部——本縣原有三個區黨部，十個區分部，黨員一百三十餘人，二十二年七月令各區黨部區分部停止活動，本會派員分別接收所有書籍文卷器具等，除將各區分部部分撥歸現有之直屬各區分部外，各區黨部部分均由縣黨部保存。

2，成立新區分部——依照改善縣市以下黨部組織暨活動方式實施方案，成立十個直屬區分部，并於二十二年十月選出直屬各區分部執行委員。

3，劃定新黨區——依新區分部中黨員居住情形，劃全縣爲十個黨區，除第一至第四四個黨區在第一行政區外，其次第五至第十六個黨區，均以行政範圍。

4，重劃黨員活動範圍——黨員活動區域前雖劃定，但時過境遷，黨員多有移轉，有另行劃定之必要，故於此次新區分部成立之後，又依據黨員住址及現行政區域重行劃定黨員活動範圍，以便加緊工作。

（三）活動情形

1，指導各區分部活動情形：

A徵收預備黨員——本縣徵收預備黨員之計劃經省黨部核准後，即將各種表册分發直屬各區分部開始辦理，至二十三年年底截止，統計全縣徵收預備黨員二百三十七人。

B會期之確定——直屬各區分部之執行委員會期，及黨員大會會期，均由本會規定，指導各區分部按期舉行。

C切實徵收黨費——黨員多未黏貼黨花，亦有貼黨花而不繳黨費者實違反總章，本會曾迭令各區分部轉令黨員切實黏貼黨花，繳納黨費，并擬定黨員不貼黨花及欠繳黨費調查表，令各區分部塡報，以便統計。

D確定各區分部工作報告——各區分部每月有工作報告表，每週用電話報告工作一次。

E設立民衆閱書報處——本部門首設立民衆閱書報處一所，故城內四區分部不須設立，鄉間之六區分部各附設民衆閱書報處一所，經費由本會每月津貼三元。

F減少紙面工作——指導各區分部來往文件不拘格式，均採用邊飄辦法，黨員在境內移動者，由原屬及新入之各區分部常務委員用口頭報告本會，不必繕寫登記表。

G偵查反動份子——指導直屬各區分部偵查腐劣豪紳及共黨份子之活動，並協助縣黨部從事防範。

2，指導黨員活動情形

A指導各黨員選擇各界優秀份子勸其加入本黨

B指定黨義書籍 分發各黨員閱讀，並由本會定期測驗，後因黨員居住地點散漫，未能切實施行。

C指導各黨員如期參加各種革命紀念會，及黨員大會。

D指導各黨員辦理各種社會事業，如黨員充任民衆學校教員，及擔任各保甲長訓練所訓練員。

E指導黨員參加人民團體中祕密活動，應以民衆一份子資格取得其領導權。

F指導各黨員闡揚本黨主義，並對於農村狀況及民衆痛苦，應盡量寫作投載豐報。

G指導各黨員遵守本黨紀律保守黨內祕密。

丙，人民團體之改組與訓練

（一）對於人民團體組織之指導

1，指導農人團體

A縣農會於二十二年十月三十日舉行第二次會員大會，選舉第二屆幹事；及二十三年十二月十五日召開第三次會員大會。

B第一區區農會於二十二年八月二十日舉行第二次會員大會，選舉第二屆幹事。

C第二區區農會於二十二年三月十日舉行第二次會員大會，選舉第二屆幹事。

D第三區區農會於二十二年三月十五日舉行第二次會員大會，選舉第二屆幹事。

E第四區區農會於二十二年四月十八日舉行第二次會員大會，選舉第二屆幹事。

F第五區區農會於二十二年三月三十日舉行第二次會員大會，選舉第二屆幹事。

G第六區區農會於二十二年三月二十一日舉行第一次會員大會，選舉第一屆幹事。

H第七區區農會於二十二年九月二十日舉行第二次會員大會，選舉第二屆幹事。

I第一區各鄉農會於二十二年八月十日召開第二次會員大會，選舉第二屆幹事。

J第二區各鄉農會於二十二年三月一日分別召開第二次會員大會，選舉第二屆幹事。

K第三區各鄉農會於二十二年三月三日分別召開第二次會員大會，選舉第二屆幹事。

L第四區各鄉農會於二十二年四月一日分別召開第二次會員大會，選舉第二次幹事。

M第五區各鄉農會於二十二年三月七日分別召開第二次會員大會，選舉第二屆幹事。

N第六區各鄉農會於二十二年五月一日分別召開第二次會員大會，選舉第二屆幹事。

O第七區各鄉農會於二十二年九月一日分別召開第二次會員大會，選舉第二屆幹事。

注意。（以下之報告及各機關工作報告俟決議案登完後再行續登。）

△討論提案

上午九時舉行第二次會議，主席李貞乾報告後，繼由提案審查委員李乃正報告審查提案結果，略謂：收到提案及建議案共三十一件，除以性質相同者，或與法令相抵觸，及不適合環境者分別併銷外，已按照提案性質分爲黨務、自治、教育、建設、財政、救濟、合作、農林、工業、及其他十組。共二十件，提請討論。

通過之決議案

一，應確定本縣未來黨務工作計劃案，

決議：甲，內部工作之整飭與改善：

一，規定各種集

會按期舉行　舉凡委員會議，幹事談話會，黨義研究會等，均依照規定時期舉行。

二，嚴守紀律　全體工作人員切實遵守各種規則使生活紀律化。

三，切實奉行新生活運動　厲行整齊清潔簡單樸素各點。

四，擴充民衆閱書報處　本部附設民衆閱書報處，現已開幕，閱覽民衆頗多，嗣後仍應設法擴充。

五，繼續籌辦民衆夜校　本部以前曾辦民校數屆，嗣後仍繼續辦理。

乙，推進下級黨部辦法：1，各區分部執行委員不得擅離職守三個執行委員均應在區分部內輪流辦公。2，本會隨時輪流調各區分部執行委行委員前來報告黨務工作狀況并予以指導及糾正。3，規定各區分部每月之中心工作使其專心施行以免顧此失彼一無成效　4，減少各區分部紙面工作而增加其實際工作使其努力爲人民服務以資改革社會推進黨治。5，各區分部黨員大會或執行委員會會議日期應由各區分部自行規定呈報來會備案以便派員參加指導。6，舉行各區分部執行委員聯席會議藉取聯絡之效而免隔閡。

二，黨員活動之指導　辦法　1，飭令黨員接其現在之職業參加人民團體從事活動務使各人民團體無形中接　受本黨之領導。2，介紹黨員擔任　訓練民衆　組織　民衆之　各種工作。3，本會參加各區分部會議時即舉行黨員個別談話考核其活動情形及閱書心得。4，指導各黨員參加各種社會事業。5，指導各人民團體中之黨員幹事會努力活動。6，指導各黨員實行新生活運動爲民衆表率。7，本會按時指定黨義書籍令全體黨員閱讀之並按時測驗。

丙，人民團體訓練方策。

一，訓練的方針——列表於下：

訓練民衆成爲
1，須有革命思想社會觀念
2，須有管理生活技能的興趣
3，須有運用四權的能力
4，須有集會的常識
5，須有改善的生活習慣
6，須有合作及團結的精神
使全國民
治下的革命民衆

二，訓練的材料——根據總理遺教三民主義，本黨政綱政策，民權初步，及中央頒發之宣傳品，中央決議，國民政府命令，並利用各種革命紀念日的標語及講演。

三，訓練的實施——分述於下：1，個別的—利用與各團體會員談話機會之實施。2°分組的—利用指導各團體會員組織之黨義研究會及各種合作社，俾使訓練之實施。3，集合的—利用各團體之會員大會民衆集會舉行總理紀念週及設立民衆學校之實施。4，集會的—指導各團體定期舉行講演會研究會遊藝會。5，社會的—設立民衆閱書報處通俗講演所民衆俱樂部。

丁，進行地方自治七項運動實施辦法。

遵照地方自治施行法及中央頒發之七項運動實施綱領次第實行。

戊，地方政治設施改革方案。

一，實行不按畝派捐之決議案。

二，改善救濟院施醫所出診門診及收費辦法以符名實。

三，實行農工建設。

四，督促戒煙所注意已戒之烟民是否再[illegible]，及在院未戒絕煙民。

己，地方社會事業，及經濟建設之具體計劃

一，地方社會事業。1，改良婚喪儀式。2，嚴禁婦女纏足。3，嚴禁烟賭娼

二，經濟建設。1，充實農工銀行基金。2，提倡農村合作事業。3，籌設民生工廠。

二，擬函請縣政府運用連保聯坐辦法以示保甲精神案。

決議：由本會函請縣政府認眞執行已具之連保聯坐切結，並督飭民衆立具禁烟禁賭及禁止婦女纏足連保聯坐切結。

三，擬建議教育局於李寨中心小學內添設社會部案。

決議：1，經費　將社教經費提出一部作爲該部經費。

2，組織　校長下設社會部主任一人，其他職務由原有教員兼辦之。

四，應從速建築及修補各河橋梁以利交通案。

決議：1，函請縣政府妥愼計劃迅行修築。

2，省縣公路橋梁，由縣府計劃辦理。支用建設經費。

3，其他重要道路橋梁，責令所在地鄉鎮長籌議辦理。由縣建設費項下，酌予津貼。

4，由縣府計劃重修。

五，擬函催縣政府速免本縣已成河道及公路田賦，以昭公允案。

決議：函催縣政府迅予辦理。

六，擬分別函呈免除本縣田賦包徵制度，以昭公允案。

決議：1，呈請省黨部轉函省府免除。

2，函請縣政府轉呈免除。

七，擬函請縣政府切實執行不按畝攤捐決議案，以恤貧農案。

決議：1，函請縣政府飭令各區長轉飭各鄉鎮長，實行前案。不得再行按畝攤捐。

2，各區如違背辦法，縣政府應予以瀆職處分，以昭公允。

八，重勘土地另定等則以昭公允案。

決議：函請縣政府聘請縣農會，農業推廣所，款產處，及區公所等負責人員，組織委員會，實行重勘，以昭公允。

司法欄

△縣政府司法批示▽

▲刑事原具狀人黃欽文，一件，爲依法提出答辯由，狀悉，仰遵期到庭應候核辦，此批。

▲民事原具狀人梁光耀，一件，爲侵佔宅基，請求傳案判斷由，狀悉，候定期傳訊核辦，此批。

▲民事原具狀人魏永聽等，一件，爲雙方和解，請求銷案由，狀悉，准予撤回，此批。

▲刑事原具狀人蔣與氏，一件，爲甘願撤訴請求銷案由，狀悉，准予撤回，此批。

▲刑事原具狀人張學禹，一件，爲邀處[illegible]銷案由，狀悉，准予撤回，此批。

▲刑事原具狀人王芳等，一件，爲持勢欺凌，喝令兇毆，請求驗明傷痕，立拘法辦由，狀悉，准予傳訊法辦，此批。

▲刑事原具狀人王張氏，一件，爲甘願罷訟懇予撤訴銷案由，狀悉，准予撤回，此批。

▲刑事原具狀人魏升等，一件，爲聯名具保王兆祥領回其姪女大白二白一案，公懇判令滿寶仁交還由　狀悉，查監護人違反法定義務，應由合族組織（依民法親屬編第七章組織之）之親屬會議撤銷之，茲據狀稱爲同鄉會議，顯不合法，如果滿寶仁確有違反義務行爲，仰即組織親屬會議另行呈請可也，此批。

▲民事原具狀人張李氏，一件，爲侵地支用，[illegible]不退讓，訴請傳訊判追，以歸產權由，狀悉，候定期傳訊此批。

▲民事原具狀人吳會劉氏，一件，爲佔宅搭屋，反行訐訟，訴請傳案訊判追，以保產權由，狀悉，候定期傳訊，此批。

△庭期審理案件▽

三月

十九日審理李鴻恩請求離異案。

十九日審理王遂著聲請離異案。

十九日審理邵世英與孫明良宅基案。

▲本城糧價

名稱	每市斗價目
小麥	最高二千六百五十文　最低二千五百文
高粱	最高一千七百五十文　最低一千六百五十文
黃豆	最高一千八百文　最低一千七百五十文
大麥	最高一千八百文　最低一千七百文
穀子	最高一千五百文　最低一千四百五十文
菉豆	最高二千六百文　最低二千五百五十文
黑豆	最高一千七百五十文　最低一千七百文
芝麻	最高三千三百文　最低三千一百五十文
江豆	最高二千一百文　最低二千文
稷子	最高一千七百文　最低一千六百文
花生（每斤）	最高一百九十文　最低一百八十文
瓜子（每斤）	最高三百二十文　最低三百一十文

氣象

晴

風向　東風

最高溫度　七二

最低溫度　五四

中華民國二十四年三月二十日　豐報　（星期三）　第一版

第七二九號

社址豐縣大同街

中宣會登記證中字第一二九二號　內政部登記證警字第二二三〇號

▲總理遺囑

余致力國民革命凡四十年其目的在求中國之自由平等積四十年之經驗深知欲達到此目的必須喚起民衆及聯合世界上以平等待我之民族共同奮鬥現在革命尚未成功凡我同志務須依照余所著建國方略建國大綱三民主義及第一次全國代表大會宣言繼續努力以求貫徹最近主張開國民會議及廢除不平等條約尤須於最短期間促其實現是所至囑

豐縣縣政府佈告 第　號

查造林為農村主要副業，亦即富國裕民之唯一途徑，既能增進生產，復可避除災患，他如點綴風景，調和氣候，均唯森林是賴，其功效誠非淺鮮，吾豐雖僅彈丸之地，然一片平原，土質乾燥，最宜種樹，且地連魯豫，接近黃河，境內低窪，水患頻仍，尤非廣植森林，不足以吸水勢，所有去歲本縣修浚河路旁岸，亦賴樹根固盤，以資維護，本府上奉省令催促，下察地方需要，曾經一再督飭，茲值萬象回春，風和日暖之際，正宜盡量播種，仰我閤邑民衆，先於省縣公路兩旁，大小河流沿岸，踴躍將事，各該地主，統限于本月底在其地內，一律僱工栽完，樹以二公尺高之白楊柳樹等為原則，路旁植樹兩行，河堤植樹四行，每距五公尺，即種一顆，毋任間斷，倘逾期不種，一經查出，除究罰外，其原地上，即由本府飭種，將來一切收益，均歸公有，該地主不得過問，至本縣境內新舊種植之公私樹木，併仰妥為保護，如有不肖之徒，私採偷拔，定當從嚴論罪，決不寬貸，案關要政，其各凜遵，毋違，此佈。

中華民國二十四年三月十六日

縣長　王述先

前昨兩日報「樹根固盤」誤為「緜盤」

豐縣救濟院施醫所免費種痘啓事

本院施醫所每年春季施種牛痘分文不取借以防止天花現值春暖花開正是種痘時期近已由滬購到大批新鮮痘苗定于四月一日起開始免費施種

鳴謝救濟院施醫所馮壽山胡石生醫師啓事

献廷等前時因病傾照吸食鴉片近因禁令甚嚴深自覺悟乃赴救濟院施醫所住院戒烟不到兩週絕無痛苦即行完全戒絕足見二位醫師治療得法醫術高明感激之餘特此登報鳴謝

莊献廷　李家祥　杜慶恩　謹啓

中外要聞

朱毛殘匪被截成數股 各地散匪漸次肅清

▲中央社長沙十九日電　朱毛殘匪、被我軍截成數股、匪失掉聯絡、毫無鬥志、阮陵一帶散匪、已完全肅清。

▲中央社長沙十九日電　小股殘匪在郴宜被我軍擊潰、斃匪五十餘名、獲槍數十枝、又永順木井塘股匪、經陳渠珍部擊潰。

▲中央社長沙十九日電　何鍵以現值積極圍剿蕭賀殘匪、沅永西北各區、極應加緊封鎖、斷絕匪區接濟糧食、特於十四日由沅陵通電各縣、繼續確實辦理。

行政院昨舉行 第二〇四次會議

▲中央社南京十九日電　行政院今晨舉行二〇四次院務會議、主席汪院長、決議（一）軍事委員會函、安徽省保安處長蔡再焱、另有任用、應予免職、遺缺擬以惠濟繼任案、決議通過、（二）軍政部長呈請任命袁東明為四川省保安處長、高顯鑑為副處長案、決議通過、（三）福建省府主席陳儀、請簡任王固盤為廈門市長案、決議通過、（四）海軍部陳部長、軍政部何部長會呈、奉軍委會製定陸海空軍懸賞條例、及獎勵條例、請轉呈公布案、決議通過、（五）內實軍交五部、報告奉交審查實業部護漁巡艦、及漁業識別船隻旗幟圖案、及圖樣請轉呈公布施行案、決議通過。

蔣在[illegible]各界擴大紀念週訓話

▲中[illegible]　重慶黨政軍學各界十八日晨擴大總理紀念週、在參謀團舉行、共到千餘人、蔣委員長親臨主席、領導行禮如儀、即席訓話、大意謂（一）國歌即國家之聲音、唱和時必須節湊整齊、音調和諧、以養成全國國民共同一致心理與習慣、（二）上週省府下令禁煙、重慶尤應首先限期戒絕、（三）刷新川政、必先取消最惡劣最落伍之防區制、使全省事權統一於省府、（四）為政之道、在善用當地人民之勞力、以完成當地各種建設事業。

接收馬蘭峪日期未定

▲中央社北平十九日電　殷同朱式勤十九日下午由津抵平、據殷談、（一）日阻農工出關事、已向日方提交涉、（二）接收馬蘭峪事、正在觀察中、日期未定、（三）保安隊開入戰區事、在準備中、日期亦未確定。

于學忠離京北返

▲中央社南京十九日電　于學忠昨晨由滬抵京、即分訪各部會長官辭行、下午謁汪院長、請示一切、晚十二時乘車北返。

駐日公使蔣作賓下月返國

▲中央社上海十九日電　日使有吉有定二十六日乘長崎丸返日訊、又聞我駐日公使蔣作賓、定四月五日偕新任駐日使館武官磯古、同輪回國。

國府明令褒揚黃節

▲中央社南京十九日電　國民政府今日明令云、故宮博物院理事黃節、學有本源行芳志潔、早歲以文字鼓吹革命、一時有志之士　翕然從風、嗣歷任各大學講習、闡明釋教、倡導士風、於世道人心、尤多裨益、茲聞溘逝　殊深惜、應特予褒揚、並將生平事、及著作、宣付史館、以彰宿學、而勵來茲。

重慶各界籌備慶祝兒童節

▲中央社重慶十九日電　此間省黨部省政府教育廳等機關、正會同積極籌備兒童節慶祝大會　推宋美齡任名譽會長、慶祝會分國術游藝等表演、兒童健康及演說等比賽。

湯陰昨熱烈紀念岳飛誕辰

▲中央社開封十九日電　十九日為精忠報國宋忠臣岳飛誕辰、豫黨務辦事處、為擴大宣傳、使人民咸知愛戴民族英雄、曾於日前令湯陰縣黨部、會同縣府、舉行岳王誕辰紀念大會、是日並派員攜帶祭文、告同胞書、代表前往致祭、省府亦派員致祭、祭場人民三萬餘人、情況熱烈。

郝更生由滬返京

▲中央社上海十九日電　教育部體育督學郝更生、前日來滬會同市府教育局及全國協會、籌商本屆全運會各項事宜、籌委會人選、及進行辦法、已擬就方案、但尚未至發表時期、郝已於十九日下午四時、離滬返京、向教部請示、預定廿二日再來滬、籌委名單、即可發表。

隴海西蘭接洽聯運

▲中央社鄭州十九日電　隴海路派員赴陝接洽西蘭公路聯運、俟聯運辦法商妥後、西蘭路通車即實行。

湘各界迎魯靈櫬儀式定今日舉行

▲中央社長沙十八日電　魯滌平公葬事務所、本日招待全市新聞界、請將魯之政績功勳、多所闡揚、另闢特刊、以示弔唁、迎櫬儀式定廿日上午舉行、政軍各法團、均準備全體參加、靈櫬本晚可抵長沙。

▲中央社長沙十九日電　魯故上將靈櫬、廿日晨可抵長沙、事務所布置就緒、陳設莊嚴、各界所致輓聯、已無隙席。

蘇農民銀行謀普遍救濟農村

▲中央社鎮江十九日電　蘇農民銀行現預定以四百萬元舉辦青苗放款、及現正積極籌劃之蠶繭放款、以便普遍救濟農村。

青平直達聯運通車下月開行

▲中央社天津十九日電　青平聯運通車、籌備就緒、定四月一日開行、每年由四月一日至九月三十日、共開行六個月、開行日期、定每星期二由青開濟、原車掛平滬車直達北平、每星期五由平開往濟南、原車掛膠濟車赴青、惟所備車輛、限於頭二等云。

偽滿積極進行村莊合併運動

▲中央社天津十九日電　據確息、偽滿現積極進行村莊合併運動、擬將偏僻村莊、一律焚燬、逼使居民移集大村莊、用意在防止日前匪患、並多留空地、以便日韓移民。

德廢止凡爾賽和約軍事條款　英法兩國已向德提出抗議

▲中央社倫敦十八日電　德政府廢除凡爾賽和約軍事條款、毅然實行強迫軍役制、英法政府已向德提出抗議。

▲中央社倫敦十九日電　德國宣布施行強迫軍役制後、即[illegible]之下列發表、（一）英國已向柏林提出抗議、德國已予歐洲解決途徑堵塞、並詢德尚願西門艾登赴柏林往遊乎、（二）德國復稱、仍願二君來遊、（三）法國已向德國提出對重整軍備之抗議書、（四）西門艾登定下星期日乘飛機赴柏林、而於下星期一二與德元首希特勒會商、（五）法總理佛蘭亭與陸長摩冷會商新局勢、歷時甚久。

▲中央社柏林十八日電　據當局今日公布新強迫軍役法、定四月一日開征第一批新兵、一九一四年所生之年男子、亦列於內、軍役期限、不至超過十二個月、凡自廿一歲至廿五歲之男子、均須應徵自廿五歲至三十歲之男子、作爲後備兵、每年受軍事訓練六星期。

▲中央社莫斯科十八日電　共黨機關報真理報、詳德國恢復強迫征兵制一事、謂希特勒現正準備報復歐戰恥辱、實無疑意、又謂該國採取武力結果、必拓張東歐領土云。

▲中央社巴黎十八日電　柏林息、德已於軍事上獲得平等地位、故於重返國聯一事、不復有何梗阻云。

國聯行政院不久將召集會議

▲中央社日內瓦十九日電　亞比細尼亞今日援用國聯盟約第十五條、冀謀取對意爭案解決、國聯行政院大約不久即將召集。

德人洪濤在滬表演牡丹亭琵琶記

▲中央社上海十九日電　北平大學教授德人洪濤、曾將中國小說琵琶記牡丹亭兩書、譯成德文、在平津表演、頃該教授到滬、擬十九日廿六日兩晚、假南京大戲院、公開表演該兩劇。

蘇宣傳會議圓滿閉幕

主席于錫來致閉幕詞　方治張公任相繼[illegible]

▲江蘇社　全省宣傳會議、於十六日上午九時舉行第五次大會、計到各縣代表、（人數同昨）省黨部委員張公任、侯補委員陳康和、段木貞、書記長于錫來、中央宣委會祕書方治、大會祕書周化鵬、省黨部代表曹意白、沈子健、王一冰、章綬孫、劉芷薰、江蘇通訊社代表劉菊生、主席于錫來、如儀行禮後、即討論提案、至十一時討論完畢、繼即舉行閉幕式、仍由于錫來主席、如儀行禮後、即開始致幕閉詞

主席于錫來　致閉幕詞

各位同志、這次全省宣傳會議整整開了二天半、兄弟所要講的話、上級黨部代表以及各位同志、都已說過、今天天會閉幕的時候、把這二天半中所討論的簡單的歸納起來和諸位說一下、我們這幾天所討論的不外乎兩方面、一是關於方案方面、一是關於行的方面、關於

方案方面、如宣傳經費的確定、宣傳人員的訓練、以及宣傳組織的嚴密、這種種方面、各位已很多的建議　我們可以把這許多建議　由省黨部整理以後、製成具體方案、一方面由省黨部切實執行、一方面希望各位努力做去、一掃過去所謂無系統無步驟的現象、我們相信省黨部對於這次各位的建議、能夠誠懇的接受和實行、並且相信各位對於各項決議案、一定也會努力地去做的、這是關於方案方面的、至於

行的方面、兄弟也覺應當側重下列幾點、第一、對於本黨主義的闡揚、在現在有許多人、尤其是一般反對國民黨的人　他們把九一八事變的責任、完全放在我們國民黨身上、把農村經濟恐慌的問題、也歸罪我們國民黨身上、這種反動的宣傳和論調、我們應該鼓起我們的勇氣、來推翻他們、來糾正他們、第二我們

對於領袖的態度、應該什麼樣、我們知道　通常一個國家、它構成的要素、是人民、土地、主權、但是當一個國家在革命時期中、在革命政府下、它的構成的條件、不是這樣、在革命時期中國家構成的要素是主義領袖和羣衆、現在我們中國很顯然的是在革命時期中、我們的主義、是有很完善的三民主義、我們的羣衆、有四萬萬七千萬的人民、至對於我們的領袖、大家知道要一致的擁護、誰攻擊我們的領袖、誰就是我們的敵人、我們自從總理逝世以後、黨內雖沒有明白確定總理的制度、然而事實上我們的領袖、無疑的是本黨蔣介石先生、所以我們應當把這個擁護領袖的心念、確立起來、我們常常聽到有

許多批評　認爲我們的領袖所做的事業、有不完善的地方、不但是黨外如此、就是黨內一部份同志、也是如此、要知道我們每一個同志、對黨所負的責任、所看到的情形、祇是一部份、照而做領袖的所負的責任、和所看到的情形、是整個的、廣大的、好比一座高山、做領袖的站在山頂、可以望到山的四週、而我們祇立在山的偏面、所望到的、祇是山的一部份、因爲站在局部地方、看到的、是一部份的情形、所以常常覺得有不滿意的時候、這一點、我們應該體諒做領袖的苦衷、不能在黨外隨意加以批評或謾罵、同時我們遇到這種批評謾　和詆毀我們領袖的地方、我們應當起來糾正他、打倒他、這是我們對於領袖態度的問題、第三、對於我們

外交宣傳的態度、應該什麼樣、關於外交方面、我們要有一個中心的宣傳材料、第一要相信我們的中央政府、決不會賣國、相信我們中國國民黨決不是賣國的黨、我們要確定起來這種信念、來做我們外交宣傳的綱領、我們看總理在世的時候、廣東沙基慘案發生、這件事本身是絕對不能妥協的　但是那時因爲進行北伐的原故、總理主張暫時的退讓、當時也有許多批評　但是　總理爲了北伐事業前途着想、不能不這樣的去、所以我們革命的主義、是整個的但是我們革命的策略、是可以隨時變動、我們需要進的時候就進這需要退的時候就退、不過我們的進退、要有一致的步驟、不能散漫凌亂、我們再看歐戰將告終的時候、俄國共產黨首領列甯、他決然單獨主張同德國妥協、這種行動當時不但受他本國社會的攻擊　就是其他各國、也[illegible]很多的批評、但是列甯却不顧一切的做去、所以我們革命的策略、是可以隨時便動、我們要相信我們的政府、決不會賣國、我們爲革命事業

前途打算、有時候需要退、有時候就需要進、這一點、希望各位在整個宣傳方面、要確立起這種信念、這是關於整個宣傳方面的、對於

本省方面、兄弟在開幕的時候、已經說過、黨是站在民衆和政府中間的、政府有什麼政策政綱、黨部應該對民衆宣傳、民衆有什麼困難痛苦、黨部應當向政府報告、使政府和民衆二方面互通聲氣、現在江蘇省政府方面最重要的工作、第一是導淮、第二是禁烟、第三是保甲、第四是土地陳報、這是本省政府最近二年來決定的施針方針、我們應當以政府這四種施政工作、做我們宣傳的中心、這是關於協助政府宣傳方面的、至於我們本身方面、我們除了協助政府宣傳以外、本身宣傳、最重要的、是

社會事業、社會事業中要以保甲運動社會教育合作事業爲最切要、我們要以這三項社會事業、爲我們本身宣傳工作的中心、當然我們要使這種宣傳工作表現力量、一定要在基本方面着想、就是要求宣傳經費的確立、宣傳組織的嚴密、宣傳人員的訓練、和宣傳設備的充實、關於這種種方面．各位在會議中有很多意見貢獻、省黨部願意接受各位的意見、根據各位的建議 製定今日宣傳方案的原則、切實做去、這次會議結果很圓滿、我們覺得他的意義特別重大、

中宣會代表 方治訓話

繼由中央代表方治訓話、略謂各位同志兄弟此次來參加江蘇全省宣傳會議、能要說的話、在開幕的時候和在省府招待席上都已講過、在會議兩天半中間、看到各位出席的踴躍精神的興奮、以及會議結果的圓滿．在個人方面的確是感覺着很愉快、希望各位就把會議的精神和結果、帶到下層去、帶到民間去 並祝各位工作勝利、身體健康、

省黨委 張公任訓詞

次由省黨部委員張公任訓詞、略謂這次省黨部召集全省宣傳會議、在江蘇還是創舉．在這三天中間大會會議的精神、非常飽滿、所討論的議案、都有具體的決定、這點我們非常欽佩、剛才主席對於我們今後宣傳的動向、已說得很詳細、現在個人有一點意見 要補充、這次省黨部爲什麼要召集全省宣傳會議、關於這一點很簡單的、就是要統一全省宣傳的方法和內容．從前廖仲愷先生曾說、我們要救我們的國家、先要有一統的組織、統一的精神、和統一的意志、這種統一的組織、精神和意志、如何促進、如何成功、第一個問題、就是運用宣傳的力量、但是近幾年來、對於宣傳工作、大家都忽略了、都存着一種輕視的態度、因爲有了這種態度、就影響到宣傳工作的進行、而使宣傳人員站在不重要的地位、可是事實上、宣傳實是一件非常重要的工作、省黨部看到這個事實、所以召集了這一次會議、根據大家決定的具體方案、作爲我們今後統一宣傳的方針、總理告訴了我們、知難行易的學說、我們知道這個革命學說、是總理經用了全部的精力創造出來的、在我們宣傳工作上．有著很重要的關係．因爲負宣傳責任的人第一是要『知』 對於某一事件或某一工作的宣傳、如果對於他的本身 沒有一個深切的認識、這個宣傳是沒有效力的 近幾年來 本省的宣傳工作、往往也犯了這個毛病、就是做宣工作的人、不能十二分正確了所宣傳的事件、和工作的意義 結果使宣傳對象的民衆發生了不良的印象、這是過去宣傳工作沒有得到好的結果的第一個原因、第二、過去宣傳祇做到『宣』的工作、沒有做到『傳』的工作、祇有少數人知道 不能普遍大衆、這是過去宣傳工作沒有得到好的結果的第二個原因．第三．過去宣傳、專在知的方面用功夫、沒有談到行的方面、我們宣傳的唯一目的、不僅使人『知』還要做到『行』、不僅叫人家去『行』同時宣傳者更要以身作則首先做起、但是過去做宣傳工作的人、對於這一點都沒有完全做到．這是過去宣傳工作沒有得到好的結果的第三個原因、上面歸納起來、我們今後各位同志、大家要以此互相勉勵、凡是負責宣傳責任的人、第一對於宣傳的事件和工作的意義和內容、先要有一個深切的認識、第二、對於宣傳、不但要做「宣」的工作、還要做「傳」的工作、第三、不但叫人家去行、而且宣傳者自己要以身作則、爲民衆的表率、這三點、特別提出來和各位共同勉勵的、最後、謹祝各位回到各縣工作順利、精神健康、最後由各縣代表答詞、至十二時散會、赴永安酒樓、由省黨部招待午餐云、

蘇省禁委 項致莊等將出發

巡視南通銅山等區各縣

▲江蘇社 省禁烟會自令各縣辦理烟犯自首後、各縣烟民覺悟自首者、實繁有徒、據省禁烟會某君語記者、截至最近止、有一萬五千人、最多一縣中、自首烟犯、有達五百餘人者、關者省禁烟會委員項致莊、葉秀峯等出發南巡視、據云、最近期內、即擬出發、并擬赴銅山淮陰兩區屬各縣巡視云、

江南江都區鄉鎮長 二千人集中受訓

時期約在七月間地點定二十六標 連日各籌委忙於各科教材之編制

▲江蘇社 民廳爲着手訓練江南及江都區鄉鎮長、特派定周異斌等七人負責籌劃訓練事宜、關於訓練課程．業經規定、各教料已由各籌備委員編制中、聞此次擬採集中訓練制、蓋時間與經濟、既可節省．而且精神統一、訓練整齊、聞被調受訓之鄉鎮長、約二千人．地點定於三十六標、時期約在七月間、聞籌備委員會定於十九日上午再度召開籌備會議、討論進行事宜云、

蘇省會童軍定期 舉行緊急集合

集合辦法及儀式已規定

▲江蘇社 中國童子軍江蘇省理事會爲增進省會童子軍經驗、并考核各團訓練成績起見、定於四月念七念八念九三日內、任擇一日舉行緊急集合、已令飭鎮江縣理事會積極籌備矣、記者頃向該會探得各情分誌於後、

集合辦法……(一)集合時間、定四月念七念八念九三日擇一日舉行由本會臨時通知 (二)集合地點由本會就下列地點臨時通知之、(甲)省體育場、(乙)縣體育場、(丙)警政學院操場、(三)參加者必須每小隊八人、連小隊長在內、每中隊念四人、(分爲三小隊)連中隊長在內、不用中隊組織者聽、(四)參加者必須由團長率領、團長出席時 由副團長率領、否則不准參加、(五)參加者、不准有遲到早遠情事、違者以不守紀律論、(六)各團依次排列、不得紊亂、(七)參加者之服裝、必須完全符合本會規定、否則不准參加、(八)參加者必須攜帶團旗、(團旗桿下不得加紅白纓)及軍棍．(軍棍上不准塗各種顏色)(九)會場奏樂事宜、由本會函請省會公安局軍樂隊担任、各團無庸攜帶軍樂、(十)童子軍到達集合地點、應嚴守會場秩序、並服從總指揮之命令、(十一)會場總指揮由鎮江縣童子軍總團長担任、(十二)本辦法由中國童子軍江蘇省理事會頒布施行

集合儀式……(一)奏樂開會、(二)唱歌、(三)向國黨旗及總理遺像行三鞠躬禮 (四)主席恭讀總理遺囑、(五)向會長肖像行敬禮、(六)主席報告(七)檢閱、(八)訓話、(九)唱中國童子軍歌、(十)歡呼、(十一)奏樂散會、

會場職員……總指揮宋景祁、指揮由各團團長担任、總糾察錢浩榮、糾察王霞林、丁葉芬、崔潔民、任魁、總幹事吳德成、幹事景蕙、刁錫藩、張澤涵、柳圖、

聯席談話……江蘇省理事會爲省童軍緊急集合問題、特於本月念一日下午四時半召集鎮江縣全體幹事及各團團長在縣體育場開聯席談話會、聞該會已推定宋趙三理事出席報告一切矣、

新運視察團 視察蘇省會總評

臨行囑省新運會發表

▲江蘇社 新運總會視察團徐慶譽等一行四人、在鎮視察完竣、已於日前赴錫、臨去時對省會視察印象、囑省新運會發表、以資今後之勉勵、內容與前對本社記者所談無異、茲特誌之於後、各政府機關及學校、均甚整潔、新運會幹事及各服務人員之服務精神、皆甚緊張、警察指導交通、亦頗盡力、鎮江女職學生注重勞作與家政、頗能適應社會之需要、崇實女中學生之衣食起居、頗有秩序、學生體格健全、殊爲可喜、鎮江師範學生、思想開展 對新運認識深切、鎮師附小、校內整潔、兒童亦活潑可愛、省立鎮江民教館、辦理社會活動事業、頗有成績 各部亦整齊有序、婦女救濟院管理得法、秩序甚佳、殊堪嘉許、惟電雷學校、以校址狹、利用廢物 搭蓋草棚、師生生活簡樸、大有窮幹苦幹之精神、惟有數事尚請改善、一、鎮江縣政府監獄亟須整頓、二、財政廳廚房廁所須改建、三、牆壁上各種香烟廣告 應一律取銷、改換新運標語、四、公共娛樂場所之衞生清潔事項、須設法改善。

本縣新聞

禁煙委員會限期調驗煙民　逾期不戒者以私吸論

縣禁烟委員會爲厲行烟禁起見、特佈告烟民、限期調驗、俾本縣烟毒早日肅清、茲將佈告原文採錄如下、查本縣戒烟所所址偏狹、一次不能將全縣戒民傳喚入所施戒、本會爲救濟該項困難起見、特呈請頒發臨時戒烟執照、業經轉發　並將分批施戒月日、分別註明於執照上各在案　現臨時執照第二批有效期間、至三月一日止、已逾多時、自即日起、至本月底凡自動入所戒絕者、姑予從寬不究、如逾期不戒而意圖規避者、即行逮捕、並以私吸論處、凡自行戒絕者、亦須入所調驗、又限期戒煙執照第一期限期四月一日轉瞬將屆、除依照本縣二年禁烟施政計劃、凡年在四十歲以下者、一律不准換領第二期限期戒烟執照、並統限於四月一日以前來會繳照報到調驗或戒絕、如逾期不來者、亦均科以私吸罪刑、除分令外、合亟佈告仰全邑煙民、切實遵照、此佈、

童子軍理事會召開第二次理事會議

議決：定期舉行大檢閱　派劉文炳赴省受訓

本縣童子軍理事會於今日上午十時、假縣黨部會議室召開第二次理事會議、主席朱翼曾、報告事項、一、赴省參加幼童子軍及羅浮童子軍討論會情形、二、本縣童子軍參加第四區童子軍大檢閱及大露營時得獎情形、三、代售小學童子軍書籍情形、四、未能如期舉行檢查各團部之原因、五、保送赴省受訓服務員、討論事項、一、奉令本會應加推常務理事一人、應如何推定案、決議、推程理事守謨担任、二、奉令派有給職員、赴省受訓、應如何辦理案、決議、派本會候補理事劉文炳前往受訓、由本會補助三十元、三、本縣童子軍小隊長訓練班、擬改在暑假期間舉辦、可否請公決案、決議、通過、四、本縣童子軍三項登記應如何辦理案、決議、(一)童子軍及服務員登記定於四月一日開始、至五月一日截止、(二)團部登記、推朱常務理事草擬辦法、交下次理事會議討論、五、擬函請教育局令各小學規定童子軍製服、用代學生製服案、決議、通過、六、擬定於五月五日舉行[illegible]檢閱及訓[illegible]、七、應如何處理二十四年度童子軍經費[illegible]入預算、撥歸黨部及教育局、將二十四年度童子軍經[illegible]計、分函縣本會統收統支、八、擬改於四月十日起至二十日止、舉行團務視察案、決議、通過、並於檢查前、通令各團、將團務概況列表填報、十二時閉會、

縣農會定期改選四區區鄉農會幹事長副

本縣縣農會、以各區區鄉農會幹事長副、任期已滿、自應改選、業將二區各鄉農會幹事長副、改選完竣、各情曾誌本報、茲悉該會定于本月二十二日、爲四區鄉農會改選之期、監選員爲吳鳳樓、劉萬傑、王德舉等、聞縣黨部將派員前往指導云。

豐縣書畫研究社舉行第一次幹事會議

本縣書畫研究社於昨日(十九日)下午五時、假城市民教館會議室、舉行第一次幹事會議、主席渠耀坤、紀錄王韻峴、報告事項、一、推定本社幹事長、二、確定本社內部組織、三、定期徵收入社費及常年社費、四、籌備舉行展覽會、五、本社一切設備手續正在趕辦中、六、吳鳳樓胡景瑞二君聲請入社、現共有社員三十四人、討論事項、一、推定本社幹事長案、決議、推李式之爲本社幹事長、二、確定本社內部組織案、決議、分總務研究二股、三、推定各股股長案、決議、推渠耀坤爲總務股股長、陳雪樓爲研究股股長、各股股員由股長分別指定、交幹事會函聘、四、確定第一期徵收社費日期及手續案、決議、入社費及第一期常年社費統限於三月底收齊、由總務股負責徵收、五、應編印社員錄案、決議、由總務股負責調查編印、六、應組織第一屆書畫展覽會籌備委員會案、決議、甲、召開臨時社員大會、投票選舉、乙、開會日期定三月二十四日、六時閉會、

公安警察拿獲烟犯

公安警察、昨(十九日)晚據密報、城內溫家胡同溫殿選住宅內、有人吸食鴉片、當由偵緝組長陸秉森、率領戶籍警前往緝捕、及至該院、見西屋南間、床擺烟燈、有金李氏及史文明二人橫臥床上、遂將該二犯連同烟具一併拿獲、聞現已解送禁煙委員會訊辦矣。

中央對縣執監委員兼任校長之解釋

縣黨部奉省黨部令

縣黨部前奉省令、縣執監委員均可兼任學校校長、曾誌本報、嗣又轉奉中央解釋、略以縣執行委員會常務委員、應專責辦理黨務、仍以不兼任校長爲宜、如事實上有必要時須經上級黨部之核准、至監察委員會常務委員、可兼任學校校長云。

本城降雪

今日形雲密布、天氣奇寒、下午四時、忽然降雪、約一刻鐘即止。

縣政府公佈捐稅章則（續）

土烟葉特稅徵收暫行章程

第一條　凡國內出產之土烟葉在施行區域內行銷者、均應遵照本章程完納土烟葉特稅、

第二條　土烟葉特稅每淨重一百市斤、徵收國幣四元一角五分、

第三條　完納特稅之土烟葉在特稅區域內不再重徵、

第四條　土烟葉完納特稅時、應領完稅照、並於包件上粘貼印照、

第五條　土烟葉特稅、暫以蘇浙皖贛豫閩七省爲特稅區域、其他省分如須舉辦特稅者、得照本章程陸續辦理、

第六條　土烟葉特稅暫由各省印花煙酒稅局於產烟較多或運輸扼要之區域、呈請設置土烟葉特稅分局一道徵收足額、其未設立特稅分局地方出產少數之土烟葉、暫由各省烟酒稅分局或稽徵所、按照本章程徵收之、

第七條　土煙業出產在已辦薰烟葉區內者、應歸併統稅機關辦理、

土烟葉完納特稅後、制成烟絲供人吸用者、暫免徵收烟絲稅、惟制絲烟店收買土烟葉應照各該地特定手續辦理、

其以未完特稅之土烟葉製成煙絲供人吸用者、除補徵特稅外、並應照章處罰、

第八條　非特稅區內之土烟葉及其製成之烟絲、行銷特稅區內時、應向入境第一道土烟葉徵收機關繳納特稅、

第九條　關於土烟葉特稅之征收手續及登記查驗處罰、各詳細規則另定之、

第十條　本章程如有未盡事宜、得隨時呈請　財政部修訂之、

第十一條　本章程自公布日施行、

財政部煙酒營業牌照稅暫行章程

第一條　凡製造及售賣華洋烟酒應一律遵照本章程請領牌照始得營業、前項烟酒凡土產機製、以及舶來之煙酒均包括在內、

第二條　營業牌照由　財政部製發、

第三條　營業牌照分烟類酒類洋酒類三種、年分四季具領、其種類稅率如左、

一、烟類營業牌照分整賣零賣兩種、凡以烟類大宗批發與零售商人者爲整賣營業計分三級、

(甲)捲烟廠商之分公司及經理分銷處、　每季納稅銀一百元、

(乙)躉批買賣之烟草行　每季納稅銀四十元、

(丙)經理各種煙類批發店、　每季納稅銀二十元、

（未完）

豐報

第七三八號

社址豐縣大同街

中宣會登記證中字第一二九二號　內政部登記證警字第二二三〇號

中華郵政特准掛號認為新聞紙類

今日一張半

本報價目

本報每份大洋一分四厘每月大洋三角外埠每月大洋四角郵費在內

▲總理遺囑

余致力國民革命凡四十年其目的在求中國之自由平等積四十年之經驗深知欲達到此目的必須喚起民眾及聯合世界上以平等待我之民族共同奮鬥現在革命尚未成功凡我同志務須依照余所著建國方略建國大綱三民主義及第一次全國代表大會宣言繼續努力以求貫徹最近主張開國民會議及廢除不平等條約尤須於最短期間促其實現是所至囑

兼理司法豐縣縣政府公示送達 二十四年示字第13號

、案查王逸著與王惠常等因貨物涉訟聲明異議一案被告王惠常將訴訟繕本及傳票各一件收受而共同被告王潤身住所不明所有應送達於該被告之傳票等件無從送達由聲明人王逸著聲請為公示送達經本府審查屬實照准在案本案茲定於五月六日為言詞辯論日期除將傳票及副狀各一件公示本府牌示處外合再登報公示仰該被告王潤身於指定日期到庭辯論切勿自誤此示

計送達傳票一件　副狀一件

具狀人王逸著年三三歲住本城南關外同協成鐵爐廠

為接奉通知辯明標的物遵章繳納訟費請求補傳人證訊明復判事緣王惠常與王潤身因債務涉訟一案已蒙判決欲將民所價買器具查封拍賣經民聲請異議未據繳納訟費茲奉通知書內開「王逸著聲請呈稱風箱鐵爐為伊用價購買為此通知限接到通知十日內繳納前審及本審訟費各二元二角五分再予進行異議之訴」等因民遵即籌足大洋四元五角隨狀照繳惟可疑者查民與王惠常王潤身均無交易糾葛彼兩造因債務成訟將民牽涉案內民所買風箱鐵爐係磨賣麵之趙二宣託楊金鼎向民婉商謂風箱鐵爐作價四十八千合洋九元六角趙二宣不能作買麥之用求民出價買留民為情面勉強應允是價買此物有憑有據因王惠常之控訴遽予查封拍賣殊令人莫解雖王潤身逃走亦不能任王惠常之指鹿為馬強使張冠李戴為懇請補傳趙二宣楊金鼎提起再議將原判決撤銷更為審判以資救濟謹狀

縣長王

兼理司法豐縣縣政府傳票

王逸著聲請議異一案

被傳人姓名	被傳事由	備考	承發吏 書記員
王潤身	審訊		

中華民國二十四年三月廿六日

住址	應到日期	應到處所	送達日期	書記員	法警
	廿四年五月六日下午一時	豐縣縣政府　庭	年　月　日　午　時		

豐縣救濟院施醫所免費種痘啓事

本院施醫所每年春季施種牛痘分文不取借以防止天花現值春暖花開正是種痘時期近已由滬購到大批新鮮痘苗定于四月一日起開始免費施種

中外要聞

孔祥熙宋子文談
中中交三行合作問題

▲中央社上海廿九日電　頃承財長孔祥熙語記者、關於中央中國交通三大銀行之增添資本、及其董事之加多、係政府增厚該三行實力之久抱政策、孔部長並云、鑒於近年來一般不景氣現象、及因最近白銀政策之結果、受更困難之影響、該三行極應努力合作、以資應付當地市面、宋子文先生已由政府任為中國銀行董事、張家敖先生已派為中央銀[illegible]副總裁之一、至於交通銀行、則除政府加派官股董事外、並無其他變更、又上述變動、純為三行合作及鞏固我國[illegible]行業之基礎、孔氏又聲明云、此三大銀行密切合作、與[illegible]對貨幣政策、全無關係、該三行仍將各保其固有之整個原狀、孔部長再鄭重聲明云、三行之合作、與政府調濟市面之意旨、大有裨益　蓋近來市狀雖較有起色、但仍希望我國銀行組織、更加健全、

▲中央社上海廿九日電　宋子文談、本人確已奉派為中國銀行董事之一、政府增厚三行實力、並促成其通力合作、切實進展、俾其得充分發揮為社會服務力量、此係國民政府成立後久已預定之方案、從此三行一致對調劑市面、及解除金融上種種困難、當更為有力云。

中央昨舉行三二九紀念會

▲中央社南京廿九日電　中央今晨九時、舉行黃花崗七十二烈士殉國第廿四週年紀念大會、到中委居正、于右任、陳立夫等、及各院部會代表、暨該部工作人員、五百餘人、主席于右任、行禮如儀、由主席恭献花圈後、柏文蔚報告略謂、黃花崗起義時、本人其時尚在東三省、一切情形、均未目睹、但回憶舉義之初、一切尚未計劃妥當、一般同志、僅為熱血所激、對軍事常識、十九未有相當認識、此次失敗、當屬意料中事、是役事後檢查、僅得七十二屍身、實際死難者殊難統計、蓋其時各地同志、趕往參加者、不知凡幾、此次雖未成功、其義意至為重大、各方對總理之倡導革命、印象甚深、故此次黃花崗之役、實為本黨革命創一偉大基礎、吾人逢此紀念、實應熱烈紀念、永垂不亡。

蕭賀殘匪遭受痛擊

▲中央社長沙廿九日電　軍息、蕭克賀龍股匪、經我軍痛擊後已遠退、庸屬各鄉散匪、已經完全肅清。

▲又永順溈界股匪、已經我陳渠珍部擊潰。

▲中央社南昌廿九日電　綏靖預備軍代理總指揮羅卓英將本月份肅剿殘匪成績、彙呈綏署、俘獲甚匪、及戰利品、均解省。

閩西殘匪在清剿中

▲中央社福州廿九日電　軍息、清流寧化明溪、自五十二師進剿後、清寧境內匪部、被我俘擄甚多、匪勢已殺、刻正在繼續清剿中。

冀境黃河太行堤防吃緊

▲中央社天津廿九日電　河北太行堤搶護工程、以連日北風過大、堤北水湧、所墳之土、盡變稀泥、且自七六米外取土、倍感困難、民廳廿七日由黃災賑款項內撥洋二萬元、匯往應用、並定將加高堤身工程即日辦竣、以護長垣城防。

玉田等縣定期開善後會議

▲中央社天津廿九日電　玉田遵化豐潤等縣、以王殿宗匪部已告解決、但民間頗受蹂躪、損失極重、定四月一日開各縣善後會議、商討救濟受禍村、及恢復市面集期辦法。

全國司法會議定期舉行

▲中央社南京三十日電　司法院為謀司法之改進積極籌備召開之全國司法會議、經該會籌備委員多次會商之後、現已決定於本年四月十六日舉行、會期共計五日、必要時並得延長。

京市科學化兒童玩具展覽會
定明日開幕

▲中央社南京廿九日電　中國科學化運動協會、鑒於科學化玩具為灌輸青年兒童科學常識、啓發想象及創造力之絕

58

好工具由各科學化分會、發起舉辦科學化兒童玩具展覽會、京市分會、自上月起已積極籌備、會場已借定南京中學、會期自三月三十一日起、至四月三日止、每日上午九時至十二時、下午二時至五時開放、任各界及各學校學生、前往參觀、星期日與星期一兩日下午、並由專家表演最新科學游藝、及工農業常識、如無綫電、化學與農業游藝、酒變牛乳、水中火等、節目新異甚有興趣云。

津市籌備紀念兒童節

▲中央社天津廿九日電　兒童節紀念大會、津市籌委會已組織成立大會、日期定四月四日、在北甯公園舉行、並定三十日召集省市屬各小學校長談話會、至發給兒童獎品用款、將由黨政機關籌募千五百元應用。

郝更生再渡赴滬
洽商全運會進行事宜

▲中央社上海廿九日電　教育部以全運會期近、體育督學郝更生、定三十日由京再渡來滬、與市府洽商一切進行事宜、並準備出席四月八日在滬舉行第一次籌委會會議、至關於市體育場建築工程、日來工作更加迅速、六月底准能落成。

成吉思漢誕辰
蒙古決定在盟伊舉行紀念典禮

▲中央社北平廿九日電　四月廿三日爲成吉思漢誕辰、各盟旗決定在伊盟鄂爾多斯旗、舉行典禮、屆時伊烏兩盟長、及各王公、均準備前往參加。

川追悼石青陽大會已着手籌備

▲中央社重慶廿七日電　川省黨部、發起追悼石青陽先生大會、已由謝作民及各設計委員籌辦。

閩各縣興造蔣委員長紀念林

▲中央社福州廿九日電　全省各會興造蔣委員長紀念林、紀念蔣委員長戡亂勦匪、順昌等縣、並籌築紀念亭。

梅蘭芳劇團在俄表演
蘇俄各大報均一致稱贊

▲中央社莫斯科廿八日電　梅蘭芳劇團、在此間表演今日已告完畢、梅氏此次獻藝、已獲絕大成功、各大報均一致稱贊、當表演時、俄政府要人、及各藝術家、無不前往觀聆、梅等定明日赴列甯格拉、自四月一日起表演四天。

意政府積極擴充空軍

▲中央社羅馬廿八日電　意政府因英德兩國近均擴充空軍、故已決議將原定擴充空軍六年程序、改爲三年。

捷克羅馬尼亞外長會談經過甚佳

▲中央社捷克京城廿八日電　外長貝賴斯、與羅馬尼亞外長會議國際時局、經過情形極爲親睦、據貝氏發表宣言、謂渠與羅外長所討論者、係以意決羅馬協定、多腦河公約、及與軍縮有關各問題、最爲注意、吾人對所談意見完全一致。

英外部拒絕
日本關於僞組織火油專賣復文

▲中央社上海廿九日電　倫敦廿八日美聯社電稱、現悉英外部已拒絕日本關於僞組織火油專賣復文、據可靠方面表示、日本復文所稱在東北方面維持關於門戶開放主義諾言、對不承認僞政府國家、不能適用之說、並不影響英國不承認僞組織之政策。

▲中央社倫敦廿八日電　關於東北火油專賣一事、英政府會於去年十一月廿四日、向日政府提出抗議、此項抗議、業經日本政府答復、交由英國駐日大使林德萊轉遞外部、已於日前收到、復文聲明關於火油專賣事、關於僞組織內政、日政府不願加以干涉、關於門戶開放、並不因之而破壞云。

德將實施强迫工役

▲中央社柏林廿八日電　德勞力義務領袖希埃爾、今日在勤布其演說、預示不久將實施强迫工役、以扶助强迫兵役、以鞏固徵兵軍團、使國家大勢發展、而糧食供給、可保豐富。

蘇省府舉行委員會議
追認第十次談話會紀錄
通過蘇捐稅監理會預算

△江蘇社　蘇省府於前日上午八時舉行第七三三次委員會議、出席委員、周佛海、趙棣華、沈百先、程天放、王柏齡、羅良鑑、列席者、羅時實、朱樹聲、項致莊、相菊潭、祝平、主席周佛海代、紀錄萬君默、開會如儀、宣讀上次會議紀錄、報告事項、（略）議決要案如次、一、追認本會第十次談話會決定各案、二、通過江蘇省捐稅監理委員會編送二十三年度內二月至六月五個月經常費預算數爲一千一百元、臨時費預算數爲一千元、三、爲貫澈政府維護農行事業起見、准將農民銀行資本常年官息、於每年決算後、撥充爲該行新增資本、以增加力量、俾易發展、四、崇明縣民朱文德、爲短匿契稅被罰事件、不服財政廳所爲之決定、提起再訴願案、駁回。

蘇教廳派員視察各縣農民實驗館
羅青來黃秀野啣命出發

△江蘇社　蘇省農民實驗教育館、各縣成立者、計有寶山、啓東、丹陽、宜興、阜甯、漣水、宿遷、贛榆等八縣、自蘇教廳前劃歸省方直接管理後、積極加以整頓、現爲明瞭各縣實際狀況、從事改進起見、特派羅青來、黃秀野二君、出發赴各縣視察云。

本週內卽可決定
甄審烟案專員辦法
甄審委員由葉秀峯等担任

△江蘇社　蘇省禁烟委員會、擬於未兼司法縣份、設立專員辦理烟案、以資迅速、而免積壓、前會同綏靖公署、警備司令部、令各縣保送人員、以備甄取錄用、現各縣方面已紛紛將保送人員姓名履歷呈省、茲向該會探悉此項甄審辦法、業已擬就、正研究商酌中、在本星期內卽可決定、至甄審委員、聞由葉秀峯致君及高等法院院長朱樹聲等担任云。

蘇財廳電催各縣
迅送總分預算
逾期者卽派員前往守提
於五日內送廳以憑彙核

△江蘇社　江蘇省財政廳以各縣二十四年度總分預算、限於三月半送到廳、迭經令飭遵照在案、現該廳察於各縣總分預算、如期送廳者尚屬不少、而逾期未送者、亦不乏人、爰於前晚電催未報之各縣於文到五日內迅予送廳以憑彙核、倘再遷延、定卽派員守提、所有往返之川旅等費、概由該縣長担任　不准作正開支云。

本省鄉賢人選
尙在鄭重審查中
待提省府會議通過方始成立
幷徵蘇籍名流意見以期完備

△江蘇社　蔣委員長、前以中國爲東亞古國、歷代不少立功立德立言之士、足爲後世楷模、爲表揚先賢芳烈、激發民族觀感起見、令各省調查歷代先賢及滿清末葉有功於民族國家者、選定三十人、編列其平生事略、立爲鄉賢、以作矜式、陳主席奉令後、遵卽交由教廳選定顧亭林等三十五人、送請省府會議、議決秘書處審查、茲聞羅秘書長、姚秘書等、認爲江蘇爲文化發達之省、人文薈萃之區、先賢名流、代有聞人、而縱之有五千年之歷史、橫之至三十六萬餘方里之大、欲於此中選定三十人、以爲蘇人之表率、似非鄭重審選、不足以期周密、故秘書處於此三十名之人選、數經研究、猶恐見聞或有未周、除假定名單油印送江蘇現代名流、如葉楚傖、韓國鈞、鈕永建諸人詳加審定、發表意見、以求補充完備、大約俟彙綜各人意見、最後確定三十人、再提省府會議討論通過、則所選三十名鄉賢、始正式成立、前日上海新聞報、載蘇省鄉賢已選定三十人幷經省府會議通過、云云、記者前晤省府秘書處人云、該報所載蘇省鄉賢三十人姓名及謂已經呈由省府會議通過云云、絕對不確、蓋上次省府議決秘書處審查後、最近省府兩次會議、根本未談及此事、通過之期、尙待秘書處審查畢後提出、除由本處去函新聞報更正外、幷望各報、作一聲明、以免誤會、將來一俟通過、當由本處搜集各人籍貫附具史略、送請各報登載、表彰吾蘇人文之盛云云。

蘇典業設計委員會成立 繼即開首次會議

決分六組討論改進設計
討論辦法提交下次會議
下次會議定四月十六日舉行

△江蘇社 江蘇省政府前爲改進全省典業設計起見、特組織江蘇省改進典業設計委員會、業經籌備就緒、前開成立大會、同時舉行第一次委員會議、計出席委員于小川、陳其祥、周穀人等二十餘人、行禮如儀、首由主席致開會詞、其大意、略云典業在社會上之重要、及現在失敗之情形、並希望各委員共同研究具體改進方案 以便政府酌採辦理云云、繼續指定許體剛爲主任委員、旋卽開始討論、(一)議決依照本會規則第六條規定討論範圍之事項、分六組討論、第一組 討論第一項關於典業失敗原因之研究、及救濟事項、指定周穀人、胡翰新、何松孫、劉良濟爲委員、由周穀人爲召集人 第二組、討論第二項關於典當內部組織及營業範圍之改善事項、指定錢孫卿、于小川、周穀人、石順淵、許康祖、伍榮直、爲委員、由錢孫卿爲召集人 第三組、討論第三項關於缺乏典當各縣之典業提倡事宜、指定石順淵、張大同、傅志仁、爲委員、由石順淵爲召集人、第四組討論第四項關於創設公營典當之設計事項、指定陳其祥、何松孫、胡翰新、周穀人爲委員由陳其祥爲召集人、第五組、討論第五項關於典當及代典之利率、暨滿期限之擬定事項、指定周穀人、何松孫、周翰新、蔡陶範、劉良濟爲委員、由周穀人爲召集人、第六組、討論第六項關於人民與辦典當之獎勵事項、以上六組、各由組詳細研究一具體辦法後、提交第二次會議、再行共同討論、(二)議決第二次會議定於四月十六日仍在建設廳舉行云。

江南工賑浚河 已開工者二十五縣

河道總長四百餘公里
工夫人數約共十萬人

△江蘇社 本省自遭去年旱災後、鑒於河道之疏治、確爲亟要之圖、關於導淮情形、已誌前報、至關於江南工振、疏治河道計劃、(一)疏浚鎭江至無錫江陰運河及整治丹陽練河、(二)疏浚赤山湖及秦淮河、(三)疏浚宜溧運河及丹金壇漕河、(四)補助各縣浚河開塘、當去歲旱災發生時、曾用抽水機吸引太湖及長江水注入內河、施行緊急救治、但此僅屬暫時的、非治本永久之方、爲求根本解決江南水患、非實行疏治河道不可、同時以當時受災較重各縣災黎遍地、需賑孔殷、省府乃有上述工賑計劃、既可救濟災民、又可根治水利、其工程計劃、爲鎭江以東運河、開深至最低水位下一公尺半、底寬十六公尺、惟土方工程、困難殊多、因江南港汊紛岐、在開工浚挖幹河之時、各支河港口均須築壩、總計須築壩五百餘座、先戽去積水、然後開挖土方、估計戽出水量、須一千五百萬公方、每公方戽水費以五厘計、爲七萬五千餘元、五百座壩、每座平均二百元、亦須十萬元、至流浚赤山湖及秦淮河工程、不僅爲土方工作、且須築堤、因其接近長江、不僅要防旱、且要防水、故於上游另築滾水壩、以爲逢旱調節之用、除開浚上述幹河外、鑒於各縣支河 苟不同時疏治、則江南水患旱災、仍不能解除、故省府又撥出一百萬元、補助江南北受旱各縣浚河開塘、現已有二十五縣開工進行、計宜興、高淳、鎭江、武進、吳縣、寶山、泰興、江浦、啓東、溧陽、常熟、儀徵、無錫、丹陽、金壇、嘉定、金山、靑浦、靖江、句容、海門、六合、南匯、江陰、已籌備進行者、有江都、溧水、太倉、吳江四縣、擬暫 辦理者、爲川沙、崇明、奉賢三縣、上海松江、崑山三縣、聞尚未將辦理狀况呈報、已開工之二十五縣所浚河道、總長有四百餘公里、工作人數約十萬人、連同工賑開濬之幹河、總長四百餘公里、工作人數七萬人、及導淮一百五十公里、工作人數十萬人、統計目前本省水利工程正在進行中者、有河道總長約一千公里、工作人數約二十七萬餘人云。

蘇省府補助 合作社運銷倉庫

受賜者爲徐州與丹陽

△江蘇社 蘇省自民國二十二年秋間、辦理食粮收買以來、高價買進 低價糶 影響所及、農村賴以昭蘇、其辦理經過情形、已迭見各報、玆探得此項糴糶價格、在當時雖較市價、頗有增損 但以物價消長之自然趨勢 二十二年度、收買食粮之結算 仍有四千餘圓之盈餘、財政廳長趙棣華氏、以政府之收買食粮主旨、原在調劑農村金融、此種由業務收得之進益、仍當諸歸農村、以愈益增進其福利、已蒙陳主席贊同、於前日省府會議通過、決定以一千元補助徐州民衆教育館實驗區合作社農業倉庫 以三千元補助丹陽呂城合作運銷、庫之用、該兩地爲蘇省辦理合作事業及合作運銷比較完備之區域、往年已有相當成績、惟尙待一部份款項之補助、以完成其倉庫事業 逆料各項倉庫、得此款項挹注、一時無法解決之問題 亦得興工建築、直接造福農民、間接安甯社會 農村復興、不難拭目以俟。

濟南 發現古代銅器

形如銅盆以手摩之能發聲噴水
經考古家多人研究莫明其理

▲濟南通信 山東爲齊魯古國 我國文化之發源地、金石古物時有發現、前年春間、滕縣發現西周銅器十三件、早已轟動全國、最近本市朱姓又有一古銅器、頗爲奇特、玆紀其形象奇蹟及來歷如下、

◎形狀及奇蹟◎

該器爲圓形、黃銅質、古色斑爛、大如普通面盆、高半尺許、外有鐘鼎文十三字、爲陽文、經考證後、其第一字爲周、最末一字爲彝、餘則不可辨識、外有兩耳、器底上有圓圈一個 圈外有杠五道、杠外鑄魚四尾、據物主云、圓圈爲象太極、五杠爲象五行、四魚象四象、兩耳象兩儀、最奇特者、貯水滿器用兩手摩擦兩耳則翁翁作響、器內之水亦起氣泡、如鼎沸、摩之愈久、則響聲愈大、且抑揚可聽、如奏鋼琴、同時器內銅魚嘴內噴水出水面、如摩擦者爲年精富壯之人、則噴水愈高、約二尺許、四股並立、煞是奇觀、若年老力衰者摩之、則噴水較低聲音亦小、

◎奇器之來歷◎

據聞該器發現甚早、清代末年張季直在京主辦博覽會、各方奇異物品雜陳、此器即曾在另一室內陳列、觀者莫不稱奇、究未明其理所在、當時物主爲一軍人、現在物主爲朱姓、彼時亦服務軍界、見後頗爲注意、不久原物主作古其家售與朱君、價值爲二三千元、朱君視若拱璧、擕來濟南珍藏、不以示人、張宗昌在魯時、有人洩其事與張、張托人示意、欲委以某項職務以作交換、朱逕攜器走天津、又爲褚玉璞所知 亦欲得之 任朱擇一事以爲交換、朱潛將該器存入銀行保險、隻身又往上海、埋名不出、而展轉奔波、用費已不貲矣、最近朱君經濟頗感拮据、遂有出賣之意、

◎各方之考證◎

主人初以爲奇貨可居、不肯輕以示人、索價五萬元 嗣經考古家省立圖書館館長王獻唐斷定係宋元間物、最高不過唐朝、必非三代物、其字係後人僞造者、惟對其噴水與響聲、則終不解其理、因宋元時世界物理化學尙未大發明、決不能創造此物也、以前章太炎在上海辦國粹學報、其雜誌內曾對此物詳加研究、終未能有所發明、亦未確定其名稱、北平輔仁大學校長陳遠菴爲考古名家、對古銅器別尤精、有人函請陳氏研究、陳覆函謂、其噴水與響聲、均係電之作用、該器銅質內、必含有傳電最快之一種金屬原質、入手有電、故摩擦之則傳電于水內、因而發聲噴水、不過現在科學昌明 尙未聞有人發明傳電如是迅速之金屬、而宋元時我國卽有人發明、殊堪驚人、如證明爲三代銅器、則更爲希世之珍、因其可貴者在我國三代時人、卽能利用電力而造此物、陳函內幷謂如該器上有缺陷地方、而內中發現紅銹者、卽可證明爲三代銅器、因如非三代銅器則只有綠銹而無紅銹、記者細察該器實有缺陷地方、如豆粒大、內中確有紅銹、則或竟爲三代銅器、亦未可知、總之該器無論三代物非三代物、而確係宋元時代物、我國宋元時代人、竟能發現二十世紀尙未發現之傳電最快之金屬、世能利用之以造此器于我國文化上實有重大之意義、而有硏究之價值也。

◎無獨竟有偶◎

又最近本市外人設立之廣智院、亦新由河南購到與該銅器同樣之物、惟略小 以手摩擦之、亦能發聲噴水、惟聲音既小、而噴水亦低、河南亦爲我國古代文化發源地、可見該物爲古物無疑、特誌此以供當代科學家之研究。

本縣新聞

黨政各界昨日舉行革命先烈殉國紀念會

李委員乃正報告
王縣長耿祕書演說

本縣黨政各界於昨日上午十時在城市民衆教育館、舉行革命先烈殉國紀念會、到各機關團體學校及民衆千餘人、由縣黨部李委員乃正主席、領導行禮如儀後、并報告、略謂、今天是三月二十九日、是在革命史上最悲壯最沉痛的紀念日、我們撫今追昔、覺得有無限感慨、茲將三二九經過事實及吾人應有的認識和努力、向大家略爲報告、自鴉片戰爭以後、中國弱點完全暴露、以致割地賠款、國將不國、總理孫中山先生看到非推翻滿清、不足以挽救中國、非力謀革命、不足以刷新政治、所以組織興中會同盟會、先後舉行革命十餘次、都歸失敗、而最悲壯最慘烈者、即爲三月二十九日廣州之役、當時由黄克强先生指揮黨人、原定三月十五日發難、因清吏戒備嚴密、不易得手、遂改至三月二十九日、分四路進攻總督公署、而少年英俊之朱執信、白髮蒼蒼之譚人鳳、均奮勇參加、思以殺虜爲快、不料與事先運動成熟參加的廣東新軍、發生誤會、卒歸失敗、死難者七十二人、叢葬黃花崗、我們回想當時諸先烈犧牲奮鬥的精神、誠非常人所能及、但是他們所以能如是之奮不顧身者、一方固受環境之壓迫、一方實受主義之感召、後來武昌一舉、革命成功、諸先烈實促成之・現在中國外有帝國主義的壓迫、內有赤匪的搗亂、我們應當效法先烈死難的精神、努力安內攘外的工作、才不負今天開會的意義、繼有縣長王述先演說、略謂今天有二點意思向諸位報告、黄花崗七十二烈士、惟其死事之慘、故其所得收穫、亦特別的大、如主席所謂武昌革命之成功、諸先烈實促成之、可見犧牲愈大、而事業之成就亦愈大、此應請諸位注意者一、當時革命對象爲打倒滿清、現在中國內憂外患、交相煎迫、我們應抱先烈犧牲精神、努力奮鬥、來拯救國家、來復興民族、庶不負紀念之意義云云、末有縣政府祕書耿伯陽、講述人生莫不有死、死有重於泰山者、有輕於鴻毛者、如先烈之死、可謂殺身成仁、舍生取義、較之碌碌與草木同腐者、不可同日而語、吾人應以先烈爲模範、不可貪生怕死、只要死得有價值、雖死無憾・雖死猶生云云、至十二時散會。

教育局召開第一百十一次局務會議

定期舉行小學生禁烟演說競賽會
并於春假前電調各小學國語算術兩科成績

教育局於本月二十八日下午一時、舉行第一百十一次局務會議、主席董玉珏、紀錄李秉銓、報告事項、一、奉教育廳令、爲二十二年度簡易師範學校學生畢業會攷暫緩舉行、二、奉教育廳令、准禁烟委員會爲舉行學生禁烟演說競賽檢送辦法、切實遵照、三、准省立徐州民敎館函送推廣本國優良鷄種辦法、請儘量宣傳推廣、四、奉縣政府令發江蘇省各縣教育局長科長督學教委及高級局員待遇標準、仰遵照、討論事項、一、擬確定全縣小學禁烟演說競賽會辦法案、決議、（一）參照本局前訂辦法及省頒禁烟演說競賽會辦法辦理、（二）預賽日期四月二十一日、決賽日期四月二十八日、（三）預賽分十一區舉行、（四）預賽評判人員由本局及各社敎機關職員担任、決賽評判人員由本局及禁烟委員會聘請・二、擬定全縣小學及中心小學校行政成績展覽會展覽品最低標準案、決議、推王如壎王朝臣高世英王祖臣朱本濬等五人草擬、由王如壎召集・三、擬於春假前電調各小學成績案、決議、電調國語算術兩科成績、四、擬確定本年度各小學圖書經費預算案、決議、定購兒童農報一百五十份、低級兒童雜誌一百四十份、中級兒童雜誌一百四十份、各一年、教師參攷書籍若干份（以本年度圖書費預算數目爲標準　五、重訂本局作息時間案、決議　上午六時起床、八時半早飯、九時上辦公室、二時下辦公室、二時半午飯、三時上辦公室、五時下辦公室、至七時晚飯、十時就寢、六、審核第一次塾師測驗成績案、決議、成績在六十分以上者、准予發給合格證書、充任塾師、七、查本城內外所成私塾、多違背江蘇省管理私塾暫行規程、應如何辦理案、決議、函請第一區公所限期勒令取消。

華山農教館施種牛痘　貧富概不取資

并印散種痘須知

華山農民教育館、以時屆春暖、爲防止小兒天花流行起見、特請教育局代購新鮮痘苗十打、預備施種牛痘、貧富概不取資、并印散種痘須知數條、一、種痘的好處、可以預防天花之流行和傳染、二、種豆的標準、（一）生後三月以上者、（二）身體强壯無病者、（三）種痘已滿二年者可再種、三、種痘前之注意、（一）預先沐浴身體、（二）換清潔寬舒之衣服、四、種痘後保護法、（一）種痘處須包紮、切勿以污手觸及、（二）飲食起居須要注意、（三）起漿後要小心、勿使擦破、（四）結痂後任其自落。

第六區公所製定保護公路河道樹木規約

第六區公所以該區公路河道兩旁、每於春季植樹、尚能如數栽齊、惟保護不週、成者寥寥、特擬定保護樹木規約六條、提交二十八次區務會議通過、茲探悉該規約如下、一、本保護規約以一保爲單位、由保長主持之、二、凡本保區域內所植之樹、各地主須負完全保護之責、三、保護方法、（一）由各地主輪流出人看守之、（二）由地主出資雇用專人負責看守、由各保自定之、四、樹木如被偷竊或損壞時、該保地主或僱用看守之人、須負賠償之責、五、凡抓獲偷竊或損壞樹木者、即送區鄉公所轉呈縣政府從嚴懲辦、六、本規約如有未盡事宜、得經區務會議修改之、並呈報縣政府核准施行。

季興唐呈控尹克文誣報吸食鴉片案判決

尹克文判處徒刑三月

季興唐呈控尹克文誣報吸食鴉片一案、各情曾迭誌本報、茲悉昨日爲宣判之期、縣府當將原被告傳庭聽判、主文略謂、尹克文誣報季興唐等吸食鴉片、判處徒刑三月、着交看守所收押云云。

縣政府公佈捐稅章則（續）

江蘇省各縣屠宰稅招商投標章程

四等　菜蔬行　筍行　蘿蔔行　山芋行　瓜子行　瓜苗行　桑秧行　草子行　蒲鞋行　蘆蓆行　竂衣行　石膏行　糠麩行　糟行　蘇鹹行　磚瓦灰行　薄荷行　花井行　螺螄行　蜂蜜行　繩索行　柴草行　修船行　黃行　亞木行　斯草行　木器行　炒米行　洋油箱行

長期行在有效期間內、如係父子兄弟接頂姓名牌行貨目地點相符、准其減半繳稅更換、倘祇姓同、而更易貨名地點者、按八成繳稅。

江蘇省認辦各縣牙稅章程

第一條　承辦此項牙稅所有等則行目稅率、悉照本處牙行章程辦理、其有因地方習慣或商業調劑呈准減等或兼字徵收者、應仍其舊、以示體恤、倘該商有違章苛收及舞弊情事、一經告發查明屬實、立即撤懲。

第二條　牙稅照額以短期爲限、其長期登錄營業等稅及繭帖稅、仍由各縣縣政府辦理。

第三條　各縣牙稅有教育建設等附捐、該商應按照向章徵收、分別解繳各該機關、不在本處認額之內、

第四條　該商認定比額擬具淡旺月表、呈由本處核定、以憑按月照解、

第五條　該商認定額以後、即應照額報解、不得藉詞減、或中途辭職、以杜取巧、

第六條　該商徵收牙稅、需用登錄憑證及佈告若干張、應先期呈請本處轉函財政廳照印發刊寄發、以憑填用、不得私給收據、以杜弊混、

第七條　牙戶如有抗稅情事、應報請縣政府或公安局查明辦理、不得私自罰辦、致涉苛擾、

第八條　該商認辦此項牙稅、應向各牙戶照章徵收、不得輾轉包繳、致滋流弊、（未完）

中華民國二十四年四月一日　豐報　（星期一）　第一版

豐報

第七三九號
社址豐縣大同街
中宣會登記證字第一二二○號　內政部登記證警字第二三號
中華郵政特准掛號認爲新聞紙類

▲總理遺囑
余致力國民革命凡四十年，其目的在求中國之自由平等。積四十年之經驗，深知欲達到此目的，必須喚起民衆，及聯合世界上以平等待我之民族，共同奮鬥。現在革命尚未成功，凡我同志，務須依照余所著建國方略、建國大綱、三民主義及第一次全國代表大會宣言，繼續努力，以求貫徹。最近主張開國民會議及廢除不平等條約，尤須於最短期間促其實現。是所至囑。

豐縣禁煙委員會佈告　第　號

案奉江蘇省禁烟委員會寢電節開：「江蘇禁烟治罪條例自四月一日施行，烟犯自首，於該項條例施行前一日截止，並飭煙犯自首截止日期前慝犯自首數目具報」，等因，奉此，查本省禁煙治罪條例，既經上峯明令公佈施行日期，而烟犯自首限期，亦應遵令於本月三十一日截止，除分行外，合亟佈告，俾便週知，此佈。

附江蘇省禁烟治罪暫行條例

第一條　本條例依江蘇省限期禁烟辦法大綱訂定之。

第二條　製造鴉片或意圖供製造鴉片之用，而栽種罌粟者處死刑，或無期徒刑，販賣或運輸罌粟之種子者亦同。

第三條　未經請領憑證而運輸或販賣或意圖販賣而持有鴉片者，處死刑無期徒刑或十年以上之有期徒刑。

第四條　未經請領憑證營利設所供人吸食鴉片者，處無期徒刑，或七年以上有期徒刑、

第五條　未經請領憑證吸食鴉片或已領憑證供人吸食者，處五年以下有期徒刑，有癮者交醫勒令限期戒絕。

第六條　經交醫戒絕或自行投報戒絕經給予證明書後，復吸食成癮者，處五年以上有期徒刑。

第七條　栽贓誣陷他人、犯上條例第二條至第四條之罪者，處死刑，無期徒刑，或十年以上有期徒刑，藉端誣告者，依各該本條處斷、

第八條　縱人或能定人對於本條例第二條至第六條之犯罪事實作虛僞之陳述或報告，足以生損害於他人者，處死刑無期徒刑或十年以上有期徒刑、

第九條　公務員犯本條例第二條至第八條之罪者，依各該本條最高刑處斷、

第十條　公務員包庇或要求期約收受賄賂而縱容他人犯本條例第二條至第四條之罪者、處死刑或無期徒刑，盜換查獲鴉片或故縱本條例第二條至第四條之罪犯脫逃者亦同、

第十一條　公務員利用權力强迫他人犯本條例第二條第一項之罪者處死刑、

第十二條　第二條至第四條及第七條第一項之未遂罪罰之、

第十三條　死刑之執行、得用槍斃、

第十四條　本條例所未規定者、依其法令之規定、

第十五條　違犯本條例各罪者、由有軍法職權之機關審判之、其受該管軍法機關委託試辦者、亦得審判之、

第十六條　違犯本條例各罪，判處死刑無期徒刑或十年以上有期徒刑者、應將全卷連判呈由省政府轉呈軍事委員會委員長南昌行營核准執行之　其餘呈由省政府核准執行之、

第十七條　本條例自文到後五日內各地軍政機關均應遍貼佈告、俾衆週知、

第十八條　本條例自各屬呈報佈告後十五日一律施行

第十九條　本條例呈奉國民政府軍事委員會委員長核定公佈之、

中華民國廿四年三月三十一日　委員長　王述先

社論

禁烟治罪暫行條例今日起施行

—偏

鴉片流毒中國，爲時已久，人民之生命財產，被戕賊於此物中者，較水火盜賊甲兵疫癘等天災人禍爲尤甚。惜沉淪於黑籍中者，多不覺悟，致種族日益衰弱，國家日益危亡。往昔政府雖屢有禁令，但禁者自禁，而吸者自吸，毫無成效之可言。

自蔣委員長嚴令蘇浙皖贛等十省禁烟以來，本省陳主席積極奉行，期以四年，肅清全省毒禍。在此過渡期間，又復揆情度理，於各縣不惜鉅資，設立禁煙委員會，俾專責成，並於各縣設立禁煙所，設立土膏行店，使願戒者，得以入所戒除，不能馬上戒絕者，准予出款買照，限期戒除。施行以來，成績卓著。今就本縣觀之，去年十月九日，登記煙民，計共二千一百一十六人，其中申請入所戒絕者一千一百五十八人，請求領取戒煙執照者九百五十八人。現戒煙所成立不及四月，而已經入所戒絕者，竟達五百七十八人之多。以此推算，無需四年，即可戒絕，故本縣禁煙委員會王兼委員長，有縮短爲二年戒絕之計劃焉。

惟其中最可憂慮之點，即爲私運私售私吸與夫戒絕後重行吸食之頑劣煙民。設或有一於此，斷難收限期禁絕之實效。陳主席復爲補救此弊起見，特制定禁煙治罪暫行條例，呈奉蔣委員長核准，通令各縣於今日起，一律施行。查該條例第三條，「未經請領憑證而運輸或販賣或意圖販賣，而持有鴉片者，處死刑，無期徒刑，或十年以上之有期徒刑」；又第四條，「未經請領憑證，營利設所，供人吸食鴉片者，處無期徒刑，或七年以上有期徒刑；」又第五條，「未經請領憑證吸食鴉片，或已領憑證供人吸食者，處五年以下有期徒刑，有癮者交醫勒令限期戒絕；」又第六條，「經交醫戒絕，或自行投報戒絕，經給予證明書後，復吸食成癮者，處五年以上有期徒刑。」閱此數條，可知政府對於私運私售私吸……等犯治罪之嚴厲矣！

最近政府又擬利用保甲法中之聯保連坐切結，冀將煙民盡數擠出，使無漏網，是禁煙查緝方法更覺較前嚴密矣。一般煙民如非自外生成，甘自毀滅，豈可觸犯刑章，自投法網。又況本縣王兼委員長，早具禁煙決心，對於煙犯，執法以繩，絕不寬恕乎？茲値禁煙治罪暫行條例施行之始，深恐頑劣烟民，漠視條例，致罹重咎，特再提出，藉以喚醒我沉淪黑籍之同胞，趕速覺悟與自新焉。

中外要聞

朱毛殘部在四面圍攻中　蕭賀匪部主力受重挫

▲中央社長沙三十日電　大庸電稱蕭賀股匪主力、盤據永

▲胡宗南部克復甯羌▼

順邊界龍爪關一帶深山、二十六日經我軍痛擊、當場斃匪千餘、傷匪及俘擄無數、並奪獲長短槍二三百枝、匪損失奇重、

▲中央社重慶三十日電 朱毛殘匪、自仁懷茅台慘敗、損失人槍七千以上、狼狽繞古宋之鎭龍山、又被川軍痛擊、復經竄據東皇殿、我軍防禦甚堅、川軍又以大部增援、迎頭痛擊、刻匪困東皇殿一隅、被四面圍攻中、

▲中央社西安三十一日電 我軍胡宗南部克復甯羌後、乘勝向川境追擊、邵力子三十一日電胡師長嘉獎、並請胡師政訓處人員、暫處理甯羌政務、兼辦善後、

日使有吉定期召開日領會議

▲中央社南京一日電 外交界息、駐華日使有吉明、日前來京、拜謁我外交當局、已事畢返滬、據聞有吉公使、現奉該國外省命令、定四月八日在滬召集駐我國各地日領會議、聽取各領事報告及意見、然後於四月二十日左右離華返日、向該國外省報告一切、

▲中央社東京三十一日電 二十九日日新聞稱、駐華公使有吉、已作非正式之辭職、請求另任英毅之外交人才、繼此重任、

整理戰區民團方案即着手實施

▲中央社北平三十日電 戰區清委會二十八二十九兩日會議、對整理各縣民團、及新保安隊出發、後方防務分配、已議定具體辦法、卽可着手實施、

廿四年金融公債今日發行

▲中央社南京一日電 財政當局爲充實中央中國交通三銀行資金、撥還中央銀行墊款、以便鞏固金融救濟工商業起見、呈准中央、發行二十四年金融公債一萬萬元、並經過立法手續、此項公債、決定今日發行、按照財部所定數額分交三行、

中國銀行董事長希望宋子文担任

▲中央社上海三十一日電 孔祥熙三十一日對人表示、中國銀行股東會、決定資本四千萬元、財部當可核准、該行董事長希望宋子文担任、對沙遜計劃、認爲中國金融問題、異常複雜、非短期內所可解決、沙遜意見甚難表示、

綏蒙稅務糾紛圓滿解決

▲中央社北平三十日電 綏蒙雙方、最近因稅收問題、發生爭執、茲聞此事經雙方派人來平接洽、由何委員長秉公處理、擬定具體辦法、雙方均無異議、已圓滿解決、

中國酒精廠昨日開幕

▲中央社上海三十一日電 中國酒精廠、已於三十一日午後在浦東舉行開幕典禮、該場爲官商合資、資本一百五十萬元、已開工製造、每日產量三萬公斤、可供全國需要、

金樹仁案辯論終結定期宣判

▲中央社南京三十一日電 江蘇高等法院、昨日下午仍就江甯地方法院開庭繼續審訊金樹仁案、七時餘審判長宣判、本案辯論終結、定四月五日下午宣判、金樹仁仍還押、遂宣告退庭、

外部調升高宗武爲亞洲司長

▲中央社南京三十一日電 外部亞洲司長沈覲鼎、奉調爲駐巴拿馬公使後、所遺亞洲司長職務、卽由常務次長唐有壬暫行兼代、唐次長近以公事繁忙、無暇兼顧、特由該部調該司幫辦高宗武升任司長、已經部令發表、

蘇全省戒煙所長會議

▲中央社鎭江三十一日電 蘇全省戒烟所長會議三十一日上午下午開二三次會議、均由葉秀峯主席、關於討論戒烟所行政問題、通過（一）各縣戒烟所烟民精神訓練方法、（二）各縣戒烟所改名戒烟醫院、（三）切實辦理戒烟民復染、（四）辦理烟民事務、以鄉鎭長爲中心、並定獎懲辦法、

俄駐華大使鮑格莫洛夫啓程返任

▲中央社莫斯科電 蘇俄駐華大使鮑格莫洛夫、偕同參贊已於本月二十七日由俄來華返任、聞鮑大使等在伯力擬停留一二日、再往海參威日本來滬、約下月二十日可抵南京

隴海路快車直抵西安

▲中央社鄭州三十一日電 隴海路爲便利行旅起見、於四月一日起快車直達西安、時間暫照舊、至月中改點、

張靜江等一行到川

▲中央社重慶三十一日電 張靜江李石曾吳稚暉、三十一日午後乘民憲船到渝、據談、余慕川中風景佳麗、特來游歷、巫峽奇偉、令人慕賞、川文化並不落後、每次革命、川湘人士、一齊並進、勇躍參加、此後川不必與他省比較、而與外國比較云。

曾養甫由湘啓程返浙

▲中央社沅陵三十一日電 浙建廳長曾養甫、以湘黔公路建築事宜、均已就緒、浙建廳迭電催回杭、定三十一日晨由本城到桃源、換汽車赴常德、轉長沙祭魯滌平後返杭、

章嘉過張垣赴平

▲中央社張家口三十一日電 蒙旗宣化使章嘉呼圖克圖、三十一日晨十時由五台過張、晚六時十分赴平、據談、抵平請示中央、再定行程、或先赴京滬一行、再入蒙宣化、

王正廷由新加坡回國

▲中央社上海三十一日電 王正廷前偕赴菲觀光團出國、轉赴新加坡、業已返國、八日可到滬。

賀耀組准十日放洋

▲中央社上海三十日電 賀耀組三十日到滬、據談、來滬料理私事、一二日內返京、下週再來滬、准四月十日出國、駐土使館人員、一部份已啓程、其餘在滬集中、隨同本人出國、

蔣作賓由日赴台灣

▲中央社神戶三十一日電 中國駐日公使蔣作賓、今日乘輪赴台灣、攷查華人狀況、約三星期後可返東京、

四川已實施禁煙計劃

▲中央社南京三十一日電 禁烟委員會以六年禁烟計劃、舉國屬望成功、極須推行邊省、爰乘蔣委員長此次蒞川之機、議對該省種烟、實行禁制、蔣委員長復電、已擬定計劃實施、

蘭州各界籌備迎班禪

▲中央社蘭州三十一日電 蘭市各界三十日午在省府開迎班禪籌備會、班氏行轅改設五泉、

中航渝昆綫今日開航

▲中央社上海三十一日電 滬郵局通告、中航公司渝昆段四月一日正式開航、郵運除納普通郵費外、每重二十公斤另納航空費七角五分、

環遊世界之德輪過港赴滬

▲中央社香港三十日電 環遊世界之德輪利沙路拉號、二十九日晨抵港、載有遊客五百人、定今日開滬、

美遠東經濟攷查團啓程來華

▲中央社上海三十日電 美遠東經濟攷查團、已由舊金山出發、定四月六日過檀濱、二十六日可抵滬、滬各團體發起組織招待處、辦理招待該團事宜、聞該團一行共十七人、擬定到華約作兩月勾留、分三組向長江華北西南攷查。

美商業攷查團抵平

▲中央社北平三十一日電 美商業攷查團、三十一日上午十時抵平、據聞此來純係攷查華北商務狀況、並無政治作用、在平擬留一週、定四月七日往東北朝鮮赴日、袁良擬定期招待、

英蘇談話內容重要

▲中央社莫斯科三十日電、史丹林與艾登在李維諾夫別舍中、秘密會議、談話性質、至爲重要、據聞史丹林曾要求英國在遠東方面繼續負其傳統任務、卽在列國之間任担任調處任務、英國人士因蘇俄並未刺激英國、以及對日本、而主張予以平等待遇、甚爲滿意、外傳艾登與李維諾夫曾攷慮由英俄日締結遠東省僞協定議約、而蘇承認東省僞組織問題、插入其中之消息、已由蘇俄方面加以否認、但英俄關於印度問題、大約可成立協定、

省禁烟會 通令各縣呈報自首煙犯數目

截止期邇應切實加緊辦理

編印三字經道情歌謠勸人戒煙

△江蘇社　省禁烟委員會以禁烟治罪條例於四月一日卽將實行、無照烟犯自首、亦將於三月三十一日截止、深恐無知煙犯、仍復不知利害、因循玩忽、致罹重刑、特令各縣禁烟會委員長云、本縣禁烟治罪暫行條例、業經江蘇省政府通令於四月一日施行、烟犯自首、應在三月三十一日截止、爲期在邇、仰卽切實加緊辦理、并將截止期及自首烟犯數目、報會備查爲要、江蘇省禁烟委員會宥印、

又訊、蘇省禁烟委員會、爲擴大戒烟宣傳、使民衆深切認識烟毒起見、特編印戒烟三字經、戒烟道情歌謠等、令各縣散發、茲分錄如下、

戒煙三字經

人之初、性本、染惡習、性乃遷、害最大、鴉片烟、滅人種、禍滔天、（委瞞人、自糊自（癮已成）尙詭辯、稱有病、精神欠、是非心、人皆有、面黃瘦、鐵憑據、抽二筒、如登仙、犯國法、壞良心、墜人格、蕩金錢、做強盜、做賊竊、國貧弱、此癥結、林文公、乃人傑、焚烟土、抗強敵、奈清朝、已無力、開五口、割城堞、百餘載、更禍烈、總理生、秉浩氣、憤烟禍、思撲滅、欲知道、有遺訓、吾同胞、甘沉淪、溺苦海、入迷津、告大衆、諦聽眞、世變急、國難深、不振作、何以存、吾政府、下決心、限四年、烟禍清、辦登記、限吸烟、視戒除、賞勇士、賢者過、日月蝕、匿不報、恐查出、罪證實、軍法任、新烟民、皆槍斃、法隨令、莫輕忽、戒惡習、作新民、瞻前途、實初賴、區公所、可登記、領執照、縣烟會、貨六角、富六元、滿一年、換一照、滿四年、當註銷、土膏店、吸售所、各地有、皆方便、昨日死、今日生、煙癮斷、仍完人、有朋友、有親戚、苦口勸、乃天責、一而十、十而百、百而千、千而萬、遞相傳、當普遍、當因循、莫瞻顧、八月底、期已滿、再登記、不容易、癮君子、速自起、快醒來、謀福利、

道情二首

其一云、勸同胞、莫吸烟、下決心、勿流連、世間的毒物是鴉片、戕身害、體無藥來醫治、蕩產傾家有苦更難言、直落得衣衫襤褸、難把親朋見、你看這殺人毒劍、莫當他却病延年、

其二云、勸諸公、莫吸烟、提精神、是妄言、要知道戕害了身體毒穿心、光陰耗費難尋找、事業拋荒更可憐、典田賣地都情願、試看那茫茫苦海、早回頭幸福無邊、

歌謠兩只

其一云、雅片毒、雅片毒、一人上癮、全家哭、槍一支、燈一盞、吸得同胞脫了形、金錢數千萬、流入外人手、生命千萬條、葬入小煙斗、勸同胞、忙覺醒、雅片毒、要肅清、政府限期四年絕、從此不受外人辱、

其二云、雅片吃上癮、帽子沒有頂、衣裳沒有領、襪子剩根筋、鞋子沒後跟、老婆嫁別人、兒子拖油瓶、一家關了門、癮君子結果可憐不可憐。

徐州平市官錢局 改歸省農行管轄

委劉竺鈞爲該局主任

△江蘇社　徐州平市官錢局自民國二十年以來、逐步整理、收回銅元紙幣、發行大洋一角票、已爲純粹發行機關、原由財政廳委任江蘇銀行監督、江蘇銀行前特呈請財政廳收回直接管轄、茲悉財廳業經照准、惟以該局雖屬純粹發行機關、其業務仍與銀行發行紙幣性質相同、而鎮徐相距較近、爰特改歸省農行管理、以資推進、現雙方接交手續、業已辦理就緒、農行特委劉竺鈞爲該局主任、從事整理工作云。

改進蘇省黨務 各區辦事處擴大組織

各縣黨部對上行文均應呈處核辦

各區事宜由指導員秉承中央辦理

經省執委會議決四月一日起實行

△江蘇社　江蘇省執行委員會、於前日下午三時舉行第六十七次委員會議、計出席委員、馬元放、鈕長耀、張公任、周紹成、凌紹祖、藍渭濱、列席委員顧子揚、周傑人、陳康和、武葆岑、主席鈕長耀、紀錄彭超、開決議要案甚多云、（又訊）本省黨務自實行分區指導以來、瞬屆一年、近爲期統一事權、增進工作效能起見、業經中央核准擴大各區辦事處組織、並經省執行委員全體會議決定辦法兩項、一本會依照中央前頒改進江蘇黨務辦法第二項規定、照常行使職權、并依照近頒擴大各區黨務指導員辦事處辦法、以後各區事宜、概由各該區指導員直接秉承中央辦理、二、各縣黨部由各區辦事處直轄、如有對上行文、均應呈報區辦事處核辦、不得逕呈省黨部以一事權、又各區辦事處根據直轄對中央負責之原則、以後關於各該區所屬黨務、直接呈報中央辦理、并函報省黨部備查、該項辦法、一併呈報中央核准備案、前日該會第六十七次會議議決、自四月一日起實行、並已通令各縣黨部遵照云。

各縣征解省教育專款 不得挪移延壓

違者咨請省府嚴予懲處

應專款列收存儲隨徵隨解

△江蘇社　江蘇教育經費管理處處長鈕永建、頃爲請將省教育專款、仍另劃存儲省教育金庫事、致財政廳趙廳長一函、探錄於下、原函略謂、查各縣經徵田賦省教育專款、向竟由櫃逕行劃交處委專款存儲、行之已久、毫無窒礙、詎自上年縣金庫成立以後、吳縣、常熟、松江、南匯寶山等縣會計主任、藉口統一縣金庫制、不允由櫃劃、將徵起田賦項下屬於省教育之款、一併提交縣金庫彙存後、再行另撥、與地方待支之款無異、寶山縣竟至將上年七月份徵起專款、遲至近日、尙在陸續提解之中、其餘各縣入庫之後、提撥並無定期、按本省現行新會計、制度各項章則、各廳所屬機關、及各徵收所經解款項辦法、本經明白規定、如係省款收入、均應撥數解交省金庫、以專款名義、另戶存儲之、縣金庫所司、僅限於縣款之收支、而不及於省稅、又縣金庫暫行規程第七條、縣稅縣教育稅及縣建設稅、縣積穀稅、臨時稅款五戶、均爲縣稅性質、如須添設專戶、應由縣長呈請財政廳核准云云、其會計科目、絕不容有省教育專款之存在、足見其管理範圍、僅限於縣地方款之存支而止、何以各該縣會計主任、必欲越權干涉、制止由櫃直接分劃、統交縣金庫存放、以後報解省教育專款、須憑縣府簽具支票、向縣稅項下提取、不憚煩難、若此且界限混淆、設遇縣政支絀、挪移積欠、勢所難免、是會計新制之設立、專爲保障其他省縣各款、而獨於數年來已經劃分獨立、辦有成效之省教育專款、反因新制之成立、又復失其保障、似有誤會、相應函請貴廳長查照、即希酌核通令各縣及會計主任遵照各項章制辦理、對於省教專款之分劃提解、循舊辦理、勿稍變更、如尙有疑義、即請援照省專款保管存支辦法第五條、「徵起專款、應儘第二日上午悉數解交金庫」之規定、儘第二日上午、將徵起省教專款、提交處委另儲、以維省教專款要需、並祈見復爲荷

教育專款放成辦法

（又訊）修正各縣報解或協征省教育專款放成辦法、前經省教費委員會通過、原文如下、一、各縣縣長經征田賦劃分之省教育專款、及兼辦牙稅或屠宰稅、均應切實遵照本處頒訂章程、專款列收存儲、填送報告單表、隨徵隨解、不得絲毫挪移延壓、二、各縣縣長經徵各項省教育專款、於一年內能遵照前次規定辦理成績優越者、由本處咨請省政府財政廳教育廳分別給獎、其有將舊欠一併清解者、得專案咨請特別給獎、以資鼓勵、三、各縣縣長經徵各項省教育專款、如有擅自挪用、過期不解、或解不足額時、由本處查明情節輕重、咨請提交懲戒、或專案咨請特別嚴予懲處、其挪用之款、仍責令如額賠償、四、各縣遇應付省行政款項及地方行政費不敷時、均應就解省稅及縣附稅範圍內設法籌措、或抵借、不得侵佔此次省教育專款、如有藉詞挪用情事、均得依照上次規定辦法咨請省政府及主管廳嚴予懲戒、並勒負責賠償、五、各縣縣長凡遇屠牙戶抗稅、應行轉案追繳、或屠牙戶認商積欠本處稅款、應行飭傳認商及原保人押追者、應即切實協助、如陽奉陰違協助不力、由本處按其情節輕重、咨請省政府及主管廳予以相當懲處、本辦法由江蘇教育經費委員會議決咨請省政府公布施行。

本縣新聞

禁煙委員會舉行 第八次會議

通過二年禁煙實施計劃 呈請加增免費戒民名額

縣禁烟委員會於前日（三月卅日）下午三時舉行第八次委員會議、由委員長王遜先主席、祕書長張國權紀錄、報告事項、一、省令旅外烟民回里後、准予補行登記、二、省令爲已報告延未登記之吸戶、應先將懲處辦法呈候核飭、不得逕自處理、三省令各土膏店出售特貨不得任意抬高市價、四、省令擬具烟民分期送戒計劃、五、省令領照烟民購吸私土以私吸論、以鴉片供人吸食以私售論、六、省令戒煙所調驗烟民或烟犯毒品犯、所需藥費、應依各被調驗人自理、確係貧苦無力繳納者、由戒烟所墊支、開據呈核、七、省令嚴查購吸私土、如違拘獲依法嚴辦、八、處理本會緝獲私售私吸煙案、九、省令各縣對調驗之戒民、亟應嚴加注意、如有人犯逃脫情事發生、戒烟所長委員長均應當處分、十、省令凡領有旅行證之烟民、在旅行途中、祇准在售吸所吸烟、不得自行攜帶烟具開燈吸食、十一、省令戒烟所對於入所調驗之戒民、一經發現烟（）時、應即時出具調驗裁決書、解送原發機關、十二、省頒發烟民臨時執照、十三、省令更正延壽普渡土膏店名稱改爲新豐大豐、十四、省令查獲之私土製造藥酒辦法、十五、令知誣告私吸者反坐罪適用刑法處斷、十六、省發江蘇省限期禁煙罰金充獎規則飭令遵照、十七、省令籌備煙犯自首綱要、十八、省令禁煙罰金限廿四年一月十日前彙解本會支配、十九、省令土膏店不准補售煙民逾期不購所需煙土、應予嚴行禁止、二十、省發禁烟治罪條例飭令遵照、二十一、省發烟犯自首條例、廿二、烟民自首條例公佈後、緩刑辦法不得復用、二十三、省發查緝或審判機關發售查獲私土辦法、二十四、惠民同慶兩土膏店以營業虧累、請轉呈核減等級、二五、省電令呈報烟犯自首人數、十六、省發運用保甲厲行禁烟辦法、二七、省令催繳各土膏店第二期照證費、二十八、徐州專員公署令塡報煙情報告表、二十九、省令督察事務所緝獲私土須經由監緝員貼花蓋戳、三十、奉令擴充戒烟所、現已將太源公設爲分所、卅一、本省禁煙治罪條例奉令自四月一日實行、三十二、本縣戒民現已戒出所者六百十八人、（內調驗者二百一十八人）、在所正戒者有一百九十七人、三三、戒烟所長現由省會召集開會著省出席、三四、本縣自首烟民二十一人、討論事項、一、請審議本會二年禁烟實施計劃案、決議、照原擬呈省核示、二、本縣烟民類多貧苦無力繳費、應如何辦理案、決議、專案呈請增加免費名額爲五十名、三、本會因禁烟期限縮短、工作緊張、各種費用均感不敷、關于查緝工作無特別費尤爲困難、擬呈請省禁烟委員會、增加本會等級案、決議、專案呈請、四、本縣戒烟所依照本會禁烟實施計劃之規定、每月施戒人數甚多、擬呈請省禁烟委員會增加等級爲甲等一級案、決議、專案呈請、五、禁烟演說競賽會獎品應如何徵集案、決議、甲、由本會與教育局製備、乙、由本會與教育局共同徵集、六、本縣中學生赴省參加禁烟演說競賽會、本會應酌給川資案、決議、由本會及學校分任之、（本會津貼二十元）、七、本會四月一日施行禁煙治罪條例應如何宣傳案、決議公推黃委員體潤負責辦理、

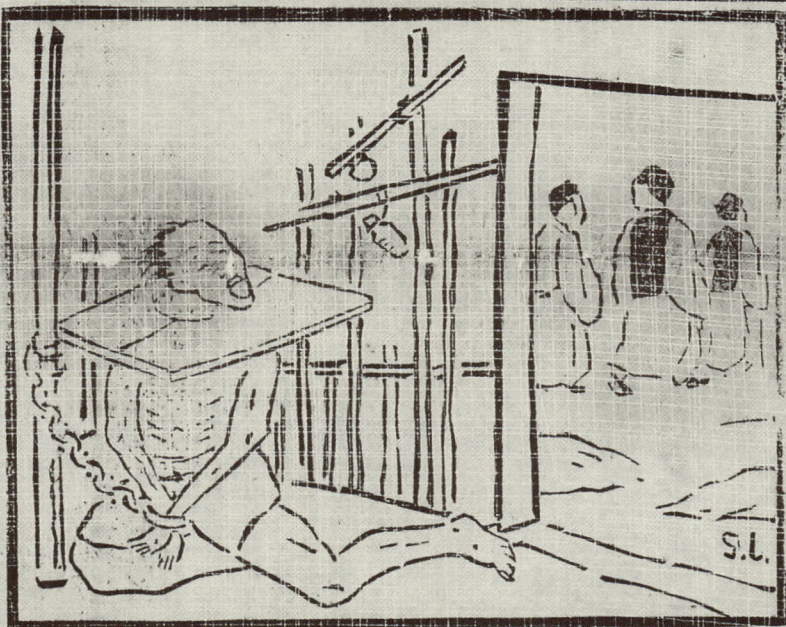

趙莊集小學初級部 舉行國語默字比賽

趙莊集小學爲鼓勵兒童學習興趣起見、於前日舉行初級部國語默字比賽、計參加兒童八十七人、提默各本學期課本上之單字百個、比賽結果、第一名一年級孫立顯、二年級鄭明義、第三名二年級郭修謙、第四名二年級齊連亮、二年級渠時路、第六名四年級韓聿收、第七名三年級朱體璋、一年級蘇玉文、第九名三年級渠時航、第十名三年級任貴德、聞該校以分別獎勵矣。

禁烟治罪暫行條例今天開始施行了！烟民應趕快戒絕；不然，頂輕也要受幾年監禁的痛苦！

S.L.

五區趙樓發生土匪綁架案 張瑞海被綁

五區趙樓莊張志貞家、于前日（三月二十九日）夜間突來土匪十餘人、各持快槍、踰垣入院、將張子名瑞海者架去、鳴槍數十響、向西北逃竄。

杜萬昇挖堤取土 區公所罰令墊平

本城杜家牌坊杜萬昇、於前日在南關外、運西堤上挖掘取土、經農場管理員及中陽鎮鎮長李奎玉瞥見、當赴區公所訊問、韓區長以環城土堤、關係重要、迭次奉令保護、今該杜萬昇竟挖掘取土、實屬違犯功令、特飭令迅予填平、以儆效尤云。

公安局拿獲煙犯

本縣公安警察昨據密報、財妙街居民劉克義家私藏烟土軍火等違禁物品、當即轉報縣長、王縣長隨飭偵緝組長陸秉森帶警前往檢查、在劉姓住屋內間下搜出煙土一塊、重一兩五錢、套筒子彈十粒、因案關烟犯、現已將劉克義連同烟土解送禁烟委員會訊辦矣

縣政府公佈捐稅章則（續）

江蘇省各縣屠宰稅招商投標章程

第九條　認額係包辦性質、無論稅收或盈或絀、均應負責如額解足、不得短少、

第十條　每月徵收牙稅、應每屆月終照本處頒發六種表式造具報告表連同繳驗、及舊證一併送核、不得遲延、如未造送究覓用去證示若干、尚存若干無從查考、請領證示不能照發、以昭愼重、

第十一條　各項報告月表、必須核實填送、不得有隱匿及僞造牙戶情事、如經本處派員抽查各牙戶與表冊不符、即予依究罰辦、

第十二條　登錄稅項下一成手數料內、以二釐遞解縣政府、以二厘歸財政廳、以一厘報解本處、餘五厘留作該商辦公經費。

第十三條　前項手數料、應照實徵數分別報解、不以認額爲標準、

第十四條　前項手數料、係在登錄稅項下另行徵收、與屠稅公費不同、不得併在認額內計算。

第十五條　財政廳二厘手數料、現歸本處代收、務須按月交納金庫、製取寄庫單、遞送本處、切不可誤、如庫收、致費周折、如僑僻縣分、距金庫地點較遠者、可由郵局匯寄現金、以便轉送財政廳。

第十六條　敎育金庫指定中國交通及江蘇等銀行報解　稅款務必遞交該三銀行不可錯誤、

第十七條　甲月之款限乙月中旬清繳、逾期委員守提、如逾期兩月未解、即將認額金撤銷、並將押款抵充、如不敷抵、飭縣追繳。

第十八條　該商承辦一年期滿、如按月照額解並逾月表成績優良者、得酌核情形准予續辦一年以資鼓勵。

（未完）

豐報

第七四〇號

社址豐縣大同街

中宣會登記證中字第一二九二號 內政部登記證警字第二二三〇號

中華郵政特准掛號認爲新聞紙類

△總理遺囑

余致力國民革命凡四十年其目的在求中國之自由平等積四十年之經驗深知欲達到此目的必須喚起民衆及聯合世界上以平等待我之民族共同奮鬥現在革命尚未成功凡我同志務須依照余所著建國方略建國大綱三民主義及第一次全國代表大會宣言繼續努力以求貫徹最近主張開國民會議及廢除不平等條約尤須於最短期間促其實現是所至囑

豐縣禁煙委員會佈告 第　號

案奉江蘇省禁烟委員會寢電節開：「江蘇禁烟治罪條例自四月一日施行，烟犯自首，於該項條例施行前一日截止，並飭煙犯自首截止日期前煙犯自首數目具報」，等因，奉此，查本省禁煙治罪條例，既經上峯明令公佈施行日期，而烟犯自首限期，亦應遵令於本月三十一日截止，除分行外，合亟佈告，俾便週知，此佈。

附江蘇省禁烟治罪暫行條例

第一條　本條例依江蘇省限期禁烟辦法大綱訂定之、

第二條　製造鴉片或意圖供製造鴉片之用、而栽種罌粟者處死刑、或無期徒刑、販賣或運輸罌粟之種子者亦同、

第三條　未經請領憑證而運輸或販賣或意圖販賣而持有鴉片者、處死刑無期徒刑或十年以上之有期徒刑、

第四條　未經請領憑證營利設所供人吸食鴉片者、處無期徒刑、或七年以上有期徒刑、

第五條　未經請領憑證吸食鴉片或已領憑證供人吸食者、處五年以下有期徒刑、有癮者交醫勒令限期戒絕、

第六條　經交醫戒絕或自行投報戒絕經給予證明書後、復吸食成癮者、處五年以上有期徒刑、

第七條　栽贓誣陷他人、犯上條例第二條至第四條之罪者、處死刑、無期徒刑、或十年以上有期徒刑、藉端誣告者　依各該本條處斷、

第八條　證人或鑑定人對於本條例第二條至第六條之犯罪事實作虛僞之陳述或報告、足以生損害於他人者、處死刑無期徒刑或十年以上有期徒刑、

第九條　公務員犯本條例第二條至第八條之罪者、依各該本條最高刑處斷、

第十條　公務員包庇或要求期約收受賄賂而縱容他人犯本條例第二條至第四條之罪者、或故縱本條例第二條至第四條之罪犯脫逃者處死刑或無期徒刑、盜換查獲鴉片或故縱本條例第二條至第四條之罪犯脫逃者亦同、

第十一條　公務員利用權力强迫他人犯本條例第二條第一項之罪者處死刑、

第十二條　第二條至第四條及第七條第一項之未遂罪罰之、

第十三條　死刑之執行、得用槍斃、

第十四條　本條例所未規定者、依其法令之規定、

第十五條　違犯本條例各罪者、由有軍法職權之機關審判之、亦得審判之、其受該管軍法機關委託飭辦者、亦得審判之、

第十六條　違犯本條例各罪、判處死刑無期徒刑或十年以上有期徒刑者、應將全卷連判呈由省政府轉呈軍事委員會委員長南昌行營核准執行之　其餘呈由省政府核准執行之、

第十七條　本條例自文到後五日內各地軍政機關均應遍貼佈告、俾衆週知、

第十八條　本條例自各屬呈報佈告後十五日一律施行、

第十九條　本條例呈奉國民政府軍事委員會委員長核定公佈之、

中華民國廿四年三月三十一日

委員長　王述先

豐縣教育局啓事

查本年度月份教費，業由縣府領出，定於四月三日開始發放，希屆時來局具領可也。

華新昌京貨莊啓事

本號移至山街路東照常營業並屆春季各貨均已到齊特別減價如蒙顧諸君歡號不勝歡迎之至

中外要聞

蔣委員長在黔談 國民經濟建設運動

▲中央社貴陽一日電　蔣委員長在貴陽與各報記者談話如下、欲挽救今日民族之危急，與解除全國民衆之痛苦，須有一個運動繼新生運動而起其名爲國民經濟之建設運動，此國民經濟運動　乃振興農村，改良農產，保護礦業，開發礦產，扶助工商，調節勞工，開闢道路，發展交通，調整金融，流通資金，促進實業爲宗旨　而以革除苛捐雜稅、減免出口稅，要求新礦法實施，禁止紙幣濫發　爲建設國民經濟初步，今日政府增加中央中國交通三銀行資本，以保護社會經濟之安定，與農工商業之進步，亦即國民經濟建設運動之一種。

薛岳電告擊破蕭賀主力

▲中央社長沙一日電　薛岳電告、蕭賀大股，向盤據龍頭寨、企圖苛延，我軍在灘頭河追擊、二十九拂曉，與匪遭遇外龍家一帶大山中，匪頑抗，經我軍衝肉搏，匪渡河潰退，斃俘匪七百餘、落水死者不計其數、

▲中央社長沙一日電　李覺電告攻破天王廟股匪、殲匪團長王惠生、擒匪團副傳湘等多名，守巢之匪無一漏網，

▲中央社長沙一日電　湘東南封鎖匪域，現由四路總部重行規定，除湘東岳陽平江瀏陽醴陵暫予封鎖外，餘一律解除，以便人民。

中國銀行董事會 宋子文任董事長

▲中央社上海一日電　中國銀行自三十日開股東總會、決定股本四千萬元，官商各半後，旋於一日下午四時，舉行董事會首次會議，出席官股董事宋子文葉卓堂、商方董事宋漢章孔祥熙等十餘人，孔祥熙主席，報告增加官股及改組情形後，即開始推選常務董事，當推定宋子文等七人爲常務董事　由孔祥熙以財長名義於常務董事中，指定宋子文爲董事長　旋接開常務董事會議，宋子文提議以宋漢章任總經理、即將由董事會正式聘定、

▲中央社上海一日電　中國銀行三十日開股東會議、決定股本四千萬元，官商合辦，一日董事會議中，即由董事長提出向孔祥熙請示，孔表示接受。

中央黨部昨舉行總理紀念週

▲中央社南京一日電　中央黨部於今晨九時，舉行總理紀念週，張委員貞報告赴查南洋華僑情形之感想，略謂、去年兄弟在南洋攷查　經過英荷屬地、及菲律賓、暹羅等處、各地僑胞、所受壓迫，雖輕重不等，但此種痛苦，無一倖免，希望政府交涉補救，以解除僑胞痛苦。

殷同將赴莫干山謁黃郛

▲中央社南京一日電　殷同三十一日午後返滬將赴莫干山謁黃郛，報告華北外交軍政現况，馬蘭峪東陵交還，已商洽多次，稍候時日，即可辦理。

中委李次韞赴黔指導黨務

▲中央社南京一日電　中央爲謀貴州省黨務推進便利，特派中委李次韞，爲貴州省黨務指導專員，李氏奉命後，稍事摒擋，已於昨日搭車赴滬候輪，定後日再由滬搭輪赴港、先返原籍一行，再由廣西赴黔。

刑法及刑事訴訟法之施行法 國府昨日公布

▲中央社南京一日電　中華民國刑法及刑事訴訟法、自經

立法院修正通過後、已呈經國府於本年元旦公布、兩法之施行法、並經立法院通過、呈由國府於今日正式公布、並定於本年七月一日起實行、自新刑法施行後、廢除特別刑事法規問題、孫院長將製案提請中央討論、

平青直達通車昨實行

▲中央社北平一日電　平青直達通車、一日開駛、規定每週一二五平青兩地對開一次、附掛於平滬通車、到濟過軌、並與各路辦理聯運、

滬市府定本年爲社會建設年

▲中央社上海一日電　滬市府定本年爲社會建設年、組織識字教育委員會、貧民福利事業管理委員會、市立閘北南市大禮堂籌建委員會、浦東閘北衛生事務所籌備會、各聘委員多人、積極建設、於本年內實現、

蘇浙鄂等省審計處昨日正式成立

▲中央社南京一日電　審計部江蘇、浙江、湖北、上海等審計處長、暨津浦路審計辦事處長、自經國府明日發表後、在京舉行聯合宣誓就職典禮、並在各地籌備組織完竣、並於日前分往工作、據審部息、各處已於今日一律正式成立、均有電向部報告、至第二期設立審計處計劃、業將造具預算、呈院轉呈中央核奪、

廈門市昨日成立

▲中央社福州一日電　廈市府、一日成立、思明縣府三十一日結束、市府組織、原設一局三科、現以廈市事繁、經由王固磐市長商請省府、准設財政公安公務三局、并一二兩科、辦理社會教育、

實部籌組之林墾調查團第一期團員昨日出發

▲中央社南京一日電　實部數月來、積極籌組之林墾調查團、自經多次籌備後、第一期調查團員共五人、已於今晨由京杭國道乘汽車出發、先赴杭州、在浙調查後、再赴閩轉贛、若時間有餘、更順道赴皖調查、調查期約須四月、至該團調查工作、約分三項、（一）調查各該省林墾情形、（二）採集各種植物標本、（三）檢查各省過去造林成績、俟第一期調查團返京、再依第二期調查團繼續出發、

瀋陽兵工廠鍋爐爆炸演慘劇

▲中央社天津一日電　瀋陽兵工廠、三十日晨八時、工人全部上班時、第一號鍋爐房、以汽壓過高暴炸、旋起火、事後調查、死工人五十餘人、損失八十餘萬、廠方以事變原因可疑、捕去工頭十二人、正由僞瀋市長審問中、

福州連日大雨江水暴漲

▲中央社福州一日電　本市連日陰雨、上游溪洪突漲、閩江水勢極大、長門附近環江、漸漲盈岸、

英俄談話獲得圓滿結果　艾登已離莫斯科赴華沙

▲中央社莫斯科三十一日電　艾登已於今晚前往華沙、關於數日來蘇英談話經過情形之公布、係於艾登啓程之前發表、中謂英俄兩國談話性質、以誠相見、足使歐洲形勢爲之澄清、兩國代表同意、就目前國際時局、務須繼續努力、以二月三日英法倫敦宣言書爲基礎、而求集體安全制度之實現、蘇俄當局聲明東歐互助公約計劃、用意既非包圍任何國家、亦不必使任何國家陷於孤立、其目的在樹立平等安全制度、俾各國全受其澤、故德國波蘭如能加入該約、即此問題解決之最好辦法、

▲中央社莫斯科三十一日電　英掌璽大臣艾登、昨夜在該國大使館舉行盛大宴會、邀宴蘇聯要人、宴後並舉行招待會、艾登在該招待會中宣稱、吾人可謂已完成最好工作、至英國代表團人員、亦謂此行結果甚佳、英蘇空氣、因而澄清、彼此互相認識、互相諒解、亦因之而有進展、

▲中央社莫斯科三十一日電　英掌璽大臣艾登、來莫斯科時、担任籌備事宜之蘇俄某外交官語人、謂艾登來俄結果之佳、竟出望外、此項英俄談話竟獲圓滿結果、原因有二、（一）艾登訪問柏林結果、使彼瞭解蘇俄要人恐懼德國威脅、非出無因、（二）蘇聯在遠東方面之局勢、最近已大見緩和是也、

▲中央社華沙一日電　此間各報稱艾登爲世界青年外交家、最能幹之一、今晚將由莫斯科抵此、明晨將與波蘭陸長皮爾蘇斯基上將、及波斯之有力者會談歐洲大局、並將與外長柏克討論外交事務、

▲中央社倫敦三十一日電　關於歐洲大局、英國報界意見各不相同、約分兩派、一派以爲英德見解、大相懸殊、英國現當與愛和平各國合作、俾集體安全制度得以完成、一派則謂英國不應贊助任何方面、吾國苟欲保全調解人地位、必須保持一切行動之自由、此蓋吾國能爲大衆效力之唯一條件也。

希拉叛亂首領判處終身徒刑

▲中央社稚典三十一日電　參加近經叛亂之領袖薛拉斐斯大佐、昨日由軍事法庭判處終身徒刑、尙有犯同罪者十八人、各判處徒刑十年、

德國社黨員潛在瑞士捕人　駐德瑞使奉命提抗議

▲中央社柏林一日電　有德國新聞記者名賈戈伯者、亡命瑞士、最近有德國社黨員數人、潛入瑞士、將彼架去、解往德國、今日午後瑞士駐德公使、奉命向德外長牛賴特送遞照會、認國社黨此舉、有損瑞士主權、要求將賈戈伯送回瑞士、

黨史史料陳列館舉行奠基典禮

林主席奠基致訓　邵委員撰書藏册

△（京訊）　中國國民黨中央執行委員會、因鑒於黨史會數年徵集黨史史料、日益豐富、爲便於保藏及宣揚史蹟起見、因有建築黨史史料陳列館之計劃、籌備半載、始於上月在明故宮中央黨部建築地址內開始興工、（廿九）日上午十時餘、該館特舉行奠基典禮、由林主席奠基、參加中委及來賓共二百餘人、儀式隆重、茲將當時盛況記述如下、

禮堂一瞥　禮堂係在明故宮勵志社東邊、該館址工程工場右旁、由該館建築委員會、臨時搭有蘆席台一座、中額爲「光耀名山」四字、兩旁懸有「烟雲護東觀文物炳上京」對聯、台上滿懸黨國旗及紙綵等、頗覺堂皇美觀。

參加人員　該會期前曾發柬邀請各中央委員、及各界派代表蒞場觀禮、故廿九日到會者甚多、計有林主席、及中央委員居正、鄧家彥、邵元冲、陳立夫、柏文蔚、張道藩、程天放、洪陸東、李次溫、王祺、張發奎、周啓剛、及黨史史編纂委員湯增璧、徐忍茹、暨該會全體職員、並各界代表等共約二百餘人。

奠基情形　十時十分奏樂開會、由林主席致開會辭、次黨史會秘書徐忍茹報告籌備建築經過、復次由中央代表鄧委員家彥、及黨史會常務委員邵委員元冲先後致詞後、乃開始舉行奠基、先由工人用鐵鍊高懸、上鐫「中華民國二十四年三月二十九日中國國民黨黨史史料陳列館奠基典禮紀念」等金字、係林主席親筆書寫、上覆綢黨旗、行禮時由職員將邵委員元冲預書之致詞、及建築會委員黨史會委員各中央委員及各職員之簽名冊、放入紫銅箱內、該箱即置入基石下首、至時軍樂大奏、基石漸下、乃由林主席親持銀鏟挑刷水泥於石上、以示固封永藏之意。

新館工程　新館建築、係由基泰工程師設計打樣、由馥記建築事務所承包、佔地一畝有餘、造價開爲二十餘萬元、房屋外觀爲宮殿式、與勵志社房屋相同、乃係三層樓房、並有保管庫設備、最下層爲辦公室、二層及三層爲陳列室、門窗均用最新式鐵框、建築均取堅固、預計十個月完成、目前業將基礎築好、大致明年（二十五年）一二月可落成也。

林氏致詞　林主席開會詞原文、已經整理、茲誌如次、本日爲中央黨史史料陳列館、舉行奠基典禮日期、查中央黨史史料編纂委員會、歷年征到各種史料照片、總理墨蹟、先烈手蹟等之珍貴史料、爲數極多、現俱藏在黨史委員會內、但黨史地址狹小、且無保險庫之設置、故保管極感不便、因此由中全會各同志建議、建築陳列館、以便將各種珍貴史料、集中陳列、如此不但足以宣揚本黨史蹟、且俾供同志及民衆之瞻仰、且本館內部、設有特種保險庫、此後史料之收藏保管、亦較方便妥當、黨史會現存史料、雖已逾十萬件以上、但

本黨革命數十年、史料夥量、決不止此、其因零散在各地、而由私人彙集保管之史料、爲數當亦不少、本館成立以後、極望各同志能將私人所收藏之史料、應徵送會、或仿各國博物館辦法、借供陳列、則此後本黨之史蹟、當益見發揚光大焉云云。

……邵氏訓詞……　黨史會常務委員邵委員元冲訓詞云、史料陳列館選擇三月二十九日、舉行奠基、其涵義至爲重要、蓋三月二十九日乃本黨先烈革命殉國最偉大最可紀念之日期、而本館卽歷年革命先烈史蹟集合總場合也、本黨由　總理領導革命各同志、爲黨爲國爲民族而犧牲者、何可限量、其間可歌可泣之偉蹟、頗足使後人景慕仰止、吾人追念先烈　應如何奮鬥、如何努力　以繼此偉大之革命事業　本黨自興中會以至今日、歷史既久、史料尤多、凡總理遺墨、先烈手蹟、以及一切革命史蹟　俱極珍貴、而足資觀感、故中央特建此陳列館、以便將史料陳列、庶一般民衆　得因此而知本黨過去犧牲之光榮、及爲民族奮鬥之精神、藉以共起繼承先烈遺志、竟此偉大之未竟革命事業云云。

……鄧氏訓詞……　中央代表鄧委員家彥訓詞云、黨的演進之歷史、先有主義、有主義乃有組織、有組織卽有工作表演、本黨之黨史、卽係本黨歷年工作成績之總記錄也、查本黨自興中會而同盟會而中華革命黨、以至於今日之中國國民黨、其間已有數十年之歷史、歷史既久、則史料愈多、至今日而計本黨史蹟、其爲數之多、蓋可想見、中央黨史史料編纂委員會、歷年搜羅史料、已大有可觀、此種收藏之史料、其足以引起外界觀感力極大、故中央特建此陳列館、以便將史料供大衆參觀、藉以增進各界對革命之認識、吾人須知歷史卽民族生命力之表演、故本人今日代表中央、祝本館之生命、與整個國民黨整個中華民族、同垂千古而不朽云云。

……藏冊原文……　奠基石下銅盒內、除藏有林主席題奠基碑眞跡、今日到場中央委員及該會全體職員簽名冊、工程計劃全部、陶馥記工廠紀念辭外、復藏黨史會常委邵元冲撰書之藏冊、玆抄錄其原文如下。

維中華建國二十有三年、中國國民黨中央全體會議、鑒於民國締造、勛烈赫濯、紀述章明、職在黨史、而東觀之書　石渠之藏、以逮典籍符璽遺物圖象之屬、莫不文獻攸資、觀感所繫、非營繕史藏、無以重儲守、而廣羣覽、衆議旣協、將作經始、百堵並興、同符大壯、崇臺層構、渠肅制巍、迺于翌年三月二十九日、禮占奠基、落成之功、期以一載、然後棟宇巍峨、文質炳煥、靈德馮翼、芬烈昭明、爰於奠基之辰、謹藏貞辭、萬世永固、中華民國廿四年三月廿九日、中國國民黨中央執行委員兼黨史史料編纂委員會常務委員紹興邵元冲、敬撰幷書。

湘災愈形深刻

旱匪兩災外尙有時疫發生

旱災會擬借款二百萬辦理農貸　長沙各界成立募款助賑事務所

△（長沙特訊）春荒日迫、湘省各縣災況、愈形深刻、除旱匪兩災之外、尙有數縣、發生時疫、如臨武則有鼠疫、道縣、靖縣、綏甯黔陽、則有牛瘟、安化、藍田則有春瘟、各縣災民、種種慘狀、不一而足。

各縣省情概況

湘鄉縣二十四都地方、斗米可易八歲女兒一名、醴陵農民、備文呈請給票逃荒者、日凡數起、每起所粘荒民名單、百數十人不等、安化一縣、請照舉隊逃荒者、達六七萬人、安仁全縣戶口一十七萬餘、家無食穀者佔十之八九、郴陽災民　掘食一種白色泥土、名曰觀音泥者、藉以充飢、移時腹脹而死、衡陽田價、由每畝三十元　驟減至十餘元、澧縣西鄉、陳某一家七口　服毒自殺、平江長壽街　乞丐充斥、强索錢物、凡此諸端、更僕難盡、百孔千瘡、流亡載道、時至今日、實已無可諱言。

各方賑濟工作

至各方面之賑濟工作、大多數目微小、無補大局、屬於省外者、有上海籌募各省旱災義賑會撥給之十五萬元、青島兩湖同鄉會募捐一千八百元、范旭東募捐一千六百元、其他向中央請求之米鹽公股、賑災公債、賑災關附、雖經多方呼籲、均以種種關係、未克實現、屬於省內者、有由鹽斤附捐項下先後所撥之二十五萬元、水災善後委員會所撥之十萬零五千八百元、省政府於各機關助賑捐薪項下勢撥五萬元、（一尙有五萬正由省府籌措中、）此外省賑務會最近所發各縣急賑、有四萬八千元、上項賑款、或已配放、或正在舉辦、然以本省災區之廣、災民之衆、區區之數、實惠無幾、况春耕伊邇、來日大難、自非寬籌的款、作普遍之救濟不可。

新定三項辦法

目下省旱災救濟委員會、除仍向中央積極請求發還米鹽公股一部份外、前特決定辦法三項、一、以米鹽公股、或以省有公產、官營業務爲担保、向長沙市各銀行借二百萬元、又或由長沙市銀行集合基金百萬元、分向各災區自動辦理農貸、上項辦法、正由該會向前途接洽中、二、推趙炎午、彭國鈞赴滬、向中華農業貸款銀行團接洽、請撥款來湘貸放、三、請省政府提撥公路贏餘、或另設法歸還二十一年田賦附借路款三成、作救災之用、此外本市紳商左學謙、羅先闓等、發起組織募款助賑事務所、分途向各界募集賑款、以期集腋成裘、以輔政府力之所不及、計第一次由發起人共捐洋七千餘元、第二次向各殷實商戶募得二千七百元、刻仍在積極向各界勸募中云。

弟代姊嫁故事

今亦有之

病新郎違約秘密揭穿

幸未姑伴嫂眠勞太守乱點鴛鴦譜

△杭州通訊　吾人嘗談今古奇觀中「喬太守亂點鴛鴦譜」故事、以爲係古時女人無聊、閑坐書齋中杜撰之事實。不料吾浙紹興近竟有『弟代姊嫁』之喜劇發生、惟近事未致『姑伴嫂眠』、鑄成大錯、以供太守乱點鴛鴦譜而已、其事至趣　爰述如次、先是紹興縣第十區馬山鎭附近之直洛泗村農民施正昌、有子阿同　現年二十一歲、於二年前、憑媒聘定同區之姚家埭鎭農民阮六四之次女阮紺（十九歲）爲妻、尙未完婚、近施阿同　患漏月餘、延醫診治、迄未見愈、其父因納妻陳氏之主張　擬卽爲之完婚、以爲人『冲喜』、早占無藥、蓋紹俗常是舉也、經倩媒人通知女家　初未允許、嗣一再疏通、乃約定迎娶之後、新人只担任看護病人之責、不得同房、議定　遂於本月二十三日迎娶、不料女家臨時以女弟阿松　代姊登轎、彼姊弟面貌、本極酷肖、故至乾宅後、卽媒人亦未能窺破、當日晚間、阿同以美婦同床、情難自禁、竟不顧病體、强欲與妻合歡　結果遂將弟代姊嫁秘密揭穿、次日男女親家雙方發生交涉、至場施正昌反大遭女父詰責、謂結婚不過『冲喜』　現已實行看護病人、阿松亦堪担任、若任阿同縱慾、則汝不特自戕其子、而居心欲害我女而已、正昌一時語爲之塞、旋由人排解、暫令阿松在施家代姊看護姊丈之病、俟滿月歸甯時　再換其姊阿紺前來、始行了事、但一月後若阿同病未痊可、不知能否不另起變化也。

立法院改善審議案件程序辦法

嗣後對交議案件　由院長隨時交各會審議

立法院對於中政會國府及其他各院交議或咨議案件、向例係先提每週例會審議、由例會決議付各委員會審查、各會奉發審查案件、須先提交各該會每週例會討論、加認爲有付初步審查必要者、卽由各該會決議、推定委員辦理審查完竣之後、再將結果按狀呈報院會、該院院長孫科、以過去此種辦法、時間旣不經濟、程序又欠簡便、現已重加改善、嗣後對各方交議或咨議案件、卽由院長隨時批交各委員會審查、僅提院中例會、報告各委員會奉發審查案件後、卽由各會委員長或召集人、隨時指定委員爲初步審查、不必再經各該會例會之程序、俾免案件擱延、而期辦事迅速、至案件審查完竣之後、仍照向例、將結果報呈院會、並聞此種重新改善之審議案件程序辦法、已自上週起開始施行、

無錫又將成立國貨商場

△無錫通訊　上海各國貨廠商、曾於去年聯合在本邑創設大規模國貨商場、後因營業未見振作、故未及數月、卽行停歇、迄今公園路上、門面依然、遺址尙存、最近上海各國貨廠商、擬繼續創設中國國貨公司、特發起組織商場、並附設陳列所、委託本邑孫錫英、呂文軒、周爾君、擔任場址及籌備事宜、業經覓定新生路南首、中南一帶民房爲場址、與房主俞仲（前任本邑縣長）接洽就緒、卽將從事修葺、共計房屋一十間、參加場商、計有中國升學工業社、榮新記牙刷公司、中華法瑯廠、冠生園食品公司等三十餘家、規模頗爲宏大、聞本年五月初、可開始陳列國貨云。

本縣新聞

黨政各界昨日舉行第十三次總理紀念週

李委員王縣長分別報告黨政工作

本縣黨政各界、於昨日上午十時、在縣黨部大禮堂舉行第十三次總理紀念週、到代表八十餘人、由主席李乃正領導行禮如儀後、即出席報告

〇……黨務工作……〇

今天報告的約有三點、一、四五六三區區鄉農會已於上週改選完竣、二、中華回教公會豐縣分會、已於三月三十一日舉行成立大會、胡占先、李生瑞、沙伯華、李世德、許鳳先、蔡連喜、沙全德等七人當選爲執行委員、朱世清、楊世德、沙占奎、宋端品等五人當選爲監察委員、並推定沙伯華爲主席、三、本會王委員子蘭偕同實驗鄉鄉長董雪山、前往鄒平定縣參觀、本月四五日可以成行、約三星期可返縣、現在報告完了、幷請演世界三大思想系統之現在與將來、演詞詳載本日附刊鳳鳴塔、繼有王縣長報告

〇……政治工作……〇

一、保安隊的裁減、本縣保安隊前以項處長來豐視察、認爲本縣保安隊有擴充之必要、當增編一中隊、但財政廳以花費過多、所報預算不予批准、勢不得不酌量裁減、於上星期即實行縮編、法弱留强、現劉中隊長敬修調任大隊部副官、二、植樹、本府每日派員分赴各路視察、據報植樹較好的爲豐碭豐沛兩路、尚稱整齊、最好者由南門至實驗鄉一段、三、本府於本週實行早操、過去雖有早操之規定、但中途間斷、未能徹始徹終、爰依過去早操處罰辦法、按時舉行 不但於身心有莫大利益、亦且爲新生活之運動、將來預備購辦運動器具、如籃球網球足球等、所需各費由參加人員自行籌備、因爲公物大家視之不甚愛惜、私物則每多認眞保護云云、至十二時禮成。

回教支會昨舉行第一次會員大會

議決要案多件 公推沙伯華爲該會主席

本縣回教公會、自依照人民團體組織程序、籌備以來、歷時多日、現已籌備就緒、於昨日(三十)上午十時、在北關外清眞寺禮堂、舉行第一次會員大會、計到會員七十三人、由沙伯華主席領導行禮如儀、即報告該會籌備經過、其大意(一)公會成立的意義、二、公會所負的使命、三、會員應有的認識、繼有縣黨部指導員武襄承致訓詞、略謂：今天是中華回教公會豐縣支會第一次會員大會、兄弟代表縣黨部來參加這個盛會、覺得非常榮幸、同時聽到主席的報告 關於支會籌備經過、組織意義、與負有的使命、及將來應努力的工作、講的都很詳細、現在有二點意思、要請大家共同注意與努力的、一、本會要檢閱過去回教同胞精神散漫的情形、教義失落的原因、確定將來整頓教務的方策、訓練會員的計劃、在黨政機關指導監督之下、遵守總理遺教、發揚教義、二、對於今天大會上選出的賢能領導者、要全體追隨、對於大會上決議的案件、要努力實行、尤須喚起回教同胞、共同團結、同一步伐、增加回教同胞民族意識、與促進回教同胞生活的改善云云、幷經解釋選舉規則畢、繼即討論提案、一、應確定本會常年經費案、決議每年暫定四十元、由全體會員分担、計每人每次一角二分、每年分四次繳納、二、擬成立主麻社案、決議、甲、社員凡公會附近之會員、均須參加、乙、時間、星期五下午一時至三時、三、擬建築本會浴室案、決議、於十月中旬開始建築、除舊存房料外尚須七十元、宋端禮個人捐助三十元、餘由齊當馬作明等湊集之、旋即散票選舉、結果、胡占先、沙伯華、李生瑞、許鳳先、沙全德、蔡連喜、李世德等七人當選爲執行委員、李生全、宋端賢三人當選爲候補執行委員、楊世德、沙振海等五人當選爲監察委員、沙文清、沙全福二人當選爲候補監察委員、閉該會於是日下午四時舉行第一次執行委員會議、決議推舉胡占先、沙伯華、李生瑞三人爲常務委員、由沙伯華兼該會主席、幷定於四月一日開始工作云。

教育局抽調各小學校成績

抽調十一校國算成績 楊廟及隘背兩校長記過

本縣教育局、前爲督促各小學課業進起見、曾規定抽調小學成績辦法、令飭各學校知照、茲第一次抽調劉王樓、趙莊集、曹寨、及沙莊等十一校、平時課卷成績、或爲國語、或爲算術、至少一種、經審核結果、各該校學生程度、練習次數、及教師訂正各點、大致尚合、惟楊廟小學校國語練習次數不足 教師訂正粗心、錯字白字、觸目皆是、又隘背學校國語訂正太不精細、聞教育局已將該兩校長鄒則民陳藹貞、各記過一次、以昭儆勸云。

保安隊裁撤一中隊

現時兵額爲兩中隊一獨立分隊 官兵待遇略事提高

本縣保安隊自改編以來、因二十三年度預算超出前警察隊核定數九百餘元、省府因値此市面不景氣、農村破產之際、不欲加人民負担、故預算書呈核數次、未與批准、該款現已用七個月之久、無法彌補、乃裁撤一中隊、計裁去官兵十六名、以符收支適合、現因該隊經裁減後、自四月份起、按照定數 兩中隊一獨立分隊編制、幷官兵待遇略事提高、但每月尚餘經常費五百餘元、本縣王兼大隊長以本地處邊陲 夏防將屆、誠恐兩中隊一獨立分隊不足以靈治安、擬按餘款再編制一分隊、幷將原有獨立分隊擴充騎兵十三名、合編爲第三中隊、中隊長由大隊附兼充、未知能成事實否、茲將縮編後、各隊官長列下、第一中隊長李繼廣、分隊長盧毓峯馬登俊董子英、第二中隊長喬金亭、分隊長陳書雲唐朝福宋繼明、獨立分隊長孫季德、大隊部副官劉敬修。

縣農會定期改選第七區鄉農會

本縣二三四五六各區鄉農會、業經次第改選完竣、現又定期改選第七區各鄉農會、茲悉於四月四日、在趙河學校、改選趙河涯鄉、在葦子坑學校、改選葦子坑鄉、在蔺樓學校改選胡樓鄉、在大程莊學校改選趙屯鄉、五日在邢橋學校改選邢橋鄉、毛樓學校、改選毛樓鄉、楊樓學校、改選楊樓鄉、周宅址學校改選史樓鄉、六日改選華山井小樓兩鄉鎮、聞改選地點各在其該鄉鎮公所、大約七日即可將該區各鄉農會、改選完竣云。

縣政府公佈捐稅章則

江蘇省各縣屠宰稅招商投標章程（續）

第十九條　該商當期滿交替所有未到期各牙行、不得減折收稅先填憑證、如有前項情弊、經後任查出舉發、照所得之數加十倍處罰。

第二十條　該商期滿交替、所有登錄憑證及布告用去若干、尚存若干、應悉數移交後任繼續塡用、如或短少應照前財政廳稅票辦法、每張科以五十元之罰金。

第廿一條　舊商期滿卸辦後、所有牙戶底冊文卷 及用存登錄憑證布告悉數、移交後任點收、並限五日內新舊任會同呈報本處備案、不得違延。

第廿二條　該商承辦牙稅、仍照屠稅認商辦法 予以主任名義並刊發鈐記、以資信守。

第廿三條　本處整頓牙行章程、除關於長期牙稅、由縣辦理、及第八條另定辦法外、餘均適用。

第廿四條　本章程如有未盡事宣 本處得隨時修正之。

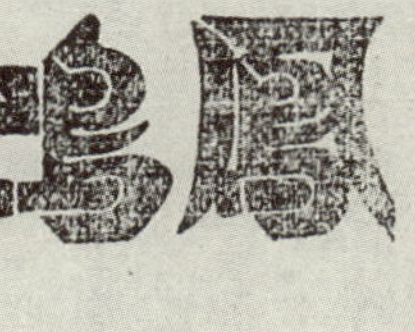

第九十三期

一、本刊內容分科學常識論著詩歌小說戲劇散文書信書報介紹及批評等項
二、本刊歡迎投稿來稿文言白話均可
三、來稿本社有修改權不願者應先聲明
四、未經登載之稿除預先聲明者外概不退還
五、本刊編輯部設豐報社內

漫談

世界三大思想系統之現在及將來

（在第十三次總理紀念週講） 雲章

在複雜緊張的現時代的國際情形之下，政治的動向，有三大思想：就是共產主義，資本主義，三民主義。這三種不同的思想，各佔領了一部份的時間和空間。現在就現在的情形推測將來的結局，分別的報告在下邊。

一．共產主義 他所佔領的空間是蘇俄。他的理論根據，是錯誤的。因爲對人生的了解，只注意物質一部份，而把精神生活忽略。并且他的政策——階級鬥爭，又是社會的病態。只能破壞社會，不能使社會進化，并且馬克思的共產主義，一傳到蘇俄，經過列甯的手，馬上變爲了布爾塞維克主義。他的經濟政策，是集產制度，是國家資本主義，我們看看他的第一五年計劃成功，第二五年計劃正在進行，已經走上了資本主義化的道路。可說共產主義在現在的蘇俄，已經完全失敗。至于世界共產黨勢力最大的國家：在歐洲只有德國。但現在的德國人民，因爲憤于內憂外侮的壓迫，不願再有紛擾。所以希特勒登台一麾，本來聲勢雄壯的德國共產黨，竟從此消聲匿跡。這完全是民族意識，國家意識，征服階級意識的表現。在亞洲只有中國。但中國爲生產落後，及文化低落的關係，階級構成，尚未成熟。雖有失意的青年，和生活困難的民衆，一時受其蠱惑，但一有打擊，便立時覺悟。所以現在的中國共產黨已走入墳墓。在中央以全力剿共以來，現已完全成功。總上一切，可以斷定共產主義的將來，必歸失敗。

二．資本主義 是指資本帝國主義的法西斯蒂運動而說的。因爲國際資本主義，在他們的自造的矛盾現象，造成了自己的危運以後，只有走上法西斯蒂運動的道路，來解救目前的危境。在現在世界上，最惹人注目的，就是墨索里尼領導的意大利的法西斯蒂運動，和希特勒領導的德意志的法西斯蒂運動。至于美國羅斯福的復興運動，和蘇俄的生產統制，獨裁政治，也何嘗不類似法西斯蒂。其他如日本，英國，法國，土耳其，波蘭，芬蘭等國，也都正在醞釀着法西斯蒂運動。但是意大利的法西斯蒂，和德意志的法西斯蒂，還有不同之點。意大利的法西斯蒂，還帶着資本主義的色彩，墨索里尼一人能醞釀意大利的興衰。而德意志的法西斯蒂，民族思想卻非常濃厚。他主張「一個民族代表整個德意志民族的利益，一個德意志民族，好像中國的全民政治」，但是卻害了偏狹國家觀念，終究仍不免走上侵略的帝國主義的途徑，而不能和中國的三民主義一樣的命運。至于法西斯蒂的將來，不出兩個結局：1.同到資本主義的路上去，而同資本帝國主義，同時崩潰；2.發揚民族精神，消滅侵略性，而走上三民主義的大道。但是走上了三民主義的大道以後，法西斯蒂便根本改變了。

三．三民主義 就是本黨總理孫中山先生所創的三民主義。他的內容，大家想已看過，不必另行解述。現在三民主義所佔領的時間和空間，雖範圍較小，可是將來的成功，反較其他二者爲大。他在目的上，雖相同於共產主義，但不像共產主義的那樣否認客觀的環境。同時在方法上，又適合現代的潮流，和國家的環境，以民族利益做基礎，有類似法西斯蒂的地方；但是不像法西斯蒂的那樣偏狹和帶有侵略性。更不似沒落的資本主義。他有科學的進步的理論，和合乎時代潮流，國家環境的革命方法。因此我們可以斷定三民主義，是現時代最偉大的救國救世界的主義。使全人類，都在共生共存共進的道路上，走向大同的世界。至于共產主義，和資本主義，久已在中途夭折而消滅了。

文藝

春之林野

懸君女士

可愛的春神，已降臨人間了；大地的生物都呈現着活躍的狀態。終日穿着皮襖圍爐而坐的先生大人們，現在也脫離了寒冬的威脅，寒冷寂靜的鄉村，都已成爲熱鬧喧擾的大市了。

春神，可愛的春神喲！你掃除了人們的愁悶，你繁榮了郊外的野花樹木，頃時間把冷枯的宇宙，點綴成美麗的世界。

尤其是陶醉於春神懷抱的鳳鳴公園，那裏有碧綠的水，襯着黃金般的斜陽，水上的波紋隨着微風而蕩漾；岸上的楊柳飾着嫩綠色的淡裝，在和風中漫舞；桃李雖未發葉，但已帶上粉紅的花蕾了。微風中，可以嗅到馨芳的薔薇，野花中可以看到粉蝶的飛舞，更有那尋芳的侶伴，並坐堤上，訴說他們的衷情。

田間的麥苗，在春暖中更顯得茂盛，微風吹來，碧浪千頃。

累累的荒塚滿佈着嫩綠的淺草，旁邊的松柏也換了深綠色的新裝。塚內的人兒也或許在那裡微笑呢。

遠處的鄉村，在那碧綠色樹叢內露出了茅舍，炊烟四起。紙鳶迎風飛翔，更點綴了空中的景色。啊！這一切的一切，是多麼令人陶醉啊！

的確春天是快活的時節，尤其是桃紅柳綠的林野景色，眞令人難以描繪啊。

戲馬

瀾影

淡蕩春光裏
桃花印馬蹄
長楊遮不住
飛過小橋西

失望的阿英（續）

飄餓

這位劉大老爺是清時進士，是個專制魔王；他有兩個兒子；長子在軍隊做團長，次子在大學校讀書。他仗勢欺壓鄉里，便有一個土豪劣紳的名字落在他身上。他對待他的使用人也非常苛刻。微有做事不遇，或不如他的意時，就要打……！罵……！尤其是在阿英身上，眞是殘暴萬分了！

有幾次他叫阿英倒茶，阿英就勉强的端了一杯茶遞給他喝了；又叫她給他開大婦，她說了聲『不會』，弄惱了這位劉大老爺，喝動侍郎將她打得渾身紫腫，攆出門。時，太陽已落了，黑暗統治着天空。茫茫無際的天海裏，密佈着無數的小星，明滅的躍動着，宇宙間的一切都是寂靜，無聲。

阿英回到自己的臥室，點上一盞煤油燈，搬了把破椅子對窗坐下，想着她自己的經過，銀珠似的眼淚，不由自主的從眼眶中點點的滾了出來；她想在家受繼母之打罵，傭工又受主人的虐待，眞是雞犬不如了。這樣的生活，怎麼過下去呢？不如死了吧！不！我的丈夫在外當兵已二三年沒有來信，他就不能做官麼？當團長麼？他若做了官，當了團長將我接去，我不是做了團長的太太麼？她想到這裏，便不哭了，微笑了，忍着痛苦，在打罵下過生活了。

光陰荏苒，日月如梭，轉瞬之間半年已過。阿英正在房中思她丈夫，忽聽得門房在外面喊她：

『阿英！阿英！你的丈夫來了』！

『怎麼？來了！』

『來了！』

『先回去對他說：我後面就去』。

她因爲想着她親丈夫回家，一定是帶着護兵，坐着汽車，來接她去做太太，於是梳梳頭，洗了洗臉，換了幾件衣服，很歡喜的走出大門，問門房說：

『那裏』？

門房指着東面廁所牆跟前，堆縮着的一位臉黑黃色穿一套破爛不堪的軍服的人說：

『那不是麼』？

阿英看了，果然是她的丈夫，她做太太的期望頓時墮入海底，瘦黃的臉上青一片，紫一片。她這時想非死不可了。

春雨

聞人

年豐慶洽豫歌謠。
沛澤春含野沃饒。
烟織碎絲輕漠漠。
霧籠芳樹遠迢迢。
田平映綠肥添穀。
浦極浮藍淺帶潮。
天薄暗蒸雲潑墨。
遮山四望黯魂銷。

姊花風雨（續）

劉宗信

「你叫什麽名子?」

「我叫織雲」

「今年幾歲啦!」

「十五歲」

「你家有什麽人?」

「有爸爸媽媽，弟弟，和我四口人」。

「爲什麽出來做工?」

「爲了要吃飯穿衣裳」

…………

第二天早晨，她從家裡穿來的藍土布半新舊衣褲，也換成半新舊的花丁綢衣褲了，那是小姐不要的衣裳。她在太太屋中掃地，站在大穿衣鏡前面，看看自已所穿的花的綢衣，雖然有些不大合式，卻也覺得自鳴得意。

「織雲，向這裏來」，小姐在喊她。

她走進小姐屋子裏，一看房間雖不大，收拾的卻也工緻，一張鋼床靠山牆鋪着，窗下陳設着化裝台，還有沙發，衣鏡，及她不認識的東西。

「小姐，喚我做什麽?」

「你吃橘子麽?」

「不吃」

「不要客氣，吃吧!」

織雲一口氣吃了一個金黃色的大橘子，這還是她破題兒第一遭呢!

「織雲，我覺得你太可愛了。你在我屋子裡睡好麽?」

「太太喚我呢?」

「我對太太說」

自此織雲便和小姐住在一個房子裏，小姐性情很溫柔，和織雲非常要好，並且她風姿綽約，容貌俏麗，和織雲比較起來，到像一對姊妹花呢!她是一個高中的學生，年齡比織雲大兩歲，芳名錦華。一天晚上，織雲正和小姐綉枕頭，忽聽見太太喊聲：

「織雲來喲!」

織雲走進太太屋內，太太叫她察煙罩，她一個不小心，崩的一聲，烟罩察破一小塊，刺破了手指，流出鮮紅的血，恐怖的心壓制着手指的慘痛。不敢哭，也不敢響，把手指含在嘴內。

「小孩子做事，這樣不留心，以後非打不行。」太太把織雲責備了幾句。

織雲流着淚走進小姐屋裏。

「怎樣哩!織雲，哭什麽?」

織雲把剛才流血的手指伸出來給小姐看，小姐趕快拿牙粉替她敷在傷口上。用消毒棉布裹好，「好妹妹，不要煩惱，我來彈鋼琴給你消譴」。仁慈的小姐，便成爲織雲的唯一良友。

回憶

閒人

小齋獨坐思悠悠，往事那堪再回頭，我今已如孤飛雁，滿天風雲使人愁。

春晨

前人

曦光微透樹枝頭，小鳥晨歌爲解愁，碧草野花流水岸，春光能得幾回留。

小講台

談談「農夫」

筱玉

論國勢的强弱，必先看一國的財政充足與否，而財政的充足與否，還必須以人民的『勤』『惰』爲條件。國家是人民的積體，反過來說，人民就是國家的分子。人民的勤儉懶惰影響於財政，而財政的多寡又影響於國勢的强弱。所以人民若勤儉國家因之就會富强；人民若懶惰，國家也會因之而貧弱。這是一定道理。照此看來人民豈不可尊可敬麽?但是什麽人是勤勞的人民呢?不消說，人人都知道的就是『農夫和工人』，然而農夫和工人相比較起來，而農却又比工人勞苦得多了。怎麽見得呢?請諸位在鄉下留心一下，就可知道了，就可很清楚的知道了。農夫能忍苦耐勞，冒風冒雨去春耕夏耘。甚至很多農夫都光背赤足的披星戴月去到田間做那勞苦的工作。其苦眞非一般人所能想到的。他們在一年的當中，能有幾時的休息呢?唉!那一年不是在千辛萬苦中過生活呢?農夫拿了記不勝記的血汗的結晶，才換得各種粮食及棉麻等等的東西，來供給我們衣食之用的溫飽的資料。他們這種功能，到底有多麽大呢?我敢斷言一句，沒有一個人的生活不是利賴農夫的。諸位，請你們在雜誌上或別的書上，看看歐[illegible]各國現在的農業如何，就可明白了。

現在歐美各國的人民都把農業看作國家的命脈。人民都是勤勤懇懇的，以種地爲主事。子細的辯別地性質，用適合的種子去種植。并且精選各種種子，更厚培以肥料。所以每年的收穫，都超出我國數倍。像這樣的國家，倉廪怎不充實呢?國家怎不富强呢?而我國呢?却是不然，一般的豪商們所穿的衣服都是綾羅緞疋，嗶嘰絨呀，美麗十二萬分；所吃的東西，都是山珍海味以及膏粱之精，自己還傲慢自居，洋洋得意，以爲受風吹雨打的老農是應該來孝敬的，不足以重視。他們覺得若尊重老農似乎有些失去身分的樣子；因此一般闊老們見了上頭土腦的老農便視爲卑鄙的老寃，見了穿破衣爛服的老農便以爲是下賤的人，甚至於惜惡得不了。這還不算什麽，尤其是見了不識字的農人，更看如牛馬一般，猪狗不如；以爲這碌碌愚蠢的農夫，在人類界裏不算什麽東西。唉唉，我不知他們那些輕農賤農的人，所穿的衣服是誰的衣服?所吃的東西是誰的東西?難道是上天給與的不成?哭!得魚而忘網，飲水而不思源，世界上的這種人眞不在少數啊!

俗說：『天生四民，農爲之本』，此話眞眞不錯。假若沒有農人，『士』『工』『商』都是不能生存於世上的。什麽道理呢?就是因爲士人不能赤身去求學，更不能空着肚子去讀書。就是商人工人也必須有衣穿，有飯吃，而後手可以從事各種工作和貿易，絕對沒有飢受寒而去從事各種事業的。即是富貴的家產：金玉的寶貝，餓了也不能當飯，冷了也不能當衣，到了無衣無食時，不免就要流爲討飯的乞丐，或挺而走險。由此可見貨幣沒有飯可貴。粮食是大家共同需要的一種寶貝。

我們大家都知道沒有食不能生活，既然如此，我們又要看看食是從那裡來的呢?食出於粮食，粮食出於農夫。要是沒有農夫，粮食焉能從天落下來呢?無有粮食，而飯又從何處來呢?這樣看來，所以農夫是『四民』的生活的泉源。諸位思想，『農夫』豈不重要麽?豈不比別的一切的人都重要麽?啊!可惜一般的農夫，往往因士大夫輕賤的緣故，每每有一些人都棄農而去從事工商。總不喜歡去研究西法，改良種植去，遂弄得我們老大的農業國粮食年年缺之。以致國困民窮，危在旦夕。不重農的弊端眞完全暴露出來了。捫心想想，怎不令人痛心而咀咒呢?

現今正是農村破產的時候，爲最近打算，只有多備農業學校，設農會提倡重農主義。研究西法，改良植種，教一般的農夫去按士性所宜，努力的去幹農事的工作。那麽倉廪怎不充足呢?粮食怎不富饒呢?人民怎不安居樂業呢?國家怎不由弱而强呢?不然我們質弱的中國，在這生計競爭的時候，財政缺乏的當兒，人民的生活恐怕是永久是沒有解決的時候。及至到幾十年後，病入膏肓就不可藥治了。願現在一般輕農賤農夫的大人先生們，低頭思之，鄭重思之!

出賃房屋啓事

玆北關老當典有堂瓦屋三間出賃，其有願賃者，請卽與房主接洽可也。

房主　李正剛　啓

司法欄

△縣政府司法批示▽

▲刑事原具狀人吳志立，一件，爲懇請將案註。并開釋民妻。永不翻控由，狀悉，准予撤回，此批。

▲刑事原具狀人魏憲升，一件，爲無辜陷押，哀懇鴻慈恩准賞保看釋由，狀悉，本案關係重大，礙難准保，此批。

▲刑事原具狀人魏憲，一件，爲再懇鴻慈垂憐無辜，恩准交保釋免受羈累由，狀悉，仍待研訊，礙難准保，此批

◎刑事判决◎

尹信三（卽尹克文）等因誣告及私販鴉片案判决。

主文　尹信三（卽尹克文）誣告處有期徒刑三個月，裁判確定前羈押日數，以二日抵徒刑一日，季興塘李興邦均無罪，本案判决全部，應在本縣登報公布之，其費用由被告尹信三（卽尹克文）負担。

▲本城粮價

名稱	每市斗價目 最高	最低
小麥	二千六百七十文	二千五百文
高粮	一千七百八十文	一千七百文
黃豆	一千九百五十文	一千八百文
大麥	一千八百八十文	一千八百文
榖子	一千六百文	一千五百文
菉豆	二千六百文	二千五百文
黑豆	一千九百文	一千七百文
芝蔴	三千三百文	三千一百五十文
江豆	二千二百文	二千[illegible]百文
稷子	一千五百七十文	一千五百文
花生（每斤）	一百七十文	一百六十文
瓜子（每斤）	三百文	三百文

氣象

陰

風向　西南風

最高溫度　六二

最低溫度　五二

第三十三期目錄

兒童年

王如熉

本年四月十二日起，至明年四月三日止，爲全國兒童年，這很値得爲兒童們恭喜的好消息，是內教兩部爲加深國人對於兒童教養觀念，會呈行政院批准規定的。他的意義，首在喚起全國民衆注意兒童之教養，保護兒童身心健康，及圖謀兒童福利，使完成兒童之肉體精神及社會能力。所以這兒童年的產生，實不啻我全國兒童們的救星了。

回想從前呻吟輾轉於痛苦生活下的兒童們，是多嗎可憐！一般成年人，總是都說，小孩子算不了什麼，什麼都不知道，那家不是都當作小貓小狗養活呢！束縛兒童的天性，拿兒童天眞爛漫的行動，認爲是有意玩皮，責罵之後，往往再繼以鞭楚。縱或不是這樣的，也都溺愛不明，養成兒童不良的習慣。對於兒童應受教育的權利，完全馬虎了事。憑父母的好惡，高興令他入學，不高興就全然不管。總之，一切都毫不用心，不要說是積極方面兒童的正當福利了。

現在國家規定本年爲兒童年也算是兒童教育史上一個新紀元，兒童福利的開始。我們爲尊重兒童計，爲教育兒童計，爲國家的前途計，均應當聯合了家庭，學校，社會和國家，都負起爲兒童謀福利的責任。

甲，關於兒童家庭的

凡昧於兒童在國家民族地位的重要而束縛兒童壓迫兒童的，亟應立刻設法解放。在觀念上，應認培養兒童是爲國家和社會造人才，爲將來民族謀出路。兒童的衣食住行，均應加意保護。兒童的一舉一動，務注意養成其良好習慣。父母要以身作則，不使兒童熗染絲毫的惡習。平時細心考查兒童的過失，和藹的予以糾正，不使兒童有懼怕的痛苦。更不要將兒童當作夫妻間氣忿下的犧牲品。在社交方面，不要拿兒童當作交換品和一種玩具。最後要注意兒童的身心，時時設法改良其生活環境。

乙，關於學校的

校內一切設施，當以兒童本位教育爲主體，尊重兒童的人格，公正的待遇兒童。擴大兒童眼界，發展兒童能力，處處注意兒童學習興趣，給兒童充分的活動。戒絕體罰及率爾的虐待。還要注意個別訓練及其集團生活。

丙，關於社會的

中國社會，對於兒童教育，可說是向來都等於零。還講什麼優良環境，不優良環境呢。然愈是如此，愈要大聲疾呼。增設兒童公園，兒童圖書館　兒童運動場及兒童衛生機關。要力謀免除兒童災病危險。增進兒童便利。尤要嚴行取締於兒童有不良影響的玩具，書籍，和娛樂等。對于天才兒童的發展，也應該大家負責。

丁，關於國家的

對於兒童年及兒童教育，國家已有具體的方案，本來勿容贅述。但個人以爲最基本的辦法，要力謀普及義務教育，並酌量施行强迫教育。另一方面，還要普及民衆教育及改進師範教育。在國家經濟可能範圍，多設嬰兒研究機關，託兒所，及幼稚園；政府還要亟早頒布兒童法。更要禁止童工，並審查及擴充兒童讀物。國家對於兒童之責任較社會學校或家庭，究竟更大得多。說起來，更要掛一漏萬""。

兒童年的重要意義，及其各方面，應負起之重要責任，略如上述。大家應如何一致努力！如何急起爲兒童謀正當的福利！我們要去幹！我們要快幹！坐而言，還要起而行啊！

南下參觀臨別留言

教育參觀團

我縣僻處蘇省西北，教育落後，故經第四次縣教育會會員大會決議組織外埠參觀團南下參觀　以資借鏡，同人等因得赴外埠參觀機會，各凜於責任之重大，並自愧才短而學疏，深恐不能明察秋毫探人之長以補己之短，有負同人之委託，於此臨行之前爰舉參觀目標數點，以就正於全縣教育同人之前：

一，生活教育應如何實施？教育即生活，早爲教育界所公認，惟言雖如此，而教育與生活，日趨隔離，遂使受教之靑年，不能適應社會環境，近來鎭江大港鄉村義教實驗區，有生活學校之實驗，吾等應觀察其實施之方法，以便仿效。

二，中心小學區制應如何澈底仿行？中心小學區制，在使散處鄉村之小學化零爲整，統納於少數優良校長指導之下；以增加教育行政之效率，此等辦法，最早實行於嘉定，收有成效，本縣已有中山村李寨兩處仿行，惟尙有問題，須待研究，吾等應往中心小學區制之發源地，詳密攷察，以便澈底仿行。

三，社會教育應注意之問題？自經本省教育廳頒發社會教育各種標準工作後，遂使千頭萬緒之社會教育，可以分門別類的逐步實施，但生計教育中之提倡合作提倡副業，語文教育中之識字班流動教學，公民教育中之實施集團訓練，許多需要研究者，故應往各省館之實施區，以觀其究竟。至崐山的徐公橋，上海之顧橋，均以教育力量辦理鄉村自治著有成效者，亦應詳細觀察，以取其長。

四，山海工學團之小先生制？陶知行先生所創設之山海工學團，利用學生教學生，以最經濟之方法求教育之普及，吾等亦應觀察其活動之狀況，以便仿行。

統上四點，爲吾等根據吾縣之需要，以擬定之目標，將來能否達到目的，須觀二週以後之結果。屆時當行詳細報告。

外埠教育參觀團報告之一

——我們的請示所得——

我們這次奉派到外埠去參觀教育，各界人士對同人等既有深切的期望，同人等亦自覺責任綦重。故於起程之前、分別進謁董局長王縣長李常委黃監委請示一切，俾資遵循。茲將請示所得，分述於後：

董局長的指示點：

一，切實考察生活教育的實施。

二，切實考察社會教育的生計教育。

三，對於嘉定縣的中心小學區制及山海工學團，應抱研究的態度，切實考察。

四，要特別注意學校中的推廣事業。

王縣長的指示點：

一，認眞考察小先生制度，以期回縣後試行。

二，附帶參觀工廠，以作本縣擬辦之民生工廠的資助。

三，注意社會教育的合作事業，以圖謀農村經濟的建設。

李常委的指示點：

一，每日在參觀之前，要開會擬定對參觀之學校或機關的詢問點及注意點，但須以本地可以仿行者作核心。

二，每日參觀後要整理筆記，並討論其優劣所得。

三，注意外方的政教聯絡情形。

四，在經濟破產的社會中，外方對於學齡兒童有無勸導入學的妥善辦法。

黃監委的指示點：

一　共同參觀，分工記載。

二，對於參觀之學校或機關，要搜集其刊物，以與觀察所得者相印證。

三，逐日整理所得，寄縣發表。

我們得到了這些指示，深覺對於參觀的注意點及考察法，大爲完滿，資助實多。同人等如得南針，歡躍之餘，濡筆記出，以作全部報告書之開場白。

教育局舉行社教機關主任人員第二十三次會議

教育局於四月十五日下午一時在本局會議室舉行社教機關主任人員第二十三次會議，出席者，黃蘊玉，馬漢勛，高寄塵，王韶岷，孫基武，馬豔華，孫樹芳，岳潤甫，馮矩堂，程守模，主席岳潤甫，紀錄馮矩堂，行禮如儀。

1，報告事項：

一，各社教機關一月份支出決算書及二十四年度歲出概算書應急速呈報。

二，省徐民教館函請推廣狠山鷄種並附有鷄種畫報。

三，私立立達女子初級中學函請捐款建築校舍望從速送局以便函送。

四，教育週刊稿件各社教機關要按期撰擬，藉便登載

五，兩中心民校校址下年度將有遷動，正函請三五兩區區公所物色中。

六，小學校禁烟演說競賽會各預賽區評判員各社教中心機關負責辦法。

2，決議事項：

一，教育週刊應如何繼續送稿案，決議：

1，按照前定辦法繼續辦理。

2，每週輪流指定四機關負責，第一組城市民教館，公園，店子民館教，三區中心民校。第二組趙莊集民教館，五區中心民校，民教實驗區，華山農教館。

二，省徐民教館函請推廣優良鷄種，應如何辦理案。決議：

1，各社教機關盡力宣傳。

2，各社教機關所需推廣之雛鷄數目應於本月二十五日報局，彙齊函購。

3，各社教機關應通知各區巡迴民校按照辦理。

三，禁烟演說競賽會之獎品應如何一制辦理案　決議

1，各社教機關各出洋兩元。

2，推程守謨，孫基武先生負責購辦。

轉載

民衆教育實施問題（續）

高踐四

四，生產教育問題　我們要使得老百姓來解決自己的問題，先要使老百姓能自覺，老百姓如何才能自覺呢？須他們在經濟上有相當發展，可能自覺，要經濟進一步，政治才能進一步，文化也能進一步。如商人須經濟有相當的發展，方需要商會，而有力量。又如英國衆議院的權大，由於中產階級的經濟，有了相當的發展，到最近二十年來，工人的經濟，有了相當的發展，工黨便亦隨之而發展。總之，團體是經，問題是緯，團體有無力量，須看經濟之是否發展。所以我們要進一步注重到生產教育問題。

五，保甲問題　最近江蘇省政府要推行保甲，這實在是我們工作的好機會。在北方各省　看了保甲便頭痛，因爲保甲是派款派人的。聽說我們江蘇徐海一帶的保甲，辦理很好，可見保甲可好可壞。在我看保甲便是一個團體，這個團體如何可以健全？要使保甲不僅是執行機關，并且成爲會議機關。各處人聽了保甲制度，便要頭痛，這便是全做的執行機關的結果。現在我們可以幫助縣政府區鄉鎮公所常常指導保甲者，開聯席會議，拿地方上的應興應革的事項問題，討論進行，保甲制度，便可實現地方自治。

六，民衆教育的重要性　我們知道世界第二次大戰，快要爆發了，我們應該怎樣準備呢？大家說要講究國防教育生產教育，這種教育的發展推進，非有賴於民衆教育不可。第二次大戰以後怎樣呢？這是世界的轉變趨向的問題。現代文明，等於「團體」加「强權。」外人說：

，就是此意。他們在第二次大戰後，就會覺悟，而有進步的團體。這種進步的團體，便是「團體」加一理性」。中國人原來有理性的基礎，而沒有團體組織的能力興趣與習慣，中國人好和平，西洋人則不然。例如德國要做世界之錘。我相信他們在第二次大戰後會覺悟而有進一步的文明。我們如用教育力量發揚中國原有的民族精神，使中國人有理性的團體，實在與世界未來文化的趨向，是在一條路線上的。（完）

司法欄

△縣政府司法批示▽

△刑事原具狀人李振邦。一件，爲逞兇毆尊，喊請驗傷拘兇法辦由。狀悉，准予傳訊究辦，此批。

△刑事原具狀人李金氏。一件，爲因病誤染烟癮，登記領照，借屋吸食，適被查獲　在押哀懇鴻慈，法外施恩，賞保省釋由。狀悉，候查明再行核辦，所請保釋，暫難照准，此批。

△民事原具狀人邱錫光等。一件，爲僞造契約，欺詐田地，讒避繳費，請求傳案判追由。狀悉，候定期傳訊，此批。

△民事原具狀人邱香蘭等。一件，爲僞造契約，勒詐田地，讒避繳費，請求傳案判追由。狀悉，候定期傳訊，此批

△刑事原具狀人常卜氏。一件，爲喊請驗傷提究由。狀悉，傷已驗明，仰候傳訊究辦，此批。

△刑事原具狀人劉祥雲。一件，爲率衆逞兇，喊請驗傷拘兇法辦由。狀悉，准傳訊究辦，此批。

△刑事原具狀人王鳳環。一件，爲拐妻歸甯，霸不放回，懇求飭傳訊辦由。狀悉，候傳訊核辦，此批。

△刑事原具狀人劉心印。一件，爲匪盜隣封，供明夥犯，請求飭警一面提緝匪，一面緝拘逸匪，以免遠逃由。狀悉，准予飭隊查緝，歸案究辦　此批。

△刑事原具狀人丁二牛。一件，爲無辜被誣　羈押已久，懇請咨提眞匪到案質訊，以明虛實，而免冤累由。狀悉，仰候核辦，此批。

◎刑事判決◎

孫吉元等因販賣及私吸鴉片案判決

主文，孫吉元販賣鴉片，處有期徒刑十年，持有鴉片烟具，處罰金二十元，徒刑罰金併執行之，罰金無力完納，以一元抵監禁一日。邢二友私吸鴉片，處有期徒期一年，併繳納密報人獎金十元。被告等，裁判確定前羈押日數均以二日抵徒刑一日。煙泡烟具等件照單均沒收之。

周陳氏販賣鴉片案判決

主文，周陳氏販賣鴉片，處有期徒刑十年。裁判確定前羈押日數，以二日抵徒刑一日。烟泡一十三枚沒收之。

程敬芝等私吸鴉片案判決

主文，程敬芝袁善保私吸鴉片，各處有期徒刑一年。裁判確定前羈押日數均以二日抵徒刑一日。烟泡煙具等件，照單均沒收之。

△庭期審理案件▽

四月

十七日審理黃功舉等鴉片案

十七日審理王新勝訴劉韓氏拐賣案

△本城粮價

名稱	每市斗價目
小麥	最高二千七百文　最低二千五百五十文
高粮	最高一千九百文　最低一千八百文
黃豆	最高一千九百三十文　最低一千八百五十文
大麥	最高一千九百文　最低一千八百五十文
穀子	最高一千六百五十文　最低一千六百文
菉豆	最高二千七百文　最低二千六百文
黑豆	最高一千八百七十文　最低一千八百五十文
芝蔴	最高三千三百文　最低三千一百五十文
江豆	最高三千二百文　最低二千一百五十文
稷子	最高一千五百七十文　最低一千五百文
花生每斤	最高一百八十文　最低一百七十文
瓜子每斤	最高三百三文　最低三百二文

氣象

陰

風向　西風

最高溫度　六〇

最低溫度　五〇

豐報

第七五四號
社址豐縣大同街
中宣會記證字第一九號　內政部登記證字第二二三〇號
中華郵政特准掛號認為新聞紙類

▲總理遺囑▼

余致力國民革命凡四十年其目的在求中國之自由平等積四十年之經驗深知欲達到此目的必須喚起民衆及聯合世界上以平等待我之民族共同奮鬥現在革命尚未成功凡我同志務須依照余所著建國方略建國大綱三民主義及第一次全國代表大會宣言繼續努力以求貫徹最近主張開國民會議及廢除不平等條約尤須於最短期間促其實現是所至囑

豐縣書畫研究社幹事會啓事

本社定五月五日至七日舉行書畫展覽會，屆時除展覽社員作品以外，另闢一室陳列古今名人書畫，以資觀摩，如有以珍藏古今名人書畫送會展覽者，本社無任歡迎，援將「古今名人書畫展覽辦法」附下，請珍藏家速爲見惠爲荷！

辦法

1，展覽品送交本會後除掣給收據外，妥爲保存。
2，展覽品送會後，如有損失概由本會負責。
3，展覽品限五月一日以前送交本會。
4，展覽品如願出售者，請自行標價，售出後，價目悉歸本人。
5，展覽品不願出售者，請標明「非賣品」字樣。
6，凡有展覽品送本會展覽者，會後，概行登報分別鳴謝。
7，展覽品于閉會後之第二日持據領取。

（社址在城市民衆教育館）

中外要聞

勦匪軍事捷報頻傳
閬中縣城已告克復

▲中央社重慶十七日電　軍息、我彭旅十五日晨擊潰匪僞九軍第七十九及八十一兩團、午抵南津關、匪退去、浮橋船隻、悉被焚燬、即派隊強渡過江、當將閬中城佔領。

▲中央社巴縣十七日電　蜀省殘匪、現已退去培江東岸、星期一與第五路軍相値、遭大軍猛擊死傷頗多。

▲中央社長沙十七日電　據報我李覺章亮基各部、十三十四兩日、分途向龍家寨進剿、斬獲甚多、殘匪潰竄、正追擊中。

▲中央社長沙十六日電　何鍵電告、毛匪澤東病劇、用扛架抬行、又匪部僞總參謀受傷斃命、殘匪向永順西竄、匪衆渙散、不難殲滅。

中央昨舉行第四五三次政治會議

▲中央社南京十七日電　中央政治會議、於今晨舉行第四五三次會議、葉楚傖主席、決議：（一）賈台黃河決口處合龍、應由國民政府查明孔祥榕及在事出力人員勞績、予以嘉獎、並飭沿河各省、對於災民迅予救濟、（二）准司法院[illegible]全國司法會議、會議規程、准予備案、（三）准福建省政府發行民國廿四年地方建設公債三百萬元、（四）任命吳中信爲貴州省政府委員兼主席。

吳中信到京謁林汪

▲中央社南京十七日電　新任黔省主席吳中信、日前赴黔謁蔣委員長、旋乘機返京轉蘇、聞吳氏已來京晉謁林主席、及汪院長、請示一切、至委員人選、俟中央選定、不久即可發表、在新省府未成立前、由臨時行政特派員李仲公處理一切。

戰區新保安隊
出發日期又延展

▲中央社北平十七日電　戰區新保安隊、原擬展至十八日出發換防、現已準備不及、決再延期數日、至保安隊指揮問題、尚未解決、已由殷同南下請示、決聽候中央命令。

魯教育行政會議閉幕

▲中央社濟南十七日電　教育行政會議、十七日閉幕、決議（甲）設立製革廠、動力織布工廠、紗廠、農產製造廠、人造絲工廠、紡毛工廠、印染工廠、造紙工廠、機械製造廠、精油總廠、（乙）籌集資本、及統治推銷計劃、（丙）添設濟南農林、博山窰業、濰縣紡織、周村染織、濟南電機、烟台水產、肥城園藝各職業學校。

攷選委員會
對本年應辦各項攷試正籌劃中

▲中央社南京十八日電　攷選委員會、對於本年應行舉辦各項攷試、現正積極籌劃中、關於普通攷試方面、業已通令各省市一律舉行、頃聞各地對於普攷、即將開始次第舉辦、至高等攷試、照規定係每隔一年一次、去年既未舉行、故本年決定九月間辦理、同時爲便利各地投攷人起見、本年高攷、亦將分京平粵陝四區舉行。

滬市平民福利事業管理委員會成立

▲中央社上海十七日電　滬市平民福利事業管理委員會、十七日午四時半、在吳鐵城私邸舉行成立會、通過執委會組織章程、及推定執委會委員俞鴻鈞等九人。

滬救濟工商業貸款
俟財部命令到後即可辦理

▲中央社上海十七日電　中央交通中國三銀行、會同銀行公會貸款二千萬元、救濟工商業、一俟財部命令到後、即組委員會、從事進行、一般認爲所謂四月底難關、可望和緩。

道格拉斯機在滬試飛

▲中央社上海十七日電　中航公司、新向美購到之道格拉斯機、十七日午後二時、在滬天空試飛十餘匝、至四時許降落、成績甚佳。

參加國勞會資方代表推定

▲中央社上海十七日電　國際勞工大會資方代表　十七日經全國商聯會、及中華工業總聯會、向各關係機關同意、決議仍推王志莘爲代表、另請顧炳元爲顧問、勞方代表聞已推定漢口碼頭工會主席王錦霞、將乘意輪出國。

哈斯視察各省返滬

▲中央社上海十七日電　哈斯偕吳秀峯十七日晨抵滬、據吳談、哈斯視察各地、道經有十一省、印象甚佳、均向統一建設之途猛進、統計每省公路、少者二千餘公里、多者達五千餘公里、目前可由滬乘汽車經贛而達粵、今年年底後、更可汽車由滬赴川、本人與哈斯定廿日赴港、轉往粵桂視察、勾留十日、哈斯定月底由港回歐、並悉哈斯擬日內謁宋子文、報告此次視察詳情。

閩羅源已無匪蹤

▲中央社福州十七日電　羅源縣長電省府報告、該縣散匪、已分別編剿、現在四境已無匪蹤。

今日為國民政府建都南京八週紀念

▲中央社南京十七日電　明日為國民政府建都南京第八週年紀念日、國府定是日上午十時、在大禮堂舉行紀念儀式、將由林主席主席並致詞、除已由參軍處典禮局、通知各院部會、文官簡任上、武官上校以上、屆時蒞會參加外、並於紀念會後、在第一會議廳用茶點、招待參加各高級長官及來賓。

經委會呈請國府撤回太湖水利會暫行組織條例

▲中央社南京十七日電　前日全國經委會、擬將太湖水利委員會原辦事務、併入揚子江水利委員會辦理、特將太湖水利委員會暫行組織條例草案、呈請國府轉送中央政治會議、中政會並議決交立法院審議、現全國經委會、以行政關係、復呈請國府、撤回太湖水利委員會暫行組織條例、國府據呈昨已照准發還。

行營令湘保護合作事業

▲中央社長沙十七日電　行營令飭湘省保護合作事業、如有故違、即依懲治土劣條例懲處。

湘省府成立禁烟委員會

▲中央社長沙十七日電　湘省府常會、議決成立禁烟委員會、委員名額、定為三人至五人、何鍵兼任委員長。

川省府組織公務人員資格審查委員會

▲中央社重慶十七日電　川省府組織公務人員資格審查委員會、定十九日成立、公務人員及縣政人員、廿日起開始登記審查、五月五日起開始甄審試驗、縣政人員訓練所、五月十八日開班、受訓三個月。

國聯行政院通過英法意聯合提出反對德國重整軍備案

▲中央社日內瓦十七日電　國聯行政院今晨開會時、已將英法意三國聯合提出反對德國重整軍備案、一致通過、此項決議案、經出席行政院英、法、意、俄、波、捷、葡、西、土、智、阿、與、墨等十三國代表、一致通過、惟丹麥放棄投票權。

▲中央社日內瓦十六日電　反對德國單方面廢棄和約內軍事條款、實行重整軍備之決議草案、已於本日午後、由法英意三國代表、聯合提出國聯行政院會議、此項決議草案大意如下、國聯行政院認為、（一）德國政府於三月十六日所頒布之軍事法律、實有背遵重國際義務之原則、（二）德國此種單方面舉動、不能造成何種應享之權利、（三）德國此種單方面舉動、實為促成國際糾紛之一種新要素、應視為對歐洲安全上一種威脅、（四）德國此種舉動、與安全組織計劃、既屬背馳、而與二月三日倫敦宣言書所提議、依據軍備權利平等制度、以普遍限制軍備之計劃、亦不能相容。

▲中央社柏林十七日電　昨日提高國聯行政院之三國議案、申斥德國重整軍備之決定者、今晨各德報一致駁斥之、以為此案如果通過、則歐洲和平組織、將受重大危害、如國聯妄自尊大、自認對於戰敗的德國、有擅加裁判之權、則欲德國重返國聯、殆亦難矣、柏林晨郵報稱、此案危及歐洲和平、行將封閉對德談判之門、柏林日報稱、三國不獨以公訴員自居、且以裁判員自命、欲判定德國有罪、此種舉動、不能不有嚴重後果云。

▲中央社柏林十七日電　據民衆觀察報所載消息、德政府因英法意三國曾向國聯行政院非常會議、提出反對德國重整軍備決議草案、擬向行政院各理事國提出抗議、謂行政院對於德國若在精神上加以指摘、則德國重返國聯之舉、即將增加困難云。

▲中央社倫敦十七日電　太晤士報駐日內瓦訪員電稱、英法兩國現正進行海軍談判、倘為順利、大約將在倫敦召集會議、以便討論德重整軍海問題。

保安處項處長定期啟程赴通

檢閱六縣保安隊　並視察沿途江防

△江蘇社　蘇省保安處項處長、前本定十日赴通檢閱通如崇海啟六縣保安隊、嗣因須往清江浦、召集所屬一三四團團長、及該地軍警黨政領袖、舉行臨時保安會議、決定展期赴通、於八日由省乘艦赴浦、在浦公畢、即行返省、定十六日啟程赴通、十七日檢閱通如崇海六縣保安隊、並視察沿途江防云。

駐防上黨保安隊五家頭與匪激戰

擊斃匪徒朱大等二名　救回一七歲小孩肉票

兩匪頭解省醫學院索去化驗

△江蘇社　縣屬南鄉上黨一帶、在前匪風甚熾、自經全省保安隊成立、由第二大隊第三中隊第三分隊駐防該地後、咸聞風遠逸、距於十二日上午二時許、該隊胡分隊長夢起、率領士兵等十數名、放哨至五家頭前邊附近、瞥見對山有十數人通過、胡分隊長當即向伊等狂呼口令、未幾忽見電光閃灼、繼而鳴槍示威、胡分隊長知為匪類、旋奮勇前、距離約半里許、雙方激戰頗力、一時空氣緊張、且戰且近、該匪等因槍彈有限、對敵半小時後、實力不支、紛逃各處、胡分隊長隨下令追剿、當場擊斃匪徒朱大等二名、獲嫌疑犯朱姓一名、救回肉票宋恆心小孩一名、並得舊式勃郎林手槍一支、子彈五粒、當時胡分隊長以該兩匪屍、搬移不易、乃令由士長李耀先用斧將該兩匪屍首砍下、連同肉票、及生擒之嫌疑犯並槍彈等一併帶至分隊部、訊問一通、據開該匪係由句容縣移至本縣、致遭擊潰、胡分隊長旋於十三日晚七時半、率領士兵文楨英等八名、將該兩匪首及肉票槍彈等押解縣府內大隊部、沿途鳴號示威、抵大隊部後、即將該匪首懸於縣府門前、一時民衆前往爭觀者、絡繹不絕、記者昨晨趨車至該隊部探訪、當由胡分隊長接見、承告以上情、並招待至分隊室內視肉票、據該票小孩宋恆心云、句容東堰塘人、年七歲、父名宋繼順、於廢曆二月十二日被匪綁去、函邀四千元贖票、否則即將該票分撕、嗣逾一月未贖、該匪等知事不妙、乃設計遷移鍾縣南鄉云、十四日因星期假、停止辦公、上午十時許、該分隊士兵等仍返原防、胡分隊長在省呈報案繳大隊長、定十五日審訊、乃致函第二大隊部將該兩匪首索去化驗其腦部組織、以資研究云。

蘇省當局計劃改進全省棉業

劃分中美棉推廣區域　改良品種及栽培方法

△江蘇社　江蘇氣候土質、適於植棉、向為我國棉產重要區域、蘇省當局以棉業為改進農業問題中之急要問題、且江蘇為全國棉產之中心、計劃改進、實難再緩、查本省棉田面積之廣、出產之豐、尤為各省所不及、若任其荒廢、不從事墾植、殊為可惜、茲特擬就改進棉業計劃、探錄如次、

棉產概況　（甲）江蘇現有棉田面積常年約九百萬畝、多時約一千萬畝、（少時約七百餘萬畝、）各縣中以南通之植棉面積為最多、海門如皋崇明次之、上列棉田面積均係已墾熟者、其尚未開墾預計將開墾後、可以植棉者、估計約有二千萬畝、（乙）皮棉產額、江蘇年產皮棉、約一百五十萬擔、（少時約六十萬擔、多時約二百萬擔）各縣產棉、南通居第一位、（丙）棉花品質、江蘇各地之棉花品質、分通州棉、崇明棉、常陰棉、下沙棉、太倉棉、鹽城棉、上海棉等種、自社會進步、紗機需勢漸由粗入細、往之以紡十六支紗作為中心者、今則改進至二十支以上、蘇省各地土棉纖維粗短而撚曲數低、大多不適於紡製二十支以上之細紗、則應謀品質之改進、誠不容緩矣。

棉區劃分　江蘇各地所植棉作、雖品種不一、然大別之、不外中棉與美棉兩種、故棉區之劃分、即可依中美棉之分布狀況、而劃分中棉與美棉兩大區域、甲、中棉區域、江蘇之腹部長江兩岸地帶、包括南通、海門、啟東、如皋、靖江、崇明、泰興、江陰、常熟、太倉、嘉定、上海、寶山、南匯、川沙、松江、金山、青浦、江浦等縣、乙、美棉區域、蘇北當海之地、自啟東起、歷海門、南通、如皋、東台、鹽城、阜甯、漣水、灌雲、一帶之鹽墾區域及徐海各地。

○業改進

甲、改進目標、一、本省棉作產量之增加、二、本省棉作品之改善、以上兩項中、於第一項尤須加以注意、乙、改進原則、中棉與美棉並重、丙、改進方針、一、用試驗方法、研究改良棉作之品種及其栽培方法、二、就既往改良之品種及栽培方法、推廣普及於農間、丁、改良方案、子、改良本省棉作品種、（甲）原則、一、繼續選育並繁殖已經改良而又合於本省之品種、本省已改良之品種、中棉如鷄脚、江陰白籽棉、美棉如脫字、鷄脚洋棉、均已著有相當之成績、應積極繼續選育並繁殖之、供以推廣、二、積極選育合於本省之新良品種、（乙）方法、積極推行後列各法、一、純系育種法、二、引進新種法、三、雜交育種法、丑、改良本省棉作栽培方法、（甲）原則、一、繼續改進已經改良而又合於本省之栽培方法、二、改進本省尙未改良之栽培方法、（乙）方法、用栽棉試驗方法、各項棉作栽培方法、分別舉行試驗、三、推廣、子、目標、使普及於全省、丑、原則、中美棉分區推廣、同時進行、一、擇定中心逐漸向外擴展、二、採地方純種主義、寅、區域、劃分中棉推廣區、美棉推廣區、

栽培方法

品種及栽培方法除栽培方法、視各地情形決定外、關於品種方面、分述如下、一、中棉、暫用改良雞脚棉、及改良江陰百子棉、應於各地之風土而分別推廣之、第一地方、以推廣一品種爲原則、二、美棉、暫用馴化脫字棉及改良雞脚洋棉、亦視各地之風土而分別推廣之、每一塊地方、亦以推廣一品種爲原則、步驟、一中棉、以南通狼山爲中棉推廣區全區之中心、二、美棉之推廣、以南通三餘鎭爲一中心、以銅山爲第二中心、第一中心以鹽墾域各公司爲範圍、第二中心、以徐海各地爲範圍、俾便普及農民、其保持純種辦法、一、組織連鎖合作社、二、設立大規模軋花廠[illegible]

改良機關

一、江蘇省立棉作試驗場、（省立）二、江蘇省棉產改進所、（中央地方合立）三、江蘇省立棉作試驗場、（省立）四、產棉縣各縣農業推廣所、（縣立）五、南通學院農村、（私立）六、中央大學農學院、（國立）七、金陵大學農學院、（私立）以上各機關、雖性質不同、組織互異、然謀所以致力於江蘇棉業之工改良、則其主旨殆無不同、以後應聯絡進行、整齊步伐、以收分工合作之效云。

蕭縣事業之鳥瞰

公林四十萬又設大規模苗圃　工廠經費撥定河路工多告竣

土地陳報進行緊張

▲江蘇社（徐州通訊）蕭縣地處江北、因當多年水災匪害之後、痛定思痛、黨政機關確能團結、與人民上下一致、而縣政府又賞罰嚴明、用人愼重、故各事均呈旺象、近除建設公安廳事業需要、擴充設科、戒烟所爲期縮短期限、於一年半以內、完全戒絕、設立分所、均奉省府令准實行、並委定邑紳王展如李公達等分任科所長外、而各種實際建設工作、頗多可資紀述、分誌於次、

公有林

蕭縣前已營造救濟水災公有林、去年造縣公有林四十二萬株、民有林倍之、今年原定經營縣區鄉公有林八十萬樹、嗣以苗木不敷、日前查驗各區數目、計五十萬株、業已分別地點列表報告、私有林新營數目、正在查報中、

大苗圃

蕭縣限於經費、過去農業推廣所經營之苗圃、範圍太小、育苗不多、姚雪懷爲使明年得依照三年完成造林計劃、大規模植樹起見、特設法籌撥經費一千元、在縣城東關外圈租民地百五十畝、設立廣大苗圃、業於十四日由縣府農業主任着手辦理矣、

新工業

蕭縣近年來致力各項農村生產建設、訓練合作社人員百人、成立信用生產等合作社百三十餘社、以促其發展、故現在農產品原料大增、爲免賤價出售、致妨害農村經濟起見、由縣府農村救濟委員會籌設民生工廠、於上年十月一日開辦、試辦製葡萄酒以推銷葡萄、織草帽緶以利用麥稈、軋棉花以推廣優良棉種、榨豆油燃燈以替代洋油、發電裝燈以繁榮市面、因當時限於事實、雖決定基金爲二萬元、未能撥定、茲縣府以本年度行將告終、於十四日撥足該廠事業費三萬元、並以試辦各事多見成效、已確定正式業務矣、

河路工

蕭縣縣道、業於上年築成、計三百一十七里、今年春季農隙、進行修築全縣區鄉道路、第二第三第五各區計完成三分之二、業於日作報告到縣、經驗收者共長二百七十餘里、河流除上年疏浚之洪減阻溝等五河、共長五十二里外、本季五區浚治塗海、寬十七丈、深六尺、長十三里許、四區重浚利民溝、寬六丈、深五尺、長四十七里、二三區重浚毛將相西諸河、亦均寬六丈、深五尺、共長四十餘里、各河截至日前止、工程概行完竣、人員全部回縣、分向縣長報告經過情形、

土地陳報

蕭縣爲整理田賦減輕人民負担、厲行土地陳報、江北各縣、頗多開始籌辦、蕭縣早經籌辦就緒、已於四月一日起開辦、定爲編查及人民自動整理土地期限二十日、陳報期間十日、複查期間二十日、在事前將[illegible]加以訓練、由黨政教軍警各界[illegible]、而後開始工作、起初邊境一部份[illegible]多關係、受小數會匪土劣煽惑、[illegible]、縣府一面派兵鎭壓、一面多方解說、[illegible]以身作則、先行辦理、用事實表現、引起民衆信心、而加以蕭民多已養成不甘居人後之風、又經辦人員極爲努力、故現在工作之緊張進行之迅速、有一日千里之勢、截至十四日地號清冊編至六百號以上者有二十一鄉鎭、三百號以上者三十三鄉鎭、其餘六七十鄉鎭、亦多編至百號以上、現全縣地畝、遍插三尺木標、與麥苗新柳、共同點綴春景矣。

各縣社教機關服務人員　教廳將抽調訓練

每期以兩個月爲限

▲江蘇社 江蘇省抽調各縣現任社教機關服務人員訓練辦法、十四日由教廳提出社教機關主任人員會議修正通過、茲誌如下、第一條、江蘇省教育廳爲增進各縣社教機關服務人員之工作效率起見、特訂定本辦法、第二條、本辦法所稱現任社教機關服務人員、以各縣縣立民衆教育館、民衆教育實驗區圖書館體育場之主任人員及職員爲限、第三條各縣社教機關現任服務人員之抽調訓練、由教育廳主辦之、各項章則另訂之、第四條、各縣社教機關現任服務人員之抽調訓練、依左列之規定、一、依照省督學之視察報告及省立社教機關輔導報告認爲有抽調訓練之必要者、由教育廳抽調之、二、依據各社教機關成績考核之結果、認爲有抽調訓練之必要者、由教育局或縣政府呈請教育廳核准抽調之、三、各機關服務人員自願抽調訓練者、由教育局或縣政府呈准教育廳抽調之第五條、各縣社教機關服務人員之抽調訓練、每期以兩個月爲限、必要時得延長之、第六條、各縣社教機關服務人員抽調訓練之科目規定如左、一、民民教育之理論與實際、二、公民訓練之研究及實習、三、民衆生計指導之研究及實習、四、民衆話文教育之研究及實習、五、民衆健康教育指導之研究及實習、六、民衆家事教育之研究及實習、七、民衆休閑教育之研究及實習、八、民教服務人員之修養、九、民衆教育實際問題之討論、十、其他臨時之課程、前列各項科目、必要時得臨時增減或合併之、第七條各縣社教機關服務人員之抽調各種方式、一、系統講演、二、集會討論、三、實地參觀及實習、四、設計試驗、五、個別考詢、六、精神談話、第八條、各縣社教機關服務人員之抽調訓練、各科講師、由教育廳聘請左列人員担任之、一、本廳主管社會教育之職員、二、省立社教機關主任人員、三、社會教育專家、四、各項技術專家、前列各項講師均爲無給職、但得酌支車旅費、第九條、各縣社教機關服務人員之抽調訓練、如遇特殊情形時、得訓練某種專門事業之服務人員及技術人員其種數由教育廳決定行之、第十條、受抽調訓練之服務人員、除宿所由教育廳代爲預備外、其膳食各費、均由自理、來往旅費、由教育局或縣政府担任、但訓練期間、各機關原有之薪金、仍照常支給、第十一條、各縣社教機關服務人員訓練期滿、成績及格者 仍回任原職、成績優異者特予獎勵、不及格者、卽免去原任職務、第十二條、本辦法由江蘇省教育廳公佈施行、並呈報省政府備案。

江邊車站裁撤

時過境遷地利盡失

原有站址改爲貨房　定五月一日起實行

▲江蘇社 本埠小碼頭小車站、在昔時營業頗稱發達、現以時移境遷、託運之來往貨物、愈過愈少、刻每月收支相抵、均不敷百元、長此遷延、殊非良策、乃由該站長呈請大站轉呈鐵部核奪、鐵部以小碼頭地帶濱江、在昔本爲各路客商之貨物起卸孔道、故小車站在彼時營業鼎盛、月有盈餘、近以滄海桑田、原有水道、今均受長江地帶天然之變遷、變爲陸地、既失昔日之地利、其營業之衰退、勢所必然、因循支撑、亦等虛設、斷無發展之一日、乃批令將該站裁撤、原有站址、改爲貨房、並令於五月一日實行、刻該站站長已飭屬辦理結束云云。

本縣新聞

教育局舉行第一百十二次局務會議

定期舉辦第二期塾師檢定
確定禁烟演說評判標準

教育局於昨日（十七）下午三時、舉行第一百十二次局務會議、主席董玉珏、紀錄李秉銓、報告事項從略、討論事項、一、擬呈請縣政府取締未經備案之私塾案、決議通過、名單另詳、二、擬確定第二次檢定塾師日期案、決議、定於五月十日檢定、三、擬函請各區公所轉飭未曾設立學校之鄉鎮於本學期迅即籌備案、決議、通過、四、擬推定禁烟演說競賽會事務員案、決議、推定王朝臣、高世英、王祖臣三人担任、五、擬確定禁烟演說競賽會評判標準案、決議、（一）節目、1,思想、價值佔三十分．結構佔十分、2,言語、語音佔十五分，組織佔十五分、3,姿態、姿勢佔二十分、態度佔十分、（二）說明、1,價值、選材是否有價值、2,結構、條目是否清醒、3,語音、高低疾徐是否適宜、4,組織、辭句是否完整訓雅 5,姿勢．動作是否適當、6,態度、態度是否自然、（三）時間、演說時間有下列情形之一者酌扣分數、1,中學組、不及十二分鐘或超過十八分鐘者 2,小學高級組、不及五分鐘或超過七分鐘者、3,小學初級組、不及四分鐘或超過六分鐘者、（四）擬分標準、1,中學組、不及十二分鐘或超過十八分鐘者即予扣分（三分鐘以內者扣三分．三分鐘以外者扣五分）、2,小學高級組、不及五分鐘或超過七分鐘者即予扣分、（一分鐘以內者扣三分、一分鐘以外者扣五分 3,小學初級組、不及四分鐘或超過六分鐘者、即予扣分、（一分鐘以內者扣三分、一分鐘以外者扣五分）、下午五時閉會、▲▼

縣府加緊抽查戶口異動

縣府連日積極抽查各區戶口異動各情、已誌本報、茲悉昨日縣府派劉科員冠卿赴第七區抽查楊樓鄉戶口異動．張科員念蘅赴實驗鄉抽查三四兩保．裘科長赴第一區李河鄉抽查．除各該區鄉派員參加外．縣黨部亦派員協助、並聞裘科長抽查李河鄉一三兩保、各有漏報或門牌凌乱情形、當時即分別加以處罰、以示懲戒矣。

第五區公所召開第五十四次區務會議

第五區區公所於十四日召開第五十四次區務會議、主席董玉樹、紀錄蕭運暹、報告事項、一、公路兩旁行道樹業經栽植完竣、務希轉行所屬切實看護、二、程集鄉攤工疏浚之苗城河、已於本月八日開工、三、孔店支河亟待疏浚、擬即請縣派員勘驗、四、各保豐報費已由本所嚴催數次、而照數送交者仍屬寥寥、希各鄉長代為嚴催、五、協助縣農會改選本區區鄉農會、六、代教育局覓就本區簡易農民教育館館址、七、調查各鄉私塾並已呈報、八、奉令辦理烟犯自首、嚴催烟民換照、並於最近期內解送戒民六十四人入所受戒、九、各鄉因有搶案發生、本所屢派區丁夜晚巡邏、並於十日晚在齊同鄉獲賭窟兩處、捕拿賭犯九名．已解縣法辦、十、奉令轉知民政廳派委來縣調查戶口異動、十一、奉令轉知自本月份起、縣府派員抽查各區戶口異動．十二、奉令舉辦鄉鎮保甲長保甲要義講習會希各知照、討論事項、一、奉令舉辦鄉鎮保甲長保甲要義講習會、應切實辦理案、決議、鄉鎮長講習會於區務會議閉會後舉行、保甲長應假鄉保長會議時由鄉長指導舉行、二、各鄉戶口異動、亟應按時呈報、以便彙轉案、決議、各鄉每月戶口異動報告書均於下月五日前一律報送區公所、三．本區倉儲管理委員會委員應行改選案、決議．除區長為當然委員外、並推王汝宏、張明經、劉敬啓、董玉芬等四人為委員、四、本區倉穀應否賣出案、決議、交倉儲管理委員會核辦、五、閉會、

縣禁煙委員會頒發第二期戒煙執照

限期僅有二天

本縣禁煙委員會、自四月三日起、至十日止、頒發第二期戒煙執照、數日以來、領照烟民不多、復經展期至本月二十日、現距限期僅祗二日、未領照煙民、仍多猶預不前、聞各烟民如再延不領照、或不呈繳註銷入所戒絕、該會將分別予以私吸論處云、

戒民趙培元等經複驗有癮

縣禁煙會將處以五年以上徒刑

本縣禁烟委員會、前傳喚入所複驗之戒民趙培元、董玉硯、王二、陳玉營、王瑞典等五人、經戒烟所依照司托司與托氏方法調驗結果、趙培元、董玉硯、王二三人有癮、陳玉營、王瑞典二人無癮、已隨時釋放、趙培元等三人已送縣法辦、聞該會將適用本省禁烟治罪條例、各處以五年以上有期徒刑、凡已戒絕烟民複行吸食者、當知有所警惕矣

保安隊新募兵士編制就緒

即將從事訓練

保安隊新募之步兵一分隊、騎兵兩班、皆已招齊、現各新兵保結分別到隊、并經編制就緒、補發槍枝、步兵[illegible]駐紮北街大[illegible]、騎兵駐火神廟．該隊擬日內即行[illegible]、期成勁旅、備取步騎兵、聞亦令其開具通信地址、遇缺補充云．

德海載克來豐遊歷

在中國已六年　步行十八省
堅苦耐勞之精神　令人欽佩

昨日[illegible]午有一外國人來豐遊歷、旅居本城北關之姚家客棧、記者聞訊後、於今晨前往投刺接見、當在所住之堂屋內談話、該外人年四十餘歲、身軀魁偉、西裝革履、所帶行李非常簡單、僅皮包一個而已、據談、余名海載克、係德國步行團鑛師、於昨日由徐州來豐、預備今日赴山東之單縣、再由單縣轉往濟南．記者詢以來中國之任務、答專為攷查鑛產、余來中國已六年矣、足跡遍十八省、據余攷查中國產礦最富之區、以山西、兩湖為最、余擬本年往新疆一行、預計明年即可回國矣、及至此、該德人即整裝就道、查海氏踽踽一人、山川跋涉、其堅苦耐勞之精神、與夫用心之深遠、實令吾人欽佩云、

五區攷詢鄉鎮長

題為保甲要義

第五區公所於前日舉行區務會議之後、由該區區長及助理員等、依照縣政府頒縣之保甲要義試題、向各鄉鎮長個別攷詢、聞該鄉長等均曾任徐受過相當訓練、故對於保甲要義之認識、頗為清楚、所答題目、尚屬不差云、

委員長行營冠以地名與定名不符

縣政府奉省令糾正

縣政府近奉民政廳訓令云、「案奉江蘇省政府祕字第五六一號訓令開、「案奉國民政府軍事委員會委員長行營文宥代電開、『查此次新設行營、其全稱為國民政府軍事委員會委員長行營、並未繫以地名、乃近日各方多以「武昌」二字冠於行營之上、殊與定名不符、自應予以糾正、並通飭一體注意、除分行外、希即查照、並轉飭所屬遵照』等因、除分別函令外、合行令仰遵照、並轉飭所屬一體遵照、此令」、等因 除分令外、合行令仰遵照、此令」、

教育局公佈代徐州私立立達女子初級中學募捐結果

劉子粹先生　十元
李效閔先生　二元
史肇修先生　一元
劉耀寰先生　一元
張晶雪先生　一元
李效禹先生　五元
祝奮武先生　一元
李　霧先生　一元
薛廷燧先生　一元
連前共計一百一十八元五角

……（未完）……

第十四期目錄

投稿原則

一，投稿範圍 本刊對下列各稿，一律歡迎。(一)與教育文化有關之插畫。(二)言論。(三)專著。(四)調查。(五)教育消息。(六)參考材料。(七)參觀報告。(七)教育心得。(九)教育文藝。(十)教育譯文。(十一)研究報告。

二，投稿要項 投稿人請注意下列各項。(一)來稿注意語體，均所歡迎。(二)如係譯稿，請附原書。(四)投稿人請在稿後附列姓名，住址，以便通訊。揭載時如欲另署別名，亦請註出。(五)來稿請逕寄豐縣教育局本刊編輯部，

三，選刊辦法 本部收到來稿時，依下列各項處理之。(一)本部對於選刊之稿，有酌量增删之權。如投稿人不願增删，應事先聲明。(二)選刊之稿，概用極有價值之圖書致酬，其種類與數目由本部酌定之，概不預先函商。(三)來稿無論刊載與否，一概不負寄還之責。但如投稿人預先聲明者，只可代爲保存，親自來取。(四)來稿須繕寫清楚，以便付印。

編輯部徵稿啓事

本刊以溝通教育消息，交換教育心得爲宗旨。務望各區教育同志，將教育消息，研究論著等稿件，隨時寄交本部。事實務求新鮮而具體；文存務求簡要而靈活。再本刊爲鼓勵作者興趣起見，對於刊載稿件，一律酌贈有價值之圖書雜誌。簡則另訂統希鑒察爲幸！

言論

本縣小學舉行禁煙演說競賽會之意義

王如壎

本縣教育局，歷年均有小學演說競賽會之舉，其用意無非練習學生思想和口才，以養成其發表能力和習慣。個人的名次先後 和所獲獎品多寡，倒是不甚重要的事。

至於禁烟演說競賽會，牠的意義更是偉大。更形切合實際。來訓練學生思想，培養學生口才，提倡健康教育，在幫助政府推行禁烟要政，擴大宣傳以促進民族復興。現在分三點來說一說！

(一)禁烟爲麼麼要宣傳

中華民族受鴉片的毒害，時間是很久了。禁烟的政令頒布了也不知有多少！終歸是一紙具文無補實際。縱有一二不甘做「自欺欺人」的軍政長官，言出法隨，風行雷厲，仍皆是曇花一現，未能持久。這也無足怪他，因爲禁例雖嚴，但其辦法不周故行不通，禁不絕，那是必然的結果。此次政府採取禁烟辦法，異常周到，意志也非常的堅決。舉辦烟民登記，設立戒烟所，規定戒絕的期限公布嚴峻的的法律，一貫的精神，使一般烟民，無論窮富，非人人禁絕不可。像四月一日所公布的江蘇省禁烟治罪暫行條例凡是吸食和販賣的人，一經查出，就要槍斃和判處徒刑。這很可以看出政府禁烟的誠意和光明的態度，迥乎不像從前那種隔襪抓癢的政策，和老百姓變把戲，越弄越糟了。這點至意，恐怕老百姓不能個個理會清楚，所以必須擴大宣傳，多方開導，務使盡人皆知，不再以身試法，觀望自誤。

(二)怎樣宣傳最爲有效

貼標語，散傳單，說過去不見得實行。社會上都司空見慣，效力幾等於零。況且還有許多不認識文字的人，更是沒有辦法。根本的禁烟當局，自己爲自己宣傳，多易於使人懷疑，認爲是自誇貨色。不能引起人們的同情。因刺激而起的感應，也就很微。不如客觀的一致鼓吹，來得有效。學生演說辦法，就是以許多天眞爛漫的兒童自個鼓其瞭亮的喉嚨，委婉曲折，慷慨激昂的說出，更易使人感動。所以這方法最爲有效。

如果單純的目的宣傳禁烟，有幾個强健的學生，滿可以負起演說的責任來。爲什麼要「興師動衆」，先從六千學生中舉行初賽，本月二十一日，又分全縣爲十區，舉行預賽，直至二十八日，始在城內北街和南街的戲院裡，舉行決賽呢？這個道理很淺顯。是使學生練習的機會均等普遍。凡是略懂教學方法的都用不着我來解釋，自然可以明白。若是有的學校，竟然貪圖省事，並不在教室裏實行初賽；逕行指定幾個高材生，担任選手來城決賽，那就算敷衍公事，對不起學生，服務不忠實了。

我們這次演說競賽會與宣傳禁烟，合併舉行，實是再好沒有的辦法了。找出幾個目標作本篇的結論。

一，擴大宣傳政府的禁烟要政；

二，提倡健康教育促進民族復興。

三，普遍練習學生的發表技能。

辦理民衆學校應注意之點

孫樹芳

我們要增進民衆學校的效率，對於辦理民衆學校的各種問題，不得不加以注意。但民衆學校在我國歷史甚短，關于辦理這種問題尚少有具體的研究，可以供給我們的遵循。今在此過渡時代，不得不設法加以補救。補救的辦法，只有從自己的經驗中得來，取其可以應用於民衆學校者，作爲辦理民衆學校之根據。

一，使民衆明瞭辦理民衆學校之目的 平常人往往將民衆學校看作被教的民衆在三四個月內能識了一千字，讀完四冊課本，便算完事，這實在太看輕了民衆學校教育的責任。我們要知道辦理民衆學校的目的，最主要之點，是改善民衆的生活，要使他們獲得有價值的技能，來改善他們自身的生活，至于識字等科目，不過是達到這種目的的工具。

二，鼓勵民衆學校學生學習興味 教師能引起被教者的學習興味，才能使被教者的注意集中，才能使所學習的滿意。我們辦理民衆學校最要如此。教師所講的話 須處處能引用被教者常常見聞的事物，作爲比賽。都能引起被教者的興味，而增加辦理民衆學校的功效。

三，注意民衆學校學生的需要 民衆因所處環境不同，而需要各異。有住在城市的，有住在鄉村的，城市的民衆，多工商業，鄉村的民衆，多爲農業。城市的民衆，須多灌輸工商業的智識，鄉村的民衆，須多灌輸農業的智識，二者不能刻板，要之，以便民衆需要之獲得爲主。

四，注意民衆學校學生秩序的維持 民校學生往往自由行動，任意交談，妨礙上課的秩序，教學就無從談起。維持秩序的方法，(一)須作業支配得當，個個人都有工作可做，自然不會有餘暇來擾亂，來犯規，(二)制止不正當行動 如發現學生有不正當行動，應立即制止，加以愷切之勸告，使知所改悔，并免傳染其他不守秩序的學生：(三)獎勵遵守秩序的學生，提出全班遵守紀律的人，常常獎勵，以資模範，使不守秩序者知所警惕。(未完)

教育要聞

小學禁烟演說預賽分十區舉行

本縣小學初級組，因學校數目較多，全境分十區舉行預賽。所聘評判委員約爲五十人之多大半係由教育局就各區公所各社教機關職員，及地方時彥中聘請者並由教育局根據豐縣小學禁烟演說競賽會暫行辦法製就預賽評判表一紙，分發各區施用。茲探其內容，思想之價值三〇，言語之語音一五，言語之組織一五，姿勢之姿勢二〇姿態之態度一〇，合計爲一百分，演說時間之長短亦與分數有關。原規定每名五分鐘其伸或縮在一分以內者均不扣分，如不及四分或超過六分者每一分鐘扣總分三分二分以外者每分鐘扣五分。預賽時間，均在四月二十一日上午十時起，下午一時，均可結束。各區選手姓名、容探續誌。

教育局舉行第二次督委會議

——確定第二次會查評點表——

本縣教育局於四月十八日上午，在會議室舉行本學期第二次督委會議 出席者董玉珏，王如燻，高世英，王朝臣，王組臣，主席王如燻，紀錄王朝臣，行禮如儀。

報告事項

一，第二次視導，應即合組出發會查。二，第一次視導結果，應即統計。三，禁煙演說競賽會預賽工作日期臨邇，督委等應暫停視導工作，分赴各預賽區，指導評判。四，未登記之塾師應即强迫催其來局登記並受檢定。五，奉電調之敎委視導報告書，經審核指示要點，應附呈敎學視導表。

討論事項

一，應根據本學期視導計畫大綱製定第二次合組出發會查分數評點表案。決議，甲，行政，校內布置整潔三〇，兒童圖書管理得法三〇，文卷保管妥辦一〇，有相當表簿並能按時記載三〇，健康敎育有具體實施辦法二〇，有適當之學校行事歷二〇敎師信奉三民主義及推行新生活運動二〇，乙，訓導，敎師能以身作則二〇，公民訓練確能依部頒標準三〇。課外監護及生活指導有適當辦法二〇，家庭聯絡確有效果二〇，有適當獎懲辦法二〇，童子軍訓練課程能遵令添設一〇，丙，教育實況一〇〇，(分項另表)，丁。經費，辦公公開二〇，收費有妥善辦法二〇，戊，推廣事業，有具體計劃二〇，能切實施行二〇 巳，敎師進修，能按時閱讀小學教師半月刊並做筆記二〇能運用閱讀心得二〇，總計五百分(即五十分)二，應規定出發日期案，決議四月二十二日。

外埠教育參觀團報告之二

——棲霞鄉師附小的參觀——

我們在首都參觀一日，感覺到首立，市立的小學，其經濟和環境各方面，與我們地方情形，相去太遠，故翌日(十六日)早晨七時半即冒雨東下，車抵棲霞山，下車後，步行三里許，始至棲霞山鄉師附小。得該校校長徐[illegible]聲先生之接見，並引導參觀，徐校長服裝僕素，態度和藹，百忙之下，猶蒙其殷渥招待，舉凡詢及問題，莫不誠懇的詳爲解答，勤作談吐間，即見其爲耐勞苦，喜研究的教育家。該校分本校和分校兩部，本校祇兩個學級，分校有下蜀攝山鎭二處。我們所看到的，就是本校的兩個學級，編製爲，一，二，三，四年級合級，五六年級合級。本校敎師四人，(校長在內)全校經費(連同分校)每年爲五千五百元，茲將該校特異之點及我們所得問題的解答述之如下

(甲)特異之點

一，整齊清潔——該校校院，園圃，工讀室，(敎室)寢室都異常整潔，據謂概係指導兒童服務及勵行新生活的效果。

二，廢去體育科目，增加勞作時間——該校以鄉村兒童，勞作即可代替體育，每日下午都有五十分鐘勞作科目(中高級)，注重農事生產方面，一無球類的設備。

三，訓導設施妥善——該校所採取之訓練條目，係將部頒公民訓練條目及新生活須知條目溶合而成。收兩者相輔相成之效而避免重複的弊病。

四，保甲編組完備——印有編組保甲辦法，自新戶悔過切結書，連保連坐切結書等。

五，敎師勤懇儉樸——校長敎員均着布製短裝，布底鞋子，可謂簡單樸素，以身作則。

六，減少假期——該校星期日上午照常上課，不放暑假和忙假。

七，注重研究——敎育廳發行之「小學敎師半月刊」，該校各敎師必須負責投稿，其辦法係於學期開第一次研究會議時，由各敎師認定分期投稿時期，一學期內不投稿者，至加薪時不予進級。

(乙)問答

問：貴校舉辦的推廣事業有那幾種？情形若何？

答：敝校舉辦的推廣事業，可分爲：

(一)敎育方面

1，家庭訪問——(一)入學訪問(每學期入學時，訪問家長，勸令子女入學)(二)農忙訪問(調查兒童佐理家事情況並接洽託兒事)(三)普通訪問(報告兒童學行概況)(四)特殊訪問(對於特殊兒童及兒童發生重大事項時舉行)

2，平民識字——責成中高級兒童，每人務須尋敎一人識字。

3，農忙託兒——本校每屆農忙時，利用實習女生辦理臨時託兒所。

4，短期學校——招收失學兒童於每日晚間上課二小時。

5，開映電影——每學期開映敎育電影一次。

6，開放學校——本校各場所整日開放，供人遊息並特備無線電收音機一架，供人聽聞，以開發民衆知識。

(二)衛生方面

1，施診施藥

2，助產

3，施射時疫預防針

4，布種牛痘

5，協助家庭大掃除

6，撲蠅運動

(三)生計方面

1，稻米抵押

2，小販借款

3，辦理平糶

4，介紹種子

5，贈送農產品

(四)消防方面——組織消防隊預防火警。

(五)自衛方面——現尚仰賴軍警，沒能辦有成效。

問：設無線電收音機，需費若干？

答：祇需十餘元

問：平民識字辦法，小先生的成效若何？

答：本辦法亦非所謂小先生制 係責成各個中高級兒童，務須尋找一人敎其識字，不問其關係若何，性別年齡均不限制，學校於相當時期招集考試，列爲兒童考成之一，予以懲獎。

問：舉行家庭大掃除，家庭人之態度若何？

答：替他們掃除庭院，尙受其歡迎，(因非止兒童各自掃除其家庭，尙有遠來就學兒童的幫助，及敎師的考查)

問：舉辦稻米抵押及小販借款等事業，能收穫許多民衆信仰嗎？

答：稻米抵押，適與理想相反，因抵押之稻米，未能集中一地，係由各鄉，保長負責保管，及收回貸款時，民衆受少數人之運動，團體驅逐校長冀以賴款，幸已平息。

司法欄

△縣政府司法批示▽

▲刑事原具狀人程史氏，一件，爲傷重命危，遵批再懇恩迅予拘囚法辦由，狀悉，既據聲稱並未撤回自訴，應候期傳訊核辦，此批。

▲刑事原具狀人李善益，一件，爲反悔調解，傷重命危，公叩註銷撤訴，迅予提囚法辦由，狀悉，案已定期傳訊仰該調楚人等遵期到庭候訊，此批。

▲刑事原具狀人劉自修，一件，爲自願撤訴，罷訟不究，懇請銷案由，狀悉，本案前據當庭聲請撤回自訴，業予照予，茲復據狀請撤銷，即毋庸議此批。

▲刑事原具狀人卓陳氏，一件，爲胞姪毆孀，救護被毆，喊請驗傷，立拘訊辦由，狀悉，候傳訊究辦此批。

▲刑事原具狀人齊運坤，一件，爲私立法庭，非法吊審，喊請驗明吊傷，拘提究辦以儆不法由，狀悉，候定期傳訊核轉此批。

△庭期審理案件▽

四月

二十五日審理戴培坤訴李茂宗通匪詐財。

二十五日審理韓開科訴韓彩章殺人案。

二十五日審理馬永順訴李德茂違法擅抄案。

二十五日審理李劉氏訴李濟川妨害自由案。

○○○○○○○○○○○○○○

▲本城粮價

名稱	每市斗價目 最高	最低
小麥	二千七百五十文	二千六百五十文
高粮	一千八百五十文	一千七百五十文
黃豆	二千文	一千文
大麥	一千九百五十文	一千九百文
穀子	一千六百文	一千五百五十文
菉豆	二千七百文	二千六百文
黑豆	一千九百文	一千八百五十文
芝蔴	三千三百五十文	三千二百文
江豆	二千二百文	二千二百文
稷子	一千六百文	一千五百七十文
花生(每斤)	一百八十文	一百七十文
瓜子(每斤)	三百二文	三百一文

氣象

晴

風向　南風

最高溫度　八二

最低溫度　七二

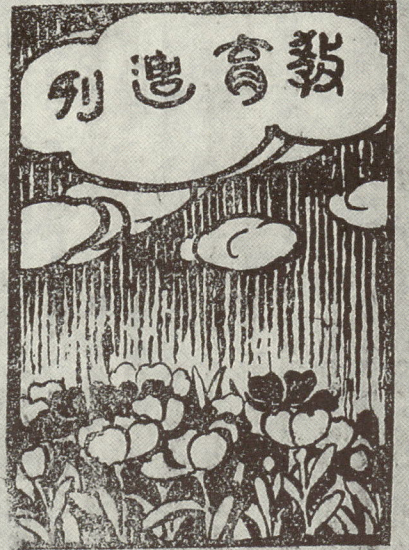

教育週刊

第十五期目錄

編輯部徵稿啓事

本刊以溝通教育消息，交換教育心得爲宗旨。務望各區教育同志，將教育消息，研究論著等稿件，隨時寄交本部。事實務求新鮮而具體；文字務求簡要而靈活。再本刊爲鼓勵作者興趣起見，對於刊載稿件，一律酌贈有價値之圖書雜誌。簡則另訂統希鑒察爲幸！

徵稿辦法

一，投稿範圍　本刊對下列各稿，一律歡迎。(一)與教育文化有關之插畫。(二)言論。(三)專著。(四)調查。(五)教育消息。(六)參攷材料。(七)參觀報告。(八)教育心得。(九)教育文藝。(十)教育譯文。(十一)研究報告。

二，投稿要項　投稿人請注意下列各項。(一)來稿文言語體，均所歡迎。(二)如係譯稿，請附原書。(四)投稿人請在稿後附列姓名，住址，以便通訊。揭載時如欲另署別名，亦請註出。(五)來稿請逕寄豐縣教育局本刊編輯部。

三，選刊辦法　本部收到來稿時，依下列各項處理之。(一)本部對於選刊之稿，有酌量增删之權。如投稿人不願增删，應事先聲明。(二)選刊之稿，概用極有價値之圖書致酬，其種類與數目由本部酌定之，概不預先函商。(三)來稿無論刊載與否，概不負寄還之責，但投稿人預先聲明者，只可代爲保存，親自來取。(四)來稿須繕寫清楚，以便付印。

言論

仿行小先生制之前瞻後顧

黃鴻恩

（一）實施送上門去的教育，

「來者不拒，不能來者送上門去。」

這是辦教育者應負的責任啊！

可是「來者不拒」，我們是做到了，「不來者送上門去」，做到的人是不多吧！我們卻是廿四年四月裡才幹起來的。

陶知行先生說：「你若辦一個學校，如果同時注意到師生之生產的機會與平等互相的關係，便立刻變成有意義的學校了。」

又說：

「你若是在改造一個社會，如果你注意到各個份子之生產與長進的機會，便立刻變成有意義的社會了。」

要想改進現在的社會，固非易易；改造農村社會尤爲困難。一般眞正的農民，除保守固有的技術和知能，對于長進是不求的。以致生產量減少，生活漸窮困，我們爲解除農民痛苦，啓迪農民智慧，使得保守眞正的農民，變成日求長進的農民，產生一般改造鄉村的富有生活力的新細胞。

我們要想達到理想，非先實施「送上門去的教育」不可，目標既已確定，我們的主張是：

一，小學生做小先生。二，以社會爲學校。三，在勞力上勞心。四，即知即傳。五，打破師生界限。六，會的教人；不會的跟人學。

（二）小學生做小先生

「送上門的教育」已決定由小學生來擔任了，但是這偉大的使命，小學生能勝任嗎？能，能的？小孩子能做先生早已有了鐵證。

甲，南京曉莊佘兒崗有個農人，自己辦了一個農村小學，這個小學裏的校長，敎師，工人，都是自己擔任。因爲他們是自己敎自己，所以又稱爲「自動學校」。陶知行先生是小孩做先生的發明者，因此他爲此校寫了一幅小照：

有個學校眞奇怪：小孩自動敎小孩。
七十[illegible]行皆先生：先生不在學如在。

乙，宋樓小學四年級學生王伯恆王伯毅兄弟二人，每日在夕陽西下或輝煌燈下，敎母親識字，自寒假至今，三個月之久，母親能自看社會小說，消愁遣悶。她在有空閒的時候，敎女兒淑珍（現年六歲）認字，這女孩如今也認識了二十多個字。現在他們兄弟二人已做了太上先生了。

丙，陶知行先生開始提倡平民敎育的時候，他的母親五十七歲，當時也發了一個宏願，要讀平民千字課，陶先生正忙着推廣工作，沒有空閒敎她，那時陶知行先生的兒子小桃，才六歲，讀完了第一冊。陶先生就請小桃做先生敎祖母讀書，祖孫二人，一面玩，一面讀，興高彩烈，一個月，就把第一冊讀完，陶先生依據第一冊上的生字寫了一封家信，母親認的字，看得懂，十分高興。

小孩不但能自動敎小孩，亦能敎大人。鐵打的事實已告訴了我們。小學生能負起普及義務教育的使命，有「即知即傳人」的法領，是無可懷疑的了。

專載

外埠教育參觀團報告之二（續）

—棲霞鄉師附小的參觀—

問：貴校與附近之學校有什麼聯絡方法？

答：聯絡了附近二十校組織敎○研究會，以本校爲會所。

問：貴處政敎之關係若何？

答：本鄉鄉長一職，業由本校請求地方政府，加委本校推廣部主任兼任，此事有成功希望。

問：此地鄉長非選舉制麼？

答：尚非選舉制度。

問：貴校對貧苦兒童，有何救濟辦法？

答：本校對貧苦兒童有義務小學，完全供給書籍文具。

問：貴校對低能兒童，用何種方法教導？

答：除個別指導外，利用優秀兒童充作小先生，以輔濟敎師的時間不足。

問：貴校何以無球類設備？

答：鄉村兒童，是否需要此種運動，實爲有待研究的問題。敝校增多農事勞作時間，既可培植兒童生產的興趣和技能其運用體力，亦可收各種運動上的代價。此種辦法，是敝校向來所主張的。

問：貴校既無忙假暑假星期日上午又不休息，教師勞苦，是否感覺過度？

答：我們認爲做敎()事業，忍苦耐勞，是應有的精神。

(丙)參觀餘興

我們由徐校長導引參觀及解答問題之後復蒙其冒雨引導參觀棲霞山鄉村師範。及我們興辭作別時，彼又云「諸位遠道來此，機會無多雖此里許之棲霞寺，爲本處名勝，諸位如願遊，當派兩個小朋友作爲鄉導。」我們未便拒其盛意，遂得一覽棲霞寺之偉雄及千佛崖的勝跡；千佛崖的命名，因崖下有雕琢之石佛千座，或大或小，或高或低，隨懸崖深洞自然之勢，變化異觀。機以暮色漸濃，議返車站，兩位小朋友深深的向我們鞠躬道：「諸位先生，我們要回去了！」濛濛細雨中二位小朋友愈去愈遠，我們的腦膜上對於棲霞鄉師附小，也深印了許多良好印像。

「附」參觀後意見

1，該校之整齊清潔及敎師之儉樸耐勞，皆爲大可取法之處。

2，該校注重農事勞作廢除體○科目，極適宜於鄉村情形，符合於生產敎()之意義。

3，該校訓導實施方案能把公民訓練條目及新生活須知條目，隨合推行　方法實覺妥善。

4，利用兒童推行平民識字，大可做行。

5，該校無忙假暑假，星期日上午亦不休息，爲尚待研究的問題。

6，推廣部主任，兼任鄉長，方法若何，可供研究。

演說

為什麼要厲行禁煙

——全縣禁烟演說競賽會高級組第一名演講——　常店小學 孫毓璪

在目前的中國社會上，為害最厲害的東西，依我個人看來。不是天災，不是匪患，更不是帝國主義的侵略，而是吸食鴉片。

因為一個人吸了鴉片，那末，便可以摧殘了他健强的身體，毀滅了他鋼鐵的意志。墮落了他，高尚的人格。使一個有為的人，變成為分利的寄生蟲。

但是一般的人，為什麼又吸食它呢？因為吸食鴉片，使你暫時可以得到快慰，可是，成癮以後，就把你永遠的墮落下去了。

試觀一般吸食鴉片的人，沒有不顏色憔悴，精神萎靡的，更把有用的軀幹，弄到肩不能擔挑，手不能提籃，富的變窮，窮的格外窮。自家白髮斑斑的父母，紅顏黃口的妻，子；都跟着流離餓莩。個人便又無惡不作，做些干犯刑律的事情，擾害社會的秩序。這一種現象，這一種事實，在我們現社會上，真是到處皆是。

這種害處，在表面上看來：不過是個人身家性命的事情，其實骨子裏尚與整個的社會，整個的民族，整個的國家，都有極密切的關係。

因為一個社會的能否健全，一個民族的能否生存，一個國家的能否强盛；完全非看他組織的個體，是否健全。假若一個社會上，一個民族裏，一個國家內，充滿了一個一個面黃飢瘦精神萎靡，三分像人，七分像鬼的份子；充滿一個個只能分利，而不生利的寄生蟲；這個社會，這個民族，這個國家，想望他健全，繁榮强盛，那，怎能夠呢？

更須知道，現在的時代，是一個「物競天擇」「優勝劣敗」的時代；是一個「弱肉强食」，「自然淘汰」的時代，在這個二十世紀的時代，絕不允許一個不成器，不長進，帶着滿身病態的民族生存的。林則徐先生曾說過：「烟不禁絕，國日貧，民日弱，數十年後，豈惟無可籌之餉，抑且無可用之兵」，這幾句話，是何等的真確，何等的實在呵！

由此看來　假若再不禁絕，烟毒蔓延愈廣，弄到國盡病民，國為病國，無餉可籌，無兵可用，百業停頓，怎能應付第二次世界大戰呢？那末我們文明攸久的古國，黃炎血食的民族，將有淪落滅亡的危險！

我們蔣委員長看到這種危險的情形，便嚴令十省禁烟，本省陳主席又頒下了嚴厲的禁烟法，這個政策，的確是我們中華民族的生死關鍵，甚望一般沉溺在黑籍中的同胞，凜於法令的森嚴，趁着大好的時機，趕快的覺悟，趕快的戒絕，回頭是岸，尚未為晚。

現在我們為個人生命計，為社會安甯計，為民族生存計，為國家前途計，都應當厲行禁烟，人人做一個好國民。

總之，鴉片的毒害，在個人說，可以耗財，可以傷身，可以喪德，在民族國家說，可以亡族可以滅國。所以我希望有烟癮的同胞，以及未吸的同胞，都應當知道禁煙的道理，「權衡利害」，戒絕的戒絕，摒除的摒除，使我們中國境內，中華民族裡，無一烟民，無一病民。

禁絕鴉片和復興民族

——全縣禁烟演說競賽會初級第一名演講——　女子小學 白月梅

我們中華民族本來是一個優秀有為的民族，為甚麼到而今衰弱不堪，國家危急萬分呢？推究其原因，固然很是複雜，然而這鴉片毒物彌漫我中國，總算是我民族的致命傷。

那英國把鴉片輸入我中國的用意，是想毒化我中國，孱弱我民族，以達其侵略的野心。於是我國醉生夢死的民衆，大半受其毒化，使大家健全的身體，變為孱弱，使大家健全的精神，變為萎靡，身體既然衰弱不堪，那有力量去團結共禦外患，策動政治呢？精神既然萎靡不振，那有知能去精心研究科學，促進文明？所以，食鴉片的烟民，使得傾家敗產，還算小事，獨損害民族的健康，阻止文化的進步，是一大患。假若長此以往，不切實的禁絕鴉片，不但民族不能復興，恐怕將來還要亡國滅種了。所以要想復興民族，須先禁絕鴉片。但是禁絕鴉片能專依靠政府嗎？必須有知識的份子都抱着禁烟的決心，一致努力宣傳，喚醒烟民，使得他們有復興民族的心理。

現在雖說救國的工作很多，然最切要的須首先鏟除瀰漫全國的烟毒。這烟毒一能鏟除淨盡，我民族就可望復興，這不但是理論上自然的結論，也是事實上必有的結果。

要知道宣傳禁煙的工作，也是救國工作的一部分。所以在甯提倡健康教育，擴大禁煙宣傳的時候，我們能切實的宣傳禁烟，也算是愛國。可是我們小學生也是知識界的一份子，應當本着愛國的精神，去擔任禁煙宣傳的工作，促進民族復興。

希望知識界的先生們和小朋友們，把各個人的聰明才力供獻國家，把救亡復興的責任，分別的放在自己身上。這樣一來，使得個個烟民都變成身體健全的國民，合全國四萬萬人都要有了健全的身體，是一定可以發生偉大無比的國力，有了這種國力，就可再造我們中華民族的生命，就可以恢復我中華民族固有的光榮。

本縣小學演說競賽會各演員所得獎品名單

高級組

第一名縣立常店小學孫毓璪獎

豐縣王縣長贈「理明詞達」銀盾一座
豐縣教育局贈「喚頑立懦」錦標一幀
豐縣款產處贈「振聵發聾」鏡匡一只
豐縣各社教機關贈「言必有中」鏡匡一只
豐縣總工會贈「口若懸河」旗一面
豐縣政府耿秘書贈圖書八冊
豐縣農業推廣所贈中國地圖一冊
豐縣農業推廣所湯舍布面字典一冊
豐縣教育局贈瑞士跳表一只
豐縣禁烟委員會贈鉛筆半打毛巾一條。
豐縣教育局贈自來鉛筆一枝
豐縣教育消費合作社大新夾一只

第二名縣立書院小學梁步匡獎

豐縣禁烟委員會贈「議論風生」銀盾一座

教育消息

豐縣縣黨部贈三次優勝「折衝樽俎」銀杯一座
豐縣縣政府張會計主任贈「言語精妙于禁烟為尤切也」鏡匡一面
豐縣教育局贈瑞士跳表一只
豐縣縣立師範贈曾文正公六種一部
豐縣第七區區公所贈「激昂慷慨」鏡匡一面
豐縣禁烟委員會贈鉛筆半打毛巾一條
豐縣教育局自來鉛筆一枝
豐縣育豐書社贈世界地圖一部
豐縣教育消費合作社贈大書夾一只

教育局舉行一次調閱成績

本縣教育局前定調閱各小學校成績辦法，業已舉行十校，茲第二次發出通知，又有十五校，查此次所調成績及名稱種類列左：

華山小學　五年級算術
大毛樓初小校　四年級作文及學籍簿
虎王集初小校　三年級算術及學籍簿
常店小學　六年級作文
李雙廟初小校　三年級作文及學籍簿
吳莊初小校　四年級作文及學籍簿等
陳三座樓初小校　三年級作文及學籍簿
後常莊初小校　四年級作文及學籍簿
王隆莊初小校　四年級作文及學籍簿
王半截樓初小校　二三年級算術及學籍簿
鬼莊初小校　三年級作文及學籍簿
崔莊初小校　三四年級作文及學籍簿
陳莊初小校　三四年級作文及學籍簿
小閣子初小校　三四年級作文及學籍簿
小毛樓初小校　三四年級算術及學籍簿

中央廣播無線電台節目

四月三十日　星期二

八，四五　國樂　漢宮秋月　走馬　英雄　柳搖金　餓馬搖鈴
九，三○　新聞
一一，三○　平劇　氣象報時
商情
小桃園　霸王別姬
漢陽院
西施（頭，二本）祭盧
江　四進士
庚娘　荀灌娘
一二，二五　總陽廣
中國歷代名人傳
一八，○○　達觀主義的莊子
大鼓　董蓮枝唱：黛玉葬花
一九，三○　兒童教育
講：母嬰匿孤
動物的種種
歌曲：乱世春
秋
二○，○○　簡明新聞氣象報時
二○，三五　名人演講
陳委員立夫講：努力的經濟
二一，三○　分配新聞

言論

本縣第六區全區國術表演大會之展望

王如壎

本縣第六區，全區國術表演大會，在五月一日勞動節這天開幕了，很稀奇的！「全區」國術表演，這個名詞，在豐縣還算是破天荒！六區裏的政教當局都值得我們欽佩。三月二十五日，該區區務會議決議舉行，由區公所及民教實驗區負責籌備。及開幕之日，報名者達十一鄉鎮，十九團體，個人表演者，十五名，雙手對打者，九十名，合計演員一百八十五名之多，觀衆不下兩千人。練習國術之空氣，極爲緊張。民族復興的意識，也異常濃厚。

老大病夫的中國的人，在現在的世界，很難延續其民族的生命；這個危機，是人人心目中都有的。然而，我們就都甘於淪亡嗎？如不甘心的話，那末，國民健康教育的提倡，是刻不容緩的呢。提倡健康教育的方法很多。可是最平民化，最易普及的辦法，要算我國固有的國術了。近幾年來，凡有民族意識的人們，都爭相提倡，不遺餘力。各省市無不靡然從風，一唱百和。像這閉塞的豐縣，才有學校和社教機關，僅僅拿國術來當做體操科的一部或組織國術訓練班，當做活動事業的一種。其中腳踏實地，努力去做的，固然也有，而列個名詞，聊備一格的，恐亦不在少數。由這看來，「我武維揚」的吟詠，終歸是個口號，前途未可樂觀。

第六區區公所及民教實驗區當局，都能即知即行，毅然倡導，舉辦全區國術表演大會 我知道將來必有仿而行之者。此並非沽名釣譽的行爲，完全是良心的共鳴，愛國家，愛民族，精神的驅使。我在這種情形之下，有幾點意見願供獻給過去和未來的辦理國術表演大會的同志們，作個參考。現在可以分做三項來說：（未完）

編輯部徵稿啓事

本刊以溝通教育消息，交換教育心得爲宗旨。務望各區教育同志，將教育消息，研究論著等稿件，隨時寄交本部。事實務求新鮮而具體；文字務求簡要而靈活。再本刊爲鼓勵作者興趣起見，對於刊載稿件，一律酌贈有價值之圖書雜誌。辦法另訂統希鑒察爲幸！

第十六期目錄

徵稿辦法

一，投稿範圍　本刊對下列各稿，一律歡迎。（一）與教育文化有關之插畫。（二）言論。（三）專著。（四）調查。（五）教育消息。（六）參攷材料。（七）參觀報告。（八）教育心得。（九）教育文藝。（十）教育譯文。（十一）研究報告。

二，投稿要項　投稿人請注意下列各項。（一）來稿文言語體，均所歡迎。（二）如係譯稿，請附原書。（四）投稿人請在稿後附列姓名，住址，以便通訊。揭載時如欲另署別名，亦請註出。（五）來稿請逕寄豐縣教育局本刊編輯部，

三，選刊辦法　本部收到來稿時，依下列各項處理之。（一）本部對於選刊之稿，有酌量增刪之權，如投稿人不願增刪 應事先聲明　（二）選刊之稿，概用極有價值之圖書致酬，其種類與數目由本部酌定之 概不預先函商，（三）來稿無論刊載與否，一概不負寄還之責 但如投稿人預先聲明者，只可代爲保存 親自來取。（四）來稿須繕寫清楚，以便付印。

仿行小先生制之前瞻後顧（續）

董鴻恩

（三）怎樣訓練小先生

小先生是負着普及教育的使命，處在窮社會的小學教師除了重用小先生之外，在目前是沒有更好的方法：可以使教育普及，尤其是我們窮苦的豐縣，文盲幾乎充滿了社會，而普及教育是目前急不可容緩的事業。

一切實際問題是追蹤着實際生活而猝來，許多實際的問題，須我們來解決，「認淸問題，研究問題，解決問題。」是辦教育者應具的精神，我們「深信鄉村教師應當運用困難，以發展思想及奮鬪精神。」所以困難和問題，是我們歡迎的，困難和問題，足能激發我們追求的勇氣，足能增加我們試驗的決心。

小先生在未開學以前，我們可預料到他們的阻力實在是屈指難數。農村成人對小先生不信任。小孩子活動時，有時不但得不到協助和信仰，反而出來干涉 如何使小先生得到成人的信仰，如何指導小先生，掃除一切阻礙，以完成他們普及教育的使命，是我們當前最迫切的大問題。無論做什麼事情，事前要有充分的準備，方不至於失敗。所以實施「送上門去的教育」之前對於小先生也應當加以相當的訓練。訓練的原則：

一，培養小先生的態度：要使小先生對農民有禮貌，對於農村兒童要謙和。

二，培養小先生的自信力：要使小先生認識自己有爲社會服務的能力。

三 培養小先生的興趣：小先生在開始時，興趣濃厚，一兩週後，興趣易減少，所以我們要常供獻新的材料，或新的活動，鼓勵他們的興趣。（未完）

辦理民衆學校應注意之點（續）

孫樹芳

五，注意民衆學校學生的清潔

民衆學校的學生，多不知講求淸潔，衣服則上垢太多，居室則塵土滿屋皆是，在教室裡 亦易發生隨地吐痰，亂拋紙屑果殼，平素不注意淸潔的民衆，在課堂裏亦易演出此種習慣，我們要特別注意，儘量的宣傳督責，以免此種弊端。

六，應注重民衆學校學生的精神陶冶

民衆學校的學生，是不是認識一千字，就算完事 他的意義，當然不是如此簡單。我以爲最重要的，是注重精神的陶冶。所謂精神的陶冶，把鄉民原有之美德，如勤儉，耐勞，刻苦，誠實，親愛樸素等，均應保存勿失。並使發揮光大，灌以愛國思想，使視國家存亡，實匹夫之責。並講解古聖賢之格言，爲鄉民所樂問者，爲之解釋明白。並使民衆學校學生精神方面有所團結，爲鄉村中堅份子。民衆學校的功效，更見宏大。

七，應注意民衆學校招生及留生問題

民衆學校是辦理民衆教育者訓練民衆的主要機關，那是不容否認的。談到民衆學校的職能，簡約言之：是爲一般年長失學的人們基本補習教育，培養推進社會的中堅份子。但是民衆學校的學生，份子非常複雜：有男性，有女性，有成人，有青年，有兒童，有農人，有工人，有商人，也有無業者，總之，整個社會的各種份子，都可以做民衆學校的學生，因爲我們要推動社會，自然我們希望能招收社會的各種份子施以教育。

1，民衆學校學生招生方法的問題是較簡單的，我們不願開宣傳大會張貼廣告和標語，因爲這些事的效率薄弱得很；也是一般民衆慣聽慣的；刺激的力量很少。我們用的方法是極平常比較費力少而成效大。大概可分三方面來說：但在一個新開的地方，第一先聯絡保甲長及熱心公共事業的人士協同勸學看實際的情形或[illegible]第二先將基本施教區舉行識字調查，經調查後，凡不識字的民衆，實施强迫教育，最低限 度須在初級民衆學校畢業。第三利用已畢業或在校學生，用適當招生的方法。但這種方法比聯絡保甲長更爲有效。不過也有少數

民校由當地農友們自己招了學生，讓出空屋來請求開設的。這不能說不是民衆智識慾的一種表現。

2，民衆學校留生問題是比招生問題更感困難的，我們解決這種問題的方法：(一)師生要增進感情，(二)缺席學生的注意及設法補習(三)聯絡地方保甲長及領袖督促就學(四)民校學生之保送人須切實負責担保，(五)組織同學會使學生相互勸免不缺課，(六)研究學生缺席原因及解除缺席阻礙。以上辦法實爲辦理民校者應研究的問題。（未完）

專載

外埠教育參觀團報告之二（續）

—首都的參觀—

根據我們的參觀目標及所負使命，所以每到之處，必把各人的參觀筆記，剪裁取捨，編緝成文，以作報告。但爲經濟時間及切合需要起見，只能擇要記述，以供研究。

甲，省立南京實驗小學

南京實小，規模頗大，計有學生五百三十七人，教師三十三人，校舍分東西兩院，均頗寬敞敷用。我們到了接待室，由中級部主任朱先生接見，作一簡單報告後，即發給參觀路引及參觀素引各一份，請我們自由參觀。我們看罷他們的紀念週及各項運動，並選購該校出版刊物，以資參考，而助記憶，茲將該校組織教學等各點，分述於後：

一，行政組織——分總務，教學，訓育，研究，指導，娛樂六系，外加經濟稽核及各特種委員會。

二，教學實況

1，教學法—他的教學法叫做協動教學法，係採取設計教學法及道爾頓制的精神，來實驗創作的。

2，學級編制—分高，中，初，幼，特五部，高，中，初三各有四級，幼，特各一級共計十四級。

3，四項活動—協動教學法分爲四項活動，一是處世活動，二是憤悱活動，三是精勤活動，四是康樂活動。其解釋如下表：

ㄅ 處世活動
- 目的—不分科目使各團兒童共同計劃生活上應做之事，而進行大單元整個活動。
- 分團—依智力學力的測驗，分三四十人爲一學習團。
- 活動方式—討論，計劃，實行，欣賞，批評。
- 成績考查—能力紀錄，作業檢查，個別口試，診斷測驗，標准測驗。

（按此種教學法類似設計教學法）

ㄆ 憤悱活動
- 目的—使各科學力不等的兒童，皆得自由發表，自由學習的機會。
- 分團—分國語，算術，常識，藝術，並以智力分若干組，可以自由升降。
- 活動方式—研究，指導，發表，實驗。
- 成績考查—作業考查，個別口試，診斷測驗，標准測驗。

（按此種教學法類似道爾頓制）

ㄇ 精勤活動
- 目的：使兒童做需要而有興趣的練習作業。
- 分團—算術，寫字，閱書，作文，按學力測驗的結果，分爲程度相當的學習團。
- 活動方式—每日規定相當的時間，使兒童從事有目的有趣味的練習作業。
- 成績考查—比對標尺，訂正成績。

（按此即我縣各校的自習）

ㄈ 康樂活動
- 目的—根據身心需要，得到健康和快樂。
- 分團—按照兒童的體格年齡而分團。
- 活動方式—分運動練習和音樂欣賞。
- 成績考查—體格檢查，姿勢考察，技術比賽，音樂測驗。

（按此即普通的音樂體育）

三，訓育概況—訓育的主旨是養成有爲有守的公民，有爲是做事能力，有守是做事品行，意謂二者兼備，方爲完善。其訓練方法如下：

1，個人行爲訓練—在此項中，又分共同訓練（級訓練，部訓練，校訓練）和個別訓練（日常訓練，活動訓練）兩方面。

2，集團訓練—在此項中，又分體格訓練（衛生體育）德性訓練（救國團，新生活團，交誼會）經濟訓練（銀行，儲蓄會，農作班，工作班，合作社，校事服務家事班）政治訓練（協動社，級會，幼童會）四方面。

四，設備概況—標本，儀器，表格，簿籍及運動器具等，均極充實，在作業室方面（分語文室，算術室，社會室，自然室，衛生室，美術室，工作室），皆依性質的不同，分別與以佈置，以備各閱分科學習之用，尤爲完善。

五，特殊教育—該校於十九年度開始設立特殊班，專教低能兒童。原有二十三人，現只有十二人。教師對各低能兒童，均有祥細調查，以備研究，其用意在增進教學效率，救濟低能兒童，據云頗見成效。

「附」參觀後的意見：

一、活動分團的編制，可減去班級的限制，得以自由發展。

二，設計教學法偏重團體生活的訓練，而忽視個性的發展，道爾頓制則有適得其反的弊害。協動教學法則已得二者之長。

三，特殊教育之試驗，在理論上，事實上都有牠的根據和需要，實足令人仿行。

四，各科有各科的教學室，各教學室有各教學室的佈置，這樣在教者足以減少講解之勞，在學者可以得到直觀之便。彼之佈置品，如算術室的表解積土，語文室的別字表，標點符號表，社會室的史地圖表，自然室的標本模型等，大都自製，很有價值。在我們教育經費短窘的敝邑，實可做效。

乙，南京市立夫子廟小學

參觀罷了南京實驗小學，遂徒步到夫子廟小學去。由該校教務主任沈長華先生接見，留事報告後，即嚮導參觀。茲將參觀所得，寫在下面：

該校職教員共觀三十二名，學生四百餘人，規模亦頗不小。全部校舍都是利用廟內房屋，加以改造所成，大體尚算適合。近以學生逐漸增多，正在收買民房擴充校址。全年經費約計兩萬餘元，可以在市社會局按月領到。全年學雜費除提六成繳社會局外。所餘四成可歸學校，每年數目多少不定。

學校行政組織，分總務，教務，訓育三部。每部各設主任一人，商承校長辦理各該部事項。在這三部中，除總務方面無可記述外，在教務方面：計有十六個學級，單式十五，幼稚園一。教學方法係採用「研究的教學法」，該教學法爲該校教務主任所自創。在訓育方面：不主張擬定什麼計劃，組織什麼會，來訓練兒童。只注重兒童個別談話，力求指導切乎實際。

學校設備方面，標本，儀器，及運動器具等，均頗充實，可敷應用。聞此標本儀器，係由高中級兒童年納購置費中，提出百分之五十所購得。（每生每年納購置費一元）衞生設施，有小醫院，給兒童診治各種簡單病症。生活環境佈置，多屬四壁皆空，倒有令人研究餘地。

「附」參觀後的意見：

一，「教訓合一」是時代的產兒，牠的理論根據和實施方法，早爲大家所認識，所贊許。所以大多數的學校，都應着潮流的趨勢而改弦更張了。該校在南京市佔有重要地位，仍是「教訓分家」，不知這是什麼緣故。倒值得我們在「教訓合一」和「教訓分家」上，再下一番的研究工夫，求牠個徹底明瞭，給牠個切實試驗。

二，在訓育方面，該校無兒童自治組織，只以個別談話，來訓導兒童。這樣看：兒童自治組織在學校裏要否設立？大家都可着實深思，與以研究。

三，在該校所有教學室裡，除低年級略有幾張掛圖外，餘均四壁皆空，這種不尚佈置的兒童生活環境，與校導上有無弊害？在我縣大規模的學校，可拿出一設來試驗。

四，該校教員支薪，除按規定數目外，如服務成績優良者，則行年工加俸。我縣大可倣行。（服務成績之優劣，由社會局和校長共同評定）。

警策語

（六）希望我們同志從今日起，下一個決心，凡是吃的穿的住的以及代步的，應具非國貨不吃不穿及不用的誓願。如此，今年我們的學生國貨年的前途，一定很有可觀的。

中央廣播無線電台節目

五月七日　星期二

八，四五　國樂　山國情侶　柳暗花明　悲秋　解語花
九，〇〇　新聞
一一，三〇　平劇　氣象報時　商情　五本封神　臨江驛　綠珠　木蘭從軍　斷密澗　甘露寺　哭祖廟　搴英會　春燈謎　太君辭朝
一二，二五　訓子　中國歷代名人傳
一八，〇〇　大鼓　名將扁鵲　董蓮枝唱——
一九，三〇　寶玉探病　兒童教育講：子胥吹簫　乞食　動物的種種　歌曲：滿目淒涼
二〇，〇〇　簡明新聞氣象報時
二〇，三五　名人演講　丁文江先生講：科學與建設
二一，三〇　新聞
二三，三〇　國樂及平劇　龍船鑼鼓　念奴嬌　妃子笑　母女會　暗渡陰斗　路遙知馬力　女兒國　總理紀念歌

小朋友（一）

第一七八期

本副刊以介紹小朋友的作品爲宗旨

本副刊全係公開歡迎投稿

本副刊編輯部對來稿有删改權

本副刊編輯部對來稿如不登載概不退還

本副刊編輯部設[illegible]內

爲什麼禁煙

大橋莊六年級　程鍇箴

「烟」這種東西，是一個害人的毒品。牠的害處很大：前清兩廣總督林則徐說過，「鴉片之毒，甚於洪水猛獸。」爲什麼鴉片之毒比洪水猛獸還更厲害呢？因爲鴉片有一種麻醉性，凡吸食的人，身體就受了牠的毒害，四肢日漸衰弱，精神日漸萎靡，小之可以使一個強壯的健兒，變成一個弱者；大之可以傾家，可以蕩產，可以貽禍子孫，可危害民族。朋友們！請想一想可怕不可怕呢？

洪水泛濫，受害只是一時，而鴉片流毒，竟能延及後世；猛獸噬人，受害者很少，而鴉片呢？却禁及萬衆。現世界大戰正在醞釀的當兒，吸食鴉片的人，若不改過遷善，不但是有害自己與家庭，還有亡國滅種之患呢！所以政府才一再下令禁烟。

對小學教師進一言

李秉鼎

在未說話以前，我先聲明我是一個門外漢。因爲我還當過小學教師，而且是一個落伍的學生。本不該發狂語，只因爲想到這裏就說話，所以不顧說的好壞，竟然發表意見了。

我以爲學生作文，不應當由教師出題目，應當極力向學生灌通思想，使其自由出題，自由作文。因爲思想的由來，是根據事物的反映。假若是出題的話，教師的思想，和學生的思想，怎能來的這樣合巧呢？於是想發表的意見，不能如實發表，反去作不甚瞭解的題目，是多麼遙遠呢？

讀過「最後一課」的感想

大橋莊小學校　李宏矩

我自從讀過「最後一課」以後，在心弦上，立時迸出一種悲哀的音調，這篇字的內容，是描寫法國國難的文字，因而我又想到我們的國，現在也正在國難多艱的時候，倭奴仍然慾壑難填的進攻華北，甚法依舊虎視眈眈的覬覦着西南，如其再不從夢中醒來，亡國奴的滋味跟前就可嘗到了。最後一課的慘劇，行將重演於中國！沉醉在夢中的同胞們！不要再睡覺在醉生夢死中了，大家一齊奮發起來，抱着犧牲的決心，和敵人拚個生死存亡，不願在偷生着，等作人家的奴隸了，大家趕快的努力吧！鍛鍊我們的健全的體格，建築起堅固的基礎，把這重疊疊的國恥雪了，把我們錦繡的河山奪回，再創造我們新的中國，同胞們啊！[illegible]一課的滋味，我們[illegible]了。

深春的晚景

李[illegible]　[illegible]

光陰像風馳電掣般的在牠的軌道上永不停留的向前進；剎那間，又輕輕的邁進深春了。在這春深的時際裏，萬物微笑着，鳥雀歡舞着，世界滿呈着一種活潑愉快的景象。這整日被功課所羈絆的我，輒想往遊郊野河畔，瀏覽些天然的佳景，借以減却我心內的煩悶，添長上一點兒舒適的快樂。

課後獨自離開學校，帶着輕鬆的步出了校門，往北行，至一村，名叫：「小戴莊」。在那村裏人家不多，亦不十分富庶，但景緻却很好；四周滿長着各種的樹木，和無色不備的花草，每值春際，往遊其間的人們，便絡繹不絕，所以我今天也要跑到那裏去玩。

我剛走到村莊的附近，便把脚步放慢了一些，詳觀其間的景物：看見柳樹已現出了嫩綠的柳眼，在那裏隨着春風跳舞；短命的桃花，已經脫下[illegible]的紅衣，[illegible]果實已結纍纍了。[illegible]兒一切[illegible]一切又使[illegible]分鐘的光[illegible]歲，足能有十次之多，但我却始終也不知道是甚麼趣，心中只有快怨快樂而已。這時的腦海中，便生出了一層疑惑，這層疑惑，便是在我腦海裏徘徊着，使我不安。我偶然仰視天空，啊！原來是一片〇號的彩雲，正被着無際地的夕陽流動，因了日光的掩映，才得這種美麗的奇光斜現；並又轉映在林中，便顯得的小村，又增上了不少的美麗。我看到這裏便覺心曠神怡，好像置身於仙境一般，其快樂之狀，真是我的筆墨所能形容出萬一的。

不多時，無力的斜陽已偷偷的隱入西山去了，歸巢的小鳥也都飛往林中棲息去了。貪戀景物的我，這時也只得離開那可愛的地方，旋歸這暖人的學校來了──因爲我不來[illegible]喜歡讀書的啊！

我的童年

大橋莊小學校　陳嶽新

我回想當年的生活，眞是不堪深想了，我那時穿着母親手用色絲線做的衣帽，整日的和本村的兒童在一塊遊玩，做那些天真的快樂的遊戲，有時惱了便打罵起來，我那時是毫無一點知識，幾曾想到現在的自己，是這樣的靜寂，這還般的呆板啊！

日月與駒，光如矢，我說離了搖籃在不知不覺中到了七八歲了，這時我的父親便把我送到周宅地小學去讀書，讀了幾年毫沒有一點進步，只是馬馬虎虎的度着時光，仍舊和稍一樣的終日嬉戲，先生說我打我，我也不聽。唉！童的光陰已過去大半了，已在初小畢業，又轉到高小了，這我只是自己抱怨自己，從前我爲什麼不聽先生的話呢？什麼不好好的學習呢？我想起來便不禁頭涔涔而淚潸潸。

小家兔的故事

李乘元

我家院子裡，有一個小洞。裏邊住着一個母家兔，三個小家兔。一天，母家兔，領着三個小家兔，出洞遊玩，不料被黃貓看見了，小家兔都被牠捉着。母家兔向黃貓說道：「你爲什麼捉我的兒子？」黃貓說：「我餓了！」四個兔子大驚。白狗來了向黃貓說道：「不要欺侮弱小的家兔。」黃貓怕白狗咬，牠就逃跑了。母家兔見黃貓逃跑了，便對小兔子說道：「三個小寶貝，快快跟我到洞裡去。」黃貓爲着沒得到小兔的肉吃，便生了白狗的氣，去找惡狼，來和白狗打架。黃貓走到門前的草場上，遇見惡狼追趕鷄子，[illegible]惡狼追公鷄。公鷄跑到遠方去了，惡狼追白鵝，白鵝跳到水裏去，惡狼追鴨子，鴨子逃到小洞裡，惡狼追小羊，小羊跑到院子裡去，惡狼也追到院子裡去。被白狗看見了，說道：「惡狼慢來，有我和你打架。」惡狼受過白狗痛咬的教訓，不敢和白狗鬥架，就逃跑了。黃貓見惡狼也怕白狗，後來就不吃小家兔了。

讀「吃白糖」書後

趙鳳初小學四年級生　劉敬舜

在本月十七日，小朋友園地裏，竟發現了外埠報紙之筆啊！是周君[illegible]的作品，啊！上帝，誰知道這其中也有皮裡陽秋的抄襲病，唉！我真爲這潔白的[illegible]叫屈，恕小子太敏感，要把這無恥者的大名赤裸裸的揭示出來。真的，不料周君竟會學會了時代文人的積技。

「吃白糖」一個耀眼的題目，是多麼鮮豔的一首新詩啊！不僅思想高超，而且詞意清美。我像捧聖旨般的一口氣讀了幾十遍。真使小子五體投地的佩服，但是我要請問周君，這真正的盧山面目嗎？

哈！哈！不德懷疑，李山面目嗎？老哥貴目一瞧。請你老哥翻開中華書局印行的小朋友，第五六二期呂伯攸先生作的一首愛國歌（恕小子不能將原文抄錄），是否雷同？這個要請你周君你也許相信這個。所以我打開天窗說亮話。你的大作「吃白糖」，是抄襲呂伯攸先生的愛國歌。哈哈！我又要請問周君，這種行爲是我們天真兒童應有的麼？請你答復我。

最後我要給你一個警告！這種行爲是最不好的，請你千萬以後不要再玩這無恥的把戲，不然，你丟人還在後頭呢！

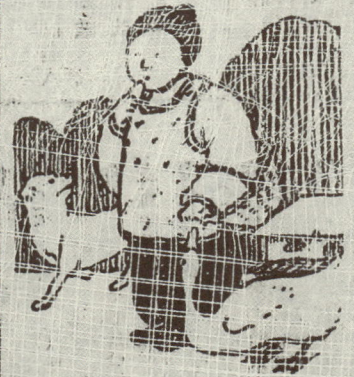

漁翁

小學步歐 書縈

光陰無情的逝去，彈指間一日的光陰已是殘餘無幾。

和三五知友，「安步當車」的走向原野；四眺這花花人間的暮景。

一幅春的畫圖展在目前，小溪在涓涓的流着，燕露抹上枝梢，河岸上青青的草兒，低舞在柔風之下，平鋪在廣大的原野上。

啊！牠做了那漁翁們的坐蓆。

看一位老漁夫，頭帶着簑笠，一副面孔；雖帶着幾分憔悴，卻擁着濃濃的笑容。

呀！細微的歌調，吟着他一曲漁歌，他似回味着人生的快樂。

啊！富有詩情畫意的漁夫，眼見他將撒網拋向水中，此時，我也在深深的羨慕着他快樂的人生。

他驀然間回首欣然一笑，意在向我們點頭招呼，但在這無意的招呼中，我以為似在譏笑我這蠢愚的人們，只是虛度了有用的光陰，而不可生利呢！……

他人生的感覺，是無上的快慰的！唉！我呢？……我為他所傾倒！

唉！他——他回味着人生慰快，續唱他的漁歌。我——蠢愚的我依然在枯寂的短短的人生中，追尋着利那的快樂。

殘紅

大辟莊小學校 朱本鴻

看！清清的溪水，滿浮了殘落的花瓣，可嘆呀！可悲！「花無十日紅」。

〇 〇 〇

殘紅呀！昨夜的狂風暴雨，將你打得各處飄落，隨春水東流。

〇 〇 〇

我們看花在被狂暴風雨摧殘，我們不要心灰意倦，看！花有來年的開放，努力呀！我們也有脫了懸靡擺殘的一天。

春水

大辟莊小學校 劉建封

兩行綠柳下垂，夾着一行帶形的春水，一陣陣的微風吹來，水波蕩漾，柳絲輕搖。

〇 〇 〇

春水啊！你明晶如玉，你清可鑑底，你的體態啊！玲瓏，澄清，美麗。

〇 〇 〇

從那邊走來了幾隻鴨子，像是找得了新生命似的，踏到春水裏，洗滌羽毛，鑽到水底。啊！樂極！樂極！

〇 〇 〇

春水啊！你在風平浪靜的時候，表面平滑如鏡，是何等的清幽。

〇 〇 〇

你在風吹浪湧的時候，一起一伏，一高一低，整整齊齊，有節有理。啊！處在這大自然的懷抱中，是何等的美妙綺麗。

〇 〇 〇

春水啊！你真有洗滌的妙技，你為何不把國恥洗滌？你為何不把國恥雪洗。

贈給朋友

小史為棟 書

朋友啊！努力吧！光明之神在前途等着，招着手兒，懇切的期待着盼望着。

〇 〇 〇

朋友啊！努力吧！休想着——自己的本領，學識，比天還高，比海還深，望洋興嘆，那只是無及的懊悔。

〇 〇 〇

朋友啊！努力吧！要知道——光陰不我待。春來秋去，從無一瞬間的遲留，莫謂今日過去有明日，今年過去有來年。單等着白髮蕭蕭徒生老大之感。

〇 〇 〇

朋友啊！努力吧！光明之神在前途等着，招着手兒，懇切的期待着盼望着。

吊唐君成義

李寨中小 許照玉

一片荒草，幾株老樹，在這午夜寂寞的郊，有個唐君成義的墳。

〇 〇 〇

成義啊！成義！我憶起你！活潑姿態，現入黃土，我不禁潸然淚流！

〇 〇 〇

成義啊！成義！我憶起你那櫻桃口，蘋菓也似的雙頰，豐潤的面容，時常浮着和藹的笑容！而今啊！你的[illegible]荒坵，怎不使們心痛[illegible]

努力後[illegible]

李寨中小 [illegible]

啊！從前是一片[illegible]幾株朽樹[illegible]這個冷靜寂寞的墳[illegible]，有毒蛇野獸在盤據，誰也不免聞而悲傷！

〇 〇 〇

朋友！休懼！我們奮勇向前，把那毒物除盡，大家一齊努力！

〇 〇 〇

慢慢叫地面平坦，栽上了異樣的花木，引了水神開一個池塘，暫住裡面養些蓮魚；

〇 〇 〇

「哈！哈！」請看在這春天裏，花兒開放了它的香氣，鳥兒提高了他的喉嚨，誰也覺得這裡清幽美麗。

生命

亞和

清宵的寒風，
吹向我悲傷的心頭，
忍着吧！
暫時的寒冷，
在你的生命道上，
須得努力前進，
達到了目的地，
光明不是在半途能發現的，
四週呀！
你須注意陷阱的潛伏、
無情的不為關念你！

春

亞和

朋友們！
你疲憊了嗎？
莫錯過了春之光，
春光之難逢，
如燕驅倏然，
青春之可貴，
如須臾之間，
你醒來吧！
要用你奮鬥，
自由之神，
切勿白廢了這大好春光！

轉載

南洋旅行記（續）

雜井花著

八，邦加的慘劇

陳伯父嘆息了一會，便又續下去說道：『我們那次到瓜哇去，同船的便有四百名豬仔。平常形容窮人的話，有兩句道，「穿在身上，吃在嘴裏」，說窮人除了身上外，再沒有衣，除了嘴裏外，再沒有糧食，這樣，也就算窮的了。可是，這些豬仔們，更窮得利害：要不是船上供給，連嘴裡的食都沒有，要不是怕羞，恐怕連褲子都會賣掉去！你瞧，他們多半披着破衣，幾乎赤裸的，縮做一團的神氣，多麼可憐，多麼可慘呀！然而，只知要叫他們去挖礦，只知靠他們發財的荷蘭人，那裏會有這種慈悲心，

『船行四天，到了邦加的文島，（文島是邦加的一個海口，是一個小埠。）因為沒有碼頭，便在海中停下。岸邊邊來了一些划船，乘着十幾個警察，來接豬仔工人（不是迎接，乃是押解！）有些豬仔，看了這個情勢，知道不妙，哭哭啼啼的，抵死也不肯上去。可是，羊已進了虎口，那由你自己作主？如狼似虎的警察，荷蘭人的命令一下，便不管三七二十一的，強迫下船。不肯動麼？推下去！反抗麼？提下去！用鞭麼？警棍如雨點般打下來了！荷蘭人手按機關，還預備開槍呢！這時一片哭聲，誰聽了，也得傷心下淚！何況受罪的又是我們的同胞，我們自然不能不去看看。（未完）

豐縣文藝研究會通告

查本會第四次會員大會，原定於四月二十八日舉行，適值禁烟演說競賽之日，諸會員多有職務，紛紛請假，因此未能如期開會，茲改定本月十二日（星期日）上午十一時假縣黨部大禮堂開會。屆時務望各會員准時出席，為特通告！

中華民國二十四年五月六日 幹事長程守理

警策語

（一）在中國，一切的浪費超過了生產，個別的利益超過了全體的利益，散漫的行動代替了集中的計劃。於是乎大家總着死亡線賽跑。國難那得不一天嚴重一天呢？

（二）中國貧弱的病源，全在浪費。不浪費而從事於生產，當然很好，不生產而少點浪費，也未始不無小補。

（三）積極生產，非大量資財不為功，以吾國現狀而論，自籌既無力，借款亦非易，則提倡國貨，實為自救自給之辦法。

教育週刊

編輯部徵稿啓事

本刊以溝通教育消息，交換教育心得為宗旨。務望各區教育同志，將教育消息，研究論著等稿件，隨時寄交本部。事實務求新鮮而具體；文字務求簡要而靈活。再本刊為鼓勵作者興趣起見，對於刊載稿件，一律酌贈有價值之圖書雜誌。辦法另訂統希鑒察為幸！

徵稿辦法

一，投稿範圍　本刊對下列各稿，一律歡迎。(一)與教育文化有關之插畫。(二)言論。(三)專著。(四)調查。(五)教育消息。(六)參攷材料。(七)參觀報告。(八)教育心得。(九)教育文藝。(十)教育譯文。(十一)研究報告。

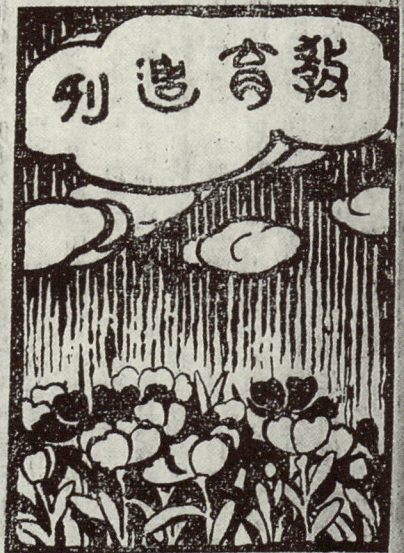

二，投稿要項　投稿人請注意下列各項。(一)來稿文言語體，均所歡迎。(二)如係譯稿，請附原書。(四)投稿人請在稿後附列姓名，住址，以便通訊。揭載時如欲另署別名，亦請註出。(五)來稿請逕寄豐縣教育局本刊編輯部。

三，選刊辦法　本部收到來稿時，依下列各項處理之。(一)本部對於選刊之稿，有酌量增刪之權。如投稿人不願增刪，應事先聲明。(二)選刊之稿，概用極有價值之圖書致酬，其種類與數目由本部酌定之。概不預先函商。(三)來稿無論刊載與否，一概不負寄還之責。但如投稿人預先聲明者，只可代為保存，親自來取。(四)來稿須繕寫清楚，以便付印。

言論

本縣第六區全區國術表演大會之展望

王如璸

(一)擴大表演問題

在橫的方面，豐縣共有七個區，一個實驗鄉。據現在說，未舉行國術表演大會的，尚有七處。按照情形，各區都有社教中心機關，實驗鄉也有中心小學。政教合辦國術表演大會，個個都有可能。在二十四年度裏，一個春季，一個秋季，不冷不熱的天氣，大家能先後舉行國術表演，全縣定可充滿國術表演的空氣。民衆們自當潛移默化的重視國術。

在縱的方面，各區國術團體，未參區中表演大會之先，也應該請出一兩個教師作臨時指導，在廣場中作簡單之表演，以求改正。這是屬於下級的預習。若進而為全縣國術表演大會，在豐縣曾舉行過一次，結果尚好，且因這次的鼓勵，各鄉鎮中增加了不少的國術團體；但是本年度未曾繼續舉行，誠為憾事！將來各區及實驗鄉，一律辦過國術表演之後，本縣政府和教育局，應籌備第二次全縣國術表演大會。使各國術團體的演員，在區裏能顯身手在縣裏也能顯身手。想他們興趣的濃厚，求進的勇往，定於要增加的很多。

(二)組織和訓練問題

凡是民衆，都需要組織，同時，也需要訓練。使有訓練有組織的團體，能發生力量，然後運用這力量，來解決社會問題。這是政教的唯一目的。任何國家和民族，都不能忽略這一點。像我們多難的中國，教育不普及，政治未上軌道現狀之下，如果沒有機會，是不宜於多談空論；但每一次國術表演開會之後　大家興趣方濃，注意集中，機會已經成熟了；有人出而稍加整理，即可編成有紀律，有系統的團體。因為他們的目標很統一，實施訓練，極易收效；他們的技術已有基礎，成功必定偉大。

去訓練和組織這些老幼不齊，智力相差的演員們　其方法，無先例可以借鏡，但管見所以為要訂定一個進行計劃大綱，其內容要點應該是：

一，滿十人之團體成立一小隊。超過三十人者，分為兩小隊，其餘類推。每隊得設領隊一人，由隊員公推。

二，每十隊成立一大隊，得設監隊副監隊及佐理一人　組織辦事處辦公。均直接受區長及實驗鄉長之指揮。

三，實驗鄉滿一大隊，或每區滿三大隊時，得呈請縣政府設「講武堂」，並提交區務會議籌款　委人主管之。至七區及實驗鄉講武堂完全成立後，縣政府得設「講武廳」，並提交黨政談話會籌款開辦縣立國術館主管之。

四，教務，由社教中心機關，或附近學校，襄助區公所辦理。

五，教材，應略教識字，並介紹吸收各種常識及公民須知，明瞭外界情形。並規定時間，加以軍事訓練，一學科與術科並重。

六，為調濟他們的精神起見，也不妨指導其組織音樂會，旅行團，和足球隊等，以激發其興趣。

七，國術館，每年舉行全縣隊員大檢閱，至少一次。

八，一切規約章則之訂定，重積極的指導，戒消極的制裁。

(三)老教師維新問題

談到國術團體中的「老教師」這個名詞，不知怎的？一般人總是不拿他們當做學校裏的教授，那樣尊嚴，往往只管賞其做技，而低視其地位，所以在社會上同是做的教人工作，但「師嚴道尊」的價值，總不在水平線上。這，很足以為提倡國術的障礙。今後如果要使老教師的「地位」抬高一，除照常受以上隊員之根本訓練外，尚有以下數事，當老教師的要特別注意：

一，要革命化——打倒封建思想，如踢場，打擂等；

二，要科學化——極力破除迷信，如喝符，念咒等；

三，要藝術化——生活講求整潔，不再脫落齷垃；

專載

外埠教育參觀團報告之四

——省會的參觀——

十六日下午四時由棲霞山鄉師附小動身赴車站，時細雨濛濛，衣衫盡溼，入山腳下，頗感渺小！該站距棲霞山鄉師附小約三里，抵站後，適東行車到站，遂趁車而東至鎮江已滿城燈火矣。余等略事休息後，即確定翌日出後時間及參觀時應行注意事項並預定參觀校數，即就寢。十七日早點後，即馳赴鎮師義務教育實驗區及其他小學參觀，茲將參觀所得印象，分述如左：

(甲)鎮師義務教育實驗區

一，該區的沿革　該區前為本省教育廳直接實驗特種義務教育的一個場所，名為省會義務教育實驗區；待民國二十二年，教廳指定各師範區師範學校將各該管區內地點，劃分一部分實驗義務教育，於是將省會義務教育實驗區，給予鎮江師範管轄，並改今名。

二，區域的劃分　該區領有鎮江城內的一部，以省府馬路為界綫，省府馬路以東，為該區施教區域，適有鎮江城內之一半。

三，經費　該區經費，每年一萬一千餘元，其經常臨時建築，以及辦理一切特殊事業所需之經費均在內。

四　行政組織　區內設主任一人，由師範校長兼任，下設教務幹事，庶務幹事，文書幹事及會計幹事各一人，在師校內設辦事處，直轄區內各小學。

五，辦事處所負之責任　辦事處為該區最高行政機關，所有區內校長教員之任免，成績之考查，各校各種應用物品之購買與發放，以及指導考察等事宜，悉由辦事處負責。

六　該區之使命　該區既名為義務教育實驗區，固必有相當之實驗使命在，其實驗目標：一方面注意研究新教育方法之實驗，及教育上難以解決之各種實際問題；一方面在力謀區內義務教育之普及，並設法逐漸及於區外。

七，學生所享受之特種待遇　全區各小學學生，不問家庭經費狀況如何，不特免除學雜費之負擔，且一切課業用品及書籍，均由辦事處購備妥當交由各校轉發學生應用。

八，推廣事業　該區對於推廣事業，因有省立民衆教育館及縣立民衆教育館專負辦理各種社會事業，故該區所負之責任不大，亦無俱體成績之表現。

九，該區所屬各校教育性質之分述　該區中心小學二處、卽第一中心小學第二中心小學，簡易中心小學一處附設短期夜校，合辦小學一處，工讀班一處，一年班一處，共七處。茲將各該處性質分述如下：

1，第一中心小學及第二中心小學　該兩中心小學，係實驗中心小學區制之得失，以作將來政教合一之準備。

2，簡易中心小學及短期小學班　簡易小學及短期小學，以部定補救義務教育辦法做根據，將義務教育年限縮短，學習科目亦較普通小學爲簡單，簡易小學係二部制，短期小學僅晚間在校學習兩小時，一方面可以節省教費；一方面學生在家庭可以不誤職業，

3，合辦小學　合辦小學係由該區與省立民衆教育館合辦者，學校所需全部經費，由該區與省立鎮江民衆教育館平均負担，校址在民衆教育館內，爲普通初級小學性質。

4，工讀義務小學　該區在本學期開始時，設立工讀班一級，學生年齡較普通小學爲大，係整日制，在救半日做工，半日讀書。

5，一年義務小學　一年義務小學，亦係本學期開始時創辦，現僅一學級，學生來源由私塾轉入爲多，其修業年限定爲一年，在招生時，須切實測驗其至要科目，合於三年級之程度者最爲適宜，再修業一年卽可畢業，此專爲補救義務教育而設。

十，該區所屬各校現況之分述

1，中心小學　其第一第二兩個中心小學，均係兩個學級，其編制爲一二年級複式，三四年級複式，每校設校長兼教員一人，教員一人，以一人敎一學級爲原則，學生書籍用品，完全由校供給，每年每生估書籍用品費約五元，設備頗完全，惟院落狹小，學生課餘無游息處。再該二校雖名爲中心小學，其下並無分佈校之設立，是與中心小學區劃行政系統，似有未合處！對於此點，當卽詢之該校負責人，據云：「在本區施政計劃中，每中心校均有分佈校數處，因事實及環境之種種困難關係，迄未設立，致不能對於中心小學區制有以整個試驗，本校殊抱歉意！

2，簡易中心小學和短期小學　本校係教育廳爲直接試驗簡易教育而設，待民國二十二年始劃歸該區辦理，其至要目的爲節省經費，將各種教學過程及科目，加以省略，四年課程，以三年的時間修完，且係二部半日制，直等於一年半之學習時間也！大半因兒童家庭經濟及速謀就業關係，致使兒童好缺席或退學，每屆畢業學生，均僅十餘人，現爲提高學生程度計，三年級已改爲整日制，一二年級仍係半日制。所用教科書，亦係普通小學所用之教科書，故對有節季時令方面，極感不適宜，其補救方法，只有將教科書內容，略加删削，一年級增加珠算，並學習應用文，該校雖名爲簡易中心小學，亦無分佈校之設立，內附設短期小學一班，於每日晚間上課兩小時，所用教科書，卽教育部所頒行之短期小學課本，係四厚册，以一年的時間學完，所收學生均係成年失學者。按教育部所頒發之補救義務教育辦法上所規定，此種學校，係整日制，且專學此一種課本，因此種課本，不僅包含國語材料，社會自然材料亦有。該校僅令學生在校於每晚學習兩小學，一年間能否將此課本學習完竣，其中不無疑問！當卽詢之該校負責人，據云：「本班創設不久，對此尚無相當經驗，結果如何，只好待諸將來耳。

3，合辦小學　該校係一普通初級小學，與省立民衆教育館雙方平均出資合辦者，其設施教學課程，悉依照普通初級小學實施，茲不多述。

4，工讀義務小學　該校從本學期創立，規定學生年齡爲十歲至十八之失學兒童，上午讀書，下午學習工藝，學生共四十三人，女生，二十九人，男生十四人，規定四年畢業，應用普通初級小學所用之國語常識課本，算術自選教材，其他科目一概從略，現男生學習籐工，所編箱籃，尚切實用。女生學習縫級刺繡，亦有成績陳列。做工材料，完全由校供給，本班每月材料費共需十八元左右，書籍用品，亦由校發給，每年每生估此項費用約十四元。普注意普通職業技術及專業技術之試驗。

5，一年義務小學　該班專收私塾學生，合於初小三年級程度者，其教學過程極省略，方法由班級制漸趨個別指導，行政方面，不用表格，僅規定最低限度之簿籍五種，畢業期限定爲一年，校長兼教員一人，月薪二十八元，除電燈茶水等費在辦事處預先領取外；其餘用品均在應用時向辦事處具條領取。

十一，意見　參觀該區後，吾人對於該區之意見，約以下數端，茲寫出以供研究：

1，該區辦事處，不特負行政上領導和推動之事宜，且對於區內所屬各校之一切應用物品，悉由辦事處購備和分發，此項辦事　固可減少各校之一切雜務，增加教育效率，但辦事處設有專任人員至四五人之多，其組織亦頗有經濟，若能將辦事處緊縮組織，凡有義教試驗區縣分，卽可照此仿衆。

2，該區有中心小學三所，無一校有分佈校者，是與中心小學區制行政系統，似有未合處！若言專爲試驗而設，亦須整個的試驗，方可覘該項教育制度之得失。

3，該區有簡易小學一所，係半日制，現爲提高學生程度起見，至第三學年已改爲整日制，一二兩學年，仍係半日制，各年級學生均用普通初級小學課本，畢業年限及教育性質既不相同，此等初級普通課本，似不宜沿用；再該校兒童每屆畢業時，均剩有少數學生，想係平時輕易缺席及中途退學所致！關於此等問題，該區尚未有相當之解決。

4，一年義務小學，專收私塾學生，亦爲補救義務教育的一個辦法，但此項辦法，在較大城市容易舉辦，因私塾數量較多，且多能集中也！我處私塾，大都散居鄉村，不易集中，恐一時難以仿辦耳！

5，該區所屬各校，校舍多不適宜，或佔用古廟，或租賃祠宇，致使學生無適宜游息場所，且教室通氣採光，亦不甚講究。

6，全區各校表格簿籍，均甚少！僅由辦事處規定數種應用，吾縣各小學，其表格簿籍，有多至數百種者，似嫌太多！亦宜由教育局規定標準，一面可以免除教職員一切無謂之麻煩，一面可以節省精力，增加教育效率，且所有之少數必要表簿，亦可以翔實統計和記載！

（乙）陳氏改良私塾

近來因普及教育的困難和急迫，大家都是多方設法，來解決這兩個問題。早被廢棄的私塾，便又惹起人們的注意來。尤其是本省教育廳所在地，成效如何？當然要注意，因此我們便到一個改良私塾裏去參觀。

我們參觀的這個私塾，是陳○○先生辦的。有教學室二間，寢室一間，廚房一間，都極整齊清潔！教學室裏光線充足，佈置適宜（有孔子像，中山像，新生活標語及各種規約等），大非前私塾所可比。學生三四十人，分爲三五一。所用桌子，均係自備。所學科目，除四書，國語，常識外，加習珠算。我們與陳先生談了許多話，同時又問了許多問題，現在把他的解答寫在下面：

問：貴塾的經費從那裏來？

答：完全由學生納學費，每生八元至十六元，每年約有四百餘元，另有四季的節禮作雜費。

問：貴塾的塾舍是從那裡來的？

答：是我自己租地建築的，租地期限爲十五年。

問：貴塾的學生有多少？家庭狀況如何？爲什麼喜歡到私塾裏來讀書？

答：共有學生四十餘人。他們的家庭多是商家，因爲他們希望子弟速成，且欲其學習珠算，所以多送此地來。現在座位已滿，尚有許多送學生者，均經拒絕。

問：先生從前做過什麼事情？

答：我從前在軍隊裏做過記室一類的事情。

問：貴塾的課程都是什麼？教學方法如何？

答：有四書，國語，常識，珠算四樣。教學方法仍是採用個別教學法。

問：教的時候，卽行講解否？

答：學生四十餘人用個別教學，若隨教隨講，將不勝其煩。大學生讀四書者，分五六人爲一組講解，小學生讀白話文無深切講解之必要。

問：貴塾有星期日嗎？怎樣利用？

答：有星期日。利用是日講解新生活及其他問題。

問：貴塾對於各種紀念日怎樣辦？

答：敝塾無紀念日。

問：貴塾學生有無運動時間？

答：有運動時間。都在上午和下午的課後。

問：貴塾曾經備案否？政府有什麼協助？

答：我曾經受過塾師檢定，發給許可證，鎭江教育局不時派人來視導。

「附」參觀後的意見

一，爲節省公家經費及增加普及教育效率起見，不可不注意私塾的改良。

二，私塾多用個別教學，可以自由發表個性，優劣生不至互相牽制。

三，私塾規模很小，可以普及於窮鄉僻壤，做改良農民生活的中心。

四，私塾的讀書時間長，訓管很嚴厲，深得兒童家庭歡心，極易取得聯絡。

五，私塾的課程簡要，可使兒童速成，很適合於一般農商家子弟。

豐報

◎第七八八號◎

◉社址豐縣大同街◉

中宣會登記證中字第一二九二號　內政部登記證警字第二二三○號

中華郵政特准掛號認為新聞紙類

◉本報價目◉

本報每份大洋一分四厘　每月大洋三角　外埠每月大洋四角郵費在內

▼總理遺囑▼

余致力國民革命凡四十年其目的在求中國之自由平等積四十年之經驗深知欲達到此目的必須喚起民衆及聯合世界上以平等待我之民族共同奮鬥現在革命尚未成功凡我同志務須依照余所著建國方略建國大綱三民主義及第一次全國代表大會宣言繼續努力以求貫徹最近主張開國民會議及廢除不平等條約尤須於最短期間促其實現是所至囑

豐縣教育局啓事

查本年度三月份教費，業由縣府領出，定于五月十四日開始發放，希即屆時攜帶領摺及學校圖記校長名章（手續不全者概不發款）來局具領可也。

豐縣第五區大同鄉鄉長董玉芬緊要啓事

近有戒絕出所煙民假借本人名義充作保人既未邀得同意亦未簽名蓋章本人概不負責惟此事關係重大甚望親鄉友好勿再重蹈覆轍不特於本人不利且於君事無補區區苦衷幸希見諒特此聲明

豐縣縣立書院小學校啓事

前實驗小學，第一學區中心小學，暨書院小學諸位校友均鑒：

本校定于五月十九日假公園體育場舉行第二次田徑賽運動會恭請諸位校友屆時　駕臨指導茲因時間迫促未克分別函請統祈　鑒諒是荷

中外要聞

鄧錫侯電京告捷
擾會理共匪受重創

▲中央社南京十六日電　第二十八軍軍長鄧錫侯、电京報告、勦匪勝利情形、徐匪猛撲我軍陣地、激戰數日夜、我軍奮勇抗戰、卒將匪擊潰、正面匪部已形動搖、正跟蹤追擊、並搜勦餘匪、連日激戰　匪傷亡甚衆、犯土門之匪激戰一晝夜、經我擊潰、並將黑包山之匪約五百餘包圍、已投誠繳械完畢。

▲中央社昆明十四日電　會理城外有小股共匪向北進行　駐會理之蜀軍、會同中央軍、予以重創、並過江追擊、會理以南現無匪蹤。

▲中央社長沙十五日電　章師長亮基電省報告、蕭賀殘匪、盤據慈境、九日我何旅會同當地民團、乘夜渡河、向匪進剿、匪不支向孝兒橋潰退、我軍正向匪包圍中。

蔣在昆明教育界訓話

▲中央社昆明十五日電　十五日晨十時、蔣委員長召見省會各中等以上學校校長、及教務長訓話、下午四時召見雲南大學校長何瑤、有所垂詢、五時在行轅茶會、招待龍主席婦夫及旅滇外賓。

▲又蔣委員長十四日在行轅招待省名流耆宿談話、並對滇省風土人情、地方建設、經濟概況、有所垂詢。

日決定升有吉為駐華首任大使

▲中央社東京十五日電　當局已確定升任有吉明為首任駐華大使、此項任命、將於本月十七日正式發表。

孫科等今日飛蘭州

▲中央社西安十五日電　孫科、梁寒操、張惠長等、定十六日飛蘭州、孫等擬由蘭東返後、視察洛惠渠遊華山。

中央昨舉行政治會議

▲中央社南京十五日電　中央政治會議　於十五日晨舉行第四五七次會議、居正主席、討論例案多起

蒙政會二屆大會日內閉幕

▲中央社北平十五日電　蒙政會二屆大會開幕後、已屆數週、各項議案現已討論完畢、日內即閉幕、各委員將晉京謁見當局事　侯雲王病愈、決定行期。

班禪駐錫塔爾寺

▲中央社北平十五日電　班禪抵青後、現駐錫塔爾寺、青藏王公皆往頂禮、在青約有二三月勾留　秋後返藏。

美經濟攷查團由平赴漢

▲中央社北平十五日電　美經濟攷查團、定今日晚車赴漢口、並入川攷查、然後在滬集合、定十八日返美、福勃斯稱、攷查報告將在輪中起草、由中美商界、及美政府供給意見。

▲中央社北平十五日電　美經濟攷查團、十五日下午遊覽平名勝、準十五日晚乘車赴漢、定十八日十九日分兩批飛渝蓉攷查、據攷查團長福勃斯表示、此次來平攷查、所得印象極佳、渠認為北平擬建設工業區甚難、而對袁市長大遊歷區計劃、則認為確保繁榮北平辦法、蓋以北平建築宏偉、有歷史上之價值、殊足令人羨慕云。

中央銀行西安支行開幕

▲中央社西安十五日電　中央銀行西安支行、十五日晨開幕、並招待各界茶會、當日營業、收到存款十餘萬元。

經委會派員到湘攷查煤鐵礦

▲中央社長沙十四日電　經委會派令組紳來湘　攷查煤鐵礦現狀、俾便開發。

交部令各航輪裝置自動無綫電保護機

▲中央社南京十五日電　交通部以沿海各航輪、常有被海盜盜騎之事、雖各輪均設有無綫電台、但臨時均被刼盜毀壞、無法保存、茲有外國某無綫電公司已發明防範海盜自動無綫電保護機一種、其功用在自動發號　報告船名經緯度以求救、且機件裝於厚鐵箱中、不能毀壞　即令割剪電綫、亦能自動報告、其電力能及一百英里、該部以際此海盜猖獗之時、各輪為防範起見、均應裝置此項防範海盜之無綫電保護機一具、以策安全、頃特令全國各航政局處、着轉飭沿海航輪遵照裝置。

中政會補訂立法院議事規則

▲中央社南京十五日電　立法院議事規則、自經中央政治會議第四五六次會議決議修正通過　函送國府後、國府已於日前明令公布　按照該規則第三條規定、該院會議由院長主席、如院長因事故未能出席時、以副院長代理主席、中央政治會議對該項規定、曾於同次會議同、核定議決、立法院副院長因事故未能出席時、得由院長就院內各委員會委員長中指定一人轉代主席、並由該會議函達國府飭立法院遵照、國府昨日已訓令該院遵照矣。

各省新監展品限期送京

▲中央社南京十五日電　司法行政部籌備與全國司法會議同在九月舉行之各省新監成績展覽會、該部現已通令各省監獄、從速籌備、所有應徵展品、統限於七月五日前運送來京、以便整理陳列、至開會確期、據該部息　全國司法會議定九月十六日舉行、該會則約在九月廿日前開幕、惟確切日期尚未決定、至展覽期間共三日、開會地址、亦尚在選擇中。

碩士學位攷試細則教部正擬定中

▲中央社南京十五日電　學位授予法經國府明令公布後，關於該法施行日期，已經行政院十四日會議通過，自本年七月一日起施行，日內即將由國府明令公布，至於各種學位開始授予之時期，除學士學位已定與該法施行日期同時開始外，碩士及博士學位何時開始授予，頃據教部主管司息，須俟該兩種學位攷試細則擬定後，始能決定，惟碩士學位攷試細則，該部刻正在擬定中，不久即可竣事，博士學位攷試細則，由行政院會同攷試院規定，但目前尚未從事擬定。

黃伯樵已由德啓程返國

▲中央社南京十五日電　據鐵路界息，京滬滬杭甬兩路局局長黃伯樵，去歲奉鐵部令出洋攷查各國路政，去歲八月間離滬出國，刻已十月，歷經日、美、英、法、捷克、及瑞、瑞、德等十餘國，黃氏現以攷查完畢，已由德乘輪直接返國，將於本月底或下月初可返滬。

陝建廳測量各公路

▲中央社西安十五日電　陝建設廳派測量隊測量甘陝川聯絡公路甯廣段，已由南鄭出發，又組測量隊測榆林至吳堡公路榆綏段，測量隊日內出發。

蘇省府廢除一批雜捐

▲中央社鎭江十五日電　蘇省府廢除松江棉花桀捐，儀徵米糧捐，教育捐，與化石灰捐、南通驢馬捐、東台屠宰交紙捐、桀捐等七種。

陳公博不日銷假視事

▲中央社南京五日電　實業部長陳公博，前因病請假兩週，頃據該部常次谷正綱談，陳氏病體漸痊，不日即可到部銷假視事。

晉北羊疫蔓延

▲中央社榆林十五日電　晉北東鄉北鄉，羊疫蔓延，每日死者不可勝數。

十二期黃災獎券在津開獎

▲中央社天津十五日電　十二期黃災獎券十五日午後開獎，結果頭獎一五五八五三、落張家口、二獎兩個、一三七一六一落平、〇二一〇九二落滬、三獎三個、〇一二四五八落滬、一五九一七三落唐山、一五三三九八落津、末獎二字五三。

蘭州各界舉行衛生運動大會

▲中央社蘭州十五日電　蘭州各界、十五日晨九時、在省府門前舉行春季衛生運動大會、到各機關團體人員數千人、朱紹良主席、並報告開會義意、午全市舉行大掃除。

法俄談話已獲諒解

▲中央社莫斯科十五日電　當局宣稱、賴伐爾與史丹林等已獲諒解、今日兩國外交家會談、涉及兩國國際政策各重要問題、歷二小時之久、談話完畢、即宣布雙方所獲諒解、惟諒解情形、尚未宣露。

菲島公民投票結果

▲中央社馬尼拉十五日電　菲島人民已以大多數贊同菲及早成立共和政體之憲法、聞此次公民大會、婦女亦有投票權、進行秩序甚佳、絕未發生騷擾、其結果爲贊成憲治者四五三八一票、反對者二一一四五票。

美天文學家佛勞斯特逝世

▲中央社芝加哥十四日電　美著名天文學家佛勞斯特、今日患腹膜炎逝世、年六十九。

美政府要求延長國家復興處壽命案
送交衆議院

▲中央社華盛頓十四日電　政府要求延長國家復興處壽命二年一案、今日參院大多數投票決定僅延長十個月、此案現已送交衆院、但衆信各領袖亦贊成二年計劃。

意亞爭端意方仲裁委員（人選）發表

▲中央社羅馬十四日電　今日當局宣布意政府已任命駐祠迪子爵、與裴德爾那氏爲仲裁意亞邊界爭案委員會之意代表。

▲中央社倫敦十四日電　一般相信英國現正進行與法意交換意見、謀使意亞衝突、趨於和緩、意國駐英大使格蘭第、曾會晤外相西門、有所商談、英國方面力謀意亞混合仲裁委員會迅速開會、以解決亞國邊界糾紛爲意亞之衝突事件、英國或更向亞政府交涉、勸其取讓步態度、亦屬可能。

國聯行政院下屆會議議程

▲中央社日內瓦十五日電　國聯行政院第八十六屆常會、定五月廿日開會、議事日程所列計有以下各項、（一）非法販賣毒品問題、（二）俄羅斯、土耳其亞美尼亞、亞細利亞、薩爾、各處難民救濟問題、（三）國際財政會調查各國賑抵協定報告、（四）意亞之爭端、（五）瑞士因上次大戰所受損害、向其鄰近各國要求賠償問題。

孔財長書面發表
兩年來財政報告

詳述收支不能適合原因及關源方策
力謀解除國外經濟環境造成之困難
今後注重經濟建設并列舉要綱九項

▲中央社上海專電　孔祥熙十三日午後五時在中央銀行以書面發表兩年來財政報告、（民國廿三年六月三十日止）原文甚長、大意首述兩年來收支不能適合之原因、計二十一年度短少八千六百萬元、二十二年度短少一萬四千七百萬元、[illegible]二十三年十月長財後之財源方策、與內外債之信用、再次述通貨收縮、工商困難、認爲係國外經濟環境所造成、政府正設法解除此種困難、減低出口稅、補救轉口稅、而整理中央地方稅進行、尤不遺餘力、各省市苛雜捐稅已廢止者、已裁五千種以上、約計二千八百萬元、至於舉債款、亦列舉其指定之用途、報告結論、注重經濟建設、其綱要如下、（一）厲行更有效之預算制以控制支出、（二）清理內外債務、（三）整理鹽稅施行計劃一致、撤銷附稅、改良鹽質、將新生產運輸以嚴密之管理、（四）關稅稅則務求稅收增加、而不影響於工業用品、及一般民生日需品、至特種輸出物產、在可能範圍內減輕或全免出口稅、以資鼓勵、（五）繼續設法調整並減輕省市地方稅使與中央稅制收內外相維之效、（六）獎勵並統制國內重要實業如棉紗棉布生絲等類、（七）穩定貨幣并統一輔幣、以剷除工商業之障礙、（八）改進交通、尤以發展鐵路及公路爲最要、（九）救濟立國根本之農業、并謀農村經濟之發展、孔氏并指出在財政狀況極度困難之秋、政府仍籌撥巨款以爲建設事業之用、舉其犖犖大者、例如建築省公路、改進農業及基本工業、推廣教育、補助私立學校、修築鐵道、擴充中原電話交通、增闢航空路綫、建築工廠、整理四川金融拯救水旱災區、以及恢復農村整理收復匪區之各項設施、皆在政府規劃之中云。

滬京滬路各縣
受暴風襲擊災況

鎭江江面沉船一百餘艘
武進一人觸電當場殞命
無錫煙筒吹倒壓斃一人

▲鎭江通訊　連日本埠熱度最高九十六度、異常難受、十一日夜十一時半、天氣忽變、風雨驟至、遠處閃巨聲自西方來、如千軍萬馬之噂讓、約五分鐘後、颶風突至、勢如排山倒海、萬物齊鳴、玻璃屋瓦如紙片向天空飛舞、全市電燈旋滅、電話電報亦斷、隨即多處起火、救火會爲風所威脅、出動者極少、江邊船隻走錨及失蹤不計其數、車站附近樹拔屋坍、通車站馬路兩旁廣告牌悉被風吹倒路上、交通斷絕、夜車到站誤兩小時、鐵路廠附近草屋悉數被焚、十二時雷電交加、大雨傾盆、至十二日晨三時風雨始漸息、事後記者於昨夜十時冒雨赴江邊一帶調查、沿途見倒樹頹屋、比比皆是、電桿樹木、被風所折者、不可勝數、遍地電線縱橫、自北固山至十碼頭江面船隻沉沒數、大致估計已達一百七十餘艘、平政橋江旁破船板木堆積幾如小丘、其時停泊和興碼頭之同義小輪一艘、亦被風浪擊沉、停泊江心之英國內河砲艦名SANDPIPER號錨鍊亦被吹斷擱江岸上、其他各處損失、一時難估計云。

▲武進通訊　十二日〇點五十餘分、氣候驟變、巨風陡起、雷光暴雨、交雜而來、風勢之急、爲歷年所罕見、當時城鄉電話、完全隔絕、吹折電桿線竪草蓬房屋倒塌者、不計其數、市房瓦片棟、以高聳孤立、亦現傾撼、吹落滿街、唯幹電廠當之鋒之衆、化龍巷中四區救火會旁電線、被風吹折時、適有長生巷口居民余阿海、年約

十餘歲，因出外大使，誤觸電線，情急呼救，同時有張卽興斷官者、行經該地，見狀趕奔返上前營救，以手拉其脫險，雖知一同遭殃，余阿海之母，驚聞噩耗，趕往抱屍痛哭，一時前往觀者，絡繹不絕，慘楚形狀莫不代爲酸鼻云。

△無錫通訊　十二日一時十五分許本邑忽起強烈北風、工運橋馬路上一帶路燈全熄、至二時半風勢稍殺，光復門外城脚滋康絲廠之鐵烟筒被風吹折，上段墮於城內礬穿虹橋下二十五號徐順昌煤炭店主徐桂泉之瓦屋正樑、徐之童養媳翠娥臥閣樓上，當被煙筒壓斃，徐桂泉有三子、長毛根，次巧根三根大、十七歲，死者係根大之童養妻，溧陽人，記者往訪時，但見閣上血液滴滴下墮，慘不忍睹。

旅荷印華僑被逐回國

◆中央社香港十五日電　荷印政府頒苛例，勒令華僑離境、第一批被逐華僑二百四十、內有婦女八十名、小童四十名、十五日晨乘輪回國抵港、形容憔悴、身無藏物、爲狀極慘。

蔣委員長令贛閩等五省 獎敘剿匪有功人員

以身殉職者從優議卹俾勵忠貞 並於五省適當地點建烈士公墓

△南昌通訊　蔣委員長以過去贛閩湘粵鄂五省剿匪之役，征戍頻年，死亡枕藉，迥非尋常戡亂可比，今贛匪經已肅清、地方逐次平定，固由我將士忠勇效命，而地方團隊機關之協助，亦有直接間接之功，近特訓令贛閩粵湘鄂五省政府，優予獎敘各該省地方團隊官兵、公務人員，及地方士紳參加協助剿匪有功人員，其以身殉職，或與匪偽亡者，則應從優議卹，以勵忠貞，並令於五省適當地點，建築烈士公墓若干所，藉慰英魂，又隨令附發獎敘呈報限制辦法、原文分錄如左：

訓令原文

爲令遵事、查贛粵閩湘鄂五省剿匪之役，征戍頻年、死亡枕藉、迥非尋常戡亂所能比擬，此次肅清贛境，摧陷匪巢，固由我將士忠勇效命，而地方團隊機關之協助，亦有直接間接之功、自應分別優予獎敘，以昭激勸，所有地方團隊官兵、及公務人員、參加剿匪成績卓著，應予敘者，仰該省政府、查明事實，彙由本會核定，函請行政院酌辦，至公務人員、地方士紳、及團隊官兵之以身殉職、或與匪偽亡者　亦仰該省政府從優議卹，以勵忠貞，並於五省內選擇適當地點、建築烈士公墓若干所、凡國軍及地方團隊官兵之陣亡者、均列入祀祀、藉慰英魂、其建築設計經費等、由該省政府會同該省駐在綏靖主任或高級軍事長官、妥爲籌擬、呈報核示、除分令外、合行附發獎敘限制辦法一份、仰卽分別遵照、此令。

獎敘辦法

（一）剿赤及戡平閩亂之各部隊機關除獨立旅長以上各長官之勛績調查表、應由各該主任加具考語併案彙報外、其餘官佐士兵之獎敘、均依此規定辦理、（二）請獎事實、除照剿匪獎章給與規則第九第十各條及剿匪勛章條例第二十二第二十五第二十六第二十七各條、暨陸海空軍勛章條例之所定外、其餘直接間接有功於勦匪平亂之戰役者、均得獎敘之、（三）已給獎章、復立特殊勛績者、得照敘勛規則、授予勛章、（四）戰役中在數個地區迭立卓著功勛、得累積報請核敘勛章、（五）在同一戰役中曾因功績給獎或晉升之官兵、不得再行請獎、（六）在同一地區戰役之功績、得合併請獎、（七）官佐士兵在一戰役中、不得併請兩種以上之獎勵、（八）戰役中之間接立有勛績者應敘明顯著事實及日期、不得濫報及附名搭報、（九）公務及僚佐人員之請獎、應將特殊勞績或事實敘明其職責內之事跡、不得報請獎[illegible]、（十）報請獎[illegible]　應以在事官佐士兵全數爲標準、最大限度　官佐不得逾百分之十五。

江蘇氣候土質 最適除蟲菊之栽植

蘇省農行通知各地合作社 代辦寶山合作社農場種子

△江蘇社　江蘇省農民銀行轉知各地合作社、代辦寶山合作實驗農場除虫菊種子、茲錄其致各合作社函及定購辦法如下、原函云、「准寶山合作實驗農場函、一敝場同人鑒於吾國農民副業之缺乏、新農產物植提倡之重要、爰不自揣、設立合作實驗農場、先由除虫菊試種入手、今爲時二年、差幸尚有成效、本年六月間、第一次卽可收穫、查除虫菊乃製蚊虫香、及自爲殺虫劑等重要工業原料、需用極廣、而江蘇氣候土質、又最適於除虫菊之栽植、素仰貴行復興農村、提倡副業、是以擬請貴行通告所屬各地農村合作社、勸導農民、提創除虫菊之種植、敝場願低於市價、供給純潔良好之種子、並負義務指導種植之責任、如貴行能代爲推銷種子若干、實深企感、事關農村復興、相邀貴行鼎力援助」、並附定購除虫菊種子辦法一份到行、除分函外、爲特檢附該農場定購除虫菊種子辦法一份函達、希卽轉知各地合作社，將需要數量、分別登記彙報、以便代爲接洽購辦爲荷、」等因、合卽檢附定購辦法一份函達、卽希查照、如需要數量及款項、函送到行、以便彙存、代爲接洽購辦爲荷、江蘇省常州農民銀行啓（寶山合作實驗場定購除虫菊種子辦法）一、本場種子品質純粹精良、保證發芽、二、本場種子價格低於市價約百分之二十、三、採用本場種子者、得請本場派員負責指導、四、採用本場種子者收花後、本場負紹介出售之責、五、本場種子須於本年五月底前預定、並預付費若干、六、本場通信處、上海四馬路黎明書局馮和法轉。

改進武進社會事業

民廳蕭視察員擬具辦法大綱

△江蘇社　民政廳視察蕭達群、前奉派赴武進視察慈善團體、公積倉、暨調查積谷等情形、已誌本報、茲悉蕭氏到邑後分往各處視察完畢、對倉糧管理委員會借出各款、如溥利油廠、源大成油廠、大有木行　大來木行、榮豐典號、歙產處等借款、均囑由縣府科員[illegible]、[illegible]、查該邑積谷　民生工廠、救濟院、公私立慈善團體、及[illegible]院等　均擬具改進辦法大綱、會同縣長呈報民政廳核示、蕭氏則於十二日來省覆命云。

豫滑縣水勢漸退 涸出田畝八十餘萬畝

善後農振需款三十餘萬 縣府擬就計劃請省撥款

△開封通訊　自古口門堵合之後、豫省滑封等縣災區水勢漸退、災民紛紛返里、豫省振會鑒於災區善後亟應籌辦、前特飭令各該縣調查涸出田畝數目　並將善後需款擬就計劃呈核　茲滑縣府已將現在涸出田畝調查清楚、計可耕者八十六萬四千畝、並會同省振會派員擬就善後農振計劃、計子種　農具等費需洋三十六萬四千二百元、刻該縣已將計劃等呈報省振會鑒核撥款云、特探誌該項計劃等如次：

（一）涸出田畝數　按二十三年水災、災區二十二縣面積約小、平均寬二十二里、長百里、被災區域計達二千五百餘方里、現在涸出者約計二千方里、除搭沙淤域、以及村舍邱墓、不能耕種者外、約有可耕地田千六百方里、計合八十六萬四千畝、

（二）農村需款數目　（甲）子種費　除土地外、以種子爲唯一要素、按各類種子價平均每畝約需洋一角五分、能耕農田八十六萬四千畝、共需種子費洋十二萬九千六百元、（乙）農具費、耕地播種及中耕收穫各器、皆爲農家不可缺少之物、兩年來連遭水災、或埋沒泥沙、或無蹤跡、或風溼剝蝕、腐朽無用、亟應從速購置、以濟急需、按每百畝平均添補農具費洋五元計、則農田八十六萬四千畝、共需洋四萬三千二百元、（丙）耕牛費、按涸出農田八十六萬四千畝、其中五十畝以上之農戶、約佔三分之一、尚可自行設法、無須貸給、其五十畝以下之農戶、如耕牛、以貸應用、其家有壯丁可以人代畜者、約佔三分之一、亦能勉強耕種、無須代籌牛具、惟五十畝以下、又無壯丁之農戶、既無力購買耕牛、又不能以人代畜、則[illegible]貸款購牛、實無耕種之可能、按每百畝需牛兩頭、每頭價洋十五元、則五十畝以下又無壯丁之農戶、約有農田二十八萬八千畝、共需耕牛費洋八萬六千四百元、（丁）農舍費、查民三萬餘戶、原有農舍本已倒塌大半、今被災三分之一、太多、茲按三分之一極貧農戶、每戶需農舍一座、每座需洋十元計算、貧農萬戶、共需農舍費洋十萬元、（戊）施工挖濬、去歲伸有計劃排除積水者、估計積水面積、約佔五百方里、按開濬河施工挖濬、呈報省振會、請撥工振五萬七千二百八元、卽可開挖暢達、若一時款不易籌、最低限度、亦需洋五千元之譜、以上五項、善後農振、共合需洋三十六萬四千二百元云。

本縣新聞

社教機關主任人員昨開第二十四次會議

本縣社會教育機關主任人員、於昨日（十五日）上午十二時、在教育局會議室開第二十四次會議、出席馮矩堂、渠耀坤、高寄塵、黃蘊玉、岳潤甫、蔣季坦、李坤若、孫樹芳、主席岳潤甫、紀錄馮矩堂、（一）報告事項、一、各社教機關二三月份經費支出計算書、應從速呈報、二、二十四年度各社教機關最低標準工作實施方案、業經奉發在案、俟奉到指導書、即應編造計劃、三、教育局對於各社教機關主辦之國術團改進辦法、四、各社教機關贈送公園之石桌石凳現已運到、預備雕飾、五、李坤若先生報告出外參觀經過、（二）討論事項、一、各社教機關預約省徐民教館優良鷄種、尚未送到、應如何辦理案、決議、請岳潤甫先生函催、二、農業倉庫應如何辦理案、決議、由各社教機關與省農民銀行豐縣辦事處直接交涉、三、貧民貸款所應如何辦理案、決議、貸款基金向農民銀行商借、辦法另定、

救濟院施醫所春季診病統計合計四千餘人

本縣救濟院施醫所自入春以來、每日前往診病者甚多、據該所春季診病統計、外科一千八百人、內科八百人、皮膚科二百人、花柳科五十人、眼科五百人、耳鼻咽喉科五百人、兒科二百人、又種痘者七百名　合計共四千餘人云。

城市民教館舉辦之民衆學校青年班畢業婦女流動教學亦結束

城市民敎館爲普及基本施敎區內識字敎育起見、本年度於區內舉辦民衆學校靑年班一班、婦女流動敎學二處、茲悉靑年班及婦女流動敎學學生先後修、應修課程、幷舉行畢業考試、於前日上午十時在該館大禮堂舉行畢業典禮、頒發識字證書、聞畢業學生靑年班三十人、婦女流動敎學二十一人云、

公園茶社今日開張

縣立公園每屆夏季即照辦茶社、以利遊客、現立夏已過、天氣漸熱、遊客較往日增多、該園茶社已於今日開張、茶資每壺百文、小賬在內、以二人爲限、三人二壺、五人三壺、依次例推、每碗二十文、價目極爲公道、營業或可茂盛云、

婦女會派員下鄉檢查纏足婦女

檢查結果被罰者十家

本縣婦女會於前（十四）日派員出發下鄉檢查二區三所樓、史月堤、王莊、史老家、汪屯、齊坑、及三區常堤口、常樓、李樓等處纏足婦女、檢查結果、因纏足被罰及因貧免罰者二十三家、共計罰洋一元三角六分、茲將被罰及免罰者之戶主住址及罰款數目、探誌於後、

戶主	住址	與受罰者之關係	年齡	罰款數目
李福成	徐堤口	女	十六	一角
齊開倫	齊坑	女	廿四	免
汪志剛	汪屯	兒媳	廿五	免
史效逢	史老家	兒媳	二十	一角
顧守倫	史老家	女	十二	一角
李志芳	孫三鎖樓	女	二十	一角
魏欽美	孫三鎖樓	女	廿二	免
常懷用	常堤口	女	二十	二角
樊　姓	常堤口	孫女	十五	一角
齊瑞章	齊坑	孫女	十六	免
汪培祥	汪屯	女	十二	免
汪培敬	汪屯	孫女	十六　十二	免
龔懷德	史老家	女	十五	一角六分
史效格	史老家	女	十二	免
史忠義	史老家	女	十三	免
張起升	史月堤	女	十二　十七	免
孫基義	孫三鎖樓	孫媳	二十	二角
孫基白	李樓	女	十二	一角
常若影	常樓	兒媳	廿一	免
宋金合	王莊	女　兒媳	十七　十九	免
孫基紹	常堤口	女	十三	二角
孫明欽	常堤口	姪媳	廿一	免
蔣孫氏	蔣老家		二十	免

罰十戶洋一元三角六分　免十三戶

三區貸放倉穀

第三區公所以時當初夏、正值靑黃不接、農民生計因之頗感艱窘、爲救濟起見、爰將所儲倉穀八十石輕息貸與農民、藉資調劑、一時前往貸穀者、門庭若市、聞已於昨日放竣矣。

教育局公佈代徐州私立立達女子初級中學募捐結果（續）

韓韶九先生　五元　卜憲章先生　五元
彭繼亭先生　五元　彭元仁先生　五元
董玉樹先生　五元　董仲安先生　五元
王純九先生　五元　于憲農先生　二元
張馥齋先生　五角　薛新民先生　五角
段秀嶺先生　五角　趙敬康先生　五角
劉昭群先生　五角　連前合計二百七十六元（未完）

豐縣禁烟委員會二年禁煙施政計劃（續）

第三章　土膏店

十一、本縣土膏店共設立四家、於二年內每半年遞減一家、其分期遞減情形依下表施行之、

（表四）土膏店分期遞減表、

	第一期	第二期	第三期	第四期
原有店名	惠民　同慶　大豐　新豐	惠民　同慶　大豐	惠民　同慶	惠民
遞減店名	新豐	大豐	同慶	惠民
存餘店名	惠民　同慶　大豐	惠民　同慶	惠民	○

司法欄

▲刑事原具狀人周廷耀、一件、爲衰年在押、病重堪虞、叩求鴻慈、恩准賞保由、狀悉、候令看守所妥爲醫治、所請保外不准、此批、

▲刑事原具狀人胡萬山、一件、爲傷痕未愈、不時疼痛、再懇拘兇法辦由、狀悉、仰候依法進行、此批、

▲庭期審理案件▲

五月

十八日審理劉爾欽與劉德郎產權案、

十八日審理許傳道與許張氏產權案、

十八日審理王芳訴王思明傷害案、

本城糧價

名稱	每市斗價目
小麥最	高二千九百五十文　低二千八百文
高粱最	高二千一百文　低二千零五十文
黃豆最	高二千一百文　低二千零五十文
大麥最	高二千二百文　低二千一百五十文
穀子最	高一千八百文　低一千七百文
菉豆最	高二千九百文　低二千八百文
黑豆最	高二千文　低二千七百五十文
芝蔴最	高三千四百三十文　低三千三百文
江豆最	高二千三百文　低二千二百文
稷子最	高一千八百文　低一千七百五十文
花生每斤最	高二百一十文　低二百文
瓜子每斤最	高三百二十文　低三百一十文

氣象

晴

風向　南風

最高溫度　八五

最低溫度　七二

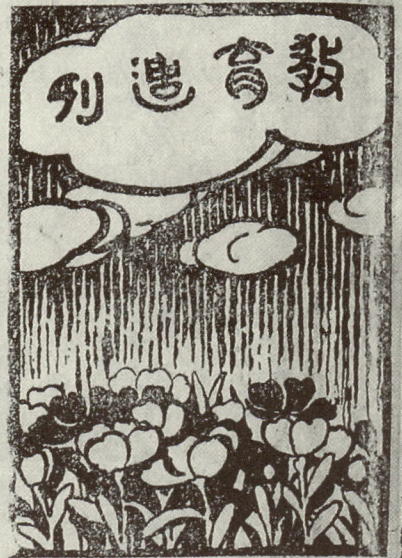

編輯部徵稿啓事

本刊以溝通教育消息，交換教育心得爲宗旨。務望各區教育同志，將教育消息，研究論著等稿件，隨時寄交本部。事實務求新鮮而具體；文字務求簡要而靈活。再本刊爲鼓勵作者興趣起見，對於刊載稿件，一律酌贈有價值之圖書雜誌。辦法另訂統希鑒察爲幸！

第十八期目錄

徵稿辦法

一，投稿範圍　本刊對下列各稿，一律歡迎。(一)與教育文化有關之插畫。(二)言論。(三)專著。(四)調查。(五)教育消息。(六)參攷材料。(七)參觀報告。(八)教育心得。(九)教育文藝。(十)教育譯文。(十一)研究報告。

二，投稿要項　投稿人請注意下列各項。(一)來稿文言語體，均所歡迎。(二)如係譯稿，請附原書。(四)投稿人請在稿後附列姓名，住址，以便通訊。揭載時如欲另署別名，亦請註出。(五)來稿請逕寄豐縣教育局本刊編輯部，

三，選刊辦法　本部收到來稿時，依下列各項處理之。(一)本部對於選刊之稿，有酌量增刪之權。如投稿人不願增删，應事先聲明。(二)選刊之稿，概用極有價值之圖書酬，其種類與數目由本部酌定之。概不預先函商。(三)來稿無論刊載與否，一概不負寄還之責。但如投稿人預先聲明者，只可代爲保存，親自來取。(四)來稿須繕寫清楚，以便付印、

言論

民教之路（續）

矩堂

「民衆教育」在這風雨飄搖的中國，竟然嶄露頭角，風行全國，與義務教育相肩並，當然有其時代的背景及重要的使命。直到現在，這種新的產物可算是天之嬌子，黃金時代了，上自中央政府積極提倡，下得士大夫階級的熱烈擁護，在這短促的幾年期間，民教事業的進展，透如雨後春筍，各省唯恐落後，而尤以蘇浙兩省，發展地更爲神速。社教經費之增加，有進無已；中心機關的設立，層出不窮。可是，近幾年來，民衆教育的功效如何？路徑是否走錯？確是值得我們考慮的一個問題。

據一般關心民衆教育的人，約有兩種批評：一是惡意的指責，「否定民衆教育論」他認爲社教機關如同睡覺機關，工作空浮，人員清閑，年耗鉅資，無補時艱，雖美其名曰民衆教育，實離開民衆已十萬八千里，此種光拿錢，不做事之機關（教育館……）反不如去消之爲愈矣。此論調故屬深刻，立場或有不同，然而社教機關之工作不能深入民間，事業之不能令人滿意，亦是當然之事實。二是善意的維護，「樂觀民衆教育論」他認爲中國的危機，由于國民的窮，愚，私，弱，欲救以上四大病態，端賴民衆教育，即生計教育濟「窮」，語文教育醫「愚」，公民教育治「私」，健康教育救「弱」，因爲中國的教育，尙在整頓的前夜，民衆教育，更是試辦的初期，既不能拿丹麥的成人教育來濟用，亦不能以歐戰後的平民教育作典型，以行將危傾的整個中國，想馬上拿民衆教育，作擎天玉柱，架海金樑，來救危扶傾，非百年大計的民衆教育的可能。如時間允許，這可顯著地的成績。以上兩點，不是失之偏謬，即是過于誇張，都是消極的指責與擁護，絕少積極的方法來改革。今將民教應走之路線，以客觀之理論，與事實，作簡單的討論，以相印證。

民衆教育不是一件幻想的東西，可以空中樓閣，隨便玄構，而必須和現代的經濟及政治相適應，牠絕不能超脫物質生產關係，與社會生活過程。所以民教的事業及進行的方式，都不能離開民衆的實際生活，及中國農村窮困的環境，否則民衆教育無補於社會改造，無益於國計民生，也終不會達到教育「民衆」的路。（未完）

仿行小先生制之前瞻後顧（續）

董鴻恩

四，小先生走馬上任前

小先生經過了相當的訓練，結果只有八位小學生（最大的十二歲，最小者十歲，）願意負起這偉大的使命。因爲這種運動，含着自動成分大些；絕不是勉强施行的事情。假若這八位小先生貫澈始終，刻苦耐勞的幹下去，收效也是很大的。

陶知行先生的「怎樣指導小先生」一文中有這樣一段：「即知即傳人」的原則，是有一貫的實行下去，因此小先生的職務，不但是教人，說的更切實些，他的職務是教人去教人，等到他的學生也在教人了，他那小先生的封號才有豐富的意義咧。所以小先生的成績，不在直接所教的人多，而在間接所傳代數之多。設有兩位小先生。第一位自已教了四人，第二位教了兩人，又教這兩人去教人。依我們的眼光看來，第二位小先生的工作是更有意義；因爲他有兩代學生，他至少有兩位學生是能「即知即傳人」。而第一位小先生的工作是缺乏這種更進步的意義，因此我們指導小先生是加了一條原則：指導小先生教人，不如指導小先生教人去教人。

這樣看來，這八位小先生，一貫的幹下去，一代一代傳下去，農村的文盲，自能有肅清之日，到那時他們的功勞，不下於前線殺敵的忠勇戰士。在他們未出發前，爲着要給小先生們有力的鼓勵，爲着要使小先生能充分明瞭這個運動之眞義，爲着要把這個運動擴大開來，成爲豐縣目下的一個普及教育運動，於是根據事實生活的需要，小先生聯席會議，即應運而產生。

教育消息

豐縣教育局第二次電調各小學成績審核結果（續）

九，縣立大毛樓初小校

四年級國語作文及學籍簿

作文練習缺少一次，教師改筆及批語不免有錯字，如「健康」誤爲「建康，」「渴忱」誤爲「渴塵」實屬粗心，錯字及白字宜用兩種符號標明，學籍簿內容大簡略、

十，縣立鬼莊初小校

三年級國語作文及學籍簿

訂正作文錯字未加糾正者甚多，如王由才作文簿第一頁「就」字，第二頁「線」字，陳廣尊作文簿第八頁「唧」字及「嚮」字均寫錯，王先升作文簿第一頁「有的忙成績」應加改正，嗣後應採用相當符號，評訂等級以資鼓勵。

十一，縣立陳三座樓初小校

三年級國語作文及學籍簿

作文練習簿似屬謄清簿，訂正後仍有錯字，如王强作文簿第一頁「襤褸」誤爲「爛褸」，第三頁「夢」字第六頁「候」字第七頁「暖」字，第八頁「格」字，均寫錯，又第三頁「我請你救我一命嗎」語氣不妥，俱未加改正，實屬非是，陳繩良作文評語「意賅」誤爲「意概」亦見粗心，嗣後應求改進。學籍簿內容太簡略。

十二，縣立陳莊初小校

三四年級國語作文及學籍簿

訂正後仍多錯字，符號應先標在卷首，不宜乱用每篇批閱後亦應評訂等級及核閱時間，學籍簿尙適用。

十三，縣立虎王集初小校

三年級算術及學籍簿

訂正尙仔細：練習次數亦合度，惟每次訂正未註明月日，學籍簿內容太簡略，各生家庭職業及與保證人關係均未能切實塡寫。

十四，華山小學校

五年級算術練習簿

訂正尙見認眞，習題數

目間有過少者，宜另外補充。

十五，縣立牟雙廟初小校

三年級國語作文及學籍簿

作文練習少一次，一。學生錯字太多。如閻建助作文簿第五項「甚」字第八頁「襤褸」第十七頁「鬆」字均未改正，實屬不妥，二，不順的語句，如李蘭貞作文簿第一頁「穿的衣紅紅的綠綠的衣服」未加改正實屬不妥，三，改筆錯字累累，如閻建助作文簿第一頁「以後」誤為「已後」，「一起得牀」誤為「起的牀」第六頁「跋」誤為「拔」第七頁「鋪」誤為（舍字旁加甫字）「一說到此」誤為「說道此」其他錯誤亦所在多有，實屬粗心已極，應予申斥，四，改筆有不顧及學生原意處，用墨筆訂正不妥，學籍簿家庭狀況填寫簡略。

本縣小學演說競賽會各演員所得獎品名單（續）

第三名縣立文廟小學劉正獎

豐縣縣黨部贈「苦口婆心」銀盾一座

豐縣各社教機關贈「忠言」鏡匾一面

豐縣教育局贈瑞士跳表一只

豐縣育豐書社贈世界地圖徐霞客遊記各一部

豐縣禁烟委員會贈鉛筆半打毛巾一條

豐縣教育消費合作社贈紙皮萬字字典一部

豐縣教育局贈自來鉛筆一枝

第四名縣立女子小學司振亞獎

豐縣教育局贈「讜言」銀盾一座自來鉛筆一支

豐報社贈「苦口婆心」鏡框一面

豐縣育豐書社贈世界地圖國音字典各一部

豐縣縣立師範贈水滸傳一部

豐縣禁烟委員會贈鉛筆半打毛巾一條

第五名縣立蔣單樓小學郎慶昌獎

豐縣第二區公所贈「宣傳之助」鏡框一面

豐縣保安隊大隊部贈「優勝」旗一面

豐縣育豐書社贈老殘遊記世界地圖國音字典各一部

豐縣禁烟委員會贈鉛筆半打毛巾一條

豐縣教育局贈自來鉛筆一支

（未完）

專載

外埠教育參觀團報告之五

大港的參觀—生活教育實驗區—

我們抵鎮的次早（四月十六日）乘鎮句長途汽車到姬莊站，又步行十五里始達目的地——生活教育實驗區。當由該區生計部劉主任將其實驗旨趣及現在狀況向我們報告後，又蒙他領導我們在區內各處參觀，茲將在該區內所聽到的，看到的分述於後：

（一）教育直標

試行生活中心教育，普及生計，公民，語文等各種訓練，以期發展農村經濟，充實人民生活，為本省推行鄉村教育之基礎；所以一切的實施從人民生活上着想：

1，在經濟方面：要濃厚生產意識，改革生產方法、增進生產效能，以期人盡其能，地盡其利，物盡其用。

2，在政治方面：要喚起國家觀念，訓練建國能力，培養立國精神，以期人人自治，人人自由，既能發令又能受命，犧牲進取，愛土親農。

3，在文化方面：要普遍識字工作，建樹科學信仰，豐富藝術興趣，以期文盲掃除，人無不學，迷信消滅，事皆合理，鄉容整飭，娛樂完善。

總期改造生活，復興農村，以達民治，民有，民享的境界。

參觀後意見：

1，按他的教育目標，我們可以明了他從發展農村經濟着手，使人民漸達於富庶。等到富庶了，再去組織他們，等到有了相當組織，再去教育他們，這確是農村破產時期推行義務教育最好的一個方法。我們豐縣近來各校多招不着學生，也或許是只顧着教育兒童，忽略了兒童家庭經濟之困難，社會組織散漫之所致吧！

（二）行政組織

區設辦事處，處設主任一人，總理一切事務，主任下設生計指導員一人，公民指導員一人，語文指導員一人，幹事若干人輔佐主任辦理區內一切事務，區內有生活學校十二所，施教處二所，農場一所，分別辦理所規定範圍內之生計教育公民教育語文教育各種事業。

2，按他的組織，我們可以明了他是義務教育社會教育合併施行的，檢取了「生活」兩個字做教育的目標，與基本原則。把整個的社會範圍當做學校，全範圍內的男女老幼都是學生，釘牌子的那幾間小房子不過是學校裏辦公室而已。

這樣做法，在我們豐縣人才經濟兩感缺乏的地方，能否做行，尚待研究。不過目下我們全縣辦義教的同人多主張門戶開放：辦社教的同人多主張效率提高，不期然而然的漸趨於社會教育與義務教育合併之途，這或許是全國教育的趨勢吧！

（三）經費

該區每年由教廳共撥三萬元，區內薪工及辦公費共用八千餘元，事業費（生活學校，施教所農場）一萬二千餘元。特別費（修理添置預備）九千餘元。

3，按他的經費分配，除事業費與我們豐邑鄉村學校經費稍微接近（指規模較大之完全小學而言）特別費及處內之辦費，大非吾縣教育經費所得而倣行。我們以為如果倣行再顧及經費計，最好將較大規模之小學與臨近之社教機關合併試行，俟有效果再推及全縣。

（四）工作概況

1，關於生計教育的：有喬麥代種，炭酸銅拌種的推廣，金大二十六號小麥的推廣，除蟲菊的試種，脫子棉的推廣，公有林合作林的舉辦，養魚合作社，小本貸款的試行等。

2，關於公民教育的：有調解委員，自治改進會，生活協進會，勵志會等之組織并有會同區公所圈定鄉鎮保甲長之規定。

3，關於語文教育的：有一刻教育，教字團，田間教學，識字運動，圖書館，巡迴文庫，及各生活學校

4，他的許多工作有尚未實行者，有的實行而未見成效者，現在已實行而又見成效的尚少，回顧我們豐縣，對於以上許多事業在各社教機關及各學校，已辦而有成績者尚復不少，不過無他的整個計劃而已。我們以為我們豐縣教界同人如果能再加之以深切之研究，及整個之計劃，努力做去，將來見效或有較其尤速者，只看我們的決心如何耳。

（五）總結

總之該區的理論及工作計劃我們地方尚可倣行效法，他的經費之多，我們地方實在難辦得到，在這可能不可能之中間，我們要想倣行，就須打破經費缺少的難關，在該區如果實驗成功之後，若合地方倣行在經費方面應如何措施，也是他未來的責任呀！

紹介書籍館書圖部黨縣縣豐

（教育）

200—8	小學教材研究	吳宗望
200—9	兒童與社會	陸宗贊
200—10	保育法	馮順伯
200—11	山海工學團	馬侶賢
200—12	鄉村教育談	
200—13	挪威的村學校	段有恆
200—14	美國鄉村成人教育	趙　演
200—15	徐公橋	江恆源
200—16	試驗三年期滿之徐公橋	姚惠泉
200—17	中華職教社之農村事業	
200—18	善人橋的真面目	王潔人
200—19	三週歲之徐公橋	職教社
200—20	職學指導ABC	潘大安

中央廣播無線電台節目

五月二十一日　星期二

一九、〇〇　新聞

一一、三〇　平劇　氣象

報時　商情

捉放宿店　得

意緣　務動

荊釵記　大保

國　玉堂春

瓊林宴　遇后

龍袍　羣英會

汾河灣　小

一九、〇〇　桃園　打嚴嵩

平劇及歌曲

罵楊廣　薛瓊

英　盜御馬

小東西　旗正

飄飄

二〇、〇〇　簡明新聞　氣

象　報時

二一、三〇　新聞

豐報

◎第七八九號◎

社址豐縣大同街

中宣會登記證中字第一二九二號 內政部登記證警字第二二三○號

中華郵政特准掛號認為新聞紙類

△總理遺囑△

余致力國民革命凡四十年其目的在求中國之自由平等積四十年之經驗深知欲達到此目的必須喚起民衆及聯合世界上以平等待我之民族共同奮鬥現在革命尚未成功凡我同志務須依照余所著建國方略建國大綱三民主義及第一次全國代表大會宣言繼續努力以求貫徹最近主張開國民會議及廢除不平等條約尤須於最短期間促其實現是所至囑

丁逢源緊要啓事

逕啓者 先祖甫經歸葬一切家事債務急待清理而逢源又以求學重要無暇兼顧所有事務俱委家兄逢新全權辦理（一）家事方面凡 先祖所遺動產不動產非經家兄簽約如有移轉盜賣概作無效（二）債務方面以前各債已經家兄清理承認者當按數歸還自啓事之後凡未經家兄承認者概作無效深恐無恥之徒假借名義在外招搖以致各界受欺特啓

各界公鑒

教育局啓事

各小學無試驗檢定合格教員鑒：查許可狀結貼二寸半身照片，較為適宜，凡未曾拍照者，請改送二寸照片可也。

中外要聞

行政院昨舉行第二一四次會議

▲中央社南京廿八日電 行政院第二一四次會議、主席孔副院長、決議（一）河南省政府委員兼教育廳長齊真如、因病懇辭教育廳長兼職、應予照准、任命該省政府委員李敬齋、兼教育廳長、（二）外交部汪兼部長呈、本部國際司長朱鶴翔、另有任用、應請免職、遺缺請以參事吳頌皋調充案、決議通過、（三）教育部王部長提送實施義務教育暫行辦法大綱、及民國廿四年度中央義務教育經費支配辦法大綱、請核定轉呈備案案、決議修正通過、（四）考試院咨覆行政院遴選縣市長條例實施辦法意見、請查照辦理案、決議通過、會同考試院呈府公佈、（五）代理內政部部長陶請撥款津助中華慈幼協會經常費案、決議自下年度每年津助八萬元。

我駐日美英德大使館組織外部已規劃就緒

▲中央社南京廿八日電 據外交界息、中日美英德使節升格後、大使館組織、外部已經規劃就緒、因原任各該國使節、均係加大使待遇、故內容規模較普通一般使館為大、故就原有人員分別予以提升、僅參贊武官、略有補充。

日大使有吉定期返任

▲中央社南京廿八日電 日本駐華大使有吉明、定下月十日來華就任、並接洽呈遞國書日期、預定十五日前抵京、我國駐日蔣大使國書已由外部寄往東京大使館、其呈遞日期、正與日外省接洽、約亦在下月十五日左右云。

川漢鐵路綫正勘測

▲中央社南京廿八日電 川漢鐵路、係我國中部東西交通幹綫、自經蔣委員長電促鐵部及鄂省府從速勘測路綫、早日興修後、鐵部當即派測勘隊前往鄂省、積極勘測、茲據記者探悉、目前測勘工作、尚未完竣、但川漢路以前原定路綫、多重山峻嶺、加以襄河建大橋、須費甚鉅、似宜改由江南岸、以武昌為起點、與湘鄂接軌、湖南湖北交界入川為宜、此係一種主張、俟勘測結果報告完成後、方能作最後決定

徐源泉部痛勦蕭賀殘匪

▲中央社長沙廿八日電 蕭賀兩股殘匪、波來鳳龍山之怨潭河、經徐源泉部痛勦、斃匪無算、擄槍三百、現向石蠶山桃家坪進剿中。

▲中央社漢口廿八日電 行營據宣府鼎文廿七日電、轉據龍岩廿五日電告、（一）永定上金豐一帶之匪、經派投誠之偽委謀長朱森、率偵探隊前往偵勦、廿七日在東區附近生擒偽主席王玉馨、及匪徒多名、（二）寇匪中金一帶之金沙源匪騷擾、被伏兵兜剿、斃匪四十餘名、該偽游擊隊已消滅殆盡、（三）潛伏紫金山之匪廿四日經我搜剿、傷亡甚衆。

▲中央社重慶廿八日電 蔣委員長以成都至江油公路、路面不良、不便行駛軍用汽車、廿七日令川省政府派員查勘修。

立法院外財經三會昨審查中法越南專約案

▲中央社南京廿八日電 中法越南專約一案、立法院外交財政經濟三委會、曾於上週開聯席會議審查、並請外交部歐美司長劉師舜列席說明、現以該案內容極為重要、三會特於今晨在院開聯席會、繼續審查、由外交委員長傅秉常主席、會議時關防異常嚴密、歷時甚久、聞該案經三委員會數次縝密審查、現已全部竣事、即將呈請院會審議。

汪院長昨晚夜車返京

▲中央社南京廿八日電 汪院長於上星期六晚赴滬醫院檢查身體、廿六廿七兩日、竟日留諾爾醫院檢查、昨日因檢查手續仍未完竣、故臨時請孔副院長返京主持今日院會、據秘書長褚民誼於會後告記者、汪院長檢查身體、今日可告竣事、定今晚夜車返京、主持政務、兼任內政部長黃郛、昨日午後曾赴諾爾醫院謁汪、略談即辭出。

外部令蔣大使 調查暹羅排華眞象

▲中央社南京廿八日電　暹羅排斥華僑教育、已引起我全國各界憤激、究竟眞況如何、外部已訓令蔣大使繼續調查、並與暹駐日大使交涉、最近滬上盛傳暹政府將派議員來華、作非正式訪問、據詢外交界方面、尚未接此項消息、聞外部爲調查眞象起見、擬請駐比公使朱鶴翔、於秋間赴任時、便中往暹羅一行、因朱氏年前赴南洋攷查華僑情況、亦曾經過暹羅、與暹政府要人感情、極爲融洽云。

農村復興會 派員調查江浙糧食產銷情形

▲中央社南京廿八日電　農村復興會、前曾調査長江各埠糧食產銷情形、頗有特殊獲得、茲更分省作更詳細調査、俾明各省糧食產量食量及運銷情形、作改良全國糧食產運參攷、現已派員赴江浙調查、下月中旬結束、轉向他省進行云。

實部函請駐外使館 調查各國工商業概況

▲中央社南京廿八日電　我國工商業因受不景氣之籠罩、整個趨於窘困、救濟辦法、政府正從治本治標兩方分別進行中、實部爲訪查各國工商概況、以作復興本國工商業參攷起見、頃特分函我國駐外各使領館、予以詳細調查、隨時將實際情形呈部、同時對各國政府一切有關法令、亦着隨時搜集寄部云。

實次劉維熾等到杭

▲中央社杭州廿八日電　實部次長劉維熾、偕該部顧問司徒灝等六人、廿八晚車由滬到杭、與浙當局洽商設溫州造紙廠及水電廠部省合作進行切實辦法、劉等並擬日內赴溫溪、實地視察。

蘇高中畢業會攷分八區舉行

▲中央社鎮江廿八日電　蘇全省高中畢業會攷、分江都、武進、無錫、吳縣、上海、南通、銅山、南京等八區、定六月九日起廿一日止、同時分區舉行、初中畢業抽攷、則同時由各校分別舉行、一切辦法細則、均經教廳擬定、現正積極籌備。

于學忠由平返京

▲中央社天津廿八日電　于學忠廿八日上午由平返津、派赴保定勘察房舍專員張學銘等、隨同返省、據該員等在保查勘結果、認原定舊督署及光園兩處、僅容省府及兩廳署址、勢須將行營一併劃撥、方足需用、且光園殘破不堪、尙須相當時間修葺。

劉瑞恆由滬返京

▲中央社南京廿九日電　衛生署長劉瑞恆、爲四川軍醫處之籌備、日前特乘機飛四川、督促積極組織、劉署長在川數日、極力謀劃、現已籌備大致就緒、不久可開始推行軍醫工作、劉氏已於昨日由川啓程飛至南昌、視察軍醫工作情形、已於昨日飛返南京。

故宮盜寶案定今日宣判

▲中央社南京廿八日電　前故宮博物院職員蕭襄沛、劉光鍔、因有調換盜竊珠寶、及損壞歷代帝冠嫌疑、經江甯地方法院檢查官提起公訴、並經同院於日前開庭審理終結後、定明日下午一時、開庭宣判。

國府昨開委員會議

▲中央社南京廿八日電　國民政府委員會、今日上午九時開第十五次會議、計到林主席、葉楚傖、黃復生、馬超俊、陳立夫、鄧家彥、討論通過修正文官處條例數件、報告事項共八十餘件、至十時餘散會。

美經濟攷查團由贛返滬

▲中央社上海廿八日電　美經濟攷查團團長福勒斯、副團長卡洛爾、今晨乘蔣委員長飛機由贛飛滬、福氏表示、此行印象甚佳、惟旅途勞頓、未發表談話。

意大使昨日到京

▲中央社南京廿八日電　意大使羅亞谷諾、今晨由滬來京、下車後即赴大使館休息、定下午訪我外交當局、作普通之外交談話。

法權研究委員會 本週可成立開首次會

▲中央社南京廿八日電　司法行政部籌設之法權研究委員會、自全體委員決定後、現正積極物色各項職員、該會委員長洪陸東、今午特往訪副委員長鄭天錫、商洽成立日期及會務進行計劃、頃聞該會約在本週內卽可開首次會議。

英設法謀重行召集海軍會議

▲中央社華盛頓廿八日電　英國現正設法謀重行召集海軍會議、除英美日法意外、並令德俄參加會議、關於此事、國務院方面雖尙未接得何種正式消息、但極爲注意、美國方面雖亦準備派代表團、俾與其他海軍國共同商討停止海軍軍備競爭方法、但不願首先發起召集。

法國會人士 對全權法案問題意見不一

▲中央社巴黎廿七日電　國會人士、對全權法案問題、意見不一、衆院各政黨團將於明日長馬爾丹發表宣言後、分別集會、決定星期五衆院討論時、各黨應採態度。

蘇省禁煙會舉行會議

余葉兩委報告獎懲五縣戒煙所情形
通過南通區煙民習藝廠計劃暨組織
沭陽沛縣將縮短煙民戒絕年限

▲江蘇社　江蘇省禁烟委員會、於念五日上午十時、就省府開第十四次委員會議、出席委員、計有鈕永建、冷禦秋、周佛海、余井塘、項致莊、葉楚傖、（葉秀峯代）葉秀峯、列席秘書彭鑰、主席葉秀峯、行禮如儀、宣讀上次會議之決案、

報告事項

一、余委員井塘葉委員秀峯、於本月初往徐屬五縣、視察禁政、關於應行改進各項、業經分別指示、茲將下列各點提會報告、（一）銅山戒烟所所長宋廣仁、管理有方、成績昭著、應予傳令嘉獎、（二）沛縣戒烟所秩序紊乱、所務廢弛、該所長辦事不力、應予記過一次、（三）豐縣禁煙委員會、辦理煙民施戒、成績頗著、內部辦事、亦能有條不紊、該王委員長述先、應予嘉獎、該會秘書張國樞、應予晉級一級、以示獎勵、二、武進縣禁煙委員會、運用保甲制度、查緝烟犯、頗著成效、業經本會明令嘉獎、所有在事區鄉鎮保甲長、並經一併傳令嘉獎、三、寶應戒烟所長朱孝陵、糜費公帑、廢弛職務、經傳令停職、飭候查辦、所務由該所助理醫師暫代、四、興化戒烟所長歐陽時雍、東台戒烟所長卞文宏對調、（餘略）

討論事項

一、冷葉兩委員提、南通區烟民習藝工廠計劃、業經審查完竣、附具修正計劃及審查意見、提請討論案、（決議）修正通過、二、擬具江蘇省南通區烟民習藝工廠組織規程草案、提請討論案、（決議）通過、（附原文）三、據沭陽沛縣禁烟委員會、前後呈請縮短烟民戒絕年限、並各擬具實施辦法計劃附呈、是否可行、請公決案、（決議）原則通過、（沭陽縮爲二年、沛縣縮爲三年禁絕）、（餘略）

南通區烟民習藝工廠計劃書

茲採誌江蘇省南通區籌設烟民習藝工廠修正計劃書如下、

甲　總則

一、本會爲使烟民烟犯練習生活技能從事生產、俾將來得自由謀生起見、特先就南通區擇定適宜地點、籌設烟民習藝工廠一所、以使全區內貧苦無依之戒絕煙民、及已判處徒刑在一年以上、而年齡在五十歲以下並經戒絕烟癮之烟犯入廠習藝、其名額暫定烟民二百人、烟犯四百人爲標準、二、烟民習藝工廠、以節省經費、利用手工製造、使習藝烟民烟犯出廠後、能自行生產、而其所有出品、並能合於日常需要爲原則、

乙　名稱及科目

三、本廠定名爲江蘇省南通區烟民習藝工廠、四、本廠就左列各科目依實際需要情形次第設立之、（一）織布部、（二）縫紉部、（三）染漂部、（四）織巾部、（五）織襪部、（六）印刷部、（七）皮件部、（八）藤件部、

丙　組織

五、本廠設主任一人承江蘇省禁烟委員會之命綜理全廠一切事宜、並受南通區行政督察專員公署之監督指揮、六、本廠設管理工務營業三股各置股長一人、承主任之命掌理各該股事務視必要時先後設立之、七、管理股置

辦事員一人至三人、訓育一人、承股長之命、分掌文書會計庶務保管訓育各事務、八、工務股置技師二人承股長之命、分掌各部工藝之指導及考工、九、營業股設置辦事員一人至二人、掌進出貨品及推銷等事宜、十、本廠得按各部需要情形、酌量僱用技術優良經驗豐富之技員或工匠若干人、在技師指導之下分別負責訓練烟民、十一、本廠在試辦期間暫設看守若干人其名額由主任酌定呈請核准、十二、在廠習藝烟民烟犯依照軍隊之組織並一律受軍事訓練、

丁　期間及待遇

十三、烟民烟犯在廠習藝期間、以所習科目之難易、定爲一個月至三個月、烟民習藝期滿、即行出廠、習藝期內、伙食費由營業收入項下開支、烟犯習藝期內、但給口糧、期滿後工作成績良好者、除仍支給口糧外、並按照成品件數支給獎金其有特殊成績者、並得特別獎勵之、十四、在廠習藝烟民烟犯如勤勞服務、成績優良、並能恪守廠規者、得由主任據實呈請升充工匠技員、以示獎勵、烟犯並得依法呈請假釋、

戊　經費

十五、本廠開辦費包括廠屋修理費器械購置費、及流轉資金等、約需二萬元、由省禁烟委員會呈准省政府就禁烟經費內撥發、十六本廠經常費在試辦期內暫定爲月支一千一百元、由省禁烟委員會按月支給之、十七、烟民伙食在初開辦時、得呈請省禁烟委員會撥款暫墊、十八、烟犯口糧每月由省發一千二百元、由廠收入項下支四四百元、於不足四百名時按數扣算、十九、本廠營業收入除各項開支及折舊官利外以純益十分之四、爲特別公積金及特別獎勵金其餘完全繳解省庫、（獎勵辦法另定之）

己　成品推銷

二十、本廠製造物品應先就本區保安隊警察及學校所需要者舉辦依次向公安機關及市場推廣以求成品宜於推銷、

庚　辦理步驟

二十一、本廠之進行步驟如次、（一）委定籌備主任及技術人員、（二）擬訂計劃書及營業概算書、（三）籌撥開辦費、（四）定廠址修理房屋、（五）購置各項機件、（六）布置工場及辦公室、（七）擬訂各項章則、（八）調查成品推銷數擬訂具體推銷辦法、（九）購買原料、（十）通知本區各縣押送烟民入廠定期開工以上各項限一個月辦理完竣

臨時費概算書

第一款、烟民習藝工廠臨時費、一五七〇〇元、（原計劃書）二〇五一一•〇〇元、第一項、工廠房屋修理費、二五〇〇元、（原）三〇〇〇•〇〇元、第二項、各部機件購置費、九二〇〇元、（原）一一一〇〇元第三項、辦公用具購置費、一〇〇〇元、（原）一四〇〇•〇〇元第四項、流動資金、三〇〇〇元、（原）五〇〇〇•〇〇元、

葉委秀峯　審查意見、臨時費概算書、擬核減爲一五七〇〇元、由本會撥付一萬元　即行開辦、撙節開支、所有設備務求精富、不必完全以新爲目的不敷之數、請南通專員署在該區內自籌之、又設備方面大可逐漸舉辦、不必同時並進、以期周到、但至少假定一年以內、設備完全、以期管理用費、合於經濟原則、

組織規程　南通區烟民習藝工廠組織規程、業經江蘇省禁烟委員會委員會議通過、茲將其原文採錄於下、第一條、本廠定名爲江蘇省南通區烟民習藝工廠、第二條、本廠以使戒絕烟民、及判刑烟犯、練習生活技能、從事生產、日後得自由謀生爲宗旨、第三條、本廠廠址設於南通縣、第四條、本廠收容全區所有貧苦無依戒絕烟民、及判處一年以上徒刑之烟犯、年齡在五十歲以下者、入廠習藝、其名額及收容辦法、另定之、第五條、本廠訓練烟民學習製造之工藝品、以能合於一般人日常需者爲原則、第六條、本廠就實際需要情形、次第設立下列各部、一織布部、二、縫紉部、三、染漂部、四、織巾部、六、印刷部、七、皮件部、八、蔴件部、但遇需要時、得呈請省禁烟委員會核准增設之、第七條、本廠設主任一人、承由江蘇省南通區行政督察專員遴選、薦請江蘇省禁烟委員會委任、承江蘇省禁烟委員會之命、綜理全廠一切事宜、並受南通區行政督察專員公署之監督指揮、第八條、本廠設管理、工務、營業三股　各置股長一人、由主任遴選任用呈請南通區行政督察專員公署核轉江蘇省禁烟委員會備案、承主任之命、掌理各該股事務、第九條、管理股置訓育員一人、辦事員一人至二人、承股長之命、分掌訓育文書會計庶務保管及不屬於其他二股之事務、第十條、工務股置技師二人、承股長之命、分掌各部工技之指導及考工、第十一條、營業股置辦事員一人至二人、承股長之命分掌進出貨品、推銷事宜、第十二條、各股技師辦事員、由主任遴選任用、呈請南通區行政督察專員、轉省禁烟委員會備案、第十三條、本廠按各部需要情形、酌量僱用技術優良經驗豐富之技員、或工匠、承技師之指導　分負訓練之責、並呈報南通行政督察專員公署、轉報江蘇省禁烟委員會備案、第十四條、本廠習藝烟民烟犯　依照軍隊之編製、一律受軍事訓練、編製辦法、另訂之、第十五條、本廠辦事規則另訂之、第十六條、本規程經江蘇省禁烟委員會會議通過施行、並呈報省政府備案。

省農行分期召集分支行經理談話

考察數月來工作近況　並指示發展業務要點

本月份舉辦烟民儲金

▲江蘇社　江蘇省農民銀行總經理趙棣華氏、自積極辦理救濟農村工作以來、頗著成效、各縣分支行、開始青苗放款、補助生產之增加工作、尤爲緊張　最近該行爲求業務發展起見、特分期召集各縣分支行主管人員、來省談話、藉謀策進、并於本月份舉辦烟民戒烟儲金　茲將該情分誌於後。

○蘇行經理分期談話○

省農行爲本省救濟農村唯一之機關、自總經理由財廳趙廳長兼任以來對於調劑農村　金融發展、農業生產　輔助運銷等項之工作　辦理成績、均有顯著之進行、前趙氏曾於二十四年度業務開始、謀事業之推展、策進各縣救濟農村起見曾召集各縣分支行經理來省、開業務會議、確定本年度業務方針、分飭各行遵照辦理、茲悉趙總經理、爲欲明瞭各縣分支行本年度數月來各種業務工作之概況及近訊起見、特分期召集各縣分支行主管人員來省、開談話會、俾資面談、及指示要點以利進行。

○舉辦烟民戒烟儲金○

本省自實施四年禁烟計劃以來、辦理烟民登記及施戒事項、頗著成效、同時謀烟民之出路起見、如烟民施行勞工、舉辦烟民工廠、並實施精神訓練、此均爲積極與消極方面爲烟民求福利茲陳主席爲喚醒烟民施戒、免予浪費起見、特於月前令飭省農行、舉辦烟民戒烟儲金、使烟民儲蓄之利益　俾能努力戒烟、稍使一般烟民、均能以浪費之金錢、向農行儲蓄、省農行奉令後　以此舉實有裨烟民個人及社會甚大、業經將儲蓄章則擬就核准、現已開始辦理、此項儲金、其手續甚簡單、而將來之利益頗鉅　確爲烟民之福音。

蘇民廳　切實抽查保甲

令各縣保甲指導員　並督促辦理戶口異動查報

▲江蘇社　民政廳前爲督促各縣切實辦理保甲起見、曾遴派保甲指導員多人、分赴各縣負責指導、現各縣保甲第三期工作、均已次第完成、民廳爲切實考核各縣成績起見、特制定保甲戶口抽查表一種　令發各縣指導員依照表列各項、切實抽查　詳細錄報、以資考核、又各縣保甲編查工作、均將次第完竣、亟須接辦戶口異動查報、以保持戶口之永久正確、故民廳一併訓令各指導員督促各縣迅速辦理云

蘇省婦女會組織　夏令衛生宣傳隊

對平市取締男女同校之舉　通電各地婦女會一致反對

二十五日理事會議決

▲江蘇社　省會婦女會、於二十五日下午三時、在該會會議室舉行第二次理事會議　計出席理事、徐若萍、黃棻雲、李惜陰、李礪貞、洪學韶、湯奮志等、主席徐若萍、開會如儀、報告事項、（略）討論事項、（一）査北平市長袁良、取締男女同校、勢將影響女子教育之發展、本會應如何表示案、議決通電各地婦女會、一致反對、並呈請省黨部省政府呈中央、予以制止、（二）查本會續辦婦女補習學校、在經費未籌妥以前、勢難實現、擬先由本會各理事、每日抽暇一二小時、舉辦家庭婦女流動教學、授以通常日用之知識技術、以減失學婦女、而利婦運、當否請公決案、決議通過、（三）擬組織夏令婦女衛生宣傳隊、以增衛生常識、而保婦女健康、決議、一、向蓬戶婦女按戶宣傳、二、分發痧藥水、（餘略）

本縣新聞

一區派員分配復新河工程

本縣復新河定於六月十日動工疏浚、各情曾誌本報、茲悉第一區公所以浚河日期臨邇、特派助理員王汝椿劉硯田、會同全區各鄉鎮長、於昨日開始分配工程、以便從事挑挖、計自乐閣起、迄常店東北隅止、全長爲九千零三十八公尺點五、聞該區將以行糧徵冊爲分工標準云。

黃監委偕秘書等
今晨赴蕭縣參觀

蕭縣各種建設、年來卓著成效、本縣毗鄰蕭邑、地方各界認爲有參觀借鏡之必要、當公推黨委黃體潤、教育局長董玉玨、縣府秘書耿伯陽、禁烟會秘書張國權、農業推廣所管理員劉煉、款產處主任李效禹、實驗鄉長龍隼山等、於今晨搭乘汽車前往蕭縣參觀矣。

二區董集發生綁架案
并搶去快鎗兩枝

二區董集鄉董集、董中孚家、於昨日傍晚、突來土匪六八名、各持快槍、闖進院中、當將董中孚綁去、並分往各室大肆搜掠、結果搶去董之自衛鎗兩枝、及衣物等件、迨鄉里聞聲往救、匪已向東北逃竄矣。

裘科長等
今日赴無錫一帶參觀工廠

本縣籌辦之民生工廠、業已確定地址、着手進行、惟該項事業、係屬創辦、非借鏡工業發達之縣、不足以資進步而求發展、當經民生工廠籌備委員會公推裘朝永、劉美周、劉萬傑、張紹緒四人、前往無錫南通上海等處、各大工廠參觀、借資仿效、聞裘等已於今晨首途矣。

禁烟委員會
捕獲大批私售私吸煙犯

本縣禁烟委員會、頃據密報、謂二區近有私售私吸煙犯多人、該會據報後、當派查緝股員孟光普、牌照股員謝鶴齡、調查員孫鵬飛許澤民等四員、並帶警數名、於本月二十七日早前往二區搜捕、當在沙莊橋口等處、捕獲大批私售私吸及私吸嫌疑犯、業於昨晚解送禁烟委員會、計私售石傳名、杜高氏、李劉氏三名口、私吸犯陈體忠、吳廣運、周李氏三名口、私吸嫌疑犯宴錫錄、卜桑氏、李朱氏、李濟川等四名口、聞不日卽轉解縣政府法辦矣、

實驗鄉鄉公所公佈
修建三教堂橋募捐結果（續）

實驗鄉三教堂橋於四月一日動工修建、五月廿日落成、共用工料費二千零五十元、由縣政府補助一千五百元、由鄉民募集五百五十元、茲將捐款人姓名及捐款數目公佈於後

李靄光先生　捐洋一元
李俊賢先生　捐洋一元
李鳳來先生　捐洋一元
孫保平先生　捐洋一元
李興書先生　捐洋一元
陳興廣先生　捐洋一元
張本修先生　捐洋三元
關金榜先生　捐洋二元
孫光明先生　捐洋二元
范明儉先生　捐洋五元
以上共計四十四元由
范明儉先生經募
李厚昇先生　捐洋一元
李厚倖先生　捐洋一元
張勝起先生　捐洋一元
李忠蕃先生　捐洋一元
李忠誥先生　捐洋一元
李厚芬先生　捐洋一元
李厚德先生　捐洋五角
李厚端先生　捐洋一元
李厚和先生　捐洋一元
司連升先生　捐洋一元
史效爲先生　捐洋一元
史爲美先生　捐洋一元
史忠英先生　捐洋二元

史忠傑先生　捐洋二元
郭振海先生　捐洋一元
郭振江先生　捐洋一元
高德崇先生　捐洋一元
王厚書先生　捐洋一元
尚學詩先生　捐洋一元
張德廣先生　捐洋二元
張德修先生　捐洋二元
戴振都先生　捐洋一元
戴儒宗先生　捐洋一元
戴維務先生　捐洋一元
戴培坤先生　捐洋一元
張廣聖先生　捐洋一元
劉闊田先生　捐洋一元
劉敬修先生　捐洋一元
劉芳田先生　捐洋一元
孫元旺先生　捐洋一元
史先修先生　捐洋二元
魏錫金先生　捐洋一元
徐家信先生　捐洋一元
張遵周先生　捐洋一元
李樹菁先生　捐洋五元
以上共計四十三元五角由李樹菁先生經募

（未完）

司法欄

△縣政府司法批示▽

▲刑事原具狀人孫維一、一件、爲在押患病、哀懇實保在外醫治、以全兩命由、狀悉、候查明核奪、此批、

▲刑事原具狀人黃宗昌、一件、爲甘願撤訴、請求銷案由、狀悉、准予撤回此批、

▲民事原具狀人張運氏、一件、爲和解成立、請求銷案由、狀悉、准予撤回、此批、

▲刑事原具狀人梁時聖、一件、爲匪窩藏案、請求訊究匪夥、緝獲併辦、以伸冤由、狀悉、本案在逃匪犯業經飭隊嚴緝、俟獲案再行訊辦、此批、

▲刑事原具狀人李劉氏、一件、爲骨肉陷害、代鳴詳情、懇請覆察實保由、狀悉、仰候依法偵訊、請保不准、此批、

▲刑事原具狀人傅鄭氏、一件、爲強霸田禾、恃潑羣毆、懇請驗明傷痕立拘法辦由、狀悉、准予傳案究辦、此批、

▲刑事原具狀人李孫氏、一件、爲毆逐嫂妻、遺棄不養、泣叩飭警提究由、狀悉、候傳訊核辦、此批、

▲刑事原具狀人趙杜氏、一件、爲喚請驗傷拘兇法辦由、狀悉、仰候傳訊究辦、此批、

▲刑事原具狀人周才章、一件、爲絕無贓證、遽行私抄、懇請飭傳訊斷由、狀悉、候傳訊核奪、此批、

▲刑事原具狀人駱魁一、一件、爲誘拐潛匿、許找反悔、懇請飭拘法辦由、狀悉、聽候傳訊、此批、

▲刑事原具狀人宋克生、一件、爲詐稱抬划、誣陷善良、哀懇電講冤情、實究虛坐由、狀悉、本案業經宣告無罪、應候送覆判、所請應毋庸議、此批、

▲刑事原具狀人周廷耀、一件、爲衰年在押、病重命危、再懇仁慈、暫准保外就醫由、狀悉、准具妥保保外調治、此批、

◎刑事判決◎

安跛子（卽安立訓）竊盜案判決、

主文　安跛子（卽安立訓）竊取他人所有物、處有期徒刑三年、褫奪公權四年、裁判確定前羈押日數、准以二日抵徒刑一日、

閻四（卽閻景順）預謀強盜案判決、

主文　閻四（卽閻景順）無罪、

龐存禮販賣及私吸鴉片案判決、

主文　龐存禮販賣鴉片處有期徒刑十年、私吸鴉片處有期徒刑二年、執行有期徒刑十一年、裁判確定前羈押日數准以二日抵徒刑一日、烟泡烟眼均沒收之、

△庭期審理案件▽

六月

四日審理劉敬修與傅勝宅基案、

四日審理劉金城與趙元柱解除婚約案、

四日審理常敬勝誘拐案、

▲本城糧價

名稱	每市斗價目	
小麥	最高二千八百三十文	最低二千六百五十文
大麥	最高一千九百文	最低一千八百文
黃豆	最高二千零五十文	最低二千文
黑豆	最高二千文	最低一千九百五十文
菉豆	最高二千八百五十文	最低二千八百文
江豆	最高二千二百文	最低二千一百五十文
高粮	最高一千九百文	最低一千八百文
穀子	最高一千六百五十文	最低一千六百文
稷子	最高一千八百文	最低一千七百文
芝蔴	最高三千四百文	最低三千三百文
青豆	最高二千文	最低一千九百五十文
花生每斤	最高二百二十文	最低二百文
瓜子每斤	最高三百一十文	最低三百文
繭每市斤	七百七十文	

氣象

陰
風向　西南風
最高溫度　八三
最低溫度　七〇

中華民國二十四年六月三日　豐報　（星期一）　第一版

豐報

◎第七九三號◎

中國國民黨江蘇省豐縣執行委員會通告　第一號

為通告事案准前執行委員會第一九六號公函內開：「查本部於三月十五日召開第六次縣代表大會並選舉第五屆執監委員結果李貞乾彭世亭黃體潤當選為執行委員李啟禹[illegible]當選為候補執行委員王子蘭為監察委員蘆雪山為候補監察委員[illegible]呈奉江蘇省執行委員會第九七一三號指令准予備案並頒發證明書七件當經分別轉發各在案現一切交替手續業經辦理完竣相應函達查照準備接收為荷」等因；准此當于本月一日舉行第一次委員會議推定貞乾為常務委員並決定即日起開始工作紀錄各在案除呈報定期補行宣誓就職典禮並分別函令外特此通告週知

中華民國二十四年六月二日　常務委員　李貞乾

豐縣師範通告志願升學畢業同學

本校為便利畢業同學升學起見，特組織升學指導委員會，辦理指導事宜，凡廿二，廿三兩年度畢業同學志願升學者，均可前來申請登記，往校研究，特此通告，即希週知。

[illegible]事

[illegible]

陳[illegible]緊要啟事

[illegible]

特載

中國國民黨江蘇省豐縣執行委員會六三禁烟紀念告民眾書

[illegible]的[illegible]我國受[illegible]的[illegible]，已有百餘年了。割地賠款，[illegible]，莫不是大烟為厲之階。迨至今日，禍害尤甚。幸我國民政府內衡國家的情勢。外瞻世界之潮流，知道非得禁煙，不能恢復民族的健康，非得禁烟，不能挽救國家的危亡。所以本着 總理拒毒的遺訓，下了最大的決心，來實行禁煙。但是禁煙是一件極重大極艱難的工作，要想禁煙效率的普遍，禁煙時間的縮短，尚有賴於人民與政府通力合作，一致進行。

今天是禁煙的紀念日了，禁煙工作已進行一年。在這一年中間，禁煙的成績，即以本縣而論，戒絕的煙民，已有一千三百零一人，正在戒絕的有一百一十一人，正吸食的有七百一十四人，至於私吸私販私賣的，恐怕還不能絕對沒有；在這禁煙紀念日的時候，我再與大家申述一下：

禁煙要力的增加，不能專賴政府之嚴厲法，禁煙條例之施行，亦不能專賴政府之努力執行，所以要想完成禁煙之工作，不專在條例之森嚴，不專在執行之認真。必須人人以身作則，首先倡導養成禁煙的風氣。假若有人再吸大烟，再賣大烟，再種大烟，無論他是平民，他是紳士，他是地主，他是黨政工作人員，均應當本着 總理拒毒的教訓，按照禁煙的法規章則，抱着大無畏的精神，去制止他，去檢舉他。人人都能這樣做去，我相信在最近期間，大烟可以完全的禁絕。

中外要聞

蔣發告四川紳耆書　勸協助剿匪拯救民衆

▲中央社成都二日電　蔣委員長頃發勸告四川紳耆服務桑梓、協助剿匪拯救民衆書、長數百言、內稱殘匪節節崩潰、已勢窮力竭、正爲根本聚殲唯一良機、在川各軍、正分頭窮追、扼要截擊、望耆老賢良、一致奮興、速回本籍、負責領導組織民衆、廣築碉堡、實行封鎖、以及担任運輸、通訊、聯絡等事、一方增强地方自衛、一方策進軍隊進剿之便利、如羣策羣力、則澄清安定、期望可至、蔣委員長並於二日下午在行轅邀各耆紳茶會。

川西剿匪軍事節節推進

▲中央社成都二日電　軍息、廿四軍劉元琮旅廿六日攻克松林、匪向六沽潰竄、劉旅跟蹤追擊、廿七午將六沽完全克復、匪傷亡甚衆。

▲中央社重慶一日電　劉文輝電稱、劉元琮旅廿九日收復冕甯、匪潰竄、刻仍跟追中。

▲又楊學端旅同日亦將安靖壩之匪擊潰、當將該地收復。

▲中央社長沙一日電　章亮基電告、蕭賀兩匪、經我一路軍協助徐源泉師四面包圍、將匪全綫擊潰、進退維谷狀極狼狽、廿九日午竄石湖馬家砦等要隘收復　殘匪紛向龍家砦、石家砦竄退。

▲又我鍾光仁何友松等部、收復永順之顆沙市、殘匪向十萬坪老巢潰退。

▲中央社長沙二日電　桑植縣長由大庸電省、略謂蕭賀殘匪潰竄、湘鄂邊界迭被我湘鄂軍包圍痛剿匪受重創。

▲中央社廈門一日電　第十師馬團、在永定金沙一帶、撲滅偽閩西南軍政委會巢穴、擊斃偽特委邱樹基等要匪廿餘名、投誠自新者五十餘人、繳獲槍彈甚多、永定匪禍已告肅清。

▲中央社榆林一日電　井岳秀部旬日以來、向府谷屬馬眞盤塘一帶推進搜剿　甚爲順利、馬眞匪巢、已被井部搗破、擊斃匪首王峻德、並獲槍支甚多、盤塘沙峁正清剿中。

▲中央社漢口一日電　行營頃據贛綏署轉呈、獨立第一旅前在吉安搜剿三把洞殘匪、曾擊斃僞江西軍區司令官黃志潮、請照例給獎等情、經查屬實、行營刻已援照剿匪獎懲條例、予以獎勵。

孔祥熙等在滬商金融問題

▲中央社上海一日電　孔祥熙一日晨邀銀錢界領袖宋子文錢新之等、在私邸會談一切金融問題、會後據孔談、結果頗爲圓滿。

▲中央社上海二日電　滬錢業以美豐銀行停業後、錢業已遭波及、特呈請財部、予以援助、財部以錢莊營業、亦足以救濟工商業、安定市面、已允由政府盡力援助、決定以錢業準備庫爲抵押、由財部先撥借公債二千萬元、以資救濟　並派徐堪、杜月笙、王曉籟、顧詒穀、秦潤卿等、組織委員會、負責辦理、對於各錢莊之因正當營業而周轉不靈者、放貸款項、盡力援助　各錢莊聞訊、均已安心營業。

▲中央社杭州二日電　孔祥熙一日晚來杭、視察中央銀行分行、並與銀行界商洽救濟杭市商業、二日晨九時乘汽車返滬。

中法決定使節升格

▲中央社南京一日電　外交部息、法政府近亦正式決定將駐華使節升格、法外長賴伐爾、並已通知我國駐法代辦蕭繼榮、請轉知我國外交部。

▲又我國駐德首任大使人選、聞已提向德政府征詢同意、不久即可決定。

五省特教會議在漢舉行

▲中央社漢口一日電　五省特教會議、一日上午八時在行營開首次會、張學良代表府委員長主席並致訓、出席錢大鈞等十二人、列席謝珂等八人、下午分組審提案。

黔省施政計劃正審核中

▲中央社貴陽一日電　黔省府各廳處廿四年度施政計劃皆脫稿、已呈省府審核、又民廳以過去本省民政方面、各種法規、多與中央所規定者不符、現已訂定本省行政督察專員公署組織條例、及辦事通則、縣府組織暫行規程、縣長檢定委員會組織規程、及檢定辦法多種、不日即可頒行。

濟各界歡迎方覺慧

▲中央社濟南一日電　一日晨九時本市、全體公務員及各團體、開會歡迎方覺慧、到千餘人　由韓復榘及李文齋次第致歡迎詞、繼由方答詞、並演講中央設署監察權之意義。

冀省府遷保分批運送

▲中央社北平一日電　冀省府原定一日開始遷保、刻因各處案件裝箱未竣、車輛亦未備齊、決分日遷移。

永定疏浚中泓定期施工

▲中央社天津二日電　當地以奉命遷保、頃特在津成立永定河疏浚中泓工程處、連日已與承包該項工程之公司、永灃單合同等文件、簽定完竣、定六月六日實行施工。

蔣電財孔在蓉籌設中央分行

▲中央社成都二日電　蔣委員長爲安定川金融、頃電財孔、速在蓉籌設中央分行、限六月底以前成立。

川省府取締雜券

▲中央社重慶一日電　省府通令各縣徵收糧款、只收中央中國地方三行鈔票、其他雜券、一律拒絕、並不准繼續行使。

昆明定期舉行夏節造林運動

▲中央社昆明二日電　昆明市府公安局及所屬機關職員、約千餘人、定六月五日齊集北郊舉行夏節造林運動、定每人種樹五株、共約種樹五千餘株。

朱紹良飛平涼視察

▲中央社蘭州一日電　朱紹良三十一日午乘機飛固原平涼等縣、視察政治、各機關首領赴機場送行。

馮庸將赴甘南調查

▲中央社蘭州一日電　馮庸由榆中返蘭、渠此次在榆視察礦產、已有收獲、化驗結果甚好、聞偶等將赴甘南各縣調查。

德王謁何結果圓滿

▲中央社北平一日電　袁良一日上午十時、往訪德王、據王德今晨語記者、三十一日謁何應欽、請示一切、結果甚好、蒙政會各項議決案、正努力實行、冀打破難關、以謀發展、在平尚有三五日勾留、然後返蒙。

紅萬字會贛分會成立

▲中央社南昌一日電　紅萬字協會、募巨款賑濟贛災、復籌備贛分會、於一日成立、到各機關首領及來賓數百、由熊式輝揭幕並致詞。

京市集團結婚定期舉行

▲中央社南京二日電　京市第一次集團結婚、已決定於七月一日舉行、約本月十日即可開始登記、從事籌備。

暹攷查團員抵滬

▲中央社上海一日電　暹羅攷查團一行十四人抵日後、內有二團員、一名乃素越、一名戀加納、一日由日乘輪抵滬、當晚即晉京、定三日返滬、另有三團員三日亦可到滬。

法新閣組成

▲中央社一日電　法總理之決議參加新內閣、使波蓋格組閣之努力、減去不少困難、昨晚波氏入見總統、報告組閣進步、午夜即告成功、當正式發表名單、賴伐爾仍掌外交、此爲新閣主要特點之一、財長一席、以巴爾瑪時任之。

擊斃調查員案　省派委澈查經過

兇犯確定爲毛照明　對死者將從優撫恤　南匯土販

▲江蘇社　江蘇省禁煙委員會前派調查員薛秀堂、周慰農、沈士能等、前往南匯調查土販案件、調查員等日前在該縣東門太平橋三號內之土販毛照明家、搜檢煙土、並出槍示威、詎該土販竟敢將調查員之手槍奪去、開槍擊斃薛秀堂、當經在場之調查員等、勇敢捕獲正兇毛照明及其妻、並將當場擊斃之情形、急電省會核辦、省會以事關重大、特派稽查主任馬相君前往澈查真相、茲悉徐課長業經調查斯案之經過甚詳、前已返省覆命、茲記者爲明瞭此案真相及調查經過情形起見、特往訪徐課長、即承以該案一切、據談此次奉命赴南匯澈查薛調查員之被槍擊斃案、抵該縣後、即與該縣袁縣長、探訪此案之發生經過、并將土販毛照明提案究訊、據其供詞及調查員之報告、確係該土販擊斃、現根據事實可確係土販、（一）詳明毛照明、確定毛係兇犯、刻將調查經過情形呈報省會查核、並對於薛調查員死於職務、依照條例予以撫恤云。

蘇省黨員推行勞動服務 中央頒發辦法大綱

委派馬元放爲總指導陳濤爲秘書 本省總指導辦事處設在省黨部內

△江蘇社 中央爲督促黨員深入社會爲民衆服務、以建立實際事業、而促進訓政建設起見、曾先後制定下層工作綱領、及訓政時期黨務工作等方案、頒發各級黨部遵行在案、近以新生活運動總會有勞動服務團之組織、綜其宗旨、深與中央過去方針相符、而藉團體以策勵個人、寓事功於勞動訓練之方式、尤爲切近易行、本黨黨員、爲民衆表率、宜以身作則、策勵進行、特根據過去方針、採納此種組織方式、製訂黨員推行勞動服務辦法大綱一種、提經中央第一六八次常會通過、經即頒發各省市黨部、一體遵照、切實推行、茲悉江蘇省黨部、業已奉到該項辦法大綱、依照辦法大綱第二項規定、關於各省黨員推行勞動服務之指導、由中央就各省執監委員中指定一人爲總指導、負責主持、並指定秘書一人協助辦理、亦已由中央委派本省執行委員馬元放爲本省總指導、陳濤爲秘書、聞馬氏已在省黨部內設辦事處、即將開始進行、茲將中央所頒錄後、

黨員推行勞動服務辦法大綱

查十七年十月中央通過下層工作綱領一案、內容包括識字、造林、造路、合作、保甲、衛生、國貨、等七項運動、十九年三月、復有訓政時期黨務工作方案之訂定、列舉黨員應致力之社會事業、凡二十六種、二十三年三月、更頒發各級黨部下層工作綱領實施方案、於各項工作進行之步驟與方法、指示綦詳、嗣後三令五申、督飭全體黨員、務入社會、爲民服務、以建樹實際事業、而鞏固黨國之基礎、茲考新生活運動總會頒發勞動服務團組織大綱、其主旨在使全國民衆於整齊的組織之下、各能以勞動爲本分、以服務爲目的、羣策羣力、以造成現代國民義務勞動之基本、與過去中央所望黨員努力七項運動、以樹立國防及生產建設之基礎者、意雖相似、而特揭舉勞動服務之人生觀、則尤爲具體切近、促人警覺也、黨員爲民衆先鋒、所負使命、較一般民衆爲重大、尤須以身作則、策動進行、其已有該項組織之處、應即全體參加、以充實其思想與活動、其尚無此項組織者、亦應積極推進組織、並於每縣（區）選擇一二區、爲服務實驗區域、集中全力以赴之、務使每個黨員、每日公餘、均能爲社會勞動服務一小時、以期喚起民衆通力合作、團結整個民族偉大之力量、完成革命建設之大業、特本斯旨、訂定黨員推行勞動服務辦法大綱如左、一、各省市黨部於二十四年度內應以實施勞動服務爲主要工作……之一、於每縣（區）選擇二區爲勞動服務實驗區域、集中全力以赴之、以爲其他各區之表率、二、各省市黨部對於縣（區）勞動服務工作之指導、由中央就各省市執監委員指定一人爲總指導、負責主持各該省市黨員所屬縣（區）勞動服務實驗區一切事宜、並由中央指定秘書一人協助辦理……三、縣（區）勞動服務實驗區設指導員一人、由總指導提經省（市）執行委員會議通過指派之、並呈報中央備案、區以下服務事項、分爲若干組、每組設組長一人、由區指導員提經縣區執行委員會議通過指派之、並呈報總指導備案、四、縣（區）全體黨員、均須分編入組、從事實驗區之勞動服務、以作民衆之表率、各黨員並須領導民衆從事勞動服務、其服務事項……如左、一、教育事項、如民衆學校、簡易小學、問字代書等事項、二、國民經濟建設事項、如合作造林水利築路救災等提倡國貨事項、三、體育及衛生事項、如各種體育訓練防疫滅蠅種痘等事項、四、公民訓練事項、如訓練公民行使四權、及其他關於自治調查與組織等事項、五、風俗改良事項、如改良習俗戒烟放足等事項、五、各組組織細則……與推行工作之具體實施計劃及步驟、由區指導員分別擬定、呈經總指導核准、六、各省市工作、應按月呈報中央審核、各區工作應按月呈報總指導審核、七、各地方黨員對於勞動服務工作之勤惰、應分別予以獎懲、其獎懲辦法……另訂之、八、省市總指導及各縣（區）指導員辦事處、附設於各該級黨部內、並得調用各該級黨部之職員、九、本大綱呈經中央執行委員會備案施行。

蘇省警訓所舉行畢業典禮

畢業學警班長共百八十餘名

△江蘇社 三十日江蘇省警察訓練所第一屆班長學警修業期滿舉行畢業典禮、陳主席余廳長親臨檢閱訓話、計到來賓羅時實、項致莊、顧子揚、賴璉、歐陽格、施奎齡、葉雲東、楊峯仁等百餘人、省會路上車水馬龍、頗極一時之盛、儀式莊嚴肅穆、其節目如下、（一）全體肅立、（二）奏樂、（三）唱黨歌、（四）向黨國旗及總理遺像行三鞠躬、（五）主席恭讀總理遺囑、（六）靜默、（七）檢閱、（八）主席報告、（九）省政府主席訓辭、（十）省黨部委員訓辭、（十一）來賓致詞、（十二）民政廳長兼所長訓辭、（十三）學生答詞、（十四）奏樂、（十五）攝影、（十六）禮成、檢閱時、主席等先巡視一週、繼以行列式、音樂悠揚、步伐整齊、精神煥發、再次爲制式教練、戰鬥教練、劈刺、國術、均甚迅速確實、並有技術表演、如躍牆超越、鐵槓、木馬、動作無不活潑勇敢、令人贊歎不已、該所並闢教室一間、陳列學生筆記供制及實習紀錄、供衆展覽、編印畢業紀念冊、贈送來賓人各一卷、以資紀念、茲將余兼所長報告、及省政府黨部訓辭、記錄於後、

◎余兼所長報告◎

主席、各位來賓、各位官長學生、省政府鑒於過去江蘇公安行政不良、推其原因、一半由於制度未能盡善、一半由於人員缺少訓練、如此兩問題、得相當解決、則公安行政不難改革、緣於去歲七月制定改進公安行政計劃大綱、確定「暫不增加地方經費、謀質的改善不急求量的擴充」、之原則、依此原則規定統一編制確定經費辦法、一面籌辦警察訓練所訓練警官警士、選定一縣、或一縣中之數區試辦警管區制、以謀人的問題與制度問題之根本改善、旋由民政廳根據此計劃籌設本所、分鎮江銅山淮陰三處、招收學警二百名、資格以初中或鄉村師範畢業、而未曾服務爲限、並招收前警官學校肄業之警官三十名充任班長、原來計劃、訓練六個月、實習六個月爲期滿、嗣因功課較多、延長訓練時間兩個月、到現在剛滿八個月、告一結束、在訓練期間淘汰四十二名、現在畢業班長二十七名、學警一百六十一名、共計八十八名 此後即派往地方担任實際工作、還望主席來賓多方指教

◎陳主席訓詞◎

今天是你們受訓期滿、舉行畢業典禮的日子、你們來自鄉間、洞悉江蘇過去警政的缺點 又經過一番嚴格的訓練、應該很明瞭你們自已的責任、這個責任就是維持地方秩序除暴安良、如何才能除暴安良、把地方秩序維持得好、就要看你們能不能勤懇的服務、服務不僅是勤懇而已、還要守法自重、你們充當警察、就有了職權、這種職權是法律所賦予給你們、賦予你們的職權 是叫你們去維持地方秩序除暴安良的、假使你們越出法律範圍之外、就是不盡職、一定不能維持地方秩序、除暴安良、過去江蘇警察辦得不好、就是因爲警察不能守法 胡作亂爲、人民不尊敬他們 不畏懼他們 這要怪他們自已不能守法自重、你們要得人民尊敬你們、畏懼你們、必須無論何時何地、一舉一動、都要守法自重、人民對你們既然能生敬畏之心、就能受你們的教導和感化、你們能把一地方的秩序維持得好、一地方的政治前途、就是光明的政治、並且全省也就以你們爲模範做效你們、將來全省的政治乃有改革成功的希望、

◎省黨部顧委員訓詞◎

革命之成功、在政治方面必須有革命的基礎、而警政爲一切行政的工具、所以警察必須是革命的警察、訓政才能完成、革命才能成功、中國過去辦了三十多年警察、成績很少、因爲成績少 禍亂發生的就多、這是革命成功的很大障礙、現在警察訓練所訓練你們這一班學生、就是要做訓政的基本工作、主席和廳長在革命事業上有悠久的歷史、訓導你們八個月、想來你們對於革命意義、有深切明瞭、不用我多講了、過出外工作的時候、做事要有革命的精神、並且要永久保持革命精神、有了革命的精神、才能去領導民衆、完成訓政工作。

本縣新聞

已墾荒田尚未呈報認稅者 准按下等下則入册科賦

以往隱匿一概免究

縣政府佈告

縣政府爲減輕包荒負担、穩固熟荒産權起見、特佈告民衆、對於已墾荒田尙未呈報認稅者 須於兩個月內、全數具報新墾、茲探錄佈告原文如下、照得本邑老荒、多至二千餘頃、地勢遼遠、墾熟頗多、乃不呈報新墾、不但使原有熟田各戶枉受包荒損失、而此等熟荒既無田賦、産權亦殊可慮、本政府爲減輕包荒負担、穩固熟荒各戶産權起見、特行布告、仰即一體知悉、爾等如有已墾荒田尙未呈報認稅者、趕於兩個月內、全數具報新墾、准按下等下則、入册科賦、以往隱匿、一概免究、倘再意存觀望、不即具報、一經過期、卽予查明沒收、決不寬假、其各凜遵、切切、此布、

縣農會召開第一次幹事會議

縣農會於本月一日下午五時、在該會會議室召開第一次幹事會議、主席彭世亨、紀錄吳鳳樓、甲、主席報告、略謂、今天擧行本屆第一次幹事會議、要討論的事項、根據會章推擧各股股長定期補行宣誓就職、及函請上屆幹事會辦理移交等事宜、乙、討論事項、一、推擧各股股長案、決議、第一股吳鳳樓、第二股史肇修、第三股李效禹、二、定期補行宣誓就職、分呈縣黨部縣政府派員莅會監誓案、決議、定於六月二十五日召集各區農會幹事合併擧行、三、函請上屆幹事會辦理移交案、決議、函請上屆定期移交、四、定期擧行常會案、決議、每兩星期擧行一次、（一星期四上午十時擧行）、五、擬委本會幹事吳鳳樓兼任本會書記案、決議通過、閉會、

禁煙委員會焚燬大批煙具 並押解煙犯遊行

本縣禁烟委員會、爲澈底宣傳禁烟起見、特於今日上午十一時、于六三紀念開會之後、會同省禁烟委員會所派委員張玉貴氏、在縣府前焚燬烟具多件、計烟槍一百三十二枝、烟燈七十六盞、烟斗八十三個、烟盤二個、烟扦七十六個、炒灼二把、籤頭一個、烟盒二十八個、烟扦十四個、烟盒六個、烟袜二個、復由監中提出已判決之私吸重吸偷賣等犯十四名口、計周陳氏、私[illegible]、判處徒刑十年、孫基蚕、重吸、判處徒刑五年六個月、紀紹德、重吸、判處徒刑五年六個月、齊劉氏、助售、判處徒刑六年、包鴨、助售、判處徒刑六年、賈存忠、重吸、判處徒刑五年、王玉嶺、重吸、判處徒刑五年、孫其[illegible]、私售、判處徒刑二年、卜憲瑞、私吸、判處徒刑二年、王子玉、私吸、判處徒刑一年六個月、程萬謇、私售、判處徒刑一年四個月、薛汝林、私吸、判處徒刑一年二個月、周序先、私售、判處徒刑一年二個月、梁運珍、私售、判處徒刑一年、均五花大綁、足帶鐵鐐、由軍警押解、張委員及各機關代表隨後、遊行路綫由縣政府至西街、折而南由民衆街轉赴南街、經和妙街再至東門裡、復從天[illegible]橋大同路折回縣府、沿途鳴鑼響道、觀衆如堵、對此一般[illegible]吸大烟而被判處徒刑多年之烟犯、莫不引爲殷鑒云、

縣黨部民衆閱書報處五月份借書統計

縣黨部附設民衆閱書報處、五月份共借出圖書五百四十五次、內計普通叢書類四十六次、哲學類十八次、教育類三次、社會科學類十七次、藝術類二十六次、自然科學五次、應用科學類十五次、語文類八次、文學類三百九十九次、史地類九次、借書八一百七十八、

大程莊小學校禮堂落成

校董王幹廷先生慨助鉅款 鄉保長程連璧等竭力襄助

縣立大程莊小學校、創辦迄今、已有二十餘年之歷史、所有校舍、皆該校校董程允之先生之經營、惜該校因限於經濟、校舍窄狹、光綫亦不充足、近年該校人數發達、校舍頗感不敷應用、且該校禮堂、亦付缺如、每逢團體集會、全體員生均露天而立、今春校董王幹廷先生、由鄉返里、鑒於禮堂爲學校不可少之房舍、故慷慨解囊、捐助鉅款、建築大禮堂一座、該校於四月收到款項後、即鳩工庀材、於五月五日開工奠基、由程心一先生督工建築、更賴趙屯鄉鄉長程連璧及保長趙恩九段紹章三先生竭力襄助、負責募集車輛、運輸磚瓦土石、不辭勞瘁、其熱心公益、殊堪令人欽佩、故該校禮堂自動工以來、爲時僅三週、即已竣工、並於禮堂前面築花壇一座、繞院磚鋪走道一週、現正從事油漆門窗、粉刷牆壁、一俟全部工竣、即行定期擧行落成典禮云、

窖庵發現男屍一具

西區張集鄉陳樓莊南有一窖庵、近因窖工停頓、庵內無人、上月二十五日、忽有一不識姓名之老翁、死於庵內、當即由鄉長報告區公所、並轉報縣政府、日昨縣政府派員赴該處勘驗、該老翁年約七旬、白髮蒼蒼、不知家鄉何所、蓋係因貧乞討來自遠方、一身之外、別無長物、聞經縣政府勘驗後、即飭該鄉保甲長具棺葬埋矣。

大程莊小學校之農場收麥忙

大程莊小學校農場、位於該校西北部、面積約三畝有奇、其內按年級劃分六區、分種五穀蔬菜花卉等、每當夕陽西下、學生課餘來遊、歌聲語聲、異常幽雅、故該校農場、實爲學生唯一遊憩之所、現節屆芒種、農場各畦二麥、亦均一夜南風、覆隴黃矣、該校麥假期中、留校溫習學生程毓英胡瑞霄朱信周王宗漢等三十餘人、於昨日（二十九日）下午、由該校教導主任劉昭祥先生率領、各持鐮刀、赴農場割麥、前呼後應、頗饒農家樂趣、刈割完畢、復將大豆分畦播種、時屆黃昏、師生始將捆好小麥數十捆、扛抬返校、一時歌聲盈耳、歡呼歸來、亦學校生活中之樂事也。

司法欄

縣政府司法批示

▲刑事原具狀人張瑞海、一件、爲積匪發供、再懇依法嚴訊究追底夥、緝獲併辦由、狀悉、候依法偵訊此批、

▲民事原具狀人王大白、一件、爲不服判決、聲明上訴由、狀悉、候送高等法院檢辦、此批、

▲刑事原具狀人李方氏、一件、爲懇弟肆横、毒毆胞兄、藏贓驗傷立拘法辦由、狀悉、准傳訊究辦、此批

▲刑事原具狀人王玉松、一件、爲糾衆逞兇、頭部受傷甚重、懇求檢驗立拘訊辦由、狀悉、准予傳訊究辦、此批

▲刑事原具狀人王化美、一件、爲贓請驗傷、拘兇法辦由、狀悉 候傳案訊究、此批、

▲刑事原具狀人司元同、一件、爲案已訊明、證據確鑿、再懇分別懲辦由、狀悉、候依法判決、此批、

▲刑事原具狀人黃元彬、一件、爲縱羣[illegible]麥禾、懇請拘案訊辦由、狀悉、候傳案訊奪、此批

法庭審理案件

六月

七日審理府前李訴蘇顯智地價糾紛案、

七日審理蔡楊欽與蘇德明宅[illegible]案、

七日審理鄧當氏略誘案、

本城糧價

名稱	每市斗價目
新小麥	最高二千 最低一千九百文
大麥	最高一千一百 最低一千文
黃豆	最高二千一百 最低二千零五十文
黑豆	最高二千零五十 最低二千文
菉豆	最高二千九百 最低二千七百文
江豆	最高二千[illegible]百九十 最低二千二百文
高粱	最高一千九百二十 最低一千八百五十文
穀子	最高一千六百三十 最低一千六百文
稷子	最高一千八百 最低一千七百文
芝蔴	最高三千四百 最低三千三百文
青豆	最高二千零五十 最低二千文
花生	每斤 最高二百二十 最低二百一十文
瓜子	每斤 最高三百一十 最低三百文
繭	每市斤七百七十文

氣象

晴
風向 西北風
最高溫度 八五
最低溫度 七四

第十九期目錄

編輯部徵稿啓事

本刊以溝通教育消息，交換教育心得爲宗旨。務望各區教育同志，將教育消息，研究論著等稿件，隨時寄交本部。事實務求新鮮而具體；文字務求簡要而靈活。再本刊爲鼓勵作者興趣起見，對於刊載稿件，一律酌贈有價值之圖書雜誌。辦法另訂統希鑒察爲幸！

徵稿辦法

一，投稿範圍　本刊對下列各稿，一律歡迎。（一）與教育文化有關之插畫。（二）言論。（三）專著。（四）調查。（五）教育消息。（六）參攷材料。（七）參觀報告。（八）教育心得。（九）教育文藝。（十）教育譯文。（十一）研究報告。

二，投稿要項　投稿人請注意下列各項。（一）來稿文言語體，均所歡迎。（二）如係譯稿，請附原書。（四）投稿人請在稿後附列姓名，住址，以便通訊。揭載時如欲另署別名，亦請註出。（五）來稿請選寄豐縣教育局本刊編輯部。

三，選刊辦法　本部收到來稿時，依下列各項處理之。（一）本部對於選刊之稿，有酌量增刪之權，如投稿人不願增刪，須事先聲明。（二）選刊之稿，酌用稍有價值之圖書致酬，其種類與數目由本部酌定之。（三）來稿無論刊載與否，一概不負寄還之責，但如投稿人預先聲明者，只可代爲保存。（四）來稿須繕寫清楚，以便付印。

言論

改進農業與推進民衆教育

黃子璞

中國近年來，因爲天災人禍的紛至，經濟已是極端破產了，繁華的都市有的也在呈着凋敝不堪的景象，窮鄉僻壤間，一般人民的生活幾有不能維持的苦概，這都是國家前途的危機啊！

推究這種經濟破產的原因，除天災人禍外，大都是由於農業的不振所致吧？現在世界文化的進步，日新月異，而中國人口的衆多衣食原料的需求，已呈着很急切的現象，一切的落後，幾不能適應時代　生存於世界，試看近百年來，歐美各國的農人，都知道利用科學方法，去革新本國的農業，獨是中國習沿已久，只知道墨守成規，恪遵舊法，不知想方法改良種植，預防病害，這樣農業怎能會振興，農民生活怎能不日趨困窘，經濟怎能不日趨破產，凡百事業又怎能不日趨凋敝呢？況我國本以農立國，農業不振，而經濟自趨崩潰，都市那能會繁榮，農村又那能會景氣振作呢？又怎能不一天一天的走向危險之途呢？

中國在過去數十年，對於農業的提倡，亦很盡力，一般的主辦教育者，都在大聲疾呼的高喊着，到農村去，改良農村組織，增進農人生活，而結果終歸是喊者自喊，聽者無從，依然沒有成效，其原因究在高喊到農村去的，沒有做到，沒能眞實的同農村的人直接起來，把農村改良組織起來，增進農人生活的方法，沒能貫澈的做起來，想來還是辦法的不盡善吧。

的確中國的一般人，是無組織的，是不思改良求進的如果眞能把散沙的民衆組織起來，改良種植，而增加生產的可能，有下列四項：

（一）地力的持久　中國的農田，多半是利用人糞和其他各種植物的腐植肥料的培壅，能長久維持不衰，但偶遭大水的衝刷，缺乏了有機物的肥料時，須賴多數的農夫，去通力合作方能共謀增加生產之效。

（二）改良植物品種　中國的農產，品類雖多，而對於品種的改良，都不知注意，選種和育種，都保有很大的成績，今後從改良的方面說，應注重品質的優良純粹，產額的豐實，以增加生產。

（三）防治植物的病蟲害　植物每年所受病蟲的損失很大，祇因農民素無病蟲害的知識，一至遇有病蟲害發生，便歸之天年竟無辦法，今後應注意病蟲的防治，也能增加生產。

（四）倡導植樹　村旁隙地，坑涯河畔，倡導培植各種的果樹，其一能防止水災衝刷，又能供給吃用和燒材，而增加農人的生產，也不在少。

上邊說過的四項，能實地做起，農人的生產一定能增加，而農人的生活問題也可以減少，農人的收穫厚，都市農村，自然也就不再至於呈着凋敝不堪的景象吧，但是改良的辦法，推行亦有礙，因爲民衆不識字，缺乏新知識的灌輸，守舊的心理太勝，求知心過於薄弱，這是非賴教育的力量，去改造他們的心理不可。

談起來推進民衆教育，尤其是鄉村民衆教育，辦理最爲困難，他們本來把識字看的很淡薄，又因到了這般大的年紀，處在一個窮鄉僻壤，不多應用，拿讀書識字，只當做是富戶升官途徑，貧戶人家也無容設這一種奢望，因之一字不識，新的知識便無從向他灌輸，便是一切改良的大障礙，所以識字是最爲重要的。

文字是代表思想的符號，增進智識的利器，是謀生的一個工具，不識字的文盲，思想便不能發達，知識便不能增進，謀生便無法可想，識字看來是多麼重要呢？我國不識字的人，竟佔百分之八十以上；這都是國人大都不明白識字的益處，辦民衆教育者要常把識字的益處，切實的宣傳，識字的益處有多方可以看出來的。

（一）成年人識字的益處　成年文盲，多半是由於經濟環境種種形成的，事實上他們不能運用文字來增進人生的樂趣，不能運用文字來滿足生活的需要，在從前簡單的社會裏，還可以諸事將就，在這漸漸演進複雜的社會，沒有文字這樣工具，是不能解決一切困難的，所以成年文盲識字有很大的益處。

（二）老年人識字的益處　按識字的原則是不問老少的。老年人也有識字的必要，有了文字的工具，可以讀書消遣，可以知道世界潮流，可以明達現世事理，洗除陳腐頑固的成見。

（三）婦女識字的益處　婦女能識字，家中銀錢出入的記載，往來書信的讀寫，都不必東西請教人，家事完畢後，教訓子女讀書識字，使子女在未入學以前，受一種良好的教育指導。

（四）農民識字的益處　農民識了文字，可以藉此工具去研究農業上各種問題，探求農事上各種改良方法，對於農家很有幫助的，並且農民識了字，一切事理都會明白，不會再受土豪的欺騙和紳的魚肉，而寫信記賬更是識字顯著的益處。

識字的益處既然明白了，而「除文盲作新民」是有待於辦民衆教育者，來完成這重大的任務，但據過去事實，和經驗所得，而一般的民衆，總居多於懶疑不前，或是有始無終，結果總歸不能良好，要掃除文盲，作爲新民，須實行下列兩項解救辦法：

（一）政府強迫就學掃除文盲　中國不識字人數佔有百分之八十以上，那麼文盲已遍地皆是，因之一般的民衆愚貧弱私四大病，便深植於社會民間，而辦理民衆教育的人，又常感對象的浮泛，力量的單薄，效率的遲緩，所以須要用政治的力量協助去辦教育，凡年在十六歲以上的男女，一律强迫其識字，由政府責令鄉保甲長督促，識字標準，以能認識民族生活上的基本需要，即於掃清文盲，使其都能利用文字，增進新的知識，發展新的思想，明瞭國家現勢，改良農業常識，作一個時代的新民，而政治的施行，也可以除去了一些障礙。

（二）與農業機關合作改良種植　中國農業的不振，已在於農人的不事改良，現在各地都設有農業推廣所，研究農業的人們整天是在用科學方法，研何的選種，如何的施肥，如何的預防病蟲害，處處都是在試驗謀增加生產的，他們試驗出好的結果來，便從事推廣的，辦民衆教育的人，是常同農民接近的，在教他們識字以後，要指導他們關於農事的書籍，一方面與農業機關合作，代為推廣優良品種，改良種植方法，及怎樣預防作物的病蟲害，指導農民試種，返漸的推廣，這漾農業想能漸至振興吧。

上舉二事，政府能協助以掃除文盲，辦教育者藉農民識子去灌輸農事的新方法，去謀改良，革新農業，增加生產，農村經濟或不再到極端破產，人民生活也不至難於維持，由凋敝景象或尚可繁榮起來吧。

仿行小先生制之前瞻後顧（續）

董鴻恩

董老師訓話：

諸位小先生，我今天參加你們這個會，實在快活得很，剛才又聽到主席的報告，更增加了我不少的勇氣，所以我的喉嚨也發了癢癢，想說幾句話：

你們負着「即知即傳人」的責任。一個人應該認幾個字，懂得點道理。你們在學校裏，得到的本領，應該告訴不知道的人。不肯把自己所得到的本領告訴別人的人。是自私自利的人，所以自己求得學問，要告訴別人，有許多人學問很大，不願傳給別人，這種人太自私了，生在世上是沒有價值的，自己會？，教不會的人，教別人自己也會長進，這叫做「以教人者教己」。你教我，我教他．他又教他，巡環教，上算不吃虧的。先生多了，自己學問廣，學生多，社會才進步，這裏是農村社會，須要我們來改造，我們要振作精神努力幹下去。你們還要曉得：小先生不是一種自由的職務，小先生不能隨便高興就幹，不高興就停，必須天天拿成績來給我考核，小先生所交來的成績，不是自己的成績，乃是你們學生所幹的成績，你們在外面如若碰着了釘子，要趕快的告訴我，我來替你們解決，你們碰着了釘子不要恢心，我們應振起精神，一鼓作氣的衝上前去，小先生歌中不是有這樣幾句嗎：

我是小先生，　烈焰好比火山噴。

生來不怕碰釘子，　碰了一根化一根。

這幾句話　就是告訴我們不要畏難。我們碰的釘子愈多，愈增加我們奮鬥的勇氣。我們要知道：「從前世界屬大人，現在世界屬兒童」。現在的世界既然屬於我們兒童，我們就得把這個担兒挑起，創造一個美滿的快樂的世界、大家共同享受。

專　載

外埠參觀團報告之六

——無錫省立教育學院的參觀——

省立教育學院（是江蘇省社教的大本營）我們當然要去觀光。走到後，由同鄉學員王君敬儒劉君子亞領導，到實驗工廠，與農事試驗場去參觀。甲，參觀：實驗工廠有許多自己造成的物理化學儀器及各種機器的模型，火車輪船飛機飛艇無不具備 且多利用廢物造成，價目極廉，每年來購買者頗多，農事試驗場分作物，園藝，畜牧等三組，各組設備均極充實，作物，園藝佔地百五十餘畝，學生分畦自種 以作實驗。畜牧組的設備最能引起我們的注意，因其特點最易觀察，計有（一）木棚，大小各二間，飼養純種荷蘭公牛一頭，雜種荷蘭母牛五頭，（外國公牛與中國母牛交配）。小牛一頭，聞公牛價值頗昂，每頭價須二千元，故牛之衞生極須講究，每年都注射血清，以防牛瘟 母牛產乳，每頭日可二十四磅至四十磅，價值五元餘，利源可謂極厚。（二）猪舍：舊有兩座，新作成者四座，養有優良品種猪十餘頭。猪舍之建築極考究，水泥地，瓦頂 門窗均用玻璃並有運動場，洗澡池，每年春季注射猪瘟血清，生活之舒適為普通人所不及。

（二）雞舍：養雞事業已有相當歷史，年來成績優良，設備有雞舍四所，計大小二十間，可容成年雞七百餘隻，又有活動雞舍五間，可容八十餘隻，舍內設備均極齊全，來克杭母雞三百餘隻，其他百餘隻，去年雞患白喉而死者頗多，現方研究防治血清，據云：來克杭雞產卵多，每年可產三百餘個，惟抵抗病菌之力極弱，易生雞瘟；最好與中國雞第一代雜交，二者優點均可保留，現養有公雞多頭專為農民改良雞種。

乙，訪問：參觀後覺有許多問題需要向實驗工作人員去領教，茲將談話要點分述於後：

（一）與劉虛舟先生談話：一，問：合作事業最關重要，惟有許多困難應如何指導民衆辦理？答：中國民衆知能太低，只能借不能合作為一般現象，江蘇的合作社成績最佳者要推俞塘民教館指導之合作社，惟亦有缺點，蓋其工作完全由教育館包代，好像日本的農村貸款部，容易發中間人把持之弊而不能完成合作之眞義，在中國辦理較善的要推鄒平，因其用政治的統治力，以推行產銷合作事業如美棉產銷等，較為利多弊少。二，問：農事指導何處辦理較善？農事指導也要用統治辦法辦理較善的要推定縣，把農業應改進的各項工作如選種，施肥，防除病虫害，均由推廣者實際領導去做，以農民能自己做而且願做為目的，現在他們指導的農民多能自己選種，把已選出的優良品種由公家購買再行推廣，其效至大。

（二）與朱若溪先生談話：一，問：前在農行月刊曾見一篇論文是本院北夏實驗區與無錫農行合訂的借款儲金辦法，理論與實際，現在結果如何？答：即是借款聯合會，試行以後，尚覺可行，惟借款人的相互關係係短期的，借款手續反較合作社為簡單，以致願入合作者少，與訓練農民合作之義違背，本年將取消。二，問：如何訓練農民合作？答：最好第一步辦儲蓄會，現本院實驗區所辦之合作社均有儲蓄，每人每月儲金二角，借此可使農民增加聯絡的機會。

「附」參觀後的意見：

（一）實驗工廠的利用廢物以作儀器或模型，社教學校均可學習，因其既省經費，復增教學效力。

（二）畜牧在推廣副業上極有價值，尤其是荷蘭乳牛獲利更厚，荷蘭公牛與中國母牛有一代雜交其產乳量並不差於原種，如得公牛一頭，便可有多數乳牛，（乳牛長後即產乳不待生犢）。

（三）來克杭公雞與中國母雞第一代雜交，品種亦優，如有來克杭公雞一隻，便可有無數優良母雞，將來推廣頗覺便利。

紹介籍書館圖書部黨縣縣豐

社會科學

（政黨）

號碼	書名	著者
329－1	歐美無產政府黨研究	施伏量
329－2	日本無產政黨研究	施伏量
329－3	美國政黨鬥爭史	白　明
329－4	最近世界各國政黨	顏樹森
329－5	最近世界各國政黨	顏樹森
	（訓政）	
330—1	建國方略	孫中山
—2	訓政時期幾個根本計劃	吳美繼
—3	訓政	嚴思椿
—4	訓政綱要	溫鉞南
	（市政與自治）	
332—1	市政管理	楊哲明
－2	都市論	楊哲明

古人箴言

六，崔浩說：「天下最益人神智之物，莫如書。」英人華爾脫也說：「年老的人多讀書，可以使思想不致於頑舊；年少的人多讀書，可以老成持重。」所以我們必須養成每日讀書若干頁的習慣。不好讀書的人，從此立志讀書，已經讀書的人，更要努力閱讀。好讀新書的人，要讀些舊書；好讀舊書的人，也要讀些新書，纔是。

中央廣播無線電台節目

六月四日　星期二

八，一〇　國樂　晚來香舞　彩雲追月　長相思　紅葉　春光舞　花好月圓

八，三〇　新聞

一一，三〇　平劇　氣象報時　商情

黃金台　迴龍閣　探母　打黃蓋　忠孝全　戰樊城　掃花　三醉　寶蟾送酒　盜宗卷

一八，〇〇　鐵蓮花　大鼓　董蓮枝唱：劍閣聞鈴

一九，〇〇　平劇及歌曲　水鏡莊　三本

一九，三〇　太眞外傳　審潘洪，學生夜　唱歌　遊戲　軍歌　秋夜　國旗

二〇，〇〇　兒童教育　講義：劉邦斬蛇　種種動物的起　簡明新聞　氣象報時

二〇，一〇　國際時事述評　波蘭民族英雄　皮氏逝世與歐局

二〇，二〇　音樂　青光社奏播：

二〇，三五　名人演講：彭學沛先生講：農村復興問題

二一，三〇　新聞

豐報

◎第七九九號◎

●社址豐縣大同街●

中宣會登記證中字第一二九二號　內政部登記證警字第二二三〇號　中華郵政特准掛號認爲新聞紙類

●本報價目●

本報每份大洋一分，每月大洋三角，外埠每月大洋四角，郵費在內。

▲總理遺囑▼

余致力國民革命凡四十年，其目的在求中國之自由平等。積四十年之經驗，深知欲達到此目的，必須喚起民衆及聯合世界上以平等待我之民族共同奮鬥。現在革命尚未成功，凡我同志務須依照余所著建國方略、建國大綱、三民主義及第一次全國代表大會宣言，繼續努力以求貫徹。最近主張開國民會議及廢除不平等條約，尤須於最短期間促其實現。是所至囑。

江蘇省豐縣合作事業指導委員會通告第一號

查本會爲本縣黨政機關推進合作事業之統一組織，已於五月十七日舉行第一次委員會議，通過本縣合作事業推進方案，並推定負責擔任委員，展經呈准備案在案；茲於本月一日開始工作，除分函外，合亟通告週知。

中華民國二十四年六月　日　主任委員　李貞乾

江蘇省豐縣合作事業指導委員會通告第二號

查合作社之組織，自助互助，實爲救濟農村經濟之唯一途徑。關於合作事業之提倡指導辦法，近據中央民衆運動指導委員會，就原定合作社指導辦法加以補充修改，務期合於黨部指導，政府監督之意。歷經轉奉飭知在案，其辦法凡五條如下：（一）合作社之組織，受黨部之指導，政府之監督。（二）合作社籌備設立時，應向政府申請許可，並申請黨部指導組織，成立後，應向政府登記，並呈報黨部備查。（三）政府於許可合作社組織時，須通知同級黨部，並令合作社申請黨部指導，其未經黨部指導成立者，政府應予拒絕登記。（四）在合作社法未經施行前，各地合作社之組織，須參照實業部公佈之農村合作社暫行規程，或各地單行合作法規辦理。（五）黨部對於合作社之組織及業務，負宣傳倡導之責，並須設法扶助其發展。

現在本縣業經遵照中央該項辦法，決定合作事業推進方案，並於已成立合作社之整理，將來合作社之組織，均有詳細規定，公佈有案。

茲值本縣各區辦理農業倉庫，兼辦糧食儲押之際，特又議定對於儲押貸款，凡係農業產銷保證合作社社員，及已成立經整理之合作社社員，月息一分三厘；非社員月息一分五厘，非須經農會職員之介紹，以免奸人混入，展轉儲押，借以牟利。除分函外，特此通告，務望我全縣合作社，各該機關及各農民，一體遵知。

中華民國二十四年六月十　日　主任委員　李貞乾

豐縣教育局啓事

查本年度四月份教費，業由縣府領出，定於六月七日開始發放，並限期十日，一律結清。如逾期不領，須俟下月份發款時再行核發。希即准時攜帶領摺學校圖記及校長名章（手續不全者概不發款）來局具領可也。

鳴謝豐縣戒煙所所長潘鑄山先生暨潘陳二醫師德政

自所長主持以來，對於所內設備力求完善，於戒民痛苦尤屬關心，務使吾痾立除，遂臻康健，大有妙手回春之功。現戒斷之戒民等身受實惠，感激莫名，特登報端，以誌鳴謝。

戒民　[illegible]　劉[illegible]富　丁[illegible]民　李孝香　高道一　陳心廣　[illegible]　侯作[illegible]　張敬賢　張敬忠　李爾德　張云祥　彭元發　[illegible]　莊毓廷　李興[illegible]　卓九鶴　劉德瑞　孫占元　[illegible]　帥純增　孫相臣　卓九皋　杜慶恩　楊子仲　楊[illegible]臨　張滿三　李榮氏　楊明欽　全啓

社論

慶祝復新河今日全縣總動工

（佩）

本縣縣政府籌備多日之重導復新河，於今日全縣總動工矣。關於此事利害，記者前曾著論闡述，今不復贅。惟值此酷熱農忙時期，一般出工者，或不免發生怨望，因之有遲到怠工情事。茲當開工之始，特貢數語，略抒所懷。

吾人作事，第一要認清題目，第二要經濟時間，第三要節省金錢。此次重導復新河，吾人應認爲非此不足以解除本縣水患，非此不足以救濟本縣農村，非此不足以興修本縣水利，事實迫切之要求，非趕速動工不可，爲公服務，吾人豈容稍有懷疑。既動工矣，時間不能令其空過，要如期開工，要盡力出工，要按期完工，俾時間金錢兩無損失。尤須注意者，爲縣政府所擬定之重導復新河工程進行程序，如事前之準備，初步之工作，挖浚之步驟，均須一一遵照，次第實行，以免臨時翻工，多耗金錢與時間。

至監工督工各委員，對于吾勞動之工人，要愛護周到，救急之藥品，尤不可少；要糾正其錯誤，責罰其玩忽，不可稍事姑息，但須準情奪理，務使情有所甘，而心有所服，庶可收事半功倍之效。幸勿奴隸視之，致生惡感。

總之吾上下員工，對於此等公役，要一致努力，要甘苦同嘗，要迅赴功事，俾於烈日炎炎中，早完成此偉大建設之事業也。

中外要聞

胡漢民昨離港赴意 轉瑞士養病 便中攷查各國政治經濟狀況

▲中央社香港九日電　胡漢民九日午後六時乘意郵輪赴意、轉赴瑞士養病，行前發表書面談話，謂此次出國、係轉地療養，並作海外小遊，便中當攷察各國最近政治經濟狀況、何時歸國、現尚不能決定云。

川匪大部進襲黃茅崗觀音山未逞

▲中央社成都九日電　六日晨七時、匪大部向我黃茅崗觀音山防地猛襲，激戰數小時，我軍猛力衝鋒，輾轉肉搏，匪卒不支潰退。

▲中央社長沙八日電　大庸電稱、蕭賀殘部連日經我軍各部向匪夾攻，斬獲甚多，當將泥湖塔收復，刻正搜索邁進。

▲中央社長沙七日電　永順電稱、蕭匪一股、竄擾桑植永順邊界、官壩牛角山一帶、經我軍協同向匪襲擊、匪初猶利用地勢頑抗　幸我各部奮勇猛攻、激戰竟日、將匪全被擊潰、斃匪數百、傷尤多、殘部由牛角山向毛壩潰竄、我軍當將官壩收復、刻正尾匪窮追中。

▲中央社西安七日電　楊虎城七日由藍田行營返西安、與王均商剿匪軍事、當晚楊虎城邵力子設宴爲王洗塵、楊八日仍返藍田、督剿徐匪。

▲中央社西安八日電　陝北殘匪、經參謀團指揮部隊、及方旅搜勦、匪已化整爲零。

蔣召蓉教育界訓話

▲中央社成都九日電　蔣委員長九日下午邀川大華西大學及農工兩學院校長教授、及高中校長、在行轅茶會、到四十餘人、席間將對今後教育方針頗多指示。

商震到津就職

▲中央社南京八日電　河北省府遷保後、中央已另派商震爲天津警備司令、行政院並於日前令商於新任津市長王克敏未到任前、暫行兼代、商氏奉命後、已於今日電行政院、定即日由平赴津就職。

▲中央社天津八日電　津警備司令部、定九日先行成立辦公、內部組織尚待中央規定、據悉商震在平軍部將不遷津、由所屬宋部及呂部分別接五十一軍各防地。

▲中央社天津九日電　津警備司令商震、九日晨就代市長職、由張廷諤親自移交、商氏於是行接鈐式畢、對職員訓話、據商談、津市公安局長、已內定劉玉書接充、警備司令部一切正在佈置中、九日先行辦公云、旋離市府赴省府舊址就任警備司令職。

汪院長由滬返京

▲中央社南京八日電　行政院汪院長、於昨晨偕鐵次曾仲鳴乘車赴滬、檢查身體、在滬僅留數小時、即於昨晚搭乘十一時夜快車返京、今晨七日許到達、下車後逕返鐵部官邸休息、上午照常處理公務。

滬金融界與美攷查團 今日起討論白銀問題

▲中央社上海八日電　金融界定十日至十四日與美攷查團討論白銀問題、金融出席張公權、陳光甫、貝松蓀、葉扶霄、馬寅初、錢新之、金國寶等。

浙奉化人沈義琥 發明輕便發動機

▲中央社奉化八日電　青年沈義琥、浙江奉化人、最近發明一種輕便發動機、作供農田抽水之用、以減輕農民抽水灌田之苦、此機以鐵製成、極爲輕便、每機造價不過百元上下、而特點甚多、不須燃油及用電、只須驅馬及牛循環撤轉之用、用馬一匹可抵七匹馬達之用、現沈氏定名爲沈氏發動機、現已呈請實部審定、准予專利。

中國化學會 第三屆年會定期舉行

▲中央社南京八日電　中國化學會、爲國內化學界最大團體、成立以來、會員已有八百餘人、會務發展頗速、定八月十二日在廣西南甯舉行第三屆年會一星期、屆時全國學術界人士、萃聚一堂、各輸偉論、必有一番盛況也。

戴院長改明日由川東返

▲中央社成進九日電　戴季陶原定九日飛京　以昆明機未到、改十一日東返。

英大使國書日內將寄到

▲中央社南京九日電　外交界息、駐華英國首任大使賈德幹、赴任國書、已由英政府辦妥、今明即可寄到、聞賈大使定本月十二日由平乘機飛京、十五日覲謁林主席、呈遞國書。

詹森升任駐華美大使

▲中央社上海八日電　紐約美聯社七日電稱、羅斯福總統令升任詹森爲駐華大使、參院十日開會時可望通過。

新任荷使 下月可到滬

▲中央社南京九日電　新任駐華荷使傅思德、聞於上月底由荷乘輪來華、聞該使先至荷屬東印稍留、即來中國履新、約下月可到滬。

川省府遷蓉期尚未定

▲中央社成都八日電　鄧鳴階前來蓉　籌備省府遷蓉、七日晨返渝、省府遷移確期、尚未定。

孫科到滬訪孔財長

▲中央社上海八日電　孫科八日晨到滬九時許往訪孔祥熙、談半小時辭出、孫語記者、訪孔係探詢消息、並無任務。

方覺慧 由濟赴汴

▲中央社濟南七日電　七日晨方覺慧赴汴、韓復榘及黨政領袖、均到站送行、方談到汴組監察使署辦事處　約一月後仍返魯。

北洋工學院 自製無綫電發報 小型機成績甚佳

▲中央社天津八日電　北洋工學院自製無綫電發報小型機、歷經唐山鎮江各地電台試驗通報、結果聲音宏大、聞機重不過十磅電力僅二瓦特。

周利生 赴平就任

▲中央社南京八日電　河北區監察使署　決設北平、前經該區監察使周利生、先後派員赴平籌備、業已竣事、周氏特於今晚北上赴任、聞于院長擬俟七區監察使署一律正式成立後、擬即出巡各區。

苗培成 由皖赴贛

▲中央社安慶九日電　皖贛監察使署　業經組成、內部職員亦已發表、監察使苗培成氏、決十日晨由皖赴贛、主持使署政務。

陝省府 豁免陝北各縣欠賦

▲中央社西安八日電　省府七日議決、豁免陝北神禾等十七縣廿一廿二廿三等年欠賦、以蘇民困。

湘行營查禁煙苗 特派員辦事處奉令結束

▲中央社長沙七日電　行營查禁烟苗特派員辦公處、奉蔣委員長令於十五日結束、特派員劉仲荻、已於六日返漢、各縣長所具永不種烟甘結、均移交省府辦理。

馬步芳任青海保安處長

▲中央社西甯七日電　朱紹良電呈蔣委員長、請以馬步芳爲青海保安處長、已蒙電准、刻正着手組織。

贛省會童軍舉行大檢閱

▲中央社南昌八日電　省會童軍、今晨在體育場大檢閱、鄧悌任總檢閱官、檢閱及表演後、由鄧致訓、希望今後注重精神訓練、使有軍事紀律云。

暹東方旅行團抵平

▲中央社北平八日電　暹東方旅行團十七人　八日晨由瀋來平遊覽、定十日訪當局、十二日赴津、

包爾溫被任爲英首相

▲中央社倫敦七日電　首相麥唐納已於今日午後辭職、包爾溫已被任爲新首相。

▲中央社倫敦八日電　包爾溫於昨日宣佈舉國一致的新政府成立、一切悉如逆料、惟前掌璽大臣艾登、任不管部、辦理國聯事務之閣員、不僅負不管部銜號、舊閣員退職者三人。

俄捷互助協定已獲諒解

▲中央社莫斯科八日電　捷克外長貝奈斯、今晨抵此、午後晉見外委李維諾夫、開始談話、討論者係蘇捷簽定文化協定事宜、李氏當於夜間設宴爲貝氏洗塵、並發表演說倍加推崇。

▲中央社莫斯科九日電　蘇俄與捷克之互助協定、於今日由俄外委李維諾夫與捷外長貝奈斯互相諒解、該約與法俄互助條約大致相同。

大夏谷爭端 調解人擬定調解辦法

▲中央社阿根廷京城九日電　據今日官場消息、玻巴關於大夏谷之爭執、現已由調解人擬定調解辦法、聞擬首先遣散軍隊、停止戰爭以後、將此爭議提交公斷爲根據。

崑山試辦警管區制
實習學警出發
計一百八十餘人由教官率領
臨行時余廳長訓話勗勉有加

△江蘇社　江蘇省警察訓練所第一屆學警、於上星期舉行畢業典禮、早誌本報、現試辦警管區制之實驗縣、業經本星期二省府會議議決指定崑山縣試辦、該所奉到此項命令、六日上午九時、全體學生計一百八十餘人、即由該所整裝出發、乘車赴崑、從事實習、聞該所爲注重此班學警繼續研究起見、特派該所原有政治教官及軍事教官一二人隨往、期於實習之餘、兼事政治訓練及軍事訓練、臨行時民政廳長余井塘氏親往致訓、勗勉有加、學生聆訓後、無不精神煥發云、

中央民運會函請各省
舉行民俗展覽會
蘇省黨部將轉各縣一體遵辦

△江蘇社　中央民衆運動指導委員會、前函各省市黨部云、查本會爲謀改善民俗振作民氣、前經製訂民俗改善運動大綱、函請各省市黨部查照辦理一案、丁茲民風澆漓、是項工作至爲重要、亟應設法推進、以求速效、查展覽會、使人觀感最爲深刻、各地黨部速宜利用適當時間、舉行民俗展覽會、藉資激勵、其搜集材料原則、一、糾正不良風俗、二、指示新生活信條及實行、三、使人民風俗參入黨的信仰及儀教、其展覽方式、以圖畫及模型、或實地布置及表演、均無不可、事關民運工作、希於最短期內舉行、並轉飭所屬縣市黨部、一體遵辦、隨時報會查考、相應函達查照辦理爲荷、聞蘇省黨部奉令後、即將轉飭各縣一體遵辦云。

蘇財廳繼續召集
各縣會計主任談話
本月十二起至八月廿九止
被召者有宜興等四十八縣

△江蘇社　蘇省自實施會計制度以來、辦理頗具成績、財廳曾先後分別召集各縣會計主任、及第二科科長來省談話、謀財政之推進、故本省財政已逐漸走上軌道、財廳前爲策進會計制度之推行、再以二十四年度將開始、爲明瞭各縣財政之收支狀況及管理、與確定二十四年度會計制度進行之方針起見、故分批召集各縣會計主任來省談話、藉資策進、第一批已召集者、有鎮江、江都、丹陽、六合、金壇、泰縣、溧陽、靖江、武進、南通等縣、該廳又於六日召集無錫、如皋等縣、由各該縣會計主任報告各縣財政狀況收支情形及困難各點後、由該廳會計委員會董委員等分別指示甚詳、茲該廳定於六月十二日至八月二十九日分批召集宜興等四十八縣會計主任來省談話、茲將召集名單及日期誌後、

召集名單

六月十二日宜興、泰縣、六月十三日江陰、淮安、六月十九日吳縣、泗陽、六月二十日常熟、鹽城、六月二十六日崐山、江浦、六月二十七日吳江、儀征、七月三日松江、東台、七月四日上海、興化、七月十日南滙、寶應、七月十一日青浦、高郵、七月七日奉賢、海門、七月十八日太倉、淮陰、七月二十四日嘉定、漣水、七月二十五日金山、阜甯、七月三十一日句容、銅山、八月一日溧水、豐縣、八月七日、高淳、沛縣、八月八日寶山、蕭縣、八月十四日川沙、邳縣、八月十五日崇明、碭山、八月二十一日啓東、宿遷、八月二十二日揚中、睢甯、八月二十八日東海、贛榆、八月二十九日沭陽、漣雲。

張袁蕙芳
依例得褒揚
鎮紳冷適等聯名申請
已奉內部發給褒揚證

△江蘇社　本邑孝女張袁蕙芳、於去年十二月十二日因母病垂危、一痛而卒、詳情已誌前報、近聞本邑士紳名宿冷禦秋、柳翼謀等、以轉瞬世道日漓、此種孝行、實有提倡世運、矯正人心、乃具呈江蘇省政府轉呈褒獎、呈奉國民政府頒發「孝行純篤」四字匾額、並奉內政部填給禮字第三三三號褒揚證書各一件、已由省政府轉發、茲覓得

冷適之原呈如下、

呈爲孝行優異、懇請轉咨核予褒揚事、竊思忠孝仁愛、先總理之遺訓昭垂、孝敬父母、新生活之運動顯著、良以闡表新造固有之道德、仍應極力提倡、俾中華民族、入道上之文明、發揮光大於世界、此孝爲百行之先、所以古今不易也、茲查有已故張袁蕙芳、江蘇鎮江縣、年五十五歲、係前清名太史袁善之次女、前安徽廬江縣縣長張立灑之室、係出名門、夙嫻內則、幼佐寡母、歸膝艱辛、長事翁姑、先意承志、居極誠謹、矢與親共存亡、一旦母疾未瘳、情願以身代、及母年七十有九、捐館高寢、女士隨侍在側、大傷厥心、一痛而絕、母之卒、在民國二十三年十二月十一日晚十時、女之卒、在同日晚十一時、母女相從地下、僅隔一小時、似此以身殉母、比諸曹娥沉江、抱父屍出、其天性出於至誠、蓋無稍異、查褒揚條例第一條第一款、德行優異、凡忠孝仁愛信義和平、以保存固有之道德者屬之、張袁蕙芳女士、於翁姑爲孝婦、於母爲孝女、德行優異、合於褒揚條例第一條第一款所規定、適等誼屬親友、且同鄉里、見聞真確、謹臚列事實、造具清冊、並附證書、呈請鈞府賜鑒核轉咨內政部依例予以褒揚、實爲德便、謹呈江蘇省政府主席陳。

煙民戒絕煙癮由
醫院給證明書
每張應收取手續費

△江蘇社　江蘇省禁煙委員會、前以第三次談話會、以須照煙民在公私之醫院戒絕煙癮後、應由各該承戒之公私醫院、出具證明書、方可生效、並規定發出證明書、每張應收手續費、惟所收之手續費、係補助免費戒煙之民之伙食、藉以救濟、並呈請省府鑒核、茲悉斯案業經省府日前之委員會議核准、除令該會知照外、前特通令各縣轉飭遵照云。

本縣新聞

第二區公所
舉行第三十二次區務會議
通過擅離河工處罰辦法及
各鄉鎮出工人數

第二區區公所於本月六日上午十時在該所會議室、舉行第三十二次區務會議、出席仇集鄉鄉長郭永信等十二人、主席卜憲章、紀錄夏鴻猷、報告事項、一、關於禁烟、行營訓令江蘇爲絕對禁烟區域、本縣當然不能例外、望各對於該管區域內、親自會勸、並令各保甲戶長、出具「如在境內發現煙苗出土、甘處死刑」切結、二、奉令各公路上禁止種植莊稼、望各鄉鎮長勤加巡視、以免無知鄉民、因貪微利、而害公路、三、民國抽查保甲委員、不日蒞豐、望各迅速督飭保甲戶主、整理門牌、四、各鄉鎮對於來往公文、向咸遲頓、望各位嗣後切實遵辦、以免稽延、五、重行復新河、已定於六月十日開工、經建設會議議決、絕對不能延期、望各鄉鎮長轉飭所屬、切實準備用具、以免臨時張遑、致千未便、六、本區所攤工程、總計四千四百六十公尺、合十四萬二千七百十一方、每日出工、能在全區壯丁十分之七、十二日即可竣工、七、此次河工每鄉鎮長津貼辦公費六元、擬分兩期發放、八、本區河工津貼、已借到八百元、俟開工後、即行分發、九、准教育局函、學田不得攤上、又字於冊不符者、均已更正、故本區此次河工之號數、較往昔爲少、十、縣府對於此次速挖復新河、異常重視、望各遵照須微辦法、努力領導所屬工作、以期早日完成、討論事項、一、主席交議、河工津貼已借到八百元、各鄉鎮應如何分借案、決議、各鄉鎮照目以地爲標準、各鄉鎮所攤款如左、陳莊鄉六十八元五角、鄧莊鄉五十六元五角、雞與鄉三十元五角、店子鄉五十元五角、總口鎮九十六元、蕭莊鄉八十三元五角、沙莊鄉七十元、師姑鄉五十二元五角、汪甸鄉五十一元五角、郭集鄉三十七元五角、智圓鄉三十九元五角、小營鄉六十七元五角、徐樓鄉六十三元、仇集鄉七十二元五角、二、主席交議、應如何確定重導復新河作工團體基本單位案、決議、以甲爲起碼單位、三、主席交議、在開工期間、各鄉鎮長不得借故擅離河工案、決議、原案通過、辦法、(一)擅離河工一日者、處以三元之罰金、在辦公費項下扣留、(二)如有特別事故者、須向監工委員請假後、方准離工、四、主

常交議、各監工督工段長、應否共同膳宿、以增加工作效率案、決議、共同膳宿、至伙食費、大衆均攤、五、主席交議、各鄉鎮每日出工人數、應否確定案、決議、按各鄉鎮壯丁人數七成出工、每鄉鎮應出工人數列後、郭集鄉三百人、師寨鄉四百五十人、汪屯鄉三百六十人、仇集、五百六十人、小營鎮五百三十人、店子鄉四百二十人、賀園鄉三百七十人、陳莊鄉六百八十人、綠口鎮六百六十人、蘭莊鄉六百九十人 鄧莊鄉六百八十人、龍稔鄉一百五十人、徐樓鄉九百三十人、沙莊鄉五百人、六、主席交議、各鄉鎮工程、應於九日以前分於各保案、決議 通過、七、主席交議、各鄉鎮工程、應否於本日共同赴河分工、以免爭後爭執案、決議 通過、八、各鄉鎮長提議、此次河工對當地及未過割之地 應如何辦理案、決議、俟工程完竣後、由區務會議決定、每畝應攤工資數目、由區公所佈告、令其照收、納給差丰、閉會、

縣教育會聯合各團體學校社教機關組織重導復新河慰勞隊

昨召開籌備會議

縣教育會聯合各團體學校及社教機關組織之重導復新河慰勞隊、於昨日上午十時召開籌備會議、出席董雪山（縣教育會）、李崇蘭（婦女會）、張信資（縣立師範）、王漢卿（總工會）、孫基武（城市民衆教育館）、程守琨（文藝研究會）、李敬東（豐報社）、張敬民（女子小學）、趙道遠（文廟小學）、王連之（書院小學）、李式之（書畫研究會）、蔣耀之（中心小學）、董子元（縣教育會）、主席董雪山、紀錄王述之、報告事項（一）、教育會邀請組織重導復新河慰勞隊之動機、1，此次重導新河、工程浩大、全縣農商人民全體動員担任、政府長所屬機關全體動員指導監工、我各團體學校社教機關、雖不能担任工作、亦應表示我們對此工程之重視、2，數萬工人在烈日之下、每日做十小時之苦工、我們担任其他工作人員、應予以相當安慰、二、教育會擬組織慰勞隊、所邀請參加者、以團體學校社教機關爲限、討論事項、一、慰勞隊應如何組織案、決議、分下列三股、1，總務股、由豐報社、城市民教館、文藝研究會担任、2，募捐股、由婦女會、總工會、書畫研究會担任、3，慰勞股、由教育會聯合城鄉各學校各社教機關担任、二、慰勞隊經費應如何募集案、決議 除到會團體學校社教機關的捐外 另由募捐股向各機關募捐 到會各團體學校社教機關、當時認捐數目如下（一）豐報社捐洋八元、（二）農會捐洋五元、（三）總工會捐洋五元、（四）商會捐洋五元 （五）縣教育會捐洋五元、（六）婦女會捐洋五元、（七）城市民衆教育館捐洋四元 （八）文廟小學捐洋二元 （九）書院小學捐洋二元、（十）女子小學捐洋二元、（十一）中山村中心小學捐洋二元、（十二）縣立師範捐洋五元（十三）書畫研究社捐洋二元、三、慰勞品種類、應如何規定案決議、（一）慰勞品種類、茶葉、小麥、糖果、書樂（戲匣子）、二、由總務股負責採辦、四、規定慰勞隊出發日期案、決議、自本月十三日起、五、慰勞隊應如何分段負責案、決議、（一）自下游起第一段由綠口小學負責、聯絡附近各小學担任、第二段由劉小營小學負責、聯絡附近各小學担任、第三段由店子民教館負責、聯絡附近各小學校担任、第四段由常店中心民衆學校及縣立師範担任、第六段由女子小學担任、第七段由文廟小學及書院小學担任、第八段（宋從三教堂到朱鄉）由中山村中心小學担任、朱鄉以南由宋樓小學、楊樓民教實驗區、及劉王樓小學、聯絡附近各小學担任、二、各段負責學校機關 由教育會分別通知、閉會。

傅紹宗等爲各區農業倉庫籌備員

縣農會聘定

縣農會現在各區組織農業產銷保證合作社、茲爲積極辦理糧食儲押貸款起見、特分別聘請農業倉庫籌備員 除第七區設立二處外、其餘各區、均設三處、須加倍籌備 以便擇用最適宜之地點、並限一星期內籌委具報、聞各區籌備委員業已聘就、第一區傅紹宗 第二區李秉貞、第三區孫鼎臣 第四區李誠修、第五區程守禮、第六區劉鳳翔、第七區李志端、

保安隊捕獲男女匪犯三人

魚台匪首宋魚 搶架擄掠、時出沒於豐魚邊境一帶、駐防綠口之保安隊、近據密報、謂該匪現隱匿魚台南之北常店、該隊據報後、當由隊長率幹警十餘人、前往緝捕、適宋匪另移他巢 致未成擒、當將其弟宋鳳山、匪徒賴光喜、及婦人一併拿獲 宋身上猶帶傷痕、自認爲匪、在宋莊隱匿、謂之該莊保長 謂宋確係匪徒 業經與紳補有案 至賴光喜則不知其何來云 聞賴光喜前借一婦人在二區張寨拾麥、該莊保長、見其形跡可疑 曾經由區公所拘捕、據稱供稱、所帶婦人、係屬合夥拾麥、並無不軌舉動、區公所亦未深究、即將賴等釋放、今竟在匪窩將該男女又與擄獲 則其爲匪嫌疑 尤爲重大、聞隊長已將一干匪犯送縣法辦矣。

第四區治河開工前之籌備忙

四區所攤挑挖復新河工程、計長五千二百零七公尺、已由區公所按照各鄉鎮地畝多寡、分配清楚、插橛立界 共分十二段、惟是項工程浩大、事前應辦手續甚多、値此麥忙時期、若不早爲籌備、難免有遲誤之處、茲悉區公所爲求進行迅速計、特通令鄉鎮長定於六日各招集保甲長在鄉公所開會、八日由鄉鎮長各率領所屬保甲長前往分工、九日籌備器具食宿等事、十日如期開工、

華山農民教育館成立農忙託兒所

華山農教館、以農忙期間、一般農婦、因嬰兒纏繞 不得專心從事農忙工作、特成立農忙託兒所一處、令附近農家將二歲至四歲之嬰兒、於每日上午九時 至下午一時 下午三時至五時 送往所內、由該館職員[illegible]女士、代爲看護、並購買食果玩具等物、引導其遊戲 聞每日送所者有三十二人之多、將來仍繼續增加、該處農婦、以嬰兒託庇得所、皆能致力於農忙工作、莫不稱便云

重導復新河消息

本縣籌備重導之復新河 已於今日開工、全縣各鄉鎮民夫、紛集河上 異常踴躍、各保甲長攜帶大批麵粉及食宿器具、有在沿河村莊飲爨者、有搭紮窩鋪食宿其中者、掀叉籃筐之屬、攢簇河岸、各監工委員今晨亦先後前往督工矣。

司法欄

△縣政府司法批示▽

△刑事原具狀人石振立、一件 爲刁拐姪媳、局謀潛逃、遵批再叩懇恩迅拘法辦由、狀悉、被告齊王氏等業經交保候訊、勿慮逃亡、茲本案已定期審理、仰遵期到庭、可也、此批、

△刑事原具狀人王雲山、一件、爲訂婚未娶、被拐奪獲請求法辦拐犯、並懇追獲被拐人以便完婚由 狀悉、候訊明核辦、此批、

△民事原具狀人王基河、一件、爲奉傳答辯由、狀悉 仰遵期到庭答辯 此批、

△刑事原具狀、石得明、一件、爲哀懇鴻慈、矜憐無辜、賞准保釋免累由 狀悉、查賴係犯購吸私土嫌疑 仰候查明核辦、礙難准保、此批、

△庭期審理案件▽

六月

十五日審理史爲升與史爲濟宅基案、

十五日審理魏懿府訴魏欽武傷害案、

十五日審理駱魁一訴屈馬拐賣案、

（）（）（）（）（）（）

△本城糧價

名稱	每市斗價目
新小麥	最高二千一百文　最低二千文
大麥	最高一千二百五十文　最低一千二百文
黃豆	最高二千一百文　最低二千零九十文
黑豆	最高二千零五十文　最低二千文
綠豆	最高二千八百文　最低二千七百文
江豆	最高二千三百文　最低二千二百文
高粱	最高一千九百文　最低一千八百文
穀子	最高一千七百文　最低一千六百文
稷子	最高一千八百文　最低一千七百文
芝蔴	最高三千四百文　最低三千二百五十文
青豆	最高二千零六十文　最低二千文
花生（每斤）	最高二百二十文　最低二百一十文
瓜子（每斤）	最高三百文　最低二百九十文

氣象

晴

風向　東風

最高溫度　一〇四

最低溫度　八六

教育週刊

第二十期目錄

徵稿辦法

一，投稿範圍 本刊對下列各稿，一律歡迎。（一）與教育文化有關之插畫。（二）言論。（三）專著。（四）調查。（五）教育消息。（六）參攷材料。（七）參觀報告。（八）教育心得。（九）教育文藝。（十）教育譯文。（十一）研究報告。

二，投稿要項 投稿人請注意下列各項。（一）來稿文言語體，均所歡迎。（二）如係譯稿，請附原書。（四）投稿人請在稿後附列姓名，住址，以便通訊。揭載時如欲另署別名，亦請註出。（五）來稿請逕寄豐縣教育局本刊編輯部，

三，選刊辦法 本部收到來稿時，依下列各項處理之。（一）本部對於選刊之稿，有酌量增刪之權，如投稿人不願增刪，應事先聲明。（二）選刊之稿，概用極有價值之圖書致酬，種類與數目由本部酌定之，概不須先函商。（三）來稿無論刊載與否，一概不負寄還之責，但如投稿人預先聲明者，只可代爲保存，親自來取。（四）來稿須繕寫清楚，以便付印

編輯部徵稿啓事

本刊以溝通教育消息，交換教育心得爲宗旨。務望各區教育同志，將教育消息，研究論著等稿件，隨時寄交本部。事實務求新鮮而具體；文字務求簡要而靈活。再本刊爲鼓勵作者興趣起見，對於刊載稿件，一律酌贈有價值之圖書雜誌。辦法另訂，統希鑒察爲幸！

言論

仿行小先生制之前瞻後顧（續）

董鴻恩

討論事項

（一）我們怎樣招生案 議決：運用散兵式，每個小先生各擇一地，各負其責去幹，限本日下午三時回校報告董老師。

（二）學生人數是不是要規定案 議決每位小先生至少教一個人，至多教十個人。

（三）學生年齡是不是要限定案 議決：我們是抱着：「來者不拒，不來者送上門去」的主張，只要他們願意跟我們學，我們就收就教。

（四）我們從那一天起開始工作案 議決：從今天起開始工作。

（五）我們教人的時間，要不要規定案 議決：定每日下午放晚學後爲定時教人外，其他時祇要有人來學我們就教。

（六）我們用什麼書教人案 議決：用什麼書都可，不過用書前，要經董老師的同意，再請董老師選好的教材印講義發給他們。

（七）小先生聯席會議多長時候開一次會案 議決遇必要時舉行會議，平時如有困難，可請董老師指導我們。

（八）開聯席會議主席要輪流案 議決：主席輪流担任——下次主席是李洪謀。

（九）小先生要不要記事簿案 議決：要記事簿請董老師代印，小先生日記。

（十）散會

（五）小先生走馬上任

小先生開過了聯席會議，接着就放了午學。這幾個小先生，個個都興高彩烈唱着小先生歌，忙着回家去招生。下午三時半左右，我就接到了他們的報告：

小先生	學生	與小先生的關係	年齡	性別	用的書
李洪謀	胡福建	鄰居	一八	男	民衆讀本
	楊東海	同上	一二	男	同上
	史爲善	表哥	一三	男	同上
	李邰氏	母	三五	女	民衆千字課
	李吳氏	嫂	三〇	女	同上
鮑子祥	鮑趙氏	母	三一	女	同上
	趙蕊芳	姨	一七	女	民衆千字課
李春亭	李史氏	母	四七	女	同上
	劉金法	鄰居	一二	男	民衆讀本
楊憲庭	王志明	同上	一二	男	同上
	吳世民	同上	一二	男	同上
	王學理	同上	一三	男	同上
	張伯玉	同上	一二	男	同上
黃永康	苑貴華	鄰居	一二	女	民衆千字課
	黃美英	姑	一二	女	同上
	黃李氏	嬸	三二	女	同上
	黃素貞	妹	八	女	國語第一冊
	鮑子英	鄰居	九	女	民衆讀本
王伯義	王王氏	母	四五	女	借閱華校圖書
王伯極	王淑珍	妹	六	女	國語讀本
魏德賓	魏玉蘭	父	六〇	男	民衆千字課
	魏李毛	母	五八	女	同上
	苑買馨	鄰居	九	男	同上
	張桂蘭	同上	九	女	同上
	李知讓	同上	一一	男	同上

這一正天，小先生辛苦極了，他們急乎把腿跑濟了，可是他們的成績直出人意料之外。而這幾位小先生的顧問——我，確切忙的帽子也藏不着。自下午五時起，施行個別指導 指導小先生們，怎樣去施教，怎樣支配教材，怎樣運用時間才經濟，才不致影響個人的學業，雖然弄的汗流滿面，口渴舌燥，決沒有感到一點痛苦，只覺得快樂的分子瀰滿了週體。

夕陽西照，彩雲緋紅，農夫們都從田野悄悄的回家。這正是小先生們，施教的時候了。這八位小先生歡歡喜喜活潑潑的，唱着小先生歌，攜着書走出校門，各奔向各人的施教場所去了。

陶知行先生發明的這種救有眼瞎子的新方法——小先生。可是小先生來是會到處碰釘子的，我恐怕一般自私自利愚笨殘酷的成人，給他們大的釘子碰，抹煞了他們的銳氣，所以在小先生們出校後。我也抜步走出學校，向各位小先生施教場所去。

小先生是很容易關起門來教人，又因農民封建思想的濃厚，不便親身臨場指導的地方很多，這一次僅僅的視察了三個小先生。

這個仿行的[illegible]罷不差，我雖耗費了許多的心血，尚堪自慰。（未完）

麥假期間小學生應有的工作

王萬選

現在麥子熟了，各小學校裏都要放麥假了。或者城市中的例外，在這個年頭停止功課的麥假期中，各個小學生的功課，恐怕要受一個很大的打劫。但是要曉得北方最普通而最重大的收穫，在這時候——麥假期——農人們都忙得一個人當兩個人用，我們這些小學生大都是農家子弟，所以不得不停止功課來幫助家庭工作哩！麥假是放了，但是我們這些小學生們，切不要忘了自己應有的工作啊：

一，幫助父母作活

我們第一要認清放假的意義，切不要像富家子弟那樣清閒消遙，「麥忙無秀女」，何況我們是男學生呢？所以（1，）在田裏要幫助父兄割麥等事，就是幾少割完時候，也不妨拾麥拾柴火：：切不要以勞力爲羞恥。（2，）在家庭裏要幫助母親烹茶等事，因爲母親從田裏做活回來，一定很累，所以要幫助一點。總之：在這麥假中一切的事情，小學生們都要盡力的幫助。

（未完）

○ ○ ○

專載

外埠參觀團報告之七

—徐公橋鄉村改進會的參觀—

我們於二十二日乘京滬車至安亭站下車，乘人力車至徐公橋，教館，總務主任，單先生招待，談話約四十分鐘，參觀約二時，即於暮色蒼茫中返安亭車站，惟該處，出版物頗全，單先生報告亦詳明且其具體成績　農事試驗場，農業倉庫等，均於沿途可以看到，所以爲時雖暫，而可報告的材料並不缺乏，茲將各方面分述於後：

一，歷史：徐公橋是屬於崐山縣安亭鄉的一個鄉村，所以馳名全國，每年有許多人到那裏去參觀，便是因爲有個鄉村改進會，改進會的成立，是經中華職業教育社六年指導的成績，鄉村改進會可以把一切的設施：義教，社教，自治，經濟等，包括在內。在六年以前中華職業教育社爲實驗改進鄉村社會辦法，所以才找到這樣一個小小鄉村去實驗　起初一些事由職教社派人代辦，並時時訓練那地方的人能自己辦，以期達到自治鵠的，現已交地方人自辦，職教社職員完全退出，處輔導地位。

二，現況：1,中心組織：徐公橋鄉村改進會是利用現有機關，聯合組織而成　主力機關是農民教育館，中心小學校，公安分駐所，農業推廣區及各村民衆組織之分辦事處聯合成立總辦事處，其組織系統如下表：

- 顧問委員會
- 徐公橋鄉村改進會會員大會
  - 委員會 — 總辦事處
    - 農業推廣股
    - 中心小學校
    - 分辦事處
    - 農民教育館（民教館長兼任區長）
    - 公安分駐所
  - 分會 — 分會會員大會 — 幹事會

2,活動範圍：東西，南北，各長十里共計四十方里；耕地約一萬七千二百餘畝。

3,戶口：共計七百三十五戶，三千五百九十八人。

4,經費：共用經費一萬一千六百〇四元，其來源由該機關之主管機關撥給，如農教館中心小學由教育局農業推廣區則由縣農業推廣所，餘可類推，尚有小學數處，係私人捐助。

5,事業：

甲，公民活動：

1,調解委員會—委員七人組織之

2,節儉會　節省婚喪等過分開支

3,青年服務團—使青年有服務之能力與精神，現有團員七十餘人

4,小青年團—就各校年齡較長之學生組織之每校一團

5,長壽會—敬重老耋以敦厚風俗

6,保衛團—各村由公安分駐所派警訓練

7,交涉建設委員會—尋路造橋等工作

8,農村調查—戶口，經濟，教育等

9,公墓—地點尚小須待擴充

10,測候所—報告風向，溼度，氣壓，雨量等

11,雪恥館—張掛一二八之戰蹟戰圖

12,公渡—設於徐公口以便行旅

13,警鐘—平時報時，有時報警

14,濟貧—老弱孤苦，酌予給養

乙，學術活動

1,民衆講演廳—已次第成立公會

2,民衆閱覽室—二處—在徐公橋一在固基村

3,壁報—四處每二週調換一次

4,時事報告—九處逐日報告

5,民衆問字—設本鎮各商店

6,書信代寫處—仝上

7,民衆夜校—附設於各分校

丙，合作活動：

(一)經濟合作：

名稱	準備銀	來源	活動情形
信用合作社	3000元	崐山農行	社員向社取保商借月息一分二厘
小貸款	1000元	上海新華銀行	借額至多五元，月利一分
儲藏合作	15000元	仝上	儲米以市價八折計月利一分二厘
農民短期借款	20000元	自治實驗費備荒項下挪借	借予耕地二十畝以下之佃農，每畝準借五角月利七厘
貧民貸本處	1500元	仝上	借予小商人，用整借零還法，以三十元為限，每月一期，月利九厘

(二)農藝合作：

1,養魚合作—有合作魚池，養魚二萬三千尾

2,特約農家—介紹優良品種：

麥—金大二十六號

稻—黔農一時與

棉—江陰白子棉

3,苗圃—苗圃一畝，樹苗分給農民

4,示範農田—以優良品種，分送農家

5,養鷄合作—分組飼養，每一組五小鷄，長成歸還大鷄

(三)工藝合作

1,花邊合作—現正竭力提倡作爲婦女副業

2,花綉合作—現正竭力推廣，已訓練純熟女工八十人，並派員赴崐山無錫川沙等縣指導推廣

丁，康樂活動

1,公共體育場—設於會所內，面積一畝

2,公共花園—在會所內，面積七畝

3,民衆茶園—四處：徐公橋三處，固基村一處

4,同樂會—每年農暇時舉行一次

5,國術團—由公安分駐所派警訓練

6,醫診所—施送藥品，注射防疫針及種牛痘等

參觀後意見

1,把現有機關聯合組織以發生整個力量而改造社會，實最經濟而且有效的辦法。

2,事業多關於生計的設施，貸款方式有五種之多，更能適應參差不等的農村經濟。

3,由被動的漸進爲自動施救原則，爲一般鄉村改進運動者所必取之途徑。

警策語

(三)貓捕鼠，犬守門，牛耕田，鷄司晨，萬物都能各盡其職；小孩子們能懇從指揮，用功讀書，鍛鍊身體，服用國貨，也是盡職了。

(四)今年又是民定的學生國貨年，學生中國貨優秀分子，來提倡一下，結果一定很圓滿的，希望全國大中小學生個個努力進行，吃的，穿的，用的，都要國貨。

中央廣播無線電台節目

六月十一日　星期二

八，一〇　國樂　旱天雷　到春來　鴛鴦大鬧門　勸斯文　柳線長　細雨飛花　空谷傳聲

八，三〇　新聞

一八，〇〇　大鼓　董蓮枝唱：劍閣聞鈴

一九，〇〇　平劇及歌曲　徐策跑城　頭本虹霓關　新蝴蝶盃　李陵碑　雙包案　不成呀約翰　悲秋　陽關二疊

二〇，〇〇　簡明新聞　氣象　長江水位報時

二〇，一〇　時事述評　關於國內時事問題

二〇，二〇　音樂　青光社奏播：

二一，三〇　新聞

豐縣縣黨部圖書館書籍介紹

經濟

（經濟原論）

360—16 新經濟學方法論

—17 金融經濟概論

—18 資本的集中

—19 金融資本主義與中國

—20 經濟現象的〇學　陳豹隱

—21 福特產學哲學　福特

（經濟論文）

360·4—1 馬寅初經濟論文集

（經濟詞典）

360·3—1 經濟學大辭典

（經濟學史）

360·9—1 經濟學史

—2 近代經濟思想史綱

—3 價值學說史　魯賓

—4 社會主義經濟學史　住谷悅治

—5 十九二十世紀經濟學說史

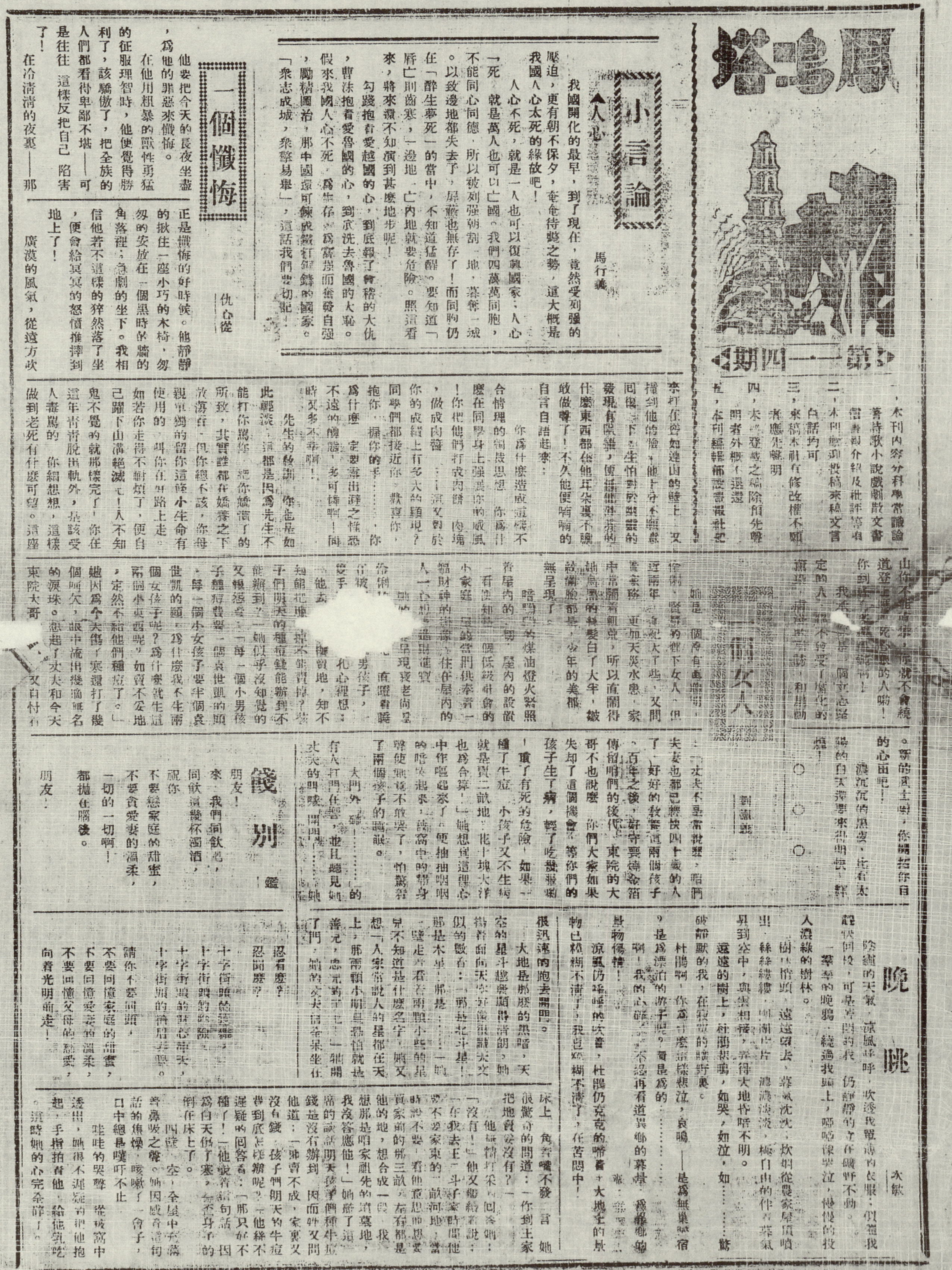

中華民國二十四年六月十三日　　豐報　　（星期四）　　第五版

鳳鳴塔

第一一四期

一，本刊內容分科學常識論著詩歌小說戲劇散文書信書報介紹及批評等項
二，本刊歡迎投稿來稿文言白話均可
三，來稿本社有修改權不願者應先聲明
四，未經登載之稿除預先聲明者外概不退還
五，本刊編輯處設豐報社內

小言論

人心　馬行義

我國開化的最早，到了現在，竟然受列強的壓迫，更有朝不保夕，奄奄待斃之勢，這大概是我國人心太死的緣故吧！

人心不死，就是一人也可以復興國家；人心一死，就是萬人也可以亡國。我們四萬萬同胞，不能同心同德，所以被列強割一地，奪一城。以致邊地都失去了，屋舍也無存了！而同胞仍在「醉生夢死」的當中，不知道猛醒。要知道「唇亡則齒寒」，一邊地亡，內地就要危險。照這看來，將來還不知演到甚麼地步呢！

勾踐抱着愛越國的心，到底報了會稽的大仇，曹沫抱着愛魯國的心，到底洗去魯國的大恥。假來我國人心不死，為生存，為富強而奮發自強，勵精圖治，那中國還可以成鐵打鋼鑄的國家。「衆志成城，衆擎易舉」，這話我們要切記！

一個懺悔

仇心從

他要把今天的長夜坐盡，為他的罪惡來懺悔。

在他用粗暴的獸性勇猛的征服理智時，他便覺得勝利了，該驕傲了，把全族的人們都看得卑鄙不堪——可是往往這樣反把自己陷害了！

在冷清清的夜裏——那正是懺悔的好時候。他靜靜的揪住一座小巧的木椅，匆匆的安放在一個黑暗的牆角落裏，急劇的坐下。我相信他若不這樣的猝然落了坐，便會給冥冥的怒憤推擲到地上了！

廣漠的風氣，從遠方吹……

你為什麼遭應這樣不合情理的獨裁思想，你為什麼在同學身上强逞你的威風！你把他們打成肉餅，肉塊，做成肉醬，……你又對於你的成績上有多大的顯現？你同學們都接近你，敬尊你，擁抱你，握你的手……你為什麼一定要露出蒼之性恐不遠的醜態，多可憐啊！同時又多不幸啊！

先生的教訓，你也是如此輕淡，這都是因為先生不能打你罵你，把你嬌慣了的所致，其實誰都在嬌養之下放蕩着，但你總不該，你母親單獨的留你這條小生命有使用的，叫你在正路上走。如若你走得不耐煩了，便自己蹦下山滿絕滅了！人不知鬼不覺的就那樣完了！你在這年青青脫出軌外，是該受人毒罵的。你細想想，這樣做到老死有什麼可望。這座……

餞別

鑑

朋友！
來，我們同飲吧，
同飲這幾杯濁酒，
祝你
不要戀家庭的甜蜜，
不要貪愛妻的溫柔，
一切的一切啊！
都拋在腦後。
朋友！

恐看麼？
忍聞麼？
十字街頭的……
十字街頭的路……
十字街頭的……心……
十字街頭的……
請你不要回頭，
不要回憶家庭的甜蜜，
不要回憶愛妻的溫柔，
不要回憶父母的慈愛，
向着光明前走！

晚眺

冰歆

陰鬱的天氣，涼風呼呼，吹透我單衣，……可是奇悶的我，仍靜靜的立在曠野不動。

一群群的晚鴉，繞過我頭上，啞啞……趕快回校，

樹林……遠遠望去，暮氣沈沈，……入濃綠的樹林。

絲絲縷縷，……漸漸出片，濃濃淡淡，……

昇到空中，與雲相接，弄得大地昏暗不明。

遠遠的樹上，杜鵑悲啼，如哭，如泣，如……

破靜默的我，在寂寞的曠野裏。

杜鵑啊！你為什麼這樣悲泣，哀鳴……

徐州紀遊

劉宗信

燕子樓（自唐迄今，屢次遷徙，今在西南城隍上，亦非舊址。）

美人大節紀徐州，銀管旗揚燕子樓。
泥落秾梁思舊主，門辭王謝鎖新愁。
春風背向誰家舞，香壘難教別處投。
爲笑南朝多冠蓋，不如妓女足千秋。

虞姬巷（在戶部山下）

深閨綉閣亞英雄，幄下虞姬敢效忠。
對壘軍悉娘子法，隨營論戰美人功。
杏桃雨潤爭春館，柳色家嚴傍故宮。
垓下歌殘還唱和，一雙淚眼醉顏紅。

放鶴亭（在雲龍山極高處）

山人放鶴滿山青，太守遊山醉綠欞。
天驥高風曾異代，雲龍勝景此名亭。
丁公化去終留迹，王子騎來不降庭。
悵望仙蹤成往事，畫欄亙古自凋零。

飲鶴泉（在放鶴亭前）

山人去後鶴無緣，此地空餘飲鶴泉。
曾令湧來黃水畔，飛雲掛到碧峯巔。
令威羽化三千界，天驥風流五百年。
北望建○歸眼底，彭城瑞靄落樽前。

墮落

松濤

（一）

筱波是一個年近弱冠的少年，自從去年春初，忽然失了常態。灰心喪氣，暮氣沉沉，絕少言笑，呆頭呆腦的，沒有從前那樣天眞爛漫活潑可愛了。伊帶滿的面孔，消瘦多了，由嫩白色變成蒼白色，如果你見他的面孔的話，你會疑心他是末期肺病的人。他的母親以爲他是因無力出外求學，以致煩惱憔悴到如此地步，心中生了許多煩惱，憂慮，常常用極溫柔的話安慰他，勉勵他，但是，筱波聽到母親的話，他的心却沒有絲毫影響，雖然是也有些因爲那個緣故。

他的臥室，在靠近庭院的一個小小的花園，是南間北屋，空氣很新鮮，光線也十分充足。窗下放着一個書案，筆，墨紙章，書籍，雜物，亂七八糟放滿一案，案頭的日曆，有時竟會數日不撕；靠後牆的牀上，被褥狼籍。枕邊堆着幾本小說，放着一枝洞簫。

還枝洞簫，便是他的好友，極煩悶的時候，就拿起牠來拼命的吹，發出嗚嗚的聲音；如怨，如慕，如泣，如訴，彷彿牠能和他表同情，能給他一點安慰。

筱波每次走進臥室裏，就閉上門，隨手拿起一本書，無意識的看看，看厭了，放下書，走到室外，對花發呆，嘆惜，或者坐在案頭寫一些詩歌。

呵！筱波的確有些失常了。

（二）

陰雨已三四天了，天上仍是陰羅羅的，落着綿綿的細雨，雨點打在屋上，打在地上，打在葉上，沙沙沙：：：：：，使人煩悶的慌。園裏的花木，正預備着在不久的將來，各展本領爭妍鬥豔；浴着春雨，更顯生氣蓬勃，嫩綠可愛。

筱波手中捧了一本書，坐在窗下看着，字跡都變成小蟲，一行一行蠕過。雖然看過十多頁，書內是些甚麼東西，他却茫然不知。他的視線，由書上移到雨點上去了，顆顆雨點，便增長了他縷縷惆悵。看了一會，從他口中無力的吐出一句話：「天啊！雨落得怪討人厭的」。

一陣吱吱渣渣的雀聲，把他從夢中喚醒。仙懶懈的穿上衣服，開了門。紅日已高懸在半天空裏，發出溫暖的光輝，把陰雲射得無影無蹤。

早飯後，他攜了洞簫，獨自走到野外去。和煦的日光，射在他身上；輕輕的春風，吹在他面上。輕舞的楊柳；微微蕩着的麥浪；清脆婉轉的鶯歌，這些使他忘卻了世界，忘卻了自己。他信步的走着，無目的地的走着，一溪汩汩的流水，攔着去路，水[illegible]日光反射成銀白色，[illegible]，走進一個桃花[illegible]豔得鮮豔欲滴，[illegible]在花間翩翩飛舞，[illegible]的紫燕，也在林中穿梭似的飛來飛去。他想道：「這不是桃源仙境麼？有汩汩的流水，有中間雜樹的桃花林……」他微笑了。

忽然一件往事，從他思潮裏湧出，即時呆若木雞，面色變得蒼白可怕，淚珠兒簌簌落下。

（三）

某城的西北隅，有一個小湖，湖中除少數的蘆葦外，遍栽着碧蓮，繞湖的土堤，被綠油油的垂柳籠罩着，遠遠看去，幾乎看不出土堤的形跡來。在湖濱，在土堤上，每逢學校裏休假的日子，有一對情侶，牽着手，散步，談心。

那對情侶，就是筱波及他的表妹秀娟。

他倆從兒時就同在縣立第一小學校裡讀書，又是同班。筱波是住在他的姑母家，他的姑就是秀娟的母親。他們：飯後，一同到學校裡去，下過課，一同回到家裏來，那時，他們小小的心靈中，已撒下了愛的種子。

日子流水般的過去，他們小學畢業了。筱波考上了某城省立中學，秀娟也考上了某城的女校。他們的功課，由各人的努力及互相勉勵，在班裏都是列在超等。

秀娟越發長得美麗了：窈窕的腰肢，白嫩渾紅的臉，靈活的眼珠，彎彎的眉，櫻桃似的口，漆黑細軟的髮，處處使人神往；筱波在學校裡也得到同學的愛慕。而且功課都是那麼好，性格又吻合，他們那能不相愛慕呢？

他們的愛苗，受了情感及互相愛慕的灌溉，隨着日子變的長大了。湖濱，土堤上，常常有他們的足跡，每逢假日的時候。

（未完）

補白

編者

一星期編兩期[illegible]，雖然是三兩個鐘頭可以做完的事情，但每次寫完了最後一字的時候，我難不免要爲着一個沈重的擔負長出一口氣。刊物不能空白，不管什麼，不送去有什麼法子？我沒有別的要求，但願多收幾件稿，使我自己有個選擇，讀者也可以少讀幾篇刺眼的文字！這是最低的也是最高的希求，別的還能希求什麼？

中央廣播無線電台節目

六月十四日　星期五

八，一〇　西樂
八，三〇　新聞
一一，三〇　平劇氣象報時
商情
賣馬　碰碑　紅[illegible]
綠窗盒　天雷報　女兒國
一九，〇〇　平劇及歌曲
黑鳩廣　美人
一丈青　除三害
服從領袖
紀律與奮鬥　及時奮鬥
一九，三〇　兒童教育
講：桂林的山水
故事
曲：高山流水
二〇，〇〇　簡明新聞氣象
長江水位報時
二〇，一〇　時事述評
關於國聯時事
[illegible]
二〇，二〇　國樂
步步連花　赤[illegible]
蘭花　鳳求凰
鳳凰台　一枝花　反[illegible]
二一，三〇　新聞

古人箴言

戒奢崇儉

四，勤儉之道，與其競小利，寧省小費，謹儲涓滴之金錢，即自立之基礎也，否則，己身不能保護，更何能助於人？家雖中產，勢能節儉，常有餘資可助他人。彼耗費不能也，若節儉而流於吝嗇卑鄙則每致失敗。

豐縣黨部圖書館書籍介紹

經濟

（中國經濟）

號	書名	著者
365-3	中國經濟危機及前途	朱其華
-4	中國近代經濟發展史	侯厚培
-5	中國農業經濟資料	田中忠夫
-6	中國農業經濟研究	田中忠夫
-7	中國農業革命觀	李達
-8	中國關稅問題	馬寅初
-9	中國關稅問答	陳[illegible]
-10	復興農村之理論與實際	章鵬若

（世界經濟）

號	書名	著者
369-1	世界經濟衰落的解剖	谷春帆
-2	帝國主義沒落期之經濟	伐爾加
-3	蘇俄五年計劃及成功史	王印川
-4	蘇俄農村生活	包[illegible]
-5	日本經濟概況	趙蘭坪
-6	對華經濟侵略	侯厚培
-7	土耳其經濟現狀	曾廣勛

豐報

第八〇五號
社址豐縣大同街
中宣會登記證中字第一二九二號 內政部登記證警字第二二三〇號 中華郵政特准掛號認為新聞紙類

本報價目（半張一日）
本埠每份大洋一分四厘每月大洋三角外埠每月大洋四角郵費在內

△總理遺囑▽

余致力國民革命凡四十年其目的在求中國之自由平等積四十年之經驗深知欲達到此目的必須喚起民衆及聯合世界上以平等待我之民族共同奮鬥現在革命尚未成功凡我同志務須依照余所著建國方略建國大綱三民主義及第一次全國代表大會宣言繼續努力以求貫徹最近主張開國民會議及廢除不平等條約尤須於最短期間促其實現是所至囑

大律師張鳳翥徐道葭受任本報常年法律顧問通告

事務所 張律師徐州錢市街 徐律師徐州城內譚樓後九號

江蘇省豐縣合作事業指導委員會通告第一號

查本會爲本縣黨政機關推進合作事業之統一組織，已於五月十七日舉行第一次委員會議，通過本縣合作事業推進方案，並推定貞乾爲主任委員，縣經呈准備案各在案；茲於本月一日開始工作，除分函外，合函通告週知。

中華民國二十四年六月　日　主任委員　李貞乾

江蘇省豐縣合作事業指導委員會通告第二號

查合作社之組織，自助互助，實爲救濟農村經濟之唯一途徑。關於合作事業之提倡指導辦法，近經中央民衆運動指導委員會，就原定合作社指導辦法加以補充修改，務期合於黨部指導，政府監督之意，歷經層峯頒飭到縣。其辦法凡五條如下：（一）合作社之組織，受黨部之指導，政府之監督，（二）合作社籌備設立時，應向政府申請許可，並申請黨部指導組織，成立後，應向政府登記，並呈報黨部備查。（三）政府於許可合作社組織時，須通知同級黨部，並令合作社申請黨部指導，其未經黨部指導成立者，政府應予拒絕登記。（四）在合作社法未頒行前，各地合作社之組織，須參照實業部公佈之農村合作社暫行規程，或各地單行合作法規辦理。（五）黨部對於合作社之組織及業務，負宣傳倡導之責，並須設法扶助其發展。」

現在本縣業經遵照中央該項辦法，決定合作事業推進方案，對於已成立合作社之整理，將來合作社之組織，均有詳細規定，公佈有案。

茲值本縣各區籌備農業倉庫，舉辦糧食儲押之際，特又議定對於儲押貸款，凡係農業產銷保證合作社社員，及已成立經整理之合作社社員，月息一分三厘；非社員月息一分五厘，並須經農會職員之介紹，以免奸人混入，展轉儲押，借以營利。除分函外，特此通告，務望我全縣各合作社，各社教機關及各戶農民，一體週知。

中華民國二十四年六月十日　主任委員　李貞乾

鳴謝蕭莊鄉趙正軾先生

敬啓者有士元族叔手中困之經士元關說作典與趙正軾地四畝仍自行耕種按年繳租不幸族叔年紀高邁染疾而亡所遺妻子孤寡艱苦不能度日趙先生大發慈心不忍再要租價並將該地亦作贈品士元與族叔孫門極深感戴惟無以爲報特登報鳴謝以表微忱

第二區徐樓崔士元謹啓

中外要聞

楊森電參謀團告捷
朱德匪一部完全殲滅

▲中央社南京十七日電　行政院駐平政整會委員長兼內長黃郛、應汪院長等電促、於十五日晚偕新任天津市長王克敏、平政會秘書何傑才等、由滬乘快車晉京、於昨晨抵達、九時乘車赴鐵部一號官舍、訪謁汪院長、略談各事、約一小時辭出、記者於今晨赴黃寓所訪謁、適黃與唐有壬等談話、由平政會參議徐鴻賓接見、據謂、黃委員長因接汪院長何部長電促、到京共同商討各事、故特前來、供中央諮詢、在京約留二三日仍返滬。

▲中央社成都十六日電　軍息、匪向北川撤退後、我軍將伍家山涼風亭佔領、正向北川沿河追剿中。

▲中央社成都十五日電　楊森十四日電參謀團告捷稱、夏猛旅在盧山寶興間、截斷朱德匪部三團約三千餘人、共其歸路、經森另調他部、層層包圍、約一晝夜、匪因我火力太猛、約二千餘投江、餘悉被生擒、獲槍枝輜重無算、

▲中央社成都十五日電　雅安電稱　楊森部由隆興場渡河、攻擊前進、匪二三千人、一經接觸即向寶興方面潰退、前綫追至峽口、發生激戰、約三小時、匪不支潰退　我軍佔領內廟黃土坡兩陣地

▲中央社貴陽十五日電　畢節大定一帶匪首熊雲清、謝世德、於十日帶匪一千餘衆、攜械向我＊雲杰部＊團投誠、並發還肉票生畜、要求保全彼等生命、予以自新之路、李當營呈薛主任請示　薛得訊呈報蔣委員長現已得委員長復電、准予自新、帶罪立功。

▲中央社成都十五日電　安縣十二日電、四十一軍於十二日午後二時、將伏泉山最高點之伏泉寺佔領、刻正追擊、殘匪向北川方面潰退　備極狼狽。

▲中央社西安十四日電　徐匪海東、流竄陝西數月、日前被我軍擊潰、分成兩股、一股由徐匪率領、十三日被我王以哲部痛擊　匪倉卒逃竄、刻被我蕭師堵擊、據悉徐匪身受重傷。

▲中央社西安十五日電　徐海東殘匪　竄至陝豫邊境之富水關地方、楊虎城十四日電劉峙、請飭豫西駐軍堵擊　殘匪即可殲滅。

何應欽晤中央要人
黃郛到京會商各問題

▲中央社南京十五日電　軍政部長兼北平軍分會何委員長應欽，最近在平折衝此次河北外交問題將半月餘、艱難辛苦　秉承中央意旨、妥爲應付　終於覓得和平解決途徑、現何氏爲向中央報告解決河北事件經過、特於前日由平南下、今晨抵京。

▲中央社南京十六日電　北平軍分會何委員長應欽、十五日晨抵京後、稍事休息、午後分訪中央各要人、有所商討、並報告此次辦理河北事件之經過、及平津現狀。

顧孟餘由平返京

▲中央社南京十五日電　鐵道部長顧孟餘、於春令請假赴滬就醫、病痊赴平休養、又一月有餘　刻顧氏以病體復元、於前日偕其夫人由平乘專車經津浦綫南返　今晨七時半到京、擬休息數日、再至部處理部務。

駐平日軍換防　舊部定期開塘回國

▲中央社北平十五日電　來平瓜代日軍、十四日晚由秦皇島抵平後、即進駐日兵營、其舊部隊二百名、定十九日開塘沽集中、乘輪回國。

浙贛路南玉段開始敷軌工程

▲中央社杭州十五日電　杭州溫州間、十五日起實行試辦鐵路公路聯運、以便行旅、浙贛路南玉段、十五日開始敷軌工程、雙十節決完工通車。

英大使在京分訪我中央當局

▲中央社南京十六日電　英國駐華首任大使賈德幹、偕使館參事祕書等、十五日上午十一時赴國府覲見林主席、呈遞國書、聞賈德大使定今明日分別拜會我國各院部會長官、俟事畢即北上返平。

王敬久勦匪有功　行營記功一次

▲中央社福州十五日電　行營以第四區綏靖區司令官王敬久、指揮各部勦辦閩東赤匪、歷著勛績、特記功一次、製頒記功狀、發由駐閩綏署轉發、以示鼓勵。

川收回地方鈔票　辦理情形呈財部備案

▲中央社南京十六日電　四川省收回地方鈔票、減輕中洋匯水、由財部四川特派員謝霖、會同該省長官商定維持辦法、並商准中央銀行以現洋調換渝鈔、已將辦理情形、呈報財部備案。

津市舉行首屆集團結婚

▲中央社天津十五日電　津市青年會主辦之首屆集團結婚、十五日午後三時在甯園禮堂正式舉行．參加者原爲十對、臨時有一對因病未參加、觀禮者達三千人、極盡歡樂、由商震張廷諤分任證婚、至四時禮畢。

國營招商局　接收出租期滿內河航輪

▲中央社上海十六日電　國營招商局、十六日接收出租期滿內河航輪、接收人員、分三路出發、各路照常營業　內部組織不變更。

▲中央社上海十五日電　國營招商局　出租於浙江建設廳內行航輪、十五日期滿退租、該局決合辦源鑑等五綫、其餘招商辦。

甘第一二兩區行政專員就職

▲中央社蘭州十五日電　甘省第二區（平涼區）行政專員、兼保安司令范樸齋、第三區行政專員（固原區）兼保安司令胡抱一、十五晨在省府就職、到　外代表甚多。

導淮會決建鹽河船閘

▲中央社清江浦十六日電　據淮陰船閘局息、導淮委員會、淮陰船閘行將竣工、現決在鹽河口、建一鹽河船閘　工程局設淮陰、八月可成立。

贛下年度工作計劃呈蔣核示

▲中央社南昌十六日電　（一）本省下年度工作計劃、已經各廳處擬具、昨由省府呈蔣委員長核示、（二）銷鑛收入、除以五千萬增爲教費外、餘作建設經費、（三）省會公民大檢閱、因十六日晨陰雨　改期舉行。

漢市舉行市民大會

▲中央社漢口十六日電　省會公民教育委員會、爲擴大公民教育宣傳、並促其市民接受公民訓練起見、於十六日上午　舉行市民大會、到萬餘人、情形極爲熱烈　由程其保主席、報告開會義意、次由張學良何成濬張羣等代表、及單成儀致訓、旋高呼口號散會。

湘舉行童軍大檢閱

▲中央社長沙十六日電　省黨部十六日晨召全市童軍三千餘人、在公共體育場舉行大檢閱、以周調陽主席、中央視察員鄧悌檢閱訓詞、望各團長及服務員、努力將童子軍訓練完整　統一意志、團結精神、改良習慣、成爲良好國民、俾負復民興族之責、後由何鍵訓話後散會。

黔教廳擬具推行義教辦法

▲中央社貴陽十六日電　黔教廳奉部電令、飭擬具推行義教辦法　商承省主席於本月十四日前電部、以爲中央支配義教經費標準　教廳奉令後、即經擬定、籌劃設立本省短期小學、及經費籌措、需費廿一萬二千五百元、該項計劃已呈省府審核。

美駐華使節升格已由參院核准

▲中央社華盛頓十四日電　國務院頃決定將駐華使館升格爲大使館、並任用現任公使詹森爲大使、已由參院表決核准。

暹攷查團訪謁京中各機關

▲中央社南京十五日電　暹羅攷查團一行廿人、其中三人回暹外、餘十七人於本月十日到平　復經於今日到浦口、於正午訪問僑務委員會　由常委蕭吉珊致歡迎詞、下午訪市政府、由馬市長接見、並設宴招待、席散至中央大學參觀、下午訪外交部　由外次徐謨接見　並享以茶點、並定明日上午訪謁葉楚傖　參觀電台　下午謁陵、遊覽陵園、第二日上午參觀中央醫院、下午參觀金陵大學、及女子文理學院、晚八時外長在外部設宴款待、十一時赴滬。

黔建廳籌備川黔公路通車

▲中央社貴州十四日電　黔省府飭建廳　籌備川黔公路通車、本省應購汽車四十輛、該廳已擬具全省公路管理暫行組織章規、呈府核示。

范文熙昨日放洋

▲中央社上海十六日電　第十四屆國際房屋建築會議　定七月十六日起、在倫敦舉行、內部派范文熙代表出席、范於十六晨乘輪放洋。

各縣運用保甲查禁煙毒　蘇民廳省禁委會會訂辦法

全省限七月卅日前爲總檢舉時間　總檢舉後一月按級出具禁煙切結

▲江蘇社　江蘇省各縣運用保甲查禁烟毒辦法、業經省禁烟委員會第四次談話會決定　茲將其原文探錄於下、一、江蘇省民政廳禁烟委員會、爲謀肅清本省烟毒、運用保甲查辦栽種罌粟　私吸私傳私運雅片及烈性毒品起見、特訂定本辦法、二、本省各縣現在保甲規約、應訂定「全保居民、不得有栽種罌粟私吸私售私運私種雅片及烈性毒品情事」之條文、共同遵守　三、本省各縣各戶連保切結上、應註明「同結各戶、應互相監視勸誡　不得有栽種罌粟、私吸私售私運鴉片及烈性毒品情事」、用木戳補蓋於聯結後端、四、全省各縣、一律限於七月三十日前爲總檢舉時間、在此期間內、各同結戶戶長、對於同結各戶居民、有栽種罌粟私吸私售私運鴉片烈性毒品情事者、應祕密報告甲保長、向縣政府縣禁烟委員會檢舉、五、各保內已領照之烟民、及已領憑證之售吸所、或土膏行店、如發現有違章情事　保甲長連保各戶戶長、得隨時祕密向縣政府或縣禁烟委員會檢舉　六、各保甲內領照烟民　遇有遷移時、除遵照規定辦理戶口異動呈請書外、應另具縣民異動呈報書遞呈區公所備查、每半月由區公彙報烟禁烟委員會備查、七、傳戒烟民　如逾期不投戒或因時、保甲長及連保之各戶戶長、得將該烟民拘送縣禁烟委員會施以勒戒、八、已戒絕烟毒癮之人民、同時後如現在或認爲有復吸嫌疑、時保甲長及連保各戶戶長、須隨時遞報縣政府縣禁烟委員會施以調驗、九、各縣縣政府或縣禁烟委員會據保甲長密報後、應代保守祕密、應立即派警前往拘提、十、全省各縣區鄉鎮保甲長、應檢舉期間以後二個月、應按級出具保證所屬區鄉鎮保甲戶內居民、並無栽種罌粟私吸私售私運雅片或烈性毒品情事切結、按級轉呈江蘇省民政廳禁烟委員會備查、（附結式）十一、各縣禁烟委員會於各該縣區鄉鎮保甲戶長具結完畢後、應派員分區抽查之　十二、江蘇省民政廳省禁烟委員會、於各縣區鄉鎮保甲戶長具結完畢後、得派調查員分區前往抽查之、十三、各同結戶戶長、對於同結居民發現有栽種罌粟私吸私售私運鴉片或烈性毒品情事、應即報告保甲長檢舉、如有徇情匿庇、經縣政府或縣禁烟委員會破獲者、其同結各戶戶長、由縣政府酌量情形　分別處辦　其主管保甲長、以「教誡居民毋爲非法」不力、及執行保甲規約任務怠忽論、照江蘇省清查戶口編組保甲規程第三十九條之規定處罰、其自外縣

覺[illegible]告者、得免予處罰、十四、各保甲長本保本甲居民不能自行檢舉、經其他保甲戶長或公安機關員丁祕密檢舉而破獲者、以所處甲長罰金半數充獎、餘充查緝所需經費、（處拘役者無賞）十五、各保甲長及連保各戶戶長、應負責協助政府暨丁調查或搜捕本保甲內栽種罌粟私運私吸私售雅片及烈性毒品之事宜、如有規避或徇情庇縱者　應依法嚴辦、十六、各區鄉鎮保長、對於所轄範圍以內、確能肅清煙毒、經查明屬實者、得由縣政府依照江蘇省各縣保甲工作人員考核及獎懲暫行辦法第二條之規定獎勵之，十七、各保甲戶長因檢舉煙毒案件努力、致受損害者、得由縣呈請江蘇省民政廳及禁煙委員會酌予撫卹、十八、各縣辦理查緝煙民工作努力著有成績者、應予分別嘉獎記功十九、本辦法經江蘇省民政廳省禁烟委員會會訂呈請省政府核准施行、

連保切結式

爲出具連保切結事、今結得甲內各戶並無私吸私售私販私種鴉片或烈性毒品等情事、自出結後、願互相監察、倘有上開不法行爲、凡結內連保之人、應即行報告核辦、如有通同隱匿不爲揭報者、甘心連坐、所具切結是實、（表略）

巴玻休戰 條約實施

▲中央社阿根廷京城十五日電　巴玻休戰條約、現已實施、今日雙方司令、已在三百七十五里全部陣綫、諭令自十五日午起、制止敵對行爲、不獨巴玻慶祝休戰、即阿根廷各處、亦皆懸旗誌喜

英德海軍專家 繼續談話

▲中央社倫敦十五日電　英德海軍專家十五日繼續談話、至兩國代表正式會議、在下星期一舉行、聞德國已接受英國所提條件、因兩國代表團待法意復文、俾便成立法德間最後協定、至美日兩國、已在日前答復矣。

美保留復興處案已經衆院通過

▲中央社華盛頓十四日電　保留復興處許可案、今日爲衆院通過、即送白宮、由羅總統署名成立法律、此案前因共和黨某議員之阻、致未通過、今日衆院根據特殊條例復行討論此案、稍加辯論、即行通過。

英購地在新加坡建第三航空場

▲中央社新加坡十五日電　今日此間當局、購得五百六十英畝、以充建築新加坡第三航空場之用、現相信係海軍飛行機所需、第二航空場、將於本年十一月竣工。

英賀德福下地方火車互撞

▲中央社倫敦十六日電　英賀德福下地方、昨夜發生火車互撞、死十四人、客車全毀。

本年師範畢業生 各縣應盡數支配

不得以師資過剩無法任用爲辭
各生如不遵照服務應追繳各費
蘇教廳通令各縣遵辦

▲江蘇社　江蘇省教育廳訓令各縣教育局縣政府公私立師範學校云、案查江蘇省師範畢業生服務暫行規程、定高中師範科畢業生、自畢業之日起、應在地方服務二年、服務區域以本縣地方爲原則、由教育局酌量實際情形、支配服務處所、師範畢業生　如無正當理由、不遵照規定期限服務者、應令償還學膳及給予各費、本年師範學生畢業會考、業經竣事、會攷成績　正在核算、茲先就參加會考各生、分別縣籍加以統計、爲各縣支配服務區所之準備、該局長應就該縣統計人數、盡數支配、不得以師資過剩、無法任用、託詞推廣、各師範畢業生、如不遵照規定期限服務、亦應追繳學費及給予各費、除俟各生實習結束核定畢業與否、再擬姓名令知並分行外、合行印發統計表、令仰該局長遵照、並將支配人數具報云云、聞此次畢業會考人數、男生三百十四人、女生二百六十八人、總計爲五百八十二人云。

幼稚師範 本年畢業九人 儘先延用

江蘇省教育廳訓令各縣教育局長云、查本年師範畢業會考、私立景海女子師範學校、有三年制幼稚師範科學生九人、參加會考、計吳縣七人、上海一人、南匯一人、各該縣如需此項師資、應即儘先延用、除俟實習結束核定畢業與否、再將姓名令知並分行外、合行令仰該局長遵照具報此令

蘇省府電催各縣造送念四年度 中心工作實施大綱

應就預算範圍內切實規劃
擇要分別列舉擬詳細辦法

▲江蘇社　江蘇省政府爲電催各縣造送二十四年度中心工作實施大綱、（句容江海上海嘉定寶山高郵阜甯淮安灌雲贛榆豐蕭睢甯江甯等除外）原代電云「縣長覽、查各縣造送二十四年度中心工作實施大綱、前經本省通飭限於六月一日以前、呈候核定飭遵在案、現已逾期、該縣尚未據報、合亟電仰迅日遵辦、勿延干咎、又是項大綱、應就預算範圍內、切實規劃、擇要分別列舉、並擬具詳細辦法實施程序及工作進程、經於前令明白飭知、務仰注意遵照辦理、又呈項是大綱、應分繕五份、俾便審核、如文到時發出而不足者、應即照補、併仰遵照云。

徐屬八縣 農村建設協會

改六月二十三日成立
開第二次籌備委員會

▲徐州訊　徐屬八縣農村建設協會、進行籌備工作、近日甚形忙碌、草擬選舉條例、印製選舉法規等項、分頭工作、頗爲緊張、茲聞該會於十二日上午九時、假銅山縣黨部大禮堂開第二次籌備委員會、到籌備委員王公璵　王浩如　尹聘三、藍渭濱、鍾大年　徐西明（談明華代）等、主席藍渭濱、行禮如儀後、報告上次議案、並即決定會務數項如下、（一）成立大會日期、改爲六月二十三日、（二）大會地點假銅山縣黨部大禮堂、（三）會章照審查提大會通過、（四）推王公璵、蘇企六、藍渭濱、爲大會主席團、（五）推鍾大年起草大會宣言、（六）關大會籌備各機關團體推派代表參加、此外尚有組織農村服務處　推廣農業實驗區等案、均將於大會時由籌備會提出通過、以實行農村建設云。

蘇教廳令保送人員限期報到

暑期體育講習班
訂定章程暨課程綱要

▲江蘇社　江蘇省教育廳爲訓練本省各中等學校及體育場服務員討論研究本省體育實施起見、特於本年利用暑假期內、設立江蘇省教育廳第一屆暑期體育講習班　凡本省公立私立中等學校現任體育教員暨現任縣立體育場長　須由各縣局保送來班聽講、共同研究解決各種實際問題　其受保送之教員場長、不得藉故推諉、如有意規避者　得逕行解除聘約　至聘約已滿之人員、不能保送時　應將新聘者隨時保送前來　限於七月一日以前、將保送人員姓名呈報備查、七月十一日至十三日向本班報到、已令仰各該局長遵照茲錄該次講習班章程暨課程綱要如下、

講習班章程

第一條、本班由江蘇省教育廳主辦　定名爲江蘇省教育廳第一屆暑期體育講習班　第二條　本班以訓練本省各中等學校及體育場服務人員並討論研究本省體育實施方案爲宗旨、第三條、本班設正副主任各一人、綜理班務　由江蘇省教育廳委任之、第四條、本班組織　分教務　事務兩部每部設正副主任各一人商承班主任、分理班務　由班主任呈請江蘇省教育廳委任之　各部得因事務之需要、酌設幹事、書記若干人　由班主任聘任之　第五條　本班設於江蘇省立鎮江師範學校內、第六條、本班講習期間定爲四星期、自二十四年七月十五日起至八月十日止、第七條、本班學員、以下列各項體育服務人員爲限　甲　本省省縣立男女中等學校必須保送其所有現任體育教員來班訓練、乙　本省已立案之私立男女中等學校必須保送其現任體育教員一人來班訓練　丙　本省各縣教育局或縣政府第三科得保送該縣現任體育場場長來班訓練　第八條、本班課程　以切合實際需要爲主故均爲必修課、但必要時、得分組上課第九條、本班學員應繳膳費七元、講義費三元　雜費二元、由保送學校或機關支給之、第十條　本班學員往返旅費　均由保送學校或機關按照路程實際需要支給之、第十一條本班學員講習期滿、攷核成績及格、由教育廳發給證明書、攷核辦法另訂之、第十二條　本章程由江蘇省教育廳核准施行、並呈報江蘇省政府備案。

本縣新聞

各界昨日舉行總理廣州蒙難第十三週年紀念會

王監委子蘭主席並報告

縣黨部於昨日上午十時、召集各機關團體學校、在該部大禮堂舉行總理廣州蒙難第十三週年紀念會、到各界代表四十餘人、由監察委員王子蘭主席、領導行禮如儀後、并即席報告、略謂、今天是總理廣州蒙難第十三週年紀念日、總理一生為革命而蒙難數次、尤以廣州蒙難時日最久、危險最大、民國十年總理在廣州就任非常大總統職、以西南數省、作為革命根據地、十一年出師北伐 而陳逆炯明、乃斷絕北伐軍的接濟 並極力擾乱後方、以阻止北伐軍的進展、總理不得已、乃回至廣州坐鎮、陳逆乃令其部屬砲轟總統府、總理乃出走楚豫軍艦、率領艦隊屢次向陳逆攻擊、並徹調北伐軍回師戡乱、嗣因北伐軍討逆不利、總理乃離粵赴滬、此廣州蒙難之經過情形也、我們紀念總理廣州蒙難、有兩點認識、一、總理的大無畏精神、是值得我們欽佩的、是值得我們效法的、是常人所難能的、民十五年北伐之所以成功、完全是受總理這種大無畏精神的感召所致、二、革命份子中有眞革命的、有假革命的、眞革命的是願為主義而奮鬭而犧牲的、假革命份子、是利用革命之名、以遂其自私自利之心、藉以升官發財的、此種假革命份子、不應令其存在、以阻礙革命之進展、現國家環境日益危險、華北形勢岌岌可危、我們應當努力剷除漢奸、及一切自私自利的份子、並本着總理的大無畏精神、來肅清赤匪、抗禦暴日、使國家不至滅亡、中華民族永久適存於世界云云、旋即呼口號散會、

剿匪陣亡士兵　昨在柳將軍廟舉行公祭

本縣保安隊前在沛境張莊剿匪、當陣亡士兵李清元王鳳標兩人、停靈本城柳將軍廟、該隊以李王二君、捍衛地方、竟以身殉、忠魂義魄、仰止彌窮、特函請各界舉行公祭、藉慰英靈、各情已誌本報、昨日上午八時、前往致祭者、有各機關團體學校、約二百餘人、由縣長王述先主祭、其儀式一、鳴炮、二、奏哀樂、三、讀祭文、四、獻花圈、五、默哀、禮畢、即將李清元之靈櫬、由騎兵護送 抬往黃樓原住址、今日又將王鳳標靈櫬抬送其家、先後埋葬矣

重導復新河消息

一區　到工人數因昨日下雨較前稍減、現中陽鎮工程已完全報工、高樓及實驗兩鄉亦完成數段、韓區長今日趕沿河各段督工、

二區　工程已完成十分之八、昨日報工者有六保、預計本月二十日、即可全區竣工、

五區　全區工程已完成十分之六七　現有數段報工者、因昨日下雨、到工人數較前略少、

六區　今日到工人數甚多、昨日雖雨　工人仍照常做工、並未稍減　現已有數段竣工者、各監工委員分赴各段監工收工、

更正

十四日本欄二區消息「李濟英」因怠工押公安局　誤排為「李濟寬」、特此更正、

城市民教館　舉辦糧食儲押

城市民教館鑒于二麥收成完畢　而市價低落、農民每將所穫、脫售求錢　損失甚鉅、為謀救濟起見、特舉辦糧食儲押倉庫、業向省農民銀行本縣辦事處訂定萬元貸款合同、大體籌備就緒、擬於本月二十日開始儲押、聞凡屬一區農民志願將自已食糧儲押者、即可赴該館登記云。

參觀鄒平定縣報告（續）

王子蘭　董雪山

S,組織

研究院設院長副院長各一人、祕書一人。以下分為總務處、鄉村建設研究部、鄉村服務人員訓練部、社會調查部、鄉村服務指導處、農場、醫院、圖書館等部份、每部份各設主任一人、另有第一分院及鄒平荷澤兩個實驗縣、此外有院務會議、以院長副院長、各部處主任、縣長、及院長特約之教職人員二人至五人組織之、為商榷院務、並備院長咨詢的機關、各部處又有部務會議、與事務會議等組織、除實驗縣、農場、醫院等另章敘述外、茲分別報告其各部處之組織梗概：

A總務處

總務處分文書、稽核、會計、庶務、註冊、出版六股、每股各設股長一人、

B鄉村建設研究部

自研究院成立以來、鄉村建設研究部、已辦了兩屆、第一屆學生於二十年七月入學、計正額生三十名、均曾受高等教育者、以山東省本籍者為限、月給膳費五元、津貼十元　另有外省附學生十名、程度相當即可、不給膳費津貼、除宿費外　一律自備、修業期限定為二年、二十二年六月結業、多半留在本院及實驗縣區服務。

第二屆新生二十三年七月入學、辦法較前略有修改、提高程度、以曾在大學或專門學校畢業、持有證書者為合格、減少名額為十八名　提高待遇、每月除膳費仍為五元外、津貼增加為二十元、縮短修業年限為半年至一年、於修業期間　提出研究論文　經部主任及導師評訂合格請由院長核准者、即可結業、這屆並不限省籍、但外籍學生不得過全額三分之一。

所研究的課程、約分為兩類、一為基本研究、包括黨義、社會進化史、鄉村建設理論、軍事訓練等科目、一為專科研究　包括農村經濟　農業改良　產業合作、鄉村自治、鄉村教育、鄉村自衛、及其他等科目。（未完）

司法欄

▲縣政府司法批示▼

▲刑事原具狀人陳郭氏、一件　為胞弟被押在縣、弟婦病故省垣、哀懇恩予暫行保釋、俾赴鎮江領回幼子、以免流離異鄉由、狀悉、仰具妥實店保、呈候核奪、此批、

▲刑事原具狀人劉志香、一件、為毆斃復甦、命仍危殆、叩求速拘兇犯、押候訊辦、以免逃避由、狀悉、候拘傳被告等訊辦、此批、

▲刑事原具狀人孫介臣等、一件、為贓犯與獲、盜夥潛逃、聯名公叩懇恩迅拘嚴辦懇押戶長、勒令交出逃犯、一併嚴懲法辦由、狀悉、准予傳訊究辦、此批、

▲刑事原具狀人李元欽、一件、為豪賭抽頭、恃橫逞兇、請求提案究辦由、狀悉、據訴張士憲設賭營利、並未提出任何證明　持械毆打亦未成傷、均不成立刑事犯罪、自未便予以受理、所訴毆打、如果屬實、仰赴公安警察方面投訴可也、此批、

◎刑事判決◎

周象玉戒後復吸鴉片案判決

主文　周象玉戒後復吸鴉片、處有期徒刑五年二個月、併交戒煙所勸令限期戒絕、裁判確定前羈押日數、准以二日抵徒刑一日、

孫明交私吸鴉片案判決

主文　孫明交私吸鴉片、處有期徒刑一年六個月、併交戒煙所勸令限期戒絕、裁判確定前羈押日數、准以二日抵徒刑一日、

▲民事判決▼

石秉乾與石秉坤因遺產案判決

主文　原告之訴駁回、訴訟費由原告負擔、

▲本城糧價

名稱	每市斗價目	
小麥	最高二千三百七十文	最低二千二百五十文
大麥	最高一千五百文	最低一千四百文
黃豆	最高二千一百三十文	最低二千零七十文
黑豆	最高二千零五十文	最低二千文
菉豆	最高二千九百文	最低二千八百文
江豆	最高二千四百文	最低二千三百文
高粱	最高一千八百文	最低一千八百文
穀子	最高一千八百文	最低一千七百五十文
稷子	最高一千八百文	最低一千七百文
芝蔴	最高三千四百五十文	最低三千三百文
青豆	最高二千一百文	最低二千零五十文
花生每斤	最高二百二十文	最低二百一十文
瓜子每斤	最高三百一十文	最低三百文

氣象

晴

風向　西南風

最高溫度　九六

最低溫度　七八

第二十期目錄

編輯部徵稿啓事

本刊以溝通教育消息，交換教育心得爲宗旨。務望各區教育同志，將教育消息，研究論著等稿件，隨時寄交本部。事實務求新鮮而具體；文字務求簡要而靈活。再本刊爲鼓勵作者興趣起見，對於刊載稿件，一律酌贈有價值之圖書雜誌。辦法另訂統希鑒察爲幸！

徵稿辦法

一，投稿範圍　本刊對下列各稿，一律歡迎。（一）與教育文化有關之插書。（二）言論。（三）專著。（四）調查。（五）教育消息。（六）參考材料。（七）參觀報告。（八）教育心得。（九）教育文藝。（十）教育譯文。（十一）研究報告。

二，投稿要項　投稿人請注意下列各項。（一）來稿文言語體，均所歡迎。（二）如係譯稿，請附原書。（四）投稿人請在稿後附列姓名，住址，以便通訊，揭載時如欲另署別名，亦請註明。（五）來稿請逕寄豐縣教育局本刊編輯部。

三，選刊辦法　本部收到來稿時，依下列各項處理之。（一）本部對於選刊之稿，有酌量增刪之權。如投稿人不願增刪，應事先聲明（二）選刊之稿，概用極有價值之圖書致酬，其種類與數目由本部酌定之，概不預先函商。（三）來稿無論刊載與否，一概不負寄還之責，但如投稿人預先聲明者，只可代爲保存，親自來取。（四）來稿須繕寫清楚，以便付印

言論

仿行小先生制之前瞻後顧（續）

董鴻恩

（小先生哭了）

不知怎的，晚上又睡不着，早晨五點鐘就醒了。四週閴寂，一切所見，都表示凌晨的安靜來。淡白的天色，尚微微有這黑影。西沉的半缺的月光，與那枝上露珠相映着。雖沒有陽光。在冷冷的清新的空氣中，却感覺着已經含有幾分溫意。

我徜徉公園小徑，全個身子都浸沒在晨光中，感覺得生命是在進展，活力是已重生。滿腔的朝氣，滿腔的希望，滿腔的快意，滿腔的躍躍欲試的工作力。怪不得晨鳥常在晨光中婉轉的有力的歌唱着。

這是十八日的早晨。

小先生魏德賓，帶着一幅苦臉走到我面前，行了禮，很憂鬱的向我這樣說：

「董老師，昨天晚上，不知怎麼得罪了母親，我教她識字，她不但不接受我奉送她的學問，反罵了我一頓，呃！這是多麼惱人，多麼氣人呢！」

這位小先生說到這裡，哭的如劉備一般。

從這位小先生顫動的，哽咽的聲調中，知道他昨天晚上，一定吃了很大的虧，受了很大的刺激。爲的保持小先生的自信力，激起小先生的熱忱，我就把他拉在懷裏，很溫存的親熱的安慰這受了創傷的小戰士：

「好孩子，不要哭啦，哭是沒有用的。有志氣的小孩子是不會哭的，有能力的小孩子不知道哭的。意力薄弱的小孩子是好哭的。天資蠢笨的小孩子是會哭：、無謂的哭，是不會促進你的事業成功。好哭的人，不但身心虧損，精神亦受莫大的影響。我知道你是個好孩子，你是個有志氣有能力的好孩子，你願意做個好孩子呢？還是願意做個無能好哭的弱者呢？」

他聽了我這一段體貼的忠誠的勸慰，他就停止了哭聲，笑迷迷的仰着蘋果兒似的臉兒說道：

「董老師，你的話我懂得了，我知道哭是弱者的表示，哭是沒有用的，我願意做有志氣有能力的好孩子，我不哭啦！但是我的學生祇有五人，除了父母外，那三個是小孩子，非常的討氣　不肯好好的讀書，我的父親近幾天來，忙着鋤地，終日勞苦很沒有空閒來識字，晚上本來可以認幾個字，可惜他疲乏得很，吃過晚飯就睡了。我的母親除了白天操持家務外，晚上很可以讀書，不知道因爲什麼不願意跟我學了，請教我怎麼辦呢？如今可以說我沒有學生了，我不能做人家的小先生哩！這是多麼醜呢！」

這位可憐的小先生，談到這裏，眼眶又漲了淚兒，笑容又被惡魔攝去了，呈現着一幅苦臉。

我看了小先生容顏的變巧，聽了小先生有趣的報告，心中覺得實在可笑，又覺得這位小先生太憐憫了。爲，維持小先生的熱忱！完成他普及教育的使命。又很溫柔的把嘴放在他的耳旁小聲的告訴他：

「好孩子！你不要憂愁，不要苦悶，你的母親不願意接受你奉送的學問，你就不吃他做的飯，非俟他接受了你奉送的學問，你不吃他做的飯，你如果有這樣的決心包你會成功的。」

「董老師，你告訴我的辦法，我很贊成，我來試試看」。說些！就離開我，很快活的鑽進他們天眞隊伍裏去了。

△

麥假期間小學生應有的工作（續）

二，溫習功課

好比一隻往上游撑的小划船，忽然在半途中不撑了，這隻小划船一定要往游下敗的，小學生的學業，也和這隻小划船恰成正比，溫習溫習，就好像這小船在前撑，使牠退步的慢一點：（1.）記日記：記日記就無異乎溫習國語，練習作文，書寫小楷……所以記日記一項就不啻溫習多少功課哩！假若白天不得閒，待至晚上點燈，也不可把牠輕輕滑過。

（2.）練習算術，算術用處最大，且極易忘所以，得不常常練習，如果沒有相當的練習，就是在地裏工作砍有的時候，也不妨以地爲石板，手指代石筆，練習　其餘功課，有暇亦當勤溫，也不必再述了。

三，觀察各物

平常學生們因受功課的羈絆，不得閒往地裏觀察一切，依課本上只是空口講空話（或者百校之中亦有標本者）所以要趁這個在田中過生活的好機會，要盡力的觀察一下：一這些動物植物：究竟和我們課本上講的同不同？有那裏？……」要求一個「所以然的道理」出來。這樣一來，學業上既得明瞭，意識上也覺有趣　如有暇時，採集保存送至學校以做標本，也是很好的事。

四，要和農夫談話

學生在學校的時候，都常常講道怎樣愛國，怎樣宣傳……的工作，趁在這個和農夫相處的假期中，還不脚踏實地的實行嗎？如現在國家的情形，服用國貨，戒絕鴉片的原因……都可以趁休息的時，與他們隨便的談談，總要使他們趕快知道覺悟才好。

五，注意衛生

在這個麥假期天氣炎熱的時候，一到正午，人人都好喝涼水，（才從井裏打出來的涼水）可知這些未沸過的涼水裡，有這微生蟲……存在，很不清潔，假若喝了得了病，不但害自己的身體，耽誤自己的功課，到學校中恐怕還要傳染他人，這是多大的害處呀！所以對於這一點也不可以不注意。其他關於衛生有妨礙的，均宜慎之！

上面我說的這一套子話，也是些很平常很俗的些話，但是「麥假期中小學生應有的工作」，並不止此，因本刊面積有限，我不過舉兩個例子罷了。

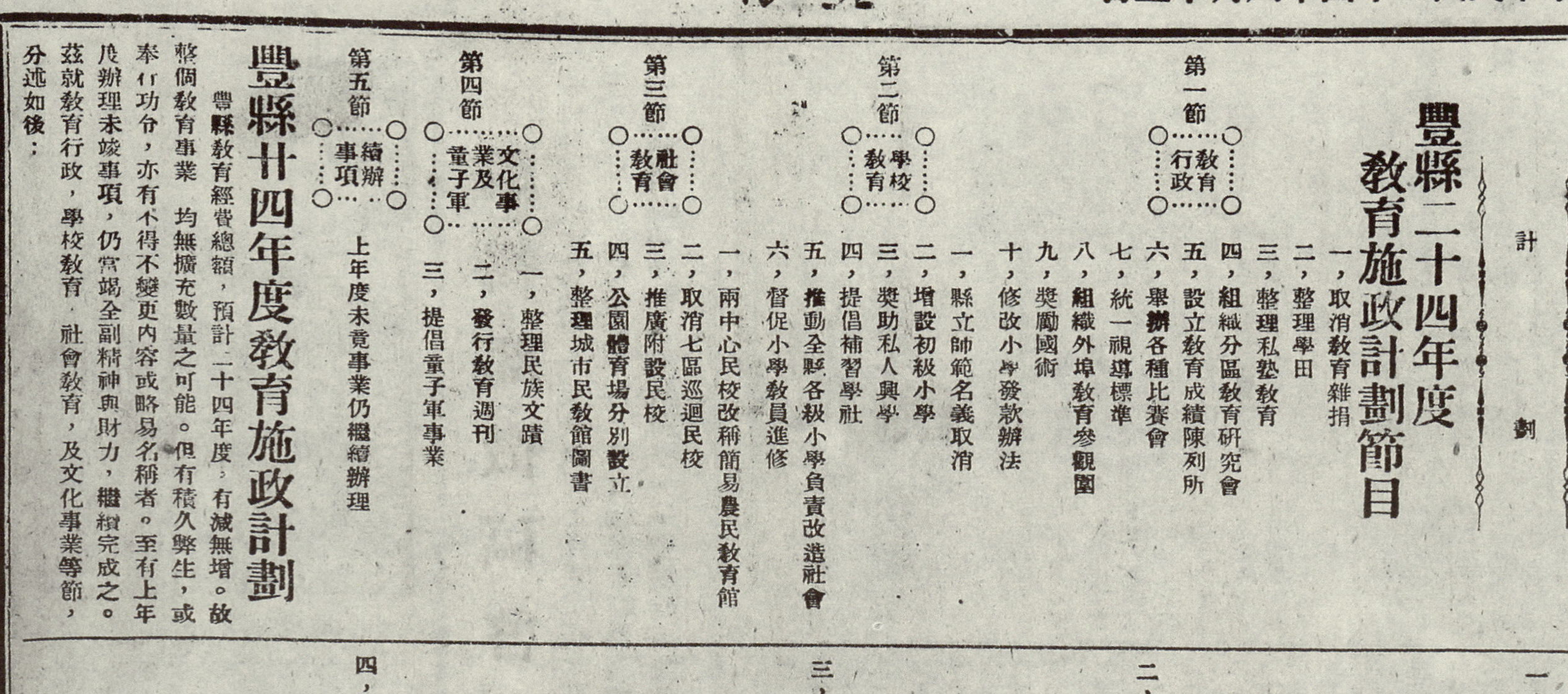

計劃

豐縣二十四年度教育施政計劃節目

第一節　教育行政
一，取消教育雜捐
二，整理學田
三，整理私塾教育
四，組織分區教育研究會
五，設立教育成績陳列所
六，舉辦各種比賽會
七，統一視導標準
八，組織外埠教育參觀團
九，獎勵國術
十，修改小學發款辦法

第二節　學校教育
一，縣立師範名義取消
二，增設初級小學
三，獎助私人興學
四，提倡補習學社
五，推動全縣各級小學負責改造社會
六，督促小學教員進修

第三節　社會教育
一，兩中心民校改稱簡易農民教育館
二，取消七區巡迴民校
三，推廣附設民校
四，公園體育場分別設立
五，整理城市民教館圖書

第四節　文化事業及童子軍
一，整理民族文蹟
二，發行教育週刊
三，提倡童子軍事業

第五節　續辦事項
上年度未竟事業仍繼續辦理

豐縣廿四年度教育施政計劃

豐縣教育經費總額，預計二十四年度，有減無增。故整個教育事業　均無擴充數量之可能。但有積久弊生，或奉行功令，亦有不得不變更內容或略易名稱者。至有上年度辦理未竣事項，仍當竭全副精神與財力，繼續完成之。茲就教育行政，學校教育，社會教育，及文化事業等節，分述如後：

第一節　教育行政

一，取消教育雜捐　本縣教育雜捐，迭經縣政會議，地方預算會議，教育行政委員會議議決呈請停征。惟以抵補之款，不甚穩定，因致本案延擱數年未能解決。本年度復經提交地方預算會議議決：以新墾縣稅撥七千二百元抵補；現已由縣府編造預算呈請核示矣。

二，整理學田　本縣學田除城東南傅莊一帶，業經整理就緒外；其餘如劉耕楊莊等處之地，擬繼續遵照本縣縣政府第五二一四號及五〇二號訓令，積極整理確定於二十四年冬季竣事。

三，整理私塾教育　私塾教育　在普及教育過程中，確爲正當設施。惟現在一般塾師多係老朽昏庸，不通教學，對於訓練兒童，更多違背教育宗旨，非嚴加整頓不足以謀改進。本年度擬繼續舉行塾師登記及塾師檢定，切實指導其教學方法。並擬規定時間，開辦塾師訓練班。

四，組織分區教育研究會　教育事業，日有改進。若墨守成法，勢必成爲時代之落伍者。非時加研究，力圖進取，不足以適應實際需要。故擬組織分區教育研究會，以便討論各項實際問題，而期增加教育效能。（未完）

省徐民教館輔導豐縣社會教育報告

豐縣教育經費共爲十二萬七千二百四十餘元。但本年度預算支出數僅爲一萬七千餘元。餘數悉作爲基金。全縣社教事業，教育局設有專人負責辦理。故社教計劃多能按步實現。局長爲董玉珏君，接事不及一月，局內職員悉仍舊未加更動，至社教情形茲分述如左：

一，城市民教館

館址在西關邑廟，館長梁時彬蘇省立教育學院畢業。該館組織分：生計教學及訓練三部，全年經費爲二千四百九十二元。開支遵教廳規定標準，薪工佔百分之五十，事業費佔百分之四十，餘百分之十爲辦公費。生計部事業有：特約農田二處，儲蓄會二處，有會員八十人，儲款八十六元。貧民貸款所，職業訓練班各一處。信用合作社共有六處，社員一百〇八人，放款總額五百餘元。借款聯合會三處。農事指導已預備辦酸銅粉，食鹽等指導民衆選擇麥種。教學部事業有：民校婦女班二班，有學生四十六人男子高級班一班，學生十一人。初級有青年學生一班，學生四十一人。此外有圖書室，閱報室，娛樂室，展覽室，及識字運動等。訓練部事業有：鄉務改進會，婦女會，青年勵志團及公民常識講演等。

二，店子民教館

在城東北三十五里店子村。館長李坤若，蘇省教育學院畢業，全年經費一七一八元。預算按教廳規定標準開支，職員三人，組織分爲總務，教導及生計三部，基本施教區有八個村莊，人口共計一七三四人。不識字者尚多，該館事業以生計部較著。計在館內辦有儲押庫一所。開辦不及半月，已押小麥八十餘石，大豆四十餘石，押款將近四百元。現押糧者仍絡繹於途，惟間有押戶先取押款，後送押品者。合作社共辦五處，社員共九十六人，放款總額三千三百三十九元：特約農田十五處，共三十畝。模範農田一處。儲蓄會二處，會員四十五戶，儲款二十餘元，貧民貸款所已成立，貸款人數三十九人，貸款二十餘元。毛鞋訓練班一班，有學員十五人。不久即可開學。意種蜂二羣，擬來春分封。教導部事業有：鄉村改進會，民校校友會，青年勵志團，婦女會，政治常識講演，識字班及模範家庭等。本年度施教計劃正在着手擬訂。

紹介籍書館圖書部黨縣縣豐

社會

（社會史）

390.9—1	中國古代社會	柯　金
—2	中國行會制度史	全漢昇
—3	中國社會史	易君左
—4	中國社會史的分析	陶希聖
—5	家族私有財產及國家之起源	恩克斯
—6	現代社會生活	高希聖
—7	社會形式發展史	陸一遠
—8	中國社會史研究	解得山
—9	社會進化史	蔡和森
—10	世界社會史	施復亮
—11	中國社會史論戰	讀書雜誌
—12	中國社會史論戰	讀書雜誌
—13	中國社會史論戰	讀書雜誌
—14	中國歷史上的農民戰爭	蔡雪村
—15	日本社會經濟發達史	周憲文

（社會問題）

393—1	社會學和社會問題	馬法呈

古人箴言

（一）人之有子，必使各有所業，貧賤有業，不至於爲非，反富貴之子弟，好酒色賭博，以至破產者，非其本心之不肖，由無業以消日，遂起爲非之心。

（二）吾人不以金錢財產遺子孫，所貽於子孫者，敢爲活潑之精神，獨立自治之能力而已。

六月十七日　星期一

八，一〇　國樂：龍吐珠　雁來紅　柳暗花明　悲秋　解語花　陰山下　西歧
八，三〇
一一，三〇　新華新聞
平劇：報時　胭粉計　眞眞　一至四本　傳　換太子　粉宮樓
氣象　商情　二進宮　紅拂　狸貓　刺虎
一八，〇〇　大鼓　蓮蓮枝唱：長板坡
一八，三〇　民衆教育　科學問答：害蟲驅除的方法　歌曲：宛其死矣

一九，〇〇　平劇及歌曲：打金磚　青霜劍　丁甲山　空谷蘭　神女　搖色歌　新聞　長江水　位　氣
二〇，〇〇　簡明新聞　象　報時
二〇，一〇　時事述評　關於國內時事問題
二〇，二〇　音樂　青光社奏播：
二一，三〇　新聞　國樂及平劇　念奴嬌　妃子笑　漢宮秋　曉
二二，三〇　鴛鴦戲水　摘英會　罵殿　安天會　挑　華車　總理紀念歌

中華民國二十四年六月十八日　豐報　（星期二）　第五版

鳳鳴塔

第一一五期

小言論

「今之青年」！

雲

世風眞是不古了！不是見麼？許多人在罵「今之青年」麼還離呢。我私自偷聲找人，望一望這般正人君子底古色道貌，可憐！可憐！他底生活也和所謂「摩登青年」一般無二！我於是悵然大悟，原來又上了老當了！然而，我也不能不佩服中國才子的多才多藝：他活膩以後會喊一聲「踏平東洋三島」，一日悲從中來，又嘆一聲「世間事無非是戲！」他會拿聖經賢傳上的道德律來裁判「今之青年」，但一「風流」起來，他又會搖頭擺腦寫幾首新舊打油詩，內心眷戀着「人慾橫流」的頹廢生活，嘴裏卻高叫着「去人慾而存天理」！

喂！先生，你要糾正「今之青年」麼？依我看「今之青年」就是你！我一點也不爲虛浮，浪漫，驕奢淫逸的少爺們辯護；但僞君子卻應該排斥。

一，本刊內容分有學術論著詩歌小說戲劇散文書信書報介紹及批評等項

二，本刊歡迎投稿來稿文言白話均可

三，來稿本社有修改權不願者應先聲明

四，未經登載之稿除預先聲明者外概不退還

五，本刊編輯部設豐報社內

文藝的趨勢

君曉生

社會不停的往前演化，一切社會產物，或與社會有關的事物，也不得不隨之更動，演進。人上古披樹物遮羞，中古又頭戴烏紗，身穿蟒袍，及至前清又改爲紅頂子，青衣馬褂。現時就很有些西裝革履了。這衣服「樣式」改變的原動力，便是社會的演進。

同樣的，文章，上古尚無什麼駢說，中古便有了駢古，四六，明清又換了八股，後來又有時文，更有振天動地的白話文運動。這文體改換的動力，無容諱言的，仍源於社會的演進。

然而，着文章，衣服爲甚麼常常變換呢？那答案便是要適合時代潮流。不信的話，我可以說個例：現時是二十世紀了，都知道，誰非茹毛飲血的那個時代可比。假如現下有人披着樹葉了（上古服裝）當作衣服，我們豈不說他瘋了，譬他先生若在街上逛的話，警察定要干涉，說不定要請他到拘留所裏去。

喂！但是為什麼上古服裝現下不吃香了呢？那原因很簡單，就是：不適合時代——對啦，時代，很舊的一句常談。

同理，文章也該當是這樣。不是嗎？文言文在五四運動時已吃了很大的虧，因而縮了頭，不再聲張。去年雖然有了尊孔運動，然而那目的決不在提倡古文。

由此，我們得知：文藝是時時刻刻的在演變，無論過去，現在或將來。

話說到了這個當兒，我便該仔細的說出文藝的趨勢。

文章取其表情達意，並且要能夠表達的範圍甚廣，影響所及的範圍越廣，於是文章也好讀，使視它發生效力的範圍以爲讀時無今古，地無東西，任何作家，都是向這方面努力着的。

古時有古時的話古時便是一口頭語——一口頭語——人人皆懂，古人拿這種話來寫文章，恰合情理。但遺留至今便成了那深奧的古文了。然而這古文在當年也是白話的，雖然看去難讀。不幸的是中國文壇上出來了許多守舊的文人，硬默守成規，不謀改進，以致文章和時刻演變的「口語」脫離了關係，

文章和口語脫離關係的結果，便是非專習文藝的文人學士，不能看懂文章。文章效力，因而減少。此外可嘆可憐的，是跟着文來了大批的閉眼文人，以爲文章做得越使人不懂，才越好越妙，不顧死活，一股勁兒往牛角裏鑽，直至四五運動才算跑到絕路，適死在那兒，壽終正寢，只落得幾個時有吊紙的扯着嗓子來哭兩聲，然已無多少人同情的了。可歎可惜！

想當日，經過了文學革命，一般作文的人，便都丟掉了「之乎者也矣焉哉」，拾起了「的了嗎麼呢呀」。但是在五四後文章內雖有了「的了嗎呢」的字樣兒，但難懂仍自難懂。稍能作文的人，都自以爲走過了象牙之塔，跑入了藝術之宮，低吟着哀詩，細唱着戀歌，只在辭藻的圈子裏翻跟斗，行車與緊着流，讓之亦不比古文好懂。五四後的白話文有這毛病，確屬實情。

這種毛病的根源，便是不能運用口語，大衆語。

因而中國給文又有了更進一步的發展，那便着大衆語文學的提倡。

用大衆的話來寫文章，大衆讀了，當然能明瞭內容。用引車賣漿者的話來寫文章，引車賣漿者看了，當然也能了釋他的意思。能這樣，表情達意的範圍和效力也就來得廣，來得大了。

這就是提倡大衆語的最大意義。

現在，也很有些人向這面努力，如張天翼，魏金枝他們，便是運用大衆語的文學作家。

大衆語的呼聲，雖已響了好些時日，然仍有許多人，在抱着懷疑的心不敢十分相信。

喂！伙計！不必疑心，「大衆語文學」一定能在文壇上奪得頭把交椅，要！現在還有那個蠢傢伙肯那披樹葉子的事，朋友！趕上去吧！不要顧戀那古色古香的，傷感詩人的迷夢了！運用大衆語的文學，才是至高無尚的藝術呢！

原的死

鍩

萬里無雲的長空中，高懸着光明的白日。熱熱的熱着金黃的麥子低着頭，農忙時候又到了呢。

學校裏放了一星期的麥假，我在回家的歸途中，看見原君在烈日的陽光下，爲了已熟的麥子努力工作着。那時的他，以我看來：沒有一點的疾病，真正是一個身體強健的壯夫；做夢也想不到，他的生命，會在很短的期間斷送了。

原的家中，一共六口人——有他的父母和他以及他的一個弟弟和兩個姊姊——他在小的時候，家境非常的貧窮，又加上連幾年收成的減低，糊口都很困難，只因他的父母不斷的艱苦的努力掙扎，才得延續着他們孩子的狀狗命運。

他今年已經十八九歲了，也很能出力，在農忙的時候，每日早出晚歸，和着他的父親每日在田間工作；他的母親和他的弟弟，不時也到田裏工作，或在家中服務。他一家六口，靠一年到頭地忙碌着，才賺來不豁衣食的小康生活。

如今呢！……他的父母在悲哀，弟姊在哭泣，橫天飛來了這大禍，——他不顧一切不聲不響的死去了！

原君，你死了以後，你的家中就此少了一架能幹的火車頭，去幫助你父親工作；而且你在你家中每個人的心頭上都加上了永世難忘的痛苦！啊！原君，你怎麼肯捨了你那新興的家庭，棄了你親愛的父母弟妹，而永遠的睡去？現在你已經上了幽冥中的征途。

你，是自願的安睡了嗎？

曾記得在你病得沉重的那天，還叫父親去請醫生，還求醫生好好的診治，很顯然是你不願死去。

啊！我知道了：

你的病不過是稍重的傷寒吧！在醫生瞧過你的病之後，便給你抓了一服湯藥吃，但也沒有什麼功效。接着又吃了兩服，反而病體愈加沉重了，竟至第二天晚上（六月七號的黃昏）離我們遠逝了。

總之，你看爲了繁重工作的壓迫，沒有顧及到你的身體，而致死的。是因中國醫學的幼稚而致死的。原君，在成千成萬的青年比你死得還更慘的時候，我還有什麼話可說呢？

她

鑾

唉！人生簡直的虛偽到極點了，處在這痛苦的人生中，以致使一般青年趨於無可奈何的自殺。苦悶的社會，虛偽的人生，真令人不堪而慄呀！

她離開了牢獄般的學校

從斜風細雨中回到她相隔百里的故鄉，滿望着到家中能調節調節她那板滯的生活，誰曉得到家以後，馬上感覺到現在的實現同她的希望恰相反了。

雖然有小妹妹的作伴，終日在談笑着，唉！她怎能將她心內底痛苦消去呢？

一日她在屋內悶坐，兩目緊緊地釘着牆壁，好似在思索，在默會。陽光幾縷，從窗隙中射來，洒在她的臉上，她像在作黃金般地微笑！……

嚴冬的日子過得特別快些，轉瞬之間，已屆舊曆的新年。年關在民間熱鬧得很：爆竹不斷的響，幾乎要把耳鼓振破。香氣瀰漫着天空。「元旦」的早晨，人們都換了新衣服，新帽，新鞋……：似乎革新了自己。然而當新知還是十八世紀的舊物，所謂新年之中，也總演那時老戲，鬧得五花八門。

但是無論怎樣的熱鬧，總引不起她一點注意。在她總覺得年關如何地討厭呀！人們的歡笑聲，總掩不盡她心內的悲哀！

如此一天天的下去，不覺又到開學的日期了，她心中很快活起來了，因為她想離開了乾枯無味的家庭。到校內，她一顆紊亂而煩悶的心應該會平定而快活了。

誰知道老天不能如人願，偏偏又和她的理想相反。

她到校後，一般同學任意的嘲罵，譏笑，刺激……她好似失了神經作用的人了，好似一個呆子。

她機械般地去做功課，做完了便獨自呆呆的立在院中。

叮鐺！叮鐺！時鐘鳴了起來，這時候呆子也被時鐘驚了。她渡往寢室內來了，躺在牀上，兩目無淚直往下淌。（未完）

墮落

松濤

（四）

學校已放了春假。

筱波心中很焦急，在寢室裏，渡來渡去，散亂的步驟，把室內寂靜的空氣冲破了。

「張先生！有一位女士來找你」。傳達站在門前喊了一聲。

他一步一跳跑到會客室裏來。

「姐姐！你來了嗎？我久已等煩了。」秀娟正坐在長凳上出神，聽了這句話，忙站起來，笑着答道：「你沒有出去嗎？」

閒談了一陣，筱波提議道：「城南一里多路，有一個大桃林，我想，現在正開熱鬧，咱們到那裏去散步吧！」

他們剛走進桃林中，秀娟從衣袋內掏出一封家書，遞給筱波，微微地嘆息。原來他家中給她訂婚了。

他看過，收拾好，仍交給秀娟，面上浮現着一層苦笑，懷裏滿腔嫉妬。

「恭喜！恭喜……」

「我已經給母親寫信拒絕了！」秀娟覺得筱波的話，飽含着辛辣的滋味，肥美的雙頤上，泛起了兩朵紅雲，忙搶着辯道：「波弟！你放心吧！我不說嗎？我的這顆心是屬於你的了。」

筱波深沉着臉，只是默默的站着，不言不語的。

秀娟有說不出的難過，淚珠兒一個兩個從眼中掉下。

靜默了一陣，秀娟又接着說道：

「波弟！你想：一個不識面的人，不知是愚，是蠢，是醜，是俊，我能願意和他訂婚嗎？波弟你總該相信我吧！我早已拿定主意：身體是可以毀滅的，志向是不可奪的。只有你才配接受的愛，我的愛永久只會向你傾洒。」

這時：桃枝上的蜜蜂在嗡嗡的哭，桃花在紛紛的落淚，世界變成煩惱的了。

（五）

暑假他們畢業了。

秀娟拋去婉言與父母要求解除和趙家所訂的婚約，結果得到的是——父親的白眼，母親的辱罵，及失學的命運。

她的母親，慈祥的心腸變得這麼很，不能不體貼她[illegible]心，並加以嚴重的反[illegible]辱罵。

她是一個弱者，她患懸劣的情緒散之[illegible]下？時一個孱者，她則無法子抵抗了，只好嗚嗚咽咽的哭，長時自垂淚。

她的精神頹喪已極，身體更憔悴得不堪言狀，嫩白潭紅的臉，消瘦了，黃了。

全家把她像罪囚似的嚴密的監視着。

秀娟被禁在同學家，從一個不知世事的十歲上下的女孩子口中，知道趙家的次子，是那麼醜陋的一個人，矮矮的身材，滿面豆大的黑麻子，凸凸瓜瓜的。她破碎的心靈上又添了一顆巨大的創痕。

秀娟雖然心事未隨，可是已滿城風雨。趙家也發覺了，忿恨異常。

廢曆臘月初二日，趙家派兩個人，騎着馬，肩上負着黃包袱，來秀娟家討年命，預備明年正月十七日娶。

現在秀娟已懨懨纖弱不禁風，她的父親用善言把來人推却去了；初四日又來討，推却不了，只好央人到趙家去相商，趙家復不允；初六日再來討，她的父親只好忍痛答應。

那兩個負責包袱的人，就好像一枝催命的利箭，嗖的一聲，把秀娟破碎的心射透了。

她彷彿失去了靈魂似的，行不知止，食不知味，兩隻眼盯着一個地方多時不會轉動一下。第二天便病倒在牀上，吃了數劑藥，那裏能醫得好她的心病呢？依然沉重下去。

現在她的父母懊惱了，也覺得她們的女兒太可憐了，可是已至無可救藥之地步。

（未完）

補白

編者

在上期補白中，我說了這麼一句：『我沒有別的希求，但願多收幾件稿，使我自己有個選擇，讀者也可少看幾篇刺眼的文字！』不幸，把「看」字印掉了；這很容易誤解成叫讀者少「寫」些刺眼的文字。話不能這樣說，因為隨便誰寫文章，自己都感覺着刺眼，是不會拿來發表的。譬如：

花呀愛呀的濫調，在我看着很刺眼；然而我們底戀愛詩人會說他是在抒寫至純至潔至熱至烈的愛的情緒。運用才子底「生花之筆」寫些正「世道人心」的詩歌，在我看着也很刺眼，然而我們底道學詩人會說他深深「風人之旨」。還有，咱們中國人特別多才：板起面孔就講經，穿上青衫就風流。你要摸不清他底竅，真也能叫你迷死！

這就是我所謂刺眼！自然，也有確實使我賞心悅目的文字。我很高興，青年作家已經能在社會生活中找自己底創作主題。

古人箴言

三，人不知教子孫，但為之營生，不為子孫積善，但為子孫積財，多積不義之財，以貽不肖子孫，其敗尤速。安得為智。

四，為祖父而以財貨貽子孫，是愚之也，是戕之也，非賢祖。父吳為子孫而望祖，父以財貨貽之，是欲自愚也，是欲自戕也。非賢子孫矣。

豐縣縣黨部圖書館書籍介紹

社會

（社會問題）

號	書名	著者
393--2	世界人口問題	黃新民
--3	人口論ABC	孫本文
--4	婦女與社會	伯伯爾
--5	耕者要有其田	嚴仲達
--6	童工	沈丹泥
--7	工會組織研究	段壽光
--8	失業人及貧民救濟政策	馬君武

（婦女）

號	書名	著者
394--1	中國女性問題討論集	
--2	世界婚姻奇談	
--3	性教育法	鍚廷維
--4	男女問題	
--5	性與遺傳	周作人
--6	戀愛論	加本特
--7	婦女自覺史	高　壆
--8	蘇俄的婦女	孫　亮
--9	新俄的婦女	近藤榮藏原

中央廣播無線電台節

六月十九日　星期三

八，一〇　西樂

八，三〇　新聞

一一，三〇　平劇　氣象報時

商情

子胥逃國　移

花接水　廿二

本彭公案　遷

環套一至四

梅妃　焚棉山

西施　青風

亭　斬鄒文

平劇及歌曲

大宮　入面

桃花　木蘭從

軍　自勵　毎

天二十時　向

一九，〇〇

二〇，〇〇　前奮鬥　我是音樂家　簡明新聞氣象　長江水位報時

二〇，一〇　時事述評　關於國際時事問題

二一，三〇　新聞　國樂及平劇　陽春曲　醉漁唱晚　陽關三疊　霧上曲　劉備託孤　易鞋記　西郎探母

二二，三〇　總理紀念歌

中華民國二十四年七月四日 豐報 （星期四） 第一版

豐報

◎第八二〇號◎
●社址豐縣大同街●
中華郵政特准掛號認爲新聞紙類

豐縣教育局啓事

王永科、龐連逢、李瑞增、戴汝學、龐斌、渠時行、王德昆、王[illegible]峯、馬樂三、劉傳同、王光祖、劉像修、孫緯興、張明英、彭元和、王效惠、李仲和、丁正路、張瑞麟、袁逸亭、尹文信、趙立品、渠時彬、李厚純、邵長松、孫裕洲、邵則民、李乃欽、蔣天瑞、丁道義、李進賢、劉廣成、王祖漢、江照瑞、彭元忠、常薪、王作善、李善芝、李效思、張子信、李登新、劉慎晚、劉德著、王汝格、劉明錦、趙正心、劉德粹等：請迅辦二寸半身照片二張、許可狀費一元、限於七月十八以前送繳來局、以憑彙轉、而便核發無試驗檢定合格許可狀、事關懸令、勿再延誤！

中外要聞

蔣委員長召各縣回籍善後代表訓話
二路軍確收復北川城
蕭賀殘部犯恩施未逞

▲中央社成都一日電 蔣委員長今晨七時、在省黨部召各縣回籍善後代表訓話、到八十五人、蔣親自點名後、勉各士紳大公無私、領導民衆、救川救國。

▲中央社成都二日電 我二路軍佔領三層岩後、繼即強渡於一日晨許前九時、確收復北川城、匪退北川後高山 我軍已推進至瓦宮竹林之後、向匪攻擊。

▲中央社長沙三日電 徐源泉二日電湘、請蕭賀兩匪、潰竄已施樹園一帶、迭日經我軍迎頭夾擊、殘匪甚多、獲槍八百餘枝、殘匪分向東門關寶塔山逃竄、劉燕軍正向匪包圍中。

▲中央社長沙二日電 陶廣電告、蕭賀殘匪竄犯恩施未逞、刻向要門關逃竄、羅樹甲電告、湘鄂大軍、擊潰殘匪、徐匪殘餘向牛山老巢潰退、劉[illegible]軍正[illegible]追擊中。

陳公博赴滬探汪院長病

▲中央社南京三日電 實業部長陳公博、今晨出席中央政治會議後、乘機飛滬、聞陳氏此行、係探視汪院長病、三日內返京。

▲又汪院長在滬診病、須兩週左右始可返京、行政院重要事務、由孔副院長主持、其日常事務 由褚秘書長、及彭政務處長、分別負責處理。

▲中央社南京四日電 汪院長因病赴滬就醫、昨日行政院所屬各部會長官孔祥熙等、去電慰問、今接汪院長復電云、冬電敬悉、賤恙承注甚爲感激、據醫生云、症狀雖險如數日內熱度不再繼增、可望轉機、請紓厪念 庸之兄添勞有感。

商震昨由津赴平

▲中央社天津三日電 商震三日午後四時許、離津赴平、商談、在平約留一二日、待各省委聚齊晤面後、即赴保就職、如無耽擱、當早日舉行。

▲中央社張家口三日電 蕭振瀛一日夜由平返張、復於三日返平。

黃紹雄朱家驊奉召入川

▲中央社南京三日電 浙江省府主席黃紹雄 奉蔣委員長電召、於今晨六時由滬乘福特機入川、八時過京、在明故宮機場降落、軍政部長何應欽等、均在機場歡迎、黃何並在機場談十餘分鐘 交通部長朱家驊 亦因奉召、當與黃氏同機 旋即西飛、預計今日上午十一時可到漢略停、[illegible]五時前可抵成都。

中[illegible]昨舉行四六四次政治會議

▲中央社南京三日電 中央政治會議、於今晨舉行第四六四次會議、主席居正、決議（一）追認國府明令特派顏惠慶、郭泰祺、爲出席第十六屆國聯大會代表、（二）追認國民政府明令任免河北省府主席、委員、及各廳長案（三）追認國府明令任命陝西省府主席邵力子、兼民政廳長、（四）追認國府明令准天津市長王克敏辭職、任命程克爲天津市長。

總理遺囑

余致力國民革命凡四十年其目的在求中國之自由平等積四十年之經驗深知欲達到此目的必須喚起民衆及聯合世界上以平等待我之民族共同奮鬥現在革命尚未成功凡我同志務須依照余所著建國方略建國大綱三民主義及第一次全國代表大會宣言繼續努力以求貫徹最近主張開國民會議及廢除不平等條約尤須於最短期間促其實現是所至囑

湘省府決定合署辦公實施辦法

▲中央社長沙二日電 二日省府常會、通過合署辦公實施辦法、切實書以省府名義行之、各廳處辦公地點、暫不移動、定十五日開始辦公。

滇本年普考計劃決定

▲中央社昆明二日電 滇省本年普通考試、已由教廳擬定考試種類日期、及地點、呈省府核准、轉咨考選會轉呈公布。

蔣大使返國館務由丁紹伋代理

▲中央社南京三日電 蔣作賓大使、定五日啓程返國、關於大使館事務、由參事官丁紹伋代理。

國府糾正下半旗辦法

▲中央社南京二日電 國府頃訓令及直轄機關、略稱、按國旗使用、有關觀瞻、過去每遇奉令下半旗紀念日、民間商店住宅、一律懸旗、方式茲參有似慶賀、極應加以糾飭、以崇禮制、按經本會第一七四次常會決議、凡下半旗之日、除機關門首向有旗桿 每日必升旗者應照下半旗外、其餘一律不得懸旗云。

高考籌委會昨日開會

▲中央社南京三日電 考選委員會本年高等考試籌委會、今日上午九時、由召集人考選會副委員長許崇清 召開第四次籌備會至十一時許始散、聞此次會議 係討論本年高考之舉行地點、決定分爲京、平、粵、陝四區同時舉行、爲辦理考試[illegible]利計 將設立兩[illegible]試委員會、大概將來分設於首都廣東兩處、其餘未有典試命者、將設辦事處、以便就近辦理考試事宜。

中國教育學會定期開理事會

▲中央社南京三日電 中國教育學會、定七月六日下午四時、假上海大夏大學舉行全體理事會議 討論關於本屆年會地點與日期 聞居[illegible]仍舊、（原定七月十一日至十三日在北平師大舉行）、以及其他一切重要會務、又聞該會會員、已有不少提案及論文、送交理事會、俾提本屆年會討論、宣讀。

西北文物展覽會展期舉行

▲中央社南京三日電　新亞細亞學會、開發西北協會、西北問題研究會、共同籌備之西北文物展覽會、原擬本月十五日在京舉行、現因爲擴大展覽起見、籌備之事極多、將不如期舉行、開會時期、已展至九月。

鐵部通令整頓客運

▲中央社南京三日電　鐵路營業、客貨並重、鐵部以貨運方面業已辦有負責運輸、力圖改進、至客運方面、已經令飭各路同時整頓、並以安全迅速舒適爲原則、茲根據運輸會議決議、特[illegible]令[illegible]前令通令整頓客運、銳意整飭、尤應注意三四等車之改善。

招商局與北甯路辦理水陸聯運

▲中央社上海三日電　招商局與北甯路辦理水陸聯運、以塘沽爲聯運總站、前門、豐台、天津總站、唐山、爲聯運站、招商局以新銘、新豐、泰順、遇順四輪爲聯運輪、八月十五日前可望實行。

邵元冲返蘭州

▲中央社蘭州三日電　邵元冲[illegible]在[illegible]隆山游覽完畢、二日已同其返蘭。

甘鹽稅收歸中央管理

▲中央社蘭州二日電　甘省鹽稅、收歸中央管理、甘權運局、趕辦交代、預備移交、甘甯鹽稅總局、接財部飭甘省中央銀行、在國庫內月撥五萬元、協助省用。

昨日各地長江水位

▲中央社漢口三日電　漢口江漢關三日下午四時、接各地水位報告如下、渝一〇・四二公尺、宜昌一一・八八、沙市九・二公尺、岳州十四・六九公尺、長沙[illegible]、漢一四・〇二公尺、蕪一三・七四公尺、安慶一一・[illegible]六公尺、以上爲三日長江水位

▲中央社漢口三日電　防水會委員[illegible]下午五時分乘汽艇二輛、出發沿江、轄至張公堤等處、視察各段堤防、[illegible]時始竣事、據談、目下尚無危險之虞、惟觀今後水勢如何、竭力救護、不至發生危險云。

粵漢路將向英定購大批材料

▲中央社倫敦三日電　今日消息、中國購料委員會、不久將代粵漢路向英定購客車四十輛、鐵軌四萬噸、及各種用件共值英金二十三萬磅。

我國在越南設[領事]館正籌備

▲中央社南京三日電　外交界息、[illegible]商專約、業經兩國政府通過、惟換文及發表日期、尚未約定、一俟約定、即正式公佈、至我國在越南[設]領事館事、現正在籌備中。

施肇基就任大使職

▲中央社南京三日電　我國駐美首任大[使]、已由國府明令發表、特派原任駐美公使施肇基氏[充]任[illegible]大使、奉命後、已於昨日照會美外交部、就任新職、[illegible]國書寄到後、即與美外部約定遞國書日期。

波外長報聘柏林

▲中央社華沙三日電　外長貝克赴德報聘、已於今晨十時首途、據政府機關報推測、貝克將與[illegible]討論東歐公約問題。

英下院定期討論政府外交政策

▲中央社倫敦二日電　下議院定本月十一日表決外部預算、順便討論政府外交政策、不管部閣員艾登、[illegible]間決意結果、屆時將成爲辯論主體、

各縣對區運動會經費按教費多寡分担

應於區運十日前匯交主辦縣

▲江蘇社　蘇省第四屆全省運動會、規定分八區、先舉行分區運動會、其舉行地點在鎮江、無錫、吳縣、松江、南通、江都、淮陰、銅山、八處、而參加各該區之縣分、對於區運動會經費、前據教廳[illegible]會討論時、有主張擬定一總數、[illegible]均攤負責者、[illegible]以各縣教費之多寡比例分担、當時因須由教廳第四科、將各縣教育經費列表核算、[illegible]比例分配辦法、[illegible]決定、[illegible]各分區運動會[illegible]編列預算、[illegible]由各該區所屬縣分、於除去[illegible]分担之、其區運經費、各縣應於區運動會前十日[illegible]主辦縣政府教育局、至主辦區運之縣、[illegible]以維持經費數目、若有超出預算、而籌委會不予核准[illegible]由主辦縣單獨負担、各區[illegible]運動會選手[illegible]經費、亦應入區運經費、依前法分担、不得因各縣被選人數之多寡以比例分担云

各地方商店不得冒稱合作社

蘇省府奉令飭屬取締

▲江蘇社　蘇省府今奉軍事委員會委員長行營訓令、各地方商店不得冒用合作社名義云、案奉國民政府軍事委員會[illegible]地方商店冒用合作社名稱、[illegible]合作社[illegible]四條之[illegible]、[illegible]取締、合作[illegible]、茲此、合亟[illegible]附原令[illegible]仰該縣長[illegible]即[illegible]取締爲要、附原令[illegible]一般商人[illegible]使[illegible]即在合作之権利[illegible]不能[illegible]少數人、而分配於合作社之多數人、蓋普通商店、其經利[illegible]、此外主顧[illegible]等十[illegible]分潤、本委員長[illegible]各[illegible]農村[illegible]、國民經濟[illegible]救濟[illegible]合作社[illegible]制、合作社[illegible]組織[illegible]之原[illegible]及[illegible]負責任、須於名[illegible]、以[illegible]利爲目的者、不得[illegible]冒用合作社[illegible]名稱[illegible]、[illegible]之利者、不惜[illegible]及[illegible]名[illegible]職責、[illegible]予以取締、不足以[illegible]效尤、茲規定嗣後各地方合作[illegible]、凡未經所在地主管官署核准登記、與夫商店營業冒稱合作社者、應一律[illegible]其[illegible]作社名稱、如有違抗、即依行政執行法處罰[illegible]合亟令仰該省府即便遵照、並轉飭所屬主管機關及各市政府一體遵照、切實取締爲要、此令。

蘇省令各縣嚴禁烟毒舉行宣講大會

每隔二個月舉行一次　印簡短條示廣爲張貼

▲江蘇社　[illegible]政府軍事委[illegible]員會[illegible]長行營[illegible]以上[illegible]登記[illegible]有數月、吸食者[illegible]既已成績斐然、亦欲徹底[illegible]絕、自非更進一步嚴定程序、使腹地[illegible]遠各省[illegible]同時並進、不爲功、否則本源不塞、其[illegible]實於『禁政前途[illegible]大』、爰復頒訂禁烟兩種實施辦法、已誌本報、於頒行各種有效條規以外、再加以[illegible]及詳明嚴密之補充[illegible]廣其實施範圍、[illegible]法之主旨、[illegible]逐步加緊[illegible]且使地方官長[illegible]界、打成一片、共同努力於[illegible]毒之[illegible]、故對[illegible]品之規定、自[illegible]一五[illegible]以[illegible]徹底[illegible]禁絕之限[illegible]所使吸[illegible]品之人、在第一年內、咸得自動[illegible]以自新、[illegible]之意、如有[illegible]振拔者、則延至[illegible]處期刑、過此[illegible]六年後則一律[illegible]稍寬假、至[illegible]製造[illegible]徒、則無論何時[illegible]對於禁[illegible]方面、[illegible]禁絕期限、即自二[illegible]至二十九年底爲止[illegible]發禁毒禁烟兩種實[illegible]令行省府飭令所屬[illegible]政府奉令、特[illegible]令縣府遵行、並飭[illegible]形、隨時具報、其[illegible]爲（一）省政府印[illegible]陳同國民政府軍事[illegible]員長行營頒發嚴烈[illegible]行條例[illegible]及禁毒實[illegible]分發各縣[illegible]貼、（二）[illegible]市鄉恪遵『[illegible]年禁[illegible]旨、認眞辦理[illegible]施辦法第十條之[illegible]宜[illegible]勸導、並於文[illegible]內召開第一次[illegible]會、每隔二個月[illegible]三、印發『製造[illegible]品者處死刑『吸用[illegible]嗎啡針未依調戒絕者處死刑

、之簡短條示廣爲張牌（四）供給製毒之房屋、製造運輸販毒品人犯之私人財產一律沒收充公、並照章作成獎勵舉發人及承辦人、（五）各縣縣政府、應將境內吸嗎啡毒品、私打嗎啡針人犯約數、施以估計、並就原有戒煙所或戒烟醫院、擴充兼戒煙事宜

郵務人員 服務應謙和

如確有不合之處 准人民書面報告

△江蘇社 郵政局前日發出通告云、查郵務員工、應謙以律已、和以對外、業經三令五申、茲再將各局辦公地方、將本局辦公鐘點、及每日値班人員、姓名揭示、俾公衆便於接洽、如各該人員確有不合之處亦可用書面敍明事實及發生時間、與値班人員姓名、報由該局主管人員核辦、特此通告。

體育暑期講習班 定本月中旬開課

各縣報到者已有百餘人

△江蘇社 教廳前令各縣教育局長、轉飭體育場場長及中等學校教員等、利用暑期之暇、來省受訓、由教廳舉辦暑期講習班、並請中大體育主任吳蘊瑞、中大體育科教授程登科、吳仲歐、省立鎮江體育場長吳邦偉、省立南京體育場長張東屏等爲教授、並限各縣體育教員場長等、於七月十一日至十三日報到、十五日正式上課、現各縣向教廳報到者、已有百餘人、聞全到約二百餘人、其中女性約七八十人、茲悉受課時間、每日上午七時半至十二時、下午四時半至六時半、對於教材、現由各該教授等設計編訂中云。

江蘇省組織 國貨工廠聯合會

定本月十日在鎮江成立

△……鎮江及蘇揚已有百八十餘家參加……◎

△江蘇社 蘇省各國貨工廠、前接上海中華工業總聯合會函稱、現與國貨產銷合作協會、爲發展蘇省國貨產銷起見、特發起組織江蘇全省國貨工廠聯合會、業已成立籌備委員會、負責進行一切、定本月十日在鎮江舉行成立大會、並在上海設立辦事處、請即派員參加云、聞該會籌備委員會成立後、即分別函邀各地各國貨工廠參加、上海參加者、四十餘家、餘如本埠及蘇揚內地加該會之工廠、已有一百八十餘家云。

蘇教廳念三年度 中心工作進行一斑

大部分成績甚佳繼續進行

△江蘇社 蘇教廳二十三年度一部份中心工作、前經記者探悉、如辦理「試行生活學校」、已於江都縣劃立生活學校數所、試行成績甚佳、聞將繼續推行「訓練地方教育行政人員」曾於去秋召集各縣督學全體來省訓練、期滿畢業、仍回原縣服務「督促小學教員進修與獎勵辦法」由廳出版小學教師刊物等、並訂定江蘇省小學教員進修目標及征求成績獎勵辦法「改進指導地方小學方法」設置地方初等教育指導員、每師範區兩名、本年度所指導之各地方小學、均經教廳指定成績較差之小學、切實指導、一面厲行改良私塾一照廳頒辦法、令縣開辦塾師訓練班、切實加以良、成効大著、現塾師與地方教育行政當局、取得聯絡、「完成幼稚園小學課程標準編訂工作」、一編訂本省小學適用教材」「及編纂鄉土教材、因慎編訂、及內容繁雜、整理需時、除一部份完成外、仍須於二十四年度繼續編訂云。

蘇省土地面積統計（續）

共計一萬六千三百餘萬市畝

阜寧東臺最大揚中川沙最小

（縣別）	（總面積（市畝））	（本地面積）	（山地面積）	（江湖水地面積）
泰興	二、〇八八、三七五	二、〇八八、三七五		
沛縣	二、〇五八、七五〇	二、〇八八、七五〇		一五、三七五
江陰	一、八一五、〇〇〇	一、八一五、〇〇〇	五一、三七五	一六二、三七五
無錫	一、六六三、八七五	一、六六三、八七五	九一、一二五	二〇八、八七五
海門	一、五六四、八七五	一、五六四、八七五		三四二、〇〇〇
碭山	一、九〇六、五〇〇	一、九〇六、五〇〇		
豐縣	一、八五七、七五〇	一、八五七、七五〇		
啓東	一、二八三、二五〇	一、二八三、二五〇		四八〇、七五〇
吳江	一、七三二、五〇〇	一、三二〇、三七五		四一二、一一五
鎮江	一、五六九、七五〇	一、三〇九、五〇〇	一三八、三七五	一、一一二、八七五
丹陽	一、五五九、二五〇	一、五三三、七五〇	一三、八七五	一一、六二五
金壇	一、五四七、二五〇	一、一〇七、三七五	一二〇、〇〇〇	三一九、八七五
南匯	一、五〇〇、三七五	一、四九七、三七五		三、〇〇〇
溧水	一、四七七、八七五	一、一七三、三七五	一七五、五〇〇	
太倉	一、三三八、七五〇	九五五、五〇〇		三八三、二五〇
松江	一、三〇三、一二五	一、二九五、六二五		七、五〇〇
江浦	一、二三八、二五〇	四〇〇、一二五	七八九、〇〇〇	四九、一二五
寶山	一、二〇〇、〇〇〇	六九一、五〇〇		五〇八、五〇〇
崑山	一、一九二、五〇〇	一、一三四、〇〇〇		五八、五〇〇
高淳	一、一六六、二五〇	九六九、七五〇	三一、一二五	一六五、三七五
靖江	一、一〇五、一二五	九三二、六二五	—	一七二、五〇〇
儀徵	一、〇八七、八七五	九八五、八七五	一四二、三七五	五九、六二五
青浦	一、〇四八、五〇〇	八六三、〇〇〇	三、三七五	八二、一二五
奉賢	八七九、七五〇	八七九、七五〇	—	—
上[illegible]	八〇七、三七五	七七四、〇〇〇	—	三三、三七五
[illegible]	六九一、五〇〇	六九一、五〇〇	—	—
[illegible]	五六五、八七五	五六五、八七五	—	—
[illegible]	四三一、六二五	三四七、二五〇	—	八四、三七五
[illegible]	一五六、三七五	一五六、三七五	—	—
[illegible]	六三、〇二三、〇〇〇	四三、三六二、八七五	一〇、九二三、三七五	二、七三六、七五〇

（完了）

本縣新聞

縣農會舉行第二次幹事會議

本縣縣農會於昨日下午四時在該會會議室舉行第二次幹事會議、出席彭世亨、紀詠吳鳳樓、報告事項、一、種籽貸款業已截止、計全縣貸款者十四鄉鎮、合計洋一千八百一十九元、二、湯前縣長重徵田賦退款、業已結清呈報、計過期未領者六百十三戶、台洋二百八十三元九角七分六厘、三、縣區農會職員及評議員、於六月二十五日合併舉行宣誓就職典禮、並開聯席會議、四、評議會第一次常會、推定劉美樹為主席、吳時融為秘書、五、各區組織農業產銷保證合作社情形、六、本會依照第四次會員大會決議、錄案呈請縣政府開辦農業人員訓練班、現已奉到指令、飭候防農業推廣所酌核辦理、七、本會前請縣政府刊發各鄉農會圖記、並請補發二區區農會圖記、業已奉到指令、飭本會自行刊發、呈報備案、乙、討論事項、一、應確定各區農業倉庫營業員案、決議、令各區農會按照各該區倉庫數目、加倍保送、由本會核定、二、應擬定各下級農會服務人員獎懲辦法、以增工作效率案、決議、推幹事吳鳳樓草擬、交下次會議討論、三、奉縣政府奉轉專員公署令飭復該重徵總數及餘款用途、應如何辦理案、決議、(一)根據退款清冊核復、(二)商同款產處擬具餘款處置辦法、分呈縣政府縣黨部核辦、四、應確定各區農業產銷保證合作社成立日期案、決議、第一區七月八日、第二區七月九日、第三區七月十日、第四區七月十一日、第五區七月十二日、第六區七月十三日、第七區七月十四日、五、閉會。

本報擬擴大篇幅 正裝修大號印刷機

本報自開辦以來、將近二年、篇幅雖逐漸擴充、仍嫌太小、擬自本年度起、擴大篇幅為對開、惟舊有之八號印刷機一架、因久未使用、銹壞頗甚、且零件亦殘缺不全、當由本社函商上海華豐造機廠、派人前來修理、該社隨派工程師已於前日來縣、昨日即開始修理、據檢查機器主要部份、並未損壞、將零件製配齊全即可使用、一俟呈請添購新號鉛字之鑄字機、即可每日刊行對開報一大張云。

廚司業職業工會舉行第五次理事會議

決議改推張玉樓担任常務職務

廚司業職業工會、於前(三)日下午七時、假縣黨部閱書報處舉行第五次理事會議、出席胡東明、張玉樓、吳昌隆、洪慶林、王昇高（王昇德代）、劉席武、[illegible]、卓九皋、主席胡東明、報告事項（略）、討論事項、一、胡理事東明近以業務繁忙、擬請辭去常務職務、應如何辦理案、決議、甲、准予辭去常務職務、乙、用票另選、丙、張理事玉樓以四票當選為本會主席、二、本會設立瓷器出賃所、近以器具不敷出賃、擬增添購新瓷器、所需款項、應由何種款項動支案、決議、除由本所收入賃金項下撥付外、不敷再由各館分攤、三、下午八時半閉會。

實驗鄉公佈 重導復新河各保攤款數目

最多者每畝七分二厘 最少者每畝四分一厘二毛

實驗鄉鄉公所於新河工程完竣後、即通令各保長限期將浚河用費、造冊呈核、現該項賬目、業已審核完竣、每畝攤款數目、各保稍有不同、計第一保七分二厘、第二保六分二釐、第三保五分九厘、第四保六分四厘、第五保四分七厘六毛、第六保四分九厘零八絲、第七保五分四厘、第八保四分三厘二毛、第九保四分九厘二毛、第十保五分、該鄉公所業已通知各保居民按照上列款數繳交各該保長、其有當出之地、准照實支款數向當戶討要、如有朦混多索情事、應以詐欺取財論罪云。

黨政各界連日歡宴王師長

國民革命軍第八十七師師長王敬九氏、日前回籍省親、本縣黨政工作人員、與王多係舊雨、久別相逢、歡忭異常、縣長王流先前日特宴請王氏、請各界作陪、各界復於昨日下午七時假縣黨部舉行公宴、並請王縣長張會計主任作陪、共到賓十二十餘人、席間且飲且談、並傳授戰略、一時觥籌交錯、笑語軒騰、至十時始盡歡而散。

參觀鄒平定縣報告（續）

王子齡 董雪山

2、教育

鄒平自政教合一、學校教育和社會教育更不分家、全縣無一專設的社會教育機關、設立鄉學村學的情形、上邊也已經說過、不過村學既未能普遍設立、縣學亦未實現、所以在這裡專提出教育一項來說一說：

鄒平自二十二年七月起、依照梁漱溟先生的「社會本位的教育系統草案」試行、按該草案的社會本位教育設施、鄉有鄉學、區有區學、縣市有縣學或市學、國有國學、在一縣裏邊、應當有鄉學區學縣學三級、但鄒平因區已撤止、故無區學、現在的村學相當於原訂的鄉學、現在的鄉學相當於原訂的區學、除鄉學村學以外的學校、略述如下：

A、縣立簡易鄉村師範

鄒平縣立簡易鄉村師範學校、按梁漱溟先生的「社會本位的教育系統草案」、就是縣學的師範部、它的宗旨是在培養鄉村人民與兒童所敬愛的導師、將來不但能教兒童、並且能教成人、更重要的是要能教整個的鄉村、啓發領導着全體的鄉民來推動社會、組織鄉村、

（一）實施標準

（ㄅ）啓發人生向上 ｝——自達達人
（ㄆ）充實基本學識 ｝

（ㄇ）訓練勞動習慣——自養養人

（ㄈ）培養軍人氣概——自衛衛人

（二）實施方法

（ㄅ）師生共生活同甘苦、使學校有親愛和睦之家庭氣味。

（ㄆ）避免偏、訓教分家、將整個生活納入教育範圍中。

（ㄇ）一切學問皆以做為中心、實行教學做合一。

（ㄈ）實施勞作訓練、使身心並用、化除勞心勞力之階級觀念。

（万）破除學校與社會之隔閡、盡力使學校生活與社會生活打成一片。

（ㄉ）以宇宙為教室、以與人類攸關之事物為教材。

司法欄

縣政府司法批示

▲刑事原告狀人張廣雨、一件、為傷勢沉重、請求羈提被告到案究辦由、狀悉、准傳訊究、此批、

▲民事原具狀人劉鴻恩、一件、為措借老賬、歷年不付、懇求傳案飭追、免與國稅由、狀悉、候傳訊核判、此批、

▲民事原具狀人高永立等、一件、為不服判決、請求依法強制執行由、狀悉、候傳案執行、此批、

▲刑事原具狀人劉世來、一件、為蠻嫂被拐、改嫁他人、請求備案、免再欺詐由、狀悉、姑予存查、此批、

▲民事原具狀人孫關氏、一件、為犯重婚、請求傳案依法判離由、狀悉、候定期傳案審理、此批、

法庭審理案件

七月

八日審理齊運坤訴石振山騙誘案。

八日審理吳立山等盜匪案、

八日審理史爲升與史濟[illegible]基案、

○○○○○○○○○○○

本城糧價

名稱	每市斗價目
小麥	最高二千五百三十文 最低二千四百文
大麥	最高一千五百文 最低一千四百文
黃豆	最高二千一百五十文 最低二千一百文
黑豆	最高二千一百文 最低二千零五十文
綠豆	最高二千八百文 最低二千七百五十文
江豆	最高二千三百文 最低二千二百九十文
高粱	最高二千二百文 最低二千一百五十文
穀子	最高一千九百文 最低一千八百文
稷子	最高一千八百文 最低一千七百文
芝麻	最高三千四百五十文 最低三千三百文
青豆	最高二千一百五十文 最低二千一百文
花生每斤	最高二百一十文 最低二百文
瓜子每斤	最高三百二十文 最低三百文

鳳鳴塔

第一二〇期

一，本刊內容分科學常識論著詩歌小說戲劇散文書信書報介紹及批評等項
二、本刊歡迎投稿來稿文言白話均可
三，來稿本社有修改權不願者應先聲明
四，未經登載之稿除預先聲明者外概不退還
五，本刊編輯部設豐報社內

漫談

再談描寫

林

寫活的自然，活的社會，活的情緒，這是文學底各部門須要共同遵守的一個公律。簡括點說，就是：反映現實！

但是文學底各部門有着不同的性質，因而也就有不同的描寫技巧。例如：

『萬里赴戎機，關山度若飛；朔氣傳金柝，寒光照鐵衣。將軍百戰死，壯士十年歸。』

這是詩的描寫。詩總是集中精神去描寫一定的現實基礎上所發生的「氣象」「和情緒」。詩有時和電影一樣，用「特寫」。『白髮三千丈，緣愁似個長。』你讀着這樣的句子並不覺得誇大，倒反覺得把一個人底遲暮之感寫得非常的切實。

小說就不同了，要的是細膩，但不是庸俗的紀錄。要寫戰爭，牠並不必要把戰爭起因，經過，結果，歷史地寫牠一遍；而是選擇戰爭中的一個場面加以細膩的描寫。因爲任何社會現象都有牠底因果關係，所以真實地寫「一個場面」就可以暴露全體。而且只有用力去寫一個場面，才能在讀者心中發生效力。但在這一個場面的描寫中，可一定要逼真，活現。不要嚕嚕索索地敘述戰爭是怎樣劇烈，你要具體地去寫一個炮彈如何飛來，如何落下，如何爆炸，人們如何地躲避，如何地被炸死。寫景象，寫動作是小說能命脈所在，最怕的是平鋪直敘。所以小說家對牠所要描寫的生活一定要有深刻的認識。巴爾扎克是天天在巴黎的貧民窟裏串的作家，寫戰爭的雷馬克本人便是兵士。

却不是說詩人可以安住在書齋裏作夢。使人不懂的一哲學詩」，「小詩」，「象徵派的詩」正是詩人底夢囈。

鋤頭

樂岑

場裏見不到碾麥的了；麥楷梨挺着肚皮靜立着，上面還有一層新泥；有的是已乾了，有的還很溼潤。

天氣雖說還沒熱到狗吐舌頭，但你假如在太陽底下走走，脊背上就像背起了個火盆，熱刺刺的炙人難受。空氣好像停止了流動，風也沒有涼爽之感，總夾住烘烘的熱氣。

這幾對於高粱穀子雖暫時的不發生多太影響，可是豆子正需要下雨！透地的雨！這是農民心靈上的要求！

還記得麥後的第一次落雨，地裡已有許多的老農在試探他透「沒有」結果我們都失望的發出不自然的語氣：「這怎好，二指的雨！」一因爲這和他們心上的要求差得太遠了。

幸虧老天爺張開了眼睛，緊接着又擾一瓢水，寬一寬農民的心。地經了這次洗滌雖還沒十分透，但已可下種了！當豆種被埋葬以後，仁慈的上帝又洒下了多情的淚水，農人們御下了一付重擔！

白華華的麥根大多都拔去了。豆種得到了雨水的滋潤，豐料的促攻，芽兒鑽出了地皮；兩個黃綠色的豆瓣肥滋滋的，假使有充足的雨露，牠們一定很快很快地生長上去。

[illegible]日夠不雨，又重旱了。豆子都枯萎不長；只有[illegible]向上伸着頸子高[illegible]的人們了。[illegible]去的偶而也有乾硬的有三四寸被翻[illegible]信這翻動正是好收穫的一個步驟，豐料天充足的野草正須除一下，這正是，最你在將地皮翻動一下，所謂：「一手把着鋤頭鋤野草那末好東西產生的！」鋤去了野草好長苗！」不鋤地約更少不了。地內然，野草可適應天時啊！

臉上皺紋，地上的乾裂經活像老人頭深。農夫還是一天天地加闊加和自然的威力作生死的爭鬥！

詩經今譯（續）

木石

▲氓

氓之蚩蚩，抱布貿絲；非來貿絲，來卽我謀。送子涉淇，至于頓丘，非我衍期，子無良媒。將子無怒，秋以爲期。

獃頭獃腦的傻瓜，拿布換絲到我家下；你那裏是來換絲，你是來和我攀話。和你渡過淇水，送你直到頓丘。不是我躭誤日期呀，你怎的不把媒求？請你切莫生氣呀，等到秋天時候。

乘彼○垣，以望復關；不見復關，泣涕漣漣；既見復關，載笑載言。爾卜爾筮，體無咎言；以爾車來，以我賄遷。

我爬上頹牆，遙遙地望你村莊；不見你人兒出來，忍不住眼淚汪汪；你出了村莊來到，我倆有說有笑。你說你底卦詞，無論什麼都好；那你就拉車來吧，把我的東西搬了。

桑之未落，其葉沃若。吁嗟鳩兮，無食桑葚；

桑葉正在青春，顏色那麼滋潤。斑鳩呀，不要來吃桑葚！

吁嗟女兮，無與士耽。士之耽兮，猶可說也！女之耽兮，不可說也！

女人呀，不要和男人廝混。男人廝混呀，不算丟人！女人廝混呀，人早丟盡！

桑之落矣，其黃而隕。自我徂爾，三歲知貧，淇水湯湯，漸車帷裳，女也不爽，士二其行？士也罔極，二三其德。

桑葉已經焦黃，片片飛落地上。自從跟了你呀，三年受盡了淒涼。還是淇水洋洋，水花濺濕車裳。女人還似從前，男人變了心腸；男人原是難說呀，轉臉就把情忘。

三歲爲婦，靡室勞矣；夙興夜寐，靡有朝矣。言既隨矣，至於暴矣；兄弟不知，咥其笑矣。靜言思之，躬自悼矣！

三年作你的主婦，門裏門外儘我勞碌；天天是起早睡晚，那有一刻享清福。你既心滿意足，翻臉對我發燥，兄弟們假裝不知，盡着嘴兒嗤笑。仔細一想呀，只有自己哀號！

（未完）

晚

常燕[illegible]

一抹的斜陽；
你看哪！
牠發出萬丈的光芒？

○　○　○

看看光芒被吞蝕了，
無邊的黑暗漸漸由天邊升起
光芒的亮光縮短了，
夕陽苦喪着臉兒下山了。

○　○　○

夜氣襲進世間了，
你看，
四圍靜悄悄的黑幽幽的；
你聽，
農夫的僱慣聲，
田雞巡迴的晚風聲，
還有那杜鵑的哀啼。

○　○　○

還有——
不見了夕陽了，
只有晚風搖撼着樹葉嘁嘁作響。
夜幕降下了，
這晚景的蒼茫。

麥後

旭日

說句老生常談的話，先陰過的眞是快，不知不覺，由青而黃的麥子已經從田地間很迅速的大車小輛的運到場上去了，剩下的是一片瓜白地和農夫們一點點血汗的痕跡。

炙人的太陽整天的照射在這一片瓜白的地上，去了身子的麥楂，在太陽强烈的光下，好像鍍上了一層銀光。塵土在空中飛着人好像是掉在熱灰裏了，祇感覺着灼熱，乾燥。太陽昏昏沉沉的走牠的道兒，不管人們是怎樣發慌。

在這枯熱的大地上，雖有幾塊高粱和穀子一類的禾苗，但因澇度和養料不足的關係，僅僅的只能保留着最後的一點生命，眼看着要在太陽的强光下枯死了。就是從前生活在麥子下很活潑的些郭公小蚱蜢現在也抵不過太陽的侵襲，很安分的伏在蔭影下呼吸。在這萬物枯萎的大地上，只有從前蓊鬱的楊柳，還留下縷縷的青條，和炎炎陽光據烈的抵抗。

在生死的戰鬥中，熱風是那麼悶人，空氣是那麼混濁，連狗都在伸着舌頭喘孝了。只有聒耳的蟬聲，好像愈熱愈似的，簡直叫得人心發慌！

農夫終日只是盼望着下雨，使他們血汗的勞動能得一點報酬，但天天總是失望。他們望着這一目千頃的瓜白地，心中想起了租稅，利眼和飢荒。

述懷

潮汐

（一）

我願展開健翅向太空中飛去，
俯看着那滾滾東流的長江的濁浪；
我願乘風舒嘯，
不讓愁懷鎖住我的胸腔！

○　○　○

海天中有美麗的風光，
白雲幻變：漂渺，蒼茫，
蒼海中奏着雄壯的自然的交響樂，
洶湧的海濤映着血色的朝陽。

（二）

我在空中聲聲的嘶叫，
招集我的兄弟，
搧動翅膀向極樂的西方飛去。
那裏的小鳥見人不飛，
吧兒狗也不向陌生的窮人狂吠，
奇花異草透着芳香，
也沒有人打狗，捉鳥，折斷花枝。

（三）

我持立在喜馬拉雅山的最高峯頭，
滿眼的雪濤使我心喜。
呼哨一聲
招呼我們的兄弟，
我們把人類全帶到這來，
同受冰雪的洗禮！

（四）

我去叩地獄的府門，
裡面黑暗如漆，
陰風森森透來羶腥的臭氣。
青臉紅髮的惡鬼戴着王冠，
十八層地獄的抱柱上捆鎖着許多兄弟！
旁邊有惡鬼用鋼錐軋匝，
地上積累着千年的血迹。

（五）

我深信——
大家的唾液可息滅火焰山的火焰！
大家的鐵拳可以打死毒蛇猛獸。
大家鼓起的風波可以摧毀千年的廢物，
火熱的心腸可以慰藉死難的朋友。

短文兩篇

愛廷

▲大家庭

在我們中國，大家庭是很普遍的，到處都有。我也曾在大家庭裡生活過，所以對於大家庭的內幕也略知道一些。

大家庭的每一小股，都打算着私人的前途：避管家的眼，盡量偷偷摸摸，總想把全家的東西，暗拿一部分加到他個人的財產上。他們一面使自己進行，一面還要妨礙着他人的進行，各存私心。他們這樣的互相排斥着，就要發生衝突，因有起了暗鬥。誰要懦弱，誰就吃虧；誰要堅强，誰就得勝，要有一個弱者，他們便合起來向你自己進攻，想把你排擠出去，他們便多分一點家業

在這大家庭裏，他們各小股分，都是只顧自己的幸福，不管全家的幸福。對於全家的事誰個都不甘心出頭過問，只是抱着躲閃主義。互助的精神更是無有，好比自己的姪子們求學，他自己的私產不夠，他們這各小股不但不能幫助，官中幫助幾元錢，他們還要抱虧。因他們自己的兒子沒有上學，生怕人家的孩子上學上成了，比自己强，要受虧，所以，但不幫助，還要起些惡意在當家的臉前頭攪鬼，說：『那孩子不能教他上學。在外面學壞了，每一年要費成百的塊錢，種地人家那有這些錢供給他呢！穿的那麼好，也不想做活，恐怕會給外面的好女人迷了心哩，這樣的孩子將來也成不了名！算了吧！往後不要再教他上學了』，在這舊式的大家庭裡，他們總是都存着這樣的壞心，阻止別人的前進，打斷人家的前途，害了人家的一生，計劃自己的幸福。

他們只顧着個人的幸福，對於這大家庭的破壞，頹廢是絕不關心的，他們反而在這大家庭裡胡作亂爲，攪亂全家的幸福。他們眞好比這大家庭裏的病菌，使這大家庭慢慢的頹廢，破壞。他們都想教自己的小家庭漸漸把大家庭蠶食淨盡。（未完）

編者的話

一，因爲有幾位作者新來八篇稿，算是活下去了。但還是貧乏得很。特別盼望，玉亭，旭日，慕康，靜之，潮汐，德義，筱淵，榮培，念希，幾位先生來稿子。還有幾位在鄉下的作者，最近不大來稿了，還請再賜幾篇。這本是無酬的勞作；但大家也可以爲作而作，權作練習。

二，前期正誤

「間題」是「一問題」之誤；「讀美」是「論美」之錯，「不資」是「不起」之誤：讀到便知。

古人箴言

一，人生天地間，孝是頭一件事，不孝便不能算是一個人，古書中說孝的事很多，大凡讀書到此裏，便當驚心動魄，想到己自身上，入性自然觸發。

二，父母的一生精神，沒有一刻不在兒子身上；兒子的一生精神，有幾件能體貼親心呢？若把父母心作己心，便是孝子了。

中央廣播無線電台節目

七月五日　星期五

八，一〇　西樂
八，三〇　新聞
一一，三〇　平劇　氣象報時　商情
捉放曹　霸王別姬　忠孝全　孔雀屏　迴龍閣　捉放宿店　太行山　董小宛　逍遙津
一九，〇〇　平劇及歌曲　太君辭朝　訓子　西施　母女會　新戀春　江花月夜　自由之花
二〇，〇〇　第一次簡明新聞　氣象　長江水位　報時
二〇，一〇　時事述評　關於國際時事問題
二〇，二〇　國樂　翠湖春晚　金蛇狂舞　昭君和番　孟姜女　虞舜薰風曲
二一，四〇　第二次簡明新聞
二一，五〇　新聞

紹介豐縣縣黨部圖書館書籍

（小品）

850	6	翦拂集	林語堂
	—7	空山靈雨	落花生
	-8	往事	冰心
	-9	歐遊雜記	朱自清
	—10	時代在暴風雨裡	毛一波
	-11	苦趣	
	-12	南居印象記	沈美鎮
	-13	山中雜記	鄭振鐸
	—14	中書集	朱湘
	-15	萍蹤寄語	韜奮
	—16	旅途隨筆	巴金
	-17	拾零集	魯迅
	--18	詩與的友誼	子波
	--19	冰心散文集	

中華民國二十四年七月五日　豐報　（星期五）　第一版

豐報

第八二一號

社址豐縣大同街

中宣部登記證字第一九二號　內政部登記證字第二三〇二號　中華郵政特准掛號認為新聞紙類

本報價目

本埠每份大洋一分四厘、每月大洋三角、外埠每月大洋四角、郵費在內

▲總理遺囑

余致力國民革命凡四十年、其目的在求中國之自由平等、積四十年之經驗、深知欲達到此目的、必須喚起民眾、及聯合世界上以平等待我之民族、共同奮鬥。現在革命尚未成功、凡我同志、務須依照余所著建國方略、建國大綱、三民主義、及第一次全國代表大會宣言、繼續努力、以求貫徹。最近主張開國民會議、及廢除不平等條約、尤須於最短期間、促其實現。是所至囑。

豐縣教育局啓事

王永科、蕭□逢、李瑞增、戴汝學、龐斌、渠時行、王德昆、王雲峯、馬樂三、劉傳同、王光祖、劉儉修、孫建興、張明英、彭元和、王效惠、李仲和、丁正路、張瑞麟、袁逸亭、尹文信、趙竝品、渠時彬、李厚純、邵長松、孫裕洲、邵則民、李乃欽、佟天蔭、丁道義、李進貢、劉廣成、王祖漢、江照瑞、彭元忠、常新、王作善、李善芝、李效思、張子信、李登新、劉慎曉、劉德著、王汝格、劉明錦、趙正心、劉德粹等：請迅將二寸半身照片二張、許可狀費一元、限於七月十八以前送繳來局、以憑彙轉、而便核發無試驗檢定合格許可狀、事關轉令、勿再延誤！

豐縣教育局啓事

查本年度五六月份教費，業由縣府領出，定于七月五日，先發五月份經費。惟以年度終了，手續急待結束，六月份領據，除經費數目暫缺外、須照式填具存局，以俟各學校經費數目確定後即行續發，茲限于本月十二日以前，一律結清，否則本年度收支決算造報後，即不能續發，務希准時按照以前手續，來局具領為要！

中外要聞

汪院長病經醫治轉好
張學良致電問候

▲中央社南京四日電　自行政院汪院長政躬違和、各地關念甚切、分致函電問候、軍委會委員長行營張主任學良、今日有電致候。

▲中央社上海四日電　孔祥熙四日晨抵滬談、昨在京接汪院長電告、病經醫治後熱已漸[illegible]元氣[illegible]節。

退、精神甚好、在休養假期中、政院事務由本人暫代、外部事務、由徐謨唐有壬辦理。經委會第一三屆常會、因汪病展期舉行、政府對長江水漲極注意、已勝令傅汝霖芽以昇率領全體技術人員、及各段長辦理防範工作、據水利專家觀察、本日如天晴無雨、則江水可退、不至釀岸云。

于學忠昨抵西安
楊虎城返藍田督勦

▲中央社西安四日電　于學忠四日午後六時五十分、由鄭乘快車抵省垣、各機關領袖均到站歡迎、邵迎於臨潼、同車返省、于下車後、率隨從人員下榻西北飯店、各界定日內開會歡迎並公宴。

▲中央社西安四日電　于學忠抵西安、在旅邸語記者、此來係奉令負責勦匪、川匪已無戰鬥力、即可殲滅、余責任注重陝勦、總部決設鳳翔、本人二三日內即赴鳳、勦匪軍事極樂觀。

▲中央社西安三日電　楊虎城三日午由省赴藍田、督勦徐匪。

商震謁王克敏

▲中央社北平四日電　商震昨晚來平、今晨皆謁王克敏、商談一二四日內赴保就職、為對外辦事便利計、擬在津設省府辦事處、設處長一人、秘書一人、交際員數人。

蕭振瀛到津謁宋哲元
定七日乘機飛京川

▲中央社北平四日電　蕭振瀛談、余定四日下午赴津、謁宋哲元、五日即返平、余奉蔣委員長及孔部長電召、擬七日乘機飛京川、分謁孔蔣、有所晤談、短期內仍即北返。

▲中央社天津四日電　蕭振瀛四日晚九時由平抵京謁宋哲[illegible]

何應欽在京事畢即行北返

▲中央社北平四日電　軍分會全體委員日前電何應欽敦促早日返平坐鎮、四日得何復電、謂俟拚擋緒、當即北返等語。

京選縣市長實施辦法
立法院法制委員會作初步審查

▲中央社南京四日電　上年十一月攻全會議中央與地方公務員選調案中、京選縣市長辦法、經大會決議照原案通過後、銓敍部即遵照該院核定辦法、會同內政部、擬定京選市長條例草案、提經中銓會議、議案實施研究委員會、決議由攷院咨行政院、函交內部擬京選縣市長實施辦法草案、呈由行政攷試兩院會咨立法院審議在案、立法院法制委員會、特於今日下午二時、召開初步審查會議、內政銓敍二部、均派員列席說明。

中央昨舉行常會

▲中央社南京四日電　中央黨部今日上午八時、開第一七八次常務會議、由孫科主席、決議例案多件、並決定下星期、中央紀念週推葉楚傖報告、七月九日國民革命軍誓師紀念、推朱培德報告。

黃郛昨由滬赴莫干山

▲中央社杭州四日電　黃郛偕夫人四日午十二時半乘車由滬來杭改乘汽車赴莫干山渡夏。

教部整理四川各大學

▲中央社南京四日電　教育部根據該部專員郭有守視察四川教育結果、對該省各大學校、特決定整理辦法、並已分別電令四川大學、及川省教廳遵辦。

蘇省府令導淮入海工程處
撥款興修湖洪大堤

▲中央社清江浦四日電　江北洪湖大堤、蘇省府前派員估、計劃興修工、需費約十二萬元、省府頃令導淮入海工段事務所興修。

漢口今日水位

▲中央社南京四日電　關於江口今日水位升漲紀錄、接漢口報告稱、本日漢口水位為四六・六尺、二十年同日水位為三九・一尺、連日水續猛漲、省市防水會正積極巡視、設法護險。

▲中央社安慶四日電　廣濟圩四日晨六時被江水衝破、損失浩大、災民流離、當諮委使、劉主席、及各廳委、下午乘輪前往察勘。

全國司法會議提案 司法院飭屬先期送院

▲中央社南京四日電　司法院對本年九月十六日在京召開之全國司法會議、頃已正式通令所屬各部院會等遵照、凡出席之各機關提議案件、自應早日籌備、繕具議案、於開會前一個月送呈院彙核審查、以便編製議程。

攷選委員會昨日開會

▲中央社南京四日電　攷選委員會、今日上午九時、開第一七二次會議、主席委員長陳大齊、其議要案如下、（一）通過專門著作審查報告二件、（二）委員長提議、修正高普各考類考試條例草案、各條款有異各點、應飭科整理、分爲已修正及請決定兩類、請公決案、決議修正通過、此外更有臨時提案多起、至十二時散會。

中法儲蓄會結束有獎儲蓄

▲中央社南京四日電　中法儲蓄會董事會、頃向財部聲明、自動結束有獎儲蓄、所有乙種儲戶、多數改爲零存整取、並定期存款、辦法已有端倪、請迅示核准。

交部令各航政局 船舶吃水綫改用公制

▲中央社南京四日電　交部以船舶丈量、改用公尺、業經實行、而船舶吃水綫、亦應逐漸改用公制、以昭劃一、特製定船舶漆繪吃水綫辦法四條、及圖樣二份、今日令發各航政局、遵照施行。

西安已落透雨

▲中央社西安四日電　陝省連日狂風、至三日夜深風息雨至、田間久旱之棉花雜糧、得雨可望收獲豐登。

杭江路交通恢復

▲中央社杭州四日電　杭江路四日晚已恢復、直通玉山。

京滬路還英六月份購車墊款

▲中央社上海四日電　京滬路還中英銀公司六月份購車墊款九千五百萬磅、合國幣十一萬五千四百四十三元零四分、已交匯豐、轉解倫敦。

疏浚奎河辦法商妥

▲中央社徐州四日電　蘇皖兩省代表、日前會商疏浚奎河、由銅蕭兩縣助工浚治、宿縣恢復柏山瀆原狀、訂約共守。

松平由滬返京

▲中央社上海四日電　松平在滬任務已畢、四日晚入京。

蠶業改進管委會 各區副主任在建廳會議 委員長沈百先均出席致訓

▲江蘇社　蘇省蠶業改進管理委員會委員長沈百先氏、以本年度春季蠶事已了、爲謀今後改進並明瞭各區實際情形起見、特於一日下午二時召集各蠶業改良區副主任在該廳會議室舉行會議、出席者委員長沈百先、副委員長冷御秋、委員許廣祖、曾義達、熊其銳、駐滬辦事處主任各區副主任、金壇張鵬達、無錫周光勛、武進[illegible]承勝、吳江高士行、江陰陳志安、溧陽顧亦亭、吳縣[illegible]燦英、宜興吳惟賢、江都王愉、丹陽高振、揚中薛子林、主席沈百先、首致召集會議意義後、由各區副主任報告、繼由委員長冷御秋氏致詞、述中國蠶絲業衰落之原因、後應有之改進、定明晨討論議案、並所收各區報告二[illegible]

高等法院第五分院將成立 院長首席檢察同時就職 分別函令并出布告通知

▲江蘇社　江蘇省高等法院第五分院、已成立、並未舉行任何儀式、兼院長鍾之翰、兼首席檢察官黃用中、已會銜發出就職、第元號布告云、爲布告事、案奉江蘇高等法院、第一一六三九號訓令略開、案查本院奉令籌備施行法院組織法、擬於二十四年度內先在鎮江增設高等第五分院、前經擬具計劃、呈奉司法行政部指令、趕速籌備在案、其管轄區域、爲鎮江、江寧、江都、丹陽、江浦、六合、溧水、金壇、高淳、揚中、泰興、泰州、儀徵、句容、東台等十五縣、該分院限於七月一日成立、令仰該院長及首席檢察官遵照、迅即籌備、又奉司法行政部分派鍾之翰、黃用中等、署江蘇高等法院第五分院院長及首席檢察官、前鎮江地方法院院長首席檢察官、等因奉此、遵經分別籌備、依限七月一日成立、本院長首席檢察官、即於同日就職任事、除呈報暨函令并定期補行就職外、合行布告、一體週知此布、又該院於成立伊始、雖有少數文件收受、開庭於半月後方可有各上訴進期、並無新委該院作事、日已有宋功庠與月瀨二君曾蒞律師云

蘇省立南中遷鎮後 江寧中學改爲省立 覓定姚家山爲校舍 建築費核定三萬元

▲江蘇社　江蘇省立南京中學校舍問題、前經省府會議決、遷至鎮江、同時當屬六邑人士、爲兒女子弟升學問題、曾在京召集會議反對、並由蘇省府主席陳果夫、親接述、或改遷往當屬六邑之適當地點、現省府已決定遵照議案辦理、惟爲並顧六邑子弟之便利起見、已由令將現在南京之江寧縣立中學、改爲省立江寧中學、校址則須遷往東山鎮、已據江寧教育消息、關於校址遷移問題、業已覓定姚家山空地數十畝、作爲建築校舍之用、至建築經費、亦經核定爲三萬元、不久即可開工、並於建築全部校舍之外、復擬建一規模較大之體育場、以供當地學生與民衆及公務員之運動、

銅山區專員公署召開 銅區禁煙查緝會議 對各縣禁緝煙毒工作 有極詳密周至之規定

銅山區專員公署兼保安司令部、奉省令於七月二日上午、召集所屬各縣禁烟委員會負責查緝人員舉行禁烟查緝會議、茲錄該會議紀錄於下、

銅山區禁煙查緝會議

時間、二十四年七月二日上午八時、地點、銅山區專員公署　出席者　專員公署秘書張書棸、科長劉建安、科長盧克裕、保安司令部參謀長王丕承、軍法官于式文、省禁烟委員會委員吳天任、駐銅委員馬文藻　汪文、章力穀　豐縣禁烟委員會張國權、銅山縣禁烟委員會串亞農、蕭縣禁烟委員會李公達、沛縣禁烟委員會掌仲權、邳縣禁烟委員會張田、碭山縣禁烟委員會蠶一峯、列席者、銅山縣禁烟委員會徐少如、銅堂社、豐縣禁煙委員會孟廣普、主席佴專員、（秘書張書棸代）紀錄尤燕生

◎……一　主席◎　如儀後、

◎……報告事項　報告行禮

一、主席報告開會意義、略謂、本署奉省令召開本區禁烟查緝會議、專員兼司令因公於前晚晉省、特委託本席代表主席、層峯對本省禁政抱有莫大決心、希望今天與會各同志、盡量發抒意見、一面注意宣傳、一面努力查緝工作、使本區煙毒、澈地根絕、亦得早日完成、二、省派委員致詞、略謂、本席奉派出席銅山區禁煙查緝會議、希望今日出席各位、對於今後各縣加緊查緝工作問題、多多討論、作一具體決定、以利施行、省禁烟委員會關於全省禁烟計劃、已有整個規定、望各縣負責同志排除困難、努力做去、同時今後省縣禁政人員、更應澈底取得聯系、消除隔閡、陳主席指示禁政要點如下、希各位加意注意、（一）省縣查緝人員、應注意各縣有無私運私售私吸者、（二）禁煙委員會應注意公運公售公吸、有無營私情形、（三）指定專人、調查各縣戒煙所有無流弊、（四）由省指令優秀份子、調查辦理禁政人員、有無弊竇、三、各縣禁烟查緝人員報告工作情形、（詞長從略）

◎……討論事項……◎

一、查緝經費不敷應用、應如何籌措案、決議、（甲）請准動用各縣禁烟委員會特別費、不足時、按月變賣獲土煙前依章給獎、但解省成數、不得動用、（乙）由專員公署加具切實意見、函請省禁煙委員會照准、二、各縣宜一致動員從事查緝工作、以肅烟毒案、決議通過、其辦法爲：一、由由縣禁烟委會聯合駐軍路警、及全縣公安機關保安隊等

、一致動員、分區輪流赴全縣各地厲行查緝、二、由縣政府通令各區長、督飭各鄉鎮保甲長、舉報私行販運售吸者、如不檢舉、經查覺者、依法處罰之、三、調省查員分赴各縣協助縣會之工作、四、各縣舉行總動員查緝後、省禁烟委員會、專員公署、會同派員往各縣考察其工作、按成績優劣分別獎懲之、五、總動員查緝工作、第一期三定爲一個月、由各縣斟酌情形自行辦理之、六、其詳細施行辦法、依上列原則、請由省禁委會駐銅馬主任會同專員公署擬訂、由專員公署以命令通行之、（三）擬對重吸雅片犯之保人、予以相當懲處、以增查緝效力而儆濫保、請公決案、決議、通過、由專員公署函請禁烟委員會轉呈省政府、另擬懲處辦法、分令各縣一體遵行、四、山東單縣、河南永城（夏邑）、安徽霄湖、魚山（保安山）一帶、逐年均有栽種罌粟、並常有販運來蘇售賣情事、於本區各縣禁政、影響至鉅、特擬具防止辦法、請公決案、決議、通過、由專員公署分別辦理、其辦法爲、甲、治本、函請省禁烟委員　轉呈省政府派員分別查明、並咨請山東河南安徽各省政府、令飭各該縣於每年烟苗播種至收穫期中間、勸加勘驗剷除之、並對藏有私土之家、詳切查明搜獲焚燒之、乙、治標、查隴海津浦兩路、爲土販來往必經孔道、由本會呈請省禁烟委員會、多派查緝人員、駐在本省境內沿路各站、並會同沿路各縣之查緝人員、切實查緝、至於本區各縣、至上述各產烟區域之重要各路口、由各縣查緝人員會同軍警負責截捕之、（五）如何利用罰金、獎勵檢舉、以增加查緝工效案、決議、併入第一案動支縣禁烟委員會特別費。

蘇民廳注重公安分局長人選

撤職人員不准錄用

△江蘇社　民政廳近據報告　泰縣公安局任用曾經撤職之翁泰昇、爲公安第　分局長、經查明該翁泰昇即在東台縣滄濱公安分局長任內、因案撤職有案、隨令縣即行撤換、另選及格人員接替具報云

蘇中學會考委員會結束會議

決定試題選擇範圍及分組辦法

△江蘇社　江蘇高中會考及初中抽考各科試卷、業經會考委員會委員評閱元畢、現在正核算成績中、所有及格與不及格各學生、尚未能發表、已於六月二十八日下午四時開第二次委員會議、計出席委員周廳長、張從之、沈有琴、許嘉祥、凌樹動、臧映岩、王采南、龐樹家、劉宗佐、王明華、朱魚賢、吳湘山、趙思伯、童致旋、吳學增、向紹軒等十六人、由廳長主席、議決要案、一、委員許嘉祥、張從之、沈有琴、提議、數理化考題選擇範圍太寬、應否加以限制案　二　委員戴春岩、凌樹動提議、高中歷史地理試題、應否分中外兩組案、兩案合併討論、請決如下、一、試題選擇範圍、以二分之一爲限、二、分組問題、（甲）高中歷史地理兩組　中外兩組　物理化學分上下兩部、算學分代數三角爲一組、幾何解分幾何爲一組（乙）初中史地分爲歷史地理兩組、理化分爲物理化學兩組　動植物分爲動物植物兩組、每組中至少各選作一題、以上第二項辦法、請教育廳先行通令各校學生準備明年會考實行、以關於下年度高初中畢業會考命題範圍頗屬重要、特探錄發表以供各生之準備云。

嗣後日報登記仍有蘇省黨部辦理

函各區及省府並通令各縣

△江蘇社　江蘇省黨部以擴大各區職權、曾將從新聲請之日報登記案件、亦交由各區辦理、現聞該黨部奉到中央宣傳委員會函、以新聞紙雜誌、聲請登記及註銷登記、依法應由省黨部轉送本會核辦、蘇省近雖劃分七區指導黨務、然關於黨務事項、向祇以省市爲單位、今遽改變程序、殊不便於[illegible]、仍應依法定手續辦理、後轉文函知各區及省府、並令蘇黨部遵照、仍由該黨部負責辦理云。

庚款留英學生在倫敦大學大露頭角

△中央社倫敦四日電　庚子賠款所派留英學生江鳳、黃同、與廣州伍[illegible]、在倫敦大學最後考試中、大露頭角、黃儀鍒[illegible]業、業、有天才、獲化學博士學位、伍之算學出人以上、又上海醫士[illegible]熱帶病及衞生文憑、大學行政部、定十七日開會、授予學位文憑。

英內閣討論亞意問題

△中央社倫敦三日電　內閣三日舉行會議、討論亞比西尼亞問題、[illegible]未決議對國聯處理意亞爭端之威權、在原則上予以[illegible]、[illegible]收人以爲內閣此項決定、係因艾登與墨索里尼[illegible]、下院反對將亞土割與意國之故、此外英國國[illegible]干問題、舉行國民投票結果、贊成英國援助國聯、多數、此事對英內閣態度亦有重大影響。

[illegible]成[illegible]

△[illegible]三日[illegible]　德國前曾分向洛加諾公約各簽字國[illegible]錄、說明法俄互助條約、與洛加諾公約所定義[illegible]、此項見解、未爲英政府我接受、日內將由英[illegible]政府[illegible]三日閣議、已將復文詞句詳加研究

英下院質問滿洲煤油專賣問題

△中央社倫敦三日電　保守黨議員麥克唐、於午後在下院對滿洲煤油專賣問題、向政府提出問話、外相答稱、日本對英國[illegible]後照會尚未答復、英國已在照會中完全保留其採取立場、日本雖未答復、但英國態度、不致有何變更、外相又謂、英國商人、現與滿洲當局繼續談判、煤油專賣問題、[illegible]專賣實行後所受損失、英國商人未向本國政府有所提出

波外長會晤希特勒

△中央社柏林四日電　波蘭外長柏克、應德政府之請來遊柏林、已與希特勒會談二次、討論之性質、未經宣布云、

美經濟考查團返抵舊金山

△中央社上海四日電　舊金山電稱、前往中國考查之經濟調查團、已於今日返抵此間、團長福勒斯對此行成績、不願多言、只云將對海外貿易會提出報告書、惟報告書須數月可完成、又謂中國政府官員商家經濟專家、對考查均能竭誠招待、故於中國經濟狀況、考查極爲便利。

本縣新聞

縣黨部召開第五十一次黨政談話會

議決動用童徵餘款辦理合作事業服務人員講習會

縣黨部於昨十（四日）上午十時在該部大禮堂、召開第五十一次黨政談話會、出席李貞乾、董玉琨、裘朝永、劉棟、王子蘭、金章、王述先、黃體潤、彭世尊、主席李貞乾、紀錄董正身、報告事項、一、第五十次談話會結果執行情形、甲、無線電台籌備會未召開、據定[illegible]復信、大約需款[illegible]千元之譜、乙、豐報擴大篇幅、現正積極辦理、舊機件已由滬來技師修理、週內即可完成、丙、令各區轉飭各鄉修理砦圩、已由縣府辦理、丁、合作人員訓練班計劃已草擬、二、合作事業指導委員會已於六月十日開始工作、三、各區區農會會員傅紹宗等當選爲候補委員、發起組織農業產銷保證合作社、現正積極籌備、旬日內即可成立、四、奉頒小學教師暑期黨義教育討論辦法、令遵照辦理、五、豐報社社長黃體潤、呈請辭職照准、已由本會另推王監委子蘭繼任、六、七區辦事處辦理暑期講習會、本縣應派十五人、現已選派、七、四區進德會現已積極籌備辦理手續、本週即召開成立會、王縣長報告、一、上次決議案已分別執行、二、保甲方面、甲、繼續抽查戶口異動及催令各區速將所有壯丁、按保爲單位、編隊施抽訓練、乙、民廳派遣保甲指導員張選垣到縣考察、抽查四五六區保甲、認爲成績尚佳、三、建設方面、甲、本縣[illegible]復新河於六月十日開始總動員、共計成立八個河工辦事處、各機關人員全體出發監工、均於二十五日以前一律竣工、各區所攤工程、大致尚佳、丙、第三區西營子河於六月二十六日即始挑挖、縣政府稍技術員前往參加、預計本月五日竣工、現已完全竣工者、已有五個鄉鎮、四、保衞方面、甲、六月十日夜本縣保安隊於魚台邊境緝獲土匪宋鳳山等三名、二、六月十四日本縣保安隊在張莊被獲匪窩、槍斃匪首宋魚一名、焚斃匪徒四名、本隊陣亡傳達兵王鳳標傳達中士李清元二人、三、連日派隊赴鄉搜索查緝、五、其他、1,縣長教育局長建設主任出席銅山區行政會議、共計會議三天、討論案件有八十餘起、2,本府秘書耿伯陽上月辭職他往、遺缺業調第一科長裘朝永充任、並另委黃體潤任第

各機關公務人員 公餘運動 厲行公約

一科科長、討論事項、一、合作事業服務人員暑期講習會經費、應如何籌措案、決議、動用重徵餘款、二、合作事業服務人員暑期講習會經費、應如何預算案、決議、推款產處主任季效禹草擬、三、合作事業服務人員暑期講習會簡章、業已擬定、請審查案、決議、通過、四、應如何設法收回電燈公司商方股份、俾利公營事業案、決議、嗣電燈公司有餘款將商方股份分批收回、五、閉會。

本縣城廂各機關組織之公餘運動委員會、自開始運動後、各機關公務人員、多能準時簽到、參加運動、即因事缺席、亦須聲述理由、履行請假手續、故實行以來、精神頗為振作、近日參加人員、逐漸減少、且間有避免處罰、僅請人代為簽名、而實際不到者、該會委員長董玉珏、以公餘運動、為公務人員鍛鍊身體之良好機會、非紀律嚴明、不足以資提倡、而策進行、爰於昨日下午、按照簽到簿點名、結果發現代簽名不到者甚多、當依照無故缺席公餘運動處罰辦法、分別予以處罰、聞不日即函請各該主管機關、照扣其生活費、以充罰金云。

縣政府佈告 已墾荒田尚未呈報新墾者 展限兩月

自七月一日起至八月底止為報告期

縣政府以本縣已墾荒田、尚未呈報新墾者、准按下等下則入冊科賦、曾布告各墾戶限期兩月、從速報告、業已兩誌本報、現逾期多日、來府報告者、仍屬寥寥、縣政府為保障人民產權起見、特又展期兩月、茲探錄佈告原文如下、查本邑已墾荒田、尚未呈報新墾者、為數頗多、前已限於兩個月內、准按下等下則具報、入冊科賦、迄逾一月、仍未踴躍報告、殊屬不合、茲再從寬規定如下、仰闔邑人等知照、一、自七月一日起、至八月底止、為報告期、二、期限之內、不取分文費用、三、有田需報者、遵照規定報告單（參觀本報）填送糧擦辦公處、逾期不報、除責成各區鄉鎮長負責挨戶查報外、仍不得享受以上利益、凡我農民、務各懍遵、不得觀望自誤、此佈。

閻留寅死於瘋犬

滕縣人閻留寅、年十七歲、向在[illegible]飯館內充當茶房、於半月前在無價街被犬咬傷、毒發後、多方醫治、卒未見效、於昨日身死、葬於城西南隅之柳堤上、聞死者家境赤貧、其父母年均老邁、衣食端賴於死者、今不幸遭此慘變、殊堪憫惻、按本縣自入春以來、瘋犬噬人之事、屢有所聞、深望公安當局、嚴加防範、以免再生不測云。

三區西營子河 今廿完全報工

第三區西營子河、於上月二十六日動工挑挖、各情已誌本報、茲悉該河自開工後、進行異常迅速、已於今日完全報工、河工辦事處亦已結束撤銷、

（參觀鄒平定縣報告）（續）

王子鑾 董雪山

（三）組織及共同作業

校長之下設總務教導實驗三股、每股各設主任一人、總務股包括文書會計庶務膳食出版等組、教導股包括註冊級務齋務衛生圖書遊藝等組、實驗股包括實驗學校農場工場消費合作社等部份、

商討校務有校務會議、商討股務有股務會議、校務會議由全體導師組織之、每週開會一次、以校長為主席、股務會議由各股主任及各股股員組織之、每兩週開會一次、由各股主任為主席、

一切校務、都由學生參加、校務都是課程、由各股主任分組指導、他們訂定的校務分任教學做綱要四十條如下

(1)會起草公文
(2)會繕寫公文
(3)會登記公文
(4)會整理文件
(5)會統計文件
(6)會做開會時紀錄
(7)會編造預算
(8)會編造計算書
(9)會運用科學方法管理經費
(10)會運用科學方法記載經費
(11)會計劃購辦校具
(12)會採辦學校用品
(13)會調查校產
(14)會登記校具
(15)會檢查校舍
(16)會計劃修理校舍
(17)會寫鋼板
(18)會油印
(19)會管理膳食
(20)會採辦蔬菜
(21)會按照科學方法做入學註冊
(22)會審查學籍
(23)會統計學籍
(24)會統計成績
(25)會填寫成績報告書
(26)會管理整潔用具
(27)會記作業室日記
(28)會編排桌號
(29)會編排及支配牀位
(30)會分配宿舍
(31)會保管遊戲器具
(32)會修理遊戲器具
(33)會登記圖書
(34)會用科學方法作圖書分類
(35)會統計圖書
(36)會編圖書目錄
(37)會管理農場
(38)會管理工場
(39)會計載農場各種畜牧表冊
(40)會辦理消費合作社

以上是關於校務的分任教學做、還有關於生產勞作的實施方面、又分成植棉牧畜園藝造林機織木工印刷測候家事覽本等十組、他們實施的目標是（1）培養勞動生產的習慣、（2）訓練勞動生產的技能、（3）養成互助團結的精神、（4）養成愛國愛羣的觀念。

更正

昨日本文第二段……「縣市有縣學或市學」之下排落「省市有省學或市學」一句。

司法欄

△縣政府司法批示△

▲刑事原具狀人陳樂助等、一件、為遺產糾訟、請求銷案由、狀悉、准予撤回、此批。

▲刑事原具狀人汪岳氏、一件、為惡姪毆尊、懇請驗傷拘兇法辦由、狀悉、候傳案究辦、此批。

▲刑事原具狀人劉曹氏、一件、為逼兇欺惜、價賣良婦、懇請恩提歸案、給其本婦領回由、狀悉、候傳案訊奪、此批。

▲民事原具狀人李志東、一件、為侵謀田壩、請求傳案判回由、狀悉、准予定期傳訊、此批。

▲刑事原具狀人侯傅氏、一件、為惡棍欺孀、霸地搶麥、訴請提案法辦由、狀悉、仰候傳訊、此批。

▲刑事原具狀人卜廣知、一件、為聞控辯訴、請求添傳媒證、質訊判斷由、狀悉、仰遵期到庭候訊、此批。

▲刑事原具狀人王啟明、一件、為挾嫌尋毆、懇請驗傷拘兇法辦由、狀悉、候檢、此批。

▲刑事原具狀人周玉宗等、一件、為不服判決、聲明上訴由、狀悉、候檢卷呈送、此批。

▲刑事原具狀人董正然、一件、為持槍搶劫、賊犯已明、請求拘犯法辦由、狀悉、候定期再傳可也、此批。

▲民事原具狀人王基科、一件、為經人調處、甘願和解不究、懇恩註銷原案由、狀悉、准予撤回、此批。

◎刑事判決◎

丁基緒因擄人勒贖嫌疑案判決、

主文　丁基緒無罪、

◎民事判決◎

劉棨修與傅勝請求返還宅基案判決、

主文　原告之訴駁回、訴訟費用由原告負担、

▲本城糧價

名稱	每市斗價目 最高	最低
小麥	二千四百文	二千二百文
大麥	一千六百文	一千五百文
黃豆	二千一百三十文	二千零五十文
黑豆	二千一百文	二千文
菉豆	二千八百三十文	二千七百五十文
江豆	二千三百文	二千二百文
高粱	二千二百文	二千一百五十文
穀子	一千八百五十文	一千七百五十文
稷子	一千八百文	一千七百文
芝麻	三千四百五十文	三千三百文
青豆	二千一百文	二千零五十文
花生每斤	二百一十文	二百文
瓜子每斤	三百二十文	三百文

氣象

晴

風向　東南風

最高溫度　九八

最低溫度　九十

豐報

◎第八二二號◎

社址豐縣大同街

中宣會登記證中字第二二一九號　內政部登記證警字第二三二號

中華郵政特准掛號認爲新聞紙類

△總理遺囑△

余致力國民革命凡四十年其目的在求中國之自由平等積四十年之經驗深知欲達到此目的必須喚起民衆及聯合世界上以平等待我之民族共同奮鬥現在革命尚未成功凡我同志務須依照余所著建國方略建國大綱三民主義及第一次全國代表大會宣言繼續努力以求貫徹最近主張開國民會議及廢除不平等條約尤須於最短期間促其實現是所至囑

豐縣教育局啟事

王永科、蕭連逢、李瑞增、戴汝學、龐斌、渠時行、王德昆　王雲峯　馬樂三、劉傳同、王光祖、劉儉修、孫建輿、張明英　彭元和、王效惠、李仲和　丁正路、張瑞麟、袁逸亭　尹文信、趙立品、渠時彬、李厚純、邵長松、孫裕洲、邵則民、李乃欽、蘇天蔭　丁道義、李進賢、劉廣成、王祖漢　江照瑞、彭元忠　常薪、王作善、李善芝、李效忠、張子信、李登新、劉愼晚　劉德著、王汝格、劉明錦　趙正心、劉德粹鑒：請迅將二寸半身照片二張、許可狀費一元、限於七月十八以前送繳來局、以憑彙轉、而便核發無試驗檢定合格許可狀、事關屬令、勿再延誤！

豐縣教育局啟事

查本年度五六月份教費，業由縣府領出，定于七月五日，先發五月份經費。惟以年度終了，手續急待結束，六月份領據，除經費數目暫缺外、須照式塡具存局，以俟各學校經費數目確定後即行續發，茲限于本月十二日以前，一律結清，否則本年度收支決算造報後，即不能續發，務希准時按照以前手續，來局具領爲要！

中外要聞

川勦匪軍克復北川高山鹽井坪等地
徐張兩匪均受重傷
閩南匪共紛紛投誠

▲中央社成都四日電　我軍於二日午後三時、收復北川之高山、北川河南岸、已無匪蹤、我四路軍克復鹽井坪、已將匪截斷、正聯合夾攻中、又據投誠兵供、徐張兩匪、均受重傷、在茂縣休息、張移板橋醫治、匪官兵近患痢疾傳染甚衆。

▲中央社重慶五日電　軍息、（一）我軍將王安堡梯子嶺克復後、即跟蹤追擊、匪已將開平鹽礦實收復、匪退木頭山、我軍對峙、據俘匪供稱、我攻王安堡時、擊斃匪僞五十五師長萬漢江一名、匪傷亡頗衆、（二）一日下午四時攻克大磁礦和鹽井坪、當經確實克復、殘匪向按角老退去、正聯合夾擊中（三）我軍發現北川栗家嘴河南北有匪向我對抗、下午三時北川高山被我軍完全克復。

▲中央社廈門九日電　僞龍岩縣主席陳金材等三人、攜帶盒子槍三桿、向我府投誠、又僞城區肅反主任林文光、亦攜槍投誠、連日引導綏區司令部破獲僞機關數處、並拘獲城區蘇主席□加宋、及男女赤匪二十餘名　步槍廿餘枝。

汪院長病狀昨無變化

▲中央社上海五日電　孔祥熙五日晚赴諾爾醫院慰問汪疾、又褚民誼到滬、即赴諾爾醫院慰問汪疾、並轉達各方慰問函電、聞汪病狀五日無變化。

長江水位續漲　險象加重

▲中央社南京五日電　本年入夏以來、長江水勢、繼續上漲、沿江低處、受害至鉅、各地堤壩、多爲水潰、目前水位、仍繼續漲高、險象加重、賑委會據各省電告、正籌劃救濟辦法。

▲中央社南京五日電　關於漢江水位升漲紀錄、據揚子江水利委員、接漢口報告、本月漢口江長江水位、爲四六．五尺、廿日同日水位爲三九尺

▲中央社南京五日電　全國經委會、近以長江水位上漲、致馬□堤及武惠堤報載危殆、險象環生、昨特電令江漢工程局、隨時將水象變動實情、詳電報告、該會並令急飭所屬、□防範、避免大患。

經委會電冀省府
趕速完成永定河未完工程

▲中央社南京五日電　全國經委會、以各水大汛將至、今日特電請河北省政府、轉飭設處將永定河未完工程　趕於大汛期未臨前、趕速完成。

國府昨日命令

▲中央社南京五日電　國民政府今日命令、（一）特派王用賓爲司法官再試典試委員長　（二）派林彬等七人爲司法官再試典試委員、

徐屬各縣酷旱
災象已成

▲中央社徐州五日電　徐屬各縣久未降雨、天氣酷旱、秋禾多未播種、草木及高粮已現酷萎　災象已成、鄉民結隊祈雨、日日不間、江南各地紛報水災、惟江北大旱、人皆謂天公造物不均。

實部令商品檢驗局
舉辦牲畜進口檢驗

▲中央社南京五日電　實業部鑒於我國牲畜、歷來所無之疾病　多由國外傳入、蔓延內地、爲害至鉅、爲防止其傳入與蔓延、茲經令飭上海商品檢驗局、舉辦牲畜進口檢驗、以資預防前傳本月一日起、即行實施　此係誤傳　頃據實部息、關於此項檢驗、現正籌備設備場所、即日籌設完竣　不久當可實施檢驗、並將先從檢驗進口牛羊入手。

司法官攷試及格人員
再試定期舉行

▲中央社南京五日電　民國廿三年高等攷試、司法官攷試及格人員再試、已經攷試院公布於本年七月十一日開始舉行、刻距試期甚邇　聞特派王用賓爲典試委員長、又聞所有參加上項再試員、須於七月十日前　前赴該處報到、並各繳最近四寸半身照片二張、以憑核辦。

司法行政部昨舉行會議

▲中央社南京五日電　司法行政部於今日上午九時、開第十八次部務會議、主席王部長、討論參事處擬具夫妻財產制契約登記草案案、決議修正通過、送立法院參攷。

蘇全省國貨廠商組聯合會

▲中央社鎭江五日電 蘇全省國貨廠商、爲保全省產銷合作、特組全省國貨聯合會、定十日在省黨部開成立會、現參加廠商已達百餘家。

滬市商會呈請實部
統制進口貿易管理國際匯兌

▲中央社南京五日電 上海市商會 本年代表大會議決之呈請政府統制進口貿易、管理國際匯兌、以杜入超而維國本一案、現呈文已到實業部、頃據該部負責人表示 此案自爲對國際貿易平衡有效辦法、卽將與財部詳討。

連雲港船位費豁免一年

▲中央社南京五日電 隴海鐵路局以該路東端連雲港開・若依照鐵部公布之連雲港碼頭暫行管理章程、停舶船隻應繳船位費、但値此開港之時爲體念商艱、並招攬營業起見、特呈鐵部請將此項船位費、自七月一日實行時起豁免一年、聞鐵部已予照准。

鐵部設立粵漢路
整理計劃委員會

▲中央社南京五日電 鐵部爲籌備粵漢路全路工程完後一切統一及管理、特設立粵漢路整理計劃委員、指派該部參事夏光宇爲主席委員顧問羅碧爲專門委員、並明令公布該委員會規程十條。

立法院昨舉行會議

▲中央社南京五日電 立法院今晨八時、開第四屆第二十四次院會、主席院長孫科、當通過防害國幣懲治暫行條例、疏通監獄暫行條例、職業介紹法、會計法、及福建地方建設公債條例等要案。

粵法學院攷查團在京參觀忙

▲中央社南京五日電 廣東法科學院、第四屆畢業司法攷查團 日前抵京、由馬市長派員引導、連日到司法機關攷查外、並赴各高級行政機關參觀、工作甚爲緊張、定六日離京赴鎭江 無錫 蘇州等地參觀。

湘黔公路本月底可完工

▲中央社貴陽五日電 湘黔公路七月底大致可完工、惟近以黔東大水爲災、路基多冲壞、不能行車、曾養甫仍未前往視察。

蔣作賓啓程返國

▲中央社上海五日電 蔣作賓五日由橫濱乘輪返國、九日可抵滬。

浙省民教館舉辦
全國新發明物品展覽會

▲中央社上海五日電 浙省民教館舉辦之全國新發明物品展覽會五日在滬設辦事處成立、開始征集物品。

朱家驊程天放
定今日赴川

▲中央社漢口五日電 交通部長朱家驊、駐德大使程天放、五日因宜昌大雨重慶濃霧、飛機不宜飛行 仍留漢、朱程二氏下午三時過江、參觀省黨部 如六日放晴、決繼乘中國航空司機赴川。

歐亞航空公司
陝蘭段增次減價

▲中央社西安五日電 歐亞航空公司自本週起 增開陝蘭蘭包西段飛行一次 特減低票價及貨運費、客票西蘭間一百五十元、貨費亦減均照七五實收、並爲奬勵航空興趣、凡乘者均贈給紀念多種。

滬港足球健將
南征爪哇

▲中央社香港五日電 港足球健將曹桂成等、乘輪赴新加波、隨滬足球隊南征爪哇。

暹攷查團
由港赴菲

▲中央社香港五日電 暹羅攷查團一行十七人、午後由港乘胡佛號輪赴菲。

蘇省府委員會議議決
派員分赴各縣整理財政
溧水縣長苗啓平調省委李新彎代
省立蘇州中學校長以邵鶴亭繼任
通過念四年度行政計劃

▲江蘇社 江蘇省政府委員會、於二日上午十時舉行第七五六次會議、計出席委員陳果夫、余井塘、周佛海、沈百先、羅鑑 列席者、羅時實、朱樹聲、項致莊、祝平 主席陳果夫 紀錄萬君默 開會如儀 宣讀上次會議紀錄、報告事項、（略）

議決要案

一、溧水縣長苗啓平調省、另候任用 遺缺委甄審合格之李新彎代理、二、省立蘇州中學校長吳元滌、迭請辭職、情詞懇切、照准、遺缺以邵鶴亭繼任、三、通過本府二十四年度行政計劃、四、省立醫政學院送該院附設農村醫藥初級服務員訓練班概算、除教授鐘點由該院二十四年度預算師資給內開支外、其餘各項用費、一計自九月一日起至二十五年三月底止、綜共需款六千一百七十元、准在二十四年度衛生設備項下支撥、五、修正江蘇省烟民戒除烟癮後抽查復驗辦法第八項末段規定「保人連坐」四字、爲「其保人應科三日以下之拘留」、六、通過舉辦江南及江都區所屬各縣鄉鎮長訓練、需費約三千九百六十元、在二十四年度總預備費項下開支、七、通過自本年七月一日起至十二月底止、委派委員十三人、分赴江南北各縣整理財政、每人月支薪旅各費一百二十元、總計九千二百六十元、概由二十四年度省地方總預算內動支、八、覆核禁烟治罪案二十件、

蘇財廳統一各區核任務
委派六區稽核主任
計殷曙東等六人
各縣財政整委日內發表

▲江蘇社 江蘇財政廳以二十四年度開始 對於本省財政力謀適合新預算、除釐稿務財政上之切實整頓、關者稽核之工作、尤爲重視、茲財廳爲統一各行政督察區之稽核任務、便於辦理起見、特在江甯、淮陰、銅山、南通、東海、鹽城、六行政督察公署、設稽核主任一員、其人選經趙廳長遴員委定、茲將各主任名單、探誌如下、江甯殷曙東、淮陰脫樹滌、銅山陳孝侗、南通方歐先、東海羅曾龍、鹽城糜麟伯云、（又云）財廳爲整理江南北各縣財政、特選十三人委爲各縣之財政整委員、與七月一日起至十二月底止、爲整頓期間、所需經費爲九千三百六十元、業經前日省府會議通過 在本年度省地方總預算內動支 茲記者前往探悉各委人選、尙在審慎遴選中、數日內卽可發表云。

五省市准再互通一年
蘇省令各縣長公路管理處知照
運貨汽車不超過五公噸

▲江蘇社 江蘇省政府令六十一縣縣長、公路管理處云、案准全國經濟委員會祕書處公函、內開「准蘇浙皖京滬五省交通委員會、六月七日交字第一三五五號函開、『查本會第六次常會第十八案決議案、總重量不超過五噸之運貨汽車 得自二十三年四月一日起、互通一年、幷暫照原車捐額、徵收互通汽車捐百分之十 經於二十三年二月五日以交字第四七六號函請核轉五省市政府 查照辦理在案、茲已屆期滿 應否繼續、仍予互通、業經先明各省市橋梁載重情形、附表提本會第十次常會第二十四案討論 幷議決：一應繼續一年」等語 檢同附表錄案、送請轉函辦理、』等由、附表四十份、到處除分函外、相應函請查核施行」、幷查照原案、轉行路政及捐務主管機關通飭遵照爲荷、准此、合行通令仰卽知照此令。

蘇江南及江都區各縣鄉鎮長
民廳決分區召集訓練
確定鎭江江都吳縣無錫四區
就學校放假之便訓練三星期

▲江蘇社 蘇民廳爲完成保甲、從事訓練各縣鄉鎮長起見、擬具江南及江都區所屬各縣鄉鎮長訓練辦法及經費預算、經前日省府會議議決通過 其內容依照本省各縣鄉鎮保甲長訓練大綱第三條規定 「鄉鎮長之訓練在已設專員公署之區、由專員負責辦理、未設專員之區、由民政廳派員辦理、每一行政區各設立鄉鎮長訓練所 所、分批召集各該區所屬各縣之鄉鎮長訓練之、訓練期三星期、現以江南及江都區所屬各縣保甲編查工作、已先後完成、鄉鎮長之訓練、亟應舉辦、惟鄉鎮長爲數衆多、苦無適當地點足資容納、特確定在鎭江江都吳縣無錫四處、就學校放暑假之便、利用學校校舍 及各項設備、以爲訓練場所 分四區訓練、一次訓練完畢云。

蘇蠶業改進會各區副主任

討論秋季蠶種問題

下午討論議案後即告結束

△江蘇社 蠶業管理改進委員會召集之各區副主任人員會議、前日上午九時起、繼續討論議案、出席人除沈廳長因出席省府會議、冷委員因事未參加外、餘均出席、改由管義達主席、討論事項、為（一）關於本年秋季蠶種問題、（二）蠶種合作問題、（三）今後蠶業改進之計劃等重要事項、並由管氏個別談話、下午繼續討論提案、未了案件交省蠶業改進管委會、至下午四時半始告結束、各區副主任等先後離鎮返職云。

蘇建廳

將攝製建設影片

購機一架聘定技師負責

△江蘇社 蘇建設廳為積極提倡建設起見、擬將全省所有工程建設情形、攝製成片、免費供給人參觀、以引起人民對建設發生興趣、現已購到攝影機一架、價值數百元、並聘有攝影技師專門司其職云。

蘇建廳派員勘測

蘇錫公路接線地點

以便興築而利交通

△江蘇社 蘇建設廳長沈百先氏、以蘇錫公路為錫滬錫澄等公路啣接地點、亦為省滬交通重要關鍵、亟應迅予闢築、便利交通、前曾令飭蘇錫兩縣政府擬定建築該路辦法、茲建廳據該縣等呈報、對於開闢蘇錫公路計劃經費等、業經會商妥洽、并請派員會同勘測、以便興工前來、已特委指導工程師吳廷佐、前往無錫、會同該縣政府建設人員等前往勘籌該路蘇錫兩縣接綫地點、以資着手測量興築云。

鎮江增設高分院後

廢除合議庭制審判

變更告訴案撤回時期

△江蘇社 鎮江地方法院奉令增設高等法院第五分院、實行三級三審制、院長鍾之翰、首席檢察官黃用中、業已布告就任兼職、收受所轄各縣二審案件等情、已誌前報 惟目前報載鎮江地院之簡易庭及調解取銷、訴訟人對此頗多疑義、記者前特赴該院晤某君、據云、審級制改革後、鎮江地方法院原有之簡易庭、自七月一日起裁撤、所有民事訟案、無分簡易地方、概歸民庭審理、而調解庭、自無存在之必要、故同時宣告取銷、他如

◎……◎ 聲請撤回告訴 ◎……◎

往昔公訴案件、在以前尚未開審前、得聲請撤回自新法實施後、則改為辯論終結前所自訴案件、舊法規定辯論終結前、得聲請撤回自訴、新刑訴法於三百十七條規定、告訴或請求乃論之罪、自訴人於第一審辯論終結前、得撤回自訴者但本制為七年以上之徒刑、、以得撤回自訴、此則與舊法稍異、

◎……◎ 取銷合議定制 ◎……◎

舊法對於簡易民刑案件之二審上訴機關、為同院之地方庭 開審時採合議制、今後改為三審後、無論鉅細之案、其第二審屬高五分院、而地方之合議庭、亦應因之撤銷云。

秋收後開始整理各縣房捐

征收範圍改寬

二元以下免捐

△江蘇社 本省各縣房捐章程、財部修正發還 開內容原為二元以下免捐現改為三元 徵收範圍、原以公安管轄範圍之城鎮為限、現規定居戶滿若干戶始征收、不足規定戶數者、雖有公安分駐所之地亦免徵、實施日期、財廳擬於秋收後開始。

蘇財廳廣告捐

收歸自辦

改用斜方木戳

佈告商民週知

△江蘇社 江蘇省財政廳管理[illegible]捐稽徵處主任陳紱光甫、呈請辭職、另選督館接辦 財廳令飭該處收回、該主任前發出佈告云、查本處經管之廣告捐、因承辦之徵收員呈請辭職、經呈奉江蘇省財政廳令飭由本處收回自辦、除將原有之橢圓形廣告捐木戳繳銷、另刊斜方木戳應用外、合亟布告、仰本境內商民人等、一體知悉、凡有須施用各種廣告捐者、須逕向本處繳捐毋得隱匿、致干處罰、此布云。

高郵縣兩區長辦理保甲不力

蘇民廳令免職以示懲儆

△江蘇社 高郵縣保甲三期工作業已完成、縣長曹伯權為考核各區辦理成績起見、曾親赴各區抽查、發現第三區編組凌亂、雖經逐一指示、仍未改正、戶口亦多遺漏 第六區第二期工作結束最遲、第三期工作至限滿後、尚未將表冊門牌等發交各鄉鎮、編戶查口尤多不正確 曹縣長以該兩區之錯誤實由於各該區長辦理不力所致、殊屬情無可原、前特呈請民政廳准將該第三區區長萬殿癸、第六區區長郭士熙一併免職、余廳長據呈後、以各該區長辦理要政竟如此玩忽、當即准予免職、以示懲儆、所遺職務、另行薦縣遴員呈候核委云。

平綏路改道處客車脫軌肇禍

△北平 平綏路改道工程、三道營至旗下營段完成後、第一次通車於二日晨八時許開行、行至三道營至旗下營兩站中間一二零零號道班改綫處 因路軌初設、基礎不固、車行速度太高 致將所掛三等客車衝碰脫軌、因未查覺、仍照常開行軋毀枕木萬餘根 及抵旗下營車站、因受車尾撞力推出、脫軌之三等客車遂與另外兩客車相撞 橫倒軌面、車輪陷於地內 損失甚重 旅客撞傷多人、一二股正軌被阻、列車暫由三股通車、該路[illegible]第二總段長司徒和、聞報親往視察、特由張垣機廠派遣工匠、攜掛鈞車前往釣起、各路列車始照常開行。

隴海路更改行車時刻

△徐州 隴海鐵路快慢車、一日起改點、二日晨開始、由徐西駛慢車改定下午九時四十五分、由陝東來慢車晚十一時四十分到徐、西來快車改上午七時半到徐、由徐西開快車為午刻十二時半、與津浦客車仍取啣接。

保安第六區

夏防剿匪彙訊

各縣遵照清剿計劃動員

先後捕獲擊斃匪徒甚衆

△江蘇社 保安第六區（鹽城區）自竺參謀長到職後、對剿匪工作極為關心、現值青紗帳起、伏莽猖獗、為未雨綢繆計 曾擬具剿計劃、限期兩個月完成 令飭區屬各縣遵照施行 茲聞區屬各縣、已經先後開始動員進剿 竺參謀長為謀澈底兜勦計、除令參謀前往阜甯東台兩縣協助外 特親自巡赴各地督勦、自進剿以來成績卓著 聞鹽城阜甯方面 截至目下、已擊斃匪首張正有著匪于錦文等近十名、捕獲徐志林、翟瑞祥、王夏氏等十餘名口、窩匪及嫌疑犯魏本禮孫小章等數十名、救出男女肉票獲得槍械甚夥、現仍分別督率各縣部隊積極達到清剿工作、不難如期完成也。

意亞爭案重心移至巴黎

△中央社巴黎五日電 據息意亞爭案之重心 現已移至巴黎、英國刻正以國聯會員國資格、根據集體義務、向法探詢、英國政策似無閃避義務、惟其他各關係國拒絕負責、則英國亦不願獨負全責。

△中央社倫敦五日電 晨報載數家今日登載意亞爭案 謂法國未必允許對意施用制裁條文、因法國甫與意簽訂條約附協定書、准意在亞有自由行動權、並聲明法在鐵路區域外對亞無利害關係云。

△中央社東京五日電 據政界息現無一國以意亞爭端不供給軍火事商諸日本、聞明年初日本在該國設使署。

法俄互助條約與洛加諾條不抵觸

△中央社倫敦五日電 法國曾向英探詢法俄互助條約是否與洛加諾條約相抵 英已復法大使並不抵觸、並謂倫敦大局已安定、以德將發起東歐安全組織。

本縣新聞

第三區公所 召開第五十次區務會議

議决續挖西營子河每畝攤款數目

第三區公所於昨日(五日)上午八時在西營子河辦公處、召開第五十次區務會議 出席王寨鄉鄉長孫建升等十二人、主席彭繼亭、紀錄周傳章、甲、報告事項、一、本區續挖西營子河情形、二、奉令查禁河道上種植五穀、希各鄉鎮長切實遵辦、三、奉令如有蝗災發生、即迅速撲滅具報、四、奉令鄉鎮保甲長辭職、不得輕予照准、五、查採打高粮葉過早、有害秋禾、各鄉鎮應規定打葉日期、六、本所前飭各鄉鎮所籌區公建築費、電話費、電池費、及下半年保長學報費、已逾繳送日期、各鄉鎮長應趕速籌送、七、查編組壯丁隊、本所業將辦法及册式發下、希各鄉鎮長妥速辦理、以固夏防、八、本所因重導復新河及續挖西營子河工作至忙、故積壓文件頗多、茲河工業已結束、各鄉鎮長應迅速辦理、以免貽誤、乙、討論事項、一、主席交議、本區各鄉鎮續挖西營子河、保按照粮册派工、所需錢款、應規定數目、以便清理案、决議、(一)此河先後挑挖、每畝總數按七百文計算、(二)外人種豐地完豐粮者、亦應出款、(三)根據規定數目、由花戶直接向地主索討、(四)即由區呈請縣政府咨請鄰縣查照、並令知別區遵照、二、主席交議、奉令查禁已成河道上種植五穀、應如何辦理案、决議、由所在地鄉鎮保長負責、即勸令種戶剷除、違者由區報縣嚴懲、三、主席交議、對採打高粮葉 應定日期、以重農業案、决議 日期由各鄉鎮自定、如有早採打者、處以一日以上三日以下之拘役、四、主席交議、本區續挖西營子河、業已完工、所有河路口、應酌量開闢案 决議、舊路口全留、除趙委員守眞指定者外、餘應報縣核准、五、主席交議 查青紗帳已起、對於夏防、應妥速籌備案、决議、由區候令酌辦、六、各鄉鎮長提議、欠發本區區公所及鄉鎮公所二十二年度經費、歷時一載、勢難再延、應即呈請撥發放、以免因公受累案、决議、由區呈請、下午十時閉會、

縣政府昨派員 赴導淮講習會受訓

導淮委員會所辦之導淮暑期講習會、定于本月八日開始講習、縣政府奉令遴派學員一人、前往受訓、聞所派學員爲該府工務員張明居、已於昨日赴京受訓矣。

第七區區立學校經費管理委員會 舉行第十二次會議

本縣第七區區立學校經費管理委員會 現以縣任舊欠急需籌還、捐稅取銷、無法維持、特於本月一日上午十一時、在該區區公所中山堂舉行第十二次會議、到委員八人 主席王純九(孔慶恩代)、紀錄羅傳禮、行禮如儀、報告事項從略、討論事項、一、查上年度石稅取消 本年度集會捐經地方預算會議議決廢除、區校經費只餘學田租一項、究應另設何法維持、請公決案、决議、由本會分別函呈縣政府教育局設法維持、二、李校長耀源任內 借本會各委員及各債戶麥共合洋七十八元二角二分、現在無法籌還、究應如何辦理案、决議、所欠本會各委員麥款 均樂捐助、無須償還、並由本會函請債戶亦樂爲捐助、以清麥款、而維現狀 三、柳閣地津貼、上年度已減至三十元 至今未能繳清、本年度應如何辦理案、决議、上年度所欠津貼由本會催繳、並函詢本年度津貼是否能照案辦理、再提交下次會議、四、近查玉皇閣有廟地數十畝、應如何推舉人員查收 以裕區校經費案、决議、公推尹委員贊廷韓委員維允負責辦理、五、下午三時閉會、

鄉農劉金亮突遭暗殺

腦壳破裂 厥狀甚慘

本縣城西劉疃人劉金亮、務農爲業、近以天氣頗熱、于昨日夜間、獨臥空場乘涼 旋入睡鄉、詎突來暴徒一人、趁劉熟睡之際、向其頭部猛擊、即行逃去、頓時鮮血濆湧、劉亦昏迷不醒人事、次早乃父以其遲遲不起、即趨前喊喚、見劉仰臥血泊中、氣息奄奄、不能言語、當即抬往救濟院醫治 據醫生談、劉之腦壳、業已破裂、如五六日後不發生其他變化、尙可救藥、否則勢甚危險云云、詢之劉父、乃子究被何人毆傷、是否仇殺、彼亦不知其所以然云

參觀鄒平定縣報告(續)

王子蘭 董雪山

(四)經費及設備

學生 級 常年經費五千元、設備方面 有簡單的博物及化學儀器、圖書頗多、每月有添購、書費五十元、其他農事機織印刷家事及製造標本等生產工作、亦均有簡單的設備●

(五)一天的生活

他們每天的生活分爲兩大段、夜間爲夜息段、白天爲晝作段、看他春季生活的時序表、下午十時睡眠、上午五時起床、在晝作段裏邊、第一是朝會——宣傳及討論本日的生活要項、並請各導師作精神談話、第二是整潔——在朝會後 自主作業、接着是各院各室的整潔、師生共同參加、分劃若干區域、每區派主事一人主持之。第三是分組研究及共同作業——上午——分組研究時、各組分頭活動、至共同作業後 視以健身拳術、第四是勞作及軍事訓練——下午——午飯後有短時間的午睡、接着各人練習書法及軍事訓練 在這當中有半小時的音樂、然後才分組勞作。第五是休閒活動——晚飯後有半小時之休閒、師生乘此晚霞西照 風景秀麗的時候、緩步河畔山麓 享受大自然的藝術、第六是日記及晚會——自主作業後有日記、晚會時大家批評本日生活、並請導師訓話。

(六)結語

還有許多地方許多辦法、我們沒有看見 沒有調查、只好缺略 這個學校所定的辦法 有不少特殊的地方、在表面上看 和普通簡易師範學校也無大差異、據我們的觀察、還沒辦到鄒縣師範部的地步。

豐縣城市民教館啓事

本館爲調劑農村金融、免除糧價低落農民損失起見、特舉辦農業倉庫、業經與江蘇省農民銀行豐縣辦事處訂定借款合同、并呈請縣倉庫管理委員會備案、茲定於本月六日開始登記儲押、凡我第一區各種合作社社員及經農會介紹之儲戶 從速來館登記可也。

司法欄

▲縣政府司法批示▼

▲刑事原具狀人于德亮、一件、爲再懇提訊眞匪、依法嚴辦由、狀悉、候定期研訊、此批

▲刑事原具狀人殷效參、一件、爲持械兇毆、請求驗傷拘兇法辦由、狀悉、候定期傳訊 此批

▲刑事原具狀人徐傳興 一件、爲髮妻被賣 查明確定、請求咨提歸案訊辦給領、以全夫婦由 狀悉、本案犯罪地及被告住所 均在碭山境內 仰逕赴該縣政府呈訴可也、此批

▲刑事原具狀人路學田、一件、爲被匪行竊、案匪已獲、懇請研訊究明夥犯、追贓法辦由、狀悉、仰候訊究、此批

▲刑事原具保人魏志簷等 一件、爲公懇將黃重庭賞保、不誤傳喚由 狀悉、仰候判决可也、此批

▲刑事原具狀人李占元、一件、爲因病身死、懇請派員詣驗由、狀悉、候派員詣驗、此批

▲庭期審理案件▼

七月

九日審理陳福勛與陳起勛蔗欄案、

九日審理魏懿軒訴魏欽武傷害案、

▲本城糧價

名稱	每市斗價目 最高	最低
小麥	二千六百七十文	二千五百文
大麥	一千五百文	一千四百文
黃豆	二千三百文	二千一百文
黑豆	二千一百文	二千文
綠豆	二千八百三十文	二千七百五十文
江豆	二千三百文	二千二百文
高粮	二千二百文	二千五十文
穀子	一千八百五十文	一千七百五十文
稷子	一千八百文	一千七百文
芝蔴	三千四百五十文	三千三百文
青豆	二千一百文	二千零五十文
花生(每斤)	二百一十文	二百文
瓜子(每斤)	三百二十文	三百文

氣象

晴

風向 東南風

最高溫度 九八

最低溫度 九十

談談舊詩（續）

介泉

詩，還可以表現人的性情，宋包拯守端州，題詩齋壁云：「清心為治本，直道是身謀；秀幹終成棟，金鋼不作鈎。倉充鼠雀喜，草盡兔狐愁；吏冊有遺訓，勿貽來者羞！」他是一個鐵面無私公正廉明的好官，鄉曲婦孺都知道，這首詩足以表現他的性情；後世為官的人，把這詩奉為座右銘　有什麼不可？明于謙「詠石灰」云：千錘白鍊出深山，烈火燒來自等閒；粉骨碎身渾不怕，要留清白在人間。」貞堅不撓的氣概，不畏強禦的精神，流露言表。後來遭人陷害，下獄而死，可算是踐詩言！一篇「四時讀書樂」，可以推知翁秀卿是一個教授自得的人，（翁元人，名森，號一瓢，隱居教授，取朱子白鹿洞學規以為訓，後人以「四時讀書」乃李子所作，誤。）一首「即事」一詩，可以辯明蒨桃是一位不媚不妄的賢德女子。（蒨桃，寇準之姿，準好歌舞，蒨桃作「即事詩」以諷之。詩云？「一曲清歌一束綾，美人猶自意嫌輕：不知織女機窗下，幾度拋梭織得成？」）這種例子，舉不勝舉。總上來說：詩能表現人的性情，是無義疑的！

不同題的詩，有時可以集成很好的對聯。「將軍下筆開生面，」「壯士長歌入漢關，」這兩句詩，上句我忘記他的出處　下句是選自「薛仁貴軍中歌」上的。從前張武力統一的吳子玉先生，常把這兩句書寫對聯贈送知交。清末著名的書家——清道人，曾集韓吏部的「衙門雞載棨」句，和杜工部的「遂性各琴尊」句，書成對聯，贈送李君子綬。李君以其書法既佳，又從異題詩中採得天然的對偶，異常珍視，非遇摯友至戚，不肯輕易的示人。現在我們所常見的酒肆對聯，「勸君更盡一杯酒，與爾同消萬古愁。」也是從兩首詩上集上來的。（最早集書此二句者，為福州于君彥翰林，于固長於書者，摩仿劉石庵派，神似。適四海春飯館主人請其墨室，于不假索思，揮筆立就。）

讀詩的人，讀到佳妙的句子，而「千古絕句」，「神來之筆」……等評語，往往脫口而出；因而時常的惹起反對者的質疑。但是，「何以見得是千古絕句？曾把古詩逐句比較過麼？」這樣的質問，未免牽強　而且含有意氣用事的意味。凡是絕妙奇離的句子，未經前人用過的，即可以「絕句」「神筆」目之，要把古詩句句比較，恐怕是很難能的事情！一那「四庫全書」多至十六萬餘本　中國的壽限，活到百歲的可以說很少吧！而老幼疾病……等，須去其半，讀書的時機　最多不過五十年；在五十年中　每天要誦熟八九本，才能完功　試問：「活到百歲的有幾人？誰能在一天之中誦熟八九本書？更誰能把古今的詩詞逐句比較？」所以那種[illegible]，是不合理的。求新的學問，固是青年們應有的努力；而舊的學問也未可一古腦兒抹殺。「……研究新的東西　欣賞舊的東西……」常慕康先生的這兩句話，最使我贊同。（完）

第十六期

豐縣文藝研究會主編

青年之路

人生道路是何等的崎嶇，多少荊棘呀！在我過去地創傷，至今還未全愈；而今呢？又應闢新途徑了！人生的督促，生活的逼迫在前進的途徑中又不得停住腳步。在我張開眼睛向着前途瞻望時，感到渺茫了，深深失望，簡直的無路可走！

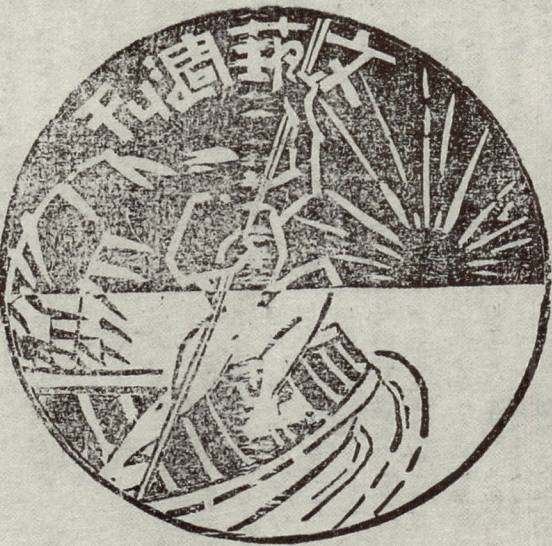

人生的道路千條，到底走那條呢？是向東是向西是傾左是赴右？在這個十字街頭上徘徊已久彳亍不定。

我是一個青年，所想不過是多求點學識建造下受富的技能，以圖將來為國家民族效功負擔偉大的使命。

苦惱多愁究有何用　悲觀抑鬱總是無益，不如抖擻精神走上青年應走的光明大道。

所謂青年的光明大道是什麼呢？就是和社會人羣謀幸福協助着一般男女們走進共生共存共進的大道。

要想不違背這國道路，則必在這個青年時代，努力自己的學問，培養良好的品行，鍛鍊強健的體魄。

求得淵博的學問，非得勇敢奮鬥有毅力不可，認為艱難困苦是幫助幸志堅決的好刺激，能使他加倍的努力，正如中山先生說：「吃苦耐勞，勇於奮鬥，才是有為的青年革命的志士」這句話的意思，就是勇敢奮鬥，吃苦耐勞則萬事可成。

譬如：我們的國父，一生捨身革命，雖然奔波勞碌，洒拋心血受盡了千辛萬苦遭逢了無數的怪險，還是堅持到底，再接再厲百折不撓，卒把滿清推翻　造下光榮的歷史，與中國開一新紀元與民族闢　新生命　轟動了全世界的羨慕　博得各弱小民族的愛戴，故凡是他所到的地方，各個敬仰　人人歡迎，終為我中華民國偉大總統。這是先生忠勇吃苦耐勞的精神　開創的偉業豐功。所以　勇敢奮鬥　吃苦耐勞一是青年唯一的珍寶？

至於求學亦是如此　品行的修養，一個人處複雜的社會，一切的應付專靠自已修養，修養不成，應付不週；處事多取拘泥說到作大事圖大業乃是紙上談兵實無濟於事　良好的品行就是在　個團中，對上面應當敬，對下當友　對衆人要仁。對物當愛，對自己的職務要忠，有了這敬　禮　仁　愛忠五種美德，才可謂良好的品行。社會賴以持持，秩序而不紊亂的也是這樣美德的功勞，所以做人的根本大道也止於斯了。只要大家身體力行，由近及遠，由小及大，推己及人　施人及物的做去，不會不使人信仰讚頌的。

體格的鍛鍊，有些人好談理論凡想思所異常周密，若令他捨身做去躬身實踐，則無能為矣，所以說：「奮鬥的能力，寓於強壯的身體。」故身體的健壯，更不可忽略啊！

如果青年有勇敢奮鬥吃苦耐勞的精神　必能得到相當學識，有高深的學識，則個人的修養　亦能隨時喚起，最後能再注意身體，那末，那事事成，興業業振了。

以上三則便是青年的康莊大道

還鄉

笳東

我的故鄉　位于豐國西北[illegible]市裏　四圍的環境　雖沒有那名山大川的點綴，但是有那清秀的原野，春花秋月，大致也不減於風景幽美之色罷？光陰如飛燕　般的飛掠過去，人生的壽命，也逐漸縮少，在這個短短的時間裡，猶其是我們經濟窮迫生活窮苦的人們，更得要掙扎於生存之道；所以在去年的春季裏　我也拋離了我的故鄉，尋找我生活的出路。直到現在，一截有餘「等因奉此」的機械生活，平淡的的條無過去，世事盛衰，實不禁人有倉桑之感呢！

每當我整裝旋里，投向家庭的懷抱時，都使我內心裡愉藏着愉快。這次因為我接着家裡來信，知道父親染疾，家人多病，一家情況，陷於困苦恐怖狀態。我這時焦慮萬分，當日傍晚到街上買了一點藥物，預備帶到家裡服用　以防萬一。

翌日的早晨，即慌忙起來，整了行裝，換了一套我們當軍人的服裝，把我的工作託付與同事劉君　請了假，坐上了黃包車，匆匆的到了北站，這時站台上已擠滿了男女旅客，幾個黃色服裝的憲警，來往的巡梭檢查，十足表現他們的盡忠職守；當我走進了站台時，一個憲警很像注意我似的，只是我對於軍人的禮節，不大很懂，幸而也沒有失禮，他向我仔細的檢查一下。一會兒，站上的警鐘，敲了數下，一個鬥黑龐大的怪物，拖着長蛇般的身驅，從東邊慢慢的駛向西邊，停了站一霎時候，旅客們都慌忙提了自己的行裝，擠上了車廂，我因為穿着軍裝，所以我只得擠進軍用車裏，這車廂裏，擠滿了純粹的丘八先生，坐的也有，臥的也有，說的也有，笑的也有，那種奇特繁雜的喧囂，更增添我旅途的愁緒。一聲悠長的氣笛，把旅客們的話兒打斷　車身漸漸的蠕動，離開那故楚的古彭，駛向各人所期望的故鄉，一路軋軋的輪聲，雖然是歸心似箭，也不計路程的遠近了。

車行的速度，逐漸加快，我從窗口眺望着兩旁的村莊、田野，起伏的山崗，林樹，過好像萬馬奔騰，車廂裏乘客，這時有的在迷迷打盹，有的在喁喁私語。一片聲喧，一個黑衣檢票員帶着幾個押車的警士，向乘客我檢查車票。『你的票呢？』檢票員向一個穿黑色便衣的旅客問道。『我是無線電軍事學校的，我有護照，請你看看』，那色便衣旅客很恭敬的向檢票員回答着，那檢票員接着護照低仔的審一遍，忽然將護照撕的雪花粉粹『你就隨便這樣拿着一張紙，穿着便衣坐車嗎？不行，快下去！』檢票員帶着氣話，『請你們通容一下罷！』黑衣旅客帶着哀求的樣子說、『我們不管，當軍人的服裝不整，就不能隨便坐，可惡，快滾下去』！這時車行駛的正快，劈拍！劈拍！『媽的　渾蛋！你沒看軍人乘車的規則嗎？』押車警士向那旅客罵着打了他十幾個耳光，『我補票，請你們不：：：：要：：：如此：：：：』黑衣旅客踉蹌的說，他媽的！什麼東西！快滾下去！』劈拍、劈拍的聲困，充塞了車廂中，這邊又查着一個然符號的兵士，也是照樣的連罵加打，一時這車廂中的空氣愈形緊張起來，幸而我的服裝整齊，手緒完備，不然，豈不也要如此糟嗎！由此我又想到我們中國軍人的習慣習氣，怎能不表示我們國家的弱徵呢？我正這樣的想着，這時車已慢慢的抵進黃口站，站台的旅客搬運的力夫，站外的小販，亂七八糟上下的奔喊着，我也躍下了車廂，經過了車站軍警的檢驗，才慢慢的渡向站外，打打身上的沙塵，換換肺臟的空氣，稍微息休息了一會，隨便吃了點飯，僱了洋車穿過了黃口市鎮，直奔向我的故鄉前程走去。同鄉同路的有好幾位，路上頗不寂寞，我和車夫一路談些本地的年景，車夫說：『你們豐縣聽說已經』了一場透雨，此地早沒落雨了，田裏的莊稼，旱的要死，糧食一天一天的長錢，窮人眞是沒法過！』我聽了他這樣的話，我感想到我們目前的中國，都市和農村，都是害了經濟破產的時代病，雖然有人大聲疾呼「到民間去」「復興農村」種種好聽的口號，但仍不斷增加失業，飢餓，死亡的人羣呢！怎不令人噓歔！

我這時在車上朦朧的睡去，過了李寨時，才慢慢的醒來，車已進大沙河岸，河上的風先優美已極，碧空的遊雲，遼闊的河身，彌漫的沙塵，滋長的水草，更有那遠的田岸莊舍，構成一幅天然富麗的畫圖，但是滿腹盼慮故鄉的我，也無心賞戀美景。天色漸晚，西陽夕下，朝出尋食的烏鴉，乱叫着飛向林中歸宿，農夫們也各自工畢返家，車子走過了宋樓時，忽然起了大風，一時塵沙飛揚，麥穗兒都向我點頭表示迎意。天色更近黃昏，四圍起着蒼然的暮靄，「故鄉！我所期望的故鄉！」展在我的眼前了，我想着慈愛的父母姊妹，或正倚門渴望我罷！

車子進了城，幾盞輝煌的電燈，照耀着行人稀少的大街，幾家蕭條的商店，顯示着凋敝的樣子，實足表露荒城冷村的氣概，車子停到我家門口，我一直的走到院中，喊了一聲『爸爸』！一陣心酸不自主的落下淚來，居家老少，都又驚又喜，父親的慈顏也消瘦了，精神頹廢，臉上還添了幾痕縐紋，母親和蓮妻，也憔悴了一些，似乎像重病方愈的樣子，我投向天倫的懷抱，這時達到我充滿憂喜交加的故鄉了。

致——

鍪櫻

生成懦弱的我，

不知爲你受了多少良心的責備；

多少欺騙的虛僞。

在那黃金帶光耀的白日裏我也曾狂叫過你的名諱；

在那銀色般清碧的昏夜裡，我也曾追念過你的芳跡；

但只作得一滴一滴的水泡，

留在負情人的心裏。

○　○　○

雖無是兩過的經過　我確信你是眞誠的愛我。

你那在我身邊的徬徨，

你那在偷視的掩望，

嬌怯的萌芽，鼓發在初春的細雨裏。

可恨勇氣好像沉淪在大洋底，我終久不敢滿足你的希望，

可憐癡情有如盛開在三春的微風下的花，終久是冷淡地摧殘去。

希望的熱忱，化成一縷一縷的青烟，

飄遊在負情人的心間。

○　○　○

當我回想到：

壁立羞呢的赤血，

欲語無語的唇邊，

秋水映月的雙睛，

：：：：：：

心兒喲，早揉結了一團，

我自知，碎了我的不幸身，也不足還償你的深情！

○　○　○

夜間語凝的被裏，我緊抱着雙臂　有如抱着我的寶寶。

我向你敍述我的哀情，

我請求赦免我的罪焰。

但只是感爲夢中的途徑，戀者的辛酸，

到覺得枕面的淚跡浸醒了癡腦，方知道仍是空，空——

且寂寥。

倘若是眞正緊抱著你，向你哭訴著我的悲衷，你當怎樣安慰我！

焦唇上沾了「晨露，

方寸兒也含了憨笑，

我摟抱着吾愛有如摟抱着大地，大地現出現光彩。

但是，靜悄悄的深夜，只有那疏散的星光，閃閃地射進窗櫺，兩地的同心，正自作兩地傷悲。萬分的愁悵，和著淚兒蕩漾在懦弱人的心腸

吾愛我信你，不得見我，却捧了我水晶的心顆，

吾愛你當信我，我寫給的不是一行行的字，却是一片片的血斑。

血斑的怒泉，逆流在自身脈絡，出出一朵一朵的無花果，漫在遍野。

豐縣縣黨部圖書館書籍介紹

部譯小說

編號	書名	著者
860－2	她的一生	莫泊桑
－3	愛的分野	羅曼諾夫
－4	高爾基小說集	高爾基
－5	初戀	高爾基
－6	大地	賽珍珠
－7	鐵甲車	羅曼諾夫
－8	貴族之家	屠格涅夫
－9	畸零人日記	屠格涅夫
－10	白馬的騎者	施篤姆
－11	死囚之末日	雨果
－12	小天使	安特列夫
－13	默示錄四騎士	伊本那支
－14	七個絞死的人	安特列夫
－15	西伯利亞囚徒	杜斯托夫斯基

古人箴言

五，天下沒有不愛子的父母，若能知道我愛我的兒子同我的父母愛我一樣，就把愛子之心去愛父母，那末，天下沒有不孝之子了

六，做兒子的或不能常在父母面前，總要刻刻不忘父母。做一事，必想到此事有益於我父母麼？到一處，必想到此處令我父母安慰或憂慮麼？食一美味，穿一好衣，處一佳景，必想到我父母曾經享受麼？當大寒大暑之時，必想到我父母安適否？在飢寒困危之時　又必想到我父母　不知如何？也如此否？

中央廣播無線電台節目

七月七日　星期日

一二，一〇　平劇　小桃園　頭本　太眞外傳　三本　太眞外傳　斷密澗　罵楊

一二，三五　廣　樂隊奏樂　京市政府樂隊　奏播：國樂　彈詞及雜曲　方卿哭訴陳翠娥　陳翠娥痛責方卿　珍珠塔一至四　說三柄　英法小調

一七，五〇

一九，〇〇　平劇及歌曲　單刀赴會　古城訓弟　春香鬧學　伐齊東　牛皋下書　逃亡　塞外村女　空谷蘭

二一，〇五　新聞

七月八日　星期一

八，一〇　西樂

八，三〇　新聞

一一，三〇　平劇　氣象報時　商情　雁門關　霸遇　虞姬　戲鳳　寶蟾送酒　法門寺　埋香幻　相思寨　魚藏劍　李陵碑　平劇及歌曲　法場換子　柳迎春　徐母罵曹　蝶戀花　桃李爭春　人面桃花

二〇，〇〇　第一次簡明新聞　氣象長江水位報時

二〇，二〇　時事述評　關於國內時事問題

二一，四〇　第二次簡明新聞

二一，三〇　新聞

豐報

◎第八二三號◎
社址豐縣大同街
中宣會登記證中字第一二九二號　內政部登記證字第二三二○號
中華郵政特准掛號認為新聞紙類

△總理遺囑▽
余致力國民革命凡四十年其目的在求中國之自由平等積四十年之經驗深知欲達到此目的必須喚起民眾及聯合世界上以平等待我之民族共同奮鬥現在革命尚未成功凡我同志務須依照余所著建國方略建國大綱三民主義及第一次全國代表大會宣言繼續努力以求貫徹最近主張開國民會議及廢除不平等條約尤須於最短期間促其實現是所至囑

豐縣教育局啓事

王永科、蕭連逢、李瑞增、戴汝學、龎斌、渠時行、王德昆、王雲峯 馬樂三、劉傳同、王光祖、劉儉修、孫建興、張明英、彭元和、王效惠、李仲和、丁正路、張瑞麟、袁逸亭、尹文信、趙立品、渠時彬、李厚純、邵長松、孫裕洲、邵則民、李乃欽、蔣天蔭、丁道義、李進貢、劉廣成、王祖漢、江照瑞、彭元忠、常薪、王作善、李善芝、李效思、張子信、李登新、劉愼晚、劉德著、王汝格、劉明錦、趙正心、劉德粹鑒：請迅將二寸半身照片二張、許可狀費一元、限於七月十八以前送繳來局、以憑彙轉、而便核發無試驗檢定合格許可狀、事關憲令、勿再延誤！

豐縣教育局啓事

查本年度五六月份教費，業由縣府領出，定于七月五日，先發五月份經費。惟以年度終了，手續急待結束，六月份領據，除經費數目暫缺外、須照式塡具存局，以俟各學校經費數目確定後即行續發，茲限于本月十二日以前，一律結清，否則本年度收支決算造報後，即不能續發，務希准時按照以前手續，來局具領為要！

中外要聞

武漢連日大雨 江水飛漲險象已成
行營主任張學良 召各機關負責人籌商防汛辦法

▲中央社漢口七日電 連日水勢飛漲、漢口水位已達最嚴重時期、如再續漲各地堤防即有潰決之虞、張學良對此極為關懷、特於七日晨八時召集武昌漢陽漢口各機關負責人員、在行營大禮堂舉行防汛會。

▲中央社漢口七日電 七日下午八時、江漢關水標紀錄為四八．□英尺、有積漲勢、大雨仍續降中、低窪馬路水可沒膝、特三區一帶、已備麻袋、防汛工作極為緊張。

▲中央社漢口七日電 漢市七日下午大雨、江水陡漲、情勢益急、幸張公堤一帶情勢尚平穩、襄河堤防完固、日內尚無危險、江漢工程局旬日來晝夜辦公、七日晚召集漢方各關係機關開緊急防汛會議、決定辦法(一)加高低堤之堤身、並於江漢關水標五十一尺數、(二)添僱民船百餘艘、拖輪□艘、赴黃陂一帶運土、添補堤防、(三)由市府僱工人□餘、由商會供給麻袋、由公安局維持一切秩序、又大雨至八日上午一時始停、惟陰雲仍密、氣候悶熱、仍呈大雨之勢。

▲中央社南京七日電 全國經濟委員會秘書長秦汾、昨日曾接到江漢工程局長楊思廉急電、報告漢口重慶襄河沙市等地水漲情勢、略謂本日漢江水位升七尺五寸三、襄河水位五□尺、兩日驟漲五尺三寸、重慶復漲一丈有零、宜昌猶下大雨、荊江水位已超為民國廿年洪水位六十七寸。

▲中央社漢口七日電 鄂保安會全之武惠堤、因兩端閘身傾塌、閘身發生裂痕、險象已成、武昌縣長楊適生、一面征工搶護、一面函約該地富紳組武惠堤搶險委員會、共籌防堵之策云。

▲中央社漢口六日電 六日漢江水位為四七．五尺、較五日繼漲五寸、江漢關以東水閘外行道全沒、兩星期內無大雨、決不至成災、一般市民雖談水色變、然人心尚稱安定。

五路軍收復機山子等地

▲中央社重慶七日電 軍息、我五路軍已將機子山大香嶺匪驅逐、匪據梓潼觀音梁子等地、又三日晨匪一部偷襲我水花□地、激戰三小時、斃匪十餘名、將匪擊退、據俘匪供觀音梁子一帶、仍為偽九十三師、不久有開礦坪說。

汪病連日醫治無顯著進步
割治或不可免

▲中央社南京七日電 行政院汪院長于星期晚赴滬 住諾爾醫院醫治胆囊發炎症、頃據行政院息、汪病連日經諾爾醫生悉心察治、經過雖屬良好、但尚無顯著進步、故根治方法、是否可避免割治、仍未能決定、目前身體發熱、仍在三十八度左右、須熱度減退後、始脫危險期。

▲中央社上海七日電 宋子文五日午赴諾爾醫院探汪病、孔祥熙八日夜車晉京主持院務。

▲中央社上海七日電 熊式輝。朱家驊、許修直等七日晨到滬、熊旋赴諾爾醫院探汪院長、復赴海格路訪吳市長、擬留三四日即入京轉贛。

冀省府遷平說已成過去
袁良辭職中央慰留
王克敏書面答復記者問

▲中央社北平六日電 六日晨政整會王代委員長克敏、以書面答復記者問如下：(問)外傳整政會已有準備結束說確否、(答)不確、(問)平市長袁良向中央呈請辭職確實否、(答)袁市長辭職、中央已復電留請袁勉為其難、(問)察事解決後善後權置如何、對宋前主席出處有所聞否、(答)宋名義中央正商洽中、(問)冀省府改組後將遷平確否、(答)一度有此議、現已成過去、(問)日報盛傳華北資源開發問題、及經濟一切問題、是否已向我正式提出、(答)未聽說。

閩鄂兩主席抵京
昨訪何應欽唐有壬

▲中央社南京七日電 福建省政府主席陳儀、湖北省政府主席張羣、因事于上星期赴滬、昨晚聯袂由滬返京、今晨七時到達、上午訪晤軍政部長何應欽、外次唐有壬、有所商談、閩陳張二氏、及贛主席熊式輝、返省日期、尚未確定、大致尚有數日勾留、至浙主席黃紹雄、至長江上游天氣放晴、仍將乘機飛蓉晉謁蔣委員長。

四聖裔孔德成等抵京
國府定今日設宴招待

▲中央社南京七日電 國民政府明晨紀念週、將由國府委員陳立夫報告、四聖裔奉祀官孔德成、顏世墉、曾繁山、

孟慶棠等、於明晨謁陵後、即赴國府參加紀念週、國府現以林主席在廬山避暑、特由文官長等定日晚在國府設宴招待各聖裔　並邀請去年曾赴濟南參加祀孔各院部會代表作陪。

陳紹寬赴滬檢閱海軍

▲中央社南京七日電　行政院祕書長褚民誼上星期四留滬二日、昨晚特乘夜車來京、今晨抵下關後、即渡江到浦口代表行政院歡迎孔奉祀官。

▲中央社上海五日電　陳紹寬由京乘海籌艦來滬、檢閱海軍、七日晨十時駛抵吳淞口外、陳濟良徒迎、報告去港處理海琛海圻兩艦經過、正午十二時偕乘小輪抵高昌廟。

蔣伯誠偕孫家哲過武漢赴蓉

▲中央社漢口七日電　蔣伯誠偕孫家哲七日晨六時由京乘隆和輪抵漢、下午六時轉乘明貴輪赴渝、轉蓉晉謁蔣委員長報告一切。

平浦北上車　昨在魏善莊肇禍

軋傷旅客十餘名

▲中央社北平七日電　平浦北上車七日上午七時許行至魏善莊車站時、因誤入岔道致機車客車兩輛出軌傾覆、旅客二人受重傷、十餘人受輕傷、該列車一部未出軌者、仍開平濟通車於十時五十分達平、其餘出軌車正由路局啓修、路局對肇事人員　決嚴予懲處。

平綏路軌一段被水冲壞　交通發生阻礙

▲中央社北平七日電　平綏路集樂堡周吉莊路軌、六日夜被山洪冲壞一段後、交通發生阻礙、現正由路局設法修復中。

平市男女分校　將增設第二女子中學

▲中央社北平七日電　蔡元談社會局奉市府令取締男女合校後、曾經數度籌商、認爲私立中學男女分校、有困難兩點：(一)教部曾規定各中學班數達十二班若再增班時、亦只限於職業班、現平市私中各校班數已不少、達到部定數目、倘再分班、數必倍增　與部令抵觸、(二)若任私中男女分校、則與將私立學校規程不[illegible]抵觸、故攷慮結果、決定增市立第二女中、並擴充一[illegible]、俾達到男女分校目的。

戰區保安隊羅紫宸部　開唐協助夏防

▲中央社天津七日電　在平郊夏甸之訓戰區保安隊羅紫宸部三百餘、七日午後二時半搭專車過津開唐協助夏防。

廣州大學西北攷查團　定明日乘輪北上

▲中央社香港七日電　省訊、廣州大學西北攷查團一行十人、定九日乘海元輪北上、攷查西北政治社會教育。

首都西水關　裝設抽水機

▲中央社南京七日電　西水關裝設[illegible]機、爲城內防水計劃重要佈置、原設於波門四十四馬[illegible]水機、用以防旱者、被水淹沒、經工務局商社會局設[illegible]出、已於今日上午運至西水關積極裝設就緒、該項機[illegible]電力、並商妥首都電廠通以電源、一俟裝就、即行[illegible]水。

浙贛路南玉段沿綫大水　通車期將展緩

▲中央社杭州六日電　浙贛鐵路南玉[illegible]現以沿綫貴西縣遭六十年未有大水、致各項鐵路橋樑材料損失甚大、一時不易恢復、該段通車勢須展緩、玉田上饒段、日內如無變化、本月廿日前定可通車。

歐亞公司一號機飛蘭

▲中央社上海七日電　歐亞公司總經理李景從、七日晨語記者、公司現接電訊、一號機於四日晨由西安飛蘭州、中途因氣候關係在距蘭州二百公里地方安然降落、乘客七人及機師無線電員均無恙、七日如天氣晴和、即繼飛蘭州。

隴海路大橋冲壞　西上快車售票至潼關

陝省山洪暴發

▲中央社徐州七日電　陝省大雨山洪[illegible]發、隴海路大橋被水冲壞、列車暫難通過、路局七日晨[illegible]將西上快車可達潼關、昨售至潼車票。

蘇各縣區長控案　縣長應切實查辦

故意徇縱須負連帶責任

民廳通飭遵照毋得視爲具文

▲江蘇社　近來各縣區長被控案件、縣長每多因循敷衍、未能切實辦理、民政廳余廳長有鑒及此、特通令飭屬務須澈底查辦、如故意徇縱、各該縣長應負連帶責任、茲探錄原令如下、

查各縣區長被控案件、其中挾嫌誣陷者、固屬難免、但因玩法瀆職、致被檢舉者、亦所在多有、非澈底查明、秉公處置、不足以肅吏治、近查各縣縣長對於此項控訴案件、往往因循玩忽、未能切實辦理、間有甲區區長因案被控、即派乙區區長前往調查、究其實際、無不曲意維護、徇情、飾詞具復、而各該縣長據呈、又復漫不加察、據以轉呈、似此敷衍塞責、其流弊將使一般貪頑不法之徒、爲非作惡、更無顧忌、茲特加以糾正、嗣後凡區長控案、應遴派幹員按照所控事實、逐款詳查、明白聲叙、以憑核辦、決不得再有令派區長調查情事、倘或查辦不實、故意徇情、一經發覺、各該縣長應負連帶責任、除分令外、合行令仰該縣長即便遵照、毋得視爲具文、切切此令。

蘇民廳令開革永不錄用　分局長失於督察予以記過

武進警長擅處違警案件

▲江蘇社　民政廳前據武進縣民人控訴公安一分局派出所警長吳子安、違法辦民一案、經飭據該縣縣長查覆有「該警長吳子安、對於違警案件、往往循親友之情、擅自判處」等語、經該廳方指令該縣警長吳子安、對於違警案件、竟有擅自處理情事、違法已極、着即飭予以開革、永不錄用、該分局長李浩康、平時失於督察、應即予以記過處分、以示警紀云。

學員服裝統一

分日常及運動兩種

以國貨原料爲原則

蘇暑期體育講習班

▲江蘇社　蘇教廳本年舉辦暑期體育講習班、前已分令各縣、保送現任體育人員來省聽講、現該班教授、省體育場場長吳邦偉、將該講習班地點、(鎮師)以及學員宿舍、均已整理完善、定本月十五日正式上課、惟對聽講學員服裝一項、未及明白規定、爲劃一式樣、整齊觀瞻起見、特訂具男女學員服裝辦法三項、訓令各縣教育局轉飭遵照辦理、茲錄原令服裝辦法如下、惟服裝由學員自備、在講習期間、一律按時穿著、以求整齊、子、男學員服裝以用國貨布料爲原則、其式樣規定如下(甲)日常服裝、(上教室及集會進膳時穿著)(一)衣褲用中山裝、一律白色、(二)帽用國貨草帽、(三)鞋概用黑色皮鞋或樹膠鞋、(四)襪以黑色爲原則、(乙)運動服裝、(上早操及術科穿著)(一)白背心短褲、(二)鞋概用運動鞋、(三)襪以黑色爲原則、(四)帽及襯衫、各學員、得自由備用、但均以白色爲原則、丑、女學員服裝以用國貨布料爲原則、其式樣規定如左、(甲)日常服裝、(上教室及集會進膳時穿著)(一)白色短袖衣服、袖至少過肘節、黑色裙、(二)鞋概用黑色皮鞋、(鞋跟不得高於三公分)或樹膠鞋、三、襪以肉色爲原則、(乙)運動服裝、(上早操及術科穿着)(一)、白色短袖反領衣、黑色束管短褲、(二)鞋概用運動鞋、襪以黑色爲原則。

財廳收歸自辦　蘇省煙酒牌照稅

各區營業稅局兼收

▲江蘇社　本省煙酒牌照稅

、去年財部劃歸本省財廳後、本由認商顧葆羽等承辦、定期一年、現已於六月期滿、八月一日起財廳收歸自辦、交各區營業稅局代收、比額仍為六十八萬元、省方並不設、由財廳二科管代云。

法亞洲艦 抵威海衛

泊利梅格特號

▲中央社威海衛六日電　法國亞洲艦隊、泊利梅格特號今晨偕另一艦由滬抵此、將在此間勾留四日。

白克希特勒 晤商兩國和解公約

▲中央社柏林五日電　聞波蘭外長白克、與德元首希特勒談話之主要結果、係商討兩國締結和解公約、期以十年。

駐英日使返國

▲中央社倫敦六日電　駐英日使松平、今日由此乘英后號輪啓程、取道美國返東京、據談渠此次返國、多為休息、並可藉以審東方最近局勢、抵東京後、將呈報最近駐歐日大使互相集議情形。

德造艦程序 已通知各國

▲中央社倫敦六日電　德政府今將一九三五年至三六年海軍造艦程序、連同已造艦詳情、直接通知英法政府、及其他華盛頓簽字國家。

建設公路徵用民地 部訂免賦辦法三點

蘇省府轉令各縣遵照

△江蘇社　蘇省府頃接奉財政部令頒建設公路徵用民地應免田賦辦法內容、計分三點、一、已收用而未免賦之民地、應即由該徵收之機關迅速清理、造冊轉部核免、其有已徵之款、俟核准後公布、准自收用之日起、由原業戶呈驗串票照款發還、並於照冊咨轉期內、一律停徵、二、現在佔用民地、應即照章造冊送部核免、一面先行停止、三、將來收用民地、經核准收用時即造冊送部核免、以期於實行收用、即可奉准免賦、茲悉省府奉令後、特轉令各縣縣政府遵照辦理並將飭已未呈請免賦各案分別列表具報云。

蘇蠶管會沈委員長 令各區估計預訂秋種

責成各製種場屆期不得短少

△江蘇社　江蘇省蠶業改進管理委員會沈委員長百先、因鑒於今春蠶種缺少、蠶戶咸無種之苦、而子種販以抬價牟利之機會、特於召集各區正主任來省聽訓時、懇切叮囑各副主任、對於秋種、應為未雨綢繆、預計秋期需款數量、早向各製種場訂購秋種、而免再蹈春種覆轍。並責令各種場對於各區所訂秋種、屆期應如約交種、不得推諉及短少等情、該會於日內函令各場各區知照辦理、又悉、該會來正發給各製種場春種抵補種價、於十日內可全部發清、並定本月先發本年秋種抵補種價、每張大洋一角云。

蘇編查保甲完成後 秋間擬辦總復查

辦理戶口異動即於此時

△江蘇社　本省民廳舉辦保甲以來、因各縣開始有先後、故最後完成第三期工作之漣水等縣、始於六月底完成、現民廳正忙在統計工作、發覺其中有數縣於辦理編查工作時、有未盡詳明者、如公共處所、寺廟戶數、有不詳其數字者、則將來辦理戶口異動、難期準確、擬於九月間舉辦一次全省保甲總復查、務期經此次復查後、全省戶口有一精確數字、辦理戶口異動、亦於此時起全省同時舉辦云。

蘇農行業務發達

上期決算盈十七萬餘

△江蘇社　江蘇省農民銀行、素以救濟農村為旨、本不能錙銖計較、惟際茲社會不景氣之時、百業凋零、經濟枯窘、凡救濟事業、端賴資金、故該行除積極進行救濟農村工作外、並致力於流動資金之增加、以期增厚救濟農村之力量、查該行本年上期決算、計盈餘十七萬三千三百十元、超過該行歷年上期決算盈餘紀錄、又查該行本年[illegible]庫儲押一項、已達五百萬元、青苗放款亦達四百萬元、均係以極低利之資金或實物、貸放於一般農民者、裨益農村、實非淺鮮云。

農業推廣所撤銷後 原有管理員裁撤

技術員薪金由縣酌定 常川分駐各場區辦事

蘇建廳規定辦法令縣

△江蘇社　本省自二十四年度開始後、對農業推廣事宜、將行政費完全縮減、僅設技術員二人、助理一人、其於原有管理員名額、尚無明令公布、現建設方面、鑒於各縣場、多設置一人、距縣甚遠、若令技術員隨科工作、有事實上之困難、紛紛請示、現經建廳規定辦法四點、指示各縣、一、農業推廣所撤銷、歸併各縣種苗場、應一律改稱種苗場、二、農業推廣所取銷、原有管理員、自應裁撤、三、農業技術員在一人以上、由縣長指定一人為主任、各該員薪金、由縣長酌定、以不超出總預算為限、四、除關於農業技術上稿件、交由農業技術員辦理外、所有農業技術員、仍應常川分駐各種苗場或推廣區辦事云。

不許聘用孫其敏

因有指使蘇女師風潮情節

蘇全省公私立教育機關

△江蘇社　蘇省教育廳前通令各縣教育局云、案查省立蘇州女子師範學校訓育主任孫其敏、思想不純、行為不正、平時訓育不嚴、專事放任、此次因該主任去留問題、學生開會、要挾校長、迫簽契約、該員事前既不勸阻、事後復不加誥誡、一經學生軌外行動釀成絕大風潮、迨本廳派員馳往查辦、學生復以不受學期考試為要挾工具。當學生為罷考事開會、該員竟諉卸責任、飄然離校、次晨學生居然罷考、顯有縱容指使情節、業予撤職在案、惟該員情節重大、非僅撤職足以蔽辜、全省公私立教育機關、應一律不許聘用、除分行外、合行令仰該局長知照、轉行所屬公私立中等學校一體知照、此令。

本縣新聞

縣政府召開第五十三次區長會議

議決各區設立守望所 通過夏防計劃

縣政府于本月六日上午十一時、在該府會議室召開第五十三次區長會議、主席王迺先、紀錄張念鑫、報告事項、一、此次區長會議、為五十三次、六月份因全體總動員浚河、致未召開區長會議、二、奉省府令發各縣保甲獎卹辦法、三、奉專署解釋小偷與盜匪不同、不能引用聯保連坐辦法、四、奉專署令嚴禁境內烟毒、五、奉專署令鄉鎮保甲長辭職、不得率予照准、六、民廳派員抽查保甲之張委員選垣於六月十日抵豐、經抽查四五六三區、大致認為尚佳、七、前次會議區長提議、由縣總預備費項下撥款購買腳踏車、經呈准照撥、八、本縣四五兩區電話、業經裝設完全、九、本縣代理省農民銀行駐豐辦事處、業於五月二十日成立、十、舉行城廂消防隊及救火會總檢閱、十一、舉行烟具總焚燬及第二次烟民遊行、十二、成立縣倉庫管理委員會、十三、派員出席全省合作會議、十四、六月十日開始總動員重導復新河、二十五日各區所攤工程先後報工、二十六日縣長及各機關人員全河總驗收、十五、本縣保安隊在沛境張莊搜索匪巢、格斃匪首宋鳳山、十六、本縣保安隊在魚台邊境緝獲著匪宋魚、十七、本府第一科科長調充祕書、遺缺委黃體潤接任、十八、第三區於六月二十六日重導西營子河、十九、縣長偕教育局長建設主任出席銅山區第二次行政會議、二十、第四區區長彭元仁辭職照准、業委夏慎言繼任。大隊附李繼廣報告、一、區司令部召集夏防會議之意義、二、保甲長應負密報匪情之責、三、保甲長應塡報甲乙兩種密報表、四、從上月二十日至二十七日舉行全縣總搜索情形、討論事項、一、重導復新河、派工係根據糧冊、以現執業者應役、每畝花費多少、因各區各鄉不同、致與當主與典當人不時發生歧議、應如何規定劃一、以免糾紛案、決議、區與區之間、當地戶每畝攤款數目不得超過四百文、在本區內如有特殊情形、經區長查明後、可酌量變通、二、擬根據省保安處訓令、各區設立守望所、以維治安案、決議、(一)每保設守望所一所、以保長為所長、甲長為班長、以有武器之壯丁為所丁、

（二）各保守望所、設於各保適當地點、不分晝夜、由壯丁輪流守望、三、每守望所各置高竿一顆、遇有匪警、白日懸白旗一面、夜間懸紅燈一盞、同時鳴槍三響為號、四、各守望所遇有鄰保發生匪警、應立即馳往應援、不得遲誤、五、各守望所所需物質、應由富戶捐助、三、各區實驗鄉所有素行不端之莠民、應編解感化、以杜亂源案、決議、通過、四、各區實驗鄉壯丁、統限於本月二十日以前、以保為單位、編隊造報、俾便計劃抽練案、決議、通過、五、遵照司令部夏防會議議決案、各區鄉鎮保甲長應檢舉匪徒 並填具切結、保證境內無匪案、決議、遵辦、六、擬定本縣本年夏防辦法及計劃、請籌查通過實行案、決議、通過、下午二時散會。

教育局通飭全縣小學教師 依限呈送閱讀筆記

教育局為鼓勵小學教師進修增加教育效能起見、特遵照廳頒小學教師進修初步辦法之規定、令飭各小學教師每學期呈送閱讀筆記、行之二載、成績頗佳、現本學期行將終了、聞育育局已通令全縣小學教師、限於七月十八日以前、送繳小學教師半月刊第二卷第八期至第二卷第十九期之閱讀筆記、茲採錄其訓令如下、查各小學教師所送二十三年度第一學期閱讀筆記、業經詳加考核、評定等次、並分別獎懲、不日公布、俾各小學教師一體知照、現本學期行將結束、各小學教師應將小學教師半月刊第二卷第八期至第二卷第十九期閱讀筆記、限於七月十八日以前送繳本局、以便考核、除分令外、合行令仰該校各教師遵照、為要、此令、

縣農會幹事長副 宴農民銀行及 各社教機關主管人員

商談各區倉庫儲押貸款事宜 結果甚為圓滿

本月五日下午六時、縣農會彭幹事長世亭、李副幹事長效禹、在該會宴請農民銀行豐縣辦事處楊主任文奎、及城市民教館渠館長耀坤、店子民教館李館長坤著、趙莊集民教館高館長寄塵、楊樓民教館馮館長矩堂。縣農會評議會主席劉美周、出席省農會代表李貞乾及縣農會幹事史嶸修劉萬傑吳鳳樓亦均參加、席間商談各區儲押貸款事宜、惟以銀根甚緊、一二四六各區暫由各該區民教館主辦、三五七各區均由各該區農會主辦、七區擬放六千元、其餘各區均擬放一萬元、依照縣倉庫管理委員會頒佈之農業倉庫通則辦理、各區均暫設倉庫一處、俟秋後再行擴充、結果甚為圓滿、至八時始散。

城河蓮葉 嚴防採竊

達者決予嚴懲 教育局通知公安警察查照

本城城河種蓮、原為點綴風景、並使盡其利、際茲盛夏、正蓮花繁榮滋長之時、教育局為防止無知民衆摧殘破壞起見、特僱用專人看護、乃近來時有賣燒雞燒肉之小販、竊採蓮葉、用以包菜、事為該局聞悉、以該小販等偷採蓮葉、專類焚琴煮鶴、有殺風景、當通知公安警察、飭四門崗警、切實保護、如再有竊取蓮葉者、希予以嚴厲之懲處云。

參觀鄒平定縣報告（續）

王子蘭 董雪山

B.縣立實驗小學

該校為鄒平唯一的縣立小學、規模也比較最大、是前縣立第一小學及女子小學兩校合併的、現在還分兩部分、高初級及幼稚園共十學級、學生約四百八、全年經費七千元、教員薪俸、每人每月十五元至三十五元、由師範學校校長兼任該校主任、主任之下設教導主任一人、秉承主任主持一切校務、我們在該校參觀時間甚短、辦理情形、未能考察詳盡、茲就所見及者報告於左、

（一）設備　該校設備　為鄒平各小學冠、第二部較簡陋、第一部與吾縣城內三校相較、有過之無不及、教室光線充足、走廊闊四五尺、可供小孩課餘遊息、圖書教具、分陳各教室、亦能敷用、運動器械、有滑板槓子等、低級坐凳、概用長方形之矮坐凳、簡單奈用、可資效法。

（二）編制　幼稚園及初級男女混合、高級則分級編制、高級採用道爾頓研究室制精神、分語文、算學、自然、社會四個學習室、佈置設備各有不同、指定綱要由兒童個別或分組學習、教師在旁相機指導、據調查此種方法實驗未久、究竟效果如何、尚不能確定。

（三）教材　該校各科教材、都由教師自行編選、每單元分、課文、問題、參考、作業四項、適於兒童自習、並儘量採用大單元法、一二年後、一定有很好的實驗成績。

（四）衛生　鄒平衛生院以該校為學校衛生實驗區、故該校衛生實驗方法頗佳、全校各處、均甚清潔、每日下午有醫生到校診病、每日檢查體格一次、遇有沙眼蛀牙等症、隨時治療、惟見該校兒童大多面黃肌瘦、精神萎頓、很欠活潑、大概由於營養不足、和結婚過早（十四歲以上者多已結婚）的原因 非學校力量所能及的。

豐縣城市民教館啟事

本館為調劑農村金融、免除糧價低落農民損失起見、特舉辦農業倉庫、業經與江蘇省農民銀行豐縣辦事處訂定借款合同、并呈請縣倉庫管理委員會備案、茲定於本月六日開始登記儲押、凡我第一區各種合作社社員及經農會介紹之儲戶、從速來館登記可也。

司法欄

▲縣政府司法批示▼

▲刑事原具狀人裴益增、一件、為搶麥毆奪、吸賣鴉片、請求拘案法辦由、狀悉、准予傳訊、此批、

▲刑事原具狀人張明亮、一件、為不服判決、聲明上訴由、狀悉、候檢卷呈送、此批、

▲刑事原具狀人吳玉蘭、一件、為邀處罷訟、懇請銷案由、狀悉、准予撤回、此批、

▲刑事原具狀人史忠明、一件、為邀處罷訟、懇請銷案由、狀悉、准予撤回、此批、

▲刑事原具保人蕭運逢等、一件、為懇請將董窪賞保、不誤傳喚由、狀悉、候詳加偵訊、再行核辦、所請保釋、暫難照准、此批、

▲刑事原具保人蕭運逢等、一件、為公懇將李所九等賞保、不誤傳喚由、狀悉、李九業准交保、至李迎春一名、所供不實、尚有袒匪嫌疑、應暫押所、候再偵訊、所請着毋庸議、此批、

▲刑事原具狀人姚來聚、一件、為匪首投軍、挾嫌敲詐、叩求咨行拿辦由、狀悉、所訴並無恐嚇及詐欺情形、不能成立犯罪、所請應毋庸議、此批、

▲刑事原具狀人丁傳賢、一件、為貪圖利益、架賣無蹤、懇求飭提訊辦由、狀悉、候傳訊核奪、此批、

▲刑事原具狀人閻守興、一件、為起意劫掠、恃強霸佔、伏祈傳案究辦由、狀悉、候傳案訊究、此批、

▲刑事原具狀人殷效參等、一件、為邀處罷訟、懇請銷案由、狀悉、准予撤回、此批、

▲刑事原具狀人馬永訓、一件、為恃強兇毆、喚請驗傷立拘法辦由、狀悉、候傳案究辦、此批、

▲刑事原具狀人馬永訓、一件、為傷痕加重、不思飲食、懇請迅速拘兇法辦由、狀悉、准即傳究、此批、

▲庭期審理案件▼

七月

十月審理梁光耀與皇甫趙氏宅基案、

十日審理王先猷鴉片案、

十日審理段晴臭尋傷害案、

▲本城糧價

名稱	每市斗價目	
小麥	最高二千七百五十文	最低二千五百文
大麥	最高一千六百文	最低一千四百五十文
黃豆	最高二千一百文	最低二千零三十文
綠豆	最高二千一百文	最低二千文
蠶豆	最高二千八百文	最低二千七百文
江豆	最高二千三百文	最低二千二百五十文
高粱	最高二千二百文	最低二千一百五十文
穀子	最高一千九百文	最低一千八百文
稷子	最高一千八百文	最低一千七百文
芝蔴	最高三千四百五十文	最低三千三百文
青豆	最高二千一百文	最低二千文
花生每斤	最高二百一十文	最低二百文
瓜子每斤	最高三百二十文	最低三百文

氣象

雨

風向　東南風

最高溫度　九二

最低溫度　八十

中華民國二十四年七月十一日　豐報　（星期四）　第一版

豐報

◎第八二六號◎
◉社址豐縣大同街◉
中華郵政特准掛號認為新聞紙類
中宣會登記證中字第一九一二號　內政部登記證警字第二三○二號

豐縣合作事業指導委員會通告第三號

查本縣合作事業人才缺乏，指導不便，經本會決定辦理合作事業服務人員暑期講習會擬定簡章，提由第四十九次第五十次黨政談話會先後修正通過，並經本會第二次會議推定王委員逊先為講習會主任，李委員貞乾為副主任兼教導股股長，董委員玉珏楊委員耀增為股員，李委員效禹為總務股股長，彭委員世亭劉委員美周為股員，各在案，現已籌備就緒，定於本月十五日開課，合將簡章公布，希各社教機關，各區鄉各種合作社，各農業倉庫，及中心小學，依照簡章規定選派，于本月十四日一齊報到，須知此次講習會關係本縣將來合作事業至為重大，幸勿忽視為要。

附簡章

江蘇省豐縣合作事業指導委員會附設合作事業服務人員暑期講習會簡章

一、定名　本講習會定名為江蘇省豐縣合作事業服務人員暑期講習會

二、宗旨　本講習會以研討合作事業之理論與實際及與合作事業有關之各項問題為宗旨

三、講習日期　由七月十五日起至八月十五日止

四、人數　聽講人員規定如下

甲、各區農業產銷保證合作社及農業倉庫經辦人員第一至第六各區各四人第七區三人共二十七人

乙、各社教機關及中心小學各派一人共九人

丙、各鄉鎮現有之合作社職員經各該指導機關之介紹各選送一人約六十人

丁、縣政府縣黨部縣農會各派送一人至三人各區農會各派送一人或二人約計十四人

以上約計一百一十人

五、地點　假借縣立文廟小學校

六、講師　本講習會講師除由本縣合作事業指導委員會委員及各機關適宜人員担任外並另聘專家一人或二人充任之

七、課程　黨義合作事業之理論與實際合作簿記農村經濟農業推廣社會調查社會教育新生活運動須知

八、經費　聽講人員食宿講義等費均由本講習會供給講師除專聘者外概為義務酌設有給之事務員或書記若干人

九、附則
1，本講習會所有之一切事宜均由本縣合作事業指導委員會負責主持
2，各聽講人員須於七月十四日帶同各機關之證件來會報到
3，本講習會組織簡章由本縣黨政談話會決定施行並分別呈請備案

中華民國二十四年七月　日

主任委員　李貞乾

[illegible]祖則啓事

敬[illegible]余子德庚。素患瘋魔、神精錯乱、於本月初一日外[illegible]距、至今十餘日音信全無、伊現年二十九歲、中等身材、[illegible]未曾剃頭、四方臉、兩眼發呆、不好言語、身穿白褂[illegible]赤足着青絲布鞋　如有仁人君子知其現在何處、通[illegible]信或將本人親自送來者、均酬以厚儀、並感德無量　謹[illegible]

地址　豐縣城東南十八里王屯後王莊

[illegible]縣教育局啓事

茲本[illegible]轉鎭江私立東南初級職業學校招考新生、其有志願入該校者、請在七月十八日以前、來局索閱簡章、辦理報名手續、按照該校規定日期來局參加考試可也。

中外要聞

各地洪水為災
偃師陸沉樊城滅頂
馬華堤潰決四十餘丈

▲中央社蕪湖十日電　江西彭澤境馬華堤長四十三公里、關係贛鄂皖三省、係三省担任修、近江水猛漲、正在告急搶救、竟於昨日潰決四十餘丈、劉鎭華連夜備麻袋三千條、派員由專輪運往堵救、省府並以各地防泛吃緊、令將蕪官存木袋萬隻、分發貴華馬家窩、蕪湖、裕溪口各地備用。

▲中央社徐州十日電　路息、豫西山洪暴發、洛伊二水泛濫、偃師縣城地居嵩山之下、形勢極窪、當八日晨水勢陡漲、即將偃城包圍、官民搶修護堤、形勢迫急、是夜洪水決堤、全城陸沉、全城民衆數千人、黑夜不及逃避、盡付淹沒、死亡人數無從統計、惟縣長抱木隨波逃出、其他人民出險者、亦有百數十人、逃移山上、哀哭呼救之聲、震動山嶽、慘不可睹。

▲中央社漢口十日電　樊城八日晨陷、六日城牆滅頂、淹斃人畜無算、容景芳部第一營留守官員、亦化魚鰕、容正與地方紳商、籌商善後、惟柴米油鹽、一無所有、軍民交困。

▲中央社漢口十日電　隕城因漢口漫溢、東城城垣、被急流掃刷、潰決十三四尺、人民逃避不及、有淹斃者、城關房屋、塌七八百幢、被災難民、五千餘人、劉正設法收容中。

▲中央社漢口十日電　何成濬以鄂省水災嚴重、十日專電張羣、請迅速回省、主持救災善後。

▲中央社南京十日電　近日江水仍漲、災象環呈、蔣委員長對此深為繫念、所有各省水患較輕地方、應即培堤防、積極防護、勿稍疏失、其水患較重地方、應即趕速徵集民工、設法搶險、務使減輕災情、縮小範圍、倘水患特重、災象已成、尤應依有辦法令、籌備救濟、並指示水災救濟辦法大綱九條、令飭日分別辦理。

▲中央社南京十日電　今日沿長江各地水位如下：萬縣一九・四○公尺、宜昌一○・七三公尺、漢口十四・九四公尺、九江十三・八四公尺、安慶一二・○一公尺、南京・六・八三公尺、鎭江五・二九公尺。

▲中央社南京十日電　八九兩日、長江上游宜昌一帶水位、業已漸落、九日漢口水位、亦僅漲○・二英尺、惟襄河方面　據川漢局報告、連日風狂雨暴、水勢積漲不已、漢川索子尹家等堤、業已漫潰、經委會已電飭江漢局、督屬盡力搶堵、設法防救、黃河水勢、近方高漲、關於黃河防泛方面、經委會早有布置、近兩派鐵部、分電北寧、津浦、隴海、平漢各路、分別撥濟車輛、交由黃河水利會、趕運防泛應需材料、以利搶防。

▲中央社漢口九日電　樓口上竹台寺長豐北垣、九日下午二時許、突告崩潰、長豐南垣、形勢危險萬狀、分金爐亦浸水、漢陽灣龍河街水深四尺、東門河街、水深二三尺、當局正設法施救。

▲中央社漢口九日電　九日天氣放晴、水災悲觀略減、今晨水位四十八・九英尺、午後四時為四十九英尺、僅微漲、其餘各處、水均略退。

▲中央社北平十日電　平漢特快車、十日開鄭州、普通車抵許昌、辛安店王家屯柳莊等站路軌、均被水淹沒。

▲中央社徐州十日電　隴海路由義井舖以東至黑石關間、當八日晚山洪暴發、洛伊水漲、黃河亦因泛濫倒流、故該段自八十至八十八號牌間、洪水漫浸過軌、列車行其上、危險萬分、幸一晝夜間平地水落數尺、路軌涸出、現各車已通至澠關。

24

我軍克復大番嶺

▲中央社成都九日電　我軍近克大翻嶺、匪退據梓潼廟觀音梁等處。

▲中央社福州十日電　藏民權電省報告、沙縣轄境、均甚安謐、前月廿九日由甯洋他石竄沙之匪、三十日回竄甯田、一日向甯化之坑源一帶逃竄、現無匪蹤、壽甯駐軍會同縣保安隊、進剿山節坑赤匪范毅生股、五日激戰二小時、將匪擊潰。

中央昨舉行政治會議

▲中央社南京十日電　中央政治會議、今晨八時、舉行第四六五次會議、葉楚傖主席、決議（一）修正法院組織法第三十八條條文、交立法院審議、（二）通過修正出版法原則、交立法院、（三）廿二年度各機關決算、責成主計處、查明已送未送、分別獎懲。

黃紹雄由京返浙

▲中央社杭州十日電　黃紹雄在京公畢、十日午十二時半由京過滬返杭、因浙省各縣水災嚴重、且以廿四年度行政計劃業已開始、一切均待主持、赴蓉謁蔣、將稍緩其行。

英大使飛滬探汪病

▲中央社北平十日電　英大使賈德幹、十日乘中航公司機飛滬、據悉、英大使飛滬、係探視汪病、並順便訪問在滬要人、外傳有特殊任務不確、英大使定十三日返平、十四日下午偕眷赴北戴河避暑、約八月底返平。

蔣電程克囑敦睦邦交刷新市政

▲中央社天津十日電　程克就職後、接各方賀電極多、蔣委員長頃亦電程、囑敦睦中外、刷新市政、以副中央之依重。

秦德純蕭振瀛到津謁宋

▲中央社天津十日電　秦德純蕭振瀛、十日晚六時由平到津、定當晚偕蕭謁宋哲元、洽商要公、返平期未定、據蕭談、原定十日由平搭機赴川、代表宋謁蔣委員長、報告一切、臨時因雨中止、隨秦來津謁宋、稍留返平、預定天晴後仍南下謁蔣、

平津日軍開楡演習

▲中央社天津十日電　華北日駐屯軍、近奉令開楡關南大寺演習、十日晨八時半、津日軍二百四十餘名、並攜馬廿四、鋼炮四門、搭北甯車赴楡、九時許平日軍百廿名、轉津赴楡、集合南大寺。

四聖奉祀官在京舉行告廟典禮

▲中央社南京十一日電　四聖奉祀官孔德成、顏世鏞、曾繁山、孟慶棠等、偕全體隨員、及孔孟各族旅京人士、昨日恭謁聖廟、舉行告廟典禮、由行政院秘書長褚民誼導往。

司法官攷試及格人員再試報名期展延二日

▲中央社南京十日電　二屆高攷司法官及格人員、及山西省法官初試及格人員再試報名期、原定今日截止、該項攷試典委會、有鑒試期迫促、恐道遠應試人員不及如期到京、茲特將報名期延長二日、至十二日下午五時截止。

顏惠慶赴瑞士

▲中央社日內瓦九日電　顏大使十日赴瑞士、小住數日、轉赴維也納、再由此赴俄南部、而至新疆中俄邊界視察、然後返莫斯科。

中土商約尚在談判中

▲中央社南京十日電　中土商約、近由駐瑞士胡士澤公使、與土耳其駐瑞士公使、在瑞京商談、記者頃向關係方面探詢該約進行已達何種程度、據悉、刻尚在談判中。

郭泰祺覲見英皇呈遞國書

▲中央社倫敦九日電　中國公使郭泰祺、近升為大使、九日覲見英皇、照大使例、派御車三輛、每輛兩匹栗色馬拖車、轆夫均着栗色服、戴羽帽、載郭入宮、郭使親遞國書、英皇歡然迎之、並與談話數分鐘。

中國衛生教育社昨[illegible]成立大會

▲中央社南京十日電　中央委員陳果[illegible]佛海等、鑒於復興民族、厲行新生活之際、非賴衛[illegible]不足改造社會環境、增進民族健康、援集合國內[illegible]教育衛生專業名流專家、如戴傳賢、葉楚傖等發[illegible]中國衛生教育社、該社已於今日上午十時、假華僑招[illegible]所舉行成立大會、公推陳果夫主席領導行禮、並報[illegible]及開會宗旨、旋討論章程草案、及宣言草案、經[illegible]正通過、繼即選舉陳果夫鈕永健等十一人為理事。

新加坡中華總商會籌備舉行國貨展覽

▲中央社上海十日電　新加坡中華總商會、定十月五日起舉行國貨展覽會、函請全國商聯會、代為徵求出品。

首都各大學攷查團在贛參觀

▲中央社南昌十日電　首都各大學攷查團來贛、各方熱烈招待、十日參觀省會各機關。

上海連日悶熱

▲中央社上海十日電　滬九日十日悶熱、十日下午二時熱度增至九十五度五、為本年入夏來最高紀錄。

蘇省立醫政學院畢業典禮紀盛

陳兼院長親自授證並給獎　黨部代表余周二廳長致訓

▲江蘇社　江蘇省立醫政學院、自去歲創辦以來、成績卓著、進展迅速、七日上午九時、該院第一屆衛生行政科、衛生教育科、暨衛生特別訓練班在大禮堂舉行畢業典禮、陳兼院長胡教務長、各教職員、及各科班學生、均一律出席、各機關長官、國內醫界名流、新聞記者、來賓、參加者凡三百餘人、首由陳兼院長領導行禮、報告本屆畢業科班別、及畢業人數、於軍樂悠揚中、開始授給畢業證書、各科班成列前三名者、均有優異之獎品、計第一名為湖筆四盒、並鐫有名字掛表一具、第二名為湖筆二盒、自來水筆一支、第三名為湖筆一盒、辭源一部、隨由省黨部代表于書記長、省政府代表余秘書長、民政廳余廳長、教育廳周廳長、等相繼致訓、醫界名流余雲岫、陳方之、謝筠壽、俞松筠等、亦均有懇摯演說、後由陳兼院長、胡教務長、教員代表戴農李、職員代表周主任夢白等致詞、語多策勵、並由畢業生代表、衛生行政科王椿棠、唱陳兼院長自編之畢業歌、雄壯激昂、使人振奮、最後攝影禮成而散、旋由陳兼院長請來賓于省廳、聞晚間七時起、該院尚有餘興、舉行畢業同學會、重要節目、如合作社衛生教育意義之劇、國樂等、教員學生合演、精采動人、頗感興趣、此外尚有絲排、茲將講辭各項情形、分錄如後、

◎……◎
省黨部代表于書記長詞

略謂、醫政學院、有兩個特點、（一）中西門戶之見甚深、今本院治中西醫學的一爐、以造就中國的新醫學、此其特點一、（二）中國醫校並不少、但造就出來的人、祇各個人謀利益、所以醫生好一點、身價很商、平常人瞧不起、總理說、人生以服務為目的、而不以奪取為目的、本院的宗旨、就在造就為社會服務的人材、此其特點二、惟其本院的宗旨、與一般有別、所以畢業同學的責任、也與一般的醫藥衛生人員不同、希望諸同學、本學校的宗旨、努力為社會服務云云、

◎……◎
省政府代表余秘書長訓詞

略謂、古人云、不為良相、便為良醫、蓋同一為人民謀福利之事業也、所以諸同學要重你自己的責任、無論什麼事、自己耕耘、自己收獲、比坐享他人之成、更為快樂、而所謂收獲、祇要肯下工夫、不會失敗的、傳教師初至內地推行西醫、人多不信、積以時日、現在人家都相信了、他們今日所以得人信仰、即以前篳路藍縷的工夫收獲、希望你們亦要以篳路藍縷的工夫去努力工作、總理說、人要做大事、不要做大官、法國科學家巴斯脫、發明微生蟲、不特貢獻於國家甚大、並且被後人崇推為世界第一偉人、可見成大事者之可敬、希望諸同學亦存此抱負、事業成就、在於有恆有毅、現在中國醫學落後、諸位際此時令、兼採中西之長、實為成名之最好機會云云

◎……◎
民政廳余廳長訓詞

略謂、總理遺教說、「生存有兩個條件、一是保、二是養、而保比養更重要」、陳主席到江蘇、即以保養為施政綱領

保的政策、除注意治安外、即為防治疾病、所以有本院之設、而本院有與一般之醫學校不同之處、包括（一）如何使人民不生病、（二）生了病、如何去療治、（三）整個社會衛生事業、如何去管理、一般醫校的宗旨、祇在如何治病、并且也不能兼中西醫學而鎔治之、醫政學院、現在把使人民健康的責任、放在諸同學身上、諸同學應如何努力工作、以完成使人民健康的責任、醫者仁心仁術之事、諸位畢了業僅有仁術　但要達到醫之目的、尤須有仁心、希望諸同學到社會服務當本為人之心、以仁濟術、然後才能盡了你們的責任、而不負學校的期望云云、

◎……教育廳長訓詞……◎

略謂、今天醫政學院舉行衛生行政科、衛生教育科、及衛生特別訓練班、第一屆畢業典禮、兄弟從第一屆三個字、發生了感想、各同學在過去一年中、是準備實驗、今天畢業之後、才到了實行的階段、我們知道軍事戰爭的原則、有先鋒隊、有主力隊、先鋒隊在前、主力隊在後、或者先鋒隊失敗、而主隊戰勝、或者先鋒隊戰勝、而主力隊失敗、所謂軍隊變化、是不可以常情測度的、然而先聲可以奪人、如果先鋒隊失敗、那末主力隊的勇氣、就不免受到影響、你們出去做事、有無成效、能否努力、關係於將來的畢業同學們很大、因為你們是第一屆畢業、就是所謂先鋒隊、如果你們成績好、信譽佳、無形中增加了在院同學們許多的勇氣、如果你們成績不佳、不能努力、那末在院的同學或許都有「此路是否走得通」的懷疑、所以你們一方面努力於本身的事業、一方面就是振作在院同學們的勇氣、各同學服務社會、要具有兩種偉大的精神、以謀實現、一種是艱苦卓絕的精神、這種精神無論做什麼事、都不可少　但是你們尤其重要、因為現代中國的社會、一切不合科學的地方、太多了、你們出去做事、要與非科學的社會奮鬥、要明瞭社會的一般情形、用合理的方法、來解除困難、遇有挫折不要灰心、第二點要有刻苦耐勞的精神、現在社會上一般人做起事來、都說是沒有錢、但是沒有錢、有沒有錢的辦法、我們要廢物利用、自然界的事物　可以供我們利用的很多、推行衛生教育、也可以用一張嘴吧來代表圖畫標語、所謂「窮幹」「苦幹」這點也是希望你們特別注意的、

◎……余雲岫演說……◎

略謂　醫政學院以行政、教育及醫科三科、謀整個民族健康問題的解決組織之合理、在我國尚屬創見、本人平素主張醫學革命、對於中西的醫爭論以打倒空論研究國藥為解決的途徑處此科學時代、一切學術、當以科學為基礎、凡不合科學之空論、一概摒棄、合於科學之部份、加以整理、中國藥品中有許多經數千年的經驗、行之有效者、我們應當把他的功效由科學化驗、加以確定、治病用藥、祇問其效用　不必一定要中藥、或西藥、本人曾獨力辦過一私人的中醫訓練班、擬灌輸中醫以科學的智識、但因個人時間及財力關係、成績並不滿意、現在醫政學、有衛生特別訓練班之設、實獲我心、敢為江蘇醫業前途慶、

◎……陳方之演說……◎

略謂、兄弟覺得醫政學院的創辦、為全國的首倡、陳主席政務殷繁、能夠如此注意到醫藥衛生、尤可欽佩、衛生的目的、一種是醫病、一種是防病、衛生行政和衛生教育、都是防病事業、隸於預防醫學的範圍、講到中國衛生行政的歷史、也有了二十多年、在民國元年的時候、北京內務部就有了衛生司的設立、現在中央又有了衛生實驗處、各省有的設衛生局、或衛生處、以中國如此之大、衛生工作非常重要、而正式醫師又如此之少、各處衛生設施、未免都只有表面的工作、希望陳兼院長將江蘇[illegible]造成衛生模範省貴院畢業同學、切切實實的幹去、成為衛生行政和衛生教育的模範人才、這是兄弟參加盛典、一點貢獻、

◎……陳[illegible]長訓詞……◎

今天本院舉行第一屆畢業典禮、承各位來賓惠賜訓詞、非常的榮幸、學問兩字的涵義、非常廣泛　安能有所謂畢業、我國對於學問兩字的意義　說得最完備、包括博學　審問　慎思、明辨　篤行五者而成、五者缺乏即不能盡所以為學之道、可見整個學問始於知而成於行、不行雖博而無用、而況諸同學的學問云云

◎……胡教務長演詞……◎

略謂、今天所要貢獻於臨別的諸同學的簡單的話有兩個信條、（一）以努力學術為奮鬥生存的職責、（二）以忠實服務為建立事業之中心　本人平時專心學校行政、故未兼教務、對於教務方面所盡的責任、僅為延聘好的教師而已、所以學生學問上、如尚有此成績、皆為諸教師之力、本人僅由陳院長所界之權　以總其成而已、與諸同學別有日矣、上述兩信條、故貢獻於諸同學、當臨別的贈禮云云、

梅蘭芳啓程歸國

▲上海十日電　據悉、梅蘭芳十四日由意乘輪啓程歸國，八月二日可抵滬。

建築公路徵收民地

免賦辦法三項

蘇省府通令各縣長遵行

▲江蘇社　蘇省政府令江甯等六十一縣縣長云、案准財政部賦字一六五三六號開云、案奉軍事委員會蔣委員長代電內開、查各省修築公路、征用人民田地、照章自應給價、免田賦、以重私人權益、惟年來各地財政困難　給發地價、容或不能即時辦到、免除糧賦　事屬易行、自應提前辦理、期於發展交通之中　仍示體恤民隱之意　倘田地已被徵用、而糧賦仍須繳納、是強使人民盡不應盡之義務、殊覺有礙民生　嗣後修築公路、徵用民有田地時、應於土地使有三個月內、將征用土地之面積、糧額、業戶姓名、由各該管縣政府、詳細調查、丈量、造具清冊　報由各該省府咨部核辦、一面先將應予免徵之地丁錢糧、及各項附加、一律暫緩征催、俟部復准後、即予豁免、其以前徵用之土地、如有尚未免除賦稅　亦照此項辦法、速為清理、除分令剿匪區內各省政府遵照外、特電查照、將中正世行政建印等因、奉此查各省市公路用地　前經會同擬訂徵免賦稅章程、呈奉國府核准公布施行在案、茲奉電前因、經本部詳加審核、擬訂免賦切實辦法三點、一、已收用而尚未免賦之民田地、應即由該徵收用之機關、迅速清理、照冊轉部核免、其已徵之款、俟核准後公告、自收用之日起、由原業戶呈驗串票、照數發還、並於照冊咨轉期內一律停征、二、現在收用之民地、應即照章造冊、送部核免、一面先行停征、三、將來收用民地、一經核准、收用時即造冊送部核免、以期實行收用時即可奉准免賦、除電復行營外、相應咨請轉飭所屬、一體遵照辦理等因、准此查各縣建築公路、徵用民地、應免田賦、現既經部厘訂辦法、應即切實奉行、除分行外、合亟訓令該縣遵照辦理、仍將已未呈請免賦各地分別列表具報、此令云。

蘇全省國貨工聯會

滬常鎮各地加入踴躍

十日集省開成立大會

▲江蘇社　江蘇全省國貨工廠聯合會、自訂定本月十日借省黨部舉行成立會、業已誌本報、該會現接滬辦事處主任、錢承緒君來函、確定上海出席代表、計美亞織綢廠總理蔡聲白、永安紡織公司總理郭順、新亞藥廠總經理許冠羣、民豐顏料等廠總理吳蘊初、中法藥房許曉初、等十餘人、錢君係梅林公司董事、中華工業總聯合會委員、兼總幹事、才學經驗均其豐富、此次担任本省國貨工廠聯合會、駐滬辦事處主任、工作非常努力、前日該辦事處、又寄到中華法瑯廠等廠家、入會志願書多份、并上海各廠代表、由錢君領導來蘇、鎮江方面有大東兩廠、裕興泰廠、等加入、又悉常州大成紡織染廠、總理劉國鈞　月前赴日本考察工業　因全省國貨工聯會、開成立大會　特電程趕回、準期出席、並將日本工業現狀　於開會時演講云云。

意亞戰事殆恐難免

▲中央社羅馬九日電　意亞混合委員會、今日會議後、因談判僵局、決即停止工作、不再舉行會議

▲中央社羅馬九日電　在西維寧舉行調查爭端之共同委員會、或將停止會議之消息、意亞開之並不驚異、更不甚失望、蓋意亞皆信兩國爭案、決非協商所能解決、據現象觀之、意國對軍事行動、以求滿意、數方面公然表示、願戰事於八月二十五日前開始、

美政府購銀政策並未放棄

▲中央社紐約九日電　白銀市場之新近發展、可視為美財部並未放棄購銀政策之表示、財部照財長所宣布方針繼續購銀、

日新任駐德參贊晉京遊覽

▲中央社上海十日電　日新任駐德大使參贊森島守民、五日由哈抵滬、九日晚晉京遊覽、定十日晚返滬、十二日乘長崎丸回國晉訓、再赴德履新、

本縣新聞

各區區鄉農會職員介紹非合作社社員儲押糧食辦法

縣農會擬就

分呈縣黨部縣政府核示

本縣各區現正籌備倉庫、辦理儲押貸款、惟此項儲押、以合作社社員為原則、嗣經縣倉庫管理委員會規定、凡非社員儲押糧食、必須經農會職員之介紹、以免奸人混入、又經縣區農會職員及評議會評議員聯席會議決議、由縣農會草擬農會職員介紹非社員儲押糧食辦法、分呈縣政府縣黨部核准後、分別通知遵行、現在縣農會已將是項辦法擬就、分別呈請核示矣、茲將該辦法採錄於下、第一條、本辦法依照豐縣縣倉庫管理委員會頒佈農業倉庫通則第三條之規定訂定之、第二條、區鄉農會職員介紹之範圍、各以其區鄉鎮居住之農民為限、不得越境介紹、第三條、凡區鄉農會職員、均可介紹、但必須經各該幹事長之認可、方得辦理手續、第四條　介紹之時間須在各倉庫辦理社員儲押登記完竣以後、第五條、介紹之手續、一、向請求介紹人說明儲押貸款之利息期限及一切手續、二、查明確係請求儲押者、本年自收之乾潔糧食方予介紹、但每人貸款至多不得超過二百元、三、區鄉農會職員認為可介紹者、填發介紹證（由農會製發）、證上必須經各該幹事長簽名蓋章、並蓋各該農會圖記方能有效、四、填發介紹證後、由儲戶持向指定之倉庫自行交涉儲押、如倉庫方面款已貸完、得拒絕儲押、五、經倉庫拒絕儲押之儲戶、須將介紹證送還填發之該區鄉農會以備統計、第六條、介紹儲押之糧食、以各倉庫現行儲押者為限、第七條、區鄉農會職員介紹儲押之糧食如經日後查明確係販買者、各該農會幹事長應與該儲戶受同等之處罰　第八條、區鄉農會介紹之手續不完全者、倉庫得拒絕儲押、第九條、各庫儲押非社員之糧食、如有不經各該區區鄉農會之介紹者、該區鄉農會職員得負責向縣倉庫管理委員會檢舉、第十條、區鄉農會當倉庫收押期滿後一星期內、須將介紹儲押之戶數糧數日期及貸款數目列表彙報縣農會核計、第十一條、本辦法有未盡事宜、得由縣農會修改之、第十二條、本辦法經分呈縣黨部縣政府核准後施行。

六區皇甫樓發生土匪焚燒案

六區祠堂鄉皇甫樓皇甫榮先家、於前日夜間、突來匪徒數人、各持快槍、力撞其門、時榮先正在門旁草屋睡覺、當被驚醒、大呼何人叩門、匪等不理、遂將草屋點着、鳴槍兩響而去、其鄰右均在睡鄉、皆恐匪去此不遠、亦默不敢聲、詎火勢大熾、延燒住房、迨鄉人聞聲往救、始行撲滅、結果、焚燬房屋十餘間、聞榮先之岳父李紹忠、與其同救火、竟將頭髮燒禿云。

各區農業產銷保證合作社定期開成立會

各區區農會組織之農業產銷保證合作社、業經呈准縣政府許可設立、縣黨部指導組織、現聞各該合作社自七月八日、從第一區起、依次開成立會、第一區已按期成立、二三兩區以九十兩日大雨、改期開會、今（十一）日為第四區農業產銷保證合作社成立之期、縣政府張指導員念鼎、縣農會彭幹事長世亨已同往指導、至五六七各區、仍按預定日期開會云、

參觀鄒平定縣報告（續）

王子萍　董雪山

3、農場

山東鄉村建設研究院開辦時、即設實驗農場一所、其目的在供全境學生對於農業上的研究及實習、並藉以開發農民知識、改進農民生產技術、增加農業生產、場內設主任一人、技士二人、事務員三人、練習員若干人、租賃城東關附郭之外人醫院房屋為場址、全部面積二十餘畝、場內除辦事房屋以外、並利用隙地、作為飼養猪牛羊兔雞蜂、及各種園藝的試驗、租附近[illegible]餘畝、試驗各種作物育種、又在孟家坊村西租地[illegible]餘畝、專為繁殖美棉種子之用　茲將該場工作目標及重要事項、報告如下：

A、進行目標

該場的進行目標、在於改進農業生產技術、增加農業收入、其入手辦法、注重收集各地農業機關試驗有效之品種、作一度之地域試驗、再將有效[illegible]結果、用表證方法推廣於當地的農民。

B、各項試驗

（一）作物育種　最近三年的作物育種試驗、有小麥高粱穀子大豆脫字美棉等數種、計小[illegible]有十桿行品種比較、高級穗行試驗、二桿行純系育種、[illegible]桿行純系育種、五桿品種比較、高粱有穗行試驗、一桿行純系育種、五桿行純系育種、穀子有穗行試驗、一桿行純系育種、十桿行純系育種、大豆有高級品種比較、株行試驗、桿行純系育種、脫字美棉有株行試驗、二區品種比較、初次遺傳試驗、五區品種比較、二次遺傳試驗。

（二）推廣改良脫字美棉　鄒平的六、七、八、九、十、十一、十二、十三各鄉、最宜棉種、該場以試驗有效之改良脫字美棉、推廣於以上各鄉、最近三年種脫字美棉者、逐漸增加、計二十一年、有二十七戶、用棉種四千七百八十八斤、共植八百七十四畝二分、二十二年、有四十六村、六百一十戶、用棉種二萬一千零三十六斤半、共種四千二百零七畝三分、二十三年、有二百四十五村、五千九百七十五戶、用棉種二十萬零六千四百一十四斤、共種四萬一千二百八十三畝。

司法欄

▲縣政府司法批示▼

▲民事原具狀人齊仰亭、一件、為霸佔田地、訴請傳案公判由、狀悉、仰靜候察理、此批。

▲刑事原具狀人常王氏、一件、為被私賣鴉片嫌疑、哀懇仁慈、矜憐釋放由、狀悉、案已判決、候即送戒烟所可也、此批。

▲刑事原具狀人陳任氏、一件、為小女被架、據情報明、懇請緝匪法辦由、狀悉、准予飭隊嚴緝逸匪、並營救被擄人、此批。

▲民事原具狀人吳孫氏、一件、為偽造歸單、砌詞狡辯、再求通傳人證、訊明核判由、狀悉、候定期傳訊、此批。

▲民事原具狀人吳孫氏、一件、為委任代理到庭應訊由、狀悉、准予委任、此批。

▲刑事原具狀人宋克平、一件、為堵塞公路、妨害出入、繪圖貼呈、請求傳案究辦由、狀悉、查侵佔道路、妨礙通行、係屬民事範圍、仰另提起民事訴訟可也、此批。

▲刑事原具狀人馬承讓、一件、為傷重命危、再叩立即派警迅拘法辦由、狀悉、准即拘傳、此批。

◎刑事判決◎

主文　常聘三等因購吸私土及私吸鴉片案判決、常聘三購吸私土、處有期徒刑二個月、劉效臣私吸鴉片、處有期徒刑二個月、併均交戒烟所勒令限期戒絕、裁判確定前羈押日數、均准以一日抵徒刑一日、煙泡烟具烟灰等件、照單均沒收之。

主文　陳文長等因私吸鴉片案判決、陳文長、陳文常以鴉片供人私吸、韓景忠無照私吸鴉片、各處有期徒刑六個月、併均交戒烟所勒令限期戒絕、裁判確定前羈押日數、均准以一日抵徒刑一日、烟具等件、照單均沒收之、

▲本縣司法案件▼

七月十三日審理[illegible]解除婚約案、

十三日審理李劉氏訴劉昌賀侵佔案、

十三日審理高永立與賀復禮款項執行案、

十三日審理彭俊等鴉片案

○○○○○○○○○○○○

▲本城糧價

名稱	每市斗價目
小麥	最高二千六百文　最低二千四百文
大麥	最高一千五百文　最低一千四百文
黃豆	最高二千一百五十文　最低二千一百文
黑豆	最高二千一百文　最低二千零五十文
綠豆	最高三千七百五十文　最低三千六百五十文
江豆	最高二千五百文　最低二千三百五十文
高粱	最高二千一百五十文　最低二千一百文
穀子	最高一千九百文　最低一千八百文
稷子	最高一千八百文　最低一千七百文
芝蔴	最高三千五百文　最低三千三百文
青豆	最高二千一百文　最低二千文
花生每斤	最高二百一十文　最低二百文
瓜子每斤	最高三百文　最低三百八十文

氣象

晴

風向　西北風

最高溫度　七八

最低溫度　七四

豐報

◎第八一三一號◎
社址豐縣大同街
中宣會登記證中字第一二九二號　內政部登記證警字第二二三〇號
中華郵政特准掛號認爲新聞紙類

◁今日一張半▷

本報價目
本報每份大洋一分四厘每月大洋三角外埠每月大洋四角郵費在內

總理遺囑
余致力國民革命凡四十年其目的在求中國之自由平等積四十年之經驗深知欲達到此目的必須喚起民衆及聯合世界上以平等待我之民族共同奮鬥現在革命尚未成功凡我同志務須依照余所著建國方略建國大綱三民主義及第一次全國代表大會宣言繼續努力以求貫徹最近主張開國民會議及廢除不平等條約尤須於最短期間促其實現是所至囑

豐縣黎明幼稚園籌備處募捐啓事

[illegible]

中外要聞

黃河水入微山湖　一部洩中運及六塘河

△中央社清江浦十六日電　黃水流入微山湖、一部洩中運及六塘河、灌邳段工務所、除搶護中運堤防外、導淮工程處十六日派工程師吳可棠馳往六塘河沿岸、督同宿沭等縣搶堵堤防。

△中央社開封十六日電　據河務局某專家談黃河防汛工程以黑崗口中牟段最爲吃緊、中牟堤段、尤爲險惡、堤身潰決廿餘丈、經拚命搶護、工料用罄、幸河水退落、未釀鉅禍。

△中央社濟南十七日電　韓主席分派委員六人、各攜款一萬元、即日前赴鄆城、鄄城、荷澤、鉅野、嘉祥、東平等六縣放急賑。

△中央社濟南十六日電　省黨政紳各界成立山東水災救濟會、拯救被災。

△又電、十五日黃河上下游水勢均退落、惟下游利津等堤吃緊、劉正趕修中。

武漢各堤仍未脫險　漢警備部某員護堤不力被槍決

△中央社漢口十六日電　此間警備司令部某員、因護堤不力、今晨被槍決、據公安局稱、此間死於水災者、已達廿三人。

△中央社漢口十六日電　江漢水勢雖已稍退、而武漢各堤仍未脫險、且江襄上游各縣、幾全淹沒、災情慘重、行營張主任、以搶險救災、凡屬國民均有負責、而身爲黨員者、尤應全力工作、以爲民衆表率、特於十六日在行營召集武漢省市黨委開談話會、當議決總動員、武漢三鎮及各外縣所有黨員、分隊參加武漢各堤搶險工作、並赴各

被災縣份、散發藥品食粮、至經費之籌措、除張任捐三千元外、餘擬向留武漢中委及黨員捐助。

△中央社漢口十六日電　今晨江水雖略退、但當局仍努力防災不懈、以目前言、大局不至棘手、漢口用去防災費已三十七萬元、聞將電蔣委員長、撥款二十萬元以便應用。

△中央社漢口十六電　當局對救護堤防、始終不懈、並調軍隊協助工作、各市安謐、惟堤外死屍漂流、慘不忍睹。

△中央社安慶十六日電　連日大雨不止、江水洶湧、加以南風大作、北岸堤防吃緊、苗監察使十六日偕劉主席親往各堤段巡視。

△中央社南京十六日電　今日沿長江各地水位如下：宜昌七•一三公尺、九江十三•九六公尺、安慶十二•〇七公尺、南京六•八三公尺、鎮江五•六七公尺。

五路軍攻克楊家山

△中央社成都十六日電　我五路軍十日攻克楊家山、匪向茂縣移退。

△中央社南昌十六日電　軍息、竄據贛東北匪首方志敏妻繆敏、僞副主席余金德等、九十餘名、現經廿一師陸續擒獲、方匪妻現押橫峯。

行政院昨舉行第二〇一次會議

△中央社南京十七日電　行政院於昨晨九時、舉行第二〇一次會議、孔祥熙主席、決議要案：（一）決議派許世英、王震、朱慶瀾、孔祥榕、葉楚傖、爲中央救災準備金保管委員會委員、並指定許世英爲委員長、以王震朱慶瀾爲常務委員、（二）外交部汪兼部長呈請轉請簡派蕭繼榮爲互換中法越南專約全權代表案、決議通過、（三）軍事委員會蔣委員長據各地方報告、堤決水潰情形、請迅予分別籌撥賑款、以資救濟案、決議、一、電令各該省嚴爲防護、並將各處災情詳查具報、以憑核辦、二、交內部、財部、賑務委員會、查照辦理、並函知經委會。

四川舉行新運擴大宣傳會

△中央社成都十五日電　川新運擴大宣傳會、與蔣委員長到蓉後第七次擴大紀念週同時於十五日上午八時半在公共體育場合併舉行、首行升旗禮、後由蔣委員長領導行禮如儀、並致訓詞。

滬市上半年對外貿易　入超一八三七〇七一〇五元

△中央社上海十六日電　海關息、滬市本年上半年對外貿易計輸入共值國幣三〇九九五九五一〇元、輸出共值國幣一二六二五二三〇五元入超爲一八三七〇七一〇五元。

廣州大學西北攷查團到京

△中央社南京十七日電　廣州大學西北攷查團、本月九日離廣州、十四日過滬、於十五日乘京滬車抵京、一行共九人、由該校教授黃文表領隊、攷查範圍以甘陝一帶爲目的地、攷查科目、分政治、經濟、教育、文化、及社會一切情況、該團在京留三四天、即北上徐州、轉往西北進發。

滬錫公路全部竣工

△中央社上海十六日電　滬錫公路、全部竣工、預定八月十日在眞茹南翔間綠楊橋舉行通車典禮。

救濟工商業　國庫憑證財部撥付

△中央社上海十六日電　救濟工商業國庫憑證二千萬元、財部十六日已撥付工商業貸款審查委員會、即送交中國國貨銀行、代爲保管、以作抵押放款之第二保證。

意向亞提出四項要求　意國動員計劃全部實現

△中央社日內瓦廿五日電　意政府今日已提出四項要求、其中至少有二項爲亞國所不接受者、故東非發生戰爭恐慌、更爲有力、四條件如下：（一）重行劃定意國索馬利蘭與亞國邊境、及亞國以經濟讓予權與意國、（二）築一鐵路、經過亞國、而將里特利亞與索馬利蘭相連接、此兩地皆意國屬地、而亞國適在此兩地之中間、（三）亞政府聘用意人爲顧問、（四）仿照英國在埃及制度、設立各行政部。

△中央社羅馬十五日電　本日宣傳部發表公布、宣布意國在海陸空軍方面所定新措置、按照公布說明、本月續有兩師動員、所有動員計劃、全部實現、軍用飛機作攻擊之用者現有一千架之多、總計已共十師、每師一萬三千人、連專門工人在內、全數十八萬五千人。

颶風在菲東洋面

△中央社南京十七日電　颶風現在菲律濱東部洋面、位於東徑一百二六度、北緯十四•三〇度、向西北進行、風勢已稍弱。

科學新消息

△中央社南京十六日電　中國科學化運動協會、發表科學消息二則、（一）多食糖可以治肝病、（二）思想的精力、係從糖汁得來的。

本年度推行普及義教　各縣應籌增學級

其開辦經費各縣應就地自籌　以辦理單制短期小學爲原則

△江蘇社　江蘇省教育廳、以普及義務教育、爲復興民族要政、本廳最近迭奉教育部令知、自二十四年度起、積極實施義務教育、並指撥專款補助進行、本廳仰體斯旨、亦經籌劃專款、以備推行之用、除已就近首都及省會學校、又最少之江浦等七縣、及位居重要之淮陰東海灌雲等三縣、規定二十四年度應增設二十五學級、並於省會城區先設一百學級外、爰特訓令各縣教育局、在二十四年度內、應於原定增設數額添設外、再增設十至十五學級、其經常費應自籌半數以上、不足之數、由省撥給、其開辦費、應就地自籌、所設學級、以辦理單制短期小學爲原則、各該局長、應於七月二十日以前、將應增設之十至十五學級地址、校舍、師資、經費、各端、詳細籌劃具體辦法、報廳核定、事屬要政、不得延玩忽視云。

開闢墾植區水利　將專設機關辦理

設計委員商談二步計劃

△江蘇社　蘇省墾植設計委員會、自成立以來、積極從事設計開墾工作、各委員幷根據前次考察所得、擬具開闢第一區墾殖水利意見書、呈主席核示茲悉現仍在審核中、一俟省府會議通過、即可着手進行、幷將專設機關辦理此事、日前設計委員李積薪、祝平、曾召開常會、商談設計開墾第二步一切計劃、日前報載前項意見、業經府會通過說、並非事實云。

蘇省會婦女會改推常務理事

推徐若萍吳子我黃卷雲負責

△江蘇社　省會婦女會於十三下午三時、舉行第四次理事會議、計出席理事、李惜陰、黃卷雲、湯奮志、（黃代）徐若萍、王郁英、李礪眞、（惜陰代）主席徐若萍、開會如儀、甲、報告事項、（略）乙、討論事項、一、查本會救濟案件紛繁、除已正式聘請逖振琇大律師爲本會常年法律顧問外、擬添聘律師　以專職責而重會務案、決議　添聘王修濟大律師爲本會法律顧問、二、准阜甯縣婦女會函請轉呈教育廳准予在該縣中學添設婦女職業班一案、業經轉呈教育廳在卷、請予追認案、決議通過、並函復阜甯縣婦女會查照、三、據救濟股報告、處理妓女王曼君、請求援助脫離火坑、另謀生活案、經過情形、請予追認、決議通過、四、理事徐若萍、請辭理事職務及常務理事兼職案、決議慰留、五、查本會理每多無故缺席會議、有礙會務進行、應如何辦理案、決議　呈請省黨部核示、六、徐若萍同志提請改推常務理事以專職責案、決議改推徐萍、吳子我、黃卷雲三同志爲常務理事、餘略。

蘇二區黨務辦事處　推行鄉村新生活運動

以俞塘一十五方里內鄉村爲實驗區

△江蘇社　蘇省二區黨務指導員鈕長耀氏、鑒於新生活運動、不能限於局部份之都市、今後之努力、應轉向於鄉村、且二區十縣、接壤海濱、處滬市之近郊、居蘇省之重要、顧國際情形日趨緊張、保國强民、鞏固邊疆、事屬重要、

爰有俞塘新村新生活實驗區實施方案、已呈准中央備案施行、現以俞塘二十五方里範圍之鄉村、作為新生活實驗區、由俞塘社教服務人員担任、分區推行、現為擴充區域推行起見、根據辦法大綱第二條之規定、選派二區辦事處職員張嘯遊胡乃文及上海縣黨部委員張經野、松江縣黨部委員王者五、金山縣黨務特派員王浩英、青浦縣黨部委員黃沛澤、奉賢縣黨部委員朱幹業、南匯縣黨部委員陳錫祚、川沙縣黨部委員陸舜卿、嘉定縣黨部委員陸麟勛、太倉縣黨部委員黃葆麟、寶山縣黨部特派員朱學典、負責辦理、並聘請省立俞塘民教館孫健君馮國華馮贊元陸蓋為常務委員、張新夫為常務指導員、瞿文波辦理實驗區分辦事處總務事宜、朱佳聲指導新生活實驗區分辦事處兒童股事宜、胡乃文葉家瑞指導新生活實驗區分辦事處青年股事宜、秦寶齋指導新生活實驗區分辦事處成人股事宜、楊玉娥指導新生活實驗區分辦事處婦女股事宜、聞現已籌備就緒、不日即可開始工作云。

蘇省婦女新運勞動服務團通則

省新運會擬定送總會審核

△江蘇社 南昌新運總會、以婦女為推行家庭新生活之中心、自應與其他勞動服務團、同一重視、特通告各省參酌地方需要、擬具組織章則、並實施計劃、送交審核、現蘇省新運促進會、爰依照根據本省實際需要、製定江蘇省各地婦女新生活勞動服務團組織通則五條、其實施計劃、正在草擬中、茲將五條、探錄於下、

組織通則

（第一條）本團依據新運縣會頒布新生活勞動服務團組織大綱、第二條組織之、直屬於江蘇省新生活運動促進會、並受其指導、（第二條）本團設正副團長各一人、由各地婦女會常務理事一人充任正團長、新運會指派一人充任副團長、團以下參酌事實需要、各學校團體內之婦女志願參加者、得就各學校團體內組織分隊、隊設隊長一人、由團長遴派之、（第三條）本團工作依照總會所訂定之生活軍事化、生產化、藝術化、初步推行方案、分別推行、茲為便於實施起見、（一）舉行貧民家庭夏令衛生 並代為徵求藥品贈與之、（二）舉辦成年婦女工讀班、（三）舉辦提倡節約儲蓄運動、（四）舉辦提倡服用國貨宣傳、（五）舉辦勞工婦女職業介紹所（六）組織讀書會及問字處代筆處、（七）組織婦女自由車隊、上列各項運動具體實施計劃與步驟、均另行分別訂定之、（第四條）本團附設於各地婦女會內、經費由各地婦女會及新生活運動促進會設法補助之、（第五條）本通則由省新運會報告總會核定云。

內政部解釋違警罰法適用訓誡之範圍疑義

蘇省府分令各縣局知照

△江蘇社 蘇省府准內政部咨案據浙江民政廳二十四年六月十三日呈稱、據浙江省會公安局局長趙龍文呈稱、查訓誡為違警主罰之一種、惟應用範圍學說主張不一、有廣義與狹義的解釋二種、一、訓誡既明定為主罰之一、處理違警案件、自可由審判人自由裁量選擇應用、如關於輕微之違警行為、雖依照違警罰法第二十一條量予減輕、而其情節可原、心術可恕、認為處罰尚嫌過重、與其科以少數之罰金、使之無關痛癢、不如施以相當訓誡、促其改正錯誤、較為有效、且警察負有領導人民責任、訓誡實含有教育意義、故對於最輕微違警之行為、不必處以罰金者、均得適用之、此為廣義之一說也、一、違警行為之處罰、以採法定主義、自不得比附援引、訓誡雖為主罰之一、但以有違警罰第二十條情形、適用處罰之必要條件為他各條、既無明文之規定、無論何種輕微行為、均不得牽強援用、此為狹義之一說也、以上兩說、各具理由、未知孰是、事關法令疑義、理合具文呈請、仰祈鑒核、俯賜解釋、俾資循遵等情、據此事關法令解釋、除指令外、理合備文呈請鑒核示遵等情、據此、查訓誡為違警主罰之一、要以法有明文規定、始得科處、故僅以第二十條之情形、且非有第三十九條第二項之例外為限、始能適用、第二十一條情形、既無得以訓誡之明文、自不得比附適用、極屬明顯、據呈前情、除指令該廳遵照并分行外、相應咨達貴省政府查照、并轉飭所屬一體知照為荷、省府已令各區各縣知照云。

水勢嚴重

蘇丁監察使奉命於必要時巡視要段險工

並查察當事人員是否盡職

△江蘇社 蘇監察使署自成立以來、各事均漸具端倪、丁監使刻正處理各方控案、及巡視各縣事宜、不遺餘力、頃聞丁氏奉于監院長急電、略謂江水激漲、各地告災、形勢至為嚴重、希親臨重要地段巡視險工、並查察當事人員、是否切實盡職、遇有險急務、即通知該長官妥為防範、以免疏虞、聞丁氏奉電後、當即遵辦、並擬必要時親赴重要地點巡視云。

本縣新聞

縣政府昨晚召開緊急防匪會議

議決組織臨時壯丁隊 經費向富戶捐助

縣政府以二五六七等區、接近沛單碭銅四縣邊境、近來不時發生匪警、且匪勢猖大、為早事防堵起見、特於昨日下午七時、召集緊急防匪會議、計出席者顧恩、董玉樹、王汝椿、彭繼亭、夏愷言、王純九（孔慶恩代）、卜憲章、李繼廣、王述先、劉棟、張紹緒、李效禹、董仲安、裘朝永、董玉珏（李秉銓代）、李貞乾、彭世亭、董雪山、黃體潤、趙賀純、主席王述先、紀錄張念籌、行禮如儀、報告事項略、討論事項、一、現屆夏防吃緊、各區可否編組臨時壯丁隊案、決議、編組、辦法、（一）人數一區至六區各三十名、七區與商會共三十名（七區二十名商會十名）、（二）經費、壯丁每名每月七元、班長八元、隊副為義務職、但月支辦公費十五元、隊部辦公費月支十元、預備費三十元、三、捐款辦法、十頃地以上者二十元至四十元、五頃地以上者五元至二十元、一頃地以上者一元至五元、一頃地以下者不捐、其捐款總數每區暫定三百元、四、槍支、徵用民槍、以鋼槍堪用者為限、每槍至少帶子彈一百粒、如有消耗、作正報銷、由保安隊核實補充、其徵集辦法由各區斟酌辦理、五、旗幟符號、由縣備製、由各區備款具領、六、成立日期、限本月二十日成立、七、官佐、隊長由區長兼任、隊副由區長保荐、由縣府委用、事務員由區公所職員兼任、二、夏防吃緊、各區禁止演戲案、決議、通過、散會。

黃河決口後

大溜經牛頭河入微湖

邵專員在沛召各縣長商討興築江蘇大堤

王縣長前往參加

黃河自鄄城決口後、水勢愈趨嚴重、水頭前日已至金鄉魚台間之牛頭河、昨日浸入微湖、銅山區專員邵漢元氏、現駐節沛縣、並電徐北各縣派員赴沛、共商修築江蘇大堤、藉以防水、王縣長奉令後、已於今晨偕同彭幹事長、馮主任、前往參加矣。

六區公所舉行第二十二次區務會議

通過編組壯丁設立守望所組織巡邏隊等要案

第六區公所於本月十四日上午十二時、在該所會議室、舉行第二十二次區務會議、出席祠堂鄉鄉長李效先等十三人主席董仲安、紀錄惠文煥、報告事項（從略）討論事項（一）編組各鄉鎮壯丁應如何籌備案、決議、一、本月十七日開始、二、每三保在一處編組 並就地檢閱、地點、由區公所擇定、臨時通知（二）各保守望所應限期成立案、決議、一、限本月二十日以前、設立完全具報、二、由保長負責籌設。三、守望所名稱、以某鄉第一、第二、守望所稱之、以保之順序為順序、四、每保須有壯丁十人任所守望、五、每批壯丁、每天輪換一次、六、餘照縣頒章程辦理、（三）各鄉鎮應否組織巡邏隊以遏亂萌案、決議、通過、每鄉至少十人、指派有槍之村莊出之、於必要時、巡邏放哨、（四）區司令部夏防會議、所定檢舉匪徒填具切結辦法

、應限期辦竣案、決議、限本月底辦完具報、(五)奉令成立區普及識字教育委員會、應如何組織案、決議、遵照章程所定人員、由區聘爲委員、組織成立、(六)本區擬組織改進農林事業設計委員會、應否成立案、決議 通過、聘請各完全小學校長 社教機關主任、各鄉鎮長及劉棟、黃慶熙、包信臣、張紹巡、楊軼才、李敬藩、蔡樹芝等爲委員、即日組織成立、(六)本區各小學擴充學額辦法、請審查案、決議修正通過、(八)打高粮葉請規定日期以利田禾案、決議、定期七月三十日、即陰歷七月初一日打葉、早則以盜竊論、酌量處罰、(九)豐報費電話費應如何籌辦案、決議、依照舊數查案續籌半年(十)行糧徵册、業已勝清數年、不乏買賣移轉情形、可否整理案、決議、各鄉鎮長先行調查買賣移轉情形、下次再議、宣讀決議案、四時閉會。

縣立李寨中心小學區 召開全區模範兒童談話會

縣立李寨中心小學區、爲鼓勵兒童敦品勤學起見、特製定選舉模範兒童辦法、每月選舉模範兒童一次、玆爲督促各校模範兒童繼續努力計、爰於七月十二日上午十時、召開全區模範兒童談話會、首由敎導主任張晶雪先生領導行禮如儀後 繼續報告開會之意義、及選舉模範兒童之方法、並指示模範兒童今後應注意之點、次由校長李效閔致訓詞、略謂、模範兒童應當繼續努力者有二、一、應當時時刻刻以善念抑制惡念、使品行學業、永在軌道上前進、模範兒童之資格、方能永保不失、二、模範兒童不要存獨善其身的主義、務須以善善人、以德德人、使其他的兒童同趨於善、最後進茶點 說笑話、盡歡而散、

社教機關主任人員 舉行第二十六次會議

本縣社敎機關主任人員、於前日(十五)上午十二時 在敎育局會議室、舉行第二十六次會議、出席黃蘊玉、孫樹芳、馮桂森、顏景渭、李坤若、岳德廣、渠耀坤、主席岳德廣、紀錄馮桂森 報告事項、一、民衆敎育館暫行規程、已由敎育部修正頒佈、希各注意、二、奉敎育廳令、依限攷查各民衆敎育區中心機關標準工作實施情形、三、縣民衆敎育館長、體育場長、圖書館長、任免及待遇、暫行條例、現由敎育廳修正頒發到局、四、各敎育館買狼山鷄所需之款、從速送局、以便滙除、討論事項、一、請確定各區巡迴民校地點案、決議、第一區高樓、第二區史華莊、第四區段堤口、第五區後陳樓、第六區楊集、二、請確定下年度各區國術組織訓練標準案、決議、(一)推渠耀坤草擬國術訓練方案、(二)推馮桂森[illegible]國術組織規程、(三)限兩星期送敎育局、提交下次會議[illegible]、三、請確定本縣民校敎材案、決議、高級民校採用[illegible]人讀(莊洋宣編)、初級民校採用農民讀本(北平平敎會編)、婦女班採用婦女讀本(北平平敎會編)、二時閉會。

參觀鄒平定縣報告（續）

王子闢　董雪山

A. 院內工作概況

(一)治療疾病　院內尚無病房、僅設急病臨時駐留所、專備急病臨時留駐及治療傳染病隔離之用。凡普通應注院治療的病症、概由該院介紹到周村復育醫院及濟南齊魯大學醫院優待治療。

(二)設立衛生陳列室　院內闢陳列室一所、陳列關於衛生之病理標本、模型、圖畫、衛生敎育品、及嬰兒服裝等、以便民衆隨時入覽、以啓發他們衛生的知識、並引起他們對於衛生之注意。

(三)病理檢驗　院內設試驗室、凡關於一般的普通檢驗、均可執行。

(四)候診室衛生講演　每日下午一時至一時半　由公共衛生護士、輪流在候診室、對病人作衛生講演、以灌輸民衆對於疾病之預防常識、並對病人加慰藉。

(五)種牛痘　在診病時間、兼種牛痘。

B. 院外工作概況

(一)設鄉診療所　在十一鄉設立診療所、以爲將來設立衛生所之基礎、除治病　種痘及學校衛生外、並作與衛生有關係之各種調查、所爲將來推進衛生之根據。此種診療所、在各鄉未能正式設立衛生所以前、均可按照衛生院訂定之設置鄉診療所暫行辦法設立。

(二)學校衛生　鄒平學校爲鄉村政治之重心、衛生事業、自然以學校爲依附、且現在的學校兒童、都是將來的社會中堅份子、其影響於社會者甚大、故該院全部工作計劃、幾全以學校衛生爲基礎、現在已依照所擬的計劃舉辦的　有鄒平縣立簡易鄉村師範學校　縣立實驗小學校、及第十一鄉鄉學三處。學校衛生、除檢查學生體格、治療疾病、預防接種、改進環境等事項外、並請授基本衛生知識、訓練衛生技術、組織衛生服務團、實地工作。

(三)到家護理　遇有傳染病、須設法制止、或有各種特殊情形之嬰兒及病人　即用到家訪視辦法　據調查此項辦法、所費多而收效少、故該院對此項辦法並不甚注意。

(四)收生　鄒平風氣未開、社會上對於醫院之西法接生、尚不甚歡迎、故接生次數很少。

(五)成立醫療防疫巡迴隊　爲補救年[illegible]離醫院及診療較遠地方的醫療防疫起見、特組織醫療防疫巡迴隊、照擬定的巡迴計劃、順序進行、結果很好。

(六)對研究院的訓練部學生及聯莊會會員講演衛生常識。

司法欄

縣政府司法批示

▲刑事原具狀人袁桂香、一件、爲誣告已明、請求提案坐罪、以重法紀由、狀悉、候傳訊核辦此批、

▲刑事原具狀人齊敦良、一件、爲綁吊私審、敎供圖誣、叩求詳爲偵查、訊明虛實、依法核辦由、狀悉、候依法偵訊、此批、

▲民事原具狀人李志東、一件、爲請求補傳證人、以分虛實由　狀悉、准予補傳、此批、

▲民事原具狀人穆恩華、一件、爲經人調處、請求銷案由、狀悉　准予撤回、此批

▲刑事原具狀人王占魁、一件　爲虐待傷害、供證已明、再請定期傳訊、依法判罪由、狀悉、本案被告程元貞、當庭僅謂其子及媳爭吵、並未承認毆打、而證人亦稱未見程王氏被毆、況該告訴人當庭已承認和平了結　撤回訴訟、何得與請追究、所請不准、此批、

▲刑事原具狀人房福增等、一件、爲遵處罷訟、請求銷案由、狀悉、准予撤回，此批、

▲刑事原具保人王辰太等、一件、爲公懇將朱敦會賞保、不誤傳喚由、狀悉、准保候訊、此批、

▲民事原具狀人李金銘、一件　爲委任代理到庭應訊由、狀悉、准予委任　此批、

▲民事原具狀人李金銘等、一件、爲證據毫無、圖詐林地謹仆繪圖呈電、懇請添傳地鄰質訊判追由、狀悉、候定期傳訊、此批、

▲刑事原具狀人王劉氏、一件、爲匪底獲案、叩求訊明同伙、飭緝併辦由　狀悉　准依法究辦、併仰遵傳刑案候訊、此批、

▲刑事原具狀人張書庫、一件、爲圖財害命　確有疑點可尋、訴請拘兇法辦由、狀悉、候傳案訊奪、此批、

▲刑事原具狀人朱李氏、一件、爲喊請驗傷、拘兇法辦由、狀悉、准傳訊究辦、此批、

▲民事原具狀人宋克平、一件、爲堵塞道路、妨礙出入、訴請傳案公斷由　狀悉　候傳案訊判、此批、

▲民事原具狀人趙子玉、一件、爲誣詞圖詐、串證拖累、再懇迅於傳案、訊明公判由、狀悉、業經定期審理、此批

▲民事原具狀人劉爾欽、一件、爲抗不繳納、請求强制執行由、狀悉、准傳案執行、此批。

庭期審理案件

七月十九日審理程王氏與程啓元產權案、

十九日審理趙鳳山請求賠償損失案、

十九日審理吳玉蘭訴吳玉義傷害案、

本城粮價

名稱	每市斗價目 最高	最低
小麥	一千六百五十文	一千五百文
大麥	一千五百文	一千四百文
黃豆	二千一百文	二千零五十文
黑豆	二千一百文	二千零五十文
菉豆	三千文	二千八百文
江豆	二千四百文	二千三百文
高粮	二千二百五十文	二千二百文
穀子	一千九百文	一千八百五十文
稷子	一千八百文	一千七百文
芝蔴	三千三百五十文	三千三百文
青豆	二千一百文	二千零七十文
花生（每斤）	二百二十文	二百文
瓜子（每斤）	三百文	二百九十文

氣象

晴

風向　西南風

最高溫度　一〇二

最低溫度　八八

小朋友

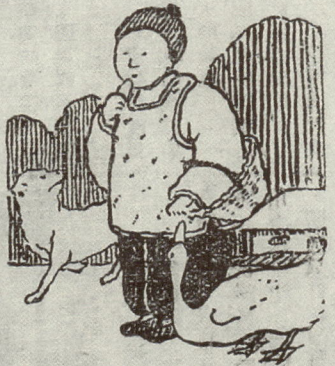

第一九七期

本副刊以介紹小朋友的作品爲宗旨
本副刊全係公開歡迎投稿
本副刊編輯部對來稿有刪改權
本副刊編輯部對來稿如不登載概不退還
本副刊編輯部設豐報社內

我求學的目的

謝屯初小四年級生 汪玉桂

世界上無論農工商學兵，皆有爭勝的思想，亦有所想達到的目的；農人的目的，想一年一年的五穀豐滿，衣食充足；工人的目的，想一日一日的技精術巧，製法超人；商人的目的，想一時一時的貨物暢達，銷售敏捷，學生的目的，想學問進步，成績優良，功課嫻熟；兵士的目的，想肅清匪徒，保國衛民，戰勝敵人，以顯己威；這一切的一切……就是他們所要達到的目的了。

再說我求學的目的，是什麼呢？就是等待小學畢業之後，再上中學大學將來在這風氣落後的村莊裡，把吸烟飲酒賭博種種惡習，一概革除，使村民個個識字，人人讀書，抱着正義守着分本，努力的往前幹去，使荒涼破舊的村莊，不久而爲富豐華麗的佳村了。以後再到社會上，盡我自己的力量，爲人民除災患，爲大家謀福利，調解人們的爭訟，辨別人們的是非，擁助仁人，除滅暴徒，救護鰥寡，憫恤孤貧，這樣社會安甯，國家自强，既無天災又無人禍，達到『路不拾遺，夜不閉戶』的古風了。

全國的同胞們趕快聯合起來，踏着先烈的血跡，抱着大無畏的精神，心如鐵，膽似鋼，努力去整理我們粉碎的山河，恢復固有的沃土，打倒狠心犬肺的帝國主義，使國家富强，人民繁興，中華民族永久獨立於世留。

以上皆是我的目的；只因我的家道窘迫，不知能達到否？但是我始終抱着這個志向，努力前進，爲國家民族爭榮光！

愛國和愛錢

李寨女中小生 滕志英

錢和國我們都要愛的，因爲，只愛錢，不愛國，國亡了；國一不能存在，又那裏能有金錢存在呢？如不愛錢，我們生活上的四大需要——衣，食，住，行，——又怎能維持呢？

我們如不愛國，我們就要做亡國奴了，帝國主義者，就要拿着我們當牛馬用，……這是多麼痛心呢！我們要是沒有錢，那嗎，就不能製造槍砲炸彈。又怎能打倒列强，收復領土呢？所以 我們要愛錢 更要愛國。

還在陶醉着

讀書便是救國

大程莊小學五年級女生 王瑞蘭

我們的中國已經危險到極點了，正所謂「一髮千鈞」的時代。我們一青般年，應該努力求學，求得了高深的學問增加了許多知識，去挽救國家，小朋友們你們看東北的四看現在已失去了，我國是如何的危險啊。

我們這一般的青年應當求學，我們的年齡很小，不能持槍荷刀，去和列强爭鬥，我們假使仍然嬉戲終日，不顧國家的存亡，我們的元氣，一天天的喪失，國家焉有不亡的道理，所以現在應該立刻振起精神，努力求學，有了高深的智識，去治理國家，抵禦外侮。

我們假使不努力求學，我們在社會上豈不成了一個廢人了麼？在社會上或爲一個蠹蟲，只知分利，不知生産，於社會國家，有損無補。國家豈不更加危險嗎？所以我說求學，便是救國的基礎，周佛海先生明白的告訴我們的「救國必須讀書 讀書便是救國」這句話。我們應該切實的記着啊！

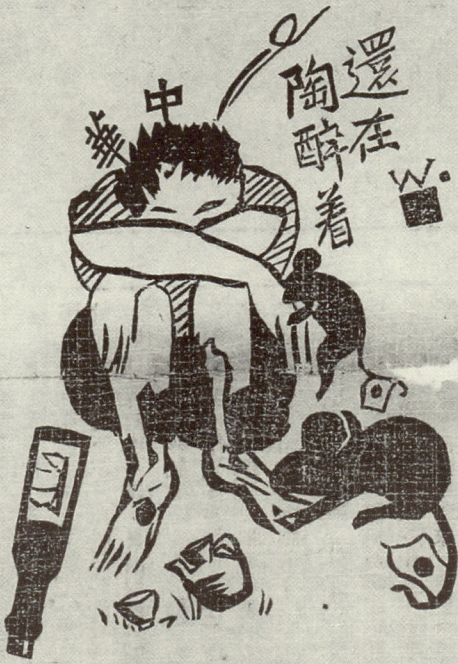

民衆的生活

華山小學 黃德標

我們中國是四萬萬大衆人羣組織成的，這麼大的人羣，分佈于數千萬方里的疆域內，因地不同，生活方面亦有小異，例如：蒙藏與內地不同，高原與海濱不同，城市與鄉里不同，我沒有廣博的研究，不能詳細寫出，現在只把我常接觸的民衆生活眞情實況，大概述說一下：

我住的地方非常偏僻，交通不便，一般鄉下的民衆，終年不到遠方，整日保守着『日出而作，日入而息』的規律，向前做去，他們每年春種秋收，忙個不了，秋忙一完，冬天的太陽光溫和的射來，這是一年告一結束了。平日裏的時候，東方未明，就着手一天的工作，下午直到暮色蒼茫，方唱着晚歌歸來。一交冬際，除做些副業以外——織布及他種手藝——長者多聚集一塊，談古理，道今非，小孩子們多跑跳遊戲，中年婦女，做些針綫，青年男子或習武或習簡單的樂器，我們此地沒有富戶，大多數的人，都是辛辛苦苦得到點粗茶淡飯而已。以我看來，惟一的缺憾是失學的兒童太多，一般成人對于國家事情，不曾知道，這是我們應當特別注意的。

○○○○○

最可憐的人

謝屯初小四年級生 汪玉田

昨天我和兩位同學，在外邊遊玩，走在我們學校的西邊，從北方來了一個乞丐，面如黃臘一般，穿着藍色的舊服，走到我們的面前，他就伸出手來，向我們說道：「先生！你們給我幾個錢吧！我好買一碗飯吃！你們看我是一個最可憐的人啊！」

因此我便疑問他道：「你是那國人呢？」他說：「我是高麗人！我國受日本的欺侮，把我們的財產房屋都佔據了，我們全國的人民都趕出國境，所以都弄得飯也無處去吃，夜晚無處住宿，於是我就飄流在外，成所乞丐，你們看我是多麼可憐呢？

我聽了這一些話，不覺熱淚奪眶而出了，亡國奴眞是可憐啊！

蟬的自述

謝屯初小四年級生 姜敦仁

我是一個蟬，我記得幼小的時候，天到傍晚，我就由窟窿裏鑽出來了。爬在樹上，經過了半夜露水的滋潤，我的外殼就逐漸脫落，不多時我的兩個翅膀就漸漸長成，於是我在楊柳行裏飛舞，並且賞玩這盛夏的景緻啊！有時我高興快樂的時候，我便唱着婉囀而曲折的歌謠，使人們注意，試試我能不能把中國四萬萬民衆喚醒，使他們跑上前線去，和敵人奮鬥，我在後面吹着攻擊號；我也爲百姓盡點責任，來打倒日本去過安當的生活，可是我不能永遠在這花花世界流浪啊！

忙假中回顧

大程莊小學五年級女生 程樂媛

光陰飛快的奔，不知不覺，這十四天的麥假，又過去了，我回想在這兩星期中間究竟做了些什麼事呢？

我在這兩星期中間，好像似一點事都沒有做，整日在田地裏看麥，有時有了一點閒空的時候，就走到外面去玩耍，每天我總可以看到那些貧窮人們，都三五成羣的在地裏拾麥穗，一些人在地裏割麥，非常辛苦，我在旁邊站着，往往替他們吃力，又覺得他們非常可憐。

以上我所說的，就是在這麥假中所做的事情。

日記二則

縣小六年級　趙道心

五月五日　星期日　晴

會故友

縣小大營的比賽籃球的時期，漸漸接近漸漸接近……而於今日來到了。

大營籃球員孫建式是我的舊時同學，我很歡迎他，而劉金鐸是我的知心朋友，他也來遊玩，我更喜歡。

完了，賽球的時間完了，他們要預備回去了；相留的結果，總沒留住，我和他倆牽手前進，他倆總是現出戀戀不捨的樣子，低聲說道：「回去罷，道心！」「再會」！

別離過去了，而別離的悲傷仍然清清楚楚的存在腦間；而別離之淚仍然一顆顆的存在頰邊。唉！你走了，我也回去了。——傷心。

五月六日　星期一　晴

給故友的一封信

照華兄：

在這學期內聽到一個很悲哀的消息。

聽傳維說：「你在去年失學了。」我很是悲傷。

又聽到一個消息，更使我對不起。

你去年娶妻的時候，我沒有慶賀——因爲我不知道請你原諒。

這是我二年來和你沒見面的第一封信，也是我二年來與你第一次的談話。

祝你平安！祝你身體健康！

弟道心鞠躬

五月六日

人的一生

宋小六年級　李文芸

人的一生啊！

是如何的快；

人們喲！

不要想起過去的娛樂，

更不要想起過去的悲哀，

只要一生的過去，

總免不了在這黃土隴中的腐敗，

聰明的人兒，

你要如何善用你的現在！

○　○　○

鄉間的早晨

常小　孫建鴻

遠處的雞啼驚動近處的鷄啼，

農大農婦都慌忙的爬起，

拿着鐮刀，披着破棉衣，

走向他們的目的地——麥田裏。

○　○　○

楊樹上的葉子嘩嘩作響，

他們身上都覺得很涼；

走着，走着

看着東方的曉光。

○　○　○

這裏，那裡，

嗤，嗤的割麥聲，

叱牛聲，小孩子的哭聲，喊聲，

把個早晨弄得很雜乱了。

○　○　○

這時，

他們都滿頭大汗了。

轉載

南洋旅行記（續）

羅井花著

一二，沙籠和土人

『爸爸說，「這裏一年到頭的熱，每天得洗澡幾次。有錢的人，家裏有自來水早晚都可以在家裏洗澡，（這地方，把洗澡叫做『冲涼，』或洗涼，因爲天氣無論怎樣熱用冷水一冲一洗就涼爽。）沒錢的人，家裡用不起自來水，所以只好在河裏洗。每天天還沒大亮，土人們便起來冲涼，順便洗衣服讓晚上與中午前後，再各冲一次。人多的時候，沿河一帶，好比肉屏風一般，熱鬧着呢……』

菊妹說到這裏，望着韋梅笑道：『你怎麼想？你以爲女人在馬路邊洗澡，也脫得精光麼？不會的！她們的紗籠長大得很，先拉上來，齊着肩，將上身的衣服脫掉，然後就穿着這紗籠下水，在紗籠內洗着。洗完後，將乾的紗籠套在身上，將手一鬆，裏面的溼紗籠便落在地上，然後再將上衣穿好，紗籠穿下一點，便完事了。褲子呢？她們是從來不穿的，所以不用換。男子們上身多脫光，下身圍一條手巾，便可以洗了。他們雖然男女不分，同在一處洗，倒也不鬧事，因爲大家都慣了。』

一三，洗澡和大便

韋梅聽菊妹講洗澡的故事，新奇有趣得很，不覺問道：『我聽先生說過，爪哇土人，還是半開化的民族，應該不知道衛生，你這樣說來，他們倒很愛清潔呢！』

眞可憐！

[illegible]

吉林破，遼甯佔

黑龍熱河沒保全；

日本倭奴心太貪，

佔了全國心才甘。

○　○　○

吉林森林遮日光！

遼甯產礦如山莊，

黑龍熱河出產富；

錦繡山河沒保住；

○　○　○

財不能保，

山河無主權！

可憐可憐！

眞正可憐！

中央廣播無線電台節目

七月十八日　星期四

八，一〇　國樂　春曉　東方舞　寒鴉戲水　搗衣曲　落花風　鳳來儀　蘇武牧羊　西洋舞女

八，三〇
一一，五五　新聞　音樂　平劇　氣象報時　商情　鳳鳴關　晝褒　眞眞　得意緣　趕三關　紅拂傳　天水關　八本狸貓換太子　罵殿　十八扯

一八，〇〇　大鼓　董蓮枝唱：收姜維

一八，三〇　民衆教育　話劇：木蘭從軍

二〇，〇〇　第一次簡明新聞　氣象　長江水位　報時

二〇，一〇　時事述評　關於國內時事問題

二一，四〇　第二次簡明新聞

二一，五〇　新聞

總理遺訓

三，當今之國家，非一人之國家，乃我人民之國家，既知國家爲人民之國家，國家之强弱，人人有莫大之責任。

四，要做革命事業，是從什麼地方做起呢？就是要從自己的方寸之地做起。要把自己從前不好的思想，習慣，和性質，像獸性罪惡性的一切不仁不義的性質，都一概革除。

豐縣縣黨部圖書館書籍介紹

（聯語）

897－2　滑稽聯話大觀

－3　標語大全

史　地

（通論）

900－1　史學通論　周容

－2　歷史哲學概論　郭佳斌

－3　史漢研究　鄭鶴翠

（傳記）

908－1　孫中山先生傳

－2　黃克强蔡松坡遺事

－3　紅花岡四烈士傳

－4　中華民族英雄故事集　易君左

－5　國術名人錄

－6　列甯與甘地　密勒

◎第八三四號◎
社址豐縣大同街
中宣會登記證字第一一九號　內政部登記證字第二三二○號
中華郵政特准掛號認爲新聞紙類

廣告刊例

一本報廣告以方寸計算
一每方寸以市尺長寬各一寸計算
一封面每方寸每日大洋一角普通每方寸每日大洋八分三方寸起碼
一登三日以上九折六日以上八折十日以上面議

今日一張半

本報價目

報每份大洋一分四個每月大洋三角外埠每月大洋四角郵費在內

總理遺囑

余致力國民革命凡四十年其目的在求中國之自由平等積四十年之經驗深知欲達到此目的必須喚起民衆及聯合世界上以平等待我之民族共同奮鬥現在革命尚未成功凡我同志務須依照余所著建國方略建國大綱三民主義及第一次全國代表大會宣言繼續努力以求貫徹最近主張開國民會議及廢除不平等條約尤須於最短期間促其實現是所至囑

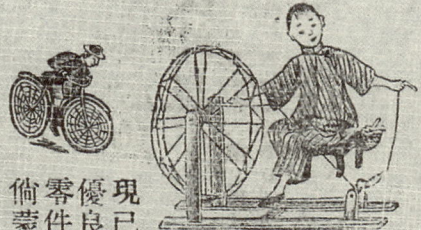

豐縣黎明幼稚園籌備處募捐啓事

本縣近數年來，百業俱舉，進展頗速，惟幼稚園尚付闕如。同人等負笈外埠，暇輒參觀教育，深感本縣有提倡幼稚教育之必要，爰經聯名呈請縣政府暨教育局組織黎明幼稚園董事會，同時成立籌備處，積極籌備，良以幼稚教育，爲人生教育之基礎，據兒童學者之研究，人生所需要之習慣，傾向，態度等，多半可在六歲以前培養成功。換言之，即六歲以前，爲人格陶冶最重要之時期，兒童能否受幼稚教育，關係於將來人生之榮枯，社會之良窳，故倡辦幼稚園，非爲地方添一點綴品，實有重大之意義在也。顧同人等力量有限，當此創辦伊始，需款浩繁之際，所有開辦費用，除同人等分別量力負担外，尚有賴於各界熱心教育人士之慨解義囊，賜予捐助，集腋成裘，衆擎易舉，務懇踴躍輸捐，早觀厥成。教育前途幸甚！豐縣兒童幸甚！

豐縣縣立文廟小學校招生

名額　一年級四十名　五年級四十名　二三四年級插班生各十名　六年級插班生二十名　一二三年級男女兼收

報名日期　七月二十一日起考試前一日止

考試日期　八月一日

地點　東街文廟

餘詳簡章

中外要聞

微湖漲半里尚未見黃水大溜

▲中央社徐州十九日電　沛縣長途電話、微湖水勢漸高、上漲半里、尚未見黃水大溜、現已設置水哨　傳報水訊、

江蘇大堤已開工興建

微湖南江蘇大堤、昨已開工興建。

▲中央社徐州十九日電　碭山縣長陳一郎、十九日呈報專員公署、謂黃水迫入蘇北、形勢緊急、已督飭全縣民衆、搶修故道大堤、並令各鄉圩砦、速加修理　以防黃水泛濫侵來　宿、邳、睢各縣、當運河之衝、傳黃河由魯西入微湖、下注運河、致中運水漲、各縣官民　頗現驚荒、日來紛紛成立防黃會、督飭全縣民衆　趕修運河堤岸。

淮北連日大雨運河未可樂觀

▲中央社清江浦十九日電　淮北十七十八兩夜均雨、雨勢甚猛、經夜未息、日間卽晴、氣候悶熱、十九日室內達九十三度、十九日晚暴雨又降、氣壓轉低、連日運水有漲無落、十九日窰灣漲八寸、存水一丈二尺八寸二、清江漲一寸、存水二丈四尺二寸七、若再連陰、運水未可樂觀。

孔祥熙在滬之談片

▲中央社上海十九日電　孔祥熙十九日晨由京抵滬談、日前經委會水利委員會開會、對黃河長江防泛之治標治本辦法、曾加討論　黃河數處潰決、已極力搶護、不難迅慶安瀾、長江水患、已脫危險、亦不致擴成巨災、關於救濟方面　中央自當盡力協助、尤盼地方與地方通力合作、又謂汪院長患脊發、病已有良好進步。

鄂省府組視察團 視察江襄流域水災

▲中央社漢口十九日電　張羣以各縣水災慘重、關於被災實況及各屬辦理救濟情形、極應派員由各界組視察團、分赴江襄流域視察、俾明眞象、爰於十日提經省政府委員會議通過、並委李委員書誠、程委員其保、率領視察團分赴被災縣份視察、聞省府即通知各界、推派代表、共組視察團。

沿江昨日各地水位

▲中央社南京十九電　今日沿長江各地水位如下：萬縣十四•六公尺、宜昌七•八三公尺、九江十三•八七公尺、安慶十二•〇七公尺、蕪湖八•六九公尺、南京七•〇一公尺、鎭江五•五二公尺。

▲中央社南京十九日電　全國經委會今晨接漢河工程局長楊思兼電稱、本日漢口水位爲五十英尺零五寸、張公堤水爲五十三尺五寸、此堤現除在進口一段尙有險象仍在繼續搶護外、其餘各段、及武漢各岸堤、亦在做工、但險狀較前減輕。

孔祥榕由京返汴

▲中央社南京十九日電　全國經委會水利委員會常委兼黃河防汛督察孔祥榕　於十七日水利會議閉幕後、即於今晚啓程返汴、赴各險工地點、復加詳勘、以定切實救濟辦法。

許世英抵蕪湖視察

▲中央社蕪湖十九日電　許世英昨晚抵蕪湖視察、皖境水勢漲一寸、自京西壕、水興堤平、江星洲原如一島、現以堤岸潰決、只露一頂。

褚民誼電告汪病近況

▲中央社南京十九日電　行政院秘書長褚民誼、於本星期一由滬護送汪院長赴青　養、今日有電到京、謂汪院長抵青後、身體內部發熱仍未減退、體溫度尙在三十八度左右、[illegible]　星期日即可返京。

六路軍攻克土門 殘匪向松番總退却

▲中央社重慶十九日電　軍息、（一）據俘匪供、匪大部確已向松番茂縣道上總退却、（二）六路軍一部確實攻克土門、正搜剿殘匪中、匪有向懋功北逃竄趨勢。

永定河退落

▲中央社北平十九日電　水定河水位十九•一丈、較十八日落一尺。

林主席覆電羅斯福答謝

▲中央社南京十九日電　我國不幸、日來江河泛濫　災情慘重、美總統羅斯福、曾致電代表全美人民慰問、林主席接電後、當令外部草擬覆電、以林主席名義、代表全國國民答謝、聞明日卽發出。

國民政府昨日命令

▲中央社南京十九日電　國民政府今日命令云：破產法定自廿四年十月一日起施行、此令。又十八日命令云：特派葉楚傖、王震、朱慶瀾、孔祥榕、爲中央救災準備金保管委員會委員、並指定王震朱慶瀾爲常務委員、許世英爲委員長此令。

司法院解釋新刑法疑點

▲中央社南京十九日電　司法院據山東高等法院呈請核示新刑法施行後、關於應否免除刑之執行疑意、茲已經該院決定如下：查新刑法第三百二十三條之規定、於搶奪强盜、恐嚇罪及毀損罪、既無準用明文、卽依舊刑法第三百五十四條、第三百七十四條、第三百八十六條所處之刑、其他法令迭有處罰之規定外、應免執行、至違禁物如有竊盜等行爲、當然在新刑法各該條規定處罰之列、不得免其執行。

川財政監理處長到漢商洽要公

▲中央社漢口十八日電　行營以川省財政紊乱、爲謀緊縮開支、以蘇民困起見、業經決定設置駐川財政監理、並委關吉玉劉航琛分任正副處長、　刻關劉二氏十八日由川乘機來漢、接洽要公。

京市第一屆集團結婚 審査合格者三十二對

▲中央社南京十九日電　京市第一屆新生活集團結婚、自上月廿日開始登記、本月十日截止登記、手續甚爲周詳、凡主婚人介紹人、均須於申請書上簽字蓋章、社會局並派員分別前往九申請者家庭詳爲查詢、茲悉審查合格者、三十三對、定廿一日登報公告在公告期間　有關人如有異意、可至社會局提出意見、以免糾紛、而昭鄭重、結婚期爲下月十日下午三時在勵志社舉行、想屆時定有一翻盛況。

首都兒童年開幕典禮籌委會 定今日招待新聞界

▲中央社南京十九日電　首都兒童年開幕典禮籌委會、定廿日上午八時　假教育部大禮堂招待本京全體新聞記者、報告首都兒童年開幕典禮籌備情形、該會今日已分函各報社、准時派員出席。

第十三屆全國職教討論會 昨在青開幕

▲中央社青島十九日電　第十五屆中華職業教育社社員大會、及十三屆全國職教討論會、十九日晨在青市女中開幕、到社員會員二百餘人　由王正廷主席、致開會詞、褚民誼何思源等、出席致詞。

俄大使赴津視察僑務

▲中央社北平十九日電　俄大使鮑格莫洛夫、十九日赴津視察僑務、定廿日赴青遊覽後、搭車返滬。

江蘇無線電研究會成立

蘇省黨部派無錫縣黨部常委代表出席

△江蘇社　蘇教廳所主辦之無線電收音機製造人員暑期講習班學生王質夫等、三十八人、爲謀將來繼續研究學術、及共同推廣事業之便利、特發起組織江蘇無線電研究會、並於本月十一日開發起人會議、推定王質夫、李振民、呂根昌、屠楨楠、錢正湘等五人爲籌備員、定於十八日在錫成立、事前曾呈請省黨政當局、准予組織及派員指導監選、聞省黨政與教廳、已准其成立、省黨部並派定無錫縣黨部常務委員代表出席云

蘇省府積極辦理防黃工程

魯韓及工運局電告近況

△江蘇社　魯黃河水勢泛濫、有直趨蘇北之傾向　省府主席陳果夫　對防堵工作極端注意　除通飭各縣及電運河工程局切實防堵外、並電魯省主席韓復榘、請隨時將水情電示、前日省府先後接据兩電、（一）爲江北運河工程局來電、（二）爲魯韓來電　茲特探誌於後、

◎……工運局來電……◎

主席陳鈞鑒、元建電奉悉、防黃工程、已電委工務科長戈涵樓爲督修　邳宿泗淮堤工專員、並飭派員分赴四縣、會同搶修中工、加緊防範外、謹電呈復、

◎……魯主席來電……◎

特急、鎭江陳主席果夫兄勛鑒　寒電誦悉、查鄆省鄆城縣境、董莊臨濮集間、因河水陡張、搶護不及、於蒸晚決口、本府得報後、卽派河務局長張連甲、顧問韓秀岩、星夜馳往查勘、並飭荷澤定陶兩縣收集楷料、以備搶堵、無如水勢浩大、難以施工、現水流已過鉅野鄆城東注運河、及南旺南陽等湖、据報該決口處江蘇壩已完全冲沒、復接黃河水利委員會李委員長電告、已親往查勘口門、走水十分之六七、情勢極爲嚴重、一旦全河下注、卽有奪運入淮之可能、除電請中央暨全國經濟委員會從速撥款堵口外、用特電復、卽希查照、飭屬嚴防、幷祈一致籲請堵口、以挽危局爲禱　弟韓復榘叩銑、祕實印。

陳主席因政務繁忙 暫不赴通避暑

△江蘇社　蘇省主席陳果夫氏　體質素弱、前擬於盛暑中赴南通避暑、茲悉陳氏鑒於各地水災頻傳　且將危及蘇北、加諸各項政務繁忙、諸待規劃、据其左右云　主席已不願赴通避暑云。

蘇建廳派吳廷佐
驗收錫澄路路面工程

▲江蘇社　蘇省錫澄路路面、今春由錫澄長途汽車公司呈准建廳墊款招商承辦、自開工以來、工作十分加緊、刻已全部完成、該路工程事務所　因本路鋪砌、業經完竣、特具文建廳、請予派員前往驗收路面工程、以便行車、茲悉該廳據呈後、已分派指導工程師吳廷佐、前往驗收云。

蘇省府通令各縣儲倉穀時
應選儲十分之三佳種
以便發給農民用作種子

▲江蘇社　蘇省府以倉儲爲備荒要政、年來各縣荒旱迭乘、貧苦農民、無力購種、雖各縣有借穀作種之舉、而倉存過欠、發芽能力有限、嗣後各縣對於增儲穀之際、在所增儲量中、應以十分之七儲存備荒、十分之三選儲佳種、別其種類、分年存儲、關於收存佳良種子部分、應注意下列各點、一、採購積穀、應擇當年所產之種子、二、應就當地購買、俾將來如用爲種子、能適應風土、充分發育、三、並選購產量較多之種子、且未罹實病害、四、應注意倉庫之通風避溼、使所儲穀物、失其發芽能力、五、入倉以前、應充分用風颺或篩選方法、以淘汰秕種、并除雜物、六、如發給農民用作種子、並應由倉儲指導農民施行鹽水選種、溫度浸種方法等、至關於備荒積穀部份、應仍遵照各地方倉儲管理規則、積穀備荒辦法大綱、以及各縣倉穀管理委員會辦事細則之各項規定、嚴密管理、并於購積時、對於質的方面、切實注意、除由府令飭建設廳於收穫期間、遴派專門人員、考察最佳種子、指定購存外、并訂定怎樣管理種子辦法一份、訓令各縣政府遵辦云。

蘇民廳增造水巡船十二艘
現已完成四艘
餘在趕造中下月可竣事

▲江蘇社　民政廳長余井塘氏、爲增加水公安局警衛力量起見、前曾擬定計劃、增造巡船四艘、計兩大兩小、正在油漆、至其餘八艘、刻正在趕緊造中、約下月底可竣事云。

蘇教廳令各中等學校
應充實理化生物實驗設備

▲江蘇社　蘇教育廳頃奉教部令、略以國內各地中等學校、對於理化生物實驗之設備、多數尚未購備齊全、以致學生祇知理論、無法試驗證明、而減少小學生實驗技能、對於學生學業前途、至關鉅大、該部爲督促各校按照部定標準實施起見、特令轉飭凡各中等學校、從速充實各項設備、或因經費困難亦可視其輕而易舉者、先行購買、以供學生普通理論之實驗云、

黃河南堤潰決聲中
蘇中運各縣加高堤防

▲江蘇社　江蘇建設廳長沈百先、鑑於山東鄆城一帶黃河南堤潰決、深恐黃水奪流由微山湖直下江北、微山湖沿岸中運運河及六塘河堤、均當衝要、特急電淮陰、泗陽、沭陽、宿遷等縣縣長、仰將該縣境內堤防趕緊搶修、以資防備、並隨時具報察核、淮陰縣長邵雲龍、泗陽縣長黃轍、宿遷縣長張迺濟、沭陽縣長鄧翔海奉電後、旋即飛電沿中運六塘河各區長、迅即加高堤防、藉資防範、據此間某水利專家語記者云、魯境決口、除由山洪暴發、洶湧下注所致、當此伏汛之際、黃河上游是否繼續暴漲、尚不可知、若再狂漲、江北首當其衝、恐難免水患云云。

亞王發表激昂演說
鼓勵戰士爲爭自由而奮鬥

▲中央社亞京十八日電　亞王今日到貴族院發表激昂演說、頗能感動人心其中有戰士們效法勇武先人之行爲、不分老少、協力禦攻、如有必要、爾王將爲亞國而獨立流血於疆場、不稍避讓、爭自由而死、勝於奴隸而生者萬、最後一分鐘、如不能和平之道、則亞國將紳手向真主乞恩、吾門至最後一人、亞王又評駁意相墨索里尼。

▲中央社開羅十八日電　此間報紙登載亞王談片、謂如埃及允許意國軍用機越過埃境、則渠將認爲非友好之舉動、蓋此實便利意國侵略亞國之活動也、亞國仍望和平解決、但亦準備以全力維持本國獨立云。

▲中央社羅馬十八日電　亞王願以沃迦丹省之一部分割讓予意國、意國當局、已嚴詞拒絕效此議、蓋以沃迦丹省、爲一沙漠、全不合殖民之用、十八日駐羅馬英大使德魯蒙、復與意相墨索里尼會談。

▲中央社瑞士熊城十八日電　最近國際紅十字會委員會、致函亞比西尼亞皇帝、請求亞政府加入一九二九年在日內瓦簽定之國際紅十字會公約、俾意亞不幸開戰時、亞國受傷與患病兵士、得由紅十字會加以救護、亞政府已接受此項請求、現正進行加入該公約之談判。

▲中央社華盛頓十八日電　副國務卿斐利浦斯、向報界發表宣言、說明美國對意亞爭端所採立場、謂國務院對於爭端演進情形、注意觀察、一面與意國駐美大使館常時通訊、一面由美駐亞公使與亞政府維持密切聯絡　美決不派任何代表及觀察員、前往日內瓦、此項聲明用意、大約阻止各方對美態度妄加度揣。

江潮倒灌水位高漲
導委會增設邵伯水文站

▲江蘇社　揚州邵伯鎮、地居裡運下游、爲淮運各水入江之尾閭、對於水位測量、向爲各水利機關所重視、除江北運河工程局於該鎮三滹閘設有水文站外、近導淮委員會亦以連日江潮倒灌　該地水位增高、且邵伯瀕江水流每遇汛、其漲落殊屬不定、變化莫測、淮運下注之水　常爲其紊亂、故其水位低漲頗堪重視、因特派該會助理工程師袁孟則、辦理測量員陳瀚翰、李馥寅、張以銓等、至邵設立水文站、測量邵伯六閘裏運河　邵伯湖新湖之流量、與淮運各水每日入江之總流量　及各水普通流量　測量全潮流量·測量暨含沙量之試驗等工作、並定月之初一、初四、初八、十二、十五、十九、廿三、廿七　八日爲全潮流量測量之施測期云

蘇省實施義務教育
舉行首次會員委議

▲江蘇社　蘇省義務教育實施方案　自經省府會議議決、請相菊潭等爲義教實施委員會委員後、已於十七日上午十時舉行第一次委員會議、計出席者陳錫芳、周佛海、相菊潭、香翁、鄒健、徐慕杜等　由周佛海主席、（一）通過江蘇省義務教育推行草案、（二）通過各縣義教經費辦法、至十一時許散會、議案俟整理後即可公布云、

江蘇省警察訓練所招生簡章

一、宗旨　本所以造就品格高尚智能健全之警士警官並備實施警衛區制徹底改善警政爲宗旨

二、班別　本所暫設甲、學警班　乙、警官班　丙、警官補習班三種

三、學額　學警班二百名　乙警官班一百名　丙警官補習班一百八十名（內中由民政廳選送現役警官八十名）

四、資格
甲、具備左列各款資格者得報名投考學警班
一、中華民國男子年在十八歲以上二十五歲以下者
二、初中畢業或同等程度學校畢業而有刻苦耐勞之精神者
三、身長市尺五尺以上體格健全五官端正者
乙、具備左列各款資格者得報名投考警官班
一、中華民國男子年在十八歲以上二十五歲以下者
二、高中畢業或同等程度學校畢業而有刻苦耐勞之精神者
三、身長市尺五尺以上體格健全五官端正者
丙、具備左列各款資格者得報名投考警官補習班
一、中華民國男子在三十歲以下者
二、曾在警官學校畢業而有刻苦耐勞之精神者
三、身長市尺五尺以上體格健全五官端正者

五、期間　甲、學警班一年畢業、乙、警官班二年畢業　丙、警官補習班六個月畢業

六、待遇　訓練時制服講義膳等項除現役警官另有規定外由所發給概不收費

七、考試科目
甲、學警班　體格檢查　口試　筆試　一、黨義　二、國文　三、數學　四、常識測驗
乙、警官班　體格檢查　口試　筆試　一、黨義　二、國文　三、數學　四、英文　五、史地　六、博物及理化
丙、警官補習班　體格檢查　口試　筆試　一、黨義　二、國文　三、警察要及勤務要則　四、行政警察　五、約法及政法　六、民刑法　七、典範令　術科

八、報名手續　報名時須繳志願書畢業證書（或證明）及四寸半身相片二張經審查合格後領取准考證　投考警官班及警官補習班者同時並應繳納報名費一元錄取與否概不發還

九、報名地址　警官班暨警官補習班在鎮江三官塘本所　學警班分本所及淮陰銅山兩專員公署三處

十、報名日期　本所自七月八日至八月十五日止　淮陰銅山兩專員公署自七月十二日起至八月五日止

十一、考試地點　警官班及警官補習班在本所舉行　學警班在本所及淮陰銅山兩專員公署分別舉行

十二、考試日期　本所定八月十七十八十九三日　淮陰銅山兩專員公署定八月七八九三日

十三、發榜日期　八月二十二日除在本所榜示外並登報公布

本縣新聞

彭委員黃科長今晨赴魚 探訪黃河潰決消息

黃河自鄆城決口後、分向東南漫溢、大有奪運入灌之勢、本縣地處蘇北、深恐黃禍波及、當由各界公推彭委員世亨、黃科長體潤、前往魚台、偵探水情、以作防禦準備、聞黃彭兩氏已於今晨赴魚矣。又訊、今晨據沛縣電話、微山湖之水　增漲一尺半、江蘇大堤、已於昨日開始興築、省派王工程師籌劃一切、沛縣一四五各區、共出民夫萬餘人、靠近沛城之南段工程為該縣第二區負責修築、尚未動工、邵專員仍在沛督工、特諭令沛縣縣長、轉飭出工各區、須不避風雨、趕築堤壩、沛黨部特派員蔣慎良將於明日赴該工視察。

第七區區公所 舉行第五十次區務會議

第七區區公所於前日上午十一時、召開第五十次區務會議、出席鄉鎮長十八人、主席王純九、紀錄孔慶恩、報告事項、從略、討論事項、一、查五十三次區長會議議決、各區壯丁隊限本月二十日前、編組完竣、本區應如何辦理、請公決案　決議、如期編組完竣、二、奉令發守望所規則、及實施方案、本區應如何分別設置、請公決案、決議、每保設守望所一所、自本月二十日起、每日派四人晝夜輪流守望、不得間斷、旗幟用二尺寬方白布製成、紅燈用鐵絲製成、糊以紅油紙、所需款項、由本保五十畝地以上之戶捐助之、如五十畝地之戶過少、卽以本保內較殷實者捐助之、三、時屆夏令、青紗帳起、夏防吃緊、擬具辦法、提出討論、請公決議、決議、修正通過、並劃華山鎮尹樓鄉為第一防區、舉定尹汝楡為正主任、李敦恪為副主任、邢橋趙屯兩鄉為第二防區、舉定朱敦賓為正主任、渠連璧為副主任、趙河鄉為第三防區、舉定時克壯為正主任、葦坑胡樓兩鄉為第四防區、舉定陳正之為正主任、胡萬章為副主任、史樓楊樓毛樓三鄉、為第五防區、舉定趙榮柏為正主任、陳興廣陳朝勛為副主任、各防區壯丁、一等鄉出四十人、二等鄉出三十人、三等鄉出二十人、防期自七月十五日起、至八月二十五日止、四、奉令發實施強迫識字教育初步辦法、本區應如何辦理案、決議、各鄉鎮保內、分別組織普及識字教育委員會一處、並積極籌設民衆學校、民衆識字班、或流動教學處各一處、下午三時閉會。

縣商會舉行第十二次委員會議

組織夏防壯丁隊 輸捐贊助幼稚園

縣商會於前（十八）日上午十一時、在該會會議室舉行第十二次委員會議、共到委員十五人、主席趙寅純、紀錄李若愚、報告事項、從略、討論事項、一、現因夏防吃緊、奉令組織臨時壯丁隊、本會編組十八人、應如何辦理案、決議、公推王秉良負責借槍十枝、招募壯丁十八人、每夜巡邏四關外、白日集合商會、經費實支實銷、二、本縣創辦幼稚園、因需款浩繁、獨力難舉、各方募捐、本會應如何勸募案、決議、由執監委員負責親赴各商店竭力勸募、下午一時閉會。

二區派員抽查保甲

陳莊鄉甲長閻法端等受罰

第二區公所於前日派書記楊超林分赴陳莊賀固兩鄉抽查保甲、結果、賀固鄉一二兩保尚佳、陳莊鄉第五保七甲甲長閻法端、八甲甲長閻振雨、九甲甲長周振德、因漏報戶口、卜區長除對該甲長等予以申斥外、並罰洋七角、以示薄懲。

婆媳口角 自砍其頭

洪孫氏性命可保無虞

本縣城東程集婦人洪孫氏　生有二子、翁已去世、姑尚在堂、其夫則傭工他鄉、仰事俯畜、洪氏均躬親任之、賢孝之聲、鄉里稱道、乃前日與其婆母偶以細故、發生口角、氏氣憤之餘、遽萌短見、卽手持切菜刀、向自己頭部猛力砍來、血隨刀湧、頓時暈倒、鄉人卽抬往救濟院醫治、聞敷藥之後　漸臻平復　性命可保無虞云。

（參觀鄒平定縣報告）（續）

王子闓　董雪山

聯莊會會員的訓練、以縣長為總隊長、以下有總務教育兩組、官佐均為義務兼職、由各機關調用。抽調會員的辦法、每閭選拔十八歲以上、二十五歲以下、有身家財產的二人、經各該鄉學考試後、擇優錄取一名、送縣城內集中訓練。訓練的要旨在團體紀律、民族意識、思想陶冶、知識灌輸、務期文武并重、兵農不分。故以成人教育為精神、以軍事訓練為骨幹、以普及教育為前提、以推進鄉村建設為歸宿。

D,聯莊會會員訓練後之編制與任務

（一）編制　第一二兩期受過訓練的聯莊會會員、一律按所居在之鄉編制之、全縣編為十四鄉隊、每隊設正副隊長各一人、委徵訓隊學員充任、直隸於各該鄉學、受鄉學學長理事之指揮監督、每村編為一組、就會員中之學行兼優而素孚衆望者選組長副各一人、直隸於各該村學學長村理事。全縣共一百零八組。平時除鄉隊長外、其餘一律不准着軍裝、不得持武器、不支領薪餉公費。

（二）任務　平時遇有水火盜警、會員通力合作、領導村民一致撲滅抵禦、有害於鄉村之人或物品、亦須隨時查報聽命辦理。防務吃緊時、各組長須遵命巡邏各扼要的地方。

（三）舉行會操鄉射　各鄉每月集合曾受訓練之會員、舉行會操、並於此時宣傳政令。先操演、後舉行射靶、遵古名為「鄉射典禮」。其秩序如下：（1）全體肅立、（2）奏軍樂、（3）唱軍歌、（4）主席報告開會宗旨、（5）隊長報告到會人數、（6）學長點名、（7）學長致訓詞（8）理事報告、（9）學董及師長來賓講演、（01）閱操　（11）休息　（21）打靶、（13）詳判　（14）發獎、（15）散隊。

舉行鄉射典禮時、縣政府及民團幹部訓練所參加觀禮、但係客位、并不以主官自居去指揮、以示寓兵於學、由鄉學操其主權。不過仍可以加以客觀的批評、予以相當的矯正。

司法欄

縣政府司法批示

▲刑事原具狀人程元禮　一件、為定婚數年　忽圖價賣、叩求提案依法訊辦由　狀悉、案已傳訊、仰遵期到庭候訊、此批、

▲刑事原具狀人徐德合、一件、為拐賣已明、訴請傳案究追由、狀悉、准予傳訊究辦、此批、

▲刑事原具狀人孔邢氏　一件、為價賣無蹤、訴請傳案究追由、狀悉、候傳案訊奪、此批、

▲刑事原具狀人高守成等、一件、為無辜受累、公叩懇察冥情省釋由、狀悉、候依法進行、所請暫難照准、此批、

▲刑事原具狀人孫相臣、一件、為懇請將趙闊賓保、不誤傳喚由、狀悉、准保、此批、

▲刑事原具狀人趙李氏、一件、為挾恨毆毀　驗傷提究法辦由、狀悉、准傳案訊究、此批、

▲刑事原具保人李鳳苞等、一件、為懇請將李喜桂賞保、不誤傳喚由、狀悉、准保、此批、

▲本城糧價

名稱	每市斗價目
小麥	最高二千七百七十文　最低二千七百文
大麥	最高一千五百五十文　最低一千四百五十文
黃豆	最高二千二百文　最低二千一百五十文
黑豆	最高二千一百文　最低二千零五十文
綠豆	最高二千九百文　最低二千八百文
江豆	最高二千四百文　最低二千三百文
高粱	最高二千二百五十文　最低二千二百文
穀子	最高一千九百五十文　最低一千八百五十文
稷子	最高一千八百文　最低一千七百文
芝蔴	最高三千五百文　最低三千四百文
青豆	最高二千一百五十文　最低二千一百文
花生	每斤最高二百二十文　最低二百文
瓜子	每斤最高三百文　最低二百八十文

氣象

陰

風向　西北風

最高溫度　八二

最低溫度　七八

豐縣合作事業服務人員暑期講習會特刊

第二期

目錄

一，言論

合作事業服務人員講習會該辦麽

倩

現在本縣是在辦着合作事業服務人員暑期講習會了。但是，在本講習會籌備期間，曾經有人說：組織合作社呀，只要實際去做，好啦；不要辦什麽講習會，訓練班的去講理！講理論的用處太少啦。

我們想了又想，他這個話，完全是說錯啦！各種合作事業的講習會或訓練班，何常是只講理論呢？尤其是本縣的這次講習會，更是有一種特殊精神，這都不能不說明：

本縣合作事業服務人員，這一次的暑期講習會，是集合全縣負責合作事業的機關團體代表，大家在一塊以實際演習的精神，去講習的。根據這樣的一個原則，所以在講習會課程上，每日的上午多於是合作事業基本理論與實施方法的講習，下午就要按着實際問題去做。這是知行合一的，教學做三者容合進行的，結果是求得全體聽講人員對於合作事業之理論與實際，都能有深切的了解，都能正常的促進合作事業的發展，這是多切要的一個工作呀！人說不要講習或訓練，這個我全不信！

二，表格

聽講人員程度統計表

程度	人數	備攷
大學專科畢業	一人	
高中畢業及相當程度	六人	
初中畢業及相當程度	四八人	
小學畢業及相當程度	四四人	
不及小學畢業程度者	六人	
統計	一〇五人	尚有五人未列入統計

聽講人員實驗消費合作社一覽表

第一實驗消費合作社

陳啓乾　谷建璞　張書銘
李秉亮　李秉賢　李秉眞
薛振鑫　李子正　陳正璜
劉喜修　劉爾忠　晏仁修
常若標　張步嶢　崔化鳳
李尚忠　李奎玉　王永科
徐桂蘭

第二實驗消息合作社

李世卓　劉宗純　周傳本
劉立乾　董玉璋　劉萬敏
史用佩　趙金儉　司增信
周傳先　劉冠卿　張念籌
武襄承

第三實驗消息合作社

孫建剛　王啓蘭　常敬久
蔣念生　王不顯　張明彥
張際金　蔣榮德　劉明錦
董正清　董玉鼎　蔣顯文
黃和玉　蔣允福　許志仁

第四實驗消息合作社

楊鳳樓　孫贊君　李乃文
李學聖　隨俊峯　孫明儒
孫建廷　馬廷昇　劉鳳棠
李龍門　黃慶熙　李志勛
邵世瑞　趙汝漢　孫基武

第五實驗消費合作社

孫建業　馮允山　孫耀之
劉朝貴　孫鼎臣　孫明印
黃佑文　丁景清　彭元忠
周蘭馨　王汝坦　孫基貞
程良箴　蔣蔚然　渠時訓

第六實驗消費合作社

宋能起　王文煥　孫敦孝
劉德遠　劉本安　章新民
李居朋　劉清河　張紹文
李德超　高本體　徐瑞蘭
李學文　董正身

第七實驗消費合作社

陳光宇　趙榮軒　李志端
王德立　司元勛　宣運德
章榮階　王厚隆　穆思華
傅業修　趙世光　尹克紹
尹汝翰　尹汝儉　蔣天時
史孝仲　呂鳳樓　顏景潤

課外小組討論會一覽表

甲，合作社組

組長　陳光宇
副組長　孫贊君　蔣念生　渠時訓　薛振鑫　孫建業　李志勛
組員　劉宗純　孫建廷　陳啓乾　章榮楷　邵世瑞　蔣天時　徐瑞蘭　趙儒漢　馮允三　王汝坦　周蘭馨　孫基員　孫明印　尹汝翰　常敬久　蔣允福　劉萬敏　宣運德　王啓蘭　史孝仲　李世卓　許志仁　張增祥　劉立乾　趙金簡　史用沛　李秉賢　馬廷昇　劉本庵　孫敦孝　章新民　李居朋　宋能起　張紹文　孫耀之　崔化鳳　尹克紹　張步嶢　劉清河　劉朝貴　張際金　常若彪　晏仁修　劉喜修　高本體　蔣顯文　彭元忠　李德超　王厚隆　王不顯　董玉璋

乙，農會組

組長　吳鳳□
副組長　孫鼎臣　李志端
組員　李奎玉　李龍門　劉鳳棠　蔣榮德　司增信　周傳本　周傳先　李秉眞　李秉亮　王文煥　劉德遠　李學文　劉爾忠　李學聖　孫明儒　李尚忠　張明彥　司元勛　隨俊峯　趙榮軒　王德立　李乃文　傳業修　陳正璜　張明盤　董仙嶺　王有為　劉明錦　穆恩華　尹季蘭

丙，各機關組

組長　武襄承
副組長　張念籌　孫基武
組員　王永科　李子正　翁景澗　黃和玉　張書銘　劉冠卿　徐桂蘭　蔣蔚然　程良箴　董正身

機關組推定實驗消費合作社輔導人員一覽表

輔導員類別		姓名	輔導會議
專任	第一社	徐桂蘭　李子正	每日下午四時至六時
	第二社	王永科	
	第三社	黃和玉	
	第四社	張書銘	
	第五社	蔣念生	
	第六社	孫基武	
	第七社	翁景澗	
組織手續		武襄承　董正身	
合作簿記		張念籌　劉美禹　李效周	
推進業務		程良箴　孫伯蘭　葛介眉　魏家湘	

三，章則

一，實驗消費合作社章程

一，本社定名爲「消費有限合作社」。

二，本社以購備社員夏季日常應用物品，體驗合作理論，及方法爲宗旨。

三，本社由社員十二人以上組織之，各社員負責有限責任。

四，本社營業區域，以合作講習會關係人員所住地域爲範圍。

五，本社社址設於文廟小學寢室第○號。

六，本社資金無定額，每股股金定爲二角。

七，凡社員認股，每人至少一股，至多不得過五十股，其認購股金，須於入社時，一次繳足。

八，本社物品按照市價供給，所有盈餘，由社員大會決議處理之。

九，本社設理事三人，候補理事一人，監事一人，均由社員大會選舉之，理監事均爲本社社務委員。

十，理事三人互推主席一人，組織理事會，理監事合組社務委員會。

十一，本社理事會，應置備社章，及左列各項簿籍。
一，社員簿　二，職員名冊　三，社股簿
四，日記帳　五，總帳　六，會議紀錄
七，發票收據黏存簿
十二，本社業務職員設經理一人，會計一人，進貨員一人，營業員一人，由理事會延聘之，均為義務職。
十三，本社社員大會，每週開會一次，社務委員會，每五日開會一次，理事會三日開會一次，遇必要時，得召集臨時會。
十四，本社各項會議規則，營業規則，會計規則，理監事辦事規則等另訂之。
十五，本社營業期滿，結算總帳，應製成事業報告書，損益計算書，盈餘分配，案前項書類由監事審核後，報告社員大會。
十六，本社存立日期為三星期，期滿解散。
十七，本章程未盡事宜，悉依照江蘇省合作社暫行條例，及江蘇省合作社條例施行細則之規定辦理之。
十八，本章程經社員大會通過，並呈經主管機關核准施行。

二，消費合作社營業規則

第一章　物品購買
一，凡本社社員，非社員，及機關團體，均可向本社購買物品。
二，購買者如需大宗物品時，須於半日前，通知本社，以便購辦。
三，本社概以現金交易。
四，社員及非社員，如有農產品，工業品，向社中換物品者，得照市價折算。
五，凡本社出售物品，社員不得向社外購買。
六，如發現社員無故向社外購買，本社已備之物品，在二次以上者，社內得處以一元以下，二角以上之罰金，罰金歸入本社資金。
七，本社概以市價交易。
第二章　盈餘分配
八，非社員不得享受盈餘分配之利益。
九，本社之盈餘，應提出百分之二十，作為公積金，百分之三十為職員酬勞金，百分之十為公益金，其餘按社員購買之數量分配之。
十，盈餘分配後，社員如欲存款社內，在一元以上者，得按月給息。
十一，分配盈餘以購貨摺為憑。

三，課外小組討論會通則

一，本講習會為輔導各聽講人員解決合作事業之實際問題起見，特組織各種小組討論會。
二，小組討論會按聽講人員之性質共為四組如下：
甲，合作社組　以各合作社所派聽講人員為組員。
乙，農會及農業倉庫組　以各級農會及各農業倉庫所派聽講人員為組員。
丙，機關組　以縣黨部縣政府各教育館各中心小學及農工銀行所派聽講人員為組員。
丁，特別組　係討論特種問題由各聽講人員自由報名組織之。
三，各組各設組長一人，副組長二人至六人，組長主持經常組務，各該副組長襄助之，經常組務如下：
甲，分配各該組討論之中心問題。
乙，解答或介紹組員之問題。
乙，徵集各該組組員之議見，報告於講習會。
丁，辦理組員異動等事宜。
各組長副組長由本講習會指定之。
四，開小組討論會時，由組長為主席，組長不能出席時，由各該副組長互推一人為主席， 但必要時得由全體組員推舉臨時主席。紀錄司儀由主席指定之。
五，各小組討論會之時間及各期中心問題之確定 由本講習會負責。
六，本通則由本講習會公佈施行。

會務雜記

申

籌備半個多月的合作事業服務人員暑期講習會，已於本月十五日開始上課了。不料這初出問世的講習會，又因為各方面的需要，減少了一個星期的壽命——原定四個星期，現縮短為三個星期，這樣時間的減削，無異於把諸位講師及聽講的人員的講習工作，更加緊張起來啦。因為愈是時間縮短，愈是覺得光陰的可貴，更要格外的努力啊！

本講習會的校址，是借的文廟小學的校址。屋宇寬廠，空氣流通，清風徐來，心曠神怡。雖然在這驕陽肆虐，溽暑逼人的盛夏，絕感不到酷熱的威炎。真是一個避暑的佳地；尤其是在這個地方讀書，更有無限的快樂。

本講習會的講師，大半是本縣的黨政要人 所担任的功課，都是他們拿手的好戲，講起來 當然是口齒伶俐，講解清晰，很能引起聽衆們的注意。除掉本地方的講師以外；還有特請的徐州省立農民銀行的葛介眉先生，省農民銀行豐縣辦事處的魏家湘先生及省立徐州民衆教育館的孫伯蘭先生。他們三人，不特對於合作社的理論，有深切的研究，並且對於辦理合作社，都很有經驗。你看，有這麼些好的講師，當然能辦出來很好的成績。我真是為本縣的合作事業額手稱慶。

本講習會的學員，都是各機關農會及合作社保送的人員，其間不免是老弱不齊，而程度相差尤鉅，本會為整一步伐，便敎授起見，特將老兵殘將，弱小無知的——年歲不滿二十或年歲過高未曾入學者——概行裁去，現在還有一百一十多個學員哩 可見農民對於合作知識之需要，及其聽講的勇躍了。

本講習會是以知行合一為教導的方針。絕不專講理論，不顧實際。在每天的上午上過五節講堂以後 下午即實行課外活動，成立各種小組討論會，及實驗消費合作社。使其上午所學的功課，到下午就必須應用。這樣一來，將來聽講的人員，到鄉間實用的時候，才不至於感到「所學非所用，及所用非所學」了。

豐縣合作事業服務人員暑期講習會通告　第　號

查本講習會，開學多日。應來聽講人員，多數到齊；所有少數未報到及未履行請假手續者，自本月二十二日起，停止報到，至於已報到之聽講人員，亦不准請人代替，恐未周知，特此通告。

中華民國二十四年七月二十日

主任王述先
副主任李貞乾

中央廣播無線電台節目

七月二十一日　星期日

一一，〇〇　歌曲　鼙鼓傳花　送別　春光曲　最後五分鐘
一二，一〇　平劇及歌曲　路柳牆花　薄鴿樓　釵頭鳳　忠孝全　紅淚悲歌　長亭柳　桃李爭春　校歌
一二，三五　樂隊奏樂　京市政府樂隊奏播：國樂
一八，五〇　國樂　鳳求凰　鳳凰台　一枝花　反柳搖金
一九，〇〇　平劇　洪羊洞
二〇，五五　簡明新聞
二一，〇五　新聲

七月二十二日　星期一

八，一〇　西樂
八，三〇　新聞
一一，三〇　平劇及歌曲　氣象報時　商情　文昭關　青霜劍　太行山　庚娘　荀灌娘　逍遙津　史可法　國旗歌　國歌　新生活運動歌
一八，三〇　民衆教育　講：岳飛故事　歌曲：精忠報國
一九，三〇　兒童教育　講：熱河承德
故事歌曲：良辰美景歌
二〇，〇〇　第一次簡明新聞　氣象長江水位　報時
二〇，一〇　時事述評　關於國際時事問題
二〇，二〇　國樂　春光舞　花好月圓　夜深沉　哭皇天　反哭皇天
二一，四〇　第二次簡明新聞
二一，五〇　新聞

豐報

第八三八號
社址豐縣大同街
中宣會登記證[illegible]　內政部登記證[illegible]
中華郵政特准掛號認爲新聞紙類

▲總理遺囑▲
余致力國民革命凡四十年，其目的在求中國之自由平等，積四十年之經驗，深知欲達到此目的，必須喚起民衆，及聯合世界上以平等待我之民族，共同奮鬥，現在革命尚未成功，凡我同志，務須依照余所著建國方略、建國大綱、三民主義，及第一次全國代表大會宣言，繼續努力，以求貫徹，最近主張開國民會議，及廢除不平等條約，尤須於最短期間，促其實現，是所至囑。

豐縣縣立初級中學招生

一、名額　初中一年級五十名男女兼收
二、投考資格　年在十二歲至十六歲小學畢業或具有同等學力者但以同等學力投考者錄取名額至多以五名爲限
三、納費　第一學期共繳四十一元（非讀生免繳膳費二十元宿費一元）
四、報名　自七月廿八日起至八月六日正午止繳四寸半身像片一張證書一張（同等學力投考者免繳）報名費一元（不退還）
五、考試日期　八月七八兩日
六、考試地點　豐縣本校

豐縣縣立大程莊小學校招生

學額　五年級新生四十名　六年級插班生二十名
報名日期　七月十五起至考試前一日止
考試日期　七月廿九日
校址　豐縣城東南十八里大程莊

豐縣縣立文廟小學[illegible]招生

名額　一年級四十名　五年級四十名　[illegible]四年級插[illegible]　六年級插班生二十名　[illegible]年級男[illegible]
報名日期　七月二十一日起至試前一日止
考試日期　八月一日
地點　東街文廟
[illegible]章

中外要聞

魯西黃河口今日可測竣
孔財長批准堵口經費
蘇省水災救濟會電中央速派大員負責辦理

▲中央社南京廿四日電　[illegible]會水利處息　參謀本部航空測量隊、已於今日在山[illegible]重要黃河口門開始測量、約明日可將全部測攝竣事、俟決口圖彰繪交工程機關後、各工程專家將在開封集議、計劃堵口工程、至堵口行政辦法、及工程設計計劃、已由水利處及各省府擬就　主旨爲已成災處、先根本施工、將成災處、當急防護、不使擴大。

▲中央社鎮江廿四日電　蘇水災救濟總會　廿四日電行政院、全國經委會、黃河水利會、謂魯南黃堤潰決、大溜南移、蘇北有陸沉之虞、事已經旬、尚未聞中央決定緊急有效辦法、哀鴻四野、呼籲無門、務懇速派大員、負限期堵口之責、早紓魯難、亦解危急。

▲中央社南京廿四日電　關於黃河堵口經費籌集辦法、前經魯省府呈請中央、撥發堵口工程費一百萬元、在中央未撥款前、由魯省府及經委會等機關暫行墊撥、聞孔財長已於廿四日批准工程費三十萬元、俾趕速搶堵各危險口門、以免演成大災、餘款除由經委會先撥五十萬元外、再另行籌集、以救危急。

武惠堤情勢嚴重
鄂水災救濟會分設通訊處

▲中央社漢口廿三日電　廿三日風狂浪起、武惠堤形勢益趨嚴重、雖各方努力搶護、截至晚間尚未脫險、武漢輪渡、因浪大關係、晚七時即停止。

▲中央社南京廿四日電　今[illegible]沿長江各地水位如下：重慶

八・五七公尺、萬縣十六・[illegible]、宜昌九・三六公尺、沙市七・四七公尺、漢口十四・六九公尺、九江十三・六六公尺、安慶十一・八六公尺、蕪湖八・五三公尺、南京六・九五公尺、鎮江五・五二公尺。

▲中央社漢口廿四日電　鄂省水災救濟會、爲便利接洽賑務、傳達本省各縣災情起見、決在平、津、京、滬、青五大埠、各設一通訊處、並已正式聘請居正王世杰爲南京通訊處負責人員、沈鴻烈爲青島通訊處負責人員、吳醒亞爲上海通訊處負責人員。

▲中央社漢口廿四日電　行營勞勤服務團、以武漢三鎮災區民衆、待賑迫切、特派賑濟組分隊出發、散發米票、以資救濟。

▲中央社南昌廿四日電　鄱陽湖集義圩受北風影響、以夫民爭割早稻、搶險人太少、致九十兩段廿四日潰決、水利局派人趕往調查。

蔣委員長電令各師官兵 捐餉助賑

▲中央社成都廿三日電　蔣委員長以本年水災慘重、特電令各師官兵、捐餉賑災、官佐至少捐國幣一元、士兵一名一角、捐款彙交農民銀行收轉、並電該行先墊五萬、以應急需。

許世英由湘返漢

▲中央社長沙廿四日電　許世英廿三日晨七時起沿江視察災情、湘西慈利等一帶災情慘重、晚七時返長沙、稍事休息、即於九時乘快車返漢。

▲中央社長沙廿三日電　湘省府常會議決、獨免廿二年廿三年各縣積欠田賦共四百五十餘萬。

衛生署災區巡迴醫隊 先組五隊日內出發

▲中央社南京廿四日電　本年黃河長江泛濫、災區廣大、災黎衆多、衛生署爲醫治災區疫癘計、前呈請行政院、撥款組災區巡迴醫隊、昨日政院會議、已予通過、准撥開辦費一萬元、經常費三萬元、該署以災區醫治工作切急、咨請財部先撥一萬元　以應急需、至巡迴隊組織、今日決定先成立五隊、計黃河兩隊、負責豫魯一帶災區、揚子江三隊、負責湘鄂皖贛等省、每隊設主任醫師一人、醫師二人、化驗師二人、護士二人、日內即行出發。

蔣委員長連日召 薛岳部官佐訓話

▲中央社成都廿三日電　蔣委員長連日召薛岳部官佐訓話、題爲「中央軍追剿赤匪之意義及其經過成績」、要點如下：（一）此次長征、爲有史以來之第一次、（二）軍人應立志邊疆、完成救國救民大志、（三）追勦勝利、實總理主義力量、吾人不畏艱險、奮發苦幹　天下事無不成功、（四）官長調護教導士兵、使體知德事日進、（五）中央軍入川任務、除剿匪外、應作四川軍民之楷模、完成救亡復興之使命。

中央昨舉行 第四六七次政治會議

▲中央社南京廿四日電　中央政治會議於今日上午八時、舉行第四六七次會議、由常委居正主席、決議事項：（一）特任石瑛爲銓敘部部長、（二）通過取締出版品標準如下：（一）審查標準、依出版法辦理、紀載歷史事實圖書、不在國府六月十日敦睦邦交令限制內、交行政司法兩院轉飭主管機關知照、（三）刊物在國府敦睦邦交令前出版者、不追既往、交行政司法兩院轉飭主管機關分行知照、（三）任命王又庸爲江西省府委員、兼民政廳長、（四）核定概算案數起。

褚民誼返滬談 汪院長精神良好

▲中央社上海廿四日電　褚民誼廿四日晨抵滬、據談：汪院長精神良好、施行手術、已可避免、諾爾醫生俟汪痊癒後、再行返滬、本人定月底再赴青、出席體育討論會演講、並探視汪病。

吳鶴齡由平返京

▲中央社南京廿五日電　蒙政會委員兼蒙古各盟旗駐京辦事處處長吳鶴齡、於上月赴平、廿四日晨由平乘車返京、據談：余此次因病未赴百靈廟、前蒙政會二次大會、決議關於建設蒙古各案、已由蒙政會擬具最低預算書、本人離平前、雲王特派人送平、交本人帶京、擬即呈送中央核奪、並請補助經費、雲王前以年老多病、請辭烏盟盟長職、中央未准其請、現仍繼續負責、內蒙近甚安謐、那爾泰[illegible]政會新址、正興工建築中。

吳尙膺日內赴粵桂

▲中央社南京廿五日電　立法院經濟委員長吳尙膺、現因中國科學社、及經濟學會等下月分在粵桂舉行年會、定即日赴滬、於廿七日乘輪南下、前往參加、並擬取道汕頭廈門北返、聞吳氏將於此次旅途中、順便攷査各地經濟、及地政設施情形、以爲立法參攷。

經委會西北辦事處下月撤銷

▲中央社南京廿五日電　全國經委會以該會在西北各項建設、已至相當階段、爲節省經費起見、決下月　日起、將該會西北辦事處撤銷。

陶尙銘謁王克敏

▲中央社北平廿四日電　陶尙銘廿四日晨謁王克敏、報告灤榆近況　俟晤商震後、返唐山。

平綏路改道工程月底可完竣

▲中央社北平廿四日電　平綏路改道工程、日來加緊進行、月底可竣工、定八月一日通車、將行車時刻縮短、自平至包頭、廿四小時可達。

全運會籌備會 昨開第二次常會

▲中央社上海廿四日電　全國運動會籌備會、廿四日晨開第八次常務委員會、主席吳鐵城、討論事項、（一）馬來亞華僑運動會、函請將競賽留位並加陂改爲馬來亞、決議照辦、（二）通過女子壘球採用美國女子戶外壘球規則

登陸颶風 完全消滅

▲中央社上海廿四日電　天文台息、太平洋颶風、廿四日晨六時、吹至東徑一百一十六度、北緯廿九度、距九江約四十六海里處、已完全消滅、另一颶風、二十三日午後四時、發生於加羅林東北洋面、方向爲東北、不致吹襲中國云。

▲中央社南京二十四日電　中央氣象台息、今日颶風已抵湘桂間、風力甚強、速度每小時七十公里、十小時內可抵長沙一帶。

▲中央社廈門二十三日電　本市二十二日夜[illegible]雨交作、念三日颶風[illegible]、氣壓降低、風力由微[illegible]、廈門泉州漳州交通[illegible]斷絕、海輪停止出入口、[illegible]上電話綫損壞頗多　[illegible]有綫電不通。

伍連德 定期赴洋

▲中央社上海念四日電　我國出席第二屆太平洋國際衛生會議代表伍連德、定八月一日乘輪啓程赴澳、據伍談、我國提案三件、已由衛生署交下、當在大會提出討論、並附帶報告我國衛生設置狀況。

李景從 由平赴津

▲中央社北平念四日電　李景從念三日晚赴津、明後日可返平、即飛西安、籌備西蓉通航事宜、平粵綫郵機、因漢江未退、仍通鄭州、復航期無。

第一批常用簡字 在付印中

▲中央社南京念四日電　教育部爲推進義教、及民教起見、特聘請黎錦熙汪怡編訂簡體字表、並經數度會議、籌查竣事、仍交由錢玄同氏簽註意見、以便作最後決定、茲據敎部息、此項字表共約三千餘字、現第一批常用三百餘字、已由黎汪等送部、現正在付印中、即於下月初旬由教部正式公布施行、其餘二千餘字、亦將分兩批公布。

國勞理事會 定明秋開會

▲中央社上海念四日電　國際勞工局理事院、定明年秋季召開理事會議、頃函請我國政府派員參加。

蘇省會推行義教

學齡兒童不使入學處家長罰金

因特殊困難不能入學者得巡迴教學

一百級每級每年經常費三百五十元

將定期邀集一百級師資談話

△江蘇社 教廳遵照部頒實施義教辦法、已訂定蘇省二十四年度義教實施計劃、已誌本報、現着重於省會義教之推行、特組織省會普及義務教育籌備委員會、統籌推廣省會義教事宜、前日舉行第一次委員會議、關於省會失學兒童及私塾數、已由委員柳建、張祖武調查完竣、前日會議、即爲校舍之籌充、與義務小學施教區之劃分、并定期邀集此一百級師資談話、凡省會城區學齡兒童、失學或未入學者、均督令入普通小學或短期小學、凡應入學而不入學者、對於家長、（一）勸告、（二）警告、（三）罰金、聞省會城區設一百級 并就短期小學內、酌設工讀班、利用私塾、責令改良、其辦理優良者、得遴改爲短期小學、或普通小學、失學兒童、因特殊困難、不能入學者、利用巡迴教學方法、課程爲國語、常識、算術、公民訓練外、酌增體育科、此項小學、每級經常費、每年三百五十元、（一百級共三萬五千元、薪俸約佔百分之七十五、維持費百分之十五、購置百分之十云。

蘇省商聯執監聯席會議

推錢孫卿程幹卿林俊保吳漱英起草絲綢花紗布各業興革方案

△江蘇社 江蘇全省商會聯合會於本月二十一日下午三時、開七月份執行委員會暨執監聯席會議、出席委員程幹卿、（蘇州）龐琴生、（釋幹卿代）尹季樞、（宿遷）于小川、（鎮江）張守一、（常熟）吳漱英、（江陰）王敬庭、（江都）徐世、（高郵）龍伯華、（徐州）張孝友、（泰興）列席顧問林俊保、主席于小川、行禮如儀、

報告事項 （一）江蘇省政府第六八九號訓令一件、爲准實業部咨、據上海市商會呈請救濟國漆辦法咨請飭屬提倡採用等由、仰飭屬一體遵照辦理、（二）東台縣商會函一件、爲函復自本年秋季起當按照繳寄會費由、

討論事項 （一）建設廳第三科函、爲本省定於八月一二日召集全省絲綢布紗花等各業同業公會代表會議、關於各業應興應革事宜、希派業分提議案而資討論、應如何辦理、請公決案、決議、綸業方案請錢孫卿先生起草、絲綢業方案請程幹卿先生起草、花紗布業方案請林俊保吳漱英先生起草、均儘於五日內交會轉廳（二）北平市商會、吳縣商會函請一致呈請公布施行印花稅法、應如何辦理、請公決案、決議、照案通過、（三）決議、月一日召集第四次會員大會、會期定一二日兩天、議至五時許、始散會云。

蘇各縣差提舊賦用費不得另外開支

應於預算內旅費項下支給

△江蘇社 蘇省財政廳通令各縣、差提舊賦用項、應於預算內支給、不得仍照舊案辦理、略謂查征收費用、自本年度起、一律編造預算、其全年度預算收入、既係包含新舊各年稅收入在內、而所編支出預算、亦係包括全年經徵員警薪工川旅及造串勘查一切費用、所有徵收人員、照章應負辦理新舊各年田賦經徵之責、清理舊賦、未便視爲例外工作、不得另請開支、其差提舊賦用項、應於預算內旅費項下支給。

印花稅票 蘇各縣應隨時嚴查

經費由罰金提成津貼

△江蘇社 蘇財廳訓令各縣云、查印花稅票、自改歸鄉局代售以後、由各縣政府隨時嚴密檢查、所有檢查印花規則、早經令發遵照在案、關於印花稅票之有無漏貼、全視檢查機關之是否得力、各縣認眞辦理者、固居多數、而因循敷衍者、亦不乏人、須知印花稅收入與中央及地方均有密切關係、豈容稍存漠視、關於檢查經費、前奉財政部核定、由司法機關、對於違反印花稅條例案件、所科罰金內、以二成補助檢查機關辦公費、以二成獎給存事出力之檢查人員、是檢查機關人員、既有罰金提成、以資津貼自當努力查察、俾重稅收、除分外、合行令仰該縣長遵照云。

人民控告官吏辦法

列舉事實覓具鋪保 簽名蓋章隨傳隨到

△江蘇社 省保安司令部訓令各縣長云、案奉軍政部法乙字第一九二二號訓令內開、案准代電開、「中央各部會各地方警備部鑒、查前南昌行營、於民國二十二年六月、頒行人民控告官吏須知、茲本行營業經修正、改爲控告官吏辦法、除分行外、相應檢同原辦法、電請查照等因、抄發原控告官吏遞呈辦法一份、奉此、自應遵照、除即分別函令、并通知外、合行抄發原辦法、令仰該區長、即便遵照飭屬一體遵照爲要、奉此、除分行外、合行令仰該縣長遵照、並布告民衆、一體遵照、茲更錄控告官吏辦法如下

一、具呈人須具正式呈文、所呈副本一份、經本人填明姓名、年齡、籍貫、職業、住址、親自簽押、或蓋章、貼足印花、親呈或郵呈、不得用快郵代電、二、呈文內須列舉事實、有證據者、并須附送證件、不得以空泛無據之詞呈訴、三、具呈人須覓舖保、於呈尾加蓋圖記並識記註明地址及何項營業、其用團體名義者、應由團體代表人署名蓋章、並加蓋團體設立地點加蓋鈐記、或圖記、具呈人應隨傳隨到、如具呈人、避匿不到、應由店保負完全責任、四、以上第三第一第二條之規定、如具呈人未經辦到、一概不予受理、五、控告不實、或盜用他人名義簽押、及偽造證件者、依刑法之規定論罪云。

蘇財廳指定江蘇銀行代理南通區各縣金庫

△江蘇社 本省自蘇財廳實行省縣金庫制度以後、各縣財政已漸臻於完善、除財廳已指定各縣金庫銀行外、頃悉南通區各縣金庫 亦由財廳指定江蘇銀行代理、所有以後該區各縣解匯存儲事宜、統歸由該行辦理云。

蘇防汛緊急 各縣建設人員談話會緩開

建廳擬俟大汛期過再定期召集

△江蘇社 蘇建廳原定於本月三十日起、分期召集各縣主管建設人員來省舉行談話會等情、已誌前報、茲悉沈建廳長現因各處江潮河水暴漲、各該縣政府正在防汛緊急之時、所有主管建設人員 應准暫緩來省 以免顧此失敗、致誤防汛工作、一俟大汛期過、再行改訂日期召集 聞建廳已令知各縣遵照云。

蘇江南水利工程處長將赴各縣視察

△江蘇社 江南水利工程處、自經月初成立、其內部人員業經分別委定、茲以長江水勢重要、工程處長薛闡瀛氏將赴沿江各縣察視、以督促水利工程之興修與事先防堵云

英法努力消弭意亞戰爭

▲中央社巴黎廿四日電 聞英法商同意、國聯行政院開會攷慮意亞爭議政、應援引盟約第十五條處理之駐法英大使、今日復與法總理賴伐爾會商意亞爭議事 官場又願多言、故對二人會談、不作評論、衆信英法政府、現皆竭力覓取弭解意亞戰爭方法。

▲中央社倫敦廿四日電 此間一致人士以爲下屆國聯行政院開會時、應將意亞爭執問題 作整個研究、蓋意亞問題、足以危及和平、一般人以爲意國應自行援引盟約第十二條、自行政院提出、此點如不能辦到 則倫敦方面認爲唯有由國聯其他會員國、或國聯自身將意亞爭端、提交行政院處理。

美日輪船相撞

▲中央社舊金山廿四日電 此間馬基無線電告人員、廿四日聲稱、彼等接到美國輪船開爾瑪號發來求援警電稱、與日輪相撞、地點距舊金山三十里、開爾瑪號船員、已登救生艇。

38

本縣新聞

縣政府規定夏季衛生事項六點

佈告城廂民衆遵照

縣政府以城廂地方人烟稠密、對夏季衛生、亟須注意、特規定夏季衛生事項六點、佈告城廂民衆週知、茲探錄其原文如下、查清潔衛生、關係民生至鉅、值此天氣炎熱、酷暑逼人之際、稍不注意、即易染疾病、況本縣城廂地方、人烟稠密、街道狹隘、各陰溝池塘、不能直接河道、污穢淤塞、有礙衛生、茲特規定衛生事項於左、一、不准隨地便溺、二、不准堆積污穢、三、不准傾倒污物穢水於池塘內、四、各飲食店、以及食品攤商、與清涼小販、須加蓋紗罩、否則禁止售賣、五、道路街旁禁止露宿、六、禁止赤膊遊行街道、以上各條、仰城廂民衆一體凜遵、如有故意違玩、或陽奉陰違、一經查獲、定即拘府嚴懲　切切、此佈。

教育局奉令舉辦省縣畢業生登記

凡曾受師範教育之畢業生須詳查統計列表報廳

教育局近奉教育廳訓令云、查本省實施義務教育、各縣新設學校、約有千餘、所需師資、為注重效率起見、應以曾受師範專業訓練之省縣師範畢業生為主、各該縣歷屆師範畢業生共有若干、現在服務者若干、未服務者若干、均應詳細調查統計、俾可通盤支配、除分令外、合行令仰遵照、迅即舉行省縣師範畢業生登記、凡曾受師範專業訓練三年以上之師範畢業生、均應將姓名、籍貫、性別、年齡、服務地點、服務成績調查清楚、列表報核、其私立學校曾經立案之師範畢業生　亦准同時登記、限八月十五日以前報核、切切、此令。

一四兩區壯丁隊昨晚在金劉寨一帶會哨

第四區公所、近日偵悉有匪徒十餘人、在金劉寨一帶潛匿、該區區長夏憤言、為肅清匪類起見、當會同一區之壯丁隊於昨晚前往緝捕、將仇胡同、齊胡同、金劉寨三莊、嚴加搜索、迄夜深始各整隊回區。

參觀鄒平定縣報告（續）

王子麟　霍輝山

B, 研究部　他們的研究部、是為要適合一般縣地方的社會生活實際的需要與能力、參照實驗縣區的實地經驗、本着縣政建設的理想標準、應用各種科學的方法、來為河北全省縣地方研究實際縣政建設各種方案而設　所以研究部的工作、是研究院的中心工作、聘請對於社會生活有精深認識的學術專家、及對於縣政富有經驗　而且對於學術有研究興趣的行政人才、合成一氣、就實驗縣區及一般縣地方現實生活調查材料、應用科學方法、參照實際經驗　依據理想標準、一面對於實際縣政各種建設、分門別類的研究、擬制度、立方案、作設計　一面對於實際建設所需要的人材訓練、負專門研究指導的責任、所以該院研究部的研究、一面固然重視學理的探討、同時還以切合於實際應用為主要目的、和一般大學的研究科是不同的。

C, 訓練部　該院為訓練關於縣政建設實際所需要的行政人才和技術人才、特設研究部、他們以為現在中國縣政人才的來源、不是專門大學和中學畢業生、就是多年經驗的老吏、都不能十分適用、自已根據縣政建設的理想標準及實際需要、規定訓練的教材和方法、同時還要有實地的見習、受訓練的學員、有時招考、有時保送、有時召集各縣現任行政人員和技術人員、最近訓練期滿的十八人、正在各鄉村小學見習、我們在參觀時、時常遇到。

D, 實驗部　研究院的實驗部、是為要得着可以推行全省各縣真正有實際價值的建設方案、和要訓練成一般從實際建設的經驗中得到實地見習、確有把握的建設人才而設、實驗部就是實驗縣的縣政府、故實驗縣府的組織、就是實驗部的組織、實驗縣政府的活動、就是實驗部的活動、實驗縣政府自縣長以下一切公務人員、皆為實驗部之職員、所以實驗縣政府與一般縣政府、在性質上有下列三點不同：

（一）實驗縣政府的組織，許他在法制上研究實驗、不受一般現行法制的束縛。

（二）實驗縣政府對於執行中央及省的法令確認為有礙難時、得呈請上級政府核准變更。

（三）實驗縣的縣長、先要有研究院實驗主任之資格、而後由研究院院長呈請省政府委任　長以下的佐治人員　都由研究院院長委任。

司法欄

縣政府司法批示

▲民事原具狀人張德書、一件、為霸佔宅田、抗不讓贖、訴請傳案公判由、狀悉、候定期傳訊、此批、

▲刑事原具狀人彭秉書、一件、為率衆持械、喝令兇毆、懇請驗傷拘兇法辦由、狀悉、准傳訊究辦、此批、

▲刑事原具狀人張王氏、一件、為叔嫂成婚、虐待逼逃、懇請立拘質訊究追、依法擬辦由、狀悉　候傳案訊奪、此批

▲民事原具狀人蘇楊氏、一件、為和解成立、請求銷案由、狀悉、准予撤回、此批、

▲刑事原具狀人李泮溪、一件、為價賣子妻、查明着落、懇請提拘訊辦由　狀悉、仰候傳案訊奪、此批、

▲刑事原具狀人馬承訓、一件、為遵處罷訟、請求銷案由、狀悉、准予撤回、此批、

▲刑事原具狀人丁尊賢、一件、為局謀價賣無蹤、未蒙被傳、再懇通傳訊究由、狀悉、查爾媳因夫亡另嫁、被告等並無誘拐行為、不成立刑事犯罪、認無傳訊之必要、所請不准、此批、

▲刑事原具狀人王占魁、一件、為捧批再陳、請求衛憐下情、准予照案傳訊究辦由、狀悉、候傳訊核奪、此批

▲民事原具狀人陳繼助、一件、為局謀侵吞營地　疊經庭訊、未蒙判決　再懇傳案訊判、而安先靈由、狀悉、本案業經於十三日宣告判決　仰候送達判決書可也、此批、

▲刑事原具狀人師郭氏、一件、為歸甯不返、許找返悔、懇請傳案質訊由、狀悉、候傳案訊奪、此批、

▲民事原具狀人李鴻恩、一件、為和解成立、懇請銷案由、狀悉　准予撤回、此批、

▲民事原具狀人李黃氏、一件、為和解成立、請求銷案由、狀悉、准予撤回、此批、

▲刑事原具狀人李黃氏、一件　為遵處罷訟、請求銷案由、狀悉、本案業經當庭諭知不起訴處分在案、所請[illegible]議　此批、

▲刑事原具狀人張百合、一件、為不服判決、聲明上訴由、狀悉、候送高四分院核辦、此批、

▲刑事原具狀人李鶴林等、一件、為遵處罷訟、請求銷案由、狀悉　准予撤回、此批、

▲刑事原具狀人張貴舜、一件、為幼子無知、救母誤傷、懇請賞由、狀悉、本案應候被害人傷瘳痊愈、再行核判、所請釋、礙難照准、此批、

▲民事原具狀人王田鑫、一件、為勒訛差資、抗不清還、訴請傳案判追由、狀悉、仰候定期傳訊、此批、

▲刑事原具狀人趙長俊、一件、為赴徐去招、請求恩予展緩應訊由、狀悉、仰迅催該被告到庭應訊、此批、

▲民事原具狀人呂廣恩、一件、為據實答辯由、狀悉、仰一遵期到庭辯論、此批。

庭期審理案件

七月二十七日審理王逢著等請議異案

二十七日審理劉曾氏訴劉憲法嫁賣案

二十七日審理王祖功誘拐案。

本城糧價

名稱	每市斗價目	
小麥	最高二千七百文	最低二千五百文
大麥	最高一千五百文	最低一千四百文
黃豆	最高二千一百五十文	最低二千一百文
黑豆	最高二千一百文	最低二千零五十文
綠豆	最高二千八百文	最低二千五百文
江豆	最高二千四百文	最低二千三百文
高粱	最高二千二百五十文	最低二千二百文
穀子	最高一千九百文	最低一千八百文
稷子	最高一千八百文	最低一千七百文
芝蔴	最高三千四百文	最低三千三百文
青豆	最高二千一百五十文	最低二千一百文
花生每斤	最高二百一十文	最低二百文
瓜子每斤	最高二百八十文	最低二百六十文

氣象

雨

風向　西風

最高溫度　九四

最低溫度　八四

豐報

◎第八四○號◎

◉社址豐縣大同街◉

中宣會登記證中字第一九二號　內政部登記證警字第二○二三號

中華郵政特准掛號認爲新聞紙類

▲總理遺囑

余致力國民革命凡四十年其目的在求中國之自由平等積四十年之經驗深知欲達到此目的必須喚起民衆及聯合世界上以平等待我之民族共同奮鬥現在革命尚未成功凡我同志務須依照余所著建國方略建國大綱三民主義及第一次全國代表大會宣言繼續努力以求貫徹最近主張開國民會議及廢除不平等條約尤須於最短期間促其實現是所至囑

豐縣縣立初級中學招生

一、名額　初中一年級五十名男女兼收

二、投考資格　年在十二歲至十六歲小學畢業或具有同等學力者但以同等學力投考者錄取名額至多以五名爲限

三、納費　第一學期共繳四十一元（走讀生免繳膳費二十元宿費一元）

四、報名　自七月廿八日起至八月六日正午止繳四寸半身像片一張證書一張（同等學力投考者免繳）報名費一元（不退還）

五、考試日期　八月七八兩日

六、地址　豐縣本校

豐縣縣立大程莊小學校招生

學額　五年級新生四十名　六年級插班生二十名

報名日期　七月廿五起至考試前一日止

考試日期　七月廿九日

校址　豐縣城東南十八里大程莊

鳴謝惠贈匾聯諸位先生

德純幼習岐黃自慚簡陋，辱承李華五先生暨城鄉各界親友醵資惠賜匾聯高誼隆情，既感且愧，拜領之餘謹此登報鳴謝。

台銜列左

李華五　李尊基　史鳳修　沙伯華　吳春芹　薛保貞　劉玉璋

韓□元　戴先金　張金盤　元泰興　許榮芝　朱敦華　張共登

蔡□□　王效昌　劉金棟　懷濟堂　劉尊禮　孫明倫　榮源永

□□□　劉玉山　陳廣恩　孫德元　泰源坊　許永顏　王澡淵

□□□　陰永贊　李學文　韓繼善　沙文清　王俊傑　陰廣基

王□貞　陳鳳池　陳樹仁　段心法　劉允禮　張傳孝　張繼堂

白□□　劉允升　韓雲献　韓雲霄　韓繼友　韓繼忠　宋桂清

□□坊　李本立　邵玉琢　協興永　福聚源　李樹瑤　李香鼎

義□永　吳昌隆　興隆號　王茂才　馬桂先　段方田　正隆公

程□□　□□□　王青山　邵世勛　穆正芳　邵世英　孟昭玉

李□□　□□□　郭克哲　李興爲　張士光　于鶴九　振昌永

張士英　秦金甫　隆昌醬園　張家糧行　皇甫鳴關　諸位先生

豐縣南門外同德堂邵德純謹啓

豐縣縣立文廟小學校招生

名額　一年級四十名　五年級四十名　二三四年級插班生各十名　六年級插班生二十名　一二三年級男女兼收

報名日期　七月二十一日起考試前一日止

考試日期　八月一日

地點　東街文廟

餘詳簡章

中外要聞

黃水洪流橫溢
大溜入蘇微湖陡漲
蘇北大堤星夜搶築中

▲中央社南京廿七日電　黃河自日前泛濫後、險象環生、水勢將奔向蘇境、故江蘇省府前曾電籲行政院　及經委會、請急速設法救濟、經委會水利處副處長鄭肇經、日前在濟會晤蘇建設廳報告、與魯當局商洽各湖容量、並極力搶護江蘇堤壩、廿五廿六兩日、黃水洪流橫溢、大溜浸牆、現除蘇省府即築大堤防護外　茲悉鄭即再向魯韓商澈底搶救辦法、勿使災害擴大。

▲中央社徐州廿六日電　邵漢元專員廿五日夜電令王縣長稱　微湖陡漲約一公尺、沛境東北已逾三道邊、仰即星夜築堵堤工、以免潰誤爲要、廿六日電徐、微湖水勢、截至廿六晨、仍在續漲中、已浸入潛岸三里許、邵專員親自巡視堤工、激勵民衆、加緊搶築、限一週內不分晝夜築造完成。

▲中央社南京廿六日電　鎮江訊、蘇建設廳頃接經委會水利處副處長鄭肇經廿四日電稱、續報、察魯省黃河決口情形、略謂：廿三日抵臨濮集、查勘決口、水流湍急、奪溜在八成以上、一二三口門外有淤灘、不關緊要、四五六門口寬者達五百餘公尺、目前殊難堵築、頃與李委員長儀祉、張局長連甲、商定迅由黃河水利委員　派員協助、規劃堵口地位、及引水路線、一俟規劃完竣、由魯省召集關係方面、會商決定、交河務局相機實施、航空測量天晴即舉行、又接京訊、經委會堵口墊款已準備、並已匯魯十萬元備用、今晚赴汴、並電韓主席採石料五千方備用。

▲中央社天津廿五日電　東明縣長電告黃河大流湍急、致

兩岸潰決、附近百餘村、盡付滅頂、房屋倒塌、人畜淹斃、僅逃出少數堆集堤上、待賑甚急。

△江蘇社 全國經濟委員會水利處長鄭肇經氏、日前因魯黃河南堤漫決、特親往察勘、頃間有電致建設廳沈廳長、報告水勢、原文如下、

鎮江建設廳長勛鑒、皖（十九）夜抵濟、據報口門奪流八成、正在極力搶護、蘇壩堵築難即進行、水入微山南旺諸湖、災區達十縣、今因大雨留濟、與省府黃會洽商各湖容量洩水途徑、與搶堵辦法、容續陳、弟鄭肇經叩智印、

建設廳得報、已轉知關係各防汛區加緊戒備矣、

（又訊）記者往訪謁負責水利者、詢以黃水既入微山南旺諸湖、勢難供匯注、蘇北築堤工程、一時恐難完竣、則黃患能否避免於萬一、據稱現蘇北築堤、兵民達數萬、極力從事搶險、政府方面當盡人力而為、至無法可施為止云、

（淮陰特訊）自黃河水勢猛漲在山東、鄄城決口分為兩路、一由臨濮集循故道東流、淹沒鉅野等縣、一由鄆城南浸、沖毀江蘇大堤、淹沒荷澤等縣、直瀉微山河微湖及六塘河運水故道、水位激增、水勢洶湧、隨時隨地、均有崩潰之虞、因之江北各縣、人心惴惴不安、咸謂今歲若遭水患、較遜清鄭工決口、將更劇、良以黃河故道、自去歲大舉興工、雖已完成第一期工程、惟中間土堤太多、且廢黃大堤殘缺又多、加之運河六塘河洪澤湖、水位又高、若黃河水勢仍漲不已、下注入蘇、江北各河湖及故道、驟亘納巨量輸入、無處宣洩、勢必釀成巨災、且黃河所經之地、盡成澤國、日來街談巷議、或謂黃河大溜已過沛縣、或謂已至宿遷傳說紛紜、莫衷一是、社會人心、更趨惶惶、大有大難將至、羣與其魚之勢、蘇省府主席陳果夫、以黃河循微湖南來、江北首當其衝、各縣人民生命財產、關係至鉅、當此禍迫眉睫之際、急應加緊防堵、特飭令徐沛碭蕭沭泗淮漣等縣、轉飭各區妥為防範、並將辦理情形、隨時電呈外、並遴照蔣委員長之令、組織江蘇水災救濟總會、聘請水利專家韓止石、王叔相、鄭肇經、許心武、須君悌、及士紳冷禦秋等三十人爲委員、共策進行、江北運河工程局徐鼎康、頃電該局工程科長戈涵樓、爲防黃專員、督飭各縣防黃、戈氏業在浦設立防黃專員辦事處、計劃一切、導淮入海工程處亦特派工程師管成督工開拆楊莊壩、以防未然

◎王叔相呈……防災意見◎ 蘇水災救濟委員王叔相、頃電省主席陳果夫建議防災意見、原電云、「魯境黃河潰決、形勢嚴重、擬請省府派員坐鎮、如果溜勢南趨 可仿民十四年黃河決口成例、由省撥款二十萬元協助魯省堵口、並派蘇紳四人前往視察、倘決口不塞、黃水挾河而下、入鹽則鹽廢、入六塘則塘廢、尤慮入淮入運、不獨淮運廢、而江亦受病 江病則非僅蘇省之害、而沿江各省、亦受其禍、有不堪言者、設堵口不成、水竟南流、淮與中運兩途、萬不可任其侵犯、不得已、惟有放其循舊黃入海、此乃無法之法、似益懇核採擇施行」、又淮邳工程事務所所長馮旦頃奉運工局令、趕僱民夫、搶堵廢黃運河六塘河沿堤殘缺、馮氏奉令後、除親赴泗宿各縣察看水勢外、並函請各縣代僱民夫搶修各河湖險堤復又先設特別窩棚、計淮汛宿汛桃源汛清汛運口汛等六處晝夜梭巡、傳達水勢、俾得設法防範、

◎……某水利專家之談話……◎ 記者頃晤某水利專家、據談、此次黃河決口、係兩路 一由鄄城、一由鄆城、據報紙各載係漫溢、並非潰決、故未奪正溜、所以水至臨濮集、水頭僅高一丈二尺、足徵水勢並不湧洶、與前清光緒十七年鄭工決口時之情勢迥異、按鄭工決口時、係奪溜而下、流入洪澤湖、致該湖淤高五尺、當時水漲一丈九尺、河工人員驚慌失色、遂淡窰河順興河築壩、以防黃水侵入中運、 結果黃河並未入中裏、僅飽受虛驚而已、至鄆城決口、由荷澤侵入沛縣北境、入微山湖、該湖容量甚大、縱浸入中運、數量必微、加之中運之劉老澗雙金閘各處、洩水之口又多、運河洪澤湖水位雖高、幸淮水目前尚未暴漲、或不致釀成水患、不過此次黃河經過之河湖、因流沙沉澱、淤高河床、頗不易措置、殊深憂慮云云。

鄂省漢川受災最重 武漢各堤仍甚危險

▲中央社漢口廿六日電 蔣委員長已電農民銀行、撥款五萬元、付鄂省水災救濟總會、鄂省黨部某員、赴災區調查、據其報告、漢川受災最重、全境幾皆被淹、該地原有居民廿九萬、逃出者僅七萬、死亡人數、無法統計 平漢路交通已於今日恢復。

▲中央社漢口廿五日電 江水廿五日漲為四十八•二英尺、惟風狂浪急、各堤仍甚危險、警察及百零二師、均派隊協助防護、武惠堤崩潰三里、幸搶護得力、未釀巨災。

▲中央社南京廿六日電 今日沿長江各地水位如下：萬縣十一•九二公尺、宜昌八•二〇公尺、沙市六•九五公尺、岳州十三•七二公尺、漢口十四•六九公尺、九江十三•〇二公尺、安慶十一•八九公尺、蕪湖八•五三公尺、南京六•八〇公尺、鎮江五•四六公尺。

湘救災總會請中央將 湖南列為特種災區

▲中央社長沙廿六日電 救災總會、電災將湘省列為特種災區、擴大治標治本辦法 並令災區趕種晚稻 請各方助款賑濟。

▲中央社長沙廿六日電 湘省府前電經委會、請撥工賑貸款賑災、奉復電照前案、再貸復堤、昨湖南水災善後會、工貸監察會、華洋義賑分會、開會決定、由工貸存款項下劃定 百萬元、復行借貸湘湖受災各縣、修復堤圩、仍照本年前案分期歸還。

孔祥熙昨到滬發表談話

▲中央社上海廿六日電 孔祥熙廿六日晨接見記者談 六中全會、定九月間召開、係依照黨章規定、各地水災、中央與地方刻正進行救濟事宜、汪院長昨來電、病狀有良好進步、外部務劉由外次徐謨代行。

▲中央社上海廿六日電 孔祥熙偕徐湛傅汝霖、廿六日晨抵滬 旋赴中央銀行辦公 並接見宋子良等。

中國第一水工試驗所 建築工程落成

▲中央社天津廿六日電 中國第一水工試驗所建築工程、頃全部落成、據該所籌備主任談、本所黃土流域試驗計劃已擬定、首次試驗、本此進行、所內組織、將來力求簡單而嚴密、並擬全部交經委會直轄、使管理系統、與經費來源、便於集中、聞該所所擬黃土河計劃 係為治理華北各主要河道之整個計劃甚為嚴密、試驗期限定為二年。

川西勦匪軍事繼續告捷

▲中央社重慶廿六日電 軍息、我六路已進至湯山關、茂縣附近尚匪散匪 正清剿中、我軍十八日由長沙壩渡河、將梭陂大砦之匪擊潰、已收復大砦、中路梁又丹呈、劉岸之匪退入小荊河後 我已克復中楚橋、又我軍廿二日克復涓山關、劉文輝廿三日電告、黨壩匪、被屯兵襲擊、已向卓克基退去。

▲中央社廈門廿五日電 僞十七團團長郭清義、僞軍區司令部政治主任楊長生、僞參謀王桂芳三名、前在連城轄梅村向我投誠後、即解龍岩第二綏靖司令部發落、現已轉送漳綏署軍法處核辦。

體育討論會後日在青開幕

▲中央社南京廿六日電 中華全國體育協進會、為訓練參加世運選手所辦之暑期訓練會、及為供給各地服務中學體育教員讀機會所設暑期講習會、已於本月十日及十五日先後在青島開幕、該會所辦體育討論會、亦定於本月廿九日在青舉行、會期定為六日、至八月三日閉幕、現體育專家均紛赴青參加。

陝繼續裁廢苛雜

▲中央社西安廿五日電 陝省裁廢苛雜 全免九十五種、免一部者七種、共免捐洋三十九萬三千七百四十三元。

國府昨日命令

▲中央社南京念六日電 （一）茲製定民國念四年福建省地方建設公債條例公布之此令、（二）茲製定民國念四年整理四川金融公債條例公布之此令。

我國運英 美術珍品抵倫敦

▲中央社倫敦念五日電 英巡艦於六月七日由滬載中國美術珍品、以供在倫敦展覽者、已於今日駛抵浦資茅斯港、中國大使館參贊陳維誠等均乘汽車前往迎接該艦、陳等登艦後、即監視裝運珍品車上、護以鋼皮之箱百零卸於車上、念五日夜可抵倫敦。

昨日授證 司法官再試及格人員

▲中央社南京念六日電 司法再試及司法官臨時考試及格人員、今晨九時、在考試院舉行授證典禮、洪陸東、王用賓、戴傳賢、陳大齊、焦易堂、均有懇切訓詞、復由戴傳賢親自授證、至十時完畢。

駐鮮總領事 范漢生 請假返國

▲中央社南京念六日電 我國駐朝鮮京城總領事范漢生請假回國、已於今日到京、即至外部分謁各長官、報告一切、聞范氏在國內約有二週勾留、假滿就歸回任。

張允榮由平返察

△中央社北平廿六日電　察東新編保安隊　仍由張北警備司令張允榮統率、張日前來平、謁秦德純、請示一切、定廿六日晚或廿七日返張垣　秦德純廿六晨赴大生醫院檢查身體、返察期未定。

北平又破獲鮮人偷運現銀

△中央社北平廿二日電　鮮人近自張垣偷運現銀到平、轉運關外、廿六晨平綏車抵平時、又有鮮人三名、攜帶多數現洋、由張垣來平、由日憲兵將三人逮捕、帶赴司令部嚴辦、並將全部現洋沒收。

禁烟總監部接收禁煙會

△中央社南京廿六日電　禁烟總監部派來接收禁烟會人員、今晨已開始點接該會一切文卷器具、聞須月底始可竣事、然後運漢復命、至禁烟總監部、已確定設漢口。

西北交通已復常態

△中央社西安廿五日電　隴海鐵路及西蘭公路、對於冲毀之處、均已修復、西北交通、已復常態、隴海路西展土方工程、已由西安西展至三十里三橋鎮、下月可至咸陽。

蘇民廳積極整頓省縣公安

現役警官分批調省訓練

訂定暫行辦法呈省府核准備案

△江蘇社　蘇民廳擬於本年度積極整理水陸公安幹部人員、除水上省公安隊另訂辦法訓練改善外、對省縣公安局不設局之縣府所屬現役警官、分批調省訓練　訂定江蘇省現役警官調省訓練暫行辦法公布、並呈准省府備案施行、特覓該辦法錄於後、

警官調訓暫行辦法

江蘇省現役警官調省訓練暫行辦法、一、調省訓練之現役警官、應按左列各員順序遴送、（一）省縣公安局督察處、督察員及不設局之縣政府警務督察員、（二）省縣公安局及不設局之縣政府所屬分局長巡官、（三）省縣公安局科長、科員、股員及不設局之縣政府公安科長、或股長、二、調省訓練之現役警官、年齡須在三十五歲以下者、三、調省訓練之現役警官、應就受過警察教育者儘先遴送、四、調省訓練之現役警官、須體格健全、品學優良者、五、每期調省訓練警官由民政廳於每屆開始訓練前、酌定名額列單分令遵照、六、各縣局奉到前項明令　應即照單加倍遴選、塡具指調警官履歷書各二份、粘四寸半身相片、依限彙齊、呈由民政廳圈定、以一份發交警察訓練所備查、一面分令各原送機關分別轉飭圈定指調警官按期來省報到、履歷書式另定之、七、指調來省訓練警官藉詞規避、或報到後擅行離省者、予以撤職之處分、八、訓練期滿、考試及格者發回原機服務、其成績優異者、並擇尤以應升之職存記、遇缺儘先升用、九、訓練期滿考試不及格者、免去原職、或予以降級處分、十、現役警官在受訓練期內、其職務由各該管長官就其他所屬相當職員中指派兼代、並呈報民政廳備案、十一、受訓練警官訓練費自備、講義由警察訓練所發給、其往返旅費由原送機關支給之、十二、本辦法自公布日施行、呈報省政府備案、調省訓練警官履歷書須填明姓名、年齡、籍貫、曾受何項教育、現任職務（此欄應填明其職務於某年某月某日由民政廳給予第幾號委任令委任斯職、其呈經民政廳核准備案者、應填明指令月日及其號數）考語（此欄由該管長官按照其平日辦事成績加具切實考語）、並粘附相片云。

師範畢業會考及格者

分配地方服務

各生應親赴教局或縣府報到　縣教局如擱置推諉應予處分

△江蘇社　江蘇省教育廳訓令各縣教育局云、案本年度師範學校及三年制之幼稚師範科參加畢業會考者、前經分別縣轄統計、令發該局先行支配服務處所在案、茲查師範學校畢業生會考成績及實習成績完全及格者三百八十九人、會考成績及格而實習成績不及格者楊中孚、沈有美、秦秋陽、顧錦昇四人、會考二科不及格而實習成績及格者九十三人、三年制幼稚師範科學生會考成績及實習成績完全及格者十一人、會考一二科不及格而實習成績及格者六人、除蘇省子女師範學校會考及格學生六十八人、會考一二科不及格學生十六人、實習成績尚未送到、且該校此次風潮孫德、朱光熙、舉動最烈、業經開除學籍、會考成績應作無效、其智組學生葉濂、陳明志參加風潮、其餘被脅迫及盲從各生應行甄別、再予核辦外、所有師範學校會考者劉六名王玖興、王振明、陳萬灝、唐毓禮、萬又蘇、張明勝分發各省立小學任用、以示鼓勵、由省立各師範學校擇尤保送之學生張邦濬等二十七人、候交各縣教育實驗區分別調用、此外會考及格學生應一律分配地方服務、會考一二科不及格學生、應准暫行服務、楊中孚、沈有美、秦秋陽、顧錦昇、照章應不予畢業、惟念尚係初次舉行、姑准暫服務、如經該局考核成績、再行給予畢業證書、合行檢發各該生名冊及各校保送學生名冊、合仰該局長遵照分配各該生服務處所、限於文到十日內具報備查、倘擱置不辦、或藉端推諉應予該局長嚴厲之處分至各該生業經令飭按照江蘇省師範畢業生服務暫行規程之規定親赴教育局或縣政府報到註冊、并仰知照此令。

蘇省農業管委會

設農礦合作兩課

辦事細則經呈省府備案

△江蘇社　江蘇省農業管理委員會業已成立、該會內部分設農礦合作兩課、農礦課第一股辦理農林蠶桑、推進副業等事項、第二股辦理漁牧採礦等事項、合作課第一股辦理合作農業經濟等事項、第二股辦理工商及度量衡等事項、該會已訂定辦事細則、已呈報省府核准備案、特覓原文於後。

江蘇省農業管理委員會辦事細則

第一條　本細則依照江蘇省農業管理委員會組織規程第八條之規定、第二條　農礦課設左列二股、各股設主任一人、由委員長指定本會職員兼任之、其職掌如左、第一股、辦理關於農林蠶桑推進副業等事項、第二股、辦理漁牧採礦等事項、第三條　合作課設左列兩股、各股主任一人、由委員長指定本會職員兼任之、其職掌如左、第一股、辦理關於合作及農業經濟等事項、第二股、辦理工商及度量衡等事項、第四條　本委員會處理公文依左列之規定、（一）本會行文、對省政府用呈、對省立各機關用公函、均以本會名義行之、惟對於建設廳公文、得由建設廳會稿或附稿、（二）關於蠶桑事項交由蠶業改進管理委員會分別擬辦、本會會稿或附稿繕該會秘書、核稿後、送由本會核轉、（三）凡與建設廳各科股有關係事項、由本會主管課核稿後、送由各關係科股會簽、（四）本會文件由主管課核稿送請正副委員長判行繕發、但擬辦廳稿或府稿、應於副委員長核簽後、送建設廳秘書室復核、轉呈、（五）各項文件凡主稿暨繕寫校對用印者、均須由本人署名蓋章、（六）各項文件及會議紀錄在未公布前、均不得洩漏、其機密要件承辦者尤須始終保守秘密、違者以失職論、（七）所有文件有應付公報或報紙發表者、由主管人員於核稿時在稿面上簽明、俟簽發後、即可抄送、第五條　本委員會關於會計及事務事項、仍由建設廳秘書室會計股事務股負責辦理、第六條　本委員會辦公時間、應遵照省政府之規定、但遇有必要時、得由秘書於辦公時間外指定職員辦理、第七條　本委員會職員每日上下午應按照規定時間到會辦公、並須於簽到簿上親簽名、第八條　本委員會職員、如因病或因事請假、須依照省府職員請假規則辦理、第九條、本委員會於必要時得舉行會務會議　由委員長召集之　以秘書　技正　課長、技師　股主任　及其他由委員長指定之人員為會員、第十條、本細則如有未盡事宜、悉依照建設廳所定各項章則辦理、或由委員會隨時提出修改之、第十一條、本細則由建設廳長核定呈報江蘇省政府備案施行。

羅馬舉行歡送出征東非軍示威大會

△中央社羅馬念五日電　此間民衆、頃舉行歡送出征東非軍隊示威大會、由法西斯黨各團體發起、於昨十時在外部門前舉行　各持旗幟、謂意大利當保持行動自由　不受世界輿論拘束、意大利民族意志、任何不能加以阻擋云。

△中央社羅馬念五日電　意國半官方面表示、意大利不承認國聯有將意亞爭端全權討論之權、意亞條例、簽訂於加入國聯之後、故兩國爭端、應適用意亞條約程序、不適用國聯約程序、至必要時、退出國聯云。

△中央社東京念五日電　外部發言人稱、日政府未發給運軍火赴亞之護照。

本縣新聞

大程莊小學校 舉行畢業同學會

握手言歡　重話舊雨

縣立大程莊小學校、自創辦高級以來、畢業同學已先後九屆、人數共計二百七十餘名之多　茲爲聯絡感情起見、於本月二十五日、由該校招集畢業同學全體大會各情曾誌本報、茲悉該校於事先在院中高搭彩棚一座、會場四週滿佈花木、校門交懸國旗校旗、佈置頗爲莊嚴、是日十時開會、參加學生計有洪光遠劉昭祥等一百七十餘人、由李香亭主席、領導行禮如儀後、並報告籌備同學會經過及招集之意義、繼由該校校長于憲農先生訓話、略謂、本校畢業同學、已先後九屆、離校以後、散處四方、各務己業、漠不相關、實失同學之義、因此有三五同學發起組織畢業同學會、藉資聯絡感情、互助事業之發展、希望各同學自今以後、務互相扶持、以服務社會、獻身國家、庶不失同學之誼云云、繼有來賓程爲箴王惠恩二先生相繼演說後、即討論會章及提案、各會員均能根據事理、發抒己見、共議決重要議案六件、繼即散票選舉、結果、洪光遠劉昭祥段秀嶺穆伯仁屈憲箴、當選爲執行委員、李香亭尹道遠鹿芸先當選爲候補執委、邵心文尹文信劉冠卿當選爲監察委員、王祖漢趙敬康當選爲候補監察委員、最後全體攝影、以留紀念、並舉行會餐、一時觥籌交錯、笑語歡騰、頗極一時之盛、至下午五時、於風雨交加之際、此莊嚴隆重之大會、方告閉幕云。

保安隊昨晚放哨　查獲煙土　逮獲嫌疑犯一名

保安隊於昨晚十時放哨、行至南門外西土堤上、見堤下有二人行走、在後一人手提籃子、當經哨兵詢問、由何處來、手持何物、據云由碭山來、籃內是白麵等語、即令站住檢查、詎提籃者、竟丟籃竄去、當向前查看、見籃內有口袋一條、破衣二件、下有烟土一塊（約計市秤九十兩）即將同行之史忠良拿獲、略事訊問、據稱與土販路遇、因天色昏黑、故同伴而行、彼之籃內何物、絕不知情、但彼自言住彭莊、亦不詳其姓氏云云、聞保安隊已將史忠良解送禁烟委員會訊辦矣。

二區壯丁隊連日出發放哨

二區壯丁隊自編組成立後、晝則放哨、夜則巡邏、對剿匪工作、極爲注意、茲悉該隊於昨日由區長[illegible]章、唐隊長朝福、帶往蕭堰陳大莊賀固等鄉放哨、今日又往徐樓鄉一帶巡查、聞該區對素日招引匪類之莊村、將予以搜索云。

縣政府公佈 抽查戶口異動情形暨罰款數目

縣政府抽查戶口異動、對漏報者[illegible]戶、曾按照處罰辦法、予以相當處罰、茲將最近抽查戶口異動情形、及罰款數目探誌如下：

抽查區鄉	抽查事項	處罰情形	抽查人員	被罰戶長
第一區中山鎮	遷入男二未報	四元	劉冠卿	崔獻廷
	徙出男二未報	四元	同上	王誠齋
	遷入男一未報	二元	同上	朱憲武
第一區丁蘭鄉	僱男二未報	五元	同上	王夢麟
第四區學屋鄉	僱男一未報	一元	同上	王惠恩
	遷入男一 死男一	五角	同上	畢彥禮
第四區趙莊鎮	徙出男二未報	一元	同上	鄧漢德
	徙出未報	五角	同上	馬安營
第四區首羨鄉	死男一 娶女一 均未報	一元	同上	袁氏
第四區賁莊鄉	僱男一未報	一元	同上	李學勤
	生女一未報	二元	同上	楊士傑
第四區轆灣鄉	僱男一 漏報二戶	一元	同上	楊雲亭
	僱男一未報	二元	同上	李誠朴

參觀鄒平定縣報告（續）

王子閣　董雲山

啓發農民的智慧、也就是造人、[illegible]人必須有造人的教育、中國數十年來的所謂教育制度與[illegible]、無非東抄西襲、不合國情、不切需要、所以不曾與[illegible]人的生活發生關係、所以不能完成造人的使命、平教[illegible]民國十二年成立的、十五年在定縣翟城村作[illegible]部分的[illegible]、十八年才在定縣作全部的實驗、他們是深入民間、[illegible]一般人的生活需要、繼續不斷的創造新民教育的內容[illegible]採一般人的生活習慣、繼續不斷的制定新民教育的方法[illegible]根據社會的演變　民族的進展　繼續不斷的創制新民[illegible]育的方案。茲述其概要如左：

1，平教會工作的目的

A，爲三萬萬以上的失學青年與成人、[illegible]最需要最實在、最基本的教育工具材料、和實驗[illegible]要最經濟最有效的實施教育方法。

B，期望三萬萬以上的青年與成人、普遍地得到前項的教育工具材料及方法的訓話、而成爲二十世紀的中華民國所需要的具有最低限度生存上所必要而不可少的知識力、生產力、團結力、強健力的新民。

C，期望受過平民教育的新民、成爲鞏固國家的基礎組織、在此基礎的組織上面、實現改善國民生活、和保持國家生存上於政治經濟教育衞生各方面所必要的基本建設。

2，平教會的會務

A，調查事實　舉行社會調查　經濟調查　及教育調查等等、徵集各種事實、作平民教育研究的根據。

B，研究學術　根據調查所得之結果、按照實際生活的需要、研究平民教育上一切學術。

C，實驗學術　根據所得之結果、實地集中試驗　以求產生平民教育上效率最大、應用最廣的各種材料方法及方案。

D，編製工具　根據研究試驗所得之結果、編輯各種教材、讀物　學術、叢書、並製定一切應用之教具。

E，訓練人才　集合各種學術專家、調查研究試驗　編製各種的經驗與發明、訓練平民教育學術上與行政上所需要的各種人才。

F，協助進行　政府實施民衆教育、社會團體或個人舉辦平民教育、集平教會工作人員的經驗、及平日研究試驗所得的結果、隨時協助進行。

司法欄

▲縣政府司法批示▼

▲民事原具狀人聶甫劉氏、一件、爲候處無音、據情再陳、請求秉公判決、以保產權由、狀悉、候定期審理、此批

▲刑事原具狀人邢汝青、一件、爲贓證確鑿、拘究法辦由、狀悉、傷已驗明、候傳案究辦、此批

▲民事原具狀人張德成、一件、爲私造大彈、多霸田地、請求傳案訊斷由、狀悉、准定期傳訊、此批、

▲刑事原具狀人張廣甫、一件、爲違處罷訟、請求銷案由、狀悉、准予撤銷、此批

▲刑事原具狀人楊昇（即楊白）、一件、爲挾恨圖誣、懇乞鑒察眞情、實究虛坐由、狀悉、仰候查明核辦、此批、

▲民事原具狀人李志東、一件、爲證言不實、再請定期傳案察訊由、狀悉、候另案判決確定後、再行調正審判、此批、

▲刑事原具保人安利盈一件、爲公懇將王志顯賞保、不誤傳喚由、狀悉、該被告持有鴉片、照經調驗無癮、顯有意圖吹食嫌疑、應無庸保釋、所請保釋、礙難照准、此批

▲定期審理案件▼

七月

三十一日審理齊仲亭與齊吉雲產權案、

三十一日審理徐傳興訴劉憲田拐賣案、

▲本城糧價

名稱	每市斗價目
小麥	最高二千七百 最低二千五百 文
大麥	最高一千五百五十 最低一千五百 文
黃豆	最高二千一百五十 最低二千一百 文
黑豆	最高二千零五十 最低二千 文
綠豆	最高二千七百 最低二千五百 文
江豆	最高二千四百 最低二千三百 文
高粱	最高二千二百五十 最低二千一百 文
穀子	最高一千九百 最低一千八百 文
稷子	最高一千九百 最低一千八百 文
芝麻	最高三千四百 最低三千三百 文
青豆	最高二千一百五十 最低二千一百 文
花生	最高二千二百 最低二千 文
瓜子（斤）	最高三百四十 最低三百二十 文

氣象

晴

風向　西南風

最高溫度　一〇二

最低溫度　九〇

豐縣合作事業服務人員暑期講習會特刊

第八期

目錄

一，言論

爲指導組織合作社之機關進一言

中

合作社在歐美各國，是人民自動的組合，其成立的順序，是由下而上的，我國因人民智識淺薄，對於合作運動之意義及利益，和組織合作社的方法，多不明瞭，當然沒有自動的能力來組合，必須有賴於指導機關的輔助，所以合作社之健全與否，恆視各機關指導之方法良善以爲斷，僅書數點意見，以供指導組織合作社之機關作參考焉。

一，現在指導組織合作社之機關只要有發起人呈請組織即准其成立，其成立之動意好壞，環境之是否適宜，將來營業之能否發達，全都不顧，他以爲只要在數量上能增加 就是他的成功，這種只求數量上增加，而不顧質量充實的辦法，只有使人民對於合作事業發生懷疑，失去信仰，絕對不會有好結果的。

二，各指導機關對於合作運動的實施，固然必須遵照上級的命令及一切頒佈的法規，按步進行，但是，對於其他指導合作運動的機關，及有關係的團體，亦須時常聯絡，共同進行，不可單獨進行，是己非人，各存門戶之見，甚或互相傾軋，互相排擠，殊失合作作運動之意義。

三，各地風俗人情，出產物品，各有不同。而合作社的性質 亦有多種，故指導合作社之機關，應研討人民的性情 並根據環境之需要以規定某地宜於組織某種合作社，某地不宜於組織某種合作社，這樣才不至於有鑿枘之虞 在組織方法上說 故然須遵照中央頒佈之法規，但亦應視環境之需要，在可能範圍內略加變更。

四，合作社是人民自動的組合，絕不可以利誘 更不可以威逼 利誘威逼的結果；只有失敗，絕對的不能成功，所以我們在組織合作社以前，應當廣事宣傳，使人民對於合作社有了相當的了解，由了解能自動的組織，這樣成立的合作社，才是眞正的合作社，假若人民對於合作沒有相當的認識，我們更不可從中操縱，一手包辦，這種助苗而長的方法 即令能使人民得到利益，只是局部的，絕不是整個的辦法，况且人民自治能力的損失，恐怕還得不償失呢？

二，演講詞

信用合作社

傅業修

一，信用合作社的創始 信用合作社 就是德國許爾志氏發明的，在西歷一千八百四十三年至一千八百四十七年，中間這幾年，就是歐洲最饑荒的幾年，許爾志氏感覺到民衆的困苦，想出解救的辦法，組織了一個平民銀行，成一信用合作社在台雨志地方。

二，信用合作社內實際問題 這幾個實際問題，是我們大家極容易見到的，

(一)富人不參加：我們的合作法規所規定的，無限責任合作社的社員，是負連帶償還的責任，因爲這個原因，有資產的富民 就不願意加入這信用合作社，窮的農民，因無錢認購社股，亦不能加入，這樣情形之下去，富的不願加入信社不能吸收他的股金，與存款，窮的加不進，不能得到合作社的救濟，豈不失去合作社根本的意旨了麽？

(二)資金不充足：我們合作的資金，可分爲兩項，一，社外貸款，二，社內股金，(這個第一項)，在我看是不關緊要的，不過是臨時的，將來要是我們的合作社發達起來，公積金充溢起來，是用不着向外邊去借款啦，所以麼，我也不去管他，二，股金，這個股金，就是我們社內的基本金，是最關緊要的，可是也最感困難的，因爲在一般民衆所存的觀念，是借錢的，一但叫他拿出錢來，可是最背反他的本意的，總合勉强任購股金，也不過一股，二股的合作社，統計起來，也不過二三十塊錢，要是拿着這錢，貸給貧民，利息總合很低，恐怕也是杯水車薪，無濟於事的吧。

三，補救的辦法 以上種種困難的問題，是什麼原因呢？由於一般民衆，沒有合作的精神，都是自私自利的心理，我們要免除這幾點的困難，就是我們的一般黨政要人，繼續設立訓練，使一般社員都有相當的智識程度，再者，就是我們一般在此受訓的同學，回去以後，努力宣傳，使一般人民，都有合作的精神，抱着自助助人的宗旨，努力合作運動，這麼一辦，合作的花，庶幾乎可以佈滿了我們全國，將來得到很圓滿的果子。完了。

合作事業與三民主義

尹克紹

諸位講師，各位同學，今天我的講題是「合作事業與三民主義」。可以分爲下面的三點：

一，合作事業與民族主義──組織合作社是以平等爲原則凡是合作社社員，都是一律平等的，沒有種族，宗教，資產，性別等一切的分別。某一個社員不得壓迫其他的社員，這樣看來，若能將合作社遍布於我國，那末，我國國內的些小的合作社，組成一個大的聯合社。各民族不就一律平等了嗎。若世界各國都照這樣去做，而世界各弱民族不就一律解放了嗎。而民族主義的主要意義，就在求中國國內各民族一律平等，國內各民族一律解放，世界一切被壓迫民族的解放。這樣看來，不知不覺的就把民族主義實現了。

第二點合作事業與民權主義──合作社內的會議。有社員大會，社務委員會，理事會，先就社員大會來說：社員大會就如全國的國民大會，在開社員大會時，社內全體社員，可運用選舉權，來選舉職員；運用罷免權，來罷免失職的職員，用創制權，來制定本社的社章及辦事細則；用復決權，來修改社章及一切的規定。於是全體社員，得到一個練習運用政權的機會。再就社務委員會來說：社務委員會，就如國民政府，他可運用治權，來謀合作社之發展，替社員造幸福，謀利益，於是合作社的職員，又得到一個運用治權的機會。我們再說民權主義，他主要的目的，在乎權能分開，人民得到政權，以監督政府。政府要有治權，來替全民衆辦理一切事務。這樣看來，無意中又將民權主義實現了。

第三點合作事業與民生主義──合作社是由許多社員組合而成。好似一個小小的社會。這個社會中，所有的財產，歸全體社員所共有，任何人不得私用，並且這種財產，是負有生產性的，又可拿這筆款子，向地主購得土地，使社員共耕共有，這樣一來合作社愈普及，愈發達，則社會上所有的資金土地就不期然而然的平均分配起來。不至被少數人操縱。資金土地既歸大家所有，大家都可有飯吃。民生主義的辦法，就是平均地權，節制資本，最終的目的就是大家有飯吃。由上看來，無形中又把三民主義的中心民生主義實現了。

總之。三民主義是合作事業的理想，合作事業是三民主義的實施。不想實行三民主義則已，要想實行三民主義，則必須努力於合作事業。換句話說，不想救中國則已，要想救中國，則必須腳踏實地的去推廣合作社。

最後我還希望在座的諸位講師，以後還要繼續的辦理合作講習會。使得合作社的職員都得到相當的訓練。全社的社員也能得到同等的訓練。大家都明瞭合作社的意義，合作社的功用，合作社負有救中國的使命。同時我還希望諸位學員 將來回

到鄉間，要將各個合作社充實起來，實行體著，不要再像從前那麼樣馬馬虎虎了。這樣方不負諸位講師的苦口婆心的訓練我們。

三，章則

本講習會結束試驗記分辦法

一，本講習會結束試驗記分標準分二種

甲，個人分數

乙，各實驗社分數

以上之分，滿八十分者爲甲等，滿七十者爲乙等，滿六十分者爲丙等，滿五十分者爲丁等，不及五十分者不列等。

二，課程試驗　採用是非法其分數之計算如下

算式　對－錯＝分數

三，合作事業演說競賽以內容，言辭，姿態三項爲標準其分數之計算如下

算式　評點成數×（70分內容+15分言辭+15分姿態）＝分數

四，個人分數之計算如下！

算式　$\frac{3}{10}$合作事業演說所得分+$\frac{7}{10}$課程試驗所得分＝個人實得分數

本算式之使用另訂之（詳許細表）

決賽結果不列入分數（另有贈品存念）

以上之計算，凡缺少某項分數者，得以其另一項分數二分之一折合列入

凡不參加演說競賽者，以課程所得分實足計算。

五，各實驗社分數之計算如下：

算式　$\frac{1}{2}$（$\frac{1}{3}$第一次考成+$\frac{2}{3}$第二次考成）+$\frac{1}{2}$社員平均分數＝實驗社實得分數

六，本辦法由本講習會公布施行

四，表格

參加合作事業演說競賽決賽之學員姓名一覽表

姓名	分數	所屬合作社
蔣念生	九二	第三合作社
陳光宇	八九	第七合作社
李志勛	八九	第四合作社
蔣顯文	八七	第三合作社
章新民	八六·五	第六合作社
彭元忠	八六	第五合作社
傅業修	八五·五	第七合作社
劉明錫	八二·五	第三合作社
楊鳳樓	八二	第四合作社
黃佑文	八一	第五合作社
尹克紹	八〇·五	第七合作社
趙榮軒	八〇	第七合作社
丁景清	七九	第七合作社
張明彥	七九	第三合作社
陳正璜	七八·五	第一合作社
孫基貞	七八·五	第五合作社
孫明儒	七八·五	第五合作社
孫鼎臣	七八·五	第五合作社
李學文	七八	第六合作社
司增信	七八	第二合作社
劉萬敏	七八	第一合作社
李學聖	七八	第四合作社
尹汝儉	七八	第七合作社
王汝傑	七七	第五合作社
孫廷廷	七七	第四合作社
孫耀之	七五	第五合作社
劉喜修	七五	第一合作社
李乃文	七五	第四合作社

未參加合作事業演說競賽之學員姓名表

姓名	未講原因	備攷
王厚隆	無故缺席	
蔣榮德	請假	
董正清	無故缺席	
谷華樸	請假	
董玉鼎	請假	
蔣顯文	請假	
于學聖	無故缺席	
徐瑞閩	無故缺席	
蔣天時	無故缺席	
史孝仲	無故缺席	
張明盤	請假	
孫建剛	無故缺席	
孫占君	無故缺席	
薛指鑫	無故缺席	
王啓蘭	請假	
隋俊峯	無故缺席	
李居朋	無故缺席	
劉清河	請假	

合作漫談　—章

二，惟有提倡合作事業才能破除自私自利的觀念

我國有句俗語說：「各掃門前雪，不管他人瓦上霜」；還在表面上看來，倒是一句很好的話，可是再詳細分析一下，這是代表獨善其身的自私自利主義者神氣十足的言語，又說「一個和尚挑水吃，兩個和尚抬水吃，三個和尚就沒有水吃了。」這更是不負責任的自已自利主義的表現了，這兩種都是我國民衆所共同犯的毛病。

可是現在這兩句話，全錯了。生在分工合作的現社會上，要想一個人單獨生存，是不可能的。因爲理想的葛天氏之民，和魯濱孫漂流荒島，那都是在生產簡單的未開化的時代可以做到。現在分工復雜的時代，一個人如若離開了羣衆，是不會兼營各種工業而勢所必然的趨于滅亡的。

所以一個人必須破除自私自利的獨善其身的觀念，然後才能適應現社會的環境，和努力各種事業，而破除這種壞觀念的方法，當然除了提倡合作事業以外沒有別法，因爲提倡合作事業以後，大家由經濟的連索，發生共生共存共進的觀念，然後把大家的勤能相加起來，作最有效的活動，方能得到最大的效力的結果，所以說唯有提倡合作事業，才能破除自私自利的觀念。

總理遺訓

一，今吾人動輒以無錢故，不思整頓地方，不知地方不整頓，則生產愈少，將來更無興旺之一日，所以吾人對於此事，不宜畏難　而在設法。

縣黨部無綫電收音室開放節目

八月三日　星期六

一一，〇〇　歌曲　花弄影　宛其　死矣　村貫鄉　催眠曲

一二，一〇　平劇　子胥逃國　玉　鍘記　大慈庵　二本狸貓換太子　劉倩倩

一二，三五　摘纓會　樂隊奏播　京市政府樂隊

一七，四〇　奏播：國樂　歌曲　小寶寶　倚江樓　嘻嘻笑　吹喇叭

一九，〇〇　平劇　碧雲秋唱文姬歸漢　林樹森　王芸芳唱平貴別窰

二〇，五五　簡明新聞

二一，〇五　新聞

八月五日　星期一

八，一〇　西樂

八，三〇　新聞

一一，五五　焚棉山　漢陽院　哭貴妃　八郎探城　鼎盛春秋　春燈謎　青風亭　斬鄭文　提三關

一九，〇〇　平劇　王琴儂　張榮奎台唱武昭關　李多奎唱行路　哭靈

二〇，〇〇　第一次簡明新聞氣象長江水位報時

二〇，一〇　時事述評　關於國際時事問題

二一，四〇　第二次簡明新聞

二一，五〇　國樂及平劇　步步黃花　木蘭花　鳳凰台　劉備託孤　易鞋記　釣金龜

二二，三〇　總理紀念歌

豐報

第八一五一號

社址豐縣大同街

[illegible]

[illegible]

中華郵政特准掛號認爲新聞紙類

△總理遺囑

余致力國民革命凡四十年其目的在求中國之自由平等積四十年之經驗深知欲達到此目的必須喚起民眾及聯合世界上以平等待我之民族共同奮鬥現在革命尚未成功凡我同志務須依照余所著建國方略建國大綱三民主義及第一次全國代表大會宣言繼續努力以求貫徹最近主張開國民會議及廢除不平等條約尤須於最短期間促其實現是所至囑

豐縣縣立女子小學校招生

一、名額　一年級四十名二三年級各五名四五年級各十名

二、報名日期　自八月四日起至考試前一日止

三、考試日期　八月二十日

四、地點　豐縣城內中山鎮和妙街本校

黎明幼稚園特別啓事一

啓者前承　諸先生慨任敝園募捐事宜迄今近月茲距開學期迫諸端需款敬祈　台端早將募款陸續擲下以濟燃眉無任銘感

黎明幼稚園特別啓事二

敝園招生原擬招待午餐及作詳細之體格檢查現因種種不便決定免除是故報名費免收前已納者將來抵作學費特此聲明希擬報考者勿失良機是荷

豐縣私立黎明幼稚園招生簡章

一、名額　甲班四十名乙班四十名共八十名

二、投考資格　年在四歲以上六歲以下爲乙班六歲以上七以下爲甲班均得體格健全者

三、考試科目　智力測驗　體格檢查　口試

四、報名手續　塡寫報名單

五、報名日期　自八月四日起至十日止

六、考試日期　八月十一日上午十時

七、納費　學費分甲乙二等每學期甲等二元乙等一元家境赤貧者得免繳納

八、入學手續　1，繳費後方得入校　2，入校後塡寫保證書

九、開學日期　八月二十日

十、修業年限　甲班一年乙班二年

十一、校址　豐縣西關旗杆街南口路西

豐縣縣立蔣單樓小學校招生

一、名額　一五年級新生各三十名　二三四六年級插班生各十名

二、報名日期　八月五日起至試驗前一日止

三、試驗日期　八月十四日

四、校址　城西十五里蔣單樓

豐縣救濟院孤兒所本年招收簡章

一、名額　十八名

二、性別　暫收男生

三、年齡　十三歲以上十六歲以下

四、資格　眞正赤貧體格健全孤苦無依者

五、報名　於八月十八日前在各該區公所報名經區公所審查合格者每區保四名或五名來院應試

六、考試日期　八月十八日

七、考試科目　智力測驗、體格檢查、問話

八、考試地點　救濟院孤兒所

九、調查　考試合格後再經調查確實赤貧而孤苦者方得錄取

十、入所手續　應繳志願書及保證書

十一、保證書　須取店保或鄉鎮長之保證方得有效此後如遇中途出所及有竊取情事保證人須負全責

十二、待遇　飲食住宿衣服被褥書籍筆墨等一概由所供給

十三、教養年限　三年

附白—本院孤兒所分織布、織襪、毛巾、線帶　地毯四科

豐縣縣立初級中學廿四年度錄取新生揭曉

正取新生五十四名

吳廣盤　馬益三　陳啓信　齊運安　梁步庭　孫毓深

卜憲禮　趙道新　王鳳嶺　蔣濟才　朱本鴻　趙學梓

張學倫　陳德化　王景玉　盧正弈　王家文　甯成名

張德然　蔡敬柏　柳玉璜　蔣顯昌　王德霖　李興善

程言德　張慶中　王紹武　胡宗傑　孫恕之　朱景思

劉永明　孫瑞先　魏永慶　董志道　張佩嫻　尹文光

孫岫雲　邵世英　劉正獻　李訓謨　史爲棟、朱信周

劉繼法　路光漢　孫敦祜　常敬海　孫毓琴　包全勛

李濬修　卜克廉　李碧霞　孫大庭　曾繁英　王秀芝

備取生十名

孫敦豐　張麟鳳　楊魯信　王志忠　張爾珩　許子惠

渠敬士　袁英　高德裕　劉傳維

附註：開學後二日內正取生無故不到者或經請假五日內仍不到校者即以備取生遞補

中外要聞

黃河上游暴漲洶猛異常
李儀祉等由京北上勘察 規劃宣洩導流及堵口工程

▲中央社南京八日電 黃河水利委員會委員長李儀祉、已於昨日晚到京、聞李氏對日前沿黃會議、決定黃河決口南流之水應分途導洩、及堵築決口導引大溜歸入正河兩案、均表贊同、經委會以兩案亟待切實進行、特請李氏協水利處汪胡楨、及技術人員、前往江蘇北部山東西部一帶勘察、規劃一切、李氏等即於今晚乘津浦夜車北上、赴各地勘察。

▲中央社鄭州八日電 黃河上游七日暴漲、洶猛異常、大水已過陝州、八日晚可達黑崗口、柳園口、危險殊甚、河務局已派員工馳赴中牟、柳園口、蘭封、攷城等處、以備搶險。

▲中央社濟南八日電 魚台縣長電告、湖水日漲、堤面潰決、湖水四溢、全縣將陸沉。

▲中央社清江浦八日電 微湖又漲二六公分、存水三二・九五五公尺、黃水已南浸入運、韓莊運河水位、已達三二・八九七公尺、今午又大雨傾盆、下游亦微漲、各縣培堤工程、更趨努力。

▲中央社徐州七日電 微湖南岸、六日特別見漲、由內湖上灘、過第三第二兩河頭、到達景山堤北、水勢甚寬、東達景山、西抵微湖西堤、今晨已順鹽河穿過景山埧、而抵藺家壩、銅山縣長王公璵、七日馳赴藺家壩察勘、在壩次架設電話、以傳達水訊、加緊石工工作、並運搶險材料前往、以備大堤出險搶堵。

▲中央社濟南七日電 河務局接黃河水利會七日電、黃河上游各支流水勢、同時暴漲、俟得流量確數、再行飭知、並飭預防、魯上下游七日仍高漲、洛口水位二九公尺六寸四、上游王圩莊大堤為水溜沖刷、坍塌四丈五六尺、幸經搶護平穩、河務局立飭各段堤汛、晝夜防範。

▲中央社濟南八日電 韓復榘七日再電林主席、蔣委員長、及各院部會長、痛陳災區慘況、請速撥鉅款、救活數百萬生靈。

▲中央社西安七日電 黃河汾河同漲、韓城縣東少梁兩村莊陸沉、昔日桑田、均成滄海。

劉建緒電告剿匪告捷

▲中央社長沙七日電 劉建緒四日由沅陵電省稱、周旅隨陶廣進克龍山 廿六日由汽車取道倭士北進、廿七日擊潰沿途小匪、廿八日到抬頭砦南黃家砦附近 當與潛伏該處之蕭匪激戰、旋賀匪又率匪五團、由龍趕到、與我搏戰竟日、斃匪二千餘名、獲槍四百餘枝、匪向上河溪來岩塘東逃竄、正追剿中。

葉楚傖赴青探汪院長病

▲中央社南京九日電 中央黨部秘書長葉楚傖、昨日下午七時、由京乘車赴濟轉青島、探視汪院長病況、下週可返京。

外部續收到華僑救災捐款

▲中央社南京八日電 我國海外華僑、對祖國素極關懷、國內遇有災難、捐輸鉅款救濟、其愛國熱忱、全國贊佩、本年國內各省大水、災情慘重、為廿年來所未有、近外部方面、已陸續收到華僑捐款六批、計緬甸華僑總商會二萬祕魯僑界二百九十三元、角一分、泗水海產公會三千元、泗水閩粵商義賑會三千五百十五元 菲律濱僑界二千零廿二元、南非僑界一百一十鎊。

全國稻麥改進所已開始籌設

▲中央社南京八日電 行政院第二二二次會議、通過全國稻麥改進辦法大綱案、內規定在中央農業實驗所下、設全國稻麥改進所 現聞該案俟呈中央政治會議核准備案後、即開始籌設、該所每年需費四十八萬元、除由中央農業試驗所劃撥十萬元外、餘由國家第二預備費內動支、關於該所內部組織 計分稻麥兩組、所址將在本京孝陵衛中央農業實驗所或其附近區域、以便試驗改進稻麥事宜、至成立日期、下月即可實現。

浙江颶風過境

▲中央社南京八日電 中央氣象台息 颶風今日下午二時、已抵浙西南部、其中心在東徑一百十八度、北緯廿九度間、仍向東北進行、速度每小時增至三十公里、此後將更增大 風勢甚强、今晚可抵滬、明晨將向朝鮮日本推進、今日長江下游、及東南海濱 因受影響、均發生大風雨本京今日有陣雨、亦係受其影響 今晚仍將時有陣雨、至黃河山東半島、亦將受其影響。

▲中央社上海八日電 據息、太平洋颶風、將於八日夜十二時至九日天明時襲滬、海關已懸球警告、午後五時、甯波南北洋各班輪、均未開出、颶勢稍南下趨、八日晨亦未駛飛。

張羣致電居正等答謝在京呼籲救災

▲中央社漢口八日電 張羣頃奉居正等電告、在京呼籲救災情形、(一)政府決議除工賑外、以百三十萬辦理鄂省急賑農賑、(二)經委會負責辦理鄂省河工、(三)省府請五百萬、財政部尚無允意 又居正等亦自動募捐、俟有成數 即匯鄂辦賑、張羣頃特致電答謝、並請繼續努力、務得鉅欵、以救災黎。

修理孔廟計劃及預算 內教兩部審查竣事

▲中央社南京八日電 關於修理曲阜孔子陵廟計劃及預算、經內教兩部再度派員赴濟與魯省府會商決定後、現已由修復孔廟委員會工程師王繼仲、魯建廳原擬計劃 並採納兩部所派古代建築專家梁思成意見 編擬完竣、並已分呈內教二部 此項計劃及預算 現經兩部審議竣事、即日會呈行政院、轉送中央核定、俾早日興工修理。

攷選委員會 昨舉行第一七七次會議

▲中央社南京八日電 攷選委員會、今日上午八時、開第一七七次會議、主席陳大齊、討論受教育人數較少之邊遠省區、應攷人參加高攷及首都普攷、從寬錄取辦法、聞全大會擬具各省受教育人數統計、及全國受教育人數統計、決議應受從寬錄取省份、開詳細辦法、仍交由沈士遠等擬具、預定後日召開臨時大會時、討論決定、以便高攷報名前公布。

班禪定下月入藏

▲中央社南京八日電 西陲宣化使、已電中樞報告、擬定入藏宣化行日期、蒙藏會以班禪此行、代表中央綏撫藏民、宣布德意、聞已派員協同赴藏、協助一切、刻在遴選中、班氏入藏期、約在下月下旬、屆時隨行人員甚多、至需經費、聞將由中央核撥云。

中央昨舉行常會

▲中央社南京九日電 中央黨部於今晨八時、開第一八三次常會、葉楚傖主席、討論例案數件、並推白雲梯出席下星期一中央紀念週報告。

衛生署派員赴閩 防治龍岩鼠疫

▲中央社南京九日電 衛生署前以福建龍岩地方發生鼠疫、勢甚猖獗、經令由海港檢疫管理處、轉飭廈門檢疫所、派醫官前往、會同地方機關、實施防治 疫勢稍殺、近據蔣委員長電 及閩省陳主席、及蔣靖主任來電、疫勢又極嚴重、請加派專家、前往指導防疫等語、衛生署派檢疫主任楊永年等、並借助于醫學專家等、於前日赴滬、昨日赴閩轉龍岩實施防治工作。

鐵展會定明日閉幕

▲中央社青島八日電 鐵展會定十日下午四時舉行閉幕典禮、屆時由曾仲鳴親自主持、該會應各界之請 閉會後十一日再行開放一天 售品所亦同時開放營業一天。

昨日沿江各地水位

▲中央社南京八日電 今日長江各地水位如下：重慶十五・八公尺、萬縣十四・七五公尺、宜昌八・六四公尺、沙市六・九五公尺、岳州十二・五九公尺、漢口十三・五九公尺、九江十三・○八公尺、安慶十一・四一公尺、蕪湖八・六二公尺、南京六・四五公尺、鎮江五・二七公尺。

粉廠委託粮行購小麥

營業稅仍須代繳

蘇省府令各營業稅局知照

△江蘇社 蘇省政府訓令各營業稅局云、查已納稅之粉廠、在出境地採辦小麥原料、專供本廠製造之用、並無販賣行爲者、依照規定手續、必須先將註冊證明文件、及採購地點數量、呈報財政廳核准、及由廠員前往設立收麥處、直接收買小麥、准予免徵營業稅 當然不成問題、惟關於各粉廠委託各粮行間接代購小麥、旣非直接收買、自應仍由行代完營業稅、卽經咨財政部查核在案、茲准財政部職字第一七三一二號咨開、各粉廠委託各粮行間接代購小麥、並非直接派員收買、由粮行代完營業稅、節、尚無不合、相應咨請查照辦理等由、准此、除分行外、合行令仰該長遵照、對於各粉廠採購小麥、如係委託粮行代購者、所有應納營業稅、應卽責令粮行、代爲收繳、毋任玩違、以重稅收 茲悉省營業稅局長郭思文奉文後、已錄令轉知各行商遵辦云。

蘇省會識字教育服務團組織辦法

經強迫識教委員會議通過

△江蘇社 江蘇省省會識字教育服務團組織辦法、業經省會強迫識字教育委員會第一次委員會議通過、茲探錄其原文如下、第一條、江蘇省省會強迫識字教育委員會、（以下簡稱本會）爲統一識字教育服務團之組織起見、特訂立本辦法、第二條、識字教育服務團、以服務社會協助識字教育之推進爲宗旨、第三條、凡高級小學以上學生、或有志識字教育事業者、均得依本辦法之規定、組織識字教育服務團、第四條、識字教育服務團、至少須有五人方得成立、成立後應卽填具成立登記表報告本會、（成立登記表式略）、第五條、識字教育服務團、設團長一人、代表該團、並綜理一切事務、其餘均稱團員、第六條、識字教育服務團之工作如下、一、教授未接本會入學通知之不識字民衆、二、協助本會舉行識字調查、三、接受並辦理本會委託事項、第七條、識字教育服務團之教學方法、得採用左列一種或二種、一、個別教學、二、團體教學、第八條、識字教育服務團所用之課本、由本會發給、惟實施團體教學時、教學場所及設備須自行籌劃、第九條、識字教育服務團之名稱、如由學生組織者冠以機關名、如係個人組織者冠以地名、一如在同校或同地有二團以上時並加第一等字樣、第十條、識字教育服務團之教學時間、得斟酌民衆工作情形自行訂定、每期三月爲原則、須讀完所規定課、第十一條、識字教育服務團所教育之學生、本會得隨時派員抽查、畢習期滿、得依核及格、由本會發給識字證、第十二條、識字教育服務團之獎懲辦法、另訂之、第十三條、本辦法經本會通過後施行、並轉呈省政府備案。

蘇公路管理處續辦交通警訓練班

名額定四十名訓練期兩月

十五日起報名十九日考試

△江蘇社 本省公路、年來極行發展、頗有突飛猛晉之精神、公路管理處沈處長、近以路綫日增、路務愈形繁重、爲求保衛路務安全及維持行車秩序、並准各商辦長途汽車公司請願派撥起見、特呈准建設廳續辦交通警訓練所於南郊鶴林寺、造就專任警察、以維護公路之需要、現已籌備就緒、定於八月十五日起報名、十九日考試、名額定爲四十名、資格限在完全小學畢業、或具有同等程度、二十歲以上三十歲以下之男性、訓練期間爲兩個月、畢業後卽派赴各路線工作云。

永定河水位續落

▲中央社天津八日電 永定河水位爲二•九公尺、落一•二公尺、又津市馬各河八日均呈跌落、海河水位十一尺四寸、跌三寸、南運河水位十一尺六寸、跌一寸、子牙北運河水位十尺四寸、跌四寸。

軍縮會議又定期召集

▲中央社日內瓦八日電 軍縮會議、自去年停頓後、迄未開會、軍縮會議主席漢德森、頃決定召集該會議於九月間、與國聯大會同時在日內瓦開會、開會日期已定九月十三日。

呂宋大雨成災

▲中央社馬尼拉七日電 呂宋北部與中央颶風後、繼以大雨、致有數區爲水淹沒、生命財產、受失甚鉅、聞溺死者一百廿萬人、財產損失值一百五十萬元、當局已任受淹之數區、宣布緊急狀態、以阻糧商居奇、同時衛生官員現正竭力防社疫癘發生。

本縣新聞

本縣北境大堤今日開工

王縣長昨赴魚境勘察水情

自昭陽湖南出決口後、本縣卽徵集全縣民工萬五千人、修築微湖兩堤、各情迭誌前報、茲悉南陽湖馬坑、於本月二日決口、魚境入民當搶修二次、堤防均告潰決、現正修築第三道防綫、本縣北境各鄉、以堤工緊迫、乃自動派工四五百名、前往魚境協助搶護、俾保堤工、日前曾以數度險告潰決、均經我縣工長夫負責修築、昨日王縣長聞訊後、卽率同二區區長、劉鄉長、馳往勘察、負以堤工不固、本縣北境漁蓆甚成、乃決自復新河西岸、至豐魚交三縣交界處止、沿縣東西樓堤廿華里、以防意外、現已徵集民夫五千人、開始興築、預計五日內卽可竣工云。

抗傳不到煙民經獲案勸戒後所有住所應納各費仍須清繳

否則押追

縣禁煙會奉令佈告週知

本縣禁烟委員會、近奉省禁烟會令、凡抗傳不到之烟民、經獲案勸戒後、所有住所應納各費、仍須清繳、否則押追、該會奉令後、業已布告烟民週知、茲覓其原文如下、案奉江蘇省禁烟委員會總字第九八二六號訓令內開、一案據宿遷縣禁烟委員會委員長張迺藩呈稱、案查本會遵照取締烟戶實施辦法、擬訂批傳戒烟民名冊、業經呈報備查在案、茲查傳戒烟民、經公告並分別通知後、確能遵期報到發所戒除者、固居多數、然其中藉故推諉、抗傳踰質者、亦所在多有、及經由會派警拘案勸戒、烟民又每藉口醫藥伙食等費、並未籌齊、希圖搪塞、茲由會擬訂、凡逾期抗傳不到之烟民、經獲案勸戒後、除依鈞會總字第五九五一號訓令、移送縣政府以私吸審判外、所有住所時應納各費、飭由戒烟所於發給戒絕證明書同時開列清單、呈請縣政府并案押追、按月造冊呈報備查、是否可行、理合具文呈祈鑒核、指令祇遵、等情、察核來呈、所擬辦法、尚屬可行、除指令並令飭所屬施行並分行外、合行令仰該會遵照、並轉飭知照此令、等因奉此、除分行外、合行布告闔邑烟民知照此布。

童子軍理事會歡宴童子軍服務員

本縣童子軍理事會、以此次辦理之童軍中小隊長訓練班、所有講師、多係各團服務員、管理教授、異常熱心、現該班業已結束、理事會爲聯歡起見、特於今日下午二時、在體育場舉行歡宴、計到童子軍監軍朱翼曾、童子軍理事會祕書程守謨、服務員劉文炳、孫立坤、魏俊傑、董玉琚、教育局長蕭玉麟、縣黨部常委李貞乾、一時觥籌交錯、笑語歡騰、至下午四時始盡歡而散。

四區壯丁隊襲擊土匪

當場擊斃匪徒二人

擒生王志德等六名

獲馬步鎗各一枝

四區壯丁隊副劉樹森、昨晚據密報、謂有股匪數十人、由三區川過四區北境、前往單縣皇青府莊綁票、劉隊副據報後、當約同勇敢善戰之渠時漢、梁運模、張倫業等、率壯丁六七人、各帶匪鎗、前往張屯附近埭、當在穀地埋伏 至午夜一時許果與匪遇、卽乘其不備發鎗射擊、當場擊斃著匪渠運平劉興言二人、其餘各匪均抱頭鼠竄、劉等奮勇爭先、直前追趕、大聲一呼、匪盡披靡、結果生擒匪徒王志德等六人、獲鎗兩支、餘悉逃竄、現劉等已將擒獲之匪、帶交區公所暫押、聞縣政府以劉隊副勦匪勇敢、將傳令嘉獎云。

童子軍理事會奉令改選

本縣童子軍理事會第一屆理事、任期已滿、近奉省理事會令、定於九月十五日、爲該會選舉日期、並函請本縣縣黨部常務委員、屆時代行監選、縣理事會奉令後、卽整理一切準備改選云。

縣立中學考試新生揭曉

正取五十四名

備取十名

本縣縣立中學攷試新生情形、已誌本報、茲悉該校業於昨日攷試完畢、所有錄取新生、於今晨揭曉、計正取生吳廣盤等五十四名、備取生孫敦豐等十名云。

竊賊光顧　京貨販李作師失盜

損失二百餘元

一區傅莊鄉李樓入李作師、以販賣京貨為業、年來生意頗為發達、致引起宵小垂涎、距于前日深夜、突有竊賊光顧、穴壁入室、翻箱倒篋、將其布匹等件攫之而逸、共損失二百餘元、聞李某已將被竊情形、報告區公所轉報縣政府查緝矣。

豐縣公款公產管理處公佈廿三年度四月份收付月報

科目		收入	支付
上月結存	縣庫款	一八四五·二	
本月收入	縣庫款	七六三二·九五	
本月支付			
黨務費	縣黨部四月份經費		一〇〇〇·〇〇
	特務員四月份調查費		七〇·〇〇
行政費	第一區公所四月份經費		二〇〇·六〇
	第二區公所四月份經費		二〇〇·六〇
	第三區公所四月份經費		一五六·六〇
	第四區公所四月份經費		二〇〇·六〇
	第五區公所四月份經費		一五六·六〇
	第六區公所四月份經費		二〇〇·六〇
	第七區公所四月份經費		一五六·六〇
	第一區鄉鎮公所四月份經費		一〇七·〇〇
	第二區鄉鎮公所四月份經費		九四·〇〇
	第三區鄉鎮公所四月份經費		七三·〇〇
	第四區鄉鎮公所四月份經費		八〇·〇〇
	第五區鄉鎮公所四月份經費		七六·〇〇
	第六區鄉鎮公所四月份經費		八六·〇〇
	第七區鄉鎮公所四月份經費		九五·〇〇
	各區區丁二十三年度春季服裝費（奉民政廳民字第三六四六、財廳財字第六三四九號指令）		二〇七·八〇
	修志局二十三年度經費（奉財廳第六六六二號令准）		三〇·〇〇
公安費	戶籍警察四月份經費		三七·五〇
	公安警察四月份經費		六九五·八〇
	公安警察三月份臨時費（奉財廳指令五九〇七號核准）		二五八·九五
	公安警察四月份臨時費（奉財廳指令七九四五號）		五六·三五
財務費	保安隊四月份經費		二九八七·〇〇
	公款公產管理處四月份經費		一四七·〇〇
救濟費	救濟院四月份經費		六七七·〇〇
總預備費	第六次縣代表大會經費（奉財廳指令第六六六一號核准）		一五〇·〇〇
	公安員聲赴徐檢閱經費（奉民財廳民字第四七五二〇號指令）		九八·〇〇
本月結存	縣庫款		一七一〇〇·四四
	縣政府經徵縣庫款		七二六二·九三

參觀鄒平定縣報告（續）

王子闡　董雪山

十八年秋季、平教會全部由北平移到定縣、以全縣為實驗區、因此社會調查工作、亦隨着以全縣為範圍、第一步先開始調查第一區七十一村、每村的概況、包括項目有每村距城里數、位置、家數、人數、村長佐姓名 年齡職業、村中主要領袖、各種學校教員及學生數目、村內在高小中學大學畢業人數、可作平民學校之地點、村人職業、種地畝數、主要農產物、集市日期、醫生及業鋪數目、寺廟及信仰各種宗教人數等項、然後舉行第一區七十一村詳細戶口調查、計調查城內一千七百零七家、三關五百六十二家、七十一村內六千二百三十家、共計八千四百九十九家、同時附帶舉行挨戶疾病死亡調查之試驗、共計調查五千家、此外補充已往不完全之調查、其中主要者有全縣賦稅調查、包括國稅、縣地方捐村捐等項、本年度內關於統計整理材料方面之工作、有定縣地理、歷史、交通與運輸、政治、賦稅、教育、信仰、風俗習慣、娛樂、災荒、及經費概況等項。

十九年度之工作、分實地調查與整理材料兩類、關於審查者、約計六種、

(一)全縣各村概況調查、共計調查三百八十二村、

(二)土地分配與農產調查、以村為單位、共計調查一百三十四村、

(三)家庭手工業與工廠調查以村為單位、共計調查一百三十四村、

(四)城內及鄉鎮店鋪調查、調查城內三關 東亭濟風店之各種店鋪數目 每店鋪之資金、賺利、組織、店員待遇等項、

(五)生活費調查、用每日記賬方法、自民國二十二年開始 調查一百二十三個農家一週內之各項收入與支出數目、及所需各種物品之數量、由此徹底洞悉農民真相、

(六)物價調查、包括物品三十四類、五百餘種、

本年度關於整理材料約分四種、

(一)整理統計全縣各村之概況調查、

(二)整理統計城內三關及中一區之挨戶人戶調查、

(三)整理編輯所搜集之定縣秧歌四十八齣、

(四)繼續整理東亭鄉村社會區內六十二村之材料。

司法欄

△縣政府司法批示△

△民事原具狀人陳鵬助、一件 為不服原判、懇求檢卷上呈 以便依法上訴由、狀悉、候檢卷申送二審核辦、此批

△刑事原具狀人郭德厚等、一件、為公懇將史忠良寬保、不誤傳喚由、狀悉、查該民有販賣煙土嫌疑、仰候解送第九區保安司令部核辦、請保不准、此批、

△刑事原具狀人侯敬武、一件、為夜被匪竊、報請飭緝賊匪、究追法辦由、狀悉、候飭保安隊緝究緝失單存、此批、

△刑事原具狀人聶振聲、一件、為據情再訴、懇乞緝傳人證、質訊究辦由、狀悉、案已飭傳、仰即遵案投訊、此批

△刑事原具狀人趙李氏、一件、為同謀欺訛、捏名盜保、迭加傷害、請求傳案究辦由、狀悉、查本案業經該民於本年七月十八日當庭撤回自訴在案、所請補傳訊究之處、於法不合、仰即知照、此批、

△刑事原具狀人郤世文、一件、為挾恨栽贓、意圖陷害、請求審察反坐由、狀悉、業已飭拘、仰候獲案訊明核奪此批、

△民事原具狀人劉爾欽、一件、為請求准領地契由、狀悉、仰即來府具領可也、此批、

△民事原具狀人王心榮、一件、為措納租粮、請求傳案判追由、狀悉、仰候定期到庭辯論、此批、

△民事原具狀人宋克[illegible]、一件、為遵論繳費 請求勘驗由、狀悉 此批、

△庭期審理案件▽

十日審理孫致武殺人案、

十日審理袁桂香訴于兆文躐告案、

十二日審理程王氏與程啓元產權案、

十三日審理蕭立法訴李雲晉略誘案

十四日審理趙李氏訴趙史氏傷害案、

十四日審理彭李氏訴彭督等傷害案、

△本城糧價

名稱	每市斗價目
小麥	最高二千七百五十文　最低二千六百文
大麥	最高一千六百文　最低一千五百文
黃豆	最高二千二百五十文　最低二千二百文
綠豆	最高二千一百五十文　最低二千一百文
豌豆	最高二千七百文　最低二千五百文
江豆	最高二千三百文　最低二千二百文
高粱	最高一千六百文　最低一千五百文
穀子	最高一千九百文　最低一千八百文
稷子	最高一千六百文　最低一千五百文
芝麻	最高三千三百文　最低三千二百五十文
青豆	最高二千二百五十文　最低二千一百文
花生每斤	最高二百四十文　最低二百二十文
瓜子每斤	最高三百五十文　最低三百三十文

氣象

晴

風向　東北風

最高溫度　九三

最低溫度　八四

豐報
◎第八五二號◎
◎社址豐縣大同街◎
中宣會登記證中字第一二九二號 內政部登記證警字第二二三〇號
中華郵政特准掛號認為新聞紙類

△總理遺囑

余致力國民革命凡四十年其目的在求中國之自由平等積四十年之經驗深知欲達到此目的必須喚起民眾及聯合世界上以平等待我之民族共同奮鬥現在革命尚未成功凡我同志務須依照余所著建國方略建國大綱三民主義及第一次全國代表大會宣言繼續努力以求貫徹最近主張開國民會議及廢除不平等條約尤須於最短期間促其實現是所至囑

豐縣縣立蔣單樓小學校招生

一、名額 一五年級新生各三十名 二三四六年級插班生各十名
二、報名日期 八月五日起至試驗前一日止
三、試驗日期 八月十四日
四、校址 城西十五里蔣單樓

豐縣救濟院孤兒所本年招收簡章

一、名額 暫十八名
二、性別 暫收男生
三、年齡 十三歲以上十六歲以下
四、資格 須正赤貧體格健全孤苦無依者
五、報名 於八月十八日前任各該區公所報名經區公所審查合格者每區保四名或五名來院應試
六、考試日期 八月十八日
七、考試科目 智力測驗、體格檢查、問話
八、考試地點 救濟院孤兒所
九、調查 考試合格後再經調查確實赤貧而孤苦者方得錄取
十、入所手續 應繳志願書及保證書
十一、保證書 須取店保或鄉鎮長之保證方得有效此後如遇中途出所及有竊取情事保證人須負全責
十二、待遇 飲食住宿衣服被褥書籍筆墨等一概由所供給
十三、教養年限 三年
附白—本院孤兒所分織布、織襪、毛巾、線帶 地毯四科

豐縣縣立女子小學校招生

一、名額 一年級四十名二三年級各五名四五年級各十名
二、報名日期 自八月四日起至考試前一日止
三、考試日期 八月二十日
四、地點 豐縣城內中山鎮和妙街本校

黎明幼稚園特別啓事一

啓者前承 諸先生慨任敝園 募捐事宜迄今近月茲距開學期迫諸端需款敬祈 台端早將募款陸續擲下以濟燃眉無任銘感

黎明幼稚園特別啓事二

敝園 招生原擬招待午餐及作詳細之體格檢查現因種種不便決定免除是故報名費免收前已納者將來抵作學費特此聲明希擬報考者勿失良機是荷

豐縣私立黎明幼稚園招生簡章

一、名額 甲班四十名乙班四十名共八十名
二、投考資格 年在四歲以上六歲以下為乙班六歲以上七以下為甲班均得體格健全者
三、考試科目 智力測驗 體格檢查 口試
四、報名手續 塡寫報名單
五、報名日期 自八月四日起至十日止
六、考試日期 八月十一日上午十時
七、納費 學費分甲乙二等每學期甲等二元乙等一元家境赤貧者得免繳納
八、入學手續 1，繳費後方得入校 2，入校後塡寫保證書
九、開學日期 八月二十日
十、修業年限 甲班一年乙班二年
十一、校址 豐縣西關旗杆街南口路西

豐縣縣立初級中學廿四年度錄取新生揭曉

正取新生五十四名

單廣盤 馬益三 陳啓信 齊運安 梁步庭 孫毓琛
卜憲禮 趙道新 王鳳嶺 蔣濟才 朱本鴻 趙學椁
張墨倫 陳德化 王景玉 盧正弈 王家文 常成名
張德然 蔡敬柏 柳玉璜 蔣顯昌 王德霖 李興善
程言德 張慶中 王紹武 胡宗傑 孫恕之 朱景思
劉永明 孫瑞先 魏永慶 董志道 張佩嫻 尹文光
孫岫雲 邵世英 劉正馱 李鵬謨 史爲棟 朱信樹
劉繼法 路光漢 孫敦祜 常敬海 孫毓琴 包全勛
李濬修 卜克廉 李碧霞 孫大庭 曾繁英 王秀之

備取生十名

孫敦豐 張麟鳳 楊魯信 王志忠 張爾珩 許子惠
渠敬士 袁英 高德裕 劉傳維

附註：開學後二日內正取生無故不到者或經請假五日內仍不到校者即以備取生遞補

中外要聞

汪院長電呈中央國府 辭院長及兼外長職務 中央派葉楚傖蔡元培前往慰留

▲中央社青島九日電　汪院長以宿疾未痊、尚待調治、八日特電呈中央國府、請辭行政院長及兼外交部長職務、原電如下：南京中央執行委員會常務委員會、國民政府主席林鈞鑒、兆銘自七月初旬患病以來、渥蒙溫諭、安心調理、感激至深、本期病勢速痊、俯躬驅策、無如月餘以來、標病雖去、本病無愈、且偶一用心、輒夫眩暈、竊思兆銘承乏院部、當未病時、晝夜致事、猶覺不及、今如不自量度、仍然尸位、一身固不足惜、貽誤國事、何堪設想、為此瀝呈、懇請准予辭去行政院長及兼外交部長職務、一俟病痊、仍當趨謁中央黨部、敬効奔走、無任盼禱之至、再者、兆銘病假期內、行政院務、已由孔副院長代理、外交部務、已由徐次長代行、政務進行、並未因兆銘之病而間斷、如有經手未了事件、病愈以後、當隨時清結、并此呈明、伏祈垂鑒、汪兆銘庚印。

▲中央社南京十日電　政息、行政院汪院長、呈辭院長及外長兼職電到京後、國府已轉電現在牯嶺之林主席、中央並轉電在川剿匪之蔣委員長、聞中央對汪院長之辭職、將加以慰留、常委葉楚傖、昨晚已由京赴青、探視汪院長之病、即由葉氏代表中央、向汪院長面致懇留之意、惟汪院長辭意能否打銷、現尚難悉。

▲中央社上海九日電　蔡元培定十日晨乘海亭輪赴青、探視汪病、與葉楚傖啣中央命、懇切慰留。

昭陽湖又決兩口直撲金鄉 蘇魯代表在徐商決防水糾紛

▲中央社濟南八日電　李文齋八日晚返濟談、在徐與邵專員同往勘察蘇北大堤、及藺家壩 堤北端已見黃水、深一尺、湖水下注極緩、每日僅行二里、現至景山橫堤根、距藺家壩尚有五里、藺家壩目下並未堵塞、在徐與邵專員商定解決此項糾紛辦法、將修不老河至河兩岸大堤、及湖口閘門 與藺家壩口門、蘇境由蘇負責、魯境由魯負責 惟河身及口門寬窄、尚須繼續洽商、邵頗以為然、謂魯如能完成、蘇三週內可辦竣、余返濟向韓主席報告、徵求同意後、將再返徐與邵商談實施。

▲中央社濟南九日電　八日晚九時、魚台電話、縣境昭陽湖邊決兩口、水往金鄉奔流、距縣城僅十里。

▲中央社鎮江九日電　蘇建廳據報、黃河上游、水勢續漲不已、九日晨中牟流量已增至每秒鐘一萬七千立方公尺、為本年最大紀錄、形勢至為嚴重、又微湖水勢續漲、九日已漲至三十三公尺半。

▲中央社開封九日電　陝州水位八日夜退三公尺二公寸、黑崗口退六公寸、豫境河防平穩、人心已鎮靜、劉主席赴河工視察、電飭沿河縣長、徵集民夫防護。

▲中央社徐州九日電　豫西山洪暴發、八日夜隴海路三百三十八公里盤頭集地方、被沖十餘丈、九日起陝州靈閿間、交通暫告中斷、路方急派員工趕修、日內當可恢復通車。

▲陝豫暴雨黃水流量突增、恐下游豫西決口處、水勢益將泛濫、徵運告危。

▲中央社南京九日電　全國經委會水利處、今日接黃河水利處電告、陝州本日水勢略緩、惟黑崗口以下各處均仍繼續猛漲、情形極為險惡、陝州今日水位二九五。九二公尺、較昨日落〇。六二公尺、流量十三。八〇〇每秒立方公尺、黑崗口水位八十一。七四公尺、下游冀魯兩堤防、懸即加意搶護、經委會已電冀魯豫三省府、飭河務局晝夜防範。

▲中央社歸化九日電　綏省黃河入夏後、水位高漲、堤壩潰決多處、沿河人民、損失甚鉅、邇來秋汛瞬屆、水位仍復急增、傅作義為預防安全計 特於八日電行政院、請求籌撥防汛費五萬元、以資築壩防汛。

漳泉又遭三次洪水

▲中央社廈門九日電　連日風雨不息、漳州泉州復遭三次洪水 災民紛紛逃難、慘絕人寰、漳廈交通、又告斷絕。

收回牯嶺英租地交涉告一段落

▲中央社南昌九日電　牯嶺電、交涉已久之收回牯嶺之英租地案、現告一段落、八日經蔣志澄與英總領默斯共同簽字、該簽字內容、（一）將一九〇五年英人租地契、交還我國、（二）原租地內公共事業、交中國政府管理、（三）駐牯英僑 得設諮詢委員會、以供中國諮詢、但我國對諮詢之事、有最後決定權。

四川金融庫券基金已有切實担保

▲中央社南京九日電　四川地方鈔票、前因基金欠充、且時有挪用情事、致信用不佳、中央有鑒及此、爰發行三千萬整理四川金融庫券、飭由財部川特派員關吉玉、切實負責整理、此項庫券基金償還辦法、係以川省印花煙酒稅全部收入、及統稅項下原定之每月撥付五十萬元作担保、現據中央銀行渝分行呈報、六月份起、川當局已將該款按月撥該行保存。

贛遺族學校攷查團出發

▲中央社南昌九日電　遺族學校攷查團、九日晨由此赴臨川、南城、南豐 寧都 黎川 貴溪 上饒等縣、攷查鄉村事業 沿途耽擱一週後、由上饒轉杭回京、又撫州電稱、該團九日午抵此參觀實驗區、縣府及婦女學生團體、均開會歡迎。

粵省府令公務員助賑

▲中央社廣州九日電　粵省府除撥十萬元作水災賑款外、且令政府僱員、量力捐助、以救災民。

交部取締輪船私運郵件

▲中央社南京九日電　交通部以輪運機關、負有載運郵件之責、及無論何人、不得遞送郵件為營業、經郵政條例及郵政法先後有明文規定在案 乃查近時內地各輪船公司時有藉此拒絕載運郵件、並有私運郵件之事、實與法令不合 且足影響郵政業務 特通令各航政局、分飭各航業遵照、並嚴予取締 嗣後倘有違犯、一經該郵務機關報告到部、定將該輪航行證照撤銷、以示儆懲、而重郵政云。

颶風過滬北進

▲中央社南京九日電　京市今日天氣受颶風過滬影響、自晨起發生陣雨、繼續多次、迄下午五時許始停、但濃雲密佈、仍有雨意、據中央氣象台息、本京今日所獲雨量六・三公厘、氣溫最高華氏八十五度、颶風昨晚過滬後、今晨八時抵南通、現已進至長江口外、向北北東推進 但速度已減低、朝鮮日本有被吹襲之虞、我國山東半島、因受影響、風已變大。

浙贛路已通至上饒

▲中央社南京九日電　鐵部息 浙贛路之玉萍段 刻已通車至上饒、該路局特先將第二次客快車通至上饒站、十六小時餘即可到達 該局呈請鐵部、通令全國各路知照、以便辦理旅客聯運。

第十三期航空公路建設獎券昨在滬逸園開獎

▲中央社上海九日電　第十三期航公路建設獎券、今日下午二時、在滬逸園開獎、所有中獎各券、定本月十六日起、由各地中央中國交通三銀行、開始兌獎、茲將頭二獎號碼探誌如下：頭獎二三三七八一、二獎四個、二五〇二二三、一八一九三八、一七五〇一三、一四九六五七。

各地僑胞捐款助賑

▲中央社南京九日電　本年水災慘重、海外華僑、關懷祖國、紛紛匯款賑災、茲又有泗水海產公會、電匯三千元、泗水閩粵商義賑會、電匯五千三百五十元、均由外部轉交賑委會。

越南華僑總工會通電聲援旅暹僑胞

▲中央社南京九日電　自暹羅政府取締華僑教育、摧布各種苛例、國內外同胞、無不憤激異常、紛議對策、為暹羅僑胞作後援、頃據探悉、越南華僑總工會、近為此事、發出宣言 及有電致中央關係機關、請速謀有效對策、救濟旅暹僑胞。

導淮會蘇省府派員辦理導微水入運出海

沈廳長必要時赴防汛區察看

△江蘇社 建廳長沈百先、四日赴京、出席經委會疏導黃河決口會議，六日夜車返鎮 記者前赴建廳訪謁 詢以會議議決各案，除已載本報者外，尚有可告者否，沈謂六日會議及京記者所詢各點，已報所載，已極詳盡，惟經此次會議後 一切能開誠布公、免各自為謀之弊，此外本人與魯建廳張廳長、對江蘇防汛情形所採方法、蘇魯利害、兼籌併顧 惟水利問題，頗多事實上不可避免之利害衝突，非僅省與省間，時有此現象、即縣與縣間、亦復有之，如本省之豐沛、對黃水利害、觀點即各異、總之治水 應衡其輕重緩急、有時利害關係鉅者、即不得不犧牲其小者、此因情勢使然也、記者問此次經委會議決第一案之第二項將流入微山湖之水、由湖口閘藺家壩 導經中運河出海至微湖入運水量 以中運河所能排洩之最大流量為標準、其標準量究為若干 果遂此流量、又將若何、（沈謂）查民十五年，中運河最高流量、為五百立方公尺、至六百公尺、然現時水勢、如沂水不盛、尚無大礙、因上游水勢 尚無大盛、從一日起至現時止微湖不過漲一公尺而經委會前日議決、由東平湖仍導入黃分界流量、則入中運河之水、暫時尚不致逾越此標準 萬一不幸，自應設法防其泛濫、但亦須待導淮會派員會同前往察看、現時江蘇方面、經此次會議確定標準後、反較易着手、（問）廳長尚擬於最近期內赴防汛區視察否、（答）黃水大溜南趨，已嚴飭江北防汛主管機關及各縣切實負責、努力搶護堤埝、以策安全、本省防汛工作，以黃水入蘇，能循正槽、迅速入海、縮小災區為原則 至本人於必要時、或將前往一行、（記者問）山東堵口、現時是否困難（沈答）堵口困難自是事實、現時祇有由築挑水壩及引溜掛柳辦法，使上流不續漲、再行設法堵口、（又訊）日前經委會議決微湖水導經中運出海、由導淮會及蘇省府負責辦理、茲聞此項工作、蘇省府專候導淮派員到後 前往察看辦理、聞導淮會擬派導淮工程處工程師戈涵樓、六日可來省、蘇省府擬派建廳技正濮芳、會同前往、因時機迫促、不容稍延七日即可相偕前往、負責辦理導微水入中運出海工作云。

鎮商會反對「國貨流動販賣」

代電黨政機關嚴予制止

△江蘇社 鎮江商會前代電省縣黨政各機關文云、江蘇省黨部、江蘇省政府主席陳，江蘇省建設廳廳長沈、鎮江縣黨務整理委員會、鎮江縣政府鈞鑒、案據鎮江衣莊同業公會、布業同業公會 絲廣綢新記綢緞局、大新綢緞局、京廣雜貨業同業公會、大成新記綢緞局、南北雜貨業同業公會等，聯名函稱、茲據負責報告 近有「國貨流動販賣」、擬在迎江路江口空地、搭蓋蘆棚 為臨時商場之說 敝業等聞此消息、當即詳切偵詢、始知確有其事、并已呈請主管官廳、發給建築執照、暗中積極進行、不遺餘力等語、各業惶急情狀、莫可言喻、僉以吾鎮商業、緊遭巨歉、隱痛已深，長夏漫漫、更屬有貨無買、方冀入秋，稍見起色、詎輕坐賠之累、若再受外來侵佔、以分割營業、任其攫奪巨量現金捆載而去、則敝業等惟有同歸於盡、絕無生路之可言矣，讀本月二日江蘇省建設廳召集全省同業公會議決案、「關於制止流動販賣事項甲請當地政府備案」詎知議案成立、墨跡未乾、竟有甘冒不韙而破壞者，接踵而至 瞻念前途、不寒而慄、用特聯名函請貴會、迅予呈請省縣黨政機關嚴予制止、以重威信、而維殘局、再搭蓋蘆棚、火患堪虞、并請轉函建設局、准將請領之搭蓋蘆棚執照、停止發給而重公安、不勝急切企望之至等情、據此、查此項組織、絕非各級商組合而成、實係一般專以流動販賣為業務者、假借國貨之美名、實行投機取巧計劃、其所售物品、亦極陋劣、甚至以偽亂真、蒙免捐稅、於是朝夕易地設場號召、將價格極力減削、俾可推銷次貨吸取現金、雖為日無多、而本地商人受害實非淺鮮、值此商場凋敝之際、商業維持已極困難、則本埠各商號、無可營業、其勢將岌岌可危 各公會等惶急請求、實係切膚之痛、伏查此案前據本地各業公會函陳轉請制止到會、即經屬會據情轉呈、旋奉省政府（鈞府）一九六號指令有案、茲據前情、為再據情電呈鈞部府廳會俯准賜予制止、以恤商艱而維市面、不勝迫切待命之至 鎮江商會叩魚。

丁監察使不日返省將視察江南各縣

王濤穆條呈將轉中央

△江蘇社 江蘇區監察使丁超五氏、為考核各縣縣政暨水災情勢、特於上月十七日赴各縣視察 不日即可返鎮 記者今赴該署訪某負責人探詢一切據云、丁使此次出發、係赴江北各縣 如水災之勘察 吏治之考核、均須詳密視察、出發至今、已二十餘日、日內可返鎮、返鎮略事休息後、即赴無錫、蘇州、江南各縣視察、丁使對視察工作各縣同時進行 因人數不敷分配 故暫分期前往、本署自成立以來，收到各方控案、已有數千起 惟人民缺乏法律常識、以致有涉及司法者 應歸當地縣府辦理者 均一律呈送來署、為免除繁瑣起見 已由秘書處分令各縣、轉知當地民衆、以後控案文件、必須依照本署規則 否則概不受理、以免迴轉延緩云云、記者復詢以此次省轉紳王濤穆條陳之意見書 將作若何批答、據云此項意見書、丁使已交秘書處 擬本、觀察該意見書頗為完全、範圍頗為廣闊 專屬秘書整個調查，俟丁使返鎮後、再作進一步之商討、以資定奪 並擬轉呈中央云。

艾登定期赴巴黎

△中央社倫敦九日電 艾登定下星期二夜抵巴黎，星期三先與法意兩國代表、有所接洽、至商論意亞爭案之英美法意三國會議、定下星期四舉行。

▲中央社阿京九日電 英使署已命英國教士、及英國所保護之僑民自丹麥人及瑞典人、將彼等之婦孺、送出亞國，如時局勝重、則旅居阿國英人、將集中於指定之十處、此項計劃 純為戒備起見。

本縣新聞

縣農會舉行第三次幹事會議

規定各區農業倉庫開支　用重征餘款辦理貧農貸款

縣農會於本月九日下午四時、在該會會議室、舉行第三次幹事會議 出席彭世亭、李效禹、史錢修、劉萬傑 吕鳳樓、主席彭世亭 紀錄吳鳳樓、甲、報告事項 一、錫前縣長重徵田賦退款總數、業已呈報縣政府轉呈、近又奉縣政府奉轉銅山區行政督察專員公署令飭報退款餘款數目、及處置辦法、二、本會所擬區鄉農會介紹非社員儲押糧貸辦法、已呈准施行，三、二區區農會圖記、及各區區鄉農會圖記長戳、均已分別刊發、並令轉所用圖記日期具報、四、三五七各區農會主辦之農業倉庫 現正辦理登記、不日即可押糧貸款、五、本會召集農民榨油副業談話會情形、（乙）討論事項、一、各區農業倉庫開支、應如何規定案、決議 司庫一人 每月津貼六元俟年度終了視成績之優劣酌予推獎、勤務一人、每月津貼三元、辦公費每月二元、各種簿冊准開臨時費、二、各區農業倉庫開支、可否借用農會會費案、決議 在倉庫未有收入期間 准予暫行借用、三、奉縣政府轉奉銅山區行政督察專員公署令飭報重徵餘款數目、及處置辦法、應如何辦理案、決議 一、重徵餘款數目、會同款產處核算具報、二、餘款處置辦法、辦理貧農貸款、由本會擬具辦法呈報 四、下午六時閉會。

下半旗之紀念日商民住宅不得懸旗

縣黨部奉省黨部令

國旗為一國之代表 觀瞻所係、至為重大、過去每遇下半旗之紀念日 商民住宅 一律懸旗 方式參差、有似喜慶、中央特加整飭、以崇體制 茲探錄縣黨部奉省黨部之令文如下、案奉中央執行委員會訓令敬字第四一七號內開「按國旗使用、有關觀瞻 過去每遇遵令下半旗之紀念日民間商店住宅、一律懸旗、方式參差、有似慶賀、亟應加以整飭、以崇體制 爰經本會第一七四次常會決議、「凡下半旗之日、除機關門首、向有旗桿 每日必升旗者、應照下半旗外、其餘一律不得懸旗」等語在案、除函國民政府通飭遵照並分行外、合亟令仰該黨部知照、並轉飭所屬一體知照此令、」等因奉此、除遵照並分令外合行令仰知照、此令。

耕牛野性狂發

角……傷……主……人

三區師新莊人師大印，年五十餘歲，務農爲業，家畜耕牛一頭，前日師某由牛屋牽之外出，甫及庭院，牛野性狂發、揚尾奔突，師緊握其繩，大聲呵叱，詎牛力濃猛，竟脫繩而逸，回頭以角觸師，師躲之不及，致傷睾丸，頓時暈倒，家人聞悉，即抬往本城教會醫院醫治，據醫生談，師之睾丸外皮破裂，經縫治之後，疼痛較前減輕，現創口稍見平復，或無性命危險云。

豐縣公款公產管理處公佈廿二年度五月份收付月報

科　日　收入　支付

上月結存

縣庫款　一七〇〇·四　一七〇〇·四

本月收入

縣庫款　二二〇八一·七一　內有一二四〇·二元係由縣府撥交現金餘由金庫轉入

縣教育款　八五三八·二六

縣建設款　四八四五·八三

縣臨時稅款　一六〇二·四四

縣實業款　六〇三·七八

餘存款　一七四·七四　（係二十二年度建設餘存款）

本月支付

黨務費　縣黨部五六月份經費　二〇〇〇·〇〇

特務員五六月份調查費　一四〇〇·〇〇

行政費　第一區公所五月份經費　二〇〇〇·六〇

第二區公所五月份經費　二〇〇·六〇

第三區公所五月份經費　一五六·六〇

第七區公所五月份經費　一五六·六〇

第一區鄉鎮公所五月份經費　一〇七·〇〇

第二區鄉鎮公所五月份經費　九四·〇〇

第三區鄉鎮公所五月份經費　七三·〇〇

第七區鄉鎮公所五月份經費　五九·〇〇

戶籍警察五月份經費　三七·五〇

公安費　公安警察五月份經費　六九五·八〇

保安隊五月份經費　二九八七·〇〇

公安警察五月份臨時費　四九·〇〇

（奉財廳第一〇九六七號令准）

財務費　公款公產管理處五月份經費　一四七·〇〇

實業費　度量衡檢定員五月份經費　五〇·〇〇

總預備費　保安隊服務員孫昭津貼　七·八二

奉保安司令部經字第九五八號訓令仍遵省府財保一人字一一四五號前令動支保安隊增編一中隊經費　二三九六·三八

奉省府財保四字八〇七二一號令准並奉財廳審字九一二一號指令飭撥

第一區公所二十二年度積欠經費　一四五〇·〇〇

奉財廳計字九一九三號令准

第二區公所二十二年度積欠經費　八五〇·〇〇

奉財廳計字九一九三號令准

第三區公所二十二年度積欠經費　一一五〇·〇〇

奉財廳計字九一九三號令准

第四區公所二十二年度積欠經費　一一五〇·〇〇

奉財廳計字九一九三號令准

第五區公所二十二年度積欠經費　一〇〇〇·〇〇

奉財廳計字九一九三號令准

第六區公所二十二年度積欠經費　一一五〇·〇〇

奉財廳計字九一九三號令准

第七區公所二十二年度積欠經費　一三〇〇·〇〇

奉財廳計字九一九三號令准

撥教育局　縣立中學二十三年度六月份經費　一一〇〇·〇〇

照二十二年度舊案每月由款產處撥交縣教育局所屬縣立中學經費五百五十元自九月份起此項應撥之款即由徵收處直接交教育局

暫付款　發還重徵田賦款　二六九三·四四

查重徵款項於二十二年度六月三十日由縣府劃交本處專款存儲因當時各機關費款急待發放故暫爲挪用現重徵事件業經清理完竣前項挪用之款亦必立即歸還故由本處暫付特此登明

本月結存

縣庫款　一七八三〇·八一

縣教育款　八五三八·二六

縣建設款　四八四五·八三

縣臨時稅款　一六〇二·四四

縣實業款　五五三·四七

餘存款　一四七·七四

縣政府經徵縣庫款　二二〇八一·七一

縣教育款　八五三八·二六

縣建設款　四八四五·八三

縣臨時稅款　一六〇二·四四

縣實業款　六〇三·七八

餘存款　一七四·七四

參觀鄒平定縣報告（續）

王子闓　董雪山

民國二十年度關於調查方面的工作約分七種：

（一）繼續從事每村土地分配與農產調查、共計三百一十九村、

（二）繼續從事家庭手工業調查、共計調查百十九村、

（三）繼續從事一百二十個農家生活費每日記賬調查、

（四）繼續三十四種日常用品之物價調查、

（五）高頭研究村之詳細調查、以家爲單位、共計調查一百二十家

（六）南支台、李親顧、四月店三處中心村之詳細調查、共計調查住戶一千三百六十五、鋪戶一百九十三、

（七）研究區六十一村、挨戶人口調查、並繪製各村地圖

司法欄

縣政府司法批示

▲刑事原具狀人邵世傳、一件、爲代鳴寃抑、請求偵察、以免無辜被累由、狀悉、邵包氏業已飭拘、候解案訊辦、此批

▲刑事原具狀人王興奎、一件、爲妻被拐賣、現有着落、懇請准予先行派警會同沛警拘起民妻給領完案由、狀悉、候咨沛縣查明解案核辦、此批、

▲刑事原具狀人閔憲武、一件、爲遵處能訟、懇請銷案由、狀悉、姑准撤回、此批、

▲民事原具狀人卜廣哲、一件、爲和解成立、懇請銷案由、狀悉、准予銷案、此批、

▲民事原具狀人趙有守、一件、爲和解成立、請求銷案由、狀悉、案既和解、自應准予撤回、此批、

▲民事原具狀人趙子玉、一件、爲鬮產糾訴、再懇傳案質訊、依法斷斥原訴、並勒令放贖當產由、狀悉、已于八月五日岳喜盈狀內明白批示矣、仰即知照、此批、

▲民事原具狀人史爲升、一件、爲案已證明、請求續訊判斷由、狀悉、候定期訊判、此批、

△庭期審理案件▽

八月十五日審理徐德合訴韓跛子拐賣案、

十五日審理祈魯際訴胡萬山款項案、

十六日審理鄧常氏誘拐案

十六日審理彭秉書訴李瑞海傷害案、

十六日審理孔邢氏訴師鄭氏拐賣案、

本城糧價

名稱	每市斗價目
小麥最	高二千七百文　低二千六百文
大麥最	高一千六百文　低一千五百文
黃豆最	高二千二百文　低二千一百五十文
黑豆最	高二千一百五十文　低二千一百文
菉豆最	高二千五百文　低二千四百文
江豆最	高二千三百文　低二千二百文
高粱最	高一千六百文　低一千五百文
穀子最	高二千文　低一千八百五十文
稷子最	高一千六百文　低一千五百文
芝麻最	高三千四百文　低三千二百五十文
青豆最	高二千二百文　低二千一百文
花生每斤最	高二百四十文　低二百二十文
瓜子每斤最	高三百五十文　低三百三十文

氣象

晴

風向　北風

最高溫度　九七

最低溫度　八六

中華民國二十四年八月十日　畫報　（星期六）　第五版

文藝週刊

第十七期

豐縣文藝研究會主編

畫夢

鬱櫻

下午的功課一完，京城中學的學生便在操場上玩鬧起來了。哨子嘶嘶地叫，球也不住地澎澎地響。不大的操場被這一群活潑的少年們一鬧，登時充滿了生氣了。在這擁擠的群中不見了善玩網球的汪耀。獨坐在宿舍裏，面前攤放一本精美的筆記簿，他面向夕陽返照着的枯柳，彷彿有所思索。他靜坐在那里一動也不動，好像是一座大理石的影像，兩眼向前凝視。有時眉頭皺起來，有時畏縮生微笑。這樣，直到他似乎漸漸入睡了。這時他的心裏一種離亂的感情佔據，他不知道他要愛素貞還是恨素貞好。一月以前，經他的法文教員，也就是他的表兄的介紹，他和素貞認識了。不久素貞因為母親病離開南京，回她的故鄉，行前她曾寫下汪耀的通信址，並把她的通信址也告訴他了，相約以後時常通信。他以為素貞是不會撒謊的，但是現在她卻似乎撒了謊了。

第一次接近女性，他便很容易地被征服了。他感受一種難言的愉快，雖然不無畏縮。女性對於他好像是一面朦朧的神秘的大幕。他的心理生了一種新的感情，一種新的希望，和因她們而生的新的煩惱。從那以後，汪耀的性情確乎有些變了；他不成天只是玩，他常時坐在屋裏想心事了。

也許兵事護擠，她坐的車在半路上停住了？不會！不會！就是多走三四天，七天，八天，準可以到，再加七天，八天，兩星期，半個月儘夠了。現在三個多星期了，算着日子，他想不出沒有來信的緣由。

女孩子多半怕羞，他以為這個理由很充足，便不覺露出高興的微笑，但是她又允許，並且寫下這信址了，為什麼竟不來信呢？

他的頭腦覺得混亂起來。不能再細去思索，他站起來，筆直的走向房門，用力一拉，一步跳出去，又空洞一聲把門關住了。

順着下意識的驅使，他跑到信版上去細看，封封插在上面的來信，這他已經看過一次了，自然沒有。又跑到門房裏去詢問，也是沒有。這時初次鑽進他的心中一種失意的懊惱。

他又默默地回到他的房中。

「舊家庭的老頑固！」他過了些時低聲恨恨地說，似乎把素貞不來信的過錯放在她父母身上了。

夕陽的餘輝將近熄滅，淺灰的暮色漸漸包圍上來。和素貞初相識時的幻想又來襲擊他的幼小的心靈，雖然他盡力想使牠們跑出他的腦子。

他想他和素貞相識之後，他的生活便要有一種新的意味，一個新的方面。他要和她玩網球，在美麗的清晨，萬物剛開始活動的時候。他可以和她同遊公園，要如素貞不拒絕，他還可以和她掛着臂同走，他的臂從素貞的臂後伸出去，回過手來握着素貞的手。他們要找幽靜的地方坐下，在新月點綴的夜晚。在他們的座旁有潺潺的流水，激波裏映出映點的白光，象徵他們的幸福。他們的熱烈的情話要從他們的心底流露出來，如芳香從花朵裏散出來，瀰漫在自由流動的大氣中。他們要把自己忘記在自己的情人中，又從情人中生出新的自我來。

懊惱溜出了他的心，幻夢主宰住了他。

距離隔不斷愛情，並且使牠更加意味更加濃厚了。他想，書信總有許多隔膜。寫起信來要隨便得多……他微閉着眼睛，用力思索漂亮的甜蜜的句子，似乎就要下手寫情書。布紋信紙，長方的西式信封，顏色還鮮而不斷。他記起一五一公司所買的有幾種就很合適。

怎麼稱呼呢，最後他想到一個難題了。女士？不妥！不妥！她未必歡喜這樣稱呼。姊？不行！太親熱！密斯？倒還不俗。就假定為密斯。要稍時髦，還得加上「親愛的」三個字，但是這怕有點冒昧，不如就用密斯來得大方。

那末，就是密斯素……

…………

怦怦！

「怎麼不去打網球？密斯……Mademoiselle —— Bonjour 你好半天！」汪耀的一位同學頭剛從門裏露出來，就高喊。

「唉，法文讀起來實在麻煩！」汪耀同答說。他把面前的筆記簿輕輕地合起來，放在左邊的袋中，簿子裏寫着素貞的通信址

○○○

歸鄉

正民

歸去也，我可愛的故鄉，

歸去！我可愛的故鄉的懷抱裏。

看！天是這樣的燠熱，日是這樣的烈炎，由徐州乘車自黃口下車的我，慌忙的僱了輛土車，收拾好行李，點心完畢，便沿着帶黃汽車路，直奔家鄉來了。

抵家太陽已漸匿到地平線去，彩霞佈滿了天空，故鄉的裝束是一點沒有變。故鄉的兒童，也仍是那樣的活潑可愛。這時母親坐在大門前的石階上乘涼，看見她久未見的愛兒放學回來了，便忙着問我餓否？趕快令我到草棚下去休息，又忙着叫嫂嫂去備晚餐。這時小弟由外面進來，聽見我說話的聲音，便忙着跑來和我握手，親密得了不得。只是微笑。但總沒有說一句話，一直到了晚餐後，他才說：「哥哥！你看咱的東屋堂屋多麼清潔美麗好看呀！南屋怎麼亂七八糟的呢？那東屋是新蓋的，堂屋是才收拾的預備與……」他微笑了；這時月已掛柳梢，天上的明星是一個個現了出來，隔壁的李君忽的來了喚我到外面去玩玩，他素來和我是很好的，也曾和我共同遊玩，也曾和我共同研究過功課，也曾和我共同……可惜因為經濟的關係，現在她是失學了。她是非常痛苦的，所以我雖疲之，也沒有拒絕她，便隨着她的喚聲，出了大門，來到村東邊的一條小河的岸旁。這條小河，他的兩邊，盡是田畝。岸上盡植了垂柳綠槐。這河內也有流水潺潺的聲音。圓圓的月亮也映在河內的水中，好似一盞永久不滅的明燈。垂柳映在水內，微風吹來，亦好似水中的仙女，在那邊歌舞。李君身上着了深藍色的衣服，同我一齊站在河旁，觀賞這明月下的美景，看他那亮晶晶的兩個眼珠兒只是瞧着月姊不發一聲，最後她便泣然的向我說：「哥呀！我的命運怎麼這樣薄呀！將來我們的幸福定不能同享了。我一切的一切將要就此淪亡了，」我竟不知道她為什麼要發出這些使我悲泣的話，我毫不知道。

唉！現在我明白了，由李君的話中，家庭的狀況，我可猜透了，這時我的心如百箭刺的一般，難過得了不得。

李坐在草地上，只是泣着，還是不響一聲。微風吹來，涼侵侵的，她那黑油油的散髮，擁抱那一個熱淚交迫的紅潤的面孔。這時的我，由悲憤愁苦，而越感到她的天真可愛。我便用話安慰她，請莫要痛哭流涕。這樣惡劣的環境，我一定幫他打破，請你莫要再痛哭流涕吧！此時天色已很不早了，我們沿着小河各自回家安眠去了。

次日一覺醒來，父親便將結婚的事情告訴我，我便竭力的反對，但總因父親的壓迫，終于將我威協住了。

唉！可惡的舊婚姻制度啊！你害人害的真不淺呀！我這樣幼小的年齡，怎麼能有結婚的資格呀！唉！可惡的舊婚姻制度你害人害的真不淺呀！

正民于豐城一九三五，七，一八，

十字街頭

忠謀

十字街頭，為行路的樞紐，縱橫大道，展向四方；若你偶不經心誤入歧途　你希望浩大也只得付於東流，銜恨千秋。

十字街頭　為行路的樞紐，縱橫大道，展向四方；有的似平坦，有的似崎嶇，若你貪一時娛快走入大道，也許平坦盡處，高峯插雲，碧海無邊，那時進退維谷，後悔不及，宇宙雖大，將不知無處歸宿。

十字街頭，為行路的樞紐，縱橫大道，展向四方；行

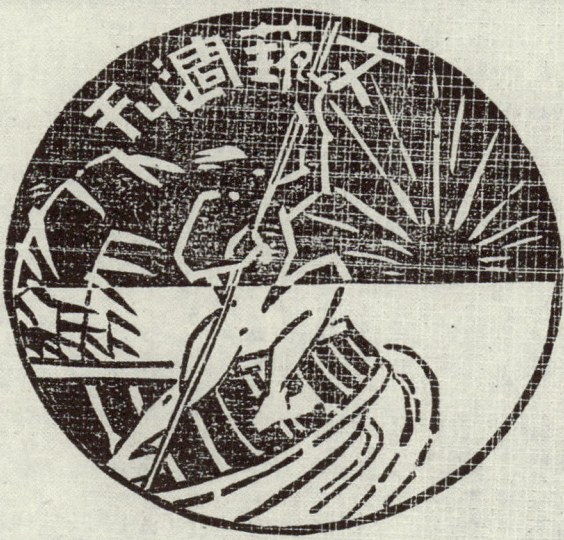

56

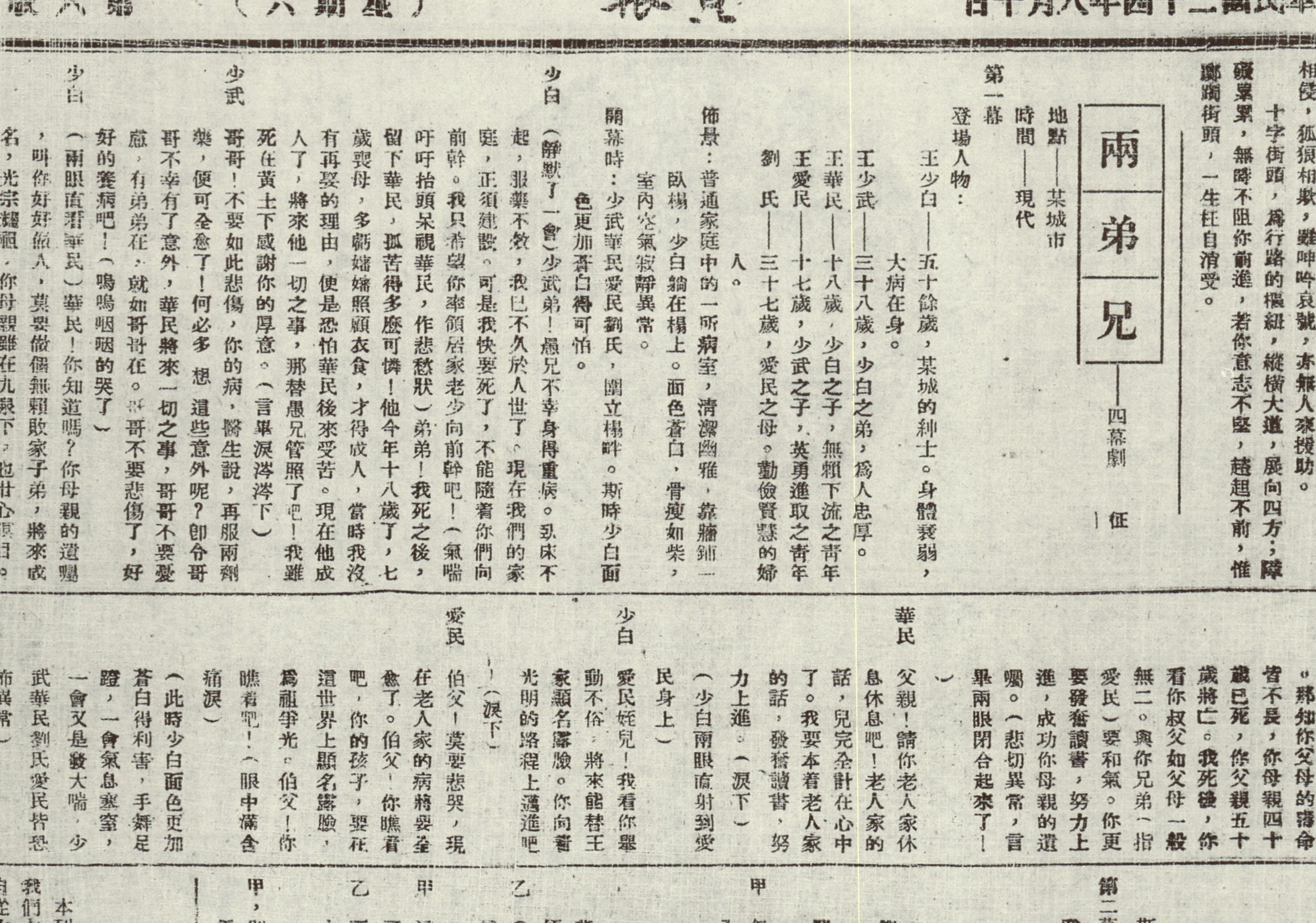

人擾擾，各奔前途，若你徘徊彷徨不進，日暮途窮，風雨相侵，孤獨相欺，雖呻吟哀號，亦無人來援助。

十字街頭，爲行路的樞紐，縱橫大道，展向四方；障礙累累，無時不阻你前進，若你意志不堅，趦趄不前，惟躑躅街頭，一生枉自消受。

兩弟兄

——四幕劇

——征

地點——某城市

時間——現代

第一幕

登場人物：

王少白——五十餘歲，某城的紳士。身體衰弱，大病在身。

王少武——三十八歲，少白之弟，爲人忠厚。

王華民——十八歲，少白之子，無賴下流之青年

王愛民——十七歲，少武之子，英勇進取之青年

劉氏——三十七歲，愛民之母。勤儉賢慧的婦人。

佈景：普通家庭中的一所病室，清潔幽雅，靠牆鋪一臥榻，少白躺在榻上。面色蒼白，骨瘦如柴，室內空氣寂靜異常。

開幕時：少武華民愛民劉氏，圍立榻畔。斯時少白面色更加蒼白得可怕。

少白 （靜默了一會）少武弟！愚兄不幸身得重病。臥床不起，服藥不效，我已不久於人世了。現在我們的家庭，正須建設。可是我快要死了，不能隨着你們向前幹。我只希望你率領居家老少向前幹吧！（氣喘吁吁抬頭呆視華民，作悲愁狀）弟弟！我死之後，留下華民，孤苦得多麼可憐！他今年十八歲了，七歲喪母，多虧嬸嬸照顧衣食，才得成人，當時我沒有再娶的理由，便是恐怕華民後來受苦。現在他成人了，將來他一切之事，那替愚兄管照了吧！我雖死在黃土下感謝你的厚意。（言畢淚涔涔下）

少武 哥哥！不要如此悲傷，你的病，醫生說，再服兩劑藥，便可全愈了！何必多想這些意外呢？即令哥哥不幸有了意外，華民將來一切之事，哥哥不要憂慮，有弟弟在，就如哥哥在。哥哥不要悲傷了，好好的養病吧！（嗚嗚咽咽的哭了）

少白 （兩眼直看華民）華民！你知道嗎？你母親的遺囑，叫你好好做人，莫要做個無賴敗家子弟，將來成名，光宗耀祖，你母親雖在九泉下，也甘心瞑目。她希望我教訓你成人。那知你父母的壽命皆不長，你母親四十歲已死，你父親五十歲將亡。我死後，你看你叔父如父母一般無二。與你兄弟（指愛民）要和氣。你更要發奮讀書，努力上進，成功你母親的遺囑。（悲切異常，言畢兩眼閉合起來了！）

華民 父親！請你老人家休息休息吧！老人家的話，兒完全計在心中了。我要本着老人家的話，發奮讀書，努力上進。（淚下）

少白 （少白兩眼直射到愛民身上）愛民姪兒！我看你舉動不俗，將來能替王家顯名露臉。你向着光明的路程上邁進吧！（淚下）

愛民 伯父！莫要悲哭，現在老人家的病將要全愈了。伯父！你瞧着吧，你的孩子，要在這世界上顯名露臉，爲祖爭光。伯父！你瞧着吧！（眼中滿含痛淚）

（此時少白面色更加蒼白得利害，手舞足蹬，一會氣息塞窒，一會又是發大喘，少武華民劉氏愛民皆恐怖異常）

少白 弟弟！……華民……愛民……我的話……你們……牢記着……吧！……我們長別……了……華……民……愛……民……兒啊……我……們……的……門庭……你……們……光……耀啊！（氣息漸絕了，兩眼閉合，直僵僵的身體，面色可怕，牙齦緊閉。）（閉幕）

斯時幕內一陣叫聲，忽然轉變號淘的大哭聲。

第二幕

登場人物：

華民

流氓甲——三十歲，有名的痞棍。

流氓乙——二十餘歲，爲人狡猾。

流氓丙——四十餘歲。有名的流氓賭家，綽號小諸葛。

佈景：蕭秋的野外。四外荒無人煙。樹葉脫離枝，飄揚太空，景色

開幕時：流氓甲出，穿着普通衣服。像有什麼要緊的事情，眉頭皺着，在台上徘徊不定。

甲 怎麼辦呢？這一筆款子，真要命，還我上天無路入地無門，真要命，沒有錢，便要請我到拘留所裡去。怎麼辦呢？

（眉頭越發皺得利害，仍是在台上徘徊悵惘。頓足）

乙 （乙上。同甲一樣的眼皮搭下，眉頭皺着，兩手抄在背後。正向前走，猛然看見了甲，心中滿揣着希望，便上前拍了拍甲的肩膀。）

乙 （微笑）近來好麼？好久不見了，大哥發財了吧？財神爺總會跑到你家去。常言道：「積善人家慶有餘」！

甲 （甲抬頭看見乙，也揣希望向他借款子消賬。）這兩個月那裡去啦，兄弟？我非常想念，聽說你發財了！恐怕不認得愚兄了吧？

乙 兩個月在鄉下呢。說什麼兄弟發財不認得大哥，大哥發了財，不認得小弟了？（言畢二人哈哈大笑。）

甲 別提啦！我真愁得要死，這筆款子真要命，沒錢，便須往拘留所裏蹲幾天。你看要命不要命！（未完）

呼喊

章

本刊，是我們文藝研究會全體會員發表創作的園地。要我們大家來愛護，培植，灌溉才能使這個園地發達，但是自從主持園務的主人，因事離開以後，僅剩了我這個小園丁，暫時充作管理的人，可是畢竟才能是太薄弱了，也便這個園地，關閉了一個多月，這固然是我的罪過，可是大家的不供給稿件，的確也是個重大的原因，現在牠又復活了。諸位會員們！你們是應當如何的努力，來培植牠吧！

古人箴言

一，倉猝遇着患難，料理事情一絲不亂，必定這個人氣宇不凡，胸中自有定力；否則胸中先慌亂了，何以應事呢？古人平日要鎔養器局，就是謂此。

縣黨部無綫電收音室開放節目

八月十一日　星期日

一二，一〇　平劇　蘆花河　昭君　夜審潘洪　青霜劍　十八扯

一二，三五　樂隊奏樂　京市政府樂隊

奏播：國樂

一八，二〇　無線電雜談

一九，〇〇　平劇　余叔岩　譚小培　金少山　楊寶森合唱　托兆碰碑

八月十二日　星期一

八，一〇，西樂

八，三〇　新聞

一一，五五　平韻氣象報時　商情

宮門帶　庚娘　荀灌娘　忠孝全　綠珠墜樓　史可法　太行山

一九，〇〇　平劇　梅蘭芳　尚小雲　荀慧生　姜妙香　合唱　玉堂春

二〇，〇〇　第一次簡明新聞　氣象長江水位報時

二一，四〇　第二次簡明新聞

二二，五〇　新聞　國樂及平劇　病中吟　空山鳥語　飛花點翠　蜻蜓點水

二三，三〇　五本封神榜　臨江驛　鳳還巢　伐齊東　牛皋下書　總理紀念歌

中華民國二十四年八月十六日 豐報 （星期五） 第一張

豐報
第八五七號
社址豐縣大同街
本報價目

豐縣第二屆全縣運動會籌備委員會通告 第一號

查本會第一次籌備會議、議決：「定於本月二十五日舉行第二屆全縣運動大會在案。」茲定於本月十六日起在東關外體育場辦公室開始報名、報名時間：每日上午八時至十一時、下午二時至五時、至本月二十三日上午十二時截止報名、仰各界人士遵照本會前所公布之競賽規程辦理報名手續、特此通告！

中華民國二十四年八月十五日 常務委員 王如[illegible]

中外要聞

中央昨舉行一八四次常會 對汪辭職決議慰留

▲中央社南京十五日電 中央黨部、於今日上午八時、開第一八四次常務會議、主席陳果夫、決議（一）汪委員兆銘辭行政院長兼外交部部長職務案、決議慰留、（二）通過修正革命紀念日簡明表、於革命先烈儀式覽、增加「全國一律下半旗」紀念、（三）推邵元冲出席下星期一中央紀念週報告、（四）八月廿日廖仲愷先生殉國紀念、推葉楚傖報告。

▲中央社南京十五日電 汪院長呈請辭去行政院長及外長一案、今日提出常會討論、決議慰留、當由祕書處擬電拍發、略謂：接讀庚電、本日提出常會、僉以國事阽危、內外交迫、執事周張應付、極費苦心、現標病既去、稍假時日、必當霍然、中樞重責、端賴主持、務望打銷辭意、俾資靜養、尤盼迅速返京、以固中樞、至爲懇企、中央執行委員會。

魏懷昨晨抵青

▲中央社青島十五日電 魏懷十五晨七時到青、據談：此來係奉林主席命、慰留汪院長、並攜林主席親筆函、林主席定九月十日返京、九月十三日接見德大使、十七日接見美大使、並希汪院長六中全會前回京。

黃水飛漲不已 微湖西岸橫堤險象環生

▲中央社徐州十五日電 豐縣十五日電徐稱、（一）蘇境微湖西岸縣北橫堤、十五四晨被魚台泛來之水猛沖、決潰一段、經縣長王述先、征調民夫三千、星夜搶堵、十五日午已將決口處堵塞、並在橫堤南面加築套堤一段、爲慮堤後面之二道防綫、日內可竣、（二）豐沛北境橫堤、險象環生、黃水急漲不已、如連日風浪沖刷、堤身有坍潰之虞、各段險工、均由豐沛派員夫防守隨時搶護。

▲中央社濟南十五日電 黃河上游李升屯朱口王垣等處、溜勢湍急、工情吃緊、河務局長張連甲、十五晨六時親赴工次、分別督飭工作、並視察口門、又派員分赴沿河各段、限三日內將大堤水溝浪窩塡竣。

陶尚銘被扣案 日對我方抗議尚無具體答覆

▲中央社南京十五日電 外交界息、平政整會參議陶尚銘、被平日使館武官扣留、我外交部已向日本大使館正式提出抗議、聞日大使有吉明、已將我國抗議書轉呈日外省。

▲中央社南京十五日電 陶尚銘被扣事、外部已向日提出抗議、日大使有吉、已電外省請訓、並令須磨先作口頭答復、須磨於今日上午十時、赴外部訪次長唐有壬、說明經過、談一小時辭去、記者於須磨辭去後、謁唐次長、據談、須磨僅聲明現正設法、尚無具體答復。

▲中央社北平十五日電 陶尚銘被扣案、我外部向日抗議後、日方尚未答復、同時進行中心、雖已移至南京、但此間仍努力疏解、外部十四日電平、盼當局就近與日方接洽、故一般推測、陶或可於短期內恢復自由。

商震談劉佐周案在緝兇中

▲中央社天津十五日電 商震十五日語記者、劉佐周案目前仍在多方緝兇中、尚未接切實報告、所捕嫌疑犯亦尚無確供、省府在津設辦事處、處長人選及成立日期、均未決定。

鄂水災救濟總會
對各縣災民急謀救濟

▲中央社漢口十五日電　省水災救濟總會、以本年水災奇重、除已撥發急賑外、關於工賑部份、亦已一面與江漢工程局會商修復幹堤、以工代賑辦法、並擬籌集賑款、補助修復各縣民圍潰口、關於農賑部份、已決先行籌四十餘萬、作農振款項、即可按照各縣受災輕重、分別撥發、並派員赴各縣購種散發播種、救濟來年春荒。

浙贛路南玉段展期通車

▲中央社杭州十五日電　浙贛路南玉段、原定本年雙十節通車之議、現因受沿線大水影響、事實上趕築不及、已決定延展五十日改十一月三十日舉行通車典禮、又南萍段下月可測竣、俟南至段通車、即繼續修築。

馮玉祥對六中全會已有提案

▲中央社泰安十五日電　鄧哲熙、梁寒操、日前赴泰山訪馮玉祥　馮對六中全會、已有提案、如屆時無特別事故、馮或於會前赴京出席、梁定今日下山、經泰安南下返京。

李曉生將赴銓敘部視事

▲中央社南京十五日電　銓敘部政務次長一職、自日昨經中央核准仇鰲辭職　任李曉生繼任後、茲據銓部息、李氏約下週可到部視事、俟國府大禮堂改修竣事後、再定期與部長石瑛、同在國府舉行宣誓典禮。

駐土使館登記華僑

▲中央社土耳其通訊　我駐土耳其使館、自本年五月開館以來、一切設施、進行順利、內部工作緊張、近為調查僑胞確數、以盡保護之責、特舉行旅土華僑總登記、已分函旅土華僑代表領袖、勸華僑來館登記、各僑胞聞訊、喜形於色、均履行登記手續。

渝各界籌備歡迎陳立夫

▲中央社重慶十五日電　渝各機關以陳立夫將於日內來渝、決舉行盛大歡迎會、已召集籌備會、商招待辦法、一面電詢行期。

整理川財政已有具體辦法

▲中央社重慶十五日電　[illegible]劉航琛十四晨由蓉飛渝、據談[illegible]地鈔問題均有具體辦法須期即可公布。

永定河暑汛已安瀾

▲中央社保定十五日電　永定河暑汛已安瀾、但河身淤墊甚多、秋汛仍可慮、又青縣長呈省、運河西岸九日決口餘、查係奸民挖掘、經搶護未泛濫。

衛生署巡迴醫隊抵豫工作

▲中央社鄭州十四日電　衛生署河南災區巡迴醫隊、十四日由隊長郎桂山率領、赴偃師鞏縣救濟災民。

攷選會昨舉行會議

▲中央社南京十五日電　攷選會今日上午八時、開一百七十九次會議、主席陳大齊、修正通過修正典試規程、試務處處務規程、閱卷規則、監場規則、及試場規則等草案。

粵省參議會
昨舉行三次會開幕式

▲中央社香港十五日電　省參議會十五日上午舉行三次會開幕式、到參議員林國佩等一〇二人、十六日開始審查提案、開會前舉行粵地方自治完成紀念會、議長林國佩主席、到各機關團體代表數百人。

邵元冲最近不他往

▲中央社南京十五日電　中委邵元冲氏、由西北返京、業已多日、聞邵氏以六中全會會期、轉瞬即屆、決留京出席、暫不赴他處視察、下星期一中央紀念週、邵氏將報告巡視西北各省經過。

廣大西北攷查團赴平

▲中央社鄭州十四日電　廣大西北攷查團、十四日由陝抵鄭、十五日赴平轉綏甯等省攷察。

體育暑期訓練會結束

▲中央社青島十五日電　暑期訓練會、十五日晨九時末次試驗、成績計長春百米十秒六、破全國紀錄、平遠東、陳寶球、鐵餅三十七米二　破全國紀錄　林紹洲高欄十六秒二、平全國紀錄、餘均有進步　講習會十五日亦試完畢、當與訓練會同時結束。

魯建廳續派學生赴鎮受訓

▲中央社濟南十五日電　建廳續派男女學生廿五人、十五日赴江蘇蠶絲改良場受訓、俾來年大興改良蠶絲。

美紅十字會捐款賑我國水災

▲中央社華盛頓十四日電　美紅十字會　頃致電中國政府、慰問長江一帶水災、並捐款十[illegible]元、賑濟災民。

水利建設公債監委會
本星期內開常會
上年度用款數日須作一報告

▲江蘇社　蘇省水利建設公債監督用途委員會、以二十四年度開始、對於上年度各項水利建設用款、均須作一報告、以告一結束、茲探悉各項用款數目、由二十三年度起、截至七月底止、計撥入海工程費、為三百四十萬〇八千五百六十八元、整理沂沭尾閭工程補助費八萬元、阜寧工賑費、百九十九萬四千九百五十元〇七角七分、補助江浦浦陽鎮等三十五縣工賑浚河購堤費、八十二萬〇五百元、以上共支六百三十萬另一千五百十八元七角七分、須各銀行借款、共收六百四十五萬元、尚有七十五萬、約下月中旬交清、同時並開該會於本星期內舉開常會、討論二次大會開會日期、及本年度水利建設款項用途等事宜云。

蘇省捐稅監委會
各委視察已完四十縣
苛雜廢除後各縣經費無影響

▲江蘇社　蘇省捐稅監理委員會、前由委員會議議決、分由各委赴各縣視察捐稅情形、再行酌量從事裁減、並實行廢除四批苛雜、現視察完竣者、已有四十餘縣、尚有十數縣未經前往、一俟視察完畢、即着手將苛雜裁減　聞財廳方面、自分批廢除苛雜後、各縣行政及事業經費、一切毫無影響、並經財廳稍稍整頓、自二十四年度起、各縣預算、均為實報實銷、猶有預備金云。

視察團隊醫務衛生
蘇全省保安司令部派員
主任軍醫畢煥奎本月十六日出發

▲江蘇社　蘇全省保安司令部、以各部隊軍醫人員、均經調有受訓、分發同隊服務、改進狀況若何、自應有深切之明瞭、茲特派保安處軍醫院主任軍醫畢煥奎、於本月十六、起、前往視察各保安部隊及班長訓練醫務衛生狀況、以資改進、十一日已令各該管官長知照云。

組織形式變更與實際無關
在改進辦法未經制定前遵以前
各禁烟人員應循舊規安心服務
省禁煙會通令各縣會轉飭知照

▲江蘇社　蘇省禁烟委員會自日前各縣報紙登載改組消息後、人心不無浮動、各縣從禁烟人員、撫拾傳聞、妄自猜測、記者為欲求詳確起見、特走訪省禁烟會負責人員、叩以改組情事、是否確實、據談在組織上之變更與實際並無關係、現正在研究辦法、何時實現、尚未能定、對於各縣之改組、頗傳頗礙禁政之進行、故現特通令各縣禁烟委員會切實解說而安人心、茲探錄其令文如下、江蘇省禁烟委員會令各縣禁委員會委員長云　近據報告、各縣道途流傳、謂省各級禁烟委員會、行將改組、禁烟政策、亦將變更　人心不無浮動、烟禁前途、頗受影響等語、查本會政治之設施、應以適應環境為前提、本省徹底禁烟　抱有決心、各項辦法施行以來　著有相當成效、自應賡續進行、以底於成、迭經省政府明令昭示毋庸贅言至組織形式上之變更　與實際無關、現在正在研究辦法、乃係根據國民政府軍事委員會委員長行營所頒各省市禁烟委員會及縣分會組織通則、參酌本省過去辦理之經驗、以求改進務使效能增加　無礙於禁政之推行　與禁烟之方針更無影響　在此項改進辦法未經制定以前　一切應遵照以前　各縣從事禁烟人員　撫拾傳聞　妄自猜測　以啓人之懷疑、阻礙禁政之進行、自應通令勸勉　仍須照舊、安心服務　除分令外　合行令仰該委員長轉飭　遵照　此令。

蘇財廳定九月一日召集營業稅會議

各局提案月中寄齊　會議日程暫定一天

△江蘇社　江蘇省財政廳為改善本省營業稅徵收事宜、藉裕稅收起見、特定九月一日召集全省營業稅局局長來省會議、記者以會期轉瞬即屆十一日往訪財廳第二科科長姚溥臣氏、詢以會議籌備近訊、及其他問題、承告甚詳、茲分誌於後、趙廳長為謀本省營業稅牙稅整頓及改進營稅徵收事宜起見、特定於九月一日舉行全省營業稅局局長會議、除各縣營稅局長出席外、廳方出席者計有秘書科長及科主任、趙廳長並將親臨訓話、關於各局提案、均盡本月十五日以前寄廳彙齊、以便付會討論、其討論範圍、以改進稅務增進稅收及其他有關營業稅之問題為限、會議定九月一日舉行、會議日程暫定一天、必要時或可延長也。

蠶業改進管理委員會發放秋汛種款六萬元

先期派員至蘇錫等處調查

△江蘇社　蘇省蠶業改進管理委員會、鑒於秋期蠶種問題、大部已穩定、日前特派技正等分赴無錫、蘇州各處蠶種場所、調查秋汛所出蠶種張數、是否與所報之數相同、及一切改進事宜、關於種款問題、現據該管委會負責人云、先期付六萬元、以每張種價一角計算。並聞現已有該管委會通知各種場所填具該種款之總數寄省、由省方直接匯寄、免其來省領款之麻煩云。

侮辱女性文字

中央令知省黨部已予禁止　各地報紙不得登載

△江蘇社　蘇省黨部前呈中央執行委員會云、「案據江蘇省會婦女會呈稱、竊維國內各地報紙、每有侮辱或謾罵女性一類文字或新聞之登載、綜其內容、雖非各無根據、但類多徒知消極的暴露女性弱點、而鮮有能積極的指導婦運正軌、致其結果、非獨有損全體婦女之令譽、抑且防害整個社會之風化、故為矯正視聽、維護女權起見、實有呈請嚴禁登載之必要、爰經本會第二次會員大會議決、『呈請省黨部省政府轉呈中央明令嚴禁全國各報紙登載關於侮辱或謾罵女性之文字新聞，以正視聽而維女權、並社會風化』、等議紀錄在案、除分呈外、理合備文呈請、仰祈鈞鑒核、俯准轉呈、深為公便」、等情、據此、理合備文呈請鈞會明令、嚴禁全國各報紙登載關於侮辱或謾罵女性之文字新聞、以正視聽而維女權、實為德便、聞中央據呈後、已復省黨部云、已轉各省禁報紙登載此種侮辱女性文字、同時並不得登載提倡迷信之文字、以免予社會以不良影響云。

九月中可成立

銅山區煙民工廠

△收容烟犯以四百名為限

△江蘇社　江蘇省禁烟委員會為謀烟民戒絕後、得以自立養成生活技能起見、特籌設煙民工廠、南通區業經成立開工、關於銅山區設立煙民工廠之計劃書及開辦費、業經省府委員會議通過、茲記者向省禁烟會探詢籌備情形、據悉銅山區煙民工廠、經部專員之努力籌備、其計劃及經費、業經省府核准、除開辦費為一萬五千元外、每月經常費為二千餘元、烟民伙食在試驗期內、得呈請省禁烟會撥款暫墊、烟犯口糧、每月亦由省禁烟會撥發一千〇八十元、由廠方收入項下撥支四百元、收容烟犯工人、以四百名為限、現已積極籌備、其工廠主任一缺、刻未決定、至成立日期在九月中云。

建總理遺像

陝省黨部

▲中央社西安十四日電　陝當黨務指委會、決議在西安南院門公園、建總理遺像、基金先撥四五百元。

本縣新聞

豐北防黃誌略

自昭陽湖南圈大堰決口後、水勢洶湧、漫及豐境、本縣為防禦水患計，曾在二區舊埝迤北、修築長約十華里之新堤一道（徽湖西堤）橫亙豐沛兩境各五里、自八月二日動工、共到民夫一萬五千八、星夜趕築、王縣長黃科長各區區長、暨各區鄉鎮保甲長等、晝夜督工、雖露宿風餐、而精神未嘗稍懈、迄六日即全工告竣、該堤高度約四公尺、底寬十公尺、頂寬三公尺、中間湖水雖有幾度猛漲，但以堤防鞏固、終未為害、乃八月八日魚台南陽湖畔之黑坑忽告潰決，水頭有流向本縣之勢、第三區長彭繼亭、當商請王縣長，由復新河下游西岸起、迄三區之梁閣止、復築二十華里之長堤一道、即豐縣北境大堤藉資防禦，共役民夫八千人，縣政府原令二區出工八百八、幫同三區修築、嗣因谷亭北之陳灣決口、水勢氾濫、二區沙莊、適當其衝慘遭淹沒、水頭直灌二區之東支河、沿岸堤防，岌岌可危，縣政府當將二區黨工之八百人全數調回，復令一區出工八百

十四）二區之幾河，忽在董集決口寬約三丈，水勢湍急，現蘆埝鄉全被淹沒，平地水深尺許，河工辦事處當預備大

撥廣所管理員劉坤、教產區主任李效禹，公園主任李乃正，農會幹事吳鳳樓，教育會事務員董子元，城市民教

已無非堤岸，惟將堤幾河口（入東支河堤）工程，今日下午即可合龍，但淵水範圍不已，仍未可樂觀也。

（新任三區堤補，距前日（

批堵口材料，並事發籌，現撥護該河工之民夫，約一萬二千八，督工人員，計有建設廳王縣長進先，秦秘書朗永，黃科長昌潤，馮主任守信，張股長鎬儒，縣黨部書委李貞宜，委員彭世事，大隊附李鳳崗，縣督學王知壇、救濟院長張紹楠，農業

館長張趣坤，及區長上游 [illegible]

豐北防黃簡略圖

北　東　南陽湖　山　昭陽湖　東潘決口　谷亭　魚台城　張集　沙莊　豐　新　支　河　復　新　縣　新沛縣　義　金鄉縣

湖　被淹處　河道　新堤　決口　防堵線　省界　縣界

六區魏莊葛草集兩信用無限合作社舉行成立大會

李鴻鏹等當選爲魏莊信用無限合作社理事
王壽山等當選爲葛草集信用無限合作社理事

六區魏莊信用無限合作社、及葛草集信用無限合作社、於昨（十五）日下午二時、假第六區區公所大禮堂、召開成立大會、到魏莊村信用無限合作社社員三十三人、葛草集村信用無限合作社社員二十一人、縣黨部派訓練幹事武襄承前往分別指導、茲探得該兩社選舉結果如下、一、李鴻鏹二十九票、孟昭明二十三票、溫仲良二十票、當選爲魏莊村信用無限合作社理事、（候補理事陳玉桂十三票）、二、洪玉升二十一票、王振甲十九票、卓效成十七票、當選爲魏莊村信用無限合作社監事、（候補監事司孝詩李冠君各八票）、三、王壽山十九票、韓正明十九票、蘇好讓十四票、當選爲葛草集村信用無限合作社理事、（候補理事劉彥超七票）、四、張振宇十二票、李乃瑞十九票、張北極八票　當選爲葛草集村、信用無限合作社監事、（候補監事司鳴禮八票）、並聞魏莊信用無限合作社於是日下午三時在六區區公所會議室　召開第一次社務會議、公推李鴻鏹担任理事會主席、卓效成担任監事會主席、並確定於八月二十日開始工作、葛草集信用無限合作社、亦於是日下午四時在六區公所會客室、舉行第一次社務會議、公推王壽山担任理事會主席、李乃瑞担任監事會主席、亦確定於八月二十日開始工作云。

縣政府擬定整理城廂廁所規則

縣政府以城廂廁所　對於清潔、多不注意、以致糞穢狼籍、臭氣不堪．非但有礙觀瞻、亦且不合衛生、爲整理起見、特擬定城廂廁所清潔規則、公佈施行　茲覓錄其原文如下　第一條、本府爲整理本縣城廂廁所之清潔　特訂定此規則　第二條、整理廁所辦法．由本府公安股規定．如有不依照辦理者、得變銷其廁所　或另招他人承辦　第三條　每廁所須有固定管理人員專司一切清潔事宜、第四條、廁所設置地點、及管理人姓名、年齡　籍貫、住址、須由設置人造具清冊、呈報本府公安股、如管理人有更動時、亦須隨時呈報、以備查考、第五條、廁所管理人、必須保持清潔、時加沖洗、並不時灑以消毒藥品、對於應負一切責任、如遇公安員警指導或糾正時、應立即照辦、第六條、廁所內於夜晚應置燈火、第七條、廁所內須設小便池、大便礎、以及糞水便溺入池之陽溝、以免溺液外溢、第八條、廁所之糞料及便溺、每日須有早晚兩次撤清、不得堆積、春冬兩季、在早九時以前、晚二時以後、夏秋兩季、在六時以前、一時以後、運糞器須有覆蓋、並須上覆灰土、不得淋漓道上、第九條、小便糞水不得傾入陰溝路旁及河道水井等處、糞料更不得在廁所內晒晾、第十條、廁所如有損壞時　應由管理人隨時修理、每年至少須大加修理一次、第十一條、如廁人如有遺留物件、應由管理人立時呈交公安股、不得私自藏匿、第十二條、所有廁所大便池處、須覆蓋草料以蔽雨日、第十三條、管理人如違背以上規定．得處以十日以下之拘留、或十元以下之罰金、第十四條、如廁人無論大小便、均須入池、不得隨處亂撒、違者以違警論罪、第十五條、本規則如有未盡事宜、得隨時修正之、第十六條、本規則自公佈日施行。

參觀鄒平定縣報告（續）

王子蘭　董雲山

（三）課本編輯　平教運動開始的時　課本工作、幾乎佔了工作的全部、第一部編成的．、便是平民千字課、平教會初期、在全國各地舉[illegible]字運動、用的課本、便是這一部、

（1）三種千字課　平民千字課[illegible]幾年之後　漸覺悟到千字課應隨職業而有不同、這時平教會工作、也漸由都市轉移到農村　乃開始有市民千字課、和農民千字課的編輯、全國大多數平民、市民與農民之外　還有士兵　所以也給他們編了一種士兵千字課．三種千字課、都是四冊、

（2）三種自修用本　與千字課生字完全相同　而文字完全不同的、又有一種自修用書．曰農民千字課自修用本．市民千字課自修用本、士兵千字課自修用本、也都是四冊、

（3）兩種文藝課本　以上千字課與自修用本、是初級平校用的、至於高級平民學校、又編了市民高級文藝課本兩冊、農民高級文藝課本兩冊、

（四）平民讀物編輯　文藝教育爲學校式社會式家庭式三方面共同預備的教材課本、爲學校式教育預備的材料甚是讀物、

（1）平民讀本　平教會預備以農民需要的立場、出版平民讀書一千冊、書中百分之七十是常識、百分之三十是文藝、現已完成五百餘冊。

（2）農民週報　爲了隨時報告給農民一些合時的常識、及爲了農民有發抒意見的園地、發展天才之機會、特編輯農民週報　每年合訂一本、已有八冊。

（五）平民科學教育研究　文藝教育以治愚爲專、治愚則以科學爲最便、平民讀物中、自然科學、社會科學、應用科學各佔三分之一、這已是科學的範圍了、科學常識、必須附帶實驗、在平民讀物工作之中、實驗工作已隱然成了獨立的一部分、其研究工作之內容有三：

（1）編輯　凡是教材中的科學部分、特別是需要實驗的部分、都由這部分供給、

（2）訓練　凡平校教師及小學教師有未經實驗室的訓練者　都需短期的訓練　這訓練工作、也歸這一部分担任。

（3）表演　一方樹科學館的基礎、一方與社會式教育工作合作、赴各鄉村遊行表演。

司法欄

縣政府司法批示

▲刑事原具狀人常鶴三、一件　爲身染疾病、飲食不進、懇求恩施法外、賞保在外就醫由、狀悉、請保不准、此批

▲刑事原具狀人仇便元　一件　爲母被謀殺、屍漂無蹤、訴請迅予拘究究辦由、狀悉　是否屬實、仰候傳案研訊、此批

▲刑事原具狀人楊志學、一件、爲誣報欠捐、致受傷害、懇乞傳訊依法反坐由、狀悉、仰候傳訊、此批、

刑事判決

于兆文誣賴嫌疑案判決、

主文　于兆文無罪、

魏鳳舞詐財嫌疑案判決、

主文

主文　魏鳳舞[illegible]均無罪。

庭期審理案件

八月

二十日審理韓得書與張免修產權案、

二十日審理孫關氏與孫保恩婚姻訴訟案。

本城糧價

名稱	每市斗價目	
小麥	最高二千七百五十文	最低二千五百五十文
大麥	最高一千六百文	最低一千五百文
黃豆	最高二千二百文	最低二千一百二十文
黑豆	最高二千一百文	最低二千文
綠豆	最高二千五百文	最低二千四百文
江豆	最高二千二百五十文	最低二千二百文
高粱	最高一千五百文	最低一千三百五十文
穀子	最高一千九百文	最低一千八百五十文
稷子	最高一千五百五十文	最低一千五百文
芝麻	最高三千五百文	最低三千三百五十文
青豆	最高二千一百五十文	最低二千一百文
花生每斤	最高二百四十文	最低二百十文
瓜子每斤	最高[illegible]百[illegible]十文	最低三百四十文

氣象

晴
風向　東北風
最高溫度　一〇〇
最低溫度　八二

豐報

◎第八五九號◎

社址豐縣大同街

中宣會登記證中字第一二九二號　內政部登記證警字第二二三○號

中華郵政特准掛號認爲新聞紙類

△總理遺囑▽

余致力國民革命凡四十年其目的在求中國之自由平等積四十年之經驗深知欲達到此目的必須喚起民衆及聯合世界上以平等待我之民族共同奮鬥

現在革命尚未成功凡我同志務須依照余所著建國方略建國大綱三民主義及第一次全國代表大會宣言繼續努力以求貫徹最近主張開國民會議及廢除不平等條約尤須於最短期間促其實現是所至囑

豐縣第二屆全縣運動會籌備委員會通告第一號

查本會第一次籌備會議、議决：「定於本月二十五日舉行第二屆全縣運動大會在案。」茲定於本月十六日起在東關外體育場辦公室開始報名、報名時間：每日上午八時至十一時、下午二時至五時、至本月二十三日上午十二時截止報名、仰各界人士遵照本會前所公布之競賽規程辦理報名手續、特此通告！

中華民國二十四年八月十五日

常務委員　王如璣

豐縣教育局啓事

查本年度變更校長之各學校、應在規定開校前將新舊任交代清冊及二十三年度收支清算呈送來局、方合手續。茲爲免除遷延時日起見、凡卸職及調任之校長、未能結束以上兩項手續者、概不准領取七月份經費、希卽注意爲要此啓。

豐縣教育消費合作社啓事

查本社以採辦教育用品供應社員需要免受外界剝削漁利起見茲値學期開始時購備大批書籍簿冊圖表文具等用品到社凡我社員務速前來購用以免額外損失此啓

豐縣教育局啓事

查本學度七月份敎費、業由縣府領出、定于八月二十日開始發放。又本年度新派校長之各學校、發放八月份敎費半個月、希卽屆時按照規定手續、來局具領可也。

中外要聞

微湖堤蘭家壩全部搖動
黃水沿荊河泛流形勢嚴重

▲中央社徐州十八日電　微湖西大堤及蘭家壩、已被黃水[illegible]十八兩日夜間、已有三十餘處滲透坍塌幸[illegible]搶護、[illegible]未[illegible]、但堤身搖動、裂痕多處、如黃水再猛[illegible]、一般預料三五日內、將有整個崩潰之[illegible]時黃水南洩、沿荊河泛流、已抵徐北十五里之車道口、形勢嚴重。

▲又豐縣十七日電　豐縣楊堤各口門坍潰處、經官民星夜搶堵、並築套堤、十七日已化夷險爲、水勢已平、沛境微湖横堤無變化、湖水仍昂中。

日機近擅在平津飛行
外部已向日方提出抗議

▲中央社南京十七日電　近來日本飛機、常在平津一帶飛行、並在北平南苑、天津東局子機場降落、事先並不向我國政府聲請核准、聞外交部已向日方抗議、請其設法制止。

新運促進團定期赴川

▲中央社南京十七日電　全國新生活運動促進團第三隊、一行廿六人、定本月廿日赴四川工作、入川後擬深入農村、宣傳新運、必要時或將赴新疆工作、時間暫定五年。

京市高普檢定攷試開始閱卷

▲中央社南京十七日電　高普檢定攷試、於今日上午八時、召開第二次委員會議、委員長陳劍如主席、首由主試委員金嘉裴、報告投攷人數及攷試經過、定十八日上午九時、在社會局評閱試卷、廿四五可發榜。

湘省府召開濱湖被災善後會議

▲中央社南京十八日電　湘省府定廿一日召濱湖十一縣長、及與水有關各機關、在省開堤圩會議、討論善後方針、以昭詳塡。

徐匪彥剛遭痛擊

▲中央社南京十八日電　△江電稱、徐匪彥剛、近在沙洲被我軍痛擊、傷亡甚夥、殘餘紛竄、我湯師各部、正會剿中。

商震之談片

▲中央社天津十八日電　商震談：（一）新任華北日駐軍司令多田駿、十九日可到津、本人將定期邀宴、以盡地主之誼、（二）劉佐周案緝凶期已滿、雖捕嫌疑犯多名、皆非正兇、已飭主管官署嚴緝、（三）本省剿匪、决分三區進行、外傳變更不確、（四）本人返保期未定。

何成濬赴湘監誓

▲中央社漢口十八日電　湘省府各委員、定廿日舉行宣誓就職典禮、中央特派何成濬代表監誓　何定十九日前往。

64

永定河秋汛已慶安瀾

▲中央社天津十八日電　永定河秋汛已慶安瀾、水位近日已退落、沿河人心大安、據聞永定河水已落、惟含沙量甚大、近北運河亦渾濁、兩河泥沙量合計佔百分之一以上、故放淤仍繼續中。

亢旱不雨川東各縣秋收受影響

▲中央社重慶十八日電　渝市自六月底至今、亢旱五十餘天、中間僅下小雨兩次、十八日又秋燥、室內達九十九度、川東南各縣、秋收已受影響。

閩省府實施人民服役辦法

▲中央社福州十七日電　閩省府訂定福建人民服工役辦法十六條、經濟委員長核准、十五日起施行。

贛建廳長龔學遂視察各縣返省

▲中央社南昌十七日電　建設廳長龔學遂、前赴贛南視察、十六日由贛縣返省、據談、贛南是零殘匪、正積極圍剿、不久可肅清、今年各縣豐收、米甚賤、鎢礦產量豐富、亟待開發整理、造林等中心工作、正在準備。

北寧路局開石河刼車善後會議

▲中央社天津十七日電　北甯路局十七日開會、聽取派往調查石河刼車案報告經過後、經決定善後辦法、（一）分別函陳鐵部及各有關機關、報告經過、並飭屬一體緝凶、（二）懸賞五千元緝凶、（三）添增押車路警、（四）受傷旅客予以治療、（五）路員受傷死亡者、呈部從優卹撫。

▲中央社天津十七日電　北甯路副局長許文國等、十七晨由石河調查刼車案返津、當往路局報告調查經過、據聞此次刼車匪、車內外十餘人、衣白色襯衫、由榆關登車、其目的似僅在刼財、故目的達到後、即沿渾河逃匿。

川陝交通將有長足進展

▲中央社西安十七日電　川陝交通、最近將有長足進展、航空有西蓉綫將開航、公路已由川修入陝境、陝方正勘測、不久動工、川陝電綫、兩省電局正架設中、一切均趨具體化。

湘建廳呈報公路建築近況

▲中央社長沙十七日電　湘建設廳長余籍傳、十六日將各公路近況、呈將委員長、略謂：湘黔公路、可由長沙直達沅陵、自沅陵至黔邊、即將完成、定廿五日試車、惟路面須秋後征工敷墊、至湘桂公路、原通郴陽、洪橋至零陵橋涵洞已告竣、惟零陵至桂邊正[illegible]

京徐長途電話[illegible]完成

▲中央社徐州十七日電　交部九省長途電話管理局、現着手架設津浦電綫、已由京抵蚌、現由蚌正向徐架設、定月底可抵徐、京徐滬徐、即可直接通話。

補助邊省教費教部支配已定

▲中央社南京十八日電　中央在廿四度國家預算內、列入補助邊省教費、五十萬元、此款已由教部配定、並已呈送政院鑒核、據聞此項補助費數目、將提出星期二政院會議決議發表。

滬扶輪杯國際網球賽　我方取得決賽權

▲中央社上海十八日電　滬扶輪杯國際網球賽、十八日舉行複賽、中國以三對零淘汰日本、得決賽權、另一局英對美一對一、勝負尚須視廿一日之雙打組而定。

平市公共汽車已籌備就緒

▲中央社北平十八日電　平市公共汽車、已籌備就緒、定廿二日先通香山、每日開六次、十八日試車、由市府派員招待各界乘坐、赴香山遊覽。

意大利拒絕英法建議　三强會議談判漸感困難

▲中央社巴黎十七日電　聞英法兩國所建議解決意亞爭端方式、主要分為兩項、（一）由英法意三國合作、以謀亞國之經濟發展、其中獲主要利益者為意大利、英法並未要求新利益、（二）對意屬地索馬利蘭、伊里特里、及亞境僑民安全、提出各項改治保障、此項建議、正由墨索里尼加以攷慮、不久即可有確實答復。

▲中央社巴黎十八日電　意大利代表阿洛西今晨與賴伐爾會唔時曾表示意政府拒絕英法所提關於解決意亞爭議建議、但意國並未提出對策。

▲中央社巴黎十八日電　意代表阿洛西今晨訪賴伐爾、晤談一小時半、英代表亦與賴伐爾晤談一小時、談判已漸感困難、定今日午後再舉行三强會議。

▲中央社羅馬十七日電　衆信意大利認意亞爭端、係純粹意國殖民問題、故國聯行政院如果於九月四日開會討論意亞爭端、意國將不列席會議、關於此事現採保留態度、此間對三國會議、目前尚抱樂觀、因英方態度已較軟化也。

▲中央社巴黎十六日電　英法意三强、對意亞爭案會議進行、至晚七時四十五分始畢非洲和戰、繫此會議結果、歐洲大局、亦依此會而定　所議定之布告文、大意謂：三强代表、已審查彼等三國與亞國間有關外交文件後、此會議將協同獲取和平解決爭議方法。

粵改善全省警隊　又決定新辦法　陳濟棠決劃全省為十區　每區設正副指揮官各一

▲廣州特訊　粵省地方警衛隊之編練、當局早經悉心規劃、逐步改進、至去月初間、復由第一集團軍總司令部警衛處召開全省警衛會議、澈底討論施行、追閉會後、即將通過各案呈送總部核閱、復經陳濟棠迭次召集各高級將領開會、將已決各案重加復議、已決定最妥善辦法、日內可由總部逐一簽批、發交警衛處備文、以總司令部名義通令施行、茲將關於各縣警衛隊之數量、以逐漸縮少常備隊人數、增加後備隊人數為原則、所有各縣後備隊未成立者、限期徵編成立、已成立者、限期訓練良好、以便厲行輪流訓練方案、關於槍彈、由總部設法平價頒發、已有詳細規定、至

組織方面

將全省九十六縣、劃分十大區、即等於現在之五綏靖區、每區劃分為二、每區設置警衛隊正指揮一人、副指揮一人、負責指揮各該區所轄各縣警衛隊事宜、至指揮之權責異常重大、得隨時抽調該區之警衛隊集合、或遇警時得抽調各縣之警衛隊指揮之、各該區所轄各縣、其辦理警衛隊之成績如何、由該區指揮官負責、設置各區後、各縣之舊有警衛隊編練處、仍照常存在、但受該區指揮官之指揮、區之名稱、則以該區所在地為名、例如東莞增城博羅惠陽等縣劃為一區、該區指揮官駐在惠州、則以惠州區稱之、餘可類推、指揮官之資格、則以富有軍事學識、及具有相當之履歷者充任、同時為統一各區指揮起見、陳氏擬自兼全省警衛隊總指揮、至設置副總指揮與否、則尚在討論中、其餘

經濟方面

各縣警衛隊經費、原由各縣政府在田賦錢糧及稅契項下、附加徵稅、迨去年總部召集全省警衛會議以後、對於警隊經費之支付、原定由財政廳統一辦理、並草定全省各縣警隊經費條例俾資遵守、所有各縣警隊經費、即就新徵之臨時地稅項下之留縣五成數額中、按照數撥給、所有一切田賦錢糧附加、悉行廢除、並不得巧立名目另抽、如遇軍急、但臨時地稅、倘未全省一致開徵、陳濟棠因曾數與省主席林雲陔、財政廳長區芳浦等會商決定、通飭各縣、着除未開征地稅之各縣、由縣府就地自籌自給、仍照從前手續辦理外、其業已開徵地稅者、警隊經費、即在留縣之五成地稅項下籌撥、如不足、在本省地稅尚未一致開徵以前、仍由該縣自行酌核辦理、惟不得再在正稅項下仿照錢糧制度時附加徵收云。

蘇各縣回教公會　保安部通令保護

▲江蘇社　江蘇省政府主席兼江蘇全省保安司令陳果夫氏、據中華回教公會江蘇省分會常務委員童仁甫、楊公崖楊貫之等、呈請給示保護各縣回教公會清真寺、以維宗教、故特發給該會參字第一六一三號批云、「呈悉、已通令各縣給示保護矣、仰即知照」云云、又該會為沭陽張廡來等冒認清真寺產、呈請江蘇省民政廳令縣依法判決、並給示保護、亦奉第六一九號批云、「呈悉仰候令縣查明依法核辦具復督飭」、又該會常委童仁甫楊公崖楊貫之連日赴寶應高郵上海江都各縣辦理緊要會務、現已先後返鎮。

蘇省府舉行委員會議

委楊國鎮代理沛縣縣長

通過衛教會組織大綱

△江蘇社　江蘇省政府委員會第七六八次會議於十六日上午九時舉行、計出席委員陳果夫、余井塘、趙棣華、周佛海、葉秀峯、列席者羅時實、蕭開瀛、主席陳果夫、紀錄萬君默、開會如儀、宣讀上次會議紀錄、報告事項、（略）、議決事項、一、爲溧陽縣公務員吸食雅片一案、縣長陳復奉行禁政不力、記大過一次、又調驗有癮之沈再忠等、暨在逃之張驥、及其連環保證人、分別傳令撤職、二、復核禁烟治罪案三十件、三、通過江蘇省衛生教育委員會組織大綱、四、沛縣縣長李晉芳辭職照准、遺缺以甄審合格之楊國鎮代理、五、通過江蘇省捐稅監理委員會二十四年度經臨各費預算書、

江蘇省衛生教育委員會組織大綱

第一條、本省爲推行衛生教育、增進兒童身心之健康、及養成兒童衛生習慣起見、特組織衛生教育委員會、第二條、本委員會由教育廳長派左列人員爲委員、並指定一人爲主任委員、一、教育廳主管科科長、二、省會衛生事務所所長、一、省立醫政學院代表一人、一、專家四人至八人、第三條、本委員會於每學期開始及結束時各開會一次、遇必要時得召集臨時會議、第四條、本委員會就各機關職員中指定幹事一人至三人、辦理一切衛生事宜、第五條、本委員會應辦事項如左、一、審核全省各處學校衛生經費預算及計劃、二、承中央命令促進各校之學校衛生事宜、督察各校學校衛生之實施、四、設計改善學校之環境衛生、五、舉辦學校衛生講習班、六、籌辦左列各項衛生教育活動、一、衛生表演、二、健康比賽、三、衛生教育電影、七、計劃改進其他各項衛生教育事宜、第六條、本委員會委員及職員均爲無給職、第七條、本委員會設總辦事處於教育廳、第八條、本大綱由江蘇省政府會議通過公布施行。

蘇省黨部令淮沭等縣黨部

協助防汛工作

培堤固防積土搶險集欵賑急備糧濟災

須就地方需要預爲之備以免臨時倉皇

△江蘇社　蘇省黨部以最近黃水泛濫、來勢洶湧、有奪淮入運之危、特通令沭陽淮陰等二十餘縣黨部、協助政府加緊防汛工作、並準備救濟、以免臨時倉皇、茲將省黨部通令原文探錄於下、查最近黃水泛濫、爲勢甚急、魚台決口、進逼豐沛、本省徐屬各縣、雖已趕築蘇北大堤、而來勢洶湧、險象環生、有奪淮入運之危、若不加緊防堵、本省徐海淮揚各縣、勢將遭殃、爲此通令各該縣黨部、仰卽依據前頒救濟水災辦法、協助政府、幷會同地方人士、進行防汛工作、培堤固防、積土搶險、集款賑急、備糧濟災諸事、尤爲切要、務須就地方需要、預爲之備、以免臨時倉皇、無濟於事、並仰將辦理情形隨時具報備查爲要、此令云。

蘇財廳派定

各區整理財政委員

東海區委員未定

計郭福培等九人

△江蘇社　蘇財廳爲整理各縣財政起見、前曾決定派各縣整理財政委員、分駐各縣、以資責有專成、現各區委員、業經該廳委定、計常熟吳江吳縣爲郭福培、無錫江陰宜興爲邱東旭、武進溧陽金壇爲黃石、南通區爲葉鵬樁、朱仁安、淮陰區爲李文琥、王慶麟、鹽城區爲黃超、銅山區爲彭慶舜、東海區尚未發表、將來視各區事實上之需要、或再增委人員云。

黨政軍學體育促進會

各縣應成立分會

運動成績與服務工作同一考成

△江蘇社　蘇省府令各縣縣長各區專員云、案奉蔣委員長電令、辦理黨政軍學服務人員體育運動一案、業經檢發江蘇省黨政軍學體育促進委員會組織簡章、令飭參酌辦理在案、茲據江蘇省黨政軍學體育促進委員會呈、以各縣關於此項組織、頗不一致、擬訂各縣分會簡章、請予頒行等情、應准通飭照辦、以昭一律、除分令外、合行令仰該縣長切實遵照辦理、再此事迭奉蔣委員長明令、至爲重視、須與服務工作同一考績、切勿虛應故事、致干未便、仍將分會成立日期、專文報查、並分報江蘇省黨政軍學體育促進委員會爲要、此令云、茲錄「江蘇省黨政軍學體育促進委員會各縣分會組織簡章」於次、（第一條）本簡章根據江蘇省黨政軍學體育促進委員會組織簡章第一條訂定之、（第二條）本分會設委員九人至十五人、由縣政府就黨政軍學各機關暨各團體人員中遴聘之、並就委員中聘定一人爲主任委員、（第三條）本分會於主任委員之下　分設事務訓練兩組、各設幹事若干人、由主任委員提經本分會通過聘請之、（一）事務組、管理總務文書事宜、（二）訓練組、規劃及考核運動訓練事宜、（第四條）本分會全部辦事人員、均由本縣各機關團體人員兼任、爲無給職、必要時、得另聘體育專家、所需經費由各機關分担之、（第五條）本分會每月開常會一次、由主任委員召集、遇必要時、召集臨時會（第六條）本分會會址暫設、（第七條）促進體育實施辦法。由各分會依據江省黨政軍學體育促進實施辦法通則另訂、並送省委員會備案、（第八條）本簡章由江蘇省黨政軍學體育促進委員會議決　呈請省政府通飭施行。

蘇省府令各縣

慎重檢查印花

檢獲賬簿不得擱延

△江蘇社　蘇省府令各區行政督察專員各縣縣長云、案准財政部[illegible]字第一七五〇七號咨開、「案據上海市商會呈、以[illegible]業公會提議、請轉呈財政部及司法行政部改善[illegible]理辦法案、經大會決議通過　錄案呈請鑒核施行等情到部、當以□査原呈所陳各節、除關係法院審理部份、既據分呈司法行政部應聽候核辦外、其餘如檢查人輕率送罰一點、前據該會呈陳到部、當經飭由稅務署分別令江蘇印花菸酒稅局及上海租界捲菸查緝辦事處、轉飭檢查人員、於執行職務時、應依法令慎重檢舉、遇有疑義之件、並應先送部署核示、再行送罰在案、至賬簿關係賬款檢獲後、自未便擱置過久、致礙營業、仰俟分別咨令各省市政府及省印花菸酒稅局轉飭各檢查人員遵照、如檢獲賬簿、應卽日送罰、不得擱延　執行職務時、並應慎重檢舉、以免貽累商民可也」等語　批復在案、除分別咨令外、相應抄錄原呈　咨請貴省政府查照辦理、實紉公誼」一等因、准此除分行外、合行令仰該專員知照、該縣長遵照、督飭所屬檢查印花檢舉送罰、務須切實注意　此令。

蘇高院

整頓律師風紀

接見所犯應遵規定

通令各級法院遵照

△江蘇社　蘇高院以風聞近來看守所中、時有以律師名義不在接見時間、赴所接見人犯、幷有無不已事由、將談話時延長、逾越法定鐘點者間有一日之內數次接見、同一被告人者、甚或所接見者、幷非本人承辦案內之人、藉於接見談話中、兜攬唆訟者、殊屬有背律師風紀、監所負責人員、亦不遽予以制止、實屬放棄職權　頃特分令各級法院、嗣後律師接見、應依照修正看守所暫行規則第七章各條規定、切實辦理幷派員在場監視及紀錄談話大要以便查考云。

實行軍訓政訓統一

取消政訓員名義

嗣後政訓由各級軍官統籌辦理

保安司令部通令所屬

△江蘇社　蘇省保安司令部、以政治訓練爲軍隊教育之一部、理應由軍官負其全責、向以軍官學力未充、不得不指定專員負責辦理、此權宜之計、原非得已、現該部因本省幹部、經陸續調訓者已多、其或未經調訓、亦多爲軍事學校出身、莫不深明此旨　則軍訓與政訓並行同重之理想、自可逐漸實現、十五日特通令全省區保安司令部暨各團部各縣大隊部、嗣後政治訓練事宜、應由各級軍官統籌辦理、該部亦將政訓科目列入教育大綱、同爲考覈之標準、所有前派各級政治訓練員名義、自卽日起、一律取銷、其一切章則法規、亦一律作廢云。

本縣新聞

防黃消息

塡堵義河口工程告成

塡堵義河口煞費力量、在董集決口以前、即開始打樁運土、及決口後、並購舊船一隻、鑿入樁內、擬裝土沈下、以奠根基、因義河決口、水勢倒流甚急、正在運料裝土之際、忽而船壞樁折、計劃失敗、嗣又重行下樁、塡以麻袋、並於樁上緊繩、牽至東支河北岸、以防摧折、至十六日下午、始行合龍、轉危為安、

修築套堤

據建設廳工程師周玉山氏、偕同王縣長查勘結果、微湖西堤勢甚危險、東支河南堤堤根亦被水浸透、必須修築套堤、作第二道防線、於十七日夜間、在張廟防汛辦公處舉行

防汛會議

出席者王縣長、裘祕書、黃科長、馮主任、及各區長韓韶九、卜憲章、夏慎言、董玉樹、董仲安、王純九（陳學義代）外、有各機關代表李厚嘏、劉子粹、王子蘭、董玉珏、王如壎、李效禹等共十餘人、周工程師亦列席、由王縣長主席、報告修築套堤之需要及陪同周工程師查勘地勢之情形、次

周工程師發言

略謂：套堤之起訖地點、宜從于口西起、向東南經溫寨南至沛境較為妥當、因東支河堤東段堤外已有水、勢甚危險、且于口西地勢較張廟略高、距義河亦遠、河水至于口已無力量、故由于口向東南比較妥善、嗣各區區長及馮主任等

先後發表意見

有主張不築套堤、將義河西堤東支河南堤加高加厚者、有主張套堤由張廟起經吳莊北至沛境止者、旋由王縣長、周工程師

一再說明

不得不忍痛將四五村落劃在套堤以北、及起訖地點從于口以西到鄧莊東南之理由、最後

決議事項

如下：

（一）起訖地點、由于口西向東南經水坑涯劉莊北、至鄧莊東南豐沛交界處止、

（二）尺寸遵照省廳規定辦法、堤底十二公尺半、高三公尺、堤面三公尺、就堤兩面六公尺以外取土、河口十二公尺、深一公尺半、河底八公尺、

（三）各區工程分配、仍照微湖[illegible]例、一二兩區各十二、三六兩區各七、[illegible]八、七區五、商會二、惟義河西堤、東支河東[illegible]由第二區負責搶護、

（四）各區撥工順序、從于口起、為三[illegible]五六一七二商、

（五）十九日開工、

（六）限六天完工、

（七）微湖西堤（蘇北大堤西端）明日（二十）上午由各區共同負責修補、打樁覆以柴草、

監工委員及督工委員之分配

監工委員	督工委員	區別	段別	地點
馮守信 張明琚	彭繼亭 劉德樹	第三區	第一段	于口
孟光普 裘朝永	夏慎言 孫建興	第四區	第二段	水坑西
王香山 李鼎九	董玉樹 蕭運遐 張明盤	第五區	第三段	水坑東
董玉珏 孫鵬飛	董仲安 惠文煥	第六區	第四段	劉大莊後
彭世享 董子元	韓韶九 劉硯田 渠耀坤 王汝椿	第一區	第五段	
劉子粹 李厚嘏	王純九 陳學義	第七區	第六段	
黃玉山 李式之 陳功釗	卜憲法 董正謨	第二區	第七段	
趙守眞 吳鳳標	趙寅純 張益亭	商會	第八段	鄧莊

碭山來人接洽

徐州專員公署令碭山徵工協助豐縣堵口工作△十七日有碭山第三區公所助理員陳耀民銜碭山縣長命、來張廟辦公處接洽、惟此時塡堵義河口工程、業經告成、已無幫工必要矣、

被害村落之調查

自魚塘陳灣決口後、湖水南來、東支河以北涉莊鄉十二村、全被淹沒、滻口決口後、淹沒義河以東蕭堰鄉之孫集董集蕭堰三村義河口即行堵住、該鄉東南部及沛境幸未波及、

救濟院孤兒所招收孤兒揭曉

正取十八名　備取六名

本縣救濟院孤兒所、於昨日（十八）上午十一時在該院招收孤兒、由縣政府派員會同救濟院院長及孤兒所職員施醫所醫師等、考詢檢查、業已揭曉、茲將錄取孤兒姓名及所屬區、誌之如左、第一區、正取三名、王項、傅四、張來順、備取一名王先民、第二區、正取三名、李云光、吳敬福、孫宗冉、第三區、正取二名、張義洽、袁春棠、備取一名、袁亮銀、第四區、正取三名、陸德法、陳慶義、劉作華、第五區、正取二名、丁道祥、蘭正言、備取一名、董正圖、第六區、正取二名、李英三、鄭懷玉、備取一名、王守義、第七區、正取二名、董志恩、孟照坤、備取一名、王天乙、實驗鄉正取一名郭敦樸、備取一名、孫傳儉、共計正取十八名、備取六名、聞所有正取孤兒統限於二十一日以前、塡具保證書入院、如屆時不到或調查非眞正孤貧者、即由各該區以備取塡補云、

參觀鄒平定縣報告（續）

王子蘭　董雪山

（二）音樂　樂器製造現能自製者、計有風琴、木棒琴、笛子、留聲機唱頭等、價格均較市價為廉、研究工作注重於民間歌曲　樂器及樂譜之搜集、及實用歌譜之編選、計選定中西歌譜三十餘種、編成普村同唱歌集二冊、為歷史圖說創作歌譜五十種、

（三）廣播無綫電　以四大教育為內容、製定節目、按時廣播、就農民好奇的心理、無形中使之受到所需之教育、現在準備完成四大教育講演材料、及編選唱片故事、並研究利用此等工具、為了推廣這個教育利器、又注力於機件之製造、現在對於小規模無綫電台之全套機件、皆能自製、用費便易幾倍、縣單位的播音機、約需二千元、收音機裝置成功每架約需四十元、

C　農村戲劇

戲劇可以發展音識、舒發情感、介紹常識、施行公民訓練　提高言語程度、在平民教育上的力量很大、歷經實驗結果、證實農民確能接受話劇、並確能表演話劇、自民國二十一年至二十三年三月止、計遊行公演話劇於二十個鄉村、共訓練了十一個農民劇團、演員有一百八十餘人、在平教會大禮堂共舉行過十三屆戲劇公演。觀衆約三萬餘人、共編製屠戶鋤頭健兒等劇本二十一種、及表演術各一冊、選定適當村莊建築一座鄉村露天劇場、

司法欄

△縣政府司法批示▽

▲刑事原具保人董雪山、一件、為請求將陳體忠等賞保、不誤傳喚由、狀悉准保此批、

▲民事原具狀人姚鴻祥、一件、為贖價未清、又訛二門、請求傳案公斷由、狀悉、候傳訊核奪此批、

▲刑事原具狀人仇便妮、一件、為自願撤訴請求銷案由、狀悉、查本案依法不得撤回、仍候定期傳訊、仰即知照此批、

△庭期審理案件▽

八月二十二日審理康周氏訴康志君重婚遺棄案

二十二日審理孫保恩訴關玉瓶重婚案

△本城糧價

名稱	每市斗價目 最高	最低
小麥	二千八百文	二千七百五十文
大麥	一千六百文	一千五百文
黃豆	二千二百文	二千一百五十文
黑豆	二千一百文	二千文
菉豆	二千六百文	二千五百文
江豆	二千二百五十文	二千二百文
高粱	一千四百五十文	一千三百三十文
穀子	一千四百五十文	一千四百文
稷子	一千五百文	一千四百五十文
芝麻	三千五百文	三千三百文
青豆	二千一百五十文	二千一百文
花生（每斤）	二百四十文	二百三十文
瓜子（每斤）	三百六十文	三百四十文

氣象

晴

風向　東南風

最高溫度　一〇〇

最低溫度　八二

中華民國二十四年八月十九日　豐報　（星期一）　第五版

第二十六期目錄

徵稿辦法

一，投稿範圍　本刊對下列各稿，一律歡迎。（一）與教育文化有關之論著。（二）言論。（三）專著。（四）調查。（五）教育消息。（六）參考材料。（七）參觀報告。（八）教育心得。（九）教育文藝。（十）教育譯文。（十一）研究報告，

二，投稿要項　投稿人請注意下列各項。（一）來稿文言語體，均所歡迎。（二）如係譯稿，請附原書。（四）投稿人請在稿後附列姓名，住址，以便通訊。揭載時如欲另署別名，亦請註出。（五）來稿請逕寄豐縣教育局本刊編輯部，

三，選刊辦法　本部收到來稿時，依下列各項處理之：（一）本部對於選刊之稿，有酌量增刪之權。如投稿人不願增刪，應事先聲明（二）選刊之稿，概用極有價值之圖書致酬，其種類與數目由本部酌定之　概不預先函商。（三）來稿無論刊載與否，概不負寄還之責。但如投稿人預先聲明者，只可代為保存，親自來取。（四）來稿須繕寫清楚，以便付印。

編輯部徵稿啓事

本刊以溝通教育消息，交換教育心得為宗旨。務望各區教育同志，將教育消息，研究論著等稿件，隨時寄交本部。事實務求新鮮而具體；文字務求簡要而靈活。再本刊為鼓勵作者興趣起見，對於刊載稿件，一律酌贈有價值之圖書雜誌。辦法另訂統希鑒察為幸！

言論

學年開始

鐵亭

荏苒的時光，二十三年度匆匆的過去，二十四年度已經降臨了。我們負教育兒童的同志，自己要回頭想想，在過去那一年的成績如果好的話，要益加努力，務使百尺竿頭，更進一步　假若不好的話，也不要灰心，須拿往者不可諫，來者猶可追的精神，多求改進。茲於二十四年度學年開始之際，謹將蒭蕘之見，供獻於我小學教育界同人之前：

一，要深入民衆隊伍裏

凡是在鄉村辦教育的人，總都有學生招不足，雜費不易收的兩個問題；在我們豐縣農村經濟特別破產的環境中的確是鄉村小學很難解的兩個問題；但是一般鄉村小學教師，不能深入民衆隊伍裏，與民衆為伍，致使學校與社會鴻溝深晝，也是重要原因之一。他們既與學校無關，所以多不肯送子女入學，即令強迫入學，亦不願繳納雜費。我們要想招足學生，使既當的學生繳納雜費，必須深入民衆隊伍裏，與其通力合作。民衆的困難，即視為自己的困難，設法解決；民衆的痛苦，即視為自己的痛苦，力謀剷除。處處與民衆表同情，時時替民衆謀幸福，人非木石，誰能無情。等到民衆與學校打成一片的時候，他們的子女，那能不送入學校；自己的子女在校中讀書，又怎能不設法繳納雜費呢？

二，要在困苦中求成功

許多在鄉村服務的教師，大半感覺到房屋的扁窄，用具的短乏，經費的短少，因而心灰意冷，敷衍從事。那知愈心灰意冷兒童的成績愈不能長進；愈敷衍了事，學校的前途愈沒有良好的希望。如此那能得到社會的信仰！那能取得民衆的幫助呢！

我以為無論校舍如何扁窄，用具如何缺乏，經費如何短少，必須振作精神，努力邁進！以求最後之成功。眼見學校前途，日益進展，所謂種種困難，恐將自動決解矣！

上面的兩點意見，或者諸同人現在感覺到，或者已經獲得相當的效果，也許已有更好的辦法成竹在胸，要不着我來多事嘵嘵，還不過是拋磚引玉罷了。

計劃

豐縣店子民衆教育館二十四年度合作計劃書（續）

已辦業務　儲蓄：李新莊合作社辦有儲蓄會每月儲金六元，現已至第七期，其辦法與店子同，其他各社則在豐縣農工銀行借款一千五百餘元，徐州農民銀行借款七百餘元，作經營副業之用。

將來計劃（一）儲蓄：各社均辦儲蓄會，其辦法按李新莊辦理。

（二）添購社股：每人至少添購一股。

（三）巡迴指導：各社每月開理監事會一次，由本館派員出席指導。

（四）理事談話會：各社理事每月來館開談話會一次。

（五）成立新社：擬將來區（行政區）劃為二十個合作區，除已成七社外，再辦十三社。

（六）聯合儲押及運銷：由各社理事聯合組織辦事處　辦理農產品儲押及運銷：

（七）設立儲押分倉：查本區北部有東支河，東通運河，其北岸有沙莊村　閑房頗多，以之作分倉，不惟儲押適宜，運銷亦極便利。

（八）農產品質改良：按基本施教區辦法辦理。

六，結論

我有下列數語以作結論：

一，合作事業在農村是的確需要。

二，提倡合作事業應金融機關與社教機關充分聯絡。

三，提倡合作事業應先提倡儲蓄。

四，提倡合作應切合農村環境。（完）

轉載

普及現代生活教育之路

陶知行

什麼是生活教育？

生活教育這個名詞是被誤解了，所以被誤解的緣故是因為有一種似是而非的理論混在裏面，令人看不清楚。這理論告訴我們說，學校裏的教育太枯燥了，必得把社會裏的生活搬一些進來，纔有意思。隨着這個理論而來的幾個口號是：「學校社會化」「教育生活化」「學校即社會」「生活即教育」。這好比一個籠子裏面囚住幾隻小鳥，養鳥者顧念鳥兒寂寞，搬一兩丫樹枝進籠，以便鳥兒跳得好玩，或者再捉幾隻生物來，給鳥兒做陪伴。小鳥是比較的舒服了。然而鳥籠畢竟還是鳥籠，決不是鳥的世界。所可怪的是養鳥者偏偏愛說鳥籠是鳥世界，而對於真正的鳥世界樹林反而一概抹煞，不加承認。假使籠裏的鳥，習慣成自然，也隨聲附和的說，這籠便是我的世界，又假使籠外的鳥都鄙棄樹林，而羨慕籠中生活，甚至以不得其門而入為憾，那末，這些鳥總是和人一樣的荒唐了。

我們現在要肅清這種誤解。生活教育是生活所原有，生活所自營，生活所必需的教育。教育的根本意義是生活之變化。生活無時不變，即生活無時不含教育的意義。因此，我們又可以說：「社會即學校」。在這個理論指導之下，我們承認過什麼生活便是受什麼教育；過好的生活，便是受好的教育；過壞的生活，便是受壞的教育；過有目的生活，便是受有目的的教育；過糊裏糊塗的生活，便是受糊裏糊塗的教

育；過有組織的生活，便是受有組織的教育；過有計劃的生活，便是受有計劃的教育；過亂七八糟的生活，便是受亂七八糟的教育。換個說法，過的是少爺生活，雖天天讀勞動的書籍，不算是受着勞動教育；過的是迷信生活，雖天天聽科學的演講，不算是受着科學的教育；過的是隨地吐痰的生活，雖天天寫衞生筆記，不算是受着衞生的教育；過的是開倒車的生活，雖天天談革命的行動，不算是受着革命的教育；我們要想受什麽教育，便須過什麽生活。

生活教育與生俱來，與生同去。出世便是破蒙；進棺材纔算畢業。在社會的偉大學校裏，人人可以作我們的先生，人人可以作我們的同學，人人可以作我們的學生。隨手抓來都是活書，都是學問，都是本領。

自有人類以來，社會即是學校，生活即是教育。士大夫之所以不承認他，是因爲他們有特殊的學校給他們的子弟受特殊的教育。從大衆的立場上看，社會是大衆惟一的學校，生活是大衆惟一的教育。大衆必須正式承認他，並且運用他來增加自己的智識，增加自己的力量，增加自己的信仰。

生活教育是下層建築。何以呢？我們有吃飯的生活，便有吃飯的教育；有穿衣的生活，便有穿衣的教育；有男女的生活，便有男女的教育。牠與裝飾品之傳統教育根本不同。牠不是摩登女郎之金鋼鑽戒指，而是冰天雪地下的窮人的窩窩頭和破棉襖。

生活與生活磨擦纔能起教育的作用。我們把自己放在社會的生活裏，即社會的磁力線裏轉動便能通出教育的電流，射出光，放出熱，發出力。

生活教育現代化

生活教育是早已普及了。自有人類以來，便是人人過生活，人人受教育，自然而然的，生活是普及在人間，即是教育普及在人間。但是有些人是超時代，有些人是時代落伍。有些人到了現代還是過着幾百年前的生活，便是受着幾百年前的教育，教時代落伍的人一起趕上時代的前線來是普及教育運動的目標。做一個現代人必須取得現代的知識，學會現代的技能，感覺現代問題，並以現代的方法發揮我們的力量。時代是繼續不斷的進，我們必得參加在現代生活裡面，與時代俱進，纔能做一個長久的現代人。否則，再過幾年又要時代落伍了。因此，我們必須拿着現代文明的鑰匙纔能繼續不斷的去開發現代文明的寶庫，保證川流不息的現代化。這個鑰匙便是活用的文字符號和求進的科學方法。普及教育運動之最大使命便是把這個鑰匙從少數人的手裡拿出來交給大衆。

老法子的普及教育

白君勁生從杭州來，給我看了一兩條最有趣味的教育報告。這報告說：依照最近四年來浙江所用的方法來掃除文盲，全省要四百年纔能完成；依照最近六年來杭州所用的方法來掃除文盲，全市要一百五十年纔能完成。這種自覺的教育報告我還是第一次看見。現在從一省一市推論到全國，呆板的守着老法，要多少年纔能普及呢？依據教育部最近統計，各省市民衆及職業補習學校學生數，民國十八年爲一百零三萬六千一百六十人。十九年爲一百一十萬四千一百八十七人。在這一年之中是增加了六萬八千零二十七人。中國全國之失學成人估計有二萬萬人。假使中國人口不再增加，民衆學校學生萬歲，長生不死，學生增加率能年年不減，也要三百年纔能將文盲掃除乾淨。再拿小學生的統計來看民國元年小學數爲二、七九五、四七五人，民國十九年爲一〇、九四八、九七九人。十九年之間小學生是增加了八、七九五、四七五人，每年平均增加率爲四十三萬人。用四年義務教育估計，假定人口不再增加，小學生長生不死，學生數照平常比例增加還要七十年纔能普及。但是人口趨勢若無統制，必是有加無減，小學生總數每年要夭折三十萬，每年平均所增加之四十三萬人之中每年也要夭折一萬三千人，學校增加率如無新創辦法也得逐年減少。故依我估計，用傳統方法，學齡兒童的教育要再過一百年纔能普及，失學成人之教育要再過四百年纔能普及。教育是必須普及。但是老法子決辦不到，只好想新的法子來解決。老法子有什麽困難？能解決那老法子所不能解決的困難的方法便是新方法。

攻破先生關

據教育部統計，全國學齡兒童總數爲四千九百十一萬。又據十九年統計全國有一千九十四萬小學生，共需五十六萬八千教職員。平均每教師教導小學生二十人。四千九百十一萬小孩子共需小學教師二百四十五萬人。有些教育官主張普及教育要靠師範生，辦師範學校要靠官辦。好，我們只須看一看十九年度師範學校的畢業生數就知道這些教育官是在做夢。這一年的高中師範、鄉村師範短期師範的畢業生合起來算只有二萬三千四百零二人。師範畢業生萬歲，長生不死，要費一百年的培養纔夠普及小學教育之用。即使每人担任小學生數增到四十人，也要五十年纔能培養得了，還要求求天老爺保佑他們一個不死才行。還有那二萬萬的失學成人怎麽辦？假使每位教師教四十個人就得培養五百萬位民衆教師。每人每天教兩組，也要二百五十萬。這二百五十萬乃是至五百萬人又要多少年去培養？培養師範生每年每人要費公家一百零一元，至少三年就要三百零三元，私人的費用還不在內。二百四十五萬的小學教師和二百五十萬的民衆教師的培養費就得要十五萬萬元。他們就職之後，就要領薪水。少說些，每人每年一百元，就要五萬萬元。如果中國的普及教育一定要這樣辦，那便是癩蝦蟆想吃天鵝肉。我們要衝破這個難關，必先對於教師的觀念起一個根本的改變。師範生乃至整個知識階級不是教師惟一的泉源。小孩子最好的先生是前進的小孩。大衆最好的先生是前進的大衆。知識分子的使命在幫助前進的孩子和前進的大衆取得現代知識以同化他們的夥伴。（未完）

警策語

二，國人衣細葛纖紗者，當念災黎之赤其身而裸其體；食芳冽肥鮮者，當念災黎之啃樹皮而嚼草根；住高堂大廈者，當念災黎之攀枝樹而穴土山；乘飛艇汽車者，當念災黎之沉洪流而浮湍波；於是惻隱之心，動乎其中。

縣黨部無線電收音室開放節目

八月二十日　星期二

八，一〇 國樂 燕石鴉琴，上海行 鳥驚喧 連環扣 三潭印月 寄生草 雨打芭蕉

八，三〇 新聞

九，〇〇 歌曲 黃昏曲 蝶和蜂 國難來了 勇健的青年 一片春雲 問問鷄 孩兒 老母親

一一，五五 平劇 氣象報時 風報告商情 頭本走麥城，收周倉 處小翠 蝴蝶盃 鼎盛春秋 八大鎚 受禪台 改良焚紀信

獨木關

一八，〇〇 大鼓 董蓮枝唱：空城計

一九，〇〇 平劇 王芸芳 譚富英 尚小雲 王少樓 合唱 紅鬃烈馬

二〇，〇〇 報時氣象水位 風報告第一次簡明新聞

二一，四〇 第二次簡明新聞

二一，五〇 新聞

二二，三〇 國樂及平劇 小桃紅 楊翠喜 三醉 言菊朋 亭 吳鐵庵 芙蓉劍 天河配

第一三五期

一，本刊內容分科學常識論叢詩歌小說戲劇散文書信書報介紹及批評等項

二，本刊歡迎投稿來稿文言白話均可

三，來稿本社有修改權不願者應先聲明

四，未經登載之稿除預先聲明者外概不退還

五，本刊編輯部設豐報社內

漫談

▲上圖書館的道德

榮培

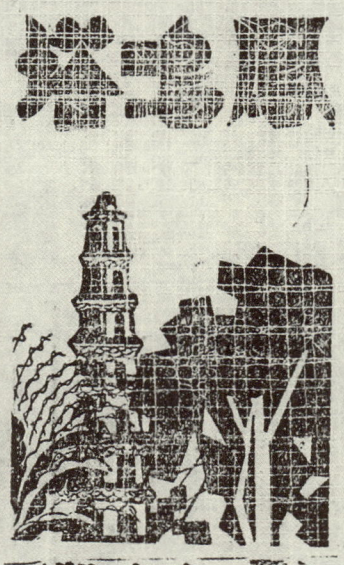

圖書館是智識的寶庫，所以規模不論大小，能夠幫助我們獲得新智識，總是一樣。本縣公立圖書館，僅有城市民教館與縣黨部二處。縣黨部藏書偏於社會科學一類，似與民教館之近於一般稍異。閱覽人數，民教館雖無報告（有統計），但按本處情形觀之，想亦不在少數。大凡一地方圖書館閱覽人之多少，即可估計一地方人民智慧程度之高低，與一地方人民意識之蓬勃與否，此在事實上亦大致無誤。

茲有關於本處閱覽情形約略要說幾句：

一，圖書館所有的圖書，不一定盡可出借。本縣少數借書人多以為圖書既已編號，當可借出；其實凡圖書館所有任何圖書，皆須編號，編號與出借，並無連帶關係，同時，管理員以熟練的眼光，對於某一人可借以某類書，而拒絕讀借某類書，亦為任何圖書館所默許。

二，凡赴圖書館借書者，均為智識階級中人，尤多刻苦勵進，求學向上之士，其品格亦自高於草莽之夫，是以對於借來一書，應該格外珍重加以愛護，時思我現在所借所讀之書，尚須經過數十百千萬人借閱，我當特別小心，就是一翻一合，亦當仔細着手。照如現在本處圖書，每有第一次借出，即已損傷者。至於來館閱覽者則亦多有將分類圖書任意翻置，以致各類凌乱雜陳，非但管理為難，書籍本身壽命，亦必縮短無疑。記者昔日在上海涵芬樓東方圖書館等處遊覽，見其藏書，亦隨人翻閱，（涵芬樓只能本館人可借，後增改為東方圖書館）然而十數年來完好如初，苟非借書人閱覽人之格外愛惜，豈能如此。

三，世間最寶貴者莫如時間，而一切時間尤莫重於辦公時間。凡赴圖書館者，見未逾或已逾規定時間，咸應遵守章程，尊重他人權利，此本毋須解說。本處在規定時間來借書者，自屬最大多數，惟間有極少數人每越規定，致辦公時間錯亂，無形中予管理員以時間上之損失。同時本處管理員，類都在某數公時間中抽出一部份時間來從事辦理借書手續，所以一般來圖書館借書諸君，應當格外依照借書規定時間。又文藝研究會會員亦同應遵守此例，因縣黨部各同志借書亦無不如此也。

至於其他圖書館有介紹智識與義務性質等書，閱覽人更須絕對尊重館中一切定章，茲不贅。

甘雨

王迺慰

自割完麥種上豆子，到現在有一個多月沒有下過一次透雨，剛割完麥過了二天的光景，下了一次雨，有的地下透了，大多數的沒有下透。下透雨的地，種豆子是不成問題，倘沒有下透的地，地面上的澤土，與地下澤土的中間隔着一層乾土，怎能種豆子呢？這時農民的心中想到這時若不把豆子種下去，十天半月的若不下雨豈不是沒有辦法了嗎？恐怕失了時機，於把豆子無多的種下地去。下透雨種的豆子全全出來了地皮，從一從青青嫩嫩的綠綠的，正長着。當中眼一層乾土的，尚僥倖出了半苗。

閃電似的光陰過去了十天，沒有落一滴子雨，綠綠的豆苗子有點枯萎了，也不向上長了，乾巴巴的站在出裏像有病似的。已長尺來高的高粱，貼地的幾層葉子，已由綠嫩而變成黃色，由黃而變成枯了，其他的莊稼如芝芝麻穀子……也稍枯萎了。這時的農夫們，每逢晚飯後沒工作的時候，三個一堆，五個一羣，差不多都是說：「紅芋到現在沒有種上，種豆子的時候，地就不十分透，有的豆苗子全了出，有的出了一半。蕎現在有十來天沒有下雨，這麼嫩的豆子，能受得住這麼烈的太陽麼？當地的豆子穀子都已不長了，若再幾天不下雨，恐怕要旱死了。老天爺多不可憐我們啊！」

匆匆的十幾天的光陰又過去了，也沒下一滴子雨。但天氣，比前幾天熱的多了，豆子旱得像鐵條，一點脆性也沒有。有的豆子葉已變成黃色，而至於落了。高粱葉已黃到一大半了。總而言了，一切的莊稼都缺乏水分，因而葉子都向下垂着，沒有一點生氣。郊野裏鋤土的也沒有，「旱的寸草不生，還除什麼草？」怪難團結的農民們，他們的意志也一致了。我們一致的希望就是落一場大雨。他們關心雨，比失去東三省還要關心，心中真是火燒的一般。你若到鄉間走一遭，看吧，那真是熱鬧極了。甲莊上敲鑼打鼓的拈香，乙莊上焚香唸佛的曬關二爺雲長，丙村上老老少少男男女女拿着掃帚去掃坑，丁莊上聚幾個寡婦去到河裏哭河。上面的四種據說都是旱天求雨的法子。這時農夫的心中可想而知了。

刮了三天的東南涼風後，在七月八號的這天早晨，東南的白雲慢騰騰的升起，漸漸的佈滿了天空。白雲已變成灰白，這大概是雲厚的緣故吧？剛吃過早飯，農民最希望的千金難買的水晶似的雨點，嘩嘩的下起來了。這個時候的農夫心中的快慰，不是言語所能形容。三天大雨過後，郊外瞧去，一粒沙土也沒有，空氣真新鮮，人們吸在肺裏，是多麼爽快。小溝的水潺潺的流着，天真的小孩子在裏面洗澡。栽紅芋的滿地都是。鋤豆子的鋤高粱的，鋤一切不甘的滿地。他們[illegible]的說話。一切將死的莊稼，都從渴忽起來了，長起來了。欣欣的長起來了。[illegible]痛快起來了。

。。。

我的本鄉

英

我的故鄉不是什麼名城，也不是什麼勝地，更不是什麼繁華的都市。我的故鄉，是一個僻靜的村莊，雖然不大，但是，有令人想不到的美景。村東有一里多路，有一個不大的湖，湖西，就是一個很小的土山。村的北方有幾株紅桃和垂柳，前方便是一條康莊大道。

最好的還是東方的湖中和山上。湖邊雖比不上西子湖的美，太湖的清蒼，卻也有使人留戀的地方。最好的是夜中，划着艇，賞玩着幾株月。天上一輪月印在水中，如銀河一般。那天比不當好上千倍了。到來你在湖中泛舟游玩，那就不妨到山上去走走。山上有美麗的仙草，有婀娜的楊柳，有嬌弱的紅桃，有可愛的野花，有……這山的美景，長得用筆墨也難形容的啊！你要在山嶺上，看着蒼翠的湖水，看看四外的情形，看看本山的風景，那真叫你快樂到萬分了。

這就是我本鄉。

重見

劉雋心

啊！啊！我想起了，
想起我和你分別時節。
那是在前年的夜秋，
正是梧桐落葉的時候。

那時你我徘徊樹邊，
握手長話，
你說你不久便要歸來。

那麼你要不要空將濕酒。
誰知你一也好久，
音信也也不通達。
我終日焦焚的待着，
已是兩個冬夏。

那麼風輕節吹來，
真使我又驚又喜。
你要真的歸來？
發是和我在夢中低語？

68

月下

微君

「往事已成空，還如一夢中」

一輪皎潔的明月懸在蔚藍的太空，滿天斗星閃灼不定。一團深幽的風不很靜的溪邊，生着美麗的花草。

四週萬籟俱寂，色澤皎潔的月光，普照大地，正如水銀瀉在地上一般，令人可愛。我兀自立於院中；一幕一幕的往事啊，都擁進我的心頭，使我不能抑制。

唉！這種快活的景象，卻不足以彌補我這曾受重大的創傷而已枯死的心靈，不過更引起我的悲感罷了。久踞在我心頭的悽楚，現在更悲慘。如波濤仰地酸淚，也格外的洶湧了！

眼看天空的白雲將光明的世界遮了。唉！白雲！飄浮的白雲喲！我若像白雲一樣的安閒自在倒也不愧一生。而我的飄浮呀，却是為着將來的生活，為着經濟的壓迫，為着命運的支配。

唉！人老不要想當年，人窮不要想方便。的確，你看那花兒謝了，還有再開的時候。啊！聰明的學者，請你告訴我，人老為什麼不能轉少年，光陰去了又為什麼不復返呢？是老虎銜去了牠嗎？那末我們大家拚命的奪。還是牠已藏起來了？但又在何處？我不曉生命之神給我多少日子，我現兩手空空的一無所有。我默默的想着想着有生以來——十多年如飛的逝去，所得的成績，不如九牛之一毛，滄海之一粟，我眞不禁心搖搖而淚潸潸了。

想到那模模糊糊的過去，和渺渺的將來；往者已矣，來者可追，在此來去之間，我怎麼又如醉生夢死呢？在這流水般時光內我有些什麼呢？唉！不過是惆悵，悲哀，流涕，和醉生夢死罷了！那些逝去的日子如輕烟被風吹消了。將來我又留些什麼痕迹呢？我半無一點成就供獻於國家，社會，人民。

我赤顆顆的來到人間，瞬時間也將赤顆顆的回到這裡，不覺更悲傷起來了。

人生果眞是空虛的麼？為什麼掙扎了一生，還抓不住生命力呢？不堪回憶的往事，時時的總在眼前。

青春之神喲！你莫向我笑！在你的迎笑裏人已走到了末路，消磨人的紅顏，白髮的晞晞，皺紋滿臉了。

青青的楊柳喲！你禁不住我滿腔的悲傷！美麗的紅花喲！你挽不回我的天眞的童年。時代白雲蒼狗般的轉折變幻，青春鮮花如月的空虛。

閒話

閒人

（一）

金錢是活寶，只要你有金錢，那什麼都可以做。就是大人先生們，見了你也很恭敬的行禮，要沒有錢呢，那就不必談了。

（二）

沒有慈愛的春天，那能顯出殘酷的冬天，沒有鮮豔的綠葉，也絕對襯不出粉紅的桃花。沒有貧賤，那能顯出富貴來。

（三）

人無千日好，花無百日紅，有得意的一天，就有失時的一日。月有圓有缺，現在的幸福，追不定是將來的苦難。

平凡（續）

潮汐

他的眼有些暈花了，眼前顯出一羣「丘八，走狗，財迷，狗種……」他所起的新名詞。

他的胆異大，張口便喊了聲「丘八們想害我，還是什麼居心呀！……」他的聲音卻很高。

他，不知道何時躺下的。他雖說躺下了，他還不住的在說：「丘八們是殺人的魔王！可是只能殺自己人，也一一定要殺盡的。他們怕外國人，就像小孩怕父親的一樣。

他作了好大的一會，才說：「現在社會的黑暗，都是由一般自私自利的先生們，大人們所結的因果！」

他休息了一會，才繼續的說：「我們在歷史可以見到一些暴虐的君主，帝制專制的[illegible]，焚書坑儒的秦始皇，和許許多多的暴君。

他的腦子，像似擲了火山，時時[illegible]，噴出火來，[illegible]看不慣這些。

[illegible]似乎又有了不少的小蟲，禁不住的在裏頭亂爬起來，咬起來。他的腦子一定密佈了不少的傷痕，鑽了無數的[illegible]——痛的要崩裂，噴出火來！

他的腦子又痛攪起來，一定又是牠在裡面作怪，在爬，在鑽，在喝腦漿。他小小地一條生命，恐怕要死在他的手裏，因為他的腦漿已被牠喝的只剩了一個盛腦漿的空殼。

君王專制時，人民過的是黑夜生活，一點也不能自由，一線地光明也見不到，因為有君主在高壓！我們，只有微微的呻吟，用勁高高地呻吟聲。

生於現在的時代，只有盲目地與心死地和卑賤地拍馬地才能安居；可是他的目在明心在躍，卑賤，拍馬；……他都辦不到，因為他的天性使厭惡那，咀咒那，更不願與他接近。

他的腦子痛，是因為他感覺着他的四周，都是帶着腥羶的猴犬——牠痛的要崩裂，噴出火來。

「牠們要害我，我是知道的」他又在這樣的說。

他時時想去宰上幾個最兇的豺，狼，狗種！

不幸，牠們的魔力太大，黨羽太多，連天接地的那都是呵！說不定，我就此把命裡。

「喂！朋友，你趕快的去吧，那邊是你的兄弟來了——！」他大喊了一聲。

他罵了許多人，是沒有靠的，因為他是一個該死的人，就像似一個該死的匪徒。

他的口吻漸漸的動了，聲音有些微弱了，仔細聽去，還可以聽出幾個的字來。

好了，他停着口不說，不久了，因為死期也在他的面前！

（完了）

警策語

三，全國民衆當生惻隱之心，節約其衣食住行之所靡費，以賑彼災黎。減吾人物質上無謂之享受，而救撫無數災民之生命，即可說是當仁不讓之義務。

縣黨部無綫電收音室開放節目

八月二十一日　星期三

八，一〇　西樂
秦庭

八，三〇　新聞
潘雪鮮　馬連良　荀慧生

九，〇〇　歌曲
賣花女　思故鄉
秋夜　幽居
努力　淸早起來
宛其死矣　村
童餅
張國斌　合唱
審頭刺湯

二〇，〇〇　報時氣象水位報告第一次簡明新聞

一一，五五　平劇氣象報時
商情
美人計，梅妃
頭本虹霓關
新蝴蝶盃
八本雅猗換太子
貂蟬　草
搖錢樹　討荊州
鎖兒禧

二一，四〇　第二次簡明新聞

二一，五〇　新聞

二二，三〇　國樂及平劇
細雨飛花　空谷傳聲　步步蓮花　木蘭花　娛樂園　綵痕記　丹青引
李七長亭
總理紀念歌

一九，〇〇　平劇
高慶奎唱　梁

第八七五號
社址豐縣大同街
中華郵政特准掛號認為新聞紙類
中央宣傳委員會登記證字第一九號　內政部登記證字第二二三○號

△廣告價目
一本報廣告暫以方寸計算
一每方寸以市尺一寸為準
一封面每方寸每日大洋一角普通每方寸每日大洋八分
一登三日以上九折六日以上八折十日以上面議

◁今日一張半▷

本報價目
本報每份大洋一分四厘每月大洋三角外埠每月大洋四角郵費在內

△總理遺囑▽
余致力國民革命凡四十年其目的在求中國之自由平等積四十年之經驗深知欲達到此目的必須喚起民眾及聯合世界上以平等待我之民族共同奮鬥現在革命尚未成功凡我同志務須依照余所著建國方略建國大綱三民主義及第一次全國代表大會宣言繼續努力以求貫徹最近主張開國民會議及廢除不平等條約尤須於最短期間促其實現是所至囑

大家注意

人人愛吸國貨香烟

愛國同胞們　請吸國貨烟　芬芳既適口　物美價又廉　遠勝舶來品　可挽吾利權

高等老牌 **白金龍** 50支每桶四角　十支每包八分
物美價廉 **大長城** 50支每桶二角五　十支每包五分
包內帶彩 **金馬牌** 空包十只換本煙一包
特別犧牲 **新愛國** 條盒兩只可換毛巾一條

豐縣東大街德履祥謹啓

◁本社營業部▷

各貨價目

訂印物品　先繳半價　現金交易　概不賒欠

四頁公文紙每百張一元
四頁稿紙每百張一元
十行稿紙每百張三角
白三表七寸封每百七角
白三表六寸封每百六角
白三表五寸封每百五角
牛皮紙七寸封每百六角
牛皮紙六寸封每百五角五分
牛皮紙五寸封四角五分
黃表古七寸封每百四角五分
黃表古六寸封每百四角
黃表古五寸封三角五分
△以上各貨一律九折▽
快郵代書紙每百張八角
單據存根紙每百張二角
收支傳票紙每百張二角
收支傳票封面每張六厘

連史十開信紙每百三角
連史十二開信紙每百二角五分
連史十四開信紙每百張二角
△以上各貨一律八折▽

△名片▽
意金長三號每盒七角
新長三號每盒六角
銅版長三號每盒六角
意長四號每合六角
特長三號每合五角
明特二號每盒四角
明長三號每盒四角
明長四號每合五角
意長一號每合四角
意長二號每合四角二分
意長三號每合五角

△如印書籍表冊賬簿廣告小說雜誌等請來社面議▽

營業時間：上午八時至下午四時　地點：大同街

自由布　花條布

各色**自由布**花樣繁多美麗素淨秋季用做單袷衣料實在好到極點并且價目低廉眞是機會難得

花條布特別減價各色花樣全備男女各界用做短衫褲內衣頂合算配作袷衣裏子尤爲經濟得當

豐縣監獄署出品

豐縣私立黎明幼稚園捐款鳴謝

王純九先生　二元
李培之先生　八元
李明德先生　三十元
張筱蘭先生　十元
張紹綱先生　四元
孫道平先生　十元
馮矩棠先生　二元
陳益甫先生　一元
李知義先生　一元
曾雨亭先生　三元
于憲農先生　三元
馬漢勛先生　三元
劉照祥先生　一元
王惠恩先生　二元
溫傳芝先生　一元
孫敦昌先生　一元
仇瑞麟先生　一元
劉蔚雲先生　三元
董鴻恩先生　二元
岳德廣先生　二元
李坤若先生　二元
李宋瞬先生　二元
張處靜先生　一元
李子衡先生　二元
高俊才先生　二元
蔣耀之先生　二元
朱瑞書先生　二元
島寄塵先生　二元
王繩其先生　二元
吳春芹先生　一元
張協唐先生　五角
王烟村先生　五角
王汝舟先生　五角
張志文先生　五角
陳其芳先生　五角
劉劍秋先生　五角
朱體芬先生　五角
王淑身先生　五角
楊學泉先生　一元
谷建僕先生　五角
王汝經先生　五角
王樹悲先生　五角
（未完）

豐縣中山自治實驗鄉鄉學青年生活班招生

自九月一日起，十日止，隨到隨考，簡章載本報八月三十日本縣新聞欄。

豐縣縣立初級中學傳補備取生通告

本校此次招考正取新生尚有缺額未到應即傳備取生孫敦福、張麟鳳　楊尊信、王志忠　張爾珩遞補　限於九月八號以前到校、如逾限不到　將再以次遞傳。

中外要聞

孔祥熙勘察返京

六塘中運不老各河潰溢

朱口形勢險惡已達極點

▲中央社濟南四日電　黃河上游朱口形勢險惡、水勢甚猛、淘刷益厲、大堤坍陷、危險達極點、魯堤下四埽吊蟄入水、正搶加新埽、其餘七埽、下一二三五六埽、亦紛吊蟄、釘樁冲倒、堤頂裂陷。

▲中央社徐州五日電　微湖黃流、分三股注入中運、現運河下游、因造船閘、及導淮工程未了、故防汛處、趕造草埽一處、阻黃入運　致運河無處宣洩、轉入六塘河、水勢洶湧、泛溢出岸、海沭各縣、將淪澤國、又運河在邳河上游、劉店及雙莊　因堤身較低、已被洪流潰漫成災。

▲中央社徐州五日電　不老河水勢、仍猛向下游宣洩、寇莊堤埽坍潰、水奔流下注　五日晨淹三十餘村、九區公所設於小塔山、亦被波及、又該處水勢、已灌入六區房亭河、漫溢出岸、向東奔放、據報、五日晨水頭抵邳境八義集、徐東半壁將受大刼。

▲中央社徐州五日電　茅村三區陸沉、無告農民、極爲悲慘、三十里波浪、水深八尺、路局運料拚命修路基、倘再升高、南北交通將阻。

▲中央社徐州五日電　琵琶山至青山頭之津浦路橫堤、四日受不老河猛冲、潰三十餘公尺　形勢危急、將灌入黃河故道　當由與區長鳴鑼招集萬餘人搶修、在堤外加樁草埽

蘇包、五日晚完工。

▲中央社濟南四日電 韓復榘四日晨專車赴兗、候孔祥熙、隨孔同車赴濟甯視察水災、六時返兗、陪孔赴曲阜。

▲中央社南京五日電 財長孔祥熙、三日晚由京乘車北上勘災、在徐州兗州濟甯、均有耽擱、並與韓復榘會見、勘畢、即於四日晚十時返抵徐州、專程南下、沿途無停、於今晨十一時抵浦口、十一時廿分抵下關、即乘汽車入城、赴私邸休息、記者今晨晤孔氏於輪次、叩詢一切、據談：余於前晚北上、昨晨抵徐州、與蘇建廳長沈百先會晤、即同赴九里山微湖套堤、及其他險工視察、視察畢、專車北上、下午二時抵兗州、與韓主席會晤、復下車視察、旋於五時同車赴濟甯、乘民船赴潰決堤岸巡視、八時南下、過徐未停、此次視察結果、印象極深、關於救濟及治標治本辦法、均與韓主席沈廳長詳談、其經過情形、已起草詳細報告書、即可發表。

▲中央社南京六日電 孔財長昨晨返京後、於下午訪謁汪院長、報告勘災經過、旋到財部處理部務、定夜車赴滬、孔氏以魯災慘重、特與夫人宋靄齡女士、共捐一萬元、賑濟魯災、指定五千元撥交濟甯現有災民、餘交魯省府分配。

中央昨舉行常會

六中全會展至十一月一日開幕

五全大會於十一月十二日舉行

▲中央社南京五日電 中央黨部於今日上午八時、舉行第一八七次常務會議、由汪兆銘主席、決議要案、（一）第四屆中央執行委員會、第六次全體會議、展期於十一月一日開會、（二）通告各級黨部、第五次全國代表大會、仍照原議於本年十一月十二日舉行、（三）災區冬期急賑會、舉收冬賑捐款餘數、一律撥充水災賑款、（四）推羅委員家倫、出席下星期一中央紀念週報告。

蘇水災救濟總會分電乞賑

▲中央社鎮江五日電 蘇水災救濟總會 五日分電仁濟堂、及籌募各省義賑會、華洋義賑會、紅十字會乞賑、電文略云、蘇北黃水漫溢、銅豐沛邳均已成災、迭據各縣馳電呼籲 總計災民達廿萬、無食無家、待賑急切、除普告各界請予賑濟外、切恐集款須時、遲緩難以救急、素仰貴會關懷、敬祈示撥款物、以作急賑、 臨電無任迫切待命之云。

中國經濟攷查團定期赴日

▲中央社上海五日電 滬各界領袖錢新之、陳光甫、張公權、周作民等、應日方之邀、組中國經濟攷查團赴日攷查、定廿五日出發、人數約十四五人、攷查期爲一月、日方擬派鈴木等陪往。

張羣昨留安慶會晤劉鎮華

▲中央社南京五日電 湖北省府主席張羣、自上月十八日代表府委員長飛青、謁汪院長、次日由青飛京後、即在京滬兩地、進行籌賑鄂災事宜、現已事畢、於今晨八時半、搭乘中航一號機、西上赴皖、稍停即返漢、主持鄂政、聞張氏俟十一月六中全會開會時、將再來京出席。

▲中央社南京五日電 鄂主席張羣、已於今晨離京西飛、頃悉張氏過安慶時、下機會晤皖主席劉鎮華、有所商談、約留一宵、明日繼續飛漢。

十艦開浙洋會操

▲中央社南京六日電 海部以時屆秋令、海軍秋操、極應開始、經調派威甯 江甯、海甯 撫甯、綏甯、肅甯、崇甯、義甯、正甯、長甯十艦、開浙洋會操 並派練習艦隊司令王壽廷、担任指揮、各艦已於昨晨離京東駛。

中山大學政治攷查團在京參觀各院部

▲中央社南京五日電 廣州中山大學政治攷查團、陳嘉仁等一行十七人、昨過滬來京從事攷查、今晨十時全體至行政院請謁汪院長、因汪正出席中央常會、當由參事陳提代見、並引導參觀各處、該團並赴各院部會參觀、在京尚有一二日勾留、再行他往。

俄大使昨謁汪院長

▲中央社南京五日電 駐華俄大使鮑格莫洛夫 於昨日到京、今日下午四時、赴鐵部 號官舍 謁汪院長、作普通之拜會、略談即辭出、至外部訪外次徐謨唐有壬等。

波蘭公使魏登濤昨訪外次徐謨

▲中央社南京六日電 駐華波蘭公使魏登濤、於日前請假數週離館避暑、現已期滿返館 昨晨由滬到京、赴首都飯店休息、旋於上午十時 赴外部訪外次徐謨、報告已到館銷假並談一切。

德大使定期晉京

▲中央社北平五日電 德大使陶德曼 五日晨由北戴河返平、定十四日晉京、十七日覲林主席、呈遞國書。

經委會昨日常會展期

▲中央社南京五日電 全國經委會 原定今日下午三時、在京舉行常會、孔常委祥熙、特趕回參加、茲悉宋子文孫科兩常委、均因事在滬、未能即時來京、在京僅有汪孔兩常委 不足法定人數、故已宣告展期。

駐京比使館定期舉行誦經禮

▲中央社南京五日電 駐京比使館為追悼比后、定本月十日上午十一時、假石鼓路天主教堂、舉行誦經禮 以誌哀思、駐華比使紀佑穆、定九日由滬來京主持、使館頃已函請我外部 轉知京中各機關。

▲又據外交界息、比后慘遭意外、林主席曾親電比王致唁、頃由比王來和保復電申謝、茲將原電譯之如下：國民政府林主席閣下、天降急凶、長留遺恨、辱蒙貴主席代表中華民國致函弔唁 至為感激、特此申謝、即希諒察、來和保。

蔡甯士教日內赴滬

▲中央社北平五日電 羅馬教廷駐華總主教蔡甯士、五日下午三時赴津 定日內赴滬、召集各主教舉行教務會議。

全國兒童年實施委員會定今日舉行五次大會

▲中央社南京五日電 全國兒童年實施委員會、定明日上午九時 舉行第五次大會、議事日程、業已排定、會期原二日、但議案明日如討論完畢、 後日會即不再開。

國府昨日命令

▲中央社南京五日電 國民政府今日命令、行政院院長汪兆銘、呈據外部呈請、任命李芬為駐新亞比利亞總領事 應照准此令。

外部派定兩視察專員

▲中央社南京五日電 外交部今以部令、發表派蕭恩承爲湘鄂視察專員、派靳志爲陝西甘肅甯夏青海四省視察專員。

攷選會昨舉行會議

▲中央社南京五日電 攷選會於今日上午九時、開一八二次會議、主席陳大齊、決議如下：（一）通過應攷人專門資格審查報告三件、（二）修正特種攷試郵政人員攷試條例第四條第乙款、關於高級郵務員之應攷資格、（三）准交部函請、於十一月 日高等攷試、同時在南京、北平、西安、廣州、舉行特種攷試郵政人員高級郵務員攷試、呈院公布、至十一時散會。

湘濱湖十一縣組修防處

▲中央社長沙五日電 湘省府決定濱湖十一縣組修防處、以各縣縣長兼任修防處主任。

我國出席國聯大會代表均抵日內瓦

▲中央社日內瓦五日電 第十六屆國聯大會、將於九日開幕、我代表駐俄大使顏惠慶、已於三日到達、駐英大使郭泰祺、五日晨抵此、預備出席會議。

意政府責斥亞國四點

▲中央社羅馬五日電 意政府提交國聯之備忘錄、責斥亞國四點、（一）亞國拒絕勘劃界線、而以非法行爲佔據意土、（二）逐日許聲意國外交代表、（三）繼續不斷的侵害亞境意僑生命財產、（四）對意屬索馬利蘭、作同樣之攻擊。

▲中央社亞京四日電 亞政府今夜決定不取消給與非洲拓殖公司之油礦讓予權。

蘇省府舉行委員會議

△江蘇社　江蘇省政府第七二次會議於三日上午九時舉行、出席委員陳果夫、余井塘、趙棣華、周佛海、沈百先、羅良鑑、王柏齡、鄭亦同、列席者顧時寶、朱樹聲、項致莊、祝平、主席陳果夫、紀錄萬君默、開會如儀、首讀上次會議紀錄、報告事項、（略）議決事項如下、（一）通飭各廳處局自科員以上一律購用湖產博士呢、及天然綢製禮服、於舉行紀念週重要會議、及遇喜慶喪葬事時服用之、（二）鎮江縣土地局長林欽辰辭職照准、委張輝接充之、（三）自本星期四起、各機關辦公鐘點改爲早七點半至十二點、下午二點至五點、運動鐘點下午五點一刻至六點一刻、（四）復核蘇嘉治單各案三十件、（五）通過修正江蘇銀行章程、（六）江蘇銀行官息、原按年息五厘、改爲年息四厘、（七）委趙祥麟爲省立江寧初級中學校長、（八）通過廿四年度省立江寧初級中學經常費二萬元、建築設備費二萬五千元、款由江寧縣徵收之教育專款四萬元批支、不足之數、由預算中留學基金項下暫時支之、（九）通過江蘇省縣立醫院組織規程、

蘇省無線電研究會
業經中央民運會核准備案
規定征求會員變通辦法

△江蘇社　江蘇無線電研究會、自經成立、經過情形、分別呈報省黨部民衆訓練部以來、積極開展工作、各情已誌前報、茲悉該會又奉到省黨部訓令第○七五三號開、轉奉中央民衆運動指導委員會公函開、案准江蘇省黨部呈爲據江蘇無線電研究會呈報成立大會經過、及檢同會章會員名冊等件、轉請鑒核備案一案、查所呈各件尚無不合、准予備案等由、轉飭遵照在案、相應函復查照、等因、奉此、合行令仰知照此令、」云云、可見該會自開始徵求新會員以來、迭接各地業餘無線電同志來函、願加入該會、然無論會員介紹、係以研究爲前提、是以入會者、仍不得其門而入、故該會爲便利彼等入會計、特規定變通辦法如下、凡年在十八歲以上、不拘性別、（一）同情於該會宗旨、富有研究精神、而品性優越、無不良嗜好、並信仰三民主義、思想純正者、如欲加入該會爲會員、而苦無入介紹者、得自行逕向該會函索章程、入會表等件、（須附郵票四分、）再行依式填就入會表寄請該會理事會審查、如經審查合格、即可由該會指定就近之本會會員代爲介紹入會、以示變通、而免向隅、說聞該會一俟經費稍裕、及征求新會員工作告一段落後、即將開始辦理各項事業、預料該會將來事業舉辦後、貢獻社會、造福人羣、當非淺鮮云。

蘇省童軍理事會
召開第卅一次理事會議

△江蘇社　中國童子軍江蘇省理事會、以全省大檢閱大露營舉行在即、所有一切事宜、均待解決、爰定於本月九日上午九時、假省黨部會議室開第三十一次理事會議、通知書已發出云、

又訊　全省大檢閱大露營、各團所得分數在八十分以上者、列第一級、在七十分以上者列第二級、在六十分以上者、列第三級、不滿六十分者、列第四級、又參加者所用之軍帽、計分三式、與普通帽式兩種、由各團任擇一種、童子軍服裝係着褐色、女童軍服裝係着褐色、童子軍用長統皮鞋、女童軍用短統皮鞋、聞大檢閱大露營委員會已通告各團查照辦理云、

蘇教廳
留學生考試揭曉
錄取呂湘劉詒謹二名

△江蘇社　江蘇省教育廳爲鼓勵在江蘇教育機關服務人員努力進修起見、每年特考選現任服務人員若干人赴國外留學、第三屆已於上月二十七日起至三十日止在南京中央大學舉行、本年計考選社會學科及自然學科各一人、參加者各三人、已經考試委員會評定、計錄取呂湘劉詒謹二人、備取顧仁鑄一人、此次考試關防極爲嚴密、試卷均用彌封、茲將經過情形彙誌於後、

◎……首次會議……◎　江蘇省教育廳第三屆攷選現任服務教育人員赴國外研究攷試委員會、第一次會議、於廿五日在南京青年會舉行、出席委員孫光遠、倪尚達、向紹軒、李方訓、戴安邦、薩孟武、戴夏、壽勉成、柳詒徵、顧劍秋、主席向紹軒、紀錄[illegible]、開會如儀、議決事件如下、（一）[illegible]、（二）黨義國文史地教育試題均用中文、其餘科目得兼用英文、（三）答案以中文爲主、但專門科目得用外國文、（四）各科試題在考試前二日封交委員會或由會派人收取、（五）各委員擔任科目依時到場監試、（六）試場內不許攜帶書籍、（七）試場準帶筆墨圖器尺、（八）攷試時間每日上午七時半起、下午二時起、每科二小時、（九）命題數目由委員斟酌決定、並標明在題紙上、（十）攷試完畢隨即閱卷、（十一）各科成績以百分計、（十二）總成績以平均六十分爲及格、（十三）留學生國語成績不滿六十分者不予取錄、（十四）各科分數最遲於考試完畢後一律繳齊、（十五）定於九月一日上午十一時舉開第二次委員會、

◎……二次會議……◎　攷試委員會該會第二次會議、於本月一日在南京青年會舉行、計到委員戴安邦、孫光遠、李方訓、向紹軒、倪尚達、戴夏、周佛海、柳詒徵、胡嘉詡、薩孟武、壽勉成、主席周廳長、紀錄巢楨、開會如儀、議決事件如下、錄取人員正取二名、社會科學一名呂湘、自然科學一名劉詒謹、備取顧仁鑄、（志願研究社會科學）、如正取人員不能出國、以備取遞補、

◎……考試委員……◎　此次教廳所聘之考試委員、均係國內知名之士、茲將各委員姓名命題科目及現任職務等、併誌於後、薩孟武（黨義、中央政治學校教授、）壽勉成（英語）中央政治學校經濟系主任、陳劍修、（教育心理教育行政世界現代史）孫光遠（微積分）倪尚達（大學物理）、以上中央大學教授、戴安邦、（無機化學）、李方訓、（有機化學）潘澄侯、（分析化學）、以上金陵大學教授、柳詒徵、（國文本國史地世界史課）（本國政治地理）國江蘇省立國學圖書館館長、（監試員）、戴夷乘、（教育部督學）、（檢查體格）、胡嘉詡、（[illegible]民醫院院長）、

◎……各生成績……◎　（一）呂湘七十、五八分、（三十一歲丹陽人、東大外國語文系畢業、現任縣中教員、（二）劉詒謹六十六、三四分、（二十七歲、如皋人、交大畢業、現任淮中教員）、（以上正取）、（三）備取顧仁鑄六十三、九一分、（四）陳海五十三、五分、（五）黃燮生四十九、五分、（六）薛萬鵬、四十六、一七分。

蘇民廳實施政教合一
擬逐漸推廣實驗區

△江蘇社　蘇民廳前爲實施政教合一、於崐山等縣設農教實施各區長　由農民教育館長兼任、自施行以還、各區成績尚佳　現民廳方面　擬逐步加以推廣、惟以現任區長殊少實際經驗、及功實之推動、故擬於現有實際工作中、由廳指示改進計劃云、

蘇省黨部傳令嘉獎
豐沛等縣黨部協助防黃
仍飭繼續搶堵以免成災

△江蘇社　自魯省黃河決口進過蘇北以後、蘇省黨部曾通令各縣黨部、協助政府防汛工作、免臨時倉皇、等情已誌前報、[illegible]微山湖水位增漲、徐屬各縣形勢甚爲嚴重、豐沛宿遷等縣黨部、特遵照省黨部命令、領導本體工作人員、各下[illegible]、[illegible]塲宣傳等工作、[illegible]除分別予以嘉獎外、以危險期未過　仍令加緊防堵工作、以免成災云

介紹實用家事學
爲母者應人手一編

家事一科、國內素無善本　茲有黃季馬女士、本其在大夏大學歷年教授之經驗及研究所得、著成實用家事學一書、出版以來、極形暢銷、蓋其分緒論、家庭、衣服、食物、居住、家庭健康、婦女生產、嬰兒保育、家事教育、家庭經濟、家庭[illegible]等章、大夏大學校長歐元懷先生、謂該書內容美備、材料新穎、編制完善、實爲各學校適用課本、即有志研究斯學者、手此一冊、亦不啻獲一良師受益無窮、華年雜誌書報介紹復謂　該書各章均有詳盡之敘述及合理之主張、關於婦女生產和嬰兒保護二章、尤能發揮詳盡、爲其他家事學書籍所罕見、實不愧爲一部實際與理論並重之佳作、至於文字之淺顯、以及圖表之明斷、凡稍通文理之女子、閱讀時必無困難、該書之價值可見一斑、現由上海極司非路七五號教育編譯館及上海開明書店出售、定價　元、著者最近依據部頒課程標準編有家事教科書、專備中等學校家事教科之用、定價七角、亦由該館出售云。

本縣新聞

縣政府佈告 嚴禁侮辱回民

江蘇省政府近訓令各縣、以漢回民族、同屬一體、理應互相敦睦、以期團結、乃無知之徒、任意侮辱回民、殊失親善民族之旨、特飭縣出示嚴禁、縣府奉令後、已佈告週知矣、茲探錄其原文如下、案奉江蘇省政府民字第一四六零號內開、「案據中華回教公會江蘇省分會常務委員常仁甫等呈稱、「竊查屬會第四次委員會議討論事項第六案、查近來各縣迭次發生無知之徒、藉故任意侮辱本教教友、此風殊不可長、且時有釀成事故之變、擬呈請各黨政當局、轉呈中央、根據行政院二十一年十一月八日前令、通飭各省市嚴禁、以維宗教案、決議、通過、當經紀錄在卷、伏查屬會近來迭據無錫寶應鎮江等縣支會報告、有人以文字或猪肉、侮辱教友等情、似此層出不窮、節經推員前往就地調解、深恐回漢民族發生誤會、有礙國內民族團結之大計、為親者所痛 仇者所快、值此國步艱危、外侮日深、邦交尚講敦睦、民族何能離間、故行政院通令飭屬保障敝教教友、無如日久玩生、實有重申前令之需要、除分呈外、理合錄案具文呈請、仰祈鈞座轉飭所屬各縣出示隨時查禁侮辱回民事件、以維民族、無任屏營待命之至、」等情、據此、除分令外、合行令仰該縣長遵照、即便出示嚴禁、以敦民族情誼、此令」、等因、奉此、查漢回民族、本為一體、同在中華民國範圍之內、尤屬同為國家份子、極應胞與為懷、不分畛域、如有無知之徒、藉故侮辱、有礙民族團結精神、定予嚴懲不貸、切切、此佈、

李寨中心小學區 舉行第一次行政會議

修改中心小學校組織 審查我們的實施教育大綱 確定貧苦學生免費辦法

李寨中心小學校於九月一日在該校辦公室、舉行第一次行政會議 計出席者董鴻恩、孫繼華、李仲和、李德普、李克儉、李浩泉、李季成、魏振華等八人、主席董鴻恩、紀錄李德普、主席報告、一、參加校長談話會之經過、二、參加視察會議之經過、三、改進中心小學區計劃、四、本學區文化事業推進辦法 五、介紹本人之個性及態度、六、鄉村小學教員之任務及進修辦法、繼由草樓小學主事李仲和報告該校概況 及改進計劃 復有小閣子小學主事李德普報告該校概況及實施證課錄心得、及利用休假日辦法、討論事項、中心小學校組織應否修改案、決議、修改、于校長之下、設行政及生活二部、各部設主任一人、二、修正我們實施的教育大綱案、決議、修正通過 三、修正推廣專業計劃案、決議、修正通過、四、區行事曆應如何規定案、決議、由中心校製定分發各校、五、本區各校簿籍應統一案、決議、由中心校規定格式、就可能統一者限發、六、本區各校本年度預算、應定期造報案、決議、限于九月十五日前造報 七組織區經濟稽核委員會案、決議、通過、推孫繼華、李浩泉、魏振華等三人負責組織、八、本區各校作業時間表 應存中心校備查案、決議、通過、九、本區各校校具清冊 及圖書目錄應各留一份存中心校備查案、決議、通過、十、本區各校學生無故退學者 應如何處理案、決議、呈請教育局轉呈縣政府追繳津貼各費、十一、學生雜費、應如何徵收案、決議 請勸學委員酌量學生家庭經濟狀況辦理、十二 已達入學年齡之兒童、如何使其就學案、決議、(一)函請各鄉保甲長、及熱心教育人士、勸導入學、(二)經勸導後、如再不入學、即照教育廳頒布之強迫教育初步辦法施行、十三、貧寒學生無力就學者、應如何補救案、決議、補救辦法、(一)胞兄弟或姊妹二人、在本區各校內求學、家庭負担重者、可酌免學費、(二)家庭經濟僅敷支出者、可免學費、(三)家庭經濟困難萬分有志求學者、可贈送書籍、十四、本學期各校懇親會 應否舉行以資聯絡學生家庭案、決議、視各校情形、酌量辦理、十五、學生文庫應如何輪流案、決議 推生活部主任孫繼華、草擬輪流辦法、十六、本區各種會議教職員如無故缺席或遲到者、應如何處罰案、決議、有下列情形之一者 罰洋五角 由各種會議主席執行、(一)于開會前不請假缺席者、(二)無故遲到者、三、會議時間內無故退席者、具下列情形之一者 可免處罰、(一)會前曾向主席請假核准者、二、臨時發生事情經主席允許者、(三)遲到原因經主席核准者、閉會。

陝州黃水連日大漲 大溜將達魯境直灌微湖

縣政府奉令嚴加防範 王縣長電呈專署飭沛完成套堤

近日陝州黃水陡漲、大溜將達魯境、直灌微湖、銅山區專員公署、特電飭各縣嚴加防範、茲錄專府奉到電文如下 王縣長覽、據報陝州黃水連日大漲、水位二百二十五公尺、流量一萬二千三百秒立方公尺等語、查黃河過去最高流量、為一萬四千餘立公尺 以現在流量與之相較、已所差無幾、大溜將達魯豐 有直灌微湖、各縣應汛即從事準備、庶免功虧一簣、對於守堤及加厚堤工作、尤應切實督率進行、不得稍涉敷衍 致貽後患、除分電外、仰即知照 專員邵 王縣長奉電後 以豐沛合築之套堤、沛縣尚有兩段未動工、深恐大溜浸及、難以防禦、聞已電呈邵專員、飭令沛縣縣政府、將未動工之兩段、從速修築、藉防水患云。

防汛消息

今日下午二時半接張莊防汛辦事處電話、東支河水勢平穩、該河南堤坡已完全竣工、昨因魚壩之前屆家決口、水頭浸及本縣三區、所有該堤東支河南堤段各工人員、除二區區長王憲章及執行處主任李敦禹在張黃莊留守外、餘均調往三區北境楊堤督工、頃接三區和盛樓電話、水頭昨晚流達楊堤、現深約一公尺半 水呈絲色、各區民夫正加緊搶堵。

參觀鄉村定縣報告（續）

王子繼 董醒山

B. 刊行農民週刊 農民週刊的目的 可以說是為使農民發抒輿論、喚起農民對於國家民族的責任、養成農民讀書的能力和習慣、和給予農民寫作的機會、用本地毛頭紙印刷、每期兩大張、每年只收費一元、內容以農民來稿為主、佔全篇幅三分之二、

C. 設置圖書担 選定極淺易通俗適合需要的書籍、分裝兩個木櫃內、定期排列各村 供給農民閱覽、

D. 設置巡迴文庫 用木匣四只、滿裝書籍 依計劃的時間、分送到四個毗鄰的村莊、由同學會文藝委員負管理及解答之責、十日後互相交換、閱畢再分送至另外的四個村莊、如此輪流送閱、以期普遍。

司法欄

▲縣政府司法批示▼

▲刑事原具狀人王志超、一件、為被傳被告、寄居徐州、因水阻隔、勢難到庭、懇請緩傳、以恕下情由、狀悉、仰即負責交案、不得藉故率請展期、此批

▲民事原具狀人蔡軟元等、一件、為和解成立請求銷案由、狀悉、准予撤回、此批、

▲刑事原具保人李謙先等、一件、為公懇將李迎泰賞保、不誤傳喚由、狀悉、請保不准此批、

▲刑事原具狀人孫楊氏、一件、為朦弊撤訴、懇請照案拘傳、依法訊辦由、狀悉、案已定期傳訊、仰即遵期投審、此批、

▲民事原具狀人趙鳳山、一件、為被告狡延、再懇依法積極執行由、狀悉、候再傳案執行、此批、

▲刑事原具狀人劉黃氏、一件、為請求將案註銷由、狀悉、准予撤回、此批、

▲庭期審理案件▼

九月

九日審理史為清訴史為升傷害案、

九日審理高會氏訴高道成傷害案、

▲本城糧價

名稱	每市斗價目	
小麥	最高二千七百五十文	最低二千五百五十文
大麥	最高一千七百文	最低一千六百文
黃豆	最高二千二百文	最低二千一百文
黑豆	最高二千一百文	最低二千文
綠豆	最高二千三百五十文	最低二千二百五十文
江豆	最高二千三百文	最低二千二百文
高粱	最高一千六百文	最低一千五百文
穀子	最高一千三百五十文	最低一千三百文
稷子	最高一千六百文	最低一千五百文
芝蔴	最高三千二百文	最低三千文
青豆	最高二千一百五十文	最低二千一百文
花生（每斤）	最高一百三十文	最低一百二十文
瓜子（每斤）	最高四百[illegible]文	最低四百二十文

氣象

晴

風向 東南風

最高溫度 九〇

最低溫度 八一

◎第八二八號◎

●社址豐縣大同街●

中宣會登記證中字第一二九二號
內政部登記證警字第二二三〇號

中華郵政特准掛號認為新聞紙類

廣告刊例

一本報廣告以方寸計算
一每方寸以市尺長寬各一寸計算
一新聞欄方寸每日大洋一角普通每方寸每日大洋八分三方寸起碼
一登三日以上九折六日以上八折十日以上面議

◁今日一張半▷

●本報價目●

本報每份大洋一分四釐　每月大洋三角　外埠每月大洋四角郵費在內

總理遺囑

余致力國民革命凡四十年其目的在求中國之自由平等積四十年之經驗深知欲達到此目的必須喚起民衆及聯合世界上以平等待我之民族共同奮鬥現在革命尚未成功凡我同志務須依照余所著建國方略建國大綱三民主義及第一次全國代表大會宣言繼續努力以求貫徹最近主張開國民會議及廢除不平等條約尤須於最短期間促其實現是所至囑

中外要聞

徐屬各堤沖決十處　陳主席電邵漢元再接再勵

▲中央社徐州十三日電　十二日颶風、晝夜黃流滔天、巨浪洶湧　微西套堤　運河不老河堤、紛告潰決、計沛縣小四段等兩處、豐縣四處、銅山兩處、邳縣兩處、險段共有廿餘處爲築並搶最嚴重時期　各機關人員全體動員集民夫搶堵救濟災民。

▲中央社徐州十三日電　邵專員以徐東徐北災情慘重、人民無處逃避、均棲鐵路之側、嗷嗷待救　邵十三日召臨時會　商定趕辦急賑、向津隴兩路交涉、撥車兩列、先將鐵路沿綫災民、救運來徐、在雲龍山設收災所　天津青年會、十三日匯徐賑款五千元賑災、邵復函致謝。

▲中央社徐州十三日電　陳主席頃電邵漢元、該區防汛工作、邇來艱苦奮鬥、人事已竟、茲以風大浪猛、小四段大堤、天幸潰決、天災難抗、良深繫念、仍仰勿稍初衷、再接再勵　設法堵截水頭、以免擴大、銅邳沛豐四縣、搶堤民夫、及監工員、當十二日大風九塌、多被狂瀾冲去、失蹤數十人、經各縣畫夜打撈、撈出屍身多具、迄今失蹤者甚多。

川匪窮途末路同類相殘

▲中央社成都十三日電　軍息、匪現近以粮餉告竭、常有殘殺同類慘劇、因此匪徒相率來歸者甚多、鄧錫侯部特組游擊隊、招納降匪　並相機克復古耳溝。

▲又訊匪軍　路總指揮鄧錫侯、近以理番以上一帶遭匪洗刼、哀鴻遍野、十二日電專員長等、請頒急賑救濟、當即圖復准予設法。

汪院長答拜德大使

▲中央社南京十三日電　汪院長於今日上午九時、偕外部秘書陳允文、赴駐京德使館、答拜首任駐華德大使陶德曼、由陶使親迎入會客室　談約十數分鐘、汪院長辭出返鐵部　號官舍、陶德曼大使準於十四日上午十一時偕使館人員至國府呈遞國書、林主席明日正午十二時、在國府款待陶大使、汪院長定明晚七時在外部歡宴。

▲中央社南京十三日電　外部汪兼部長、以中英會勘滇緬南段未定界務委員會、我方委員專員秘書、已定本月十五日由京出發、特於今日下午五時、在外部大禮堂召集全體人員舉行茶會　並即席訓話。

國民政府昨日命令

▲中央社南京十三日電　國府今日命令、（一）郵政總局局長黃乃樞、另有任用　黃乃樞應免本職、此令、（二）任命郭心崧爲郵政總局局長。

黃紹雄顧祝同由川返京

▲中央社南京十三日電　浙江省主席黃紹雄、由粵桂北返後、在滬稍息數日、於四日由滬乘機赴成都、晉謁蔣委員長、報告一切、事畢於前晨與駐贛綏靖主任顧祝同、同乘飛機離蓉飛漢、抵漢稍息、於今午十一時四十分、乘中航機飛抵京、據黃談、本人前次往西南一行、係以私人資格、遊覽各地、順便得與在粵桂各地諸同志晤談　歸來後即入川謁蔣委員長、報告一切、蔣委員長聞及南方諸同志努力建設　共謀團結精神　至爲欽讚、非常滿意、本人在京約留二三日、俟謁汪院長後、即行返浙、又據顧談、黔省殘匪已告肅淸。

立法院昨舉行例會

▲中央社南京十三日電 立法院今晨八時、開四屆廿八次院會、主席孫科、當通過修正陸軍禮節條例、及青省滬市等預算案、十時散會。

贛義教擬五年完成

▲中央社南昌十三日電 贛義教會、擬於五年內普及義教、每年增設小學四千所、預計容納失學兒童百萬、並將公私小學、每年增設短期小學一千班、五年可容三十餘萬、五年內全省即無失學兒童。

全國地政會議昨繼續舉行

▲中央社南京十四日電 第一次全國地政會議、於昨晨九時、假內政部大禮堂舉行、到會員六十人、由次長陶履謙主席、議決要案廿餘起、十二時散會、下午舉行審查會、十四日續開大會。

豫參加全運會國術選手選出

▲中央社開封十三日電 豫參加全運會國術預選 已選定各項選手、男五十二人、女十五人、十三日舉決賽、有兩項驚人成績、男子丁全福測力一項、能舉四百磅之大刀、並担八百餘磅之大石、女子馬瑞蘭射箭一項、三箭全中並拉開一百八十磅硬弓。

蘇省黨部撥冬賑款 壹仟伍百元移救水災

訂各縣中心工作勞動服務實施辦法

慰勉徐淮海各縣黨政民衆努力防黃

—第七十二次委員會議決議—

△江蘇社 江蘇省執行委員會、於日昨舉行第七十二次委員會議、出席委員周紹成、藍渭濱、張公任、馬元放、紐長耀、凌紹祖 列席監委顧子揚、候補執委陳康和、主席張公任、紀錄彭超、討論要案甚多 茲將其可發表者、探錄於下、一、決議本省各縣黨部經募冬賑捐款、及本會冬賑游藝會餘款、先撥一千五百元、移送江蘇省政府、救濟本省水災、並呈報中央備案、二、決議徐屬淮海二區各縣黨部、縣政府、以及民衆、對於防黃救災工作均甚努力、應予以慰勉、三、決議通過江蘇省各縣黨部推行中心工作勞動服務、實施辦法、四、決議修正本省各縣黨部會計員服務規則、五、決議派張委員公任爲下星期一總理紀念週主席、并報告、六、決議通過處分黨員案二起餘略。

蘇農行 試辦合作運銷倉庫

免除代運倉糧損失

△江蘇社 蘇農民銀行辦理穀物儲押 與合作運銷、原爲救濟農民免爲行商殺價出售之苦、自去歲積極進行後、頗見相當成效、而農民所獲利益 亦屬匪淺 茲悉農行方面鑒於代爲運銷事宜、手續頗爲繁雜、且穀物運至每一地點、均須有時期躭擱、如因天氣及價錢種種關係、斷難即時銷售 以致穀物無法存儲 損失甚大、爰該行爲謀解除是項困難、實行建築合作運銷倉庫、先就丹陽試行 前爲地址等問題、與鐵道部再三商酌 始告許可 現在是項、庫建築工程、已將完竣 凡關係運往該縣 帶銷售之食糧、即先行存放該庫、以免一切損失、俟該縣試有成效後、再爲逐漸推行云。

各縣款產處 應設縣府內辦公

蘇財廳令各縣轉飭遵辦具報

△江蘇社 蘇財廳鑒於各縣公款公產管理處、爲處理地方財政重要機關、所有一切事務、與縣府均有密切之關係、該廳自推行新會計制度以來、如簽發支付書等項 與縣長及會計主任時須接洽、頃謀便利公務起見 凡管理處設在縣政府以外者 亟應設法闢室縣府、以利辦公、在管理處職員無多、佔地有限、而辦公費用大可撙 節文件之傳遞、亦較便利、似此經濟與時間、增進行政效能殊非淺鮮、茲悉財廳特令各縣政府轉飭款產處遵照辦理具報云。

蠶種試驗 應向主管機關呈准

指定區域無價發給農民

飼育失敗損失應負賠償

△江蘇社 實業部前爲維持優良蠶種起見、製定蠶種製造取締規則、施行以來 頗見成効 詎近有少數蠶業機關常思藉試驗之名 避免檢驗 殊屬不合、現令飭蘇建廳轉飭所屬、嗣後凡出售於農民之蠶種、均應照章嚴與檢查、如確以試驗爲目的、應先期呈准主管機關、指定區域、不收種價、發給農民、倘飼育失敗、則農民一切損失、仍應由該考驗機關負責賠償、以杜流弊云。

無線電收音機 部令報領登記憑照

鎮電局將通告週知

△江蘇社 無線電收音機盛行以來、各地裝置者日增、交部爲統計確數及便利考查起見、特製定登記表、分令各地電報局、通告裝有無線電收音機者、遵照表式填註 以憑轉報、發給登記執照 如不遵令登記、按照私設電機條例處罪 茲悉本邑電報局已奉上項功令、不日即通告週知云。

蘇省會強迫識字 開始調查工作

在教廳召集巡官談話

△江蘇社 江蘇省會強迫識字教委會、自舉行識字運動宣傳以來、省會地方識字空氣 日形濃厚、該會頃又廣積進行調查工作、已於十日上午七時在鎮江縣公共體育場召集民衆識字班教師、及公安局巡警、編配分組 調查地點分發調查應用表格、一律於八時以前、全體同時出發、儘省會區域所轄各鄉鎮居民、挨戶切實調查、此次工作儘兩星期內即須辦竣 故各調查人員 無不黽勉服務、以期獲得圓滿效果 並聞該會於九日下午三時、已先假教育廳大禮堂 召集省會各公安分局全體巡官、舉行談話會、詳細說明強迫識字教育之重要及調查工作應行注意各點、俾便各公安分局全體巡官、可以一致協助進行云。

捐稅監委會推員赴部 請照案撥補印花稅

並詳陳蘇省廢除苛雜始末

召開第九次委員會議決

△江蘇社 江蘇省捐稅監理委員會、於十日下午二時、舉行第九次會議、出席者冷禦秋 張一鵬、于小川、顧子揚、江恆源、韓國鈞、（冷代）列席者王鴻翔、趙棣華 姚溥臣、主席韓國鈞、（冷代）紀錄黃鈞百、行禮如儀、

討論事項 （一）准財政部函復前送崇明泰興等四十八縣、應廢苛雜捐稅表冊、業已分別審查、應再加以整理、認爲應在部撥印花稅內、予以撥補者、自必照案實行、既經貴會實地調查、製成方案、如果省府已准定期實施、則本部撥補之款、自可照案核撥、以示中央之必信必果而收實惠及民案、議決 推張委員赴部詳陳始末 並請照案撥款、（二）本會第八次開會議決、由王秘書製定稅目統一表及抵補分類表、業已分別製就江蘇各地地方捐稅廢留簡明表、及調查各縣地方雜捐應行廢除分別抵補數目表、請審查案、議決、推干張二委會同王秘書迅速整理、（三）海門縣教育局局長陸書升、爲停止征收帆車捐、請設法彌補以維教育案 議決、查案函復、（四）太倉縣商會錢春沂、請求轉廳取銷教育棉花捐案、議決、同上、（五）啓東縣棉業同業公會盧翰綸請求提議撤銷花袋附捐案、議決、在總整理中、（六）啓東縣棉商韋性記等、請求撤銷花袋附捐案、議決、同上、（七）如皋大華蔡吕慶等請求停徵豬腿捐案議決 轉廳核辦、（八）吳縣茶館書場業同業公會會員培生爲縣府頒發布告、會員同深懷疑 請迅賜再函財廳毅然撤銷、本縣茶館捐案、議決、同上、（九）溧陽縣茶館業同業公會錢春海、請求免除茶館捐、以蘇商困案、議決、在總整理中、（十）宿遷興成蛋廠等、請求將宿遷縣教育蛋捐廢除決議案明令公布、並飭縣撤銷征收員實行停止征收案、議決、轉廳 （十一）如皋縣第二區冒大生公牛行冒徵淦請求廢除牛行補助金、以輕農民担負案、議決、在總整理中、（十二）南通縣第二區

……竹業同業公會尹公昝附等、爲蘇生新開公司要繳二成殺首捐、徵收如前、特再請准予兩縣迅速制止案、議決、轉廳、（十三）江陰縣雲案同業公會尹寶綸 呈違鋪米麥 大部份向農民購進、由行代徵營業稅、實難辦到、請求轉咨省府收回成命案、議決、事關省稅應逕呈財廳議決、（十四）宜興縣湖㳇鎮農民代表李通等等、以所產竹筍投行出賣、實難承認繳納營業稅、請予轉廳函局停止徵收案 議決、呈案函復、（十五）啓東縣民人陳嘉謨、爲啓東各港搭客捐 紛擾難堪、請求援例撤銷案、議決、同上。

十三縣測候成績太劣
蘇建廳令分別處分
建設主管人員受申斥 測候員一律予以撤換

△江蘇社 江蘇省建設廳、訓令各縣縣長云、案據本廳省會測候所所長顧世楫簽呈、稱「查各縣四等測候所、氣象月報表、自奉鈞廳第二六六二號令飭、由主管建設人員簽名蓋章、共同負責、並應於每月月終二日逕寄本所、另飭本所注重收到日期、以憑稽考後、各縣之遵令辦理者固居多數、而玩延不寄者亦復不少、茲查得七月份氣象月報表、有金山、嘉定、淮安、邳縣、豐沛等六縣、逾限久未寄到、又啓東、海門、江浦、揚中、興化、宿遷、灌雲等七縣、已往成績尤劣、前雖迭經塡列訂誤通知書、函知改進、終屬罔效、內江浦縣七月份月報表、主管建設人員且未遵令簽名蓋章、以上十三縣之辦理測候人員、均屬藐視功令、玩忽測政、擬請根據前令、將所有主管建設人員、酌予處分、觀測員一律撤換、並七月份月報表、迄未填報之六縣、應停發測候費一月、以儆效尤而資整飭、並擬請通令各縣、俾知炯戒、所擬是否有當、理合備文簽請鑒核示遵」等情、據此、應准如擬辦理、除將金山等十三縣縣政府觀測員一律予申斥、測候員一律予以撤換、金山等六縣本年七月份測候記載費、一律予以停發、以示懲戒而儆效尤、分別令飭各該縣縣長遵照辦理、并分令外、合行令仰該縣長知照、并轉飭該官建設人員及測候人員一體知照、此令云

開闢蘇北墾區 組織測量總隊
隊長人選已內定 經費核定六萬元

△江蘇社 江蘇省政府前爲繁榮蘇北、促進農村之發展起見、特在蘇北濱海、開闢墾殖區、其初步計劃、爲開闢新運河、測量水利等工程、關於測量計劃、業由建廳決議長審查竣事、提交日前之省府委員會議議決、籌費預算、確定爲六萬元、其測量總隊隊長人選、亦經內定、不日即可着手測量工作。

蘇省府派員赴各縣指導整理檔案
計分九區每人担任三區

△江蘇社 江蘇省政府爲促進各縣檔案辦理之統一起見、特派視察一人及民政廳科員二名、分赴各縣、担任指導檔案事宜、計每人担任三區共分溧陽區、江都區、鹽城區、共十七縣、無錫區、松江區、南通區、共二十三縣、淮陰區、銅山區、東海區、共十七縣、每縣指導時間以六日爲限、一切旅費時間在內、所需旅費、除膳宿雜費約計一千一百六十八元。

應遵照廳令支配
蘇各縣經徵契稅獎金 不得分贈會計主任

△江蘇社 江蘇省財政廳、以各縣經徵契稅、按照定額超收一成以上者、准於收數內提出三成、作爲獎金、其支配方法、應以十分之三、給經徵之縣長、以十分之三、給經徵主管科長及經辦員、以十分之三給協助之各經徵員、以十分之一給縣府全體職員及稅警、此項辦法、原有獎勵經徵人員及主管長官、而各該縣縣長、應按照出獎金人員、進照支配之、惟聞各縣縣長 間有以此項獎金、分贈會計主任情事、如果屬實、殊屬不當、按會計主任爲財廳駐縣辦事人員、除應得薪俸 不得收受額外津貼、此項契稅獎金、非所應得、自不得私相受授、致干未便云。

魯省府五週紀念
韓復渠演說意義深長 省委張紹堂補行宣誓

▲濟南通信 魯省府改組第三屆五週紀念勉勵大會于前（九日）上午八時在進德會京劇場舉行、同時省政府委員張紹堂、補行就職宣誓典禮 黨政軍聯合紀念週 亦於是上午五時半舉行、由何思源主席、李樹椿報告一週間政治情形、禮成後張紹堂補行宣誓典禮、由韓復渠監誓、旋於八時許舉行省府五週紀念大會、到會者有孔祥榕、張含英、孔德璇、李樹椿、王向榮、張鴻烈 何思源、林濟青、張紹堂、李文齋、劉心沃、秦榮啓、監委張竹溪 李植藩、周秀文、曹福林、展書堂 劉書香、及各鄉老代表、各機關公務人員等共五千餘人、仍由韓復渠主席、報告開會宗旨、略謂、今天省府成立五週紀念、舉行勉勵、並非辦喜事、不過藉此使負責人可向大家報告一下、本人（韓氏自稱）任魯五年、毫無成績 僅就是土地尚在、而人民可說都在倒懸 殊深慚愧 本人施政、向抱不拖繫主義、以免貽誤害人民、有多少錢就做多少事、依進步較慢、至於黃河決口、應從黃河本身想辦法、自有中央主持、今天開會、含有勉勵各公務員意思、各位既爲公務員、有糾正社會使命、就應格外努力自勉、以糾正社會不正當惡習云云、韓氏講畢、由財政廳長王向榮代表各廳報告過去一年政治、財政、建設、教育、及市政狀況、對於澄清吏治、黃河決口各要政、均有詳細述及 次由辛鑄九報告本年黃河災害情形、及賑務會救濟工作情形 次由張竹溪、孔祥榕講演參加紀念會感想、並對魯省政治及救災各工作、表示佩服之、次由高太部講演山東政治精神及剿匪工作之努力、至十一時禮成散會云。

國聯多數國家贊同英國主張
依照約規定對意加以制裁

▲中央社倫敦十二日電 十一日英外相賀爾、在國聯大會所發表演說、其結語曰、此爲英國對國聯盟約所抱態度、若國聯仍爲有效機關、而英國與歐陸聯絡依然完整 則余不信將有變更云。

▲中央社倫敦十二日電 據消息靈通方面宣稱、英國目前企圖、約有二端、一方面使最大多數國家、在原則上贊成對意國實施國聯盟約之規定、另一方面主張實施制裁、但此種制裁、不應視爲戰爭行爲 聞中歐方面大多數國家、及中國與南美各國 均已表示贊成、外相賀爾在國聯大會之演說、至法國與意大利比鄰、所處地位 較爲困難、此層頗爲英國所諒解、故賀爾未强令賴伐爾就英意友誼間而加以採擇、此外已脫退國聯之國家如德日 究具何種情感 英內閣正試探中、德國元首希特勒 忽決定於本星期內召集衆院會議、倫敦方面極爲注意、聞英方已接得報告、以爲希特勒或可贊成賀爾之演說、消息靈通方面、以爲如必要時、德可加入對意制裁 例如禁運軍火至意國等、則制裁當易見成效、其關係必不小云。

▲中央社華盛頓十二日電 國務卿赫爾、發表演說 謂英外相賀爾 在國聯大會所發演說 乃係對和平之一種呼籲、其態度爲智適度、而足以引人注意 至對於意亞局勢、美政府始終以極大關心 加以留意 並利用一切機會、還照美國保持和平政策 而與各國合作。

▲又赫爾昨日演言稱意亞兩國免予言戰、闡明美國對和平觀念、並喚起凱洛格非戰公約簽字國、遵守斯約維持和平。

▲中央社羅馬十二日電 意方以爲十三日將爲國聯歷史中最重要之一天、因法代表賴伐爾、將決定是否服從英國主張 抑或與其拉丁姐妹國爲伍、衆皆承認英意間有不可發近鴻溝、英方覺國聯生存之道、在謀取和平解決、捨此無他、而意國認爲亞國問題與國聯無關 聽其自己解決、此乃國聯唯一生存之道、意見如此、當無法容洽、傳說如賴伐爾言論不使意滿意、則意國將退出國聯惟苟非萬不得已、則決不出此、此乃意國目前之態度也。

▲中央社倫敦十二日電 英內閣現正忙於攷慮增加國防、以應付因亞國問題所可引起之事變 此外內閣並攷慮封鎖直布羅陀海峽之計劃、認爲封鎖該海峽、更爲有效、則以地中海通大西洋之門戶 一旦封鎖、則意美交通阻斷、意國各項原料接給、將大感困難。

▲中央社埃及京城十三日電 埃及陸長及外長、頃因埃及西部邊境附近意軍大增、特請內閣加以注意、聞外部爲此事曾向意國有所交涉、據意國方面答謂 意軍集中、專爲預防應付沙奴西部落之叛變、並未具有侵略埃及之性質也。

本縣新聞

堤防潰決後
二三兩區被淹一百廿七村
災田一千六百餘頃
魏莊決口正在搶堵中
二百災民暫在縣口收容
張馬兩委員赴二區勘災

本縣復新東支兩河及北境橫堤、因受狂風襲捲、湖水猛漲、均於前日先後潰決、種種情形已兩誌本報、今午接二區區公所電話、水勢漸趨平穩 圈堤魏莊決口處、正在堵塞、東支河之于口、以口門較寬、非大批堵口材科不能堵住、王縣長以水勢和緩、俟漫溢之水歸槽後、再做堵口工作、現在除督飭民夫自東營子河起、經劉小營迄張莊止、築長約二十華里之民堤、以防不測外、並飭保安隊分隊長馬登俊、帶大批船隻、泛往被災各村、營救婦孺、暫設臨時收容所于縣口、昨日救出災民二百八、又恐災民衆多、不能容納、特電知公安警察、將本城之柳將軍廟、山西河南兩會館、掃除潔淨 以作收容難民之用、至泛溢三區之水、亦逐漸退落、現西營子河已露出河岸、縣府總書張驥永及實驗鄉鄉長蕭雲山、督率民夫六千人、正培修豐魚路路基、及西營子河河堤、大約三二日內、即可竣工、總計此次二三兩區淹沒一百廿七村、災田一千六百餘頃、其損失可謂大矣、聞首派委員張國瑗馬晴峯二氏、于今晨同赴二區勘災、將來對于災民、定可設法賑濟云。

縣政府奉頒農倉業法

縣政府近奉財政廳令頒農倉業法、飭遵照施行、茲探錄如下、第一條、凡爲調節人民糧食、流通農村金融、而經營農產品之堆藏及保管者、得依本法設立農倉、第二條、農倉之受寄物、以當地農民生產主要糧食爲限、但得按照業務規則 堆藏及保管其他農產品、農倉經主管官署之委託、得保管地方倉儲積穀 第三條、農倉不以營利爲目的、但得按照業務規則收取保管費保險費、或其他約定之費用、第四條、經營農倉事業者、應具左列資格之一、一、合作社或合作社聯合社、二、縣鄉鎭區農會、三、鄉鎭區公所、四、以發展農業經濟爲目的之法人、第五條、合作社聯合社、或五個以上之農倉、得於適當地點設立聯合農倉、聯合農倉、得按照業務規則、堆藏及保管所屬農倉以外之農產品、第六條、農倉得兼營左列事務、一、受寄物之調製、改裝及包裝、二、受寄物之運送、並爲介紹售賣、或代爲售賣、三、以本農倉其他農倉、或聯合農倉所發給之倉單爲担保 而放款或介紹借款、其利率不得超過按月一分、第七條、農倉於收受寄託物後、應發給倉庫於寄託人、倉單得爲借款之担保、第八條、農倉之受寄物、移交聯合農倉、堆藏及保管時、其已發之倉單、應即收回、由聯合農倉換發倉單、第九條、受寄物應個別保管之、其經證明種類品質、確係相同者、得爲混合保管、但應預得寄託人之同意、第十條、農倉對於個別保管之物品 應以受寄原物返還寄託人、對於混合保管之物品 得以同種類、同品質 同數量之受寄物返還之、混合保管之受寄物、因自然乾燥、或鼠食虫蝕而減少者、其應還數量、得按照業務規則訂定之百分率扣算、第十一條、受寄物保管期間、自寄託之日起算、至多以六個月爲限、必要時得延長之、其延長期間、不得逾六個月、但第二條第二項之倉儲積穀不在此限、第十二條、寄託物之保管期間、雖經約定寄託人、仍得隨時請求取回、並返還剩餘期間保管費三分之二、第十三條 經營農倉事業者、應以本法之規定、擬具業務規則 及其他自需章程、向所在地主管官署呈請登記、主管官署、應將前項核准登記之農倉、呈經省市主管官署核轉實業部、及內政部備案 第十四條 農倉非經主管官署核准登記、不得設立、第十五條、農倉經主管官署 或主管人之許可、得使用地方官產原有倉儲 或其他公共建築物、以作倉庫、並得加以修葺或改建、第十六條、農倉得免納營業稅、建築倉庫或購置、應用地應課之地方稅、及其他地方捐稅、第十七條、農倉所保管之受寄物、於可能範圍內、應一律投保火險、第十八條、主管官署於必要時、得暫定主要農產品、令農倉保管之、第十九條、主管官署、對於農倉之受寄物帳簿、業務情形、及財產狀況、每年至少應檢查二次、於必要時、得隨時檢查之、第二十條、農倉或聯合倉每半年應編造會單表冊、詳列受寄物之種類數量品質、及保管情形 呈報主管官署備案、並應於業務年度終了後、編造資產負債表、損益計算書、及財產目錄、呈轉主管官署審核、轉呈實業部及內政部備案、第二十一條、主管官署對於農倉之業務進行、或財產狀況、認爲不能維持者、得令其停業、或取銷其登記、第二十二條 經營農倉者、如有違返本法第三條之規定時、主管官署、得科以三百元以下之罰鍰、並令其停業或取銷其登記、違返第六條第三款之規定時、得科以三百元以下之罰鍰、違反第十三條第十四條之規定時、得令其停業、並科以三百元以下之罰鍰、違返第十七條之規定時、得科以一百元以下之罰鍰、違反第二十條之規定時、得科以五十元以下之罰鍰 或令其停業、第二十三條、農倉事業之獎勵及補助辦法、由實業部會同內政部定之、第二十四條、關於農倉事業、除本法規定者外、準用民法之規定、第二十五條 本法施行條例另定之、第二十六條 本法施行日期以命令定之。

大批災民送縣收容
縣政府派陸組長往接

二區縣口設立之災民臨時收容所、以房舍窄狹、災民衆多、現已不克容納、王縣長當面諭該區區長卜憲章、派區丁將大批災民押送縣城收容、縣府得訊後、即派公安警察偵緝組長陸秉森、帶警士數名、前往迎接、今晚即可到縣、聞該災民等將安置于本城柳將軍廟及山西河南兩會館云。

童子軍理事會奉令捐款賑災
中學童子軍每人至少捐洋四分
小學童子軍每人至少捐洋二分

蘇省童子軍理事會、以本年黃河決口、氾濫成災、哀鴻遍野、嗷嗷待哺、特令各縣童子軍理事會捐款賑災、本縣童子軍理事會奉令後、即召開理事會議、當決定、一、中學童子軍每人至少捐洋四分、二、小學童子軍每人至少捐洋二分、並限於本月底一律送會轉解、現該會業已根據此次會議、令飭所屬各團遵照辦理矣、想我當仁不讓之童子軍、必能踴躍輸將也、

司法欄

▲縣政府司法批示▼

▲刑事原具狀人史爲升、一件、爲捏傷誣控、請求續傳人證、予以反坐由、狀悉、仰候定期傳訊核奪、此批、

△庭期審理案件▽

九月十六日審理苗秀山訴孔傑氏案、

十六日審理孫傳賓報伊父孫學禮因傷身死案、

十六日審理馬登俊、鴉片案、

十七日審理段文燦訴段曉泉傷害案、

十七日審理吳張氏與吳明一房屋糾葛案、

十七日審理張青芳等傷害案

○○○○○○○○○○○○○○○

▲本城糧價

名稱	每市斗價目	
小麥	最高二千七百五十文	最低二千六百文
大麥	最高一千七百文	最低一千六百文
黃豆	最高二千二百文	最低二千一百文
黑豆	最高二千一百文	最低二千文
綠豆	最高二千一百五十文	最低二千一百文
江豆	最高二千三百文	最低二千二百五十文
高粱	最高一千六百文	最低一千五百五十文
穀子	最高一千四百五十文	最低一千四百文
稷子	最高一千六百文	最低一千五百文
芝麻	最高三千一百文	最低二千八百五十文
青豆	最高二千一百五十文	最低二千一百文
花生（每斤）	最高一百二十文	最低一百文
瓜子（每斤）	最高五百文	最低四百七十文

氣象

晴

風向　東南風

最高溫度　七三

最低溫度　五五

豐報

第八三八號

社址：豐縣大同街

中華郵政特准掛號認爲新聞紙類

[illegible]

廣告刊例 [illegible]

本報價目 [illegible]

[illegible]

中外要聞

徐沛合築防黃圈堤

津浦隴海兩路險段即可修竣

▲中央社徐州十四日電　微西大堤、因風潰決多處、當時無法搶堵、銅山縣長王公璵、以虛耗民力、倍增傷感、擬以身殉五段大水中、不願逃去、經邵專員親往召見王始扶門站出經邵撫慰激勵、着速築二道套堤、王現再集民夫二萬、對小四段決口與沛縣合築圈堤、對陳場天齊廟兩決口、亦築套堤。

▲中央社徐州十五日電　津浦隴海兩路、被水冲刷之最險段落、經兩路工程人員連日搶修、津浦以亂石進掩路基、隴海以木樁掛柳排亂石合堵路基、日夜趕修將竣事。

▲中央社徐州十五日電　豐縣聯合金鄉單縣、合築防堵魚台洪水大堤動工後日夜搶築、現將竣工　魚台全縣已在水中、現魚台與微山昭陽兩湖、已水陸不分　船隻駛抵城下、救濟難民。

水災義賑會撥款救徐北災民

▲中央社上海十四日電　水災義賑會十四日撥賑款三萬元、匯交蘇水災救濟總會、拯救徐北災民。

余澤洪匪即可消滅

▲中央社成都十四日電　一路軍楊宗禮十一日電稱、黃團克復古耳溝後、繼續進剿、十五日午攻克大秋地、斃匪甚衆、前鋒已追至九架棚等地、匪向棱磨壩江濱退、余匪澤洪服裝各軍痛擊現不滿千人、我軍加派陳師部隊協剿、期速殲滅。

晉軍渡河赴陝北圍剿

▲中央社太原十四日電　赴陝北剿匪之晉軍、均已渡河、將實行包剿　孫楚召方克猷等四旅長赴離石、縣商包剿具體計劃、孫定十五日渡河　赴前方視察。

汪院長昨到滬

檢驗身體當晚夜車返京

▲中央社上海十五日電　汪院長偕曾仲鳴唐有壬、十五晨到滬汪係在眞茹下車、換乘車赴曾宅稍息後、汪即赴諾爾醫院檢驗身體、九時離院　仍赴曾宅、據曾仲鳴談、汪院長來滬、係檢驗身體、因須檢驗全部費時頗久、惟因政務繁忙、定當晚返京。

▲中央社上海十五日電　汪院長、唐有壬、十五日晚十一時夜車返京。

中央令沿江各省

查報被災田畝

▲中央社南京十六日電　今年長江災情慘重、關於被災各省蠲免田賦、聞中央已飭被災各省、應即派員查勘　依法塡具簡明表、咨由內政財政兩部、會呈行政院　呈國府核奪。

導淮下月一日復工

蘇省府召有關縣長會議

▲中央社鎮江十五日電　蘇省府十五日召集導淮有關各縣長來省會議　由陳果夫主席、決議：（一）按各段挑挖程度、分配工夫、加緊工作、使新河底綫成有規則傾斜度、（二）嚴冬期照常工作、（三）各縣額外征夫、需料由縣自辦。

▲中央社鎮江十五日電　沈百先語記者、導淮入海工程、

准十一月一日復工、決徵工二十萬人、準備明年五月底將全部完成。

全國地政會 各組審查工作頗忙

▲中央社南京十五日電 首次全國地政會議、自本月十二日開幕以來、連日大會、議決重要提案、其各組分頭審查工作亦頗緊張、頃第一組關於地政機關組織職權經費、及地政人員訓練任用事項、第二組關於地政測量登記、與簡易清理事項、第三組關於土地估價及征稅事項、第四組關於土地使用、土地徵收、及其他事項、均大致經大會修正通過。

陝蓉綫定期正式開航

▲中央社鄭州十五日電 歐亞公司陝蓉綫各站、籌備就緒、新由德購來五二號巨型機將飛陝、定十八日正式開航。

▲中央社上海十五日電 歐亞航空公司第五十二號巨型機、十五晨九時、在龍華機場、招待各界試乘遊覽、每次十五人、計飛十次、至午始畢、定日內飛成都、試飛西蓉綫後、大約本月底可開航。

從事建設

陝省府籌劃冬令征工

▲中央社西安十五日電 蔣委員長令頒冬令徵工服務辦法後、陝省遵令辦理、民政建設兩廳、及水利局林務局、十四日開會商定實施辦法、為應目前需要、決發展交通、水利、林務等事業、會擬實施辦法、呈省核辦。

四川金融趨向穩定

▲中央社重慶十五日電 八折取銷地鈔辦法、十五日已實行、從此市面通用貨幣、概以申鈔為本位、各商號十五日復業收交匯兌照常辦理、金融趨向穩定。

友聲旅行團田徑籌賑運動會 昨在滬舉行

▲中央社上海十五日電 友聲旅行團主辦之田徑籌賑運動會、十五日晨在中國舉行五千公尺、冠軍王正林、十七分廿三秒、亞軍張良、十七分廿八秒、均破全國紀錄。

綏鄉村工作人員訓練所 首屆畢業

▲中央社歸化十五日電 綏省府創辦之鄉村工作人員訓練所首屆學生百七十名、十五日行畢業典禮、聞各生將分發各鄉村工作。

颶風今日可抵閩粵

▲中央社南京十五日電 氣象台息、十三日在菲律東部洋面發現之颶風、今日下午二時、已進抵呂宋西北部洋面、中心在東經一百十九度、北緯十九度間、正向北北西進行、風勢甚強、明日可抵我國閩粵兩省、沿海一帶、將受其影響、發生大風雨。

馬尾潮漲上岸

▲中央社福州十五日電 福州氣候十三日轉涼、十三日午、馬尾潮漲上岸、至晚始退、十四日晨復發生海嘯、風濤洶湧、全鎮交通斷絕。

桂省請中央設水稻改良分所

▲中央社香港十五日電 省訊、桂省府呈請中央、設水稻改進分所、並派員來桂指導。

澳洲少女攷查團今日可抵滬

▲中央社上海十五日電 澳洲少女攷查團、一行三十六人、十三日由港乘輪北上、十六日晨可抵滬。

五國小組委員會 今日可製成折衷方案

▲中央社巴黎十五日電 巴黎間諜報稱、國聯行政院五國小組委員會、可於星期一擬成折衷方案、提交意亞代表團審查、屆時意國如拒絕此項折中方案如一般人所逆料 則小組會將向行政院提出報告、而由行政院通過、屆時意如向亞作戰、則當依盟約第十六條第一節規定處分之。

▲中央社羅馬十五日電 意軍艦刻正在馬爾太附近從事操練、英國亦在地中海從事海上軍備意國已大起恐慌。

蘇省府舉行委員會議

▲江蘇社 江蘇省政府第七七五次委員會議、十三日上午八時舉行、出席委員陳果夫 余井塘、王柏齡、趙棣華、周佛海 葉秀峯、列席羅時實 主席陳果夫 紀錄萬君默、開會如儀、宣讀上次會議紀錄、報告事項（略）決議要案如下、（一）省警察訓練所、更名為江蘇省警官學校、校長由民政廳長兼任、（二）通過本省出席全運會代表旅膳制服費四千五百元、款在省總預備費內開支、（三）指贈第四屆全運大會獎品費五百元、款在省總預備費內開支、（四）撥沂沭閘尾區防汛費二萬元、在省總預備費內開支、（五）覆核禁烟治罪案四十件、（六）南通縣少海為短所契稅事件不服財政廳原決定、提起再訴願一案、決定原決定撤銷、再訴願駁回、（七）松江縣西禪寺主持僧嵐峯、為龍王廟撥充白龍潭小學校舍事件不服民廳之決定、提起訴願一案決定原決定及原處分均撤銷。

蘇省禁委會 舉行首次會議

▲江蘇社 江蘇省禁烟委員會十三日下午三時、舉行首次委員會議、出席委員葉楚傖、狄膺、冷禦秋 于錫來 周厚鈞、顧子揚、省政府參加人員余井塘、葉秀峯、項致莊、主席葉秀峯、紀錄戴世英、行禮如儀、甲、報告事項（略）乙、討論事項、一、推定冷禦秋 顧子揚、周厚鈞、為常務委員、二、起草宣言由常務委員會擬定後發表 三、依據本會組織規程所定各項職掌、分別擬具工作綱領、由常務委員會同民政廳長商定後、提下次會議決定、四、本會委員會議、每星期舉行一次、時間定星期六上午十時。

蘇農行救濟蘇北災民

▲江蘇社 蘇農行救濟農民金融、年來收效甚宏 本年蘇北方面、偏山祁洧一帶、因潮水為患頗重、農民顛生不遑、紛紛將其僅有之耕牛及食糧賤價出售、農行為此特往訪該行負責人、叩詢對於此種情形之救濟辦法、據答農民之不惜賤售、其生產工具及食糧、只是顧及一時之辦法 一至明年春耕時節、必致發生荒及農民斷炊之慘象 該行有鑒於此、特計劃擬在蘇北災區大量辦理耕牛押款、及食糧儲押、其辦法為將抵押之耕牛及食糧、先行集中保管、以免存放農家 仍恐不能防止私售私宰等情、結果適與當初保存耕牛等之旨相背、用意甚妥、聞該行已於日前派楊志瑩君前往災區調查、與該行徐州王經理通融籌商辦理 又聞財廳方面於日前亦派朱玉書君往徐、協助一切 此舉辦妥後、蘇北農民、當受益不少云。

調換舊印花 由省市商會分別辦理

不得逕由各縣商會 向當地菸酒局調換

▲江蘇社 江蘇全省商會聯合會、十二日致各縣商會函云 逕啓者、案奉財政部稅子第七〇三〇號批、呈一件、為據情轉陳、關於調換舊印花辦法第二條、於事實上殊多困難、懇請准予變通辦理由、呈悉查調換舊印花辦法第二條之規定現為統一事權起見、蓋新印花應由本部發交省局、轉發省市商會給領、而舊印花亦應由省市商會在封存數目內按照數檢出、繳由省局呈部核銷 自未便逕由各縣商會與當地菸酒稅局所分別辦理、現在蘇省應予調換之新印花 俟套印省名完竣、即可依照辦理第二條之規定、發交江蘇省印花菸酒稅局分別繳銷、所請變通辦理一節 應毋庸議 此批、等因奉此、查此案呈請變通辦法、原為能由各縣商會直接向當地菸酒稅局所調換手續上免多周折、今奉部批、不准逕由各縣商會調換、仍由本會彙總條按照前項辦法、會同省印花菸酒稅總局點驗封存、分期調換 除已准各會函報舊印花總數、由本會先行登記數分、未報之各會、請予從速函報、以免延期、即希查照為荷。

蘇回教公會 救濟失業教徒

函穆源等儘先聘用

▲江蘇社 中華回教公會江蘇省分會十二日分函鎮江穆源清真志真暨城內外清真女學董事、（略謂）案查本會第二十次常務會議、討論事項案、武進縣支會、呈為教友陸汀等失業、請求救濟案、決議、函交省會本教各學

▲常委童仁甫等北上

校存記候用、當經紀錄在卷、爲此錄案函達、即希查照辦理、遇機儘先聘用、無任感荷云云。又該會常委童仁甫、楊公澧 楊賈之等、因第六次委員會議訂於本月十五日上午九時在淮陰縣支會舉行、各縣支會委員已紛紛報到、故童氏等亦於前日聯袂乘天泰小輪北上、並帶重要提案十數件云。

小報管理與取締
歸地方政府辦理後

省市黨部

仍應繼續審查

●中央宣委會函知蘇省黨部●

△江蘇社 中央宣傳委員會、函蘇省黨部云：案准漢口特別市黨務整理委員會函、爲小報之管理與取締事宜、由地方政府辦理後之疑問數點、請迅予核復等由到會、當經函復、以（一）各省市黨部仍應繼續審查小報、（二）如發現小報有紀載失實、或言論反動時、應一面函同級政府、依照出版法及取締不良小報暫行辦法、予以取締、一面呈報本會備查、（三）出版法尚未修正公布以前、取締不良小報暫行辦法之執行、應由政府機關單獨辦理 惟變更登記事項、仍應依照出版法之規定辦理等語、即發並函內政部暨通函各省市黨部查照外、相應函達查照云。

蘇教廳認眞甄別各縣教員履歷

令將證明文件取齊存校
聽候視察人員抽查考核

△以免濫竽充數貽誤教育◎

△江蘇社 蘇教廳鑒於各縣教員履歷、前經視察人員呈報、甚多不合、濫竽充數、貽誤殊非淺鮮、茲爲認眞甄別起見 各縣局應即轉飭小學現任教員、儘九月內將資歷證明文件等取齊存校、俾廳委視察人員、隨時抽查考核、如不遵辦 即作妄報資歷論處云。

蘇省府令催各縣履勘煙苗具結呈核

限文到七日內具報勿延

△江蘇社 江蘇省政府訓令泰興、高淳、江陰、海門、靖江、丹陽、無錫、太倉、啓東、宜興、鐵山、松江、金山、六合、如皋、各縣長云、案查前奉國民政府軍事委員會委員長行營令發查禁種烟總檢舉辦法、飭遵照辦理一案、業經訓令轉發、並參照總檢舉辦法第四項之規定、責成該縣長確切復查、另具甘結、呈候核奪、（並限期將履勘烟苗事務、趕定結束、具結呈核、仍按照總檢舉辦法第四項之規定、另具甘結、並呈察奪）「復於七月間以民字第一一四二號訓令催辦各在案、閱時已久、迄未據遵辦具報、似此玩忽禁政、殊屬非是、合再令催該縣長迅即遵照先今令飭、限文到七日內、確切查勘、具結報候核轉、如再逾延、定予嚴懲不貸、此令。

省商聯會奉批函各縣商會查照
一俟章程公布施行卽遵照辦理

蘇各縣商會得組織商事調解委員會

△江蘇社 江蘇全省商會聯合會、十三日函各縣商會云、逕啓者、案奉實業部商字第○三七○九八號批呈一件、爲吳縣商會提議組織商事公斷處、請鑒核准予依法組織由、呈悉、查關於商會法第三條第四款、工商業之調處及公斷事項規定、前經本部會同司法行政部擬訂商事調解處會章程草案、呈奉行政院令咨送立法院有案、一俟公布施行、再行通咨轉飭遵照辦理、再查司法院院字第八四九號解釋、有從前施行商事公斷之章程、非商會法附屬法令、自不因商會法施行細則第四十二條規定而失效等語、據呈前情、仰即轉行知照、此批、等因奉此、查此案前由吳縣商會提議、經決議轉呈去後、奉批前因、相應函達、即希查照爲荷云云。

遴薦縣督學及教委

蘇教廳增訂兩項標準

飭後各縣須嚴切遵照悉心甄選

△江蘇社 江蘇省教育廳訓令各縣政府云、查縣督學及教育委員、負視導督察專任、必須學驗俱優、具有才幹、方能勝任 現在各縣遴選有縣督學及教育委員時、對於舉薦人員、雖類皆遵照規定資格、呈請核委 但關於學識經驗才幹等項、是否確能用此重任、尚有未能悉心甄選、殊爲益求人才優異起見、特於規定資格以外、另加以下二項、以作該縣長遴選時之準繩、（一）縣督學人選 除規定資格外、並須充任完全小學校長或教導主任等重要職務、成績優良、經本廳嘉獎或嘉許者、（二）教育委員人選、除規定資格外、並須充任完全小學校長或教導主任等重要職務、成績優良、經本廳嘉獎或嘉許、嗣後各縣遴薦縣督學或教育委員、必須嚴切遵照此項規定辦理、其某年某時嘉獎、並須註明、以便查考、本廳於核委時、亦必審加考核、必須符合、方行委任 除分令外、合亟令仰該縣長遵照、並轉飭教育局長遵照、此令云。

前縣長李晉芳留別父老

靖江縣長蘇民由省前往履新

△江蘇社 靖江縣長李晉芳與沛縣縣長蘇民對調命令發表後、以黃水爲患、沛縣首當其衝、蘇縣長率領全縣壯丁七萬餘人、興築蘇北大堤、長約百餘里、晝夜趕築、歷五十日而成、備極辛勞、省府以李縣長辦理妥善、改委楊國鎮長沛、蘇楊已於本月一日交接、茲悉蘇氏於日前來省晉謁當軸、有所請示、現已公畢、於前日偕同職員等人乘車赴站、即日履新云。

（又訊）靖江縣長李晉芳、前奉省令與沛縣縣長蘇民對調、嗣李氏辭不赴任、由省政府改委楊國鎮接充 各情均誌前報、茲悉蘇縣長、已於本月十一日到靖、並定十二日就任視事、李氏於先日發表留別靖江父老書、典麗可誦、茲探錄於後、

○……李晉芳……○
留別書

晉芳牧靖承命、尸素經年、緬漢代之循良、愧周官之小計 衣租食稅 有負吾民 拔薤鋤强 多慚長者、乃者、忽因遷調 因用疢辭、更勞我父老邦人、咨嗟走告 觸著而奔太府、叩閽請借河東 試問德何以堪、將毋厭非其據、聽鄧守之鳴雞欲曙、固是難挽不留 羹房公之逐馬不饑 償恕任官無過、且也北門祖帳 南國興歌 飲我以醑嘉樹聯角弓之雅愛人以德、錄杯當縞紵之遺、豈眞德化而足繫思 實緣邦人曲以好我、茲者、脂車待發 瑰玫無酬 謹布蕪詞、無忘式好、還同桐邑、永戀此鄉、我將去之、別緒共一江秋水、民亦勞止、豐年祝來歲穰穰。

蘇省令各縣公安局設驗鎗組

盜刼暗殺藉此可得線索
與地方治安有莫大裨益

△江蘇社 蘇省政府近准內政部咨、以現在世界文明各國 自改進刑事政策 廢止刑訊、採用證據主義後 而對於偵緝學術、及偵探設備無不力求改進、日見完美、不待嚴刑、即可使罪犯自然折服、無從遁形、如上海公共租界警務處設有驗槍組、即爲偵探學術之一種設備、凡遇有盜匪及暗殺等案、只須在出事地點 檢獲遺留之彈殼 或在被害之身上、搜出彈頭或彈片、以及在犯罪者之住址內抄獲槍枝、即可因驗槍之結果 而獲破案之線索 兼可查悉爲初犯或累犯 此外於人民請求領照之槍枝 以及公務員佩帶之槍枝 亦可驗槍而查悉來歷是否正當 並可防止其在外一切非法行動、故此項設備實與地方治安 有莫大之裨益 惟我國各地公安機關、無此設備 希即轉飭各縣公安局組設、以利偵查云。

蘇各縣公安局長調查

△江蘇社 江蘇省各縣設有公安局者 計三十縣、茲將最近各縣公安局長姓名 調查如下 丹陽奚子爲、上海徐毓寅、松江何潤漳 南匯陳雄圖、青浦黃肇南、奉賢李志斌、金山張中堂、太倉董學舒 嘉定陳幼民、海門戴鴻濤、吳縣張漢威、常熟周鼎、崑山張達 吳江鄭福、武進許寶光、無錫陳育初、宜興韓梅岑、江陰郝遇林、靖江來之燧、南通宋明 、如皋陳謨、泰興沈靖、淮陰林孤標、灌安張瑞京、江都張樹、東台羅彝、泰縣何迺黃、銅山趙益謙、沛縣掌仲權、宿遷杜光晨。

本縣新聞

收容所已送大批災民
垂頭喪氣 滿面愁容 兒哭女號 連聲啼飢

本縣近受暴風侵襲、堤防潰決多處、以致洪水氾濫、災區擴大、統計淹沒一百二十七村、災田一千六百餘頃、廬舍爲墟、人畜漂沒、厥狀之慘、令人目不忍視、王縣長爲救濟災黎起見、當設臨時收容所於縣口、每日派大批船隻、營救災區婦孺、並在本城柳將軍廟及山西河南兩會館設立三個收容所、各情已誌本報、茲悉縣口臨時收容所、共收災民一千三百餘人、業已陸續送縣收容、現山西會館有災民一百八十人、東西兩配房爲婦孺住所、腰房爲男子住所、柳將軍廟共災民四十四人、婦孺住堂屋、男子住西屋、河南會館共容災民一百六十人、男女各處一室、記者於昨日下午、前往山西會館視察、時災民麕集各屋門首、個個垂頭喪氣、無時不表現其憂鬱愁苦之象、旋公安警察送饅頭至、一時女哭兒啼、咸呼飢餓不止、當由公安組長胡仲敏、及縣黨部幹事高道昭王德明點呼災民姓名、以次施放、計成人每人饅頭四個、小兒每人三個、並煮米湯數鍋、以供飲用、聞黨政雙方、以災民衆多、三個收容所恐不敷用、擬將城內外各客棧闢爲收容所、並爲久遠計、將用施粥辦法、如此則杜宇廣廈、災民得慶更生矣、

縣政府黃科長關於堤防潰決之談話

縣政府第一科長黃體潤氏、前日由災區歸來、記者往訪、當蒙接見、詢以此次豐北被災狀況、據答如下、余（黃自稱）與縣黨部彭委員世亭、電燈公司劉經理萬傑、及教育局王督學韶峴等、同在北境構堤督工、當中秋節前一夜、堤工已大體完成、余等不禁心喜、以爲堤工告成、水患無虞、明晚可泛舟復新河、飲酒賞月、以示祝賀、不意正在討論收工之際、忽而風馳電掣、繼以榆聲、余等異常駭怪、旋民夫羣呼魚民決堤放水、余等當帶民夫數十人、沿堤西行、詎風狂浪湧、大有排山倒海之勢、水花上濺、高越堤頂數尺、吾等衣履盡濕、涼澈肌骨、但見堤防逐漸塌陷、堤北之水直向南傾瀉、以致堵不勝堵、余等不得已乃繞道東行、過和事樓辦事處、未及停留、而水頭已至、遂遷避復新河堤上、翌日始乘船南來、當在堤上督工搶護時、須三四人爲一組、挽臂牽依、以禦風勢、如偶一不慎、即捲入旋渦、勢極危險、至謂余等失蹤之說、盡係傳聞之誤云云、談至此、記者即告辭而退、聞黃氏偕款賑處主任李效禹于今晨又前往災區視察矣

縣政府奉頒農倉業經營暫行辦法

縣政府近奉財政廳令頒農倉業經營暫行辦法、飭遵照施行、茲探錄如下、第一業、本辦法依據江蘇省農業倉庫規程第三條第一項訂定之、第二條、經營農倉業之主體、暫以左列各團體爲限、甲、合作社或合作社聯合會、乙、金融機關之以發展農業經濟爲目的者、丙、經營農業生產事業、或典農業生產有直接關係之事業者、十二人以上之團體、第三條、凡經營農倉業者、概不得以營利爲目的、第四條、凡在附近十里範圍以內、已有農倉之設立者、不得再行設立、但因事實上需要、而彼此能採取同一辦法、互相合作得特許者、不在此限、第五條、農倉之業務範圍、以不與農倉業法、及江蘇省農民倉庫規程所規定抵觸者爲限、第六條、農倉不得兼營堆棧等業務、第七條、凡經營農倉業者、須領取申請登記書、依式填報本縣農倉管理委員會核轉江蘇省農倉管理處核准登記、發給許可證後、才得開始業務、第八條、凡經領有許可證之農倉、如發見不符本辦法規定時、仍得由江蘇省農倉管理處、隨時糾正、或吊銷許可證令其停業、並得科以三百元以下之罰鍰、第九條、在本辦法未頒布前成立之各農倉、須向縣農倉管理委員會補具手續、請求發給許可證、第十條、本辦法由江蘇省政府委員會議決公布施行、

縣婦女會舉行第二次理事會議
決議開辦第二屆婦女班民衆學校

縣婦女會於昨（十五）日上午十二時、在該會辦公室召開第二次理事會議、主席梁惠榮、紀錄劉劍秋 報告事項、從略 討論事項、一、本會會員常年會費應如何辦理徵收案、決議、甲、限於十月十日前辦理完竣、乙、由本會理事分別催繳、二、本會應如何開辦第二屆婦女班民衆學校案、決議、甲、推梁理事惠榮担任校長、張理事淑英担任教導員、陳理事正芬担任教員、乙、推梁理事惠榮辦理覓適宜地址、及招生計劃、交下次理事會議討論 閉會、

教育局頒發管理私塾暫行辦法

教育局爲改良管理私塾以補濟義務教育之普及起見、特訂定豐縣教育局管理私塾暫行辦法、茲探錄其辦法如下、一、本局爲改良並管理私塾、以補濟義務教育之普及起見、特訂定本辦法、二、設立私塾、須由設立者、繕具私塾設立請求書、呈報本局核准後、方得設立、三、私塾須遵守中華民國教育宗旨及其實施方針、並注重兒童身心及知能之發展、四、私塾之設立、須在現有小學二公里以外或鄰近小學每班兒童超過五十人以上之地方、五、私塾之必修科爲國語、算術、公民、常識、體育、隨意科爲音樂美術勞作、六、私塾之教材、以採用教育部審定之教科書爲限、補充教材、以經本局指定之讀物爲限、七、私塾之塾師、須經登記或檢定合格者、方得充任、八、私塾辦理完善、經查明確實者得改爲代用小學、或酌給津貼 以示獎勵、九、私塾如違反本辦法之規定 得隨時取締之、十、本辦法經本局局務會議通過施行、並呈報教育廳備案、

小兒玩弄石滾軋傷腿部

住居本城北關外回民、有沙姓小兒名二貴者、與鄰右某兒昨在廣場玩弄石滾、旋轉週匝、意頗自得、該場西邊下臨陡坑、詎轉至場之西首 石滾忽順勢而下、沙兒躲避不及、遂被壓倒、伏地大哭 鄰兒見狀、亦皇失措 旋即奔逃、及其父母聞知 始將沙兒抱回、聞其腿部軋有微傷、或無若大危險云、

司法欄

縣政府司法批示

▲刑事原具狀人王德江、一件、爲事已處悉、雙方和解、懇請銷案由、狀悉、准予撤回、此批、

▲民事原具狀人李效曾、一件、爲和解成立、請求銷案由、狀悉、准予撤回、此批、

▲刑事原具狀人楊純方、一件、爲請求將常聘三賞保、不誤傳喚由、狀悉 准暫保釋、此批、

▲民事原具狀人戴振祥、一件、爲兒眼勒詐、討要還兒、訴請偵案訊判由、狀悉、仰候定期傳訊、並通知被告答辯、此批、

▲刑事原具狀人趙廣珠、一件、爲率衆持刀搶割豆禾、懇請拘提到案、究追法辦由、狀悉、候傳訊究辦、此批、

刑事判決

杭殿玉等擄勒及强盜案判決、

主文

杭殿玉王心誠（即老實人）共同意圖勒贖而擄人、各處有期徒刑十二年、褫奪公權十年、結夥三人以上攜帶兇器越牆侵入强盜 各處有期徒刑五年、褫奪公權五年、併合執行有期徒刑十二年、褫奪公權十年、陳清混幫助、意圖勒贖而擄人、處有期徒刑六年、褫奪公權六年、裁判確定前羈押日數、准以一日抵徒刑一日、

本城糧價

名稱	每市斗價目 最高	每市斗價目 最低
小麥	三千零五十文	二千九百三十文
大麥	二千文	一千九百文
黃豆	二千二百文	二千一百五十文
黑豆	二千一百文	二千文
綠豆	二千五百文	二千四百文
江豆	二千四百文	二千三百文
高粱	一千八百文	一千七百五十文
穀子	一千五百五十文	一千四百文
稷子	一千六百文	一千五百五十文
芝蔴	三千三百文	二千一百五十文
青豆	二千二百文	二千一百三十文
花生每斤	一百四十文	一百三十文
瓜子每斤	五百文	四百七十文

氣象

晴

風向 東南風

最高溫度 七九

最低溫度 六九

鳳鳴塔

第一四四期

一，本刊內容分科學常識論著詩歌小說戲劇散文書信書報介紹及批評等項

二，本刊歡迎投稿來稿文言白話均可

三，來稿本社有修改權不願者應先聲明

四，未經登載之稿除預先聲明者外概不退還

五，本刊編輯部設豐報社內

漫談

九一八

雲章

熱烈的中秋節，剛剛過去，沉痛的九一八，又來了。在這時、我們環觀大衆，除了東北的民衆在那裏咬牙切齒的痛恨以外、大家好像沒事一樣。這是國民的麻木嗎？這是時間的演進嗎？

看吧：我國的建設還沒趕上世界的水平。在經濟上，在物質上．都還沒有與外人比較的程度。那麼拿什麼來禦侮呢？復仇呢？

看吧：今年的水災又這樣的奇重、人民方謀救亡之不暇，那又有什麼力量來禦侮呢？復仇呢？

看吧：赤匪還有少數未淸。安內工作，正在繼續努力着，那又有什麼力量來禦侮呢？復仇呢？

看吧：人民的程度，還是這樣低落。民族意識，依然還是多數沒有。那又怎樣來禦侮呢？復仇呢？

瘡痍滿目的我國，現在眞不忍再看了。我們只有希望大家拿過中秋節的精神，來過九一八。下定了決心，團結起來，在中央指揮之下，來努力禦侮，復仇，和救國的工作。那才是我們當國民的責任。

圓月

老渾

床前明月光
疑是地上霜
舉頭望明月
低頭思故鄉

啊！今天不是歷舊的八月十五了嗎？我說月光怎麼會這麼的明亮。前天十三十四的晚上的時候，月兒還缺了一線似的邊緣，而今晚却不會負了中秋節之約的渾圓得玉盤似的從東天之郊昇起來了，慢慢的昇起來了，高高的掛在這一碧的中天，來照着這一整個的似乎像沈寂的靜夜。

啊！今天是中秋節了啊！是一年一度的中秋節了啊！按照着鄉間風俗的舊例，一些人們不是都要置辦些瓜菓一類的東西，來坐在這渾圓而純潔的月光之下喝酒圓月嗎？我想他們一定是都能很興高的，很痛快的大吃大喝的來過這一宵吧！這樣才不致辜負了一天明潔的月光，和這有意來做陪襯的碧天啊！可是零仃孤留寄居在這數百里外的他鄉上的我呢？却更要感着這一種無限的淒涼，無限的難過了啊！

隔壁的圓月痛飲的聲浪，不是更形熱鬧了嗎？三星四季的譁拳聲，含着幾分醉意的談笑聲，做成了他們這樣一個痛快淋漓的歡聚。這月光之下，來充分的享受着這人生之樂；可是他們那裏又知道在這近得咫尺般的壁外，却有一個滿懷憂愁的的異鄉客，不但不湊着這良辰佳節來痛飲狂醉，而偏又獨自在對着月光感着一懷悲傷的鄉愁呢。

啊！月亮呀！你不是特意來給予人們這一個天倫聚樂的好機會嗎？你又那裏知道我的天倫的聚樂的機會，却完全被這一懷孤冷的鄉愁所佔有了。現在，我只有對着你傷心的落淚，我只有自恨自己的時乖運蹇，才造出了自己這樣的一個境地，以外我還有什麼話再說呢；月亮啊！我是辜負了你了啊！我抱着十二萬分的慚愧辜負了你了啊！

一雙年衰力邁的操勞了大半世的老父母啊！您老人家現在還是在依然碌碌的操勞着吧！爲着你的一羣子女來操勞着吧！不孝的兒，是眞正不孝了，但是另外又有什麼方法呢？「父母在世，子不遠遊」，兒也是讀過幾天書的人，並不是不知道啊！可是萬惡的困苦的境遇，偏又把我支配到這個人地生疏的他鄉上來，過着啃骨肉分離痛苦的生活 唉！父母啊；爲兒只有在此遙念你幾聲，也就算是我盡了孝道了吧！

這時我的心弦，眞要被淒涼所彈碎了。月亮像不耐煩似的漸漸的移過了天中，深夜是比先時是更要沉寂了，萬籟無點聲息的沈寂了。隔壁先時的痛飲的聲音，想來；一來是因着夜更深了，一來因着酒已喝醉不勝再飲的原故，也漸漸的沈寂了；此刻什麼聲音都已經沒有，不過只是空中的幾點疏星，映着月光和冷風吹的涼意，佔有了實整個的秋夜。

咳！我滴下的這幾點酸淚，也就是我圓月了吧！不是淡的沒有一點表示啊！中秋節啊！一年一度的中秋節啊！

鐘聲（續）

雲章

左鄰的阿杏，臉抹的像黑狗一樣，去做包公。其餘的四個也抹了臉，去做王朝馬漢，張龍趙虎，跳在椅上亂唱。他的大舅由外走來說：

「先生來了！」——

這一句話，直把他們嚇的要死，他們覺着那大蟲似的W先生，眞是萬惡已極！

他的大舅，看見這羣小呆子，不覺大笑，他們才知已受愚弄，於是更唱得厲害。不一刻，W先生眞來了，他們尙不知道，及至看見W先生，黑臉的阿杏，已被打了兩個耳光。其餘都嚇得像老鼠見貓一樣，把臉掩定，不敢抬頭。W先生氣極了，一個一個的照樣打來。他這時才嘗過這種滋味。他想他有生以來，還未經過這樣的侮辱。他離家已久，母親又因事回鄉。他只一個人，孤零零的在這囚牢中過活。回想他的故鄉，故鄉中的夕陽，綠堤，牛羊，野花，和替他戴花的堂姐，不禁俯案大哭。W先生在旁，氣得越發厲害。

（四）

近來W先生已教完了四書，他雖能把所學的背誦如流，可是離了書本，一個字也難認識。這時T城正創辦小學，他的外祖，才把他同他的二舅，送到縣立小學內來。他驟從黑暗的牢中，來到有玻窗粉牆的學校內，就覺有天淵之別了；再加上百十個小朋友，常在一塊，玩的，唱的，說的，笑的，都比熱鬧了。他覺着以前的沈默，是不宜於他的生活，又以爲他像校園中的未放的春花，美麗的來日，在向他招手微笑。並且最令他心醉的，還有同班的幾個女生。那時他是十一歲的青年，性的方面，尚未發達。但是他總以爲她們比男同學們秀美，他常不顧同學的嫉笑，同她們在一塊遊戲。他又因爲最小的緣故，得同她們同桌上課。他每想起堂姐，便以爲她們是他的堂姐。可是因爲異姓和異性的隔閡，終於不能倒在她們懷內去，哭訴他的苦衷。所以他還沒把念那久別的故鄉，故鄉中的夕陽，綠堤，牛羊，野花　和替他戴花的堂姐的心放下，他離開自然，已是三年了、近日却常於課後，同同學出城遊玩。在粉紅的桃林間，或如茵的草地上，席地而坐，拍手而歌。歌聲止了，林間的春鳥　又在和鳴，趁着春風在和柔的扇着、菜花在田間舞着，益覺他們活潑可愛。可是那舊日隨着父親在黃河堤上唱歌，或折了夕陽在田間去採野花，和細數那遠處在蔚藍天空下牛羊的一幕的自然天趣，不能再得了。、他想起了往日，已帶着不樂；忽然又送來他日常聽慣的鐘聲，不禁有點淒涼情味了。

（五）

他的故鄉，近年來，因爲荒年的緣故，已爲匪徒們盤踞。故鄉裏父老，大受其賊害。他的家人，也飽受了驚恐。於是大家羣議築寨守衛。他這時，已是小學四年級。對於外界的消息，也漸漸鼓進他的心房、知道環境，不是以前平安了。雖然他還是天天同他的二舅一塊上學去，一塊下學來。每逢星期日，也是一樣打球唱歌。這次星期日上午，朝陽紅的像火一樣，深秋的草木，已都黃枯。他和二舅，在院後枯草地上，照例打球。他們正打得起興，忽聽外祖母在院內喊他。從他蒼惶的聲色看起來，知道定有什麼不幸的事情。便一面拋下皮球，一面喊着：

「什麼事什麼事？」——

「C，你來呀！你家中有人來了！說你家被土匪搶了個乾淨！你的弟弟，也被架去了」，外祖母說着，眼中已飽含了眼淚，他却放聲大哭了。

「哭也無益，你快到前邊去！你家來的人，此待向你說話呢」！他才急急的踴向前院去了。

「C哥！昨天晚上，我們莊上出事了」！家裏來的阿三，站在馬棚下，很驚慌不定的向他說。

「怎麼樣？你快來詳細告訴我」！

醉吧

（續文藝第十九期稿） 愚夫

翠妹，親愛的呵！我現在可憐死了！沒有再活下去的希望了。啊！誰能救我的苦命呢？

這位女招待也隨着說了幾句安慰的話。又遞了一條熱手巾給C，C的熱淚已溼透他的衣襟。並且浸遍了女招待美麗的花旗袍，她那羞澀可愛的面龐，當然還脫不去微紅的色彩。

我知道C的命運，假若沒有這不幸事件，也不致這樣的貧窮，那能受到這種侮辱，欺凌，C假若像從前一樣的享安樂，那能知道貧窮的艱難困苦，假若現在不是這樣，C又怎能知道現在是……

C這時哭的已不能成聲了。心裏比天還大的悲哀怨恨！有誰知道呢？

別說那些，喝酒吧！酒可以趕跑一切的煩悶，除去一切的悲哀，消滅一切的痛苦。

唉！我今晚上，才知道酒的好處，我若早先知道，也不致受騙，也沒有現今一切的煩惱和悲哀！我今後情願沉醉了，我那從前見喝酒的人，以為是瘋了；啊！我今晚上又何常不是瘋了呢？喲！世界上的人都瘋了啊！得意的人們，我祝福你們永遠的得意。

不要說了，我從前也不唱過禁酒的論調嗎？因為趙君好喝酒，差不多天天在酒館裏喝酒，因此一般同事有些輕視他，以為他是神經病，然而他是多麼歡喜研究文學的，他竟會遇着什麼……唉！不幸萌芽慘遭暴風雨，真是難已為情，又有誰替他難過呢？

我也知道，中國的文學不能發達，也就是這樣，假若壞一點吧！在文藝立場上站不住，好一點的吧！那又說你是什麼……唉！可憐喲！中國的文學。

好了我聽說式之君來主編，哈哈，我們文藝諸會員真是萬幸大大的萬幸極了。式之君富有文藝天才的，他是善於寫作的老手。他那大無畏的精神，對於本園將有一番新生機，新貢獻。我們得了這麼一位園主，是多麼值得我們祝福的一個啊！

我們可以在我們園地裡，盡量的發表意義，不像在那報紙上發表點文學，少微有點特色奇句，牠纖滅你無形中，唉！真是可笑，他又以為你是什麼……喂！要知道文學家的使命，要認清文學家目的，更要認清楚時代文學家的意義，不要學着機械式的學者。要負有革新創作的精神，不，時代不是時代，假若這樣，那就苦死你的了。你若有愛國的文字，慷慨的語句，那又消滅在肅煞才的手中，唉！可憐。真是可憐死了啊！

喂！喝酒吧！不要說那些瘋話了。

我們是借酒來解除一切的苦悶，你說那些無用的廢話又當如何呢？

兩兄弟

（續） 征

第三幕

登場人物

華民

愛民

少武

劉氏

張翁 年五十餘歲，體面的紳士。

流氓甲，乙，丙三人。小二—某菜館之跑堂。

妓女二人皆花枝招展

佈景 一個富有之家庭。

開幕時—華民與其叔父大吵。

華民 分家！欺我年幼，霸佔我的產業。分家！

少武 好 你這孩子，整整的鬧了三天了。（兩眼直豎。）唉！你父親死了一年，你就如此。我真過不下去了！

華民 過不下去，趕緊的分吧！分了散夥啦！

少武 華民！兒啊，你父親臨死時怎樣說的：『叫你如何努力讀書，如何前進？但你不理，混成流氓。』又要與我分家。有我在此，別人不敢欺侮你，如果分了家，別人要欺侮你的，兒呀，你總是這樣的惡性！

華民 我不管別的，分家無事（未完）

讀書筆記

（續） 雲章

「出辭氣斯遠鄙悖矣。悖者修辭之罪人，鄙則何以必達也？不文則不辭，辭不足以存，而將併所以為辭者亦亡也。……理不悖而鄙乎辭，力不能勝。辭不鄙而悖乎理。所謂五穀不熟，不如荑稗也。」

前既言三長難兼，此則分言其相關之利害，若諸子百家之書，悖於理而傳者繁矣。然力不勝者惟有其理亦難明之。故又必不以辭害志，不以志累辭也。故章氏又曰：

「譬彼禽鳥，志識其身，文辭其羽翼也。有大鵬千里之身，而後可以運垂天之翼。燕雀假鵬鶚之翼，勢未舉而先躓矣。況鵬翼乎•故修辭不忘夫輔假，而貴有載辭之志識，與己力之能勝而已矣。

是則謂文辭與志識并重，不可少偏也（未完）

編輯室的廣播電台

雲章

一，因為縣立中學要主編一每週出一次的附刊。所以我們主張暫將文藝附刊停止，把所有稿件都歸并到本刊裡來。文藝研究會的會員們，你們發表創作的園地依然存在着，千萬不要因此而恢心！

二，教育家的老張，你把你的關於教育的作品，都送出來吧！我們是很歡迎的！你的關於水災的大作，預備在專號上發表。現在沒登出，請你不要誤會。

三，藝術家的楊，陳，蔣三先生，將要為本刊，畫漫畫，特此預告。

四，偏君新防黃歸來，正預備把近兩月來的經過記載下來，登載本刊上。這樣我們不能不佩服勞苦功高的偏君的努力！

九月十七日上午十時播出。

警策語

三，吾國年來一方面受敵人武力之脈迫，一方面受世界經濟之影響，今日更加以天災人禍，其危險程度實千百倍於古人所謂洪水猛獸。

縣黨部無綫電收音室開放節目

九月十八日 星期三

九，〇〇	新聞 颶風報告
一一，五五	平劇報時颶風報告氣象商情
	戰長沙 浣紗記
	春燈謎
	南天門 易鞋記
	黑風帕
	諸葛亮安居平五路 男起解
	平劇
	譚富英 王芸芳
	尚小雲 王少樓合唱
	紅宗烈馬
一九，〇〇	
二〇，〇〇	報時颶風報告 氣象水位第一次簡明新聞
二一，四〇	第二次簡明新聞
二一，五〇	新聞
二二，三〇	國樂及平劇
	醉芙蓉 垂楊
	三復 玉連環
	文昭關 雷峯塔 安天會
	挑華車
	總理紀念歌

第八五八號
社址豐縣大同街
中華郵政特准掛號認爲新聞紙類
中央宣傳委員會登記證字第二三二號
內政部登記證第一九二九號

◆總理遺囑◆

余致力國民革命凡四十年，其目的在求中國之自由平等。積四十年之經驗，深知欲達到此目的，必須喚起民眾，及聯合世界上以平等待我之民族，共同奮鬥。現在革命尚未成功，凡我同志，務須依照余所著建國方略、建國大綱、三民主義及第一次全國代表大會宣言，繼續努力，以求貫徹。最近主張開國民會議及廢除不平等條約，尤須於最短期間促其實現。是所至囑。

中外要聞

黃河堵口問題
韓再請黃河水利委員會主持
中運續漲窰灣三面被水圍

▲中央社濟南十六日電　關於堵口事、魯省府前曾行政院、請黃河水利員會主持、魯退居協助地位、經委會曾復省府、以魯對堵口諸事、已籌備就緒、不宜遽以生事　如需技術人員、可由黃委會撥派、韓復渠又擬電以冬令即屆、災民衣食兩缺　擬以全力籌劃救災　堵口事仍請責成黃委會負責。

▲中央社清江浦十七日電　陳主席頃、運河區防汛處、趕辦柴包麻繩搶險材料　運往窰灣宿遷　帮　並曾王專員派醫士前往災區　爲災民醫病　免生瘟疫

▲中央社清江浦十七日電　沂小又漲　黃水南洩益急　窰灣鎮水三面包圍　南岸汪洋一片、沿堤險象百出　該鎮居民萬名以上　[illegible]動員　搶護險段　中運又漲三寸、宿遷亦漲三寸、清江漲二寸。

▲中央社清江浦十七日電　微山湖今又漲六公分存水三六．八〇七公尺　南洩中運益急　清江存水二丈四尺六寸、此間楊莊舊壩　水已平頂

行政院昨舉行
第二三〇次會議

▲中央社南京十七日電　行政院今晨舉行第二三〇次會議、汪院長主席　決議（一）院長報告、內政部黃部長、呈請轉呈國府、明令免去內政部長　已指令慰留案、（二）河南省府主席兼民政廳長劉峙　呈請辭去民政廳長兼職、應予照准、任方策爲河南省府委員兼民政廳長、（三）加派程[illegible]麟、徐誦明　梅貽琦　[illegible]爲北平故宮博物院文物點收監盤委員、（四　通過[illegible]修正中央古物保管委員會組織條例、（五）决議通過審查修正牙醫甄別條例、（六）財政部呈送民國廿四年安徽省公路公債條例　及還本付息表、請轉呈國府備案案　决議通過。

國民政府昨日命令

▲中央南京十七日電　國民政府今日命令：派陳公博　秦汾、周作民、鄒秉文、王志莘、文羣、樓桐蓀、彭學沛、卓宣謀　許仕廉、章元善　趙連芳、曾仲鳴　王世穎、高秉方、張　飛、壽勉成　爲全國經委會合作事業委員會委員、並指定陳公博爲主任委員　秦汾、周秉文、章元善、許仕廉　爲常務委員、此令。

全國司法會議
昨開第二次大會

▲中央社南京十七日電　全國司法會議、第二次大會、討論議案如下：（一）專家林彬等提議、全國司法經費、應由國庫支出　並增加數額、以便改進司法案、（二）浙江高等法院院長提議、請將各省負担司法經費、依財政收支系統法、改爲協助金、以維司法現狀、並請中央加撥款項

、蔣賓儀充案、(三)福建高等法院第一分院院長許家栻提、擬請咨商財政當局、將全國司法經費、劃歸中央負担案、其他例案甚多從略。

各省市地政施行程序
全國地政會議已加以修正

▲中央社南京十七日電　此次全國地政會議、對土地法、及地政施行程序、曾有詳密議案通過、同時為使地政施行有效計、大會並將各省市地政施行程序、大綱內各節、加以修正、俾利施行。

美大使昨呈遞國書

▲中央社南京十七日電　美國駐華首任大使詹森、偕使館參事赫德、書記陸克愛其森、陸軍武官司梯威、海軍武官沙克等、於今日上午十一時半、赴國府覲見林主席、呈遞國書、下午一時林主席在國府宴請詹森大使、及使館員、並請汪院長、戴院長、居院長、孫院長等作陪、至二時四十五分宴畢、大使告辭、偕館員返使館、主席於下午派員前往答拜、晚八時汪兼外長在外部設宴招待該使及其隨員、並邀各部會長官作陪。

王育瑛電告收復澧州城

▲中央社長沙十七日電　保安第二區司令王育瑛電告、十四日午收復津市、十六日收復澧州城、匪竄大堰、正追剿中。

滬國術界發起國術賑災游藝會

▲中央社上海十七日電　市國術館、及綠武體育會等十團體、發起國術賑災游藝會、定廿九三十兩日、在甯波同鄉會舉行、所得券資、悉數充賑。

教育部獎勵捐資興學

▲中央社南京十七日電　教育部以捐資興學、例予褒獎、近據各省市呈報到部者極多、除依照各人捐資情形、按照等級、分別獎勵外、茲將其一覽表如下：(一)李楊毓如河北天津、捐助冀省立女師地畝價值九萬二千七百三十元、(二)張松樵湖北漢陽、捐贈漢陽私立松蔭初小基金三萬四千元、(三)顧關森、美籍、捐贈金大古物課本價值八萬元以上、以上均給一等獎狀。

德法學院函請
徵求我國法律著作

▲中央社南京十七日電　德國法學院、為世界有名之法學研究機關、茲致函我國司法院副院長覃振、徵求關於我國法律之著作等刊物

查緝犬又建奇功
在河北街地方實習
查獲私燈私吸犯三名

▲江蘇社　江蘇省禁烟委員會查緝犬組學員蔡俠血、許容潤、詹玉成、周鏡清等四人、於十四日下午一時、攜同查緝犬華麟、亨利、阿路、來羅四頭、在江北河北街地方實習、當場在一百六十八號戶內、查獲私燈犯朱福根、私吸犯梁臣標、姜錦貴等三名、烟具烟泡等二十餘件、當解送公安第四分局、將於十六日移送民政廳第五科查緝股辦理。

蘇北災區日益擴大
災民達八十萬人
省救濟總會開臨時會議
推成委員翊青先往災區視察

▲江蘇社　江蘇省水災救濟總會、以蘇北災區日益擴大、災民已達八十萬人、為力謀救急起見、特於十四日下午四時在省府會議廳開總務委員臨時會議、出席委員、余井塘、沈百先、趙棣華、王一亭、(余井塘代)須愷、成靜生、冷遹、徐福康、(沈抱其代)陳和甫、蕭贊瀛、許心武、顧子揚、主席余井塘、行禮如儀、報告事項略、討論事項、一、銅、豐、邳、沛、各縣、被水成災、十一日晚、風雨交加、銅、邳、沛、各縣多處潰決、災民目前約計八十萬人、應如何施賑、請公決案、議決、推請成委員翊青、先往災區視察、二、賑務委員會虞代電、准財政部函據江甯大勝關老洲夜冶鄉民張鈞霖等、呈以洲地淹沒、懇賜急賑、以工代賑等由、應如何辦理、請公決案、議決、請江甯縣政府妥為辦理。

蘇省縣公安機關
統一旗幟式樣
民政廳令各縣局改製

▲江蘇社　蘇民政廳以本省縣公安局所隸組旗幟、暨所懸機關名稱牌之式樣尺度、殊多歧異、亟應重行釐定、旗幟部份、應參照內政部規定之警察旗式、由廳訂定、機關名稱牌之式樣尺度、以資遵循、令行飭各縣長及省會公安局、所有省縣公安局所隸組之旗牌、即由省會公安局暨各縣縣政府遵照此次頒發式樣尺度、就近改製、並飭各該縣旗牌式樣尺度及規定名稱各一份、遵照辦理具報。

印花稅法未施行前
本年籌措印花仍有效
為免除檢查時誤會起見
財部咨蘇省府轉飭知照

▲江蘇社　蘇省府前令各縣長文云、案准財政部咨開、查支取銀錢貨物之憑摺及各種貿易所用之帳簿、印花稅現在印花稅法、雖已施行、但在未施行以前、開始使用並已依照舊例貼用印花、角之本年籌措、其印花稅尚未消滅時效、自應截至年終各商業總結束日為止、如以會計年度結束帳目者、應截至會計年度終了時為止、應辦理有案、一、施行條例、為規定每冊每年貼印花一角、則其所貼印花之案、自應毋庸依照印花稅法補貼、為免除執行檢查時有誤會起見、應照明白解釋、除分別咨令外、相應咨請查照、並通飭所屬各市縣政府轉飭檢查人員遵照等因准此、除分令外、合行令仰該縣長遵照。

編審地方預算
捐稅監委得參加
財部令十三省財廳遵照

(京訊)財政部以各省縣市地方預算、確與裁廢苛雜、減輕附加、及整理一切捐稅事宜、在在有聯鎖關係、而各捐稅監理委員、所在地里、對於地方情形、人民疾隱、當能洞澈、地方預算編審時、自應相與協商匡維、以期推盡利、惟按修正預算章程第四十二條所載、對於各省市財政廳局編成各該省市歲入歲出總概算書、並無函送捐稅監理委員會參考之規定、現將令蘇、浙、鄂、冀、豫、魯、陝、閩、綏、皖、贛、湘、察、等十三省財政廳、可先按照第二次全國財政會議、關於整理地方財政案、訂定辦理、縣市地方預算審要點第一項所載「縣市政府編審地方預算時、務使法團及公民有參加意見之機會、以示財政公開」之規定、對於地方預算編審時、可由捐稅監理委員會隨時參加意見、以供研討、預算確定及中途有追加或變更情形、均應隨時函知該會查考、俾資匡輔、而策功能。

滇緬定界會議
將在京舉行
我勘界委員展期出發原因
雙方會齊地點已改在戶串

▲南京通訊　中英滇緬勘界、我方委員尹明德梁宇皋原定十日由京出發赴滬、頃因籌備事項、尚未完全竣事、同時國聯中立委員伊斯蘭氏、亦因國聯事務甚忙、通告下月十日始能由瑞士起程、至十一月下旬到達、故尹梁二氏及全體隨員、特一致延期五日出發、定本月十五日由京乘午班車赴滬、在滬勾留二三日、即於十七或十八日乘輪赴港、由港經海防抵戶串會齊、原定在昆明會合之計劃、現因旅程不便關係、故亦有變更、因赴昆明、必須繞仰光、雙方均須多走一番複道也、至英方委員、仍照原時間出發、在緬甸稍候、俟我方委員將到戶串前之五日出發、則一由東來、一由西往、即可銜接、預計雙方會齊時間、約在十一月下旬左右、記者於前午訪晤勘界某要員、叩詢滇緬邊界糾紛、及此次勘查任務、茲誌其所談要點如次、此次中央勘界委員會之組織係根據本年四月之雙方換文、其勘查地點、僅限於南段、北段並不在內、我國因過去條約關係、邊務糾紛日繁、而尤以邊界不清、時發生外人侵越情事、其所以能侵越者、約有兩點原因、即以滇緬界線為比例一、英國界樁、係用水泥修成、上鐫分界點及界樁號數、我國則僅壘石、遇大水沖沒、即無遺址可尋、二、英國盡官、每出巡界樁一次、旅費至少可以報銷十元、故每屆星期幾均有一度查看、而我國官員出巡、須自備供應、作官者多屬惡勞喜逸、而況須賠錢作事、當然不願多管、故每歷一次大水後、究竟彼方界樁移動多少、完全不知、邊政廢弛四字、可為今日寫照、此次勘查計劃、我方已有相當預備、俟在戶串會齊後、再與中立及英方委員會商、大約步驟不外、一、實地勘查、二、繪製地圖、三、調查界樁、四、確定界址、其入山勘查期間、為避免瘴氣發起見、將在初冬、完畢時、約在年底　勘查地、不僅班洪、其班洪以下各地、亦決會同前往、嗣求定界會議、則在南京舉行云。

實部計劃調劑農村金融

并積極促進農會工作

（京訊）實業部鑒於本年長江黃河兩流域，水災慘重，耕地農產，多被衝毀淹沒，除已令湖北等七省建設廳，扶助農民，補種相當短期作物，以資救濟，茲並擬定本年復興農村等計劃如左，

調劑農村金融　農村金融枯竭，已達極點，欲謀復興農村，自應注意資金，供給與流通，該部現已擬就調劑農村金融計劃，綱要如下，（一）通令各省凡已成立之省縣農民銀行，應設法增加資本，擴大放款範圍，並注重信用放款，俾無資產農民，亦能享受借款利益，（二）未設立農民銀行之省縣，由該部會同財政部督促積極籌設，（三）咨商財政部，從速核定農業金融制度及法規，以便分別施行，（四）鼓勵商業銀行及其他金融機關，從事農村貸款，並由該部會同財政部及其他有關係機關，擬訂保障及支配辦法，

促進農會工作　農會以發展農民經濟，增進農民智識，改善農民生活而圖農業之發達為宗旨，該部鑒自十九年十二月頒布農會法以來，各地正式組織之農會，已達一萬以上，如均能舉辦相當之工作，對於復興農村，自有極大之效果，該部茲亦擬定促進農會工作計劃如下，（一）通令各級農會，監督機關，督促當地農會，依照實際情形，擬具工作計劃，以作進行之標準，並由監督機關予以切實指導，（二）由當地政府酌撥農會補助費，專作舉辦復興農村之用，並監督其用途，（三）令各農會與當地農業推廣農業試驗機關，及其他農村服務機關，切實聯絡合作，（四）令農業監督機關，積極督促農民，普遍組織農會。

意軍攻亞勢難制止

擁護盟約各國

將與意斷絕外交關係

▲中央社倫敦十七日電　晨郵報今日發表其駐羅馬訪員與墨索里尼之談片、墨氏切言曰、吾人在東非之準備、已耗費里拉廿萬萬、（約合英金三千三百五十萬磅）君豈以吾人為兒戲乎、否則吾人必向前進、今日諭令吾人停止進行、時已晚矣、墨氏決不信英意友好已數百年、而以干戈相見、謂此種謠謬之事決不至發生。

▲中央社巴黎十七日電　據亞京今日半官消息、亞軍十萬現已集於巴黎省、因其地與意屬索馬利蘭相接也

▲中央社倫敦十六日電　據日內瓦方面消息、意國倘實行侵略亞國、則擁護國聯盟約各國、大約將與意大利斷絕外交關係、但據探悉　斷絕外交關係　當僅限於召回駐大使或公使、至代辦及館員、仍留羅馬。

▲中央社日內瓦十六日電　據探悉、五國小組會、對意亞爭端調解方案、大體上已獲到各國同情、惟尚有若干細則、須俟明晨會議中加以確定。

▲中央社巴黎十七日電　據論報載稱日內瓦消息、法總理賴伐爾、現正在從事和平解決意亞爭議之新方案、聞主張以［illegible］讓意國、而以英法索馬利蘭地補充亞國。

▲中央社［illegible］十五日電　英巡洋艦澳洲號駛抵此間、今晨忽離此他駛、目的地未悉、又英國戰鬥艦［illegible］號、今晨抵此間。

▲中央社新加坡十七日電　英巡洋艦非威克號、九月十二日由威海衛開出、已於今晨抵此。

甘省慶陽五屬古蹟

在在令人動低徊憑弔之思

黃帝葬衣冠處

（江蘇社）平涼通訊、慶陽五屬為黃帝葬衣冠處、為周發祥地、為秦北地郡　唐肅宗曾御駕親征於此、北戎南犯必經之要隘　金人猖獗、據此稱雄、故慶陽五屬、在歷史上為重要地、而故蹟名勝、在在均有瞻仰之餘、頗有回憶之感、茲將慶陽合水環縣寧縣正寧等五縣古蹟名勝、彙誌於次、以供研究歷史者之參考焉。

慶陽　周禘行宮、在縣城北門外、係周不窋禁地、（各城址猶存、已傾敗不甚、城內瓦礫遍地破爛之古廟基列偉大之石柱、猶聳立天空、）城之附近、人烟稀少、昔之皇城禁地、今為平涼場所矣、二、公劉莊、在縣城東北五十里、樊家老莊、東有瘦田數畝、號天子掌、相傳周發祥在此地、三、天子口、在縣城東北七十里、過花豹峴即至、地勢雄壯四圍俱溝、相傳為老王（即不窋）閒遊處　四、鵝池、池在城之東南隅、為周不窋養鵝處、慶陽所謂鵝池春水是也、池之半面、直臨東河之上、有巨洞　可引河水入池、蓋為城隅圍時居民取水之所也、建築偉大雅素、為邦人名士遊息之地、五、點將台、在縣城西八十彭原縣、唐肅宗幸此點將、六、驛馬關、在縣城西九十里、為縣西要扼、係宋時所建、明徐達攻慶陽、先據此關、七、柔遠城、在縣城東北一百二十里、為宋范仲淹所築、形勢險要、昔為邊防要塞、今為股匪憑藉　良可嘆也、八、鎮朔樓、樓在北門之上、係宋范仲淹建築物、同治七年燬於匪　遺跡猶存、樓基之礎石、仍在原處、礎面直徑約二尺有奇、其樓之偉大、概可知矣、據當地土人云、樓三層、其高與東西兩原相比、九、龍脈南門外東西兩原、互相猶結、東原突出、與西原相連、二川從突出之處、析而西流、復又東流、川流迂迴　淹地過多、據考周老王將突出之處　斬斷使水直南流、俗名周老王斬龍脈、其跡尚在、

環縣　環縣劃歸版圖較遲　故古蹟亦較少、一、銅偶像在由子鎮南門西邊、此像明嘉靖時設供、像形雄偉、銅質透光、土人日為神像、常祈禱禱雨、二、靈武台、在縣城北門外　為唐帝築物、此台相傳為唐肅宗奉詔登極之處、三、磚塔　在縣城北門外、為唐建築物　塔屹然聳立、高出雲際、凡七級、偉大無比、夕陽晚照、塔景可玩、

合水　一、天子溝、夫人洞　相傳在固城、黃帝問道於空峒子處、二、聖人條　自子午嶺起南通潼關、北至草地、相傳秦始皇築長城、開運根道　秦以天子為聖人、故名、三、馳道、在縣東百餘里、秦蒙恬斬山堙谷　上通上郡　下達咸陽　即此地　四　昭君莊、鳳川地方有石窯一座、上有石字曰昭君莊、相傳昭君和番所經之地、故名　五　欒七區　邱莊驛欒土洞、石上有「碧落霞天」四字、相傳係王勃所題勒有聖公泉詩載藝文泉　六　列聖碑、在縣東百里、命明昌中薛王十三世孫劉氏高祖至明宣一十一帝像、七、平戎寨　係范仲淹所築、寨已破瓦礫荒涼之區、而遺址尚在

寧縣　一、公劉舊邑、在縣西二里、周之先祖公劉居此、詩云　乃積乃倉、即此地也、現掘土頗多土瓦、二　燕京、在縣北六十里、燕太子丹為質於此、後魏曾置燕州、本漢襄樂地、號南山為燕原、三　石鼓坪、在燕京、有燕人大塚、今已耕其半、有石似鼓、四、扶蘇塚、在縣西十五里、秦始皇長子扶蘇賜死於此　舊有碑　今已廢、五、風日亭、在縣城陽圖、今北關地、宋人建亭台樓閣數處、蓮池柳巷　花蹊園障　邑人遊賞於此、有宋嘉祐松濤賦　現不可考、六、金人塚　在縣城西北五里、七、九龍池　在縣東南十里、老者相傳狄仁傑為刺史時、有［illegible］、九、有九小兒攜水汲溝將淹、小兒俱化龍形、水遂消、縣城賴以全、以此池名、亦名其池、曰九龍池、八、［illegible］公隆泥碑　狄梁公為寧州刺史、能撫戎、夏郡人紀之碑、及遷豫州、會越王亂、緣坐七百餘［illegible］、［illegible］沒有五千口、公密表奏、皆流罪人於九原郡、道出州　父老迎而勞之曰、我狄公活汝也、相攜哭於碑、齋三日而去、九、范光義墓、在縣南四十里、後周人、善觀天文、

正寧　一、陽周故城、在縣北三十里、據地史云、蒙恬為秦將、北逐匈奴、開榆中地數千里、竟斬陽周、即此地、一名馳武城、唐宋遷史、皆以正寧為古陽周、二、唐台、在縣西二里許、相傳為唐肅宗自靈武還、過此、同妃子嬉戲於此、三、蔡家峪、即唐元宗使者遇老人處、距縣四十里、四、長城、縣東七十里、［illegible］上郡、築長城以拒胡、又秦始皇二十二年、蒙恬築長城、西起臨洮、東至遼東、延長萬餘里、今縣之東北、接陝甘邊界、馳道、在縣東九十里、［illegible］上、秦始皇二十七年、治馳道、直達天下、廣五十步、中央三丈、快馳道、天子所行之道、今該道荒蕪、［illegible］、五、范老莊、在縣東八十里、宋仁宗時、范仲淹屯軍於此、常駐此故名、六、要冊湫、在縣東六十里、為［illegible］之所、寺設龍祠、規模壯闊、唐開元中建、唐肅宗時、封顯聖侯、宋太平興國二年、封顯聖王、民國以來、每年四月八日、各處農民以旗幟鼓樂、至湫池取水、注淨瓶、置本壇祠、隔三年、復往取注水、求更新水、謂之換水。

本縣新聞

豐縣水災救濟分會成立

△分配會內工作
△指定各收容所所長
△規定災民伙食
△注意災民衛生

本縣自□防潰決後、災區擴大、災民達三四萬人之多、流離失所、待賑情殷、昨日（十七日）縣政府爰依據省府頒布之各縣水災救濟分會章程、召集各機關團體、成立救濟分會、在縣政府會議室舉行第一次會議、

◎……出席者……◎　董雪山、王如勳、金章、裘朝永、渠耀坤、李效禹（包穆卿代）、彭世亭、李厚嘏（王德舉代）　劉美周、張紹緒、趙寅純、王漢卿（黃登先代）、劉棟、韓韶九、王述先、

◎……列席者……◎　張國瓊、馬晴峯、由王縣長主席、裘朝永紀錄、行禮如儀後、

◎……主席報告……◎　一、省府七百七十三次會議、決定各縣組織水災救濟分會、陳主席關懷本縣災情、已派馬張兩委員到縣救濟、二、本縣被災情形、已於昨日聯合紀念週詳細報告、統計災民約三萬七千人、被淹田畝一千六百餘頃、倒塌房屋約五千所、死傷十餘人、折毀樹木一萬餘株、本縣自受災後、即開始收容災民、最近收容者約二千餘名、第二區以總口為臨時收容所、第三區以渠閣為臨時收容所、城內並分設數處、繼有省委

◎……張國瓊致詞……◎　本席此次奉主席命到豐縣、對於各處堤工及風災已分別視察、覺得本縣過去堤工偉大、各界民衆能於王縣長領導之下、本奮鬥精神、得到良好結果、雖經十一日風災、仍難湮沒此種成績、本席此來負有慰問及設法救濟等責任、各項問題、與王縣長已有接洽、最近收容災民、約有數千、本日救濟會議、務請各界盡抒己見、羣策羣力、以謀妥善救濟辦法、俾災區民衆、得着實惠、此為本日會議之目的、但某一事項、須有具體計劃、與強健毅力、始克有濟、救濟事業、在豐縣原係創舉、尤須嚴密計劃、除外尚須速組救護隊、從速救護災民出險、並注重衛生事宜、

◎……討論事項……◎　一、本會組織及推定人員分組担任工作案、決議A,組織遵照省府七百七十三次會議決議之各縣分會組織規程辦理之、B,當然委員李貞乾王述先、張紹緒、李效禹、趙寅純　C,推定彭世亭董雪山董玉珏劉美周渠耀坤劉棟王漢卿梁慧榮韓韶九張國權等十人為委員、呈報專署加聘、D,推李貞乾王述先張紹緒為常務委員、E,推定李效禹劉美周劉棟韓韶九負責總務組、並推李效禹為主任、彭世亭董雪山渠耀坤王漢卿負責籌募組、並推董雪山為主任、董玉珏趙寅純梁慧榮張國權負責賑濟組、並推董玉珏為主任、F,各組工作計劃、由各組擬訂提會、二、為便利各收容所工作起見、擬指定所長、以專責成案、決議、指定劉知德為柳將軍廟收容所所長、高道昭為山西會館收容所所長、孫伯齡為河南會館收容所所長、谷建樸薛廷燧為南關外收容所正副所長、畢光為陸秉森為北關外收容所正副所長、劉星彩周占鰲為東關外收容所所長、李若愚秦贊賢為西關外收容所正副所長、孫鵬飛許澤民為第三區渠閣收容所正副所長、三、各災民收容所災民勤務炊事、最低額數及每日伙食應如何規定案、決議、A,所內勤務炊事、由壯年男女担任、B,每所收容災民最低額數八十名、C,每日每人以七分計算、以小米飯為原則、一日二餐、四、組織救護隊、辦理衛生診治事宜案、決議A,收容所由救濟院醫生每日一次前往各處救護施診、B,災區由各該區區長鄉鎮長具領藥品、分發診治、

縣黨部召集各界舉行九一八四週年紀念會

今日為九一八四週年紀念日、縣黨部召集各界、于上午十時在縣黨部大禮堂舉行紀念會、到各界代表約百餘人、由宣傳幹事李乃正主席、領導行禮如儀後、即開始報告、

◎（史略）◎　民國二十年九月十八日、暴日運用其預定政策、襲佔瀋陽、接連進據吉林、黑龍江、把整個東三省完全佔領、又進迫錦州、擾亂平津、釀成二十一年的一二八上海戰事、復又佔據熱河、迫近平津、以及最近河北事件、其貪得無厭、直欲整個滅亡中國、

◎……我國近況……◎　失地未復、殘匪未清、而又大水成災、全國都忙着救亡之不暇、無力對外、

◎……國際情勢……◎　日人復於日益緊張、意阿兩國之爭、因已成世界問題、而太平洋空氣、亦因之倍加緊急、日美、日俄、美俄、英法在東方之關係、都日趨尖銳化、我國爲其競爭之目的物、故我國今日之救亡圖存、更急于他國

◎……救國方法和我們應有的努力……◎　在天災人禍外侮三重壓迫之下的中國、要想救亡圖存、必須做到下列四點、一、全國人心的統治、二、經濟的統治、三、政治的統治、四、軍隊的統治、四項都辦好了、中國自可轉危爲安、所以我們今天紀念、要努力去做第一點、第二第三第四都可由政府去努力、我們要把我們這一個區域裏人心都統一了、叫他們知道現在的中國情形、和目前救亡圖存的策略、自然就能在中央領導之下、去挽救中國的危運了、十二時散會、

專署委員趙文亮昨蒞豐
今晨視察災民收容所

銅山區專員公署委員趙文亮氏、于昨日來豐、當下榻縣政府、今晨八時、由縣府祕書裴朝永陪往本城各災民收容所視察、趙氏對於災民慰問有加、並作訓話、曉以災民衆多、住所窄狹、對於清潔、務須注意　聞趙氏在豐稍作勾留、即轉往沛縣視察云、

公安察警舉辦長警補習班

本縣公安警察、為注意識字教育起見、特舉辦長警補習班、已於前日開學、由公安股員方韶宣担任講師、于每日上午十時上課、授以平民千字課本、據方氏談、該班長警有不識字者十二人、教授頗覺費力、其餘大都識字、對所教功課、均能領受云、

司法欄

△縣政府司法批示▽

▲刑事原具狀人崔化鴻等一件、為聯名代訴、公懇准予保釋由、狀悉、本案正在偵查、仰候依法核辦　所請保釋之處　應毋庸議、此批、

▲民事原具狀人蔣天文、一件、為反悔調處、措價不放、請求傳案判追由、狀悉、仰候傳訊並通知容辦、此批、

▲民事原具狀人史爲清、一件、為遵繳勘費、懇請迅予查收、以便定期□丈由、狀悉、仰候定期履勘、此批、款存

▲史爲升民事繳狀、一件、為遵諭繳納履勘費事、狀悉、已在史為清狀內明白批示矣、仰即知照、此批　款存

▲刑事保狀人李馥山、一件、狀悉、准保、此批、

△庭期審理案件▽

九月

十九日審理靳發起與胡萬山款項涉訟案、

十九日審理蕭魁梧鴉片案、

十九日審理吳廳貴鴉片案

▲本城糧價

名稱	每市斗價目 最高	最低
小麥	三千一百文	三千文
大麥	一千八百文	一千七百文
黃豆	二千二百文	二千一百五十文
黑豆	二千一百文	二千文
菉豆	二千六百文	二千四百五十文
江豆	二千三百文	二千二百文
高粱	一千八百文	一千七百文
穀子	一千五百文	一千四百文
稷子	一千八百文	一千七百文
芝麻	三千三百五十文	二千二百文
青豆	二千一百文	二千一百五十文
花生（每斤）	一百四十文	一百二十文
瓜子（每斤）	五百文	四百八十文

氣象

晴　風向　東南風
最高溫度　八三
最低溫度　七二

第八六號
社址豐縣大同街
中華郵政掛號認為新聞紙類
中宣部登記證中字第一九二號　內政部登記證警字第二〇二三號

中外要聞

許世英赴徐勘災 攜有現款散放急賑 孔祥熙電魯省府積極辦理堵口

▲中央社南京十八日電　賑委會委員長許世英、視察蘇北徐屬各地水災、定今晚七時、乘平浦快車北上、該會秘書黃伯度等隨行、擬先赴徐州視察、再轉往邳縣等處、許氏此行、並攜大批現款、散放災區急賑、以救難民、約下週返京。

▲中央社徐州十八日電　蘇救災總會頃派徐致成靜生委員稱、許委員長世英、即到徐會災、當候接洽、又稱、本會撥賑款三萬元、折價購麵粉、一千一百袋、即運徐辦急賑。

▲中央社徐州十八日電　省救災總會委員成靜生、十八日電會歸長、及運河防汛處徐與康轉、昨視察至邳屬運河、見大塘決口、日益擴大、寬六十餘丈、洪流險惡、懇速籌堵。

▲中央社清江浦十八日電　六塘河水急奔騰東下、沭陽境八九兩區、因堤岸潰潰、受災最重、鹿遊、太平靖南集等鄉村、均在水中。

▲中央社鎮江十八日電　建設廳息、報載六塘河堤潰決、沭宿成災、省方尚未據報、恐非盡是事實。

▲中央社徐州十八日電　邳縣十七日呈徐轉省、被災詳況、全境淹四分之三、僅東北一部、尚有乾土、據統計災區面積、九個行政區、七十六鄉鎮、五千方里、災民老弱十萬人、婦孺廿五萬人、壯丁十五萬人、共計五十萬人。

▲中央社濟南十八日電　省府接孔祥熙電、略謂、對堵口補救工程具體辦法、表示佩慰、關於各路應撥運輸工料車輛、已函鐵部速轉飭照撥、並盼積極辦理堵口。

▲中央社濟南十八日電　魯西縣政實驗區區長王紹常、十八日來濟報告災區情況、據談：水勢仍漲、各點收容災民已滿、十二日停止運送、濟甯災民、尚有七萬餘。

全國司法會議 電慰蔣委員長及剿匪將士

此次會議有兩大特點

▲中央社南京十八日電　全國司法會議、於今日上午八時、舉行第三次大會、討論議案多件、大會主席王用賓、於大會休息後繼續開會時臨時動議、謂蔣委員長及前方剿匪將士、如此勞苦、爲國宣勤、應否以大會名義、致電慰勞、請公決云云、王氏語畢、全場掌聲四起、一致贊成、熱烈空氣、得未從有、當推定主席團謝冠生起草、下午大會通過後、即可發出。

▲中央社南京十八日電　出席全國司法會議之某專家談、此次會議、有兩大特點、（一）出席代表、均能按預定人數到齊、除新疆雲南邊遠省區、因交通不便、未能即時趕到外、全國各省市均有代表參加、西南如粵桂兩省、並勇躍參加、且提案亦極扼要、可由司法統一、促一般統一、（二）大會提案、除各種關於司法行政改革外、咸注意現行法律是否適合本國社會情形、尤其各高等法院院長、報告各地情形後、咸認現行法有改造必要、此次會議、或可使法律與社會打成一片。

中央昨舉行
第四七五次政治會議

▲中央社南京十八日電 中央政治會議、今晨八時、舉行第四七五次會議、由葉楚傖主席、決議要案如下：（一）軍事委員會擬具衛戍條例、及衛戍勤務令、准予備案、交國民政府公布、（二）通過專門職業或技術人員攷試辦法原則五項、交攷試、行政、立法三院 分別辦理、（三）通過首都地方法院組織大綱、並定本年十一月一日成立。

國府聘王正廷等
為中國紅十字會正副會長

▲中央社南京十八日電 國民政府今日發表聘王正廷等為中華民國紅十字會總會正副會長、原聘云：（一）敦聘王正廷先生為中華民國紅十字會總會長、（二）敦聘劉鴻生杜鏞二先生 為中華民國紅十字會總會副會長此聘。

內部咨攷試院及攷委會
請於最近舉行縣長攷試

▲中央社南京十八日電 縣長攷試條例、已經立法院製定、由國府公布施行、茲聞內政部以執掌全國吏治、為整理計、厲行縣長攷試、實為要務之一、該部十七年初成立時、曾擬具縣長攷試暫行條例、呈准公布、十七八兩年中先後舉行縣長攷試廿餘次、取錄縣長一千餘員、分別留省任用、確著成效 自攷試院成立、縣長攷試事項、已歸該院接管、內部原頒縣長攷試條例、奉令廢止、迄今六年之久、中央未曾舉行縣長攷試、各省以前考取之縣長、或出缺、或他往 或因案取消資格、更覺不敷分配、就目下各省實情而論、實有舉行考選縣長合格人材之必要、現縣長考試條例、既經明令公布、該部昨特函請攷試院及攷委會、最短期內、依法舉行縣長考試、以應各省需要。

孫科由青島返京

▲中央社南京十八日電 立法院長孫科今晨十一時半、由青島乘中航機抵京、當赴陵園私邸休息。

魯建教廳及山東大學
合組山東農業改進會

▲中央社濟南十八日電 建教兩廳及山東大學、合組山東農業改進委員會、經費由三方分担、設研究、推廣、訓練三部、期集中人力財力、溝通農業行政、農業教育、農業技術、以改進山東農業。

贛新運定期舉行總檢查

▲中央社南昌十八日電 贛推行新運聯席會議、為考查各機關、學校、團體、公共場所、厲行新運成績、俾策勵今後進行、特定十月一日舉行總檢閱。

萍鄉礦務日趨落衰

▲中央社南昌十八日電 萍礦管理專員 以礦務日趨下落、且受外煤影響、無法維持、除積極整頓外、並派員赴滬請銀團貸款救濟、以謀發展。

荷使傅思德昨日到京

▲中央社南京十八日電 新任駐華荷使傅思德、偕夫人及使館秘書魏德、於昨晚十 時由滬乘車晉京 今晨七時到達下關、外交部交際科長林桐實、及駐京荷使館秘書包斯、均到站歡迎 荷使下車後 即出站乘汽車入城赴使館休息。

張惠長在古巴呈遞國書

▲中央社南京十八日電 外交界息、新任駐古巴公司張惠長、已於昨日上午十一時、呈遞國書、古巴大總統優渥接待、極表親善 囑問候林主席起居、並致仰慕之忱。

李延年
派員接收閩四綏區司令部

▲中央社福州十八日電 李延年奉令兼任四綏區司令後、即派員由泉來省接收、俟謁蔣鼎文請示後、即來省布置一切。

楚觀江元兩艦到閩協勦

▲中央社福州十八日電 楚觀江元兩艦、十八日由滬來閩、即開三沙平潭弋剿。

鈕永健暫兼國術館長

▲中央社南京十八日電 中央國術館自張館長之江出國後、館務暫由考試院鈕副院長兼代、教育由國體專校教務主任蕭忠國兼之。

蘇省府召集會議
導淮有關各縣長
商討二期工程進行辦法
本屆寒冬應照常工作以免愆期

▲江蘇社 蘇省府暨民建兩廳、召集導淮有關各縣長及專員來省、於十五日上午八時、在省府會議室開會、出席者導淮委員會工程處長許心武、副處長陳和甫、總工程師戈涌僧、駐江局是段長、及寶應縣長朱龍章、區長張錦爭、淮陰縣長董毅、泗陽縣長何昌榮、灌城區專署第一科長楊毅、東台縣長錢貽成、灌城縣長辛行天、高郵縣長曹伯權、淮安縣長姚嘗國、阜陽縣長張淵揚、阜寧區長代表程振華、漣水建設科長張延祚、鹽化縣長張崇基、江都建設局長舒國華、泰縣朱堤到、省府出席者 主席陳果夫、建設廳長沈百先、民政廳長余井塘、財政廳長趙棣華、首由陳主席致開會詞畢、即開始討論、茲將決定之各要案探誌於後。

決定要案 一、許處長提議、第二期施工、擬按各段挑挖程度支配工夫、加緊工作、俾新河底過、二、許處長提議、按照二年完工計劃、本屆寒冬期間、應照常工作、趕做土方、俾得依限完成案、（決議）、通過 三 許處長提議、各縣應徵代金及津貼、應設法整理案、（決議）代金限二十四年度內如數徵清、四、許處長提議、嚴厲督手收支代金津貼人員舞弊中飽案、（決議）照案通過、五、王專員提議、各分隊限日 每月終由縣長負責抽查之工食、併入前案辦理、六、許處長提議、各縣需要本處派站供給之工食、應事先呈明種類、品質、數量、事後負責令數銷清案、（決議）照案通過、七、許處長提議、第二期工程、各縣額外加徵工夫、所需糧料、應由各省自行籌措案、（決議）照案通過。

蘇省禁煙會
周顧兩常委談話
「新會工作不僅禁煙並且禁毒 同人皆本省人一致愛護桑梓」

▲江蘇社 蘇省禁烟委員會、自奉令改組後、即由江蘇省政府聘請葉楚傖 鈕永建、冷禦秋、韓國鈞、嚴滄波 周厚鈞 狄膺、顧子揚、于錫來等九人為委員 於本月十三日、舉行第一次委員會議、推定周厚鈞顧子揚冷禦秋為常務委員 並已於十四日開始工作、各情已誌前報、惟該會開始工作後 將有何種重要設施、及各常委對禁烟之態度如何、想亟為各界所欲知悉、本社記者特分訪該會周顧冷三常委、承答甚詳、茲將談話內容分錄於下、

周常委談 記者於十四日上午十一時先訪該會常委周厚鈞氏、問委員就任後 對於蘇省禁烟之態度如何、答、仍本前會所頒之法令及其精神 堅決嚴厲切實去做、問、改組後之省禁委員任務如何、答、新會成立 惟任務、在增加禁煙禁毒力量、問、以後主要之工作如何、答、前禁烟委會工作、為執行禁烟一切任務、新會工作、不僅禁烟、並且禁毒 除執行部分由民廳辦理外、本會之工作性質、大概着重於調查監察設計宣傳等等 至工作綱領、現在起草中、最後周氏又謂本會同人、皆本省人、都能一致本愛護桑梓之心、努力禁烟禁毒工作、希望新聞界及全省父老兄弟姊妹協助 使烟民能徹底覺悟 勿蹈法網、本會不日即將發表宣言公告各界云、

顧常委談 繼於上午十二時、往晤該會常委顧子揚氏、問委員係本省新禁委會常委、不知對於禁烟之主張若何 答、本省禁烟應取絕嚴厲之態度、主持禁烟工作者、要有責任心、不然、難徹底 現在有不少烟民、尚未死心、以為領照後仍可繳行吸烟、我們應該週密的辦理一切、四年工夫甚快、須 步緊一步去做、問、委員何日赴禁烟會工作、答、今日即可前往工作、問、以後調查工作 究係民廳負責 抑禁委會負責 答、尚未知 以後須與民廳協商辦理、關於禁烟方面、要與民眾打成一片才行最後顧氏謂調查工作、應和特務工作一樣做、要有方法去祕密偵查、不然、難生効云云、至下午三時、往訪該會常委冷禦秋氏未遇。

嗣後各縣禁煙禁毒事宜悉應秉承廳令辦理

禁煙行政系統雖已變更　一切法令規章仍屬一貫

蘇民廳令各縣仰體斯旨

△江蘇社　蘇民廳訓令縣府云、案奉江蘇省政府秘字第一四四三號訓令、以本省禁烟行政系統、業經第七六次會議決議、遵照軍事委員會委員長行營頒發各省市禁烟委員會、及縣分會組織通則之規定、重行改組、所有本省禁烟事宜、飭由本廳暫負責辦理、等因奉此、本廳業於本月一日遵令增設第五科、接管前江蘇省禁烟會文卷、嗣後各縣關於禁烟禁毒事宜、悉應秉承本廳令辦理、查禁煙禁毒、為本省重要施政之一、此次變更禁烟行政系統、係遵奉委員長行營統一各省市禁烟機關之規定、對於過去禁烟政策及一切法令規章、精神仍屬一貫、至各縣禁政成績如何、本廳將嚴加考核、以定獎懲、各該縣長、尤宜仰體斯旨、益加奮勉、督率所屬、努力工作、務期如限肅清烟毒、有厚望焉。

數百年來河淮為患　沭陽受災紀略

（沭陽通訊）本縣近月來、防黄工作、極為緊張、水患能否倖免、尚難預料、修提積土、或可免於萬一、茲將吾沭近數百來年受災情形、錄後、一、明正德二年六七月亢旱、颶風害稼、田野一空、二、嘉靖三年、歲大飢、人相食、三、二十年水、四、二十四年蝗　五　隆慶三年、大風拔木、

◎海嘯灌溢　沭小横鉄◎

居民附鉢而棲、溺死者無算、六、五年又大水、壞廨衛决、平地行舟、七、六年地震、八、萬曆元年四月二日、風雨大作、屋瓦皆震、多有去其椽宇者、九、三年河决、秋禾盡沒、十、十六年春大歉、穀貴、民多飢死、秋又饑、冬無雪、十一、十七年春亢旱無麥、至六月始雨、十二、二十二、二十三年、歲太飢　穀價騰貴、民皆掃草種、拾野菜為食、知縣徐可達、請振給粥、十三、四十三年春、冰雹殺禾、夏蝗秋雨、人相食、多瘟疫、十四、天啓元年、飛蝗散天、

◎淮水大漲　沭河四決◎

民食漂流、十五、七年、雨雹、十六、崇禎三年二月十四日卯時地震、其聲如雷、十七、河決、十八、九年蝗害稼歲凶　十九　十三年歲飢饉、斗穀三錢、居民流離　人相食、二十、十四年亢旱、蝗害、稼歲大祲、二十一、十七年疫瘟遍行、見者多染、甚有死無一家者、二十二、清順治九年、冬地震、二十三、十四年六月雨風、禾偃木拔、屋宇多圮、二十四　十五年秋大水、念五、十六年

◎秋大水　村落多漂沒◎

飢民以草根樹皮為食、二十六、十七年、沭淮交漲、民多流亡、二十七、康熙元年慧星見、二十八、二年河四決、西北水獸出沒、興坡上有水光、平地水深丈餘、二十九、四年大水　田鼠害稼、七月初三日夜大風拔木、民無全舍、三十、五年

◎沭灌交漲　田禾盡沒◎

民多溺死、三十一、六年大旱、蝗蝻食麥、夏大水、經久不涸、民半涉去、三十二、七年地震城關崩、祠廟毀、官民無全舍、壓死人無算、六廟獨聖殿無恙　明倫堂及衙署、盡圮、地裂處、沙涌水飛、高者數十丈、夏海水大漲濱海者盡沒、三十三、八年四月雨血、疏入發帑大賑　三十四、十一年大水綫、三十五、十二年

◎黄河復决　由沭入海◎

沭水西流、流民載道、此後因無從考査、待有材料時續敍之云云。

詆毀教育人員

禁止散發傳單

是否勝任教廳自有權衡　即有不滿亦應依法呈訴

△江蘇社　江蘇省政府、十五日訓令無錫縣縣長云、查教育局長職司全縣教育行政、其一切措施、是否適當、自有本府教育廳主管考核指示遵行、近聞該縣一部人民、對於教育局長臧祜、除具文呈控外、尚有刊發傳單小冊、橫施攻訐、並有三致該局長限令去職之行為、查臧局長辦事勤惰與否、以及是否勝任、教育廳自有權衡、該民等即使有所不滿、亦僅能依法呈訴、聽候核辦、今乃醜詆威脅、務使去位、實施越軌行為、甚屬非是、為特令仰該縣長遵照、對於該縣人民、此種行為、應即嚴厲制止、如或違抗、即予究辦、以免糾紛、而維風紀、其所有傳單小冊、并禁止發行、此令。

禁虐待動物

蘇省令各縣

△江蘇社　蘇省府令各區專員各縣縣長云、案准內政部咨開、案據南京市禁止虐待動物協會稱　根據會員大會決議、關於外埠禁止虐待動物一案、請轉知各省市政府辦理等情　據此、查該會所請通飭禁止虐待動物一節、尚屬可行、除分行外、相應咨請查照准此、合仰該專員縣長一體知照云。

各（縣）教（委）限九月底前視察全區教育一次

蘇廳令遵辦並繕具報告

△江蘇社　蘇教廳訓令各縣教育局云、查各縣學區教育委員規定、每學期視察全區各教育機關二次以上、茲為考覈勤惰起見、各縣教育委員、限於九月底以前、週遍視察全區教育機關一次、繕具視察簡明報告表、報廳備核、其視察表格內容附發、仰即轉飭遵照、其餘設教育委員之學區、應由中心小學校長、或縣督學辦理此令云。

蘇（省）（黨）（部）通令各縣黨部設法救濟災民

協助水利機關宣傳指導　領導各界組織救災團體

△江蘇社　蘇省執行委員會十五日令各縣黨部云　案奉中宣會書開、邇來各地均告水位暴漲、洪水泛濫　沿江堤圩、均多冲毀、似此災害、既已發生、急應宣傳設法救濟被災人民、併防止水災之擴大、除政府已令水利機關、妥為辦理外、尚希各縣黨部酌量情形、進行下列工作、以示本黨關懷民瘼之至意、一、協助水利機關、宣傳并指導、二、宣傳防止水災方法、三、會商當地政府、領導各界組織救災團體、救濟災民、四、會商當地政府各機關防範反動份子　以及煽惑災民誤入歧途、特此電達、盼即遵照為要、等因奉此、除遵照並分令外、仰即遵照辦理為要。

五人特委會製成決議

意相墨索里尼　目空一切

◎◎◎◎◎◎英海軍調動甚忙

▲中央社日內瓦十八日電　國聯行政院意亞爭端小組會、已於本日正午製成決議案、其工作因而宣告結束、主席馬達里加、定午後將此項草案、分送意代表阿洛錫、亞代表哈華利亞德、據悉、當法總理賴伐爾、昨向意代表阿洛錫、為及決議案大綱時、意代表表示失望　然則意政府、對小組會決議草案　殆將明白加以拒絕、至決議內容、雖將亞國主權加以限制、但仍難滿意國要求。

▲中央社巴黎十七日電　義相墨索里尼　頃應晨報之請、發表談話、其扼要之語謂　意國對歐洲各國　絕不開始敵對行動、若他國如以類似戰爭行動施之意國、戰端將隨之而起、又謂意國愛好和平、祈求和平、惟和平須以公道出之、一般人以為我虛張聲勢　須知意國人民、言出必行、未可稍存疑慮、意國雖不願從事戰爭、但亦不畏戰爭云。

▲中央社倫敦十七日電　英內閣將於下週開全體會議、討論國際局勢、今日包爾溫與數閣員會商、經過情形未經發表。

▲中央社直布羅阿十七日電　軍港南口昨日設障礙物、以固衛方、聞今日北口亦作同樣行動、皇家空軍海機、終日翱飛附近、軍艦行動　亦殊忙碌

▲中央社直布羅陀十八日電、今日復有英艦十餘艘　於數小時中駛抵此間。

▲中央社日內瓦十八日電　賴伐爾定明日返巴黎、此間人士、現信賴氏此行、蓋為出席星期六關係重要之內閣會議

菲律濱共和國首任正副總統選出

▲中央社馬尼拉十七日電　菲律濱共和國、將於十一月十五日正式成立、本日正式選舉第一任總統結果、參院議長奎松、當選總統、俄斯美那、當選為副總統。

本縣新聞

縣政府連接邵專員電報

增撥加坡堵口費五千元
上游黃水續漲飭嚴密戒備

縣政府連接徐州邵專員銑篠兩電、先電係督飭堵塞決口、並准王縣長及周工程師之請、增撥加坡費三千元、堵口費二千元、篠電係飭知黃河上游、水位續漲、令嚴密戒備、茲覓得兩電原文如下、

豐縣王縣長覽、周工程師均鑒、先覺電悉、魏莊決口堵塞完竣、甚慰、仍仰本一貫精神、再接再厲、務期於最短期內、將所有決口、完全堵塞、以免災區擴大、前請增加補助加坡費、准再撥發三千元、並准撥給補助堵口費二千元、一併具領可也、專員邵先印、

沛縣楊縣長豐縣王縣長覽、據魯西接報朱口日來水勢盛漲、大溜又復洶急、各段堤埽、紛紛告急、形勢危險、並據陝州水報載、上游又漲四公寸三分、轉瞬即達魯境、又魯境下游水位均仍續漲、李升屯漲三公寸、官莊漲二公寸四分、洛口漲三公寸八分等情、查朱口危急、大溜續漲、情勢仍極可慮、除轉報並分電外、合亟電仰戒備為要、專員邵篠印、

教育局舉行第一百十八次局務會議

通過強迫識字實施計劃及進行程序
催還獎學貸金
清理卸任校長交代手續

教育局於九月十六日下午三時、在該局會議室舉行第一百十八次局務會議、出席董玉珏、王如勳、蔣顯宗、高世英、李效閔、李秉銓、朱本洛、孫建之、主席董玉珏、紀錄李秉銓、報告事項、一、奉教育廳快郵代電、本屆小學教員無試驗檢定、業已逾期、自九月一日以後、不得再送、以便結束、二、奉教育廳令、為奉發本省新生活勞動服務團組織大綱、及生活軍事化生產化藝術化初步推行方案、仰遵照、三、奉教育廳令、各縣鄉村小學放忙假、必須先行呈准、四、奉教育廳令、飭督促教育委員按照規定視察、並將每次視察機關多送甲種報告片一份送廳考核、五、奉教育廳令、奉省府令、所屬任何機關職員、或水陸公安軍警、因案被撤者、其他機關部隊、不得再予錄用、六、奉教育廳令、為編發二十四年度中小學學校歷、令仰轉飭所屬公私立中小學校一體遵照、七、奉縣府令、奉省府令、為令發辦理義務教育攷核辦法、仰知照、八、奉教育廳函知定期舉行展覽小學應用所製作之教具校具、請督促各教員應徵、並於九月底以前由局寄廳、以便進行、討論事項、一、審查本縣強迫識字教育實施計劃及進行程序草案案、決議、修正通過、二、擬依照行政會議決議案、催還本縣獎學貸金案、決議、(一)在本縣教育機關服務人員、依照原定辦法自本年度八月份起按月扣留、(二)在本縣其他機關團體及在外縣服務者、分別函催償還、三、訂定本學期特別視察輪值表案、決議、推定朱局員本洛訂定、四、私立劉王樓小學校校董劉坤元等、請將該校改為縣立、應否照准案、決議、指定俟將園牆房舍修建完竣後、再行核辦、五、擬製發各科課程教學進度表、俾便遵循案、決議、推定督學教委及學教局員負責製定、六、擬定初級小學必須表簿種類及格式案、決議、推定各教委及學教局員擬定、七、整理各學校校產案、決議、擬定表格、交各區教委查填、八、二十三年度各學校閱讀筆記、業經審查完畢、交會復核公決案、決議、修正通過、九、各學校卸任校長交代未清者、應如何辦理案、決議、限雙十節前辦理完竣、違則議處、下午五時閉會、

童子軍理事會第二屆理事選舉結果

朱翼曾等當選為理事
劉文炳等當選為候補理事

本縣童子軍理事會于前日(十七)下午四時、假縣黨部會議室舉行第二屆理事選舉會、出席張質光、渠渾策、張厚坤、劉文炳、朱翼曾、程守謨、列席監選員李貞乾、主席朱翼曾、紀錄程守謨、一、主席報告、(一)本縣理事會過去的工作、只有表面的檢閱露營、和各項課程比賽及表演、但對於童子軍的實際服務、和日行一善、並未注意、希望此屆新產生的理事、要負起領導的責任、予以切實的訓練、那末本縣童子軍事業、或有長足的進展、二、監選員致詞、並解釋選舉條例、略謂、本人受省理事會的函託來監選、今天除掉解釋選舉條例外、尚有幾句話向大家說、本縣童子軍的事業、是張君厚坤創辦的、後有程君守謨繼之、現在就是朱君翼曾來担任、兄弟看到本縣童子軍事業的進展、較其他縣份為速、本縣童子軍事業的進步、所以能這樣快的原因、是由於負責人的努力、希望本屆理事會成立後、要本着以前的精神、繼續努力、使本縣童子軍能得到更切實的訓練、旋即散票選舉、結果、朱翼曾五票、張厚坤四票、孫立坤四票、當選為理事、劉文炳二票、程守謨三票、當選為候補理事、

馬張兩委員先後離豐

王縣長偕張委員赴徐

江蘇省政府派勘災委員張國璋馬騰奎兩氏來豐勘察情形、曾誌本報、茲悉馬委員已於昨日回省、張氏于今晨離豐赴徐、王縣長以本縣防黃情形、及被災狀況、認為有向專署報告之必要、當同張委員聯袂赴徐矣、

西關外買賣大會

人山人海熱鬧異常
貨物買賣遠遜往年

今日為西關外舊歷八月會正會期、全縣來趕會者、無遠弗屆、登西城樓一望、人山人海、大有山陰道上之概、各種貨物攤皇羅列、熱鬧景象、不減昔年、惟牛馬等牲畜價值較水災以前跌落三分之一以上、其他貨物之買賣、亦較去年為遜、農村經濟之衰落、于此可見矣、

司法欄

縣政府司法批示

▲刑事原具狀人楊德隆、一件、為宰乘遠兇、傷人毀物、喊請詣驗拘兇法辦由、狀悉、該民如果真係被毆成傷、仰即來府檢驗、并候傳案究辦、此批、

▲刑事原具狀人程漢交、一件、為再陳冤情、叩懇依法究誣、賞釋無辜由、狀悉、仰候依法核辦、請保不准、此批、

▲刑事原具狀人孫氏正、一件、為弄權舞弊、違抗庭諭、再叩傳案當庭驗保交人由、狀悉、查此案前經本府當庭令飭被告領回爾女李孫氏在案、該李孫氏抗不隨夫回家、殊屬可惡、仰即勸令爾女迅即前往夫家居住、毋稍玩延干咎、此批、

▲刑事原具狀人孫倘賓、一件、為恃刁頑不究、懇乞准予銷案由、狀悉、查本案並非告訴、乃論依法不得撤回、仰即遵期投訊、藉免拘提、此批、

▲刑事原具狀人李王志董、一件、為謀騙重婚、凌虐難堪、訴請提案依法究辦、以維女權、而重人道由、狀悉、仰候傳案訊究、此批、

▲刑事原具狀人張文貞、一件、為母病沉重、朝夕不保、懇乞准予交保、以全孝道由、狀悉、查孝道為人生大本、據查所陳尚屬實情、姑准委員保結候核、此批、

△庭期審理案件▽

九月二十日本府審理彭秉書等訴李瑞海傷害案

二十日本府審理王子玉鴉片案、

二十日本府審理劉楊氏訴劉萬清傷害案、

二十日本府審理齊周氏訴齊先傷害案、

本城糧價

名稱	每市斗價目 最高	最低
小麥	三千二百文	三千一百文
大麥	一千九百文	一千八百文
黃豆	二千二百五十文	二千二百文
黑豆	二千一百文	二千文
菉豆	二千六百文	二千五百文
江豆	二千三百文	二千二百文
高粱	一千八百文	一千七百文
穀子	一千五百文	一千四百文
稷子	一千八百文	一千七百文
芝蔴	三千三百五十文	二千二百文
青豆	二千一百文	二千一百五十文
花生（每斤）	一百四十文	一百二十文
瓜子（每斤）	五百文	四百八十文

氣象

晴
風向　東南風
最高溫度　八三
最低溫度　七〇

豐報

第八八七號
社址豐縣大同街
中宣會登記證中字第一二九二號 內政部登記證警字第二二三〇號
中華郵政特准掛號認為新聞紙類

△廣告刊例
本報廣告每方寸計算
一個方寸以市尺見方[illegible]
一寸計算
一排面每方寸每日大洋[illegible]
一[illegible]每方寸每日[illegible]
大洋八分[illegible]
一登三日以上九折六日以上八折十日以上面議

◁今日一張半▷

本報價目
[illegible]

△總理遺囑△
余致力國民革命凡四十年其目的在求中國之自由平等積四十年之經驗深知欲達到此目的必須喚起民眾及聯合世界上以平等待我之民族共同奮鬥現在革命尚未成功凡我同志務須依照余所著建國方略建國大綱三民主義及第一次全國代表大會宣言繼續努力以求貫徹最近主張開國民會議及廢除不平等條約尤須於最短期間促其實現是所至囑

中外要聞

蕭賀殘匪陷入重圍
賀龍腿部被炸受傷
徐海東匪殘餘無幾

▲中央社長沙十九日電 樊指揮官崧甫昨電省稱、賀匪殘部、現被我軍包圍於澧水沿岸、清泥潭、夢溪、大堰一帶、業已陷入重圍、最短期內不難將其消滅、津澧人心、已漸趨安定。

▲中央社長沙十九日電 劉總指揮建緒、十七日電省、略謂、賀匪大部、經我軍圍剿死亡甚衆、賀匪在大堰將左腿炸傷、已移至九里崗西北丁家河大廟內。

▲中央社長沙十九日電 三十四師代師長顏家齊電告、犯黃岩塘之蕭匪、已被我周燮卿部迎頭痛擊、匪受重創、狼狽退却、現龍山來鳳各地防務堅固。

▲中央社西安十八日電 徐匪海東股、在隴東被痛擊後、殘餘僅百餘人、竄向陝甯邊區、僞政委吳煥先、已被擊斃、陝北大施、經王以哲部擊潰、邵力子令賑會撥千元辦理急賑、並撥千元獎守城官兵。

朱玉吾談徐屬災況

▲中央社鎮江十九日電 江蘇財政廳派赴銅山區視察災況之朱玉吾、十九日返省談：蘇北災情慘重、為百年來所未有、災民達百萬、待救孔急、現已與銅山邵專員王縣長等商定、即辦（一）耕牛放款、（二）種子貸款、（三）食糧借押與收當等、現正積極擬定妥善實施辦法、決最短期內實行。

全國司法會議昨開四次大會

▲中央社南京十九日電 全國司法會議、於今日上午八時、舉行第四次大會、主席焦易堂、今晨通過之一百十五案中、其重要者、計有（一）特別市區內法院、應由市府補助司法經費案、交由司法行政部與市政府協商辦理、（二）司法官互相輪流、以期周知各地風俗案、交司法院留交司法研究會參攷、（三）縣長兼理司法在未設法院以前、應重新厘定章程、1,承審員改為審判官、提高待遇、2,嚴定審判官資格、慎重人選3,審判權應完全獨立、交司法行政部辦理、（四）西康設立法院、並製定單行法、第一點送司法院、第二點由司法院送立法院、下午開大會宣言起草會、明日上午開第五次大會、下午二時即舉行閉幕典禮。

中央昨舉行常會

▲中央社南京十九日電 中央黨部於今日上午八時、開一八九次常務會議、由常委葉楚傖主席、議決要案數件、並推定居委員出席下星期一中央紀念週報告、又本月廿一日朱執信先生殉國紀念、推定戴委員傳賢報告。

中央召開
先烈朱執行先生殉國紀念會

▲中央社南京十九日電 後日爲先烈朱執信先生殉國廿五週紀念、中央黨部依照革命紀念日簡明表內規定、是日舉行紀念儀式、除由今日中央常會推定戴傳賢出席担任報告外、並由中央祕書處、通知全體中委、全體工作同志、及京內各機關長官、屆時參加。

荷使昨呈遞國書

▲中央社南京十九日電 新任駐華荷蘭公使傅思德、偕夫人及使館秘書等、於昨晨由滬乘車到京、當日下午、即拜謁汪院長、今日上午十一時、率使館館員、赴國民政府覲謁林主席、呈遞國書、頌答如儀、至十一時半禮畢、辭出返使館、下午四時偕夫人等赴徐次長宅、訪徐夫人、晚八時到外部赴汪院長宴會、定明日下午四時 恭謁總理陵墓、進獻花圈、返城後、即於明日下午六時至八時、在使館舉行茶會、招待我國各機關長官、及在京各國使領官員、藉以聯歡。

黃紹雄提倡木炭汽車

▲中央社杭州十九日電 黃紹雄十九日、試坐國人發明木炭汽車、環遊全市、認爲滿意、聞浙江各公路、已準備大量採用、以示提倡。

教部印發第一批簡體字表

▲中央社南京十九日電 教育部審定之第一批簡體字表、業於日前公布、茲教部以是項簡體字有普及義教及民教工具、關係文化發展前途甚大、除已通令所屬機關、及各書局一律採用外、現復將此第一批簡體字表、印就五萬份、分送各機關學校團體、以資普及。

四川地鈔開始收換

▲中央社成都十九日電 地鈔廿日起、由成都重慶中央分行委託其他銀行、開始以八折兌換中央申鈔、準備充實、凡持地鈔者、可無限制前往兌換、蓉分行並在市商會內設臨時兌換所、限十一月前收換完竣、所有地鈔、即由渝分行當衆銷燬。

滬八月份蠶絲出口急增

▲中央社上海九日電 海關息、八月份滬蠶絲出口、總值國幣二八五一五一九元、較去年同期、增一倍有餘。

西蘭公路修復通車

▲中央社西安十八日電 西蘭公路、前因水漲斷絕半月、十八日已修復通車。

紅萬字會公布最近工作

▲中央社北平十九日電 紅萬字會、前派賑濟隊三大隊、分赴冀、魯、豫、鄂、蘇四省放急賑、已陸續返平、報告工作經過、據該會宣布、第一隊在鄂獸各縣、各江蘇堤查放災戶二千四百餘戶、災民四千五百餘名、賑洋四千餘元、第二隊在濮滑各縣、查放災戶五千一百餘戶、災民六千三百餘名、洋五千一百餘元、第三隊在五原臨河薩縣放賑洋三千元。

故宮博物院正進行點收古物

▲中央社北平十九日電 故宮博物院點收古物、現正進行中、監盤員行政院改派蔣夢麟、梅貽琦、徐誦明、李蒸接充、蔣等奉委後、於十九日到院監盤。

陝灃河流域沙石可製玻璃

▲中央社西安十八日電 陝灃河流域之沙石、含礦質甚豐、據化驗結果、內含石英粉甚多、可爲製玻璃原料。

閩救災準備金保管會成立

▲中央社福州十九日電 閩省救災準備金保管會、十九日下午舉行成立會、即繼開第一次委員會、討論進行事項。

行政院定今日審查甯夏廿四年度預算

▲中央社南京十九日電、甯夏省政府近編造民國廿四年度概算、呈行政院核議、行政院以邊省正式確定歲入歲出預算、尚係最近之事 特定明晨九時、召集內財實等部、及甯夏省府代表、開會審查、再提出下週院會討論。

劉峙改正公務員惡俗

▲中央社開封十八日電 豫主席劉峙、近以各縣公務員、仍多懈惰、虛僞、苟且、特通令各縣、嗣後告誡僚屬、應注意清潔、遵守時間、提倡朝氣三事。

蘇省府舉行委員會議

加撥銅山區防汛購料補助費二萬元

△江蘇社 江蘇省政府委員會第七七六次會議、於十八日上午九時舉行、出席委員陳果夫、余井塘、趙棣華、周佛海、沈百先、王柏齡、羅良鑑、葉秀峯、列席者蕭時晉、項致莊、主席陳果夫、紀錄萬君默、開會如儀、宣讀前次會議紀錄、報告事項（略）議決要案如次（一）加撥銅山區防汛購料補助費二萬元、就在省總預備費內撥支、（二）復核禁烟治罪案五十八件、（三）南匯縣長袁希洛、用人失察記大過一次、在逃之該縣禁烟委員會幹事長龍汇通緝、（四）丹陽縣公安局長吳子爲調省、遺缺以亟希哲之蔡鎬鈞接充。

蘇民廳通令各縣成立禁烟科

遵照本省禁煙計劃按步實施 縣禁煙會遵照規定變更組織

△江蘇社 江蘇省民政廳、以本省禁烟工作、由省政變更組織、省禁烟委員會及第五科已成立、開始辦公、關於各縣禁烟會、亦須改組、同時每縣亦應設一禁烟科、以符法令、爰特通令各縣、除改組縣禁煙委員會、按照規定聘員担任委員外、同時并組織禁烟科、遵照實施禁烟計劃、按步進行、以利禁政云。

徐鼎康電許世英爲蘇北災黎請賑

邳徐沛等縣災情慘重不亞魯西 懇援照各省救災先例撥濟巨欵

△江蘇社 江北運河工程局長兼運河區防汛總事處主任徐鼎康、鑒於蘇北水災慘重、前特電南京賑務委員會委員長許世英、請求撥款賑濟、原電云、南京賑委會許委員長俊老勛鑒、查黃河決口、水勢南注、蘇北各縣、首當其衝、本處奉令防黃、設運河區防汛處於淮陰、自七月二十二日成立以來、對於所屬各縣防黃工作、察度情勢、嚴飭積極進行、兩月以來、尚稱安謐、乃月來北風怒號、繼以大雨、上游水量在漲不已、卒於真文等日、先後橫決[illegible]、境內之運河東堤及微湖等處、[illegible]災情慘重、不亞魯西、[illegible]賑在案、惟災區日見擴大、需款浩繁、[illegible]關見較切、深恐杯水車薪、[illegible]被災區域、尚乏[illegible]、農作民物[illegible]、一視同仁、懇請援照各省救災先例、撥濟巨款、以拯災黎、特代蘇北數十萬垂斃災民九叩以請、臨電神馳、伏希垂察、江北運河區防汛總事處主任徐鼎康叩巧印。

財部督查 蘇省印花稅委員李國器抵省

即將開赴各縣督促

△江蘇社 財政部爲整頓各省印花稅收、[illegible]近派督查印花稅委員[illegible]、分赴各省督查印花稅、[illegible]由部派督查委員[illegible]負責督查、李氏於十八日由京抵鎮、在省與當局接洽後、即將開始親赴各縣督促各縣負責省印花稅檢查事宜、本社記者前往訪問、特往訪李氏、承李氏接見談話、摘錄於後、

◎印花稅票[illegible]局代售、改歸郵政代售、計分三項、◎檢查工作、原爲便利商民、澈底整頓積弊、使人民自由購貼、但自新制施行以來、尚有少數商民、狃於不勸不銷不貼之陋習、漏貼及貼用舊花等情事、隨時發見、致使國家正當稅收、重受影響、中央爲籌議合法稅收、實際主張、惟有檢查、督收實效、檢查工作、第一、責成各縣市政府、派員負責檢查、第二、由各省印花稅局派員隨時抽查、第三、由財政部派督查委員督促各地檢查人員、切實執行職務、今當督查制開始施行之際、希望我商民、協助此項稅收、盡力實行購貼、則以後違反印花稅法之案件、逐漸減少、[illegible]◎望[illegible]協助[illegible]事、隨處皆有、此中國有少數商民、規避免巧、但相信大多數仍是擁護政府、非甘願因小失大也、就整個而論、一般商民亦多不明瞭印花稅收、[illegible]法稅收、必具同心、盼在可能範圍內、儘時解釋宣傳、勸導商民、[illegible]正當稅收之良好習慣云云。

省農行將開始兩種放款 基金三百餘萬

蘇北災區耕牛放款已開始
派楊志榮君前往協助進行
辦理生產合作已有顯著成績

△江蘇社 江蘇省農民銀行自財廳長兼任以來、對於農村救濟工作及業務之推展進行、不遺餘力、該行主要業務、(一)青苗放款、(二)農業倉庫儲押、(三)合作運銷、此三項從農村播種至生產運銷止、為整個替農民解決一切、故該行辦理放款、頗著成效、農民受惠實非淺鮮、現本年秋收登場、關於合作運銷農業倉押兩項、亟待舉辦、茲記者以事關救濟農村、為明瞭一切起見、十六日下午特往訪該行某負責人、詢以上情承告甚詳、爰特分誌於後、

▼……合作運銷放款定三百萬……▲

合作運銷、為救濟農村、輔助生產最有效之事業、故本行對於斯項放款、異常重視、本行上年對於合作運銷放款之業務、計有一百餘萬元、值此農村不景氣聲中受此鉅量之現金調劑、農村經濟、已形活躍、現本行為普及救濟輔助產銷謀農村之發展起見、特擴充此項放款業務、本屆預定增為三百萬元、而收合作運銷放款之效能、以期農村復興、

▼……農倉庫儲押為六十五萬……▲

農業倉庫儲押、為本行三大業務之一、其關係救濟農村工作、佔有重要一位、去年此項放款、頗收成效、現本行為適應農民需要、促進農村發展起見、特在本季農倉庫放款基金、增為六十五萬元、對於合作運銷及農業倉庫儲押兩項放款、共約三百六十五萬元、此項計劃、業已確定、即將開始放款云、

▼……災區耕牛放款業已開始……▲

蘇省府以黃水成災、禍及蘇北徐屬各縣、災情慘重、農村廬舍為墟、除力謀救濟外、爰鑑於徐屬災區之耕牛、一般農民為生命所迫、大都賤價出售 而十數元即可購牛一頭、此種舉動、實足影響來年春耕、特令飭省農行舉辦災區耕牛放款、該行奉令後、即着手進行、業已籌備就緒、令飭徐屬分行會同邵專員切實辦理、即日開始、總行為慎重計、特派楊志榮前往徐州協助進行

▼……生產合作已有顯著進步……▲

省農行前為提倡合作事業、輔助生產起見、凡有合作社之組織、向該行貸款者、莫不按照實際需要、盡量放款、以宏救濟、該行頃接宿遷二區東全鄉大興村信用生產無限合作社來函、為金針菜運銷售出、獲利甚豐、每石有得利洋一元之譜、茲將原函誌下、「敬啓者、接到宿遷農民銀行函、得悉敝社運貴行之貨金針菜等、已蒙售出、以產價比、每石得利洋一元之譜、較去年運上海銷價、不啻天淵、皆貴行富於閱歷經濟多方之賜也、同人等用特函謝、聊表寸衷」、云云。

導淮賡續進行 當較一屆尤順利

黃水氾濫不致受其影響
蘇省府已抱決心積極完成
許心武氏對記者談

△江蘇社 導淮工程處處長許心武氏、此次來省參加省府召集之導淮有關各縣縣長會議、對導淮意見及各項計劃、供獻甚詳、記者特往走訪、於匆促間承告以下之談話、略謂導淮二屆工程、已定下月一日施工、憑過去之經驗、工程進行、當較一屆尤為順利、自黃水氾濫 微運諸水暴漲、現正積極防堵、俾便導淮工程、不致受其影響 總之導淮工程、已至最後階段、省府已抱最大決心、若不積極完成、黃患前途更不堪設想云。

蘇保安處 看護訓練班將開課

省令各縣隊選送受訓人員

△江蘇社 蘇省保安處軍醫院、奉令籌辦看護訓練班、專為造就看護專門人才、前聞各項籌備、已大部就緒 訂本月三十日開學、訓練期為一個月、所有學生係由各縣保安大隊部選調、畢業後 須在隊服務兩年以後、始可另圖他就 省府十八日特訓令各縣保安大隊部、調集看護兵或上等兵一名來省訓練、訓練期間、准各支原薪云。

各縣調訓警官 蘇廳令變通支薪辦法

△江蘇社 蘇民廳令各縣縣長省會公安局長、(鎮江江甯除外)云、案據吳縣公安局長張漢威呈稱、案奉鈞府交下民廳第一九九七號訓令內開、「案查本屆省訓練現役警官、所需制服膳費、均由自備、受訓期內、應予仍支薪、以示體卹、除分行外、合行令仰該縣長知照、並辦飭公安局知照」、等因 奉此、自應遵辦、惟查此次受訓各員、時間需六閱月之久、本局規定員額、均有專司、如就相當職員中責以長期兼顧代理、則事繁責重 似應酌給津貼 以均勞逸 而昭公允、查本局以前奉調受訓各員 概支原薪七成、其餘三成、則給予代理人、茲擬酌予變通辦理、其月薪在三十元以下者、仍支原薪、三十元以上者 則仍援照向例辦法、俾受訓人員得以維持在省時之生活、而代理人員、亦知權責攸歸、益圖奮勉、是否有當、理合具文呈請 仰祈鑒核轉示遵行等情、據此、查此案前奉鈞廳第一九九七號訓令、遵經轉飭在案、茲查前情、理合、文轉呈、仰祈鑒核示遵等情、據此、察所陳、不無理由 茲特酌予變通、凡本屆各縣調省受訓警官、所遺職務 由同等職員兼代者、仍各支原薪、其以官等較低人員代理者、應就受訓警官原薪內、提撥二成給予代理人、以資策勵、除指令並分行外、合行令仰各該局長知照、並轉飭公安局知照此令云」

科學消息

中國科學運動協會、茲譯述科學消息如下：

無聲電氣砲

當把鬪閉器 動，這種電砲 立刻就々峻起把彈丸放出、既無烟無聲音、彈發後而砲的位置、仍不致為敵人所察、其構造眞是巧妙極了、這乃紐約州的發明家新創造的、原來這彈丸只出去連彈殼等一齊焚燒了、這砲的複雜處．是在這砲雞和彈丸兩者合組成一實在的電力馬達、當電流通進砲後 裏面的電力圈、立即發作、那上面附有帶鉤的彈丸、就開始旋轉、再把磁力場一移、使其和砲身平行、同時彈丸向前運動的速度也就增加多了、這樣彈丸、同時得到無聲的速度、和那可以準確飛行的旋轉、據發明者宣稱、一枝粗精的廿尺長的這種砲、可以射出一只普通的彈丸至一千尺之遠、他又說實用的書槍、可以製造成任何標準、大小或竟比向來還要大些 除砲本身外倘附有發生電力的機件。

顏大使姪女 在日內瓦代表中國發言

▲中央社日內瓦十九日電 中國駐俄大使顏惠慶之姪女顏女士、今日在此參加女子地位辯論時 代表中國發言 謂世界女子 須有發言機會、庶可使世態改善、因目前世態已惡劣無以復加也 中國新刑法已允女子平等、希望西男子、亦予女子合法權利、而不必定女子向男子奪取平等。

意亞爭議和平解決殆絕望

亞政府令意領退出亞境

▲中央社亞京十八日電 亞政府現已發出必要訓令、俾駐亞境意領事四員、退出亞國、但載明意領須依指定路程、逕赴亞京、不得直赴以里特里亞 或意屬索馬利蘭、亞政府並宣布如意亞間發生戰事、 則其不能担保尊重意領寓所。

▲中央社亞京十八日電 齊蘭總理、赴日內瓦出席國聯會、已返抵此間、本日召集全體閣員 舉行秘密會議 閣內閣以歐洲目前局勢緊張 對徵兵缺年問題 正作詳細研究、謀設法補救。

▲中央社日內瓦十八日電 聞出席國聯若干國家之代表、如斯堪的那維亞十國代表、均贊成國聯大會應繼續開會、直俟意亞衝突、得以解決時止。

▲中央社亞京十九日電 亞政府頃接日內瓦來電 通知五人委員會之建議、亞王約於今晚召集內閣會議、攷慮之建議內容、雖未發表、但據悉、亞政府似甚有接收之傾向。

▲中央社日內瓦十九日電 關於和戰問題、現當視羅馬方面如何決定以為斷、自意國備戰以來、國聯人士、以為和平局勢、岌岌可危 英國自難置身世外、據墨索里尼所發談話、和平似已絕望矣。

▲中央社倫敦十八日電 工黨中人、對意亞問題之態度、不相融洽、已發生嚴重分裂 上院工黨領袖彭森比 克斯夫兩人、今日已辭去工黨領袖之地位、

本縣新聞

救濟分會召開各組聯席會議

確定收容所災民額數及收容標準　呈請總會及華洋義賑會撥款賑災

本縣救災分會於昨日(十九)上午十時、在縣政府會議室、召開各組聯席會議、出席董雪山、劉棟、梁惠榮、劉美周、渠耀坤、董玉珏（王如勳代）、韓韶九、李效禹、王述先（裴朝永黃體潤代）、李貞乾　張國權、趙寅純、彭世亭、王漢卿、主席王述先(黃體潤代)、紀錄裴朝永、報告事項、一、主席報告救濟分會第一次會議紀錄、二、主席報告本會各組組織情形、三、主席報告災民已收容三千人、賑款僅一千元　用去八百元、所餘無幾、四、主席報告收容所衛生情形、討論事項、一、連日災民驟增、收容困難、應確定收容額數標準及甄別現有災民、以免濫混案、決議、(一)收容額數暫定為三千名　(二)收容標準、A,十五歲以上五十歲以下之男丁不收、B,家庭暫可自給者不收、C,無鄉鎮長保長保證者不收、D.有染病者不收(三)甄別現有災民由全體委員協同各所所長辦理、推常委李貞乾召集、本日起開始甄別、(四)被遣散災民、每人發給一日伙食(七分)、(五)各收容所應按照鄉鎮保甲編組、二、本會賑濟經費非常困難、應如何辦理案、決議、用本會名義由總務組擬呈總會、及華洋義賑會請款接濟、三、擬加聘劉文炳為東關外收容所所長、可否請公決案、決議、通過、附各收容所甄別委員、北關外梁惠榮張傳孝、東關外韓韶九張國權、南關外劉子粹劉美周、西關外張紹緒趙寅純、柳將軍廟董雪山渠耀坤、山西會館彭世亭李貞乾、河南會館王如勳黃玉山、

縣政府公安股制定　管理中西醫藥新聞廣告規則

本縣縣政府公安股、為取締醫藥業登載虛偽誇大之廣告起見、特制定「豐縣管理中西醫藥新聞廣告規則」、以便管理、茲探錄該項規則之條文如下、第一條、本縣中西醫藥之廣告登載新聞紙者、依本規則管理之、第二條、凡關於醫務藥品之文字圖畫登載新聞紙、以廣招徠者、應先由本人呈報本府核准發給驗許證、方准登載、惟不得私改名稱、或變更文義、前項驗許證、概不收費、第三條、不得假借他人名義鳴謝　或保證其效能而為虛偽誇大之登載、若有他人鳴謝並保證事實不符者、得令各該醫藥執業人自行登報更正或撤銷之、第四條、在本規則實行前、所有登載新聞紙之醫藥廣告、限一個月補報本府核給驗許證、第五條、凡醫藥廣告虛偽誇大者、除按照各該醫藥規則辦理外、所有違犯本辦法第二至第四項之規定、處以一元以上、五元以下之罰金、第六條、違犯本規則屢戒不悛、其關於醫業者、得由本府處五十元以下之罰金、其關於藥業者、得處以二百元以下之罰金、第七條、凡登載各項刊物之廣告、均適用本規則各條之規定、第八條、本規則有未盡事宜、得隨時修正、第九條　本規則自公佈之日施行、並呈請省政府民政廳備案、

李寨中心小學區舉行第一次生活會議

分別研究兒童教育問題　統一學月測驗題目　推行小閣小學燈課錄辦法　草擬助教訓練辦法

本縣中心小學區、於前日假中心校辦公室舉行第一次生活會議、計出席者、董鴻恩、孫蘊華、李仲和、孔繁珂、李浩泉、魏振業、李德普、李季成、李克儉等九人、主席孫蘊華、紀錄董鴻恩、如儀行禮、報告事項、(一)本會議之範圍、(二)今後全體同人應有之工作、(三)本學期生活實施計劃與步驟、(四)開學來生活部工作情形、(五)勸同人要說真話、幹實事等語、繼由區校主事李仲和李德普分別報告過去教學經驗、討論事項、一、分別研究兒童教育問題案、決議、先研究下列各問題(一)公民訓練、推孫蘊華李仲和李克儉李季成四人負責研究、(二)教學方法、推李德普孫蘊華魏振業負責研究、(三)成績考查、推董鴻恩李浩泉孔繁珂負責研究、二、應確定本學期學月考試次數案、決議、本學期舉行三次、(三)學月測驗題目、應如何出題案、決議、題目統一、(四)學月測驗、應否統一案、決議、由各科教師判定試題、呈交校長審查、三、未到學兒童、應如何催促案、決議、辦法如下　(一)實行家庭訪問、(二)請家長談話、(三)派缺席生最好之朋友、前往勸導、六、確定兒童請假規程案　決議、請假辦法如下、(一)兒童自身染有疾病者　(二)家庭有重要事者、(三)臨時發生事件經核准者、(四)由家長具函或來校申述事由者、七、如何督促兒童在家自修案、決議、(一)推行小閣子小學燈課記錄辦法、(二)函請家長指定兒童自修地點　(三)擇燈課紀錄優良者、予以名譽或用品獎勵　八、兒童自治應如何組織案　決議、根據教育方針組織、推董鴻恩負責協助各區校主事指導組織、九、如何切實指導兒童課外閱讀案、決議、(一)中級兒童、每人應備一本閱讀筆記、(二)假談話時間內、可由兒童述說閱讀心得、十、教學助手、應如何訓練案、決議、推李仲和草擬助手訓練辦法、十一、各科訂正符號　及成績等第統一案、決議、由生活部制定印發各校、十二、如何利用休假督促兒童作業案、决議推李德普魏振業草擬辦法、閉會、

復新東支兩河水勢平穩　封王莊決口在填堵中

卜區長親自督工堵口

本縣東支復新兩河之水、昨日落四公分、今晨忽又退落、封王莊決口處、由蕭莊鄉鄉長負責填堵、今日共到民夫三百餘人、二區區長卜蕙章親自督工填堵、至所需材料、盡縣府發給之蘇袋、葦箔、惟以口門寬而且深、現已用麻袋一千五百條、而工程所需尚鉅云。

趙委員昨赴二區勘災　並僱船四隻拯救災民

銅山區專員公署委員趙文亮、為查勘水災情形、已誌本報、茲悉趙氏於昨日前往二區勘災、今復在鄉僱船四隻　駛往沙莊鄉一帶、拯救災民、區公所助理員董正謨陪往、

司法欄

△縣政府司法批示△

△民事原具狀人李昌武、一件、為蔗種涉訟、案已經和解、請發還所繳驗費由、狀悉、仰即來府具領可也、此批、

△刑事原具狀人陳明道、一件、為情關族誼、願將陳王氏保出、不誤傳喚由、狀悉、准暫保釋、此批、

△刑事原具狀人劉信同、一件、為民子劉自成無辜被押、哀懇賞保省釋、以免受累由、狀悉、本案正在依法偵查、毋得率請保釋、此批、

△民事原具狀人劉新發起、一件、為和解成立、懇請准予銷案由、狀悉、准予撤回、此批、

△刑事原具狀人楊德隆、一件、為遵處撤訴、請求銷案由、狀悉、姑准撤回、此批、

△民事判決▽

與張氏與張明一讓房屋判決、

主文　原告之訴駁回、訴訟費用由原告負担、

△庭期審理案件▽

九月

二十一日本府審理楊志學訴張伯訓嗣報告案、

二十一日本府審理前董玉成騙片案、

二十一日本府審理張王氏訴劉化虎侍過逃案、

△本城糧價

名稱	每市斗價目 最高	最低
小麥	三千三百五十文	三千二百五十文
大麥	一千九百文	一千八百文
黃豆	二千三百文	二千二百五十文
黑豆	二千一百文	二千文
綠豆	二千七百文	二千六百文
江豆	二千五百文	二千四百五十文
高粱	一千九百五十文	一千九百文
穀子	一千七百五十文	一千六百五十文
稷子	一千八百文	一千八百文
芝麻	三千三百文	三千一百文
蠶豆	二千二百五十文	二千二百文
花生（每斤）	一百五十文	一百三十文
瓜子（每斤）	五百三十文	五百文

氣象

晴　風向　東南風

最高溫度　八三

最低溫度　七〇

豐縣立初級中學校週刊

第一期

目錄

發刊辭

本校是由豐縣縣立師範學校改組的，現在是一個很單純的初級中學校了。

本校，雖是男女學生都有，而男生佔大多數，雖是豐西各縣有幾縣的學生來學，而豐縣的學生佔大多數；雖是家境富裕的學生有一些，而窮苦的學生佔大多數。就另一方面講，全校學生一心向學「進備」將來升學或從事職業的，固然不少，而思想模糊，未能認識清自己應有之努力的，也或難免。學生家長及社會一般人士，關心本校對本校有相當認識的，固然不少，而責望甚殷，未能知道真像的也或難免。——因為這些，本校自開學以來，異常注意各項實際的需要！除遵照縣令，實施教訓合一並力謀於社會溝通外，對於本週刊實抱有相當的願望：一則借牠作師生共同生活，互相勉勵的記載；一則借牠作報告學生家長及社會一般人士的書函。我們深切的期待著師生在共喻潛默之下，把本校風紀充實的表現出來，同時更期待着學生家長及社會一般人士予以不客氣的指教。那就不辜負這個刊物了。

豐縣縣立初級中學校章程

第一章　總則

第一條　本校定名為豐縣縣立初級中學校

第二條　本校遵照中學規程中華民國教育宗旨及其實施方針與江蘇省縣中等學校教訓合一實施辦法及其他有關教育法令之規定運用各科教材從積極方面培植學生之德性知能並勵行師生共同生活注重童子軍訓練以發展青年身心養成健全國民俾作升學及從事各種職業之準備為宗旨

第二章　組織

第三條　本校設校長一人校長之下設教導主

第四條　任一人秉承校長負教導全責各級各設級任一人專任教員均分組擔任導師

第五條　本校關于教導方面設教務訓導兩股下分文書會計庶務教導股下設圖書儀器勞作體育童子軍等股股員務關于事務方面設事務股下設股員二人秉承校長及教導主任處理該股事務以上各股凡有股員二人以上者均應指定一人為股長

第六條　本校全體學生統按童子軍編制凡教室寢室飯堂及一切課外活動均以童子軍小隊為單位每級分為二中隊隸屬于童子軍團部受團長之指揮童子軍團部組織大綱及團務委員會章程另訂之本校童子軍團部由教導部童子軍股輔導之（未完）

秋風起後的母親

孫毓琛

提起筆來，不覺又想起母親。

母親啊！在這種秋風驟起的時候，恐怕又要想起你的兒子了。

——天氣乍寒，衣單被薄，怎樣抵禦風寒的侵襲！秋風啊！請你不要吹吧！免得凍壞了我在外的兒子。——獨對孤燈，晚間兀坐的母親，大概在這樣憂鬱的沈思吧！

記得去年此時的母親，正在為我做夾袍呢？她——

——母親——那慈祥的目光，專一的注射着針兒，線兒，袍兒，別的一切東西，她都不暇顧及的。屋外的雀叫聲，鵲叫聲，風……她都似乎沒有聽見，只低着頭，千針，萬針，千針，萬針，為我做夾袍。三四個鐘頭後，她才抬起頭來，呼了一口氣，慈祥的目光，轉向我的身上來。好一會，才溫和的說：「兒啊！身上冷麼？」我不覺呆着了，及至湊近面前，才嗚咽的答道：「不冷！」她現出一種慈祥的面容，摸着我的手。

這種深刻的印象，自今猶在我的腦際啊！現在的母親也在為我做夾袍吧！

中秋月夜

鹿芸先

中秋節本是和舊曆年一樣在革命高潮之下損喪了生命的，可是她對于人們的印象太佳了，圖畫描素得實在太美了，「月到中秋分外明」，個個人腦海中差不多都嵌着這麼一幅景片，如孺子念母般的，雖是剎那間也不忍得捨離。

西天的流霞，還沒有消逝淨盡，皎潔的月兒已掛在遼遠的雲漢間了。每個人都露出喜悅的神色，慌慌張張跑東跑西的，去買辦晚宴上所需要的一切，和邀請他的賓明。女人們也忙着去收拾晚餐，有時腰兒彎得酸了，便仰起頭來，對着所期望的月亮，嫣然一笑，離得近些，你可以聽得鶯鶯的笑聲，但是工作忙碌的她們，笑的餘音立刻就停止了。這還是每年中秋節照例的情景。

可是今年的中秋節，人事如常，月兒卻改了面貌。傍晚一陣暮風吹過，空中佈滿了烏雲，好像個蓋子，籠罩着宇宙，月光被雲層遮斷了，大地陷于黑暗的狀態中，雖然在黑暗中，我想鄉間的老農一定還是要提着燈籠呼鄰喚友，作飛觴醉月的歡舉，來澆滅他們多半年來累積的愁思，只是不能邀月同醉罷了，他們的興趣當然也就因而減消了一些。

至於我們呢，學校裏是不舉行賞月的，照常的去上課，我雖因聽四鄰的鞭炮聲，也曾引起一段過去中秋節的甜蜜回憶，却立刻又隨着鐘聲的餘韻消逝了。

熄燈鈴響了，寢室的噪雜空氣，頓時沉寂下來，大家都忙着到夢鄉去尋樂園。我因為白天受了點刺激，睡時又把牠翻起來，思前思後，沒有入眠，從無意中抬起頭來，見滿院好月，無異白晝，賞月的心，便油然而起，雖然是想快些入夢，把疲憊的腦子恢復起來，可是賞月心切，不可遏抑，並且覺得這良辰美景的夜月，辜負了也實在可惜，于是我便披衣離床，靜悄悄的度了出來。

月亮已經高掛天空，蔚藍的天，纖塵不染，托着一團皎皎明月，顯出一種恬靜而富有詩意的美麗，清爽的光，射在大地上，感不到熱，也覺不到冷，身心所感到的，只是一片寧靜，無論高山與深谷，紅樓與茅屋，世界上的一切，都受了她的洗禮。這時沒有絲的犬吠，也沒有唧唧的蟲聲，四週如大潮退後的寂寞，更加寂靜起來，要不是有月光撫摸着，一個人實在不敢在那兒胡逛。也別說有開心賞月了。蟋蟀躺在道旁，做牠白天理想的夢，被我的腳步聲把牠驚醒，牠立刻起來，叫了兩聲，便自呆望。

我低下頭去，入於沉思了。雖是剎那的沉思，在我自己也覺得有無限的甜蜜，那是去年中秋節的事，在我家後院裡，月光照到鮮潤，桌上擺着果瓜月餅，家人和我把桌子團團圍着，吃着，喝着，說着，笑着，歡樂的空氣，充滿了整個的庭院，有時還對着月亮禱告，祝我們家庭吉順，收成豐登，那時我雖不崇拜迷信，但在這種怡怡融融的環境裡，心中卻覺得快樂了許多。小姪兒吃得渴了，便要起酒杯來當茶用，杯裡沒有酒了，便放聲哭了起來，惹得我們哄堂大笑。雖然是想起那時的笑，月光下的我，卻真個笑了。古人說：「舉頭望明月，低頭思故鄉。」真真不錯。啊！家庭的甜蜜，天倫的樂趣，緊在人們腦中的思線，實在太緊了。

忽而一陣微風，帶來了寒意，啊！金風送爽，暑氣是與我走了，拔着同學們一陣鼾聲，把我的睡意喚起，我便和月夜割了愛，到夢鄉去尋求了。

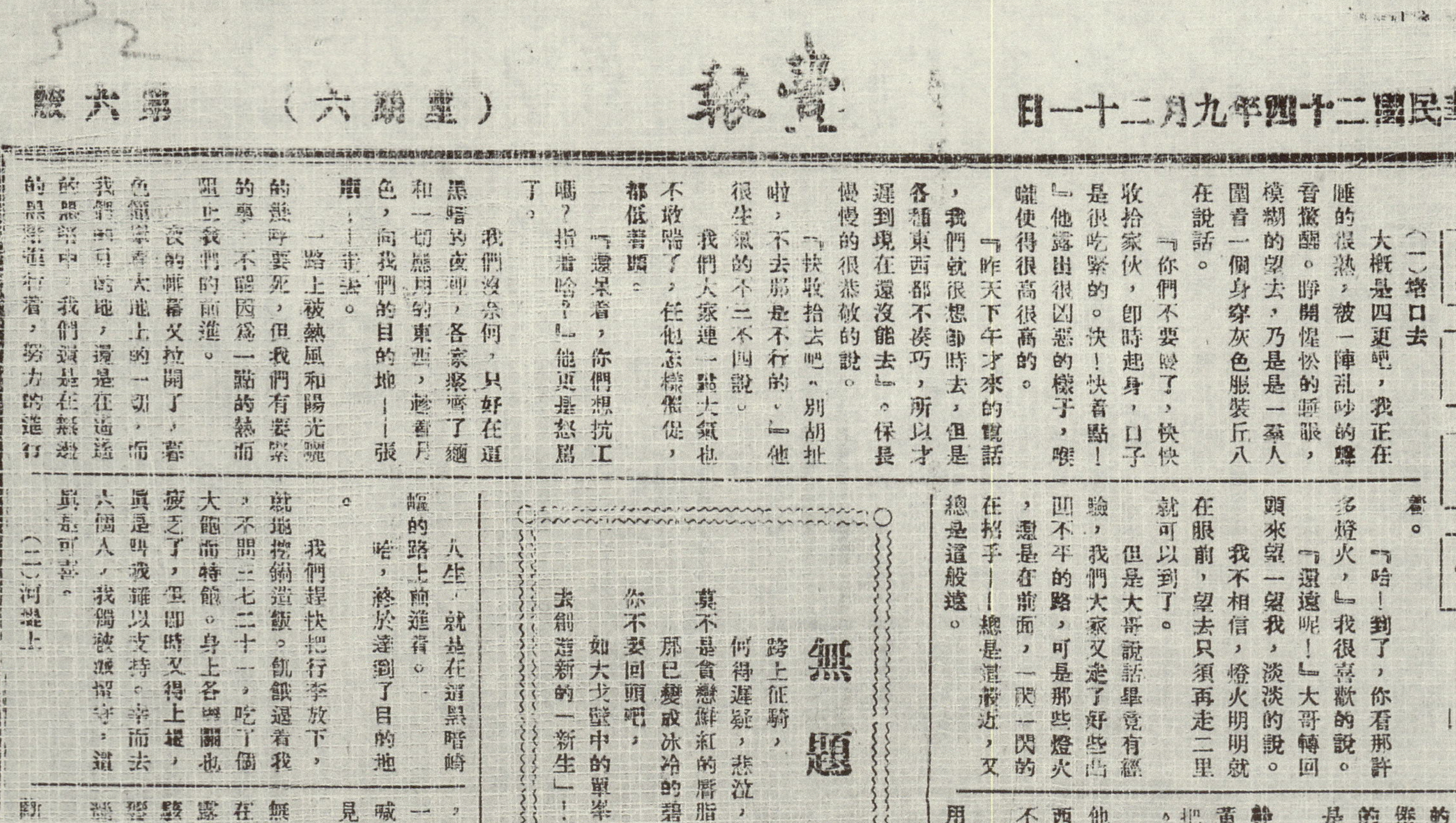

中華民國二十四年九月二十一日　覺報　（星期六）　第六號

夏日漫憶

—伐

(一)塘口去

大概是四更吧，我正在睡的很熟，被一陣亂吵的聲音驚醒。睜開惺忪的睡眼，模糊的望去，乃是是一羣人圍着一個身穿灰色服裝丘八在說話。

『你們不要睡了，快快收拾家伙，即時起身，口子是很吃緊的。快！快着點！』他露出很凶惡的樣子，喉嚨使得很高很高的。

『昨天下午才來的電話，我們就很想即時去，但是各種東西都不湊巧，所以才遲到現在還沒能去』。保長慢慢的很恭敬的說。

『快收拾去吧。別胡扯啦，不去那是不行的。』他很生氣的不三不四說。

我們大家連一點大氣也不敢喘了，任他怎樣催促，都低着頭。

『還呆着，你們想抗工嗎？指着哈？』他更是怒罵了。

我們沒奈何，只好在這黑暗的夜裡，各家聚齊了繩和一切應用的東西，趁着月色，向我們的目的地——張莊——進發。

一路上被熱風和陽光讓的熱得要死，但我們有要緊的事，不能因為一點的熱而阻止我們的前進。

夜的帷幕又拉開了，暮色籠罩着大地上的一切，而我們的目的地，還是在遙遠的黑暗中，我們還是在蹣跚的跋涉着，努力的進行着。

『哈！到了，你看那許多燈火，』我很喜歡的說。

『還遠呢！』大哥轉回頭來望一望我，淡淡的說。

我不相信，燈火明明就在眼前，望去只須再走二里就可以到了。

但是大哥說話畢竟有經驗，我們大家又走了好些凸凹不平的路，可是那些燈火，還是在前面，一閃一閃的在招手——總是這般近，又總是這般遠。

人生，就是在這黑暗時醒的路上前進着。

哈，終於達到了目的地。

我們趕快把行李放下，就擾鋪造着。飢餓逼着我，不問三七二十一，吃了個大飽而特飽。身上各處的疲乏了，頭即時又得上邊，真是叫我難以支持。幸而去六個人，我們被派留守，這真是可喜。

(二)河堤上

太陽又從東海浴罷起身了，紅紅的光綫照在塘口子的人的身上，顯然他們是疲憊了，一個個都像癱雞一樣的臥着，真是好看，不，真是可憐。

『起！快起，叫你們來幹啥哩？全都去！』一個穿黃色衣服的兵士手裏拿着一把盒子，露出最厲的樣子說。

這一些臥着的工人都被他么喝醒了，帶着應用的東西望河堤上走去。當然我也不能例外。

河堤上真是人山人海，用麻包抗土的，向上抬土的，向船上裝土的，摑土的，一個個都慌的手忙足亂。呐喊吵雜的聲音更隨處可以聽見。

北望去波浪滔滔，舉目無際，家屋，樹木，……都在深約四五尺的水中，僅僅露出牠們的上部，真使人驚駭哪！波浪打在堤上花花作響，把堤上弄的盡是濕水，溼乎乎的流進來。真是要命！大船上邊雜的，一眼看不斷，往南從北邊的村莊中一艘，一艘過來的，船裏面滿坐着老老少少男男女女的人，和牛，馬，羊，狗，雞等家畜。

唉！真是可驚可怕亦復可憐哪！洪水之禍遠勝毒蛇猛獸！

無題

—任

踏上征騎，

何得遲疑，悲泣，

莫不是貪戀鮮紅的唇脂，

那已變成冰冷的碧血！

你不要回頭吧，

如大戈壁中的單峯駝，

去創造新的一『新生』！

隨感錄

—役八

不知什麼東西，竟然把一條血氣勃勃的肉體，很活潑的東西，不能使牠動。日子長久的下去，這條活潑潑的人兒，已要死下去了。血液好像停着，臉上的血不知跑到什麼地方去了，只落得着白肥滿的四肢，也枯瘦得可憐。他身上的一切都在變更，從那有血氣很健全的身體，變得消瘦腐爛了，這樣誰能說不可惜？

可惜只管可惜，但誰來可惜你呢？誰與你表同情？你是沒有力量的！你要曉得！你在等待着來救你的人嗎？別做消極的夢啦，那是不中用的，有了力量才會有人呷，你不明白嗎？

沒有辦法，嗚嗚的哭了起來。哭什麼，你還不覺悟嗎？這會使你死去的！你素來替懦弱的人們掛心，說他們太危險了。你現在呢？別做那些無聊的夢啦，醒一吧？來做實施的工作吧！

你要想救你自己，就應當你自己去努力啊，別人是靠不着的，現在明白了嗎？你若明了的話，那，你就應拿最快的努力來打破週圍束縛你的東西，把你這條性命救出。

總理遺訓

一，築　來防水災，是一種治標的方法，只可以說是防水災的方法之一半，還不是完全治標的方法。除了築高堤之外，還要把河道和海口一帶來挖深，把沿途的淤積泥沙都要除去。

縣黨部無綫電收音室開放節目

九月二十二日　星期日

一二，一〇　平劇　徐策跑城　戰長沙　飄零淚　桑園會　母女會

一二，三五　樂壇奏樂　京市政府樂隊　奏播：國樂　梅花三弄　昭君怨　一枝花

一九，〇〇　平劇　王少樓　程玉菁　梅蘭芳　徐碧雲　楊寶森　馬連良　芙蓉草合唱　寶蓮燈

二〇，五五　簡明新聞

二一，〇五　新聞

九月二十三日　星期一

八，四〇　西樂

九，〇〇　新聞　颶風報告

一一，五〇　平劇　報時颶風報告　氣象商情　戰太平　祭塔　釣金龜　祭盧江　四進士　霸王遇虞姬

一九，〇〇　平劇　王幼卿　梅蘭芳　程豔秋　李多奎　龍長華　杜麗雲合唱　六月雪

二〇，〇〇　報時颶風報告　氣象水位第一次簡明新聞

二一，四〇　第二次簡明新聞

二一，五〇　新聞

二二，三〇　國樂及平劇　連環扣　迴文錦　寄生草　驚天球　浣紗記　玉堂春　探寒窰　孝義節　丁山打雁

豐報

第八八九號

社址豐縣大同街

中宣會登記證中字第二一九一號　內政部登記證警字第二二三〇號

中華郵政特准掛號認爲新聞紙類

中外要聞

許世英訪陳果夫商賑災
仇錦章電滬爲豐民請賑
鄆城民埝中央已准免抉

▲中央社徐州廿二日電　銅豐邳沛各縣、廿二日據報、水位均降落三四公寸不等、陳果夫以邳專家築堤防黃、異常努力、特電嘉慰。

▲中央社徐州廿一日電　灌雲防黃會、電請導淮工程處稱、黃水由裏運轉入北六塘、水位暴漲、自葛集至湯溝一段、南岸四縣出險六處、均由灌雲民夫搶堵、請飭沭陽、東海、漣水三縣、迅予協助搶堵、同挽浩劫。

▲中央社徐州廿一日電　豐縣救濟分會前派仇錦章隨成靜生來徐謁吳、成先同鐵仇到豐視察、廿二日晚回徐、定廿二日赴京、據廿一日向滬慈善水災義賑會電稱、豐縣災區在黃河堤之沙莊、魏集、蕭暖一帶、今晨乘車往勘、見決口處水已平穩、惟災區積水深者沒肩、淺者及膝、是處被災、係黃水倒灌、爲數十年所未有、況民堤冲決、又在黑夜風雨之時、災民僅以身免、糧食器具無存、該縣被淹一百三十餘村、災民達五萬、城鄉收容所十餘處、均感人滿、現已收容四千餘人、非有大宗賑款、不能救濟。

▲中央社南京廿一日電　賑務委員會委員長許世英、爲商議蘇北賑濟災黎根本辦法、昨晚九時特往訪蘇主席陳果夫、陳氏除將蘇北受災區域之面積及災民總數詳加報告外、關於今後豐賑辦法、曾與許氏詳商。

▲中央社南京廿二日電　日前黃河水勢大漲、董莊決口奪溜、竟達八成、以致魯西、魯南一帶、泛濫區域、竟達一千二百餘萬畝、而微湖已洋滿入淮、蘇北亦有陸沉之勢、舉國人士、焦慮異常、黃河水利委員會委員長李儀祉、統籌全局、權衡利害、爰建議開抉鄆城民埝、分洩歸河、原屬臨時救濟、避重就輕辦法、經行政院認爲事屬可行、乃令飭魯省接辦在案、頃聞魯省陳述各種困難情形、請求緩辦、中央現亦因黃河水勢漸落、流量減少、已准予免抉。

閩贛浙皖邊區剿匪軍事已至最後階級

▲中央社福州廿二日電　閩贛浙皖邊區剿匪軍事、已至最後階段、爲增厚浙邊軍力起見、第十八軍已奉命由浙開駐浙南閩東協剿、構築閩浙毗連封鎖綫碉堡、業已告成、各軍配備業已完竣、即日開始總攻。

▲中央社福州廿一日電　贛東赤匪僞獨立師黃窺貴股、約四百餘人、搶牛數、竄閩北、我軍奮勇猛勦、生擒大安區僞主席溫敬和、僞書記楊禮泰等、匪損失甚重。

▲中央社杭州廿一日電　浙邊殘匪、確已被官軍擊潰、現竄閩泰甯北鄉、與范鐵民股會合、浙保安團廿一日已進展至泰甯縣南鄉、即與閩軍會同夾攻、龍泉殘匪、正包圍中。衞立煌令各部隊限十月底肅淸浙皖贛閩四省邊區殘匪。

何鍵以三事告諭部屬

▲中央社長沙廿一日電　何鍵昨以三項電令各部隊、一體遵照、甲、各部隊各級長官、應與士兵同甘苦、並須長川在防、不得擅來後方、乙、各部隊應整飭軍紀、不得有拉夫、及借民款、燒民柴等事、丙、各將領不得稍存畏縮、

及保存實力，取巧觀念。

▲中央社長沙廿二日電　何鍵以湘西各縣、盜値罌粟下種時期、誠恐鄉愚再種、電令劉建緒嚴密查禁。

▲中央社長沙廿二日電　五十師朱亦剛電告、徐匪彥剛已被該旅擊斃、俘僞參謀長方浩然、繳獲輜重甚多。

中央令催各省呈報勘災經過

▲中央社南京廿三日電　中央以今年江河災情慘重、前曾令飭受災各省、迅即派員勘災、塡表具報、以憑核議豁免或蠲除田賦、藉惠災民、惟向例各省每遇災害、即先向中央請賑、對於免除田賦手續、以關係各省收入甚鉅、常有延宕情事、現悉財政當局、以人民不幸受災、確屬無力再盡納稅義務　不論政府救災辦法如何、對災民本身應納各稅、而無力繳納者、應免查明、分別免除、以示中央軫念流亡德意、而免災民刼後再受官吏索擾、聞第二次令催各省呈報勘災經過令、日內可續發出。

汪院長昨夜由滬返京

▲中央社上海廿二日電　汪院長、褚民誼、唐生智、與英經濟顧問李滋羅斯、廿二日夜車晉京。

導淮會召開財務會議

▲中央社南京廿一日電　導淮委員會定下月初開始第二期導淮入海工程、該會爲分配是項工程費、及決定其他工款事項、特定於後日下午三時、在導淮會舉行財務會議、討論一切。

五省市交通安全運動大會定期舉行

▲中央社南京廿一日電　五省市交通安全運動大會、定下月十日開幕、籌委會特決定於開會期間、舉行有關交通安全物品展覽、各省市刻已開始籌辦、籌委會並派幹事謝慶齋赴滬、向各廠家接洽云。

中央農業倉庫今年繼續辦理儲押

▲中央社南京廿一日電　中央農業倉庫、自經陵屬農業救濟協會、與實業部、中央農業推委會合作以來、成績良好、去歲旱災之後、陵屬各縣貧苦農民、多賴農倉儲押貸款、得以救濟生活、維持農耕、其對於農村復興、實非淺鮮、刻農倉管理委員會、以去歲所辦倉儲事項、業經結束、而各地押貸之民、而能如數歸還、爰決定本年仍繼續辦理、誠陵屬農民之好音也。

實部將召集兩重要會議

▲中央社南京廿一日電　實業部現對於工業標準之籌備及度量衡之推行、正積極辦理中、並將召集下列兩重要會議、（一）工業標準會議、工業標準　爲發展實業要件、籌備設立之標準區、現經立法院決議通過、該部爲發展實業起見、特將工業標準事項、分由全國度量衡局兼辦、並合其在本年度內、務將重要標準草擬完竣、即召集工業標準委員會、第一次會議、審議一切、（二）度量衡一屆會議、查度量衡第一屆會議議決各案、均經該部分別執行、數年來推行省市將完成劃一、然在匪區及邊遠各省　多未能積極進行、該部爲謀中央與地方政府切實聯絡　及推行起見、現正準備召集第二屆度量衡會議　俾得集思廣益、早日完成劃一事業。

英經濟專家李滋羅斯昨夜晉京

▲中央社上海三十一日電　英經濟專家李滋羅斯爵士夫婦、廿一日下午三時許、乘日本上海丸、由日抵滬、羅斯下輪後、即赴華懋飯店休息、定廿二日訪宋子文、廿二夜車晉京、拜會汪院長、孔部長及中樞各要人、留二三日再返滬、分訪中外金融界、交換意見、然後赴各地調查經濟狀況。

梅蘭芳在杭演賑災戲

▲中央社杭州廿一日電　梅蘭芳廿一日演女起解、七時即滿座、預計每日可售票五千元　六日共三萬元、以一萬元作各項開支、餘二萬元以六成急賑水災、以四成建造杭市乞丐收容所經費。

津保路開始測量

▲中央社保定廿一日電　津保路基勘竣後、建設廳已招測量隊來保、下週開始測量、並決定沿綫之新安、任邱、雄縣、文安、靖海各縣、招僱民工修築、短期內可開工、至全省公路、建廳正擬整個計劃　規定幹支各綫、由省備車行駛。

武漢舉行橫渡長江二屆游泳競賽會

▲中央社漢口廿二日電　警備司令部主辦之武漢橫渡長江二屆游泳競賽會廿二日下午一時舉行、由武昌黃鶴樓起、至三北碼頭止、全程長四四〇〇公尺、參加者二百餘人、市民沿途參觀者十餘萬人、前三名爲譚連山、胡曦光、李國華、成績三十八分五秒。

冀省農田水利會定期在保舉行

▲中央社保定廿一日電　冀省農田水利委員會、定廿八日在省府開大會、商震曾前可返保出席、該會本在津設立、經改組後在保成立、除省府委員爲當然委員外、並聘張伯苓等廿八人爲委員。

滬昨舉行公開游泳賽

▲中央社上海二十二日電　滬市公開游泳賽、二十二日下午二時、在金運新游泳池舉行、觀者二千人、各項成績甚佳、幼□組年齡均在十二歲間、成績全部壓倒女子組、難能可貴。

京滬路蘇嘉段月底可竣工

▲中央社上海念二日電　京滬路蘇嘉段、塡土工程完竣、刻正開始敷軌、年底全部可竣工、預定明年元旦通車。

北甯路增編路警

▲中央社天津念三日電　北甯路局、頃爲確保沿綫行車安全、決定將現有警隊、實行增編、已飭路警妥擬計劃、候核辦理。

本年高攷報名人數尚不多

▲中央社南京念二日電　本年高等攷試、自上月二十日開始報名以來、迄今已達月餘、現發出報名書已有七千餘份、實際報名者、有六百人之譜。

中樞昨舉行紀念譚故院長儀式

▲中央社南京念二日電　二十二日爲譚故院長逝世五週紀念

苗培成視察贛法院

▲中央社南昌念一日電　苗培成二十一日視察贛高等法院、地方法院第一監獄、注意未決案件、抽詢罪犯、攷查罪犯生活狀況甚詳。

警訓所改警官學校　內部組織現仍照舊

新招學員四百八十名　廿八日開學卅日上課

▲江蘇社　蘇省警察訓練所、自經省府議決、改稱警官學校後、連日內部工作、頗形忙碌、記者爲欲明瞭該校內容起見、於日前上午九時、特往訪該所教務主任陳朗秋君、承示以最近情形云、本所自經省府議決、改稱警官學校後、於十九日始正式奉到命令、內部組織、現仍照舊、將來有無變更、尚未定、至於教務主任張達因調任峨山公安局長職務、現由本人担任外、其餘大都無他更動、再本所過去僅有學警班與班長班、共計學生二百餘名、現在範圍擴大、不僅人數增加、課程與畢業年限、亦與前不同、本學期計招學警班二百名、一年畢業、資格限初中畢業、警官班一百名、二年畢業、資格高中畢業、警官補習班（一）爲曾在本省外省警官學學畢業來校考取者一百名、（二）各縣警官調省訓練者、八十名、均六個月畢業、以上總計招學生四百八十名、現已訂於本月二十八日開學、三十日正式上課云。

永定河治本工程復工

▲中央社天津念一日電　永定河治本預備工程、前以該河大汛停頓、頃開始復工、派往官廳人員、已着手繼續測勘河堤。

閩九全大會代表會商提案

▲中央社福州念一日電　五全大會閩代表徐桴、張策安、李黎洲、謝東山、詹調元、以會期瞬屆、本省提案、應先是準備、二十一日在省黨部會商提案原則。

蘇省府舉行委員會議
通過清理各縣公產辦法

△江蘇社 江蘇省政府第七七六次委員會議、於十九日上午八時舉行、計出席委員陳果夫、余井塘、趙棣華、周佛海、沈百先、葉秀峯、鄭亦同、列席者羅時實、主席陳果夫、紀錄萬君默、開會如儀、宣讀上次會議紀錄、報告事項（略）、決議事項如下、一、覆核禁烟治罪各案、二、揚中縣施耀華、爲取締塾師事件、不服教育所爲之決定、提起再訴願、決議再訴願駁回、三、通過清理各縣公產辦法、四、南通縣長辦理禁烟頗著成績、縣長金家華記功一次、公安局長宋明炘記大功一次、其餘在事出力人員、分別獎敍、以資激勵、五、推余委員出席下星期一紀念週報告、六、第一期清理太湖湖田辦法第三條第四項之後另加一項、「凡執有合法契據各戶有糧湖田、逾期延不登記者、自登記期滿之日起、准予展限三個月、補行登記、惟應酌收過怠金、（在逾限一個月以內補行登記者、每畝一角、兩個月以內者二角、兩個月以外者三角）、以懲怠玩、倘至展限期滿、仍未遵照登記者、卽由清理處開具戶名、函縣傳案實施強迫登記、仍照額課以過怠金、每畝三元、」原辦法第三條第五項、改稱第六項

◎……清理各縣公產辦法……◎

第一條、各縣清理地方公產及公營事業事宜、由縣長負責辦理、第二條、凡地方公產及公營事業、除學產清理另有規定外、均依照本辦法清理云、第三條、公產部份清理時、應向法定保管機關、調取各項田地房屋契據債券股票等、分冊登記、清理完畢時、再行點交保管、第四條、田地房產、經登記後、應派人履行丈量、繪具詳圖、並分別傳問佃戶租戶、以期覈實、第五條、債券應調查其現值、股票應調查其營業組織及現狀、分別登記、第六條、凡公產所有權之確定、未能按照法定手續辦理者、應補足其手續、第七條、凡公產之收益、較一般產業之收益爲低者、應整頓增加收益、第八條、凡公產有欠租情事者、應加整頓、第九條、清理時應由縣政府布告、如有人知悉公產被侵佔隱匿者、得據實舉發、第十條、縣政府查明公產有被侵佔情事、除追還所佔公產外、應將侵佔者移送司法審理、第十一條、清理時所登記之清冊及詳圖、應備具四份、一份存法定保管機關、一份存縣政府、一份呈送民政廳、一份呈送財政廳備案、第十二條、公營事業如各縣民生工廠、平民工廠、游民習藝所、電燈廠等 繼以縣地方款項投資創設之事業爲範圍、第十三條、上項公營事業、應截至清理開始之日止、主管人員、造具資產負責表、財產目錄、負債目錄、及歷年損益統計表、送縣政府查核、第十四條、清理人員、對於資本之來源及數額、應調查明確、固定資產之現值應逐項估價、流動資產、應加檢查、其負債部份、應逐項核對、如發現主管人員有侵蝕情事、應依法辦理、第十五條、公營事業資產之估價、公產之實施測繪圖等工作、得延請專門人員辦理、其酬報數目、應先呈請財政廳核准、第十六條、清理時期內、公營事業、仍繼續進行、惟清理人爲檢便利計、得約定時期、暫停其工作、第十七條、清理公營事業完畢後、應由縣政府擬具整頓計劃、連同表冊、一併呈送、第十八條、清理時期、不得逾六個月、於必要時得呈請展期、第十九條、清理地方公產及公營事業之結果、如公產清冊及詳圖、公營事業之整頓計劃等、均應送由會計主任審查、負責加章後呈送、第二十條、本辦法經省政府委員會議決公布施行。

國立戲劇學校招生
蘇省黨部定期預試
錄取後保送赴京參加正試

△江蘇社 蘇省黨部頃奉中央宣傳委員會飭遵國立戲劇學校籌備委員會所擬招考各省市黨部選送學生簡章、迅予愼重選送學生三人至五人、準期赴京應試、（所有費用由各學生自行負担）之令文後、特定於九月二十四日上午九時起、檢查考生體格及試驗國文、下午二時起、考試語言動作、並登報通告、凡有志投考該校者、卽遵照簡章規定手續、自卽日起、前往該黨部報名、參加預試、以便擇選保送、玆將國立戲劇學校招考各省市黨部選送學生簡章原文探錄於下、

……簡章原文……

第一條、本校招考新生除由投考者自行報名應試外、並由各省市黨部遴選學生遣送來京應試、第二條、本屆招考遣送學生名額、連同自行投考者、共取六十名、寧缺毋濫、第三條、投考資格、不限性別、年齡、但以初中或同等以上學校畢業、或具有戲劇天才、或對戲劇已有特別經驗者、爲合格、第四條、各省市黨部遴選學生、爲愼重起見、按照第七條標準、於各所在地舉行預試、第五條、報名及預試日期、由各省市黨部自定、但須趕於九月二十七日以前將預試及格各生、遣送赴京、以便與自行投考者同受正試、第六條、報名手續 由各省市黨部自定、但須令報名各生隨繳四寸半身像片一張、如有畢業文憑或修業證書、亦須隨繳以備於預試及格以後、正式開始之前、寄交本校檢驗、第七條、預試辦法、由各省市黨部自定、但須按照下列標準以定取格、（一）國文清通、（二）國語準確、（或雖不完全準確而年齡較輕且具有文言天才、易於訓練）、（三）體格健全無染病症、（四）能用語言或聲音表現喜怒哀懼愛惡各種情感、（五）能朗讀劇詞、將其中含義及情緒、明白表達、（六）能用面部及身體各部表現喜怒哀懼愛惡欲各種情感、（七）能用動作與姿態、表現故事一段、雖無言語、而觀者可完全了解、第八條、正試地點、在南京薛家巷八號本校、第九條、正試科目及時間分配如下、（九月二十七日）上午九時起、國文及國語、下午二時起、體格檢驗、（九月二十八日）上午九時起、聲音表情及口試、下午二時起、姿態表情及口試、第十條、學生入學後、免收學費宿費及講義費、第十一條、學生入學時、須塡具志願書及保證書、由妥當之正副保人各一人簽名蓋章、負責保證、第十一條、學生入學後、如因犯規被本校開除或中途自行退學時、須照本校定章賠償損失、第十二條、學生修業期限爲兩年、期滿後考試及格、由本校給予畢業證書云。

省令縣賞緝追
交代未清縣局長
計張汝澄等三十八名

△江蘇社 江蘇省政府緊要通告云、財政廳簽呈、本省各縣歷前任知事縣長、財政局長、交代未算、或欠款未清者、前經本府分別抄送姓名、欠數、於上年九月間登載新聞報、申報、蘇報、省政府公府、限期兩個月、分別赴縣會算清繳、迄今期限已逾、查有張汝澄等三十八名、均置不理、並經列表呈奉行政院核准、轉咨司法院令行司法行政部通令緝追、並查封財產備抵、合將奉令通緝各員姓名、籍貫、欠數、列表登報、懸賞招告、凡後開各卸任人員、如有確知其下落住址、或在何處服務、或確知其所有田房財產、報明地方官廳、因而拿獲到案、並查封追起欠款者、准就追起欠款內、提出二成充獎、特此通告、並附表列後、張汝澄、張允高、嚴祖慶、蔡祥、孟廣泰、張厚毅、張玉藻、危道豐、邵樹華、邱銚、馬國文、張口壽、陳簡文、孫蓉、許偉害、周自閒、周口、方靖忠、俞師堂、李昂軒、胡煥宗、饒遊武、葉基禎、方在鏞、陳作材、李宣吉、朱紀璜、龍志澤、姚光裕、章煥奎、劉炳晨、俞贄、潘淇、蔣士濬、成口、趙口、張之坤、徐柏堂。

亞軍躍躍欲試
亞王令各司令避免衝突

△中央社亞京念二日電 亞王威信雖著、然有一心憤激、極欲一戰、恐非其所能遏止之危險、據路透訪電皆謂血氣方盛之少年酋長、皆不願待敵來攻、躍躍欲試、南北皆然、近竟拒絕五人特委會決議、尤使彼等不能忍耐、北境司令見此情形、先事預防、已將前哨撤後二十里、亞皇重新告誡、諭令各司令不得作進攻行動、在未知國聯最後政策前、縱意軍來攻亦須退讓。

▲中央社羅馬念二日電 意各報雖紛紛評論國聯行政院小組會所採關於意亞爭議建議案所持論調、仍屬溫和使者。

▲中央社羅馬二十日電 今晚此間關於意亞爭議之評論、顯然較前數日和緩多矣、某負責發言人今日告路透訪員、義不願先取任何步驟、致使義亞爭議牽涉歐洲、未思及此、義政府之設置戒備計劃、將不逾越殖民地範圍云。

▲中央社亞京二十日電 亞王與其顧問、全日攷慮五人委員會之建議、據非官場消息、亞王因和平解決、對義爭案或將接受此項建議之全部、惟對亞國應承認義在亞享得某種特別經濟權利一節、殊不歡迎。

▲中央社馬尼拉念一日電 菲律濱被選總統奎松、擬請美准加入國聯、如此舉實現、將使美感困難、蓋美非國聯會員國、如與美密切、菲律濱請求加入國聯、將成不易解決問題。

本縣新聞

第四區公所 召開第六十六次區務會議

確定築堤攤款數目 定期成立識字教育委員會

第四區公所于九月十九日上午十一時、在大禮堂召開第六十六次區務會議、出席鄉長朱敦修等十二人、主席夏愼言、紀錄孫蔚之、主席報告、一、縣府津貼東西橫堤加坡費洋五百元、二、各鄉鎮長要努力督促各保甲長切實查禁婦女纏足、三、現黃禍浩大、農民不得已、多將耕牛濫售、本區應切實查禁私宰耕牛、四、外票以八折使用、以便消極抵制、免致紊亂本縣金融、五、現黃禍擴大、本區食粮暫時禁令出境、六、史集鄉第四五兩保做工努力、由縣政府獎洋四元、便集鎮第一三兩保做工努力、由縣政府獎洋六元、七、便集鎮第六保出工懈怠、由縣政府罰穀子十五石、史集鄉第一保五甲、出工懈怠、罰穀子一石、張集鄉第一保劉鑫清、抗不出工、罰穀子四石、首羨鄉第二三四保工人、私自逃走 罰穀子六石、所罰穀子共二十六石、限九月三十日繳到區公所、充作本區積穀、討論事項、一、東西橫堤豐魚路堤每畝攤款應如何規定案、決議、每畝計攤洋八分、與前三堤攤數共計一角四分、二、強迫識字教育區委員會、應於何日開成立會案、決議、於九月二十日由區長召集當然會員及本區熱心教育人士、開區委員成立會、三、強迫識字教育鄉委員會、應於何日成立案、決議、限十月一日成立、由各鄉鎮長召集之、四、壯丁特捐不敷十一元六角、應由何款項下補齊案、決議、由東西橫堤加坡費項下撥給補齊之、五、東西橫堤加坡費、應如何分發案、決議、按各鄉鎮之田地畝數多寡分配之、六、本區所貸出之積穀、應於何日收回、決議、限九月三十日以前一律收回、九、收回積穀應收何種粮食、並如何規定穀價案、決議、收回積穀一律收取穀子、在九月三十日以前送還者、按市價規定、過期送還者、每四市斗作價一元三角、八、公營公產委員會應否改選案、決議、改選、推夏愼言、李誠修、朱敦修、高守成、安履瀛爲委員、並推夏愼言爲委員長、朱敦修爲副委員長、九、各鄉鎮田地畝數、應如何呈報案、決議、由各鄉鎮長調查清楚 限十月三十日呈報到所 閉會

總工會王主席樂善好施

慨助災民孕婦白布數匹 備作嬰兒襁褓之用

本縣近日共收容災民三千餘人 其中婦孺約佔大半、而行將分娩之孕婦、各所皆有、該孕婦等 大多衣服不完、適此秋末天涼、一旦胎兒墮地 何以庇護、縣總工會主席王漢卿、有鑒於此、特慨助白布數匹 以作嬰兒襁褓之用、其樂善好施之精神、殊堪欽佩、聞救濟會已將此種布匹、分飭各收容所按照孕婦人數、領取備用矣、

省農業管理委員會許技師來豐 視察農業推廣所

江蘇省農業管理委員會指導技師許振 於昨日來豐、當下榻農業推廣所、今晨由該所管理員劉□陪往各處視察、許氏對該所一切設施、及作物栽培、均頗滿意、聞在豐稍事勾留、即轉往他縣視察云、

王縣長公畢回縣

王縣長以此次本縣被災狀況、及收容災民救濟情形、認爲有向專署報告之必要、當於前日偕災區調查委員張國瓊、一同赴徐、已誌本報、茲悉王縣長業於昨日公畢回縣矣。

一頭兩身之羔羊

觀者如堵 傳爲奇聞

本城北關外居民、有宋端儀者、家畜牝羊一隻、昨日忽產一羔羊、一頭兩身八足、一時觀者如堵 傳爲奇聞、但羔羊能臥不能行、片刻即斃、聞宋某已將羔羊封證甕中、留待動物學家之研究云。

防黃紀略（二）

拙

七月三十日 晴

晨起同卜區長騎車赴義河南頭之吳莊、催促鄧莊鄉出工疏浚吳莊南之義河河身、及抵吳莊、鄉長魏懿釗已先余等至、據云、鄉民願修築樣堂至吳莊莊北之義河河堤、不願疏浚吳莊南之義河河身、因吳莊南地勢較高、倒灌之水、不易流到、疏浚恐無大效用也、覺其所言頗有道理、遂允之、余等由此循義河東岸北行、見河堤又矮又薄、河水滿漕、大有漫溢之虞、及至義河入東支河處、見東岸河堤尚好、但西岸有一段、約半里之地 因原來工程太壞 目前即要潰決、尤覺危險、幸昨晚徵調之徐樓蕭樓兩鄉工人一千四百名均到、急令人買乾柴千餘斤 伐柳椿二百顆、督促工人搶修 費時一日 始將此段護住、頗以爲幸也。因此處護堤工程吃緊、特赴蕭樓與縣長打一電話、請其在城預備蔴袋五百條、杉條三十顆、運赴孫莊 遇必要時、好堵塞義河河口、縣長覆電照辦、時值技術員守眞、因赴沛縣龍固集、向銅山區鄉專員交涉幫功修築微湖西堤事同簡裝 遂將其留下監工、并請其通知電話總機、提速派人裝設中蕭樓至義河口東岸孫集之長途電話 以便靈通消息、傍晚聞縣長到義口、傳孝守眞留住孫集、余同卜區長往晤、遇之於途、遂共同折回義口、縣長謂鄉專員今午來電、非令本縣幫助沛縣修築微湖西堤十里不可、余同卜區長聞之、均有難色 最後商定、縣長同余於明日前往實地勘察後 再行決定辦法答覆專員、臨睡時沙莊鄉鄉長魏志眞、忽來電話報告、謂傳聞魚台縣陽湖西岸決口數處、水向本縣北境流奔、該鄉恐將整個淹沒、聞此消息、眞爲難不可定、然已發愕萬分矣。（未完）

司法欄

△縣政府司法批示▽

△刑事原具狀人張丁氏、一件、爲調處不遂、懇情再陳、懇請續傳人證質訊究辦、以儆兇橫由、狀悉、案已定期傳訊、仰即遵期投審、此批

△刑事原具狀人汪岳氏、一件、爲遵處息訟、懇請准予撤訴銷案由、狀悉、准予撤回、此批、

△刑事判決▽

段晴臬（卽段逢慶）因傷害段逢瑞一案判決、

主文 段晴臬（卽段逢慶）傷害人之身體、處有期徒刑六個月、裁判確定前羈押日數、准以一日抵徒刑一日、段逢良段逢春均無罪、

宋端一因鴉片案判決、

主文 宋端一已領憑證、購吸私土、處有期徒刑二年、併勒令限期戒絕 褫奪公權三年、其他部份無罪、

王萬政鴉片案判決、

主文 王萬政未領憑證、營利設所、供人吸食鴉片、處有期徒刑七年、褫奪公權十年、裁判確定前羈押日數、准以一日抵徒刑一日、烟土等件、均照單沒收焚燬之、

△庭期審理案件▽

九月

二十四日本府審理趙厚之訴趙厚玉傷害案、

二十四日本府審理王秉禮訴王如殺人案、

二十四日本府審理徐德合訴韓跛子拐賣案、

△本城糧價

名稱	每市斗價目 最高	最低
小麥	三千六百五十文	三千四百五十文
大麥	二千三百文	二千二百五十文
黃豆	二千四百文	二千三百五十文
綠豆	二千三百文	二千二百五十文
蔾豆	二千八百五十文	二千八百文
江豆	二千七百五十文	二千七百文
高粱	三千三百五十文	三千二百五十文
穀子	一千八百文	一千七百五十文
稷子	二千三百文	二千二百文
芝蔴	三千五百文	三千三百五十文
脊豆	二千三百三十文	二千三百文
花生（每斤）	一百八十文	一百六十文
瓜子（每斤）	五百六十文	五百四十文

氣象

晴

風向 東南風

最高溫度 八四

最低溫度 七〇

鳴謝醫師李培芝先生

鄙人身患暴病蒙李先生診治藥到病除誠當代之扁鵲也感謝之餘特此登報鳴謝

許續賓謹啓

豐縣縣政府接收縣禁烟會啓事

案奉江蘇省民政廳宇字第二三八五號訓令轉發江蘇省各縣禁烟委員會組織規程暨江蘇省各縣設置禁烟科辦法飭即於九月二十日前將禁烟科組織成立所有接收縣禁烟委員會情形暨禁烟科成立日期併仰具報備查爲要此令等因奉此當於本月廿四日遵章敦聘王子蘭董玉珏王純九李效禹李厚嘏韓韶九黃體潤等先生七人爲本縣禁烟委員會委員並於本府內成立第三科委張國權爲科長即日下午一時辦理接收一面開始工作積極進行禁烟專宜除呈報並分別函令外特此登報週知

縣長王述先

中外要聞

朱毛各匪將瓦解投誠

閩浙邊區剿匪即開始總攻

▲中央社南昌廿三日電　鄧錫侯電渝、告、該部最近剿匪情況，進展甚速，並稱朱毛徐各匪內部、頗不安定，有將瓦解投誠之勢。

▲中央社福州廿三日電　閩浙邊區剿匪，即開始總攻，僞獨立師黃立貴股，狼狽逃廣豐浦成之間，衛立煌派隊追蹤圍剿，范抃鐵民在上地洋地壽坑被困，屢遭痛擊，傷亡甚多，不久可消滅。

▲中央社福州廿三日電　閩東悍匪范鐵民股，在泰順被浙軍擊敗後，又圖竄壽甯北境，保安第三團已會同浙軍夾擊中。

▲中央社長沙廿三日電　五十師朱旅長剛偉，昨電省略稱，匪首徐彥剛，本經本旅一九七團，在雲居山擊斃，並俘獲僞參謀長方浩然一名，繳獲輕重機槍甚多。

▲中央社長沙廿三日電　省府劃平江瀏陽兩縣，爲特別區清勦殘匪。

中運水勢繼續增漲

▲中央社清江浦廿三日電　中運水勢仍漲，上游益緊，窰灣水位已高至二丈七尺，裏運水位亦高，清江閘水位二丈五尺，足證中運水量，除洩六塘外，亦洩入裏運。

▲中央社徐州廿三日電　專員公署廿三日據各縣報告，收容災民人數邳縣四千四百名、沛縣二千四百名、銅山兩千名、豐縣千名、共萬餘人。

汪院長昨晨返京

▲中央社南京廿三日電　行政院汪院長昨晨十一時、由滬乘中航道格拉斯機飛滬、赴諾爾醫院施行定期檢驗、復診事畢　當於昨晚偕秘書長褚民誼，乘十一時夜快車返京、今晨七時到達和平門車站，下車後逕返鐵部官邸休息。

王克敏昨謁汪院長

▲中央社南京廿三日電　前行政院駐平政整會代理委員長王克敏，昨晨由平抵京，今晨十時、王氏偕同來之政整會人員湯爾和、周詒齋等數人，赴鐵部官邸謁汪院長。

蔣電令劉湘組農村合作委員會

▲中央社成都廿三日電　蔣電令川主席劉湘、迅組農村合

作委員會、特指派劉航琛等四人為委員、以劉為委員長、並由鄂贛等省調來辦理合作具有經驗之孫之偉等廿五人來川、協助辦理農村救濟、並籌備農村合作之進行事宜。

雷紹承談西康政情

▲中央社重慶廿三日電　川康軍總部代表雷紹承、廿三日由蓉來渝、據談：西康建省會各委員、大部已到職、內部分民、財、教、建四科　由韓文畦為秘書長　殷昇階長民政、蘇法成長財政、張維熙長教育、劉丹五長建設、至一切計劃、已擬定草案、俟劉文輝返雅、即着手進行、其中以劃界築路為重要工作、次為推行義教統一漢夷語言文字、編練保甲等事、現康境已無匪蹤、川康軍現在丹道等處嚴密布防、湘軍在康鑪一帶、兵力亦極雄厚。

李滋羅斯到京訪當局

▲中央社南京廿三日電　英政府派遣來華攷查經濟情形之首席顧問李滋羅斯爵士、於前日抵滬後、曾拜訪我國經委會委員宋子文、及上海市長吳鐵城等、並小作休息、茲為晉謁我政府當局、交換攷查意見、特於昨晚偕英大使賈德幹、搭乘夜快車附掛二號花車今晨七時抵京、並定今日下午四時、赴鐵部一號官邸正式拜訪汪院長、五時拜訪財長孔祥熙、明日拜訪全國經委會秘書長秦汾、並擬晉謁林主席、敬候蚁駒安康但時間尚未批准、明晚八時汪以行政院長名義、在外部宴會歡迎、正式宴請羅斯及其夫人、已柬請英大使、英總領、及財長孔祥熙、全國經委會秘書長秦汾、交長朱家驊、鐵長顧孟餘、實長陳公博、及各部會長官等作陪。

中央國府昨舉行紀念週

▲中央社南京廿三日電　中央黨部國民政府、今晨九時、聯合舉行總理紀念週、常委葉楚傖主席、行禮如儀後、由居正報告、題為「創新難守成亦不易」、至九時半散會。

國民政府昨日命令

▲中央社南京廿三日電　國民政府今日命令：（一）陸軍第十八軍副軍長羅卓英、另有任用、羅卓英應免本職、此令、（二）派陸軍中將羅卓英為陸軍第十八軍軍長、此令、（三）任命任鴻雋試署國立四川大學校長、此令、（四）任命孫國封為教育部督學、此令。

黨務人員司法攷試
書記官類及格人員分發實習

▲中央社南京廿三日電　中央及各省市黨部工作人員、從事司法工作攷試　法院書記官[illegible]格人員、經司法院決定、因人數過少　先令實習、再[illegible]日訓練所訓練、茲由司法行政部將該類及格人員、分[illegible]法院實習、並限奉令後十日內前往分發省區報到、無[illegible]當理由、逾期不到者、即將原案撤銷。

首都法院下月一日成立

▲中央社南京廿三日電　江寧[illegible]院、改為首都法院、已由中央核准通過、並定十月一日正式成立、其組織及預算、已由司法行政部擬製、現積極籌備中、院長人選已內定。

西蓉綫明日正式開航

▲中央社西安廿三日電　歐亞巨型機、廿三日十二時飛抵西安、由代理機航組主任何恩爾駕駛、定廿四晨八時飛蓉、廿五日開航、再正式載郵客飛西安。

滬銀行家韋永樂在紐約溺死

▲中央社上海廿三日電　紐約廿[illegible]美聯社電、上海銀行家韋永樂、上星期六晚赴宴後、即告失蹤、今晨在東河面發現屍體、韋生於香港、現年四十二歲、於一九一六年卒業於香港大學、旋復入美國廳州專科大學、及哈佛大學、曾代表中國隊參加台維斯網球比賽、自一九一六年後、即僑居此間、其妻子已於數年前返滬。

隴海路西上甲車出軌

▲中央社鄭州廿三日電　隴海路西上甲車、在張茅站出軌、機車及兵車五輛、倒於溝內、死傷各二百餘人、路局將出軌車輛調開、快車照常通行。

全運籌委會昨開常會
場內設備正積極布置中

▲中央社上海念二日電　全運會籌委會、念一日晨開第十一次常會、決議（一）決議推吳鐵城為大會副會長、（二）預計蒙古摔角選手膳宿費、（三）大會不聘名譽招待、（四）請交部飭滬郵局於大會期內、郵件加蓋紀念戳。

▲中央社上海念三日電　全運會[illegible]場內設備、正在積極布置中、田徑場草地及跑道、均已鋪就、沙坑亦已開掘、看台正在架置四圍鉄網、體育館與運動場舉行開幕典禮時、亦將有盛大之表演賽、以引起市民之注意。

豫汝南等縣水災慘重

▲中央社鄭州二十三日電　豫汝南等二十二縣水災慘重、統計待賑災民一二七七六五五八、損失一一二二五六六三七四元、省水災總會　已分別撥給工賑。

豫新運會昨舉行升旗禮

▲中央社開封念三日電　豫新運會、今晨六時、在體育場召集各界聯合總理紀念週合併舉行、省垣各機關團體學校軍隊參加、到約二萬餘人、全場充滿朝氣、由劉峙主席、報告升旗義意　並講述新運規率、八時禮成。

意國人民對意亞爭議
現靜待國際局勢之發展

▲中央社羅馬念二日電　外國觀察家、以為意國人民、對意亞爭端、現靜待國際局勢之發展、而安度其日常生活、此間並無大戰前夕氣象。

▲中央社日內瓦念二日電　聞本日意代表阿洛錫、曾向五國小組會主席西班牙代表馬達里加宜讀意相宙文、就中對五國小組會提議、加以分析與批評、此項有文之大綱、當由馬達里加錄、俾於明日小組會開會時提出報告。

▲中央社倫敦念二日電　美國著名經濟人確託克、前日抵此後、曾一度與亞國駐英公使商礦油讓予權問題、今晨繼續晤談、確託克並謂雙方已完全同意　惟此項讓予權範圍地、係亞使個人產業、全部面積一百七十方公里、所包括之礦產、尤以金礦與白金礦為最著名。

救濟徐屬災區
蘇當局擬三辦法

設立收容所舉辦耕牛貸款
農產物儲押倉庫月內開業

▲徐州訊　黃流氾濫、徐屬各縣、首當其衝、被災區域、田疇漂沒、廬舍邱墟、百萬災民、困處水鄉、嗷嗷待救、情狀殷切、銅山區專員公署、日前召集防黃救災會議、決定災區救濟辦法、進行由浦隴兩路撥借列車在徐東徐北沿鐵路綫收容災民、已派千五百餘人、指定雲龍山下為銅區第一災民收容所、並合銅沛蕭豐各縣、積極救災、蘇省救災總會、除派委員救災外、又派喬傑元來徐查驗、現江蘇省政府主席陳果夫及民建財各廳長均關心災區救濟辦法、除前曾派六人來徐、協助各縣辦理救災工作外、最近又派朱玉吾來徐勘查災況、朱於十八日與專員邵漢元省農民銀行經理王浩如協商災區耕牛糧食貸款、具體辦法呈省核示、即將施行、並將災民收容所及食糧儲押、耕牛保護等辦法、探誌於次。

◎……收容所之組織通則……◎

第一條、本所收容銅山區境內遭受水災實無棲食且無投依之災民、第二條、本所由各縣各慈善機關團體共同組織之、第三條、各縣收容所名稱次序由專員公署指定之、如銅山區災民臨時收容所第一所、餘類推、第四條、本所設總務管理二股、其職掌如下、一、總務股掌理文書會計庶務及其他不屬於管理股之一切事務、二、管理股掌理組織收容訓教衛生治安事宜、第五條、本所設主任一人、由專員公署聘任之、各股置股長一人、由各機關團體推任之、總務股設文書庶務會計幹事各一人、管理股置組織收容訓教治安衛生幹事各一人、各股依事務之繁簡、並得酌設助理若干人、由各機關團體調充、第六條、本所職員概不支薪津、但必要時、得酌供伙食及因公出差旅費、第七條、收容地點、應以借用公共場所及廟宇祠堂為原則、如無相當房舍借用時、得就高阜廣場搭蓋臨時棚屋、第八條、災民每日發給饅首、成人一斤半、十歲以下兒童減半、並給茶水稀粥鹹菜、第九條、收容所災民應按照保甲制度編組保甲、以便管理、編組規則另定之、第十條、災民壯丁得令服相當勞役、其服役辦法另訂之、第十一條、災民應施以訓練、其訓練辦法另訂之、第十二條、災民中如有學齡兒童應施以相當教育、其施教辦法另訂之、第十

三條　災民須絕對遵守本所一切規則、並服從各職員之指導　第十四條、本所如適用需要、得自行訂立章則、第十五條、本通則如有未盡事宜、得隨時由專員公署修正之、第十六條、本通則由銅山區行政督察專員公署公佈施行、

◎……儲押倉庫推進辦法……◎

(一)災區辦理農產物儲押之倉庫、其房屋及什用器具、由縣政府負責覓定或修理之、凡必需之費用、而縣政府無力籌措者、得電請省政府解決、(二)倉庫之治安、由縣政府負責、(三)倉庫之業務、由縣政府商由江蘇省農民銀行徐州分行負責指揮、仍由縣政府隨時協助之、(四)倉庫之放款由農民銀行担任、(五)每區以設立一倉庫為原則、然如遇需要、得添設之、(六)所設倉庫、概依照農業倉庫性質辦理、如有特殊困難、得由縣政府呈請江蘇省農業倉庫管理處解決之、(七)區各倉庫、限於本月內開始業務。

◎……災區耕牛保護辦法……◎

災區耕牛除一部分身家殷實之農戶、自已有力飼養者外、分為貸款飼養、代理飼養、代理買賣三種辦法、以資保護、說明如下、(一)貸款飼養、一、凡被災較輕能有固定住處者、得由縣政府紹介、向農民銀行申請貸款、充作飼養費用、二、耕牛每頭、得分別種類貸款、自五元起至十五元止、三、所貸款項應由該保甲長監視、不得移作他用、四、貸款時應由原住處保甲長及移住處保甲長保證之、五、貸款後即於耕牛角尾等處烙印仍由原農戶領養、不得販賣宰殺及出境、六、本項貸款本金麥收後償還、七、貸款期內、如遇耕牛發生疾病、應立即報告負保證責任之保甲長、通知農行、緊急處置之、(二)代理飼養、一、凡被災較重、居處流離、而保甲長認為不能保證貸予款項者、得請由縣政府代理飼養、其辦法復分為集中飼養、及寄托飼養、二種、(甲)集中飼養、係由縣政府於每區設耕牛飼養場一所、分別責令當地各鄉鎮農事機關人員擔任管理飼養之、其費用該貸支給、(乙)寄托飼養、係由縣政府將災區耕牛分別責由保甲長轉託非災區之殷實農戶(自行飼有耕牛者)負責飼養之、每頭得按月酌給飼養費洋[illegible]元五角、二、上項飼養費用、由縣政府商請農民銀行墊借之、三　春耕開始時由農戶覓具殷實保證人、會向縣政府領回耕作、其飼養費用俟麥收後歸償、四、向農民繳取之飼養費、每頭每月不得超過三元、(三)代理買賣、一、凡災區無力飼養耕牛之農戶、得委託縣政府商請農產品運銷辦事處代為變賣之、二　縣政府代為賣得之耕牛價款　部分別按戶代為存入農民銀行、以最優待遇生息、三、春耕前一月由縣政府再商請農運處代為購入耕牛、由各農戶以存款本息領買　四　購買耕牛時如遇價款不敷、其尾數得向農民銀行、即以買入之耕牛覓保抵借、俟秋收後償還之、五、耕牛買賣出入之運費及必要之手續費等、於可能範圍內、以不轉嫁於農民為原則、(以上各辦法之施行細則另訂之)。

童軍參加檢閱露營

應行注意事項

委員會通告各團知照

△江蘇社　江蘇全省童子軍大檢閱大露營委員會、通告各團應行注意事項頗多、茲摘錄如下、(一)各團參加全省大檢閱大露營、必須採用甲種編制、(二)各童子軍團兼有女童軍者、得增派女童軍參加者、但以六小隊為限、(一連童子軍計可參加十二隊)、(三)凡童子軍或女童軍、確已登記而未領到證書者、須經當地理事會證明後、方得參加、未成立理事會之縣、應由當地黨部證明、(四)各團團長或副團長資格不合者、不准參加、(五)各團團務委員、如隨同童子軍或女童軍來省參加、必須着中國童子軍服務員服裝、並呈驗中國童子軍服務員證書、否則不得宿於營帳內以維紀律、(六)凡僅參加檢閱而不參加露營、或僅參加露營而不參加檢閱者、均以違反大會紀律論、(七)省立各校主辦之團部、參加全省大檢閱大露營、其交通及食等費、仍由江蘇省教育廳發給、縣立各校主辦之團部、仍由各該縣教育局或教育科發給、(八)各團乘車減價及乘輪免費辦法、仍照往年成例辦理、(九)關於營地[illegible]及架營炊飯等工作、均須由童子軍或女童軍任之、不得雇用工役替代、否則以違反[illegible](十一)參加全省大檢閱大露營者、[illegible]違則議處、(十一)各[illegible]準備充足、不得[illegible](十二)幼童[illegible]在內、每中[illegible]均適用、(十三)幼[illegible]場所由本委[illegible]藉已經行登記[illegible]示證明、(十[illegible]規定之服裝[illegible]、備由當地黨[illegible]軍六人參加[illegible]十七)混合團[illegible]加中隊操[illegible]團參加小隊[illegible](十九)女童軍[illegible]法、人數[illegible]加中隊操[illegible]、如總裁判[illegible]各項比賽項目[illegible](二十一)[illegible]事先分組、預[illegible]則、報於部[illegible]統黑鞋為原則。

蘇北受災民田

約計五六百萬畝

蕭開瀛視察海塘工程日內返省

鹽墾區署浚新運河已開始測量

△江蘇社　江南海塘工程、於去歲修築完竣、前據報載、有一段遇險、記者前晤建廳第一科長許祖藩氏、詢以江南海塘險情形、及其他問題、據談、此事兼江南水利工程處[illegible]開瀛氏、於日前親自前往視察、遇險工程、僅有太倉河段、其他尚無損毀、並謂蕭氏約於週內即可返省、苦因近來風勢甚好、上游已趨平穩、下游如中運六塘等河較為危險、受災縣份、為銅邳睢沛四縣、邳縣最重、各縣災民田畝、約計五六百萬畝之多、現區方已去令確切調查、蘇省導淮定於下月一日開工、約明年五六月間即可完竣、南京導淮委員會、定下禮拜一開會、沈處長屆時擬前往出席、最後記者詢以鹽墾區開浚新運河問題、據告新運河已開始測量、此事由墾殖設計委員會委派技術人員辦理云。

六塘河形勢嚴重

蘇省府電導淮處加意防護

仰速派員分赴沿河各縣指導

△江蘇社　近日黃水日益增漲、六塘河洩量大增、形勢甚為嚴重、蘇省府主席陳果夫氏、特電導淮入海工程處長搶護隄防、茲錄其電文如次、導淮入海工程處許處長覽、沂沭尾閭區防汛事宜、前經令飭該處並辦在案、現在六塘河洩量日增、形勢嚴重、前年度所修新堤、尤須加意搶護、仰迅派技術人員、分往沿河各縣、切實指導辦理、並隨時具報為要云。

孫科暢談

中央政情與國際大勢

(京訊)立法院長孫科、二十日晨於院會散後、接見中央社記者、暢談中央政情及國際大勢　孫氏首謂、中央召開六中全會、係依黨章規定、解決五全大會前應先預備事項、如憲法草案尚在中央研究中、是否提交大會、亦須待全會取決、大會日期、不致再延復與全國經濟及實施通貨膨脹合問題、是否提大會討論、迄無所聞、外傳余與蔡孑民李石曾等、合提確定實施憲政期限、並無其事、嗣記者叩以意大利與亞比西尼亞戰事、有無暴發可能性　孫氏稱、意相墨索里尼、現已成騎虎難下之勢、爭端或難倖免、戰事暴發後、英為維持國聯威信及其本身利益、將捲入旋渦、蓋以英政府近將駐遠東艦隊集中新加坡、準備開往地中海、益足證信、法因其確敵德國、亦將効法義之所為、威脅與國、與英今所處境遇相同、亦必助英共同制裁義國、以為將來交換條件　戰事發生後、我唯一希望、在守中立、尤冀戰禍能獲倖免、蓋我國不僅自顧不暇、更無以自救、實無力助人也、末談及英政府遣派首席經濟顧問來華事、孫氏不願有所表示、記者詢以立法院外交財政兩委員會、在羅斯抵京後、是否將請其到院交換意見、氏則答稱未定。

本縣新聞

第三十八次聯合總理紀念週昨在縣政府舉行

王縣長主席　裘祕書報告

黨政各機關、暨各人民團體、於昨日上午十時、在縣政府中山堂舉行第三十八次聯合總理紀念週、共到七十餘人、縣長王述先主席、領導行禮如儀後、即由縣政府祕書裘朝永報告 略謂、本府上週工作可分三點、提出向大家報告、一、自本月十一日暴風侵襲後、本縣堤防潰決多處、因之洪水氾濫、災區擴大、縣府為防禦起見、當在二區復築民埝一道、業於上週竣工、至魏莊史莊封王莊三處決口、現已堵塞、而和亭樓迤西尚有決口九處、正預備填堵、二、各收容所共收容災民四千餘人、邵專員關懷本縣災民、特撥款二千元、以資賑濟、但近日來所之災民、仍絡繹不絕、賑務同人、以賑款太少、又無來源、時有粥少僧多之感、故連日召開賑濟會議、商討辦法、當遵照第四次會議決議案、于昨日將災民遣散一千七百餘人、專署趙委員來豐察勘本縣災況、上週赴二區視察、今晨又赴三區視察、三、禁烟委員會奉令變更組織、現正着手辦理、十一時禮成。

定期造報災民花名冊　劃一收容所災民膳食

災民收容所所長聯席談話會結果

本縣災民收容所 於九月二十一日下午三時、假縣政府會議室舉行所長聯席談話會 出席薛延燈、谷建楳、劉星彩、孫伯韜、劉執德 陸秉森、李若愚、張紹緒、秦餐賢、高道昭、王述先（黃體潤代）、主席黃體潤、紀錄高道昭、報告事項、一、水災救濟分會已開三次 第二次之重要議案、定收容三千人、現到縣已多 須加資遣、並議定收容原則、已於昨日分別甄別、但資遣多係壯男、其稍裕婦孺、仍須賴各所長之平時調查、災民名冊、已發各所、希各注意查填 鄉鎮保長證明者 如無門牌 無各該鄉鎮保長證明、因恐非災區民衆混入者、現已收災民、望各合災民自行設法證明、患傳染病者、拒絕收容、或送救濟院醫治、二、各所應遵分會之命令、三、各收容所派公安警察一人或二人、每人每日津貼大洋七分、（住居一處至二處一人、三處以上二人）、四、收容[illegible]及時間、須縣長返縣確定、討論事項、一、各收容所災民花名冊、應限期造報案、結果 限二十二日下午八時一律送交總務股、二、應確定各收容所名稱案、結果、第一收容所（柳將軍廟）、第二收容所（山西會館）、第三收容所（河南會館）、第四收容所（北關外客店）、第五收容所（北關裏客店）、第六收容所（東關、秦門外客店）、第七收容所、東關、秦門裏客店）、第八收容所（南關外客店）、第九收容所（西關劉家店薛家店洪家店）、第十收容所（西關外盧單、李三家客店） 第十一收容所（西關外陳盧兩家客店）、三、將來收容災民應分派何所案、結果、第二收容所再派六十人、第三收容所二十人、第六收容所二十人 四、應如何劃一各收容所災民膳食案、結果 （一）發放饃饃大口每人每日一斤半、小口每人每日一斤、（二）饃饃成分以十分之二麥麵、十分之八黑麵為原則 （三）小米稀飯每人每日發給一碗、（四）鹹菜每人每日兩塊、（五）茶水足用、五、各收容所開支賬目 應逐日呈報分會案、結果、截至二十二日止總報、自二十三日起、逐日呈報分會、六、各收容所向總務股領送物款、應確定時間案、結果、上午七時至九時、

省理事會定期舉行童軍操法講習會

函縣黨部派員參加

省童子軍理事會、為統一全省童子軍操法起見、特定期舉行童子軍操法講習會 函本縣縣黨部派童子軍指導員或監軍、攜帶制服、前往參加 茲覓其原函如下、逕啓者、茲為統一全省童子軍操法起見、定於九月二十八二十九兩日、在鎮舉行童子軍操法講習會、凡各縣總團長、及各縣黨部童子軍指導員或監軍、均須攜帶制服、前來參加、至各該員往返川資 即由各縣理事會及各縣黨部經常費內、分別支給、除函江蘇省黨部、並令知[illegible]理事會外、相應函達、即希查照、轉飭該員前來參加[illegible]荷、聞縣黨部奉函後、已派定童子軍監軍朱翼曾、及[illegible]軍總團長程守謨、屆時前往參加矣、

細故口角竟動殺機

郭廷傷勢可[illegible]

本縣南關外糧食行人郭廷、昨晚酒[illegible]與劉興因細故發生口角、致被劉興之子用刀戳傷數處、一時昏倒血泊、狀頗危險、及公安警察趕到後、劉子已逃去、除將郭廷指往救濟院醫治外、並將劉興捉獲、逕連同兇刀解送縣府法辦矣。

防黃紀略（三）

拙

七月三十一日　晴

晨起同縣長卜區長赴義河督工 義河水勢仍繼續增漲、北段尚不能脫離危險時期、當再徵調龐莊鄉工人三百名、幫助修築、并向董集徵柳棒百顆、向劉雙樓劉單樓徵柳棒白顆、買蓆五十領、此等材料、全用作此段堵築之用、麻袋五百條、杉條三十顆、亦由城內運到、暫存孫莊田姓家、飯後、同卜區長乘船赴義河南段督工、至卑莊、責斥怠工者十餘人、沛縣縣政府派建設科何科長、來晤縣長於孫集、要求幫築沛境微湖西堤十華里、王縣長允築五華里、惟入豐境後、本縣須接築至義河河口、俾與東支河河堤相連、亦約五華里、當決定此工由全縣總動員修築、一區出工一千二百人、二區一千五百人、三區八百人、四區六百人、五區六百人、六區八百人、七區五百人、於八月三日動工、限五天完成、縣長并令余將所定辦法、用電話通知各區區長、說明此堤築成、可防止昭陽湖南溢之水、且此事經邵專員一再督催、為上為下、均不能不趕速修築之理由、并將此意告知縣黨部李常委貞乾、教育會常幹事李長雪山、請其轉告各機關同人 俾均明瞭築堤意義 昨晚傳聞魚台南陽湖決口、水向本縣北境奔流之訊、據查不確、心中為之 慰、是晚住宿孫集、

司法欄

△縣政府司法批示▽

△刑事原具狀人劉玉貴等、一件、為遵處罷訟、請求銷案由、狀悉、姑准撤回、此批、

△刑事原具狀人趙厚之、一件、為傷已痊愈、懇請恩准撤銷告訴由、狀悉、准予撤回、此批、

△刑事原具狀人陳清混、一件 為聲明不服判決、依法提起上訴由狀悉、仰候檢卷申送二審法院發辦、此批、

△刑事原具狀人江兆連、一件、為被傳人討賬未返、今已派人尋找 聲請鈎察由、狀悉、姑准展限一星期、惟不得再請展緩此批、

△民事原具狀人蔣顯文、一件、為不服判決、聲明上訴由、狀悉、仰候檢卷申送二審法院核辦、此批、

△庭期審理案件▽

九月二十五日審理仇使尼訴仇迷殺人案、

二十五日審理張步莪等盜匪案、

二十五日審理丁尊賢訴王爾敦款項涉訟案、

本城糧價

名稱	每市斗價目	
小麥	最高 三千五百文	最低 三千三百文
大麥	最高 二千三百文	最低 二千二百五十文
黃豆	最高 二千三百文	最低 二千二百文
黑豆	最高 二千二百文	最低 二千一百五十文
菉豆	最高 二千七百文	最低 二千六百文
江豆	最高 二千五百文	最低 二千四百文
高粱	最高 二千二百五十文	最低 二千二百文
穀子	最高 一千七百二十文	最低 一千六百五十文
稷子	最高 二千二百文	最低 二千一百五十文
芝麻	最高 三千五百文	最低 三千三百文
青豆	最高 二千二百文	最低 二千一百五十文
花生（每斤）	最高 一百八十文	最低 一百六十文
瓜子（每斤）	最高 五百六十文	最低 五百三十文

氣象

晴

風向　東南風

最高溫度　八七

最低溫度　七四

◎第八一九一號◎
社址豐縣大同街

豐縣縣政府接收縣禁烟會啓事

案奉江蘇省民政廳字第二三八五號訓令轉發江蘇省各縣禁烟委員會組織規程暨江蘇省各縣設置禁烟科辦法飭即於九月二十日前將禁烟科組織成立所有接收縣禁烟委員會情形暨禁烟科成立日期併仰具報備查為要此令等因奉此當於本月廿四日遵章敦聘王子蘭董玉拜王純九李敦禹李厚暇韓韶九黃體潤等先生七人為本縣禁烟委員會委員並於本府內成立第三科委張國權為科長即日下午一時辦理接收一面開始工作積極進行禁烟事宜除呈報並分別函令外特此登報週知

縣長王進先

中外要聞

蔣委員長電韓復渠　限明年三月汛期前堵竣決口　經委會電魯續撥堵口工費

▲中央社濟南廿四日電　蔣委員長電韓復渠務於明年三月汛期以前知修決口、原電謂、黃河堵口、為救魯人民計、為國家經濟計、為水政系統計、勢在必辦、應立即準備趕緊辦理、萬不可將時間錯過、務請經委會與魯省府、協同趕辦、明年三月汛期前、完全辦竣、以免再釀巨災等語、韓已復電、詳述主持辦理堵口經過、及現在進行情形。

▲中央社濟南廿四日電　經委會電省府、再撥發堵口工費三十萬元，餘款續撥。

▲中央社清江浦廿四日電　六塘萬公柴米等河、相繼潰決、東海等三縣、危勢益急、東海何縣長電此間、已飭各縣防堵各堤、冀收效萬一。

許世英赴滬籌賑

▲中央社南京廿四日電　賑委會委員長許世英、為蘇北災區急賑事、昨曾與蘇主席陳果夫商定大概辦法、關於蘇北水災賑款、仍須多方募集、特於今晚赴滬、向義賑會報告災情、進行募款賑濟。

▲中央社南京廿五日電　首都各界救濟水災募捐委員會、本月十一日起、舉行游藝會三天、票價及捐款、收入共三萬餘元、除去開支、約淨存二萬餘元、外間稱該會僅淨存七千餘元　節、並非事實、該會定廿六日開會、並公布收支賬目。

法使韋禮敦在平逝世　汪院長夫婦去電弔唁

▲中央社北平廿四日電　法國駐華全權公使韋禮敦、昨晚十時患心臟逝世、中法外交界人氏聞知、殊深哀悼。

▲中央社南京廿四日電　駐華法使韋禮敦、昨夜在平使館逝世、我外部接到駐平特派員辦事處來電呈報後、即由汪院長夫婦、今日致韋氏夫人唁慰、同時外部亦電我駐法使館代辦淵襟染、以政府名義、向法外部表示唁忱。

▲中央社上海廿四日電　顧維鈞得悉法使韋禮敦逝世後、廿四日特電韋夫人致唁。

各地剿匪軍事紛紛告捷

▲中央社福州廿四日電　保安一團圍霞浦後　在霞浦關承天垃破獲霞鼎中心區偽政府、生擒偽主席孔阿道、及偽職員等六名、並反動文件、內關於偽組織及軍事暴動計劃甚多、現押訊中。

▲中央社福州廿四日電　偽保安第三團電省報告、十八日午與股匪四百餘約戰一小時、斃偽第一縱隊政委桐楠、及匪將兵多名、俘匪及傷匪多名、獲槍枝甚多、又廿一晨七時、在西溪仔附近、與匪激戰、匪號土保頑抗、我軍攻破土

堡、斃偽師政委兼第一縱隊長胡世丁一名、指導員一名、及匪兵數十、俘匪十餘名。

▲中央社長沙廿四日電　羅霖電告、擊潰偽四十七團、殘匪竄黃茅尖深山中、已尾追痛剿。

▲中央社成都廿四日電　薛嶽承廿二日電呈蔣委員長稱、據譚軍長道源廿一日來電稱、岳森師朱旅據俘匪供、徐匪彥剛改妝潛逃太學廟附近、當飭各團分途搜捕、廿一日拂曉、楊團遇匪一股、經李團包圍將徐彥剛擊斃、斬獲甚多等情、已令繼續搜剿、並將徐匪屍身攝影、連同首級證明物解部。

行政院昨舉行第二三一次會議

▲中央社南京廿四日電　行政院今晨九時、舉行第二三一次會議、主席汪院長、決議要案：（一）決議任命黃宗孝為儲務委員會委員、（二）河南省政府主席劉峙、呈請任命劉季洪為河南大學校長案、決議通過、（三）財政部孔部長提送、中央公務員捐俸助賑收捐辦法四則、請鑒核轉呈國府、通令遵行案、決議通過、（四）財政部孔部長提送民國廿四年水災工賑公債條例、及還本付息表、請公決案、決議通過、送中政會議。

李滋羅斯遊覽京中名勝 昨夜十一時返滬

▲中央社南京廿四日電　英經濟考查專員李滋羅斯爵士、昨日抵京後、分謁我政府當局、並應孔財長歡宴、今晨因值行政院會議、各部會長官全體參加、不克會晤、故由英大使賈德幹陪同遊覽首都名勝、午應大使館全體歡宴、定下午二時、分別拜訪全國經委會秘書長秦汾、交長朱家驊、下午四時在孔公館舉行茶會、晚七時應汪院長歡宴、十一時乘京滬夜快車附掛花車回滬云。

東海白虎山崩潰 六塘河口連日海嘯

▲中央社徐州廿四日電　東海訊、縣城外白虎山廿二日晨山峯崩潰、巨石紛飛、聲聞數里、山下居民、四散逃避、又六塘入海處連日發現海嘯、巨浪怒濤、高逾三丈、致河內黃水、迎頭阻障、未得暢流入海。

導淮入海工程決下月一日復工

▲中央社鎮江廿四日電　導淮入海工程、決十月一日復工、各縣征工連同鄰縣而工賑、工夫約廿萬人、限廿五年二月底全部完成。

國民政府昨日命令

▲中央社南京廿四日電　國民政府今日命令、（一）訓練總監部國民軍事教育處處長潘佑強、另有任用、潘佑強應免本職、此令、（二）任命鄧悌為訓練總監部國民軍事教育處處長、此令。

內部應豫浙之請 調派合格縣長前往候任

▲中央社南京廿四日電　內政部前應河南省府主席劉峙之請、選送該部登記合格縣長黃端履、徐亮、赴豫任用、茲又續選熊鴻昭等四名、於昨日傳見詢話、付旅費赴豫報到、又浙主席黃紹雄、亦咨該部、請該部合格縣長周俊甫等三人赴浙任用、該部已復文照准。

贛省府籌辦殘廢軍民工廠

▲中央社南昌廿四日電　贛省府奉蔣委員長令、開辦殘廢軍民工廠、經省務會議決撥開辦費六千元、並委定廠長、令迅速籌備、下月中即可開辦。

蔣限令各省辦理煙民登記

▲中央社成都廿四日電　蔣委員長廿四日電令各省市、限年內辦妥烟民登記。

歐亞巨型機昨飛蓉

▲中央社成都廿四日電　歐亞公司巨型機、廿四日由西安飛蓉、於九時四十分降落鳳凰山機場、明日起飛與否未定。

滬生絲出口急增

▲中央社上海廿四日電　商品檢驗局息、滬生絲出口六月份為三五八八包、七月份增至五八〇〇包、八月份增至六九八一包。

德使館遷京後 平使館改辦事處

▲中央社北平廿四日電　德大使館遷京辦公後、平使館除秘書畢德及書記等三員留平外、餘調京服務、平使館改為辦事處、由畢德主持一切。

浙贛路已通至橫峯 粵漢路東坪段通車

▲中央社杭州廿四日電　浙贛路南玉段、廿四日已由上饒通橫峯、惟僅開工程車、未開客車。

▲中央社香港廿四日電　粵漢路東坪段、廿四日開始通車。

豫省府開始保甲長訓練

▲中央社開封廿四日電　豫省府開始保甲長訓練、今晨六時、當局召集鄭批保甲長三百人、在省府門前隨同各機關、行升旗禮、劉峙訓話、七時於大禮堂作學科演講、總數三千人、計分十批、以一個月訓練完畢。

贛鄂交界 蝗虫為患

▲中央社南昌廿四日電　贛鄂毗連各縣、蝗虫為患、經省府訂定治蝗辦法、並派人指導捕滅、以免蔓延。

兩淮鹽運使易人

▲中央社南京廿四日電　財政部今晨以部令正式公布、調淮北稽核分所經理兼兩淮鹽運使繆秋杰、為四川稽核分所經理兼鹽運使、遺缺調姚元綸接充。

各機關收支計算書 國府通令照定期造報

▲中央社南京廿四日電　國府電通令各機關、將廿三年度前缺送收支計算書、克日補送、自本年度起、務照規定期限、如期造報。

首次由英來華航空郵件首途

▲中央社倫敦廿四日電　第一次由英赴華之航空郵件、廿四日午由帝國航空公司機一架、載離克羅衣登飛場、十月四日可抵中國。

意亞爭議前途暗淡 亞王下諭獄囚釋放從軍

▲中央社日內瓦廿三日電　據探悉、關於意亞爭議前途似十分暗淡、因國聯行政院對意已不能再有所讓步也。

▲中央社日內瓦廿四日電　五人特委會報告欲意亞爭議之和平解決、已使國聯處於極困難地位、國聯今只於下述兩途、擇一行之、（一）擁護國聯盟約、視意退出國聯、（二）放棄國聯原則、任命意國行其所為。

▲中央社亞京廿四日電　亞王下諭、獄囚除謀殺犯外、願從軍役者、完全開釋、此舉將令亞軍增加五萬人。

蘇省禁煙會二次會議決 通過工作綱領 並通過設計委員會組織辦法

▲江蘇社　江蘇省禁煙委員會、於前日上午十時、在省府會議室舉行第二次委員會議、出席委員狄膺、冷欣、周厚鈞、于錫來、顧子揚、程滄波（冷代）、劉清民（周代）、余井塘、主席顧子揚、紀錄黃汝鏞、行禮如儀、（一）宣讀上次會議決議案、（二）報告事項、（一）前江蘇省禁烟委員會移交各件、經點收清楚、（二）本會成立宣言業經核定發表、（三）派員赴武進調查運用保甲實施禁烟情形、管理烟民辦法、以備參考、（三）討論事項、（一）核委本會各重要職員、（二）修正通過本會工作綱領、（三）修正通過本會辦事細則、（四）修正通過江蘇省禁煙委員會設計委員會組織辦法、（略）、五、修正……十二時散會云。

蘇省婦女會發起水災勸捐團 舉行七次理事會通過

▲江蘇社　省婦女會第七次理事會議、於前日下午四時、在該會會議室舉行、計出席理事、蔣伊文、徐若蘋、黃卷雲、李惜陰、畢子我、（徐代）楊靜珊、主席徐若蘋、開會如儀、甲、報告事項、（略）乙、討論事項、（一）擬發起組織省會水災勸捐團、分頭向各團體勸募、以拯災民案、決議、通過、（二）查省會婦女勞動服務團章則、已呈請省黨部核准在案、應請推定負責籌備組織、以利進行案、決議、交常務理事辦理、（三）理事黃卷雲、提案……請予審查通過案、決議通過、（餘略）云。

蘇省水災救濟總會決議

分發邳銅沛豐四縣賑款

通過災區振濟辦法大綱呈省府核定
請省令黨政機關人員各捐冬衣一套

△江蘇社 江蘇省水災救濟總會常務委員前在省府會議室舉行第一次臨時會議、出席委員、沈百先、成靜生、趙棣華、余井塘、顧子揚、冷禦秋、主席余井塘、

報告事項 一、主席委員報告最近收到賑款、二、成委員翌青報告視察蘇北被災各縣情況、三、沈委員百先報告最近水勢

決議事項 一、分發邳縣賑款六萬一千一百元、（滬義賑會專辦邳縣急振三萬元在內）先撥一萬八千七百九十四元、（振委會許委員長業已選撥四千七百九十四元及指撥之三千二百〇六元、一併在內）、銅山一萬九千九百元 先發一萬元、（振委員會許委員長業已選撥四千元在內）沛縣二萬六千元、先發六千元、（振委會許委員長業已選撥一千元在內）豐縣一萬二千元、先發四千元、二、通過本省災區振濟辦法大綱、呈請省政府核定（另附）、三、關於邳縣急賑、由本會與上海籌募各省水災義賑會分區辦理、四、本會急賑、由各分會施放專員派員查戶給票、本會派員指導、五、呈請省政府通令全省各機關公務人員、並請轉咨省黨部通令所屬黨部工作人員、每人各捐冬衣一套、

災區振濟辦法大綱

（附賑務組主任擬具本省災區賑濟辦法大綱如下）

▲第一期（甲）第一賑濟時期各項工作、一、救生、徵集船隻、趕釘木筏、備辦乾餱、分途救生、二、設置收容所、擇定災區、就近廟宇或搭蓋蘆蓬、收容災民、三、禁止屠殺耕牛及出境、給予適當之飼養費、或請農行貸款飼養之、四、辦理災民戶口臨時異動、藉備第二期賑濟查戶之用、五、以工代賑、選擇災戶壯丁移充導淮工夫 六、採購施藥品、攜帶應症藥品就地施救、

▲第二期（乙）第二賑濟時期各項工作、一、召集流亡、實施極重災民急賑、按照各省義賑會查放章程、查戶給票、給予賑款、（給予賑款數量似須稍寬、藉使兼顧修繕房屋及補辦農具）、二施放賑衣、查戶給票時、遇有無衣禦寒者、發給賑衣票、發放賑款時、一併所領、三、繼續辦理工賑、給退後即籌辦其他工賑、四、資遣災民歸農、資遣收容所之災民、歸農耕作、

▲第三期（丙）第三賑濟時期各項工作、一、貸款貸種、籌集款項種子、貸給災區農民、二、辦理平糶、設置平糶機關實施平糶、三、實施春賑、青黃不接之時、災區壯丁容或有工可做、老弱婦孺、已在非賑不活之境、尤須查照第二期急賑手續再發一次春期急賑、藉免死亡、四、舉辦大規模工賑、除導淮工程容納一部份災民外、仍須另籌大規模工賑、以期救濟、以上三期、第一期工作、被災各縣、均已奉令着手舉辦、自爲目前當務之急、第二期關係民命至鉅、已至籌備時期、亟需趕辦、第三期爲災民最後掙扎關頭、格外嚴重、亦應早爲之備、至於各項實施細則另行規定。

〇 〇 〇

蘇省土地局

行政效率增高

清丈費每畝減至四分之一
行政經費僅占其百分之六

行政院行政效率研究會函徵參考資料

△江蘇社 蘇省土地局、自二十三年四月現任祝局長蒞任後、因感於土地整理事業、事繁費鉅、恐非短時間內所能克奏膚功、雖應急切推進各項庶政之需、特秉承將委員長及本省陳主席督勵之旨、並考察各縣實際情形、力求經費之縮減、效率之增加、改訂清丈總計劃、確定施行步驟、並提經省政府委員會議決通過、即於二十三年六月實施、並經提高工作效率、創設督查制度、釐訂獎懲辦法、廣攬技術人材、併赴齊趨、業務進展、大有突飛猛進之象、新計劃施行以來、未及一載、清丈業務次第告成者、計有上海奉賢等十縣、至第二期實施清丈各縣、亦經依照計劃如期開始、本省清丈計劃完成之希望、已由理想而成事實、全省整理土地業務之完成、計日可待、行政院行政效率研究會、爲悉該局整理業務之進展、頗著成效、推行既速、而用費不多、大可借供各省市推行地政之觀摩、特函該局徵集參考資料、以便刊於「行政效率」、俾各地方得資參考、

原函如下

、「土地整理、爲本黨土地政策之基本工作、據江蘇月刊地政專號載、貴省辦理地政、自去夏清丈新計劃實施以來、成績卓著、清丈面積、每縣每月平均成績、自八九千畝增至三萬畝、每畝用費自二角八分六厘、減至七分八厘、而行政費僅佔土地整理經費百分之六、行政效率之提高、甚屬顯著、但該刊所載、僅屬其結果、本會甚欲知、一、新計劃不同之點何在、二、新計劃之收效、除規定之條例外、有無其他人事上之運用、三、施行時所最須注意、最費精力者爲何事、至望貴局能由所詳述其經過、本會擬刊於行政效率、俾各地得資參考、爲此函達貴局、請將新計劃之內容辦理經過及一切有關法規章則等參考資料檢賜、不勝盼幸」云云、聞該局已彙集各項參考資料詳復該會云。

本縣新聞

縣禁烟委員會改組 縣府設第三科辦理禁煙事宜

△原有禁委會職員分別安插
△新禁委會今日成立
△第三科開始辦公

縣政府遵照江蘇省各縣禁烟委員會組織規程暨江蘇省各縣設置禁烟科辦法、改組縣禁烟委員會、並於縣府設第三科辦理禁烟事宜、業於昨日開始辦公、接收上屆禁烟委員會、原禁委會秘書張國權 調充第三科科長、牌照股長、董玉琚、及調查員許澤民 調充第三科科員、書記任鴻治、孫潤生、仍調充第三科書記 其他股員四人、亦均分別安插、謝鶴齡調充縣府政務警長、孟光普調充第七區公所助理員、孫鵬飛王藻淵均留新禁委會充當幹事、新禁烟委員會、由縣政府聘請王子閣、龍玉珏、王純九、李效禹、李厚根、韓韶九黃體潤七人爲委員、今日下午即舉行第一次會議云。

縣政府奉令保送水災善後服務團團員

爲災區知識青年謀出路
規定本縣選送十八人

縣政府奉銅山區專員公署訓令、保送災區知識青年、入銅山水災善後服務團、受訓二星期後、仍回本縣、派往災區服務、茲覓得[illegible]如下、案奉江蘇省銅山區行政督察專員公署訓字第四一號訓令內開、查本區此次水災[illegible]次之各縣災區既廣、災民甚衆、災民之中知識份子、自非少數、且流離[illegible]政府之力所可[illegible]縣辦理善後起見、特規定[illegible]四縣、共選送一百二十人爲團員、[illegible]發原縣服務、[illegible]合行抄同簡則[illegible]、繕具甄選合格人員名冊[illegible]訓練、勿稍延誤[illegible]則一份奉此、[illegible]、並限文到三日內、保送合格人員十二名報府、以便甄選轉送爲要此令。

附銅山區水災善後服務團簡則

一、宗旨、爲救濟災區知識青年起見、組織水災善後服務團、（以下簡稱服務團）以協助被災各縣、辦理水災善後事宜爲宗旨、二、團員人數定爲一百二十人、三、團員資格凡被災區域內之青年、具有下列資格之一者均得應選、（甲）曾任或現任教職員者、（乙）初中以上學校畢業者、四、選送辦法、[illegible]各備四寸相片二張、填具履歷表、並取得各該區鄉鎮長之證明、由各縣縣政府舉行甄選、其選送人數規定如下（甲）銅山縣三十八人、（乙）沛縣三十八人、（丙）邳縣三十八人、（丁）豐縣十八人、五、[illegible]由各縣造具名冊[illegible]期間定爲一星期[illegible]訓練後 仍分發[illegible]凡水災善後之一切事項[illegible]工等均屬之、八、[illegible]組長一人、由團[illegible]應恪遵紀律服從[illegible]勞、以養成服務[illegible]將工作情形逐日[illegible]、十一、待遇、[illegible]持費六元、十二、[illegible]署賑款項下動支、十三、[illegible]績優異者[illegible]期間怠於職務、[illegible]務、重則依法懲[illegible]專員公署公布施行、並呈報江蘇省政府備案。

縣農會召開第四次幹事會議

縣農會於本月二十三日下午四時、在該會會議室召開第四次幹事會議、出席幹事長彭世亨、副幹事長李效禹、劉幹事萬傑、史幹事肇修、吳幹事鳳樓、列席出席省農會代表李貞乾、主席彭世亨、紀錄吳鳳樓、行禮如儀、報告事項、一、各區農業產銷保證合作社及各區農會主辦之農業倉庫、已分別申請核發許可證、二、本會指導組織之農民榨油副業改進會、已先後奉到縣政府縣黨部指令 准予備案、三、第三區榨油農民張蘭清等、瀝陳營業稅徵收主任萬秉端强迫榨油農民繳納營業稅情形、懇請查明轉呈縣政府秉公辦理、以整稅收而扶農民、四、各區紛請繼續設立特約染坊、以資提倡土靛、五、本會全體職員參加防黃救災工作情形、討論事項、一、各區農業產銷保證合作社、紛請代向農民銀行交涉農本貸款、應如何辦理案、決議、由本會向農民銀行交涉貸款五萬元、二、各區農會主辦之農業倉庫、紛請代向農民銀行交涉秋季儲抽貸款、應如何辦理案、決議、由本會向農民銀行交涉貸款七萬元、三、各區特約染坊可否繼續設立、以資提倡土靛案、決議、（一）向農工銀行交涉繼續貸款設立、（二）凡失信用之特約染坊停止貸款、另外補設 四、榨油農民張蘭清等、瀝陳營業稅徵收主任萬秉端强迫榨油農民繳納營業稅一案、應如何辦理案、決議、派員查明再行核辦、下午六時閉會、

七區區長王純九辭職照准

縣府另委曾慶霖繼任

第七區區長王純九、近呈請辭職、縣府以王氏辭意堅決、未便挽留、當經照准、另委曾慶霖繼任、曾氏曾畢業於山東省立第七中學、及江蘇省立第二師範本科第二部 在本縣教育界服務多年、現任縣立文廟小學校長 學識經驗、均極豐富、以之充任斯職、定能勝任愉快、又聞縣政府已將王純九爲禁烟委員會委員、交卸後、即來城任事云、

防黃努力　應予慰勉

縣黨部奉省黨部令

江蘇省黨部以此次黃河決口、波及蘇北、認爲徐屬淮海各縣黨部縣政府、對防汛搶堵工作、均甚努力、特傳令嘉慰、茲探錄本縣縣黨部奉到省令原文如下、查本年因河堤潰決、洪水氾濫、田園漂沒、廬舍邱墟、災情之重、爲數十年來所未有、各該縣黨部對於防汛搶堵諸工作、均能督率盡職、深堪嘉許、茲經本會第七十二委員會議決議、「查徐屬淮海二區各縣黨部 縣政府、以及民衆、對於防黃救災工作、均甚努力、應予以慰勉」、紀錄在卷、惟河水仍繼續增强、險象環生、任在堪虞、尚希努緊加力、以期消弭、而保安全、除分令外、合行錄案令仰知照、此令、

城市民教館農業倉庫

舉辦秋粮儲押

城市民教館設立之農業倉庫、爲救濟農民低價出售農產品起見、已於本年七月間舉辦麥季儲押、現值新穀登場之時、特又舉辦秋粮儲押、聞該倉庫定於本月二十五日開始登記、十月十日開始儲押 凡係第一區各種合作社社員、及經農會介紹之儲押戶、均可前往登記儲押云、

顏景漢被保安大隊部拘禁

本城東街、有前充撲狀生之顏景漢、於前（二十三日）晚十時、突被保安大隊部拘禁 聞伊曾向大隊部告發孫基紹通匪、久懸未結、其被拘禁原因、似與此案有關、詳情如何、探明續誌、

防黃紀略（四）

拙

八月一日晴 晨起、忽聞義河水落半尺、正詫異間、而昭陽湖在魚台屬之南田 於昨夜十時決口、水向豐沛分流之訊傳來、南田在豐境北、距豐境僅十五華里 一二日內、決出之水、即可流到、縣長覺後日動工修築微湖西堤、時間上恐來不及、特再電知各區、令築堤工人、於今日趕到、不得有誤、以免本縣東北境受災、早飯後、隨縣長乘船往南田決口處視察、出義河口、入魚屬之東支河東北行、見河水滿漕、水面幾與河堤堤頂相齊、堤外透出之水、已一片汪洋、覺此河大現危機、而魚人尚不以爲意也、舟行二十里、至東支河入昭陽湖處、河口頗寬、湖岸築有民堰、堰上十餘步即搭蓆棚一座、知係魚台人之看埝者、湖水水面、高出埝外約二三公尺、危險殊甚、決口之南田、距東支河口、尚有二里 至此已聞澎湃之水聲、由此下船循民堰步行至南田、兩岸蘆葦夾道、路滑難行、決口口門 寬十餘丈 奔流湍急 水勢洶湧、吾等置身堰上、時覺動搖、注視少許、即覺目眩股慄、驚心動魄、令人不敢久留 時魚台來堵口之工人、不過數十、均束手無策、因思此水明日將淹及孫集蕭堰一帶、吾縣能否堵住、尚成問題、急乘原船返孫集寓所 再急電催築堤工人、據各區回話、謂均已動身、至晚二區到工人千餘、其他各區工人、亦均在途中、心中爲之少慰、義河水位、因南田決口、水流較暢、晚間較早晨又落半尺、益覺已無危險、遂將搶修義河之工人、全數調築大堤、二區以利害關係密切、又增加工人一千五百名、合前派共計三千名、幫沛修築之大堤、及在本縣境內之大堤、亦歷諸技術員守眞測量完竣、以督工便利計、是晚特辦公處移設[illegible]服小學內。

司法欄

△縣政府司法批示▽

△刑事原具保人張文斌、一件、爲請求將史復臨等責保在外、候審不誤由、狀悉、請保不准、此批、

△刑事原具狀人孫謝元、一件、爲證良爲盜、請求迅予傳案質訊究詳由、狀悉、仰候傳案訊奪、此批、

△刑事原具狀人李兆福、一件、爲騙款拐妻、證據確鑿、懇請拘案訊辦由、狀悉、准即傳案訊辦、此批、

△刑事原具狀人程守玉、一件、爲架唆刁訟、破壞婚姻、叩求嚴察實情、賞釋無辜由、狀悉、查本案業經判決、仰候送達判詞可也、此批、

△刑事原具狀人杭殿玉等、一件、爲不服判決、聲請准予上訴由、狀悉、仰候檢卷申送二審法院核辦、此批、

△刑事原具狀人孫趙奇、一件、爲盜女回歸、意圖另賣、懇恩飭提訊斷、以昭公允由、狀悉、仰候傳案究辦、此批、

△刑事原具狀人傅長貴、一件、爲遊處能訟、懇請銷案由、狀悉、准予撤回、此批、

△刑事原具狀人王志發、一件、爲遊處能訟、請求銷案由、狀悉、准予撤回、此批、

△刑事判決▽

陳得勝等擄勒殺人暨公共危險嫌疑案判決

主文

陳得勝意圖自己犯罪之用、持有軍用槍炮 處有期徒刑五年、褫奪公權七年、其他部份無罪 裁判確定前羈押日數、准以一日抵有期徒刑一日、趙令德無罪、

董玉成鴉片案判決

主文

董玉成未領照證、吸食鴉片、處有期徒刑一年、褫奪公權二年、裁判確定前羈押日數、准以一日抵徒刑一日、

吳隆善等鴉片案判決

主文

吳隆善、食鴉片、經戒絕後復吸成癮、處有期徒刑五年、併交戒烟所勒令戒絕、褫奪公權六年、裁判確定前羈押日數、准以一日抵徒刑一日、吳龐貴（即吳貴隆）無罪、烟泡等件均照單沒收焚燬之、

蕭魁梧鴉片案判決

主文

蕭魁梧未領照證吸食鴉片、處有期徒刑一年、併勒令限期戒絕、褫奪公權二年、裁判確定前羈押日數、准以一日抵徒刑一日、烟槍一小塊沒收焚燬之、

王朝言等鴉片案判決

主文

王朝言等鴉片、各處有期徒刑一年、併勒令限期戒絕、褫奪公權二年、王朝賢意圖供人私吸、持有鴉片、處罰金五十元、如無力強制執行、無力完納、易服勞役、裁判確定前羈押日數、准以一日抵徒刑一日及罰金 元、煙炮等件均照單沒收焚燬之、

△庭期審理案件▽

九月二十六日審理王田鑫訴韓維允勒訛差費案、

○○○○○○○○○○○○

本城糧價

名稱	每市斗價目 最高	最低
小麥	三千四百文	三千二百五十文
大麥	二千二百文	二千一百文
黃豆	二千三百文	二千一百五十文
黑豆	二千一百文	二千文
綠豆	二千七百文	二千六百文
江豆	二千五百文	二千四百文
高粱	二千三百五十文	二千一百文
穇子	一千七百五十文	一千六百五十文
稷子	二千二百文	二千一百七十文
芝蔴	三千五百文	三千三百文
青豆	二千二百文	二千一百五十文
花生（每斤）	一百六十文	一百四十文
瓜子（每斤）	五百八十文	五百六十文

氣象

晴

風向　東南風

最高溫度　八五

最低溫度　七二

第八九二號
社址豐縣大同街

豐縣縣政府接收縣禁烟會啓事

案奉江蘇省民政廳字第二三八五號訓令轉發江蘇省各縣禁烟委員會組織規程暨江蘇省各縣設置禁烟科辦法飭即於九月二十日前將禁烟科組織成立所有接收縣禁烟委員會情形暨禁烟科成立日期併仰具報備查爲要此令等因奉此當於本月廿四日遵章敦聘王子蘭董玉庭王純九李效禹余厚鋹韓韶九黃體潤等先生七人爲本縣禁烟委員會委員並於本府內成立第三科委張國權爲科長即日下午一時辦理接收一面開始工作積極進行禁烟事宜除呈報並分別函令外特此登報週知

縣長 王述先

豐縣禁煙委員會啓事

縣政府函聘效禹等爲本縣禁烟委員會委員遵照江蘇省各縣禁烟委員會組織規程成立縣禁烟委員於九月二十五日下午舉行第一次委員會議推舉李效禹王純九王子蘭等人爲常務委員除呈報省禁烟委員會備案並函縣政府暨照外特此登報俾衆週知

中外要聞

六塘河堤又決三十餘丈　沭陽北區全部陸沉

▲中央社清江浦廿五日電　中運黃水狂溢六塘、沭境錢圩上周集老堤、現又潰決三十餘丈、沭陽灌雲情勢尤急、沭陽北區、已全遭水湮、沭灌東三縣搶險民夫、已退至老堤之外、趕築第二道防綫。

▲中央社徐州廿五日電　六塘河在沭境大段潰決後、洪水泛濫、一日間湮沒六、七、八、九各區二百餘村、柴米河倒灌、暴漲不已、全縣告急、該縣當局以防堤既失、急忙扣船救濟難民、縣長鄧翔海引咎辭職。

▲中央社清江浦廿五日電　黃水取道於塘、經灌河口入海、勢最便捷、惟東、灌、沭三縣、比較利害關係至切、茲悉東海何縣長廿二由沭陽湯溝寄沂沭防汛處稱、沭柴累河北岸新堤、長廿餘里、又上新河向南新堤、亦廿餘里、現以沙磧六塘來水洶湧、發現裂痕不良現象、雖與沭陽鄧縣長分別督工晝夜搶護、有無意外、實不可定、惟地段長四十餘里、若灌雲不加協助、鹽河實殊可慮、防汛處特電灌雲縣府、賜爲兼顧並顧三縣實行聯防、冀以人力勝天。

▲中央社鎮江廿五日電　蘇省府據聞、運河流量已逾千五百秒立方公尺、超過中運所能排洩最大流量之三倍、徐屬業成澤國、海屬又將陸沉、情勢迫切、業已無洩無可洩、防不勝防之時、特電經委會、爲今之計、惟有轉南決出槽之水、導由東平湖、挽歸本河、或由黃花寺歸入正河、俾水行堤內。

▲中央社濟南廿五日電　省府前曾電經委會、請撥借庚款修封關至東壩頭經便鐵路、現接黃委會來電、以奉經委會令飭、詳報請款數目、擬具計劃預算、及借該庚款手續送會、俟查明庚款所餘數目、再行核辦。

▲中央社上海廿五日電　許世英廿五晨由京返滬、據談：此次赴蘇北勘災、以邳銅沛豐四縣爲重、而邳縣被災區域

濟甯濟源公緊要聲明

敬啓者茲有豐縣北關胡鳳明欠敝號豆餅款大洋二百三十元因無現款歸還經中人說合將其北門外市房一所（該房坐西朝東瓦門面三間瓦堂屋三間）底押餅款（二百三十元）今該房已歸敝號管理恐諸親友不曉特登報聲明

尤廣、幾佔蘇北全災區十分之九、至此次成災主因、在魯境決口之黃水、直灌微湖入運不老河、所慮者厥為奪淮入運出江、應一方於魯境迅速堵口、一面於蘇境築堤、阻其奪淮、導使取道六塘河入海、故魯一日不堵口、蘇北水一日不停止、所幸蘇北官吏能通力合作、搶險防堵、防災尚不擴大。

蘇救災總會匯撥 銅邳豐沛四縣賑款

▲中央社徐州廿五日電　蘇救災總會、廿四日電邳專員、略謂、除已撥各縣賑款外、再分邳縣一萬四千元、銅山六千元、沛縣五千元、豐縣四千元、交農民銀行匯寄、斟酌緩急、撙節撥用。

中央昨舉行 第四七六次政治會議

▲中央社南京廿五日電　中央政治會議、今晨舉行第四七六次會議、汪兆銘主席、十一時散會、接開財務組審查會議、決議要案、（一）追認政府明令淮河南省府主席劉峙、呈解民政廳長兼職、並任用方策為河南省府委員、兼民政廳長（二）決議各地方公務員捐俸助賑、准照中央公務員捐俸助賑辦法一律辦理。

羅斯返滬開始調查工作

▲中央社上海廿五日電　羅斯由賈德幹陳炳章陪同於廿五晨返滬、即赴華懋飯店休息、孔祥熙今晚出京、定廿六日晚在私邸歡宴、並邀各界領袖作陪。

▲中央社上海廿五日電　羅斯定廿六日晨十一時訪吳鐵城、午應英駐滬總領白利南宴、晚應孔祥熙宴、並即日開始調查工作、與滬上中外金融工商各界領袖、會晤交換意見。

程天放出國期展緩

▲中央社上海廿五日電　程天放廿五日語記者、本人以六中全會及五全代會期近、奉中央勸、行期故展至十一月廿日首途赴任、此次六中全會及五全代會、對推進政治、及實施過去各項議決案、當為重要討論問題。

張發奎訪晤閻錫山

▲中央社太原廿五日電　張發奎廿五日晨訪閻錫山、談二時許、又復晉謁各軍政領袖、晚六時閻爲張洗塵。

顏惠慶已離瑞京赴柏林

▲中央社日內瓦廿四日電　第十六屆國聯大會中國首席代表顏惠慶、已於二日前離此赴柏林、聞渠於中國未獲得行政院理事席前、將不再回此間云。

川湘公路開始勘測

▲中央社成都廿五日電　川陝路刻正加緊趕築、川湘路現又計劃興修、行營川黔兩省公路處、已派工程師乘機前往勘測路綫、繼即分段測量、同時興工、分段修築。

財部派員入川視察

▲中央社南京廿五日電　財政部以四川財政、經中央派員會同川省財廳、切實整理後、成效漸著、特派稅務署稽核愈汝良、楊伯謙、及印花股主任劉名斗等三人、於今晨乘江輪入川視察。

礦廠檢查開始實行

▲中央社南京廿五日電　實業部籌備已久之礦廠檢查、現已令中央工廠檢查處、開始實行、據聞此項檢查、無須另籌經費、故進行較易、至檢查辦法、將先從規模較大者着手云。

國民政府昨日命令

▲中央社南京廿五日電　國民政府今日命令、任命劉允蓀為導淮會總務處長此令。

立法院外委會 商准德大使到院開談話會

▲中央社南京廿五日電　立法院外交委員會、派員與德大使陶德曼接洽、請其到院舉行談話會、報告德國政情、現聞德大使已允、日期已約定本年十一月下旬。

廈門海軍航空隊作長途練習

▲中央社福州廿五日電　廈門海軍航空處、再派教官楊成棟、帶飛行員傅恩義等五人、廿四日分駛江雀、江鵰、江口三機、作長途演習、一二日返廈。

北甯路局增編路警

▲中央社天津廿五日電　北甯路局爲保護行車安全、已呈准增編路警兩中隊、計三百名、一律佩新式槍械、刻正着手辦理中。

兩公債昨抽籤還本

▲中央社上海廿五日電　江浙絲業短期公債十二期、及滬市政公債第十期、廿五日晨先後在滬銀行公會抽籤、各抽七支、各還本廿一萬元、本月底起、由中央等銀行還息付款。

劉崇傑歡送德遠東攷查團

▲中央社柏林廿五日電　劉崇傑設宴歡送德國派赴遠東研究經濟及商業之商考察團、及德駐滬總領事克禮拜。

國聯行政院定今日討論 五人特委會報告書

▲中央社日內瓦廿四日電　五人特委會今日以調解意埃爭端之報告書、提交國聯行政院、承認其努力已遭失敗、書中未下結論、僅敍述過去事實、行政院定今星期四開會討論之、衆信行政院對報告書、將加贊許、於是特照盟約第十五條第四節進行、行政院大約將採納五人特委會所定中國聯各會員國之義務。

▲中央社倫敦廿四日電　英內閣開會決定繼續進行地中海方面海軍預防措置、並研究萬一英意發生事故、英艦隊能獲得國聯會員國海陸軍協助至何種程度云。

國聯經費裁減百分之七

▲中央社日內瓦廿四日電　賴伐爾前向國聯大會預算委員會建議、裁減國聯經費百分之七、本日該會討論通過一決議案、規定裁減國聯經費百分之七、但國聯秘書處辦公人員均不變動。

英金融家注視黃金入美

▲中央社倫敦廿四日電　金融家現注視黃金流入美國、頗以銀價又將高漲為慮、至九月廿一日止、黃金之運美約計共值英幣三十萬磅、此後復有裝運美國、所有黃金現已大增、則其依據購銀案內須購額自隨之而增多云。

督促各縣辦理救濟水災 蘇省黨部函各區辦事處 即日派員分赴各縣指導

▲江蘇社　江蘇省黨部以本年黃水為災、哀鴻遍野、急賑事宜、刻不容緩、於日前分函本省各區黨務指導辦事處、即日派員分赴各縣指導、并督促各縣黨部辦理救濟水災事宜、關心民瘼、不遺餘力、將來賑濟災民、必可大著成效云。

各縣土膏店請領 第二年度營業照證辦法 土膏店增設戊己兩等

▲江蘇社　本省土膏行店請領第二期營業牌照辦法、茲採錄如下、一、本省各縣土膏行店、請領第二年度營業照證、除依照江蘇省土膏行店營業牌照暫行辦法、關於土膏行店各條規定辦理外、悉依本辦法辦理之、二、各縣土膏行店原辦人、於第一年度營業期終了時、即九月三十日、如願繼續承辦者、應於九月二十日前、向該管縣政府申請照證換給、仍依各該行店原列等級繳納照費、請領營業照證、但原具舖保或保人、如有停閉遷更情事、應照章重行覓具舖保或保人、由縣查明確實後、呈請本處核發照證、三、凡原有土膏行店、或原承辦人不願繼續承辦、及原擬設立土膏店之區域、因[illegible]、上期無人承辦、現有設立之必要者、均由縣政府斟酌情形、重行招商承辦、其手續悉依第一次土膏行店請領牌照辦法辦理之、四、凡土膏店、原承辦人於第一年度營業期終了時、不願繼續承辦者、應於九月底將所領照證繳由縣政府轉呈本處註銷、如欠繳照費、逾期不繳、即予押追、其因違反營業規則案件、尚在偵查中者、應由縣政府查明、責令原舖保或保人負責交案處理、五、土膏店除原有甲乙丙丁四等、暨其應繳照證費仍各按照原定數目、分期繳納外、并增設戊己兩等、其照證費、戊等全年應繳三百元、己等全年應繳二百元、亦分四期平均繳納、六、本辦法由民政廳公布施行、并呈報省政府備案。

蘇省禁委會工作綱領

△江蘇社　江蘇省禁烟委員會工作綱領、業經該會第二次委員會議修正通過、玆將原文探錄於下、第一條　本綱領依本會組織規程第七條規定之職掌訂定如下：甲、關於禁政流弊監察事項、一、監察各級禁烟禁毒公務員有無違法或失職情事、二、監察各級禁烟禁毒機關所行禁烟禁毒辦法、有無違反本省禁烟禁毒主旨、或有礙禁政推行情事、乙、關於禁政實施督促事項、一、督促本省禁烟禁毒行政機關奉行法令推行禁政、二、督促本省戒烟戒毒機關之工作、三、督促各禁烟禁毒審判機關之工作、丙、關於禁政稽核事項、一、稽核本省禁烟禁毒經費之收支、二、稽核本省各級禁烟禁毒機關之工作報告、三、稽核本省戒烟戒毒人數、及吸烟售烟數量、丁、關於禁政宣傳事項、一、計劃推動關於運用行政力量宣傳禁烟禁毒事項、二、計劃推動關於運用社會力量、宣傳禁烟禁毒事項、三、計劃推動關於運用教育力量、宣傳禁烟禁毒事項、戊、關於禁政各種調查事項、一、視察及調查本省各縣禁烟禁毒情形、二、調查人民控告案件、三、本會對於禁烟禁毒實際情形、應博採周咨、設法取得各地翔實之報告、己、關於禁政得失建議事項、一、研究建議有效禁烟禁毒辦法、二、建議禁烟禁毒行政機關、改善禁烟禁毒發生之弊竇、三、設計關於禁烟禁毒行政機關諮詢事項、第二條、本會對於本省各級禁烟禁毒公務員違法失職情事、應予檢舉、第三條、本會對於本省各級禁烟禁毒主管人員工作成績之優劣、應提請奬懲、第四條、本綱領之施行細則另定之、第五條、本綱領得由本會委員會議隨時修改之、第六條、本綱領經江蘇省禁烟委員會通過施行、並函請江蘇省政府備案

蘇省禁委會將設立設計委員會

組織辦法業已確定

省府備案後即施行

△江蘇社　江蘇省禁烟委員會、為集思廣益、增進禁烟禁毒實效起見、擬設立設計委員會、其組織辦法、業經該會第二次委員會議確定、俟省府備案後即施行、玆將其原文探錄於下、第一條、江蘇省禁烟委員會為集思廣益、增進禁烟禁毒實效起見、特組織設計委員會、（以下簡稱本會）第二條、本會委員由江蘇省禁烟委員會就左列各機關人員聘任之、一、省黨部宣傳科主任、二、民政廳主管禁政之秘書、第五科科長、及第一股第二股主任、三、教育廳第二科第三科科長、四、警備司令部軍法處處長、五、省禁烟委員會秘書各課主任、第三條、本會由省禁烟委員會常務委員負責召集、並為開會時之主席、第四條、本會各委員為義務職、概不支薪、第五條、省禁煙委員會常務委員、得指定或允准人員列席本會、第六條、本會得由主席隨時調用省禁煙委員會職員、辦理文書繕寫、及開會時之紀錄、第七條、本會對省禁烟委員會負設計關於禁烟禁毒一切事項之責、第八條、本會每月舉行例會一次、日期時間由本會召集人決定之、第九條、本會開會時、省禁烟委員會委員、及省政府參加省禁烟委員會會議人員、得出席指導之、第十條、本辦法如有未盡事宜、得由省禁烟委員會議決修改之、第十一條、本辦法由江蘇省禁烟委員會議決函請江蘇省政府備案後施行。

蘇省救災總會振濟組成主任電滬籌募義振會

災區廣闊非少數振款可濟

乞預為籌加巨款活此孑遺

△江蘇社　黃水南泛、禍及蘇北、徐屬各縣、首罹洪劫、災民竟達八十餘萬、傾家[illegible]、救濟總會、為謀統籌振濟辦法起見、日前特派振濟主任成靜生、遄往災區勘察、俾資設法救濟、成氏抵徐視察後、除當省報告各縣災情（見念一日各報）並於二十一日總會舉行二次臨時會議時、報告視察蘇北被災各縣情況外、同時並悉成氏致電上海籌募各省水災義振會[illegible]查放主任諸氏、略謂、災遍四縣、範圍廣闊、災民達八十萬、慘苦異常、非少數振款所可着手、（中略）務乞預為籌加鉅款、活此孑遺、至深感企云云。

各縣農業機關歷年農業推廣成績

蘇省農業管委會着手調查

製發表式三種請分別填報

△江蘇社　江蘇省農業管理委員會、前分函令各農業學校及各縣農業推廣所、暨主辦人員、令調查該部份自十七年起、至二十四年、歷年農業推廣成績、計發表式三種、詳細塡註、並附麥棉作及苗與各項副業、詳細說明區域種品、總面積、收穫量、增加百分率成績、成活及損失數等彙會之憑統計、而謀蘇省農業之改進云。

蘇財廳派員赴各縣督征營業稅

限期將所欠稅款催齊造報

並令各縣協助飭措數措繳

△江蘇社　蘇財廳以各縣商戶欠繳營業稅頗多、前曾派員視察督催、並擬訂澈底清理辦法、刻者庫空虛、需款孔殷、故特派督徵員[illegible]各縣督促營業稅局催、限於本季內將二十三年各戶所欠稅款催齊造冊具報、同時倘訓令各該縣切實協助、轉飭措數措繳、免致傳案押追云。

本縣新聞

新舊禁煙委員會兩次會議幷誌

王委員長張祕書報告工作概況

舊會推黃委員監視移交

新會推王純九等為常務委員

新禁委會組織規程與前不同

本縣禁烟委員會奉令改組、縣政府設第三科辦理禁烟事宜、及由[illegible]王子蘭等七人為禁烟委員會委員、另行組織縣禁烟委員會、各情業誌本報、玆探悉舊禁委會舉行結束會議、及新禁委會舉行第一次委員會議情形、分誌如下、　舊禁烟委員會於九月二十四日上午十時、在該會會議室舉行第十一次會議、出席者黃體潤、王子蘭、裴朝永、王述先、列席者張國權、董玉珉、孟光普、孫鵬飛、謝鶴齡、任鴻治、孫潤生、王凜淵、徐亦彭、許澤民、主席王述先、紀錄張國權、行禮如儀後、主席報告、略謂、本會遵令改組、於縣政府添設第三科專司禁政事宜、本會辦理禁烟成績、在全省名列第二、實為諸同志努力結果、此次雖奉令改組、縮小組織、所有會內工作人員、除調縣府任用者外、餘亦分別設法任用、望大家仍抱實貫精神、努力工作、至於本會年來工作實況、請張祕書國權再作詳細報告、張祕書遂起立報告、本會年來工作要點、可約分為二、一、查緝、二施戒、在查緝方面者、自去年十一月廿七日起、截至本月廿四日止、計破案數百起、共獲烟犯三百卅九名口、均解送縣府法辦、在施戒方面者、所登記之烟民、計申請領照吸食者九百五十八人、申請調驗及戒絕者一千一百五十八人、經一年來之分批傳戒勸戒、計已戒烟民一千二百六十六名口、勸戒烟犯一百一十七名口、調驗烟民三百三十五名口、在施醫所戒絕領有救濟院戒絕證書、又行入所調驗者二十三名口、已戒又行抽查復驗者一百卅三名口、以上各數目、均截止上月底止、計登記烟民已戒總數一千六百三十四名口、未戒數為四百八十二名口、而未戒數內又包含死亡遷徙違法勸戒約有一百數十人之多、似此情形、全縣登記未戒烟民、亦不過一百餘人、討論事項、1.本會奉令移交、應推派何人負責交代案、決議推黃委員監視移交、派董玉珉孫潤生負責移交、2.本會結束後所遺職員、函請下屆委員會或縣政府分別任用案、決議通過、新禁委會於昨（廿五）日下午三時假款產處會議室舉行第一次委員會議、出席者董玉珉、韓紹[illegible]、李敬禹、王子蘭、李厚嘏、黃體潤、由黃體潤主席、董玉珉紀錄。

◎報告事項◎　本縣前禁烟委員會於昨日結束、本會於今日成立、其組織規程、與前不同、（規程附後）、今日所應討論者、為推舉常委、確定地址、確定會期、以便開始工作。

◎討論事項◎　一、推舉本會常務委員案、決議、推舉王子蘭李敬禹王純九担任、二、確定本會地址案、決議、暫假商會為會址、推黃委員體潤王委員子蘭負責接洽、三、擬確定本會常會會期案、決議、每週一次於第一週星期五下午三時舉行、遇必要

時、得招集臨時會議、附江蘇省各縣禁煙委員會組織規程、第一條、爲協助各縣政府厲行禁烟禁毒、特組織江蘇省各縣禁烟委員會、第二條、縣禁煙委員會設委員五人至七人、由縣政府遴選地方熱心禁烟公正人士充任、於委員中互推三人爲常務委員、處理日常事務及執行議決事件、第三條、縣禁烟委員會秉承省禁烟委員會之監督指導、對於本縣執行禁烟機關負監察督促稽核宣傳調查建議之責、但以不涉及執行權責爲範圍、第四條、縣禁烟委員會得設幹事一人至三人辦理會務、由常務委員會議決任用之、第五條、縣禁烟委員會委員、除由會酌送必需旅費外、概不支薪、第六條、縣禁烟員委會經費、由縣政府遵照省政府核定預算數目、按月支付、第七條、縣禁烟委員會議事細則及辦事細則另訂之、第八條、本規程如有未盡事宜、得由省禁烟委員會商請省政府修正之、第九條、本規程由省政府委員會議決公布施行、並呈報軍事委員會委員長行營備案、

豐縣合作社之最近調查

——二十四年六月底止——

正式成立者七十處

呈廳備案及正在審查者三十餘處

社員一千八百八十九人

已繳股金五千八百一十六元

近年來本縣鑒于農村經濟破產、對於農民各種合作社之組織、頗爲努力、記者爲欲明瞭本縣二十三年度合作事業進行狀况起見、昨特造訪縣政府負責人、據談、本縣截至二十四年六月底止、經呈廳准予備案已領有成立許可證之合作社七十處、社員一千八百八十九人、已繳股金五千八百十六元、理事監事各二百一十人、查各社過去工作、及辦理成績、能令人滿意者、尚屬多數、亦間有組織不健全者、現正擬商同縣黨部規定抽查辦法、不日出發視察、如查有不健全不堪整頓之合作社、卽予以取消、又訊、本縣經呈廳准予備案之合作社已有七十處、由縣府許可正在呈廳備案者二十餘處、正在審核尚未許可者十餘處、合計已至豐方限額、嗣後新呈請設立之合作社、將不再許可矣。

鹽城區行政參觀團將來豐參觀

縣政府奉令妥爲引導

鹽城區組織之縣政參觀團、將分赴徐屬各縣參觀、特函達銅山區專員公署查照、專署接函後、當分令所屬各縣、於該團到達時、妥爲引導、茲探錄縣政府奉到專署訓令原文如下、案准鹽城區行政督察專員公署函開、「查本區各縣僻處海陬、政情多梗、茲爲力求改進、以資借鏡起見、特組織縣政參觀團、分赴貴屬銅山、蕭、豐等縣、實地參觀、訂於九月二十五日、由區首途、除逕函各縣查照外、相應函達、卽希轉飭知照、並予以指導、至紉公誼、」、等由、准此、除分令外、合行令仰該縣長於該團到達後、妥爲引導、藉敦睦誼、此令、

縣政府佈告 兼營農倉業務者須申請登記

縣政府發出佈告、凡典當倉棧及其他私人團體、事實上以兼營農倉業之農產物儲押爲其一部份業務者、限十月十日以前、申請登記、茲抄錄其佈告如下、案奉江蘇省財政廳農字第四九八號訓令開、「案照本省境內各銀行典當倉棧、及其他私人團體、事實上以兼營農業之農產物儲押爲其一部份業務者 雖不用農業倉庫名稱、仍須申請登記以便管理、茲特頒發登記書式、應卽由縣出具佈告、並於十月十日以前 派員前往 限令依式填具申請書、呈縣審核、如無不合 卽由縣轉呈備案、倘逾期並不呈報、或雖據呈報而事後攷核其業務、發現有不合規程之處、卽嚴加取締、以符定章、除分令外、合亟令仰該縣長、會同農業倉庫管理委員、遵照辦理、仍將遵辦情形、尅日具復、此令、等因、計發登記書一份、奉此、查營農倉業務性質者、迭經奉令申請登記、以符定章、茲奉前因、凡典當倉棧、及其他私人團體、事實上以兼營農倉業之農產物儲押爲其一部份業務者、限十月十日以前、概須依式填具申請書、呈請登記、並將派員查攷、如有不合規程之處、定予嚴加取締、除分令外、合行佈告闔邑民衆、一體週知、仰遵照辦理、毋違切切、此佈、

△防黄紀略（五）

拙

八月二日 晴

各區工人陸續到來、分住蕭壩孫集及沛屬之孟莊等處、其編制做工辦法、分鄉鎮保甲、有以保爲單位編爲一組者、有以甲爲單位編爲一組者、縣將應攤工程、分給各區、區分給各鄉鎮、鄉鎮再分給各保各甲、保甲以居戶地畝數目確定出工之數目、地畝多者出工多、地畝少者出工少、無地者不出工、工人所備物件、有鐵掀、木掀、抬筐、小車、蘆蓆、鍋碗等物 其工作分配、有工人、有伙夫 而保甲長除做工外、兼辦外交事務、至鄉鎮長完全居於指導工人地位、并傳達上級命令、組織嚴密、有條不紊、儼然軍隊規模也、二區以距離較近、工人到工較早 工程已做十分之二、其餘六區、工人因係初到、暫忙於佈置住所、分配工程、有動工者、有尚未動工者、傍晚至堤上視察、閘水離不遠、登高北望、果見一片汪洋、相距不過四五里之遙、預料明日此水卽可流至本縣邊境、急回辦公處電告縣長、並與各區商定、明晨三時半 所有監工督工人員、均須起來、督催工人上工、加緊工作、以防湖水乘隙而入、

八月三日 晴

晨起赴東段視察 工人工作尚稱努力、上午十一時、忽聞水將流至新堤邊、急騎車往視、過堤里許 卽至水邊 水行速度、每點鐘約進伴華里、但六七兩區所擔工程、因地勢窪下、距水太近 雖有工人新到、尚未動工者、故此段輝覺吃緊、王縣長急調東段二區工人五十名、來此幫助搶護 經數小時之努力、并用法蔴袋數十、始將流來之水堵住、然水勢愈來愈多、愈漲愈高 暫時尚不敢稍存樂觀也、

此堤尺寸 本堤底寬八公尺半、頂寬二公尺、高二公尺、縣長以水勢浩大、恐難抵禦、特再通令各區、底寬增至十公尺、頂寬及高均增至三公尺、此亦不得已之辦法、各區均慨然應允、

午後、向商會徵借燈一百個、預備晚間守堤之用、傍晚用汽車送到

保安隊大隊副李厚誠氏、新自盧山受訓歸來、於深夜十二時帶馬隊趕到、因故人久別、晤談甚歡也。

司法欄

△縣政府司法批示▽

△民事原具狀人岳喜盈、一件、爲不服判決、聲明上訴由、狀悉、仰候檢卷申送二審院核辦、此批。

△民事原具狀人王善雲、一件、爲案已和解、請求准予銷案由、狀悉、准予撤回、此批。

△刑事原具狀人范胡氏、一件、爲哭訴苦情、懇請賜死、以免老年受罪、狀悉、仰卽設法清償、藉免强制執行、毋得多瀆、此批。

△民事原具狀人蔣劉氏、一件、爲不服判決、聲明上訴由、狀悉、仰候檢卷送請二審核辦、此批。

△刑事原具狀人李溺、一件、爲聲明實情、請求當察免罪由 狀悉、仰卽遵期投訊、藉免拘提、此批。

△民事判決▽

主文 宋克平與宋仍選因通行糧案判決、被告住宅西邊圍牆南頭之上屋牆應予拆去、原告其餘之訴駁回、訴訟費用由被告負担、

△庭訊審理案件▽

九月二十七日審理孫錫氏訴孫述綢傷害案、

二十七日審理傅邁子竊盜案、

二十七日審理黃中然訴覃本勤詐欺案、

△本城糧價

名稱	每市斗價目	
小麥	最高三千四百五十文	最低三千三百五十文
大麥	最高二千一百文	最低二千一百文
黃豆	最高二千三百五十文	最低二千二百五十文
黑豆	最高二千一百文	最低二千一百文
綠豆	最高二千七百五十文	最低二千六百文
江豆	最高二千五百文	最低二千四百文
高粱	最高二千三百五十文	最低二千二百文
穀子	最高一千七百五十文	最低一千六百五十文
稷子	最高二千六百文	最低二千三百文
芝蔴	最高三千五百五十文	最低三千三百文
青豆	最高二千五百文	最低二千一百五十文
花生（每斤）	最高一百三十文	最低一百二十文
瓜子（每斤）	最高五百四十文	最低五百二十文

氣象

晴

風向 東南風

最高溫度 八五

最低溫度 七二

豐報

第三九八號

社址豐縣大同街

中華郵政特准掛號認為新聞紙類

▲廣告刊例

[illegible]

本報價目

[illegible]

本社營業部

各貨價目

訂印物品　先繳半價　現金交易　概不賒欠

四頁公文紙每百張一元
四頁稿紙每百張一元
十行稿紙每百張三角
白三表七寸封每百七角
白三表六寸封每百六角
白三表五寸封每百五角
牛皮紙七寸封每百六角
牛皮紙六寸封每百五角五分
牛皮紙五寸封四角五分
黃表古七寸封每百四角五分
黃表古六寸封每百四角
黃表古五寸封每百三角五分
以上各貨一千以上一律九折
快郵代電紙每百張八角
單據粘存紙每百張二角
收支傳票紙每百張二角
收支傳票封面每張六厘

連史十開信紙每百三角
連史十二開信紙每百二角五分
連史十四開信紙每百張二角
以上各貨一千以上一律八折

△名片▽

瀟金長三號每盒七角
新長三號每盒六角
銅版長三號每盒六角
意長四號每合六角
特長三號每合五角
明特二號每盒四角
明長三號每盒四角
明長四號每盒五角
意長一號每合四角
意長二號每合四角二分
意長三號每合五角

△如印書籍表冊賬簿廣告小說雜誌等請來社面議▽

營業時間：上午八時至下午四時　地點：大同街

大家注意

人人愛吸　國貨香烟

愛國同胞們　請吸國貨烟　芬芳旣適口　物美價又廉　遠勝舶來品　可挽吾利權

高等老牌 **白金龍** 50支每聽四角　十支每包八分

物美價廉 **大長城** 50支每聽二角五　十支每包五分

包內帶彩 **金馬牌** 空包十只換本煙一包

特別獎勵 **新愛國** 條盒兩只可換毛巾一條

豐縣東大街德履祥謹啓

自由布

各色**自由布**花樣繁多美麗素淨秋季用做單袷衣料實在好到極點并且價目低廉眞是機會難得

花條布

花條布特別減價各色花樣全備男女各界用做短衫褲內衣頂合算配作袷衣裏子尤爲經濟得當

豐縣監獄署出品

豐縣縣政府接收縣禁煙會啓事

案奉江蘇省民政廳字第二三八五號訓令轉發江蘇省各縣禁烟委員會組織規程暨江蘇省各縣設置禁烟科辦法飭即於九月二十日前將禁烟科組織成立所有接收縣禁烟委員會情形暨禁烟科成立日期併仰具報備查爲要此令等因奉此當於本月廿四日遵章敦聘王子蘭韋玉珏王純九李效禹李厚嚴韓韶九黃體潤等先生七人爲本縣禁烟委員會委員並於本府內成立第三科委張國權爲科長卽日下午一時辦理接收一面開始工作積極進行禁烟事宜除呈報並分別函令外特此登報週知

縣長王進先

豐縣禁煙委員會啓事

縣政府函聘效禹等爲本縣禁烟委員會委員遵照江蘇省各縣禁烟委員會組織規程成立縣禁烟委員於九月二十五日下午舉行第一次委員會議推舉李效禹王純九王子蘭等人爲常務委員除呈報省禁烟委員會備案並函縣政府查照外特此登報俾衆週知

濟甯濟源公緊要聲明

敬啓者茲有豐縣北關胡鳳明欠敝號豆餅款大洋二百三十元因無現款歸還經中人說合將其北門外南房一所（該房坐西朝東係門面三間瓦堂屋一間）抵押餅款（二百三十元）今該房已歸敝號管理恐諸親友不曉特登報聲明

中外要聞

運河大榆樹決口擴大

各方請從速設法堵築

▲中央社徐州廿六日電　運河支流沂水、受黃流倒灌、水位陡漲、形勢危急、邳宿遷官民搶護無效、日昨北堤潰決數丈、水勢傾注蔣馬湖放漲、又淹數十村、窰灣、南圩門外運堤透水、決口兩丈、水向圩內猛灌、幸爲二道防堤所阻、惟水勢源源下灌、已與堤平、有漫溢之勢。

▲中央社徐州廿六日電　運河大榆樹決口處、水勢下洩、口門擴大、達七十丈、省廳派技術世英成靜生請從速堵塞、乃令工程師俞漱芳、前往勘測　隴海路局亦以該口不堵、東段路基被水淹沒、亦請速堵、並助石千方送抵運河站備用。

竄青海赤匪被擊退

▲中央社西甯廿五日電　竄青海赤匪、經一百師部隊節節進逼、已全部退却、途中飢死千餘、屍橫遍野、身無寸布、並獲槍一百七十枝　現我軍分三路堵防　游擊探部追探匪蹤。

▲中央社成都廿六日電　余匪澤洪殘餘、竄至納溪縣上馬場、經我軍收復、現竄五通橋　闖竄黔邊深山藏匿。

▲中央社西安廿五日電　陝北剿匪軍事進展甚速、咸榆公路耀縣至膚施已通車。

▲中央社長沙廿六日電　賀蕭　匪　前以全力圍犯龍山時、新三十四師劉團長文華、率部守城月餘、匪卒未逞、何鍵特將此次出力文武長官　呈請蔣委員長獎敍在案、昨奉復電、分別頒給獎章獎金。

孔財長昨歡宴羅斯

▲中央社上海廿六日電　孔祥熙廿六日晨到滬、七時許赴

中央銀行鄒公、旋往參加法使追悼會、晚在私邸歎宴李滋羅斯。

邵力子令各縣保護佃農

▲中央社西安廿五日電　陝南佃農生計困苦、地主虐待尤甚、邵力子令各縣根據佃農保護辦法、維護佃農、禁止地主無理壓迫、並相由各縣機將租稅改爲八成收租。

隴海路西咸段下月敷軌

▲中央社西安廿五日電　隴路西咸段枕木已運到、下月開始敷設、西寶段測後達寶鷄附近、隴地至與村以西、定綫測至武功西五十里路、委定令必治爲第三總段長、負責興修西展工程。

中央昨舉行常會

▲中央社南京廿六日電　中央黨部於今日上午八時、開第一九〇次常會、主席孫科、決議例案多件、並推定傅委員汝霖出席下星期一中央紀念週報告。

行政院組織法修正條文
立法院在審議中

▲中央社南京廿六日電　行政院前以內部組織、略有變更、曾將行政院組織法中應修正條文、擬具草案、咨請立法院審議、現復因禁烟委員會被裁撤、勞工委員會決不設、衛生署又已改隸、特再將該院組織法第一條、及其他關係條文、修正錄案、咨請立法院一併審議、均經孫科批交法制委員會、該會已將前令兩案、付[illegible]朝俊等作初步審查、今日法制委員會開會、[illegible]等將初審報告、提請討論、當經議決、重交[illegible]等審查。

專門職業或技術人員攷試
中政會決定五項章則

▲中央社南京廿六日電　攷試院對全國攷銓會議議決關於專門職業或技術人員攷試辦法一案、前曾令攷選會擬具增加及修改攷試法條文、經由該院呈中央政治會議審查、現中政會議定五項原則、函達國府、並由國府分令行政立法攷試三院、分別辦理及審議、其五項原則：（一）各種專門職業或技術人員、應一律由攷試院攷試、其有主管機關者、應由主管機關先行審查其應攷資格、經攷試院攷試及格後、由攷試院發給及格證書、並送主管機關依法登記、（二）前項人員業經各主管機關審查登記、領有證書或執照者、准其有效、（三）專門職業或技術人員考試方法、分爲考試與檢選兩種、前項檢選方法、除審查證件外於必要時得舉行口試或筆試、（四）專門職業或技術人員之檢選、隨時舉行之、（五）中華民國國民、依考試法所定各項考試資格、由考試院依左列各款、按其性質或程度、分別定之、甲、公立學校、或經立案之私立學校、或教育部承認之國外學校畢業者、乙、經檢定考試及格、或他項考試及格、丙、有專門之著作、或發明、或技能、經審查合格者、丁、曾經服務確有經驗者、籍於歸化人民、應考資格、考試院認爲必要時、得補充之。

蘇省黨部製定各縣
勸募水災捐款辦法

▲中央社鎮江廿六日電　蘇省黨部以鄂北水災慘重、哀鴻遍野、待救孔急、特製定各縣黨部勸募水災捐款辦法、（一）舉行救災宣傳會議、（二）組織募捐隊、（三）勸各娛樂場所、義務捐助。

滬義賑會派員到豫放賑

▲中央社開封廿六日電　滬義賑會派員攜款五萬[illegible]千元到汴、與當局商就緒、定七日赴封坵等縣查勘、以定賑款分配數目。

吳稚暉談世界不景氣原因

▲中央社北平廿六日電　吳稚暉廿六日語記者、余此次北來錫遊各地、頗覺愉快、惟感西北民生凋敝、前途堪慮、余在大同一帶、欲購雞子充飢、竟半日未獲、其困苦情形不言而喻、惟近來世界不景氣原因有二、（一）受共黨宣傳威脅、一般富有、集金錢集中已手、不敢投資發展社會事業、致失業人數日增、（二）美購銀政策、其結果使白銀集中、銀根吃緊、市面蕭條、經濟日益發生恐慌、以上兩端、如不速謀解決、決難挽不景氣現象、余定廿七日返京、有暇將再來平一次。

西蓉綫明日正式開航

▲中央社成都廿六日電　歐亞西蓉綫、定廿八日下午由蓉飛西安、正式開航。

實部專員由西北返京

▲中央社南京廿六日電　實部爲督促及指導黃河上游堤防造林、於七月初間、派赴陝甘綏三省商造林事宜之該部專員喬榮升、茲已公畢、於日昨返京、據談：此次除赴陝甘綏三省指導造林外、並奉命便道考查豫陝晉三省林業成績、往返約二月餘。

國民政府昨日命令

▲中央社南京廿六日電　國民政府今日命令：（一）任命陳劍如爲南京市政府社會局局長、宋希尚爲南京市政府工務局長、周湘試署南京市政府土地局局長、此令、（二）任命司徒錫爲實業部技正、此令。

立法院今日召開會議

▲中央社南京廿六日電　立法院定明晨召開四屆三十七次院會、將審議民國廿四年整政公債條例、又該院外交勞工法制兩委員會、前推鄭洪年等三委審查工人出國條例案、今日已初審事、審查結果、較原案頗有刪併、對工人出國手續、已改爲須先經僑委會登記後始能請領出國護照。

長蘆鹽運使署取締私鹽

▲中央社天津廿六日電　長蘆鹽運使署、召集之取締私鹽會議、定廿七日晨開幕、大會將各審查案、分別彙舉、當日卽閉幕。

國聯行政院舉行秘密會議
亞王下總動員令說不確

▲中央社日內瓦廿六日電　國聯行政院今日召開秘密會議、爲時甚長、聞行政院已決定組織特別起草會、担任草擬關於意亞爭端之報告書、並依照盟約第十五條第四項、草擬公正適當建議、該委員會於明日起開始工作、並迅速完成任務、至原有五國小組委員會、仍當繼續存在、聽候國聯隨時諮詢。

▲中央社倫敦廿六日電　據亞京息、外傳亞王已下立總動員說、實無根據、惟據報載、亞王已電告國聯、謂已派兵五十萬人、至邊陲防守、因此項動員、爲防守性質、故軍隊均將駐距邊界十九英里云。

羅斯福公布軍用品花名冊

▲中央社華盛頓廿五日電　羅總統今日公布軍用品花名冊、凡載見此冊者、今後出品時、必先領有出口執照、一遇戰事發生、卽完全禁止輸出、此冊係星期二全國軍火管理局初次會議所擬定、內稱：（一）各種來復槍與機關槍、（二）各種彈藥、（三）各種軍艦、連飛機母艦、與潛艇在內、（四）飛機無論整散、凡可用於戰爭、裝砲位或擲彈者皆是、（五）飛艇氣[illegible]、（六）芥末瓦斯、（七）拋火器、惟可製造火藥原料、冊內未載。

蘇省府舉行委員會議
通過江蘇水上公安隊組織規程
調動無錫太倉兩縣教育局長

▲江蘇社　蘇省府委員會廿三日上午八時、開第七七八次會議、出席委員余井塘、趙棣華、周佛海、鄭亦同、羅良鑑、列席者羅時實、朱樹聲、項致莊、祝平、顧世楫、主席余井塘、紀錄萬君默、開會如儀、宣讀上次會議紀錄、報告事項、（略）決議要案如次：一、復核禁烟治罪案五十六件、二、通過江蘇水上公安隊組織規程附區隊艦艇系統編制各表、三、無錫教育局局長虞紹[illegible]呈請辭職照准、遺缺調太倉教育局長惠美珊、遺遺之缺以管勁丞充任、茲將蘇省水上公安隊組織規程、探錄於後：第一條、水上公安隊之組織、在中央未經頒布組織辦法以前、暫依本規程辦理、第二條、水上公安隊、爲水上集中制之武裝警察隊、第三條、水上公安隊、管理水上防則查緝救護交通衛生等事務、第四條、水上公安隊、直隸於省政府民政廳、第五條、水上公安隊、視全省水上防務之繁簡扼要、分設區隊部、其設置地點、及承汎區域、由民政廳定之、第六條、水上公安隊制分四區、設置四區部、區置區長一人、承民政廳廳長指揮監督、綜理區務、並監督所屬隊警、第七條、各區部設置二科、每科設科長一人、科員二人、掌理各該管事務、（附編制表）、第八條、各區區部、因監督外勤勤務、置督察長一人、督察員二人、承區長之命、掌督察事務（附編制表）、特務員、偵緝員各一人、分任蒐查偵緝事務、第十條、各視轄區水上防務情狀、酌置若干隊、每隊設隊長一人、隊部巡官

一人、隊轄三分隊、各設分隊長一人、巡官三人、遞相統轄所屬長警（附系統編制表）、第十一條、各區隊分隊部、因事務之必要、酌設事務員錄事佐理之、（附編制表）第十二條、各區隊分隊、探警、長警、夫役等各名額、另表定之（附編制表）、第十三條、各區隊分隊警班之名稱規定如左 一、江蘇省水上公安隊第幾區區部、一、江蘇省水上公安隊第幾區特務隊、一、江蘇省水上公安隊第幾區特務隊第幾班、一、江蘇省水上公安隊第幾區偵緝隊、一、江蘇省水上公安隊第幾區第幾隊部、一、江蘇省水上公[illegible]一、江蘇省水上公安隊第幾區第幾隊第幾分隊隊部、一、江蘇省水上公安隊第幾區第幾隊第幾分隊第幾班、第十四條、為協助水上公安隊巡緝防勤、設置淺水巡汽艇若干艘、直隸民政廳、但因事實上之需要、得酌量分配派駐各區、由駐在各該區長指揮調遣之、第十五條、各艦艇各級官佐長警匠夫等員名額、另表定之（附編制表）、第十六條、水上公安隊各區隊及分隊辦事細則另定之、第十七條、本規程由省府委員會議決公布施行、並呈國民政府行政院暨內政部、備案。

蘇教廳通令各縣 應征學宿費繳解金庫

訂定防止流弊辦法五條

△江蘇社 蘇教廳以各級縣立學校學生之學宿費、均由各縣教育局或縣政府遵照部省規定、並參酌地方情形、擬訂每學期每生應繳數量、及應減應免辦法、呈經教育廳核准施行、各縣縣立學校應遵照各項規定、將應繳之學宿費、悉數繳起解繳金庫、逕充各縣縣立學校、有以所收學宿費之全數、或若干成、留校作為核定預算以外之支出、致各校常費開支、都與核定預算不符、並有以自行添置修建為名、實施其虛耗留校款項之舉、甚或藉口代辦手工材料、醫藥、及彌補童子軍、圖書、體育、衛生等費之不足、徵收各項雜費、增加學生家屬担負、不獨收支每不報銷、更有無帳可稽情弊、足失却學校信用、此等惡習流弊甚大、亦最易引起糾紛、在現行制度之下、斷不能再容其存在、前教廳特通令各縣、以後各縣政府、務須督率教育局、或教育科、破除情面、嚴加取締、並照下開辦法、切實予以整頓、一、各縣縣立學校、應於每學期開學後一個月內、將所收學生開列名單、分別加註家長姓名住址、及減免學宿費理由、呈送教育局或縣政府備查、其有續收學生者、並須隨時補報、二、各縣縣立學校、除免費生外、應一律按照各該縣規定各級學生、應繳學宿費數、分兩學期向應繳費各生負責收取、其應減者、照數減收、但均須悉數解繳金庫、不得留校、移增其他預算常費、或撥充他項用途、三、各縣縣立學校、以限該課費、其實習手工材料、及童子軍體育等費、均不敷支配、得酌量收取雜費、以應需要、其數以規定學費數二成為限、由各縣教育局或縣政府、分別各級學校情形、及童子軍團已未成立、妥為擬訂、呈候核定、此外不得另立名目、增加學生家屬負担、童子軍參加露營、及學生參加運動會、所需膳食、概由各校膳費項下彌補、四、各縣縣立學校、按照前條規定、所收雜費、係屬代辦性質、其收支均須另立帳冊、不得與學校經臨收支相混、除每在校公布外、並須每學期造具報銷、呈送教育局或縣政府審核、五、各縣縣立學校徵收學宿費、應於學生繳費時、立即在本所蓋有教育局或縣政府印鈐之四聯收據上、填寫姓名、及所收數目、除一聯發給學生、一聯存校外、其餘二聯解送教育局或縣政府、分別存轉備查、徵收雜費、則用學校自備蓋有學校圖證之三聯收據、以一聯存校 一聯發給學生、一聯呈送教育局或縣政府、但經手之校長會計、均須分別蓋章、以負責任云。

蘇省各縣秋勘 本年決提前辦理

第一批江浦贛榆儀徵三縣委員派定

除災重各縣外其餘照舊徵收不履勘

△江蘇社 財廳以往年對於各縣秋勘、均係秋收以後、稻已割串登場、各縣始到縣、對於成數、係憑縣測估計、未免不實不盡、且因秋勘時間既遲、俟呈報到廳、再行核定、往往已在開徵以後、故去年秋勘、即行提前辦理、今年更提早一月、據財廳方以本年本省各縣、除少數縣份被旱災水災外、大體年成可算豐收、故今年並不普遍的派員往勘、即受災較輕者、今年亦不派員前往、但除受水災較重之溧、豐、沛、宿等縣外、旱災較重之縣勘災委員、前已派出一部、仍照向例、除財廳委員外、並請民建兩廳亦派委會同前往、計第一批着手秋勘者、為贛榆、江浦、儀徵、三縣、贛榆縣財廳派陶君（灌雲會計主任）會同民廳張旭（保甲指導員）前往、江浦縣財廳派委姜炎（溧水會計主任）會同民廳李憲[illegible]前往、（儀徵尚未決定）、俟建廳委員派定後、即行出發、第二批日內將派定、大致財廳所派、多為鄰縣會計主任、民廳則派調查員、指導員、建廳派農業推廣人員、會同就近辦理云。

本省各縣捐稅 歸併裁減為八類

就此範圍內統一名稱征收之

不屬此八類之苛雜一律廢除

△江蘇社 蘇財廳以本省苛捐雜稅、雖數批廢除、已數十萬元、但各縣究尚不免有苛細不盡合部令者、即循名責實、與財部所定捐稅、亦有未合、故決將本省各縣捐稅歸併為八種、計船埠捐、娛樂捐、筵席捐、房捐、旅館捐、車捐、茶館捐、廣告捐、其名稱不同而性質不出此八種範圍者、如房捐有名舖房捐者、有名為店舖捐者、將其名統一徵收之、其不屬此八類者、一律廢除、但以財部遞撥之四成印花稅、雖已允自七月份起照撥、而迄今尚未下至、驟然廢除、又恐影響事業、前次省捐稅監理會、呈呈財部、請早劃撥、俾便廢除苛雜情形、呈報財部、現專候印花稅劃撥到省、則統一捐稅名稱之舉、即可實施云。

查緝犬又破煙案

老北門外獲煙犯四人

二期訓練下月初開始

△江蘇社 蘇省禁煙委員會、為協助查緝工作起見、特訓練查緝犬、其成績已迭誌本報、前日該訓練班學警蔡俠祖、許啟潤、詹玉成、周鏡清等四人、牽有查緝犬四條、至老北門一帶訪案、四行經城外橋下五號門牌、不料查緝犬花麟、直衝門內、當場查獲秦法三、許法貴等四人、并烟具多件、一併轉解禁煙會核辦云。

（又訊）該禁煙會鑒於查緝犬成績良好、所有查緝犬、不敷應用、擬舉辦二期訓練所、採用法國產、將於十月一日開始訓練云。

新運總會 電催工作報告表

限十月十日前寄到

△江蘇社 江蘇省新運促進會、頃奉總會快郵代電云、查六中全會開幕在即、各省市路暨海外僑胞新生活推行狀況、在本年九個月內、須詳確報告、又准宋指導員美齡來函、關於各地新生活婦女勞動服務團組織人數工作各情形、亟欲明瞭等由、茲特定下列報告項目、（甲）組織概況、一、縣新運會及勞動服務團已成立者若干隊數、團員人數若干、二、各縣各鎮新運會及勞動服務團已成立暨會者若干、（乙）工作情形、一、計劃指導及各種會議、二、已經完成工作項目、三、正在辦理中心工作、四、尚未着手進行事項、（丙）所進之提案、（丁）附件及各種表格、報告內容、務以簡單扼要為原、數目須另行統計填表、上述各項希接函後迅繕具報告、並連同本會前發之新生活勞動服務概況調查表、併於十月十日前用快寄會、以便彙報、切勿遲延是盼云。

蘇省屠宰稅 不能改徵營業稅

一因屠宰稅已劃作教育基金

二因與營業稅性質各不相同

省府咨復財政部查照

△江蘇社 蘇省府咨復財部、本省屠宰稅、不能改徵營業稅情形云、案准貴部咨、一據與縣商會呈為據情懇咨蘇省府令行財政廳、准將屠宰稅定期改徵營業稅、在未改以前、暫照舊章辦理、等情、咨請查照辦理見復等因、准此、查蘇省屠宰稅、指撥教育基金、於民國十四年、劃歸江蘇省教育經費管理處辦理、政治革新後、又經中央政治會議議決照舊有案、復查屠宰稅係對於宰戶徵收、由宰戶宰納、故係按每頭宰殺徵收四角、營業稅為對於宰戶向不徵收、其販賣肉製品者、亦屬營業稅範圍、當然另征營業稅、而屠宰稅並不重複、照營業稅、應以每個商戶為單位、不能以公會團體為標準、原呈所稱、殊屬誤會、准咨前由、相應咨復查照云云。

本縣新聞

劃一人民團體收支計算書式樣　每月賬目須按時報核

縣黨部訓令各人民團體遵照

縣黨部以各人民團體收支計算書式樣不一、審核諸多不便、且間有不能準時呈報者、該部爲求劃一式樣、並飭按時呈報起見、特製定各人民團體經費收支計算書式樣一種、令發各人民團體遵照、茲覓錄其訓令原文如下、查本縣各人民團體經費收支計算書、按月呈報者、固屬多數、而積累數月一再遲延者、亦復不少、且各人民團體經費收支計算書式樣不一、差參不齊、殊屬有礙審查、本會爲求劃一起見、特製定「各人民團體經費收支計算書式樣一種、除分發外、合行檢同該項式樣一份、令仰該會自九月份起、各月份經費收支計算書、須於月份終了後五日內具報核銷、至七八兩月份收支計算書、亦限于十月十日前補報爲要、此令、

縣政府奉到　江蘇省各縣土膏行店請領第二年度營業照證辦法

蘇省各縣設立土膏行店、迄今將屆一年、縣政府又奉到民政廳規定之各縣土膏行店請領第二年度營業照證辦法、較以前公佈之江蘇省土膏行店售吸所請領牌照憑證辦法、略有增補、其辦法原文如下、一、本省各縣土膏行店請領第二年度營業照證、除依照江蘇省土膏行店售吸所請領牌照憑證辦法、關於土膏行店各條規定辦理外、悉依本辦法辦理之、二、各縣土膏行店原承辦人於第一年度營業終了時（即九月三十日）、如願繼續承辦、應備具申請書、於九月二十日前向該管縣政府申請繼續承辦、仍依各該行店原列等級繳納照費、請領營業照證、但原具舖保或保人、如有停閉或變更情事、應照章重行覓具舖保或保人、由縣查明確實後、呈請本廳核發照證、三、凡原有土膏行店、因業停閉或已准歇業、或原承辦人不願繼續承辦及原擬設立土膏店之區域上期無人承辦、現有設立之必要者、均由縣政府揭貼招商承辦、其手續悉依第一次土膏行店請領牌照憑證辦法辦理之、四、凡土膏行店原承辦人於第一年度營業終了時、不願繼續承辦者、應於九月底將所領照證繳還縣政府轉呈本廳註銷、如欠交照證費、並應同時交清、逾期不交、節予撤銷、其因違反營業規則案件、倘在停業中者、應由縣政府查明責令原舖保或保人負責交案備訊、或令加具保結、五、土膏店除原有甲乙丙丁四等、暨其應繳照費、仍各按照原定數目分期遞納外、并增設戊己兩等、其照費戊等全年應繳三百元、己等全年應繳二百元、亦分四期平均繳納、六、本辦法由民政廳公布施行、並呈報省政府備案、

四區區長夏慎言等剿匪有功　司令部傳令嘉獎

縣政府轉飭知照

第四區區長夏慎言、壯丁隊副劉樹森、保長裴時漢等、前在該區張集鄉擒獲匪徒王志德等八人、並獲槍兩支、各情曾誌本報、茲悉縣政府以夏慎言等、剿匪有功、曾呈請第九區保安司令部予以嘉獎、現已奉到指令、准予轉飭嘉獎、茲探錄其原文如下、案奉江蘇省第九區保安司令部指字第六九六號指令開、一代電一件、爲本縣第四區壯丁隊在張集鄉擒獲匪徒王志德等、及獲槍經過情形、祈鑒核嘉獎由、據代電悉、該縣四區區長夏慎言、壯丁隊副劉樹森、保長裴時漢、生擒匪首王志德等七名、復獲槍兩支、護衛桑梓、智勇兼備、殊堪嘉尚、仰即轉飭嘉獎、仰將勞蹟之匪、今後訊供詳驗、連同獲槍號碼、一并具報核轉爲要、此令、」等因、奉此、合行令仰該區知照、并仰將獲匪銷碼號具報、以憑核轉、爲要、此令、

縣黨部派朱翼曾程守謨赴鎮　參加童軍操法討論會

省童子軍理事會、定於本月二十九日在鎮江舉行童子軍操法討論會、曾函達本縣縣黨部派員參加、縣黨部接函後、當派童子軍監軍朱翼曾、童子軍總團長程守謨、前往參加、各情已誌本報、茲悉朱程兩君、已於昨日首途矣、

本城糧價漸落　惟芝麻價稍高

本縣以受黃災影響、及入秋以來、雨量稀少、因之糧價逐日增漲、計小麥每市斗漲至三千七百文、大麥兩千四百文、黃豆兩千四百文、綠豆兩千八百文、高粱兩千三百五十文、芝蔴三千五百文、據近日調查、除芝蔴價值稍高、其餘各種食糧、均漸跌落云。

防黃紀略（五）

拙

八月四日雨、晨起同軍報騎馬視察工人工作情形、至東段、水已沿邊河而入沛地、幸經沛人堵塞、未致爲害、各區以水到、工程吃緊、均自動增加工人、今日合計約萬人之譜、二區以興工較早、工程已成十分之六七、其餘各區、僅成十分之三四、六七兩區所擔地段、因地勢窪下、堤邊水深、較覺吃緊、三區以沿邊河之一段較爲危險、其餘均以地勢較高故、或不至發生意外、銅山區專員邵漢元氏、於上午十時、由沛來此視察、縣長偕余陪往堤上、見工人工作踴躍、深爲嘉許、對義河口孫集後之一段工程、囑令特注意、因此段地勢特別窪下也、專員於由孫集歸蕭縣途中遇雨、衣服盡濕、抵蕭壩後、稍事休息、又冒雨返沛縣之龍固集、余等堅留、專員慨然謂曰、吾人要有大無畏之精神、雷雨何足懼、其吃苦耐勞、勇於任事之精神、於此足可表現、令人不勝欽佩矣、午後、聞七區毛樓鄉所擔工程、因與東支河義河河邊相接、成一三角形、致水流洶湧、雨後大有潰決之象、閻縣督工、至則急令工人用蔴袋二百六十九條搶修、幸未出險、當搶修時、適大雨如注、工人均冒雨工作、毫不爲苦、至天黑、始各返集往所休息、工人服從耐勞之精神、殊覺可愛也、

司法欄

△縣政府司法批示▽

▲民事原具狀人李善文、一件、爲案已完結、所有呈案契約等件、亟應領回請求檢發由、狀悉、仰即來府具領可也、此批、

▲刑事原具狀人丁陳氏、一件、爲真匪獲案、藏匿贓物、懇求飭交訊明追贓、並懇訊出夥匪、務警緝獲一併法辦由、狀悉、查本案尚未據解府訊辦、仰候解案後再行傳訊核奪、此批、

▲民事原具狀人沙文秀、一件、爲聲請解除婚約、以重人道由、狀悉、仰候定期傳訊、并通知答辯、此批、

▲刑事原具狀人孟昭義、一件、爲栽贓行竊、毀損名譽、懇請傳案質訊究辦由、狀悉、仰候傳訊核奪、此批、

▲刑事原具狀人趙尊義、一件、爲無辜被累、辯明實情、叩懇電察賞保在外候訊、以免冤誣由、狀悉、仰候依法訊明核辦、請保不准、此批、

△刑事判決▽

韓跛子因妨害自由案判決、

主文　韓跛子共同意圖營利、略誘婦女、處有期徒刑二年、褫奪公權五年、裁判確定前羈押日數、以一日抵徒刑一日、

△定期審理案件▽

九月二十八日審理孫保恩訴關玉瓶重婚案、

二十八日審理蔣王氏訴王棟庭侍案、

二十八日審理李顯氏與單世元產權案、

▲本城糧價

名稱	每市斗價目 最高	最低
小麥	三千五百五十文	三千三百文
大麥	二千三百文	二千二百五十文
黃豆	二千三百文	二千二百五十文
黑豆	二千二百五十文	二千二百文
綠豆	二千七百五十文	二千七百文
江豆	二千四百廿五文	二千三百文
高粱	二千三百文	二千二百文
穀子	一千八百文	一千七百文
稷子	二千二百五十文	二千一百五十文
芝麻	三千五百五十文	三千三百文
青豆	二千三百文	二千二百文
花生（每斤）	一百三十文	一百十文
瓜子（每斤）	五百四十文	五百二十文

氣象

晴

風向　南風

最高溫度　八五

最低溫度　七二

◎第八九四號◎
◎社址豐縣大同街◎
…登記證中第一二九二號　內政部登記證警字第二二三○號
中華郵政特准掛號認為新聞紙類

△總理遺囑
余致力國民革命凡四十年其目的在求中國之自由平等積四十年之經驗深知欲達到此目的必須喚起民眾及聯合世界上以平等待我之民族共同奮鬥現在革命尚未成功凡我同志務須依照余所著建國方略建國大綱三民主義及第一次全國代表大會宣言繼續努力以求貫徹最近主張開國民會議及廢除不平等條約尤須於最短期間促其實現是所至囑

豐縣縣政府接收縣禁烟會啓事

案奉
江蘇省民政廳字字第二三八五號訓令轉發江蘇省各縣禁烟委員會組織規程暨江蘇省各縣設置禁烟科辦法飭即於九月二十日前籌禁烟科組織成立所有接收縣禁烟委員會情形暨禁烟科成立日期併仰具報備查為要此令等因奉此當於本月廿四日遵章敦聘王子蘭董玉鉉王純九李效禹李厚嘏韓韶九黃體潤等先生七人為本縣禁烟委員會委員並於本府內成立第三科委張國權為科長即日下午一時辦理接收一面開始工作積極進行禁烟事宜除呈報並分別函令外特此登報週知

縣長　王述先

豐縣禁烟委員會啓事

縣政府函聘效禹等為本縣禁烟委員會委員遵照江蘇省各縣禁烟委員會組織規程成立縣禁烟委員會於九月二十五日下午舉行第一次委員會議推舉李效禹王純九王子蘭等人為常務委員除呈報
省禁烟委員會備案並函縣政府查照外特此登報俾衆週知

濟甯濟源公記要聲明

敬啟者茲有豐縣北關胡鳳明欠敝號豆餅款大…因無現款歸還經中人說合將其北門外市房一…朝東瓦門面三間瓦堂屋一間一座抵押餅款（二…該房已歸敝號管理恐諸親友不曉特登報聲明

救濟院施醫所變更門診時間

近日天氣漸寒本院施醫所為便利病家起見照例變更門診時間自十月一日起門診時間改為自上午十時開診至下午四時停診

中外要聞

陳主席電促魯韓堵口
沭灌東漣等縣受災慘重

▲中央社濟南廿七日電　陳果夫電韓復榘稱：蘇北被淹面積、達千方公里　柴米六塘南北相接、一片汪洋　待者決口若不速堵、不但沭東灌三縣有陸沉之慮、淮北將無一塊乾土　懇速堵口、以挽狂流、韓已將最近運料施工情形電復。

▲中央社清江浦廿七日電　宿遷宿境運河堤潰決後、大股黃水入北六塘河　萬公柴米各河有冊在沭陽張莊周碼潰決　沭境六八九等區、悉成澤國　北六塘水勢　現又由扁担溝洩入南六塘河　夾灘一帶、勢頗危急、南六塘河本漣水境　又告漫溢　經一日之間、漣水北境沈集周集等北西三鄉、槽遭陸沉　平地水深四公尺　被災民衆五千餘人、災區屋舍、盡遭坍塌、現正趕修南堤　免危漣城。

▲中央社清江浦廿七日電　灌河宣洩不暢、六塘黃水、致在沭灌境內橫流、六塘沿堤之沭陽　漣水、東海　灌雲等縣　災情益加重。

▲中央社青島廿七日電　膠濟路所存舊路軌枕木、即運蘭封築路堵口。

陝北匪區收復在即

▲中央社西安廿七日電　陝北剿匪、日益進展　匪區收復在即、井岳秀高桂滋毛侃等、廿六日晤邵力子、請統籌陝北匪區善後賑事宜。

▲中央社福州廿七日電　我保安第三團在百合亭堵截散匪、斃匪指導員二名、匪衆八名　又范義生股匪　自南溪赤陸坪留厝　帶、被我軍追剿、即由上窰囘竄閩東北、經壽甯駐軍迎剿、竄匪小託山、被圍困中。

顧祝同飛漢轉川謁蔣

▲中央社南京廿七日電　駐贛綏靖主任顧祝同、前晚由滬乘車返京、今日上午九時半、搭中航機由京飛漢、聞顧氏在漢稍留　即飛川謁蔣委員長。

蔣伯誠在京謁汪葉

▲中央社南京廿七日電　軍事委員會行營總參議蔣伯誠、日前由粵到滬後、曾先後訪晤黃季陸、黃紹雄、及在滬各中委等　兹以事畢　於昨晚乘夜車離滬、今晨七時抵京、當即赴旅邸休息、下午謁汪院長、及葉楚傖、明後日即飛川謁蔣委員長、面陳一切。

李滋羅斯已開始調查工作

▲中央社上海廿七日電　李滋羅斯、現已開始調查工作、蒐集有關係經濟情形之各項材料、宋子文廿七日晚在私邸歡宴、邀孔祥熙、吳鐵城、及英大使賈總幹等作陪。

經委會合作事業委員會

定下月一日成立

▲中央社南京廿七日電　全國經委會合作事業委員會、定下月一日假經委會成立、內分書記股　經融股　技術股、三股人選已決定、兹悉該會成立後、將先由贛皖湘鄂四省做起、利用各該省合作基金　擬推行產合作、及農村貸款、如基金不足即向各銀行借款、俾助春耕、一俟該四省合作事業略有進展、再推及他省、以至全國。

法使館「昨舉行誦經禮」

‥‥‥追悼故公使韋禮敦

▲中央社南京廿七日電　駐京法使館今日上午十一時、舉行誦經典禮、追悼已故公使韋禮敦、由法使館祕書葛樂才主持、各國官員前往參加祭禮者甚多、計到國府代表參軍長呂超、行政院汪院長等　及駐華美大使詹森、德大使陶德曼等、共約數十人、全體就位、由天主堂神甫領導誦經、至十二時禮畢。

蓉錢業公會

擁護收銷地鈔辦法

▲中央社成都廿七日電　蓉錢業公會、廿七日發告各業商友書、歷陳過去所受紙幣痛苦、決竭誠擁護蔣委員長收銷地鈔辦法、請各業商友、協力維護。

蔣令劉湘按期繳解稅款

▲中央社成都廿七日電　蔣委員長廿七日電劉湘云、查川省軍政各費、業經本行營重新規定、自八月份起、按月支發現金兩期、惟查各視察員提解稅款、不能如數接給、恆苦出入不敷、仰將該省田賦、按照本年度預算數目、自本年度開始之日起、分為廿四期攤解、並嚴飭各區視察員、按期照數、預前守提、趕於每月十日廿五日前解到聯合金庫、以謀收支適合。

意大使

由北戴河返平

▲中央社北平廿七日電　意大使羅亞谷諾、廿七日晨九時、偕夫人由北戴河來平、袁良等數十人到站歡迎、並由郵務長巴立地夫人獻花、旋即相偕下車出站、赴意使館休息。

陝人民冬令征工務服

計劃擬定

▲中央社西安廿七日電　陝省人民冬令征工服務計劃已擬定、決先辦關中區各縣水利築路造林等事業、省府一面令各縣遵照　一面呈行營核示。

贛普考典試會

‥‥‥召及格人員訓話

▲中央社南京廿七日電　贛普考典試委員會、廿七日召集及格人員訓話、苗培成熊式輝等、均有懇切訓詞、熊式輝晚宴各典委襄委。

滇建廳託棉統會

‥‥‥代向國內產棉區選購棉子

▲中央社昆明廿七日電　建廳以本年各縣棉子多虫害、不能作種　乃特函棉統會、代向國內產棉區選購優良棉子多種　約二千餘斤　備年內寄滇、以便發往各縣繼續推行試種。

狩獵法

審查竣事

▲中央社南京廿七日電　狩獵法施行細則、經實業部擬具草案、呈送行政院審議後、政院已於上星期一度開會審查　因條文須慎重修正、未能竣事、該院今晨特再召實內等部　開會續審、聞條文既均修正、即可提出下週院會討論。

陝各河決口堵竣

▲中央社西安廿六日電　陝灃霸產滈等河被沖決河堤、廿五日全部堵竣　共費一萬六千餘元。

實業部合作司籌備就緒

▲中央社南京廿七日電　實部增設合作司、現已籌備就緒、該司兩科科長人選、業已決定、係調原任商業司科長曠映文充任　及勞工司科長吳開天兼任、所有職員、均由部內舊有人員調派、至新任司長章元善氏、日內可來京、該司定下月一日起、正式開始辦公。

中央政治學校添設合作學院

▲中央社南京廿七日電　中央政治學校、為適應各地需要合作高級指導人才、決添設合作學院、現已積極籌備、不日即可成立、院址擬借用中國合作學社社址云。

譚墓已修理竣事

▲中央社南京廿七日電　南京市政府前以譚墓為京市名勝之一、各項建築工程、多有破壞之處、爰飭工務局招工修理、以壯觀瞻、現已全部竣工　煥然一新。

蘇建廳令縣

徵集工廠展覽品

儘年內設法檢集以供展覽

▲江蘇社　蘇建廳訓令各縣政府云、案奉省政府交下實業部中央工廠檢查處總字一七四號函、查工業安全衛生、關係生產效率、勞工福利、至為重要、本處為使勞資雙方及社會人士充分了解起見、擬於明年一月在南京籌開工業安全衛生展覽會、關於徵集展覽物品一層　並經分別函請國內外有關各機關團體協助辦理在案、現國外各機關團體、已將此項展覽物品、陸續送處、而國內各地應徵者、倘屬寥寥　此中原因、固於我國工廠、對於安全衛生設備、過於簡陋　但各地機關團體　及各工廠、未能踴躍應徵、亦　最大原因　除分別函請貴政府查明本處前總字第三八號函送之徵集物品辦法、轉飭工廠檢查員、從速負責向境內各有關安全衛生機關團體、及工廠等竭力督促　使其踴躍應徵、逕寄本處、以備展覽為荷等由　准此　查此案前准函送工業安全衛生展覽徵集物品種類表　及徵集物品辦法到廳　當經抄發原表、令飭遵辦在案、茲准前由　除派員隨時督促催徵外　合行令仰該縣長遵照本廳第二四四號訓令　從速指派建設主管人員、勸導各廠、儘於本年內設法檢集逕寄南京實業部中央工廠檢查處以供展覽為要此令。

梅蘭芳在杭演霸王別姬

▲中央社杭州廿七日電　梅蘭芳在杭演劇助賑、自廿一日起每晚皆滿座、廿六日晚原為梅劇最後一場、旋應紳商懇挽、廿七日晚乃續演一場、劇目為梅劇最有名之霸王別姬。

各縣食糧調查

蘇建廳訂定表式令飭填報

▲江蘇社　蘇建廳查本年入夏以後、雨水成災、沿江沿河田畝、多被淹沒、食糧收穫　勢必減少、為預防荒歉起見、亟應調查全省各地產糧及存糧數量、以備通盤籌劃、而謀救濟、特訂定調查表式　并飭計在一年內盈虧情形、詳為具報、其表格分食糧種類、稻麥雜糧、種植面積、生產數量、消費數量　產消相抵、盈虧、現存數量云。

省黨部預試結果

國立戲劇學校新生

錄取汪德陳丁辛等七名

定於後日遣送赴京應考

▲江蘇社　蘇省黨部前奉中宣傳委員會令、飭以國立戲劇學校籌備委員會招考學生、由各省市黨遣送三人至五人赴京總試、日昨試期　報名應試者十餘人　內僅有女性一名、由省黨部職員石順淵　陳濤、劉芷薰三君、担任評判　上午檢驗體格及考試國文、試題（一）試述個人對於戲劇興趣、（二）我的戲劇經驗　副係選自劇本數幕、作為言語表情動作之考試、下午二時起、考試語言動作、至四時完畢　評閱結果、錄取第一名汪德、第二名陳丁辛、第三名王純伯　第四名陳永齡、第五名楊桂英、第六名凌紹强、第七名晉海波等、定於後日遣送赴京、正式應試

蘇省新運會製定各種

新生活勞動服務團組織通則

蘇教育廳已依照另定服務團簡章
由周佛海任團長陳天鷗任副團長

△江蘇社　蘇省新運促進會、為完成各種勞動服務團之組織、以增進新生活運動效率起見、特製定江蘇省各種新生活勞動服務團組織通則、計十四條、茲分別探錄於後：一、江蘇省新生活運動促進會、為完成各種勞動服務團之組織、以增進新生活運動效率起見、特製訂本通則、二、本通則實施擧項、以勞動服務為中心、推行「生活軍事化、生產化、藝術化」初步推行方案」一、三、各黨政機關暨教育機關、學術團體等新生活勞動服務團之組織、均以各該機關或團體為單位、四、各勞動服務團　概稱某某地方某某機關新生活勞動服務團、如「江蘇省民政廳新生活勞動服務團」、「江蘇省立鎮江師範學校新生活勞動服務團」一等、五、各勞動服務團團員、就各該機關或團體職員充任之、六、各勞動服務團、設正副團長各一人、團長由各該組或機關或團體主管人員充任之、副團長就團員中指定担任之、團以下得分隊分組　每隊組設、長組長一人、由團長遴派之　七、勞動服務團之工作　應依照總會所頒之三化初步推行方案、分別推行、茲規定如左：（一）守時運動、（二）民衆識字運動（三）工讀運動、（如賣報販書代書等）（四）體育運動、（五）羣育運動、（六）社會衛生運動、（七）提倡合作運動、（八）促進保甲運動、（九）利用廢物運動、（十）協助調查戶口運動、（十一）協助警察偵緝運動、（十二）開渠築堤運動、（十三）修橋補路運動、（十四）造林保林運動、（十五）提倡儲蓄保險運動、（十六）提倡服用國貨運動、（十七）救助老弱殘傷運動、（十八）持顛扶危拯溺救飢運動、（十九）戒烟戒賭運動、（二十）航空防空運動、（廿一）提倡科學運動、八、各勞動服務團得依照前條所列各項運動、擇其與本身性質相近之工作、切實推行、並得分別季節、規定一種運動為中心工作（例如春季植樹造林、夏季衛生、秋季合作、冬季築路救濟等）、其詳細章程、由各團訂定、送省新運會備查、九、各勞動服務團團員、每日須利用公餘課餘、實行勞動服務一小時、十　勞動服務團團員應接受訓練、服從本團紀律、訓練辦法與應守之紀律、另由總會頒行之、十一、各勞動服務團工作概況、應按月報送省新運會、轉報總會考核、（概況表式另訂之）十二、各勞動服務團成立後、應報由省新運會　轉報總會備案、十三、各勞動服務團、概不得徵收團員會費、及其他費用　十四、本通則由江蘇省新生活運動促進會公布施行、並呈報江蘇省政府備案、同時蘇教廳已依照江蘇省新運會所訂勞動服務團組織通則、另定該廳新生活勞動服務團簡章十條、照章除由周廳長任團長外、並已指定主任秘書陳天鷗為副團長、第一第二第三第四各科科長、為第一第二第三第四各隊隊長、其第五第六兩隊隊長、則為編審主任及副團長兼任、日昨上午十時、由副團長約集各隊隊長、在會議室商討、每隊各組支配人數　及担任工作等問題、聞均討論就緒、茲將該廳所定簡則原文、探誌於後：第一條本團依照江蘇省各種勞動服務團組織通則第三四各條之規定訂定之、定名為江蘇省教育廳新生活勞動服務團、第二條、本團團員、以教育廳全體職員充任之、同負遵守並實行三化方案之責　第二條、本團團長由廳長担任　副團長由團長指定主任秘書充任、第四條、本團共分三隊、每隊分兩組或四組、其担任工作分別規定於下、第一隊担任提倡科學運動事項、分社會科學、自然科學兩組、第二隊担任提倡服用國貨及羣育事項　分提倡服用國貨運動及羣育運動兩組、第三隊担任民衆識字及體育事項、分民衆識字運動、及體育運動兩組、第四隊担任提倡書報保險事項、分書報運動、及保險運動兩組、第五隊担任工讀事項、分賣報販書兩組、第六隊担任總務事項、分設計調查糾察文書四組、第五條、除兩條所定各項運動外、總會所頒之新生活勞動服務團組織大綱第六條所列各項運動、並得分別季節、另定一種運動為各季中心工作、第六條、本團團員每日利用公餘、至少實行勞動服務一小時、第七條、本團團員應接受總會所規定之訓練、服從本團紀律、第八條、本團各隊工作概況、應按月依式造報、以便彙送省新運會轉報總會　第九條　本團不徵收團員會費、及其他費用、第十條、本簡章由本廳訂定、送省新運會轉報總會備案。

蘇農倉庫暫停收買食糧

因南北收成平均

△江蘇社　蘇省農業倉庫、原訂秋後收買食糧、以資調濟民食、茲該會以今歲江南北收成平均、雖北遭災、而一部之收成、並不因之減色、故無收買之必要、秋後收買食糧、暫行停止云。

國聯行政院組十三人委員會

報告意亞爭議事實並提建議

△中央社日內瓦廿八日電　國聯行政院今晨開會兩次、一致通過一種提議、以行政院理事除意國外、組成十三人委員會　根據盟約第十五條第四項、報告意亞爭議之事實、並提出建議　此項提議、係行政院主席所提出、初由非公開會議決定之　繼由公開會議通過之　行政院又決定五人特委會仍存在、繼續調和努力、

△中央社亞京廿六日電　今日此間接到日內瓦傳來消息、國聯行政院已決定如意對亞國開戰、則採行對意制裁辦法未證實消息　極為歡忭、某要員稱、此乃吾人所素盼望者、公理終得勝利、實可喜也。

△中央社巴黎廿六日電　日內瓦條傳意政府分裂之說、聞意內閣星期二集議時、參院議長對墨索里尼之對策、加以大膽之批評、

△中央社倫敦廿六日電　英國海部最近會議計增加地中海艦隊實力、而以水雷伏射艦艇、集中直布羅陀、及蘇彝士兩港口、另以水雷伏射艦巡洋艦及驅逐艦　集中馬爾泰島、防意艦襲擊、此外海部並與外間交涉、俾於必要時　而得外國協助、倘馬爾泰島遭意軍炸、英艦將無處覓得船塢、修理傷船　現覓定法屬都尼斯李瑞港等兩海軍船塢、頗適合英艦之需　為此不久轉向法交涉、以期獲得援助。

△中央社倫敦廿七日電　每日捷報、今日所載、英將府牒告美國、韓自由大增海軍之說、今日午後、由官場切實否認、謂政府並無以此種牒文送美國之意。

法軍用機一日四架失事

△中央社馬賽廿七日電　法船斐都斯號、今日載兵一千二百人、前往吉布地、以增厚法屬索馬利蘭防軍實力。

△中央社巴黎廿七日電　以往廿四小時內、法國喪失軍用機四架、架機員二人、第一次失事為維拉柯白拉地方、有戰鬥機二架在天空互撞、未幾凡爾登風雨中降落偵察機一架、又一架在康貝熱降地、原因不明。

本縣新聞

縣政府舉行第六十二次政務會議

通過强迫識字實施計劃及進行程序
呈請豁免浚河徵佔田地之賦稅
呈請免繳災區本年第二期田賦

縣政府於九月二十六日上午十一時、召開第六十二次政務會議、出席縣長王述先、祕書裘朝求、農業推廣所管理員劉棣、第二科長金韋　教育局長壹玉珏、第一科長黃體潤、第三科長張國權、列席者、保安隊大隊附李厚瑕、款產處主任李效禹、第一區長薛韶九、救濟院長張紹緒、主席王述先、紀錄張念霧、

主席報告　一、此次係六十二次政務會議、上次決議各案均經執行、二、本縣自八月以來防汛緊張、在二三兩區連築幾道堤壩、三、本月十一日暴風雨、各處堤壩潰決、損失達五十萬元、四、本縣成立收容所七處　共計收容災民一千六百餘名、五、本縣奉令成立禁烟科、於本月二十四日接收禁烟委員會、於本府內增設第三科、由禁烟委員會祕書張國權担任科長、六、第七區區長王純九辭職照准、另委曾慶霖接充、七、保甲方面、甲、繼續辦理戶口異動查報事宜　乙、計劃訓練壯丁、丙、籌備戶口總檢查及整理門牌表冊　八、建設方面　甲　修築興魚路　乙、籌備興築民權和平兩路、丙、加寬各河坡度、九、保衛方面、甲　保安大隊第一中隊赴徐檢閱、乙、分配各處防務、

丙、第四區壯丁隊獲送巨匪王志德等九名、十、其他，甲、召集孔子誕辰紀念會，防黃一二三次會議，救濟分會一二次會議，乙、縣長赴銅山向專員請求賑濟款項，丙、省建設廳沈廳長偕專員到第二區視察堤工，省府馬晴峯張國璜兩委員到縣視察災情，建廳周工程師來縣指導防黃工作，專署趙委員駐縣協助救濟事宜，十一、奉專署令各縣組織縣政改進團，行將來縣考察，

討論事項 二、年來所浚各河、被佔田地應如何勘察、請河豁免賦稅案，決議、二十三年度內所挖之復新河、東西營子、順堤河、苗城河等五河、被佔田地呈請豁免，三、擬定十一月為禁烟運動月、可否、請公決案、決議、通過，四、本縣災民收容所、應遵專員公署所頒之銅山區災民臨時收容所組織通則辦案、決議、遵照組織並推定李效禹為總務股股長、胡仲敏為管理股股長、各股幹事由各股長選任主任員呈請聘任之，五、教育局長董玉珏提議、請審核豐縣強迫識字教育實施計劃及進行程序案，決議、通過呈報省廳核示、

豐縣農民榨油副業改進會舉行第一次委員會議

本縣農民榨油副業改進會於九月二十六日上午在西關外壁興油坊舉行第一次委員會議出席者黃本體、李學文、程允元、趙正軾、黃兆玉、張開岸、王敬修、時克昌、趙培鳳、王秉良、程德俊、列席劉硯香主席黃本體紀錄張開岸、報告事項（略）討論事項、一、本會會員常年會費應限期清繳案、決議 限雙十節前一律繳清，二、本會會址狹小屋不敷用、可否遷至城內西街王家公館案，決議通過，三、本會擬請農民銀行舉辦農民榨油貸款，提倡農民副業案，決議 由本會呈請縣農會轉函農民銀行交涉，四、前營業稅徵收主任周崖夫 違章敲詐榨油農民孫洪綱、張蘭瑞等之款應如何追還案 決議 由本會呈請財政廳依法追還，五、現任營業稅徵收主任萬乘端，向商敲詐之孫洪綱、張蘭瑞等敲詐，並曚稟政府傳押孫洪綱，黃元助，張彥平，孫耀之等，應如何辦理案，決議由本會呈請縣農會、縣黨部 縣政府查明核辦，如不能解決時，召開會員大會討論辦法，

縣商會舉行第十五次委員會議

縣商會於本月二十七日上午十二時、在該會會議室舉行第十五次委員會議、共到委員十四人、主席趙寅純、紀錄李若愚、報告事項、略、討論事項、一、本縣條築豐北撈堤計二十四萬三千六百四十上方 本會按八十六分之二撥工二千八百三十三十方、工價洋八百五十元、除縣政府津貼加坡費五十元外、下餘之八百元 多待籌解、應如何辦理案、決議、按照會費比例分攤、並招開會員大會 宣佈各號所攤數目、下午二時閉會、

縣婦女會設立婦女放足運動委員會公佈收支賬目

本縣婦女會設立之婦女放足運動委員會、迄今業已數月、茲將該會收支明目、公佈如下、一 收入之部、（一）收前屆放足運動委員會移交洋三十六元、（二）收婦女會津貼洋五十元 （三）收縣政府司法罰金津貼洋二十元、（四）收本會第一次出發檢查罰款結存洋七角六分六厘、二、支出之部 （一）支印刷告婦女同胞書工料費洋一元、（二）支本會檢查股出發費洋四十九元七角九分六厘、（三）支津貼實驗鄉檢查費出發費洋四元 三 收支相抵 以上共收洋百零六元七角六分六厘、共支三十七元五角七分、收支相抵、結存六十九元 角九分六厘、

六區劉大屯發生土匪綁架案

劉體端之小兒被綁 搶去步槍三枝

六區劉大屯、居民劉體端家、於昨日傍晚、突來土匪四五人、各帶匣槍、闖進院中、分往各屋搜索、當將劉之四歲小兒綁去、並搶去步槍三枝、鳴槍數響、即向西南逃逸、聞楊樓民衆教育實驗區主任萬硯農之夫人趙素美女士、以與劉姓係屬親戚、于前日往劉家探望、暫住未回、所帶之包裹衣物、亦被匪徒劫掠、損失約百元之譜云、

防黃紀略（七）

拙

八月五日 陰

今日雨幸停止、未致影響工人工作、各區已功成大半、惟七區毛樓楊樓史樓三鄉所擔之工程、因地勢低窪、內外皆水、取土須在半里之外、致工程較差、遂向附近村徵用拖車十二輛、代為拉土、然效率亦未見增加、頗覺棘手、午後、北風大作、六七兩區之危險地段、均令貼席下樁、以禦風浪衝刷、所費不貲、

因昨日降雨、工人多無處躲避、且飲食不均、致病者漸多、特商請縣長、電招救濟院醫生、多攜帶救急藥品、來此專代工人醫病、以資救濟、

各區因欲趕快完成此工、又多自動增加工人、今日統計數目、約在萬五千左右、工作踴躍、頗堪欣慰也、

余連日來雖奔走督工、並未若何勞頓、然覺喉啞、唇爛、眼紅、腳腫、精神頗感不適、因覺平時身體之未加鍛鍊、致稍遇勞苦繁重之事、即自病叢生 不能應付裕如、西哲云、有健全之精神 始能做偉大之事業、於此益信鍛鍊身體之不可稍忽也

八月六日 晴

今日水勢稍緩、但各段工程已成十分之七八、危險時期已過、心中安慰不少、

七區毛樓楊樓兩鄉工程 因堤內半里中間盡係泥水、上不能用、而拖車代人力之辦法 亦不省工、特與備麻袋一百二十條、清包二百個 船六隻 向義河西岸高阜之地取土運河堤、至義來防守新堤辦法 亦經與卜區長商定、調用二區全晚已完全竣工、縣長今其再出工八百人、重築義河之壯丁隊、縣長以此堤行將完成、特於今晚回城、留余同守真傳孝等佇守、余足疾因較昨日加劇、幾乎跛不能行、頗以為苦也。

司法欄

縣政府司法批示

▲刑事原具狀人許價道、一件 為故紙破案、致兒脫網、請求飭拘究辦、以明命寃由、狀悉、仰候傳訊核奪、此批

▲民事原具狀人劉靖氏、一件、為接奉通知、無力繳費、聲請救助、以卹孤苦由 狀悉、仰候派吏查復、再行核奪、此批、

▲民事原具狀人孔承玉、一件、為無故悔婚、請求傳訊、飭令履行婚約、以完婚姻由、狀悉、仰候定期傳訊、並通知答辯 此批、

▲刑事原具狀人夏玉先、一件 為違處扯訟、請求銷案由 狀悉、准予撤回、此批、

▲刑事原具狀人楊張寶鑑、一件、為遺棄髮妻、在外另娶、懇祈傳案依法懲辦由、狀悉、仰候傳案訊究 此批、

△刑事判決▽

呂咬張步莪擄人勒贖案判決、

主文 呂咬共同勒贖而擄人、處有期徒刑十二年 褫奪公權十年、其他部分無罪、張步莪幫助意圖勒贖而擄人、處有期徒刑六年、褫奪公權六年、裁判確定前羈押日數、准以一日抵徒刑一日、

△庭期審理案件▽

九月

三十日審理康周氏訴康志君傷害案、

三十日審理邵世英與孫明良宅基案、

三十日審理洪鳳祥鴉片案、

▲本城糧價

名稱	每市斗 價目	
小麥最	高三千五百文	低三千四百文
大麥最	高二千三百文	低二千二百文
黃豆最	高二千三百三十文	低二千三百文
黑豆最	高二千二百五十文	低二千文
綠豆最	高二千七百五十文	低二千七百文
江豆最	高二千四百五十文	低二千四百文
高粱最	高二千三百文	低二千二百五十文
穀子最	高一千八百文	低一千七百五十文
稷子最	高二千二百文	低二千一百五十文
芝蔴最	高三千五百五十文	低三千三百文
青豆最	高二千三百文	低二千二百五十文
花生每斤最	高一百三十文	低一百一十文
瓜子每斤最	高五百四十文	低五百二十文

氣象

晴

風向

最高溫度

最低溫度

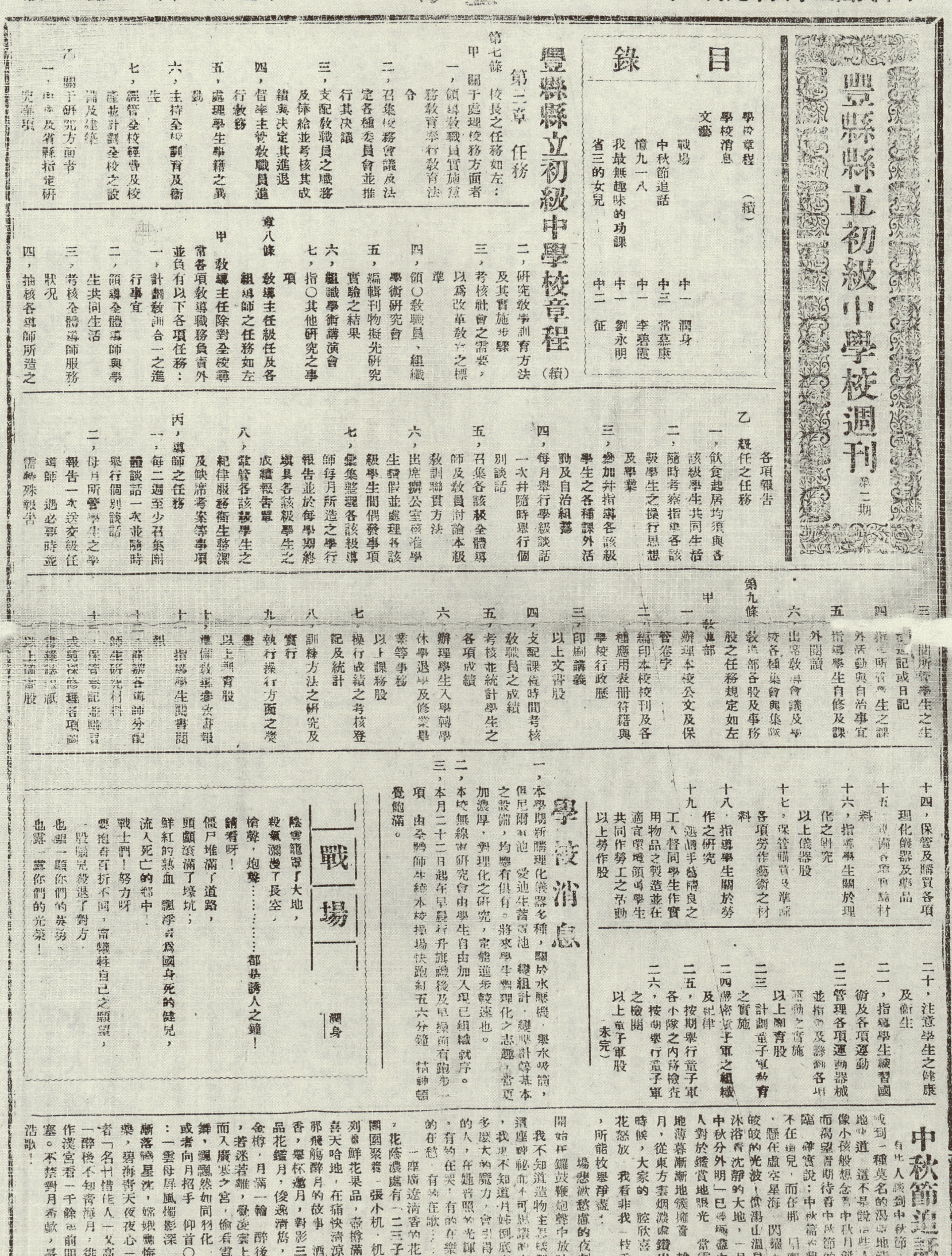

豐縣縣立初級中學校週刊

第二期

目錄

豐縣縣立初級中學校章程（續）

第二章　任務

第七條　校長之任務如左：

甲　關于處理校務方面者

一，領導教職員實施黨務教育奉行教育法令

二，召集校務會議及法定各種委員會並推行其決議

三，支配教職員之職務及俸給並考核其成績與決定其進退

四，督率主管教職員進行教務

五，處理學生學籍之異動

六，主持全校訓育及衛生

七，經營全校經費及校產並計劃全校之設備及建築

乙　關于研究方面者

一，由本及省縣指定研究事項

二，研究教學訓育方法及其實施步驟

三，考核社會之需要，以爲改革教育之標準

四，領○教職員，組織學術研究會

五，編輯刊物擬先研究實驗之結果

六，組識學術講演會

七，指○其他研究之事項

第八條　教導主任級任及各組導師之任務如左

甲　教導主任除對全校導常各項教導職務負責外並負有以下各項任務：

一，計劃教訓合一之進行事宜

二，領導全體導師與學生共同生活

三，考核全體導師服務狀況

四，抽核各導師所造之各項報告

乙　級任之任務

一，飲食起居均須與各該級學生共同生活

二，隨時考察指導各該級學生之操行思想及學業

三，參加并指導各該級學生之各種課外活動及自治組織

四，每月舉行學級談話一次并隨時舉行個別談話

五，召集各該級全體導師及教員討論本級教訓聯貫方法

六，出席辦公室核准學生請假並處理各該級學生間偶發事項

七，彙集整理各該級導師每月所造之學行報告並於每學期終塡具各該級學生之成績報告單

八，監管各該級學生之紀律服務衛生整潔及缺席考案等事項

丙，導師之任務

一，每二週至少召集個體談話一次並隨時舉行個別談話

二，每月所管學生之學報告一次送交級任導師　遇必要時並需特殊報告

三，閱所管學生之生活記或日記

四，指導所管學生之課外活動與自治事宜

五，指導學生自修及課外閱讀

六，出席教導會議及學校各種集會與集隊

第九條　教導部各股及事務股之任務規定如左

甲　教導部

一，辦理本校公文及保管卷宗

二，編印本校校刊及各種應用表冊符籍與學校行政歷

三，印刷講義　以上文書股

四，支配課程時間考核教職員之成績

五，考核並統計學生之各項成績

六，辦理學生入學轉學休學退學及修業畢業等事務　以上課務股

七，操行成績之考核登記及統計

八，訓練方法之研究及實行

九，執行操行方面之獎懲　以上訓育股

十，準備教案參考書報

十一，指導學生閱書問題

十二，編輯各導師分配師生研究材料

十三，保管登記並購置或競採修理各項圖書雜誌報紙　以上圖書股

十四，保管及購買各項理化儀器及藥品

十五，準備各項實驗材料

十六，指導學生關於理化之研究　以上儀器股

十七，保管購置及準備各項勞作藝術之材料

十八，指導學生關於勞作之研究

十九，選擇手藝精良之工人督同學生作實用物品之製造並在適宜環境領導學生共同作勞工之活動　以上勞作股

二十，注意學生之健康及衛生

二一，指導學生練習國術及各項運動

二二，管理各項運動器械並指○及籌劃各項運動之實施

二三，計劃童子軍教育之實施　以上體育股

二四，嚴密童子軍之組織及紀律

二五，按期舉行童子軍各小隊之內務檢查

二六，按期舉行童子軍之檢閱　以上童子軍股

（未完）

學校消息

一，本學期新購理化儀器多種，關於水壓機，舉水吸筒，但尼爾電池，愛迪生蓄電池，總組計，總壓計等基本之設備，均應有俱有。將來學生對理化之志趣，當更加濃厚，對理化之研究，定能進步較速也。

二，本校無線電研究會由學生自由加入現已組織就序。

三，本月二十二日起每早晨於升旗禮後及早操前有跑步一項　由本體師率領本校操場快跑約五六分鐘　精神頓覺飽滿。

戰場

潤身

陰雲籠罩了大地，
殺氣瀰漫了長空，
槍聲，炮聲……………都是誘人之鐘！
請看呀！
僵尸堆滿了道路，
頭顱滾滿了壕坑；
鮮紅的熱血　飄浮着爲國身死的健兒，
流入死亡的鄉中！
戰士們！努力呀
要抱着百折不回，富犧牲自己之願望；
一股勇兒殺退了對方，
也顯一顯你們的英勇，
也露一露你們的光榮！

中秋節追話

有些人談到中秋節，渲或到一種莫名的渴望地清爽地中道，這不是說有些人仍像小孩般想念着中秋月餅而渴望着期待着中秋節的來臨，確實說：中秋富有興趣不在這兒，而在那○○機，懸在虛空星海，閃爍有趣皎皎的光波，像湯山溫泉，沐浴着沈靜的大地，一月到中秋分外明」已傳遍全中國人對於鑑賞地眼光　常儲着地薄暮漸漸地緩擁着　輪明月，從東方雲烟濃處鑽出的時候，大家的　腔欣喜，心花怒放　我看非我一枝禿筆，所能枚舉淨盡！

場悲歡愁慮的夜劇開始在鑼鼓鞭炮聲中放映了

我不知道造物主怎樣製成這座神秘而不可思議的宇宙，我更不知道月姊倒底有多麼大的魔力，會引得世上的人，在她普照光輝之下，有的在哭；有的在樂，有的在愁，有的在歌……：

一座廣遊清香的花園裏，花陰濃處有「二三子」團團圍聚着一張小机，机上羅列着鮮花果品，壺樽滿盤，喜天哈地，在痛快清涼的演那飛觴醉月的故事　酒冽花香，舉杯邀月，對影三人，品花鑑月，俊逸淸雋，酒滿金樽，月滿一輪　醉後恍惚，若迷若離，歡從雲上升，而入廣寒之宮，偷看霓裳之舞，飄飄然如同羽化　樣，或者向月招手　仰首○誦着：一雲母屏風燭影深　長河漸落曉星沈，嫦娥應悔偷靈藥，碧海青天夜夜心」，或者「名廿惜伎人一笑高唱着一醉機不知青海月，徘徊獨作漢宮看一千餘年前明妃出塞。不禁對月希歔，易嘯而浩歌！

名士只顧做那前人風流佳事而不知又有多少人，在這同樣月光之下，興發他們遊子的悲哀呢？家鄉千里想見何期，怨依欄干無限惆悵，想起拋棄了年年邁殘息的雙親，甜蜜的家鄉，而去流浪天涯奔波風塵，受盡風霜雨露之苦，嘗盡人情世故之難，不能蒙到一絲慈親的撫慰，天倫的樂趣。更憶起「每逢佳節倍思親，」「舉頭望明月，低頭思故鄉」的詩句，能不起「疑心江上客，不是故鄉人」的盼望呢？而尤當此中秋，一輪皓月當空，多少天倫團聚？更能增起望雲之嘆了。而「獨自莫憑闌，無限江山，來時容易見時難。」的詞句，能不向碧空明月掬淚一痛呢？這樣一樂一痛，又是多麼懸殊的兩件事？偉大的魔術師喲！妳不可思議的魔術師喲！

失望！失望！今年的中秋，恰好像有意與人失望的一樣，她那皎潔的波光，有誰能預料到能給這一片烏雲澆滅了呢？我不知道有多少人在悲嘆，悲嘆這難再的佳時，可是我知道，予我沒什麼感觸，老實說，我委實不忍過今年的秋月。

任夢的安琪兒怎樣的誘惑我，我終像有一件重石般的事，壓在心頭。當我懸想到水災裏的中秋，便有些愴然了。

想到數日來的噩消息，終日沈在杯弓蛇影，風聲鶴唳的恐嚇中。輕易沒有放寬一點，如今看到批批的災民來縣，更聯想到那水勢的滔湧，在今夜月色如銀的光照之下，又是一副多麼悲慘淒絕的圖畫呢？漫天紅流，波濤虎虎，危立天邊，訇的一聲，平原化成澤國，人畜悉成魚鱉，許多具尸身，在銀色的波濤的底上翻騰！又兼那一團秋月，懸掛太空，月搖波影，極目四望，一派千里，災民的悽號，風浪的吼嘯！……唳！水國中秋，悲慘的水國中秋喲！

當我再想到滬市救災歌舞，實爲淩波仙子，把酒問月，飛觴醉月，更是高枕無憂，便感到「磚兒何厚瓦兒何薄！」「一樣秋月，兩地生死」不禁黯然摧沮了！

傳夢的安琪兒，誘我入夢罷！我詩聖可愛的安琪兒喲！

「寄上碧空團圓月，休放流光入紅波！」

憶九一八

李碧霞

奇恥大辱，創鉅痛深的九一八又到了。自從日本無理的奪去了我們的東三省後，屈指算來整整的四週年了。

回想那可恨的日本，來侵略我們時，他們都兇惡的樣子，眞是叫人可怕！好像獵人看見美麗的鳥。聽！碰……撲！撲！……！槍殺我們的同胞，焚燬我們的房屋，那時東北的擁兵的將軍，抱定不抵抗的主義，結果把我良好的土地，拱手讓給日本了，啊！同胞們！好不慘痛啊！好不悲傷啊！

要知道東北三省，是我們最豐富的土地，就是我國的命脈所在。

同胞們！要想恢復失地，報仇雪恥，必須和日本拼個你死我活，但是還要知道，救國的事實，決不能一朝一夕所能完成，必要長期的奮鬥！如果我們能抱定不怕死，且能長期的抵抗，那麼便是我們起死回生的良藥，雪恥報仇唯一的方法。

同胞們！努力前進！努力衝鋒吧！

我最有趣味的功課

劉永明

各人的脾情不同，有的對於算術很高興，有的對於英文很高興，而我最高興最有趣味的課程，要算是勞作了。

因爲勞作是出自己的力，用自己的心，做成的東西自己享受，分文不用，這是何等有價值呢：

我國所以民窮財盡的緣故：就是因爲人民缺乏勞作的意識。你看我們日常所用的器具大多數都是外國貨；每年損失十餘萬萬元，我國怎能不民窮財盡呢：要想使中國富只有提倡勞作。

省三的女兒

征

（一）

媒婆一腳跨到省三的門前便笑臉迎迎地說：「好了，事情已經辦妥了，我專等喝喜酒呢！」

省三的婆子慌忙把着一根烏煙管給媒婆吃。

「多謝！」省三也過來坐下。

「是不是那剛從外邊來的個當官的」？省三的婆子滿臉笑容的說。

「總算女兒有福氣！」媒婆口裏含着煙管鼻孔僅是出煙。

省三露出很不快樂的愁臉來，好像對這事不贊成的樣子。媒婆看透了他的意思，便帶着笑的神色說：

「人家有錢就中來！……」

省三縱了縱眉毛，略停了一刻，兩隻眼睛而對着媒婆。

「後天，送錢來！」說着用手打了個數目便走開了。

省三是個能揮霍的人，雖然有幾十畝地，已被他賣了大半。他好賭博，他嗜好酒，渾天悶悶的跑到酒鋪裡，喝了個大醉回來。

「我情願餓死，不把女兒給人家做小……。」

忽然被婆子堵住了嘴。

（二）

省三的女兒是頂孝順又頂能吃苦的孩子。省三常對着她說：「你快要出嫁了……」每次說完總得飲泣一陣。

她只是哭望着省三的臉。

她知道父母將自己賣給人家做小婆。免不了是哭。但是守着父母不肯露出一點不快的顏色。

她夜間那能睡熟呢？舊禮教束縛着了她，悲傷只有向心裏進攻。她一合眼便見一個兇惡的面孔瞪着兩個大眼，恨恨的釘在她的身上。好像一個魔鬼……

日子很快，明日便是出嫁的一天了，她對於父母一點話也沒有，對於婆家更一字沒談過。

「好難過的明天呀！」她哭：「明天啊！」她戰抖抖的不能作聲。

在一個暗室中，她最後只說了聲：

「好了！好了！哈哈哈！」便再也不做聲了。

（三）

吹吹打打地擡來一乘花轎，她上轎的時候，一聲也不哭，只[illegible]瞧了了父母幾眼。

[illegible]省三的住宅。到了男家，打開了轎簾：……[illegible]

把剪刀[illegible]這姑娘的咽喉！

古人箴言

一，天然者自由之根本；正義者自由之標準；法律者自由之保障　己所不欲，勿施於人者自由之界限。

縣黨部無綫電收音室開放節目

九月二十九日　星期日

一二，一〇　平劇　戲迷傳　玉堂春　監　李七　長亭　柳如是　譚鑫培　金少山　譚小培　合唱　黃金台

一二，三五　樂隊奏樂　胭粉計　蘇少卿　菊朋　譚富英合唱

一九，〇〇　平劇　京市政府樂隊奏播：國樂　打鼓罵曹

二〇，五五　簡明新聞

二一，〇五　新聞

九月三十日　星期一

九，〇〇　新聞　颶風報告　合唱　打嚴嵩

一一，五〇　平劇　報時颶風報告氣象商情　戰樊城　相思寨　迴龍閣　探(?)寒窰記之磨房　四本雅觀樓　太子　梅玉配　管東風

一九，〇〇　平劇　馬連良　梅蘭芳　芳　尚小雲　王少樓合唱　三娘教子　讀書(?)　金少山　[illegible]　周五(?)　[illegible]　綠　露蘭春

二〇，〇〇　報時颶風報告　氣象水位第一次簡明新聞　合唱

二〇，一〇　賑災節目　關於賑濟水災問題

二一，四〇　第二次簡明新聞

二一，五〇　新聞　陽春曲　醉漁　唱晚　陽關三疊　塞上曲　粉宮樓　碧玉簪　鴛兒樓　總理紀念歌

二二，三〇　國樂及平劇

豐報
第八九五號
社址豐縣大同街
中宣會登記證中字第一二九二號 內政部登記證警字第二二○三號
中華郵政特准掛號認爲新聞紙類

△廣告刊例
一、本報廣告以方寸計算
一、每方寸以市尺長寬各一寸計算
一、新聞每方寸每日大洋一角 普通每方寸每日大洋八分 三方寸起碼
一、登三日以上九折 六日以上八折 十日以上面議

◁今日一張半▷

本報價目
本報每份大洋一分 每月大洋三角 外埠每月大洋四角 郵費在內

△總理遺囑△
余致力國民革命凡四十年，其目的在求中國之自由平等。積四十年之經驗，深知欲達到此目的，必須喚起民衆，及聯合世界上以平等待我之民族，共同奮鬥。現在革命尚未成功，凡我同志，務須依照余所著建國方略、建國大綱、三民主義及第一次全國代表大會宣言，繼續努力，以求貫徹。最近主張開國民會議及廢除不平等條約，尤須於最短期間促其實現。是所至囑。

救濟院施醫所變更門診時間

近日天氣漸寒，本院施醫所爲便利病家起見，照例變更門診時間，自十月一日起門診時間改爲自上午十時開診至下午四時停診。

中外要聞

六塘河潰水向東灌宣流
灌雲七萬民夫搶築鹽柴河堤
◎◎黃河水利會已將口門測竣

▲中央社清江浦廿九日電　南北六塘河水仍洶湧，沭陽柴河南北六塘河水已相連，五六十里寬長，一片汪洋，災民經縣府以木筏救出，安置高埠處，待賑孔殷。

▲中央社徐州廿九日電　灌雲急（一）六塘河楊口等處新舊堤潰決後，水勢狂奔，田廬盡沒，災民四散，現水向東海灌雲宣流[illegible]，灌雲集民夫七萬人，搶築各河大堤。（二）灌雲商會籌購大批麻袋，由鄉民星夜屯城。（三）灌雲縣府以沿河各口內，均有閘壩，阻水宣洩，特令沿河閘卡將放口門，撤除閘壩，放水入海。（四）鹽運使署及稅警團官員，與人民合作，築鹽河堤岸。

▲中央社清江浦廿八日電　鹽河受黃水灌入，水勢洶湧，險工迭出，灌雲民夫六萬人，趕搶自龍溝到卜家浦一帶堤工，兩淮甚緊急，亦加派民夫二千名防守鹽河新堤。

▲中央社清江浦廿八日電　經委會專員楊體璞廿八日午由京抵浦，晤許心武等詳詢中運六塘水勢，午後即北上視察沭陽宿遷縣水情，然後往沭陽灌雲視察六塘。

▲中央社濟南廿九日電　黃河水利委員會測量口門已竣事，所測圖送堵口會，堵口會當交工程組參酌辦理。

閩東殘部迭遭痛擊
朱毛殘匪多絕粮餓死

▲中央社福州廿八日電　史宏烈電省報告，霞浦福鼎股匪，已由所部新十師切實剿辦，殲滅殆盡，又保安第二團廿一日向太老山搜索，詢作霖、鄧瑞康等率殘餘匪衆百餘人向霞浦福鼎邊分竄，太老山已無匪蹤。

▲中央社福州廿八日電　東路股匪受重創後，即匿大洋寨深山，綏署爲澈底肅清計，令部追剿，廿八日我軍拂曉將山縱火，殘匪被煙薰火燒，難以隱匿，相率奔竄，我軍以機槍掃射，斃匪甚衆。

▲中央社福州廿八日電　范譔民股匪仍出沒洋順樹林中，衛立煌令李玉堂等兩部組進剿縱隊，跟蹤追擊，劉和鼎部在閩邊堵截。

▲中央社成都廿八日電　匪在甘邊飢斃甚衆，行營據朱紹良電，班佑阿西一帶已無匪蹤。

▲中央社西安廿九日電　王以哲部向開陝北口縣北搗破川匪後方僞政府，擊破老巢，獲大批粮食，牛羊千餘頭，已佈告民衆領回，附近殘匪已殲清。

▲中央社成都廿八日電　行營參謀團據鄧錫侯廿五日來電稱，據降匪稱，匪每連每日食麥一斗，兼煮牛皮充飢，匪衆日有餓斃，軍心十分搖動。

西蓉綫正式開航

▲中央社西安廿七日電　西蓉綫正式開航，歐亞公司於廿七日改派一號機由京過陝飛蓉，滿載乘客郵件。

行政院將召所屬各部討論西藏建省問題

▲中央社南京廿八日電　關於西藏建省問題、川省主席劉湘已向蔣委員長條陳意見、蔣已將劉之意見書轉行政院核議、現聞行政院擬召內、軍、財、實、教各部、及蒙藏委員會、開會審查、並函請參謀本部參加。

教部派員分赴各省視察義教

▲中央社南京廿八日電　教育部以實施全國義務教育已於本年度開始、國於中央補助地方之義教經費分別予以配定、且已如數發放、現悉教部為明瞭各者市辦理義教情形起見、除視察邊省之郭蓮峯出發外、該部督學顧兆麐、科長戴應觀、亦將於下月初旬赴雲貴甘陝青等省視察。

調查全國米糧業

農村復興委員會

▲中央社南京廿八日電　行政院農村復興委員會主辦之全國米糧業調查、業已編成報告者有蕪湖南京等地、無錫調查亦已完畢、現正由該會專員孫曉村編製報告、鎮江調查刻仍在進行中、下月初可告竣事、聞該會擬於秋後前往江北調查。

財部新庫落成

▲中央社南京廿八日電　財政部前設計在中央銀行建築部庫、由大元公司承建竣工、中央銀行特函財部請派員到行驗收、並將庫門鑰匙轉財部保管、現悉財部已派定專員前往該行辦理驗收手續。

水利處長茅以升抵京報告杭州鐵橋進行情形

▲中央社南京廿八日電　全國經濟委員會水利處正處長茅以升、於今晨由杭抵京、上午即至經委會向祕書長秦汾報告杭州鐵橋進行情形、並請示江河治理計劃、午後會同副處長鄭肇經詳商黃河堵口積極進行事宜。

青民廳長譚克敏公畢離京返省

▲中央社南京廿八日電　青海民政廳長譚克敏來京晉謁汪院長報告青省軍政情形、業已事畢今日已乘車離京、擬經陝返省。

軍委會交通研究所舉行畢業典禮

▲中央社南京廿八日電　軍事委員會交通研究所自去年一月間開辦以來、已歷年餘、平日除注重軍事及交通學術科訓練外、尤側重人格教育實施　近以修業期滿、攷試完畢、特於今晨舉行畢業禮、由軍委會辦公廳主任朱培德代表蔣委員長給文憑、並宣讀委員長訓詞、次由參軍長呂超代表林主席訓詞、次由軍政部長何應欽代表等相繼致詞、語多勉勵、末由該所主任鄧梯致謝詞、並以堅苦卓絕人格氣節告戒諸生、最後學員答詞。

教部推廣無綫電收音機

▲中央社南京廿八日電　教育部為實施無線電播音教育、曾令飭全國各中等學校及民教館添置收音機、以便收音、關於該項收音機之裝置、教部除製定調查表令發各省市轉飭塡報外、並向建委會定購收音機一千架、現此項收音機已運到、由教部請中央廣播電台檢驗接收、俟竣事後、即由部運寄各校館、趕速裝置云。

京市游泳籌賑比賽會昨舉行

▲中央社南京三十日電　京市社會局及勵志社合辦之江西省南京市游泳代表賑災游泳比賽會、昨在中央游泳池舉行、觀衆數百人、售票一百三十五元、悉數撥充賑災。

吳敬恆由平返京

▲中央社南京三十日電　中央監察委員吳敬恆氏、月前到華北游覽名勝、現已事畢、昨晨八時、由平抵京、下車後即赴監委會休息、定日內返無錫。

贛省府興築堤圩以工代賑

▲中央社南昌廿九日電　贛省府為防止未來水患、決將中央水災工款撥為興築堤圩經費、利用災民作工、以工代賑、不敷經費由省籌措。

隴海路西咸段定下月敷軌

▲中央社西安廿九日電　隴海路西咸段土方工程本月底完成、定下月一日起開始敷軌、西咸段年底通車。

西北文物展覽物品不日運京陳列

▲中央社南京廿八日電　西北文物展覽會籌備以來、收到各方名貴物品甚多、近聞該會收到參謀本部陸地測量局贈蒙古圖西藏西康圖、及各省郵路圖、內部贈各種統計圖十二份、內部調查統計共三本、蒙藏委員會贈西康全圖交通圖、郵政局贈陝甘郵路輿圖各一張、又聞該會籌辦事處已徵得展覽品一百六十餘種　不日運京陳列。

中國物理學會呈行政院改訂度量衡標準制名稱

▲中央社南京廿八日電　行政院因中國物理學會呈請改訂度量衡標準制名稱、院會雖決定由實業部徵求全國各法團意見、以便召開正式會議、建委會特擬定適合科學標準制度量衡提案、屆時提供討論云。

胡嘉詔視察成渝路完畢返省

▲中央社重慶廿八日電　川黔公路管理處長胡嘉詔、視察成渝路完畢、已詳定計劃、擬分別實行　川陝路已興工、限兩月完成、川湘路即日開始勘測。

本屆全運會門票價格規定

▲中央社上海廿八日電　本屆全運會門票計分毛、四毛、六角、一元、二元五種、另有長期券一種、售洋十五元、各場通用、此外更有學生優待券按四分之一收款。

滬市舉行國術游藝賑災大會

▲中央社上海廿八日電　市國術館及精武體育會等、發起之國術游藝賑災大會、廿八日晚在中央會場舉行。

中航昆渝線已開始飛行

▲中央社昆明廿八日電　中航昆渝綫飛行日期　現改定為每星期二六往返飛行各一次、本日起已實行。

粵漢路新工已通車十六段

▲中央社長沙廿八日電　粵漢路各段新工、逐漸告竣、各綫行車章程運定現已通達十六站、則規定時間發售三等客票。

鄂省黨部舉行國術比賽助振大會

▲中央社漢口廿八日電　鄂省黨部發起之國術比賽助賑大會、廿八日下午一時在武昌公共體育場開幕、二時半團體表演、三時正式比賽、會期三天、參加者二九三人、入場券二角、第　日觀衆千餘。

熊式輝視察贛東施政狀況

▲中央社南昌廿七日電　熊式輝廿八日出發、視察贛東臨川等縣、預定三日、視察目的、（一）清鄉、（二）災情、（三）保安團隊保甲、（四）一般施政狀況。

意亞戰事將於最近發作

意軍加速運往東非

▲中央社亞京廿九日電　此間人士、預料意亞戰事、將於十月十日前發作、此間意國陸軍隨員、聞已有令後三星期內戰焰必開之表示。

▲中央社那波勒斯廿八日電　意國開亞政府將下動員令消息、現加速運兵東非、今日午後有萬餘人分乘運兵艦五艘自那波勒斯出發、同時有坦克炮車七十輛、由波羅格拿運非。

▲中央社巴黎廿九日電　據羅馬電訊、義當局固不信國聯制裁見諸實施、但亦不敢輕於不注意戰時所不可少之金屬、及化學原料、及製槍柄木料、進口稅免除、一切建築、不許濫用鋼鐵、以便省供軍用、而氣油之消費　亦因價高而減少、農部屯積二百萬困特爾　以備市價飛漲時、供給民食　如國聯果施行經濟制裁、義將設法與非會員國互通有無。

▲中央社日內瓦廿八日電　亞王請國聯添派天空警察到亞國聯正注意此問題、如能成將派飛機八架每架帶司機視察員各一人、巡視長一千英里之亞國邊境、並請亞速備飛機降落場所、並信亞干將請國聯派陸地視察員往邊界。

蘇省府舉行委員會議

△江蘇社　蘇省府廿六日舉行第七七九次委員會議出席委員陳果夫、余井塘、趙棣華、沈百先、王柏齡、葉秀峯、鄭亦同、列席羅時實、主席陳果夫、紀錄萬君默　報告事項、（略）討論事項、（一）呈薦沂沭律設縣公路管理處處長　管理處組織章程補呈行政院備案、（二）復核禁烟治罪各案六十六件、（三）沂沭尾閭區沭陽東海灌雲三縣防汛事宜、責成東海區都專員指揮辦理、由導沂入海工程處派工程人員協助云。

蘇水災救濟總會訂定　災區振濟辦法大綱

省府委員會議修正備案

△江蘇社　蘇省水災救濟委員會賑濟組擬就本省災區賑濟辦法大綱、提經廿六日省府委員會議報告修正備案、茲將該項辦法原文探錄於下、

◎……本省急賑……◎

◎……擬辦法大綱……◎

（甲）第一賑濟時各項工作、（一）救生救集船隻趕釘木筏、備辦乾餱分途救生、（二）設置收容所、擇定災區就近廟宇、或搭蓋蘆蓬、收容災民、（三）禁止屠殺耕牛及出境、給予適當之飼養費、或請農行貸款飼養之、（四）辦理災民戶口臨時異動、藉備第二期賑濟查戶之用、（五）採購施賑藥品、組織災區防疫隊、攜帶應症藥品就地施放、（乙）第二賑濟時期各項工作、（一）召集流亡實施臨時災民急賑、按照各省義賑會查放章程查戶給票、給予賑款、（二）給予賑款數量、似須稍寬　藉使兼顧修繕房屋、及補辦農具、（二）施放賑衣　查戶給票時、遇有無衣禦寒者、發給賑衣票、發放賑款時、一併給領、（三）以工代賑、選擇災區壯丁、移充疏濬工夫、或籌辦其他工程、（四）資遣災民歸農、資遣收容所收容之災民歸農耕作、（丙）第三賑濟時期各項工作、（一）貸款貸種、籌集款項種子、貸給災區農民、（二）辦理平糶設立平糶機關、實施平糶、（二）實施春賑、青黃不接之時、災民壯丁容或有工可做、老弱婦孺已至施賑不活之境、尤須查照第二期急賑手續　再發一次春期急賑、藉免死亡、以上三期、第一期工作彼災各縣均已奉令着手舉辦、自爲目前當務之急　第二期則係民命至鉅、已至籌備時期、亟需趕辦　第三期爲災民最後掙扎生死關頭、格外嚴重、亦應早爲之通、爭於各項實施細則、另行規定。

蘇省童軍理事會主辦　童軍操法講習會開幕

△江蘇社　中國童子軍江蘇省理事會、爲統一全省童軍操法起見、特召集各縣總團長及各縣指導員來省參加操法講習會、該講習會於廿八日上午八時開幕廿九上午十一時閉幕各縣代表來會報到者截至廿五晚六時止、已有四十餘人、茲附該會日程於後、廿八日上午八時開幕式八時三十分陳邦才報告全省大檢閱大露營要點、九時三十分趙起銀講中隊操法並實習、十時三十分宋景祁講軍號並實習、下午二時宋景祁講小隊操法並實習、三時檢閱式實習、廿九日上午八時宋景祁講童子軍新操法並實習、九時三十分陳邦才講競賽規程、十一時閉幕式。

蘇省府積極　推進强迫識字教育

訂不入學懲誡辦法令各縣遵辦

△江蘇社　本省實施强迫識字教育、業經民教兩廳訂定江蘇省各縣實施强迫識字教育初步辦法、令飭各縣公布施行、茲省府爲諄各縣識字教育之積極推進起見、特依照該辦法第十四條第四項之規定、由民政教育兩廳訂定江蘇省各縣實施初步强迫識字教育懲誡不入學民衆辦法八條　通令各縣遵行　茲將該辦法原文特錄之於後、第一條、本辦法根據江蘇省各縣實施强迫識字教育初步辦法、第十四條第四項之規定訂定之、第二條、應行入學之民衆如不依照江蘇省各縣實施强迫識字教育初步辦法第十四條之規定入學時、應即懲戒、由鄉鎮普及識字教育委員會查明後填具懲誡申請書、（式樣略）經區普及識字教育委員會決定後、由公安機關或區公所執行之、第三條懲誡之方法、得採用左列之一種一、拘傳申誡二、令其操作三小時至六小時之勞役三、科以二角以上五元以下之罰金、第四條　前條懲誡二十歲以上者、罰其本人、二十歲以下者並罰其戶長、店夥傭工乃係雇主阻撓者、並罰其雇主、第五條、懲戒執行後、限定日期責令入學、如仍不入學時、得懲戒之、以達到入學目的爲止、第六條、執行第三條第三項懲誡時應由懲誡機關填給收據、（式樣略）其罰金應彙交縣政府妥爲保管、由縣政府按月公布、並充作本縣內實施强迫識字教育之用、第七條、已入學之民衆如中途無故缺席在三次以上時、或無故間次缺席滿學習時間　分之　以上時　準用本辦法之規定懲誡之、第八條、本辦法由省政府公布施行。

蘇財廳派員分赴　江北各縣督徵棉花稅

△江蘇社　蘇財廳以江北各縣茲値棉花上市　稅收正旺、特派該廳督徵員分赴各縣營業稅局督促徵收　茲經派任如皋南通海門三縣營業稅局爲　茂慶　鹽阜營業稅局爲吳耕、泰東營業稅局爲劉驤　以上各員均已先後起程分赴各縣、聞今歲江北各縣棉花收成甚豐、各縣營業稅自財政整頓以後、此項稅收較之往日增加十數倍之多、所有各員須俟稅款徵收完畢後　始各返省　爲期約有兩個月云。

私吸鴉片偷運煙土　省令嚴厲查禁緝捕

使用保安隊執行任務須審愼　非不得已概行避免以杜流弊

△江蘇社　蘇省禁政自劃由蘇民廳辦理後　余廳長於禁烟事項更爲注意、近據本省屬禁煙來對吸戶限期戒絕私運例有常刑、早經三令五申　無如墮落愚民、尙未盡戒、狹黠敗類猶復鋌思偷運、地方執行禁煙機關自應分別查禁緝拘、以遏頹氛、在時機緊急或警力不敷分派、得使用保安隊執行禁烟任務　惟須愼重從事、非在特殊情形之下出於不得已者、概行避免、以杜流弊、頃該廳特分令各該縣長遵照、並轉飭所屬一體遵照云。

蘇省黨部通令各縣黨部　勸募水災捐款

規定各縣捐款額最低數　捐款期間以兩個月爲限

◎辦理不力者罰成績優良者獎◎

△江蘇社　蘇省黨部前通令各縣黨部云　查本省徐海水災前所罕覩、濁浪排奔、肆威爲虐、廬舍之擺、哀鴻遍野、引頷作食衣之待、其景其情、不忍至慘、本黨負有解除民衆痛苦之職責、凡我同志、自應抱己飢己溺之懷、以達救世救人之願、爰經本會製定各級黨部勸募水災捐款辦法一種、隨令頒發、務仰各該黨部遵照辦理、毋得延誤爲要、此令　附各縣黨部勸募水災捐款辦法原文如下、一、各縣黨部接到省黨部命令、三日內、應即召集當地各機關團體舉行救災宣傳會議、鼓勵各界一致捐款救災、二、由各縣黨部領導當地各機關團體學校及童子軍組織募捐隊、（其組織辦法由各縣自定之）在城區及重要市鎮、挨戶勸募現款及衣服　三　各地娛樂場所　應由各所在地縣黨部會同縣政府勸令義務捐助一日至三日之全部營業收入、撥充賑款、四、每縣捐款總額、最低數甲等縣五千元、乙等縣三千元、丙等縣二千元、凡被災區域不計在內、五、所捐現款及衣服、除隨時發給收據外、並須登報公布、其登載之報紙　應於募捐結束時　連同捐冊存根、彙送各該縣水災救濟分會、轉解江蘇省水災救濟總會　此項募款期間、以兩月爲限　並將辦理詳情及款物總數呈報省黨部備查、六、各縣捐募之現款　均須隨時存儲當地殷實銀行或錢莊　不得留存私人處所　以示公開、七　各縣黨部如未遵照本辦法辦理、或自辦理不力情事發生時　應由省黨部分別懲處、其懲處之辦法、分記過　罰薪　撤職三種、其成績優良者、由省黨部予以嘉獎記功等之獎勵。

本縣新聞

縣政府召開第五十四次區長會議

確定保甲總檢查日期　籌募棉衣賑濟災民　限期籌足各區倉穀

縣政府於本月二十七日下午二時，在該府會議室召開第五十四次區長會議　出席者縣長王述先、第六區長董仲安、第二區區長卜憲章、第一區區長韓韶九、第五區區長董玉樹、第三區區長彭繼亭、第四區區長夏慎言，列席者、祕書柔朝永、農業推廣所管理員劉棟（薛廷燧代）保安隊大隊附鄭厚學、縣農會幹事長彭世亭、救濟院長張紹緒、實驗鄉鄉長董雪山，主席王述先　紀錄張念齋　主席報告一、奉令解釋壯丁隊隊長等之階級、二、奉民廳令，為本縣呈請試行政教合一　民農教館館長為鄉鎮保甲長照准、三、關於二十三年度各區區政，奉令第二區區長卜憲章記功、第三區區長彭繼亭　第一區區長韓韶九嘉獎、四、奉專署令知，戶口異動查報暫行辦法，及訓練助理員設置戶籍警一案，縣呈核准、五、奉專署令知，保甲中心工作開始時期，自本年九月一日起，迄二十五年三月底止，為結束時期、六、奉令公務員因案撤職，他機關不得錄用、七、奉專署令發取締會匯暫行辦法、八、奉財廳令知、規定九月十日以前，為農倉庫申請登記期、九、奉專署令、奉省轉飭特縣未經受訓各鄉鎮長來省補訓，本縣第五區已選送二名、十、奉發銅山區各縣壯丁隊冊表式樣、十一、奉令戶口異動查報辦法修正後，應召開講習會　仰遵照具報、十二、奉建廳令懇搶險、並傳諭區鄉長一體遵照、十三、奉民廳令發甲長對禁煙應有之認識與努力、十四、本縣辦理築堤搶險情形、十五、奉令接收縣禁煙委員會成立第三科，並委張國權為科長、十六、第七區長王純九辭職照准，另委曾慶[illegible]接替、十七、建廳周工程師離縣、專署補委員駐縣　協助救濟事宜、十八、本縣災民收容所七處、共收災民一千六百餘人、十九、縣禁烟委員會新委王子隃、董玉珉、黃體潤、王純九、韓韶九、李效禹、李厚堒等七位先生為委員、二十、鹽城區縣政參觀團約一週內可以到縣參觀、第一科長黃體潤報告、一、刻本縣奉令強迫識字運動，希各區長特別注意、二、在最近本縣舉行戶口總檢查，除由縣特請各機關職員總動員外、並希各區長應特別努力、三、二三兩區對於災民要妥為救濟、四、本縣最近奉令對於畜羊　植美棉植小麥、要特別注意　並說明畜植辦法、並規定第六區推廣美棉一百頃、討論事項、一、本縣各區保甲門牌、亟待整理、應確定總檢查日期案、決議　自十月二十日起　至十一月十日止、二、前禁烟委員會傳拘施戒之煙民、未經傳拘到所受戒、應由各區負責傳拘案、決議、由各區負責傳拘、三、關於訓練壯丁政治訓練員入選標準、應如何規定案、決議、各區區公所助理員、各民教館館長、暨各完全小學校長、四、本縣二三兩區災情奇重　擬向各區籌集棉衣、藉為冬賑、可否請公決案、決議、本縣除公務員另有規定外、在未受災區域、每保一套、並限十月底以前送繳縣府、五、各區倉谷應積極辦理案、決議、限十月底籌足限額　六、各區長提議、各區河工津貼、請定期發還案、決議、儘雙十節前清理發還　閉會、

楊樓民教館　舉辦露天倉庫

儲押資金萬元　現已開始登記

本縣楊樓民教館、為救濟農村　調劑金融起見、除辦理麥季儲押放款一萬元外、茲鑒于秋收將竣、糧價日高　仍有舉辦秋季儲押之必要、前特函請江蘇省農民銀行豐縣辦事處、准予續行借款一萬元　辦理秋季儲押、經該行楊主任據情呈請總行核示、昨接電覆　現已照准、聞該館除忙於佈置、庫場所外、已於本月二十七日開始登記云。

縣農會決在各區續設特約染坊

失信用者停止貸款另行補設

本縣縣農會為提倡土靛，藉杜漏卮起見，曾商同農工銀行、規定貸款辦法、設特約染坊　限定購用土靛、辦理以來、土靛價值提高不少、最近又經縣農會第四次幹事會議議決、各區續設特約染坊．凡失信用者一律停止貸款、另行補設　聞現在已商得農工銀行之同意、該行不日即將失信用之特約染坊函知縣農會、而有信用之特約染坊及新請開設者、即可向縣農會請領貸款申請書云、

縣政府保送水災善後服務團團員高世惠等　赴徐受訓

銅山區專員公署為救濟災區知識青年並輔助被災各縣辦理善後起見　特舉辦災區服務團團員訓練班，曾訓令本縣縣政府甄選被災知識青年　赴徐受訓　各情已誌本報、縣府奉令後、當選定高世惠、趙錫英、李居坦、劉禮修、鄧星瑞、劉國祥、黃隆生　黃云瑜、劉又程、黃本信等十人、于今晨前往徐州受訓矣。

防黃紀略（八）

拙

八月七日　晴

今日水勢不漲不落、一二三四等區均報工　五六七等區亦漸有報工者、

省建設廳指導工程師周玉山氏、偕專員公署第一科長盧克裕氏　於今午來豐視察築堤工程　余與相見於義河口　周工程師認為孫樓後全接義河口之一段、堤甚危險　須就孫集東邊、再築套堤一道　作為第二防水綫　余當時告以若此段潰決，義河堤勢難保全　水歸義河南泛、是仍無濟於事　於其築套堤、倒不若鞏固此段之為愈也　周工程師遂堅持己見　惟臨[illegible]囑多備麻袋　存放孫集預備搶險

夜深十二時、王縣長忽來電話　謂據報息　南陽湖白谷亭北之馬坑決口　水向西南流　已至魚台東之蒲包張集、暫為魚人新築之民堰所阻、距本縣三[illegible]之和事樓、不過十餘里　時迫事急　即先令三區出民夫數百　幫助魚台在張集築堰、如不成　即沿本縣北邊、東起復新河、西至張口築堤壩十二里、以防此水流入本縣境　並云擬於明晨親自赴魚屬之張集觀察水勢、決定防守辦法、得此消息　無任焦急！

八月八日　晴

晨起將馬坑決口之訊、電知沙莊鄉長魏志真、第三區長彭繼亭、令各準備徵調民夫備用、

縣長於早晨乘坐汽車偕第三區長赴蒲包張集視察、歸至王寨、與余來一電話　謂魚台人築堰　既無組織　復無計劃、散漫凌亂，情形極壞　本縣本願幫工、但以情形觀察、恐徒勞無功　祇好自生辦法　擬令三區出工二千八百人、二區出工八百人、四區出工一千四百人、沿三四兩區溝濠、築一規模較小之堤防　東起三區之復新河、西至四區渠閣西北之豐魚汽車路，長約二十里、詢余意見、余極端贊同、縣長當即電調趙技術員守真赴和事樓　着手測量工作、

此間壘工、除七區有五鄉因取土困難、今日尚未報工、餘均一律報工、毛樓楊樓史樓三鄉工人，因取土困難　勞苦特甚　各賞洋二十五元、葦坑胡樓兩鄉亦因不甚得土、吃虧較他鄉為大、特各賞洋八元、毛樓鄉長侯守禮指導有方、特賞洋四元　楊樓史樓兩鄉長頗覺努力、特各賞洋二元、工人得此、工作為之一振、

當余於傳孝處支領賞洋、預備赴孫集發給工人時、因一時疏忽、倉卒成行．竟將此款遺置於辦公處之院中，小床上、彼時同人俱出．祇有五區區丁名郎倘勤者一人瞥見、彼即拾起　飛奔追余於途、將款原封送還、此人拾金不昧、其忠誠實有足稱焉．

司法欄

△縣政府司法批示▽

△刑事原具狀福茂永、一件、為懇請將孫基紹賞保在外、不誤傳喚由、狀悉、暫准保釋、此批、

△庭期審理案件▽

十月

一日審理王李氏訴趙來城妨害風化案

一日審理宋鳳山等盜匪案、

一日審理孟樹田訴李忙等殺人案、

一日審理王善雲與劉潤身款項涉訟案

△本城糧價

名稱	每市斗價目 最高	最低
小麥	三千五百文	三千四百文
大麥	二千三百文	二千二百文
黃豆	二千三百三十文	二千三百文
黑豆	二千二百五十文	二千文
綠豆	二千七百五十文	二千七百文
江豆	二千四百五十文	二千四百文
高糧	二千三百文	二千二百五十文
穀子	一千八百文	一千七百五十文
稷子	二千二百文	二千一百五十文
芝蔴	三千五百五十文	三千三百文
青豆	二千三百文	二千二百五十文
花生每斤	一百三十文	一百一十文
瓜子每斤	五百四十文	五百二十文

氣象

陰

風向　東南風

最高溫度　七八

最低溫度　六七

第三十四期目錄

徵稿辦法

一，投稿範圍　本刊對下列各稿，一律歡迎。（一）與教育文化有關之插畫。（二）言論。（三）專著。（四）調查。（五）教育消息。（六）參考材料。（七）參觀報告。（八）教育心得。（九）教育文藝。（十）教育譯文。（十一）研究報告。

二，投稿要項　投稿人請注意下列各項。（一）來稿文言語體，均所歡迎。（二）如係譯稿，請附原書。（四）投稿人請在稿後附列姓名，住址，以便通訊　揭載時如欲另署別名，亦請註出。（五）來稿請逕寄豐縣教育局本刊編輯部，

三，選刊辦法　本部收到來稿時，依下列各項處理之。（一）本部對於選刊之稿，有酌量增删之權。如投稿人不願增删　應事先聲明。（二）選刊之稿，概用極有價值之圖書致酬，其種類與數目由本部酌定之　概不預先函商。（三）來稿無論刊載與否，一概不負寄還之責、但如投稿人預先聲明者，只可代為保存，親自來取。（四）來稿須繕寫清楚，以便付印。

編輯部徵稿啓事

本刊以溝通教育消息，交換教育心得為宗旨。務望各區教育同志，將教育消息，研究論著等稿件，隨時寄交本部。事實務求新鮮而具體；文字務求簡要而靈活。再本刊為鼓勵作者興趣起見，對於刊載稿件，一律酌贈有價值之圖書雜誌。辦法另訂統希鑒察為幸！

論述

評判學校成績怎樣才稱公允

△評判學校成績要根據進度的大小
△評判學校成績要根據經費的多少
△評判學校成績要根據環境的優劣

藹庭

評判學校成績之好壞，對於學校之進度，經費環境不可不徹底明了，如對於學校之進度經費環境不加以詳細之調查，即憑主觀評判其成績之優劣，施之以獎懲，吾信其結果僥倖者有人，冤枉者亦有人，豈得謂平乎。我以為評判學校之成績，最公允之辦法有下列三點，當否？倘祈教育界同人多加指教！

一，評判學校的成績要根據進度的大小

杜威說：「教育即生長。」反過來說，不長進的教育，一定要跑到落伍之列，難免異日的淘汰。例如甲校二十三年度學生平均分數八十分，乙校為七十分．以平常人的眼光觀察，總以為甲校的教學效律為優，乙校的教學效律為劣；但我們如一追求已往，在二十二年度的時候，甲校平均分數為九十分，乙校則為五十分，那麼我們可以知道甲校分數雖多，他是退步的，乙校分數雖少，他是進步的（兩校教職員在二十二，二十三年度均無變更的）。再進一步說，甲校學生的成績雖好，確不是二十三年度該校教員的力量，而是以往教員勞苦的收穫；乙校學生的成績雖壞　確不是二十三年度教員的罪過，而是以往教員的溺職。所以我們評判學校成績的時候，先要考查其以往成績如何，與現在作一比較，看他是上進或後退　以作評判的標準。

二，評判學校成績要根據經費的多少

語云：「花的錢多，買的鹽多。」若要比較兩　教育效律之大小，先要看他的經費有無懸殊，經費多的學校，在用人及設備各方面，在在可以措施裕如　效律自然能大；經費少的學校，在用人及設備各方面看着棘手　效作必然要小所以我們評判學校成績的時候，經費多的學校與經費少的學校，是不能等量而觀的，例如甲校是一等教員，每月經費二十二元；乙校是二等教員每月經費只十六元，一樣的努力，甲校的效律一定比乙校大，如果用一樣眼光看的話，那甲校何須乎用一等教員呢？他如甲校有集會及學田收益，乙校無之，甲校因之可以添置或建築，乙校雖有此計劃，奈困于經費，終成畫餅。所以我們評判這兩校效律的時候，必須把甲校的額外助力除去，再為之比較。

三，評判學校成績要根據環境的優劣

昔孟母三遷，其意即選擇優良環境以為教子之助。我們學校成績之優劣，與環境之關係亦甚大，如果某校設在文化發達，民生富庶具有種種優良條件的地方，舉凡雜費的徵收，學生的招集等均無困難問題，成績自然會優良，設使設在風氣閉塞地瘠民貧且有種種惡劣條件的地方，舉凡雜費的征收，學生的招集等任任均不容易，成績怎能會好。所以評判學校成績的時候，對於學校環境的好和壞，也不能一樣看的。

以上我評判學校成績三個膚淺的意見是否眞正公允，深望教育同人多加斧正，如果因我這三點陋見，提醒了大家研究評判學校成績方法的念頭，將來對於評判學校成績的方法有了許多好的供獻，我這三點意見成了拋磚引玉之劑就更幸了。

怎樣做小學校長（續）

聶楚鏡

（一），開學以後

一，辦理編級測驗及轉學升級手續。
二，指導各教師辦理智力測驗。
三，擬定對智能兒童和低能兒童的教導特殊辦法。
四，分發課業用品。（或令兒童購買）
五，協同教導系編排日課表。
六，協同教導系製定本學期公民訓練大綱。
七，指導調製各種表冊及簿籍。
八，督促各級任登記各級兒童學籍。
九，請各教職員吃便飯或茶點．以示親善及聯絡感情之意。
十，開始訓練兒童常規活動。
十一，指導教師服務及考察各教師教學精神。
十二，編定詳細預算。
十三，舉行校務會議。
十四，按保甲編制組織兒童自治團體。
十五，擬訂各級部各教室環境佈置中心。
十六，考察教師及兒童應記載之日用表或簿冊。
十七，支配工友服務並考查成績。
十八，細查各個新教師及新兒童之個性。
十九，與兒童個別談話，並舉行家庭訪問。
二十，開放學校社會溝通。
廿一，注意童子軍的訓練。
廿二，其他。

（二），每一天的

一，巡視校舍，注意整潔，
二，巡視兒童上課時的秩序及出席人數。
三，督促監護員負責巡查。
四，督促各教師，塡寫教學實施錄。
五，教學時間內，參觀各科教學狀況。
六，檢閱監護日誌注意兒童風紀
七，自記學校大事，自塡校務日誌。
八，處理自任課務
九，閱讀教育書籍及報章雜誌。
十，其他。

（三）．每星期的：

一，紀念週報告校務時事，及上週各項比賽成績。
二．促開各種定期會議。

（未完）

識字班及模範家庭等。本年度……

三，揭示本週中心工作。
四，出席兒童保甲會議。
五，對當地民衆演講及談話。
六，檢查本週兒童的通病，乘機訓練糾正。
七，訪問特殊兒童的家庭，及小先生教學成績。
八，其他。

ㄊ，每個月的
一，開經濟委員會。
二，檢閱月考成績。
三，獎勵成績優良兒童。
四，招開校務會議教導會議及　檢討各會　議決案
五，舉行月會。
六，其他。

ㄋ，學期終的：
一，舉行成績展覽會及懇親會。
二，測驗兒童學科成績，結算登記。
三，會同教職員評定兒童品性成績。
四，舉行結束會議。
五，分發假期作業　及成績報告單。
六，整理並檢查校具教具，及文件。
七，考查教職員及工友成績作進退根據。
八，編造經費決算。
九，其他。

ㄌ，不定期的：
一，接待參觀人及視導人。
二，參加區政會議貢獻政教合一意見，及社會上各種集會，並作通俗演講。
三，辦理外交。
四，和解同事間的誤會，及兒童對學校的懷疑。
五，採納教職員的建議。
六，核准各教師對兒童重大賞罰，及處理校內或校外偶發要事。
七，舉行避災訓練。
八，考察各科教師成績，抽查教師批閱課卷。
九，協助各界民衆解決困難。
十，其他。

（完）

報告

創辦楊莊短期小學的報告

程曉生

小引

辦一個小學，有啥報告頭？而況短期？然而，有，並且不是報告跟誰某一人知曉，而是報告跟全縣父老兄弟姊妹們知道的。

若有人說這報告有大偉意義。這個，我不敢附和。若有人說：「這，充其量，也不過官樣屁文！」，那，我也不便稱是。

在我呢原想將創楊莊短小的同人的苦幹精神，表現給世人知道，說不定有人看了受了感動，也不顧一切的出來創辦更多的小學，那時，教育之路上，又燃點了光明的路燈，進行也就順為方便了。

若有人定要說這報告有意義的話，那意義也即在此，但是這文章有那樣的感動力嗎？有能使人受感動的地方嗎？這是文章的好壞問題。不能——一定不能——的話，那只是作文的人該打。——誰叫他不能將事實逼真的表達出來呢！

然而，將事實報告出來，不算多醜。這個，我相信。好！言歸正傳。

（一）新思想冲倒了破廟　服務心藥就了學堂——

一抹朝霞，映着座破土地廟。

突突一陣飛上，廟前馬路上馳過了一輛汽車，山門前的青柳搖了幾搖。——這是新潮流與舊時代的衝突。

廟前站着一羣人，正議論拆廟的事情：

「廟是非拆不可！」

「是的咱們拆！」

「拆？不是容易的事！拆了再蓋，更為難！」有一位這樣狐疑。

「有什麼難？只要大家齊心，努力！」另一位非常堅決。

「努力？款子呢？」

「要啥款？咱自個出工，拆，蓋，一包在內。」

「這樣——行啦！」

「好！就這樣辦！」大家都贊同了這個意見。

吃過早飯，便有許多人湧到廟前，有蒼白的老翁，也有十一二的小孩。

太陽滾到東南，像一輪火團，射下萬道毒熱的火箭。幾個力壯的，開始了工作。忙着用柳棍紮梯子。梯子紮妥了，四五個年青的都順着爬上堂瓦屋，剝那黑灰色的瓦衣。

老翁和孩子，都站在梯子下接瓦。

汗珠子瑪瑙樣，滴在瓦上印了銅錢大的痕，一片，一片的。胸前成了小河。

六十多歲的老秦伙計，八九塊，八九塊的將瓦拿出廟門。二十歲的黑漢老三一下子，就扛去了三四十斤的一個壽頭，哈！真來勁。割草的小孩子也都丟了鐮，來幫着拾瓦了。院子裏擠滿了人，來來往往的忙着運瓦。

中間，還有人唱小朋友樣的梆子和小曲。

熱！然而，人好像都不覺得。

沒一會，那屋便露出了黑色的筋骨，顯出了上輕下重，像個頂粗大的人生了個小頭，醜看的很。

累啦，下來休息，大家都站在一行柳樹下揮着席夾子，拂熱。

一聲再來，蜂湧齊上，乒乒一陣，拆下了叉手。蹬倒了屋牆。那破廟像犯了法的囚犯斃在刑場。

到晚來，拆廟的人，又都在自己門前端着雜麵湯，一邊瞧着倒塌的廟一邊說：土地老爺也要逃慌了。

這廟雖不是黃水冲倒的，然而，新思想的凶潮和服務心的瀑布，比黃水還利害千倍。

（未完）

普及現代生活教育之路（續）

轉載

陶知行

攻破短命關

士大夫賜給大衆的孩子的教育壽命只有四年，賜給大衆自己的教育壽命只有四個月。最近大學教授們所謂之學制改革案提出，其中的第一個特點便是把窮孩子的教育壽命從四年減短為一年，當然，窮孩子的教育壽命現在連一年都沒有，給他一年使他跑進教育的王國裏來玩玩，如果不是空頭支票還可算是很大的恩德。但是大學教授們辦學校有寒假，暑假，星期假，星期六下午假，許許多多的這樣假那樣假，何不減少一些把中學大學畢業年限縮短一兩年，倒在國民教育的空頭支票上開刀，實在令人莫解。高等教育經費二十年當中已經從三百九十萬增加到三千三百六十萬，而學生數只從四萬加到四萬四千。高等教育不可以節省一點錢來，延長國民教育的壽命嗎？總之，這種短命的教育在我們看來是不可思議，也不值得普及。我們所要求的是整個壽命的教育；活到老，幹到老，學到老，團到老，教到老，有了小先生和傳遞先生，大衆的教育壽命可以延到各人身體壽命一樣長：終身是一個繼續不斷的現代人。（未完）

古人箴言

二，貧不足羞，可羞是貧而無志也；賤不足恥，可恥是賤而無能也；老不足歎，可歎是老而虛生也，死不足悲，可悲是死而無名也。

縣黨部無綫電收音室開放節目

十月一日　星期二

八，四〇　國樂　子夜吟一至四　春光舞　花好月圓　夜深沈
九，〇〇　新聞　颶風報告
一一，五〇　平劇報時颶風報告氣象商情　大層宮　魚藏劍　香羅帶　棋盤山　九龍盃　御碑亭　打金磚　捉放公堂　子胥逃國
一九，〇〇　平劇　李桂春　楊小樓　郝壽臣
二〇，〇〇　合唱　連環套　報時颶風報告　氣象水位第一次簡明新聞
二一，一〇　賑災節目　關於賑濟水災問題
二一，四〇　第二次簡明新聞
二一，五〇　新聞
二一，三〇　國樂及平劇　快花六板　雲慶　梅花三弄　四合如意　摘纓會　薛瓊英　天河配　總理紀念歌

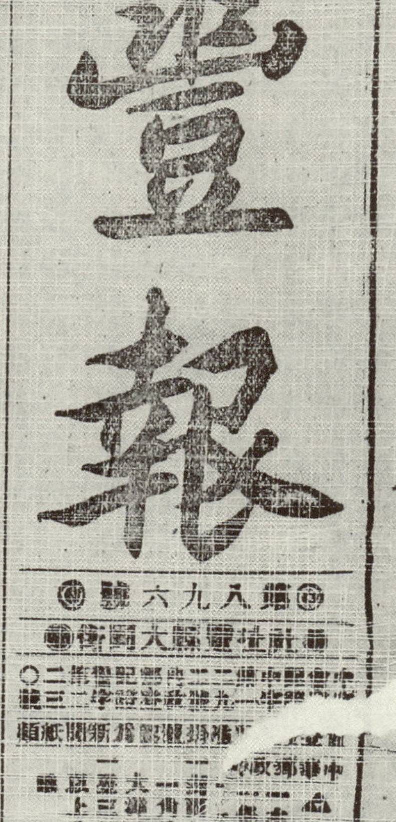

豐報

第八九六號
社址豐鎮大同街
中華郵政特准掛號認為新聞紙類

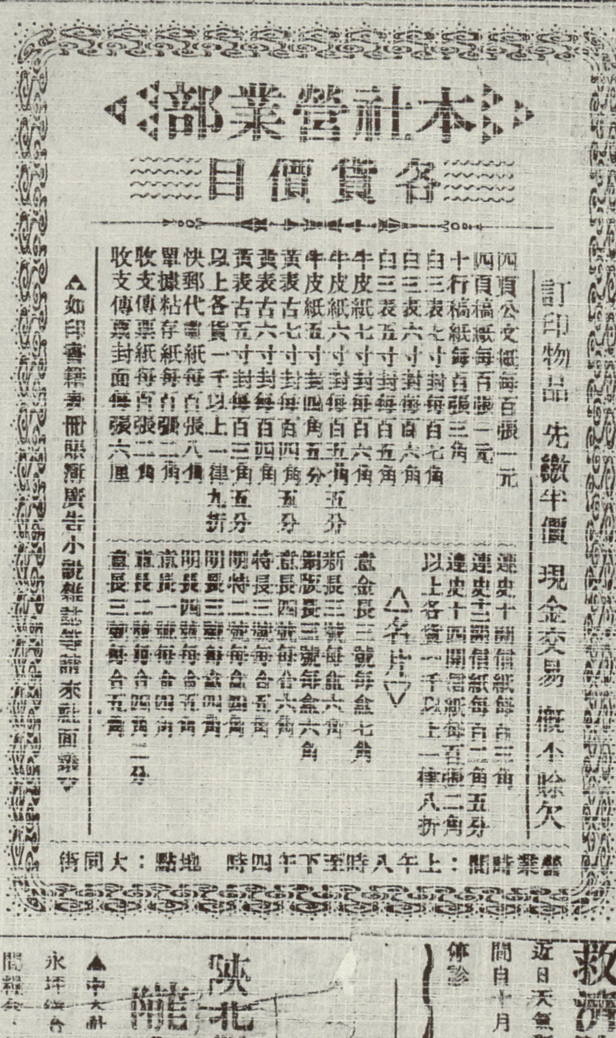

本社營業部 各貨價目

訂印物品 先繳半價 現金交易 概不賒欠

四頁公文紙每百張一元
四頁稿紙每百張八角
十行稿紙每百張三角
白三七寸封每百七角
白三六寸封每百六角
白三五寸封每百五角
牛皮紙六寸封每百五角
牛皮紙七寸封每百六角
黃古七寸封每百四角五分
黃古六寸封每百四角
黃表紙一千以上每百二角九折
以上各貨一千以上八折
快郵代電紙每百一元二角
單據存根紙每百二元
收支粘票紙每百二元
收支傳票紙每百二元

連史十開信紙每百二角五分
連史十四開信紙每百二角
以上各貨一千以上一律八折

△名片▽

道林金邊三號每盒七角
新式長三號每盒六角五分
特長三號每盒六角
開長三號每盒五角
開長二號每盒四角
[illegible]

▲如印書籍表冊簿據廣告小說雜誌等請來社面議▲

營業時間：上午八時至下午四時　地點：大同街

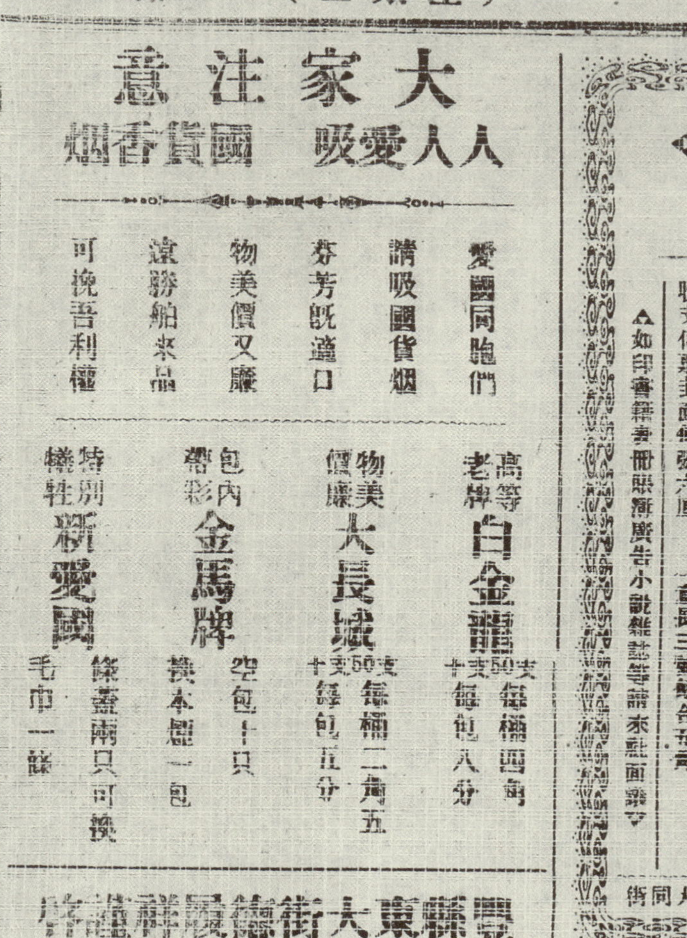

大家注意

人人愛吸 國貨香烟

愛國同胞們 請吸國貨烟 芬芳既適口 物美價又廉 遠勝舶來品 可挽吾利權

高等老牌 白金龍 每桶四角 每包八分
物美價廉 大長城 每桶二角五 每包五分
包內帶彩 金馬牌 空包十只 換本牌一包
特別犧牲 新愛國 條盒兩只可換毛巾一條

豐鎮東大街德豐祥經理處

救濟院施醫所變更門診時間

近日天氣漸寒本院施醫所為便利病家起見特將門診時間自十一月一日起門診時間改為自上午十時開診至下午四時停診

中外要聞

陝北剿匪連日激戰　隴南建築碉堡封鎖綫

▲中央社西安三十日電　陝北赤匪劉子丹徐海東、在延長永坪綫合股、兩匪在合湖潛共商今後竄擾動向、並徵發民間糧食、似有所企圖、我軍駐防清澗之部隊、已向匪之主力猛攻、匪來清澗延長、時有劇戰。

▲中央社西安三十日電　甘省南防十川匪竄擾、軍民合築碉堡封鎖綫、西起臨洮、東迄定西、入水、長六百里、已成保八百座、衛兵堅守清野。

▲中央社長沙三十日電　何鍵三十日晨在紀念週席上報告湘承流域水災及匪禍、謂今夏澧水流域、遭受水災、人民蕩洗離析、派員慰撫、水退後亟謀振濟、方期播種秋稻、藉圖補救、乃賀龍殘匪、乘其劫餘、由鶴山來與邊界、乘虛竄入桑植石門一帶、各縣既被大水沖激、城鄉被毀、一時防禦不及、被匪竄入、受災縣份、現各縣均已次第收復、我軍已將匪包圍、不難聊日消滅、惟各縣人民、於水災之後、又遭匪禍、十分慘痛、亟待籌現救濟後、以蘇民困云。

▲中央社長沙三十日電　何鍵以靖縣被匪竄擾石門一帶、日趨嚴重、縣匪災慘重、首次撥縣急賑萬元、隨遣石三縣各撥五千元、再令省賑會速籌賑款、妥謀救濟。

▲中央社南京三十日電　何鍵告復熊式輝、已派羅樹甲為代表、與賑專員府宿舖會商設立湘贛特區事宜。

黃河水利會委員長　李儀祉辭職說不確

▲中央社南京三十日電　近報載黃河水利委員會委員長李儀祉、因西北某工專緊東、辭黃河水利委員會委員長職、開籌委會並承接到李氏辭呈、外傳殊非事實、李委員長現仍留陝負責黃河堵口事宜。

▲中央社濟南三十日電　韓委會對黃河堵口籌劃周詳、來函表示佩慰、並促積極進行。

▲中央社濟南三十日電　膠濟路當局、借與堵口會散設轉封弄東壩附近、准援定以九個月為期、如過期不歸還、則作價讓售與堵口會以應木舖石需時甚多、現經便路已數輸運、火車輛將均到、若料運到者已有三百車方、膠路修軌、似可不用。

中央國府昨舉行紀念週

▲中央社南京三十日電　中央國府、今晨九時、舉行紀念週、由孫科主席、傳秉常報告於水利事業、略謂中央為統一全國水利機關、增加工作效能、因由經委會組織全國水利委員會統率各水利機關、辦理各項水利事業、如黃河水利會撥歸後、三月內即將貫台堵口完成、此次蒙各方協助、但亦為水利行政統一之效、最近之山東之黃河堵口、形勢異常嚴重、堵口誠不易、倘能貫守專一為無效、材料充足、依冬令黃河水退、進行堵口工程、亦不能謂為無效、中央已決撥款百萬元、材料運輸、已商安排車架設輕便軌道、總之、國家以農立國、倘水利不修、有礙民生云云。

蔣委員長召川將領訓話

▲中央社成都三十日電　蔣委員長三十日召見李明灝周亞衛等、定一日赴召川軍師長以上將領訓話。

顧祝同抵蓉謁蔣

▲中央社成都三十日電　顧祝同廿九日由漢抵蓉、三十日晨謁蔣委員長。

▲又電　川殺公路、並請徵工、昭化縣長周達、親在路上督工、工役人員、亦努力工作、蔣委員長特傳令嘉獎。

張學良即赴晉

▲中央社太原三十日電　張學良定今明日赴幷、綏署已派員備妥招待處、爲張行館。

經委會派員赴歐美攷查公路

▲中央社上海三十日電　全國經委會及滬市府、派工務局科長薛萃、定一日出、攷查歐美公路狀況。

美使詹森昨到滬

▲中央社上海三十日電　美使詹森、三十日晨到滬、擬稍留即返平、俟十月下旬美副總統茄納等過滬赴美時、再南下歡迎云。

宋哲元赴津行期展緩

▲中央社北平三十日電　蕭振瀛談、宋司令原定一日赴津、訪晤各國駐津長官、茲因事恐將展期、何日離平、尚未決定、秦主席來平、亦無確期、預料當在雙十節後。

馬超俊計劃救濟京市失業工人

▲中央社南京三十日電　京市長馬超俊偕財政局長陸肇强、於上週去滬公幹、業於今晨返京、據談：此行結果甚佳、上海銀行界、對京市建設、備致贊賞、且極願協助進行、承担京市教育借款　亦順便路致謝意、外傳將再舉借新債說　並無其事、馬氏復謂、京市手工業以織緞佔首位、但墨守成法　殊少改良、益因代替品及洋貨競爭、銷路頓減、現失業人數十餘萬、不爲不多、新式毛織業、因社會需要日增　實有提倡必要、京市與金陵大學、合辦毛織訓練所　已有學成畢業、現正計劃組織合作社、擬收失業織工、作爲社員　教以織毛技術。

中央銀行信託局定明日開幕

▲中央社南京三十日電　中央銀行信託局、定明日正式開幕、聘孔祥熙爲理事長、因係兼任該局理事長、須在滬主持開幕典禮、本週行政院例會、不能來京出席、已由汪院長轉告。

攷試院變通檢攷辦法

▲中央社南京三十日電　攷試院對檢定攷試規程、已經修正爲十二條、於日昨公布施行、查該規程原有規定、凡應檢定攷試者各科分數、均須在六十分以上、始爲及格、此次修正要旨、對邊遠省區、略予變通、特修正爲檢定攷試、其所受試科目各六十分爲及格、但普通檢攷、可分爲甲乙兩種、甲種以各滿六十分爲及格、乙種以平均滿六十分爲及格、推普通檢攷之乙種及格辦法、限於受教育人數較少之邊遠省區始能適用。

譚克敏昨抵西安

▲中央社西安三十日電　青海民政廳長譚克敏、廿九日午後七時、由京來省、定日內返青、據談、[illegible]院長、報告青海政情已畢、青海自衛方[illegible]

閩省府昨討論冬令實施國民勞動服務辦法

▲中央社福州三十日電　閩省府三十日[illegible]、召集臨時會議、討論冬令實施國民勞動服務辦法、除遵照行營所頒大綱外、並參照本省環境能力、盡量辦理。

浙各區行政專員今日補行宣誓

▲中央社杭州三十日電　浙全省九區行政督察專員、[illegible]司令、賀揚靈等九人、三十日均先後到省、定一日晨在省府補行宣誓禮。

邢震南赴汴就新職

▲中央社杭州三十日電　新任第七區專員邢震南、三十日早離杭赴京、轉汴就職。

英飛行家由粵飛港

▲中央社上海三十日電　英飛行家[illegible]、三十日晨七時五分、離粵[illegible]飛港。

實部津貼我國工商界參加新加坡展覽會經費

▲中央社南京三十日電　實業部以此次我國工商界參加新加坡國貨展覽會、爲聯絡全國商聯會及滬市商會等之呈請、因經費不敷、參加困難、請予補助、該部鑒於此項展覽、原以向外推銷國貨爲主旨、亟應予以扶助、特撥給津貼二千元、以助成功。

成都廣播電台已着手籌備

▲中央社成都三十日電　成都廣播電台、劉已由市政管理局負責籌建、材料已由滬運來蓉、台址勘定華西大學附近　由滬某營造廠承建、定本年底前竣工。

黔省黨務設計委員會抵筑工作

▲中央社貴陽三十日電　黔省黨務設計委員劉甫純黃國楨抵筑、劉不日即出發視察部隊黨務、又該處派員十餘人、隨隊工作、[illegible]熟悉、對剿匪較裨益大。

張發奎離幷赴陽泉

▲中央社太原三十日電　張發奎三十日午離幷、赴陽泉[illegible]

[illegible]職[illegible]、卽由該處轉[illegible]攷試[illegible]、爲長未獲

五全代會選舉籌備部代表到平遊覽

▲中央社北平三十日電　[illegible]出席五全大會代表[illegible]等、廿九日由京抵平、遊覽故都名勝[illegible]

滬各界籌備歡迎馬來亞參加全運選手

▲中央社上海三十日電　滬各界歡迎南洋馬來亞選手歸國參加全運會籌備會、於三十日下午四時、在青年會舉行、到各界代表百餘人、決議、（一）推市商會等七團體負責籌備、（二）定十月七日下午二時、在大滬花園開歡迎大會、（三）招待選手遊覽全市

亞王已批准總動員令

▲中央社亞京三十日電　亞王現信意亞戰事　必不可免、業經批准總動員令、俾資應付國聯起見、尚未公布、[illegible]已兩月於茲　今聞此訊、[illegible]皆有思想[illegible]、遲早必與意國交戰也。

英答復法政府詢問聲明英政府擁護盟約

▲中央社倫敦廿九日電　法政府前向英國詢問、如遇歐洲國家破壞國聯會章、在歐陸實行侵略、英政府對制裁問題當採何種態度、英國覆照、已交法使、轉交巴黎、茲悉其覆文、重申英相赫爾本月十一日在日內瓦演說之要點、聲明英國準備履行國聯會章所規定義務、又謂國聯會章所含之義意、已成爲英國民族思想之要素、或謂英對意亞態度、特別堅强、實則此種論調、與事實絕不相同、英國對國聯代表意願擁護盟約云。

▲中央社羅馬廿九日電　此間政界人士、以爲意國如退出國聯、則匈牙利、亦將隨之而退出、甚至波蘭因此退出國聯、亦未可知、此種推測、與日前何總理訪問德國之舉有關。

蘇童軍理事會開第三十一次理事會議

▲[illegible]蘇省童子軍理事會、於廿八日開第三十一次理事會議、出席者周紹成、行願淵代、陳邦才、宋[illegible]、杜召棠、蔣建勲、劉[illegible]、主席周紹成、紀錄[illegible]、（甲）報告事項、（略）、（乙）討論事項（一）本會前所呈其典禮應用全省第六次大檢閱大露營時間舉行、當否請公決案、決議通過、（二）茲將江蘇全省童子軍課程比賽、每項錄取六名、其分數以七五四三二一計算、演說比賽、亦錄取六名、分數加倍、當否請公決案、決議通過、（三）茲爲統一全省童子軍操法起見、定於本月二十八二十九兩日在鎮舉辦童子軍操法講習會、並推宋趙董三理事主持、請予追認案、決議照追認、（四）請操議總會將童子軍操法第十六、十七、十八、三節刪去、並增加徒身操材料案、決議通過、（五）茲爲減輕童子軍負担起見、擬將新編童子軍訓練第一集、改爲實價一角、第二集實價二角八分、第三集二角六分、當否請公決案、決議通過、（六）寶山縣理事會、呈請建議總會、將軍棍長度改爲　公尺半、應如何辦理案、決議照轉、（七）請將全省大檢閱大露營註冊日期、改至十月十五日截止、當否請公決案、決議通過、（八）請組織「女童軍訓練」「幼童軍訓練」編輯委員會案、決議緩議、（九）據陳監視員邦才報告

、興化縣第一屆理事會選舉會結果、除當然理事外、計劉熊辟、顧樹宏、許榴等三人當選爲理事、陳逵、徐光覲 王醐文三人、當選爲候補理事、請予備案案、決議准予備案、(十)據李監選員呈報告、豐縣第二屆理事選舉會結果、除當然理事外 計朱鶚曾、孫立坤、張政坤等三人當選爲理事、程守謨 劉文炳等二人當選爲候補理事、請予備案案、決議准予備案、并令依法補選候補理事一人、(十一)據陳監選員德珂報告、阜甯縣第三屆理事選舉會結果、除當然理事外、計機國杓、殷濟生、劉鳴琴等三人、當選爲理事、吳璽輔、李棟樑等二人當選爲候補理事、請予備案、決議准予備案、並令依法補選候補理事一人、(十二)吳江縣第四屆理事陳保初離職他去、遺缺擬以該縣候補理事韋以文遞補、當否請公決案、決議通過、(十三)請重行決定崇明縣第五屆理事選舉會、及如皋縣第六屆理事選舉會日期案、決議展至十一月十日舉行、(十四)請增聘張狄秋、莊醒智、程棣芬 爲女童軍事業推進委員會委員案、決議通過、(十五)吳縣理事會呈請建議總會將女童軍上衣穿在裙內、應如何辦理案、決議照轉、(十六)請將全省童子軍捐款助賑、期限展至十月底截止案、決議通過(餘略)。

蘇省禁委會 舉行委員會議

△江蘇社 蘇省禁烟委員會、於廿八日上午十時、舉行第三次委員會議、出席委員顧子揚、周厚鈞 冷禦秋、狄膺、于錫來 余井塘、濮秀峯、列席祕書戴世英 主席周厚鈞、紀錄黃汝鑑、行禮如儀 宣讀上次會議、決議案:甲、報告事項、一、本會工作綱領、已函請省政府備案、二、江蘇省禁烟委員會設計委員會組織辦法、已函請省政府備案、並請轉知關係各廳處、三、本會組織規程、已函請省政府修正、乙、討論事項:一、常務委員提議、茲擬訂「江蘇省禁烟委員會檢舉公務員違法或失職辦法草案」提請討論案、(附辦法)、(決議)修正通過 函請省政府備案、並轉飭知照、二、常務委員提議、茲擬訂「江蘇省禁烟委員會稽核各級禁烟機關工作報告辦法」 提請討論案、(附江蘇省禁烟委員會稽核各級禁烟機關工作報告辦法)、(決議)修正通過、函請省政府備案、並轉飭遵照、三、常務委員提議 茲擬訂「江蘇省禁烟委員會調查員調查規則、」提請討論案、(附調查規則)、(決議)修正通過、函請省政府備案、並轉飭知照、四、常務委員提議、茲擬訂「江蘇省禁烟委員會調查員服務規則」、提請討論案、(附江蘇省禁烟委員會調查員服務規則)、(決議)修正通過、五、常務委員提議、茲擬訂江蘇省各級禁烟機關服務人員保證規則」、提請討論案、(附保證規則)、(決議)修正通過、函請省政府備案、並轉飭所屬遵照辦理。

各沙田局變更組織後 將派員調查各縣沙田狀況

全部接收日內可完竣

△江蘇社 蘇財廳變更沙田局組織將原有各局完全裁撤另設三局、辦理全省沙田事務等情、已誌前訊 記者謁財廳負責人、談及沙田各情、茲分誌於次:

日內接收完竣

據云:自本廳變更各縣沙田局組織後、新設立第一二三沙田局、均遵令於本月二十一日成立惟因原有各局分設各縣、新局均需派員前往分別接收 較爲困難 非在一處可比、同時是項案卷、亦甚複雜、手續麻煩 故數日來、尚未有新局報廳辦理接收完竣、約日內始可接收竣事。

各局派員調查

此次沙田局組織雖屬變更 但辦理原則、仍然不變 惟過去各局辦理沙田局案件、大多未能澈底 對成田補償 未辦到者居多、故此次各新局接收後、首先工作、即着手清理積案一面尚須派員調查各縣沙田狀況 以備澈底整理 於必要時 得呈請本廳派員會查 至以後整理沙田整個計劃 尚須各局按照實際情形、擬具呈廳核示後、再行決定、

聽令實際工作

在過去各局辦理不善原因、固因撫確定經費、與辦法不良關係、同時各局主持者注重空談、不求實際、亦爲原因之一、故沙田局於此次改革後 本廳決飭實事求是、辦理需要改革與整理事宜 隨即由廳飭令照辦 關於形式方面 無需注重、即過去每年兩次召集各沙田局長會議、最近廳方不擬舉行云、

蘇省童軍操法講習會開幕

△江蘇社 中國童子軍江蘇省理事會、爲統一全省童軍操法起見、特舉辦操法講習會、於廿八日上午八時、在省黨部大禮堂舉行、計出席省理事周紹成 陳邦才、宋景祁、趙起鯤、杜召棠、蒯敎曾 及各縣代表霍與濱(句容)、吳德成(鎮江)、袁浩然(金壇)、夏之美(溧陽)、黃興讓(上海)、于伯敏(松江)夏會、劉卅基(南匯)、陶保霖(青浦)朱叉魚(奉賢) 項培生、馮嘉懋(金山)、陸世坤(嘉定)、徐國華(寶山)季楚强(崇明)、周希聖(啓東)、施家熊(海門)、徐克剛 金倬鐸(吳縣) 盛文修(崑山)李世鐸(吳江)、梅國芳、吳讓賢 陳隱渙(武進)胡祖圻 胡永昭(無錫)、謝東明(宜興)、何念慈(江陰)、包迪基 清江)、王講、夏錦之(南通)、朱永之(如皋)、王國元(淮陰)、鮑堯、紀炳雄(灌雲) 喬茂屯(漣水)、吳亞輔(阜甯)、吳維[illegible]鋤球、錢溥霞(江都)、湯鐵培(儀徵)、古劍仁(興化)、黃金源 王子晉(泰縣)、王世琿(高郵)、范士强(寶應)、李永昌 文謙昌(銅山) 程守謨、朱翼曾(豐縣)、夏澤文(睢寧) 馮賀川(沛縣)、蔡克堯、盧新德(宿遷)、李建華(溧水)等六十餘人、主席周紹成 如儀行禮後 即致開會詞 略謂:各位團長 各位童子軍指導員、今天召集諸位來省參加童子軍操法講習會、舉行這操法講習會的目的有兩點、第一總會最近頒發童子軍新操法交各團試行 省理事會恐各縣童子軍團 對新操法有未能明瞭的地方 所以召集諸位共同研究 使童子軍操法統一起來 第二江蘇全省童子軍第六次大檢閱大露營、舉行在即將來檢閱露營時的操法 課程比賽等重要問題、均待共同討論、使各縣有所準備共同行動、達到美滿成績的收獲、最後兩位同到各縣去要加緊全縣童子軍的訓練 我們希望、一、在形式方面 注意童子軍的服裝及設備、要合乎經濟的原則、達到整齊清潔之目的、二、操法方面 要統一起來 步伐整齊 動作敏捷 三、精神方面、要充分表現童子軍富有向上進取、和蓬蓬勃勃的興趣、而有活潑勇敢的精神云云、繼由陳理邦才、報告各縣代表應行注意事項、後由趙理事起鯤 宋理事景祁、分別講授中小隊操法、至下午四時許始散。

蘇省禁委會 注意各縣會委員人選

求縣會組織健全以利禁政推行 委員須先報省核定後再行聘請

△江蘇社 蘇省禁烟委員會、自奉令改組以來、對於禁政上一切設施規劃、不遺餘力、而於各縣禁烟委員會委員人選、尤爲注意 良以組織如不健全、則禁政無由推進、該會有鑒於此、特函請蘇省政府、轉飭各縣縣長、對於縣禁烟委員會委員人選、應先開具各委員詳細履歷、呈報省禁烟委員會核定後、再行聘任 俾求組織之健全 以利禁政之推行 聞省府准函、已轉飭遵照云。

蘇教廳擬擴充購製

教育影片成績優良 選購大路鐵鳥等名片 俟提府委會通過辦理

△江蘇社 蘇教廳學校教育電影 收獲成績良佳、而攝拍時間 又甚長久、所有影片、頗感不敷支配 該廳現擬選擇聯華公司出品之「人生」、「大路」、「城市之夜」、「鐵鳥」、藝華公司之「黃金時代」外片、「玲丁丁義犬救主」、等六部、擬向公司方面接洽購買 編小成片、費價約四千餘元、一俟省府委員會議通過、即將向各該公司購買、以便運往各地放映云。

各縣填製傳票

蘇廳令不得延遲

△江蘇社 蘇省財廳令各縣縣長云 案查縣政府徵收稅款、以及一切收支、均應按日編製傳票、送由會計主任記帳、不得延擱、早經明白規定、乃近查仍有少數縣份、對於傳票塡製 往往任意延遲、殊屬非是、合再令仰該縣長遵照 嗣後對於應製傳票、務須飭按日編造、俾會計主任亦能按日記帳、不致稽遲 毋稍玩違 切切此令。

本縣新聞

第三十九次聯合總理紀念週 昨在縣黨部舉行
李常委金科長分別報告黨政工作

黨政各機關暨各人民團體，於昨日上午十時，在縣黨部大禮堂、舉行第三十九次聯合總理紀念週、共到七十餘人、由縣黨部常務委員李貞乾主席、領導行禮如儀後、並報告略謂、今天報告的共有四點、一、關於救

◎……黨務工作……◎

災方面、本縣自堤防潰決、災區擴大後、各機關同人、即從事救濟工作、對於災民之收容、賑款之籌措、以及棉衣之募集、無不同心協力、共襄斯舉、尤其縣政府諸位同志、較其他機關更爲努力、兄弟極表欽佩、二、關於童子軍方面、縣黨部於上週派童子軍監軍朱翼曾、童子軍總團長程守謨、赴省參加童軍操法講習會、三、關於人民團體方面 甲、梓油副業改進會、經本會派員調查、尚無不合、已指令准予成立、乙、梓油農民呈控營業稅徵收主任萬秉端一案、本會曾一再考慮、對於國計民生、必須雙方兼顧、現已實地調查、擬咨請縣政府依據章程及實際情形處理、丙、上週派訓練幹事武襄承赴七區、指導組織楊樓周宅北兩農產品產銷合作社、四、關於宣傳方面、本會協同縣政府、擇適宜地點、製固定性標語、以資宣傳、五、關於內部方面、本會定於十月一日起、恢復早操、以期鍛鍊身體 報告畢、並講述吾人工作方面應有之認識與努力、其大意略謂吾人做事須注重實際、不可徒事虛張、事之主要者、應及時趕辦、次要者、不妨略緩、譬如救災、即爲本縣之主要工作、吾人對於災民之救濟、災區負担之減輕、以及災區之善後、均爲目前當務之急、希望大家注意云云、繼有縣政府金科長報告

◎……政治工作……◎

略謂、本府上週工作、可分三點、一、召開政務會議、區長會議、及黨政談話會、至於政務會議之重要議案、即二十四年秋勘、本縣今年水旱頻仍、秋收歉薄、全縣田賦、擬一律酌減、而二三兩區受災之八鄉鎮、予以豁免、區長會議之重要議案、爲黨政雙方總動員、事務保甲總檢查、二、七區區長王純九辭職照准、另委曾麗霖繼任、曾同志過去服務教育界多年、爲人忠誠、此次担任區長定能勝任、三、鹽城區縣政參觀團、蒞來豐參觀、其擬參觀之縣份、江北共有豐沛銅三縣、至十一時禮成、

楊樓民教館舉辦積穀
指導各合作社積極辦理 五百斗積穀已送館封存

本縣楊樓民教館、鑒于積穀防荒之重要、爰于新穀登場後、即派員指導各鄉鎮已成立之合作社、積極辦理 以備來年春荒、領取應用、積穀辦法、凡施教區內、均按畝抽積、每足十畝 積穀一升、多則遞增 少則免繳、至各社社員、每人均一律積穀十斤、送交館內保管、茲聞該館本年度積穀共計五百斗、現已分別封存云、

李寨中心小學 附設施藥所

李寨中心小學、鑒于附近無醫院之設置、農民之有病者、求醫極難、徒往求神問卜、貽誤滋多、爲謀公衆健康起見、特籌設施藥所、以救濟附近各村有疾民、聞該校已籌備妥當 不日即開始施藥云、

悍婦無理 既毆夫又打母
……可惡之極……

一區龍霧鄉北店子居民、有潘步雲者、娶妻某氏、係南方人、性情潑悍 素爲鄰人所不齒、前日爲因細故、與其夫口角、繼而毆打、乃夫因身患癱疾 不能行動 竟飽嘗老拳 其母見子受屈、氣憤塡膺、即手持拐杖向兒媳頭部猛擊、其媳亦不甘示弱、當將婆母拐[illegible]、向之還擊、婆母見勢不佳、急逃往鄰家躲避、氏猶餘怒未息、遂潑口大罵、並將家具搗毀、鄰右對氏之行而無理、莫不痛恨不置云。

防黃紀略（九）

拙

八月九日　晴

堤工辦事處於今早撤消 所存柳秫轉交 均寄存鄉長蕭道逢家、傳孝響同城、惜余論收東五鄉鎮工、幷監修義河、毛樓楊樓史樓三鄉 因恐其仍不能報工 公家特各與僱工十名、令其自行僱工十名、加緊工作、至傍晚、幸均次第完成、

本縣奉令接築之微湖西堤十華里 至此已完全成功、總計此工費時八日、徵工一萬五千餘人、雖勞民傷財、然能阻止黃流不入本縣境界、民間所得代價、尚堪自慰也、

七區前借蔴袋一百六十六條發上徵還、統交鄉隊長、令其明日曬乾後、存置孫集保長家備用、

晚間王縣長忽來一電話 謂據沙莊鄉長報告、傳聞南陽湖於昨晚又在谷亭東北之陳灣決口、水頭高二尺、直向南奔流、陳灣距本縣邊境、不過二十里、如所傳果確、此水恐明日即可流到、已派該鄉長前往調查 令余與卜區長趕速赴縣口 以便明早回城 商議防止辦法 余等奉電後 昏夜即行、至吳莊 渡義河、因卜船不慎、二人均落水、致滿身淋漓、衣服盡溼、然幸天熱 出水後、頓覺周身涼爽不少、路人皆笑我、不知余等且自得矣。

八月十日　晴

晨起準備返城、忽接沙莊鄉長電話、謂陳灣決口流出之水、距本縣邊境僅十餘里、當即會同董助理員止謗、帶監丁二名、騎車赴沙莊鄉、擬就該鄉徵調民夫千人、沿豐魚邊溝、東起東支河、西至復新河、築長約十二華里之民堰一道、因農民居處散漫、至十一時 始有工人數百到工 在王河套村後最低窪之一段、先行動工、已築高尺許、蕭助理員又將修築義河之徐樓蕭埝兩鄉工人二百餘名 調來幫工、正深慶幸、忽大溜至、勢若奔馬、條時即有衝破民埝之虞 時卜區長已到、留之監工、余急往沙莊與縣長打一電話、請其趕緊增調別鄉民夫、來此幫工 縣長覆電照辦 及返堤邊 而洪流已衝破西面、勢不可遏、當即令工人縮短路綫、將王河套放棄、再築第二民堰於蕭橋北、工人以利害攸關、工作異常緊張、轉瞬之間 第二民堰又成尺許、傍晚縣長乘汽車至 云龐莊小營等鄉 夜半可到工人千名幫工 令死守待援、工人聞此 精神爲之一振、不意在援兵將到未到之際 而第二民堰又被洪溜衝破矣、縣長同余與卜區長意見 均以水流洶湧、築亦無益 不如退守東支河堤、但該鄉工人心猶未甘、又自動往沙莊東北退築第三民堰、未便阻止、然終恐徒勞無益耳、

司法欄

△縣政府司法批示▽

△刑事原具狀人朱敦修等、一件 爲聯名代訴、公懇仁慈、恩准賞保省釋 以免久被羈累由、狀悉、查本案尚未據保安大隊部呈解到府、所請暫毋庸議、此批、

△刑事原具狀人蔣立從、一件、爲認明贓物 懇請迅拘窩犯 追贓法辦由、狀悉、仰候傳訊究辦 此批、

△刑事原具狀人祝奮武別號卿唐、一件、爲窩藏盜匪 匿藏贓物、懇求拘案法辦、以伸刧冤 而清匪源由、狀悉、仰候傳案訊辦、此批、

△刑事原具狀人劉玉貴、一件、爲盜捏敵訴、罪干朦欺、請求嚴行究追懲辦、並仍照原案依法開庭審理由狀悉 仰候傳案繼續審理、此批、

△庭期審理案件▽

十月

二日審理劉玉貴訴陳冠英誘拐案、

二日審理盧成修訴史兆乾傷害案、

二日審理苗秀山訴孔張氏妨害自由案、

△本城糧價

名稱	每市斗價目 最高	最低
小麥	三千四百五十文	三千三百五十文
大麥	二千四百文	二千三百文
黃豆	二千三百五十文	二千三百文
黑豆	二千二百五十文	二千文
菉豆	二千八百文	二千七百五十文
江豆	二千五百文	二千四百文
高粱	二千三百文	二千二百五十文
穀子	一千八百七十文	一千八百文
稷子	二千二百文	二千一百五十文
芝蔴	三千五百五十文	三千四百文
青豆	二千三百文	二千二百五十文
花生（每斤）	一百四十文	一百二十文
瓜子（每斤）	五百六十文	五百四十文

氣象

雨

風向　東南風

最高溫度　七六

最低溫度　六四

中華民國二十四年十月十一日　　豐報　　（星期二）　第五版

（第一四八期）

災區素描專號

寫在災區素描專號的前邊

雲章

自從山東董莊決口以後，黃水向東南方向横流，最初淹沒魯西各縣，流入南陽昭陽及微山三湖，後使南田大埝決口，波及本縣二區北境，繼之魚境馬坑復又決口，本縣二三兩區北境均遭淹沒，不幸義河東堤又行決口，以致蕭堠鄉陸沉，最後又遭大風吹破蘇北大堤，東支河南堤，新築大套堤，豐北邊境，及復新河東堤，決口多處，以致本縣二三兩區十二鄉鎮均沒水中，民衆于劃堤搶險之後，竟至流離失所，災情之慘，實是在空前所沒有的。

現在西風緊吹，天氣漸寒，災民數萬，無衣無食，情極悲慘。所以本刊為廣事宣傳，引起大家同情，慷慨輸捐起見，特刊出災區素描專號。希望全縣民衆，一致努力救災。或可挽救災況于萬一。

黃禍的一段傷心淚

楚靜

這時，是一個寂靜的黃昏，一個寂靜得死闃般的初秋的黃昏。

天上，下弦的月，剛從東山探出頭來，却又被毒蛇般的黑雲吞噬了。

F城的一角，有家中產階級 不十分高超的茅屋裏，一盞可以照入鬚眉的燈火，對面或側面的光芒，淡淡的耀在窗紙上，似乎比月色還多了些靜穆，還多了些淒涼。

靜兒和八十多歲的祖父對坐在一張方桌旁，祖父的態度，異常黯澹，雙眉緊蹙，如預知天禍臨頭，似罪犯正法的神情，天真的靜兒拉着他那斑白而蜷曲的鬚髯，追問着說：『爺爺。你又在愁什麼了？大概我又做錯了事吧！』祖父停了一刻說：『不，孩子，你很好！』『到底為了什麼？』『嗳！孩子，我告訴你吧！』

是七十多年以前的事了，靜兒，那時的我，還正和你一般大小，初秋的一天，啊！那是我永久忘不了的一天，當「一夜之神」展開她的兩翼，降臨到我原鄉T的一個莊村裏的時候 遠遠的淺藍色的樹林，漸變暗黑，融化到灰色的陰幕裏去了。一切自然的色彩，和灰色的空間相混，看去只像是平面的完全黑色的東西，帶着奇異的輪廓。

我的母親，也就是你的曾祖母，啊，她是這樣一個慈藹的老人家呀，正煮好了晚飯，招呼着我和我的父親，也就是你的曾祖父去吃飯的時候，突然一陣吶喊，攪亂了這一個和平的村莊的空氣，震破了每一個人的心膽！

我母親自告奮勇，飛奔出外去探聽情形，不一會，又飛奔着回來，喘得透不過氣來的說：『快逃……黃河……水漲……決口……水來了……快逃！』

父親聽見了這消息，直跳起來，一把拖着了我，一面招呼着母親去收拾細軟，而我嚇得只有大聲號哭。

這時，全村的啼哭聲，喊叫聲，混乱的吵雜聲，急迫的脚步聲，夾着遠道的水聲，我們就在這種情况下，如喪家之犬一般的離開了可愛的故鄉。

但是，孩子呀！更傷心的一幕開始了！』他說到這裏，聲音有些顫抖了，接着是一陣咳嗽。

『啊，可憐的母親，她慈愛的老人家呀，當我們一口氣奔了好幾里路，心神稍定以後，我們纔發現她不知在什麼時候走散了！父親急得連什麼話都說不出來，他緊緊的抱着我，我可以聽見他促迫的呼吸聲，和緊張的心臟跳蕩聲，他的兩臂是在劇烈的顫動着，從慘淡的月光下，遙遠地回望去，一片白茫茫地，故鄉鎮已成了澤國了。

我們既不能回頭去找，我那可憐的媽呀，使我從此再不睹面了，躊躇片刻祗得，忍痛再向前跑。

我們是無家可歸了，漂流，乞食，餐風，沐雨，輾轉到了F城寄居了。

啊，靜兒，老天給了我家這樣的危運，似乎還沒有滿足，在到F城的七年上，我那可憐的爸爸，竟因過於悲傷迫於勞瘁而長逝了，從那起，我就成了世界上最可憐而最孤獨的孩子，我曾挨過別人所不能忍受的飢寒，我也曾做過別人所沒有做過的苦工，三十八歲上，我的祖母來歸，她那樣的賢能，給了我不少的生氣和幫助，幸能苟延生命。

不料，孩子，我竟是這樣苦命的人麼，最近的過去，魯西董莊段的黃河又決口了，流入昭湖氾近F城境，我真不願自己再身歷這樣一幕悲劇，更不願目擊你們也再罹這樣一次浩劫！嗳！靜兒呀！難道你的命運竟和我一般的苦麼！』

到埝上去

念希

有一天的傍晚，我忘記了是那一天，只記得我剛從田間做活回來，疲乏的週身沒有四兩勁，正在倒在床上休息時，我們的保長跨過來，皺着眉頭向我說：『巧之！今天你要準備二十斤麵，六個高粱楷兩個人，上馬莊去打堰；據區長的電話談，堰勢甚危，今夜無早無晚要到呢！』

保長說罷又向西邊去了，忙得好像什麼人周遊列國似的。我慌得東拉西扯好容易才找到一個人，沒辦法我就充當了一個，把傾家的麵打在一塊僅僅十六斤，六個高粱楷却是不成問題的。

大概是一更多天的光景吧！大家夥都集聚在保長的大門外，有的秤高粱楷，有的過麵，有的數裝楸，簡直的變成了一個小會場，保長在傍，一戶一戶的都記在帳簿上，五千斤百錢，見了一隻大船，船家把跳板搭好，我們把東西都裝在上面，然後我們九十多個工人，也都踏上船去，把船堆擁的如山似丘，這時船家見已收拾妥當，拿起了丈八的長篙，嘩嘩的往北進發。

船到了目的地，已是天亮的時候了。東西剛搬下來，來了一個監工員，提高喉嚨很嚴重的向我說：『喂！那個是你們的保長？看看大堰馬上要開，你們還不動工，只是糊亂的說天，那麼好了，如果在你們這保開了，就要你們保長的腦袋！』

我伸着頸剛要回答的時候，保長在南邊向我使了眼色，大家夥也都向我射着冷箭，好像在怕我說漏機關似的。我遲疑多時，才這樣回答：『保長麼！今天在家集人和操辦吃食咧，明天就領人來呢。』

那人聽罷我的話後，就取下自來水筆在日計簿上寫了幾個字，不曉得是些什麼，只見保長嚇得戰戰兢兢，面向地皮一樣。大家夥見就是那樣，都慌的拾筐的拾筐，掘土的掘土，除了近處工人的吭唷聲外，一點聲音沒有。

在離堤兩丈遠的地方，我抬了一筐土急急的走去，無意的向北一瞥，那浩瀚無際的大水裏，波浪有一尺多高，打得堤堰的高粱楷嘩嘩作響；水中的那些莊村沒有一個是完善的，都是牆倒屋塌，村裏的人不斷三五成群的牽着牲口沐着水往堤上直逃，來往不斷的救生船，划着水像小鴨一般直向村裏射去，馬上載滿了一船人回來，看了不覺頭度發痛，心裡憧憬着堤開後我們逃難的情景。

『開口子啦！開口子啦！……』

西邊的堤上喊成一片，馬上監工員在堤上把小旗向西擺，堤上的人稀一聲都上西邊跑去了；擁擠得連筐也拉不動，稠密的好像蜂一般，都正在追逐蜂王似的。經我再三努力，才走到開口子的地方，那堤已經被冲開了一個大缺口，中被水冲，幾個大洞，水自洞中直往外泊，好似鯨魚的射水一般。監工員嚇得面如土色，怔了多時，才叫幾十個人站在堤的北面用足吃勁踹着，又叫幾十個人在堤頂上踏，再有不令而為的人；用棍子揚起來向水洞口上猛打，又有些人扒了豆秕向洞裡塞，同時幾千個筐都往堤上弄上了土，那段堤裏頭好堆疊得如山。口子打住了，大家各自回到原處，仍舊的工作着。

我們剛動手工作時，又聽得開口子的聲音嚇起來，却比先前的向西好多，保長慌得領着我們又向西跑去，可剛到了我們來到那時口子已經打好了，我們仍回到原處，保長抬了幾筐的樣子，又聽得東邊吶喊連天，我們又往東跑去，我們到時也已經打住了。那一天的正開了一次，嚇得我心裡時時刻刻的喃喃亂跳，那些未開堤，也已幾不可終日了。

我們的保長見堤勢甚危，命我來家叫人，我起身時堤上已經點滿了燈火，我一面走着一面想着堤的危險水的無情，三十多里的黑夜投途，被我一氣走完，已是二更時候了。

還是往豐縣逃吧

念希

一個初秋的早晨，天氣還有幾分涼意。圓盤似的太陽，從東海裏慢慢的爬將出來，鑽出一抹長堤，又鑽過土上的樹梢，而氣候由涼也漸漸的溫和了，可是世德的心絕未感到太陽的慈祥的暖意，只是戰慄着發抖着。

世德是個勞苦的農夫，世居A[illegible]家老少共合七口，上[illegible]從心的一雙父母，下有黃口四個；大兒今年十三歲，小兒剛離懷抱，妻是今年春天死去，所以他小兒的扶養全靠老母；而他今年也是天命的人了，一家生活都要他來供給。近幾年來因爲天災兵刼匪患的所致，家景非常窘迫，每逢春天總要受幾天餓，可是今年世德種了幾畝晚秋，長得却很旺盛，每畝總有三四斗的希望，這是他們的生命根，也是他心中可安慰的一點。

真是天不隨人意，黃河偏偏決口，把清水推擠上來，灌滿了A村東邊的大河，早些沒公事築河岸，及至河堤危險的時候，縣裏要人築堤，每保至少是一百名，世德就是被選去的一個。

世德去後見了堤勢的危險，心中很是憂慮。他心裏想道，如果河堤一但潰決，我家中的老少何人迎救？即令萬有一生，將來沒有東西吃，那麼只有餓死，看看冬天將近，沒有衣服穿，沒有房屋住也是非死不可。他越想心中越駭怕，越駭怕身上越發抖，抖戰的把土筐幾乎弄掉。

『世德！你怎麼老是打抖搜，太陽出來這麼高，還冷嗎？』他的鄰人張三見他身上發抖，就這樣問。

『三哥！冷麼……我……道……不冷……，不過……河堤……這樣危險……我想恐難……打得堅固……家中老少怎麼逃出去呢？』

『是呀，我看堤勢也是不能支持長久，你看這種情形告假也是不准，白日備工很緊不易逃走，我想最好你夜間乘其不備偷跑，整理家中的用具再回來，世德你看好不好呢？託你代信叫我二孩子也準備逃走吧！』

世德聽了張三的話，夜間果真偷跑了，他先代信給小二，叫他準備逃走，再回到自己家裡，點着燈把他曾經在湖內打草的那隻破船找着，用木片和高粱楷棒塞好竅縫，又用膠泥塗抹了一下，然後將那些農具，破爛衣被和吃飯用具等，一概都搬在船的週圍，張口物都放在家裡，一雙年邁的父母和四個小孩，也都在船的四週坐着，大家都哭喪臉一氣不哼專待大水的來臨。

的確事情不出世德的意料之外，半夜時辰東邊的河岸上，一片聲的叫着河堤潰決的聲音，連着就是嘩嘩的水響和一片哭叫聲。世德聽到還樣聲音吓得抖搜打成一個。忘記了往船上搬東西，及至他父親看見他那種怪樣子將要問他的時候，才想起來他的事情。慌得把東西剛剛搬到船上，聽得水頭到來，剛上得船來就覺船身漂動，馬上平地二尺多深。這時想往家裡牽驢拿雞，可是已經晚了。東西是人治的，人能逃出來這還不是萬福！世德一面這樣安慰自己一面很感激張三。

「第二天早晨，船到一個莊村南的大樹旁，世德用篙攔住船，又叫他的大兒把○拴在樹上，想休息一下，大家再商議逃走辦法。剛一停北面莊上傳來一陣叫哭的聲音牆倒屋塌的聲音，同時，那些牽牲口的人，扛褯囊的人，挾老背少的人都從村裡往村外逃。世德看到這種情形，就連想到他家裡的屋子和毛驢：我的屋子恐怕早已泡倒了吧！我的小驢恐怕早已淹死了吧！或者驢不至於死，因爲他會水，可是屋子是保不住的呢。

『唉！我活到七十多了，沒有聽說過像今年這麼大的水，噯育！好利害的水呀！』世德的父親在後艙裏戰抖着探出頭來，往東一看那濤濤的大水和一些水裏逃難的人後，就向着老妻這麼來了一句，仍舊皺着眉頭躺去。

『不要說啦，這次大水都是那些洋學生和黨部的人造成的，他們今天拆這神廟，明天拆那神廟，不是蓋學堂便是蓋什麼啥館，把神都毀壞掉。黃水是有神的呀，不淹他們淹誰呢！這是神的報仇，我們是被刮呢！』世德的母親聽了丈夫的話後，咬着牙根說了這麼一套子話。

『在家就是整日地哆囉空，這逃出來還是哆囉空，嗐哆囉吃什麼用呢，我們自半夜到現在混湯熱水沒嚐一點，住下船不說弄點東西吃好逃走，只是哆囉空！』世德見他母親說的不三不四，腹內又餓，無奈就這麼吵她，催她造飯。

『老媽媽扶着船榜汲了半鍋濁水，世德的大兒慌忙去給紐㭴燒鍋，老媽媽又刮了幾碗雜麵倒在盆裡，又汲了碗坡水澆在麵上，然後將有了皺紋的老手拌了幾拌後，就使拳哺哺的搗，那些黑烟樸入艙裏，薰得世德的四兒殺豬一般的哭。小二好像貓挾老鼠一般把小四抱在懷裏，奧奧的用手拍着。世德蹲在船頭上，想起了他今後生活的困難，兩眼不斷的流清淚。

一會的工夫，世德的母親造好一鍋清水煮餅的飯，一碗碗的盛好，端了一碗去喂小四。世德的父親戰戰着爬起來也端了一碗去吃，將要插口淚水不由的脫眶而下，一滴滴的流在碗中。我活了七十多歲，雖過了些窮日子，沒有吃過這樣不好的飯，他流着淚還這樣想着。抬頭向老妻射了一眼，她也正在流淚，趕緊把淚拭乾，深怕惹得老妻哭叫，使他兒子悲哀難過，同時老媽媽也拭乾了淚，又喂起來。她大概也是怕兒子難受吧！可是他們的唔悽，那裏瞞得着世德呢！他悲傷的一碗飯假吃完一半，就偷偷的傾入水中，漸漸的沈入水底，漂上來的可有一羣小魚，在那裡爭食着。

『爹爹，飯怎這樣澀！我不吃啦！給我白餅吃吧』！小三吃了一碗後就這樣叫哭起來。

『好孩子不要哭　明天我領你到南關街上，買糖果吃，買泥人玩，不給你大哥，也不給小四，孩子好不好呢？』

『好！好！好！我要這樣大的泥娃娃，像小毛的一樣大爹爹，我不吃糖果了』。

世德說了句騙孩子的話，小三聽了却認以爲眞，他不但不哭，並且大聲笑着用手比着給他父親要洋娃娃，那知道他父親的悲哀呢！

『聽說豐縣的年成很不差，晚秋也很好，那麼最好我們上豐縣逃，到那裏吃喝都好治，不然我們還是不能活。』世德在大家都吃完飯後就這樣提義。

『什麼好治，我們到那裏還能偷人家不成，我七十多了沒偷過人家一點東西，餓死就算餓死，我也不去落這個盜賊的駡名。』

『唉！你這老東西就是性强，我們這樣無救的災民，偷人家一點東西不能不好呀，即令人家駡我們是盜賊，我們餓着肚皮還能顧及那些嗎』！

世德的父親聽罷了老妻的話，自己前後一想，的確有理，於是就決然的向世德說：

『德兒，開船，我們還是往豐縣逃吧！』

古人箴言

三，人生於世，不出一番好議論，不留一番好事業，終日飽食暖衣，無所用心，何以自別於禽獸哉？

縣黨部無綫電收音室開放節目

十月一日　星期二

九，〇〇	新聞　颶風報告
一一，五〇	平劇　報時颶風報告　氣象商情　焚棉山　白娘子　長板坡　漢津口　上陽宮　青風亭　斬鄭文　二十九本狸猫換太子　劉備託孤　李白水　梅蘭芳　馬連良　[illegible]繼蘭合唱　打漁殺家
一九，〇〇	平劇　林樹森唱　戰長沙
二〇，〇〇	報時颶風報告　氣象水位第一次簡明新聞
二〇，一〇	賑災節目　國府賑務委員會報告災情
二一，四〇	第二次簡明新聞
二一，五〇	新聞

豐報

第八九七號

社址豐縣大同街

中宣會登記證中字第一二九二號　內政部登記證警字第二二三○號

中華郵政特准掛號認為新聞紙類

△總理遺囑

余致力國民革命凡四十年，其目的在求中國之自由平等。積四十年之經驗，深知欲達到此目的，必須喚起民眾及聯合世界上以平等待我之民族，共同奮鬥。現在革命尚未成功，凡我同志，務須依照余所著建國方略、建國大綱、三民主義及第一次全國代表大會宣言，繼續努力，以求貫徹。最近主張開國民會議及廢除不平等條約，尤須於最短期間促其實現。是所至囑。

救濟院施醫所變更門診時間

近日天寒，本院施醫所為便利病家起見，照例變更門診時間，自十月一日起門診時間改為自上午十時開診至下午四時停診。

尋人

啓者茲有沛縣城南十二里馮樓張茂梓之弟係啞叭，並舉動呆滯無知，於舊歷八月十六日晚間失蹤，諸親友若有見而告信或親自送到者，或死或活均有重謝，決不食言，

△失蹤人年貌服裝列後

年約二十，微背駝，走路伸頸，身著藍小夾襖，內有白褂，藍單褲，青鞋，無襪無帽，鼻旁有一黑痣，大如豆。

△通信處

（一）沛縣城南十二里馮樓

（二）沛縣城內女子小學張蔭魚轉

（三）豐縣縣黨部王子蘭轉

沛縣張茂梓謹啓

豐縣政府佈告　禁字第　號

江蘇省民政廳禁字第一三八八號訓令，以本省各縣土膏行店營業[illegible]證有效期間，均於九月三十日屆滿，轉飭所轄境內各土[illegible]店[illegible]體知照，等因，附發江蘇省各縣土膏行店第二年度[illegible]業證辦法[illegible]份，到府奉此，查上項辦法，業經本府於本年九[illegible]廿五日頒登豐報，并飭本縣各土膏店知照各在案。現[illegible]業已開始頒發第二期戒烟執照，而惠民、同慶[illegible]各土膏店照章已於暫時停業，惟領照烟民，攻食土膏[illegible]刻難能間斷，前承包惠民、同慶、大豐，各土膏店者[illegible]繼續承包營業自可按章辦理頒發新照證手續，凡行[illegible]助政府辦理禁政兼營土膏店者，亦可照章來府接洽承包[illegible]投標日期定於十月八日上午十二時，接洽地點本省會[illegible]室，逾期無效，土膏店每年應繳照證費甲等一千四百元[illegible]乙等八百元，丙等六百元，丁等四百元，戊等三百元、[illegible]等二百元，均分四期繳納，奉令前因，仰合邑商民等一[illegible]知照，此佈。

中外要聞

亞南北境在鏖戰中
意軍已進佔巴拉山
亞軍因戰具不敵兩路失利

△中央社亞京四日電　亞國南北境，現皆在鏖戰中，意軍恃其新式戰器精利，已在兩處陣綫得手，亞政府正式承認北部蒂格里亞總督賽玉姆統率軍隊在阿杜亞大受挫折。

△中央社亞京四日電　阿杜亞司令賽玉姆，電亞政府報告其部下失利情形，謂在重砲猛轟下，不能久守，意軍藉飛機重炮及坦克車掩護，襲取拉瑪白山而佔領，雙方死傷甚多，惟亞軍更遭空軍烘擊，亞軍在阿加恩及阿比格拉特附近亦失利，惟決在埃克斯死守。

△中央社羅馬四日電　此間接獲東非官報稱，宣傳部長齊亞諾，昨親率空軍第十五隊，烘炸阿杜亞城，與阿比格拉特城，此外空軍第四隊，於本日晨間飛過亞境，並於完成任務之後，回至亞馬拉城。

△中央社亞京四日電　意軍自伊里特里亞殖民地侵入亞境後，茲已向阿杜亞城推行，已藉坦克車與空軍之力，佔領巴拉山，而在梅巴爾加城附近，與亞軍接觸。

△中央社亞京三日電　此間傳聞意機烘炸阿杜亞城，死傷達一千七百人。

△中央社羅馬三日電　關於意機烘炸阿杜亞城炮台事，半官方面發表報告，情報部長齊亞諾，今晨親率飛機一隊，偵察阿杜亞邊境地方，並向居民散發意軍布告，邊境亞軍瞭見飛機，即用步槍及機槍向天空射擊，但並無死傷，因此意機乃飛向阿杜亞城，向城外炮台投彈，另由墨索里尼兩公子率領飛機一隊，飛至阿杜亞城東之阿狄格拉特城，投彈烘擊，至向阿杜亞城內居民投彈，尚不確。

△中央社日內瓦四日電　此間意使署今晨致文國聯，否認意軍已佔領毛沙里，並在該方面前進之說。同時亞政府亦電致國聯，否認亞國有所舉動，襲擊意軍之說。

△中央社華盛頓四日電　國務卿赫爾與國務員，已草擬宣布禁止軍火出境令文，俟羅斯福總統批准。

堵修決口計劃全部完成
孔祥榕赴濟晤韓商工程事宜

△中央社濟南四日電　堵口督辦孔祥榕赴口門負責勘測設計之宋

文田等人、四日午返濟、堵修計劃全部完成、堵口會定五日召開臨時會議、討論工程計劃。

▲中央社徐州四日電 孔祥榕四日晨由汴過徐赴濟、據云、由蘭至東壩頭敷軌運料事、將請隴海路代辦、赴濟晤韓主席、商堵口工程事宜

▲中央社濟南四日電 各鐵路撥交堵口會車輛、已達十列、現車輛已敷應用。

陝北剿匪軍事進展甚速

▲中央社西安四日電 陝北剿匪軍事、進展甚速、收復匪區日廣 四日續撥吳堡清澗等六縣急賑、每縣一千元令縣長趕爲散放。

立法院昨舉行院會

▲中央社南京四日電 立法今晨八時、舉行第四屆第三十一次例會 孫科主席、開始討論民營鐵道條例、專用鐵道條例 及公用鐵道條例後 因各委對各項條例、表示異議者甚多、經決定交付重行審查、並指定馬寅初等七人爲審查委員、限二週後審竣、再行提會討論、旋卽討論修正行政訴願法、及修正訴願法、均照原審查案通過。

王世杰謁林主席
請示赴滬日期

▲中央社南京四日電 第六屆全國運動會於雙十節在滬揭幕、除大會會長王世杰將往主持會務外、名譽會長林森、以本屆大會在滬舉行、有關國際觀瞻、爰允前往參加、王數日特于今晚謁林主席、請示起行日期、因屆時大會方面、應預準備迎迓元首手續。

劉湘呈准蔣汪
川省府各廳長略予調動

▲中央社南京四日電 自蔣委員長入川督剿以來、迄今徐向前及朱毛兩股殲滅過半、殘餘均已竄離川境、地方秩序漸趨安靖、川主席劉湘、近特呈准蔣委員長、汪院長、將省府各廳長 略予更調、以便積極推進省政設施。

▲中央社成都四日電 劉湘四日晨十時在省府召集軍政首領鄧錫侯楊森等廿餘人談話、宣示蔣委員長之德意、及川軍政首腦應負憂國熱忱。

全國稻麥改進所正積極籌備中

▲中央社南京四日電 關於設立全國稻麥改進所一案、已經中央政治會議 將全國稻麥改進辦法大綱、於日昨四七七次會議通過 現已由實部中央農業實驗所、派該部農業系全體職員、從事積極籌備 俟[illegible]組織規章決定後、約本年內卽可正式成立。

實部決定派員參加第十七次國際地質學大會

▲中央社南京四日電 一九三七年莫斯科舉行之第十七次國際地質學大會、實部前准外部函轉蘇俄大使照會、請我國政府派員參加 當經實部令飭地質調查所核議具復． 此項地質學會、現經地質調查所呈復 歷次會議、我國均經派員出席、此次應照例參加等語、該部據呈後、特函復外國 轉知蘇聯大使、屆時決定派員前往參加、

京徐長途電話架設完成

▲中央社徐州四日電 交部所辦九省長途電話、京徐工程架設完成 四日試驗通話、聲音清晰、此後徐滬直接談話、交通益趨便利。

淮南鐵路年底可完成

▲中央社南京四日電 建設委員會於民國廿三年曾續發[illegible]氣事公債六百萬元、及向中國交通等十一銀行聯合銀團借款三百萬元 用以建設淮南電軌鐵及添設淮南煤礦機件、茲悉、淮南鉄路 已築至巢縣、[illegible]部工程、尚有一段、正在建造、土方工程已竣、現開始鋪軌、今年底可完工通車。

隴海路年底可通至咸陽

▲中央社南京四日電 隴海路目今着手進行西咸段工程、並將於本年元旦通車西安後、卽通車咸陽。

粵漢路整理設計
昨舉行分組審查會

▲中央社漢口四日電 粵漢路整理[illegible]委員會、四日舉行分組審查會、定五日上午九時開[illegible]會議、畢會後 全體委員卽赴湘視察、並參加雙十節[illegible]車站落成禮。

滬各省籌募水災義賑會
又寄徐大批藥品

▲中央社徐州四日電 上海各省籌募水災義賑會、頃又寄徐大批藥品、交專署散放災區。

▲中央社上海四日電 各省水災義賑會、已征得港選手隊同意、在全運會後、再定期舉行游泳足球表演、門票收入、全作賑款。

杭市決令冬完成疏浚西湖工程

▲中央社杭州四日電 杭市府定在冬[illegible]勞動服務期中、完成疏浚西湖工程。

浙各區行政專員離杭返任

▲中央社杭州四日電 浙九區行政專員兼保安司令賀揚靈等 二日在省府宣誓後 三日四日 均在省會議、對訓練保甲長、及徵收保安經費各問題、均有決定 定五日 相率離杭返任。

湘黔公路已全部完成

▲中央社貴陽二日電 建廳接車路工程處電告、湘黔路全部完成 該處已於九月三十日結束 請派員驗收、並派車試行。

國立戲劇學校定月中開學

▲中央社南京四日電 國立戲劇學校直接招致及黨部保送之學生共五百五十餘人、均已考試完畢、前往平聲武昌三處主持考試之教務主任應雲衛 及王家齊等、均已先後返校 今日由校長余上沅等 評判成績、決取男女六十名、及備取二十名 定十五日舉行開學禮。

江蘇省警官學校
舉行開學典禮

○余兼校長領導行禮並致訓詞
○學生入校以後必須注意四點

▲江蘇社 江蘇省警官學校、前經定於上月二十八日開學、早誌報端 近數日來、該校遠近學生 均紛紛報到、刻以學生多數到齊、特定於三十日早晨八時、在該校大禮堂舉行開學典禮 到全體教職員學生數百人、濟濟一堂、頗極一時之盛 當由民政廳長兼校長余井塘氏領導行禮並致訓詞 其大意謂 江蘇省政府、自從去歲暑期、創設江蘇省警察訓練所以來 畢業學生、在蜆山實習者 成績尚屬不差、因此仍依據此種辦法 繼續招收學生班、決議造就警察領袖人才起見 又添招警官班、同時更顧及到現狀的改良、又將各縣中比較優良的現役警官 抽查訓練、總期於最短時期中、將江蘇警政改換一個新的生命．而所以將江蘇省警察訓練所改名爲江蘇省警官學校者之意義、亦復在此、次謂 學生入校以後 必須注意者、有以下四點、一、嚴守紀律、二、努力向學、三、砥礪品性、四、鍛鍊體魄、逐項詳細發揮 歷一小時餘、始告完畢云、

三河活動壩工程近訊
完成後可操縱洪澤湖水位

▲江蘇社 導淮委員會、因淮河入海道路、業經由江蘇省政府徵工疏浚將來完成、下游水流卽可暢輸 惟淮河在蘇皖兩省交界儲蓄水量之洪澤湖、向昔爲淮河之水櫃因無調節可能、致時有泛濫之虞、該會在前年卽計劃在洪澤湖三河口 建一新式活動壩 以操縱洪澤湖水位、現因下游河道、已開始疏浚、該壩實有興建必要、今春乃開始進行、經費估定全部五百萬元 乃任蔣壩鎮設立工程局、委劉夢錫爲局長、馬天賓爲總工程師、先做土工、江蘇社記者 頃承馬工程師之邀、前往蔣壩工次、實地勘察．七時車開七時半抵武家墩、車卽行於洪澤湖大隄之上 該堤爲江北屏障、我國防水之偉大建築也、隄高二丈、頂寬五丈、邊緣均係石壁、馬君於車中語記者云 查該隄爲我國各河堤防中之最堅者、由淮陰之高坂頭起、至皖省蔣壩鎮止、蜿蜒四十華里、若在近代建築、需費當在五千萬元以上、較導淮入海工程尤爲鉅大、可見前人之毅力與防水之努力、堤坡及堤頂、歷久完好如故、未有一處坍卸者、蓋築時費工之精 令人咋舌、所用之土、先用篩篩過成泥末、然後行硪 故堅實異常、其後代有歲修．諺云「倒了高家堰 淮揚不見面」、因其有攔洪之力、故江北官民、咸重視之、騷客巨浸爲患、淮揚未遭陸沉者、斯堤之功也車行堤上、途逕如砥、八時抵順河集、槐樹林

立、蓋張福河之中心碼頭、將來導淮全功竟時、該集即爲淮河流域之重要市區也、上可溯河入湖入皖省蚌埠、下可順流出淮揚、車未停仍沿途西行、過高良澗二十里、舉目四矚、滔滔茫茫、一碧萬頃、九時二十分抵蔣壩、因亟欲一觀、正在進行中之三河壩工區近況、車即直駛工區、工程人員、咸來把晤、余等在工區巡視一周、見手胼足胝之工人、約一千三百餘名、正在工作、工區輕便鐵軌縱橫、現在進行工程爲壩址土工、係上海陶馥記營造廠包做、工人本地者少、多來自安徽蚌埠滁州一帶者、有來自山東者、有來自宿遷者、現在進行之壩址、開挖工程、因開工日短、且工人數尚未至鼎盛時期、故未有多量之成績表現、全部土工、共做五百萬土方、截至現在止、已做成二千萬土方、現在籌備夜工、正擬裝設電機、工夫正由陶馥記公司招募中、夜工開始、約在下月初旬、彼時可有三千工夫、分班日夜工作、進度即可稍速、據馬工程師語記者、土工全部在今年年底完成、明年澆混凝土工程、壩長爲七百五十公尺（約合華里一里許）、寬度一百六十公尺、壩中共建六十口門、壩門係活動式、壩門可隨時啓放、以收控制洪澤湖水位之效、現在工區工夫、正做挖泥運土工作、共有輕便鐵軌九道、每道有卡車二三十輛不等、工夫將可挖之土、積之車中、然後運之而行、至指定堆集地點卸下、輛輛車聲、聞於數里、工夫因管理甚嚴、秩序井然、工夫挖土車堆運後、得工資六角、每卡車有工夫八人至十人不等、每日每人可得工資四角左右、遠近鄉區農民、均願來工作、因揀選嚴格、致招募費時、工人、多係異地而來、咸居於工次、每日拂曉即上工、日落始息、工區已鳥瞰一週、乃登車返蔣壩活動壩工程局休息、與馬工程師以下一一見面、午後三時登車而返。

蘇省會婦女會函各會員
參加水災勸捐團
十月八日分隊出發勸募
每人並應捐助舊衣一套

△江蘇社　江蘇省會婦女會通函該會各會員云、逕啓者、本年入夏以來、霪雨連綿、江淮泛溢、黃流倒灌、蘇北各縣、盡成陸沉、爲禍之慘、災民之多、實遠過二十年江北水災、於今秋風轉涼、無衣無食、本會本人類互助之天職、特訂發起江蘇省會水災勸捐團、茲定於十月八日下午一時、齊集省黨部閱報室、以便分隊出發勸募、並定每人各自捐助舊衣一套、以便彙送災區、務希全體會員、當仁急起、屆時一致帶衣參加、共襄善舉、是爲至盼云。

蘇省公務人員及黨部職員
捐助冬衣辦法
省府令所屬各機關轉飭遵照

△江蘇社　江蘇省政府訓令所屬各機關云、案據江蘇省水災救濟總會呈稱、竊查黃水南決、銅碭首當其衝、據本會委員兼賑濟主任成靜生履勘報告、所有銅豐邳沛各縣災情、異常慘重、到處汪洋、田廬漂沒、啼飢號寒、傷心慘目、本會負救濟總責、刻正籌劃急賑、惟轉瞬秋冬之交、災民衣僅蔽體、從令果腹、何以禦冷、爰經本會常務委員第二次臨時會議議決、呈請鈞府、通令全省各機關公務人員、並請轉咨省黨部、通令所屬各級黨部工作人員、每人各捐冬衣一套、庶使百萬災胞、挾纊同溫、理合申敍緣由、並酌訂捐助辦法、仰懇鑒核施行、實爲公便等情、查蘇北各縣災情慘重、轉瞬即交冬令、亟應速謀拯救、以恤災黎、該會所擬捐賑冬衣辦法、尚屬妥善、除分別函令本省各機關轉飭一體照辦外、合行抄原辦法令、仰轉飭所屬人員、一體遵照、此令附

◎……本省各級公務人員暨各級黨務工作人員捐助冬衣辦法……◎

原文如下、一、凡本省各級公務人員暨黨部工作人員至少須捐冬衣一套、不論新舊、二、各縣屬機關捐助冬衣、一律限十月二十日前彙齊、由各該主管機關點交當地水災救濟分會掣收、省屬各機關、省黨部同一概限十月十[illegible]前點交鎮江縣水災救濟分會掣收、三、各地水災救濟分會、於收齊冬衣後、應即將收到總數、呈報本會統籌分配、四、各機關應將所收冬衣點交各地水災救濟分會掣收外、仍應將其所捐數目、報告本會、以便考查、一、省屬機關、省黨部同一逕函本會、二、縣屬機關、由縣政府彙報、三、縣以下各黨部、由縣黨部開列總數、函縣政府一併彙報。

蘇省導淮經費不敷
中央補助三百八十萬
隴海路電蘇速堵大楡樹口

△江蘇社　蘇省府日前曾召集導淮工程處長許心武、江北運河工程局長徐鼎康等水利專家來省、討論關於導淮防水等諸重要問題、日前記者特趨訪省府秘書長羅佩秋氏、詢問內容、據告日前適因許心武先生等在揚州之便、[illegible]特請其來省、舉行談話、內容首重導淮入海、同時請省府迅速辦理堵口工程、蓋黃水均由上游而來、山東若不速行堵口、待至明年、不僅沿六塘中運遭災、[illegible]運上下河、均不堪設想、即導淮工程亦蒙莫大之影響、現省方對導淮工程加緊工作、擬至明年春夏之交竣工、以防萬一、現因本省導淮經費不敷、已由導淮委員會轉呈中央、請全國經濟委員會補助三百八十萬、此款可邀准、本週內省府據各方電告銅邳水勢已稍平穩、惟六塘河仍上漲不已、沭宿兩縣人民、對搶堵問題、似有意氣之爭、省方已電飭消弭云、最後羅氏語記者、隴海鐵路管理處長錢宗澤氏、昨日電省府、請速堵大楡樹口、省府已將此事交水利專家研究云。

蘇省立醫院助產護士兩校
舉行畢業典禮
並開運動會上午預賽完畢
決賽因雨順延至二日舉行

▲江蘇社　江蘇省立醫院舉行附設助產及護士兩校畢業典禮、暨成立助產學校四週年紀念、計到有省黨部委員周紹成、民[illegible]廳代表丘秘書河清、醫政學院胡教務處長安定、省禁[illegible]員會戴秘書世英、省戒烟醫院蔣院長旭東、省民衆教[illegible]館長鴻謙、鎮江縣張縣長清源、鎮江商會代表季秩[illegible]電學校代表田炳章、鎮江師範王珍、宋慶公、錢浩榮、[illegible]生事務所林課長竟成、來賓王仲衡、及各縣縣立醫院平[illegible]產院代表等數十人、及該院職員學生共二百餘人、由院長汪元臣主席、報告創辦附校經過及經濟狀況、省黨部周委員、民政廳代表丘秘書、胡教務長、趙館長、張縣長等相繼訓詞、大要以喫苦精神、推進事業、深入農村、造成健全社會、保障民族蕃殖、注意服務求學、宣傳三點、勤儉耐勞、獲得人民信仰、改良舊習、語多警惕、尤以胡教務長之箴詞、莊諧雜出、訓勉激厲、兼而有之、末由助校代校長汪元臣、護校校長林松娥申明不尚虛浮、實行喫苦之旨、繼發給助校畢業生黃克奉等五十五人及護校畢業生陸舉秀等六人文憑、禮成攝影而散、聞該院並舉行盛大運動會、上午已經預賽、午後決賽、因雨未能舉行、將順延至二日續舉云。

懲治盜匪條例廢止後
盜案歸縣長審判
官兵爲匪或助匪一律處死刑
判決呈轉行營核准方得執行

△江蘇社　江蘇省保安司令部、奉行營令、以本年七月一日起、開始實行新刑法後、同時廢止懲治盜匪暫行條例、該條例廢止後、所有盜匪案件、歸縣長審判、惟判決後、應將全書送行營核准、方可執行、行營並頒發剿匪期內處理盜匪案件暫行辦法、保安司令部奉令後、前特通令各縣政府、遵照辦理、茲將辦法內容簡誌於後、

：：：保障公安　杜除盜源：：：

蔣委員長爲保障公安起見、明定凡以聚衆持械搶刼、或集合人肆行搶刼、故意殺人或傷人致死傷害二人以上於盜所、盜奸婦女、意圖搶刼、而傾覆或破壞現有人所在之船艦火車汽車航空車及其他供水陸運之舟車、或軌道燈塔標識、而致往來發生危險者、及私自聚衆持械拒捕、而聚衆持械刼囚者、擾害公安而起暴動者、一律處以死刑、

：：：官兵爲匪　一律死刑：：：

營防官兵自身爲匪、或以其他方法助匪者、一律處以死、惟下列情形之一者、得減刑二分之一或三分之一、一、犯罪之情形可憫恕者、二、已著手於犯罪行爲之實行而不遂、或其行爲不能發生犯罪之結果、又無危險、或因己意中止或防止其結果之發生者、對於未覺之罪、自首自受判者、

：：：行營核准　方可執行：：：

懲治盜匪法廢止後、犯盜匪罪者、由駐在地有審判權之軍事機關、或已本兼本營軍法官之行政督察專員、及各縣長審判之、判決後應將全案呈送行營、或經各該省保安司令部、或駐省綏靖公署、轉呈行營核准、方得執行云。

本縣新聞

二十三年度 ◎淨盈餘三百餘元◎
教育消費合作社 漸入佳境
營業總額四千餘元
……舉行第九次理事會議……

本縣教育消費合作社、於二十三年成立、初僅勉强維持、由經理李漢閣慘澹經營、始得漸入佳境、二十三年度內、營業總額已達四千餘元、除社內開支、淨盈餘三百餘元、該社於前日假教育會會議室、舉行第九次理事會議、出席渠耀坤、劉蔚雲、李秉銓、董雪山、劉執德、王述之、曾慶霖、列席李漢閣　楊漢泉、主席渠耀坤、紀錄王述之、行禮如儀、一、主席報告、（一）本學年賬目結算之結果、略、二、消費合作社李經理報告、（一）本社二十三年度營業之狀況　1，營業總額、四千二百九十九元一角三分九厘、3，開支總數、五百二十一元九角七分一厘、3、除開支淨盈餘數　三百二十二元四角七分　（二）本社營業所遇之困難　1，股金嫌少、2，社員對本社認識不清楚、討論事項、一、本社二十三年度除收淨的盈餘金三百二十二元四角七分、如何分發各社員案、決議、遵照本社章程盈餘金以百分之九十按照社員消費額多寡平均分配之、以社中發出之單據或取貨摺爲憑、二、已停辦學校應否退股案、決議、准予退股、三、新開辦縣立學校及社教機關、應否請其入股案、決議、函請教育局分別通知、股金由教育局扣留、四、應否定期舉行第二次社員大會案　決議、定於十一月十二日下午三時舉行、五、本社現金缺乏、盈餘金應如何分發各社員案、決議、以貨作抵、六、本社助理工友薪俸略嫌菲薄　應否酌予增加案、決議、自本年度起、助理月薪增加兩元、工友增加一元、閉會。

救濟院施醫所秋季診病統計
外科一四三二人
內科五七四人
眼科三一五人
耳鼻喉科七四人

本縣救濟院施醫所、自交秋季以來、前來診病者、每日約有一十起之多、現該所已將七八九三個月診病人數統計完竣、共兩千三百九十六人、計外科一四三二人、內科五七四人、眼科二一五人、耳鼻喉科七四人、其中以花柳科最少云。

縣農倉管理委員會 ○舉行第二次會議
向農行貸款萬元辦理倉糧儲押 推董玉珏爲審核股主任

縣農倉管理委員會、於本月三日上午十時、在縣政府會議室、舉行第二次會議、出席黃體潤、李貞乾、渠耀坤、楊文奎、董雪山、王述先、董玉珏、主席王述先、紀錄董玉珏、報告事項、從略、討論事項、一、擬就縣政府後院籌設縣倉庫案、決議、通過、二、擬向省農行豐縣辦事處貸款一萬元、辦理食糧儲押案、決議通過、三、選本會審核股主任案、決議、推董委員玉珏爲主任並呈省備案、四、擬確定本會辦事員人數案、決議、暫用一人、五、本會經費應如何籌措案、決議、呈請縣府准在本縣總預備費項下月支三十五元（年計四百二十元）附本會每月支出預算、甲、辦事員一人、月支生活費十元、乙、勤務一人、月支生活費八元、丙、公費月支元、六、擬確定本會常會會期案、決議、每月一次、於一週星期四上午十一時舉行、遇必要時得招集臨時會議、閉會、

耕牛野性暴發 角傷王朝選下部

本縣城東蘇樓人王朝選、年三十餘歲、務農爲業、前日在莊南耕地、而牛綱忽斷、王即輟耕隨、扣結綱繩、乃耕牛野性暴發、竟角觸王之跨下、適中要物、王疼痛不堪、即蹲踞地上、迨家人聞知、抬往救濟院醫治、據醫生談、王之溺管已傷、現便血不止、如不發生其他變化、或無性命危險云。

鄉民無知 動逞刀斧 何仇何恨 野蠻乃爾

四區首羨集鄉黃莊、居民渠愼士、年十二歲、與渠胡比鄰而居、平日感情頗洽、乃前日偶因故、發生口角、繼而毆打、渠胡當手執切菜刀向渠愼士力砍來、正中頭部、一時鮮血濆湧、遍體殷紅、當即倒血泊中、不能言語、家人趕即抬往救濟院醫治、施藥之、漸次蘇醒、現已思進稀粥矣。

災民資遣回里
大口給洋一元 小口給洋五角

本縣救濟分會、以各收容所災民、公私兩感不便、當經第六次會議議決、以省發賑款四千元、資遣回里、已於今日每大口給洋一元、小口給洋五角、遣散

防黃紀略（十三）
拙

八月十八日　晴

連日來因飲食減少、身體漸覺不支、早飯後、隨逐巖伐汽車返城、擬稍事休息、再返工次、隨行忽接卜區長自穆口來信、大意謂、措施不當、貽誤滋多、加以徵工費料、諸感困難、自求已備嘗艱苦、爲稍事休息及退讓賢路計、擬向縣長辭職云云、因過穆口、晤卜區長、以大義責之、彼遂不復言辭矣、

八月十九日　晴

抵城、謁沐浴休息後、身體頓覺輕爽不少、參加總理紀念週、報告防黃經過、午睡半日、醒後寫信覆二弟、函稿錄下：『防黃工次、接讀手書、知吾弟關懷桑梓、眷念手足、以黃泛情形及兄近況見詢、因追工回憶雜、且乏筆墨、致稽裁覆、吾縣自七月杪湖水浸入二區邊境、各河河水暴漲後、兄即隨同王縣長暨李萬餘民夫、築堤防水、日與波臣爲伍、更已二十有一日矣、惟水勢浩大、地段太長、大有顧此失彼之虞、見沙莊附堰兩鄉田禾、盡被淹沒、其他各地能否保全、尚無把握、瞻念前途、殊憂焦極、兄以遠旬奔走、身體微感不適、特於昨日返城休息、大約明後日仍回督工、爲公服務、何敢云勞、但恐勞而無功耳、弟能於下月中旬返里省親、至所企盼、煙台蘋果、味極佳美、過烟時、可購買少許帶來、以供大嚼、信弟芬妹將於本月底赴申、所需學費百元、在弟款未寄到之前、已向二妹處暫借矣、亡室遺像、迄未收到、想尚未付郵也、三表弟現已返家、不聽勸告、致勞往返、日後家鄉親友、或不再冒然遠道赴威也、草覆、即祝健康！』

司法欄

△縣政府司法批示▽

△民事原具狀人鄒世英、一件、爲三次無約、四次初獻、絕不近理、遊興不羈、懇祈裁明、以候再庭由、狀悉、此批

△刑事原具狀人孟昭義、一件、爲遭截罷殺、請求銷案由、狀悉、准予撤回、此批

△刑事原具狀人程守玉、一件、爲架陵刁誣、藏女圖賴、懇乞通傳質訊、依法徹究由、狀悉、仰候傳案訊辦、此批

△刑事原具狀人王廣義、一件、爲被匪刼架、據情報明、懇請迅於飭隊嚴緝賊匪、究追法辦由、狀悉、仰候令飭保安大隊派隊緝拏法辦、此批、

△庭期審理案件▽

十日

七日審理于劉氏訴于成命鞫盜案、

七日審理劉汝森鴉片案、

○○○○○○○○○○

△本城糧價

名稱	每市斗 價目	
小麥	最高三千八百文	最低三千六百五十文
大麥	最高二千二百五十文	最低二千一百五十文
黃豆	最高二千四百五十文	最低二千四百文
黑豆	最高二千三百五十文	最低二千二百五十文
綠豆	最高二千九百文	最低二千八百文
江豆	最高二千五百文	最低二千四百文
高粱	最高二千四百文	最低二千三百文
穀子	最高一千九百五十文	最低一千八百五十文
稷子	最高二千三百五十文	最低二千二百文
芝蔴	最高三千六百三十文	最低三千五百文
青豆	最高二千四百文	最低二千三百五十文
花生（每斤）	最高一百三十文	最低一百二十文
瓜子（每斤）	最高五百六十文	最低五百四十文

●氣象

晴

風向　西南風

最高溫度　七七

最低溫度　六四

○○○○○○○○○○○○

中華民國二十四年十月五日　豐報　（星期六）第五號

豐縣縣立初級中學校週刊

第三期

目錄

編者的話

因為我是初出茅廬缺乏經驗的緣故，前兩次週刊大部分的位置被同學們的文藝佔去了，最近連連收到關心學校的人們的信，詢問學校概況；才提醒—我，應當多刊登些學校方面的事情才是喲，不然怎麼能使得一般人們眞正明瞭本校呢？如此，過去的各種會議，只好加緊登載出來；這是我對不起關心人們的地方，也是我應當向大家抱歉的地方。

本刊計劃大綱

甲，原則

一，應發揚本校風紀

二，對於地方自治之組織及設施，應表示服從擁護之態度作善意的闡明或批評，不作惡意的刺諷或漫駡

三，培植民族思想，啓發民族意識；根本剷除封建意識，利己主義的劣根性。

乙，稿件分配

一，新頒教育法規及本校單行章則規約與各項表格之稿件　應佔全刊十分之四。

二，論著研究及本校消息之文字應佔十分之三。

三，文藝及其他佔十分之三。

丙，稿件之來源選擇及編輯

一，本校師生均有投稿之權利，與辦理編輯部委託事項之義務。

二，編輯主任有刪改或不予登載，儘先登載權。

三，編輯主任得調劑稿件分配均勻趨見，每期均[illegible]選[illegible]或指定某位導師或學生選述一定性質之文字。

○○

豐縣縣立初級中學校章程（續）

乙，事務股

一，管理全校經費及經營校產

二，整理本校之房舍場圃並計劃建築修理及改造

三，辦理庶務事項

四，督察全校工役並商承校長確定其宜進宜退之情形

五，辦理膳食事宜

六，保管並分配校具及雜品

七，指導學生組織儲蓄會合作社等經濟團體

八，其他不屬于教導部之事項

第四章　會議

第八條　本校之會議分校務會議教導會議及級任導師會議三種校務會議每二月開會一次教導會議每月開會一次級任導師會議每兩週開會一次遇必要時均得開臨時會議

第九條　校務會議之出席人員為校長教導主任各級級任黨義教師童子軍教練員事務員討論之[illegible]

一，確定校舍之改造修理與分配

二，確定學校衛生之設施

三，確定聯合之管理設備

四，關於學生服裝寢具之檢查與訂製

五，關於校景之設計

六，關於校風之改良與倡導

七，討論校產之經管計劃

八，討論校預算與決算之適應辦法

九　其他關於校務事項

第十條　教導會議之出席人員為校長教導主任各級級任黨義教師童子軍教練員事務員及各股股長討論之要項為左：

一，議定教導計劃及其實施[illegible]

二，根據計劃議定每期教導中心工作並審查上期中心工作實施之[illegible]

三，審議各級教導[illegible]各項中約及表冊

四，討論關於學生之重大偶發事項

五，每學期終，審查學生之成績

六，議定選擇教材及其運用之法以實施教訓合一

七，討論[illegible]實踐及其他會議請議之事項

八，每學期開始時規定學生自治及課外活動之指導事項分配指導人員

九，其他關於教導事項

以上第九第十兩條所載之會議其主席均為校長校長請假時由教導主任代理

第十一條　級任導師會議之出席人員為教導主任各級級任由教導主任召集之為主席遇必要時得請有關係之導師或其他人員列席討論之要項如左

一，報告各級實施中心工作之實況并交換意見決定下二週進行之步驟

二，處理各級間相互關係之事項並討論關於教導上之一切困難問題

三，每學期開始時擬定學生食宿自修等各項席次及分組名單提交教導會議通過施行

四，討論其他關於教導上應行建議事項

第五章　特種會

第十二條　本會利用課餘時間適應師生研究學術興味起見酌組織以下各種研究會

甲，社會科學研究會

乙，無綫電科學研究會

丙，童子軍學術研究會

丁，初中教育研究會

戊，其他學術研究會

以上各種會議之章程另訂之

第十三條　本校為實行經濟公開起見由專任教員組織經濟稽核委員會經濟稽核委員會之章程另訂之

第六章　附則

第十四條　本校風紀綱領及各項辦事細則另訂之

第十五條　本章程如有未盡事處得由校長修改之所未規定之事項統依教育法令辦理

第十六條　本章程於二十四年度第一學期開始施行並呈報教育局核轉教育廳備案

（完）

第一次校務會議

時間　九月[illegible]日下午七時

地址　辦公室

出席　李貞乾　張信賢　孫書平　李繁閭　王瑞平　陳雪樓　劉爾紋　孫立坤　蔣傳浦

主席　李貞乾　紀念　孫裕澄

行禮如儀

主席報告：

一，本校略歷及接任經過

二，暑假期內籌備情形及延開學原因

三，報告本校章程

1，組織方面

2，任務方面

3，會議方面

4，特種會—(一)社會科學研究會(二)無綫電事業研究會(三)童子軍學術研究會(四)初中教育研究會

5，職務分配

教導部下之各股

一，文書股—信賢　書平　爾汶　傳浦　裕澄

二，級務股，信賢　裕澄　繁閭

三，訓育股，信賢　裕澄　立坤　瑞平

四，圖書股　爾紋　書平

五，儀器股　爾汶　信賢　瑞平

六，勞作股　雪樓　傳浦　裕澄

七，童子軍股—立坤　爾紋

八　體育股—立坤　爾紋

各級級任及組導師：

一年級—裕澄　爾紋

二年級—瑞平　雪樓

三年級—繁閭　書平

事務股—傳浦　爾紋　立坤

6，課程分配

7，訓練方面　按童子軍紀律嚴格訓練師生共同生活

教導主任報告：

1，級任組導師之任務—1，

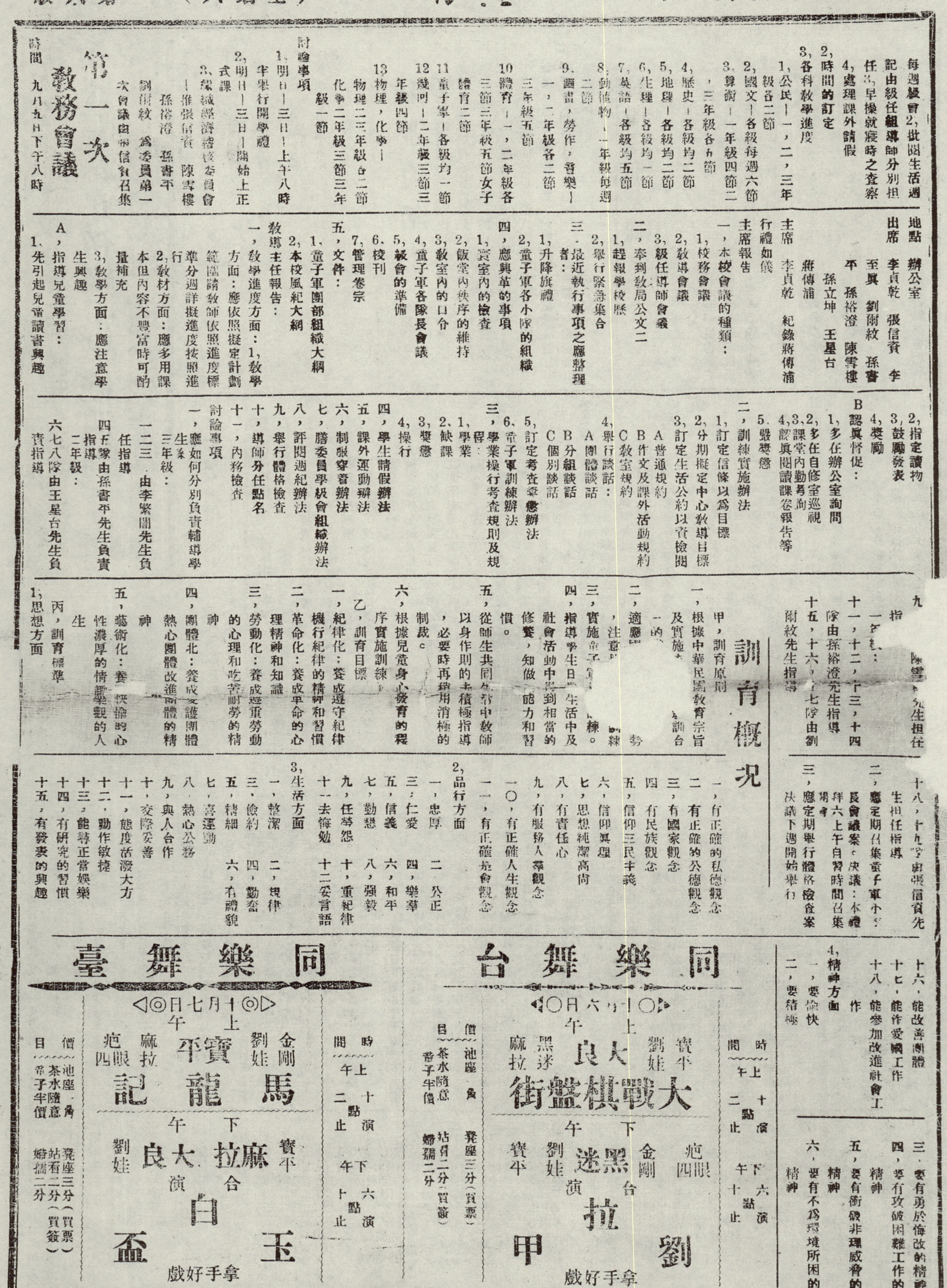

12

每週級會2,批閱生活週記由級任組導師分別担任3,早操就寢時之查察4,處理課外請假

2,時間的訂定

3,各科教學進度

1,公民—一,二,三年級各二節

2,國文—各級每週六節

3,算術—一年級四節二,三年級各五節

4,歷史—各級均二節

5,地理—各級均二節

6,生理—各級均一節

7,英語—各級均五節

8,動植物—一年級每週二節

9,圖畫,勞作,音樂—一,二年級各二節三年級五節

10體育—一,二年級各三節三年級五節女子體育二節

11童子軍—各級均一節

12幾何—二年級三節三年級四節

13物理,化學—物理二三年級各二節化學二年級三節三年級一節

討論事項

1,明日—三日—上午八時半舉行開學禮

2,明日—三日—開始上正式課

3,組織經濟稽核委員會—推張信資　陳雪樓　孫裕澄　孫書平　劉爾紋　為委員第一次會議由張信資召集

第一次教務會議

時間　九月九日下午八時

地點　辦公室

出席　李貞乾　張信資　李至真　劉爾紋　孫書平　孫裕澄　陳雪樓　孫立坤　王星台　蔣傳浦

主席　李貞乾　紀錄蔣傳浦

行禮如儀

主席報告

一,本校會議的種類：1,校務會議　2,教導會議　3,級任導師會議

二,奉到教局公文二　1,趕報學校歷　2,舉行緊急集合

三.最近執行事項之應整理者：1,升降旗禮　2,童子軍各小隊的組織

四,應興革的事項　1,實室內的檢查　2,飯堂內秩序的維持　3,教室內的口令　4,童子軍各隊長會議　5,級會的準備　6,校刊　7,管理卷宗

五,文件：1,童子軍團部組織大綱　2,本校風紀大綱

教導主任報告：

一,教學進度方面：應依照擬定計劃方面：1,教學範圍請教師依照進度標準分週詳擬進度按照進行　2,教材方面：應多用課本但內容不豐富時可酌量補充　3,教學方面：應注意學生興趣

A,指導兒童學習：

1,先引起兒童讀書興趣

2,指定讀物

3,鼓勵發表

4,獎勵

B,認真督促：

1,多在辦公室詢問

2,多在自修室巡視

3,課堂內勤考詢

4,認真閱讀課卷報告等

5,毀獎懲

二,訓練實施辦法

1,訂定信條以為目標

2,分期擬定中心教導目標

3,訂定生活公約以資檢閱　A普通規約　B作文及課外活動規約　C教室規約

4,舉行談話：A團體談話：B分組談話　C個別談話

5,訂定考查獎懲辦法

6,童子軍訓練辦法

三,學業操行考查規則及規程：

1,學業　2,缺課　3,獎懲　4,操行

四,學生請假辦法

五,課外運動辦法

六,制服穿着辦法

七,膳委員學級會組織辦法

八,評閱週紀辦法

九,舉行體格檢查

十,導師分任點名

十一,內務檢查

討論事項

一,應如何分別負責輔導學生系

三年級：一二三由李紫闈先生負任指導

二年級：四五隊由孫書平先生負責指導

六七八隊由王星台先生負責指導

九[illegible]陳雪[illegible]先生担任指[illegible]

一年級：

十一,十二,十三,十四隊由孫裕澄先生指導

十五,十六,十七隊由劉爾紋先生指導

十八,十九隊由張信資先生担任指導

二,應定期召集童子軍小隊長會議案。決議：本禮拜六上午自習時間召集開會

三,應定期舉行體格檢查案　決議下週開始舉行

訓育概況

甲,訓育原則

一,根據中華民國教育宗旨及實施[illegible]訓台

二,適應[illegible]的[illegible]勢

三,實施童子[illegible]注意[illegible]訓練。

四,指導學生日常生活中及社會活動中得到相當的修養,知做能力和習慣。

五,從師生共同生活中教師以身作則的積極指導,必要時再採用消極的制裁。

六,根據兒童身心發育的程序實施訓練。

乙,訓育目標

一,紀律化：養成遵守紀律機行紀律的精神和習慣

二,革命化：養成革命的心理精神和知識

三,勞動化：養成尊重勞動的心理和吃苦耐勞的精神

四,團體化：養成愛護團體熱心團體改進團體的精神

五,藝術化：養成愉快的心性濃厚的情趣樂觀的人生

丙,訓育標準

1,思想方面

一,有正確的私德觀念

二,有正確的公德觀念

三,有國家觀念

四,有民族觀念

五,信仰三民主義

六,信仰真理

七,思想純潔高尚

八,有責任心

九,有服務人羣觀念

一〇,有正確人生觀念

一一,有正確社會觀念

2,品行方面

一,忠厚　二,公正

三,仁愛　四,樂羣

五,信義　六,和平

七,勤懇　八,强毅

九,任勞怨　十,重紀律

十一,去悔勉　十二,愼言語

3,生活方面

一,整潔　二,規律

三,儉約　四,勤奮

五,精細　六,有禮貌

七,喜運動

八,熱心公務

九,與人合作

十,交際妥善

十一,態度活潑大方

十二,動作敏捷

十三,能尋正當娛樂

十四,有研究的習慣

十五,有發表的興趣

十六,能改善團體

十七,能作愛國工作

十八,能參加改進社會工作

4,精神方面

一,要愉快

二,要精極

三,要有勇於悔改的精神

四,要有攻破困難工作的精神

五,要有衝破非理威脅的精神

六,要有不為環境所困的精神

小朋友

第二一六期

本副刊以介紹小朋友的作品爲宗旨
本副刊全係公開歡迎投稿
本副刊編輯部對來稿有刪改權
本副刊編輯部對來稿如不登載概不退還
本副刊編輯部設覺報社內

爲甚麼要用國貨

李寨中小 王俠

我國目前唯一的大患，就是窮。這是人所共知的，試觀我國近幾年來，農村破產，經濟恐慌，又加上天災人禍，相迫而來，在這危急存亡之際，各國又實行慢毒侵略——經濟侵略——來吸收我國的金錢，每年洋貨源源運入我國，可惜一般國民都愛用洋貨，西裝革履的浮浪少年和一般洋化的摩登姑娘小姐們，他們爲時髦和漂亮起來便不顧國家的滅亡，把有用的金錢如泥土一般拋在外國，唉！這樣每年統計也不下數萬萬元之譜！

同胞們！一般醉生夢死執迷不悟的同胞們！現在國家已到朝不保夕的時候了，我們應該用甚麼方法去保護她，挽救她，我想別無善法，非得從國貨上想辦法不可，但是近幾年來，提倡國貨的高調，已高唱入雲了，可是國人毫無一點覺悟，仍舊去用洋貨，以後我希望諸位同胞，要完全買用國貨，要知道現在的國貨，與以前的國貨不同了，自從民國二十二年的國貨年後，我國的貨物真有一日千里的進步，現在我國所造出的物品，顏色經久不變，時髦漂亮也不亞於外貨，望你們把購洋貨的金錢，來購國貨吧！這樣每年我們的金錢就不外溢了。我們然後把此種巨款，捐與災區救濟災民，或交與政府購買武器，以備外侮，這樣數年以後我敢大聲疾呼：「列强定不敢正目相視我們」。同胞們！你們平心靜氣的想想，我們爲甚麼要用國貨呢？

自勵

宋小五年級 李振華

我回想從前的事情，未免十分難過，把黃金似的光陰，不知不覺的浪費過去。現在我的年齡漸增，不但學業無成，而且自己的責任卻愈而重大。所以應當努力求學，將來爲國家出力，改良社會，收復失地，振興國家，爲黨國犧牲，這樣才不愧父母的撫養，先生的教導。假使在幼年時代，悠悠忽忽，渾渾噩噩，等到老年，一事無成，怎樣能對起父母和尊師呢！所以我從今天以後，務必努力求學！

第一次朝會

華山小學 李永卓

今天朝會，是這學期第一次的朝會，所以先生們都盡力的訓導，學生們也很興奮的靜聽。都是莊嚴端正，敬守秩序。尤其是那一些綺年的小同學，端坐在前面，睜大了眼睛，張開了小嘴，緊覷着先生的面頰，似在很焦急地催促他們訓話的樣子。

今天朝會的時候，程先生說：「我們無論做什麼事情，必須持着有始有終的决心。現在本學期正課已經開始了。那麼我們怎樣有始呢？便是要有規定的計劃。」不錯呀！開始必須有詳密的計劃，否則就不能得到完美的結果。

秋日郊遊記

常小五年級 孫連秋

星期日下午六點鐘，我和幾個朋友約好往河邊去遊玩。

我們出了東門，往東河去，在路上見北風吹着一羣紫燕飛向南方。幾株楊柳，垂頭搖曳。豆葉，樹葉都也漸漸枯黃。在這中秋之時，看到那些美麗的動植物，快要和我們分別了，我們心中都能不徘徊留戀么！走到河邊，看河水清清的流着。河裏大船小船，好像奇葉一般，在水面來往的飄搖。這時快到黃昏了，我們便結隊回校。那些小鳥，也吱渣吱渣的叫着，歸回林中。小蟲早在衰草中，悲哀的叫着。我們不知不覺的已回到校中了。

野外遊記

李宗元

今天的下午，我正在室中看書，忽聽得院中有人喊我，我出去一看，原來是我的同學文修，約我到郊外去遊逛，於是我們便一同出了大門，緩步東行，一路說說笑笑，不知不覺已走到了一條灣曲的小河邊，河裏的水，澄清異常，目可鑑底，夾岸的楊柳，葉子大半都已枯黃，河中有數隻小鵝蕩漾着微波，很是自由，波紋觸着河中的幾片蓮葉，頓時而沒，我們徐行觀賞，一會兒又到了一個花園，園中的各種花草，都已衰敗，祇有幾顆菊花，尚爾含苞未放，我們玩了一會，便踽踽的出了園子，見許多農夫們，有的種麥子，有的耕田，都很忙碌，時已夕陽西下，鳥雀投林，牧童也趕着羣羊，唱着歸歌回去了；這時我們也很高興的回家了。

昨晚的一幕

寶店小學 于世昌

是夕陽剛落下去的時候，萬籟無聲的當兒，我就在本校操場的東南隅，被荒烟亂草埋沒的墳墓上，和袁君子玉同學談話。起初說的是黃水的事情，真出乎我意料之外的袁君向我說：「你不是去年是五年級嗎？今天怎又重上五年級呢？」我[illegible]默了一會，我倆只是無言無語。我[illegible]五年級的第二學期，將要終了，不幸的我，病魔忽然纏綿着我，病倒在床上，不能去上學，飯也吃不下去，結果沒有得到大考，終於淪到此種田步了。唉！任憑是鐵石似的心腸，也不能不爲之一悲啊！

『到明天不是還要考試嗎？我還不會一點，趕緊的走吧！』袁君皺着雙眉，很慌張的說着。

我悲痛的，惆悵的，往前走去，像一隻失羣的孤雁，我在袁君的背後，心裡還說着：『同學們，切莫學他啊！』

秋天的早晨

周宅址小學四年級生 陳[illegible]

光陰似流水般的進行着，轉瞬之間，那炎熱可怕的夏天，無影無蹤的歸去；涼爽的可愛的秋天，又來到了人間。星期日，我正在被窩裏熟睡，作那甜蜜的美夢。忽然院中的公雞，喔！喔！喔！的叫個不停。好像說：「小朋友起牀吧，天不早了！」于是我就出了被窩，穿上了衣服，洗過了臉，開開窗子，見沒有雲，沒有風，也沒有霧；惟有五光十色的朝霞，映照在大地以上，真不啻成爲一個錦繡的乾坤啊。觀此生情，因惹起了我的遊覽興致，所以我外出找幾位小朋友，一同到野外去閒逛，走到路上，吸着四方空氣，新鮮異常。向大地一望，只見有許多農夫在割豆，前走後追，恍如運動會的田徑賽似的。河岸的綠草，也都披上了黃紅色的衣服，往前行，又到了一個週圍以竹爲籬的李氏花園。園中的菊花，深紅淺綠，爭艷鬥麗，金風一吹，清香的花味，撲到鼻孔裏，真有說不出的快感啊！一會腹中有些餓了，便和幾位小朋友回家。路上又見推車的擔挑的，都愁容滿面在柳樹兒的陰影下偶語，我因向前問他道：「你們爲什麼攜男抱女，在這秋收的時候出來呢？」他們道：「唉！『俺祖居臨濮，因黃河水發堤潰，將房舍[illegible]盡入一片汪洋的澤國裏邊，所以我們爲苟延殘喘打算，才作此飄流無歸的生涯。』」言此至，兩淚直流，嗚嗚咽咽的又說：「我們別離了故鄉十多天了。每夜都是以天爲屋，地爲席；以致我[illegible]不下的七十老母，他又病了。所以這時的我，真是進退維谷哩！」哭聲又越發大了，話兒也幾乎說不出來啦。我除一面含着同情的淚安慰，一面又向他道：「你們倘不嫌窄小的醃髒的茅屋簡陋，我家可挪給你們暫時居住。」那人起身剛欲深謝，我連忙阻止！說：「我們都是異姓的同胞兄弟們！又何必作此情態呢！」我和他們來到了自己的家門，除挪屋令其棲身外，又請醫生替他媽媽治病，復給他錢兩千。

中華民國二十年十月九日　覺報　（星期三）　第六號

一個災民的自述

羅口小學五年級生　丁鳳臣

昨天晚上我和幾位同學到野外去散步，恰好遇見一個逃水災的人，他面目憔悴，形色愴惶，聽他自言自語的說：「今年的秋苗是多麼茂盛呀，以爲將來一定有豐收的希望，那知黃水爲災，把禾苗都淹死了，屋子也被那狂濤怒浪打倒，現在逃到外邊，雖免受魚蝦之食，無衣無食，將來不是餓死，也要凍死。唉，唉！」說到這裏，他的熱淚如豆粒似的一顆顆的由腮邊滾下，他哽咽的說不下去了。我想：各機關各團體必須設法救濟，不使他們顛沛流離才好！

北風

便易集小學三年級　李學文

滿帶着冷意的北風，從昨夜就呼呼的吹起，一直到今天，還是在依舊的呼呼的吹着；一分鐘也沒有停過。

貧苦的人們。這時都同樣的起了一個感覺：「唉！這是給窮人送信來了！給窮人送信來了！」他們像是不由自主的都在戰動着聲音呻吟着。

天氣變得也真快，昨天的時候，還熱的略一動作就拉拉的汗流，而昨晚刮了半夜北風，就把今天的天氣，變換得這樣子了；真的，急乎要變得寒氣徹骨了。

您看吧：壯年人也都換上夾衣了，年齡小的孩子，都更換上了棉製的衣裳 可是這一些立刻就有衣服加在身上的人們，都是些有錢的呀！窮苦的人們呢？逃荒的災民們呢？他們恐怕是更要感着愁苦也！

他們的吃飯，還是絕大的問題，那裡還能再談及穿衣呢，我覺得天氣變得愈冷，不過是他們受的罪愈大就完了呢。

他們真的又有什麼避免的方法呢。

唉！呼呼的北風呀，你怎麼一點人意也不懂的儘是在呼呼的吹呀！你們真也有些太殘忍了吧！沒有看見那些正在發抖着的些貧苦的窮人嗎？

貢獻給癮民的幾句話

王樓小學六年級　劉守倫

吸食鴉片的朋友們，我看到你們這種可憐的樣子，心裏是不忍坐視的。現在我拿極誠懇的態度來和你們說幾句話，你們知道，鴉片是害處很大的，而爲什麼偏不戒絕呢？你看！現在政府對於禁煙有多麼認真呢！把煙民帶到城裏，有的坐監，有的槍斃。吸鴉片的人，還不害怕嗎？還不覺悟嗎？怎麼還是昏迷不醒，醉生夢死呢？煙民們趕快的戒絕吧！成一個良好的公民。走上幸福的道路！

月夜

小　李昌榮

一輪血色似的晚陽，在人們不知不覺之中，已跑到西山去了，這時農人們也都唱着小曲回家。小鳥們也飛回巢了。

夜色漸濃，圓圓的月亮從東方升起，這時的我，和幾位學友在一個高可四五尺的土坵上散步，碧青的草鋪在地上，也有坐的，也有站的，也有……非常自由！說說笑笑很是有趣；而且還有一唧唧唧……一秋蟲叫的聲音，非常悅耳。這時，愈使我高興了。幾陣風兒吹來，吹拂得柳枝兒搖曳不定。風更大起來了。桐樹的葉子，如蝶舞似的脫離了老柯而落在地面 金色的柳葉沙沙……的作響，好似在說：「可憐這弱者啊！」幾隻蝙蝠飛浮在空中，襯着許多疏朗的小星 我想這樣的月 真可說是良辰美景了！

秋天的鄉村

李寨中小四年級生　陳文滿

啊！清涼爽快的秋天已來好久了，鄉村的景象，漸漸的蕭條起來。陣陣的涼風吹着，黃金色的樹葉從樹上紛紛的落下。這時天氣涼爽，空中浮着片片的白雲。這時的鄉村，雖然有些冷清，却也別饒風味。田間唧唧的秋蟲，鳴聲不止，村邊的小溪，潺潺的流着。有時可聽得見村中一聲兩聲犬吠。舉目四眺，則見遠處青蒼的山色，襯着秋樹的紅葉，正如一幅美妙的圖畫。啊！這秋天的鄉村是多麼可愛呢？

夕陽

小文　段震

夕陽快歸去了，
還留戀在西山之凹，
吐放出壯麗的金光，
灑滿了浩渺的平原。
○　○

夕陽快歸去了，
我站在巍峨的鳳鳴塔上遙望，
燦爛的雲霞，
在碧空中輕舞曼笑。
○　○

夕陽，夕陽，你歸去了嗎？
大地上籠罩了輕紗似的暮，
一切都漸漸的消失了，
消失在蒼茫的宇宙之中。

給母親的一封信

那橋小學四年級生　朱廣均

親愛的母親呀！

這一件事本來不想告訴你，但我想 母親在家也和我一樣呢？

在中秋節的那天，校內沒放假 我也不得回家，一些離家近的同學，在傍晚都回家去了，我一個離家遠的人，坐在寢室窗下 從窗帘的孔中，幽明的月光下，可看到小孩子；伏在母親懷內，要月餅吃，和一家人圍着案子，舉杯言笑，醉意宜人，但想到自己，母親！兒又哭了，在淚中似乎看見你，也在哭着，想你的兒子呢？我猜母親你，見到別人抱着她的兒子，圓月的時候，一定會想我！——

一陣陣的心潮，擊斷了兒的心絃，淚珠溼了兒的衣襟，一陣冷風吹來，覺得有些頭痛，不能多寫了，祝你福安

兒　廣均稟　九月十二日

行途

那橋小學四年級生　朱廣均

一條正直的大道，
中途有了分歧，
初到歧路的小朋友！
聽我告訴你：
「你們不要以爲那荊棘滿道的不是正路
因爲行不數里，
便是光明康莊大道，
寬的平的，你們認爲是真正的道路。
那路却是入了千山層裏，
裏面滿藏了害人的東西，
前面過去的人，
大多數是誤入歧途爲牠們所害，
小朋友，請你們注意。」

轉載

南洋旅行記（續）

羅井花著

二一、有些甚麼車

吃了午飯後，韋梅追問着汽車的事，菊妹的話匣子便又開了：

『我先前講丹絨不綠時，不是談過Taksi麼？這Taksi就是出賃的汽車，前面也講過，剛纔我們在外面走，我看見不少的汽車行，門口都有一「出賃」或「出租」的字牌，可知上海地方要租汽車，可以到車行裏去，不是麼？』

韋梅點頭道：『不錯。不過有些地方，像火車站，輪船碼頭，都停着有出租的汽車，就可以在那些地方雇用。』

菊妹道：『爪哇地方可不同，你走盡馬路，除了出賣新汽車的，找不到汽車行，所有出賃的汽車，都停在馬路旁的空地上，或在馬路上遊行着，雇起來很方便。汽車停得多的地方，你由那裏經過，只要叫一聲Taksi，車夫們便蜂擁上來，有的還將車子也開來，紛紛的討價，拉買賣，形情正和剛才的洋車夫一般。

15

豐報

第九〇四號

本社啟事

（一）今日本報仍為一張半，並隨報附送「國慶紀念特刊」半張。如有遺漏，請向送報人索取，或報告本社。

（二）本報因慶祝雙十節，休業一天，十一日無報，十二日照常出版。諸希公鑒。

恭祝國慶

豐報社全體仝人鞠躬

恭祝國慶

豐縣縣黨部全體工作人員敬祝

豐縣縣政府佈告

字第 號

江蘇省民政廳字第二八六號訓令開：「本省各縣第二期煙民戒煙執照有效期間屆滿，在[illegible]一縣[illegible]未經本[illegible]以前，應於十月一日起，[illegible]行第三期換照手續，暨於第二期戒煙執照上加蓋「暫代第三期」字樣，同時依照規定收繳第三期戒煙執照費，並經[illegible]字第二三零零號訓令，通飭遵照在案，[illegible]制定江蘇省各縣換發第三期煙民戒煙執照辦法一種，除分令外，合行抄發該項辦法，令仰該縣長遵照辦理具報，此令」等因；附發江蘇省各縣換發第三期煙民戒煙執照辦法一份，奉此，除分令各區公所遵照並轉飭所屬一體知照外，仰合境煙民遵照該項辦法，於十月二十一日起，赴各區公所[illegible]，[illegible]切切，此佈。

江蘇省各縣換發第三期煙民戒煙執照辦法

一、第二期領照煙民，除已經登記死亡者外，應於規定換照期內，一律持同原執照向所在地區公所或委託機關驗繳第三期照費，換領新照，逾限不換領者，以無照吸食論罪。

二、第三期戒煙執照未經本廳頒發以前，暫由縣府[illegible]在第二期執照上填明換照日期，並用「暫代第三照」木戳，並加蓋換發機關鈐記，發還煙民憑照入[illegible]用。

三、第三期戒煙執照換發時期，規定自十月一日起至十月三十一日止。

四、第二期領照煙民在規定換照期內，遠行外省[illegible]報有案者，[illegible]其回籍時期已逾規定換照限期，仍得申請補發，經[illegible]本廳核准換照[illegible]，其旅行本省境內者，應[illegible]換照期內申請移轉旅居縣[illegible]，並[illegible]查照。

五、各縣遵行換發第三期執照煙民，應由縣政府先行查明，分別甲乙兩種，於九月三十日前[illegible]報本廳備查。

六、本辦法由江蘇省民政廳公布施行。

中華民國二十四年十月 日

縣長 王[illegible]先

豐縣縣政府佈告

查本縣[illegible]士膏店，營業限期，均已屆滿，已經本府分別令飭停業，並轉飭招商承辦，規[illegible]日期[illegible]於本月八日集[illegible]投票，本府依照本縣二十[illegible]年禁烟實施計劃，擬於本年十月起，士膏店僅設縣[illegible]本城兩處，營業區域，平均分配，現[illegible]有八家，[illegible]承辦，本城士膏店，[illegible]人前來申請，凡有志[illegible]營該項營業者，統限於本月十三日午前十一時前[illegible]會縣[illegible]辦理申請手續，[illegible]人[illegible]一體知照此佈。

中華民國二十四年十月 日

縣長 王[illegible]先

豐縣教育局啟事

查本局二十四年度教費，刻在縣政府請領大洋二千元，定于本月十日起，將[illegible]月份，暫發半個月經費，各學校各社教機關[illegible]時按照以前手續來局具領可也。

特載

中國國民黨江蘇省豐縣縣黨部為國慶第二十四週年紀念告民衆書

親愛的同胞們！

光陰行駛得真快，剎那間，我們最光榮最有價值的國慶第二十四週年紀念日又降臨了。我們回想在辛亥革命以前，我們的國家禁閉在封建的牢獄中，我們的民族沉淪在昏黑的大海裏，我們的民衆壓迫在專制魔王鐵蹄之下！國家的情況，是多麼悲慘，人民的生活，是多麼痛苦呢！本黨總理孫中山先生目擊國家的危亡，民衆的痛苦，非先推翻滿清政府，無法挽救，乃糾合同志，創立本黨，進行革命，雖經十次的失敗，幸能屢仆屢起，再接再厲，幸於二十四年前的今天，革命同志，在武昌登高一呼，真是萬聲響應，一月之間，革命軍已先後光復十省，推翻了四千多年的專制，造成了民主的共和政體，這是多麼值得紀念的一回事呀！

我們在這紀念國慶的時候，來看看國家現在的狀況：東北失地，尚未恢復；陝甘赤匪，仍未救平；又加今年空前未有的大水災，以致人民流離，社會不安，國家情況，危險萬分，我們還有心來歡欣鼓舞紀念國慶嗎？所以我們絕對的要：

一，繼續先烈的革命精神，先烈為推翻滿清政府，拯救被壓迫的同胞，不惜犧牲頭顱，洒出鮮血，與一切反動勢力奮鬥。我們在這國家危亡的時候，也應當繼續先烈的這種精神，來挽救國家的危亡，恢復中華民族的光榮。

二，努力生產充實國力：我國近年來所遭遇的危難，實是十餘年擾攘混亂國力貧弱的結果。帝國主義者，看到國力空虛，猛力向我進攻，當此國難臨頭，正是舉國上下大澈大悟的最後機會，只能從此化除內爭，努力生產，培養元氣，充實國力，以救當前的危機。

三，興修水利救濟災荒：近年以來我國農村災荒之重，無以復加，年前的旱災元氣尚未恢復，今年的水災，又踵而至。災區之大，災民之多，為數年來所有。考此種災患，實由於吾人對於水利之[illegible]。凡我國人，應當本己飢己溺之懷，節縮食，拯救災民，並興修水利，以絕後患，以期農村復興，民力充實。以上三點，是吾人於紀念國慶餘，之所應當努力的。

中外要聞

意屬伊里特里亞士兵紛向亞國投誠

關於制裁問題日內瓦發生爭論

▲中央社亞京八日電　據官方發表消息、謂意屬伊里特里亞土人軍、紛紛逃亡、其中一部離隊、意軍阿斯加利部落著名酋長、率部落戰士五十名、攜來歸、不久可抵麥台爾區。

▲又阿加姆區據、有伊里特里亞兵士二百名、攜械向亞投誠云。

▲中央社日內瓦八日電　關於實施制裁問題、此間現已發生爭論、或謂今日大會會議、見建立行政院決議、謂意國為侵略國家、應即動履行會盟第十六條、對意實施制裁。

▲中央社柏林九日電　法國復英所詢關於意艦如無端攻擊地中海英艦隊、法國將否出援之文、德國政界深為驚異、以為法國利用國際緊張、遂其政治目的、及英國陷入法國所持國同盟政策之網。

美政府設法保護亞京美僑

▲中央社華盛頓九日電　美政府為保護寄居亞京美僑起見、已將該處美僑營業、及居住所在等詳冊、送交意國政府、請意國勿向懸有美旗區投彈、國務院並電美代辦、通知美僑懸掛美旗。

▲中央社華盛頓八日電　美政府所發佈之第二步禁止出口銀行、今日聲稱　該行對以貨物售與意國貿易、概不予以金融援濟。

中央國府召開國慶紀念大會

▲中央社南京九日電　明日為廿四年雙十節國慶紀念、中央黨部已定明日上午八時、召集在京各中委、赴總理陵謁陵、九時在中央黨部大禮堂、舉行紀念會、已推定中委居正報告、國府亦定期該九時、在國府大禮堂、舉行國慶紀念典禮、已函出通知、並函知京中各機關、派員參加、屆時將由府委葉楚傖主席並報告云。

中央昨舉行政治會議

▲中央社南京九日電　中央政治會議、於今日上午八時舉行第四七八次會議、主席居正、決議要案：（一）准發行山東省政府振捐短償辦法公債總額二千萬元、（二）山東省政府[illegible]急賑辦法特予核准。

▲中央社南京九日電　京市府明日上午八時、在大禮堂開會、紀念國慶、下午放假。

全運會今日開幕

會長王世杰致詞

▲中央社南京九日電　第六屆全國運動大會會長王世杰、於今運會致詞　對本屆大會男女運動員希望二點、（一）嚴守正當競爭訓練、（二）充分表現團體合作能力云。

汪院長昨晚赴滬

▲中央社南京九日電　行政院汪院長赴滬參加國慶日第六屆全國運動大會開幕禮、已決定今日離京前往、汪氏原擬為節省時間、擬乘機起飛、因天氣不佳、改乘火車、定本日午後五時、乘特快車赴滬云。

中英滇緬勘界委員梁宇皋日內飛滇

▲中央社南京九日電　中英滇緬勘界委員會、我方委員[illegible]上月中旬由滬出發、現已抵昆明、[illegible]留[illegible]、[illegible]於上週來京、[illegible]明日起飛[illegible]十三日由[illegible]飛滇、[illegible]工作。

全國稻麥改良所正積極籌備中

▲中央社南京九日電　中央建議設立之全國稻麥改進所、現正由實業部中央農業實驗所、會同農業系全體職員、積極籌備中、將來附設於實驗所內、[illegible]將來所址建築[illegible]、該所成立期、[illegible]會、財政部、[illegible]等五機關、合組之監理委員會、於月內成立後、該所方可實現、惟至遲本年內當可成立。

中國工程師學會京分會改選完畢

▲中央社南京九日電　中國工程師學會南京分會、職員任期已滿、日前由會推定[illegible]三人為選舉委員、主持改選事宜、茲已選舉完畢、計會長[illegible]、副會長[illegible]、書記朱其清、會計薛紹清、上述職員、已於昨日就職。

中大教授黃化剛逝世

▲中央社南京九日電　中央大學文學院教授黃化剛、在該校已任職多年、因病於八日下午逝世、該校師生、現籌開會追悼。

米美爾區自治議會選舉結果

▲中央社米美爾八日電　米美爾區域自治議會選舉、業經臨時結果、計德意志各黨提出聯合名單得八萬二千票、立陶宛各黨、得一萬六千票。

江蘇新聞學社成立

發表宣言努力四大使命

選舉馬元放陳康和等爲理事

▲江蘇社　江蘇新聞學社、於六日上午九時、在鎭江商會舉行成立大會、計出席各縣社員馬元放等六十餘人、省黨部派民運科主任石順淵、省政府派視察主任靳鶴聲、出席指導　公推馬元放、唐奇、張叔良、包明叔、吳觀蠡、黃樂民、主席團、邢頌文紀錄、陶瘦柏、王言如司儀、省公安局派全部軍樂隊參加奏樂、開會行禮如儀　主席馬元放致開會詞、省黨部代表石順淵、省政府代表靳鶴聲、先後致詞後、籌委會推馬元放報告籌備經過　當即討論社章、由唐奇主席　按章分條修正通過、以時間關係、提前攝影、宣告休會、當由該社籌備會、假中華樓招待午餐、繼於下午二時繼續開會、討論議案、至四時又三十分完畢、舉行選舉、至六時半閉會、由江蘇省黨部假美麗餐社公宴、已九時餘始盡歡而散、聞七日鎭江報界將聯合遊覽各名勝云。

議決要案

（一）募築社址以奠基礎案、（王振先提）決議、原則通過、交理事會辦理、（二）舉行全省報紙流動展覽會、共資觀摩案、（馬元放提）（三）提倡報紙展覽會、促進新聞事業案、（仇培之提）（以上兩案合併討論）、決議、舉行報紙展覽會、交理事會辦理、（四）本省水災嚴重、擬請全省各報社注重救災宣傳、並代收賑款、以惠災黎案、（馬元放提）決議通過、由本會名義通電各報社注重救災宣傳、（五）組織參觀團、赴各地參觀新聞事業案、（邢頌文提）決議、原則通過、交理事會另定辦法辦理、（六）聘請專家舉行學術演講案、（王振先提）決議通過、由本社聘請專家作廣播演講、並由每屆年會舉行學術演講、（七）呈請江蘇教育廳令飭省立教育學院、增設新聞學科、以造就新聞專業人才案、（王振先提）決議通過、（八）請籌設新聞學圖書館案、（王振先提）（九）創辦報學流動圖書館、搜羅報學書籍、供給社員研究案、（仇培之提）（以上兩案合併討論）決議通過、交理事會辦理、（十）組織江蘇新聞人員訓練班、以便培植新聞人才案、（張[illegible]步洲提）、（十一）呈請省黨部會同本社開辦新聞記者訓練班案、（邢頌文提）以上兩案合併討論、決議、原則通過、交理事會商同有關機關辦理、（十二）交通部[illegible]長途電話、最近重訂價目　[illegible]本地同業首先[illegible]力爭　各地同業亦[illegible]、本社[illegible]呈交通部[illegible]訂收費辦法、并援照新聞電報收四分之一辦法案（張叔良胡竟民蕭崇生提）（十三）交通部長途電話最近重訂價目、[illegible]、各地同業亦已紛紛力爭、本社應電呈交通部請撤銷新訂收費辦法、并援照新聞電報收費辦法、減收四分之一案、（[illegible]胡竟民提）（以上兩案合併討論）決議、由大會名義電交通部援照新聞電報收四分之一辦法辦理、必要時派代表赴京請願、（十四）提倡新聞界青年勞動服務[illegible]案、（王言如提）決議通過、（十五）根據勞動服務原則、各報設社會服務版案、（唐奇蕭崇生提）決議、由各報酌量辦理、（十六）請設置新聞研究委員會案、（[illegible]）決議通過、交理事會辦理、（十七）每屆大會[illegible]社員[illegible]論文宣讀研究案、（包明叔[illegible]提）（十八）請發行新聞學定期刊物、（十九）[illegible]新聞運動宣傳、[illegible]、（仇培之提）[illegible]通過、（二十）呈請中央[illegible]報紙[illegible]案、（仇培之提）[illegible]決通過、（二十一）[illegible]、而先使會員禁止報紙在內地出地方版[illegible]、（[illegible]）[illegible]請定下屆大會[illegible]、（[illegible]）決議[illegible]行、（二十二）復旦大學七日舉行新聞展覽會、本社應派員參加案、（仇培之提）[illegible]、（二十三）復旦大學新聞展覽會、[illegible]案（仇培之[illegible]）決議通過、主席團辦理。

選舉理事

馬元放、陳康和、包明叔、王振先、黃水清、蕭崇生、張叔良、陳斯白、吳觀蠡、唐奇、楊寒梅、包[illegible]、十基闓、李[illegible]、武葆岑、邢頌文等十五人爲理事、段木貞、[illegible]、吳索園、[illegible]、陶瘦柏、曾乘乾、[illegible]子等九人爲候補理事。

通電各報宣傳救災

全省各報館均鑒、本年入夏以來、霪雨[illegible]、[illegible]、不[illegible]、[illegible]社[illegible]。

大會宣言

江蘇新聞學社成立大會發布宣言如下、江蘇新聞學社、本日舉行成立大會於江蘇省會、乘重九佳節、集全省同志於一堂、[illegible]、溯本社導源於民國二十二年秋間、維時適值江蘇省新聞事業委員會召集第一次會議、由出席同志共同發起組織、以研究新聞學術、發展新聞事業、並充實輿論力量、爲三大目標、嗣經推定籌備委員[illegible]籌備、迄今始克告成、本大會以責任之大、使命之重、謹布宣言如次

使命之一

[illegible]互助協作、爲一切事業成功之要件、亦爲人類進化[illegible]、新聞事業爲[illegible]、尤應相助相[illegible]、互宜協作、否則[illegible]事業上無妨[illegible]靜之精神、仍[illegible]之適進、本社[illegible]人才及經驗方[illegible]作之效、此爲[illegible]

凡百事業、得人者昌、新聞事業、爲一種專門事業、[illegible]會察會、則應[illegible]新聞事業　無逾培植人才、實[illegible]　吾蘇新聞[illegible]爲發達、然鑑[illegible]會最近調查結果、[illegible]、新聞從業員[illegible]三日週刊、凡[illegible]七百餘人、以[illegible]、斯吾新聞界[illegible]則需要培植[illegible]、此爲本大[illegible]

使命之二

新聞事爲專門學術之一種、非集會同志、鑽研揣摩、不足以發揚精義、增進效率、研究之道、集團調節、自優於個人自修、本社之職志、將集合全省之英彥而緻蠶揣摩、以冀新進人才之蔚起、此爲本大會

使命之三

新聞事業、應以普通發揚爲原則、顧各地之環境不同、斯推進遲速攸異、江蘇全省、由於江南北交通之阻[illegible]、經濟能力文化程度各相懸殊、新聞業之進展、遂齊不能一致、今後唯一希望、端在互相觀摩、聯絡溝通、知

[illegible]上既求其[illegible]輪、物質上尤爭其利便、年來公路[illegible]突飛猛進、傳播文化、尤多贊助、吾新聞界本身應如何竟成全省通訊網之計劃、尤不可忽視　此爲本大會

使命之四

綜上以觀、吾人深知大會之使命、既重且大、今後自當實事求是、逐步進行、西哲有言、「報紙爲人與之使」、同人誠不敢以發揮自居、而職責所在、敢不共勉、

願懸此的

以共勉之、惟同人自揣謭陋、尚祈邦人君子進而教之、幸甚幸甚、謹此宣言。

歡宴各社員

蘇省黨部

黨部與新聞界任務相同

願共同在事業方面努力

▲江蘇省黨部、在美麗西菜社　歡宴各社員、由[illegible]代表致詞、略謂、各位[illegible]一日　辛苦異常、今特[illegible]、歡宴諸位　其意義有三點、一、各位有遠道而來者、特接風洗塵、二、恭賀江蘇新聞學社成立、三、諸位[illegible]、並藉此[illegible]、在此三個意義上集合一堂、而今日[illegible]如此簡單、實深抱愧、黨部與新聞事業、關係密切、過去黨部工作人員、現服務新聞機關者甚多　過去之新聞[illegible]、現今[illegible]黨者亦甚多、黨部與記者、實有許多共同地位相同　新聞記者有無冕帝王之稱、其權力與天位新聞是人民喉舌、[illegible]與新聞記者相同、[illegible]人民解除痛苦[illegible]方法不同、而其任務則同、在共同任務之下、黨部與記者、實爲同道上好友、好朋友相聚一處、或不好亦[illegible]、因爲既是好友、就顧不上吃的一[illegible]、[illegible]宣言　學社負有[illegible]使命　新聞學會本身、不[illegible]在其他[illegible]、而在各[illegible]、新聞學社非成立一[illegible]、希望各位[illegible]的做去、今日[illegible]一堂、[illegible]、謹以一杯[illegible]恭祝諸位健康、新聞[illegible]、今[illegible]黨部[illegible]招待、[illegible]、主席謂、[illegible]黨與黨部打成一片、[illegible]汽事、新聞記者[illegible]、汽車須[illegible]快、[illegible]亦可[illegible]、希望黨部對於新聞事業、今後更予以擴大之援助云云。

本縣新聞

各界今日上午十時在城市民衆教育館舉行國慶第二十四週年紀念會

王縣長主席并報告　李委員李主任相繼演說

今日上午十時、本縣各界在城市民衆教育館舉行國慶第二十四週年紀念會、計到各機關團體學校千餘人、由王縣長主席領導行禮如儀後、并作報告

◎……◎王縣長報告◎……◎

略謂、今天這個紀念會是國慶紀念會、為什麼要舉行國慶紀念會呢、我們要知道、在辛亥年的今天、在武昌爆發了一次革命運動、才打倒了滿清、在這一次起義以前、總理曾領導起了十次、均不幸失敗了、只有這一次才成功、所以値得我們紀念、這是第一點報告、第二點是因爲有十月十日革命運動、才能建設中華民國、才能打倒封建制度、使中國成爲民治的國家、這是一個有很大意義的紀念日、所以我們開會紀念他、第三點、我們知道民國是有了十月十日的革命才產生的、但是到現在二十四年了、國內的現象、還是不能令人滿意、國家地位還沒提高、國計民生還沒寬裕、外侮及內亂還沒有平定、這樣如若民衆本身不努力、光靠國家要人、是沒有大的效用的、所以要想中國强盛、非大家一致努力不可、比如救災、要大家合力去幹、才能收到效力　至於壞的現象、要大家去改造他、另造新的來、這才不負紀念的意義、繼有[illegible]

◎……◎李委員貞龍演說◎……◎

略謂、今天是雙十節、是我們的國慶紀念日、關於紀念的意義、已由主席報告、不必再述、我們知道這個紀念日、是推翻滿清、復興民族的一天、到現在已竟二十四年了　每逢紀念、便有許多有地位的人、激昂慷慨的說　怎樣復興民族、怎樣拯救國家、怎樣應付環境、但是事過境遷、竟將徒託空言、無補實際、我們今天紀念國慶、要言而行、行而力、說到那裏、便做到那裏、切不可再蹈以前空言之弊、這是大家應當注意的第一點、我們知道人類必須有組織、有紀律　才能適存於世界、但是對於團體的命令、要絕對服從、對於團體的紀律、要絕對遵守、然後發展自己的能力、來貢獻于團體、貢獻於社會、這是大家應當注意的第二點、我們[illegible]、如果只求一己之利益、不顧大家之[illegible]、便是人群的罪人、[illegible]、所以我們[illegible]、才能[illegible]、這是大家應當注意的第三點、以上三點、希望大家[illegible]、復興民族、拯救國家、才不負今天開會的意義云云

◎……◎李主任乃正演說◎……◎

略謂、[illegible]、國內一切、[illegible]、[illegible]、所以我們今天紀念、要大家一致團結起來、努力的去幹、才可以挽回危運、最後高呼口號散會。

楊樓民教館基本教區識字生計調查竣

本縣楊樓民教館、本年度爲實施民衆教育起見、便遵照縣令將楊樓施教區、改爲普及區、將附近第一學區、劃爲施教區、該區計包括黃樓、[illegible]、謝集、謝樓、香田集、[illegible]、尹莊、范莊、十個村莊、[illegible]、該館爲明瞭各該村民衆生計、及識字狀況、特於八月份起、開始調查　以作施教標準、以爲推進之張本、該館現已調查完竣、茲將調查摘錄於後、一、全區共三三九戶、二、人口共一五七八人、男子七九九人、婦女七四八人、識字者共一二八人、占全人口百分之八云。

城市民教館推廣優良麥種

城市民教館、鑒于二麥正值播種之際、一般農民、對於選用品種、多不注意、致影響於收穫者大、該館爲謀補救起見、除普遍作口頭宣傳、使農家注意選種外、并介紹農民向農藝場購換優良麥種、聞已[illegible]施教區各村莊登記農戶三十五家、預計交換優良麥二百五十斗、業經由該館分別通知已登記之各農戶、隨前往交換播種矣。

赴徐檢閱之保安隊昨日回縣

本縣保安大隊部、前奉第九區保安司令令、赴徐聽候檢閱、當由保安隊大隊副李厚淑帶第二中全體官兵、前往參加、各情曾誌本報、[illegible]業已檢閱完畢、于昨日回縣、[illegible]在徐檢閱情形、據答、[illegible]、銅山區保安隊亦參加　本縣保安隊[illegible]

又一毒品犯被槍決

江蘇省第九區保安司令部佈告

爲佈告事、案據銅山縣政府解送江蘇第九區（銅山）保安司令部之毒品犯[illegible]、業經訊明、執行槍決、曾誌本報、[illegible]九區保安司令部佈告、[illegible]、其佈告云、案查銅山縣公安局、呈解販賣海洛英毒品私藏手槍犯張兆勛等二名一案、業經本部訊明判決、呈奉江蘇省政府齊法字第四四三四號訓令、開奉國民政府軍事委員會委員長行營行法執字第五零四七號「指令照准」、等因、奉此、除被告[illegible]一名、減處有期徒刑十二年、另文發監執行外、遂於本月五日、監提張兆勛一名、驗明正身、綁赴刑場、執行槍決、以昭炯戒　合行佈告週知、此佈。

防黃紀略（十七）

耕

八月二十七日　晴

一區及商會之少數未報工者、今早均繳收　而本縣出工一萬五千人、費時八九日之偉大建築、至此又告成功、抵禦黃患、保我民財　胥於此堤是賴矣。

碭山幫助沛縣之工程、今日由余介紹包出、每公尺工價二元八角、已訂立合同　廖福二君、午後返碭、

銅大莊吳莊兩堤工務事處、今午撤消、惟仍留一[illegible]、以便往人防守東支河義河及微湖西堤、午後余同傅孝憲章等騎車返城、

抵城晤縣長、商議今後防黃事宜、縣長言、謂套堤雖已成功　但係第二道防綫　套堤內之村莊十餘、仍須保全、故對東支河義河及微湖西堤、尚須極端注意、最好僱徐樓[illegible]兩鄉工人修補、既可鞏固堤防、又能以工代賑　實一舉兩得、余同卜區長均贊成斯議、並決定明早八時開一防黃會議、以便商討一切、

八月二十八日　晴

出席縣政府召集之防黃會議、各機關主管人員均參加、決議雇工千名修補套堤以內之東支河南堤、及微湖西堤、每名每日給工資二角四分、就徐樓[illegible]兩鄉中雇覓、將堤分十段、每段有公務員二人、警兵四人督率、余與張院長[illegible]緒担任義河口之一段、

方家外甥女名玉芝者　年已八歲、聰明伶俐、極爲可人、不意於一星期前、突染時疫、勢頗沉重、余以防黃在外、未曾探視、今往一觀、幾已人事不知、昏臥榻上、奄奄一息、家人環視、[illegible]、余睹此情況、不禁泫然淚下也。

[illegible]

本城糧價

名稱	每市斗價目
小麥	最高三千七百　最低三千六百文
大麥	最高二千三百　最低二千二百文
黃豆	最高二千三百五十　最低二千二百文
綠豆	最高二千三百五十　最低二千二百文
靑豆	最高二千九百　最低二千八百文
江豆	最高二千六百　最低二千五百文
高粱	最高二千三百　最低二千二百文
穀子	最高一千八百　最低一千七百五十文
稷子	最高二千二百五十　最低二千二百文
芝蔴	最高三千六百　最低三千四百文
豌豆[?]	最高二千二百七十　最低二千二百五十文
花生（每斤）	最高一百四十　最低一百三十文
瓜子（每斤）	最高六百　最低五百八十文

氣象

晴

風向　東南風

最高溫度　七六

最低溫度　六十

豐縣縣立初級中學校週刊

第四期

目錄

為考試問題勸告同學

誰都承認，學校的考試是必需的，因為（一）青年學生的努力，須借助於此，（二）可以測出學生的成績，謀指導之方法，（三）加深學習的印象，獲得較久的記憶。但是，照另一方面說來，却也生出了很多的壞處，別的姑且不論，但就試場的現象來說罷監考人睜圓了眼睛，好像防賊的一般，可是總不免有些希圖私語的，偷摸看書的，耳盜目竊的……啊！這是多麼難為情的事情啊，這是多麼虛偽的現象啊！這是違反教育的目的行為了！

「考試是需要的」這是久經研究而不能否認的，那麼，我們應如何去免去考試所生的壞的結果呢？在教的方面，應當有妥善的指導，使學生不畏考試，固是一件重要的方法，而尤其重要的，則不能不要求學生的反省了。

查學生所以做出上述壞現象的原因，不外下述數點：（一）怕考試不及格，而致留級（二）名譽心勝，爭列前矛，（三）冀得較多分數，以獲得獎免費資格。原因既然如此，則不能不深望學生反省了。為爭名的同學們！你們爭勝心理是好的，你們能搯出自己的真本領來表示於同儕的前面，這是多嗎光榮；倘若由虛偽而賺來虛名，光榮嗎？可恥極了！

為冀求獎免學費的同學們，你們為了經濟的困難而願於學行上獲得獎免學費的資格，是好的，但是能以真正本領來獲得資格尤為可欽可佩；倘若由作偽而獲得資格擠掉了同學獲獎機會，這是卑劣的行為，可恥殊甚！為怕不及格而致留級的同學們！你們不甚落後的心理　殊為可貴，但是假如自己的本領不行，不可妄求躐級而進，如果以虛偽的手段僥倖升級，不惟耽課了你己自，欺瞞了你父兄，同時影響了同學的進步及社會的實力。

為考試而犯過上述不良現象的同學們，我們要深自反省了，考試是必需的，我們的爭勝上進獲得資格的心理也是可貴的，但是我們能真實的表現出能力尤為可貴：考場中的私語，偷看，傳遞，盜聽，是卑鄙的虛偽，可恥的行為，我們要平時的努力奮勉，充實學力，使這種臨時發生的壞現象永遠絕跡。○○○

訓育概況

風紀綱領　本校師生，以一共同生活為起點，遵教訓合一之途徑，不厭不倦，互勵互勉，以求進步。茲為統一步伐起見，特訂定本風紀綱領如下：

第一　總綱

一，循禮蹈義，明廉知恥。

二，整齊清潔，簡單樸素。

三，確實迅速，活潑肅穆。

第二　衣

三，被服鞋帽，盡用國貨，破了補好，常洗常曬。

四，帽子戴正，扣子扣好，鞋子穿好。

五，集會場所脫帽。

六，師生被褥臥毯，盡尚白色。

七，師長着便服或短裝學生着童子軍或服學生裝

第三　食

八，飲食有定，不添菜，不零食，不剩殘湯碎飯。

九，物不潔不食，水不沸不飲。

十，師生共膳　進膳時，學生由隊長領導以次入席，起止有節，進食安靜，食具擺好，坐位端正。

十一，誤飯者先報告檢查股，經許可方領饌及小菜，有病不能聚餐者先向教導部聲請領證持證方報告檢查股另膳。

第四　住

十二，愛護室內外及牆壁庭院之整潔，字紙垃圾不隨意拋擲並分隊按時掃除。

十三，教室之座，寢室之床，排好次序後不輕易挪動。

十四，書籍被服及用品，不急需者存儲藏室，日需用者保持整潔，置有定所。

十五，注意室內空氣小心燈火危險，愛護公共書物。

十六，不應到之地點不到，不應看之書物不看。

第五　行　（甲）

十七，升降國旗必行敬禮聞唱黨歌即起立敬肅。

十八學生每日初見師長，及對師長有所告白，或路遇師長，必行敬禮　對外界來賓有相當禮貌。

十九，上課下課全體學生應由隊長司令起立致敬點名或有問必起立應對。

二十，應事接物均活潑肅穆，在禮堂飯堂教室寢室圖書室理化試驗室娛樂或運動場所，及一切集隊集會，均嚴守紀律，不做不相干之活動。

二一，服從學校各項組織，供獻自己所有能力。

二二，省用節費有餘儲蓄，不用不需要之化裝品及奢侈品。

二三，師生相處均親愛精誠大家愛惜光陰　寶重學業，不無故請假，不敷衍托賴。

二四，勇於負責不避勞怨，以執行職務猛於改過，不存客氣，決心向善。

第六　行　（乙）

二五，走路挺直腰，放穩腳步，不狂奔，不跳躍。

二六過街市靠左邊走。

二七，學生有二人以上同行應結成隊。

二八，在路上拾到東西，設法送還原人。（未完）

第五次總理紀念週

第七三五團童子軍中小隊長宣誓典禮

記錄　仇心從　李錫武

時間：七日，行禮如儀，主席報告。

今天是我們童子軍七三五團舉行全體中小正副隊長宣誓典禮的一天，在這很隆重的大會上，我有簡單的幾句話要報告：

本校童子軍的編制，共有十九小隊，分作八中隊，童子軍的訓練，在初級中學算是最高階段了。再和高中大學是軍事訓練了。所以我們這種童子軍的組織是最重要的組織，為學校當局所重視。

今天我們宣誓，要毫不遺漏地去勵行，毫不馬虎地去勵行誓詞。簡單的兩句話，就是對上服從，對下負責，這我們最基本的訓練，中隊長對團長要服從，小隊長對中隊長要服從，團員對中小隊長要服從，中小隊長對下要負責苦不畏勞的腳踏實地的去負責，這樣我們的童子軍的組織才不至成一具文。

假如童子軍有很難解決的問題時，學校絕對負責，絕不讓任何障礙阻擋着我們的童子軍的進展。

以下還有朱翼增先生及教育局長縣長來訓話，不多敘了。

監誓官朱翼曾先生訓話：

今天我得於參加七三五團團長中小隊長所舉行的很隆重的宣誓典禮，很是榮幸，兄弟有兩點意思報告給大家：

一，童子軍教育的意義　為什麼中國童子軍在二十多年當中發展得這樣快？童子軍的主要目的是什麼？

看看現在的中國人都是隨便的，你指揮我，我指揮你，結果誰也不能指揮誰，弄得總不能團結一致去幹，這是因為沒有組織所以釀成現在這個樣子的局面，我們要糾正這弊病，就必須訓練社會上的青年，有組織，能團結　其基本工作即是訓練童子軍的工作，因為童子軍是最有組織最能團結的。童子軍，並非是學校的一種點綴品　也並不是為某一特殊的機關裝飾門面　而是大多數人中能團結有組織的一個團體，訓練成一健全的公民，三民主義的努力實行者。以作復興國家的礎石。

二，我們既然知道童子軍是復興國家的基礎，是民族向生之路進發的先鋒，我們大家終不自餒，絕不偷懶，絕不猶疑有始有終的把這個偉大的責任負起來．我們要認清當前的敵人就是一「難」最始的就是一「苦」我們要鍊成一個鋼筋鐵骨的猛士，一個血潮汹湧的健兒，讓「苦」和「難」」永久不敢在我們中間露出頭腳來。這才不愧為現代的青年，才這不愧為中國的童子軍。

最後我希望團長燃起前進之火焰，各級隊長拖出全部的氣力大家向着光明進前進前。

（未完）

豐縣縣立初級中學童子軍正副中小隊長會議重要議案

時間：二十四年九月三十日下午四時

行禮如儀

一，報告從略

二，重要議案：委仇心從爲文書股幹事，王紹淵爲助理幹事。孫式性爲會計股幹事，董正博爲助理幹事。朱本良爲事務幹事，孫善庭，陳德化爲助理幹事。常仁貞爲保管股幹事，劉愛平，孫岫雲爲助理幹事。劉子澄爲傳令股幹事，夏愼行，王錫藩，梁步庭，張慶中，王汝俊爲助理幹事。各幹事委任另行。五時半閉會。

談作文

石

（一）

文言文和語體文誰好誰壞，這問題，我不願意談。但我可以肯定地說：牠們有絕不相同的文法：要學習，也要沿着絕不相同的路綫。作一篇不鬧笑話的文言文底先決條件是「熟讀古文百篇」；而要作一篇順當的語體文，就要盡量運用流行的口語。彼此不能遷就，不能調和；油是油，水是水，你要用棒子攪牠幾攪，調和是調和了，但杯子裏可就成了渾漿，再也不是清明的液體。翻開我們底週記，幾乎到處可以找到那樣的文字：『下午告假返里取物因補衞未能回家』「返里」是什麼意思？究竟回家了沒有？什麼叫做「補衞」？「今天下午想告假回家拿東西，但是因爲要補考衞生，不能去。」我不相信一個中學生不能說出這一句白話，更不相信這句話裏有一個中學生寫不出的字。爲什麼偏弄得這樣怪里怪氣呢？要堆字眼，要「饒古」，原因便在這裡！

誰也不能否認：古文上的字眼，不管是動詞名詞形容詞還是什麼詞，大多都已死去了。除對于精通古文的人以外，牠們不能在人的腦子裏喚起一個生動的印象。因此，這些字底意義，一般人不能得到一個正確的了解。不能了解而去運用，那一定要驢頭不對馬嘴。這裡沒有什麼高論，是平凡而又平凡的事實。

到那裏去找字眼呢？到你真懂的文章裏！到你自己嘴裏！

（二）

「花呀，月呀，心弦呀，之神呀，之鬼呀……」這就是新詩人的歌調！我們底中學生剛剛把「豈然乎豈其然乎。」一類的老調放下，馬上又拿起了這樣的「新詩集」！再不然，就是「文白雜拌」的「人間世」！於是，新舊古文便一起出現于我們底文字：

一驚起了林中的啼鳥嚀，夜鶯鬪宇的哀悽地婉」，

「接到一位同學寄來的信，看完後不由的心靈的一片情泉—熱血——突突的跳」。

這還不足夠證明學了新舊古文，忘掉了自己底口語？假使寫的時候用嘴唸一遍，再想一想別人是否可以聽懂，斷不至于弄到這樣別緻。前一段要想弄到通，必須來個根本的改造，由特別回到平凡；後一段，祇要把從新詩人那裏借來的「一片情泉」送還原主，便成了很通的文字：

「接到一位同學寄來的信，看完後，熱血突突的跳。」

假使把「熱血」換個更平凡的「心」，文字也便更加樸實，我不相信這樣的句子比較原句更不美麗。

我們沒有上過學話的課，但我們一點不犯難地學會了說話；假使我們肯老老實實用自己底話來寫文章，似乎也不難寫一篇叫任誰看看都懂的文字。是的，說話要句句都合文法原不是一件很容易的事；但是，說句叫人能懂的話却是我們從六七歲以來就有了的本事。是孩子，就說孩子話吧！我們不能希望一個五七歲的孩子有「諸葛舌戰羣儒」那樣的雄辯。我們很幼稚，但我們在學習。我們要用學話的方法來學文—細聽我們說不出的更復雜更正確的話，學會了這些話，再賜用到我們底文字。

讀書是必要的。有志于做文言文的人就做文言，讀文言；想作好的語體文的人，除了學話以外，當然更要加緊去讀流利的語體文，并且立刻把新詩人底爛調從自己底懷中丟出去！我們所要求的文章風格是：—明白，結實！

算學

前天明友寄來了一封信，帶來了三個幾何問題，我費了九牛二虎的力量，只解出了兩題，覺得這三題都很有趣味，今天特地寫出來，讓愛好幾何的同志，共同討論，尤其是第三題　能夠解出的同志，請您不必客氣，將解答寄到敝校校刊編輯部，郤人日後定登門面謝

1，求作一三角形，與一定三角形相似，而三角頂在三平行線分上。

2，求作一三角形，與一定三角形相似，而三角頂在三同心圓上。

3，EF各爲平行四邊形ABCD中對邊AB及CD上之任意點，聯AF,DE交於H,聯BF,CE交於G，聯GH向兩邊延長各交AD,BC於M及N求證AM＝CN

小麻雀

—征

三角形的蜘蛛網掛在牆角，上面是些蚊蟲的屍體，蜘蛛好像忙不過來似的跑到這邊再跑到那邊吃。

太陽放射着强烈的光熱，在向人們一個個的毛孔裏射；地上的一切都縮着頭，不敢望一望太陽的面容。

留順提着他那一隻會花叫的麻雀（因爲是端陽節清早太陽還沒有露頭的時候捉着的），慢慢地向我們這邊走來。麻雀染得花花綠綠的裝在四方籠子裡。

我和三祥同坐在我後門的一顆大樹的蔭下，三祥也在玩着一隻。我只是慢慢地吃着西瓜，三祥幾乎要流出饞涎來了。

「留順！你的小小蟲（麻雀）熟不？看我的。」

說着把手一鬆，麻雀便飛到樹上去了，一會兒，三祥手向上一招，牠又飛到手裡來了，三祥很表示出驕傲。

「你能比得上麼？準不能！」

「爲啥不能」！

留順恐怕落敗似地，隨說隨用手打開籠門，那隻麻雀吱的一聲飛得很遠去了。這下子可把留順急壞了上前抓着三祥就打。

「賠我的小小蟲」—！

「算了吧！不要臉，你怎麼說髒口！」

於是留順揉着眼哭回家去了。

我住的那一所瓦房後面，接接連連的是些草房，三祥站起來向四週一望，猛然很得意的說：「小東家：你看那不是雜種留順的小小蟲麼？」

「是的！是的！」我望去，原是牠在三祥的那所房子上站着，向四方乱望。於是三祥又做出先前那套把戲，把籠子門打開，牠便直飛到籠中來了。牠倆像一對很恩愛的夫婦，互相依偎着。

留順聽說那隻麻雀被三祥捉去啦，罵不絕口的找三祥的父親要，三祥便一鼓氣把兩隻麻雀都送給我！留順看了看我，自知自己不勝人家似的，垂頭喪氣的走開了。

第二天我換了一副很闊而且漂亮的籠子，留順見了只是對着他那隻麻雀凝視，好像說：

「東家　給小人的吧！「

總理遺訓

一，中國的人口向來很多，物產又很豐富。向來所以受外國壓迫，毛病是由於大家不知。醉生夢死。

縣黨部無綫電收音室開放節目

十月十三日　星期日

一二，一〇　平劇　戰長沙　浣紗記　紅拂傳　梅妃　甘露寺

一二，三五　樂隊奏樂　京市政府樂隊奏播：國樂　三潭印月　杏花天　雨打芭蕉

一九，〇〇　平劇　馬連良　王少樓　余叔岩合唱　珠簾寨

二〇，五五　簡明新聞

二一，〇五　新聞

十月十四日　星期一

八，四〇　西樂

九，〇〇　新聞

一一，五〇　平劇　報時　氣象　商情　諸葛亮安居平五路　男起解　祭塔　桑園會　蘇武牧羊　埋香幻　頭本走麥城　收周倉　大同朝

一九，〇〇　平劇　牧虎關　高慶奎唱　哭秦庭　王笑儂　奎台唱　文昭關

二〇，〇〇　報告　報時　氣象　水位　第一次簡明新聞

二〇，一〇　賑災節目　關於賑濟水災問題

二一，四〇　第二次簡明新聞

二一，五〇　國樂及平劇　紅樓艷史　花間蝶　柳底鶯　刺虎　夜審潘洪　三顧茅廬

二二，三〇　總理紀念歌

教育週刊

徵稿辦法

一，投稿範圍　本刊對下列各稿，一律歡迎。（一）與教育文化有關之插畫。（二）言論。（三）專著。（四）調查。（五）教育消息。（六）參攷材料。（七）參觀報告。（八）教育心得。（九）教育文藝。（十）教育譯文。（十一）研究報告。

二，投稿要項　投稿人請注意下列各項　（一）來稿文言語體，均所歡迎。（二）如係譯稿，請附原書。（四）投稿人請在稿後附列姓名，住址，以便通訊。揭載時如欲另署別名，亦請註出。（五）來稿請逕寄豐縣教育局本刊編輯部，

三，選刊辦法　本部收到來稿時，依下列各項處理之。（一）本部對於選刊之稿，有酌量增刪之權。如投稿人不願增刪，應事先聲明。（二）選刊之稿，概用極有價值之圖書致酬，其種類與數目由本部酌定之。概不預先函商。（三）來稿無論刊載與否，一概不負寄還之責。但如投稿人預先聲明者，只可代爲保存，親自來取。（四）來稿須繕寫清楚，以便付印。

編輯部徵稿啓事

本刊以溝通教育消息，交換教育心得爲宗旨。務望各區教育同志，將教育消息，研究論著等稿件，隨時寄交本部。事實務求新鮮而具體；文字務求簡要而靈活。再本刊爲鼓勵作者興趣起見，對於刊載稿件，一律酌贈有價值之圖書雜誌。辦法另訂統希鑒察爲幸！

論述

怎樣處理一個學級的級務

書院小學

（九）處理各種偶發事項。
（十）討論各種學級活動的事項。

五，晨會中公民訓練要項：
（一）討論本日基本訓練的條目。
（二）討論共同注意練習的事項。
（三）提出討論與公民訓練有關係的偶發事項
（四）中心訓練的設計。
（五）公民訓練故事，名人軼事，社會新聞，時事，格言等的講述。
（六）本日工作的設計。

2，上課及集會時：
一，上下課秩序的督察。
二，健康活動的督率。
三，集會時的督率。
四，集會時關于集會訓話的中說。
五，早晚自習的點名。

3，休息及課餘時：
一，監護遊息。
二，指導兒童自由活動。
三，解決兒童間的糾紛。
四，處理缺課教員的課務。
五，處理應予賞奬的兒童。
六，檢查批閱日記及大小字等課外作業。
七，檢閱學級日誌。
八，督促值日兒童服務。
九，巡視學級機關。
十，檢閱兒童課外閱書記載表。
十一，填記各級兒童出缺席人數揭示牌。
十二，填寫級務報告單。

二，一週之內：
1，統計兒童缺席次數。
2，統計各項比賽成績。
3，指導兒童保甲會議。
4、指導并督促執行各項決議案。
5，填寫教導實施週錄中之活動和訓練事項。
6，填寫公民訓練個人成績週記表。
7，結束一週間的級務。
8，督察兒童的星期作業。
9，張貼揭示各科成績。

三，一月之內：
1，填寫月終級務報告。
2，統計報告各科學月測驗的成績。
3，統計報告各項平時考查的成績。

四，其他偶發事項：
1，處理兒童請假事項。
2，兒童家庭的訪問與聯絡。
3，助理會計處，徵收兒童應繳各費。
4、檢查兒童體格。
5，指導遊藝會的表演。
6，指導週會中演說的練習。
7，指導曉風半月刊的投稿。
8，督率兒童參觀或旅行。

2，教導方面：
一，考查兒童出缺席情形
二，考查兒童服務的情形
三，督促兒童學習功課及課外作業
四，督率兒童課外運動
五，監護兒童早晚自習
六，鼓勵兒童儲蓄
七，注意兒童的健康，整潔，禮貌………
八，督察兒童自治機關的服務。
九，指導兒童監督自治機關各部職員
十，隨時矯正兒童一切不良的行爲。

丙，學期終了時：
1，級務方面：
一，與有關係先生會同評定本級兒童操行
二，填寫兒童操行考查表
三，統計公民訓練個人成績
四，統計本級兒童各科學業成績。
五，填寫「兒童學行報告單」
六，根據學行報告單登記學籍簿
七，填寫升留級兒童報告單報告教導系
八，調查本級空額報告教導系
九，收集本級各科揭示的成績彙交教導系
十，畢業學級辦理畢業手續
十一，畢業學級舉行升學假試
十二，印刷「假期生活指導大綱」
十三，印發，整理，收藏，保管本級各項表冊用品

2，教導方面：
一，指導準備學期測驗
二，指導辦理保甲方面結束事項
三，指導一切交際娛樂的集會
四，指導假期生活
五，畢業學級舉行升學與擇業指導

小學教師應注意的一些事情（續）

瑞書

8，國語教學
一，教學國語，應注意下列各點：
子，讀書時要注意語調的自然
丑，養成默讀的習慣
寅，養成閱讀課外讀物的習慣
卯，三年級起，指導檢查字典辭書的方法
辰，三年級起，應備國語筆記，其內容宜分走旨生字，難字句的扎
二，教學作文應注意下列各點

子，作文題應依照程度，將各項體裁成分，預為支配

丑，作子文訂正後，應促令兒童閱讀，並養成欣賞的習慣，有時可以抽考學生，試驗其是否明瞭。

寅，作文訂正後，應將優良作品揭示，使全體兒童共同欣賞觀摩。

卯，養成自行標點的習慣。

辰，養成信筆寫出，不起草稿的習慣。

巳，訂正應多留原文。

午，作品不對題或過於謬誤，無從訂正訂時，應另行授意，使其重做。

未，三年級起，應令兒童練習日記。

申，日記內容，要避免起床，吃飯，上課，睡覺一種的單調記載。

酉，日記要將所見所聞所做所想的抓着一二要點發揮之。

戌，選擇日記範本，令兒童閱讀欣賞摹倣(未完)

計劃

豐縣教育局二十四年度第一學期督委及中心小學校長視導計劃大綱

(一)工作原則

1，運用適當的權力以推行教育社會

2，採用科學的方法使辦事敏捷

3，抱研究的態度以解決問題

4，以分工合作的精神使效能增加

(二)出發方式

1，督學單獨出發

2，教育委員及中心小學校長各就本學區單獨出發視導

3，督學教委特別視導

4，教育委員互換視導

5．督學教委及中心小學校長合組二人以上之會查

(三)劃分時期

甲，特別視導時間另有規定

乙，普通視導時間

第一期　九月十日至十四日準備出發。九月十五日至十月十五日出發視導。十月十六日至二十五日整理報告

第二期　十月二十六日至三十日準備出發。十一月一日至三十日出發視導。十二月一日到十日整理報告

第三期　十二月十一日至十四日準備出發。十二月十五日至翌年一月十五日出發視導。一月十六日至二十日整理報告

(四)支配工作

1，第一期各區教育委員及中心小學校校長各就本區視導或互換視導同時縣督學舉行抽查

2，第二期縣督學周歷全縣同時各區教委合二人為一組舉行會查

3，第三期同第一期辦法

(未完)

報告

創辦楊莊短期小學的報告

程曉生

(二)——三輛車視察校址　竭其力借妥民房——

三輛足踏車，箭也似的飛出東城門　前邊是李先生，後邊是楊先生，中間是我。三輛車，馳騁于豐沛道上，去視察楊莊短小校址。

校址是塊穀地人家正割着穀，校址旁，擺着些從廟那邊拆來的磚瓦。李先生見了校址，點點首，表示可以。那校址距村莊不遠，然而幽靜，瞧吧！四周有描條的弱柳，青青的莊禾，不時的還可聽到農夫們叱牛之歌，那自然的景象中，將要擁抱着小學一所。

據說這校址也是旁人捐助的。地積約二畝多。那慷慨捐地的人便是楊夢賓先生。

您想，視察的這時，人家已開學了兩星期。按這校舍的工程，還要二十多天完工，若待這屋落成後開課，必嫌太晚，因而我便和楊先商量提早開學辦法。

有啥良法子呢？除非借民房，於是，便分頭去借。誰也知道，民房不好借，而況又是辦學堂。經諸位的努力勸借，居民楊忠順便慨允了。

三間老堂屋作教室。我的床和忠順在一個東屋裡。那堂屋　上蓋黑得發光，牆都不見了黃土——漆黑，進門時，一股陳汚的腐氣，直進入鼻空。

因時間迫切，便即將修理，將堂屋的東西搬動：少腿的老床，濫沿的舊缸，缺嘴的沙壺，和些破農具一齊騰出。暗暗的空老屋，四角堆滿了老鼠倒的鬆土。

課桌凳尚未做成，便用棺材板充數，黑板吧，還有未脫油的山門一扇，也是好的替身。

屋頂有灰，用竹帚掃下子，也不費事。牆黑，用泥再塗過，翻正自己會。這一來，它就成了所樸素的教學室。

第二天，便有數十位活潑潑的孩子在裏面活動看，前進看，有時也朗讀看「我上學，你上學，大家……」這古老的茅屋，也有些新鮮活氣了。

住着這樣的教室，我便記起了陶知行先生在曉莊借民房辦學，夜間因屋陋被淋的有趣事情。(未完)

轉載

普及現代生活教育之路（續）

陶知行

攻破文字關

有兩種極端的人：一是看重文字，把文字誤看做教育的全體；二是藐視文字教育，一般生產教育論者以為大衆不需文字，以為他們所需要的只是生計之改良。這兩種觀念都是錯誤的。人與禽獸的大分別就在人有語言文字，禽獸沒有。文明人與野蠻人的大分別就在野蠻人只有語言而文明人是語言文字都能靈便的運用。文字符號之妙在這個符字。道士畫符未必靈。士大夫畫個符才真靈。他不種田　只須把符一畫，好米就有得吃了。他又想，拿一身汗去換一担米還是不上算　再畫一張符，叫種米的人挑米來給我吃。種農人不畫符，勞而不獲。種的米都給人家畫符畫去了。他眼看這個把戲很便當，也想畫　畫，自己老了，讓兒子去學吧。束修加上吃飯，每年至少四十元，忍痛把兒子送入私塾學畫符。私塾先生就靠着會畫幾　脚碗符飯。輕輕的傳給人，飯碗不要敲破嗎？孔夫人是早已警告了他。「後生可畏」的遺囑是常常背的，不會忘記。一時計上心來，只教學生唸咒，不教學生畫符。唸了幾年咒一張符也不會畫，農人知難而退，只得把兒子叫回去依舊趕着老牛種田。但是取得麵包的符號保護麵包的符號即等於麵包，有誰能否認呢？但是文字雖然重要，不可離開生活去教。生活的符號要與生活打成一片去追求。否則便是書獃子的教育。文字在普及教育上的地位既是這樣確定，那麼還是教漢字呢？教音符呢？二者都教呢？在這過渡時期，我主張漢字與音符和拚音文三管齊下一起教。會教漢文字的先生多至一萬萬，這是一個大的便利。如果根據大衆語用活的方法教，漢字也不像一般人所說的那樣難。但漢文最好是拚起音來同時學，這樣，中國的拚音大衆文會自然而然的脫殼而出(未完)

總理遺訓

二，世界進化，隨學問為轉移，自有人類以來，必有專門名家，發明各科學說，然後有各種政治實業之天然進化。

縣黨部無綫電收音室開放節目

十月十六日　星期三

八，四〇　西樂

九，〇〇　新聞

一一，五〇　平劇　報時氣象

商情

硃痕記　路遙

知馬力　頭本

西施　二本西

施　取滎陽

草船借箭　討

荊州

一九，〇〇　平劇

言菊明　譚小

培　焦寶奎

台唱賣馬

譚小培　譚富

英　金少山

合唱搜孤救孤

二〇，〇〇　報時氣象水位

第一次簡明新

聞

二〇，一〇　賑災節目

二一，四〇　第二次簡明新

聞

二一，五〇　新聞

中華民國二十四年十月十六日　豐報　（星期三）　第一版

小朋友

第一二七期

本副刊以介紹小朋友的作品爲宗旨
本副刊全係公開歡迎投稿
本副刊編輯部對來稿有刪改權
本副刊編輯部對來稿如不登載概不退還
本副刊編輯部設豐報社內

敬告抄襲者

申

一個人，被虛榮心的驅使，最容易走上蒙蔽或欺騙之路，但是在我們心地潔白，天真爛漫的小朋友羣中，不會發生這樣情事的。如果有的話，那麼，這個小朋友不是純正的小朋友，最低限度，可以說他已經沾染到社會上的一種惡習了。

本月三日小朋友園地刊出了李君永申的「什麼是最慚愧最痛苦」一篇文字以後，經王俠及趙榮橋兩君發現這篇文章是抄襲模範日記上的，與李君一個大大的打擊。最近又有文華君說：史季讓君的「華山的傍晚」與模範日記上的「夕陽銜入西山」相似以外，周祥林及孫建鴻四位都說：李永申的「第一次朝會」又是抄的模範日記上的。真是！模範日記之所以名為模範日記的意義，豈在斯乎？豈在斯乎？還有許夢俠閔濟亭張啓仙三位對於李永申的冷諷熱嘲，本刊因為篇幅太小，實在不能盡行登載，所以本人出來作一個結束吧！

本來犯抄襲病，不算什麼！不要說小學還沒有畢業的李永申，就是歷史上轟轟烈烈的大作家大文豪都有這一種病，如司馬遷的史記，可算是有名的著作了吧！但是其中抄襲書經上的很多，再說班固所著的漢書，內中很多是抄的史記上的。像這樣的例子，真是舉不勝舉。人家為什麼不加指摘呢？因為事實是如此的，不得不抄襲，如果不抄襲那就失掉了歷史的真價值，並且抄的又不是整個的，還加上許多新的意見，所以他們雖有點抄襲，也不失為名著。像李君的這種一字不差的抄襲，真是抄襲家的最下焉者。

我敢大膽的說：多數的文章，是由抄襲而來的，——也有少數的創作家，能發現新的思想，但是佔絕對的少的——你想共有四萬多的文字。組成了自古迄今這麼無數數的書籍文章，無論意思方面，詞句方面重復的當然不少•為什麼都看不出來呢？這也好像玩魔術一樣，只看個人的手腕運用的靈活與不靈活罷了！

所以我們作文章，要想叫人家看不出來是抄襲的必須把我們的手腕運用靈活，運用手腕的基礎，就是多讀書，多做事，多讀書可啓迪我們的本能，增加我們的智識，多做事可以發揮我們的能力，增加我們的經驗。有了智識及能力，手腕自然可以運用靈活，甚而至於成一個創作家，創作出新的思想，新的事實，造成人類的幸福，也不是不可能的。諸位小朋友，照着這一條路努力吧！不要再貪天之功——抄襲人家的——以為己力呀！

○　○　○

國慶日感想

常店培德學社　孫建鴻

啊！光陰過得真快啊！不知不覺的，二十四年的國慶日又來到了。

每逢國慶日的時候，全國上下，都手舞足蹈，興高彩烈，熱烈萬分的慶祝；但是為什麼要慶祝呢？因為在二十四年以前，我們中國的大權，都在滿人手中，內政不修，外交失敗，國家幾乎滅亡，在二十四年前的今天，武昌義旗一舉，就把腐敗委靡的滿清推翻；而偉大的中華民國也就此產生了。從那天起，我們四萬萬同胞，就解除嚴重的壓迫，而走向光明之道了。你想這天是多麼值得紀念，多麼值得慶祝呢？所以每逢到了這天，各學校，各機關，都紮彩門，萬分熱烈的慶祝。

但是，我們從另一方面——國家現狀——看來，這國慶日又有什麼可紀念呢？——自民元以來，外患迭至，內亂頻仍，民國雖然成立了二十多年，但人民所受的壓迫，痛苦，究竟解除了沒有？與未建立中華民國又有什麼分別呢？現國際間又正演着恐怖的一九三六年的太平洋的第二次世界大戰，國內各地又鬧着天災——水災，旱災，——人禍，國家存亡，危在旦夕，民族能否生存，眼前就要決定，在這種「一髮千鈞」的危急關頭，這國慶日又有什麼可紀念，可慶祝的價值呢？

同胞們！國家一天一天的衰[illegible]，我們做國民的，就能「坐視不顧」「袖手旁觀」嗎？[illegible]是決不能的，古語[illegible]好：「國家興亡，匹夫有責。」但是，我從那裏做起呢？我以為在這種危險萬分的時候，要想使國家一天一天的強盛，唯一的方法，便在自己的努力。

同胞們！努力吧！使我們這困難中的國慶　變為國慶中的國慶　我們再來熱烈的慶祝吧！

為甚麼要用國貨

李寨中小四年級生　陳文滿

親愛的同胞們！請看我國近幾年來的情形，到甚麼地步了，農村破產，經濟恐慌；到處都表現不景氣的狀況，這究竟是甚麼原因呢？我想同胞們不知用國貨，而只用外國貨也是一大緣故吧！要知道外國人把他們的貨物運到中國來，唯一目的是要賺我們的金錢，所以中國每年要被他們賺去數萬萬元，這個數目是如何的驚人啊！這樣一來中國豈有不衰敗之理！所以目前挽救中國的唯一方法，就是不用外貨，只用本國貨。凡關於衣食住行的種種生活資料，非國貨不用。這樣一來，中國的金錢就不能被外人賺去了。我們中國才有轉危為安的希望，同胞們！你們再三思之。

昨天晚上

小文　孫劍冰

一樓新月，淡淡的斜掛在樹梢。

微白的月光，射在河塘的岸上，在這裏，只有我孤獨的佇立着。

偶有一隻孤雁，在天空盤旋，我不住的仰望着他：

不知為什麼，我的眼淚流出了……

啊！我彷彿看見了我死去的母親，——她的微笑的臉，慈愛的眉……頓時都呈現在我的面前；——我想投向她的懷裏，伏在她膝上，叫她用那溫柔的手，撫摩着我，叫我再嘗一嘗世界上真正的愛；可是，……幻想了，我不禁悵然！

一聲孤雁的哀鳴，驚破了我的沉思；在這裏，我聽到了瑟瑟的落葉聲，和秋蟲的悲啼！

兩個災民對話

蘇小六年級　韓延齡

甲乙兩個災民，在十字路口柳陰下遇見，他倆便坐在路旁談起水的災害：

甲說：「我們的房屋被水沖到以後，便只能在屋頂上坐着，動也不能動，如果一不小心掉下去，連命都沒有了。並且波浪滾滾，有的都在我們的頭上過去，假若被一個浪打下去，那更不知飄流到何處。現在我們餓了兩天多了，剛才有我的鄰人告訴我說：我的兒子，和七八十的老母淹死了•」說着嗚嗚咽咽的大哭。

乙說：「你不要哭！我們那裏水比你們厲害的多啦！，在沒有風時就有尺多浪頭，何況那天狂風大作，掀起四五尺的浪濤　冲倒房屋不知有多少，就我個人親眼看到淹死的人屍也不下百數十個。我家六口人，已淹死了四口，我的老父親不知飄流到何處去呢？」他們說到這裡，忽然水來了，就各自逃跑了。

秋　夜

常小六年級　卜慶良

夕陽漸漸低落了，只有反射的紅光上泛。暮色漸漸充滿了世間，千萬彩色的晚霞，放射出無限的美景，掙扎着它的美麗，雲影連着樹梢，樹梢浮着炊烟，眼界霎時縮短；景色似見不見，漸漸昏昏沈沈，模糊成一片。

東方的月兒，靜悄悄的，慢慢升起來了，靜寂皎潔的，立在蔚藍色的天幕上，表示出它偉大而莊嚴，空間稀疏的小星，閃閃爍爍，耀眼發光，可見有了月的明亮，也顯不着星的光耀了。

在這個光明如水一樣的月夜之下，我孤獨的向河岸走去。悠閒的走到河邊，河岸兩邊翳鬱的樹林，繞着一層濛濛的薄霧，烟也似的籠罩着牠的全影，我在銀波蕩漾的河邊，慢慢的遊着，明月的光輝都瀉注在水面，如銀屑一般的閃爍，非常美麗而鮮豔。

我在河邊緩緩的徘徊，那灰暗而幽靜的曠野，聽不到一點聲息，夜神支配着的沈靜的河面，特別顯示出牠的偉大與莊嚴，啊！我在這一個寂寞的宇宙裏，又是如何的渺小呢！

啊！秋夜的懷抱裏，原來蘊藏着這一奧妙的境界呀！

中華民國二十四年十月十六日　覺報　（星期三）　第二版

早晨

小書　袁國華

在迷濛霧氣迷濛太空的時候，西方的半彎殘月，含羞帶怯的露出了他的眼角眉梢，對着我微笑。

幾點殘星，微微的照耀，好似說：「小人兒啊！你那脆弱的心絃，不要再胡思亂想了；努力吧！眼前就是光明的大道。」說罷，躲入雲縫中去了。

在蒼茫無際的大地上，在殘星漸次稀少的時候，不遠的村莊上，傳出了雞鳴犬吠之聲，寂寞的夜，也許就此破曉了吧！

一個樹林中，罩着不少的霧氣，糢糢糊糊看不甚清，霧氣漸漸的散了，林中的小鳥，用牠們的舌簧，又奏起婉囀的歌來了。

東方的太陽，露出他胭脂也似的臉，對着人間微笑。

世界的動物，從此又做起他們的工作來了。

地面了。怕冷的蟲兒，也都躲藏的無影無蹤。

我想當這秋風逞威的時候，產業豐富的人，穿得十分溫暖，住着高樓大厦，快樂得很。可憐無產業的乞兒，沒有衣服穿，大風吹在身上，凍的瑟瑟發抖，他們這種痛苦，實在難堪，尤其是那些逃難的災民，他們攜帶全家老幼，逃到舉目無親的遠方，遇着這樣的大風，他們的痛苦，更不可言喻了。

秋風

劉王樓六年級　李鴻恩

啊！光陰原如飛箭，日月何異穿梭。不知不覺又已入了秋季。

秋初時，天氣還很和暖，現在到了中秋，却漸漸寒冷了，又加上近日來風越吹越急，一連吹了數日方止，天氣也驟然變得十分寒冷，日光沒有從前那樣的溫和了。樹上的葉兒，被風吹得乾枯而黃瘦，有的已經飄落在

雨中的秋菊

小宋　馮學禮

秋風颯颯的吹個不息，烏雲合攏來吞沒了整個天空，霎時濛濛的細雨，就落將下來了。田野的農夫們，惶的跑回家去；空中飛鳥也都急急的飛回窠裡去了。獨有那園中的秋菊，得意洋洋的對着細雨，表示很歡迎的樣子，但是那些經不起風霜，受不住寒氣的花草，已被冷雨打得魂飄魄蕩，幾乎要脫葉枝枯了。

這時候的秋菊，得了細雨滋潤，好像敗軍得了救援一般，真是高興極了。微風緩緩的吹着，枝葉也隨風擺動，似乎表示鞠躬致敬一般。因為秋菊得了雨水的恩澤，能保持牠的種族綿延不絕呢！

雨下得越急，秋菊越顯得意。在抖擻精神預備將來，發榮滋長，開放美麗的花朵，叫世人來羨慕牠的志氣，所以牠極力的來與環境奮鬥，決不願和那沒勇氣的花草，為境遇所困，便頹而衰敗，牠的所以能為世人所愛，也就是牠的氣節清高吧。

秋天

李雙廟四年級　李□貞

天氣漸漸轉涼，樑上的燕子都已飛向南方。許多人們，也覺得爽快異常。但是，那些野外的百樣花草都已枯死了，好看的綠樹也枯黃了，田裏的豆子，馬上就要割完。近幾天來又刮了幾陣涼風，落了幾點細雨，許多的人們，也更換了夾衣棉衣。大地上一切的植物似乎敵不過這涼風的侵襲，表現着很難過的樣子！樹上的麻雀兒也正在吱渣吱渣的叫着，秋天真涼呀！秋天真涼呀！

約友人來登華山的一封信

華山小學　李茂全

我親愛的簫影弟弟：

自從分別以後，匆匆已一年有半了。實在想念得很！時常想到你家去看你，但是因功課很忙，不能脫身，請你原諒啊！現在本校校舍，煥然一新，新來的老師，也都很慈祥親切！校園內的菊花，現在正在盛開着，蜂蝶都成隊成羣的飛來，看到此花，怎能不想起你呢！每當夕陽西下的時候，我總好獨自登山，南望徐州的諸山，北望齊魯之羣峯，蒼茫模糊，都在暮靄之中。山上有松柏數株，碧葉叢叢，蒼翠欲滴，還是依舊，可是身旁沒有我親愛的簫影弟弟啊，想到以前我們歡聚的情形，是如何的難過呀！現在山上的芳草，及各種花木，都又泛出一種紅褐的色彩來了。那美麗而且幽雅的華山之秋，你最近也能來欣賞欣賞麼？山之神正着為你修飾呢！你看那黃葉紅樹，丹山碧水，和青白雲藍天正在這兒等候着你了。簫弟你快來吧！

還有許多的話要向你說，等見面時再談吧。祝你快樂！

弟　茂全上

轉載

南洋旅行記（續）

羅井花著

二、有些甚麼車

『馬路上來往的汽車很多，那是自用車，那是出賃車，怎麼分別得出呢？很容易！凡是出賃車，兩邊的車身上，都有一個月亮似的白印，遠遠的便看得出；沒有這白印的，便知道是自用車。這種出賃車，晚上便停在馬路上過夜，車夫也多在車上睡覺，所以一天到晚，一晚到天明，隨便甚麼時候，差不多都可以雇得汽車到。

『南洋的汽車，雖然這樣多，可是，到底是貴價錢的車，不是人人都雇得起的，而且近處乘汽車，也不合算，所以，還有馬車　馬車比洋車，似乎也要貴一點，可是，沒有洋車的地方，就費也得乘馬車了，爪哇的馬車最多，形式小巧。兩個輪子，四根銅柱子，上面蒙著帆布。車左右各圍一節欄杆。車夫坐在前面。乘客由後門上去，連車夫旁邊座兒，一共可以乘四個客　假如是一個大胖子，便只可獨乘，因為地方太小。這算是一種普通的車子，差不多人人可以乘　車價從一鈁起，汽車從四鈁五鈁起碼。平常辦事的和做買賣的人，來來去去，都是乘的這種馬車。

總理遺訓

三，不受外國的壓迫，根本上我們便要從修身起。把中國固有智識一貫的道理，先恢復起來，然後我們的民族精神和地位才可以恢復。

縣黨部無綫電收音室開放節目

十月十七日　星期四

八，四〇　國樂　十面埋伏一至三　青蓮樂府　玉女思春　胡笳十八拍　虞美人

九，〇〇　新聞

一一，五〇　平劇報時氣象　商情　應天球　浣紗記　祭長江　雪杯緣　華容道　收姜維

一九，〇〇　平劇　斷后　雙獅圖　失街亭　金少山　裘桂仙　譚富英　張如庭合唱　空城計

二〇，〇〇　報時氣象水位　第一次簡明新聞

二一，四〇　第二次簡明新聞

二一，五〇　新聞

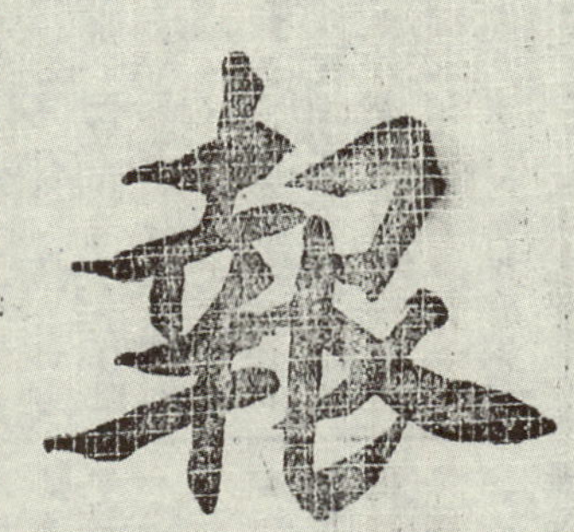

收到捐款鳴謝

今收到

八十七師師長王又平先生慨助賑款壹百元杜細之王貞魯兩先生各捐助伍拾元仁漿義粟嘉惠災黎謹此登報鳴謝

豐縣水災救濟分會謹啓

李丁蘭若緊要啓事

啓者、先嚴志和公、一生治業、卒歎伯道、於民國十七年逝世後、遺余姊妹二人、及李氏蕭氏兩母、此外有贅子丁景武、相隨度日、至廿一年、嫡母李氏又繼先父而逝、今春為先父母竄吉合葬、不意有余堂姪丁逢新竟強奪本房遺產、硬以其弟逢源出名承重、按逢源係余長伯志道公之次孫、前曾出繼二房伯父志聖公為嗣、對於三房部遺產自無更繼之律理、乃伊兄弟挾勢強爭、將先父所遺田房硬行霸佔、且置余母蕭氏生活於不顧、計伊霸奪遺產時僅數月、已賣去田地頃餘、余母之園地十畝亦被典出、更將存於榮和烟店、與先父立碑之款四百元提用、以致余母蕭氏困苦無依、余情關母女難以膜視、近將受贈之妝奩地、以濟余母衣食、不料丁逢新亦出霸阻、不令典戶交價、直欲將余母置於死地、余對于逢新兄弟非法奪嗣、雖甘忍受、業已依法起訴、詎起訴後、伊乃聲言業將北關房宅為余母賠出、以圖淆亂聽聞、現余正進行訴訟、恐諸親鄉不明眞相、特此登報聲明、所有逢源佔據先父之田產市房、以及莊內雜物、無論逢新逢源概無產權、如果私相授受、即予法庭解決、此啓。

李丁蘭若謹啓

中外要聞

賴伐爾對意亞爭案提出解決建議案

意軍預定兩月內征服亞軍

▲中央社巴黎十六日電　賴伐爾總理、曾於星期一向駐法意使提出解決意亞爭端之建議、（一）意軍停止進攻、留駐現所佔領之陣地、（二）狄格利亞省脫離亞國獨立、由意加以管轄、（三）哈拉爾與加丹、應劃歸意國、（四）亞國其他領土、依九月十八日五國小組會建議、由國聯實施委任統制、（五）亞國應獲得英屬索馬利蘭柴拉港、以為通海出路、（六）由國聯途徑舉行談判、獲取妥協。

▲中央社羅馬十六日電　意軍攻下阿克蘇城後、僅通過該城、而未在該城內設兵駐紮、意軍九師、不久將調往伊里特里亞增援、意軍預定以三十萬大軍於兩月內、征服亞國云。

▲中央社亞京十五日電　賽玉姆已遵南方拉兵、仍盡力不與意軍作戰、向馬家里退走、又此間得悉賽玉姆與加薩台作、加薩軍已渡阿卡斯河、意軍如向馬家里前進、左翼將受亞大軍威脅之虞。

▲又悉亞軍一部、已進展至意屬伊里特里亞東南部境內、向意軍攻擊。

▲中央社亞京十五日電　亞內閣會議、定十七日開會討論准許外僑自由通行內地問題。

▲中央社羅馬十五日電　此間現信近由那不倫斯開出佯稱赴東非之師團、實赴與埃及接界之意屬地里比亞、該師團出發匆匆、行動秘密、里比亞意軍、已增至四師團。

▲中央社日內瓦十六日電　經濟小組會今日開會、討論英代表艾登提出抵制意國輸出品建議、瑞士代表提出保留。

▲中央社日內瓦十五日電　亞代表哈華利亞特、頃發表談話、謂如意軍不退出亞國領土、則意亞決無舉行談判之可能、吾人必俟意國將侵略領土完全歸還、亞國始舉行談判云。

▲中央社開羅十六日電　埃及政府、已組織委員會、草擬防禦天空襲擊及瓦斯防避辦法、由英人主持。

中央昨舉行政治會議 李儀祉辭黃水會委員長照准

▲中央社南京十六日電 中央政治會議、於今日上午八時、開第四七九次會議、由葉楚傖主席、決議：(一)禁煙總監、呈擬禁煙治罪暫行條例、禁毒治罪暫行條例、准予備案交國府公布施行、(二)考試院呈擬水陸公安警隊人員適用登記法規、准予備案、(三)黃河水利會委員長李儀祉辭職照准。

張學良飛返漢 主持行營結束事宜

▲中央社漢口十六日電 張學良以此間行營、結束在即、諸多要公、須親自處理、特於十六日上午九時、自西安乘機啓飛、於十二時安抵武昌南湖機場、隨返者有行營辦四處處長吳家象。

汪院長昨接見吳國楨

▲中央社南京十六日電 汪院長今晨十時、在行政院接見川主席劉湘代表邱甲、漢口市長吳國楨、聽取報告川省及漢市政情。

蔣限西漢公路下月通車

▲中央社西安十五日電 西漢公路漢甯公路、奉蔣委員長令限下月通車、經委會公路副處長趙祖康、十五日出發漢中、督修南路、並派員勘驗西漢沿綫站址。

外部續收到 海外華僑賑災捐款十批

▲中央社南京十六日電 本年國內災情慘重、海外華僑、際此舉世不景之時、商人傾其所有、工人揮其血汗、戰團奔走勸募、婦孺節衣縮食、一致勸員、努力輸將、九十兩月匯由外部核轉賑款、已達十一萬四千六百四十六元二角四分、其見義勇為、關懷祖國熱忱、可見一斑、茲外部方面、近數日內、又陸續收到華僑捐款十批、計六千一百四十九元五毛二分、聞外部已遵照捐款人意旨、轉送賑委會、分發災區云。

徐北徐東災民有家難歸

▲中央社徐州十六日電 徐北徐東黃水為災、邇來雖漸降落、惟彼窪田地、仍難涸出、災民多露宿堤外、待水落返家、但水鄉房屋、坍塌達百分之九十五、災民有家難歸。

何成濬由宜返漢

▲中央社漢口十六日電 何成濬十六日由宜返漢 何談鄂西匪情無若何變化、宜昌行署撤銷、人員十六日由宜返漢。

湘贛交界將不設特區

▲中央社南昌十六日電 湘贛交界平江瀏陽等縣、擬爲特區事、經兩省會商結果、以該處過去雖綷匪害、現殘匪肅清、軍政辦理得力 無設特區必要 將由兩省府會呈行營核奪。

國民政府昨日命令

▲中央社南京十六日電 國民政府今日命令、(一)茲修正海軍部組織法第九條第七款及第十六條條文公布之、(二)任命陳克文爲行政院參事。

國府令張羣組織 黎前大總統國葬辦事處

▲中央社南京十六日電 國民政府頃訓令湖北省政府主席張羣、派該主席組織黎前大總統國葬辦事處、籌辦國葬事宜。

特別法亦適用自訴程序

▲中央社南京十六日電 司法院據山東高等法院轉呈解釋特別法是否適用自訴程序、茲準該院解釋如下、特別法犯罪條例、亦可適用自訴程序。

中委李文範昨晉京

▲中央社南京十七日電 中委李文範、前以六中全會開會在邇、特由粵來京參加、業於昨晨七時與立法院長孫科同車抵京。

班禪定下月初返藏

▲中央社北平十六日電 西陲宣化使署駐平辦事處接西甯電、班禪定下月初返藏 三大寺喇嘛代表十餘人、已抵青海迎班、安欽亦離藏東來。

中央續撥賑款到贛

▲中央社南昌十五電 中央賑委會又撥五千元賑贛災、省府飭省賑會具領。

全運會之第七日

全能運動四百公尺接力預賽

全能運動四百公尺接力預賽、十六日上午十時半舉行、結果如次 第一組第一名廣東隊、第二名南京隊、第三名青島隊、第四名河北隊 成績四十六秒三、第二組第一名上海隊 第二名北平隊 第三名遼甯隊、第四名綏遠隊、成績四十四秒。

五項全能運動完畢

男女田徑十五日結束、十六日起舉行全能運動、上午十時九項十項同時開始、至下午四時、五項全告完畢、參加十項者十六人 結果、第一名紀茂德、(晉)總計二二〇三分 第二名黃英傑(粵)總計二五九三分、第三名李濯(滬)、總計二五〇七分。

港平足球準復賽

香港對北平足球準複賽、港前鋒活動、平取守勢、結果八比一港勝。

馬華對河北足球準複賽

十六日下午馬華與河北足球準複賽 結果五比〇馬華勝。

菲京男子籃球準復賽

十六日晨九時 菲對京男子籃球準複賽、上半時二十八比二十京勝、下半時雙方守備嚴密混戰良久、結果四十九比二十九菲敗。

滬鄂籃球準復賽

滬鄂籃球準複賽、滬以四十一比二十一勝鄂。

男子網球準複賽

男子網球單打準複賽、爪哇對四川、十六日下午一時舉行第一單打、爪哇許承基對四川王文正 結果許以六比一勝、第二單打川錢耀彬對爪哇曾端才、結果以三比二從勝、滬對馬華第一組滬林寶華對蘇馬林望 結果三比二滬林寶華勝、第二組滬邱飛海對馬陳其安 結果邱勝。

女子網球雙打

女子雙打共兩組 晉對冀賽力不均 成一面倒 滬魏氏姐妹雖不弱 但卒不敵晉、王氏姐妹、川對馬第以二比〇獲勝、結果王春菁王青薇(晉)、對魏麥谷魏祖同(滬)、結果六比〇 六比〇晉勝、(二)黎玉萍莊蘊華(川)、對謝尼莉陸素立(馬)、結果六比四六比二川勝、

女子游泳五十公尺自由式複賽

女子游泳五十公尺自由式複賽、分二組各取四名、第一組第一名港楊秀瓊、第二名粵陳煥瓊、第三名粵梁玉珍、第四名港薛惠英 成績三十六秒 破全國及遠東紀錄、第二組第一粵劉桂珍、第二名港楊秀玲 第三名粵吳月新、第四名港陳玉輝、成績三十八秒五

女子百公尺仰泳預賽、分兩組各取四名、第一組第一名粵梁韶嫻 第二名林麗水芳、第三名港楊秀珍、第四名京李玖珍、成績一分四十秒一、破全國紀錄、第二組第一名港楊秀瓊、第二名粵陳桂珍、第三名港陳鳳卿 第四名粵林都麗 成績一分四十三秒二破全國紀錄。

男子二百公尺俯泳複賽

男子二百公尺俯泳複賽、分兩組舉行、各取四名、第一組第一名粵郭振恆、第二組第一名粵劉美修。

男子五十公尺自由式複賽

男子五十公尺自由式複賽、分二組舉行、各取四名、第一組第一名港陳振興、第二組第一名港李耀叡。

平冀棒球決賽

棒球二四名決賽、北平對河北、十六日舉行、平以十比六勝冀。

江北粮商抬價 蘇財廳擬派員召集談話會

去歲所餘食粮仍擬供給導淮

▲江蘇社 導淮入海二期工程、已於本月一日開始動工、定十五日大舉興工、工夫到工者甚衆、需要食糧孔殷、財廳曾委省農民銀行及滬農產運銷合作辦事處 派員赴江北各縣、收買大宗米麵 惟江北一般糧商、因省方儘量購買、於是趁機圖利、高抬糧價、聞廳方爲明瞭各處收買食粮情形 及使一般商民瞭解二期導淮工程之重要、與禁止食粮出境之義意、擬派員赴各縣召集商民、及素負資望之地方人士 舉行談話會、聽憑商民發表意見、凡在不影響導淮二期工程可能範圍內、均可接受、並盼各商能有自動覺悟停止抬價、協助政府收集 同時並聞該廳擬將去歲收買所餘之食糧一萬五千餘石、仍擬供給導淮粮站、惟對品質方面、尚有研究 現正與導淮工程處商確中云。

蘇省府籌辦災農貸款

由建財廳負責籌劃

△江蘇社　蘇北水災、既成巨浸、銅邳蕭宿沭灌等縣、遭害農民極多、俟至水退、災區農民明年春耕已告無望、春耕種籽耕牛必無力購置、省救災總會有鑒及此、經委員會議議決、籌辦災農賑款、俾施種有所轉環、並請中央中國交通江蘇及省農民銀行協商辦理、日前該會特函請建財兩廳負責籌劃一切云。

蘇省童軍理事會舉行三十三次理事會議

△江蘇社　中國童子軍江蘇省理事會、開第三十三次理事會議、出席者周紹成、（石順淵代）陳邦才、郭季遊、李家駿、宋叔郎、杜召棠、趙冠鰲、主席周紹成、紀錄景崇、（甲）報告事項（略）（乙）討論事項：一、茲擬具江蘇全省童子軍第六次大檢閱大露營收支預算書、及各項比賽計分法、當否請公決案、決議通過、二、江蘇全省童子軍大檢閱大露營、中學組與小學組應分期舉行、以收實效案、決議自二十六年度起實行、三、請建議總會通令各地理事會一律設立童軍專科委員會案、決議通過、四、本省童子軍創始人陳邦才提倡童子軍事業、卓著勳勞、擬請總會頒贈紀念章一枚、藉資紀念、當否請公決案、決議通過、五、請指定泰縣第三屆理事會日期、並派員出席監選案、決議定十二月三十日舉行、函請該縣黨部常務委員代行監選、六、請決定碭山縣第四屆理事選舉會日期、並派員出席監選案、決議定十一月三十日舉行、函請該縣黨部常務委員代行監選、七、請決定吳江奉賢二縣第五屆理事選舉會日期、並派員出席監選案、決議定十二月十四日舉行函請各該縣黨部常務委員代行監選、八、請決定海門崑山沛縣三縣第六屆理事選舉會日期、並派員出席監選案、決議定十二月十四日舉行、函請各該縣黨部常務委員特派員代行監選、九、無錫縣第八屆理事選舉會擬展至十一月十日舉行、當否請公決案、決議通過、十、據陳監選員邦才報告、宜興縣第三屆理事監選會結果、除當然理事外、計楊雙魁、許瑞、龔廷芝等三人當選爲理事、張蘋先、彭坤榮、吳嘉譽等三人當選爲候補理事、請予備案、決議准予備案、十一、請加聘沈績芬爲女童軍事業推進委員會委員案、決議通過、十二、請委任張澤涵爲江蘇童子軍通訊及江蘇童子軍週刊主編案、決議通過、十三、決議用全省童子軍名義、贈送本省童子軍創始人銀盃一只、以資紀念。

縣預算確定後如在預算外徵收者應受刑法處分

◎任何預算外支付者應賠償並處分　人民可不負繳納義務並得告訴◎

△江蘇社　蘇省府頃令各縣縣政府文云、案奉行政院訓令內開、案准國民政府文官處二十四年九月十日第四五八二號公函開、逕啓者、奉國民政府明令開、周官制用、古有常經、近代理財、尤重預算、吾國現行預算章程、祇及省市、於縣市預算尚未規定、去年財部已通令召集全國財政會議、議決辦理縣市地方預算、規定要點六項、由該部通令各省市遵照辦理、限於二十四年度、全國縣預算一律成立、推行以來、各省尚能努力、現年度開始、據該部報告、惟各省將縣預算核定送部者、已逾半數、其未送到者、均在趕辦之中、最短期內、計可完成、請明定執行辦法、昭示遵辦前來、溯自民國肇造、各省縣預算、在齊一步伐之下、一致辦理、此爲權興、事關整理地方財政根本要圖、亟應明定執行辦法、以資遵守、（一）縣市地方預算核定後、應由縣市政府印刷多份公布地方、並在當地發行或銷售之報紙披露全文、俾人民一體週知、（二）以後地方所有收支、均絕對遵守預算範圍、如在預算或法案以外徵收者、依刑法一百二十條懲處、在預算或法案以外支付者、責令賠償並予以處分、（三）人民對於預算或法案以外之徵收、除不負繳納義務外、並得向上級官廳呈訴、（四）預算公布後、非有事出特殊情形、不得率爾變更、上列辦法、仰各地方官廳人民、一體切實遵守、隨時由財政部及各該省政府嚴切監督執行、並由各區監察使、各地方監察官、注意糾察、務使預算成立以後、地方財政、納於一定軌範、不致如以前之紊亂、凡已減輕田賦附加、已廢苛捐雜稅、亦不致再有發生、從此人民痛苦、澈底解除、永慶昭蘇、有厚望焉、

勘測蘇北新運河線

蘇省府委徐南騶前往

△江蘇社　蘇省府前爲繁榮蘇北起見、擬在沿海興鑿新運河一道、以利交通等情、已誌前報、頃省府鑒於該運河開鑿工程浩大、非先事勘測、不足以資完善、特委徐南騶爲江北墾殖專區設計組測量隊長、於東台鹽城阜寗沿海各區鄉、從事踏勘、測量擬開之河、俾將來依線興築、至工程之着手、明春即可開始云。

冀省河防突出大險

劉莊以上冷寨大溜頂衝　倘再決口魯必仍波及

△濟南通信、魯省黃河董莊堵口工程、業經定期施行、不料警耗傳來、河北省境冷寨、因溜勢變化、突出大險、情勢嚴重、恐將爲董莊之續、至足驚人、緣河北省境劉莊以上十餘里之冷寨、距山東董莊約五六十里、近因黃河溜勢上提、大溜直衝南岸大堤、南岸第二段上至天河嘴、溜長約三公里、本月十一日、向串溝冲刷、南四段上至小冷寨、溜長一公里餘、河灘坍塌不已、該地堤薄土鬆、水面高出平地二公尺、至十二日、天河嘴河灘、已被冲去十三四公尺、仍在繼坍之中、南四段小冷寨各段柳底磚壩間、已與邊溜接觸、危急情形、達於極點、款料兩缺、勢將不保、河北省河務局長齊壽安、到工督率搶險、已七日之久、形勢毫無好變、山東省河務局長陳亟三、亦於十一日趕到該地視察、以其形勢危急、倘不積極設法、非特冀省不利、即山東江蘇亦必仍被波及、齊壽安因款料兩缺、而陳亟三手以協助、陳已有電致山東省政府主席韓復榘、並分南堵口河務局報告、請示一切、懇請借河北省當局設法、省府據報後、已批交河務局、並電河北省主席商震矣。

西公旗糾紛商定折衷辦法

正待何競武北上處理　蒙政會亦將提出討論

△北平通信　關於蒙綏間之西公旗糾紛、發生迄茲、雖曾一度入於嚴重局面、但因雙方均有一勿多事一信念、故和平解決之途、仍尚未絕、蒙政會第三次全體大會、已於本月九日開幕、因委員未到齊、故議事從緩、惟將來會議席上、對西公旗問題、自必有重要決議、未來開展、將至如何程度、殊堪注目、蓋解決該問題之關鍵、已不在綏蒙兩方本身、而在以中央之處理方法如何以爲斷、月前中央有特派大員北上澈查該案消息到時、蒙人方面、即非正式表示、希望中央派遣蒙人有信仰者充任、否則徒使事態陷於複雜、寬其誥意、不外拒絕與綏方有關係人員顧問此事而已、至於該案之內幕、蒙綏兩方、均曾有電發表、蒙藏曾駐平辦事處副處長鄂奇光、一度奔走調解、但結果毫無、最近自中央決定派何競武負責處理此事後、蒙方除準備於三次大會席上有所決議外、似亦派物中央迅速調處、故即行將于八　在綏遠與石盤間、斡旋一切、以便何競武北上澈查、即可順利解決、最後所擬定之折衷辦法、計爲（一）石王之貝子銜位仍保留、（二）西公旗扎薩克職另行委人、蒙方已允接受、調人現正向綏方徵詢意見、據綏當局表示、綏省對蒙之一切措置、完全遵奉太原方面命令、故須轉徵晉省當局意見、就現狀言、晉省當局、對該項折衷辦法、如能通融辦理、則西公旗糾紛、已可謂無何問題、一俟何競武北來辦理合法手續、即可完全解決、據此間頃接京方來電稱、何競武因病、北上期有待、惟西公旗案調解如順利、蒙綏兩方對調人辦法、均能接受以後、則何亦願力疾成行、蒙藏會委員吳鶴齡、係於十一日由京抵平、準備赴廟出席蒙政會第三次大會、據其向人表示、西公旗糾紛、不難解決、但是解決以後、綏蒙間如何能將隔閡掃除、頗願從長討論、吳氏前本任蒙綏特稅問題發生、曾一努力調解、故此次赴廟、亦將以私人資格、從事斡旋。

本縣新聞

脚踏車黃包車須申請登記領證

縣政府佈告週知

縣政府以本縣脚踏車黃包車、向未舉行登記、以致車輛數目、無從稽攷、特擬定車輛登記及管理取締規程、佈告週知、茲探錄其佈告及規程原文如下、查本縣脚踏車黃包車向未舉行登記、漫無秩序、現爲取締破舊車輛、與老幼衰弱車夫、保障交通安全、并稽考車輛數目起見、特擬定車輛登記及管理取締規程十四條、除呈請備案外、合行佈告週知、凡本縣備有脚踏車黃包車者、迅即遵照規程、逕赴本府公安股、申請登記領證、毋違干咎、切切、此佈、附、華縣車輛登記及整理取締暫行規程、第一條、本縣爲取締破舊車輛及老幼衰弱車夫、保障交通安全、稽考車輛數目起見、特舉行車輛登記、凡在本縣境內、營業或自用之脚踏車黃包車、其登記管理取締、均照本規程辦理之、第二條、本縣登記車輛期間、定爲一個月（即自十月二十日起至十一月二十日止）、第三條、凡置備脚踏車黃包車營業或自用者、應由行主或車主、備具聲請登記書、連同車輛送交本縣公安股檢驗合格者、發給牌證、方准行駛、其聲請登記書、應載明左列事項、（一）行主或車主之姓名年齡籍貫職業、（二）行主或車主之行址或住址、（三）車輛數目及車輛製造廠牌子、第四條、凡經檢驗合格車輛、均須領用號牌證、訂掛車上、以便檢查、並預繳號牌費洋二角、以備訂製、第五條、凡經檢驗合格車輛 如因損壞不堪修理、另置新車抵補時、應向公安股報告、連同新置車輛送驗重行檢查、另發牌證、第六條、凡營業或自用之黃包車及脚踏車、於登記領得牌證後、轉典或讓給他人者、應由承受人重行登記、第七條 脚踏車黃包車構造之材料機件、必須堅固完備、其應裝設之附屬品如左、（一）脚踏車黃包車均應裝鐵警鈴 （二）黃包車尚應裝置明燈 （三）脚踏車上之自動燈、應完備堅固靈活 應裝紅色迴光燈、第八條、凡已登記領證之車輛如所有者變更住址時 應隨時呈報公安股更正之、第九條、凡違犯本章者、應繳罰金九角 逾車領牌證、但有特殊情形、或經明倘無其他情弊者 得免除之、但仍須繳納費用領號牌證 第十條 凡新購及舊有車輛不履行登記領證 而無正當理由私自行駛者、得處以五元以下之罰金、仍補行登記領證手續、第十一條、行車應守之規則如左、（一）應靠左邊行駛、（二）凡過□□加叉路口、上下坡道、及繁盛區域、或狹窄街巷、應鳴警鈴 不准快行及併行、（三）沿途遇有各界遊行隊、及赴火場之救火隊、均須避讓、（四）後車欲超過前車時、應先鳴警鈴 然後從右方駛過、（五）夜間應燃車燈、（六）一車不准二人同乘 （七）應受崗警指揮、（八）應遵守關於交通的一切章則、（九）車上不准攜帶危險及違禁物品、第十二條、如違前條第一項至第八項之規定者、崗警應隨時制止之、違第九項規定者、應將行車人及其車立予扣留、送交本府法辦、第十三條、本規程如有未盡事宜、得隨時修正之、第十四條、本規程自公佈之日施行、

秋行春令　梅花重開

本年入秋以來、天氣酷熱、現已時至季秋、溫度仍常在七十度以上、縣政府院內、有檢葉梅一株 舊葉甫謝、又生新芽、且葉間生蕾、今已開放、紅花綠葉、倍極鮮豔、亦奇聞也、

視察人員須于各校開學時抽查

教育局奉教育廳令

本縣教育局奉教育廳令飭視察人員、於規定視察次數外、應於各校開學時、舉行抽查 至局內職員服務情况 應由局長嚴密攷查、茲探錄訓令原文如左、案奉省政府發下行政效率委員會視察報告教育部分下廳、據稱各縣視察人員出發視察、類多在開學數週後、鄉區學校、往往任意展緩開學、或因新舊校長交代 發生糾紛、影響兒童課業 應於規定視察次數以外、抽查各校能否如期開課、解決交代糾紛、又教育局職員辦公 除應按時簽到、由局長查核外、並須注意平日工作是否努力、是否敏速、各人才具如何、宜於何種工作、有無刻苦耐勞精神、統應精密觀察等情、核查所稱 頗爲切要、除分令外、合行令仰該局長遵照、對於鄉區小學開學日期、務須認眞攷查 倘遇無故延緩、應嚴加處分 其因交代而生糾紛 並須迅速解決、勿令遷延、對於本局或教育科職員服務能力、工作情况 並應嚴密攷察、量才支配、庶人盡其才、百事俱舉 切切此令

華山民教館指導農產選種

華山民敎館、鑒于一般農民對於農產種子、不加注意、影響收穫、損失頗巨、該館爲謀補救起見、最近以下列三項辦法、指導農民、（一）介紹農民向農業推廣所交換麥種、由館內派車、將麥種運至館內、通知農民、來館交換、（二）預防麥子發生黑穗病、在農業推廣所、領到炭酸銅粉多包、派員赴各鄉村指導農民拌種、並宣傳拌種之利益、自十月九日開始 至十三日止 計用此法拌種者共四十餘家、將來收穫量或可略有增加、（三）爲使農民倣效觀摩起見、特舉辦特約農田十處 每處約二畝 地址均在交通大道左右 令農民便於觀摩、由館內發給優良種子、現各特約農戶、已陸續領種播種矣、

防黃紀略（二十二）

拙

九月七日　晴

一三兩區所做工程、經朝昨兩晝夜之搶修、現已脫離危險時期、惟四六兩區所搶地段、又告吃緊、所謂一波甫平一波又起也、下午流勢較緩、惟渠閘迤西、壩勢如何開黃流至張口村西後、迄未明瞭、本縣府周工程師特於飯後前往查勘、并派魚台縣城、晤該縣楊縣長、及金鄉縣代表、約定三縣出工、加高培厚魚台縣南門至渠閘西北之豐魚汽車道、藉阻西來之水、不意晚間、水忽由魚台縣之迴河、流過豐魚汽車道、魚人不願再築 前議遂作罷、縣長意 本縣宜由渠閘横堤終點起、向西延築至豐金魚邊境、長約七八里、聞金單兩縣、亦擬由本縣邊境起、向西北、跨回河、築一長埝、以阻黃流 惟未知三縣計劃 能否成爲事實、傍晚工人剛散工、忽有人大呼、有人扒堤 滴堤北又放兩槍、因之工人有奔赴堤上者、有四散奔逃者、大呼小叫、一時秩序大乱、經鳴鑼彈壓、始告平息、夜同王督學韻崐 李館長坤若、帶警兵四名徜徉堤上 時銀河皎潔、玉露生凉、黃流奔放、激蕩成聲 而萬千民夫、則又寂然鼾睡、如無人之境地、但覺愁緒萬端 究不知是悲是怨、是憂是懼也、

司法欄

△縣政府司法批示▽

▲刑事原原狀人帥作玉、一件 爲遵處罷訟、請求銷案由、狀悉、准予撤回告訴、此批

▲民事原具狀人呂坤、一件、爲調處妥協、和解成立、請求銷案由 狀悉、准予撤回、此批

▲刑事原具狀人劉王氏、一件、爲遵處罷訟、請求銷案由、狀悉、姑准撤回、此批、

△刑事判決▽

侯敬齋鴉片案判決、

侯敬齋購吸私土 處有期徒刑一年、併勒令限期戒絕 褫奪公權二年、裁判確定前羈押日數、准以一日抵徒刑一日、烟膏等件均照章沒收焚燬之、

本城粮價

名稱	每市斗價目 最高	最低
小麥	三千六百文	三千四百文
大麥	二千二百文	二千一百五十文
黃豆	二千三百五十文	二千三百文
黑豆	二千二百五十文	二千二百文
綠豆	二千九百文	二千八百文
江豆	二千五百文	二千四百文
高粱	二千二百五十文	[illegible]
穀子	[illegible]	一千八百文
稷子	二千二百文	二千一百五十文
芝麻	三千五百五十文	三千四百文
豌豆	二千三百文	二千二百五十文
花生（每斤）	一百六十文	一百二十文
瓜子（每斤）	六百文	五百七十文

氣象

晴

風向　西北風

最高溫度　六五

最低溫度　五六

庭期審理案件

十月

十九日審理戴振祥與周慶三產權案、

十九日審理王子玉鴉片案、

十九日審理程王氏與程啓元產權案、

中華民國二十四年十月十七日　豐報　（星期四）　第一版

鳳鳴塔

第一五二期

一，本刊內容分科學常識論著詩歌小說戲劇散文書信書報介紹及批評等項
二，本刊歡迎投稿來稿文言白話均可
三，來稿本報有刪改權不願者應先聲明
四，未經登載之稿除預先聲明者外概不退還
五，本刊編輯處設本報社內

漫談

歐洲的戰雲

稽徑

義國拒絕了五人委員會的建議，一剎那，日內瓦密佈着的戰雲，驟然凝成了地中海上的殺氣。目前的歐洲局勢眼看會要步上一九一四年的後塵，義英的衝突引起了兩國的大動員，地中海的水面上，頓時籠罩緊張異常的氣象。不要說這當然是利害關係的衝突，殖民地的導火線。因了這個大的風波，攪起了法之斡旋，牽動了奧國涉及到多瑙河問題。而巴爾幹半島上的諸國也紛紛的起了無名之火。此次歐洲的鮮血塗地恐難倖免，局勢實難樂觀。

我們無論從縱的橫的方面看來，義亞問題恐難善終，義國始終抱着侵略的主張，而亞國還懷着當年敗義的榮譽，並且背後又加上了一個英國，因此已形成了上山虎遇到下山虎的局勢。但是各有各的苦衷，義國苦於數百里之沙漠，頗感遠征之苦，然而亞國又是多雨之區，並輒受他國的欺敗也不是身壯力强之邦，但是他背後有人，較義好些。所以我們從各方看來義國以形成了騎虎之勢，頗感弓張箭弦之苦。以在這勢如纍卵的當兒，義國還是臨懸崖而勒馬的好，否則這個滔天的惡戰，在歐洲將要演起血流萬地的慘劇來。

嗚呼！總動員，總動員的聲浪高喊嚴於雲霄，這個正在流血的大炮終竟暴發了。

但是我國現在處在這樣繁難的國際局面上，又當怎樣的來應付呢？

故友

老渾

這眞是出我意料之外，筱竹竟然就會變得這個樣子了，我們分手才算是僅僅的不過三年，教人想不到的，見了面便不會認識。他不光身子又瘦了五分之一還要長，并且他的一副白晰面清秀的臉，現在也變得非常憔悴的不成樣，瘦削而更蒼老了；黑黑兩顴、緊密的圖鍊在凸起顴骨的下面的眼睛和口唇的四週；把他才剛滿二十歲的人，都變得是彷彿已經將近三十的年紀了。

我們幸虧是遇在這一個茶館裏，假使要是碰在條邊長的大道上，我相信是絕對不會認識的；保管連同學同了這六七年的老朋友，也就要交臂而過了。

茶館裏是一口山下留門三間南北屋，本來他坐在我前邊的一張桌子上，臉朝着外，但我從他的後影裏看去、總像是我的老友。我斜着身從他的側面，偷偷的看了一看；一副蒼白的臉色，和一雙慈祥的目光，即使不是我的老友，最低我也和他會過一次面的啊，不然，在我的記憶中，爲什麼儘覺着模是面善呢？

這時，他也扭了扭頭，瞧了瞧我，但溫和的臉容，就立刻又轉着朝外了。而在他的面容上，確切示給了我一個使我得到面熟的不敢認識的感覺，又把臉扭過去了。

一時的衝動，不顧直迎羞怯的，我竟於不揣冒昧的立起身來走向他的桌前去，「先生，請過喝茶吧！」我撞着笑容的招呼了一句。

他起身來，衝，現着一臉的笑容接住了話來，「一樣哩，先生：……」一個……接着有話應酬，但忽然又停住了。

我又問他，「貴姓啊？」先生。」似乎很驚奇。

「敝姓，姓黃」他說。

「台甫呢？」

「筱竹」，鄙下的名字」—

聽了筱竹，我心裏像年得了一種意外的喜事般的欣快。「啊！筱竹嗎？」我給哈的笑了，快樂的笑了：「我多會就看着像你，但終於是你啊，還認識不認識我？」

他這時，也現出一副笑容，似乎「他鄉遇故知」一般的欣慰的笑容來，說道：「你是不是友石哥啊？」稍頓而沉默的態度的確變了，說確不是我同學那時候的筱竹弟了，那時候的天眞活潑而擴成的頑皮，輕挑，是一點點也沒有存在了；是變得穩重而且沈着。

「一久別乍逢」，這又是敵人誠看怎樣的一種快慰，我們立刻從在一張桌上坐下了。我又仔細看了看他的蒼瘦的臉，不由又說道：「筱竹，你確切是變老了，老了，可是怎麼老的能快呢？」—「老了，老了，老得多

「啊！」他的臉上現出一副不得意的苦笑；「啊，友石哥，在這樣的壞蔡般的道路上掙扎 能會不老嗎？不過，我看你也老得多了，剛才看了幾眼都沒有敢認。」

一不錯 我也老得多了，我們都是要跟着年歲的增長，要把面容變得蒼老的；尤其我們又是三年沒有見面了。乍 遇見，眞是不敢認識。……可是你這幾年的生活情形怎樣呢？也滿得意的嗎？」

「生活 唉！也不過是如此吧！三年的窮教員，地方是移換了好幾個，不過不得意啊，是一步也沒有放鬆的儘管纏繞着我，離奇，苦悶，能不飽的苦夠嗎？有些專人因爲看到我整日的苦悶得不了，便常常轉言傳是安慰我似的這般說：「這也不過是一時的時乖運蹇，但是善人是福報的，將來總會好起來的啊……。」其實，我是絕對不以這個話爲然，我覺着自己，人與我們都力，錯總 實在我也知道 我會在有可被人講惡輕視 他方，就會上不容許我立 腳，我也知道有不容許我不耐會立腳的原因：：：唉！還說什麼？只嗎沒脫的混 天是一天就算了：：：」跑堂家送上了兩碟菜和一壺白乾酒來，把話打斷了，但是他剛才所說的是什麼意思，我也沒有聽得怎樣的明白，只覺得他的話裏滿的或份 像是含着幾分 不平的牢騷 就是了。

「唉！現在的在社會上做事，沒有人能行嗎？不會巴結又能行嗎？哈你不懂俗話的一句嗎？「朝裏無人難坐官，」現在的社會，還不是這個樣嗎？還能和封建時候差得多了嗎？什麼時運，什麼原因 什麼，什麼：：

我聽上酒端起來乾了一氣，特意來 同他表了幾句同情。

但他又像是不贊同似的又把我的話打斷了 他說：一不是這樣說法，友石哥，雖然人情惡薄，但是，你就看本縣的教育界吧，是眞不能全靠人情的；沒有學識，沒有技能 做事再不努力，我相信任何人也不一定就有事做的；靠縣的教育，這二年確切是上了軌道了。

「沒有學識，沒有技能，做事再不努力，就是任何人也沒有事做的啊！我覺得這不見得吧！」（未完）

秋夜吟

席准

秋風秋雨景蕭瑟，滿眼秋色更淒涼。
故鄉田園今何在，片碧血腥劍為[illegible]。
劉關吉爺今安在，獨自迎風伴流埸；
霸業雄心已非昔，現在猶經苦作勞；
飄零浪跡流落地，自嘆世外流名客。
江湖飄泊甚艱辛，歸來有志半歸來；
窗外小園花木好，方能來體味前階。
關也不樹猶芬馥，面對青山聽鶯囀；
寺廟燕雀鳴鐘月，可憐今作他鄉遊人。
雲籠遠岳又秋秋，自傷身世歸藏難；
孰知無盡江河水，流流直逼白雨聲。
集萃龍泥斷舊門，那管可憐殘補計；
遙日海波變千重，回首擬藏欲入存。
而今離消何時同？斷續魂夢繞嶽古？
晴空明月來相照，依稀舊光照舊亭。
何日歸鄉歸田去，鐘入肯對翻飛灰？
點點寒鴉飛古旅，夜夜鐘聲漸萬苦。
青浩蒼茫映月華，茫茫天涯何處尋；
關聲浩蕩接浪濤，又聞荒城動悲笳。
叮嚀點點孤客淚，點點酒滴荒山寺；
衣襟瘦飢向誰訴，清癯半生浸寞志。
自憐自嘆臥月陰，秋苦樓終入寸心；
異鄉客旅傷心語：「何人講救無家鵠？」
秋風秋雨又深秋，夜夜愁懷歸衣砧；
帶帶蕭得傷心碎，舊日形骸何處尋，
吁嗟大災黎吟龍淚涔涔，人世艱辛古猶今；
怕對 片浩浩水，水滿田園淚滿襟。

老人的死及其少年時的片段（續）

斌

搶織轉了，他得十塊錢的賞，但結果他把錢都分給村中的幾個窮人。『外財不發命窮人』這似乎是他的理由。

又一個嚴冬的深夜，雪下得緊，一切都是白色了，風也加勁的刮，眞是刺骨的冷。忽然有微弱的呻吟觸動了他靈敏的聽神經，使他的眉頭縐了一下，又傾耳細聽了聽，於是他出了門，寒風使他打了寒戰。他終於在一個車屋裡找到呻吟的來源。

第二天雪還沒停，大家都聚在牛屋裏烤火閒談。

『默頭漢昨兒夜裏救了一個要飯的老媽子，眼看着要凍死啦……』默山似乎有些佩服。

『太！愍悚，以後不要叫人家默頭漢，只會吃！』默山被本家大爺攘了，只低着頭，其餘的人都笑了笑。

過兩天這事又沉寂了，大家覺得也沒什麼了不得，不過省了卷屍的一抱柴罷了。

〇　〇　〇

以後眞沒人再叫起默頭漢這名字了，大家只有嘆服，默敬　他眞是這村裏的模範，也是這莊上的『及時雨』，品行好，身體健全，常識博多，他又能幹，農產收護豐富。

『小學畢業的學生　嘗是農夫正合格，懂得普通常識，能改良種子，使農產豐收，啊！那才是高尚的農夫呢！』這是老人惟一的主張。

晚安呀！我的故鄉

拜倫作　書平譯（續）

父親熱誠他爲我祝福，
還不曾多多苦嘆；
祇是老娘要嘆息，
一直到我歸還。』
『夠了，夠了我底孩子，
你這樣淚珠滿眼；
假如我有你純眞的心胸，
我底眼淚也要不乾。』

『還裏來，這裡來，我赤誠的火伴，
你爲什麼顏色慘然？
是怕法國的仇人，
還是爲狂風震顫？』
『你當我爲性命戰慄？
先生，我不是這般怯軟；
祇是想到拋下的妻子，
蒼白了我底容顏。

妻兒住在你華屋近旁，
就在那憐近的湖邊；
當孩子們把爹爹呼喚？』
她將怎樣回答呐，
夠了，夠了，我善心的火伴，
沒人否認你底悲愁；
祇是我心懷寬敞，
狂笑一聲遠走。』

那個還肯相信
妻子情婦裝佯的悲嘆？
新鮮的風情會把
晶藍眼中狂汪的淚水吹乾。
我不傷心歡樂已經消逝，
也不爲毀滅就在眼前；
我最大的傷心是在
沒有什麼值我淚珠一點。

現在我在世上孤零，
在渲遼闊的遼闊的海上；
我爲什麼要爲人哀哭，
並沒人爲我悲傷？
我底物才歸生人飼養，
也許要枉然長號，
但不久我自外歸來，
他怕會將我撕咬。

同着你　帆檣　迅疾地走吧。
渡過這翻着白沫的海上。
我不關心你把我帶到那裏，
也不關心不返故鄉。
好，好，你暗藍的波浪，
等你在我視野中消亡，
好，你荒原與野窟！
晚安呀！我的故鄉！

一完一

這首詩曼殊譯作「去國行」原文譯文都收在燕子龕集裏了。在我，並沒有重譯必要。可是，在春天，爲了幫助別人讀，一高興譯了出來，一擱就是半年。雲章先生催得緊，我搜腸肚也寫不出文章，而且拜倫這篇詩，和大報副刊上的「詩」比較起來，至少也不算更爲無聊，我爲什麼不送出去？拜倫（一七八八——一八二四）是不容于故國的人。有深深的愛才有深深的憎，他對荒原野窟般的故國，雖然說沒有一滴眼淚，其實還是不勝依戀。可惜滿紙乔涼之感都叫我譯掉了。

前幾節正誤

平誌

「長航」，「飛航」；「海上」，「海天」；「掉掉」，「揮掉」；「嬉遊婆」，「遊遊的」；「你愛」，「我愛」。

編輯室的廣播電台

雲章

楚鏡君：無線君常識給稿請快點送來！本刊預備在最近，出一一菊的專號」請投稿諸君努力！文藝研究會會員諸君，你們的大作，爲什麼老不送來？

同樂舞臺

<十月十八日>

上午　洪昌府

下午　穆連生出家

拿手好戲

時間：上午十點演 十二點止　下午六點演 十點止

價目：池座角 茶水隨意 童子半價　凳座三分（買票） 站看二分（買簽） 婦孺二分

縣黨部無綫電收音室開放節目

十月十八日　星期九

九，〇〇　新聞
一一，五〇　平劇報時氣象
商曉　道遙津　清官冊　綠珠墜樓　掃花三醉　打金枝　擂鼓
一九，〇〇　平劇
楊寶森　雪豔琴合唱　遊龍戲鳳　譚小培　言菊朋　余叔岩　王芸芳合唱　桑園寄子
二〇，〇〇　報時氣象水位　第一次簡明新聞
二〇，一〇　賑災節目　關於賑濟水災問題
二一，四〇　第二次明簡新聞
二一，五〇　新聞

總理遺訓

四，民國人民當爲自身計，速從地方自治，以立民國萬年有道之基，宜取法乎上，順應世界之潮流，采擇最新之學理，以成一個最高尚進步之自治團體。

豐報

◎第九一〇號◎

社址：豐縣大同街

中宣會登記證中字第一二九二號 內政部登記證證字第二二三〇號
中華郵政特准掛號認為新聞紙類

△廣告刊例▽
[illegible]

本報價目
[illegible]

△總理遺囑▽
余致力國民革命凡四十年，其目的在求中國之自由平等。積四十年之經驗，深知欲達到此目的，必須喚起民眾，及聯合世界上以平等待我之民族，共同奮鬥。現在革命尚未成功，凡我同志，務須依照余所著建國方略、建國大綱、三民主義及第一次全國代表大會宣言，繼續努力，以求貫徹。最近主張開國民會議及廢除不平等條約，尤須於最短期間促其實現。是所至囑！

本社營業部　各貨價目

訂印物品　先繳半價　現金交易　概不賒欠

四頁公文紙每百張一元
四頁稿紙每百張一元
十行稿紙每百張三角
白三表七寸封每百七角
白三表六寸封每百六角
白三表五寸封每百五角
牛皮紙七寸封每百六角
牛皮紙六寸封每百五角五分
牛皮紙五寸封四角五分
黃表古七寸封每百四角五分
黃表古六寸封每百四角
黃表古五寸封每百三角五分
以上各貨一千以上一律九折
快郵代電紙每百張八角
單據存根紙每百張二角
收支簿票紙每百張二角
收支傳票封面每張六厘

連史十開信紙每百三角
連史十二開信紙每百二角五分
連史十四開信紙每百張二角
以上各貨一千以上一律八折

△名片▽
意金長三號每盒七角
新長三號每盒六角
銅版長三號每盒六角
意長四號每合六角
特長三號每合五角
明特二號每盒四角
明長三號每盒四角
明長四號每合五角
意長一號每合四角
意長二號每合四角二分
意長三號每合五角

△如印書籍表冊賬簿廣告小說雜誌等請來社面議▽

營業時間：上午八時至下午四時　地點：大同街

收到捐款鳴謝

今收到
八十七師師長王又平先生慨助賑款壹百元杜細之王眞魯兩先生各捐助伍拾元仁漿義粟嘉惠災黎謹此登報鳴謝

豐縣水災救濟分會謹啓

李丁蘭若緊要啓事

啓者，先嚴志和公，一生治業，卒歎伯道，於民國十七年逝世後，遺余姊妹二人，及李氏庶氏生母，此外有嗣子丁景武，相隨度日，至廿一年，嫡母李氏又隨先父而逝，今春爲先父母營吉合葬，不意有余堂姪丁逢新覬覦本房遺產，硬以其弟逢源出名承重，按逢源係余最伯志學公之次孫，詎曾出繼二房伯父志道公爲嗣，對於三房之遺產自無承繼之律權，乃伊兄弟挾勢強爭，將先父所遺田房硬行霸佔，且置余母庶氏生活於不顧，計伊霸奪遺產時價數月，已賣去田地頃餘，余母之園地十畝亦被典出，更將存於榮和酒店，與先父立碑之款四百元提用，以致余母庶氏困苦無依，余情關母女難以膜視，近典受贈之妝奩地，以濟余母衣食，不料丁逢新亦出霸阻，不令典戶交價，直欲將余母逼於死地，余對于逢新兄弟非法侵奪，雖甘忍受，業已依法起訴，詎起訴後，伊乃聲言業將北關房宅賣余母贍出，以圖淆亂聽聞，現余正進行訴訟，恐諸親鄰不明眞相，特此登報聲明，所有逢源佔據先父之田產市房，以及莊內什物，無論逢新逢源概無產權，如果私相授受，即予[illegible]決，此啓。

李丁蘭若謹啓

豐縣合作事業指導委員會通告　第　號

查本縣各合作社組織成立者[illegible]，為促進各合作社業務發展起見，經第三次委員會議[illegible]定李貞乾王述先楊聯增三委員負責[illegible]專員各人分區長期負責視導，計第一區劉美周武烈[illegible]第二區吳風樓朱翼會李坤若第三區張永森[illegible]四區孫建之彭世亭高本良第五區曹雪山翟正身岳鶴鳴第六區李敦禹馬中堂劉子龍等第七區王德明[illegible]一次視導會議決定十一月一日出發督查各社，仰各該社負責人員一體注意隨時接洽爲要。

中華民國二十四年十月十八日　主任委員　李貞乾

中外要聞

英閣議決定拒絕撤除里比亞（近附）及地中海防禦
意軍陸續向埃及邊境集中

▲中央社羅馬十六日電　今日星期六間，將有兵八千人，由那不列斯起程赴東非，足徵意阿大規模戰事，不日又將開始。

▲中央社羅馬十六日電　[illegible]今日有意船一艘，載驢一百五十頭，開馬薩華，[illegible]此間一切安靜，惟已設收容所，俾安插由東非戰區遣回之人。

▲中央社開羅十六日電　駐意屬里比亞及亞列內加之意軍，現在西部沙漠前方積極增加防禦工程，並於該處挖掘戰壕，埋設地雷，並有大批坦克車及軍火紛向埃及邊境集中。

▲中央社倫敦十六日電　[illegible]大使晤談，會議地中海英國兵力減至平常程度，可使時局進步之點，[illegible]直接答復，但無英內閣可改處此事。

▲中央社倫敦十六日電　本日英閣議，討論法總理賴伐爾請英撤退里比亞邊境軍隊，及地中海英艦隊一部份事，以爲撤銷防範措置一事，須得由意提議，[illegible]意國續以大軍集中里比亞，並未變更，故法國此項提議，自難接受，決議命令駐法大使，向法政府陳述此意。

黃郛晉京謁汪蔣

▲中央社南京十七日電　內政部長黃郛、最近由莫干山到滬、日前汪院長赴滬時、曾面促黃氏入京就職、茲以蔣委員長業已到京、特於昨晚由滬乘車來京、今晨到達後、即於十時許赴軍校官邸、謁蔣委員長、敘談甚久、聞黃此來、係謁蔣汪　留京久暫、尚未決定。

閻錫山實施收歸土地村公有已擬定約略計劃

▲中央社太原十七日電　閻錫山實施土地收歸村公有、已擬定約略計劃、第一選擇各地各村地主、自農、半耕農、佃農、及僱農、組織委員會、担任評地價、及定份地工作、第二將全省一萬二千餘編村、劃為一千二百餘小區、每區設指導員指導、第三每三縣設地政督查員一人、位居縣長上、指揮一切、第四假定一年內將計地價定份地工作辦竣、約共需款五十萬。

經委會令蘇省府拆除中運東水壩

▲中央社鎮江十七日電　經委會前為縮小災區　令蘇省府所築中運東水壩、現以六塘迭告危急、惟水汛期已過、特電蘇速予拆除、以資分洩。

吳鶴齡仍在綏商解決西公旗糾紛辦法

▲中央社北平十七日電　據蒙政會辦事處息、吳鶴齡刻仍在綏、與傅作義商西公旗糾紛辦法、頗有進展、俟商妥後、再赴百靈廟晤雲德二王。

閩保安十四團搜獲匪窩

▲中央社福州十七日電　保安十四團電告、在大和康之中嶺山　搜獲匪窩、匪據石岩頑抗、經猛力包圍生擒偽大陽區蘇主席廖培添一名。

陳繼承宣誓就職

▲中央社漢口十七日電　陳繼承十八日宣誓就職、張學良、錢大鈞、分別代表蔣委員長及軍部監誓。

陳儀定期赴台灣

▲中央社福州十七日電　陳儀定廿一日赴台灣、參觀博覽會、隨行者林知淵、李擇一等、約一週返閩。

孔祥熙等昨晚赴滬

▲中央社南京十八日電　孔祥熙宋子文曾仲鳴陳策覃振羅家倫楊德昭徐堪等、十七日夜由京赴滬、　馬超俊夜車來京。

高攷第一試務處在京成立

▲中央社南京十七日電　本年高等攷試　第一試務處、業於今日在攷選會正式成立、開始辦公、該處所屬北平西安兩辦事處長沈士遠王捷三、定明日離北上、分別辦理各該區考試事宜。

法長王用賓續假一週

▲中央社南京十七日電　司法行政部長王用賓氏、前有下星期到部視事之訊、茲據法部息、王病雖已告痊、惟遵醫囑、尚須較久休養、聞已續假一週、下星期尚不能到部視事。

教部督學鍾道贊視察浙職教返京

▲中央社南京十七日電　教育部曾於上月派該部督學兼科長鍾道贊、赴上海浙江視察職教、茲悉鍾氏、已視察浙省職教竣事　今日返京　據談：本人於上月自京出發後、即逕赴浙視察、歷杭州、海甯、吳興、嘉興等十三縣　共視察職教三十餘校、因上海正舉行全運會期間、故滬職教尚未視察、又因醫學教育助產會、定日內在京開會、本人特利用此種時間、返京出席、俟本月底再赴滬視察職教、一俟竣事、即編報告、呈部長核奪。

陳肇英晉京

▲中央社杭州十七日電　陳肇英十七日晚由浦江到杭　即改乘滬杭晚車赴滬轉京、俟五全會後、再來浙視察。

五全大會青海代表啓程入京

▲中央社西甯十七日電　五全大會青海代表馬紹武燕化棠等三人、離青赴蘭州候機入京、攜黨務報告及提案多件。

立法院財政委員會

定今日着手審查新印花稅率表

▲中央社南京十七日電　新印花稅法施行以來、各方以其稅率所規定者頗多、須加斟酌之處、紛請政府、予以修改、現悉立法院財政委員會已定明日開會、着手審查、並已邀請財部　及銀行、保險、輪船各業、遣派代表、到院列席、陳述意見、俾供參考。

張孝若在滬被狙擊

▲中央社上海十七日電　張孝若十七日晨在拉飛德路私寓、突被老僕吳義高狙擊　適中腰部要害、張孝若為南通張謇之子　得工學士學位、歸國後助父辦實業　現任南通學院校長　大達輪船公司總經理。

昆明市集團結婚成立指導委員會

▲中央社昆明十六日電　昆明市集團結婚指導委員會、十四日開成立大會、各機關團體均有出席參加、由市黨部委羅家一主席、並報告籌備經過。

全運會之第八日

男子網球雙打複賽

▲中央社上海十七日電　男子網球雙打複賽、川王文正錢耀彬、對承時許承基許承位、總結三比二、其各盤比數如下　承許承基許承位以六比三　四比六、六比八、六比三、六比二勝川。

女子壘球三四名決賽

女子壘球三四名決賽、滬對粵、總結三十二比二、粵得壘球錦標第三名　滬列第四。

男子二百公尺俯泳決賽

男子二百公尺俯泳決賽　結果第一郭振恆（粵）、第二王耀民（粵）、第三黃關恩（菲）、成績三分九秒五。

男子五十公尺自由式決賽

男子五十公尺自由式決賽、結果第一（港）陳振興、第二（粵）陳其松、第三（粵）王秀山、成績二十八秒。

女子五十公尺自由式決賽

女子五十公尺自由式決賽、結果、第一（粵）劉桂珍、第二（港）楊秀瓊、第三（粵）陳煥瓊　第四（港）楊秀珍　成績三十六秒二、破全國及遠東紀錄。

女子百公尺仰泳決賽

女子百公尺仰泳決賽、結果、第一（港）楊秀瓊、第二（粵）楊詠嫻、第三（粵）劉桂珍、第四（桂）龐永芳、成績一分三十七秒四、破全國及遠東紀錄。

男子百公尺自由式複賽

男子游泳百公尺自由式複賽、分兩組各取四名、結果、第一組（一）（港）陳振興、（二）（粵）王秀山、（三）潘啟康、（四）（滬）梁瑩生、成績一分七秒　第二組（一）（港）李錦波、（二）（粵）陳其松（三）曾河福、（四）（馬）沈定鵬　成績一分八秒一。

男子排球複賽

男子排球複賽、滬對港十七日下午一時舉行、滬隊總裁楨佳、結果　滬以二十一比十三、廿一比十二、廿一比十三、滬勝三局、獲得決賽權。

全能四百公尺接力決賽

全能四百公尺接力決賽、十七日下午一時舉行、第一粵王精熹、王強、孫月明、張偪　第二粵阮洲權、何培模、黃陳煥章、蕭惠元、第三滬飛鵬、薛訓秋、陳惠平、陳永福、成績四六。五秒。

男子網球單打複賽

男子網球單打複賽、許承基以六比二　六比三、六比二勝林寶華、邱飛海以七比五　二比六、六比三、六比三　勝錢耀彬。

十項運動後半部結果

十項運動、十七日繼續舉行後半部、結果如次、（一）張齡佳（平）總分四九八九、（二）周長興（遼）總分四九二二、（三）魏孟平（滬）總分四六六三。

男女兩組對手拳術決賽

男女兩組對手拳術決賽、女子組第一（青島）齊秀蘭對姜愛蘭、第二（青島）石秀蘭對王翠英、第三（湘）唐慕臣對譚稚英、男子組第一（魯）馮振武對路振林、第二（魯）榮寶岷對張鴻芳、第三（魯）高慶品對楊子善。

五萬公尺競走表演

五萬公尺競走表演、由田徑場起步、參加者五人、均滬人、先在運動場繞三周、然後出門、環繞市政府四園各馬路三周、再返運動場、繞圈一周、達終點、全程約合百華里、蔡正義首先達終點、共費四小時五十六分十秒

全能運動前六名得分統計

全能運動前六名得分統計、（一）遼十九分、（二）滬十七、（三）粵十六、（四）平十五、（五）晉七、（六）京馬各四分。

蘇水災救濟總會 查放急振辦法

每縣設查振長一人主持查振

△江蘇社 江蘇省水災救濟總會查放急賑辦法經由該會議定呈省府核准施行、茲誌其辦法如下、第一條、本辦法依據江蘇省災區賑濟辦法大綱之規定制定之、第二條、本會第二期第三期急賑查放振款振衣均照本辦法辦理、第三條、本會急賑 由應賑縣分之水災救濟分會振濟組担任發放該管區行政督察專員派員查戶給票會遴聘熟悉賑務人士蒞縣指導、第四條、應賑縣分、每縣

設查賑長

一人、主持查賑事務、查賑員若干人、分途查戶給票、均由專員遴選委任之、前項查賑長、應呈報本會備案、第五條、應賑縣分、每縣由本會延聘富有賑務經驗者一人爲指導員、負責指導該縣一切賑務事宜、第六條、指導員、查賑長、查賑員、均應迴避該縣原籍或寄籍、第七條、各縣水災救濟分會應先將各該縣無災受災特輕之區查明列表、查賑長到縣之後、如有外來施賑善團任務計議施賑、應由指導員會同該分會定期召集各該善團及查賑長、開聯席會議、議決分認賑區辦理、第八條、各縣水災救濟分會應將該縣

調查災民

戶口冊、按照會議議決賑區、分別抄送各該善團及查賑長、以備查戶應用、該項戶口冊、以鄉或鎮爲單位、每鄉或鎮一冊、第九條、指導員應會同縣水災救濟分會邀集查賑長查賑員及賑濟組施放人員、將本辦法詳細討論、務使領會貫通、辦事有所依據、第十條、查賑長應將該災區、分作若干路、每路指派查賑員二人、分別認定按戶履查、並將賑票及災民戶口冊、分交備用、查賑長對於轄境遼闊 賑務較多之縣分、得將該區域、劃作數段分、依災情之輕重、按照前項分路履查辦法依次辦理、第十一條、查賑長查賑員於開查之前、應將第一號布告分發各鄉實貼、每保一張、並

同時宣誓

（參看附式二）第十二條、查戶先從縣境最苦之區著手、第一第二等日、由查賑長偕同各查賑員會查、以期給票寬嚴、各路一致、以後分途出查、但查賑長仍應隨時親赴各路視察、如認爲不當時、應即糾正、第十三條、查賑員到鄉、應先召集各鄉保及公正人士、宣讀前貼第一號布告、即令鄉保長引導、從最苦之處查起、順道挨查、不得往返超越、致費時間、而滋紛乱、第十四條、災民戶口冊如未將逃荒出外之戶列入、應令鄉保長查明補列、順道挨查時、經過該戶、即照實逃戶報告表、並在表上簽名蓋章、封送該縣水災救濟分會存查、以備逃戶補票時之稽考 甲保逃戶報告表交乙保遞送、（參看附式四）第十五條、查賑員到門、應查看各戶、如院無穀畜、室無儲糧、所食僅草根野菜糠麩等類、或所食貞苦於此者、即當門

填給賑票

其餘有雜或有生計尚可自謀生活者、即剔除不給、第十六條、凡災戶人口、剔除出外謀生、以及二十歲以上五十歲以下之壯、可充災工者外、其餘在家人口、均照目見實數填寫、十三歲至十九歲以及五十一歲以上均填大口、十二歲以下填小口、如有重病、新產、新喪、殘廢、或一寡婦而攜數孩、並有衰老鰥姑者、或衰老幼弱子身無靠者、或面有飢色、或鳩形鵠面而爲乖孳者、可於實數外、酌加幾大口或幾小口、並簡單註明、加口理由、如災苦較輕、亦可照實酌減、票上口數、須作大寫、如一二三當作弌弍叁、

以防塗改

之弊、（一票）上所填口數、之作用係爲計算錢數而設、其大口等於給一大人口糧、小口等於給一幼童之口糧、與保甲人口統計、用意不同、第十七條、大口一作一口、小口一口作半口、合計大小口及外加大小口、共若干口、即寫一給錢代數暗碼於口數之下、暗碼分爲五字或七字、暫別等第、每大口最少給五角、最多一元、小口最少給五角、最多更好、例如第一等代字作一元之十元、第五等代字作二元之類、遇有六大口八小口之戶、或一二大口兩小口而須加二大口八小口、均適用十元代字、餘類推、第十八條、災民無衣禦凍、確非臨時棉衣者、酌給棉衣或給全套、均於衣票註明、代數暗碼、可分定三字、第一字代單給衣、第二字代單給褲、第三字代衣褲全給、災民領衣票者、於散放時一併給與、第十九條、老弱、疾病、殘廢、及婦人有孕或新產者、給票時應詳明託何人代領、是否可靠、並在振票左上角註明、以便給領時稽考、第二十條、

分路出查

以後、查振長應即會同該縣水災救濟分會、視境大小遠近、酌定散放地點數處、由水災救濟分會收取應放振款振衣、分存備放、發放時放竣一處、再放一處、並劃定某某某某保、歸某處散放、務使災民領振、至遠不過二十里左右、當日可以往返、散放地點、借用公屋或廟宇均可、並以有軍警駐紮之市鎮爲妥、門前須有曠場、可容多人、且須有兩門、可一入一出、第二十一條、查振員用畢振票一本、即將票根送交振長、振長將票根振款振衣數目記入應放振款振衣總數目一覽表內、預定某日散某某等保、每日以放一千戶爲度、[illegible]起、放某保、距散放地點較近者排在前、較遠者排在中、排在後、分發第 號布告、實貼各保、每保一張、並貼於散放地點門前、由鄉保長鄉丁幫同[illegible]人、

憑票領振

第 號布告、應於散放之前一日實貼、第三號布告應於實貼散放地點、第二十二條、散放之[illegible]、由水災救濟分會函請該縣地方各區區長、互分日輪流會同散放、散放之時、災民應憑票領振、放振人員於票上蓋明銀元若干元、或衣褲若干件、當面點對名給、由水災救濟分會保訂成一本、將各保票數目數、及實放振款振衣數目、記入一覽表內、全數收回振票、送由縣政府、會同該分會查核、

散放完畢

由縣政府將振款振衣一覽表及票根振餘、送交該管行政督察專員公署、彙轉本會查核、（參看附式九）第二十四條、由該管縣長查照振票姓名、及發給振款振衣數目、繕列第四號布告、每鄉一榜、分發各鄉實貼公布、第二十五條、散放時、遇有逃亡外出聞振歸來、該保已經查過、請求補票、應斟酌情形、與當地保甲核詳問其姓名、年歲、住址、逃亡處所及年月日、隨時冊記、另設寄院暫予安置、而轉知該保長、迅行辦理、如果確實、即由保長具結呈送該縣水災救濟分會、核與逃戶報告表相符、即予補票、但家無老弱眷屬、而面無飢色尚非慘苦者、應不予補票、逃戶補票領振以後、倘查出該保長與該逃戶勾串蒙混、冒領舞弊者、應由該管縣政府責令賠償充振、並予懲處、第二十六條、查振長應會同當地縣長及水災救濟分會

布告城鄉

嚴禁鄉保長藉端斂費、取扣或借主索取振款抵償租欠等情事、第二十七條、布告振票等件、除第 號布告蓋用關防印及本會關防外、其餘應用印信之處、內蓋用各該縣縣印、或水災救濟分會鈐記、第二十八條、查振員應各帶日記表、每日將所歷村莊、調查給振戶住宿地址、均須按填計、以資考核、第二十九條、查振長查振員及放振人員、應分別給予旅費、每人每日以一元爲限、其旅費按照實需、報由該管行政督察專員、由水災救濟分會核銷、不得受地方供應及饋遺、第三十條、查振長查振員及放振人員、於振務完竣後、由指導員會同該管專員考核成績、呈請本會轉呈省政府

分別獎懲

第三十一條、各縣縣長及區鄉鎮保長等、協助振務、卓著成績者、應由該管專員請本會轉請該管行政督察專員、會請獎懲、如有藉端斂錢、及造冊領錢、或其他舞弊情事、一經查明屬實、送交司法機關依法訊辦、第三十二條、本辦法由本會議決後施行、並呈報省政府備案。

衛生教育指導員 隸屬各縣教育局

由各局隨時監督考核 不稱職者得呈請更換

△江蘇社 蘇教廳令各縣教育局云、近查新教育指導員 常有見報工作情形及呈送計劃情事到廳、殊屬越級陳訴、有紊行政系統、查各衛生教育指導員 爲各隸屬機關職員之一、凡關一切設施、均應秉承所隸機關長官而行、即有應須呈廳核示者、亦應由所隸機關長官核轉、不得逕行陳請、各局長縣長對衛生教育指導員亦應視同屬僚之一、凡切指示辦理工作、毋庸督考核、遇有不稱職者、並得呈請更換、毋庸爲特通飭遵照、仰該局長對本局衛生教育指導員、考核服務情形、督促努力工作、並轉飭各該員知照云。

30

本縣新聞

第二區公所縣口小學及縣立初級中學聯合紀念週補誌

本縣縣立初級中學全體師生赴災區旅行、業誌本報、茲探悉前日（十四日）適值星期一　該校與第二區公所及縣口小學舉行聯合紀念週、到公務人員及教職員學生二百五十餘人、主席卜區長、領導行禮如儀後、即作報告、

◎……卜區長憲章報告……◎

各位先生、各位同學、貴校全體師生到本區視察災情、兄弟覺得非常榮幸、不但兄弟覺得榮幸、就是本區的民衆當然也覺得非常榮幸、尤其是各位精神煥發不憚勞苦　足以把我們混噩沉醉的民衆鼓勵起來做一個勤奮向上的好人、這是值得我們歡迎的第一點、這次各位到災區視察、當然事前胸有計劃、負有使命、並非爲肴遊目騁懷領略風景而來的、經過這次深刻印象、對於災區之如何救濟　水患之如何防範　兄弟相信一定有很實際很完善的意見貢獻當局、使災黎生命能夠保全、水區不至擴大、這是我們應歡迎的第二點、各位來到本區、風塵展轉、一定很辛苦、兄弟本想略備茶點、聊盡地主之誼、不過因爲時間關係、不但未能如願、就是住的地方、也很不適宜．兄弟十分抱歉、萬望大家原諒、貴校校長李先生剛才向兄弟說過、諸位雖然到了災區、但未能窺其全豹、要我將防黃的情形及被災的實況、向大家報告一下、好更加深大家的印象

在報告之前、大家應當明了本區的地勢及河流、本區與三區以復新河爲界．本區通復新河的河流、有大小營子河、及東支河　東支河出豐境之處、又有義河，至於被災各鄉以道、東支河北的是沙莊鄉、南的是蕭莊鄉．義河東是龐暇鄉、西是徐樓鄉、南端是鄧井鄉　昨天大家的行徑、就是由復新河登舟東轉、而入東支河、所經過者、僅蕭莊徐樓兩鄉之一部、尚未至災區的腹地、其災情之慘、不但兄弟所見、就是說也是不忍說的、總計本區出工五十九天．每日平均出工約二千人、二三兩區被災區域八個鄉、災民約四萬人、淹沒田地一千餘頃、公私損失約在二三十萬元、可謂空前之浩劫、這種情形、能不令人悲傷嗎、諸位同學是國家的柱石、民衆的救星、這次又是負着很大的使命而來　請求諸位在黨政領導之下、盡量捐募、更希望大家作一個沉痛的宣傳、倘能激發起各界惻苦救災的良心、多賜些人饑義粟、嘉惠於嗷嗷待哺之災黎、則更是兄弟同全體災民所無限感激的、

◎……李校長貞乾演說……◎

主席各位先生、各位小朋友、本校童子軍第一次生活旅行、來到這裡、蒙學校及區公所殷勤招待、並由卜區長報告防黃工作、及災情實況、使我們得到了不少的知識、謹代表全校向各位致謝、按童子軍檢定生活旅行是不可少的舉措、而且每學期要有一二次才好．我們出發以前、曾作深長的計劃、並抱着吃苦的精神、茲將我們旅行中所有的觀感、報告一下、這次水災之大、是八九十年來所未有、但是我們看到了數十里的長堤、知到工程的偉大、在這艱鬮的環境、可說是民竭其力了、而水終能在這偉大的工程之下、戰勝了大堤、而淹了許多莊村、我們因此就應該有個深深的印象、去作我們研究的目標、究竟這水應用如何的方法、才能與防有效　我們這次生活旅行、並不算吃苦、而在水深之中的災黎、可說是比我們苦的多、不過我這次生活旅行、因爲時間倉促、所應該去的地方、未能完全走到、這確是一點遺憾、

第一區公所召開第三十七次區務會議

第一區公所於本月十六日上午十時、在該所大禮堂召開第三十七次區務會議、出席鄉鎮長梁輔坤等十七人、主席韓韶九、紀錄劉硯田、報告事項、略　討論事項　一、建築積穀倉舍拉運材料所用車輛、應如何支配案、決議、路莊路口龍霧傳莊李莊亭台丁閣七鄉担任拉運、馬樓屋李河劉樓十里孫樓高樓城廂四鎮担任拉坯及土、定本月十八日開始拉運、二、領到築東西橫堤加坡費洋三百二十元、應如何分發案、決議、按照攤工多少、分配發給、三、孫鄉長敬一提議、後兩次築堤費用可否規定數目、以免糾紛案、決議、除有特殊情形外、確定每畝大洋三分、四　重抄行糧清冊用費、應如何支配案、決議、按鄉鎮平均分攤、下午二時散會、

第七區公所拿獲烟犯

第七區公所據密報、大程莊戒民李士貞、由戒烟所回家後、仍照樣吸食、曾區長以其犯重吸罪　當派區丁程占立等三人、黑夜前往、及至該處、果見李士貞正臥榻吸食　當即拿獲、并搜出烟槍烟燈烟盒烟泡等物　現已解送縣府法辦矣。

防黃紀略（三十三）[illegible]

九月八日　晴

議起、循堤西行、沿途民夫萬千、工作踴躍、各段工程、已成大半、惟近險處兩已過、漸臻安全境地、藉此、不勝欣慰

抵雙口、晤炎總書　高宅、飯後余同守農子粹及四區張集鄉長柴毅遐等、騎車由雙口至魚邊境、查勘應延長之橫堤終點、及河形勢　及屯、知單縣決定就余魚縣界民埝七八里　現正會手測量、其終點　在本縣四區陳樓西北、豐余魚三縣交界處　吾縣自應接此循豐魚邊境、向東修築、至孁閘西北　與橫堤接連、但以此段地勢較高、工程似不宜過大耳

查河南自單縣入本縣西北境流十餘里、至陳樓村西、經余鄉縣界里許、入魚台縣境、再流數十里　注南陽湖、河身寬廣、此次黃流匯聚此河、閘倒淤水頭已過魚台縣城、預計明日即可流至本縣邊境、如水勢浩大、一經漫溢、吾豐四區西境數十村莊、將受重災、而單縣亦必波及、必要時、豐單兩縣必須沿河東西兩岸、各築長堤、以束此水、幸余鄉現正擬河築堤、此端若成、則豐單將高枕無憂、以其關係較大、又偕單縣政府第三科長張此、特往晤之、促其注意此項工程、勘察畢　遂往張集小學休息、

張集小學、位居張集寨內之東北隅、校舍整齊適用、校院寬敞清潔、加以綠樹環繞、花木扶疏、景物頗爲宜人、校長爲趙君立品、又係故人、故此後、心神爲之一快、午飯後、午與子粹等同赴張樓至渠閘之一段、余同子粹隨往、適縣長騎車來此、遂商定該堤尺寸、計堤高一公尺半、頂寬一公尺半、底寬七公尺半、并派二三四三區出工、計議畢、縣長返豐莊、子粹赴張口、守貞往渠閘、余宿張集小學。

司法欄

△縣政府司法批示▽

▲刑事原具狀人魏以儉、一件　爲遵處催訟、請求飭案由、狀悉、姑准撤訴、此批、

▲刑事原具狀人孫炳基運、一件、爲恃勢毆詬　强掠柴禾、請求傳案法辦、並予賠償損害由、狀悉、仰候傳訊究辦、此批、

▲民事原具狀人劉培身、一件、爲以當作買　霸不放贖、請求傳訊判令放贖、以維產權由、狀悉　仰候定期傳訊、并通知答辯、此批、

△刑事判決▽

陳興科妨害自由案判決、

主文　陳興科意圖營利、略誘婦女、處有期徒刑二年、褫奪公權五年、裁判確定前羈押日數、以一日抵徒刑一日

△庭期審理案件▽

十月二十一日審理于蔚氏訴張恩傑傷害案

二十一日審理張樓成訴梁森林侵佔遺產案

二十一日審理仁王責訴陳學孟等詐欺案

二十一日審理李家樂仁報段氏自縊身死案

本城糧價

名稱	每市斗價目 最高	最低
小麥	三千六百文	三千四百文
大麥	二千一百五十文	二千一百文
黃豆	二千三百五十文	二千二百文
黑豆	二千九百文	二千二百五十文
綠豆	二千八百文	二千八百文
江豆	二千五百文	二千四百文
高粱	二千二百五十文	二千一百文
穀子	一千八百文	一千五百五十文
稷子	二千一百五十文	二千一百五十文
芝麻	三千五百五十文	三千四百文
青豆	二千三百五十文	二千二百文
花生（每斤）	一百六十文	一百二十文
瓜子（每斤）	六百七十文	五百文

氣象

晴　風向　西北風

最高溫度　六○

最低溫度　五○

中華民國二十四年十月十九日　豐報　（星期六）　第一版

豐縣縣立初級中學校週刊

第五期

目錄

訓育概況（續）

操行考查細則

第一條　根據訓育標準隨時隨地觀察考查學生之思想精神品行言論修業生活服務行動，及履行規約之情形，記載行操行考查表內。

第二條　學生操行由校長教導主任及全體導師分別負責考查。

第三條　操行考查表由教導部製定於開學時分發各導師應用，學期終了仍送教導部交教導會議討論評定等第。

第四條　學生操行成績分爲，甲乙丙丁四等，九十分以上者爲甲等，七十分至八十九分者爲乙等，六十分至六十九分者爲丙等。不滿六十分者爲丁等。丁等者爲不及格。

第五條　操行列丁等者，得參酌其學業情形予以留校察看停學或退學之處分，其留校察看或停學如仍不能確切悔改者，卽令退學。

第六條　畢業時操行不及格者不得畢業。

第七條　操行不及甲等者，不得受獎學勉費待遇，不及中等者，不得受赤貧免費待遇。

第八條　關於操行優劣之獎懲，於獎懲規程內另定之。

第九條　本細則如有未盡事宜得隨時修改之。

學業成績考查細則

第一條　本考查細則遵照教育部頒佈中學規程第八章訂定之

第二條　學業成績考查分左列四種：

1,日常考查
2,臨時試驗
3,學期考試
4,畢業考試

第三條　日常考查，依照各科之性質酌用之。

1,口頭問答
2.演算練習
3.實驗實習
4.讀書報告
5.作文
6.測驗
7,調查搜集報告
8,其他工作報告
9,勞動作業

第四條　臨時試驗由各科擔任教師於教學時間內舉行之不必通告學生，每學期二次至四次。

第五條　學期考試於學期終各科教學完畢時，就一學期內所習課程考試之，考試前停課二日備學生復習。

第六條　畢業考試，於修業期滿後，就全部課程考試之。考試前停課四日，備學生復習。

第七條　日常考查成績，臨時試驗成績學期考試成績，所佔百分量如左：

1,日常考查成績佔2—5
2,臨時試驗成績佔1—5
合爲平時成績
3,學期考試成績佔2—5
共合爲學期成績

第八條　三年級學生最後一學期免除學期考試，而以各科平均成績爲學期成績。

第九條　學生各科學期成績之總合，爲該生各學科學期平均成績，其計算法如次：

1,以各科每週授課時數分乘各試科成績分數，乘得之各積相加。
2,以各科每週授課時數之和，除各積之和卽得。

第一〇條　一二兩學期學期成績之平均，爲學年平均成績

第一一條　學年成績及畢業考試成績所佔百分量如左：

1,各學年成績之平均｝合成畢業成績｛佔3—5
2,畢業考試成績……佔2—5

第一二條　成績分左列六等：

1,優　九十分以上
2,中　八十分以上九十分以下
3,可　七十分以上八十分以下
4,　六十分以上七十分以下｝及格
5,　四十分以上六十分以下
6,最劣　四十五分以下｝不及格

第一三條　臨時試驗無故缺考者或不及格者不得補考。其請准假缺考者不在此例。

第一四條　學期考試因故請假缺考者得補考，未請假或請假未准缺考者，不得補考。

第一五條　各科學期成績，有左列情形者得補考。

1.無學期成績之學科，僅一科者。
2.不及格學科僅一科者。
3.不及格有一科，但非國語，國文，算學，勞作四科中之任何二科者。

第一六條　有上列情形　補考不及格者留級學習，但留級以一次爲限，如仍不能升級發給修業證書令其退學。

第十七條　學期成績，有左列情形之一者，得令其降級，或發給轉學證書　插入低一學期，或一學年之學級。

1.學科有一科無學期成績者。
2,學科有二科不及格者。
3,有國文　英語，算學，勞作四科中之二學科不及格或無學期成績者。

第五次總理紀念週（續）

縣長訓話：

今天要說的話有三點：

一，在你們誓詞當中，有大家要勵行忠孝仁愛信義和平一項。我們爲什麽要把這種舊道德重新復活起來呢？因爲這好多年把舊道德已抛棄了，而大衆提倡新道德，但新的道德並沒產生出來，以致弄得中國非常紊乱，我們相信只有實行這種固有道德，那麽中國才可不致紊亂，才可成爲有秩序的有組織的國家。我們是現代社會的中堅人物，亟應有這種道德。

二，根據過去的事實　我們國家衰弱的原因，就是自私自利爲了自己的利益　去損人之利益　爲了自己的幸福去破壞人家的幸福　弄得中國人四崩五裂各走極端的去「自私自利」。一個人發揮他最高的「能」和「力」亦是爲了自己的幸福和利益，對於別人的幸福一點都不顧及，釀成了現在將要崩潰的社會。要解決這很大的「社會問題」，卽必須現代青年努力的爲大衆服務，謀大衆的利益　造大衆的幸福。以挽救這將要崩潰的中國　所以我們對此亦應當深切的認識。

三，要使身體健康，常聽說中國是一病夫的國家。中國人沒有强壯的體魄　充足的精神。一個小孩子在幼小時就很十足十足的表現出他是個弱種。我們要代表新國家新社會的份子，就必須有健康的身體和充足的精神。健康的身體是發展　切事業的原動力。我們的蔣委員長是很健康的，所以他能負中國這樣偉大的責任　他有很充足的精神所以才能設法使中國怎樣不致受人之壓迫，來謀全國人民的福利。爲我們中國人領導前進之路。在報紙上我們看到這個要人病啦　那個要人有恙，總沒有看到蔣委員長害過病。可見　個人要作偉大的事業，最必須的條件是有健康的身體。

希望中小隊長團員要注意上面一項。

教育局長訓話：

（一）本縣小隊長暑期訓練班的時候。我曾說了個比喻，童子軍差不多像是　個地方的有系統的政治組織的機關。如縣政府，便是一縣的最高上級政府　區鄉鎮保甲便是下級政府　在童子軍團部好似一個最高的上級機關，中小隊長便是下級幹部　必須團部中小隊　致努力才能完成訓練童子軍的目標。舉個例子說：本縣輸導復新河，這是一個多麽大的工程，但在很短的時間內出於意外的完成了，其間又下了幾次大雨，雖然如此，也未能阻止着工作，我們在這裏可以想到。這次全是人民的努力及領導人的不惜勞苦　並不是某　人所能做得到的，必須「上」「下」聯成一系，才能完成一樁偉大的事業。

（二）童子軍並不是學校的裝飾品來點綴學校的，也並不是某　個政治區域的門面　來照顧照顧上司的。而是服務社會，改造社會創通社會，把社會的一切青年統統能夠童子軍化起來。

（三）本年小隊長暑期訓練中本團均沒有參加，或有參加又半途而廢了。我以爲是很大的憾事（中略）我們要認清我們是本縣最高學府，一切都應當爲之榜樣。（中略）而不應有以中學生不屑與小學生爲伍之心理。

中國童子軍第七三五團組織大綱

第一條　本團由江蘇省豐縣縣立初級中學校（以下簡稱豐縣中學）依據中國童子軍團組織法甲項編制組織之。

第二條　本團暫以六人至九人爲一小隊，二小隊或三小隊爲一中隊，六中隊至十二中隊爲一團。

第三條　本團設團長一人，副團長一人至三人，由豐縣中學保舉合格人員遂級呈請中國童子軍司令部委任之。

第四條　本團設教練員若干人均由團長商同主辦機關聘任之。

第五條　每中隊設正副中隊長各一人由團長指派小隊長兼任之。（未完）

秋一天

—源

西沉的太陽，染紅了天上的雲層，變幻着各色各樣的色彩，是小樣！風颳過樹林，落了幾片嫩黃的葉，撒在頭下幾個人的身上，啊！這是秋天了！樹下的人還在這裏什宿，一群鴉飛過了，路旁的樹林奏着沒有格律的音樂，樹葉層中上了陰森的暗影。

幾個男子躺在破蓆上，婦女們就在他們的車子上拿了灶具做晚飯，小孩子們圍在一齊，看着鍋裏的東西。

鍋裏冒着一團團的白氣，孩子就搶着東西吃，鍋裡的東西完了的時候，大家的肚皮才覺得只有一點飽。

小孩子還嘈着要吃飯，大人給他們的是威嚇：「餓的哈？明天再吃！」

風在襲着他們，他們只覺得夜太長，太陽沒有出來的時候，他們又走上沒有歸宿的前程。

秋季旅行的準備和給與的興奮

一年級　梁步庭

教室中是夜般的寂靜，只有我的筆尖兒觸着筆記簿，悉悉索索的作響。

忽然開會鈴響了起來，我立時就停止工作，走出了教室。

我們擠入禮堂，坐下聽老師的訓示及報告；在張老師報告的時候，忽然聽到「旅行」二字。我好像打了瑪琲針似的；精神馬上興奮起來。此時我的眼睛像什麼似的凝視着，耳殼也好像會活動似的向前掙扎着，身體也不期然而然的向前稍傾；靜聽着：——靜聽以下的報告。

『……星期日我們是要往義口旅行，看看水勢：……』。

我聽了這一句話，好像那醉人的葡萄酒，已觸到我的唇邊，好似使人興奮的瑪琲針，已刺入我的皮膚，幾乎沒有使我跳了起來，發狂起來。

啊！這些興奮，這些心神的陶醉。都是「旅行」所給于的喲。

散會後我平時慣了的雙腿，不知怎的興奮起來，大踏步的走向寢室，刷了刷被子，理了理衣服，挺了挺胸膛，一股勇氣，認爲路途再遠，也難不住我短短的雙腿。

我是這樣的準備着，準備着！

旅行小記

—征

我們坐着船，在河裏面駛，在荒野的水上駛，最後是在豆粒子上駛，一直到天晚，還是在茫茫的水中駛向前去。

暮氣籠罩了大地，黑暗在四周團團地包圍着我們，我們仍在前進，前面黑暗暗中忽然現出一線燈光，忽閃忽滅地搖晃着向我們招手，總是這般近，又總是這般遠。我們是摸捉不到的。但牠總是在前面引誘着我們。

天上的黑雲頭倒還可以看見，風突然地刮起來，土沙直飛到我們的臉上，在這廣大的水田裏，是那裏來的土沙？我們膽怯着顫抖着，仍是在無邊涯的水中前行，水是黑色的。

那黑暗暗的家伙，好像是個村莊，努力呀，前進！

「到了徐樓，到了徐樓」在我們高呼「勝利」的時候，船已靠了水岸。

算學

寓給本校同學

2不等於3這是大家都知道的，A二B十C如A,B,C皆不等於零，那麼A等於B便是錯誤的，這也是大家都知道的，於今我能夠證明2二3，A等於B十C，A,B,C皆不等於零而A又等於B，當然，這種證明是謬誤，不過謬誤也有謬誤的理由，誰能說明爲什麼能證明二者相等我願賞給他鉛筆兩枝　三角板兩個　鋼筆　枝，時間限本星期內。

（一）證明2二3

（證）

$$4-10=9-15$$

$$4-10+\left(\frac{5}{2}\right)^2=9-15+\left(\frac{5}{2}\right)^2$$

$$2^2-2\times2\times\frac{5}{2}+\left(\frac{5}{2}\right)^2=3^2-2\times3\times\frac{5}{2}+\left(\frac{5}{2}\right)^2$$

$$\left(2-\frac{5}{2}\right)^2=\left(3-\frac{5}{2}\right)^2$$

$$2-\frac{5}{2}=3-\frac{5}{2}$$

故2二3　Q.E.D.

（二）證明　A二B十C　A,B,C皆不等於零時，A二B

（證）以A−B乘A二B十C之兩邊則

$$A^2-AB=AB+AC-B^2-BC$$

$$A^2-AB-AC=AB-B^2-BC$$

$$A(A-B-C)=B(A-B-C)$$

兩邊同以A−B−C除之　則得

A二B　Q.E.D.

一年級的小朋友，你們沒有學過代數，沒有得到獎的機會，恐怕要摩拳擦掌罷，於今也給您們寫兩個算術題，演得出的也贈同樣的獎品，時間也限本星期內。

1.雞兔同籠共3頭　知其中兔足比雞足多10個　求雞兔各若干？

2.某校高級男女學生之比爲3比2，初級男女學生之比爲8比7，全校男女學生之比爲[illegible]比31，求此校高初級至少各有男女學生若干人？

古人箴言

一，自家好處，掩藏幾分，這是含蓄以養深；別人不好處，也要掩藏幾分，這是渾厚以養大。

二，把意念沉潛得下，何理不可得？把志氣奮發得起，何事不可做？現代的人，將箇浮躁心觀理，將箇委靡心臨事，只模糊過了一生。

縣黨部無綫電收音室開放節目

十月二十日　星期日

一二，一〇　平劇　雁門關　梅玉配　祭塔　斬馬謖　斬黃袍

一二，三五　樂隊奏樂　京市府隊奏播：國樂　蘇武牧羊　雁落平沙　燕雙飛

一八，〇〇　無線電雜談

一八，三〇　教育節目　教育部派員演講國內外重要事項

一九，〇〇　平戲　金少山　管紹華　馬連良　金鶴年合唱　法門寺

二〇，五五　簡明新聞

二一，〇五　新聞

十月二十一日　星期一

九，〇〇　新聞

一一，五〇　平劇報時氣象　商情　單刀赴會　古城訓弟　鴻鸞禧　德興滑稽　笑　鼎盛春秋　轅門斬子　戰蒲關　上陽宮　除三害　少小雲　王芸芳　譚富英　王少樓合唱　紅宗烈馬

二〇，〇〇　報時氣象水位

二一，一〇　第一次簡明新聞　賑災節目　關於賑濟水災問題

二一，四〇　第二次簡明新聞

二一，五〇　國樂及平劇　下里巴人　憶王孫　倒垂簾　梯雲取月　昭君　四進士　馬跳潭溪　鎖五龍　總理紀念歌

二二，三〇

中華民國二十四年十月二十一日　豐報　(星期一)　第一版

教育週刊

第三十七期目錄

徵稿辦法

一，投稿範圍　本刊對下列各稿，一律歡迎。(一)與教育文化有關之插畫。(二)言論。(三)專著。(四)調查。(五)教育消息。(六)參攷材料。(七)參觀報告。(八)教育心得。(九)教育文藝。(十)教育譯文。(十一)研究報告。

二，投稿要項　投稿人請注意下列各項。(一)來稿文言語體，均所歡迎。(二)如係譯稿，請附原書。(四)投稿人請在稿後附列姓名，住址，以便通訊。揭載時如欲另署別名，亦請註出。(五)來稿請逕寄豐縣教育局本刊編輯部，

三，選刊辦法　本部收到來稿時，依下列各項處理之。(一)本部對於選刊之稿，有酌量增删之權。如投稿人不願增删，應事先聲明。(二)選刊之稿，概用極有價值之圖書致酬，其種類與數目由本部酌定之，概不預先函商。(三)來稿無論刊載與否，一概不負寄還之責　但如投稿人預先聲明者，只可代爲保存，親自來取。(四)來稿須繕寫清楚，以便付印。

編輯部徵稿啓事

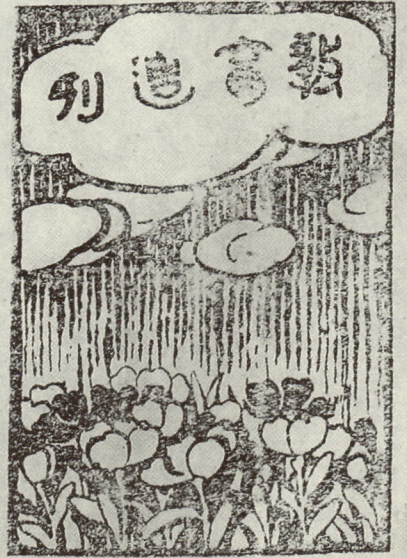

本刊以溝通教育消息，交換教育心得爲宗旨。務望各區教育同志，將教育消息，研究論著等稿件，隨時寄交本部。事實務求新鮮而具體；文字務求簡要而靈活。本刊爲鼓勵作者興趣起見，對於刊載稿件，一律酌贈有價值之圖書雜誌。辦法另訂統希鑒察爲幸！

論　述

實驗鄉教育實驗述要

王汝巠

引言

「所學非所用。所用非所學，」此吾國教育之通病，亦國人之所共認者，况值此農村經濟日益破產，農民生計日益凋敝之際，農家子弟，多數糊口不暇，何暇求學？即能就學，亦以所學非所用，不爲生活所必需，而徬徨却退。至於壯丁及青年婦女更無論矣。同人等職是之故。故本「學以致用」之旨，力某解决此種問題。對實驗教育工作，遂有以下之决定：

一，總則

(一)探求實際有效之教育

(二)探尋普及教育之方法

(三)在鄉間尋找實際問題

二，實驗之教育

根據總則，遂决定實驗以下之教育茲分述於後：

(一)導友傳習教育——本鄉根據「即知即傳人」之原則，希望於最短期間掃除文盲，使六歲至四十歲之男女，皆得不花錢而識字，遂有此種教育之實驗。茲爲實施便利起見，劃全鄉爲九區，每區設辦事處，並設指導員二人，導友(教人者爲導友)若干人。指導員由鄉學保學教師分任，導友由各教師選擇優秀學生及已識字之居民充任，每導友所教之學友(被教者爲學友)數暫定三人至十人，不分年齡性別，以便利傳習爲標準。所教教材，暫採用民衆讀本。(鄉學發給)傳習地點及時間，聽導友及學友自己商定，但商定後，即得向各該區指導員說明。指導員除隨時考查各該區導友傳習狀況，予以指導外，得每週召集全體導友開研究會一次，討論實際問題；每二週召集全體學友開談話會一次，考查學習成績。將來導友傳習成績優良者，由鄉學呈請縣政府發給獎狀或獎品，考查學友成績及規定標準者，由鄉學發給識字證書。本鄉實驗之導友傳習教育，概略如此。

(二)青年生活教育——生活教育乃生活上所必需之教育，吾國小學教育，離此太遠。以致學生畢業後，除少數富者升學外，其餘大部遊手好閒，不事生產。同人等有鑑及此，遂決定創設青年生活班，實驗青年生活教育。本青年生活班定二年畢業，招收十五歲以上二十歲以下，高初小學畢業或具有同等學力之青年，編爲一單式學級授課。所教課程爲國語(讀作書)算術(筆算珠算簿記)常識(政治，法律，衛生，自然，社會，)童子軍，國術，勞作等六科，其教法以不受方式限制爲原則，其選材以切合生活需要爲標準。國算等五科於每日之十二時前授完，勞作科於十二時後開始，勞作時分農工兩科，工科學生有工場以供作工，農科學生有農田以供種植，除此，尚有合營之副業(如養豬，養雞等)，以謀培植學生生產技能，陶冶學生生產興趣。至於各項生產品之銷售，由自己組織之合作社代辦，各項生產之收益，除木工場有技師按成提紅外，其餘均歸學生，以期造成能夠自養之國民。本鄉實驗之青年生活教育，概略如此。

(三)實驗婦孺教育——婦孺教育，乃合婦女孺子爲一團而施教。本鄉鑑及鄉村婦孺缺乏受教機會，特創設婦孺班，招收十六歲至三十歲之婦女，除教授民衆讀本外，並授以家庭衛生，家庭處理，家庭工業及兒童保育之知識技能。招收四歲至六歲之幼童，指揮其作發展身心之活動。教學方式，暫取家庭談話式：教學時間爲中午與下午，教學分量，每週約千分鐘，實施教學時，或以一婦女看護(輪流的)幼童，其他婦女受教，或由教師指導幼童活動，其他婦女在旁參觀。預定一年畢業，在此年內指導其成立婦女生活改進會，紡織產銷合作社，幼童園，保健室，爲婦女改進之基本事業，栽縫紡織和農產製造，爲產銷合作社之基本業務。(未完)

小學教師應注意的一些事情(續)

瑞書

三，教學寫字應注意下列各點：

子，指導摹寫的方法，執筆的方法，姿勢之端正。

丑，字體大小，須適合年齡，低年級因腕力不足，字體宜小。

寅，寫字除求美外，尚須注意敏捷和應用。

卯，通行的草書行書及俗體的認識，亦應相機指導。

四，教學說話應注意下列各點：

子，姿勢活潑。

丑，層次分明。

寅，語調自然。(須注意音調抑揚頓挫)

卯，課外組織演說會。(注意普遍練習)

9，算術教學

一，注意日常應用問題。

二，養成速算的習慣。

三，新學一種方法，須依多數人明瞭後，始令兒童練習。

四，一種方法明瞭後，要多行練習，也注意演算的敏捷。

五，基本練習時，要使兒童十分明瞭，未明瞭時，進程不可過速。

六，珠算與筆算並重，以便切合實際需要。

七，珠算須注重兒童的指法。

八，練習珠算，不必抄寫口訣。以免耽誤時間及練習機會。

九，教學度量衡等項，最好利用實物。

十，就教學進度，多補充習題，高年級酌加珠想習題，以訓練思考。

十一，缺席兒童，或進步遲緩者，應予以課外指導。

10 常識教學(社會自然)

一，就學校所在地生活需要，活用教科書，酌加鄉土教材。

二，搜集並自製教學用具，儘量利用。

三，注意直觀教學。

四，注意內容的探討，避免專重識字讀書的惡習。

五，舉行校外教學。

六，和勞作科切實聯絡，多做實習工作。(未完)

計劃

豐縣教育局二十四年度第一學期督委及中心小學校長視導計劃大綱（續）

（五）視導要點

1，關於學校教育者：

甲，學校行政

一，組織切合實際
二，校景佈置整潔
三，學生人數充足
四，學級編製合宜
五，兒童圖書管理得法
六，文卷保管妥當
七，切實奉行功令
八，有相當表簿並能按時填記
九，康健教育有具體實施辦法
十，能信奉三民主義中華民國之教育宗旨及新生活須知
十一，有學校行事一歷
十二，教師儀容端正堪稱師表

乙，訓導

一，能以身作則
二，公民訓練確能依照部頒公民訓練標準切實施行
三，課外監護及指導有適當辦法
四，家庭聯絡確有效果
五，有適當獎懲辦法
六，童子軍訓練課程能遵令添設

丙，教學

一，能選用適量之鄉土教材
二，課前準備充分
三，教師技能（態度，聲音，及措詞）
四，兒童反應（興趣注意及觀念）
五，教室管理（秩序，姿勢及衛生）
六，時間支配合宜
七，教學方式
八，能注意觀察和實驗
九，能利用教便物
十，能充分採製標本
十一，課後處理敏捷精確

丁，經費

一，辦法公開
二，預決算按時呈報
三，收費有妥善辦法
四，支配標準適當

戊，推廣事業

一，有具體計劃
二，能切實施行

巳，教師進修

一，能按時閱讀小學教師半月刊
二，能做閱讀筆記
三，能應用閱書心得

2，關於社會教育者

甲，社會教育機關

一，最低標準工作
二，固定事業
三，臨時活動
四，民衆信仰
五，經費支配

3，關於改良私塾者

甲，准予設立之私塾

一，房屋與設備均不妨害兒童身體
二，能採用教部審定之教科書
三，能注意公民常識
四，教師能勤懇教學並無不良嗜好
五，能接受本局指導改良教學方法（注重講解練習及應用
六　能使學生有遊息之機會以鍛鍊身體

乙，取締妨害學校之私塾

一，第一步勸令解散
二，第二步呈縣拘押塾師及塾東

4，關於局長委辦事項

（六）評定等級

關於學校教育者就其辦理成績之優劣以確定其教師支薪等級及發給補助費標準即一等二等及酌予補助共計三等辦理成績優異教師資格在二等以下者遞升其等級在一等者酌給勞績金成績過差資格在三等以上者遞降其等級或取締其學校之設立

（七）應用表格

一，除教育廳令製定者其他悉就事實之需要由督教開會製定之

（八）整理報告

視導完畢回局後除縣立初級中學及社會教育機關外對於各級學校則集局長督學各區教委及各中心小學校長共同以客觀眼光及同情態度就辦理成績及教學實況詳密考證精確核奪逐項公決後再根據其教師資格及學生人數得將其經常費實行加減支扣升降等級分別造冊呈廳核示

（九）附則

本大綱由局務會議通過呈奉教育廳核准施行

更正

本大綱工作原則第　條「教育社會」係「教育法令」之誤

轉載

普及現代生活教育之路（續）

陶知行

攻破殘廢關

中國教育是教用腦的人不用手，不教用手的人用腦。用腦者因爲不用手，腦也不能精細，變成一個獃腦。用手者因爲不用腦，手也不能精細，變成一雙粗手。因此讀書人是成了書獃子：讀死書，死讀書，讀書死；勞苦大衆是成了工獃子：做死工，死做工，做工死，這兩種人之外在教育圈裏圈外還有所謂之少爺小姐，他們是腦也不用，手也不用：享死福，死享福，享福死。這些人都是殘廢教育理論所造成的。我們換一條路走是要使手腦聯盟：叫用腦的人用手，教用手的人用腦，教一切人都把雙手和腦拿出來用『人生兩個寶：雙手與大腦。用腦不用手，快要被打倒。用手不用腦，飯也吃不飽。手腦都會用，才算是開天闢地的大好老』

攻破拉夫關

『聽得督學今天到，先生拉我如拉夫。』這是傳統教育最有趣的一幕。學生多就算成績好，這是一件很可懷疑的事。我雖贊成强迫教育，但絕對反對拉夫教育。

你若把牧童從牛背上拉來，把摘茶女從茶山上拉來，把採花姑從棉場裏拉來，把養蠶婦從蠶室裏拉來　把織布娘子從布機上拉來，把種菜的小二哥從菜園裏拉來，所得能償所失嗎？減少經濟力的强迫是不可施行。假使我是督學，到了採花時節，看見校長把能採棉的孩子關在學校裡，我一定要記他一大過。爲什麼不把幫助家人採花當作正課？爲什麼要叫學校妨害農務？我個人做事是風雨無阻，但辦鄉村學校，下雨時節是不勸學生來。如果不信，請聽我唱吧：（未完）

古人箴言

三，喜來時一檢點，怒來時一檢點，怠墮時一檢點，此是省察大條款　人們到此都想不起，顧不得，一錯了便悔不及。

縣黨部無綫電收音室開放節目

十月二十一日　星期一

八，四〇　國樂　喜遷鶯　花鼓調　滿園春色　弱柳迎鶯　蕉中鳴琴　上海行　鳥驚喧
九，〇〇　新聞
一一，五〇　平劇報時氣象　商情　七擒孟獲　張廣才罵松　庚娘　斷密澗　春燈謎　戲迷傳　子胥逃國
一九，〇〇　平劇及崑曲　李多奎唱　行路哭靈　韓世昌唱　偷詩
二〇，〇〇　轉時氣象水位　第一次簡明新聞
二〇，一〇　賑災節目　關於賑濟水災問題
二一，四〇　第二次簡明新聞
二一，五〇　新聞

中華民國二十四年十二月十六日 豐報 （星期六） 第一版

豐縣縣立初級中學校週刊

第六期

目錄

現在的青年要受什麼訓練

—林

現在，很多的人有兩種毛病：一是虛榮心大，二是好講身分。因爲這，我們時常可以看到些作僞的把戲，和無謂的考究；明明這件事做了無實際的好處，爲博得外面的好看，偏要去做，或去弄假；明明一般勞苦大衆都是很可親近的，自己很可以做個勞苦的農工，爲表示自己的優異，偏瞧不起他們。——這類人差不多都是知識分子，（固然知識分子不見得都這樣）他們是毫不自知地過着他的「天之驕子」的生活 他不管人家在傍邊作嘔！

我恨極了，這恨這般人！這般只會做寄生蟲的東西！

現在的青年，——尤其是正在求學的青年，切不要走上這條路！在學校裏各項功課都要實事求是地去學，各項課外活動都要本着吃苦耐勞的精神去做；大家要養成明禮義知廉恥，負責任守紀律的習慣，要養成科學的頭腦農夫的身手，及實幹硬幹快幹的體魄。

二十世紀了，時代是在暴風雨裏；爲國家民族主力的青年們，大家應該去受嚴格的教育，去作充分的準備。來，起來！準備，作充分地準備！從嚴格的教育去作充分的準備吧！

訓育概況（續）

我們爲訓練成有規律守秩序的習慣起見，關於日常生活，訂定各種生活規約，以資遵守。

甲，普通規約

1, 對於教師同學應有相當禮貌，不得表示輕薄侮慢態度
2, 在校內校外不得發生軌外行動
3. 不破壞公共秩序及團體生活
4, 虛心領受導師同學的勸導
5, 尊重領袖的指導及監督
6、服從團體的意志及行動
7. 言語不鄙俗行動不粗暴
8, 不毀損他人名譽
9, 愛護公物並放置規定地點
10 隨時注意衛生，勿任意涕唾
11 無事不到不應前去之地點並勿乱翻或任取什物。

乙．各項作業及課外活動規約

1, 各科規定之課內作業（如練習筆記及算術工藝品等）應準時交卷
2, 各科規定之課外作業（如閱書箚記製作地圖及週記等）應準時交齊
3, 學校規定之早操運動及各項掃除勞動等作業，應準時參加不得無故缺席
4、凡共公共集會（如紀念週，半月會，紀念會，演講遊藝競賽展覽等會）應熱烈參加不得規避
5、導師指定工作，應準時做畢，不得延誤
6, 凡一切公務（如自治會級會職務等）應盡力處理合作進行不得推委或草率從事
7, 運動遊戲及各作業應有規定地點並遵守秩序

丙．教室規約

1, 上課下課，均依號鐘，不得凌亂不齊
2, 教師上下課 應由風紀股股長或幹事司令全體起立致敬
3, 教師點名，應起立莊重答到
4, 上課時間內，一切應聽從教師指導
5, 座次不得擅自移動
6、遲到早退須向教師聲明理由
7, 對教師有所問答須立起
8, 上課時不得擅自離席或互相談話及嬉笑
9、上課時不作本課以外之工作
10 桌面黑板門窗等不得隨意塗寫 紙屑污物勿拋地上
11 上課及自修時缺席須請假
12 自修時，不得高聲談笑，或闖入別室閒談
13 自修時 除課本及參考書外，不得閱讀其他不正當書籍
14 在上課及自修時，應專心研究 不得伏案假眠
15 在上課及自修時 非重要事故 不得會客及接電話
16 上課及自修時，不得玩弄樂器
17 考試時 應遵守考試規則，不得有欺騙或作偽行爲
18 除休業時間外 須依指定時間在室自修

（未完）

中國童子軍第七三三五團組織大綱（續）

第六條 每小隊設正副小隊長各一人由團長指派隊員充任之

第七條 本團設傳令文書會計事務保管五股各股各設幹事一人助理幹事一人由團長指派隊員充任之

第八條 本團設團務委員會除豐縣中學校長爲當然主席教導主任爲當然委員外餘由校長延聘童子軍家長或熱心童子軍事業者七人充任之 團務委員會之組織章程另定之

第九條 本團遇必要時得組織各項特種委員會

第十條 各項細則另訂之

第十一條 本大綱如有未盡事宜得隨時修改之

第十二條 本大綱經豐縣童子軍理事會核准施行

中國童子軍第七三三五團團務委員會組織大綱

第一條 本委員會依據中國童子軍團組織法組織之

第二條 本委員會設委員九人除豐縣中學校長爲本委員會當然主席教導主任爲當然委員外餘由校長延聘童子軍家長或熱心童子軍事業者七人組織之

第三條 本委員會之職權如下；
甲，團長之選任或辭退
乙，籌劃經費
丙 審核預算及決算
丁，鼓勵并協助團內人員發展團務
戊 評判本團各項成績

第四條 本委員會每學期開會一次遇必要時得開臨時會由主席召集之

第五條 本大綱有未盡事宜得隨時修改之

第六條 本大綱經豐縣童子軍理事會核准施行。

看見了家鄉

一年級趙道心

作星期六的晚上 團長——孫先生發出了一個命令：『我們預備在明天早上六點鐘的時候出發，舉行一次遠足，目的地就是洪水瀰漫了的本縣二區北部 預備坐船去，在未去之先 我們應有相當的準備：第一，每人要多穿點衣服，以備寒冷。第二，每小隊帶被三條，用繩子綑好，以便攜帶；第三 每人發給饅頭一個，以作船上的午餐。以上三項，都是我們在出發前應準備好的。』

我急急忙忙的走到寢室裡，準備好一切，次早隨着集合號聲整隊出發！

船工一篙一篙把船撐到了十字河口。

這時天已晚了，我站在船上往東看，看見了我的家鄉——趙莊，雖然相隔二三里路，可是家鄉的輪廓却還認得。啊！美麗的田園，變做一片汪洋的澤國，親愛的父親母親兄弟姊妹，變成了無家的漂流者！

唉！可惡的洪水 你爲何這樣的無情，這樣的殘忍呢？我在這裡眼望着家鄉，掛念着父母……正不知他們又在何處掛念着我呢

夜越深越清了，船越遠越遠了，我的家鄉也越模糊越模糊了！我的心碎了！我的淚湧出了！我低下頭跑到船艙裏，幸而沒被喧嘩笑語的同學們看到。

意亞戰爭感言

三年級 趙道坤

久年醞釀着的意亞戰爭，終於爆發了！這眞如驚天動地的霹靂震動得世界上各個地方的人們，目光都射向歐非；各人的眼前，也都閃爍着一副可怕的全人類鬥爭的圖畫。

阿比西尼位於東非，爲黑人惟一獨立國家；礦產豐富 風景優美；有非洲瑞士之稱；惟文化低落，生產落後，大部尚在部落時代；自賽拉西即位後；各項事業，都在突飛猛進；然而他們四

算學

上期算學解答

（代數）(1)求證2=3

$2-\frac{5}{2}=-\frac{1}{2}$　　$3-\frac{5}{2}=\frac{1}{2}$

所以 $\left(2-\frac{5}{2}\right)^2=\left(3-\frac{5}{2}\right)^2$

兩邊同開平方左邊得 $2-\frac{5}{2}$ 即 $-\frac{1}{2}$ 是取的負數

右邊得 $3-\frac{5}{2}$ 即 $\frac{1}{2}$ 是取的正數

根據解無理方程式開方應雙方都取正號

今任邊取負號右邊取正號當然 $2-\frac{5}{2}=3-\frac{5}{2}$ 是錯誤的

所以才能證明2=3

(2)因A=B+〇　A B C=〇

故A(A－B－C)=B(A－B－C)即A×〇=B×〇

(例如1×〇=10×〇=100×〇=1000×〇……)

兩邊同以A－B－C除之，即同以零除之

所以能證明A=B

(同理也能證明1=10=100=1000…… ……)

（算術）1、如籠中多加5隻雞則籠中共有31＋5=36頭而其中雞足與兔足等多

但一兔之足和兩雞之足等多，故籠中雞頭應爲兔頭之2倍所以籠中共有36÷(2＋1)=36÷3=12隻兔

31－12=19隻雞，

2、把女生當作桃，男生當作人，則此題當改爲高級每八人七隻桃，初級每三人兩隻桃，高初級配合起來平均爲每三十九人三十一隻桃，求高初級至少應各有幾人（人和桃都得是整數）

（解）高級每人比平均數多得 $\frac{7}{8}-\frac{31}{39}=\frac{273}{312}-\frac{248}{312}$

$=\frac{25}{312}$ 隻桃

初級每人比平均數少得 $\frac{31}{39}-\frac{2}{3}=\frac{31}{39}-\frac{26}{39}=\frac{5}{39}$ 隻桃

每初級一人需與高級 $\frac{5}{39}\div\frac{25}{312}=\frac{5}{39}\times\frac{312}{25}=\frac{8}{5}$ 人

配合平均一人乃能分得 $\frac{31}{39}$ 隻桃

於今欲使高級人爲整數由上可知初級 1×5=5人

與高級 $\frac{8}{5}\times5=8$ 人配合起來每人適得 $\frac{31}{39}$ 隻桃

但初級五人應有3：5：2：X　$X=\frac{10}{3}$ 隻桃（高級八人恰巧有7隻桃）

欲使桃數爲整數且使桃數爲最小數必須以三倍之

故初級應有桃 $\frac{10}{3}\times3=10$ 隻桃，應有5×3＝15人

高級應有7×3=21隻桃，應有8×3=24人

即本校高級應有女生21人，男生24人，初級應有女生10人，男生15人。

週，有意英法的勢力虎視看；他們不肯讓這塊肥土，自己強盛起來；他們都在唾涎三尺的望着他，想一口把他吞進去！

意大利爲對阿野心最大的國家，這次的侵略，便想整個吞併；阿人爲求生計，爲爭自由計，爲了神聖的自衛；便毫不遲疑，毫不怯懦的，與彼抗爭了！

在阿皇的宣言中，在全阿動員的旗鼓中，他們是那樣的雄壯英武，各人的心坎中，都在燃燒着熊熊的烈火；各人的身心，都獻給了他們的祖國；失敗了，他們反攻；俘擄了，寧死不屈。啊！鼓舞起來了！阿比西尼亞！怒吼！！阿比西尼亞！

由眼前阿人的英勇，映出了「九一八」後自己的怯懦，自己的不長進；九一八的事變，東北三省失去了！接着熱河事變，訂了喪權辱國的塘沽協定；唉！不長進的中國，不長進的中國人！

意中的戰爭，必然的，將要引起了二次歐洲戰爭；而且太平洋的風波，亦將隨着爆發；中國人！可憐的中國人！準備我們的血吧！準備我們的肉吧！看！全亞的民衆，已在火光中和帝國主義者肉搏了！我們準備吧！準備對侵犯我們祖國的敵人進攻！

寫給獵人

——任

獵人，你該懺悔了！

——生下來，就是負責征服世界的使命的麼？

小動物已跪在你的面前求饒了，

你還是手持着長長的鋼鎗向四方射去，

凶狠地，慘酷地，毒辣地。

獵人，你該懺悔了吧！

世界那能爲你獨有！

編輯室

上次週刊，錯誤特多，不堪更正。如學業考查細則，當另列一欄，誤列體育概況欄中，而各項條文，錯字亦不可勝舉，算學式子，錯誤尤爲顯著，希愛好諸君，各自注意，如有懷疑，請來信詢問，本人定當面答覆。

本刊編輯室啓

警策語

一，看啊比西呢亞，以不及四十萬英方里的土地，不及一千萬的人口，動員一百萬，抵抗侵略，誓不爲不義屈；我們慚愧。

縣黨部無綫電收音室開放節目

十二月二十七日　星期五

七，三〇　國樂　太平天　賽龍奪錦　滴滴淚　雨過天晴

一九，〇〇　尙小雲　裘桂仙　王少樓　金少山　夏山樓主合唱　二進宮

二〇，五五　簡明新聞

二一，〇五　新聞

一二，一〇　平劇　狀元譜　戰太平　鴛鴦塚　珠痕記之噼房　美人一丈青　暗渡陰平　路遙知馬力

一二，三五　樂隊奏樂　京市政府樂隊奏播：國樂　雙飛蝶　萬年歡　歌　商洲歡

十二月二十八日　星期一

九，〇〇　新聞

一一，五〇　平劇報時氣象　商情　王佐斷臂　如是　忠孝全　薛瓊英　長板坡　漢津口　五本封神榜

一九，〇〇　平劇　楊小樓　郝壽臣合唱　連環套

二〇，〇〇　報時氣象水位　第一次簡明新聞

二一，四〇　第二次簡明新聞

二一，五〇　新聞

豐報

第九二七號
社址豐縣大同街
中宣會登記證中字第二九二號　內政部登記證警字第二二三〇號
中華郵政特准掛號認爲新聞紙類

本報價目
本報每份大洋一分四厘每月大洋三角外埠每月大洋四角郵費在內

總理遺囑

余致力國民革命凡四十年其目的在求中國之自由平等積此四十年之經驗深知欲達到此目的必須喚起民衆及聯合世界上以平等待我之民族共同奮鬥現在革命尚未成功凡我同志務須依照余所著建國方略建國大綱三民主義及第一次全國代表大會宣言繼續努力以求貫徹最近主張開國民會議及廢除不平等條約尤須於最短期間促其實現是所至囑

訃

痛維

先考逢大公諱泮彦府君稀年七十一歲痛於十一月四日卽舊歷十月初九日卯時壽終正寢三日蓋棺遵制成服今泣卜於十一月九日卽舊歷十月十四日昧爽家祭啓門受弔屆期戌時封喪特此通告情係

世學戚寅友　誼哀此訃

聞

孤子劍花永泉泣血稽顙

豐縣教育消費合作社緊要啓事

本社定於十一月十七日下午三時假城市民教館大禮堂舉行第二次社員大會除攤領二十三年度盈餘金外并討論一切社務以資發展務希各社員準時出席是荷

中華民國二十四年十一月六日

豐縣教育局啓事

王永科、蕭運逵、李瑞增、陳子貞、馬承緒、王汝槩、戴汝舉、龐斌、渠特彬、吳作楫、唐成允、王敬尊、王雲峯、李壽延、閻淞亭、韓寶仁、馬樂三、劉傳同、王光祖、劉儉修、孫建興、程守芝、賈慎言、張明英、張爾賢、徐淑止、路紹楨、汪亞民、彭元和、王效惠、許汝章、李仲和、王丕賢、丁正路、李浩泉、張瑞麟、袁逸亭、孫振華、趙立品、渠時行、張蓮齋、李厚純、劉德煒、劉孝直、孫裕洲、劉廣友、陳萬貞、陳慶忠、李方正、郝則民、李乃欽、李心傳、陳端仁、史肇中、梁子厚、郭兆元、彭方箴、劉廣成、趙敬友、王祖漢、江鵬瑞、彭元忠、常薪、王作善、李善芝、李效恩、張子信、王兆忠、李登新、孫敦倫、劉愼晚、劉德著、桑寶軒、王汝格、劉明錦、李守先、趙心正、諸先生鑒：無試驗檢定合格許可狀、業經教育廳印發、請即來局具領可也。

中外要聞

六中全會
昨舉行閉幕典禮
由于右任主席致詞

▲中央社南京六日電　六中全會、於本月一日開幕後、共開會五日、已將各項要案、討論完竣、大會遂於今日上午九時、在中央大禮堂、舉行閉幕典禮、到中委八十五人、及中央黨部職員二百餘人、主席于右任、並致全會閉會詞、原詞如次：各位同志、這一回全體會議、開了五天、中央執監各委員、除遠在海外、及少數直接指揮剿匪官長外、幾乎全體到會參加、可算四屆中第一次的盛會、這種熱烈的情況、鼓勵着會議的進行、大家都感覺到無限的興奮、充分表現本黨精誠團結的精神、普遍情形、可說是相當圓滿、所引起遺憾的、當開幕的一天、竟會生兇徒混入開幕的會場、外觀看到、致汪委員中彈受傷、不能出席會議、此種仇害黨國的兇徒、讓人痛恨心所共憤、汪委員以革命家大仁大勇的犧牲精神、相當國家的艱鉅、已早置個人生命於度外、吾人可說本黨自總理領導革命以來、黨內重要同志、屢次遭遇犧牲、更可證明本黨革命　每發展至一新的階段、都必有反動勢力、來打倒本黨而不甘心我們要完成革命事業、每個同志、均應以總理及先烈所遺精神、來準備犧牲個人的一切、現汪委員傷勢治療經過非常良好、我們很盼望他能恢復、忠誠盼望其早日康復仍爲黨國繼續努力、全體會議的使命、是檢討過去、策動將來、六中全會閉幕、距離五次代表大會開幕、不到十天、實在是第四屆最後一次的全體會議、因此我們的工作側重在結束從前的議案、檢討以往的事實、關於黨務政治經濟教育、我們也討論了許多議案、但此後黨政大計的進行、仍當待五次代表大會討論決定、所以這次會議、我們除公布會議的情形外、不另發閉幕宣言、我們檢查自五中全會以來、十個月間的情形、深深感覺到國家民族、處境艱危、有加無已、在這十個月中間、雖然全國同胞、及本黨同志、在各方面均已盡了很大努力、國家一切建設、亦收了不少的成功、但水旱天災、相接而至、國際環境的緊張、和世界經濟變遷的影響、使我們處在這個國難嚴重的國家、一天一天增加艱難的程度、我們固不否認在十個月中、上下一致掙扎奮鬥的苦心、但我們要指出在此艱危萬分的時期、實更需要再進一步的精誠團結、需要十倍百倍的努力、要救亡圖存、必須集中國力、充實民力、以自身奮鬥的力量、以挽救環境的艱難、這是中央幾年來決定的方針、也實是一定眞理、自六中全會、決定召開國民大會、及起草憲法以來、經過立法院起草徵求討論修改種種手續、五中全會又付常會審查、交立法院再行修正、最近立法院已將修正文送六中全會、會議中同人、均覺得頒布國家百年大計的憲典、是一件應十分鄭重的事、決定將草案送請五次代表大會、指示綱領、並充分考慮較長時間集中研究方法、以期臻於至善、但一方面又覺得提高國民共同奮早實施憲政不可、所以又決定建議五次代表大會、請先將門的志趣與願力、非提召集國民大會日期、加以決定、以一新國民觀聽、使我們集中國力的目標、充分的發揮、由最近輿論趨勢看來、國民對本黨革命救國主張、逐漸增高了認識、實施憲政後、於挽救國難、復興民族、必收很大

的效果、這是本會諸同人所深信的第一點、關於充實國力、和培植民力、着手之點、當然是千緒萬端、我們期待五次代表大會、定有極詳盡的決定、但其最要觀點、是要使國民經濟、臻於健全、這兩年來、我們重重國難之中、還感受嚴重的經濟國難、非挽救經濟國難、還談不到充實國力、救亡圖存 最近更覺得貨幣與金融、倘不趕快設法安定、一切工商百業、無論城市鄉村、定日趨崩潰不可收拾、所以本會議就不及等待五次代表大會、而接納了政府財政當局的統一發行集中準備的貨幣改革案、自從此案頒布、各地所會 對這種空前的大改革 均能安然奉行、金融界與政府呼應一氣、共同努力 這不能不說是國民接受國家政策的進步、由此種上下一致的精神、更進一步謀國民經濟的積極建設 任勞任苦的來犧牲、中國定能自力奮鬥而復興、這是本會議同人所深信的第二點、綜合上面所報告的幾點 我們國家民族 當前環境、誠然存亡呼吸、十分艱危、同時我們敢予斷言、全國同胞對一致奮鬥、的確有了深刻覺悟 希望大家體認當前的情形、增加我們的自信、遵奉總理遺教、矢勤矢勇、往前努力、完成革命救國的使命。

汪院長傷勢日趨佳境
昨與蔣馮張等作長談

▲中央社南京六日電 汪院長傷勢、自入中央醫院醫治迄今六日 經各名醫悉心診治 傷勢日趨佳境、數遍後可望完全康復、昨晚睡眠安適、今晨精神更形健朗、除索閱中外報張 瀏覽時事外並由左右誦讀詩詞、及文學作品 食量較前尤為增加、左頰浮腫已消去十之五六、諸兩醫士為之檢查兩次、牛惠霖亦曾往院診視 今晨曾口授曾仲鳴啟事 則、節請孔副院長依法代理院長職務報稿、由曾筆記、汪院長依據簽字、並由褚秘書長口頭報告今日下午行政院會議、已分送各報、今日赴院慰問之將委員長、林主席、張學良、馮玉祥、孔祥熙等、均至病室晤談甚久。

▲中央社南京七日電 外交部總務司長李聖五、昨日下午赴醫院、會同沈主任克飛、以赴醫院探視汪院長、順便呈報駐外各使領館經費正待發放 汪院長當囑將支票對齊、並在病床親自簽字、足證汪氏精神益有起色。

中委
鹿鍾麟抵京
並參加六中全會閉幕式

▲中央社南京六日電 中委鹿鍾麟、今晨由津乘平浦快車抵京、即赴陵園馮玉祥旅邸休息、旋赴中央黨部參加六中全會閉幕禮、繼分訪中央各要人並赴中央醫院探視汪院長、及張靜江二氏傷勢

張靜江
左腿骨折斷
須二月休養始可康復

▲中央社南京六日電 中委兼建設委員會委員長張靜江氏、在湯山翻車受傷、入中央醫院醫治後、即急電滬上、聘請名醫牛惠霖來京、牛氏於今晨抵京、當在中央愛克斯光照射、得悉張氏左腿骨、業已折斷 當即接好 須休養兩月 方可完全康復云

戴馬赴粵結果圓滿
李宗仁已決定入京

▲中央社廣州五日電 戴傳賢馬超俊、昨與西南領袖作一日之討論後、現悉李宗仁已決定入京、參加五全大會、大約十月七日或八日赴京、衆料蕭佛成、鄒魯、亦將親自入京、俾澄清現有誤會云。

▲中央社香港六日電 省訊、馬超俊六日上午八時、赴馬棚崗訪李宗仁、隨赴中大訪鄒魯 戴傳賢八時偕劉紀文遊覽名勝、參觀建設、十時戴馬應李宗仁 陳濟棠、蕭佛成、鄒魯之約、赴政會聆談、十二時始散、戴馬即與各委同赴省館、應省黨部歡宴 馬談：來粵任務、係敦促留粵各委晉京出席五全大會、共商黨國大計、抵粵後商討結果、極為圓滿、現本人與戴尚須留粵數日再偕各委北上。

行政院昨舉行第二三七次會議
任命蕭振瀛為察哈爾主席

▲中央社南京七日電 昨日行政院、開第二三七次會議、主席副院長孔祥熙 任免事項、（一）決議北平市市長袁良、辭職照准、任命秦德純為北平市市長、（二）決議、一、察哈爾省府委員兼民政廳長兼代主席秦德純另有任用、應免本兼各職、二 任命張自忠為察哈爾省政府委員 三、任命蕭振瀛為察哈爾省府委員兼主席、未到任前、由張自忠代理。

財部實施通貨管理後
各地遵行之一般

▲中央社漢口六日電 駐鄂綏靖署、鑒於新貨幣政策實施後、一般市民 不識內情、致少數商人、從中漁利、操縱銅元角票、購貨不肯找零、並私定暗盤、高抬貨價、六日特令武漢警備司令部及漢市府、迅會同漢商會、妥籌辦法、恢復市面。

▲中央社濟南六日電 濟南中央分行、接總行來函、令調查各銀行錢莊十一月三日止庫存鈔券種類數目、及現銀數目、報告總行、以便彙集轉報財部．六日午行長馬衡、會同中交兩行長、在銀行公會召集本市全體銀錢業開會、報告總行來函、說明調查意義請協助、並限當晚查明呈報。

▲中央社杭州六日電 杭中央銀行、調查杭各行現存紙幣及現洋、結果除中央中國交通三行外、其他十八家共計約有一千餘萬元。

▲中央社福州六日電 自本市中央頒布貨幣統一後、收買白銀圖運出口之奸商、無所施其技倆、全市金融安定、中央中國交通三行長、已與各銀行錢莊、商定妥善辦法 省郵局通函全省各局、收支只許用中央中國交通及財部認可之銀票．現洋准收不准付

▲中央社香港六日電 港匯豐銀行、六日停支硬幣、發行新一元鈔票數約十萬元、金融界方面、盛傳港政府將與我政府採同一步驟 實行通貨管理政策。

▲中央社成都六日電 劉湘六日電蔣委員長 擁護中央統一幣制政策。

匪首蕭克
已陣亡

▲中央社長沙六日電 據報匪首蕭克、確於八月中旬 在岩塘與大塘之役陣亡 現屍首已移葬桑植。

孔祥熙等一行赴滬

▲中央社南京七日電 孔祥熙、薛篤弼、李石曾、李綺庵、褚輔成、李任仁、陳菊仙、劉汝霖等、昨晚乘車赴滬、陳果夫六日下午乘車赴滬。

蔣委員長函教育部長
對首都學生制服、活潑習慣嚴加整頓

▲中央社南京六日電 蔣委員長近日攷查京中各校學生制服及生活習慣、認為亟須嚴加整頓 頃手函教育部王部長略謂 首都各校學生制服制帽 多不整潔 應嚴令各校長特別注意整頓、在學生入校及上課時、各教員應負責檢查糾正、大概制帽要正、穿衣要緊、以免養成懶惰習慣 繼謂中學生蓄長髮亦非所宜 應一併取締 校長與教員、以身作則 自更易整飭 最好校長與教員、凡在校時、一律換着制服 又謂首都大學生、服裝行動方面、亦缺乏整齊嚴肅、統須責成社會局、及各校長整頓等語 王部長接函後、已令社會局及各校長、嚴定辦法、以期切實改進、並將督促全國各校、一律注意改善。

劉鎮華等到京出席五全大會

▲中央社南京六日電 安徽省府主席劉鎮華、因係五全大會軍隊代表 特於今晨由皖抵京、出席五全大會、又廿六軍軍長蕭之楚 亦於今午由漢抵京、出席五全大會

▲中央社漢口六日電 廿六路總指揮孫連仲、五日由宜昌到漢、六日晨由漢乘機飛京、出席五全大會。

四川美豐銀行鈔票
財部限年內全數收回

▲中央社南京六日電 財政部前因整理川省金融、曾令飭四川美豐銀行、所發鈔票、一律收回、該行已逐月列表報告收回數目、並謂截至最近止、僅有尾數流通市面、財部現令該行、於本年內將未收回鈔票、悉數收回。

駐華巴西公使
魏洛索昨乘車赴滬

▲中央社南京七日電 駐華巴西公使魏洛索、現升任駐日大使 日前來京 向各方辭行 現以事畢 於昨晚十一時乘夜快車赴滬、聞魏此行定本月中旬、由滬赴日就新職。

馬加爾意軍被迫退卻

▲中央社亞京六日電 官方息 意軍先鋒隊、因亞軍黑夜進攻．昨夜被迫由馬加爾附近退卻。

美副總統加納等離港赴菲

▲中央社香港八日電 美副總統加納一行、在此盤桓兩日後、今晚已乘輪赴馬尼拉。

蘇民廳電令各縣 加緊查拿煙毒犯

第二期換領執照展限二十日

政務警不得向傳戒煙民需索

限內強迫換照 各縣積極趕辦

民廳代電各縣府云、查各縣換發第三期戒煙執照、應於十月一日起、至十月三十日止、前經本廳以字字第二八六〇號訓令飭各縣遵照在案、茲該各縣呈報已換換照人數、與應行換照人數、相差過巨、特准展期二十日、自十一月一日起、至十一月二十日止、實施強迫換照、各該縣長於此展限期內、應以全力督飭所屬、積極趕辦、務須將所存應行換照煙民、如限換領證事、並仰將換照結果、遵限具報爲要云、

通知傳戒煙民 政警不得需索

民廳自第五科成立以來、對禁政積極進行、茲以各縣傳戒煙民、均由縣府政警前往通知、每有不肖員警、輒藉端從中需索、現爲切實整頓起見、特令飭各縣通告煙民、凡遇上項事故發現、被傳戒人、可自行檢舉、一經調查屬實定予嚴懲不貸。

吸量不滿三分 准一次購五錢

民廳訓令縣府、准省禁煙委員會移送海門縣禁煙委員會呈稱、案奉鈞會照字第五四七八號訓令、略開、煙民及土膏店有違江蘇省限期禁煙取締吸戶章程第八條及戒煙執照持照人須知第一條之規定者、均照逾購煙土數量照章處罰罰金等因、奉此、自應遵辦、惟查土膏店零售分士小包、前奉鈞會照字第八八號訓令、頒發之江蘇省各縣禁煙委員會檢驗煙土辦法第四條規定、零星小包、最少爲三錢、嗣又奉鈞會稽字第五九四號訓令、規定凡煙民吸量不滿五分者、准其每次購士五錢、均經遵辦在案、茲奉前因、勢必由土膏店拆包分售、惟拆包分售、流弊滋多、可否仍遵鈞會稽字第五九四號訓令規定辦理、理合具文呈請、仰祈鑒核示遵等情、到廳、據此查所請尚無不合、應准照辦、

系統變更伊始 加緊查拿煙毒

民廳又令云、查本省屬禁煙毒、早經訂有詳密章則、及實施步驟、迭經令飭遵照在案、值茲禁煙行政系統變更伊始、各地製造販運私營售吸之徒、不免希圖僥倖乘機營運、自非加緊查拿法辦、不足以昭炯戒、而維禁政、除分令各縣切實遵照辦理外、合行令仰該縣長切實遵辦云。

蘇財廳通飭各縣 契稅逾期罰則

應仍照第五七〇號訓令修正條文辦理

△江蘇社 蘇財廳二日訓令各縣云、查契稅逾期罰則、前於民國二十三年三月、由廳第五七〇號通令、以契稅罰則、逾限三個月以上、應照應納稅額處以百分之十罰金逾限六個月以上、應照納稅額處以百分之二十罰金、逾限一年以上、照應納稅額處以百分之三十罰金、經省政府主席提交第五六七次省府委員會議通過、久經遵章實行、惟查本年奉發江蘇單行法規彙編第三冊內、徵收契稅規程第四條第三項、逾限一年以上、照應納稅額處以四倍之罰金、自應遵照最後新章辦理、乃新章定二十二年三月七日省政府委員會第五六七次會議修正通過、等因會議同一次數、而頒行罰則、條文各異、此後對於逾期處罰、應依何者爲標準、前由法規彙編刊誤、應仍按照五七〇號訓令修正條文辦理、仰即遵照、并祈通令各縣知照云。

小學廢止體罰 解除兒童束縛問題

蘇教廳令教局轉飭研究呈核

△江蘇社 蘇教廳訓令各縣教育局、奉教部轉據全國兒童實施委員會呈請、飭令各省市教育廳局、轉知各地小學教育研究會、研究提倡小學廢止體罰 并解除兒童切束縛問題等情、抄發原呈、並檢發該項問題一份、令仰該局長即便遵照、轉知各區小學教育研究會加以研究、並將研究結果 報廳彙轉。

蘇省令各級機關職員 應一律服用國貨

以杜漏巵並養成節儉

上行下效則風氣自成

△江蘇社 省府訓令各縣府文云 案奉行政院本年十月廿六日第五六二一號 訓令內開 案查前據南京市政府呈據首都各界提倡國貨委員會呈稱 竊查近數年來、國人鑒於外貨傾銷、農村經濟破產、國脈垂危、有朝不保夕之勢、遂奮起作提倡國貨運動、然而行之有年、

成效甚鮮

按厥原因、良以倡導實行者少、而各機關公務人員、又每有嗜用外貨、浸成風氣、積重難返、使社會奢靡習俗、不易改除、良用浩嘆、故今日欲矯正此弊、以挽救國運、非全體國民、切實服用國貨不可、尤非各機關公務員努力。

倡導於先

不可、所謂上行下效、風氣自成、爰經本會第三十三次委員會議決、呈請市黨政機關轉呈中央、通令所屬各級機關職員、一律穿着國產服裝在案、除分呈中央通令所屬遵照、藉以杜塞漏巵、並養成

節儉風氣

不勝盼禱之至等情、據此、查核所請、尚屬切要、理合備文呈請鑒核施行等情一案、經交據內政實業兩部議復擬請由院轉請國民政府通令各機關、轉飭各該機關服用國貨委員會、依照公務員服用國貨辦法第三條兩款規定、另訂詳細辦法

切實遵行

等情到案、復經函請國民政府文官處轉陳核辦在案、茲准國民政府文官處第二五八號函復以案經轉陳奉主席諭、分函本府直轄各機關查照辦理、並轉行所屬照辦、請查照辦理等由、准此、除分令外、合行令仰遵照、並轉飭所屬一體遵照辦理、此令等因、奉此、除分令外、合行令仰遵照、並飭所屬一體遵照。

蘇建廳派員 視察橋樑

朱工程師出發

△江蘇社 蘇建廳沈廳長、近以黃河水勢、日見暴漲、蘇省各縣沿江橋樑、頗爲危急、乃爲防患未然計、特派江南水利工程處副工程師朱坦赴江南各縣詳加考察、並指示一切、以便着手修造、朱工程師奉令後、業於三日由鎮首途前往云。

各項帶徵之撥補情形 財廳令各縣查明具復

如有核准扣支原案一併送核

△江蘇社 蘇財廳以各縣徵收費、向係儘收儘支、並不列入縣預算、徵收處經費來源、大致不外兩種、一爲田賦徵收費、一爲其他帶徵之撥補、例如營業稅附捐水利畝捐等帶征內、規定提出若干分釐、撥補田賦征收處經費、至以徵收費抵支、入不敷出、而由各項畝捐分擔、亦屬充分、惟縣金庫自成立後、庫款各戶分立、又自二十四年度起、徵收費收入、及田賦徵收處經常臨時各費之支出、均已列入預算、統收統支、其撥解徵收手續、自應有統一之規定、關於征收處經費、係自縣稅戶內提出撥放、則征收費之收入、亦應全部劃入縣稅戶、俾便按月發支付書、收入方面、其第一項來源、應歸縣金庫、入縣稅戶、照其畝捐撥補部分、亦應於徵收時即予劃分、凡徵收經費部分應解入縣稅戶內、如是辦理、於發眼收支稽核各項手續、均極簡便完善、惟各縣各項帶徵之撥補、有奉令核准者、亦有由縣自行扣者、情形不一、財廳爲明瞭之稽考、特分令各縣縣長、着遵照查明具復、如有核准扣支原案、並即錄送察核云。

改進保安制度 商團一律取消

△江蘇社 蘇省府以本省各縣暨各鄉鎮商團之設置、原爲保衛市廛、以補軍警武力之不及、現在各縣所駐保安團隊、均遵照軍事委員會頒發保安制度改進大綱、訓練有年、足以保衛地方、前省府以商團組織、雜複、訓練時形、流弊孔多、已由省府明令取消、嗣因特殊關係、將義務團員之商團、暫行存在、茲省府爲切實奉行保安制度統一地方武力起見、所有各縣鎮之商團名義、自十一月一日起、一律取消、惟崇明淮陰兩縣、其縣城之商團、按照本省通飭淮海銅五行政督察區所屬各縣訓練壯丁辦法大綱第十四條、改爲壯丁預備隊、而鎮江上海、其在縣城之商團、准予參照本省通飭淮海銅五行政督察區所屬各縣訓練壯丁辦法大綱第十四條之規定、爲壯丁預備隊中隊或分隊、其在鄉鎮之商團、均改爲守望所、并照參字第一二五六號訓令各縣守望所規則、辦法大綱各改編具報、令飭各縣政府切實改

本縣新聞

縣政府召開第五十六次區長會議

確定挑挖本縣各支河　遵照省令以工代賑

縣政府於十一月五日下午二時、在該府會議室舉行第五十六次區長會議、出席彭繼亭、夏慎言、卜憲章、曾慶霖、蘆玉樹、韓韶九、王述先（裘錫永代）、列席金章、張國權、黃體潤、馮守信、裘錫永、主席裘錫永、紀錄馮守信、行禮如儀、報告事項、一、縣長於本月一日赴徐、參加津浦警備司令部之冬防會議、並就便晉省參加本省六號之禁烟會議、故今日會議由本席代理主席、二、奉令以工代賑挑挖本縣支河、三、奉令會計年度終了、二十三年度臨時費停發、四、訓練壯丁預算、因未奉省廳批回、必須延期舉辦、五、奉令辦理假釋、六、本縣保甲總檢查、已於上月二十日開始、七、民權和平兩路、已於本月一日動工修築、八、本府檔府、經民廳委員指導、已實行整理、九、二十四年第一期田賦、已開始催徵、十、換領第三期烟民執照、十一、縣農業倉庫已開始儲押、十二、財廳秋勘委員到縣、決定本府秋勘成數、災區六成、非災區七分八厘、十三、原定十一月為禁烟月、因保甲總檢查尚未辦理完竣、故展期舉行、十四、奉令催促契稅報告、請暫促各鄉鎮按月填送、討論事項、一、壯丁訓練預算尚未奉廳核示、應否展緩案、決議、候省令批回後再行辦理、二、奉令以工代賑、挑挖本縣各支河、請將各區應挖河道確定以便計劃案、決議、應挖河道如下、（一）西支河、（二）羅河、（三）徐堤口前支河、（四）徐堤口後順堤河、（五）白蔭河、（六）孔店支河、（七）苗城河、（八）洪井支河、（九）唐河、（十）徐河（十一）張店行支河、（十二）護城堤河。

縣黨部附設民衆閱書報處十月份借出圖書及閱覽報章雜誌人數統計

縣黨部附設民衆閱書報處、十月份借出圖書、及閱覽報章雜誌人數、均較上月增加、借書者計共二百三十七人、共借出圖書三百六十部、文學類佔最多數、計二百七十七部、史地類十八部、社會科學類十七部、語言類及應用類各八部、自然科學類藝術類及哲學類各五部、叢書類六部、雜誌十種、教育類最少、僅一部、至每日來處閱覽報章及雜誌者、亦逐漸擁擠、在上半月每日有二十五人至三十五人以上、下半月每日四十人至六十五人以上、

江蘇省公務員水災捐俸助賑補充辦法

◎……教育廳令發到縣……◎

教育局頃奉到教育廳令發江蘇省公務員水災捐俸助賑補充辦法七條、茲探錄如下、一、實支薪俸在五十五元以上者、概照本年九月份薪額先行減去五十四元底額、扣半個月水災捐款（例如月薪實支六十元者、減去底額五十四元、剩餘六元、應扣半數水災捐三元）實支薪俸在五十四元以下者免扣、二、所得捐款應在已除水災捐款後、就實得數扣除、（例如月薪實支三百元者、減去底額五十四元、為二百四十六元扣半數水災捐一百二十三元四分之一計三十元〇七角五分「四個月扣數」、再從應得數二百六十九元二角五分內、扣百分之三、所得捐八元零八分、三、各縣地方機關公務員應一律扣捐、其標準與前條同、四、各公務員應扣捐款、自二十四年十月起、至二十五年一月止、分四個月由各機關自行平均攤扣、俾各公務員經濟力量得以稍舒、但有扣至中途而離職者、其不足數應由繼任人續扣、五、各機關應就九月份實有公務員薪額、將所捐款及名額造具詳冊、送財政廳備查、省地方機關由各主管廳處局會院彙送、縣地方機關由縣政府彙送）、並限十十一月半以前、將應有捐款、掃數墊解、遵章填具繳捐書、連同現金交由代理金庫之銀行核收、製批送財政廳印發備查、六、代理省金庫之銀行、另立「公務員水災捐款專戶」將各機關解繳上項捐款、一律收入專入存儲、憑廳函撥付、七、本辦法經省政府委員會議決施行。

公園菊花展覽會

……明日閉幕……

本縣縣立公園舉行之菊花展覽會、原定於前日閉幕、嗣因賞菊之士、連翩莅止、絡繹不絕、該園為滿足遊客欣賞起見、特展期三日、聞定於明日閉幕云。

縣黨部函各界參加總理誕辰紀念會

本月十二日為總理誕辰紀念日、縣黨部定于是日上午十時、在該部大禮堂舉行紀念會、已于今日函請各界屆時參加、茲覓錄其原函如下、査十一月十二日為總理誕辰紀念日、按中央規定：「是日休假一天、全國一律懸旗慶祝、各地黨部軍警各機關各團體學校、均分別集會紀念、並由各該地高級黨部召開各界紀念大會」、當經本會決定於是日上午十時在本會大禮堂、舉行紀念會、相應函達、即希屆時參加為荷。

縣黨部消費合作社行將成立

李委員貞乾負責籌備

縣黨部近為督促工作人員、提倡國貨、節省消費、並體驗合作理論及方法起見、爰經該部第十六次委員會議、決定「組織全體工作人員消費合作社、並推李委員貞乾負責籌備」、聞該社章程、業經通過、縣黨部工作人員、均為當然社員、在其他各機關學校服務者、亦可隨意加入、現征辦理組織手續、並向各機關徵求社員、不日即可組織成立云。

二區縣口鎮災民麕集　露宿風餐　飢寒交迫

◎……因病致死者　人……◎

本縣北境、自淪為災區後、一般災民、扶老攜幼、流離失所、週來二區之縣口鎮、災民麕集、沿街乞食、終日不得一飽、露宿風餐、飢寒交迫、因之致死者二人、頃接二區區公所電話、謂死者一男一女、均該區于口人、已由區公所檢驗後、僱人抬送埋葬矣。

司法欄

▲縣政府司法批示▼

▲刑事原具狀人屈戴氏、一件、為遂處能訟、懇予撤訴銷案由　狀悉　卷查該氏所受傷痕尚非輕微、本應質訊明確依法懲辦、以為兇暴者戒、惟既狀請撤訴前來、姑予照准、此批。

▲刑事原具保人劉樹哲、一件、為請求將吳昌法等賞保、不誤傳喚由、狀悉、准保、此批、

▲庭期審理案件▼

十一月

八日審理邵世英與孫明良宅基涉訟案、

八日審理孫景槎等盜匪案、

八日審理關玉瓶訴孫侯恩教唆案

▲本城粮價▼

名稱	每市斗目價	
小麥	最高二千六百文	最低二千四百文
大麥	最高二千二百文	最低二千一百五十文
黃豆	最高二千四百五十文	最低二千四百文
黑豆	最高二千三百五十文	最低二千二百五十文
菉豆	最高二千九百文	最低二千八百文
江豆	最高二千六百文	最低二千四百文
高粮	最高二千百文	最低二千文
穀子	最高一千八百五十文	最低一千七百五十文
稷子	最高二千二百文	最低二千一百文
芝蔴	最高三千七百文	最低二千五百文
青豆	最高二千四百文	最低二千三百五十文
花生每斤	最高一百六十文	最低一百三十文
瓜子每斤	最高六百文	最低五百五十文

▲氣象

晴

風向　西北風

最高溫度　五一

最低溫度　四五

鳳鳴塔

第一五七期

菊的專號

寫在菊的專號的前邊

雲章

在園林花卉都了的季秋，惟有菊，爭奇鬥豔，和西風嚴霜戰爭。牠是天生的傲骨，牠是藝術的結晶，任外界如何的壓迫，牠的色，牠的香，依然極高的表現着。

我看牠好像是救國志士的象徵，不怕外侮，不怯內患，勇敢的，努力的，直前不懈的去幹。

所以我們的菊的專號，不僅要表現菊的藝術，還要效法菊的精神，使讀者，使國民，都要不怕西風，不怯嚴霜，去努力救國的事業。

藝菊

雲章

菊花是一種宿根的植物，牠的莖的下部略成木質。葉子是卵形的，有美麗的缺刻和鋸齒，互生在莖的上面。花是頭狀花，邊圍的花冠，有的是舌狀，有的是管狀，有的細長如絲，中央的花冠，有的是筒狀，有的竟凸出來，形形色色，變化極多。牠的葉子，也因為花的形狀不同，大小，厚薄，長寬，亦及綠色的濃淡，亦皆隨之而異。

至于牠的種類的多少，據花譜上所載的有一百九十多種。前幾年在揚州，見各私家花園所有的菊譜，有三百多種。有一年揚州小北門外綠楊村開菊花展覽會，竟按菊譜的先後，排列起來，有三白多種，可惜當時，未曾任意 現雖去信搜集，尚未得到結果。至于外國菊種，近年日本有多種輸入，惟多花小葉細，非若吾國菊種之富麗也。

其顏色，可分為黃紅白紫四種，間亦有綠菊墨菊，但都不是多名貴的，因為綠菊和墨菊，除顏色特別以外，其他看菊花的持久都不若黃色的為貴，現在依照這種顏色分類來把重要的列在下邊：

甲，黃色的 御黃袍 金鎖口，赤金盤 龍腦，纏芙蓉，蜀金黃 黃牡丹，密繡球，密西施，密蕾，金纓絡 檀香球，金絡索 大金球，滿天星，大金釣，黃羅傘，金絲鵠珠。

乙，白色的 九華菊 玉球，金盞銀台，白牡丹，白木香，百繡球，玉蝴蝶 白鵬絨，白玉，銀虎鬚，霸橋風雪，春水綠波，玉玲瓏。

內 紅色的 鶴頂紅，紅繡球，紅粉團，狀元紅，粉西施，大紅袍 銀紅絡索，錦楊妃，二喬，猩猩紅，佛見笑 川金餅，嬌容變，硃砂抱子，金甲紅袍 金臂紅

丁，紫色的，腰金紫，紫芙蓉，紫絨球，紫袍金帶，紫袍玉帶，瑪瑙盤，墨菊 紫牡丹，紫雀舌，紫芍藥，紫霞蝶 粉荷蓮，粉毛菊，胭脂紫，粉硃砂，紫盤托桂，西施粉。

現在談談栽培的方法了。大概可以分為分株，扦插，嫁接，播種四種方法。其中最普通的就是分株，扦插二法。現在分述于下：

一，分株法，就是分離發生於母株周圍的多數小芽，一一的栽植於苗床或花盆裏，時間是本年的十一月末，或者是來年的春天，依菊花的抽芽的遲速而定 普通的以秋末分株的發育較為健全，成績也比春季分株的好，以江蘇的氣候而論，是以冬至前後，秋季分株 最適宜日期 如若意叫花開多數的花的，可以提早在十月間去分株 至於分株的方法，可先擇向陽的地方為苗床，苗床以一公尺為度，預先耕耘碎土 施用稀薄液肥，其上篩蓋細土，每隔三公寸開多數的淺溝，將嫩芽每距一公寸，栽植溝內 苗床上用蘆簾覆蓋 防止霜，如若床中乾燥 也可於早晨澆水，冬至前後分離的菊苗至下年夏分左右假植於他苗牀，每株距離要較前為寬廣，須距九公寸至七公寸 假植的時候，務要選擇發育良好的，栽在新苗床裏，至五月上旬，才可將假植的菊苗定植在花盆 或花壇裏。

二，扦插 普通在六月裏去施行，先將菊芽切斷長約一公寸，芽的下半部，埋插細砂裏，如若沒有細砂，可用容易排水的鬆土．扦插以後，用細孔噴水壺澆水，此後每逢乾燥，也可澆水，扦插數天以後，要用蘆簾覆蓋，避免強烈的日光 又可以行葉插法，通常插芽不足時可以將葉()全部插入細砂，僅令葉上身，稍露砂面，至於插入後的管理，給插芽一樣。由插芽插葉所得的苗，先植在直徑二公寸的花盆裏，苗長以後，再移到大盆子裡去，就可以開花了。

三，嫁接法 菊花的嫁接是在六七月裡施行 通常用劈接法，將砧木的菊枝縱剖為二，以左右斜削成楔形的接穗插入，令砧木與接穗密接以後 其接合的周圍，卷壓紙二層上旁再用藺草等束縛。手緒即可完全，然後上邊再談遮蓋 並要時時噴水，不令接穗萎枯，至二星期以後，則接合部癒合 再過十餘日， 方可將 束縛解去。

四．播種法 菊花的播種，是在育成新種的時候去行，以四月裏為最適宜，苗床上的土，也以質柔易排水為宜，種子以上，覆土極薄，苗床上宜以玻璃窗 防雨水侵入，窗上再覆以蘆簾，遮斷日光的直射，經二三星期而發芽，徐徐令照射日光，和空氣的流通，候至本葉發至二三枝時，覆蓋才能完全除去，本葉發生五六枝後，方可移植。

至於摘心摘芽的方法，可因為培養的目的而異，如若意使一顆開四五朵花的，可以在定植以後，留本葉五六枝而摘心 葉腋自可發生側枝四五本，此等側枝，再反覆摘心．以抑制其生長，其葉腋發生的腋芽，都完全摘去，如若想叫花一顆開多數的花的，可先留本葉四枝左右而行摘心，俟葉腋發生新芽，再留一二葉，而摘心，且此後 心均留一二葉，則枝數可以逐漸增加，至所需要枝數而停止，此後專將葉腋新芽摘除，至花蕾發生時，略頂上最肥之花蕾一個，其餘悉行除去 使每一枝開一朵，

牠的肥料，以豆餅，米糠，或人糞都可，但不可汚染下部葉片， 否則萎黃枯死。

及至開花以後，又須置於覆蔽物之下，以避雨露及强光 因為雨霜可以短縮開花期間，而強光則易使色澤變劣也。○○○

詠菊

介泉

（一）

陶令垂青隻眼看，白謫日伴籬桓；
漫言傲骨天生就！此物原來性耐寒。

（二）

寄入籬下倚荊榛，高潔幽逸不是真；
何若寒梅冰雪裡，孤身獨立冒風塵？

菊的自吟

孤蹤

（一）

我自春生夏復秋，羞從桃李共遨遊；
年華今昔無窮感，紅斷香銷我獨留。

（二）

自恃幾根瘦骨頭，東籬三經任風流；
淵明 去千秋恨，忍伴俗夫共手留！

（三）

風生我自舞，霜下葉花肥，
時人情獨厚，得意復何悲。

小菊

孤蹤

我沒有看到可憐的小菊，差不多已有兩年了！不想她這個可憐的女子竟有這樣堅伏的意志，度過了重重的難關，得與一位有名望的少年畫家——陶逸——結了婚，這是多麼値得使人驚歎，使人贊美，使人追憶她的以往。

記得在小菊十四歲的時候，她已被她的父母賣給了我的東鄰王公館了；王公館有老爺，太太，少爺，少奶奶，小姐……一家人都有高貴的架子，出外有跟隨，在家有侍女，眞是一呼百諾，然是個大富大貴的闊家庭，頂頂有名的王公館。

小菊初進了王公館，主人待她都很好，不像一般人傳說的老爺太太待僕女那樣的厲害，她稍爲舒了一口氣，覺得今後的生活，只有聽命度着下去，對於思念父母的心也只有不聲不響，天天作着她僕人應作的工作，不想到半個月以後，情形就與前不同了；太太因爲打牌輸了錢，無故的跑她洩氣，老爺也責怨她不會燒鴉片烟，小姐少奶奶也都隨聲附和的說她蠢笨懶惰……因此一家的人都討厭她了，可憐她這個小小的孤女，不敢申辯，只有低聲下氣，含辛忍受。她自此以後，不但常常挨駡，連太太的無情手掌也不斷的同她的嫩臉接觸。其餘的人們便也更進一步的欺侮她了；然而她是孤苦伶丁的弱女啊！那有力量反抗主人的虐待。她的同伴桃芬與阿李時常勸她：「凡事都要隨和些，不要太看重了自己，加重了自己的痛苦，那是很不値得的……」這些話如果是一個意志薄弱的女子，一定能心領神會，照着她們的勸告去作；可是小菊則不然，她覺得這些話不但對於她的心靈沒有絲毫的安慰，簡直是輕視她，侮辱她，她覺得桃芬和阿李這兩個丫頭太可惡！自己丟盡了人格，竟不知羞恥，還要引誘人家去幹些無恥的行爲，她恨她倆妖豔的裝飾，去對男主人獻媚；她恨她倆的下賤，去對女主人諂諛，她倆已失去了靈魂與操守，沒有作人的資格，不過是兩具「行尸走肉」罷了，眞的，桃芬與阿李，的確是兩個壞女子性情高傲的小菊，根本就不把她倆看在眼裏，還肯接受她倆無恥的解勸嗎？小菊是冰霜的！確是不同風俗的一個奇女子。

小菊在王公館過了三四年，受過男主人無恥的調笑；受過女主人無理的辱駡，吃的苦簡直一言難盡，最使她惱怒而且愉快的一件事——她也就從因爲這件事而結束王公館的僕女生活——因爲少爺仗着主人的地位，對她要實行強迫的獸慾，她不願喪失她處女的寶貴，就不顧一切的喊叫反抗，終於是少爺被少奶奶擋責，溜烟的逃走了，同時少奶奶也將她趕出王公館，逼她到遠處去。當時我們的鄰居都很可憐她，想收留她；然而誰都怕王公館的威風，只有徒作一時的憐惜，終於是任着小菊飄萍般的遠去，她遠去的所在，沒有一個人能知道。不想在這二年沒有消息的小菊，現在竟和這位少年畫家——陶逸——結了婚，這眞是出乎人的意料之外！據說陶逸願與小菊的結合，最大原因是欽慕小菊冰霜的操守，有超羣拔俗的氣性，大可以作近代一般虛榮浪漫女子的模範，所以他願意娶小菊，但是小菊也同時愛陶逸有高超的藝術，有灑脫不拘的態度，性情的孤傲，尤引起她內心的共鳴，所以她就很滿意的合陶逸成就了終身的伴侶；但是小菊與陶逸遇合而結婚的過程，讀者還沒有曉得，大略的情形是這樣：

小菊自離開了王公館，因爲自己是一個弱的幼女，到那裡都很可怕，所以她想找一個安穩的地方去住，湊巧遇到了某縣的一個女子學校；她要求學校裏收容她充當女僕，校長可憐她孤苦伶丁的身世，就允許了她的要求，她從此也就在這個學校裏安心的生活下去；可是她到底是一個非凡的女子！她能曉得讀書的需要，她於工作之暇，總是不住的要求學生們教她識字，學生們平常看她作事的努力，性情的和順，所以都很誠懇的接受她求智的要求；她起初認單字，後來讀課本，漸漸的就可以自己看書了。她讀書的奮發和工作的勤敏，不久全校的師生都曉得了，那個都佩服她的志氣。這時少年畫家陶逸已在這個學校裏任課，他對於小菊克苦勤學的美德，深深的在他腦裏留下些影響。他覺得小菊的確是個好女子；她的舉動，思想，體態……都具有超人的美處；但是小菊的天才高厚，對於陶逸的藝術也能夠深深的領略。她有一天乘着星期日的空閒，她把學生的畫筆，和着顏色，在教室的窗下，摹寫着陶逸的畫，可巧這時陶逸從窗外經過，忽然看見她在低頭描寫，他不禁停住了腳步，站在窗外向她問道：「你也懂得這些嗎？聽說你很用功讀書，這都是很好的事」！她驚慌的站了起來紅着臉答道：「我很喜歡先生的畫，所以在這裏亂學着塗抹。」她說了這兩句話，很嬌羞的對着陶逸一笑。「啊！你如果要想學畫，不防我天天敎你一些，好不好一？陶逸說能，用疑問的眼光望着她。「謝謝先生」！她仍然的嬌羞着一笑。自此以後，小菊每在閒暇的時候，就跟陶逸去學畫，因爲他們情投意合，到現在竟由戀愛而結婚；但她還是不住的握着她的畫筆，收羅着大的自然，她的藝術，差不多已在第一流作家之列。

可是小菊能得到這樣的美滿結果，雖然由許多人的幫助，但是大半都由她自己能克苦奮鬥而得來；至於她在王公館的同伴桃芬與阿李，後來也失歡於主人而被逐，聽說當了一年多的妓女，終於因患梅毒相繼死去，可憐王公館的那些僕女，除了孤標獨賞的小菊之外，死亡的死亡，淪落的淪落，差不多都作薄命之花——！但是死亡與淪落啊，何常不是自家看輕了身體，任着那些禽獸踐踏，唉！就是當年富於嬌倩媚態的桃李，現在也沒有人追憶了。

案頭上的盆菊

老渾

案頭上的盆菊，
這兩天眞正是了不得的得意；
挺着頭，昂着頭——
案下的一切，都也沒有打在他的眼裏。
○　○　○
盆菊喲：
這是因爲些人們太尊寵你的緣故吧！
但是，也不應這樣的驕謾，這樣的矜持；
我願你須要預料着：
在這不久的馬上，還有嚴風來臨的一日。

總理遺訓

四，古時極有聰明能幹的人，多是用他們的聰明能力去欺侮無聰明能力的人。由此便造成專制和各種不平等的階級。現在文明進化的人類覺悟起來，發生一種新道德——就是有聰明能力的人，應該要替衆人服務

縣黨部無綫電收音室開放節目

十一月八日　星期五

九，〇〇　新聞
一一，五〇　平平報時氣象
商情
楚漢爭　要離
刺慶忌　人面
桃花　徐母駡
曹　刺虎　梅
玉配
一九，〇〇　平劇
程豔秋唱　文
姬歸漢
楊小樓　露蘭
春　鮑吉祥合
唱　落馬湖

二〇，〇〇　報時氣象水位
簡明新聞
二一，四〇　新聞
二二，二〇　平劇及國樂
王少樓　馬連
良　楊寶森
雪豔琴合唱
遊龍戲鳳
譚小培　金少
山　譚富英合
唱　搜孤救孤
春光舞　花好
月圓
總理紀念歌

編輯室的廣播電台

雲章

一，菊的專號今日誕生了，歡迎讀者批評，還有未登完的稿子，留在鳳鳴塔裡去登。

二，老渾君：稿紙我已通知事務部了，想日內你可以接到的。

三，藝術半月刊　因爲主編的人赴徐了，還得停幾天誕生。

二十四年十一月七日上午十時

鳳鳴塔

第一五九期

一、本刊內容分科學常識論著詩歌小說戲劇散文書信書報介紹及批評等項

二、本刊歡迎投稿來稿文言白話均可

三、來稿本社有修改權不願者應先聲明

四、未經登載之稿除預先聲明者外概不退還

五、本刊編輯部設覺報社內

漫談

給青年朋友的一封信

一塵

青年朋友們！起來吧！

新的時代已經到了．生的機會已經來了。起來吧！青年朋友們！

我在最近的過去和現在，深深感覺得青年們都失掉了勇敢，進取，奮鬥的精神，彷徨歧途，抱着消極的，悲觀的態度，停留在消沈，惆散，墮落的氛圍中。如果讓它繼續下去，社會的元氣將必喪失淨盡，民族的危機也只有愈加緊迫了。所以恢復青年勇敢，進取，奮鬥的精神與革命的情緒，是目前最迫切的問題。看啊！已經揭起復興民族，復興國民革命之旗了！青年朋友們！起來吧！起來參加救亡圖存的工作！

青年朋友們！我們是未來社會的主人，將來的歷史需要我們來創造，尤其是在經濟落後因而文化落後的中國，更需要有實踐精神的銳進青年負起創造的責任。因此我們青年必須勇敢地走上進取，奮鬥之途！

青年朋友們！我們既然要肩起『創造將來』的任務，需要『把握現在』，『認識現在』。現在的世界已經變成帝國主義加緊對殖民地，半殖民地實行再分割的時代；它們——帝國主義者——時時赤條條地表現出殺人刼掠的侵略行為，我們中國很久就已成為砧俎上的魚肉，隨時都有任人宰割的可能。……『九一八』……『一二八』……，實不過是帝國主義者對中國侵略之『小試其技』罷了。中國自從帝國主義的經濟勢力侵入以後，不但封建制的生產被其摧壞，而資本制的生產亦因受其大資本的壓迫不克發展。使勞苦大眾的生路日趨狹小，飢餓的襲來已迫進每個人的前面。中國目前無以為生的苦困狀態，實非個人的問題，而是全民族的問題！所以今後非先將為害中國的帝國主義與不合理的社會制度，從根本上給以轉變，以求民族的出路不可！這個工作是中華民族最大的，最迫切的工作，是需要我們勇敢的，進取的，奮鬥的青年肩負起來，以挽回國家民族的厄運！

青年朋友們！現在不是我們馬虎的時候了！是社會的，民族的中堅份子負起復興民族改造社會之責任的時候了！我們應該把握着時代的演進，從劇變的時代，錯綜複雜的社會裏，探求今後的動向，決定我們青年應走的途徑！我們既然要把這大的担子放在肩上，做勇敢的進取的，奮鬥的革命青年，就要趕快充實自己的能力！朋友們！青年朋友們，革命的青年是進步的，勤勉的，奮鬥的，而且富有創造性的人物。所以我們要有興奮的氣概，上進的精神，勤於求知，努力作事；站在時代的前面，呼吸新的空氣；要能把握着過去的和現在的事實『創造將來』；要具有實踐所需要的奮鬥精神——忍苦耐勞的堅強品格與勇敢犧牲的習慣。固然，凡前進都有困難，但一切的障礙。都可克服，只要你有決心，能夠努力！青年朋友們！要趕快確立了服務的人生觀和創造的社會觀，向前共同努力，達到全民族，全人類『共生，共存，共進』的最後目的。切不要妄自菲薄，要自信能在最近的將來解除國難，創造新的國家，新的生命！

青年朋友們！我來總說一句吧，我們今後要把當前的社會情形與夫國際關係加以認識，要覺悟地立志和有意義地研究時代的動向，把握着客觀的需要，抱着改造社會的志願，脚踏實地　存着自食其力的決心，加入勞苦大眾的陣營，去埋頭苦幹的勇氣，向着時代毫無遮掩地去剖析它，認識它，確立自己的思想和人生觀！青年朋友們！我們要知道：『社會永久含着矛盾，人生完全是在鬥爭！』所以我們要抱着自強，奮鬥的精神向前邁進　鬥爭才是我們的出路，才能使我們生存下去。職業的壓迫，生活的恐慌　正是鍛鍊我們的思想之有力鎔爐！朋友們！不要害怕吧！青年朋友們！我們是社會中的優秀份子，有『改造社會，領導羣眾』的責任；就是在堅苦困難下也應該切實地在刻苦耐勞的道上向前奮鬥！青年朋友們！我們要抱定『人人為我，我為人人』的服務的人生觀　克服個人的私慾；以民族的利益為利益，以國家的意志為意志；為大眾的利益而行動，為人類社會的進化而努力奮鬥！青年朋友們！趕快團結起來充實我們的力量，去硬幹，實幹，快幹！

青年朋友們　起來吧！新的時代已經到了，生的機會已經來了。起來吧！青年朋友們！

○○○

一塵寄自海州

怒吼

亞農

東菲的戰雲已瀰滿了全歐，

野心的強盜都也緊逼我中華，

國人們醒醒吧，

如今全世界的人類開始肉搏了，

死神正在濃烈的血腥中狂舞，

我們的目前好似暴風雨的前夜，

不要迷在『親善』的擬夢中酣睡，

深信虎狼的羣裏找不到同情，

我們應該抱定民族自覺的決心，

要生存非常的時期到了，

在我們偉大的領袖引導下起來，

大家準備站在戰綫上灑血高呼，

甯願死拚去創造未來的光明，

最後的勝利那是我們弱小民族的出路。

我也來談談菊花

王早

楊柳的葉子落了去，人們却都穿上了一件薄薄的棉衣，時候是深秋，這是誰都不可否認的，當然被些大詩人所讚美的菊花，又到它開放的時候了！

了不得了，半衣美滿的文豪大詩人　他們的詩料來了，大發詩興的將菊花描寫的妙不可言，也有把它比作君子隱士的，也有說它有大無畏的精神的，但還有將牠比成舞女美人的，這真弄的我眼花神亂。

把菊花比成君子，我真不知道現在的君子，是備有什麼條件，就是這以將菊花比成君子的人，的確是一位君子　拿一花一木的菊花來比，也未免有點太空淡。

將菊花比成隱士的人，他一定要拂到陶潛那位老先生，在任何一種社會中，隱士是打着燈籠也找不到的，就拿陶老夫子來說　，不論他將自己作為怎樣的清高出世，但他老夫子要吃社會上供給的飯，要穿社會上供給的衣，他總是脫離不了社會生活，就不能算隱士，而尤其是又拿菊花來比，比比君子還空談，還無味的。

因為菊花在秋天開花，就算有大無畏的精神了嗎！那深冬寒梅的花，應該有什麼無畏的精神呢？我們的頭能稍微的往外轉轉看魚為什麼要在水中生活，松柏為什麼在冬天不落葉。菊的大無畏的精神，就可以不攻自破。老老實實的說一句，因為它適於生長在現在開花就完了。

朋友：我們為什麼要寫這些虛的文字，死的詞句？一寫菊花便離不了君子隱逸　一寫牡丹便提道富貴，這些虛的文字，死的詞句，與我們有什麼用？我們在孩子時代說菊花並不提道君子隱士，只知真真實實的將菊花的一切說出來。但你的學問大了，風花雪月的文字有了，你們便來一套一套的做圈子來迷惑我們，換你們的滿足。

○○○○○○

衛生常識　疫痢的發生

轉載

—病因與季節關係—

現在是秋天的季節，氣候冷熱無常，急性傳染病時常的流行着，所以我們就開始由急性傳染病中的疫痢講起，以供家庭間——尤其是小孩子的母親——的參考！未嘗不是一件重要的事體，

本症之來，如急風暴雨，方才尚且活潑歡躍的小孩子，現突然無精打彩，體溫奇增，○攣，陷於昏睡狀態，口唇紫青，脈搏如絲，由發病起祇經過數小時至十數小時即可斃命！這眞是一種可怕的病症；我國所謂「急病」，率多指此而言，發生時期，多在秋天的時期，所以有孩子的母親，必須要多曉得衛生注意事項，關於本症知識也要充分曉知一些，務使愛兒不致上這種慘病，那就異常萬幸了。

疫痢的發生　也是因腸內黴菌而起。潛伏於腸內，黴菌種類不一，其中有赤痢菌．大腸菌，還有一種就是本症的病原菌——疫痢菌了。關於疫痢的定義，什麼算做疫痢？在臨牀上凡未發現赤痢症狀，而祇發現前述的疫痢症狀時，不論其病原菌如何，通認是爲疫痢。

疫痢是初秋發現最多的疾病；九，十，十一，月爲最多，五月以前或十二月以後發生最少。在前面說過疫痢因黴菌而起，所以濫食不消化物或腐敗物未熟之水菓等等，極容易誘起本症，關於這一點希望賢良的母親對於小孩子飲食上要特別注意

秋夜

劉邪夫

藍色的天空裏，飄蕩着幾片浮雲，那皎皎的月兒和着幾十個高而明亮的星，因爲受到浮雲飄蕩的影響，便在空中演起了無聲的影戲來，把地面上照的一明一暗，十分有趣。

樹上一羣老鴉，以爲天亮了，便飛散四方，高叫起來。沒過多時，仍然又飛回去，繼續着牠們的睡眠。便鴉聲全無，又成了一個寂靜的世界。

這時我和我的影子，很高興的走到一個小屋的旁邊，去聽小樂師的合奏，蟋蟀彈着琴，蚯蚓唱着歌。一高一低，一轉一合，非常好聽。這秋夜的景況，實在令人不舍，

廣陵秋聲

雲章

「怎生生種下雙紅豆？把一個沒對付的相思，向心上留」。

黃色的郊原，紅色的楓林，殘敗的芭蕉，憔悴的梧桐，沒一件不表現深秋的色彩。而且那討厭的西風，更無情的吹得利害。夕陽已晚，老鴉又陣陣歸來，在空中哀哀的悲啼。這時我的心，直被一切轉化了！瘦弱的身軀，禁不起西風的威嚴。慌亂的心弦，又加了無限日暮窮途的悲哀，低頭踟躕在已被黃葉鋪滿的徑上。看着自已長長的陰影，無語低吟。

「孤獨的心，
緊戀着過去的歡愛！
眼淚已流向大海啊！
永不回來！
秋風空自飄着黃葉，
可是舊時拾葉的人兒安在？
…………………啊！」

吟到此地，聲音低微，他滿腔悲哀，無處發洩。便搖了搖頭，又吟道：

「啊！可笑他，空自惆悵！
不然………心緒又將何往？
啊！又將何往？」

意乱已極，無心深思，便從衣袋中拿出一冊小詩來。從頭至尾，很詳細，很深刻的讀去。這小詩就是他平日零碎的創作。」

「慘烈的西風，在飄在吹，
可憐的秋芙蓉已在風中戰慄。
許多紅葉在低低密語，
好像似臨別贈言，在度他們最後的接吻。
啊！分散了，分散了，分散了呀！
這輕微辭枝的落葉，
在發他們分散後的啜泣。

十，十六。

塔！塔的時表，在我懷中在鳴，
與我內部血流的振動，聲聲相應。
啊！可憐的機械呀！可憐的肉體，
在這廣闊浩渺之中，
在這汚濁混沌之頂，
惟有他們的振動呀！
是步向死的路徑！

十，二十一。

風潔月皎，
淡微的三星當照。
啊！從窗間穿入的星光，月光，
滿鋪了我的床前，如銀如霜。
已在飽含了鄉愁的人們，
又增了無限的惆悵！

○　○　●　●

一切的人們都在沈沈的夢中，
他們的酣夢，實令我羨慕無窮；
因爲我這獨醒的人啊！
徒自消磨靈性！

○　○　●　●

我的精神，也漸覺昏迷，
好像去追逐啊！可憐的人類！

○　○　○　○

我好像酣臥在愛的河邊，
沐浴我這已醉的心靈。
對着可愛的河山喲！
浩歌長風！

○　○　○　○

銀色的月中的使者，
在愛河的水上，在飛在舞。
她的歌聲，愈覺清朗，
我的心情，愈覺悲楚！
最後我的眼淚啊！傾洩如瀑！

○　○　○　○

啊！我這枕邊的淚流，流上我的胸前，
我這昏迷的靈魂，飄然飛還！
倦靜闊迷迷雙眼，
依然是客中　床間
無限的惆悵啊！又起在心田！

十，

編輯室的廣播電台

1、常識欄，以後决不再缺[illegible]此預告讀者。
2，楚靜君的稿子收到了。
3，老潭君：你近日的[illegible]作又有多少了？請你送來吧！
4、廣陵秋聲，是雲章的舊稿，可是從來沒有發表過。現在他與讀者見面，或者不至笑雲章現在還羅曼斯蒂克吧！

十一，十四，上午十時

古人箴言

（六）讀書不會疑，便是不會讀，疑而不能悟亦是不會讀，總是未嘗用心去求，得到的病原。

縣黨部無綫電收音室開放節目

十一月十五日　星期五

九，○○　新聞
一一，五○　平劇報時氣象　商情　路遙知馬力　祭塔　掃花三醉　惡虎村　截　江奪斗　昭君
一九，○○　荀慧生　倘小雲　姜妙香　合唱玉堂春
二○，○○　報時氣象水位
　簡明新聞
二○，一○　時事述評　關於社會問題
二一，四○　新聞
二二，二○　平劇及國樂　法門寺　天河配　沙橋餞別　春燈謎　平沙落雁　長門怨
　總理紀念歌

豐縣縣立初級中學校週刊

第九期

目錄

會文專號

這次的會文比賽

林

本　在上星期六的時候，舉行了一次會文比賽，題目是「從開學到今天」。參加的人，是全校學生，一百三十五名。

拿這個題目來做會文比賽，有幾點意思：一，本學期過去一半了，想借此知道學生各自的認識；二，在同一標準之下看看他們的國文程度；三，大家比賽一下，對於寫作的興味，或可都提高一點。

我們辦理的方法，是這樣：把學生的名子，都混合起來編號，各本卷子紙上只寫了號頭，另外飛一個條寫名子。卷子紙發下去了，讓他們把名子都撕了去；到看卷子的時候，只認得號數，不知道名子，免得受成見的影響。

結果呢？還算不錯！不過因爲時間的限制很嚴，——兩小時準得繳卷，——又加上大家都矜持過度點兒，總比平素的成績，要低些！這一百三十五本卷子裏面，只有一本做跑了題，兩本發現思想荒謬——見解太幼稚了！——其餘的都是很完全的卷子　最後，我們選出來十五本，認爲較好的；都給點兒獎品．並且揀出前幾名，來刊這個會文專號。這十五本卷子，有三年級的八本，二年級的七本，一年級的沒有。頂可惜是些往常作文倒滿可以，這一次反大大的落到後邊。想他的原因當然不一，但這次的衡文標準，確給他一個大大的制裁。標準是：一，文章內容，二，文章組織，三，字迹與標點符號。平素只注意文章內容與組織，而忽略字跡與標點符號的，那當然是吃虧了！

從開學到今天

三年級趙道坤

時光的飛馳，把整個的半學期，拖進過去的深海裏，想到入學時的困難，來檢查這半學期的成績；各人的心裏，都在微笑了！

入學的困難，求智慾的驅使；加緊了我們對於功課的努力：以前我們厭煩的功課，現在我們對她發生興趣了！以前我們厭惡上課的時間太多，現在却覺着太少了！每一門功課，好像和我們發生一種不可言諭的愛；離開她時，便有一種不可言喻的痛苦；我們都感覺到智識的飢慌；教師在儘量的領導着，我們也在儘量的跟隨着；我們的生活，是這樣的緊張．有趣！較以往的那種上課看小說，終日鬧風潮的生活．高尚到千萬倍！有意義到千萬倍！

在我們的時代我們的環境中，所需要的青年，無容諱言的是吃苦耐勞．身心健全的青年；然而過去呢？學校的學生大都少爺化小姐化了！畢業出來便是：「所學非所用」，所學的智識（？）不是社會的需要，去做切實的生產工作吧！身手又不能勞動了！於是教育和社會決新絕的離了婚，教育造成了社會內許多搗亂分子，成爲社會的病害，本校有鑒於此，又除了充實我們的學識外，又實行嚴格的童子軍訓練，及農場勞作等，我們的身手「勞動化」我們的生活充實起來！

檢查過去的成績　憧憬將來的前途，平靜的心湖，映起「微笑的波紋」。

從開學到今天

三年級鹿芸先

爲了學費　在經濟的濃霧裏摸索了好久，終於冲破了經濟的連鎖，從黑暗中跑向學校來，大家同學相會了，立時覺得革心洗面重見天日，已到了另一塊新的淨土，久枯的心田，重新開出鮮豔的花朶。

學校改了組，又是一番新組織，在這新組織裏面，增加了許多生力軍，新聘教師，學校裏立時浮起一番新氣象，這時我的心靈中，感覺到無限的快慰，同時更加奢了我的希望。

學校的一切工作，無論先生學生，全校師生，協起手來，像萬馬奔騰般的飛躍前進，不論功課的進行，體魄的鍛鍊，道德的修養，都是平均發展，而且都有長足的進步，在我個人感覺到，各方面的進展速度，的確打破了以前的記錄！我們實在不能不承認新組織的偉大熱力，和全校師生苦幹的精神，這是我們都感覺到快慰的。

尤其是童子軍組織，是我們最有力的興奮劑，大家在嚴格的訓練之下，都有絕對服從的精神，忍苦鍛鍊的意志，將來出身社會，絕不能做社會的蟊賊，而且都是社會國的幹部人才，這眞是一樁絕大的收穫。

從開學到今天，已經兩個多月了，在這兒我們結算一下，從開學到今天的帳，每個人的心中恐都有一番統計，而且在這收穫之下，都要得到一些安慰，我自己感覺是如此，別的同學，恐怕也不能例外吧。

我們雖收穫了這許多禮物，不要以爲是夠了，但還不是我們所希望的，還沒有我們希望的那麼多　我們還要加强我們的毅力，用我們大無畏的精神，在這融融怡怡的團體裏，在各教師指導之下，看準前面的燈塔，開始我們的航路，從荊棘中闖出大道，從黑暗中摸索出光明來，那才是我們的希望　努力呀！前進呀！抱定決心，誓死不回，社會上的人士，正在渴望我們呢。

從開學到今天

三年級潘步岩

自接到開學信後，「忙」「碌」「愁」「苦」便放在母親的身上了。求親拜友，更賣盡糧食，用來湊齊學費　忙碌將停倉中告罄的時候，便是開學的日子已屆於眼前的時候，開學的那天早飯後，愁苦的母親將二十八元交給我；用着哽泣的聲音說：「乖，你知道不？你的父親不在家，你的母親嘔盡心血才和你打對好錢！用點功！你的母親的安慰祇有你了；你的哥哥　唉……」　子哽咽住了，在作半點多鐘的我，不知說些什麼去安慰母親的心，只拿着錢扛着被褥踏上到學校的道，然而心中却迴繞着幾句話：「母親　待着吧！你的兒子絕不會使你失望的，他有思想，有毅力，有決心，並且有死幹快幹的精神，他自會努力的安心吧！

入校後，實在的，有毅力有決心；但這毅力這決心，是爲時甚暫的並不是久遠的，到今天的時候，毅力已避向那惡魔的窟中決心也逃到三十三天外去了，目的更年那縹渺的鄉野；母親的願望今在何處呢？

時間是絕對不可停留的而且甚快的過去，從開學到今天時間已不是如何的短啦！竟尚若初時昏昏愣愣不識不知之狀　古人所謂生有涯知無涯　即竭盡畢生猶不可窮知，此短短學習，便九牛一毛蒼海一粟亦不可獲，更不努力，則將如何？學校的生活過後，接着便是入於社會，持此九牛　毛不如之智力豈可戰勝環境？今憶及此，怎不令人感着「來世不可待往世不可追」呢？

但再思及母親的期望和自己的使命，也可以「來日方長，何不及時努力」自慰自勸，就算今日爲界吧！完成自己的使命，來達到母親的願望——以前種種譬如昨日死，未來種種譬如今朝生。

母親，靜候着罷．

從開學到今天

二年級孫兆立

從開學到今天，中間所經過的事情，瑣瑣碎碎，我只好靜心思索一番吧！

自開學以來，自身方面的修養　由我自己的體驗，是進步。

功課是比上學年緊的多，先生也比從前認眞　對於各項課程，我雖是盡着自己的去幹，但總感到有困難的地方。功課既多，時間也迫促，但結果得到的益處，也格外顯著。

上學期我的思想很是混沌，認爲我是一個中學生，地位要高一些，幾乎走到和下層社會隔離的路上去　現在却清白點了．知道和下層社會接近．才能認識社會現象，因爲你要考察某時代的社會狀況如何，專從歷史上和書籍上是不能得到正確的認識的、例如：你要認識張勳復辟時代的一般社會現象，祇要看看魯迅的風波就可以清清楚楚的知道。

學校方面：和上學年有了變更、在童子軍方面說吧，本校在從前雖有童子軍組織，但都是馬馬虎虎，沒有切實去做，今年却不然，全校同學完全是按照童子軍訓練方式組織起來的，散慢的學生有了密切的聯系，同學一舉一動都須鄭重。否則，全體學生都受牽連，所以學生也都漸漸地走上了正確的路。

從開學到今天

二年級路光源

唉！地球不住地旋轉，日子不停地循環；將一閉眼，兩月多的時光已匆匆的從我手中溜走了。我似乎覺得它去的匆匆，用盡我的力去拉它，它却偷偷地不遲疑地從我手中慢慢地走去了，連點回顧的心都沒有。於是我失望了，躺在床上，自嘆自己沒有享受「日子重來」的福分；但是新來的日子，便在我嘆息的時候，又和從前似的逝去了。

一嘆息一是沒有用的，從開學到現在已兩月多了，應該專心一致的考查自己所讀的書，是不是有益於自己？有益於羣衆？品行的修養，是不是達到了完美的地步？身體是不是已鍛鍊成了鐵也似身軀？想到了這些學情，我似乎覺着有些煩難起來了，自己不能回答自己。

我固然不是個「書獃子」，但是看起小說來，幾乎忘掉了一切事情。我第一次的臨時考試，所以不如別人，就是上了這一個「當」。自己，覺慚愧。

鍛鍊身體是我最喜歡的事，所以在這兩月多之間，也沒有什麼大的毛病。不過我有點不好的習慣，說起來到也是一件很小的事情，就是不大好渴湯水，所以弄得喉嚨不大好起來，以致兩天多沒能上課。

有一次，一位同學忽然說：文言文是必須學的，以後考什麼什麼學一定要作文言文。當時一些同學聽了，都說要學學，我也上了「一犬吠影，百犬吠聲」的擋，有空時就拿出文言文來讀讀，以致于二十餘日，加力於文言文上，弄得頭昏眼花了，到底不知道牠是一件甚麼東西。

雖然有以上的幾點不對，但對於學業方面，也沒有什麼了不得的大阻礙。到還很幸。

以後決不再像「從開學到今日」一樣，要專心一致，埋頭的幹了。

前題

三年級王兆祥

往日的上學，第一抱着升官發財，榮光耀祖的思想，第二養成肩不能擔手不能提的習慣。就是現在的學校還有不少在那裏延續這些惡習。

自我入校以後，對於功課雖未能認眞幹下來，但是我承認我的精神却慢慢奮發了，而尤以近日的勞動服務，與童子軍的加緊訓練。

現在的人還許有大半認為勞心者不應勞力，勞力者不應勞心，而尤以吾輩學子更以為如是，其實自己是大錯了。我們想想每一個學生是否有上大學入研究院的能力，是否畢業出來都能找到職業，恐怕不能吧！並且每個同學的家庭不能盡是豐衣足食，而卒業出來沒事做時，游手好閒於其家，久之，勢必入於下流，成為社會國家的蠹蟲！

現在學校有了這種勞動服務，而很嚴厲的督促進行着，眞是我所最希望的。但是有的同學在勞動服務時却說：「我們一學期拿二三十塊錢，並不是來掘地的……：」因為時間的不夠用發此牢騷是應當的：但我們現在要為服務社會，家庭計，為自己的前途計，都是非有勞動的身手，健强的體魄不行的；我們自己要再三思之！

童子軍為初中學校必有的課程，而我們於今又適置世界大戰臨頭的咆哮中，更應當注重童子軍的訓練。使我們成為一個個有完美的道德，和大無畏的精神的人，以備來日為家庭計會國家荷槍擊敵而不慄！或為一良好的國民，終身誓守童子軍的格言誓詞規律，為社會服務，若吾輩青年皆能如是則吾國可突立於强國之列了。

現在我的精神鼓舞起來了，自願成為一個有勞動身手的童子軍，以便以己之能，為苟延殘喘的祖國做點事業。

望我同學，丟掉小資產階級的思想，鍛鍊清析的頭腦和鋼一般的身體，與現在的黑暗奮鬥　應付未來者的環境，不要遲疑，不要落人後！

○○○

前題

二年級劉學新

時候是深秋的一個下午，在教室裏，日光從玻璃窗上透進來，射到我的身上，有些熱。黑板上顯出幾道粉筆畫的；「從開學到今天。」

我還記得，開學時候的熱，因為我的位子，是靠着南面窗戶下，每到正午我總有點頭暈，所以至今還記得。背着我的包裹，從家裏一步一步的着太陽，向校裏來，熱了滿頭大汗，—這是在開學的第一天。

呀！變了！學校裏的一切編制都不是先前那樣了。這我不久就知道了，因為先前有師範部，中學部，現在卻純粹是中學了，訓練的宗旨也隨着根本改變了。

「先前的不好的習氣，要小心着呀。」我惶恐着，對於這個嚴厲的改革。

小隊，中隊，這是我們的編制法，照着童子軍的組織，整個學校的組織都是這樣的，全體同學都是童子軍，本着童子軍的精神去施行一切。

在這種學校生活中過看，起初總覺得有些不隨便，但是到後來我就知道了，先前的最大的毛病就是隨便，把一切功課，習慣，弄得一塌糊塗。現在大概把這個「隨便」去了，不然怎麼不覺得不隨便了呢？

眼看着窗外洋槐的葉子，從深綠變成黃，再飄飄的落下來　知道又過半學期了，在這改組後的短短的時間裏，學校裏一切，我感覺到不似先前那樣的馬虎，對於我們的訓練非常認眞。在這種嚴格的訓練之下，我的體格，道德，知識，總歸有個相當的進步，但是沒有東西能測量它是進呢，還是退。我不十分明瞭，只是對於學校生活的一切，我都樂意，不像未開學的懶惰和虛僞了。

前題

二年級崔向士

在開學的那天，我便很快樂的來到學校裡。校外的樹木與校內的房子，和暑假前並沒有什麼不同。然我全體師生，都現出非常努力的精神。——這是很眞切的從校規上或課程上看得出來的。

溫和的風不時的向我們吹來，是在對我們微笑吧！先生們都時常的討論着：如何的使同學們底程度提高，養成好的品行和富有吃苦耐勞的本能。各個同學都很在心的去遵守先生所定的規律。

我們就這樣過有秩序有規律的生活，天天的下去，——實使人非常快慰。從開學到今天，我們努力的結果，回想起來，約有下列幾點的獲得：

一，知識有相當的提高：我曾記得先生說：「你們的化學，已比這班三年級去年現在教得多了」。這足可以證明我們課程的提高是無疑的了。

二，禮貌：在初開學的時候，向先生講話時，都是不行禮的；現在問書或送練習簿子的時候，必須對先生行禮。這便是講求禮貌的鐵證。

此外還有對於我們的身心上有很大的益處的事；從開學到今天的我們的進步　算起來，眞是寫不盡了。

縣黨部無綫電收音室開放節目

十一月十七日　星期日

一一，一五　科學新聞

一二，〇五　平劇　清官冊　太眞外傳一至四　斬馬謖　斬黃袍　忠孝全

一二，三五　樂隊奏樂　京市政府樂隊

一八，〇〇　奏播：國樂　無綫電雜談

一九，〇〇　平劇　梅蘭芳　尚小雲　蕭長華　茹富蕙　合唱　女起解

二一，三〇　新聞

十一月十八日　星期一

九，〇〇　新聞

一一，五〇　平劇報時氣像　商情　打金枝　綠珠墜樓　斷密澗　逍遙津　俊襲人　武昭關　黃鶴樓　鴛鴦絨

一九，〇〇　平劇　程硯秋唱　荒山淚　言菊朋　譚富英　薛少卿

二〇，〇〇　合唱打鼓罵曹　報時氣象水位

二〇，一〇　簡明新聞　時事述平　關於賑濟水災問題

二〇，二〇　國樂　清風明月　敘頭鳳　滿園春色　弱柳迎鶯　水龍吟　歌

二一，四〇　林百詠　新聞

第一四期目錄

編輯處徵稿啓事

本刊以溝通教育消息，交換教育心得，討論教育實際問題為任務。定於每週星期一出版，務望全縣教育同志，將各種教育論述，實施報告及其他有關教育之材料隨時錄寄，無任歡迎，惟因篇幅狹小，事實務求新鮮而具體，文字務求簡要而靈活，統希鑒察是幸！

論述

實驗鄉學旗幟圖說

王汝樾

嘗見各機關各團體各學校之旗幟：有白布寫黑字者，有藍布寫白字者，亦有黃布寫黑字者……，種種式樣，不一而足。其大小，其形狀，其顏色，其製法，亦多不一致。其象徵，其所含意義，又多不明顯。查某機關宜用某種旗幟，某學校宜用某種旗幟……，政府亦無明令規定。本鄉學以為旗幟為團體之代表，宜有相當之意義、遂製造鄉學旗幟一面。茲繪圖分述於後，以供同者之研究，併請教正！

(一)繪圖

(二)圖說

1、象徵—周圍綠色，象徵農村；中間白色象徵光明；方形象徵正大；字用紅色，象徵熱情。

2、意義—在農村環境中，建設一種光明的正大的中心力量，用最大熱情完成之

3，製法—全長四尺二寸，寬三尺五寸，成六與五之比。周圍綠邊各寬七寸。中間白布長二尺八寸，寬二尺一寸。以上均指市尺而言。旗褲在外。製成後，竊以為該旗幟非特本鄉學可用，而鄉村各學校亦可採用，不知大家以為何如。

[illegible]稿簡章

一，來[illegible]合於小學教育及社會教育之實際需要為標準，約分論述，報告，設施計劃，教師常識，教材教具，介紹，教育學術講話等項。

二，來稿不分文體，但須繕寫清楚，除特屬性質者外均須直行右起。

三，來稿非經聲明，編者有删改權。

四，來稿不論登載與否，概不退還。

五，來稿須註明眞姓名，及通信處，但發表時，別署聽便。

六，來稿寄豐縣教育局，稿封上須註明「教育週刊文稿」。

鄉村小學最低限度行政標準

(續)　董鴻恩

8，學生發問時有先舉手之習慣

6、偶發事項處理得當

10 上課時教師儀容端正，聲音清晰，精神充足。

11 能切實考查學生程度，各科筆記批改精勤

12 能將優良成績按時揭示以資互相觀摩

13 學生課業能按時訂正

14 學生學業能有系統而完備之記載

15 一學期中至少有三次成績考查，並能詳細報告兒童家長。

16 假期中學生能有自習辦法及成績

17 文字讀音，最好能以國音為主

18 各科作業簿籍能充分應用

19 學生作業有左列相當成績

(一)國語科

一，國語教學能注意注音字母

二，學生有語言發表之機會

三，國語課文及生字均認眞教學

四，學生讀書之音調須自然

五，低年級能注意生字練習

六，中年級能注意默字練習

七，作文每週至少一次並能切實指導批改

八，中年級國語教學能注意自習

九，兒童有課外閱讀之習慣

十，生活日記能練習無間

十一，書法有課外練習並能切實指導

(二)算術科

一，算術教法切合需要

二，對於度量衡練習尤能注意

三，心算速算均能注意

四，珠[illegible]和筆算能並重

五，能按時練習並(注意整潔)練習題

六，扮演敏捷，時間經濟

七，學生演算錯誤，能隨時訂正。

八，能引起學生學習興趣。

(三)常識科

一，常識教學合式，說理透澈，發問切當

二，教學常識能注意實物之觀察及社會狀況，自然現象之研究，並能以日常生活作為推理證驗之資料

三，有鄉土教材之補充聯絡

四，使學生有表演操作習慣及學習興趣

(四)公民科

一，教材適合教育部頒標準

二，方法合式，說理透澈，發問切當

三，能考查兒童實踐之程度

(五)美術

一，美術教學能與勞作，常識等科聯絡並利用當地產物作為教材

二，圖案寫填及自由發表均能注意

三，能使學生有研究和欣賞的機會

四，訂正或示範均合度

(未完)

教育學述講話

小學教師應注意的一些事情

(續)　瑞書

3，訂正文字宜寫正楷　訂正課卷宜用正楷寫清楚，以便兒童認識，低年級課卷，尤不可略帶草字。

4，課卷訂正後，應由教師簽名　教師訂正一本課卷完後，應簽字於練習末尾，以示負責。

5，課卷訂正後，教師應註明月日　教師訂正一本課卷完畢後，應於練習末尾註明月日，以明訂正勤惰

6，缺課兒童，應責令補做　缺課兒童，應於其到校，令其補做，教師應不避個人麻煩，置之不理。

四，課卷封面應加註明的項目

1，校名

2，科目

3，年級

4，姓名

5、性別
6、年歲
7、年度學期

實施報告

（未完）

創辦楊莊短期小學的報告

（續三十六期）　寇曉生

（三）小宣傳家功績

開學八天啦，學生數的最高度，達二十六人。眞令人抓頭皮。

時常督促本村跟學校有關的人，往鄰村招邀學生。然而，大人那有這許多空呢！況且大人邀小孩子，又有隔核。就如齊莊吧！竟有如此的事情發生。

經過是這樣：

一天，與本校有關係的一位，向齊莊的一位小孩子的父親說：「二哥！令郎怎麼不上學呢？書，石板概由學校發給，又不費啥」。結果，他願意將他的毛二送到學校來讀書了。但是，過一天，毛二沒有來，兩天……三天……六天毛二仍沒有來，及至問毛二爲啥不來時，便有人這樣說：「毛二那孩子死也不上學，他父親怎樣也製不學裏來。他爸爸到城裏買新衣服引透他，他也不肯。他說：『請願在家拾乾棒，拾糞　也不上學。一上學就要受苦挨打的』！哈！老子管不妥兒子了。

這樣的事情　不一而足，後來又發現了三次，眞是招生的大障礙。

用啥法呢？招生。

像毛二樣，不願上學，是不明學校的內象。被那個老撥打怕了。假如能使他明白了內象。大概就來了吧我想。

怎樣能使他明白呢？那就要請在校的這二十六位小朋朋—小宣傳家—了。

有一次，我問他們肯負這種宣傳的責任嗎？他們都雀躍着應允了。在一次公民訓練時，我們便組織了一個「勸學會」。以便開始工作。努力進行。經過商討的結果，會是這樣組成的。

勸學委員會
- 會長
  - 會員大會　指導委員會
  - 幹事會　會務改進委員會

當天，便開始宣傳，兩天後，就由我們的小宣傳家勸到了十五位學童。內中尤以幹學閻本亮最努力，只他自己便勸來了三位。頗可嘉許。（未完）

實施義務教育暫行辦法大綱

專載

第一條　茲遵照第四屆中央執行委員會第五次全體會議議決實施義務教育標本兼治等案，製定本暫行辦法大綱，其目的在使全國學齡兒童（指六歲至十二歲之兒童而言）于十年期限內逐漸由受一年制二年制達於四年制之義務教育。

第二條　義務教育之實施，應注重實際生活之教育，分三期進行。

（一）自民國二十四年八月起至二十九年七月止爲第一期，在此期內，一切年長失學兒童及未入學之兒童，至少應受一年義務教育，各省市應注重辦理一年制之短期小學。

（二）自民國二十九年八月起至三十三年七月止爲第二期，在此期內，一切學齡兒童，至少應受兩年義務教育，各省市應注重辦理二年制之短期小學。

（三）自民國三十三年八月起爲第三期，義務教育之期間定爲四年。

第三條　前條規定期限，遇經費充裕時，得減縮之。

第四條　全國各省市應劃分爲若干小學區，準備實施義務教育。

第五條　義務教育之施行，除辦理短期小學外，並應施行左列各事項。

（一）推廣初級小學。

（二）充實原有學級之學額。

（三）厲行二部制。

（四）改良私塾。

（五）試行巡迴教育。

第六條　義務教育經費，以地方負擔爲原則，但對於邊遠貧瘠省分，及其他有特殊情形之省市，得由中央酌量補助之。

第七條　關於義務教育之實施，中央及地方主管教育行政機關，均應特設義務教育委員會協助推行。

第八條　在學校數量已足敷容當地學齡兒童之地方，凡身體健全之學齡兒童，均[illegible]違者政府得採取必要之行政處分，強迫[illegible]第一期內，對於年長失學之兒童亦同。

第九條　教育部於本暫行辦法大綱施[行]屆一年後，應根據各地實施情況，擬定義務教育法草案，呈由行政院核轉立法院審議公布。

第十條　本暫行辦法施行細則，由教育部根據本大綱訂定施行。

第十一條　本暫行辦法大綱由行政院核准施行，並呈報國民政府備案。

（未完）

普及現代生活教育之路

（續）　陶知行

轉載

攻破多生關

一　民族須有一永久人口升降委員會之組織，隨時調查耕地面積之消長，生產技術之效能，生活程度之高下，容納人口出路之多少，以改定人口升降之比例公佈全國共同遵守。二，研究一個銅板的避妊法，使全民族都夠得上實行。三，教男子滿二五歲女子二十歲始可結婚，結婚後服務五年可生第一子，俟第一子入小學可生第二子，以二子爲限（子爲男子女子之通稱）。一胎生二子或三子者以一胎爲限。人口稀少之地帶由人口升降委員會頒布特殊條例。

攻破守舊關

守舊的頭腦是一切進步的大礙障。遺舊的裏面有許多是騙人的迷信，尤其害人。黑漆一團的頭腦要用科學之光來轟動，叫他起一種變化向進步向去思想。電影，無綫電話是兩種最重要的工具。我們要普遍的運用牠們來改造我們的頭腦。

攻破自由關

我有我的自由，誰能干涉？我高興就讀書，不高興就不讀。我高興就教教人，不高興就不教。這種過分的個人自由是必得統制。中華民國要個個國民學成一個現代人，任何人拒絕現代化便是危害民國，必須受法律的處分。有知識的人必須納知識稅，拿自己已得的知識去教人。不肯教人的不配受教育，既受教育而不肯教人的以抗稅論罪。

攻破不平關

納稅的人得不到教育。拿窮人的血汗錢培養富人的少爺小姐，這是多麼不平的一件事啊！婆婆不許媳婦上學，老板不許夥計讀書　司務不許徒弟看報。工廠經理不許工人求知識，這又是多麼不平的現象啊！攻破這個難關要三路包圍：一是用小先生把知識輸送到不能進學的窮孩子的隊伍裏去；二是立定妨害進步罪，使一切妨害別人求學的人都受法律的制裁：三是一致奮鬥要求教育經費之確定與教育權利享受之普及，以實現教育機會之平等。

縣黨部無綫電收音室開放節目

十一月十九日　星期二

八，四〇　國樂　傍妝台　杏花天　清平詞　到夏來　陽關三疊　桃李爭春　平湖秋月

九，〇〇　新聞

一一，五〇　平劇報時氣象　商情

瓊林宴　鳳還巢　桑園會　祭長江　祭瀘水　四進士　弔金龜

一九，〇〇　平劇　程豔秋　梅蘭芳　蕭長華　李多奎　王又卿　合唱六月雪

二〇，〇〇　報情氣象水位　簡明新聞

二〇，一〇　時事述評　關於國內時事問題

二〇，二〇　音樂　本處傳音科同奏人播　（一）吳宮醉舞　（二）長相思　（三）龍吐珠　（四）六句贊　（五）秋思

二一，四〇　新聞

鳳鳴塔

第一六一期

一、本刊內容分科學常識論著詩歌小說戲劇散文書信書報介紹及批評等項
二、本刊歡迎投稿來稿文言白話均可
三、來稿本社有修改權不願者應先聲明
四、未經登載之稿除預先聲明者外概不退還
五、本刊編輯部設覺報社內

漫談

農村破產的背景（續）

袖裡

(二)經濟的、世界經濟的恐慌，促進各帝國主義的市場爭雄。他們為着維持恐慌，充實內部，一個個爭先恐後的鼓舞着侵外的主義。於是一切產業落後的國家便為彼等逐鹿場所投資的原地了。這樣以來久弱窮困的中國，在無形中就受了他們的支配和蹂躪，而各種事業之進行也均陷入無法伸展之境地。

現在將這複雜之經濟背景分門部的來概述一下：

(子)工業不振

自從歐戰後，各國都着眼於工業的競爭。然而，落後的我國工業，時刻的追隨於彼等之後，但始終的氣喘喘的望塵莫及。在這可憐的，萌芽的工業過程中，偏偏的遇着各國產品過勝的猛擊，隨將這呱呱墮地嬰孩似的中國工業衝蕩的落花流水，幾乎無有生存之地，所以近年來之工廠倒閉，手工業崩潰等，隨發生了失業問題，於是男女，童工都陷於清苦無所事事的環境。這一切的一切都是洋貨猛攻的產生，於是就直接的影響到農村的恐慌了。

(丑)產業的落後

時代的鉅輪不停的迅轉，兩足動物的社會時刻兒變遷，人類的用物也由粗而精，由簡而繁，各種事業亦正在起勁的改良進展。然而我國大宗之產業仍是墨守陳法，不知改良求精，以致受了自然的淘汰，陷於一落千丈之境。現在我們就根據出口大宗之絲，茶 大豆等來說：關於大豆一宗已為異人所有，這地姑且不談，我們只好拿茶、絲來說了。絲 茶為我國唯一之出口貨，向來均握世界之第一位。現在因不知改良老守舊法；至今只落得蕭條萬分，而經營絲茶的農民遂墮入了清貧之苦海。這末一來只能任人家輸入，自已不能運出。換句話說：就是只能消費而不能生產了。

(寅)投資的結果

我國自鴉片戰敗以後，國運日趨暗境，割地賠款之條約如狂風暴雨的驟至，國家之經濟政治等，也就漸漸的流入支配的旋渦，而一切的工業開採等，均限於條約的規定，任外人投資壟斷。尤以上海洋浜濱之事事物物更使我敢怒而不敢言。外人便飛隙投資於各種實業，從中操縱中國之經濟，支配着整個的實業。因此國家之一切進行均陷入畏首畏尾之被外人經濟包圍境內 國家的事業也日見拮据窮條之象，國家的金融也日益外溢。

(卯)外債的剝削

久貧的中國，為着振興工業，發揚文化，轉弱圖強，就不得不向實事求是的道上走去。但是因為經濟之所阻，自力不足，就不得不借貸於外人，又加過去之外債未能通盤結清，於是新舊疊了起來。這時各國看到好機可乘、便慨然的借與，但名義上是「協助」「友好」，實際已吸吮到中國人的骨子裏的內層去了。因為這樣，所以中國之經濟雖再三的求補除虛，但終因各帝國主義之侵略已深入膏肓，金融的外溢真使我們無善策可施。因此帝國主義的經濟便支配着整個中國的農村。

(三)自然的

我國雖居於地廣物博，氣候中和的地域，然而也時常的鬧着異外自然的恐慌。現在就所知分為兩種來說：

(甲)水災及旱災

試打開中國的歷史看，代代皆受到大水之泛濫或災。我國許多河流每逢夏秋之交，綿綿連雨之時，各河流多易決口，以致泛濫成災淹沒田禾，除掉水災外還有旱災。譬如彼處已成澤國，此處則赤地千里，苦旱禾枯。因此兩種禍害，使農作物大受損失，而人民之生活日益無法支持。於是就產生了『野生餓殍』『夜有盜賊』的現象。

(二)蝗禍及種菌

「大災之後，必有大荒」「大旱之後，必有大蝗」連年來的飛蝗遮天，實為農田上絕大的禍害。現在我們把明代郭敦的飛蝗詩抄在這地借此一下：

「飛蝗蔽空日無色，野老田中淚垂血，牽衣頓足捕不能，大葉全空小枝折，去歲拖欠鬻男女，今歲科征向誰說，官曹醉臥聞不聞，歎息何須望京闕」。這是蝗後的寫照，在這環境的人民到底是多麼的痛苦而心悲呢！

田間的禾苗，因為旱澇不勻的所使，便都受了自然的病態，往往良好的種子，結實便變為黑的菌結。因之農作物已受到很大的損失 農民的收穫也隨之減收 然而這種害禾的病菌，也是該趕快的剷除的。

結論

總合上面所述 現在我們來一個簡單的結論：中國農村破產的背景 其中複雜的原因；亦非筆者才疏學淺之所能寫出。就便概說；我國農村破產的原因 非非一朝一夕之事，實是歷年來之不景氣逐漸形成了今日之農村大破產。然而這原因之重因，大概不外乎帝國主義的侵略，金融的外溢，工業的落後，天災人禍的相煎迫而使其然也。希望國人速謀補救之道，以期挽回危運于萬一也。（完了）

暮秋哀歌

幟者

淒涼的秋天的西風，
颯颯地向着未來的世界哀泣。
太空是這麼的短促荒蕪，
像一隻悲哀的鳥永遠的無語的疾飛。
〇〇〇〇〇
荒涼與沈寂在靜靜的期待着，
凜冽的冰估的時流來臨。
禿樹無語隨嚴風而泣楚，
殘葉將飄落在陰沉的邱陵。
〇〇〇〇〇
冷雨嗚咽哀吟悲秋之歌，
幽涼淒婉動顫於迷茫的水濱。
沒有色也沒有 綫灰白的光，
濟世界像早己都悲哀化了。

衛生常識

小兒疫痢的治療（續轉）

第一，須把腸內之不消化及有毒物質迅速排出體外

第二，須把由腸向體內所吸收之毒物迅速排出體外

第三，須竭力保護陷於衰弱狀態之心臟及循環系統

關於治療疫痢之治療 要點，第一須把積於腸內之不消化物以及有毒物質迅速排泄體外，第二再使由腸—尤其小腸—向體內所吸收之毒物迅速排泄體外，第三對於因體內吸收毒素之故陷於衰弱狀態之心臟以及循環器系統，須竭力保護健全。為達第一目的（使積於腸中之不消化物或有毒物迅速排泄體外）。以使用蓖麻子油為最佳尤其在本症初期用之 更有特效，若幸未致嘔吐，充分奏效時，那麼患者已算脫險可保平安了。反之若患者不欲服用，或服後嘔吐殆淨不能奏效的時候 雖亦可洗腸，但雖達到腸之上部——小腸，治療效果很少。

為達第二目的（使體內吸收毒素排泄體外）之故，可以行食鹽水 葡萄糖皮下注射 為達到第三目的—循環器系統之補強與保護，上述食鹽水及其他強心劑之注射有絕對必要。總之，疫痢之過非常迅速，決不能刻遲疑，苟有秒刻的遲延 即足致兒童死命 須要特別注意

在病兒漸脫危險期，張口要飲水時，應先飲以淡茶，再漸漸與以湯食 暫不可與以澱粉類食品 否則易起營養障害 最好飲以牛乳 飲牛乳時最初飲脫脂乳較為安全 腹部蓋以溼布，頭部用冷毛巾浸之即可 用冰涼凡是強、在口唇呈紫色時，注意心臟部勿使其冰涼，最後關於藥物上的治療法，可以委任醫生 現在用不着再加講述了。

此外一般連續〇變昏睡狀態持續過久，或意識不明……任意發生不良影響，在症發時須要特別戒備。尤其影響程度與兒童年齡頗有關係 年齡愈小，所受之影響愈大。還有一件事不可不注意：在施以治療兩三日後，雖稍減輕 仍有惡化的危險，所以務須特別當心。

追悼仲甫兄

疏影

（一）

秋風在柳梢枝頭蕭蕭的嘆息，秋蟲伏在枯草叢下嗚嗚的哀鳴 慘淡無力的斜陽映着老弱的破巢，一切的一切都低泣呻吟在深秋脚底，我獨自一人踏碎了路旁的樹影，移動在枯黃的草上，來到這淒涼的荒郊，扶撫着受足了風雨剝削霜露欺凌的殘碑，看着黃沙的墓墳，哀悼長眠在墓裏的甫兄。

甫兄，在你死後的離別途上，不覺已受了三年來思念的苦刑，在你死後，我本想寫點東西來紀念你 可恨你弟弟的名字及作品都是寫在雲中霧裡的，實在不足紀念你呀！在碑下長眠有知的甫兄諒不怪無知的弟弟吧！

你在三年前的春天，如受了風雨摧殘的玫瑰花片，悄悄地落了塵埃，遂演成「落花不能上枝頭」的現實，便一去渺然了。在你臨終的時候；我不能和你作最後一剎那的晤會，更未跪在你的靈前痛哭一場，獻給你一束二束的鮮花，燒上一頁二頁的紙錢，我想到這裡，眞想豪淘大哭起來。

啊！甫兄！原來是在我離開你跑到異地的第三天的早晨，你便別了這汚濁的人寰，——這是綫針來信告知我的——我得了你長眠的消息，一顆心將會沈痛……但是，又有甚麼辦法呢？只有是流些明知對於你的死不會發生一點效力的淚水吧了。

（二）

本來『死』是人生的最終歸宿，任何人逃不出的範圍。可是你的死不是像深秋時的樹葉，先黃次枯後落而自然的飄去，你是青年的夭亡，仲春的落葉 是不自然的死了。誰個又不爲你流着辛酸的眼淚呢？並且你拋棄了殘年的老母，衰弱的……再則你的父兄老早都棄了世，支持家務的就是你。你死了，誰人繼承你的職務呢？老母嗎？已是暮年的人物，一顆老的心，曾受了許多的創傷，留下了血的遺痕，怎樣能支配家事呢？姐姐吧？是怯懦無能的人，自幼雖未享受過閨閣小姐的嬌養，那何曾又看過這樣悲慘的戲劇，度過這般困苦的生涯，可憐命運多乖的姐姐，自跨進您的家門，可未曾度過一天的安適生活，削瘦的面頰上一條一條的皺紋，眼邊的紅沿及一切的形形色色都足以證明她是飽度了淒慘的人生，飽受了風，霜 雨，露的欺凌，一顆心不知爲這數年來的刺傷將會變成若何的模樣？兒子是未及弱冠的兒童，黑白不分的孩子，他怎會擔起家務的重載，在這冷酷的社會裏奔波呢？要說把家產整個的寄託在與你居多載的叔叔身上管理吧！可是你的叔父又是一個不明事理的人，心思的滯笨，行動的呆板，處處都足能表現他是一個忠誠人，不過他的忠誠是過於忠誠了，與一個愚人無異，就憑他的才能來說，處在現時的社會裏，尤其你那故鄉環境之下，四週的冷酷與白眼時時訂在您家長業人的身上，形如羔羊被困，倦鳥入籠，他個人的家產尚還難保，怎樣再担負您家的一份產財呢？

甫兄，你死了，你拋棄了一切而死了，對于你的死，你或許是認爲獲得了安樂的窩巢，可是你是否也曾意識到你死後家境的落魄？咳！談起你家中的現象，實使鐵石心腸的人，也會號淘起來。聰敏的你呀！假若死了有知的話，能安眠在地下嗎？能不流着悲動之淚嗎？

（三）

甫兄你雖是在現時社會裏留戀了二十多年就別離了，然而弟弟是深知道你已經飽嘗了人生的苦味，受夠了冷酷與白眼，痛飲了嘲笑與辱罵的苦酒，度夠了鐵蹄上呻吟的生活。甫兄你不是由長期病轉爲吐血症而損生的嗎？追探你病的來源及經過的歷程，我雖是一個年青青的人，不能盡情瞭然，可是由老年人的告訴總可以知道個梗概：你的父親在民國元年因受土匪的恐嚇而死掉的。據說他死在二十八歲的那一年，這樣可算與你同樣的夭折了。他死時，你與你的哥哥都是過的童年生活，對於父親的死，悲動嗎？或許不知道悲〇！從此以後，你的母親便總攬家務了，——不用說你的祖父是老早死去了。——開始度着孤兒寡婦的淒涼生涯。幸而那時候還有你父親遺下的數百畝田地，雖過了些兵慌匪亂，水旱失收的年頭，總可以飽食衣暖未遭意外的境遇。至於受外人的欺辱與誹謗，那是不可諱言的事實。任你是一個有多大本領的青年婦人，總敵不過社會的虛僞與欺騙。（並且你家受外人的欺侮是由祖先傳下來的事情）好容易挨到你的哥哥年歲大了，把家庭的責任擔負起來，意欲恢復『父』在時的產業。可是四面的冷嘲還是蠢量的壓制着您家的頭皮。當初你哥哥是一位志氣方剛的青年人，熱血正在沸騰，爭勝心日趨于一些無理的謾罵當然不甘願屈服，於是就時起風波，總是因他年齡幼稚辦事能力薄弱的緣故，便會屢次失敗獲得灰心的下場，後來他知道了抵抗的結果，只是得到更大恥辱的報酬，因之便改變了對外的方針，交結了一般本地的無業流氓，意想從此後便不受以前樣的侮辱！孰料他是個做事無把握的人 便會演成『進朱者赤』『進墨者黑』的事來，此後竟成了流氓館中一把露頭的人物，嫖，偷賭，他無一不會，吃喝嫖，他無所不爲。你想想一些無業專靠吸收別人血膏來度生的遊民，你家總算是有點財產，怎能跑出被掠奪的階級，當時你的母親可說是『老不曉事，愛兒心癡』。一切家業只有聽你哥哥盡量浪費與變賣。那時你是一個未成年的人，家中瑣事雖說不知，就是深切的明瞭，說出話來亦不會發生任何的效力，於是家產日漸弱落，門風日趨敗壞。

廣陵秋聲

（續）　雲章

寒風慄慄——
霜林已醉。

○　○　○　○

紅葉已枕藉徑荒，
與枯草相抱而睡！

○　○　○　○

晨星幾點，
在暗淡的雲中偷看。
她看那東方的光明已現，
轉身飄去無蹤！

○　○　○　○

晨鴉又四處飛起，
在空中哀哀的悲啼！
一種淒涼不斷的情緒，
頓繚繞在惆悵者的心裏！

○　○　○　○

啊！黑的黃的兩犬，
在低低密語。
活動的機械又在生活的道上馳驅！
可是這紅葉枯草，
又在霜痕下相抱而泣！

十一，七。晨。

詩讀完了。夕陽已落。慘淡的冥色，已入林中。歸鳥飛盡，四無人聲。只有三兩戀枝的霜葉，被西風吹動，蔌蔌的悲鳴。與我低微的吟聲相應。

十一，二十。揚州。

總理誕辰參觀菊花會詩

義全

酒卮中有好花枝　正是持螯把鞠時
冷豔欺霜原傲世　寒香繞室亦嬌癡
孤芳一醉淵明酒　晚節留關老杜詩
今日盛筵兼聖誕　他鄉綠會更難期
秋風秋雨織秋涼　老圃移來晚更香
葉托秋霖甘淡泊　花篩秋月認疏狂
清姿秀挨三春雪　瘦骨寒壓十月霜
添得案頭多少意　聊餐秋色潤詩腸

縣黨部無綫電收音室開放節目

十一月二十二日　星期九

九，〇〇　新聞
一一，五〇　平劇報時氣象
商情
子胥逃國　鴛鴦塚　珠痕記
之磨房　二十九本狸貓換太子　碧玉簪
蔣幹盜書　代齊東　牛皋下書
一九，〇〇　平劇
王瑤卿　程繼仙　合唱　悅來店
譚鑫培　金少山　合唱　黃金台
二〇，〇〇　報時氣象水位
簡明新聞
二〇，一〇　時事述評
關於社會問題
二〇，二〇　國樂
翠湖春曉　金蛇狂舞
二一，四〇　新聞

鳳鳴塔

第六二期

一，本刊內容分科學常識，論著，詩歌，小說，戲劇，散文，書信，報告，介紹及批評等項

二，本刊歡迎投稿，來稿文言白話均可

三，來稿本社有修改權，不願者應先聲明

四，未經登載之稿，除預先聲明者外，概不退還

五，本刊編輯部設豐報社內

漫談

意阿戰爭與中國

箴玉

自意阿戰爭發生後，全世界的人民沒有不在恐怕中，尤其是科學落後的弱小國家的人民特別膽顫心驚得利害。

在現在弱肉強食的時代，只有強權沒有公理，換句話說，只有強者生存于世界，弱者就不配在世界上佔一生存的位置。

此次意國的侵略阿國，就是因阿國是科學落後的國家，所以意國的首相墨索里尼說：「在這科學競爭的時代，只有強國存在。而阿國是落後的弱國，實在沒有存在的資格，必須我們把他併吞了，加一番敎練，然後才可有存在的希望。」我們看墨索里尼的政策是如何的殘酷？又是如何的毒辣呢。

阿國雖是一個弱國，但他國的民心還沒有死，全國很能團結一致，況且阿國的國王愛國的心很切，他曾經宣誓聲明說：「我全國同胞，甯願死于疆場，不願做貪生怕生的亡國奴，就是剩一兵一卒也不讓意國去併吞。」你看他們救國的意志是多麼的堅決。但是意國非得滅阿國不可，所以意國用猛烈的炮火去向阿國進攻，去向阿國轟炸。若按兵力和戰鬥的利器講，阿國的確抵擋不過意國。不過阿國的面積很大。意國的兵力還不能馬上滅掉阿國。阿國現在只因武器不佳，只得用長期抵抗的方法去應付，就是意軍佔此，而阿軍逃彼。如此下去，說不定是意滅阿還是阿滅意呢——有人主張：「阿國的面積很大，意國一時的還不能侵佔完，就是馬上完了，意國也管轄不過來。因此，意阿戰爭久了，不惟意不能滅阿，反而意還有被阿滅亡的危險。」這樣的推測不知準確否。

今日的時局，強國是與強國互助的，若A強國的威力失掉了。B強國的威力不由的也要降低；他們為着高揚強國的威權起見，所以強國與弱國作戰，強國絕沒有幫助弱國的道理。

現在，英法二大強國，都是虎視眈眈，垂涎欲滴，正恨不得往外侵佔，現在他們遇到這樣的機會，他們絕不肯輕易放過，一旦和意聯盟起來，很短時間就可把阿國瓜分了，這實在是易若反掌的事。照此看來，阿國的確是危險萬分，恐不久的將來就要滔入亡國滅種之途。

再看現在的中國，名義上雖是一個國家，而實際上一點權力沒有。日本人叫我們向東，我們不敢向西，叫我們朝死，我們不敢夕亡，國家軟弱到這種地步，舉國上下，還是四分五裂，不知團結一致。日本之的槍口已經對準了我們的胸膛，日人的銳利鋼刀已經放到我們的頸上，我們不知自決，還去勾心鬥角，閉門相殘。這樣的更那理有存在的資格呢？

日本老早就想併吞我國，怎麼見得呢？你不曾看見嗎？日本大陸政策上什寫得明白，就是「欲征服支那，必先征服滿蒙，欲征服世界，必先征服支那。」我們想：他們這話說得是多麼無理，多麼野蠻。第一步他們已經實現了，第二步他們為什麼沒有實現呢？是怕中國嗎？不是！這是另有一種原因，因為從前歐洲的各國的勢力是想平衡的他們的勢力是容易往外伸張的，況且中國又是多國的勢力劃分的界限，日本恐得罪各強國，所以沒敢很快的把中國併吞。自意阿的戰爭爆發了後，就是世界第二次大戰爆發的導火綫燃着了，所以歐洲各國都是準備着第二次大戰，使勢力集中，於是列強都不暇東顧。而雄視東亞的日本，因無人來監視他，他更肆無忌憚，我敢說他看作我們的中國，就像他們自己的領土一般，看他們現在的形式，就是急待着第二次大戰的爆發，好併吞我國，以實現他們的大陸政策。我們自己看看自己，到第二次大戰爆發後，日本滅亡我們，我們又能怎樣他呢？唉唉！中國啊！數千年來的文明古國啊！親愛的四萬萬同胞啊！你們的前途無有希望了，你們的生命將要磨滅了！

唉唉！可憐的中國啊！親愛的同胞啊！這次意阿的戰爭，實在是促使我們亡國滅種的時機啊！我們要趕快起來救國吧！

○　○　○

衛生常識

神經衰弱與其根本療法

（轉載）

神經衰弱兩大類別

「神經衰弱」這個病名，是由一八八〇年美國紐約城一位醫師比亞得氏開始使用的。為現代文明社會中最普遍發生的一種疾病。在身體過勞，精神苦悶，或是用功過度等之後，多易發現本症。所以，本症在學生間患者最多。

神經衰弱症，病狀有種種不同，細別之可以分為先天性與後天性兩大種類。

後天性神經衰弱

一般之所謂神經衰弱症，率多指後天性神經衰弱症而言。本症主要症候：睡眠障礙，注意散亂，記憶力減退，頭重、反射亢進等。此外有時尚有頭痛，倦怠，易怒，暈眩，耳鳴，等症候。

「刺戟性衰弱」，這個名詞簡而扼要，却能充分表現神經衰弱之特徵，本來，神經衰弱，對於刺戟，感受性過敏，而易疲勞。

先天性神經衰弱

先天性神經衰弱，亦稱之為體質性神經衰弱或單稱神經質，生來就有性之變質，且有精神症候。—尤其感情與意志症狀最著：關於感情方面，過敏，富刺戟性，易激怒，脾氣粗暴，不快，無能感，卑下等感，注意些微瑣事，咕，有強迫觀念，恐懼症……關於注意力方面，缺乏抵抗，遇事不能忍耐，無思考力，決斷遲鈍，重症時，性質異常：完全以自己為本位，自恣，厚於待己，薄於待人，對人苛酷，愛情之念強，見異思遷之持續性，尤其有飲酒，放蕩等惡癖……：雖呈上述症狀，但毫無自覺的觀念。

有時呈外向—攻擊的性格，能成為爭鬥家，煽動家，易起暴行。若有內向的性格時，則呈沈鬱，厭世，悲觀，尋死，嫌人等性症狀。

以上就是神經衰弱症的概況。其症狀之多，危害之大，由此也就可以推到。

神經衰弱的根治法

關於本症的根治方法，第一須先戒除精神與身體之過勞，多欣賞山水等大自然景緻，以開拓心胸，休養，睡眠要充足，試行郊外散步，吸新鮮空氣，親近日光，使身心保持安靜，調換職業，轉地療養，施以按摩療法等。（未完）

夜半簫聲

松濤

好悽愴的簫聲啊！
這靜寂的午夜，
何處傳來的悲憤的簫聲？
聽啊！
滑嗚嗚的簫聲裏，
寄着愁思萬重。
啊啊！這定是失意的人兒，
破碎的心弦上，
發出來的鳴聲。
好悽愴的簫聲啊！
是恐？是慕？
是惱？是怨？
是泣？是訴？
吹簫的人兒啊！
你預先知道我心中的苦痛嗎？
為什麼，
我們的心弦都在同樣的顫動！
這靜寂的午夜，
何處傳來的悲憤的簫聲？
啊啊！好悽愴的簫聲啊！

追悼仲甫兄

疏影

嗣後你的年紀漸大了，家事略有參與的權柄——可說家務於無形中由你主持了——然而家產被你的哥哥幾乎賣光了，所除的不過是水坑凸上的百餘畝鹼田。一座破爛的院落。家業雖說淪落到不可收拾的地步，可是你哥哥的烟癖，享樂的性能，早已根深蒂固演成懸崖不可勒馬的事實。他爲了享樂不得不賣田破產，你想家聲復振整頓田園，因而兄弟二人意見恰恰相反，不免有了爭鬧的事情叢生，你站在居小的立場上去干涉哥哥的自由，論事理說，倒還可以，若論地位來判斷，定受社會的批評與唾罵，再則每次事起，他有流氓的朋友幫忙，母親錯愛的援助，爭鬬失敗的結果總歸於你，孰料你是一位富有……的人，得到無理的誹謗，便會影響到內心的不甯，加之家務繁冗，風雨欺凌，日聚月累便種下了。「痨病」的種子。

在七年前的一個長夏裏，你的病症便算露了頭色，正在忙麥的時候，你曾吐了盆口也似的片鮮血，旁觀都爲你抱悲觀，願你不多攬家事，醫病爲重，可是你一頁頑固的心旗，怎信別人的勸言呢？自詡身康體健，便和從前同樣的操作。

到了第二年的春間，你哥哥的心腸大概是被烟火燒爛了吧。不然他剛滿二十歲的人怎會死去呢？他死了以後，一嫂二姪的負擔，不用說是由你肩擔起來。你抱着病軀收拾着零乱的家產，擔着家務重載，好壞還算支配得不差，未演到受飢受寒的地步。可是四週的灰氣還是不得不受，你的身心根本脆弱到萬分，乘受這數年來的刺激及勞苦，當然是一天一天的衰弱下來。

可恨老天偏不做美，竟鬧着兵荒匪乱，在前五六年的過程中，把豐縣鬧了個四分五裂，雞犬不甯，人民便各自逃難，有親的投親，有友的奔友　各尋適當的歸宿寄居，您家當然亦逃不出例外，唯有你的嫂子意識着與匪首有乾親關係——當你哥哥在時做成的乾親家——便不願隨家逃難，雖經你幾次的逼迫，跑到他鄉裏過了幾天，然終竟他欺騙了你，借着保護家產的虛名跑到家去，可是誰能料想到她竟與匪首戀起了愛呢？

『欲使人不知，除非己不爲』，我始終相信這話是對的，她們那祕密的事情，不久便發揚出來了。弄了個滿城風雨。當時故鄉的一般人誰都知道，只有瞞着了你的耳目，唯恐被你發覺後，有大的乱子鬧出，對于你多愁多病的身體有極大的損失，孰意未幾被一位多舌的先生把信息弄漏了，你得了這個「傷風敗俗」的消息，處在舊禮教風行的現社會裏，休說你是多禮的人立刻要咆哮起來，就是無論是何人，遇到這樣的事情，都要對天痛哭的。

你曾幾次想跑到家中把她（你的嫂子）……可是處在那時有强權無公理的紊乱之際，你的力量畢竟是薄弱的怎會能實行你的計劃呢？因之你便整天整夜的在痛哭！啼泣——悲啼——後來竟斷絕了數天的飲酒，你那衰弱身體，悲慘的心旗，怎能經得起斷食的待遇，當時幾乎死去，多虧了醫生的調治，親友鄰朋的慰藉，脫逃了鬼門關的境地，然而身體已削瘦得不成模樣兒。

『黑暗總有黎明的一天，强權終有破滅的一時』。土匪——終于被兵力消滅了，可是您的嫂子也隨人潛逃了。從此海深的遺恨便籠集在你的心頭，終于尋不到發洩的一天，遂染悶成疾，以至不能離床——死去——

你是何等的不幸呢？在你短短的生命史中，便會遭到悲慘的境遇——你知道嗎？您的戲劇未曾演完，你便磕然長逝了。

（四）

在病勢沈重的一座西屋裡，瀰漫着一層層恐怖之網，除却桌上一盞殘綠的菜油燈床前一隻古老的藥壺在靜默外，室內的一切都藏上了凄慘的面具，姐姐擦着傷心的眼淚，只是對我呆立……你的母親坐在你的面前，握着你那枯瘦似柴的手，從昏花的老眼中迸辛酸的淚水，顫動着音調在自言自語着：『咳！不中了，我兒的身上……面上……肉都已瘦……』我坐在你的對面，只有苦喪着臉在靜默室中淒涼的實在可怕。

那時你已經穿上了壽衣，黃色的面頰，無神的目光，映着黯淡的燈花，愈顯得你的面目不成模樣，兩隻已失光的眼球，不停的訂在我的身上，使我現在想起來眞有些贼怕。

一會兒，你便微微顫動了你那焦土色的嘴唇　開始要講話了，我知道你想向我說幾句話遂挨坐在你的身前，便聽到了微弱的聲音從啞啞的喉頭中發出：『咳！影弟，我現在是不中了。只有「死」是我將來的歸宿，「死」是你們的希望，同時何嘗又不是我的夢想呢？然而事實畢竟是事實——希冀——夢想却是思潮的幻滅，絕對是沒有成事實的可能，現在我死了，家庭可說沒有甚麼遺憾，家業被我……醫藥百方我都……我不死尚待甚麼？難道家財非從我手中完全化爲青烟——醫費實在可怕——然後受餓，凍死嗎？』

甫兄，你說到這裡已累得氣吁吁的不能發音了，淚珠幾乎從那枯癡的眼眶中滾出來，不，恐那時你的淚泉已乾枯了吧！不然恐早要流出了，只見你合了合眼皮，呻吟聲是不斷的……甫兄你那時的悲哀到底達到怎樣的程度呢？滿腹抑鬱的我，只有答覆你一句『你的病是無危險的。無須談那些傷心的話吧』！但淚水早已逐話頭而流出了。

休息了一會，喝了兩匙茶水，談話又繼續開始——：『若論我的年齡吧，才是二十多歲的人　怎能會意識到自己要與人世隔絕呢？咳！像我這樣的夭亡了　上棄老母下拋……而夭逝了，社會上的一般人　定要痛駡我，同時還在可憐我呢——痛斥棄老丟少，憐恤我年青青的死掉——弟弟無論任何人怎樣對付我，我絕沒有留戀在人間的可能了，社會上已沒有我的立足地了。我死後餘下的一點家產，無論若何是……唉！我還有甚麼話說，我實在對不起家庭，親戚，朋友！影弟，我沒人支持家務你是知道的，現在我只有把×門的興衰寄託在你的身上，我想：我死了，你也不忍看你的姐姐受罪，甥兒們啼飢號寒吧！你能，影弟你能……我在黃泉之下也甘心了，至于我的母親，我相信有這幾畝薄田，總可以糊口的，假若遇了荒年，衣食有不濟的時候，影弟，你爲着死後的人，也要救他老人家……』

甫兄你那時的語言聲已戰抖得愈說愈不清楚了，在最後微弱的聲音裏還聽見兩聲：『母親，母親，兒子的死你可知道都是那婦人所逼迫死的啊！我死後無論若何都不能聽她（嫂）進咱家的門……』以後言語已不成聲了，只有[illegible]喘，甫兄那時的你又會痛苦到怎樣的成分啊！我只有遵和先前同樣的說：『無須傷心吧！保養身體爲要，我相信你大概是不至于……』流着傷心的眼淚而已（未完）

船家

征雲

流動地碧綠地澄清的世界，
生活着樸實樂天的人們。
扁舟是他府的廬舍，
港灣是他們的鄉村。

◎◎

何曾有政治的思想，
何曾有法律的羈絆，
從不想奢侈的高堂大馬，
從不想娛樂的醇酒美人。

◎◎

日出而作，鼓棹而分，
在河流中引渡，
在湖心裏浮沈，
在航程上裝運。

◎◎

飯蔬食飲水，
其樂也泄泄，
三月不知肉味，
也還是壯健的魄魂。

◎◎

西方的落日墜去，
水天的交界縫在一齊。
游艇紛紛歸來，
迷離在蒼茫的暮靄裏。

◎◎

夜神的黑紗漫佈，
漁家的漁火螢瑩，
一種幽愁的恬靜的情緒，
消溶於甜穩的夢中。

——完——

編輯室的廣播電台

雲章

一，投稿諸君，如需要稿紙，請通知編輯室，即當送上。

二，本刊常識欄，歡迎科學常識稿件，請作者努力。

三，編輯室每月統計作者姓名及稿件一次，預備分別贈送本刊。

四，『藝術』，因準備的不充分，暫緩誕生。

五，作者送稿時，請將眞實姓名及通訊地點示知，以便統計。

六，本刊歡迎長篇論著，登載時，可以另闢專欄，以示鄭重。

十一月二十六日上午十時

豐縣縣立初級中學校週刊　第十三期

目錄

學生與自治精神

林一

誰都需要自治精神，不只學生；但是我以爲學生更需要這個。

從前，科舉時代的學生，是在塾師積威之下討生活的，大氣也不敢喘，像小鳥待哺似地等待着——等待着老師拿知識去喂。設或「逢彼之怒」那就是皮肉倒霉了！那裏能談學生自治，更那裏見到學生自治精神？

近一些年來，廢科舉設學校，按時敎學，獎勵自治；各學校學生有自治會組織的，也很不少；這彷彿學生能自治，有自治精神了。然而還不然！好像「裹瞎的脚」倉促間總難能跟「天足」一樣。他的毛病在這裏：導師方面，多不能把「敎訓合一」的機能圓滿地負起來；學生方面，多不能把「壞份子」的影響根本地剷除去！

導師方面的缺點，暫且不談，現在只說說學生中受「壞份子」的影響吧：

上學，是求智、體、德、羣、美五育的發展，負責的學校當局根據課程標準去考核學生，無疑地，要按時舉行，嚴格舉行。優良的學生，當然很快樂地把自己的所學表現出來，交把給學校。而學生中的「壞份子」偏不願這樣。辦學 是政府的一部份行政，他當然適應社會的需要，制定各項設施，學校當局也一定遵照法令根據預算去進行，無疑地這是他的責任和權限。優良的學生，當然很信賴地接受敎訓，安心樂學。而學生中的壞份子偏不願這樣。因這，優良學生與「壞份子」就發生了衝突！「壞份子」百腦生法，想僥倖混過他的「不及格」的事實，行有餘力，再干涉干涉學校行政。他無師自通地想要達到這個目的，那唯有要脅全體同學一致行動。他又無師自通地想，要「大家跟了他走」，唯有製一個「金箍帽」給大家戴。於是來啦！「誰願意按時嚴格考試，誰就是覺着他自己的成績好，逞能！」「誰不敢作反對的行動，或對學校有所要求，誰就是當ㄋㄠ！」壞份子在適宜的機會下揚言着，同學們多於把頭往下一縮，不言語了。

是這樣的一個影響，有一些學校，在鬧着許多無謂的糾紛了！

現在，初中以下的學校，都加緊了童子軍的訓練，尤其是初中，很乾脆地拿童子軍課程列入「必修」，這確是正本清源，除暴安良，去增加學生自治能力的有效辦法。事實告訴我們，不會再有無謂的糾紛了；不過關於學生的心理建設——自治精神的成績，還有特別注意的必要。

自然呢，學生自治精神的養成，是在負責的導師與優良的學生來共同努力的；關於導師方面的還暫且不談，現在只說說優良學生應有的努力吧：

我說，優良學生應該毫不遲疑地把「金箍帽」撕碎；只有這樣才配做個新青年！大家想，一個人常常受可笑的要挾去束縛着，還能做什麼事；還能配開口說什麼話？聽着！我們須要有「大無畏」的精神，準備將來置身社會，做一個能負責有作爲的青年；這點點的「人生價值」的苗芽，能讓給害羣之馬一輕易地吃掉麼？想想看！當前擺着的問題是：「大家能否把是非認清，在實事求是上立脚，來個「該怎樣就怎樣！」能的話，不期然而然地就會這樣：

一，在嚴格考試着怎樣個學習，在不嚴格考試了還那麼樣學習——一樣地努力，邁進！

二，在嚴格訓練着怎樣個行動，在不嚴格訓練了還那麼樣行動——一樣地負責任，守紀律！

三，守着導師怎樣，離開了導師還那麼樣；導師在校怎樣，導師全不在校只剩了個學生團體，還那麼樣——一樣地是鐵的紀律，一往無前的邁進！

那個學校的學生有着這樣的「自治精神」？我很想看看這樣的學校，這樣的學生，這樣的精神啊！

小啓事

本期因稿件擁擠訓育概況暫停一期！

談談孟子（續）

眞

（三）孟子的內容

孟子旣是儒家的嫡派，所以在書的內容上說，當然可以代表一部分——也可說是大部分——的儒家思想。今將全書要點，歸納六條，略爲分闡如下：

（甲）性善學說：告子上下篇和盡心上篇，是孟子發揮他性善學說最多的地方，他以爲人性生而卽善，仁義禮智，皆人性所本有，後來的變惡，全是環境的使然。他答辯告子的反詰道：

「乃若其情 則可以爲善矣，乃所謂善也。若夫爲不善，非才之罪也。惻隱之心，人皆有之。羞惡之心，人皆有之。恭敬之心 人皆有之。是非之心，人皆有人，惻隱之心，仁也。羞惡之心義也，恭敬之心禮也 是非之心，智也。仁義禮智非由外鑠我也，我固有之也，弗思耳矣。故曰求則得之，舍則失之。或相倍蓰而無算者，不能盡其才者也 」

這一段可說是孟子性善學說的總論。因又基此學說而確定他存性擴性的教育論。第一步應將仁義禮智之善性；存而勿失 再進而從事擴充。他說「凡有四端於我者，皆知擴而充之矣。若火之始然，泉之始達，苟能充之，必足以保四海；苟不充之，不足以事父母。」就是這個意思。至於擴充時，亦須順其自然，不要效法宋人揠苗的故事。所以又可說他主張的是自然主義，和發展個性主義。

（乙）政治主張：他的政治主張，是以性善學說做出發點的，所以說：「人皆有不忍人之心，先王有不忍人之心，斯有不忍人之政。」如能將此善性擴而充之，王天下是很容易的事，所以他接着又說：「故推恩足以保四海，不推恩無以保妻子。」「老吾老，以及人之老；幼吾幼，以及人之幼：天下可運諸掌。」梁惠王章的「是故明君制民之產，必使仰足以事父母……（從略）然而不王者，未之有也。」這一段是他政治學說的總論，在書中倒有好幾見呢，所謂王道仁政，亦卽以此爲鵠的。至於他提倡民本主義——亦卽民主政治——排斥國家的功利主義——也可說是帝國主義——更有超人的見地。「民爲貴，社稷次之 君爲輕。」「君之視民如土芥，則臣視君如寇仇。」在封建勢力之下，君權高張的時候，能作如此輕君重民的政論，是多麼值得後人欽佩啊！關於這些政治主張 大部見於梁惠王上下篇，和滕文公上篇。其餘各篇，亦多有之。

（丙）一般修養談：他本他善養的浩然之氣，用發揚蹈厲語，提倡獨立自尊的精神，排斥個人的功利主義，是隨處都可以見的，假若集錄起來，眞可作爲修身養性的寶鑑，終生享用不盡。這些話以滕文公，告子，盡心三篇爲最多，其餘各篇亦常有，引不勝其引，恕我從略吧。

（丁）對於他派的辯爭：孟子是儒家的正宗，當時因王綱廢墮，百家爭鳴，致儒道不振。所以他奮起三寸不爛之舌，仗大義以駁斥邪說。如闢楊朱墨翟，痛駡他們不是人類，指斥許行陳仲子等，說他們是亂國禍世的賊子。對於法家的主張，攻擊他們太不近乎人情。雖是告子對於性的解釋，有他的理論根據，但總經不起孟子的凌人正氣，也得自好先自鳴金收兵。儒道之得之不廢，我們是不能不歸功於孟子的。

（戊）歷史人物的批評：孟子對於古代歷史人物，如堯 舜 禹 湯 文王等，除加以好評外，還借他們的言論和行事，來證驗自己的主張。至於對於桀、紂 齊桓、晉文等人，都處處加以痛斥，我們可由孟子的批評中，來見諸古史 並作人物批判時的借鏡。這些材料，以萬章篇爲最多。

（己 孟子的事跡：書中關於孟子 的出處辭受 遊跡，以及日常行事等，都有不少的記載。假若從各篇中，蒐集起來，滿可以作個孟子事跡考呢。

以上六項，只是就大體的歸納，出此範圍以外的，當然還有哩。

（待續）

我的生活和打算

二年級 王以周

我的生活是不十分美滿的，但也不算下等。

生下來三四年我才能離開母親到院子裏跑跑。那時候我的生活是很幼稚的，肚子餓了能知要點東西吃，熱啦，冷啦，完全靠着母親照管。家事忙了，沒有人能來理我，我終日常靠在一齊的只是小貓和小狗。

我生活在這樣的關下去，每天所做的事情，總惹得別人不能滿意，三句話不如意，就是媽啦大哭，哭起來就找不到頭尾，單等母親佢恨的打一頓 才算元事。

這樣一天一天的過下去，我漸漸的長大了，什麼事情我也慢慢的知道了些。

有一天飯後我正和鄰家的黑二在院子裏跳來跳去的玩着，父親忽然對奶奶商量：「你看，小桃（指我說）已不小啦，在家啥事都不能替辦，整天只是鬧的不能安生，不如送他到學裏去，免去你老人家些心事。」

奶奶說：「也好」。

我聽到這句話忽然發起呆來了，上學的事我也常常聽說，我所知道的走到學屋裏不叫出門 先生有很長的戒尺，天天得打幾回，又得念很多的黑字。

第二天，父親很早的把我拉起來，說：『走！我領你上學去』。

我重新聽到這句話，心裡更加害怕起來，只是呆呆的站着，總不願去。父親用溫柔的話來安慰我，後來又現出一種極暴燥的樣子來威嚇我，我想不出好的主意，……便換上一身蛋青色漂亮的衣裳，慢慢的跟着去了。

走進學屋門，看見許多年紀相彷的孩子，各人都伏在方桌上呆呆的坐着，很沉靜。

先生一看見父親領我進去，慌忙的站起來，招呼，坐下喝茶。先生要對我談話，我便躲在桌旁邊不敢抬頭，父親把我拉出來了。

先生摸着我的頭髮，笑嘻的說：「你叫啥」。

我只呆呆的伏在桌上不肯做聲。

「你不知道嗎」？又問。

停了很長的時間我才把我的名字慢慢的說出來。

「你多大啦，會寫字嗎？」接續的說。

這些話我都能慢慢的答出來。

先生高興的說：「很會說話」。

過了一會父親要走了，我也很想跟着走，父親對我說：「一會放學你再走」，說着他便走開了。

先生隨手拿了一個矮凳放在那空桌上，叫我坐下，我坐在那裏也和他們同樣的發起呆來。

先生又從皮包裏拿出一本花書放在桌上說：『你看吧，啥都有：小孩，花，鳥……』。

我伏在桌子上慢慢的翻着，裡面，紅的花，綠的草，都很好看，就是常在一齊的小貓小狗也有。

我一天一天的漸漸的熟識了，看見先生也不像從前那樣躲躲閃閃，和同學也能在一齊說笑了。知道先生是不打人的，同學是相愛的。

後來先生教我們很多的字，天天又講許多有趣的故事給我們聽。過了兩個月，一本書念完了，我高興的拿回去，父親接過去看了，說：「你都會嗎？」

「會」，我很快的說。

父親又問道：『啥是「朋友」，你知道嗎？』

我高聲的唱道：「我的皮球不見了，一個小朋友替我找回來。一個小朋友的手巾落掉了，我替他拾起來。」整整的兩課都唸完了。

父親停了很長的時間說：「我不教你背書，我問你啥是『朋友』，你不知道嗎」？

我只有低下頭去一聲不響了，他憤憤的說：『唉！真笨，愈學愈糊塗』。

過了幾天父親看我在家上學是沒有希望的了。便帶我到城裡來，入實驗小學二年級上課。

我到學屋一看：學生是更加多哩，有的打那大皮球，有的在推鐵圈子，先生的臉也是很可怕的，我一來到這裡，更像一個傻瓜了。

我自入了這個學校，生活又改變了一個方式，所學的課程又加多了，先生教的法子也變的很多，不到幾天什麼是朋友，什麼是不朋友，我却能充分的了解。在這學校裏一直過了五個年頭，便到畢業的日子了。先生極費力的來領導我們，更還些補充材料，以提高我們的程度。

幸而考入本校，好容易能得再進一步。

我一走進中學的大門，心理又變了，從前所能了解的朋友不朋友，現在怎麼又糢糊起來了呢？在初入學時我還會唱「我的皮球不見了，一個小朋友替我找回來」，現在呢？我的皮球不見了也或許能有一個朋友替我找回來，也或許能有一個朋友替我迷起來。

總之現在的人漸漸的刻薄，各人的見解愈高，眼光愈能看的遠，他便愈會玩些別人猜不透的把戲；他愈會玩把戲便愈能拉許多朋友，這樣的朋友也許是虛偽的，騙人的：……

我生活在這樣的環境裏，對於一切也不能有很高的希望，只求一個行爲端止、不做那些虛偽騙人的朋友，能在人的羣裏走兩躺。

○　○　○

學校消息

一，教導主任張信齋先生，因事於本月四日返里。

二，體育股幹事會議重要議案，

時間：十二月六日。

地點：童子軍團部。

主席：朱翼曾先生。

(一)定十六週爲球術級際比賽週，分足網籃排四種，球帶式樣規定三角式，下面製定號數。

(二)器械室管理員另行支配。

(三)課外活動項目更改。

三，本月十五日，本校童子軍各小隊，將舉行電報旗語比賽。

四，本校童子軍於本週起，採用總會新頒佈之號訣。

五，上週團部儲蓄箱共蓄儲七千七百二十文。

夜裏

二年級 李樂岑

夜裡，他坐在床上；爲了懺悔，他要坐盡這個漆黑的長夜。

在地理的考試堂上，他望了東，又望了西，只苦了一雙眼睛。

當張先生剛發下題的時候，寫字的聲音便可聽見了沙沙的在響。他望了望他附近的鄰居——坐位相近的同學——一題一題的做了下去，看看自己的卷子，除了名字外仍是空白着。

他頭上的汗，一顆一顆的滾動着，卷子濕濕了一大塊他也不管。趁着先生沒留意的時候，他把臉向後扭轉來，怕駭的又很迅速的轉了過去，可是他什麼也沒有得到，只知道後面同學的答題快做完了。除了名字外，牠什麼也沒寫

他眼巴巴的望着同學一個一個的出去，心裏很憤然的怪他們不等自己，不傳稿給自己。

下課的鐘聲鐺鐺的響了，他的頭哄了一下，全身覺得很鬆懈。他心裏很不高興，因爲這次考了個零分。他想到這裏，渾身像水洗了的一般。心又漸漸的平靜了下去。

西風從窗隙裏吹了進來，感覺到冷，他便鑽進了被窩，可是總睡不着。

縣黨部無綫電收音室開放節目

十二月八日　星期日

一二，〇五　平劇　探母　庚娘　天雷報　春燈謎　十道本

一一，三五　樂隊奏樂　京市政府樂隊配

一九，〇〇　平劇　譚富英　尚小雲　王芸芳　王少樓　合唱　紅宗烈馬

奏播　國樂

二一，三〇　新聞

十二月九日　星期一

八，四〇　西樂　提琴獨奏

九，〇〇　新聞

一一，五〇　武郷侯　柳迎春　天水關　牧虎關　綵珠　喉樓　哭周瑜　舌戰羣儒　二十九本狸貓換太子

一九，〇〇　平劇　王瑤卿　程繼仙　合唱悅來店

二〇，〇〇　報時　氣象水位　第一次簡明新聞

馬連良　譚富英　合唱南陽關

二〇，一〇　時事述評　關于水災賑濟問題

二一，四〇　新聞

鷹鳴塔

第一六五期

一，本刊內容[illegible]小說戲劇[illegible]書報介紹及批評[illegible]

二，本刊歡迎投稿，文言白話均可

三，來稿本[illegible]

四，來稿登載之[illegible]

五，本刊編[illegible]

漫談

向各合作社員貢獻一點意見

寫

我對於本縣合作社有下邊幾點意見貢獻。請大家採納：

一，要充實內部：合作運動在我們豐縣說，才算萌芽，在此萌芽時期，當然顧不了許多。但是最需要的，也不能置之不理，先就合作社的本身來講，社員要優良，職員要適宜，社址要適中，社內設備是否粗糙，如圖章，社牌（社牌顏色及尺寸由縣府規定後再通令各社自製）各種表冊及辦公用具等件。再就業務方面講，除必要時舉辦信用貸欵外，要按期開會，並兼營運銷儲蓄及其他合作事業，

二，要有團結力：合作社是多數人結合起來的一個團體，是依平等原則，合作精神，在互助組織之基礎上，以共同經營方法謀社員經濟之利益，與生活之改善，那麼非有團結力不爲功，如有團結力，不論什麼事情都可做到，不論什麼困難都可解決，不論什麼痛苦都可免除，再進一層說，我們如能團結，就能戰勝一切，否則一切事情都沒有辦法，一切事業都做不成功。

談到團結應先從聯絡感情做起，聯絡感情，要多集會，常談話，彼此交換意見，以趨情投意合。

三，要舉行零星儲蓄　儲蓄防荒誰都知道是個很好的辦法，但數目過鉅，凡受經濟壓迫者，多難實時，今就輕而易舉者，試辦如每人儲款若干及麥秋二季就其力量大小儲糧若干，其數目多寡，由社務會議決定之，一俟積成總數，按月存入銀行，或購糧存儲。

四，利用貸欵　組織合作社不要以借款爲目的，要以生產事業及合作運動爲目的，如果舉辦生產事業，亦可向金融機關貸欵，個[illegible]項貸到時，無論如何，不要分給會員，要由會中經營，俾[illegible]本社上[illegible]如花生，大豆，棉花等，各合作社社員如欲[illegible]削，那麼可以將自己的物品送到合作社，合作社接到各社員貨物時，即可著手向銀行接洽辦理運銷，同時也可抵押借款。

以上數端，如能一一做到，自然就能收美滿的結果了。

○　○　○

防空常識

卿

自科學昌明，兵器進步，戰爭之方式，已由平面而變爲立體，戰爭之範圍已由前綫而及於後方，戰爭之利器，已由機械而進化學。換句話說：才前的戰爭，僅限陸海戰綫，戰綫後方，可不受蹂躪。可是現在敵人之飛機，却能從上空飛渡堅強的戰綫而轟炸整個的疆土，故現在的戰爭，乃是國民全體直接共同參加的戰爭，亦即是國家總動員的國力戰爭。向以海軍爲唯一主義的英國，自一九一五年受法國空襲後，已覺悟到大海價值，已經在飛機銀翼下完全喪失了。這就是很好的明證。

設使自己的兵器非常犀利，而空軍能力很單薄，如防空設備簡單不週，那一旦發生戰爭爆發，受敵軍空襲的慘禍，將不能免，尤其是對於國民精神上物質上的損失，將不堪設想。德皇威廉二世曾說過：「將來戰爭，依空軍襲擊，開戰後不出廿四小時，可把敵國全部燬滅。」由此，就可知道未來空襲慘禍的酷烈了。

同時我們又可以觀察到國際風雲如此的緊張，未來大戰決不能免，可是回顧我國空軍，尚在萌芽時期，所以凡我全國民衆，對敵軍之空中襲擊，就不能憪然無備，以至束手待斃，至少要使民衆能同心協力的來爲全民族努力，使其能迎頭完成防空整個設備這就是目前最迫切的任務。

當歐洲大戰初期的英國，對於防空上簡直沒有完備的設施。最先受到空襲的狼狽，以及精神上的打擊，實在局外所想像不到。倫敦的市民，無論老少男女，在精神上無不受到莫大的威脅和不安，工廠的生產力，亦因空襲而減退不少，每天太陽西落後，各人腦海中自然的起了一種疑懼不安，都在擔心着今晚敵機倒底又來不來光顧。根本連睡覺都感覺不安。當時的航空技術，尚稱幼稚，攻擊上的威力，還不很利害，現在已經戰後十餘年，這中間飛機的進步，以及一切殺人技術的發達，根本不可同時而論的；在未來戰爭中空襲的威脅，是不堪想像了。

現在普通施行轟炸時所用的轟爆擊機（多是編隊而來）的發動機，大概自五百馬力至八百馬力，其航程至少有三百公里至八百公里的行動半徑（即往返各一次的距離）每機搭載的炸彈，至少二百公斤至七百公斤，多至一千公斤。夜間所用重爆擊機的發動機，是用四百五十馬力至一千馬力左右的發動機一個至數個，總馬力自九百至二千四百，其最大至六千以上航程半徑少則四百公里，多則千二三百公里以上，一機可載炸彈約爲二千公斤，其最多的自三千公斤至八千斤，最近各國用平時旅客機改造的重爆擊機，只要把搭載的人員物件稍爲減少，就是三千公里的行動半徑，還可以來往自如。

法律常識

公民與法律

（轉載）

具備此等要件的人民，才是鄉公民或鎮公民，開鄉民大會或鎮民大會時，可以到會出席，可以行使選舉權，罷免權，創制權，複決權，此四種權，都是政權，就是孫中山先生發明的四權，人民對於地方一縣的事情，可以[illegible]民大會行使其四權，對於中央全國的事情，亦可以出席國民大會或是國民代表大會行使其四權。這是所謂參政權的作用，祇有公民，才有此權，其他人民，依法不許享受。所以公民與人民是有區別的不過就人數比例來講，因爲有反革命行爲等情事而不得爲公民，到底是極少數，雖然事實上不能盡有公民資格而在全民政治的精神上着想，當然希望沒有一人不是公民，公民對於國家的法律，固然要深切認識，就是其他的人民，亦應當有同樣的認識。凡是公民與非公民，沒有分開來講的必要的時候，我就用人民二字概括來講，現在要講。

二，國家爲甚麼要有法律

爲解答這個問題，先要分兩點來講。一是什麼叫國家，二是什麼叫法律。（未完）

風雨裏

飛

連下了幾天霪雨，把氣候變成寒冷極了，昏暗慘淡的天空，佈滿了灰黑的雲，微雨絲絲的下着。乾燥的路，被雨打爲泥濘。

「行好的老爺太太！救……救……救我一佈施點殘茶剩飯吧！」

那聲音顫抖着，一個面目黧黑飢寒交迫年約一旬的小孩子，在一個富戶的門外站着喊着，凍得瑟瑟的。

「滾開走吧！陰雨天，誰管這些閒事！」

富翁的用人，說着，面上露出兇惡來。

「老爺！我家五口人，雨天沒吃飯啦！發點慈悲，佈施點殘茶剩飯吧！」

「誰叫你雨天沒吃飯，可惡的東西，還不滾開嗎？」聲色俱厲，顯然是發怒——

小孩子見那樣子，偷偷的溜走了。

○　○　○

這個小孩子是山東x縣人，自黃河汛濫x縣被淹後，即隨着母親到處漂泊。他的父親自今不知死亡何處？他家中共有一姐一妹，一母一弟，在T村寨外一間小茅屋中暫住着。平日尚可乞討度日。現在下了四五天的陰雨，倒使他無可奈何。他的母親忍不住子女的哭啼飢餓聲浪，所以令他在風雨中乞食。

○　○　○

他從早晨出門，一直到正午，所得的結果，差不多是如此（同上）。就是有幾處慈善家，也不過是一點點，很少很少的剩饌饌。

天快黑了，風雨愈大了，他欲回去，被一羣惡阻住。

一羣豺狼般的惡狗，猙獰的，兇猛的，一擁而上，惡狠狠的樣子，奔跑着，差不多抓住小孩子的身子了。這個小孩子被嚇倒在一條泥濘的路上。一羣兇猛的狗，把他籃子裏所乞的雜食，銜在泥中亂跳，幾乎要打起架來，後來吃完了，唱着得勝歌回去了。

他醒來時，抖抖破爛的衣服，已被雨水沒透了。全身上下淋漓的，身子更加顫抖起來。衣服浸透還不要緊，要緊的就是他跑了一日的賜與，以備晚上到家做一飽的幾點殘食，被狗吃完了。他失望的哭得很利害。

風愈加緊的吹着，雨愈加緊的下着。在風雨之中，他嗚咽着，蹣跚的走回去了。

他走進他的所謂「家」了。媽媽皺着眉兒低頭補棉衣，姊姊抱着妹妹抹拭淚，小弟弟帶淚的歡喜，從早就在門外盼望着；見哥哥遠遠的來了，大聲喊着：

『哥哥來了，哥哥要來多少飯？我吃……』

哥哥踏進屋裏，嗚咽着，媽媽見他，驚慌的問道：

『怎麼來？衣裳溼了？要到飯沒有？多少……？』

『……我被狗咬倒了，飯被狗吃了，……』

此話射入每個人的心窠，於是媽媽哭了，姊姊啼了，弟弟也哀號了。（未完）

藝苑

研究國畫的五個必要條件（續）

雲樓

多臨摹古名畫　為增進我們繪畫技巧時，必須多摹古名畫，因為古時名畫家，十之八九是隱居之士，每天嘯傲在山水間，大自然的祕密，都教他窺察的無遺了。所以能把自然的真神髓，給他宣洩乾乾淨淨。我們跟他學畫，可以使我們的技巧長進的快些。

多習字　多習字長腕力，腕力足就可免擬結等病。用寫字的方法去繪畫，必能收事半功倍的效果。字畫本來就是一體，猶其是文人畫往往忽略形似，而就綫條墨色上用功夫，使畫面上顯有一種古拙樸厚的味道，便能收到形而上的效果，所以畫貴寫而不貴畫。至於畫間的題款到是次要的問題了。

多與名畫家遊　著名的畫家都是由積年累月專門研究而來的，對於各種畫法，都有獨到的見解，多與談論畫法，或畫理，或親看其作畫，自能得益不少。畫中玄妙之理，往往有文字傳達不出來的地方，就像大滌子所說的：「無法之法，乃為至法，以不似之似之一我們若不看名人作畫，這說法聽見不懂得是什麼意思，及看他作畫，拙笨不堪，拿枝筆好像拿個榔頭似的，筆尖落紙就像豬打泥一般。及至畫好以後，釘在牆上，其鬱勃縱橫，古樸厚重之氣，便怕不易懂得。我還記得，曾聽諸聞韻先生（白社社員現任上海美專國畫教授）談過「只在畫面上用功夫，充其量到能品足矣。不會得到神妙之境的，要在畫裏面用功夫。一筆下去，五色具備，要能看出厚重來」。我初一就出紙了，雖一小葉一小枝，好像入紙三寸，扎了根似的，百看不厭，若不親看他作畫，恐怕無論怎樣也不能懂得他的意思。

以上的五個條件，都是很須要的，我們既然研究國畫，可將這五項同時並進，本本色色的，不誇張不競奇，努力去幹，其畫自會進步不已。還有一件，就是每作一幅畫，必須顧到一幅畫的紀律。就是一幅畫的筆調，色調，要統一，情趣要一致，這是最要留意的，如果一幅畫沒有紀律，樹是李營丘的畫法，石是米南宮的畫法，山或又是某某人畫法，雖各個畫得都很好，可是放在一處就不好了，也正如一個人穿皮鞋，緞袍，女襖，老虎帽，武裝帶，這人可以說西洋味，中國味，男女老少文武味都有了，可就是不好看，這也就是沒有顧及到衣服的紀律的緣故。

○　○　○

阿墨漫畫

遊京都後的一點感想

疏影

誰個承認中國現在鬧着『經濟恐慌』。只要你曾到京都去遊覽過。

鏡光的街道上，很少見到茅草兒在橫臥，街旁一層層……層的洋式樓房，難道不是經濟的結晶，玻璃窗，漆地板……實使我看了有『黃金世界』之感。

『嗚……嗚』不是气兒的呻吟聲。『呀……呀』不是鳥兒在高歌，那不是汽車在怒駡着阻路的人們，歌女在舞台上放吟了嗎？『樸，樸，』一聲兩聲的過去了，翩載着摩登的男女，上天的驕子。餘下的卻是一股一股的煤氣的黑煙，幸而我在京都只逗留遊覽了短短的三天，否則，滿腔熱血將為煤烟所溶化了。

自到京都後，滿城裡幾乎印滿了『我的足跡』，可是黃包車夫從未向我打過『乘車代勞』的招呼，他們知道我沒錢給他們嗎？或許因為我的『面貌不揚』，他們不願……然而為甚麼在我臨離京的前晚，竟有車夫向我說：『先生，那裏？坐車去吧！』當時聽了這句話的我，真有些懷疑，不自禁的看了看他與自己，啊！原來我的服裝更換了，噫！這就是經濟力在內作祟的表徵啊！

說起來真有些實醜，那大的商店，華麗的布莊及……我何曾又有勇氣去參觀過，然而他不是明白的寫着『歡迎參觀』麼？同時我何嘗又不想買些零碎用品，可是我我實在怕他們的嘲笑與冷眼，老實的說一句；他們不惟不拿顧主的眼光來看待，恐怕還懷疑着是扒手潛入了吧！咳！這也是經濟的罪惡啊！

因受着時間的限制，京都各大名勝之地，未能豁個的欣賞一遭，這雖是一種憾事，然而依『看景不如聽景』的話去推想，還是不去的好，何況那一些摩登的情侶「享樂主義者」正期待着你的到來，作為他們取笑的資料呢！

偶感

征雲

（一）

滄海中的浮萍，
一片兩片，許多片，
時而遭際，
局而分離，
受了波臣的逐使，
是不能夠自主的呀！

（二）

森林中的木葉，
一片兩片，許多片，
纏黃，
綠黃，
赭紅，
褐紫，
受了日光的宣染，
是不能夠蔭蔽的呀！

編輯室的廣播電台

雲章

一，老渾君：稿紙送上多日了，怎麼還不見你送稿子來？

二，疏影君：稿紙已交送報人捎去了。請你努力吧！

三，本年的十二月二十五日是雲南起義紀念日，也是本縣的縣雜第三週年紀念日了。本刊預備出一期專刊來紀念。請投稿諸君努力！

十二月十日上午十時播出

縣黨部無綫電收音室開放節目

十二月十一日　星期三

八，四〇　西樂
提鋼琴合奏
九，〇〇　新聞
一一，五〇　平劇報時氣象
商情
史可法　鳳還
巢　迴龍閣
祭長江　十八
扯　收姜維
斷后
一九，〇〇　平劇
馬連良　雪豔
琴　生少[illegible]
張如庭　樓寶

森　合唱遊龍
戲鳳
譚小培　王芸
芳　言菊朋
余叔岩　合唱
桑園寄子
二〇，〇〇　報時氣象水位
第一次簡明新
聞
二〇，一〇　賑災節目
國府賑務委員
會報告災情
二一，四〇　新聞

鳳鳴塔

第一六七期

一、本刊內容分科學常識論著詩歌小說戲劇散文書信書報介紹及批評等項

二、本刊歡迎投稿來稿文言白話均可

三、來稿本社有修改權不願者應先聲明

四、未經登載之稿除預先聲明者外概不退還

五、本刊編輯部設豐報社內

漫談

合作社的好處

村夫

現在我國前途將有不堪設想的危險，外受帝國主義者之侵略，內有共匪的擾亂，還有少數資本家之重利盤剝，這種種的險像環生，我們的國家自然就岌岌可危了。然而用什麼方法作救藥呢？合作社就是救我們漫散而貧弱的中國良好藥方。合作社是最合理化的一種組織，牠負有自由平等，互助自助，精誠團結，經濟互惠，拯救農村，改造社會的責任。所以牠就是挽救貧弱中國的良善方策。

現在我國國勢的危險，上面已經說過。究其病源是什麼呢？依我看來其原因有一：一是國人不能合作。二是農村經濟破產。若把全國的合作社組織好了。國人自然而然的也就合作起來了。農村經濟自然就復興了。

現在別的不談，就我們豐縣的農村來說吧：豐縣在過去適近幾年來農人的急需，就是用款，自己沒有，只得去借，東借無門，西借無路，借不到款，肚子裏就不允許。在百無一計之中，就去央求有錢的人，或商店，於他們看着來人用款的急迫，就任意提高利率，需款者因用款急迫，只要而借得到手，也不管其利之輕重。還有當地，放青麥，種種辦法。比六分七分的月息，還要重得多，這種重利的剝削，農民的痛苦，可說已極。農村合作社，若能組織起來，利用大家連帶信用的關係，向銀行借款。銀行用很微細的利息，准如所借。而政府按季派員查察，並促其辦理合作生產事業視其各該合作社辦理的成績之優劣加以獎懲，由此以來，不但數量上增加迅速，就是質量上也定有美滿的希望。一縣如此，則一縣能富。一省如此則一省能富。如全國如此，那麼我們國家的富强可指日而待了。

假寶石

——譯自英文版莫泊桑集——

法國莫泊桑原著　冰片譯

蘭丁先生曾經遇着這位少女，在他底次長屋裏的會客席上，而他與她一見就深深地愛上了。

她是一個鄉下的徵稅吏底女孩子，這個徵稅吏已經死去數月了。她和她底母親移到巴黎來居住。在這兒，她母親結識了許多鄉人，希望着為她女兒找尋一個丈夫。

她們有中等的家資，她們的性情都是文雅，溫和，而可敬重的。

這位少女是一位良善婦女的典型，每一個明達的青年都夢想着有將他底快樂委托在她底手中的一天。她底單純的美麗有天使般貞靜的嫵媚，淺微的笑容時時地徘徊於她底唇間，正是一種純潔的可愛的靈魂的反映。讚美她底聲浪，充滿了她底四週。人們從不厭倦的這樣說：『能博得她底受情的人，真正快樂極了！他將不能夠再找到一個更好的妻子。』

蘭丁先生這時在內政部做書記長，享有堪足自給的三千五百佛郎（FRANCE）的薪金。他向這位標準的少女求婚，而就被接授了。

他與她同居，有說不出的快樂。她用如此巧妙的節儉方法管理着他底家務，因之，他們底生活好像過得非常的卓越。在她的丈夫身上，她殷勤的留意着，以甘言諂媚他，撫愛他。她底媚力是這樣的偉大：在他們結婚六年之後，蘭丁先生覺得他愛他夫人的熱度，甚至超過了他們底蜜月的第一天。

在她底嗜好方面，他發現了兩個癖點；一個是她愛好看戲；一個是她嗜好假珠寶。她底朋友們（一些下級官員們的太太）常常地為她包一個戲箱，在新戲劇第一次排演的時候。而她底丈夫就不得不陪伴着她——不管他願意不願意——到這些場所裏去。這些場所使他非常的厭煩，在他辦了一天公之後。

過了些時，蘭丁請求他底夫人去找幾個熟識的太太們伴着她去看戲，並且在看戲之後，將她送回家來。起初她拒絕這個意見，但經了許多勸導之後，她承允了——她底丈夫無限的歡喜。

現在，因了她底愛好看戲，跟着又來了一種修飾的慾望。不錯，她底外衣仍像以前一樣，儉樸，雅緻：而適度。但她不久就開始用極大的假寶石去裝飾她底耳朵，這種假寶石，光輝燦爛，彷彿真的金剛石一般。她底頸上套着成串的假珍珠，她底腕上帶着鍍金手鐲，而梳子上也鑲嵌着琉璃珠子。

她底丈夫常常規勸她說：

——我的親愛的，你既然不能夠購買真的珠寶，你應當僅僅地用你底美麗與貞靜來裝飾你自己，這種美麗，貞靜，是你們女性中無上的裝飾品。

而她就甜蜜的微笑着說：

——敎我怎麼辦呢？我是這樣的愛好珠寶。這是我唯一的弱點。我們不能改變我們的天性。

於是，她就旋轉那珍珠項鍊，圍繞着她底手指，使那結晶的珍珠閃耀發光。說道：

——你看！它們不可愛呀？一定有人絕對的相信他們是真的。

蘭丁先生就微笑着答道：

——你頗有些波希米亞（BOHEMIAN）人的嗜好，我底親愛的。（譯者註：波希米亞人性好遊蕩，不事生產。）

（未完）

防空常識（續）

卿

防空戰鬥開始的時候，最先由防空司令部發出「敵機來襲」的警報，防空航空隊馬上就開始空中戰鬥。驅逐敵機，防空高射炮高射機關槍等部隊迅速定了射擊準備，地方官署立刻利用廣播無綫電話，或利用各處汽笛警鐘及擂鼓，使都市住民都能立刻知道警報，在夜間更加以燈火管制，使敵人失去目的，都市的電燈以及火車輪船電車各工廠的電光火焰，都要熄滅或遮蔽了為必要。

敵機到達都市上空時，照空燈就要放射其強烈的光芒，高射炮高射機關槍等就對準敵機加以猛烈的射擊，敵機也在猛火中投下燒夷彈，使各處火災勃發。於是地方消防隊趕快從事救火，當敵機投下炸彈毒氣彈破壞房屋殺傷人畜，於是各病院的衛生人員頭戴防毒面具，將死傷的人員抬入避難所，盡其全力從事救濟，消毒，治療在這紛乱囂擾中，敵機依然繼續轟炸大街小巷無處不是哀聲載道，都市的慘狀，真是筆墨所不能形容的！這時候警察童子軍等拚命於交通的整理，或治安的維持，同時情報班，四處奔走，將所得的消息報告傳達。總之防空的戰鬥，假使沒有地方官民一體的協力，絕對是不能達到目的的。小之至於在屋內使用燈火的一個婦女孩子，都負有責任的，和一致協力的必要。換句話說：防空的戰鬥，可以說是官民一體直接的戰鬥與普通的戰鬥完全不同。

空襲的慘酷已如上述，同時我們又知道凡有準備的國家對於空襲並不十分可怕的，所謂準備是什麼？就是平時要有周密的防空計劃，設施上要有十分準備，軍隊與民衆要有密切聯合和協助，除訓練專員的防空人才之外，全體國民都要加上訓練統制，一方面養成其空襲時能從容應付的本領，一方面養成堅忍不拔的國民性，

歐戰的初期，英法兩國在防空上都無相當的準備和施設，所以都受了很大的損害，但是到歐戰末期大家漸漸的改良警備防空施設，同時在國民訓練上也大大的進步，來襲的敵機，被擊退的自百分之七十至百分之九十，冒死的到達巴黎倫敦上空，被地上部隊擊墜的又是百分之二三，真能達到目的而生返者，不過全數的一二成而已，在氣候良好時，來襲的敵機被擊墜的達半數以上。

到了大戰末期，國民的訓練已有長足的進步，就是小學校學生，只在先生一揮手的記號之下，就能很靜肅很沈着的依照預定的行動而入避難所，在警報發出後不出幾分鐘，街路上早就迴人影都不見，所以能將損害減至最少的限度。

（未完）

法律常識

公民與法律

（轉載）

再就人民方面講，人民對於一互間之權利義務關係非常複雜，亦須用法律來規定，如國家之權利義務，以及人相

果沒有法律，人民的權利，是得不到保障，人民的義務，是沒有一定的範圍，那末，說是國家權力不能行使，社會秩序不能維持了。所以既有國家，就不能無法律，沒有法律，國家的目的，就萬萬不能達到，由此可知法律的重要了。

法律的種類很多，已有明文制定的，稱成文法，未有明文的稱不成文法，適用於國內的、稱國內法，適用於國際的稱國際法規定決解事項之原則的，稱實體法。規定適用法律之程序的，稱程序法。都因觀察點不同，所以名稱亦不一致，此時不能細講，此外還有公法與私法的名稱。公法私法區別的標準，學說不一，有注重於法律關係之當事人，凡法律的內容，係規定國家或公共團體與個人間之關係，該法律就是公法。凡法律的內容係規定個人相互間之關係，該法律就是私法。例如憲法，行政法，刑法，訴訟法等，規定國家對於個人之關係，所以皆爲公法。例如民法，公司法，海商法，票據法，保險法等 規定個人相互間之關係 所以皆爲私法。又有注重於法律關係之性質，爲公法私法區別之標準者，凡法律內容如係規定一方對於他方有權力服從的關係，便是公法，如係規定一方與他方爲對等的關係，便是私法，這兩種不同的說法，祇可作爲參考，因爲時代到了現在，公法私法已無絕對的區別，不過爲研究便利起見，仍有所謂公法私法的名詞而已。

憲法，在公法中，是佔最重要的地位。凡國家之存在，必有一定之人民，土地，與施政的機關，而施政的機關，須爲國家而行使其統治權，所以國家領土的範圍如何，國家人民的種族如何，國家統治機關之組織及其職權如何，均用法律明文規定。此類法規，又稱爲廣義的國法。其中規定大原則者，爲憲法。規定細則者爲行政法。然則憲法就是規定國家組織及其活動範圍之原則的法規。憲法具有最強的效力，高出於普通法律之上，與憲法牴觸之法律不能認爲有效。憲法不便輕於修改，從事修改的機關及程序，亦與普通法律迥然不同。這兩點乃是憲法的特徵。現代各國，都有憲法。我們中國現在有訓政時期約法其實質就是憲法，訓政期滿，開始憲政的時候，應有五權憲法，此項五權憲法的草案，已經立法院起草完畢，祇要國民黨全國代表大會通過，將來開國民大會時，即可提出通過，公佈施行。（未完）

暮愁

汚濁

夕陽落沒了以後，西天照舊現着一片渺茫的潤紅色的殘輝，在此傍晚時候的淺黃的空氣裡盪漾着；來和這無情的灰暮色，作最後的掙扎。

天空依例是蔚藍一碧！除非遠天的四角，飄浮着幾塊浮雲；不過，被這夜色的侵溶，覺得現出一些微薄的暗淡了。

雪子現在還是從前的舊習慣；在每天的放過晚學以後，總好渡出學校的大門，走到校外的空氣裡去逛逛；在這微風拂動着的黃昏裏，順着他的學校後邊的一帶頹場的寨隍上，向着西寨外走去，遙對着西天的一片暗紅的霞影走去，想來消散消散他的一顆整天苦悶着的心靈。

但是，他近來呢？他沒有興氣再走出寨外了，他每一次都是走在半路上，忽然又頹唐的轉了回來。面對一座兀立的破炮樓圍着一周搖曳的衰柳，不過顏色變得赭黃些罷了，這是他來熟了的地方，柳下的草地上，也嘗留下他許多次坐臥的痕跡；而現在每天又走在這裡，衰柳照舊在搖曳着，遠天的浮雲，也照舊在飄浮着，可是，他只是覺得這只是「風景依然」，而人情却大大的變遷了。——這時候的，西天的殘照，模糊的夜色，也不過只是資料着使他越發難過，多叫幾眼傷感的熱淚，多吁幾口無局的嘆氣罷了，罷了。

三個月以前，不也是照例的在每天的傍晚，在這一個頹場的寨隍上，渡着嗎？但是，那時候，沒有這樣的孤獨啊！沒有這樣的苦悶啊！自己的生命，也沒有感得這樣的空虛；一個聰明伶俐的小令令，便是他的一個惟一的安慰者。

——暑假近了，令令：我們快要分開了。

——不，不分開的：先生，你到那裏去，我也要到那裏去的啊。

往日裏的黃昏的閑散，便有這樣聰明伶俐的惹人憐愛的小令令來爲他作伴，現在呢？自己倒沒有離開這一所淒暗的地所，而可人意的令令，却天賜不幸的離開世間了；他的心靈的絕大的安慰，也只有徒作回憶了；但回憶之後，也只有是吊淚，長吁。

這時，他生氣不再向前走去了，愈向前走，更愈是增加他的傷感；他生氣回到學校裡來，坐在辦公室內台階上，呆望着天空；呆望着天空出神，嘆氣無法的出神，嘆氣。這時的院中，也只有幾聲梧桐的落葉聲來和他的唉氣均調着，演着一幕寂冷的傷劇，另外誰又知道他不能白人的傷心呢？

夜色更模糊了。濃厚的籠罩了這初冬的黃昏，梧桐樹上的落殘了的葉子，一個一個的落掉在地面上，花啦，花啦，零乱的響聲，更增加了他無限的悲哀，惆悵，

最後，最後他只是嘆着氣低吟着幾個曼殊大師的詩句：

「懺盡情禪空色相，琵琶湖上枕經眠。」

「雨笠烟簑歸去也，與人無愛亦無嗔。」

悽涼的調子，拖着走向寢室裏去了，寥闊的，寂靜的，暗淡的，院裏，一條瘦長的黑影才算是消失了。

贈給朋友

沈之

朋友，
你不要懷疑我；
我恨不能將我這一顆赤裸裸的心挖出獻給你，
除了「眞誠」，別的是一絲不染的！

○　○　○

朋友！
你不要猜忌我；
你要知道：
光陰與環境，是無可奈何的！

○　○　○

朋友！
你不要憤恨我，
我實在不能同你們一樣，
經濟的壓迫是絕對沒辦法的！

○　○　○

朋友！
請你萬分的體諒我吧；
我沒別的，
只有眼淚，和這一顆赤裸裸的心！

○　○　○

朋友！
我並不是向你們哭訴，邀你們哀憐，
我實在是覺得你們太好了，
但那能知道你們的心和鐵石一般呢？

編輯室的廣播電台

雲章

一、十二月二十五日，是雲南起義紀念日，也是本縣的縣報第三週年紀念日了。本刊預備出一期專刊來紀念，請投稿諸君努力。

二、老渾君：大作收到了。以後還請你努力！

三、雪樓阿思二君：藝苑的稿子，你倆得努力！

十二月十七日上午十時

古人說

「人的才氣品行從古以來少有全備的。苟有所能，必有所短。倘若錄其長而補其短，則天下無不用之人。倘若責其短而捨其長，則天下無不棄之士。」

縣黨部無綫電收音室開放節目

十二月十八日　星期三

九，〇〇　新聞

一一，五〇　平劇報時氣象　商情

魚藏劍　李陵碑　四進士　羣英會　一捧雪　太眞外傳　探寒窰　孝義節

一九，〇〇　平劇

二〇，〇〇　譚小培　王少樓　蔣君稼　蘇少卿　合唱南天門　楊小樓　露蘭春　鮑吉祥　合唱落馬湖　報時氣象水位　簡明新聞

二一，四〇　新聞

鳳鳴塔

第一六八期

一，本刊內容分科學常識論著詩歌小說戲劇散文書信書報介紹及批評等項

二，本刊歡迎投稿來稿文言白話均可

三，來稿本社有修改權不願者應先聲明

四，未經登載之稿除預先聲明者外概不退還

五，本刊編輯部設覺報社內

漫談

烏瞰經濟的魔力。

袖裡

談到經濟力量的擴張，我們就不得不追溯到發現新大陸的哥倫布。自從這位冒險航海家的發現新地，也可以說是發現了金銀的寶藏，在那時候被發現的各個島嶼的金銀，猶如風馳電捲般的運入歐洲。經過了極短的過程，便將以自然經濟的本位推翻，（以物易物的經濟時代）而貨幣的金銀經濟隨起而代之，中間經過了重商主義的活動，工業革命的爆發，接着便就是機器時代的苗芽了。

簡單的社會經過了遞嬗揚棄的過程，越演越複雜緊張起來，因爲金本位的經濟流行，促進產業增加的起勁，於是就引起了帝國主義的向外侵略；在那個舊經濟淪落，新經濟抬頭猛進的當兒，一些積弱的國家，在一種不能自持的非常環境中，就要受到帝國主義的侵襲。那時轟頭聲侵略大炮的國家，便是英國。他很顯然的侵略行爲就是東印度公司的設立。在這個時候的帝國主義，早已有了海上陸上爭商業霸權的衝突。不過還沒有十分的堂而皇。自從英帝國的侵略實現，接着各帝國主義烽起般的向外侵展。因爲有了這種生死存亡的侵凌，無疑的就要引起各民族間的炮火鬥爭試觀過去世界的大戰，無容諱言的，便是各帝國主義互相爭殖民地而經濟進展的衝突，換言之就是分贓不公可是在這種魔力環境中的弱小民族國家，翻來覆去的都是在血淋淋的鍋內任人煎熬踐踏。其結果不過是演一幕血花迸飛的慘劇，而帝國主義重劃一劃蹂躪的界綫罷了。這種慘痛收穫的焦點，終而是經濟魔力的產生。

現在我們且將最近各帝國主義的經濟活動方向，以及所禍及人類的斷殺事情略說一下：

一九二九年的經濟恐慌，掀動的全世界不安，摧殘的各個弱小民族日益趨向極度的暗境。就如一九三一年的英國，因爲經濟恐慌，國內的不景氣，爲着要調和拯救經濟破產；便在該年之冬放棄了金本位後，即加緊的向主屬國內用關稅壁和限制輸進方法，便將商品從殖民地內排擠出去，我們知道這種高超的經濟手段，時刻兒是在摧殘剝削着弱小的民族國家。在九一八事變後，緊跟着英國學步的某國爲着經濟的不景氣，國債的負擔，他便一心的實現大陸政策，然而其侵略的焦點就在我們身上了。他們的軍人及財政巨頭曾向他們的國民說：「我們只要大陸政策完成，九三億元的國債，就可讓四億五千萬的中國人來分擔，你們不必害怕。」這一套話我們中國人聽了，要作若何的想法；可是我們特別的不撑勁，人家的豫言，不用吹灰之力便實現了。我們知道這種侵略行爲之迅速，大半是經濟問題爲其原動力，其次便是擴張領域爲之爲其推動力，說起來這種行爲之爆發，而與上述兩者之原因，不過是伯仲間之重要，同時又是一種必然之局勢。（未完）

假寶石（續）

法國莫泊桑原著　冰片譯

有時，在晚間，當他們圍爐密語的時候，她恆放一個熟羊皮的手提箱在茶几上，裏面盛着『廢物』——蘭丁這樣稱它。她用一種熱情的注意力把玩着那些假珠寶，彷彿它們能給她以深刻而神祕的快感。她又常常執拗着套一掛項鍊在她丈夫底頸項裏，而痛快的大笑着，喊道：

——多麼滑稽！你看。

於是她就傾身於他底懷抱中，親蜜的，熱情的狂吻着他。

一個冬日的晚間，她出去聽歌劇，俟回家的時候，寒冷侵入了她底骨髓。第二天早晨，她就咳嗽了起來。八天之後，她患肺炎死去。

蘭丁先生是這樣的大失所望：在一月之中他底頭髮變了白色。他不絕地哭泣，深深地他底心破碎了，當他憶起她的笑容，她的聲音，以及她底一切美點。

時間並不減輕他底悲哀。常常在辦公的時間，當他的同事們在討論着時事問題的時候，他底眼睛就忽然充滿了淚水，他就在斷腸的啜泣中去發洩他底悲傷。在他夫人底室中，每一件東西都仍保持着她在世時的原狀；所有她底用具，甚至她底衣服，都放在那兒，如她死去的那天一樣。他天天隱匿在這個屋中，去追念她。她是他的寶貝——他生存的樂趣。

生活不久變成了鬥爭。他底收入，在他夫人的手中，足夠他家庭的消費，但現在不能滿足他自己的至急的需要。他甚驚異她怎樣生法去買那樣高貴的旨酒和珍饈，這些東西以他現在的資產，他不能再得到了。

他負了許多債，淪落到絕對的窮困境地。一天早上，他發覺他底衣袋裏一分錢也沒有了。他決定去典質些衣物。在他底腦海裏立即想起了去典質他夫人底假寶石，因爲這些『欺騙物』，曾經常常刺激他，在他底心中懷了一種仇恨。每一看這些東西，就有幾分損傷他對于他已失的愛人的記憶。

她活着的最後幾天，差不多每日晚間，仍繼續買到家裏來一些新寶石。在他未決定去賣這掛項鍊之前，這些東西被他翻弄了一些時候。這掛重項鍊，她似乎更愛一點，而且他想大概可值六七個佛郎，因爲它的工藝是很精美的，雖說那是假的。

他將這掛重項鍊，裝在他底衣袋裡，出去找一個似乎比較可靠的珠寶商店。最後他找到了一個，立即就進去了。但暴露出他底窮困，而且拿出這樣不值的東西去出賣，他覺得頗有些羞辱。

——先生，我想問問這個東西的價值若何？他向商人說。

這個商人拿着項鍊，細細的審視了一番，又喚來了他的經理，低聲的評論着；最後他把這裝飾品放回櫃臺上，遠遠的審視它的外貌。

蘭丁對於這些手續，非常厭惡，在他剛想說：『啊！我很明白，它連一文錢也不值』的刹那，那珠寶商人說：

——先生，那掛項鍊值一萬二千到一萬五千佛郎，但是，我不能夠買它，否則你必須精確地告訴我，它是從甚麼地方來的。

這個鰥夫瞪着眼，張着嘴，不明了這個商人的話是甚麼意思，後來，他訥訥的說：

——你說——你，一定嗎？

——你可到別家去看看，是否有人肯出更高的價錢。我以爲它最多值一萬五千佛郎，倘你不能得到更高的價俱，可仍回到這裏來，那商人回答。

蘭丁先生，驚愕糊塗了。拿起項鍊，就離開了那座店。他想讓他有些時間來反想一下。

剛一出門，他就覺得有些好笑，自言自語的說：『獃瓜！啊！獃瓜！倘若我相信他底話而照他底話做去，這個商人連眞假金剛石都不能區別出來。』

（未完）

防空常識（續）

卿

在這裏我們可以看得最清楚的，就是古人所謂：「居安思危，思則有備，有備無患。」這句話明明是可以應用到防空上面來，現在沒有戰爭的時候，我們應該趕緊的跟上人家的後塵，從事準備，在未來戰爭的舞台上，才能夠不受損害。

所以我們要自己有辦法，不得不知道怎樣防空的方法和種類，但是我們知道當敵機來襲的時候，他的攻擊目標，不外是轟炸大都市，政治經濟中心區，工廠地區，要塞地帶，飛機場等。因此我們對於重要地區的防空設施，須有最精密的計劃，但是在名稱上，依掩護的不同，可分爲全國國土防空，都市或要地防空兩種，又因方法的不同，分爲積極防空及消極防空兩種。再依負責者主體的同，也可分爲分爲軍隊防空，民間防空兩種。我們現在爲便利起見把牠歸納爲軍隊防空和民間防空兩種，因爲全國國土防空，也就是各個都市防空的總集成，軍隊防空，是積極防空的主要部份，民間防空，也就是消極防空的主要部份，所以我們爲免除混雜起見，祇將防空的方法，做個簡單的敍述！

（未完）

法律常識

公民與法律（續）

（轉載）

民法是在私法中，占最重要的地位。凡父母子女兄弟姊妹夫妻等親屬關係如何，組織事業團體成立法人之程序如何，各種債權與債務之關係如何，動產不動產上之權利狀態如何，遺產之繼承如何以及何種行爲可以取得權利何種行爲應該負擔義務等等問題均在民法中有詳細的規定，商業方面出公司，票據，保險，海商，銀行商標等等亦已另定單行法規，稱爲特別民事法規。一切民事均可依照此等法規辦理，如有爭執，亦可依照此等法由以求解決，實在與社會家族的組織，公共利益的增進，男女平等的原則，有密接重要的關係，各國多有民法，我們中國亦已由立法院制定民法一千二百十五條，公布施行。

以上所講，是國家不能不有法律的情形 及法律分類的大概 以下再講：

三，人民在法律上之地位

人民在法律上之地位，從前與現在不同，回想初民時代，人類爲避免毒蟲猛獸之類的侵害，爲在森林曠山之中獵取生活資料，不得不互相聚集，謀共同的生活，那時候的社會生活，就是所謂共同勞動，共同享有，沒有階級的區別，沒有貧富貴賤的不同。在這種自然生活狀態之下怎樣是平等，怎樣是不平等，當然不發生問題，後來社會漸漸發展 由狩獵畜牧生活，進而於農業生活，於是社會上亦有階級的分化，而且成爲此一階級壓迫別一階級，支配別一階級的關係，不平等的現象，亦遂顯然可見而居於被支配階級的人，因爲知識簡單，猶以爲此種階級支配的現象，是出於天然，當然如此的，所以對於不平等的現象，尙未感覺有何等的不滿意。後來社會更加進步，人類知識逐漸增高，對於不平等的社會現象，發生重大懷疑，以爲這是支配階級之權力所造成的，於是人類平等之呼聲，自十七世紀以來，遂布滿於社會，當時一般自然派學者 如陸克，如盧棱等，且進而爲人類平等之說，此種學說，影響於當時社會，確實不少，十八世紀之美國獨立，法國革命，均是打破不平等現象的先例，至於現代，一般國家的憲法中，都有所謂平等權之規定。我們中國，民國元年約法，對於人民平等之規定，其文字是「中華民國人民，一律平等，無種族階級宗教之區別」，中華民國訓政時期約法，亦有種規定，其文字是「中華民國國民無論男女種族宗教階級之區別，在法律上一律平等。」

（未完）

無可奈

仿呆

無可奈，竟如何？世事紛紛恨偏多，好精神，盡折磨，飢寒交迫，茅菴草舍總不少，鼓樂喧天，高堂大廈也還多，情成侶，惡聚窩，生生世世只爲着，起先苦不少，已後甜應多，有句俗語能揑總，唉！「敗也蕭何，成也蕭何？」竊觀世事繁雜，雖未有擔山超海之難，總不據舉手折枝之易，嘗聞愚公終能移山，精衛亦可塡海。語云：「一世無難事，只要專心。」

閒言少敍，書歸正傳，且說那長流河邊靑草地上，有一少年，乂手徘徊。渡來渡去，忽而低首靜思，忽而仰天微笑，驟然看來，好似憨子一樣。既不知其究欲如何？更不知其心存何事？他忽然長嘆一聲，自家叫着自家的名子道：「尉嶺！尉嶺你何不幸生於人世！又何不幸生於今日！時勢固善，無奈滿處逢蒿，靑草，野花，擁擠了你左右，遍壠荆棘白楊，綠柳，迷失了你的路徑，眼前的事事物物，都成爲腦中的仇敵。只有梅君一人，要算俺心坎上的安慰。」

他又長長的「唉」了一聲，緊接着打了一個冷戰。

他望着長流的河水，四野的一切，無意識的靜默，忽然大叫一聲：「梅君……：」他又低低的接着道：「在現在的世界上，你要算我惟一的……：」他的話尙未說完，遠遠的一聲應道：「嶺弟怎麼來？難道又是……：」。

他打斷她的話急急的道：「啊呀！我忘了，我幾乎忘完了」。

這時候，她已走了他身邊。後面跟着一個二十歲的女郎，拿着幾枝已被剪掉的野花。笑蜜蜜的，現出很得意的樣子。跟在她的身後很自然的說道：「哥哥走吧！你知道嫂嫂是不經風的。」她瞪了她一眼，她接着又道：「嫂嫂你別給俺白眼吃，你知道這幾天，一家人多麼掛心你怕你……：」這時候她的那白嫩顋膀上現出一陣緋紅。

「曉曉別說啦，咱走吧，」尉嶺好這樣攪場。

曉曉是他祖母從小時買來的，因爲他非常伶俐，說出話來使人耐聽，做出事來不惹人厭，所以他的祖母極其喜愛她。前年，他完婚以後，他的妻子——梅君。又極溫柔典雅，異常聰明。做出事來，很像女中丈夫。因而老太太就把曉曉給他了。

她以姊妹之儀待她，所以曉曉至忠，至誠的答應他們。

尉嶺是一個不滿廿歲的少年，起先曾在一個中學裏讀書，他結婚的前一年第一學期裏半路上了因爲經濟困難的他就算是廢學了，從此以後的他，與以前大不相同了，正天裡悶居一室，除了寫字以外，再沒有別的事做。就是他偶而的出門一步，總不似以前那樣的快活精神，有時候人家和他說話，他總是惘與回答。起初很惹人家不高興，後來人家也都不以爲然了。大家不約而同的，說他是獃瓜，眞的，他的行動和態度，比較從前，面上的確是呆得多了。

這年秋天，他認識梅君以後，除掉寫字而外，也常常幫助農作，料理家務。但是，他呆板的更甚了。

他見了無論何人，就是見了一天到晚常見面的梅君，總是要恭恭敬敬的問道：「吃飯了嗎？近來可好？」「嶺弟，你總是這樣的古板，見了鄰居，朋友，親戚，這是必須要說的開首語，見了自家人，却又不必這般客套，尤其是見我，這類的話頭，更無須要說。」每一次，梅君總是這樣的數說他。他也說：「我下次就不如此。」

這一來，三個月以後，梅君才算是聽不着這樣的話頭了；然而他胡寫瞎作的毛病，一天一天的加增了。一個冬天的夜間，他照例的，寫他要寫的 篇文字。梅君和曉曉，仍舊坐在他的旁邊。

「哥哥睡吧？天不早啦！已是一點鐘了」曉曉懶洋洋的說：她那平常的，兩隻伶俐的眼睛的已是縮成一線了。

梅君還是看她手中的一本書，但是，也覺疲倦了。

（未完）

編輯室的廣播電台

雲章

一，本年十二月二十五日，是雲南起義紀念日，也是本縣的縣難第三週年紀念日了。本刊預備出一期專刊來紀念，請投稿諸君努力。

二，雪舫君：請將通信地點示知，以便送上稿紙。

三，袖裏君：你的大作收到了。以後還望你努力！你所盼望的雲章的作品，馬上就要刊出。請你不要失望！

四，二十五年的元旦，馬上就要到來了。本刊預備出增刊來紀念。請投稿諸君努力！

十二月十九日上午十時

古人說

「天下事總在認得人，能認得人，則萬事皆理；不知人則萬事無成，凡事得人，勝于變法。」

縣黨部無綫電收音室開放節目

十二月二十日　星期五

九，〇〇　新聞

一一，五〇　平劇報時氣象　商情　楚漢爭　要離刺慶忌　虞小翠　蝴蝶盃　寶蓮燈　斬馬謖　四郎探母　探母見娘　木蘭從軍　玉堂春　[illegible]

一九，〇〇　平劇　金少三　張如庭　譚富英　裘桂仙　合唱　空城計

二〇，〇〇　報時氣象水位　簡明新聞

二〇，一〇　時事述評　關于社會問題

二一，〇〇　新聞

豐縣縣立初級中學校週刊 第十四期

目錄

談談孟子（續）

異

（五）讀孟子的方法：孟子既有如許的價值，那麼我們應當怎樣去讀它呢？就目的而論，我以爲可分三方面：

甲，爲修養受用而讀孟子：孟子中關於個人身心修養，處世之道，多有發揮，處處可作借鏡。所以我們讀時，第一宜觀其砥礪廉隅，崇尚名節，進退辭受取與之間，竣立防閑，於此可以自守而不至爲世俗所左右，以致墮落沈淪。第二觀其氣象偉大，光明磊落，三味之後，可使自己人格純正而擴大。第三宜觀其意志堅強，心地耿耿，服膺久之，可使對於環境之壓迫，增加抵抗的毅力。第四…………總之孟子確是一部修養最適宜的書，尤其是青年。如能摘精擷要，熟讀心中，則一生做人的基礎，可以穩固，真所謂取之不竭，用之不盡了。

乙，爲研究而讀孟子：孟子的內容，既是多方面的，又是有價值的，所以那一方面，只要你有興趣，都可下心的去澈頭澈尾的去研究。但是這一層工作，須先將你俱備些學問的素養，才有成效，有了這種準備後，你就自然能有研究的方法，所以現在我不再爲贅述了。

丙，爲學文章而讀孟子：孟子的文句結構，既是文學的，所以我們爲學文章而讀孟子，是最有益的，尤其是初學文言文的人。如能於讀時，隨處注意他的修辭，結構，轉折，語勢……那麼你的文章，也就進益更快了。蘇批孟子，是很好的參考資料。

（六）研究孟子的幾部重要參考書。

趙歧，孟子章句，
蘇軾，蘇批孟子，
朱熹，孟子集註，
焦循，孟子正義，
戴震，孟子字義疏證，
陳澧，東塾讀書記——孟子之部，
崔述，孟子事實錄，
萬步瀛，孟子文法讀本，
唐蔚芝，孟子大義。

……（完）

訓育概況（續）

五，督促學生記載生活筆記　各級學生，必須將日常生活狀況，詳細記入週記簿（格式另附）每週繳導師核閱一次，並擇優揭示以資鼓勵。

六，積極指導學生自治及課外活動茲將現行各項辦法，列舉如後：

1，遵章由全校學生組織自治會，由兩首席導師担任指導。

2，各級組織級會，分風紀，學藝，衛生，體育，布置，勞作六股，每股設股長一人，幹事二人至四人辦理分級自治事宜，由各該級兩導師指導。

無題

平

春天，在一本期刊上，我看到一篇題名魚汛的速寫，滿足地讀下去了，就不會忘記。直到上月，我又在另一種期刊上發現了作者底身世：初中畢業，現在當着警長。但，假如在作者底履歷底下寫個「初中畢業」却是太荒謬了。作者決不止是一個把各科教科書都讀了六冊的初中畢業生，至多，作者不過在中學得到一點讀和寫的能力，要緊的是：作者畢業以後，就投身到社會生活底激流中，向生活學習！不然的話，作者可以給我們一百篇新舊八股，但不能給我們一篇反映社會生活的有眞實性的文字。這事實使我吃驚，使我想到過去的我和現在的中學生怎樣作文這一問題。

我一向有個成見：現在中學生國文程度太低。誠然，我十六七歲時已經把之乎者也用得妥當了，當得一名秀才，而現在那麼大年紀的中學生是不行的。然而，事實也常常給我以教訓，現在十四五歲的中學生有時作得出我在相同年齡時做夢也作不出的文字。我肚皮裏裝滿了詞藻。說到春天，那便是：春光明媚，惠風和暢；說到夏天，那便是：烈日如焚；說到秋天，我也有一句：悲夫哉秋之爲氣也；而「寒風凜冽，砭人肌骨」則是我從教科書上記下的描述冬天的詞句。萬古千秋，年年有個春夏秋冬，但是，因時因地，每個春夏秋冬都有自己底五光十色的風姿；特別是，在每個春夏秋冬，都進行着變幻錯綜的人事。這一切，我是省不見的。我底筆祇能寫一個超越時空的與生活無關的春夏秋冬，高興這種文字的可以說牠在萬古千秋的春夏秋冬中抽象出來她們底「永久的特徵」，而歸認來說，任何一個包羅着自然現象和社會生活的具體的春夏秋冬都沒有被反映在這種文字。

我還有件可以自豪的事，那便是：我會議論。教科書上讀了一篇「拿破崙」，爛熟之後，書後做出來了，那結語是：嗚呼！中國之衰弱亦甚矣，安得有如拿破崙者起而振興之耶？拿破崙在法國大革命中演了怎樣的腳色，中國是不是能夠產生一個拿破崙，假使拿破崙生在中國又要唱齣什麼戲，那是我底頭腦裏所沒有的問題！這樣，當然不會懂得歷史的教訓，祇記得一句名言：難之一字，惟愚人之字典有之。當前的「難」不去了解，閉着眼睛唱拿破崙式的高調，這什麼也沒有「論」，祇是噴了一口大！

事實教育了我，我從爛調和空論中解放出來了。我懂得了什麼叫做「歷史價值」。我們要了解周代社會生活，就不能不讀詩經；反之，在詩經中，我們決不找出民國二十四年的中國人底生活和情緒。一個偉大的作品所以會永久流傳，決不是因爲牠寫了「永久的眞理」，而是因爲牠强度地反映了一個國度底一個時代底社會生活；而且，正是因爲牠反映了一個歷史時代，牠才會和歷史一道「永久地」流傳下去。

昔我往矣，楊柳依依；
今我來思，雨雪霏霏。
行道遲遲，載渴載飢；
我心傷悲，莫知我哀。

這是詩經上一首詩底最末一節，牠底可貴是不在牠有美麗的詞，而在，在這些詞中，裝進了當時被徵勞役的農奴底情緒。

伯兮朅兮，邦之傑兮；
伯也執殳，爲王前驅。
自伯之東，首如飛蓬；
豈無膏沐，誰適爲容？

這兩節底可貴不在牠寫了「永久的愛的天性」，而在牠寫出，在封建社會中，一個女人怎樣愛一個騎士！

我們所以要讀這首詩，不是爲的要學古式戀歌的腔調來補充今天流行的夜鶯玫瑰式的啊呀歌，而是爲的，經過這首詩，來認識當詩的生活底一個側面。離開具體的生活，寫一個空洞的抽象，那作品，對於我們，決沒有半點意義。

歷史的研究會加强我們底自信。我們眼看，耳聽，筆寫，都不要忘了：此時，此地！求學沒有前途的嘆聲塞滿了耳朵。糊里糊塗地做着作拿破崙的美夢是「大而無當」，但立志學那位警長，倒是每個中學生都辦得到的事。這不是最高的「志」，而是起碼的。作一個作家，和應文官考試不一樣，不定要有什麼專科的履歷，你該怎樣磨鍊你底表現能力？你該怎樣增長你底觀察能力？

往事拾零

二年級孔繁琛

深冬雪後，天還沒有大明，屋內便有亮了。南屋內看來似乎有人起來，是前日來的舅。「嗤！」一聲響，閃了一閃，南屋點起了燈，仔細一看，正是我的舅。他坐在床上，靠着床前的桌子，拿着烟袋，用右手掩上了烟，含着烟嘴，對準了燈頭吸。烟霧在他面前舒捲着，他慢悠悠的略拿一拿烟袋，我聽到了這樣一句：「今年的豆楷很多，可暖和暖和吧！」說罷，又吸烟，火逼得斗底的烟油吱吱的叫了，方才放下。模糊的看見，靠西牆坐在床上的是父親。「不差！可暖和了！」這是他的回答。

眞冷！我又濛頭睡了。

又揉揉眼，睜開它，伸頭向外一看，天很亮了，外面是灰白色的霧。

我起來向南屋來去，我的父親和舅正在談論着我上學的事，父親面上發了愁「這怎樣上法？」

「爲什麼不能上呢？」

我的舅很從容的問。

「錢從那裏來，下年升入中學要得三十元。」

「三十元，那可真難呢？」

外面的霧還是濃濃的罩着。屋脊上來了一個灰白色的猫，抓壞了一片雪，「哇！哇！」兩聲又跑了。

「哼……」

「再上幾年，就要當先生，……三十元，……四十元，……還不夠本麼？還是上吧！」舅轉頭看看我，我沒有什麽話說，只好張口微笑。

「………」

「………」沉靜，但我提出了意見：「我的妹妹八九歲了，在家只是玩，到不如上學去。」

「這錢還不夠，他還能上麼？」父親說。

「女孩家能上學……」我的舅很快的說。

大霧還是罩着，很濃密。

我失望了。

我腦海內只有個「不能上」。

飯後，舅要走了，拖車在雪地上移動，他的影子在濃密的霧中消失了。

從北平寄來的一封信

昨天收到北平寄來報告此次學生愛國運動經過的一封信，我想這封信上的報告，比報張上一定眞實可靠，故特將原信刊登出來，不過上面有關個人的私事方面，一齊刪去，這是應當先向衆聲明的。還原文如下：

這幾月來，平市是在「風雨飄搖」中渡過的，起初，所謂「華北自治運動」在××指導之下，在漢奸活動之下，漸漸地由發動而進行幾至于告成了。這時候，我們還期待着五全大會精誠團結後的有效辦法，所以抱着「讀『最後一課』」的耐心觀望着。接着便是「殷賊冀東」的叛變，津市「四毛錢一天」的叫化子充當了人民代表的請願，以及平市市自治宣言的出現，眼看着華北的新局將要顯現，在這「千鈞一髮」之際中央才派了何氏北來，採取了這種「變相自治」的妥協政策，於是冀兩省在名義爲中華領土之下出賣於××了。這時候，我們一般熱血旺盛的學生們，當然不能埋頭去讀最後的一課，眼看我們的文化區域不容我們存在，於是在無可耐何中，才有九日的請願與遊行。

九日的早晨，平市學生在全市學生聯合會指導之下，向何氏請願，然燕京清華因城門落鎖不得進來，鵠立了多半天，平大北大以及我校數理院都被軍警把持着不能出來，只有我們文院學生整隊出校，和東北大學及中國大學以及中學聯合起來約七八百人在新華門口，等了半天，也沒見到何氏，於是才遊行，學生愈集愈多，都是三三兩兩合起來的，環城遊行了半週，合了輔仁和北大就有二千之多，到了東城王府井大街，軍警保安隊攔着我們，槍口刀口都對着了我們，並用救火機打散我們的隊伍，有些失散，有些逃跑，有些受傷，我們校裏一位女同學受傷，就這樣被他們分散了。中國的軍警，只有向我們作威，多麼可恨啊！從那天起，我們各校都一齊罷課，中國的報上雖然不能傳佈這種眞象，但在各外國報紙上都登載出來，想起五四運動僅是反對簽訂賣國條約，現在事實已成了。華北僅落了名爲中央所有，或許由此可以引起全國各處的總罷課，固然於已成的事實不能挽回，但在這樣環境之下，又怎能安心讀書，又怎能不如此做呢由外報所載看來，極和我們表同情，至少國際上可以明白華北的眞象，不是日本所宣傳的「民意」「民意」啊！所可恨的，在學生中間，竟有反對這種舉動，原來所謂大學生利害關係太清楚了，難到在此種危巢之下，還能有完卵麼？喪心病狂，竟如是耶！

到今天，已經五天了，每天都有新的進展，各校自治會差不多都成立了，但平市的軍警都把我們各校校門把守着，不讓成隊出去，所以很難繼續運動，所好的，有的報上載廣州上海武漢杭州都有類似的行動，響應我們，或可增加一部分力量——救國圖存的力量！從今日起，冀察政務委員會被中央明令成立了。今後在這種局面之下，一切的政治軍事財政外交……都和中央脫離了關係，最可痛心的，社會局還要改訂公民歷史的材料，都要在有礙「睦鄰」之下，改訂一次，來教導一般中小學生作「準亡國奴」——痛心啊！自己掩埋自己歷史的眞象，消滅自的民族意識，摧殘自己的國家觀念！……

學校消息

第四次教導會議重要議案

主席 張信賚先生 地址 本校辦公室 時間 十二月十八日

（一）寒粮募捐，本週星期日再舉行一次，地點爲城北，城東，城西三面出發。第一次募捐不請假缺席者予以公佈警告。

（二）三年級考試，增加監場人，嚴加監視。

（三）課間操跑步，因近日天氣漸寒，棉衣毛鞋，過於笨重，自明日起減少跑程，掉隊者一次警告，二次記過，三次開，除女生酌量從寬。

（四）學生品行記分標準，按照童子軍中小隊長活動情形，分教室，寢室，飯堂，操場等項考察記分。

第三次校務會議重要議案

主席 李貞乾先生 地址 本校辦公室 時間 十二月十九日

籌備慶祝新年，選擇劇本由李貞乾李子眞兩先生負責。排演由陳雪樓蔣傅溥兩先生負責辦理。

十月二日舉行稽核委員會

學生勞作品，於本月廿日裝箱送局

上週團部儲蓄箱共儲蓄五千文

球術比賽

本月十七日，一，二年級比賽籃球，結果二年級勝。十九日二三年級比賽足球，一比零，三年級勝。十九日一三年級，比賽網球，一年級勝。二十日一三年級比籃球三年級勝。二十日一二年級比足球，二年級勝。

上週寒粮募捐成績

第一隊	二公斗一升
第二隊	二公斗六升
第三隊	四公斗三升
第四隊	一公斗五升
第五隊	二公斗一升
第六隊	三公斗一升
第七隊	七公斗
第八隊	二公斗六升
第九隊	四公斗五升
第十隊	一公斗一升
第十一隊	二公斗五升
第十二隊	三公斗
第十三隊	六升
第十四隊	四公斗
第十五隊	一公斗七升
第十六隊	一公斗
第十七隊	五公斗一升

古人說

『人類由動物之有知識能互助者進化而成。當其蒙昧，力不如獅虎牛馬，走不如犬兔，潛不如魚介，飛不如諸禽，而猶得自保者，能互助故。而合弱以禦強，故能趨利而避害也。』

縣黨部無綫電收音室開放節目

十二月二十二日 星期日

一二，〇五 平馬 廉錦楓
戰太平 易鞋
記 賣馬 打
鼓罵曹 諸葛
罵安居平五路
男起解 審
頭刺湯 打漁
殺家

一二，三五 樂隊奏樂

一九，〇〇 京市政府樂隊奏播：國樂
平劇 金少山 譚小
培 譚富英
夏山樓主 合
唱碰碑

二一，三〇 新聞

十二月二十三日 星期一

八，四〇 新聞

一一，五〇 平劇報時氣象
商情
文昭關 丹青
引 南天門
燈影記 頭本
走麥城 收周
倉 大同朝
牧虎關

一九，〇〇 平劇
王又宸唱 連
程玉菁 合唱
寶蓮燈

二〇，〇〇 報時氣象水位
簡明新聞

二〇，一〇 時事述評
關於賑濟水災
問題

二一，〇〇 新聞

中華民國二十五年新年特刊

小引

今天是民國二十五年元旦，是「除舊佈新」的日子，同時又是推翻專制，政府建立，中華民族的二十五週年紀念日，多麽值得慶祝啊！

「除舊佈新」，固然是要把陳腐的，殘破的，不美觀的，不適用的，除掉；換上一種新鮮的，完整的，美觀的，適用的，但是不要光求表面的「除舊佈新」，而就算了事，最要緊的，還是洗心革面，剷除舊惡習，實行新生活，以前種種譬如昨日死，以後種種譬如今日生，而今而後，下定決心「作新民」。

我們就知道今天是中華民國的開國紀念日，還有回想廿五年前孫總理和諸先烈犧牲熱血，締造中華民國的艱苦，把奄奄欲絕的中華民族，救出來，我們應當肅然起敬，永矢不忘，並繼承總理遺志，先烈的精神，努力！使中華民族永遠光榮的存在。

一年來之豐縣黨務

二十四年終了了，把我們過去的工作來檢討一下：二十四年的工作計劃，原以辦理社會事業爲中心工作，在三四月間，因爲籌開第六次縣代表大會及四五兩屆執監委員辦理交接，我們的工作受了不少的影響，及至第五屆執監委員就職以後，內部整理等已就緒，又是七月間的防黃工作，全縣的黨政工作人員及黨員民衆一齊動員去防黃，費時兩月有餘，築堤六七次，還擋不着九月十一日的一夜狂風暴雨，淹沒了一百二十七個村莊，一千二百餘頃良田，及災民三四萬人。在這非常災難的時候，不得已的辦法，只有努力救災，一直到現在，還在努力救災中，不過在可能範圍內，去做我們的中心工作，僅將一年來可以發表的工作，概述如下：

甲、組織

一、籌開第六次縣代表大會　本縣第五次縣代表大會，於二十二年舉行，產生第四屆執監委員，至本年三月，已二年有半，中間迭次呈請改選，均未邀准，中間委員玉珏辭職他就，影響黨務工作甚鉅，特又懇請省執委會准予改選，第六次代表大會，遂於二十四年三月十五日舉行，直屬各區分部出席代表共二十人，會議三日，決議案二十餘件，並選舉李貞乾、黃體潤、王子蘭、彭世亨、于數禹、卜憲章、董雪山等七人爲第五屆執監委員。

二、推行黨員勞動服務　本會奉令推行黨員勞動服務，並於黨部所在地設勞動服務實驗區一區，集中全力以赴之，以爲他區之表率，本會奉令後即指定王監察委員子蘭爲實驗區指導，劃定城廂四鎮爲實驗區，並擬定工作實施計劃，後因黃水爲患，未能全部按照計劃推行，惟對於救災，防疫，指導合作社，檢查戶口，辦理民衆學校，及整理各民衆閱書報處等，均已完成。

三、調查農村金融狀況　本會於十月奉令調查農村金融狀況，並經發調查表式樣，內分十二項：一，金融狀況，二，銀行，或錢莊，三，市面上流通之洋及鈔票，四，市面上流通之現洋與鈔票之比率，五，銀行對外匯兌之數額，六，大洋與角票之數額，七，郵局對外匯款之數額，八，當店營業狀況，九，大商店營業狀況，十，商品貿易狀況，十一，商品種類及價值，十二，重要農產品價值，本會奉令後，即按照項目，詳細調查，費時月餘，始行調查完竣。

四、改選各區分部　本縣共有直屬區分部十個，各區分部執監委員均已任滿，本會於二十四年十月十一日起，按照規定先後召集各區分部黨員大會改選，本會分派委員出席指導監選，至十一月日已改選完竣。

五、召開直屬各區分部聯席會議　本會爲謀各區分部工作之聯絡，特於本年十二月十三日召集各區分部委員聯席談話會，出席各區分部委員均皆出席，本會委員亦出席報告黨務，並請王監察委員子蘭講演黨員勞動服務辦法，各區分部委員報告各區分部工作概況及困難，最後討論黨費黨花及各項辦法等提案，結果圓滿。

六、整理黨花黨費　本縣黨員於黏貼黨花致繳納黨費，多不注意，以致有已貼黨花而未繳納黨費者；亦有已繳黨費而未貼黨花者，本會特製定調查表一種，令發各區分部，在舉行黨員大會時，調查各個黨員欠貼黨花數目，欠繳黨費數目及已繳黨費數目，呈報本會，以便查考，並擬定征收黨費辦法，令各區分部督促黨員按時黏貼黨花及繳納黨費，如逾期不繳黨費，該區分部可開具名單呈報本會核辦。

七、製定各區分部工作方案　本會製定直屬各區分部工作方案，之推進方案每月工作報告表，卷宗之保管，大會每月收支計算書，民衆閱書報處之整理，每月黨員勞動服務實行新生活，各區分部會議及黨員大會日期，黨員姓名表，本會亦按時派員參加指導。

八、整理各區分部民衆閱書報處　本縣各區分部所設民衆閱書報處，六個區分部各設一處。

乙、宣傳

一、舉行七項運動

1. 植樹運動　本會於三月十二日總理逝世十週年紀念植樹節，召集各機關團體學校在本城北關舉行紀念大會，會後至太行堤兩岸植樹，並由各區分部督促民衆在公路兩旁隨地植柳樹萬株。

［illegible］

5. 衛生運動　今夏黃水爲患，城廂附近災民達二四萬人，本會臨時設災民收容所數十處，極注意災民之衛生，並向商會救濟院勸募醫藥，以示救濟。

6. 合作運動　本縣合作社因組織不健全，零落不堪，僅有五處，本會協助縣政府派員分赴各合作社視察，指導，以求迅速成立，並切實推進。

（同樣慶祝異樣想）

二、指導民衆團體　本會於二十四年內指導組織各區農會，並指導縣農會、縣各業同業公會，及各會員代表大會，改選召開；並指導成立第四屆縣農會、縣商會；指導各業同業公會改選；指導縣總工會各業職業工會及理髮業職業工會改選；指導茶食業、鑄鐵業、泥水業、木作業、縫紉業、豬鬃業、毛業、油業、榨油業、副業等職業工會成立，並指導組織婦女會，指導文藝研究會等。

保甲　本縣共設五處，本會除指派職員分赴各區保甲講習所講演外，並由本會委員擔任教育訓練，又縣保甲義務訓練班，由本會派員分任黨義講師。

二、舉行各種紀念會　照中央頒發各項紀念日宣傳大綱，本會每逢紀念日均召集各機關團體舉行紀念會，並由本會編撰宣傳要點，分別登報宣傳。

三、出版刊物　本會每週出版豐報兩張，每張四開，每期刊行一千份，由本會負責發行，逐日送達各機關團體學校及城鄉。

四、傳達中央消息　本會爲謀消息靈通，每日收聽中央廣播電台新聞，並摘要送達各界。

五、推行識字運動　本縣識字運動委員會成立後，本會積極推進，並於各鄉鎮區保設立民衆學校，督促教育局按期授課。

究會辦理改選。指導書畫研究會，第四區進德會組織成立。指導中華回教公會豐縣支會組織成立。指導反日救國會，改組為民衆救國會。指導民衆俱樂部，辦理改組。指導婦女會設立婦女放足運動委員會組織成立。

二，訓練民衆團體

推動各組農會，在各區舉辦特約染坊，發展農民副業。成立農業倉庫，組織貧農貸款所，及指導農民組織各種合作社，救濟農民，調濟農村經濟。推動總工會暨各職工會業組織工人貸款委員會，職業介紹所，救濟工人失業問題；及定期召開職員聯席談話會，敦請黨政工作人員講演黨義，以資啓迪革命思想，與黨義認識。推動商會暨各同業公會，整頓內部，訓練會員，對商會組織，認識清楚。請求縣當局取消商人攤工派款半區舊例，減輕商人負擔。推動各級教育會協助各區普及識字教育工作，及充實附設教育消費合作社，以求業務發達，俾使會員具有合作精神之養成，推動婦女會組織婦女放足運動委員會，開辦民衆學校婦女班；改良婦女陋習，增加婦女求知之興趣，獲收本縣婦女對婦女會之信仰。推動文藝研究會編輯週刊，登載會員闡揚黨義與發表民族復興之文藝，藉以增加會員研究興趣，與喚起一般學者之注意。推動回教本縣支會訓練會員明瞭教義，研究黨義，發揚愛教愛黨之精神。指導本縣各民衆團體，參加各種革命紀念會二十次。派訓練幹事利用民衆團體集會機會報告中外新聞，啓迪民衆民族意識，及愛國家愛社會之觀念。

四，推進童子軍事業

辦理童子軍三項登記手續。指導縣理事會組織成立。指導各童子軍團部添購用具、舉行全縣童子軍第二次大檢閱，及課程比賽，課程表核。開辦全縣童子軍中小隊長訓練班。召開全縣童子軍服務員操法研究會。保送童子軍服務員接受省理事會開辦童子軍服務員暑期訓練班訓練。指導本縣童子軍理事會，推動各團童子軍辦理寒糧募捐，救濟災民。

五，本縣民衆團體之統計

本縣民衆團體，現有職業團體「一一七」個。如農會七，鄉農會九十，[illegible]，商人團體，有商會一，同業公會八，[illegible]計「十四」個。[illegible]中學學生自治會一，及縣教育會一，區教育會七，縣文化研究會，中華書畫研究會，縣區進德會，中華回教公會縣支會，[illegible]民衆團體有民衆總會一，民衆俱樂部一，婦女會一，[illegible]

一，召開各種會議

1，執行委員會共二十六次

2，全體會員大會各一次

3，黨政人員談話會八次

二，辦理收發文件

1，收文共七百四十三件

2，發文共五百四十二件

三，辦理會計庶務事項

四，辦理[illegible]事項

二十四年份之豐報社概況

本報刊行以來，已三年多了。業務方面，尚有差強人意之發展，如篇幅之由新聞紙八開，逐漸擴充至四開一張，印刷之由石印改為鉛印，報之銷數由五百份，增加至一千份以上。經費由每月數十元，逐漸增益；迄本年份每月之收支均在四百元以上；在在均可證明我們的業務確有相當進展。茲將本年份概況略述於後：

（甲）組織：本社社長之下，分編輯，印刷，業務三部。

1，編輯部設編輯主任一人，中外要聞編輯一人，本縣新聞編輯一人，副刊編輯一人，校對數人。

2，印刷部設印刷主任一人，技師及工徒九人，共十人。

3，業務部設業務主任一人，兼辦會計，庶務，發行等職務；發行股歷送報工友十五人。

（乙）經費：本年份各月經費之收支，均在四百五十元左右，除縣黨部津貼四百元外，餘為廣告費，公文代送費等。支出數亦與收入相彷彿，計薪工費月支二百八十餘元，職員除業務部主任月支二十元外，均不支薪；印刷部主任，月支薪二十四元，技師月支二十元，十五元，十二元不等，工徒每月支膳食費五元，送報工友各月支八元。材料[illegible]；及辦公消耗雜支等費，每月約須一百六十餘元，計共需四百五十元之譜。總計本年份共收經常費五千四百餘元，共支經常費五千二百六十餘，收支相抵，尚略有盈餘。

（丙）附設營業部　本社設營業部，承做印刷品，一切工作均由印刷部技師兼辦，設對亦由上列職員負責，除採購材料費用經費外另別無開支。結算本年份之營業額，為二千三百九十餘元，購辦材料用去一千零六十餘元，再就盈餘中提出百分之十五，充獎勵金外，淨餘純利數百元，已陸續用於添補鉛字及消耗材料等。

（丁）準備擴大篇幅　本報在豐縣為唯一的報紙，所以成了宣揚主義，傳遞政令和介紹新知識的重要工具，因它負有較大的使命，故覺篇幅太小，本年七月曾擬具計劃，編造預算，呈請上峯　准予津貼經費，將篇幅擴充為對開一大張　後來經省黨部調查，已認為有擴大篇幅之必要，並咨請省政府，飭縣辦理，想不久或有此項命令到縣，請愛護本報諸君，聽候佳音吧！

新年告全縣合作社書

林大哉

全縣各合作社社員們：

你們感覺到農村快要崩潰了，自身的經濟，一日一日的低落下去，終年胼手胝足的勞苦，僅獲溫飽，或者還不免凍餒　長此以往下來　決沒有一點曙光可睹，先知先覺的鄉村領袖　提倡經濟自決，自助助人極有效的合作方法，來使你們組織合作社，利用經濟學的互惠原理，視察各地方情形，成立了多種方式的合作社，將來同種性質的為各份子，組成聯合社，那就收效更為宏大了。現在看看全縣的合作社，數量不少，種類很多，合作之花　開遍了全縣，遍不容不使我讚嘆民衆先導者的努力，和農民的本身有自覺心　我們農民銀行是輔助合作社的進行者，在五月間曾貸放了一萬一千元，與各合作社作有效的生產事業，自後在相當的時期和總行的允許條件之下，當盡量的與你們以經濟上的輔助，以期課眞正改進豐縣的農村　至於合作社的特性及要義，想各位已是有了相當的了解，但是尚有不容忽視的幾點，多數合作社是失敗這上面的，不妨拿來供獻給你們，作前車之鑒，也許得了就能達上成功之路的。

（一）要認清領袖

一個團體的領袖，是一個主腦，領袖的好壞，關係事業的成敗，大衆的利害，關係全繫在一個領袖的身上，所以合作社的領袖，要選當地公正人士，因為做這種領袖，是服務性的，很少權利可言，這種犧牲個人少許的精力，替大衆謀利益的沒有服務性的人來做這件事，就會生出種種的意外了，或者合作社的生命，殆喪他手裡，不但不能受用這種好制度所生的效果，如果對外有責任事大家反受其累了！

（二）要增加股金

合作社的目的，是內在的自助互助，外在的援助，是過渡性的，將來基礎打好後　的目前認為外在的援助，將來就變成信任的投資了，社內事務如要推進的話，資金一年一年感覺不夠，增加股金，才是眞正的辦法，因為股金內運用，是最穩當的，股金一多可以堅強各社員的意志，可以得到社會的信任，藉此可以吸收存款，如是就可成一眞正的經濟機構，可以利用牠做出許多事業來，常看有合作社的報告三年後的股金數，與三年前一樣就這一點，我們農能行卽不能予以借款之便利，因為完全依賴他力的合作社，事實告訴我們，是沒有好結束的。

（三）要強迫儲蓄

除去增加股金，作為固定資本運用外，要再增加合作社的實力，就非有存款利用不可，要得社外人的存款，就非得社員本身做起，我國人的儲蓄心理，是沒有英法人民，來得有決心，這也是習慣的遺傳，須要各社員們做先導的糾正，要啓發各社員的儲蓄興趣　就非帶強迫性不可，有如提倡識字不行，就非得強迫識字不可　每年在農產收穫後各社員須拿自己的出產品，到社內開農品展覽會，分定等次，酌予獎勵，開過以後，農產物賣出所得的錢　就分別作各社員的儲蓄存款，這不是一個很好的儲蓄方法嗎？總之，要各社員儲蓄，須得勸導之外，還得想很多的方法，農產品儲（　），不過是一個實例罷了！

上面很簡單的三點，兩點關於經濟，一點關於組織，都是最淺顯而容易被人忽視的事情，如果眞正的將三點都注意到我保證前途　定是光明而有希望的；我們農行方面，也是儘量幫助這等合作社望前推進的，在這新年的時會，這是我貢獻各合作社的成功秘訣，也就是我送給各位社員僅有的禮物　敬祝年禧！

二十五年元旦節農行

我們該做什麼

林

今天是元旦。

從今天起，民國二十五年——西歷一九三六年，就開始了。

現在我們所處的時代，正是漫漫的長夜；元旦到了，還彷彿像黑暗的征途中遇到一個茅店，在這兒很可讓我結束過去，探討將來。「我們該做什麼？」這一個打算，是必要的吧。

本來「我們該做什麼，」是人人都會想到的問題，由帝國主義者，軍閥，漢奸，貪官汚吏，土豪劣紳等等以至於勞苦大衆　都會這樣想。但是，我所說的我們，是勞苦大衆，更縮小範圍　是勞苦大衆裡的知識份子。「我們」知識份子們　該做什麼　這是我們今天要說的。

我們該做什麼？我以為該做這個：

為勞苦大衆服務，知識份子們，大家很幸運地學得了知識，這種知識，是你不耕而食，不織而衣，把時間騰出來，學得的。你騰出來的時間，正是別人多忙的時間。所以你的知識不是你的私產，無疑地是大衆交把你的。所以知識份子們，我們該為勞苦大衆服務，這是本份吧！最可恨有些知識份子，他們拿他的知識背叛大衆，去求個人的榮利，走向貪汚的路上去了！這是喪盡天良的人，我們沒有權把他們置之於法，只好說他們是「敗類」！「不該」！

第九九二號
社址豐縣大同街
中宣會登記證中字第一二九二號　內政部登記證警字第二二〇號
中華郵政特准掛號認為新聞紙類

本報價目　今日一張半
本報每份大洋一分四，區每月大洋三角，外埠每月大洋四角郵費在內

▲總理遺囑

余致力國民革命凡四十年其目的在求中國之自由平等積四十年之經驗深知欲達到此目的必須喚起民眾及聯合世界上以平等待我之民族共同奮鬥現在革命尚未成功凡我同志務須依照余所著建國方略建國大綱三民主義及第一次全國代表大會宣言繼續努力以求貫徹最近主張開國民會議及廢除不平等條約尤須於最短期間促其實現是所至囑

豐縣舉行閱課啓事

蓋聞[illegible]青雲得路，歌霓裳於大羅天上，紫陌尋春，傳衣鉢於宰相[illegible]門庭，良以十室之邑，必有忠信，千筍班中，豈乏賢能[illegible]蕪列攷試為治權之一，其亦以文取人，使奇才易遇之意[illegible]年，本縣向稱文物之邦，今亦不少多藝之材，誠恐荊棘[illegible]路，韞櫝而藏珍，拾芥末由，偃文而修武，茲為整飭文風[illegible]，激勵士進起見，爰於第五次行政會議，決定倡辦閱課，[illegible]於每月杪日舉行一次，自本月份起實行，俾青錢應選，黃[illegible]絹幼婦碑，特此告白，並附閱課暫行辦法如左：

豐縣縣長兼典試委員長王迺先

豐縣舉行閱課暫行辦法

一、本辦法根據本縣第五次行政會議教育組之決議案擬訂之。

二、本縣[illegible]閱課，每月舉行一次，於月之杪日舉行。

三、應試[illegible]對象，以本縣青年男女為限，並須具有下列資格

（一）高小以上學校畢業者。

（二）曾在改良私塾修業具有同等學力者。

（三）在本縣住居在五年以上者。

四、有下列情形之一者，不得應試。

（一）現任各機關之公務人員。

（二）有不良嗜好者。

（三）年逾[illegible]思想陳腐者。

（四）有傳染[illegible]及其他烈性症者。

五、攷試科目如左：

（一）國文（文言白話不拘）

（二）常識（包括黨義）

（三）體格檢查。

（四）口試。

六、攷試各科分數，分配方法如左：

（一）國文佔百分之四十。

（二）常識（包括黨義）佔百分之二十五。

（三）體格　佔百分之二十五。

（四）口試　佔百分之十。

七、各科試卷，書寫應用端楷，不得潦草，違者扣分。

八、應試各員，在試場內，應守規則，不得左顧右盼交頭接耳或冒名頂替，違者勒令出場，並酌予罰鍰。

九、各科試卷，均用密封，以昭公允。

十、每次錄取名額不拘。

十一、各科總平均分數，以七十分為合格，其不滿七十分者不錄取。

十二、攷取分甲乙丙三等，九十分以上者為甲等，八十分以上者為乙等，七十分以上者為丙等。

十三、每次被取各員，依名次之先後分別給獎。

（一）首三名給獎金。

（二）次三名獎書籍。

（三）餘則酌量獎送豐報名額不拘。

十四、應試各員，如連續三次均係攷取第一名，其分數俱在乙等以上，思想純潔，體格健全，辦事能力，亦頗豐富者，得酌予介紹工作。

十五、應試各員均須具備二寸半身像片一張，於報名時連同證件呈繳，以便對照像片，入場應試。

十六、應試各員，應於攷試前二日，到縣政府傳達處報名，逾期不候。

十七、攷試各卷，由典試委員會評定之。

十八、每次攷試獎金，由縣政府担任，獎品得向縣黨部教育局及其他機關徵集之。

十九、揭曉方式，除榜示外，並登豐報公佈之，每次于攷試後三日內揭曉。

二十、每次攷試，各科中遇有優異之試卷，得於豐報上闢專刊登載，並於每半年開展覽會一次，陳列展覽。

二十一、本辦法自公佈之日施行。

中外要聞

居葉陳等離港北返　胡漢民定期入京

▲中央社香港廿四日電　居正、葉楚傖、廿四日上午八時、由省乘車返港、黃季陸、羅翼羣等同車來港送行、鄒魯、蕭佛成、林雲陔、劉紀文、林翼中等數十人、均到站歡送、專車十一時抵港、陳策等到站迎候、同赴許崇智公館休息、下午七時、訪胡漢民辭行、晚十時登輪廿五日晨零時、赴滬轉京。

4

▲中央社香港廿四日電　許崇智定廿九日隨胡漢民、由港乘輪赴滬入京。

▲中央社香港廿四日電　居正、葉楚傖、陳策、唐海安等、廿四日下午訪胡漢民辭行後、晚十一時乘輪北返。

土肥原到濟晤韓說不確

▲中央社濟南廿四日電　津報載土肥原來濟晤韓復榘說、經調查不確。

中委尼瑪鄂特索爾 在返張途中為匪徒狙擊殞命

▲中央社張家口廿四日電　中委兼蒙政會委員尼瑪鄂特索爾、於廿三日午後由張北搭汽車返張、車行至距張北二十里地猴兒山前三里地方、突由窪處衝出身着便衣之匪徒數人、阻車檢查旅客、待至尼近、匪遂向尼狙擊、尼身中三彈、當即殞命、匪遂逃逸、尼屍現停張北、日內即載運張垣、尼年四十六歲、通漢學、為盟旗中有數人才、尼家屬在張垣察旗領袖、均甚悲痛。

立法院昨舉行 第四十四次會議

▲中央社南京廿四日電　立法院今晨開第四屆第四十四次會議、主席孫科、秘書長梁寒操、討論事項：（一）本院財政委員會報告、審查江西省廿三年度地方普通歲入歲出總預算案、決議照案通過、（二）本院軍事委員會報告審查修正海軍服裝條例第廿二條條文、及圖表案、決議通過、（三）本院財政委員會報告、審查民國廿五年第二期鐵路建設公債條例及還本付息表案、決議修正通過。

國民政府昨日命令

▲中央社南京廿四日電　國民政府今日命令：（一）劉和鼎、趙承綬、周俗、鄧寶珊、楊虎、榮鴻臚、秦紹觀、繆培南、張任民、任為陸軍中將、（二）新疆省府委員兼建設廳長高惜冰、呈請辭職、高惜冰准免本兼各職、（三）任命胡壽康為新疆省府委員、（四）任命師世昌兼新疆省府建設廳長。

德遠東經濟攷查團 會晤首都新聞界

▲中央社南京廿四日電　德國遠東經濟攷查團領袖克樸公使等抵京後、已迭訪我政府當局、克樸公使復於今日下午、訪全國經委會秘書長秦汾、晤談甚久、下午四時半、德國新聞社社長戈林夫特、舉行茶會、招待本京新聞界、與克樸公使晤面、會談甚歡、聞克樸公使、定下星期四赴滬。

行政院昨開兩審查會議

▲中央社南京廿五日電　行政院昨晨九時、召開兩項審查會議：（一）電報電話費收據應否貼用印花案、（二）修正取締棉花攙水攙雜暫行條例草案、各關係部會、均派員出席、結果分別修正通過。

廢歷春節 京滬各機關均照常辦公

▲中央社上海廿四日電　滬各機關廿四日照常辦公、惟各商店積習難改、一律休業。

▲中央社南京廿四日電　今為廢歷元旦、本京各機關均照常辦公、民間因謬於積習、對過年興致、仍極濃厚、自昨日起、即雨雪交飛、今日自晨至晚、雪勢更大。惟氣候尚不十分寒冷、又據中央氣象台息、此次降雪之大、歷時之久、為去年入冬以來所未有、其範圍之廣、除華南外、長江黃河兩流域之上中下游、今日均降雪、本京之雪量、至今日下午五時止、為十七•六公厘、明日天氣將有轉佳之望。

張發奎短期內赴閩北巡視

▲中央社福州廿四日電　張發奎決短期內赴閩北蒲城一帶、巡視防務。

中央國醫館飭屬 補行慶祝 頒布中醫條例

▲中央社南京廿四日電　中醫條例、於本月廿二日由國民政府明令公布、中央國醫館特通電各省市國醫分館、轉各醫藥團體、特定於二月八日、全國一致補行慶祝、並定每年一月廿二日為永久紀念日。

鐵部修改 運輸硫酸收費辦法

▲中央社南京廿四日電　硫酸一物、為現代工業上之重要原料、但屬於危險物品、故各路運輸硫酸、規定須按二千公斤起碼收費、但運商希圖省費、往往夾藏於普通貨內報運、殊為危險、茲悉鐵部為杜絕此種私運、而防危險起見、特將該項貨物準照石炭酸等貨包裝辦法、改以五十公斤起碼計算。

隴海路積極進行 西展工程

▲中央社西安廿四日電　隴海路西咸段、定日內售票通車、管理局將派員驗收、工程第一總段辦公處、已移設咸陽、進行西展工程。

▲中央社南京廿五日電　陝西省政府以隴海路通軌以來、西京市面日趨繁榮、電氣事業、極須舉辦、以應需要、當於上年三月間、與建設委員會商定、合資籌辦西京電廠、一切工程、由建設委員會負責辦理、數月以來、經建委會積極進行、刻下已大致竣事、一部份發電機起裝完竣、開始發電、本月廿二日已先將路燈放光、西京市民咸感便利云。

蘇財廳飭各縣 編造廿五年度地方預算

▲中央社鎮江廿四日電　蘇財政廳長趙棣華、以預算制度、實為一切行政計劃之前驅、而地方財政整頓之綱領、尤所是賴、現對各縣廿五年預算之編造、除訂定原則辦法外、並飭各縣長經心籌劃、限二月底前編竣、送廳審核公布。

浙財廳召開 全省營業稅務會議

▲中央社杭州廿四日電　財廳為整頓全省營業稅、定二月三四兩日、舉行全省營業稅務會議、已通令九區營業稅局長、及監理營業稅安吉等四十三縣長准期到省出席。

西荊公路 下月全綫通車

▲中央社西安廿四日電　西荊公路全綫、下月可通車、與豫省洛荊路啣接、陝建廳刻與豫省商洽聯運辦法。

安溪鐵礦甚佳

▲中央社福州廿四日電　安溪探礦工作、已鑽入地層下一千餘尺、所取礦質、試驗結果、較漢冶萍所產尤佳、鐵質含有百分之六十、而硫黃僅•五、產量達四千萬噸、惟鐵片不能設廠鍊鐵、只能將礦沙出售。

西安市 戶口調查

▲中央社西安廿四日電　西安市戶口、最近有十五萬四千五百九十八人、內有外籍住民五十八人。

蘭州氣象測候所 恢復工作

▲中央社蘭州廿四日電　蘭州氣象測候所、因火藥爆炸、房屋儀器炸燬、多年紀錄、乃告中斷、現經中央氣象研究所、捐儀器九件到蘭、恢復測候。

陝建廳籌辦 示範農田

▲中央社西安廿四日電　建廳派員在長安南鄉章曲鎮、籌辦示範農田、以資宣傳、改進農業。

西安大雪

▲中央社西安廿日電　西安入冬以來、乾冷異常、昨朔風大作、降雪半尺。

我國新生活運動 深得德人同情

▲中央社南京廿四日電　柏林訊、我國浙江省政府特派歐美攷查社會救濟專員陳凌雲、蒞柏林時、曾在德國公報、發表中國新生活運動之真義、深得德人之同情。

薩勞已同意組新閣

▲中央社巴黎廿三日電　法前總理薩勞、廿三日在原則上同意組新閣之企圖、如薩氏組閣成功、則賴伐爾或將留任外長、薩氏廿三日與各黨領袖會商、探討究能否獲得國會中之多數贊助。

▲中央社巴黎廿三日電　國會各政黨黨團、分別舉行會議情形頗為嘈雜、有時發生衝突、頗為劇烈、左派與中央派兩大黨團、本身陣容、亦頗混亂。

北路亞軍連日皆捷

▲中央社亞京廿三日電　據北路前綫報告、自星期一以來、馬加爾以北仍在激戰中、亞軍自將敵兵擊退後、刻正晝夜進攻、佔領意軍陣地多處、並獲重炮及坦車甚多。

海會技術小組會開會

▲中央社倫敦廿三日電　海會總委會、前於本月十七日指派技術小組會、俾就總委會所商定各海軍國交換造艦程序之情報辦法、草擬協定草案、該小組委員會、頃於今日午後繼續討論、並定下星期一續開會議。

國聯行政院討論 烏蘇邦交問題

▲中央社日內瓦廿三日電　廿三日晨國聯行政院開會時、

討論蘇日間之紛端、蘇俄代表李維諾夫、發表長篇演詞、對本案性質、就雙方歷史上、及政治上關係、詳細陳述。

▲中央社日內瓦廿三日電　十八人委員會廿二日建議、召集國聯專家委員會、研究對意實施油禁之效力、惟羅馬尼亞外相蒂度萊斯格提稱、此種主張、決不能變更十一月六日所商定在相當期內、禁止其他物產運意之決議。

美眾院外委會討論永遠中立案

▲中央社華盛頓廿三日電　眾院外交委員會、廿三日討論永遠中立案、決對該案不適用於意亞戰爭之建議、加以否決。

蘇省府委員會議通過　各縣在押煙犯抽驗辦法

每月不定期抽驗至少一次由縣長指明　經驗明有毒或有癮者應依復吸罪懲治

▲江蘇社　江蘇省政府第八〇〇次委員會議、於昨日上午九時舉行、計出席委員陳果夫、余井塘、趙棣華、周佛海、沈百先、鄭亦同、列席者、羅時實、項致莊、祝平、主席陳果夫、紀錄萬君默、開會如儀、宣讀上次會議紀錄、報告事項、（略）決議事項如下、（一）通過江蘇省立醫政學院附設診療所開辦費概算書、總數四千元、及廿四年度下半年經常費概算書、總數七千二百九十元、兩共一萬一千二百九十元、款在省總預備費內開支、（下年度列入醫政學院經費內）、（二）通過在押烟犯抽驗辦法、（三）教育廳簽呈、南通縣政府呈轉該縣郁土地堂初級小學校擬收置校舍西側程姓土地一畝五分、建設運動場、請准予依法收買、決議通過、（四）在自新登記以前、未經登記、或已登記未換照之烟民、經拘送到案、而訊問結果、合於烟民自新登記之條件者、准從寬免予科刑、飭令在自新登記期內遵章申請自新登記、（五）通令各縣凡鄉鎮保甲長檢舉煙毒犯、適用江蘇省各縣處理保甲長檢舉匪犯暫行辦法第六條第七條之規定、（六）本省國民勞動服務、對於不能到工之人、除有疾病婚喪大故者、得延期服務外、不准徵收代金、（七）土地局辦理土地登記時、凡關於沙田湖田區域、應先向沙田局湖田處查詢、如非占墾、始予登記、否則須令登記人向各局處繳清地價、取得產權、方准辦理所有權登記、

附各縣在押烟犯抽驗辦法

一、各縣在押已決未決烟犯、依本辦法辦理、二、各縣政府就在押烟犯每月不定期抽驗至少一次、由縣長親自指名交醫師驗、前項被抽之烟犯、以自勒令戒絕或開始羈押之日起滿一個月者為限、三、民政廳得指定烟犯交縣抽驗、四、烟犯抽驗後、須將結果呈報民政廳、五、被抽驗之烟犯、經驗明有毒或有癮者、應依復吸罪懲治、六、被抽驗之烟犯、經驗明有癮或有毒時、原監督獄員獄丁、均以溺職論、其有包庇或要求期約收受賄賂、而縱容犯罪、或幫助犯罪之情事者、依禁烟治罪暫行條例處斷、七、本辦法由省政府委員會議、議決公布云、（廿二日）

蘇審計處　審核成績卓著

可從收發文件等數字表出

▲江蘇社　記者昨訪蘇審計處第一組主任黃鳳銓、叩以審核情形、據告本組審核工作、可以收發文件、暨計算數、剔除數、核銷數等以表示之、自去年七月開始審核、至十二月止、收文方面、計收到部令六件、咨文三十七件、公函八百六十三件、審核意見簽或意見書四百二十七件、計算書類一萬五千五百九十二件、其他一千〇八件、半年度內總計收文為一萬八千〇五十件、發文方面、計發出呈文二件、公函一千〇二十六件、審核證明書七百十二件、審核通知書九百六十件、核准狀照核准通知函一百三十三件、發還計算書類五百四十三件、半年度內總計發文共為三千三百七十六件、至於七月至十二月各機關經費支出核銷情形、計算數共為五百八十八萬九千五百十七元三角三分、剔除數共為三萬六千四百六十五元七角五分、（內有已聲明自行賠繳數五千五百五十六元一角五分）核銷數、共為三百八十五萬三千二百六十七元四角一分、就以上數字觀之、足見該組工作忙碌、成績卓著云、（廿二日）

人民佔居佔墾官產　蘇省令縣切實查擠

以杜隱佔而重官產

▲江蘇社　蘇省府以人民私佔官產、本為官產新章所不許、曾經令各縣出示佈告、並限三個月遵章報繳、頃據各該縣陸續呈送布告底稿、前來、計期早經逾限、頃特通令各縣所有佔居佔墾官產各戶、其有未經聲請報領者、應由各該縣通飭所屬各區鄉鎮長切實查擠、以杜隱佔、而重官產云、（廿二日）

各縣收音室　蘇財建兩廳會定經費

并通令各縣從速整頓

▲江蘇社　蘇省建設廳前為溝通消息及傳達政訊起見、曾令各縣設置收音室、俾收省播音台所播之音、惟江北各縣偏僻、間有因材料購配及經費關係、以致停頓、刻財建兩廳特會定各收音室經常費辦法、及支出預算書外、按照縣級分別等差、分令各該縣遵照規定、從速整頓云、（廿二日）

蘇全省農地　約九千三百萬畝

年產仙粳稻約七千二百萬担

▲江蘇社　蘇省土地肥沃、農產豐富、記者茲據某農業專家談、本省農田、分三點、一、粳米區、二、仙米區、三、雜糧區、徐海一帶、因雨量較少、河道亦稀、灌溉無資、故不宜種稻、居民多種植雜穀、如玉蜀黍豆、麥、仙、粟等物、淮揚等縣、仙稻有早熟與耐旱二種特性、復以水之來源、及去路關係、尤宜種植短期之仙稻、至江南京鎮一帶、以地勢高仰、山田則較圩田為多、且祗宜生長期短之仙稻、需水量較少、每年約有一熟之收成、與江北相同、如太湖沿岸蘇常淞滬等邑、平均雨量約在四十英寸以上、加以水利修明、乃為純粹稻區域、江南旱田、多數以植棉為主、水田則以稻作為主、至本省產米豐富之區、則推常熟與吳縣兩邑、無錫因地居太湖流域中心、乃米糧萃薈之所、故碾米業亦極發達、關於全省農地、約在九千三百萬畝、粳稻耕地面積為二千六百萬畝、小麥耕地面積約四千三百萬畝、平均年產仙粳稻約七千二百萬担、小麥五千五百萬擔、惟惜農民知識淺弱、對成法不知改良、故農產物輒深感受影響云云（廿二日）

蘇省農倉管委會　慎重修訂會計法

俟召各倉庫主任會商　然後始決定交印頒發

▲江蘇社　蘇省農倉管理委員會所訂之會計制度、計分甲乙丙三種、經財政廳會計委員會、數度修編、頃已全部告成、不日即可頒布等情、已誌前報、茲據該會負責人談、此項會計制度、雖經編竣、現為慎重起見、一方面留會重行審核、一方面尚擬召集各省倉庫主任（對會計有經驗者）來省舉行一次非正式之會議、共同商討、可否適用、然後始決定交印頒發云、（廿二日）

省會黨政軍學勞動服務　會商進行辦法

服務年齡改為十八至四十五　決定開河工作支配辦法等案

▲江蘇社　江蘇省政府自奉蔣委員長令實施勞動服務、并定本年為水利服務季節後、省府即令飭建廳訂二十四年度國民勞動服務辦法大綱、通飭各縣遵照、在省會方面亦由建廳擬具省會黨政軍學人員勞動服務實施辦法、提經省府委員會議通過、茲為積極籌備實施起見、特召集民財教建各廳及省黨部保安處等各機關代表、於二十一日下午在省府會議室舉行會議、討論進行辦法、計出席者、有許止禪、孫天放、黃紹鴻、陳紀芳、陳濤、丘河清、李農、錢寄廬等、主席萬君默、行禮如儀後、報告事項略、討論事項、（一）遵照蔣委員長令、服務年齡改為自十八歲至四十五歲、（二）決議、開河工作支配辦法、其辦法在整理中、俟早陳主席核准後、即可發表云（廿二日）

本縣新聞

造林運動委員會 開首次會議

決議　太行堤常堤口西段爲造林地址　派定各公路河道監工指導人員　定三月一日至十五日爲植樹期

本縣造林運動委員會、於今日(二十五)上午十一時、在縣政府會議室、召開第一次會議、出席裴朝永、劉棟、馮守信、董雪山、韓留九、李效禹、彭世亭、黃體潤、董玉珏、主席裴朝永、紀錄董雪山、報告事項、一、造林運動、至爲重要、本縣本年造林運動、計劃和預算、均經農業推廣所擬定呈准、推進辦法、全賴本會同人之努力、二、省廳對於本縣新擬計劃預算、略有修正、(一)預算一千二百元、(二)中山林須植松柏、行道樹植柳、堤岸樹植杞柳、討論事項、一、確定中山紀念林地址案、決議、以太行堤常堤口西段爲地址、二、造林委員會事務繁難、應分組担任、以專責成案、決議、分宣傳、總務、栽植三股、推定担任委員如左、(一)宣傳股、董雪山、董玉珏、彭世亭、(二)總務股裴朝永、馮守信、李效禹、(三)植樹股、劉棟、黃體潤、韓留九、三、各公路河道植樹監工指導人員、應如何推定、以專責成案、決議、推定各區監工員如左、第一區、李式之、董玉珏、吳鳳樓、韓留九、張子曼、胡仲敏、渠耀坤、第二區、黃玉山、張念禧、李坤若、董玉琚、卜憲章、彭世亭、馬得俊、第三區、劉子粹、劉萬傑、彭繼亭、王朝臣、第四區、李鼎九、孫隆章、高寄塵、夏愼言、謝鶴齡、第五區、裴朝永、劉冠卿、孫季得、張明琚、董玉樹、岳德廣、第六區、李厚緞、武襄承、孫立坤、衛矩堂、董仲安、董鴻恩、第七區、馮允齋、曾雨亭、馬漢勛、實驗鄉、李貞乾、董雪山、趙守眞、每區派警士二名、區丁二名、以資差遣、四、杞柳苗木應如何分發案、決議、由農推所計算各區段數目、遞送河岸、交各區監工委員負責分發、五、植樹辦法應如何規定案、決議、由植樹股擬定計劃、公佈施行、六、應規定本年植樹日期案、決議、規定本年三月一日至十五日爲植樹期、七、監工委員及警士火食費、應如何規定案、決議、除一區實驗鄉監工委員外、所有員警、每人津貼火食費二角五分、下午一時閉會。

宰殺耕牛 有害農業 一經查明 嚴加處罰

省政府重申禁令　縣政府遵照辦理

縣政府近奉省府訓令云、查我國農家役用牲畜、以耕牛爲首要、本省對於耕牛、迭經令飭各縣妥爲保護、並訂定禁止販運宰殺耕牛暫行通則、及施行細則、通令飭遵在案、惟年來以水旱頻仍、民生凋敝、農民往往無力飼養耕牛、以致狡黠之徒、乘機牟利、不免發生私宰情弊、合亟重申禁令、仰該縣長再行出示佈告、嚴加禁止、倘有甘蹈法網危害農業者、應即查明、予以嚴厲之處罰、此令、聞縣政府奉令後、已轉飭所屬、並出示嚴禁矣。

舉辦小本借貸 業經批准

縣農會呈請以楊前縣長重徵餘款

省府令縣轉飭知照

縣農會爲救濟貧農起見、擬將前縣長楊良重徵之餘款六百九十餘元、舉辦小本貸款、當呈請縣政府核示、縣府據呈後、即轉呈省政府示遵、迄已多日、記者今早晤縣府裘秘書於辦公廳、據談、縣農會前呈請以楊前縣長重徵餘款、辦理小本貸款、業已奉令批准、本府不日即轉飭縣農會知照矣。

二區卜區長 召集各鄉鎮保甲長訓話

認眞辦理烟毒犯總檢舉　嚴禁聚賭注意地方治安

二區卜區長、以烟毒犯總檢舉、及自新登記辦理期迫、且值廢歷年節、治安亦關重要、特於前日(二十三)分別在該區區公所李新莊及劉曉營三處、召集全區各鄉鎮保甲長、訓以烟毒犯總檢舉及烟民自新登記之重要、各鄉鎮保甲長須切實辦理、如或徇情隱匿、一經發覺、定予依法嚴懲、又時屆廢歷年節、治安極應注意、對於聚賭、各鄉鎮長應嚴加禁止、並隨眞派丁守望、輪流打更、以防不測云。

農民銀行 擬選定實驗合作社

本縣合作社、現已成立一百餘處、但多有名無實、除借款以外、毫無業務、農民銀行辦事處有鑒于此、擬於實驗鄉內選擇數社、切實予以指導、作爲特約實驗合作社。現正由實驗鄉偕同該辦事處職員視察該鄉各合作社、不日即可選定云。

一夜兩處火警

本城才妙街包尙德、以開木廠爲業、昨晚因生火取暖、一時不愼、發生火警、燒燬草屋兩間、棺材數口、旋經撲滅。

又大同路王占鳳、業理髮、於昨晚包尙德火警後、室內起火、幸撲救及時、僅燒燬頂棚、損失尙小。

載量過重汽車 既損路基 又肇危險

縣政府下令取締

縣政府以設置汽車、原爲便利交通、深恐駕駛汽車之戶、每貪載笨重物品、行駛既感不便、且易損壞路基、發生危險、爲保護公路、並避免危險起見、特令知各汽車行、嗣後對汽車之行駛、不得裝載過重物品、倘有故違、定予嚴加取締云。

司法欄

◎刑事判決◎

董玉衡鴉片案判決、

主文

董玉衡自願投戒戒絕後、再吸鴉片、處有期徒刑一年五月、褫奪公權三年、罰金二百元、併勒令交醫限期戒絕、罰金如期滿經强制執行、無力完納、以一元折算一日、易服勞役、裁判確定前羈押日數、准以一日抵徒刑一日。

王朝林鴉片案判決、

主文

王朝林未領憑證、吸食鴉片、處有期徒刑六月、褫奪公權三年、罰金二百元、併勒令限期戒絕、罰金如期滿經强制執行、無力完納、以一元折算一日、易服勞役、裁判確定前羈押日數、准以一日抵徒刑一日、烟泡十四個沒收焚燬。

庭期審理案件

一月

二十七日審理史子傑訴許續賓妨害風化案、

二十八日審理李傳書與李家祥地價案

二十八日審理楊鹿殺人未遂案。

本城粮價

名稱	每市斗價目	
小麥	最高三千四百文	最低三千三百文
大麥	最高二千二百文	最低二千一百文
黃豆	最高二千五百五十文	最低二千五百文
黑豆	最高二千四百文	最低二千三百文
菉豆	最高二千九百文	最低二千八百文
江豆	最高二千八百文	最低二千七百文
高粮	最高二千零五十文	最低二千文
穀子	最高一千六百文	最低一千五百文
稷子	最高二千文	最低一千九百文
芝蔴	最高四千文	最低三千八百文
青豆	最高二千五百文	最低二千四百文
花生每斤	最高二百文	最低一百八十文
瓜子每斤	最高六百文	最低五百八十文

氣象

晴

風向　北風

最高溫度　二九

最低溫度　二〇

鳳鳴塔

◁第一七六期▷

一，本刊內容分科學常識論著詩歌小說戲劇散文書信書報介紹及批評等項

二、本刊歡迎投稿來稿文言白話均可

三，來稿本社有修改權不願者應先聲明

四，未經登載之稿除預先聲明者外概不退還

五，本刊編輯部設覺報社內

漫談

一二八光榮的回憶

小編者

現在想說話，總生一種『無從說起』的迷惘。『一二八』又是第四週年紀念了！記得那一次國軍英勇抗敵的情形，和人民悲壯助戰的氣概，我眞不相信素來懦弱朦懂的同胞居然一旦會如此奮發其神威！這一仗呀，眞是給帝國主義侵略者的一枝頂門針！自從咸豐鴉片戰爭失敗到現在，可說是睡獅漸醒，然而這還不過是在似醒非醒朦朧睡態之中的一輾側，那還算是一伸爪，一抖毛呢！

上海居民，平日大都以娛樂爲生活，祇知自顧自，一室之隔，往往終年互不知姓名，總理說的『一盤散沙』四個字，固是我們全中國人民心理的寫照，若移指上海，則更爲確切。但當瀏河失守，兵退南翔之先，半途中曾一度殲滅日軍，稍息傳出，此時租界上的同胞以爲失地恢復，一時狂歡狂呼，天撼地震，所有僑民，即各國駐軍，亦莫不色變他避，後據西友談及，謂以前許多次大變動，如五卅慘案等等，民氣萬分激昂，曾不足稍動其心，此次則確實驚心動魄，民族精神一絲也沒有喪失，祇此一點，中華民族就決不會受其他民族的淘汰。所以『一二八戰爭』，結果我們雖敗，却敗得十分光榮！

東非戰爭，阿比西尼亞自去年七月抗拒意大利直到現在，意大利軍隊雖精，器械雖良，亦未見意大利佔多少便宜？可見民族存亡的關鍵，決不在於物質，還是著重於精神。當此世界風雲緊急，人類的大戰有一觸即發之時，我們要恢復既失的河山，永保中華民族光榮的地位，一無別路，我們惟有精誠團結，犧牲小我，預備殺敵，除此之外，他非所知。

冬的愁思（續）

小悠

幾次提筆，寫滿了不少信紙，都眼看它們化爲灰燼，飛到上空，祇落得長噓一聲。後來將一封未有他一句要說的話的短信壯膽的付郵，也不過空空地作了十數日的盼望。他不得已將心願告訴了家庭，希望雙親對他有所幫助，果然不數日接到了回信：「且在外好好的讀書，我已將事情拜託你的L先生，待你們暑期歸來，一切都可解決。」

暑假在他的期望中來到了，假期數日他已將行裝整好，學期考試結束，他便匆匆的離開學校，震聲隆隆地的怪物把他載到徐城。那時他愛慕的人已回去了。

每日傍晚，他便立在村旁的溪畔，等他父親帶來的好音，但是那些消息僅足以使他焦急：L先生初以訟事留鄉。繼父爲爆工外出。他怨恨他命運的乖張，上帝的無情，有時他會發癡似的詢問青天，青天怎能給他答覆？

城西場岸草場——別離的處所，消磨了他幾個黃昏。那裏亦然有牧童三兩，弱柳晚風未革前樣，不過他更加悲傷了。

那一次意外的相逢，到現在他還疑惑是在夢中。假期已在街頭逝去了大半，他又在籌劃離家。八月二十三日，一個陰涼的日子，因爲商量一同赴徐的事情，走到一個親戚的家裏，剛跨進門便看見坐在院中的幾位女郎，其中有一個他熟悉的面孔，見了他馬上陰沈着低了下去。他怔了怔，明白了，那就是兩年不見了的他所愛慕的人，鎮日苦惱不就是因爲她麼？看去似乎瘦了，苦笑的眉梢上掛着痛悲。當他跳動的心還未恢復平靜時，她已去了，永久的去了。

「去罷！莫在等待了，不久定有佳音給你。」

於是他又來到異鄉，不過不似上次的興奮了。樹木由蓊鬱而漸漸地稀疏枯老，而今他身上已着了棉衣，佳音在那裏？返家時的熱望徒增他現在幻滅的苦痛，他的精神再也振作不起。冬來了，秋蟲不再伴他哀鳴，天際的青烟象徵了他前途的縹渺、他感到人生的乏味，世間的無情。也許空間時間疏遠了他們的友誼。金錢，虛榮，舊道德傷害了他的情人，他無力奮鬥，但依着衰柳，和着枯枝發出的怨聲低泣：

是何處傳來的琴聲？
像失意的人兒在啜泣了。
彈罷！用力的彈罷！
讓它震動我的心弦，
好將心思乘風送到那人兒的心房，
請問，
可能爲我滴兩滴清淚？

○　○　○

莫不是塔尖刺痛了我的心靈，
寒風塞住了他的咽頭、
苦痛喲！
爲什麼不能高喊？
早知道人生是在夢中，
眼淚洗不去汙濁，
倒不如夢了，
夢裏有情人的笑容，
夢罷！
夢罷！

（完了）

擬古從軍

老王

縱橫百戰白龍堆，
已到殘年志未灰；
烽火連天雪遍野，
偏從萬騎取頭來！

華北五省之富源

(一)華北五省人口，共計九千萬，約佔全國五分之一。

(二)華北五省的小麥，約佔全國總產量百分之二十六以上。

(三)華北河北山東山西三省的棉花，約佔全國總產量的百分之四十二以上。

(四)華北五省的大麥及雜粮，約佔全國總產量百分之十四。

(五)華北五省的豆類，約佔全國總產量百分之二十。

(六)華北五省的胡麻，約佔全國總產量百分之四十四。

(七)華北五省的花生，約佔全國總產量百分之四十三。

(八)華北五省之儲煤量，約佔全國百分之五十三以上。

(九)華北五省之產煤量，約佔全國總產量的百分之四十五。

(十)華北五省的鐵礦儲量，約佔全國（東北四省除外）總儲量百分之五十二以上。

(十一)河北省的石灰產量，佔全國的第二位。

(十二)華北五省的羊毛產量，約佔全國總產額百分之二十五以上。

無題

老王

縱橫百戰憶當年，錦幄虞姬氣黯然。
劍影韜光悲楚客，笳聲徹夜起胡天。
銅駝何事遺荊棘，禾黍偏能泣杜鵑！
想到神州淪陷處，瀟瀟風雨不成眠。

防空常識（續）

卿

燈火管制

燈火管制意義，是在統治一切燈火，使避免敵人在夜間發現空襲的目標。其方法，不但在息滅燈火而已，就是沒有息滅的燈火，還要設法加以減少光度或遮蔽，總之對於所有的燈火，予以適當的處置就是了。

敵機爲要達到其任務時，必須設法避免我方監視機關的發見，同時還要我方防空航空隊以及其他對空射擊部隊的抵抗動作困難起見，多半是利用夜間來襲擊，因此夜間便成了敵機潛入的最危險時期了，不過我們要知道，敵機在夜間從遠距離飛來的時候，大概是用指南針來測定方向的，同時因爲在飛機上，不能像在輪船上容易判定自己的位置，所以敵機到達對方國領土時，必須先研究沿岸附近的地形，來作判斷自己位置的根據，然後根據判定的方向，再飛向襲擊目標去攻擊。假如我們能在這時候，將目標隱藏起來，使敵機不能發見目標而誤其有限制的續航時間那敵機就失去襲擊的目的，這就是施行燈火管制的最大用意。

因爲這樣、所以我們就要顧慮到管制的範圍，據我所知道的，都市及附近的燈火，在戰時除了一切非必要燈火之外，大概在八萬公尺至十萬公尺以外便能看得見，這是根據大戰間參加襲擊倫敦的德國飛行家的報告，以及歷次夜間飛行的試驗結果所得到較眞確的距離，所以我們要施行燈火管制，非要在敵機沒有達到這地帶以前，就要施行燈火管制才對，而且施行管制的範圍，也不僅是限於重要都市的燈火，至少限度要擴大到防護要地的外方八萬公尺至十萬公尺爲最低限度的範圍。

其次關於燈火管制的方法有種種不同，把他歸納起來，大概可分爲中央管制和自由管制兩種：對於這兩種方法，我們可以不必研究，我們要研究的，是一般民衆應該準備及注意事項，現在把牠分述如左：（未完）

刼

飛

夜，漆黑死寂，天上半個星也瞧不見，風冷刺刺的，這時，各處都像蘊藏着黑花面的怪物。

一所短小的茅屋中，燃得一枝豆大的亮光，一位年[illegible]十五六歲的孩子落淚。

『兒啊！不是我特地的叫你爲難，只因咱太窮了，……但是能有一點辦法，我也不叫你這樣捨的臉……唉！』

[illegible]淚，孩子見母親這樣悲哀，說：

『娘，別哭吧！』

『唉！兒啊！』婦人愈大悲哀了『人窮了眞難啊！這樣的親戚，都不親了，還有什麼可親的呢？……唉！人窮了眞難，唉，回想你爸爸在世時，咱是多麼好過？有二十多畝地，二個牲口，年年餘一大些，只因你爸爸吸上了大烟癮，不到五年，就把咱家毀壞到這步田地了，唉！他是不管了，剩下咱娘兒倆……唉！大烟眞害人啊……你現在知道窮了難了，切不要不努力幹家啊！』

『娘！那是了！』孩子聽着淚也不禁落下了。

『現在家中沒有一粒子粮食，雖然你一天能拾幾百錢的糞，但是，雜貨店的這一筆賬，眞叫我沒法，除了這一個生路，還有什麼可走的一條路呢？』

『娘睡去吧！』娘兒倆睡了。在夢中，還可聽見他們的哭聲。

○ ○ ○

夜半，被喊門的聲音驚起。

『開門！』聲音非常兇[illegible]一聲，門已掀倒了。

『做什麼的！黑天半夜！』他非常驚懼說。

『什麼？今天從×莊拿來的糧食拿來！』

全屋被手電照得通明，最後，叫他們又拿去了幾件衣服。

她能不悲痛嗎？好用捨臉借來的，明天怎麼和婆眼的說呢？她哭，她罵，『撲！』一頭倒地，昏過去了。

唉！小孩子。

○ ○ ○

衣缽宰相

半解

秦漢好纖緯之學，晉宋多虛誕之議，然以禪語入文，則始自六朝而後。五斗之俸，淵明恥之，今竊比于中書，亦似不倫。

十字街頭

袖裡

走上了十字街頭，
瞧見魔鬼的出沒，
猙獰的一幅笑臉，
含着億萬的毒箭；
乜張下天羅地網，
要捉胆怯的蒼生。
醉生夢死的人們，
還在甜蜜的夢中，
及時睜開了醉眼，
已是身臨了東城。

○ ○ ○

淪落日不久將到，
莫再躊躇於苟安；
莫再弄舌而自掩，
嚴重的事實已現。
時間空間不容緩，
洒最後的一滴血，
[illegible]

朝影

淚影

明朗的清晨，是那麼幽靜啊！除去風兒吹得落葉颯颯的聲響，四週靜悄悄地無一點生聲，連樹上的小鳥兒也還沒有醒呢！那魚肚色的東方，漸漸蓋上了一層杏黃色的薄雲，青碧的天空，充滿了新鮮空氣，灰色的瓦房上敷着層層薄薄的銀霜，朝霧映着，射出了溫柔的和平的光芒，世界上的一切，彷彿都罩着一層桃紅色的夢。有多少說不出的妙境呀！

雖說是初冬，但涼意的風，還有幽柔的成分，經過我的身旁，掠過我的臉，送來縷縷清香。啊！是菊花之清氣吧？吹去了我滿[illegible]，更吹動了我寂寞的心湖。只不過感到點寒意，却還有多少詩情畫意呢！

一陣陣的長鴉，驚破這寂寞的空氣，一輪紅日慢騰騰的從遼遠的東方昇起，無情的晨鐘，打破夜的幽靜。

唉！晨光，美麗的晨光，指示出光明燦爛前途的晨光。整日迷戀着幻夢的人們！誰曾清醒過來領略呢？

夜飲寄蔚

桑培

一劍一杯一曲歌，
沙塵怎甘付逝波？
壯懷激越情懷怨，
長日易過夜奈何！

長恨歌

飛。

那天真的兒時，
那黃金的童年，
現在呵！
已成爲不可挽留的泡影流烟！
環境的促使，
前途的艱難，
怎樣辦呢？
一切的一切都使我胆慄心寒！
我是個失意者，
我是個弱者，
他們呀！
瞧我都用白眼。
我羨慕那天真活潑的兒時，
我怨恨我的命運使然，
我向着蒼天流淚吶喊，
唉！人生歡樂有幾年！

古人說

「修己治人之道，果能常守勤儉謙信四字，而又能取人爲善，與人爲善，以禮自治，自然寡尤寡悔。」

縣黨部無綫電收音室開放節目

一月二十九日 星期三

八，四〇 西樂（提鋼合奏）
九，〇〇 新聞 平劇報時氣象
一一，五〇 商情 困曹府 桑園會 醉打曹豹 打龍棚 女兒國 金水橋 八本狸貓換太子
一九，〇〇 平劇 馬連良 荀慧生 潘雪豔 張國斌 合唱 審頭刺湯
二〇，〇〇 報時氣象水位 簡明新聞
二〇，一〇 時事述平 關於賑災問題
二一，四〇 新聞

鳳鳴塔

第一七八期

一、本刊內容分科學常識[illegible]詩歌小說戲劇散文書信書評介紹及批評等類
二、本刊歡迎投稿，來稿文言白話均可
三、來稿本社有修改權，不願者須先聲明
四、未經發表之稿，除預先聲明者外概不退還
五、本刊編輯部設豐報館內

漫談

字與人生

小編者

書法是我國獨有的藝術，古今人討論書法的著作，雖不塞屋，也怕要汗牛了。書法是寫字已經成功到家的名詞，我們還在寫字的練習之中，所以還祇好說是『字』。

寫字是指腕肘神經與肌肉綜合運動的表象，因之一個人的性情魄力至少由『字』可以看出幾分來，不，經驗充足的人，可以完全看出來。譬如顏眞卿的書法，雍容凝神，是非早蓄常山之節，不能作出。僧懷素方外之人，故書亦如怪虬躍柏，寒猿叫藤，非可以世俗之見範之也。他如兩晉崇清談，羲獻父子之行草，風流蘊藉，正如其人其時，此不過略舉一二，以證人與字之同，人生與書法之同。

一人之性情既可由字看出，一人之雅俗亦何獨不能？村夫市賈，一動筆便俗氣冲天，令人不可耐，然而市賈與村夫比，則村夫又高逸多多。我家僱一鄉人爲送達，每晚無事，即在燈下，隨筆塗抹，所書筆畫平正，鋒磔爽適，我們都驚嘆：非但我們不如，即唐宋人恐亦未窺底蘊，其實此鄉老，生平從不臨帖，祇好看人作畫與作書耳。若市賈，終朝計利，惟有一股市井氣，其字之體，格，韻，當然任何人一見即可斷爲小商人了。

記得小時習字，往往一頁未終，即擲筆跳出，父親看見總搖搖頭，嘆一聲「這孩子將來總不會有好結果」。直到現在我還未能改除此不良習慣，所以到現在我的景況總是每況愈下。去年伯父家的兄弟在北平曾以我的字請教一位奇人，據說：「此人永不能發跡也，其每捺有小鈎向下，且墨色不佳。」果如所料。

『字』既是我們精神生活活動中一種具體表現的藝術，那末和我們人生之有相關，無容疑慮了。

水

伏

『你怎來的恁快，很早就在這裏等着？』

『是的。』他回了這麼一句，兩脚蹬蹬地飛也似的沿河向西去了，沒等我們再問。

『這船多麼大，桅桿有多粗。』一位同學很得意的樣子說。

『這還算大麼，到我們那邊，再走幾十里，小火輪都可通行的，平地也有三五尺深。』王君說着，臉上現出一種不快的顏色，低下了頭。

全船的人都沉寂了，只有潺潺的船頭激水聲。

我們在這彎曲的大河中進行着，兩邊口有小小的漁船，和許多拉牽的船夫，杭育！杭育的，打破這沉寂的空氣。

『您看徐塘口碼頭有多些大船，比咱坐的至少要大兩倍咧，滿載着：棉花，黃豆，葦秫子，灰木……多多呀！你們起來看看吧！』李君這麼喝了一套，睡在艙裏的人一個個都爬了起來，爭先恐後的，伸着頸子，揚着臉，很注意的向外望，當然，我也是其中的一個。

『你們下去吧！過了橋再上，過橋桅桿是得放下的，在上邊有點不方便。』撐槁的慢慢的說，臉上浮着不濃不淡的笑容。

我們正樂於下來逛一圈，聽了這句話，就好似一個小鳥被人放了一樣，很快的跳下了船，飛似的跑上橋頭，有的喝茶，有的買甜甘蔗，有的：……一個個都笑嘻嘻的。

很快的，我們又上了船，向總口開去。

同學們的高談闊論和嘻笑，船夫的杭育和高叫，除此外沒有別的。

聲音都靜下去了，船頭激水聲更加大了，花花的。牠們飛似的向北跑，有的跑到先頭，忽而又落在後邊，一會兒又跑第一。我們很注意的看着牠們飛奔。個個的臉上都有一種說不出的快樂。

我們的船在這兩岸青柳的大河中前行了好久，天已半午了，還是沒有到，這是我們有點厭煩。

十字河到了。

呀！看，兩岸堤都塌下去，向北望：一個個的村莊，都沉在水裏。墳墓，小樹，高粱桿，雜草……也都沉在水中，只露一點頂，微微的風吹來，激起很大的浪花，使牠們搖動，好似在訴牠們的苦衷。

大大的村莊上，晚上的炊烟，絲毫也看不見。只有幾個捉魚的船夫在煮飯，嘴裡不斷的閒談着：

『唉！老天爺眞是不睜眼，把咱們淹的這樣利害，我看無論如何是不能活過今年的。』

『前幾天在王黃莊請了一位大王，正在唱戲許愿，被咱的縣太爺殺死了。我想，這一定龍王爺生了氣，不然那爲甚麼水不下去呢？在從前也有過水，都是不過八月就退下去的。』

『我的姪兒今年從北邊回來，說是宣統又登了龍庭，咱這裡馬上要皇恩大赦，銀粮是可以免的。』

『那我們可好了，省[illegible]這些大人朝天挖河打堤，製甚麼洋井，洋樓，銀粮錢長到一千四五百，幹莊稼活，是白費力氣的替他做苦工。他們就講一月幾十塊大洋——都塞在自心腰包裏，來了也好，幾時來呢？』

他們的談論聲漸漸的糊模了，消失了。

夜色漸漸濃了，我們的船還沒有達到目的地，還在渺茫的大水中前進着！天好似和我們故意作對頭，晴朗的天空忽又佈滿了黑雲，北風加力的刮着。四下一望：都是黑沉沉的，村莊燈火是一點也沒有，雞鳴，狗叫更是一點聽不見，他們是逃走了吧？遷移了麼？

在這黑夜裡，甚麼也看不到，只有呼呼的北風和花花的大浪在合奏着淒厲的交響曲。

麵條似的雨趁這時落下來，沙沙的，同學們受不住牠們的襲擊，一個個都跑回艙中睡了，任牠風浪飄流，轉動。

雨停止了，風頭也稍微息了息，天又變明了一點。許多同學便又叫起來：『你猜那是南，那是北，』爭着從船艙中跑了出來。向四面望着說。

『該下船了，再撐也是不能到岸的，越撐越撐不動，你們下來湯吧！』船夫很和氣又向我們說。

『好，我們看着你也撐不動，都瀊脚湯吧！不湯我看也不能行。』船上的中隊長說着，把鞋脫了。

天到半夜了。才來到總口，總算得了一個充分的休息。

淮花館京劇雜談（續）

『票友』和『玩票』的字眼，最欠通順，近代關於藝術與運動有職業家與業餘家之分，我們沒有進過班，拜過師，賺過錢，那末我們祇可稱爲戲劇的業餘家，此名詞蘇少卿君已實用矣。

現在業餘家中青衣推蔣君稼最知名，同時亦爲內行中人所傾佩，蔣君和我有葭莩之親，其叔即前江蘇教育廳長蔣維喬，弱冠讀書於省立商校，後不知如何，私偷店中十兩黃金，遠走北平學戲，親屬大嘩，聲明逐出不認，革命軍到江南時，以父死，弟兄又久客滬濱，店中無人料理，祇得仍邀之歸里。君稼之藝，毋用再贅，其喉音，與稚暉先生在申報自由談上稱爲：『無尙小雲之剛，勝程艷秋之柔。』聞之君稼，則在平十年，每晨必到香爐營弔桑，奇寒大暑，亦年未輟，故能有此境界。所灌高亭蓓開之五花洞二進宮等蠟片，咬字準確，發音清和，伴以皮簧大師陳彥衡君之琴，雖非天上有，亦人間難再聞矣。（未完）

古今名人讀書法

張爾歧　字稷若，號蒿菴，濟陽人，有春秋傳義蒿菴集等書。

因標見本，合散知總。（答顧甯人書）

顧炎武　初名絳，字甯人，號亭林，崑山人。有日知錄，亭林詩文集等書。

（一）愚自少讀書，有所得輒記之。其有不合，時復改定；或古人先我而有者，則遂削之。（日知錄自序）

（二）士不先言恥，則爲無本之人；非好古而多聞，則爲空虛之學。以無本之人，而講空虛之學，吾見其日從事于聖人，而去之彌遠也。（與友人論學書）

防空常識（續）

卿

四，移動燈火

1，汽車前照燈，應罩以黑色布套，並在上面加以遮光筒，遮光筒用金屬或厚紙作成，如遮光筒裝置困難時，僅用黑色布套亦可，但務必特別減少光度。

2，自行車人力車或手電筒等燈火，應用黑色布包裹。

3，車內燈，除駕駛上必要留用外（如火車汽車內各種表計照明燈火）其餘燈火，應依左列方法遮蔽。

（一）車內燈須減至必要的最小限度，車窗燈應掛黑布窗幕，如無窗幕的車輛，其車內燈火都須一律熄滅。

（二）火車燈火，均須黑布遮蔽，並嚴密關上車上窗扉。

（三）車輛上空氣孔，應用黑布設法遮蔽，防止光綫外洩。

五，住宅燈火：除按照前述室內燈火管制方法設備外，更須注意下列二項：

1，窗戶：應用黑布嚴密掩蔽，如屋內有漏光處，宜用厚黑紙密糊。

2，出入口：出入口門扉，宜附以開閉適宜而不洩光的設備。

（未完）

離鄉的前一天

閒人

「在家千日好，出門一時難。」的確，是這樣的。像我這次的離鄉，就深感到這種的情調。

雨下了兩天，大地上的一切，都呈現着冷清淒涼的狀態，在這深秋冷雨苦風之中，一個脆弱無能的人兒，遭着不幸的命運。

他終日想着，到底將來是怎麼樣呢？自己的生活也不能獨立，家庭裡培養了二十多年，況且，自己也是什麼高中肄業，因為家庭破產，就失了學，就袖手好閒，坐食山空，唉！社會上又增加了一個分利者，他為受着這種壓迫，便不得不在這萬物凋零悽慘的深秋中，離別了故鄉，作了異鄉的遊子，度着飄泊求乞的生涯了。但是他倘覺得勝他在家的情況十倍，尤其是餓死在家，不如乞食他鄉，他以「委屈求全」暫時來維持殘生，好備將來有點造化，他這種心思，已經決定了，他決意離鄉。當他將要離鄉的前幾天，他的幾個同心知友，也有什麼餞行的儀式，來歡送他。

唉！閒人我實在不敢當，處於沒辦法的，也只得應允了，我實在慚愧，萬分的抱歉，像我這窮光蛋，還有幾個知友，哈哈，可笑，我在這裏謹向比周，履眞，忠民，三位老哥，行個九十度的敬禮，以謝你們幾位的誠意，實叫我「生死入骨」何時敢忘呢？

唉！我這次的離鄉，實在有萬把鋼刀絞心，苦不可說的，悲不可言的，只有我自個椎心泣血，悶悶長嘆。

當他離鄉的時候，他的雙親也帶着愁苦的面孔，悶悶無語的暗泣，最後發出極悲慘的聲調；向C說着：C啊！你出門在外，是處於沒辦法的，家中的情況，你也知道，你在外邊好好的努力，將來還可維持着，不然，那只有……你看你的幾個小弟弟小妹妹，將來是怎樣？現在也沒吃的，沒喝的，亦沒有穿的，他們只知遊玩，餓了要吃的，冷了要穿的假若一時沒有，他們就哭鬧起來，C啊！你看這樣的情況，是難不難，唉！C全指着……

這時C也飲泣無聲的，心中好像燃着一盞煤油燈，說不出的難過和悲哀。二老，你二位老人家，不要這樣的難過，只要孩子有點生機，那怕是還能餓死不成。二老，你二位老人家請放心！二老，所囑的話，孩兒都能記着，不要再說啦！

不多一會，他的弟弟妹妹，從外邊跑來，聽說他們的哥哥要出外，他們都帶着不歡喜的樣兒，向哥哥說：哥哥出去，早晚回來，咱家窮的這樣，整天的少吃沒喝，也沒有分文的進項，況且外債也沒有清理完竣，只是靠着賣那幾畝田為生，哥哥你出去在外，好好的努力事業，將來我們還可享哥哥的福啦！父親母親也是這樣的盼望，他姊妹幾個，都是幼小沒能的，只是消耗不生產，將來全指望着哥哥！哥哥這次的出去，我們都很難過，同時又很歡喜，所難過的是因為哥哥處於沒辦法，受了金錢的逼迫，遭着人世的白眼，在這腥濁汚穢的社會中只有有錢的小子們的……：那有沒錢爺們的……哥哥，恐怕你也看破了現在的人情世事罷！哥哥努力罷！努力你前途和事業，將來……

他聽了他的弟弟妹妹說了這些話，眞叫他又難過又欣慰，他的外出的使命，叫他的弟弟妹妹指示着，他是異常的悲哀，異常的難過，異常的……唉！居家老小，都指望着他一個將來，他的責任是何等的重大啊！

飯後沒有事的時候，閒坐在屋子裏，聽見院中的老槐樹，呼呼的作聲，於是飄下幾片可憐的黃葉，落在地上，那沒緊沒忙的秋雨，洒個不停，愈顯得冷清淒涼！

天漸漸的黑了，夜之神籠罩着大地，一切的一切，都沈淪在這黑夜中，那黑漆的夜，是多麼使人膽怕，心驚，這時屋子裡，燃起一盞半明半暗的油燈，悽悽慘慘愈顯得淒涼暗淡，她告訴他說：C啊！你出去以後，要多向家中來信，省得家中掛念，不管幹的事情大小，只要能顧着你自己，我就情願了，至於家裏的事，你也不必過於憂慮，只望你在外不要胡……………時時想念着殘苦的家園，更不要得新忘故，C你也是精明的人，我也不必細說了，那你出去，我就任憑你了，C還希望着你好好在外邊的幹，將來或許有點兒希望罷！

忽然一陣冷風，從門縫裏吹來，我覺得很冷，於是就發了個抖，這時我的女兒才兩歲，她笑嘻嘻的從夢中醒來，看見我像跳高似的要我，這時我抱了她一會，她很快樂的唱歌，玩了一會，仍然的跑入夢鄉了。

這時外邊的風和雨，也比先前大了，於是我把平兒給她，叫她平兒臥下，好好蓋上，省得受寒生病，她把平兒臥蓋好，她就坐在床沿上，我就在窗前的桌子旁邊椅上坐下，我說：石啊！現在的社會人情，親戚朋友無非幾個小錢了，才使蹤了，想從前我們的家庭，沒有這樣支離破碎以前，那是何等的熱鬧啊！而現在呢？是冷淡多了罷！這種情況，恐怕你也曉得，我這次出外，抱着絕大的願望，一生的事業，和家庭的幸福，都在此一舉，我又怎能長離苟安，貪生怕死，忘誤終身呢？雖然現在家庭是這樣，只看我的命運和時機罷！假若有點造就，或者將來不至餓死，我只望你在家和雙親千苦萬難的過着，對於雙親多加侍奉，以代我的孝勞，對於弟弟妹妹相親相愛，以替我盡手足之情，對於平兒，誠意扶養，以盡你父母之道，你能這樣，我實感激，以後報你之恩，決不負汝心，正在滔滔不斷的說着，忽的一陣風，把那半明半暗的油燈吹滅，這時一陣心酸，也不及燃燈，只是昏昏的走入了夢鄉。

編輯室的廣播電台

小編者

一，縣中週刊，尚不能發稿，本期仍拿鳳鳴塔搬出來。

二，繼續請諸君賜稿。

三，雲章先生的不見，並不是逃禪，是有官事牽連的原故，不過不能說清。

四，春風已拂到我們的面上，我們的心聲，該又歌唱了，我們的詩人呀！

縣黨部無綫電收音室開放節目

二月一日　星期日

一二，〇五　平劇　七星燈　美人　一丈青　南天門　戰蒲關　前世玉堂春　黃鶴樓　打娃　上坟

一二，三五　樂隊奏樂　京市政府樂隊　奏播：國樂

傍妝台　柳搖金　商洲歌

一九，〇〇　平劇　馬連良　譚富英　合唱　南陽關　程豔秋唱　荒山淚

二一，三〇　新聞

二月二日　星期一

八，四〇　西樂　提琴獨奏

九，〇〇　新聞

一一，五〇　平劇　報時氣氣　商情　諸葛亮安居平五路　男起解　鳳還巢　飛虎山　梅妃　文昭關　蘇武牧羊　埋香幻

一九，〇〇　平劇

二〇，〇〇　王瑤卿　程繼仙　合唱　悅來店　戲迷傳　鴛鴦塚　珠痕記之磨房

二〇，一〇　報時　氣象水位　簡明新聞　時事述平　關於提倡國貨問體

二一，四〇　新聞

鳳鳴塔

第一八〇期

一，本刊內容分科學常識論著詩歌小說戲劇散文書信書報介紹及批評等項
二，本刊歡迎投稿來稿文言白話均可
三，來稿本社有修改權不願者應先聲明
四，未經登載之稿除預先聲明者外概不退還
五，本刊編輯部設豐報社內

漫談

青年的禮節

小編者

前晚聽蔣介石先生在中央廣播電台對全國學生的演講，臨終一段，翻復提出禮義廉恥四字是現代青年實行新生活一日不可須臾離的守則：蓄意懇摯，解釋警惕，於是不禁回想到本人學生時代以迄目前的一般情景。

中國向來十分注重禮節，所謂君親師是人之大倫，白叟黃童，無敢稍違。自從五四風潮一起，維持中國四千年文明的歷史，——新青年所謂封建的專制的歷史——所謂人倫，所謂禮節，莫不一概推翻，完全打倒。

青年們的生氣勃發，自動生活，原是最佳最好事，然而青年畢竟是青年，一切意志，學識和經驗，總還在不堅定和學習過程之中。以意志朦朧，學識淺薄，經驗缺少的青年來應付一切艱難困苦的環境，事實上難免不生危險，而此危險，擴至最大時，可以危及一民族之生命。

『君』是早隨着時代過去了，五四到現在，『親』也轉變了向來的觀念，對於子女只應該盡保養敎育之職，他非所當聞問；然而子女長大了，一切交際花費，仍還要向父母伸手，等到結了婚，『親』也無形中被棄了。至於『師』，師道是東西各國最重視的，不重的祇有現在的中國。所以五四以後的學風，糟到極點，到了現在，中國還出不出一位大科學家，年年造成了成千累萬的大學生，結果，無什麼，只是社會上徒增多了像記者般只會空口說白話的高等流氓！同時現在一般青年，無論到什麼地方去，或者無論對什麼人，總是另有一副腔調，另有一種心理：這種行爲，實有些近於變態。欲治此症，恐怕除了先得注重禮節二字，沒有法想！

實在的，現代青年們意志散漫，認識模糊，事事不如意，處處不快樂，還都是身心過於浪漫，不注重於禮節所致。誠能對人——不管他是君親師任何人，一概有禮節，自能博得人的同情，博得人的敬愛，則于學問一道，自有進修。青年們！民族地位現在如此危險，救國之法，匪止一端，不妨且試先注重了禮節，然後再談其他。

洋娃娃

淚影

陰霾的天空裡，沒一綫光明，沒一隻飛鳥，更沒有一隻蝴蝶。只有陰雲輕飄，冰氣環繞，世界上的一切都像掉在冰窖子裡一樣，沒一點生氣。猛然幾聲爆竹，衝開了嚴寒的氣紋，每個人的心又像投入另一境地裏。

新年悄悄的臨頭了，這一關眞難過呢？華亭家裡幾天前要賬的還是那麼的多，出[illegible]拜朋友訪借[illegible]羅了一天結果借到了十塊錢，還了六塊錢的賬，買了一塊錢的米，一塊錢付了房租，上星期聽說姪女兒快要出嫁了，送了兩塊錢的人情。——至少兩塊過年頭少了拿不出手的——今天是廢歷十二月二十九了，只剩下三毛錢，什麼東西都這樣貴，三毛錢夠什麼用？

華亭縐了一天眉頭，最後發現了一綫生路，叫妻子到娘家借了兩塊，自己出去買了點年菜，悶悶回家的時候，女兒笑咪咪地出來迎他，他拉起她的小手一面走一面問：『媽媽呢？』

『在廚房裏煑飯，……爸爸，我…我…』她怕羞地說不出話來。

『你……你……你什麼？』

『我要一個洋……洋……洋娃娃，像陳先生家榮哥的一樣。』她吞吞吐吐地說着，並且低下了頭默默地。

『洋娃娃？』是沉重的語氣。

『哦！』羞答答地。

父親想告訴她榮哥是做官人的兒子，出來就帶有福氣的。「寶寶一是窮家的女兒，怎好跟他比長短呢？」他差點兒拒絕她的請求，若不是怕傷了她幼小的心，

『好！爸爸替你買。』他很溫柔的向她說。

她快樂得什麼似的，她喜得只是狂跳，一雙玲瓏的眸子仰望着父親的臉。

夜靜了，雪花兒輕輕地飄起，像銀粉似的鋪滿了大地，天明就是新年了，晚上時候，女兒在夢囈裡還在喊着：『洋娃娃買一個給我吧！』

華亭難爲情的臉，面對着昏黃的孤燈，沉思着！

他們結了婚五年，他不曾給過妻子一只戒子，件美麗的衣服，但她不但沒有向他索取過，並且時常勸勉他要多多節省。她很能顧全家庭經濟，雖然她也和其他女人一樣愛美。前天姪女出嫁的那一天，女兒跟她到姪女家去，兩人受盡了人家的輕視，當天帶了創傷的心悶悶地回來了，那時一家人是多麼淒涼的味道啊！現在女兒要個洋娃娃，那裏有錢買給她呢？

第二天女兒病了，使媽媽憂慮得不成樣兒。『倒霉，命裏指定咱們是苦命兒！』她說。

她把女兒病了的消息告訴了華亭，他立時呆住了，急忙跳到女兒跟前，看見瘦小可愛的而又可憐的女兒躺在床上，兩隻小眼睛緊緊的閉着，——他的心碎了，眼淚偷偷地向着腹內逆流。媽媽輕輕地走到床邊探視病眠着的女兒，與丈夫輕輕地談着，還恐怕驚醒她，但，女兒慢慢地睜開了小眼睛注視着爸爸媽媽。

『爸爸！我不要洋娃娃了，咱們是窮的吧！』悽慘沉重的聲調從小口裏發出。

淮花館京劇雜談（續）

京胡絲絃，普通內絃多爲老絃，惟名家所用，內絃較老絃粗，較纏絃則細，因之發音尤渾脫瀏亮，有繞梁三日不絕之妙。

豐絲絃，大抵土製，在夏日不能及正工，冬季則尚夠調，若杭絃，決無此弊，余平常練習，有時喜高至乙半，良以不如此不能使指肉堅實，起金石之聲故也。或易以羊腸所製之梵啞鈴絃，音色尤佳，惜價値過貴爲憾！

余友魏傳鼎，少年豪情，嫻於梨園掌故，尤精於琴，前三年由平南下，寄寓武進，聆其音，出色當行，眞是受過名家洗禮的派局。武進票界，在江南盛名最久，現在中央廣播無綫電台有播音，半屬武邑人士，然而以資格最老的名琴家與魏君一比，那就立刻覺得相差太遠；因爲魏君的奏琴，其指音之佳，除京胡本身音色之外，還隨着發出一種雄渾的低鳴的伴奏，又如三絃，又如琴箏：諧和的美感，眞不可言喻。（未完）

古今名人讀書法

劉開

字明東，號孟塗，桐城人。有廣烈女傳、孟塗詩文集等書。

君子之學必好問。問與學相輔而行者也。非學無以致疑；非問無以廣識；好學而不勤問，非眞能好學者也。理明矣，而或不達於事；識大矣，而或不知其細，舍此，其奚決焉？賢於己者，問焉以破其疑，所謂就有道而正也。不如己者，問焉以求一得，所謂以能問於不能，以多問于寡也。等於己者，問焉以資切磋，所謂交相問難，審問而明辨之也。（內說）

梅曾亮

字伯言，上元人。有柏硯山房文集。

周秦漢及唐宋人文，其佳者皆成誦乃可。夫觀書者，用目之一官而已；誦之則入于耳，益一官矣。且出于口，成於聲，而暢于氣。夫氣者，吾身之至精者也；以吾身之至精，御古人之至精，是故渾合而無間也。（與孫芝房書）

防空常識（續）

卿

消防

消防在平常固然緊要，在防空時期，尤爲必要，而且還要有特種的計劃和訓練。因爲空襲所起的火災，往往和平常時發生的火災不同，空襲是專有以燃燒物引起火患爲

目的的燒夷彈，而且燒夷彈的引火力極其强烈，在發火的時候，熱度就有攝氏三千度以上，在十五分鐘內，就可以把一切的鋼鐵鎔解。這就是平時火災和空襲時火災差異的地方，還有平時火災在初起的時候用水去灌救是很容易撲滅的，那燒夷彈所引起的火災呢？非但在牠初發火災的時候，不容易撲滅，而且連水都失了滅火的效力。因爲燒夷彈的本質，是經化學的成果而配和的，根本就不是水所能消滅的，所以我們在平時應當熱心提倡購買化學滅火器具以外，還要特別注意到防空時期消防應用的事項，其要領分述如下：

（未完）

幽靈的悲哀

魯橋公

我不知道幾時睡在這一片雪壓的戰場上，祇恍恍忽忽地記得敵人的一個炮彈，轟的一聲，將我砸倒在這兒……

從雪堆裏爬起來，睜開眼向着四周環顧了一下，弟兄們都橫東豎西地躺在雪窠中，不見敵人了，也沒有震駭的槍聲以及星星的火花，只剩陰森森的寒凜凜的濃霧，籠罩在這所可怕的戰場。

一條條的呆傢伙，我看見他就有些生氣，這樣懶惰，還打甚麼仗？回到營裡大大地做安穩夢不好，睡在這裏何苦？

憤怒和凍餒促我站起來，用足狠狠的踢着這些睡死一般的肉體。

『還不起來，你聽集合號響了。』我憤怒的叫了起來，『豬騾！』

他們仍舊不動，像沒有聽到我喊他們一樣，我氣極了，伏下身去，揚起手來，想給他一個耳光「拍」的一聲，瞪了我一眼，吐出一股一股的熱血！

我吃驚不小，哈！那兒來的血？難道這傢伙死了麼？回頭四下看了一遭，他們都白着眼睛，臉像紙一樣慘白的可怕，你說我那時是如何的驚惶！我跑，加快的跑「死人！死人！鬼包圍着我了，呀！可怕呀！……」我聲嘶力竭的叫着。

路兩旁的墳上，都伸出一個可怕的骨髏，在吱吱的笑我，談論我「呀！你看這麼一個鬼，還自充人性兒」……

……

我愕着了。摸了摸頭，知道還有一個好成的頭兒在着！

『吓！死不了的魔鬼。』我惱了：『老爺仍舊是人，我不會死！媽的，我還有可恨的敵人和榮華的祖國，我是永久不會死的！除非祖國亡掉的時候……』

骨髏大笑了。

我穿過曠野，踏入了繁華的街市，漸漸的感覺到朔風已經失掉了他的威力。心中也平靜了許多。我回想到路上那些野鬼竟笑我是一個戰死鬼？哈！媽的！我死？我不顧死，我的心尙顧慮到垂亡的祖國！我想盡我一世的雄力，打倒日本帝國主義，使文明的祖國重新光耀於宇宙。我不信上帝會：「出師未捷身先死」，使英雄長埋黃土！我的祖國前途正光明！「光明的祖國」，我不由的又在喊出。

忽的一聲，一輛汽車衝過來。我待躲閃時，車上伸出無數的鬼手要想把我拉住，車子似乎從我身上飛也似地馳過！

自分必死，誰知睜開眼竟安然無恙。豁地崩起來。媽的！我難道成了神仙不成？

肚子鬧飢荒，確是一個嚴重的問題。一張望，馬路旁一座飯鋪。平日進飯鋪，總要酌量飯鋪的好壞。今日因肚子餓的不了，也不暇瞻顧那些。一直進去，坐在一張桌上。說也奇怪，掌櫃不看一眼，盡管去侍候他人，像沒有我這客來一樣。我怒極了，猛烈的大喊一聲，那些瘟傢伙依舊各做各人的事，不理我。

肚子告訴我不准再作無謂的乾氣，樂得奪些食物再說。便湊近一桌，抓起東西來就吃，咱以爲必有大岔子發生，誰知那幾個瘟傢伙仍然狠吞虎嚥，不知道有細賊在傍邊，連那堂倌也不看我，偶而看一下，又低下頭去不則一聲，咱只好暗暗驚奇。吃了一個大飽。踉踉蹌蹌走出鋪門。

經以一所學校；不知道因爲鬧什麼會，正在升旗。咱看見了國旗，不敢怠慢，便必恭必敬地敬禮。許多人擦着我的背後過去，彷彿不知道在升旗。

『喂！朋友』我在喊：『在升旗！敬禮……敬禮呀！朋友……』

沒一個人看我，更沒有一個人看國旗！

我在悲哀了！

遠遠地望見家門，我是如何的高興。從離家從征，已經二年了，二年之中，滄桑又不知有幾許更變？我久不見的故鄉，我久已拋離了的田園，我時時懸念的母親，妻子，孩子都在燃起我的天倫的熱望。更使我加足了勁，邁開大步走了進去。

妻子蹙着眉頭，坐在門前縫着衣服，眼眶中時時有一包淚水含着。我不知他在想什麼，不知道她有些什麼傷心的事情？

（未完）

青年的前途

忠武

唉！我雖智識薄弱，思想呆笨，眼光微小，但是現在我深感到青年們，有的因受痛苦而廢學的，有的甘願犧牲光明前途，而願目前之樂的，我想在這國難方殷之際，即有這樣的青年，亦是國家最不慶幸的事情吧！

喂！青年們觀今日之時局不斷的變動，社會如電閃般的進化着，一轉瞬間，社會已不是從前的社會了，在這時局急劇變化的當中，青年們要用皎潔的心田，純淨的腦海，沉思思，靜想想，前途是如何的貴重 是如何的光明，我說到這裏不由我自己的淚珠兒，已涔涔的如泉水湧出來了！

但是你們不要因社會黑暗，而忘却了努力你們的前程，要知道青年如果能有犧牲奮鬥的意志抱着乘長風破萬里浪的決心勇往直前，不要感到生活上的痛苦，更不要因前途困難而拋却了將來的幸福，如果這樣，終能打破僵局，改造新的環境。

但是我有幾句忠誠的話，要告訴沈睡和盲從的青年們，快快的猛醒，喂！可愛的青年，你們從此不要沈睡，不要盲從，更不要誤入歧途，而超越範圍以外，如感觸一件意外的事情，得靜思默想其中的眞理、和事實的結局，要按着一定的步驟，向前作去，唉！可愛的青年！你們要放大眼光，要認清前途的目標，將來國家的興亡，文化的進步，全在你們擔負，若是你們自輕放棄這大好的時光，就是把堂堂的中國，完全陷入帝國主義壓迫之下了！

我深勸你們，要抱着振國威雪奇恥的決心，全體武裝起來，打倒共匪，驅逐敵人，切不要辜負了寶貴的光陰、若你們能做到這種地步，我相信最後的勝利，必功于有決心的青年！必歸功于勇敢的青年！

編輯室的廣播電台

小編者

一，現在各校已經開學上課，諸君身心又變了牢固，想必定有好文！

二，傅東華主編的『文學』新年第二號已到，內容很好，他說：「到現在爲止，還沒有一篇描寫這時代的作品寄來。」所謂這時代，便是指着北平學生救國的運動的事情。

三，「大衆生活」雜誌，言論闢透，精氣迷漫，海內外風行，然而北平是見不到一本，原因是他敢詳細記載這番各地學生運動的情態、

四，今天魯橋公君的一篇「幽靈的悲哀」，寫得很不錯，敬敬向讀者諸君介紹。

警策語

「所謂尙武和軍事化，並不是個個人要帶槍帶炮，而是要個個人能夠修養智，信，仁，勇，嚴之武德，能夠明禮義，知廉恥，負責任，守紀律，從我們衣，食，住，行等日常實際生活做起，一切要紀律化，軍事化，也就是所謂科學化，現代化。

右係節錄本月六日蔣院長在中央紀念週之報告

縣黨部無綫電收音室開放節目

二月七日　星期五

八，四〇　西樂　提鋼合奏

九，〇〇　新聞　平劇報時氣氣　商情

一一，五〇　打金枝　春燈謎　霸王別姬　祭長江　清官冊　大居宮

一九，〇〇　平劇　魚藏劍　梅蘭芳　蕭長華　尙小雲　合唱女起解

二〇，〇〇　報時氣象水位

二一，四〇　簡明新聞　新聞

豐縣縣立初級中學校週刊

第六期

談話

新的開始

平一

讓我先談一件舊的小事。

記得上學期的末尾，我要求同學用一篇文字來檢查自己四個月的讀書和作文。那檢查沒有使我完全失望，同學們能具體地指出自己在認識上技巧上的長進，假使我要求，大概也能寫出自己應有的努力。我們讀文章是為的認識生活。以生活作尺度來檢查自己的心得，那我們已有了什麼，還要些什麼，是清清楚楚地擺在面前的。但也有同學做不出這樣一節，寫了點「下學期的希望。」也好吧，但那是怎樣希望的呢？據說：下學期要「努力求知」，「修養道德」，而且還「鍛鍊身體」。德育智育體育都說到了，我不能反對，祇提出一個小小的問題：你在暑假前對這學期是不是這樣希望的呢？作者假如願意誠實地回答，一定說：也是。做人態度上沒有新的覺醒，求知欲望上沒有新的激刺，這也夠得上算一齣悲劇了吧，糊里糊塗地年年是那麼幾句！

現在又是一個新的學期的開始，我想一定還有不少的同學帶來了這一個老的希望。扣留下來，檢查一下，是萬分必要的事。

記載

校長報告

開學典禮

本校於本月三日上午九時，在大禮堂，補舉開學典禮，並舉行本學期第一次總理紀念週。出席全體導師及學生。主席李校長貞乾，領導行禮如儀後，即由校長及教導主任，先後報告。茲分誌於下：

校長報告

今天舉行開學典禮，適巧也是第一次總理紀念週。很快地我們把寒假過去，我想大家一定能根據我們放寒假時候所說的話，把「在寒假應做的事情」都很認真的做完了。在今天，是剛一開學，有好幾件要緊的事情要向大家講，希望我全體導師學生共同注意。

一，學校組織方面應有的認識　本學期職教員略有變更，因為緊縮了一點，二年級級任王先生不來了，教務由教導主任張先生兼任。我們回想過去的經驗，及當前的須要，認為任何一個團體，非有健全的組織，不能充分的發展他的技能，負起應負的責任。現在希望大家，要注重組織，服從組織。教導部是本校的教導方面的核心組織，童子軍團部是童子軍訓練的核心組織，各級級務，是各級學生自治的核心組織。大家無論是導師學生，必須各把能力供獻到組織上，不敷衍，不怕難，能服從，能負責，那才能成功一個强健的學校組織。才能把我們師生所共有的目的——養成為國家民族服務的知能——達到。有幾個實際問題我們大家要認清：1，各級學生應按組織，服從其負責導師，導師要按組織，盡力輔導學生2，各級學生應對於任何導師服從，各導師應對於任何學生予以無界綫的輔導。3，事務組織方面，本學期將更負責輔導學生，以矯上學期之弊。

二，上學期學生程度之一般與怎樣提高程度　上學期學生的程度，沒有達到要提高的標準。各種考試，還失之於寬。我們很感覺不安的是學生的讀書，沒有激勵到緊張的程度。現在想補救的方法，只有從以下三方面着手：1，嚴格考試，對於各項考試，都要更嚴格的辦理，認為有嚴格才可以提起精神，希望導師學生共同注意。如有學生不願考試或不嚴，我們應該認為他不堪教誨。2，口試：對於口試方面，在上學期曾由本校長與教導主任，在辦公室抽問，不過時間太少了，不能得到有力的效果。本學期要普遍的口試，能使每人都有抽到的機會，那就好啦。3，嚴格執行規程：對於有點兒寬容的規程要嚴格的執行，本學期要嚴格對，決不讓不能及格的學生勉强及格，關於這點，希望我們都認為是提高程度的一個有效辦法。務望全體師生一致努力去做到。

三，上學期校風之回顧與本學期應有之努力　關於上學期的本校風紀，我們總的回憶，是不好的印像。因為離我們定的風紀綱領還太遠。現在想起，有遺憾的地方很多。因為這個，本學期我們應有以下的努力：1，注意各項組織。如童子軍的組織與各級級務的組織，我們都要充分的注意，務使他充分的發展他的技能。像各級級務，上學期簡直是有些鬆散的地方。2，訓練的目標。這個，我們可以拿一句話說出，就是新生活的訓練。關於新生活方面，應作以下的注意。精神信條是禮義廉恥，行為信條是整齊清潔，簡樸，勤勞，確實，迅速。我們的實際生活要合於軍事化，生產化，藝術化，我們最大的目標，是在養成救自己救國家的知能。我們相信，我們的目標，惟有這樣才能生活實際化，科學化。

四，校停學的學生及暫予停學察看的原因　關於整飭學校風紀，是我們時刻努力的工作。在上學期終了的時候，學校發現了三個學生他們的名字都知道因為屢次犯着不規則的行動，經學校決議，予以停學一年的處分。大家要知道，與這三個學生同時犯同樣過的人，一定不止他們三個，不過他們三個發現的過犯為最多，所以這樣辦啦。凡是犯過而沒有悔悟的，要深切的覺悟改悔，不然與自己的前途很不利。他們三個人被停學後，會再三的向學校表示悔過，學校看他們的表示確是真誠，已經暫准留校察看，並且都教他們寫悔過書，找保證人。此後，希望大家一致注意努力學業，有過的激匠悔過，沒有過的更要勉力向上，彼此也要在互相砥礪才好。

學校新聞

（一）二月一日開學，三日舉行開學典禮，當日上課。現學生請假未到者尚有五分之一，大多為操持學費。

（二）童子軍團務委員會委員正在聘請中，委員會不久可成立。

研究

毛細管現象的解釋

期

取幾根口徑很短的玻璃管，插在水裡，水即沿管上昇，口徑愈短的玻璃管，上昇得愈高，這種就是毛細管作用的現象。日常見的例子很多，如燈蕊燭蕊的吸油，樹根的吸水等。水為什麼上昇？為什麼玻璃管愈細上昇的愈高？昇高有沒有限度？或許有些同學還不能十分的明瞭罷。

一，水的自身分子與分子間，有互相的吸力，叫做內聚力(或稱凝聚力)，同時水的分子與玻璃也發生一種吸力，叫做附着力，因為附着力大於內聚力，所以水沿玻璃管上昇。

二，由上面看來，粗玻璃管和水接觸的面積大，應當昇的高，事實上為什麼相反？這和五人分十元，八十人分百元的例子一樣，後者的銀數固多，可是分銀的人數更多，結果反分得少，現在用算學式子證明：

設有A,B兩玻璃管，A管口的半徑是R公分，長為H公分，B管口的半徑是r公分，長是h公分，R大於r，

A管的容積＝$H\pi R^2$　即A管容水的體積

A管的側面積＝$2H\pi R$　即A管內水與管接觸的面積

$$\frac{水的體積}{水與管接觸面}=\frac{H\pi R^2}{2H\pi R}=\frac{R}{2}$$

B管的容積＝$h\pi r^2$　即B管容水的體積

B管的側面積＝$2h\pi r$　即B管內水與管的接觸面

$$\frac{水的體積}{水與管接觸面}=\frac{h\pi r^2}{2h\pi r}=\frac{r}{2}$$

R大於r，故 $\frac{R}{2}$ 大於 $\frac{r}{2}$

由此可知管愈細水上昇愈高。

三，水上昇究竟有沒有止境？等到附着力與內聚力的差(即上昇力)適等於水的下降力(即水重)時即停止上昇。

設管口的半徑是r

水昇高的長度是h

水單位體積的重量是ρ

落下的加速是g，水的下降力是W

則 $W=\pi r^2 h\rho g$

設水曲面與管夾角斜邊的長是T 水面與管成的夾角是a，水的上升力是F

則 $F=2\pi rT\cos a$

$F=W$

所以 $\pi r^{2}hpg=2\pi rT\cos a$

$h=\frac{2\pi rT\cos a}{\pi r^{2}pg}=\frac{2T\cos a}{rpg}$

寫作

世故

孫兆立

兩家數年來隱藏着的仇恨，今天頓然爆發了。

在四五年前，李家的羊跑到陳家麥地裏吃了麥，陳家的兒子將羊打死，從這兩家便結下了仇恨！

厚仁因爲自己的羊白白均被打死，又不得向他出一口惡氣，——因爲官家定的例子是如此——所以時時想個方法來對付他。

陳家是個窰主，往窰上的那條路，必須經過李家的地，所以厚仁便借此來難爲他，在路兩旁掘了許多長方溝，並且栽些楊柳樹，使得大車不能在中間走過。

陳家看了，心中非常憤恨，但也沒有方法馬上來對付他，只得要個彎走別的一條。

兩家愈隔離起來了。你見我，眼光發黑，我見你，眼圈就紅。仇恨是愈結愈深了。

我曾經記得前九月時，兩家幾乎爲了狗打架引起了亂子。

早上，老天就板着怪臉，像是要吞滅一切似的，西北風怒吼着。

七狗——李家的兒子，和六姐——陳家的女兒，正在一齊玩得開味的時候，七狗忽然將高粱楷往上一揚，正打着六姐的眼睛，她哭起來，回家去了。

「哭啥啦，六姐！」她爺爺問。

七狗，他打，我來！」她那受屈的聲音間斷着。

「打那『厂』啦？」

「打，我的，眼啦！」

「我去找他去！」忠寬氣憤憤地出去了。

這回事便是他兩家打架的導火綫。

忠寬走到李家的門口，對厚仁說：

「您孩子將俺六姐的眼睛打瞎啦！那就中啦！您怎樣利害！」

「七狗啊！你爲啥打她！」厚仁說着，氣憤憤地將七狗打了幾耳光。

「你恨棒打人！」

「誰恨棒打人？」

他倆說着，都氣憤憤地將衣服搜了搜，預備要打。

「你不講理！」忠寬上前挺了幾步。

「你放屁！」厚仁將拳頭一揚，往忠寬頭上打去！他也揚起拳頭來對打，但氣力終敵不住厚仁，所以被厚仁一摊，便仰面朝天的睡在地上。

忠寬的兒子大二，正在那裏背着糞箕子走過來，看見他父親被打倒，便把糞機子一扔，單拿着脚頭跑過來。

「他媽的！」大二照厚仁頭上打去，厚仁一閃，打在膀上，哎喲一聲，退了三步，惡恨恨地看了大二一眼，跑到牆跟，拾起那半個舊磚，照大二扔過去，大二一躲，正打在那隻黑狗身上，嗷一聲跑去了。

忠寬爬起來，緊緊腰，拾起那磚頭，照厚仁「卩一丫」過去，厚仁閃躲不得，正「卩一丫」在耳門上，鮮血立即流出來，隨後就睡在地上。大二還要打，劉七爺看見了，大聲喊道：

「大二！我看你再打！」

大二不敢打了，只恨恨的看看厚仁。

七爺走來，照大二頭上氣憤憤地打了幾耳光，

「你這東西真可惡！打死就算完事啦！」

厚仁的老婆發瘋般的哭着喊着：

「您打死他吧，我也不活啦，可該您娘的出老殯啦！」

「你罵誰？」大二憤憤地說。

七爺接着說道：

「不要罵人！罵就佔理？趕緊將他抬家去是正經事。」

厚仁的老婆立刻就要上城去告狀，被七爺阻住說：

「上城去也不是多好的辦法，出手就得幾塊錢！」

「怎麼辦」？

「那個吧！我們幾個甲長在一塊商量商量，叫他認錯賠禮，還包傷」

厚仁的老婆不肯遂合，只得答應上。

於是他召集保甲長在他的大廳中開會商議，結果是叫陳家包傷賠禮，並拿出十塊錢來，除了他們的會費以外，其餘都歸厚仁，這鋪事才算完結。

曙光

張佩娴

天空渺渺，
長夜茫茫；
大地上的一切，人呀，鳥呀，獸呀，………
都一齊入了甜蜜的夢鄉。
此時窗外北風呼呼的叫！
啊！無情的黑暗，把人間籠罩。
我湧起了心潮，滾滾滔滔！
——已往的憂愁，——
——萬般的煩腦，——
咳！一切辜負　辜負了，
辜負了良師的教導，
辜負了好友的薰陶，
辜負了父兄的操勞，
竟將一年的光陰，無故的拋棄了，拋棄了，
呀呵！我懺悔了！我要努力，光明即在眼朝，
前途的光亮已在微微的臨照。
我收了憂愁，滅了煩惱，靜了心潮；
往日的頹害惰落，讓牠死掉。
呵！我一切死了，一切生了，心清了，夢醒了，
　天明了！
　道綫白的光芒，
忽然湧現於門窗。
此時犬吠了，鷄啼了，人們也動手工作了。
哦！原來都是因爲見了曙光，
而離了黑暗的夢鄉。
曙光！曙光！
我眞佩服你底力量！
你能把大地的黑暗　驅逐四方。

雜俎

永豐謠

明成紀十一年進士，溧水縣知縣王弼作了一首永豐謠，當時士地關係的變化和農村的窮困，都活現在紙上了。

○○○○○○

永豐圩接永豐鄉，一畝官田八斗粮。人家種田無厚薄，了得官租身即樂。前年大水平斗門，圩底禾苗沒半分。里胥告災縣官怒，至今追租如追魂。有田追租未足怪，盡將官田作民賣。富家得田貧納租，年年舊租結新債。舊租了，新租促，更向城中賣黃犢，一犢千文任時估，債家算息不算田嗚乎！有犢可賣君莫悲，東鄰賣犢兼賣兒！但願有犢在我邊，明年還得耕官田！

總理遺訓

興利之事很多，最要緊的是修鐵路，開鑛業，講求農業，改良工業數大端。

縣黨部無綫電收音室開放節目

二月九日　星期日

一二、〇五　平劇　四進士　馬跳潭溪　西施　寶蓮燈　斬馬謖　薛瓊英　讓徐州

一七、三〇　國樂　龍翔鳳舞　蘇武牧羊　西洋舞女

一九、〇〇　崐曲　顧傳玠　朱傳茗　合唱販馬記

二一、三〇　新聞

二月十日　星期一

八、四〇　要樂　鋼琴獨奏

九、〇〇　新聞

一一、五〇　平劇報時氣象　商情

潯陽樓　戰長沙　四進士　黑風帕　掃松下書　八大錘　梅龍鎮　潭州　洪羊洞　天河鏡

一九、〇〇　平劇　王琴儂　張榮奎　合唱武昭關　南天門　煤山恨

二〇、〇〇　報時氣象水位　簡明新聞

二〇、一〇　時事述評　關於提倡國貨問題

二〇、二〇　國樂　傍妝台　杏花天　晚來香舞　彩雲追月　蕉石鳴琴

二一、四〇　新聞

犧牲光明前途，而顧目前之一局不斷的變動，社會如電閃一于勇敢的青年！

鳳鳴塔

第一八一期

一，本刊內容分科學常識論著詩歌小說戲劇散文書信書報介紹及批評等項

二，本刊歡迎投稿來稿文言白話均可

三，來稿本社有修改權不願者應先聲明

四，未經登載之稿除預先聲明者外概不退還

五，本刊編輯部設覺報社內

漫談

一篇難得見的文章

小編者

現代說文章，在一般人目光中，似乎只知道是小說隨筆一類東西，尤其是青年有如此的觀念。的確！在現代說文章，恐怕除了所謂小說隨筆一類東西之外，也沒有什麼；尤其是我中國！

前幾天看到一位本園地的投稿的文字，說是中國近年不景氣，非但一切不景氣，出版界著作界也不景氣，中國的創作家都不聞名不如日本美國！話說錯，總是讀書和遊歷欠少的緣故。照記者所得所知的最小的消息，法國，美國和南意以及蘇俄的文學界裏，都十分看重我們，至於日本，更了不待，現在全日本的著作家和出版的東西上，每天都是談論着我國文藝界的情形，這種好事體，倒是出乎我們意料之外。

中國現代的文藝，正如革命的潮流隨着給世界上注意，但這倒並不是專注重於新文學和語體文，因爲介紹一篇文字給外國人讀，總得翻成某一國文字方才能夠發生效力，所以記者個人的頭腦，對於文藝的體裁，向無成見，只要寫得好，能動人，尤其是在我們這個苗圃裏面，

近來稿子不常見，鳳鳴塔裡每期要七千字，坐吃山空，巧婦難爲無米之炊，於是將還剩有的幾篇文章，仔細看看，發現有一篇用文言文寫的作品，題目是『儂胡薄命』，署名『平庸女士』，體裁近於林黛玉筆記之類，然而有情有力，而且字字斟酌，珠璣滿幅，決不能因爲他的描寫法是已成過時便不理他，祇是不知『平庸女士』的真姓名和地址是什麼和在那裏？還請『平庸女士』君答覆！

本苗圃發現以文言文寫的小說，雖然也有機篇，但這篇是稱最好的。

禁鴉毒

一百三十四韻

戒鴉片之遺禍中國也

劉青田

歐洲有鴉毒，中土盡罹殃。宣宗有嚴旨，大義凜秋霜。
卓哉林少穆，焚燒千百箱。迨至咸同後，蔓延偏八荒。
往事誠如夢，一夢到仙莊：虛無飄渺間，蓬萊水泱泱。
樓閣玲瓏起，辰極自高驤。分寮同步冥，金碧更輝煌。
瑤草庭前綠，琪花開外香。窗中看綠竹，架上施紅薔，
蟠桃種王母，丹桂砍吳剛。花開木芍藥，菱秀水滄浪。
西園多橘柚，東林盡檳榔。跨鶩驚鳥岫，騎鯨達天閶。
時哉比翼鳥，樂矣赤尾魴。池沼宿鴛鴦，梧桐棲肅霜。
倏忽來海畔，咫尺接天潢。恍見紅樓起，窈窕牛低昂。
乍聞玉佩響，頓驚珠履忙。螢飄翠飛燕，蝶舞袖驚凰。
仙袂飄飄舉，蜻蜓共頡頏。氛氳采香徑，丁冬響屧廊。
雲燦明月皎，蓮豔琥珀光。略識梨花面，丹青誤王嬙。
眉帶遠山綠，環低片雲蒼。柳暗凝綠水，菊秀比蕭娘。
逍遙雲雨仙，馥郁蘭麝香。令人消魂魄，引領仔細望。
心猿鎖不住，意馬敢披猖。年可十五餘，彷彿美孟姜。
含情猶未語，囑意輒相嘗。松下問仙跡：爲我說端詳！
姊妹曾並蒂？兄弟幾連芳？椿萱年幾試？是否皆迪康？
自稱廣美人，居住本無郎。櫻桃含笑口，獻媚千百方。
客從何處來？邦族話梓桑。萍跡本無定，神風送馬當。
相逢不道遠，萬里渡慈航。前世蟠仙會，深緣未可量。
自恨相見晚，小住又何妨。安排金蓮燭，詠夕歌詩章。
奴婢引徑仄，童子應門牆。步步入佳境，芝草半琳琅。
慶雲飛畫棟，銅瓦雜星芒，人間真洞府，天外白玉堂。
銀屏辟戶牖，珠簾捲緗緗。乍驚鳴玉漏，旋聽響銀鐺。
花氈曾鋪地，棘秀不呈牆。饑餐置白璧，桌椅盡黃楊。
雙成煮桂酒，小玉獻瓊漿。天台胡麻飯，南海般若湯。
使非憑鳥至，媒不借鳳翔。喬松托未遠，鳥蘿附未遑。
願爲箕帚妾，莫嫌玷非璋。郎傾南國貌，遂坦東閒床。
三星常在戶，對此燈燭光。玉几八仙列，帷箔七寶箱。
帳宜巢翡翠，被許繡鴛鴦。直撲紅綿粉，斜穿綠玉當。
寶鏡開斂豔，歌管幷鏗鏘。秀色誠可掬，濃華自此揚。
褥鋪龍緞軟，席明鳳錦芳。仙枕夢旅館，翠袖舞昭陽。
六禮誼未備，三牛願已償。蘇水方歌詠，巫山共徬徨。
響珥脫永夜，珠玉謝明鐺。既解錦繡帶、又寬綺羅裳。
鴛魚共活潑，鸞鳳獻吉祥。琴瑟靜且好，膠漆契益彰。
偎紅幷倚翠，宿花陋蘇杭。快哉安樂地，終老溫柔鄉。
心防睡易覺，夢斷魂難忘、團圓方二載，恍惚隔重洋。
情緣多障翳，歸思露鋒鋩。姬君造夏吉，似女歸周昌。
荇菜樂鐘鼓，蘋繁叶笙簧。共斟合歡酒，一舉連十觴。
仙子歌驪曲，劉阮倘徜徉，別聯新眷屬，走馬碧雞坊。
井里宛合邇，雲樹盡如常。隨車不致雨，風塵牢優攘。
棟梓仍無恙，田園未就荒。美人何處來，鮮豔鬥紅妝。
親友來賀喜，玉帛盡盈筐。往來多冠蓋，獻壽拜姑嫜。
花天復酒地，共談歲豐穰。宴飲東西序，歡迎上下庠。
有酒須當醉，何必典肅霜。春風桃李笑，秋雨芙蓉裝。
饌設朝朝宴，衾寒夜夜防。阿嬌藏金屋，專寵溯明皇。
破鏡隔兩地，故劍棄千將。人情薄如紙，轉瞬即參商。
夫胥多厭故，新人美如央。合婚猶花卉，連理同甘棠。
草木本無情，猶能篤其慶，自從絕裾後，初不厭糟糠。
絲紡盡婦道，終日詠七襄。芝蘭入錦室，魚水樂池塘。
番風八九度，思念逾苞糧，馬上小妻來，日日守空房。
來者同蘇合，棄者等蜣螂。但見新人喜，那聞舊人傷。
香凝羅幌幔，烟消歌舞場。對面常偃臥，含烟不趨蹌。
夜半覺體健，信口說荒唐。幻術吐雲霧，不羨南面王。
美人食爲餞，奢侈過金張，搜羅既已盡，弗改熱中腸。
朋友相勸止，不肯食鵝狠。飲食皆倒置，病已入膏肓。
事廢冥昧中，持家無紀綱。荊榛南北樹，塵土東西廂。
廢失寨垣馬，牢空歧路羊。蕭蛸迷蝕砌，蝙蝠繞歌梁。
終則典夏屋，先已賣周疆。剔糠及常米，瘠入肌骨傍。
傾城與傾國，傾家幷傾囊。美人下堂去，空餘淚兩行。
簫聲何處奏，玉樹誰冰藏。抑回返偃山，世事兩茫茫。
黯花皆空色，浮生乃焦糧。合者離之藪，樂即禍之秧。
飢寒常交迫，心驚更若狂。人皆呼爲鬼，伊誰共相倡。
親鄰不見面，始知世態涼。輾轉不能寐，悵然幷若喪。
困苦僧只悉，歡樂剎難穰。三更寒刁斗，五夜擁攙槍。
外薰性易染，內癖心恐惶。障須智燈滅，魔恃慧刀戕。
蒲柳望秋落，頓滅福壽長。一朝蒙霧露，哀哉溝中亡！

防空常識（續）

卿

甲，空襲火災的原因

空襲火災發生的原因，大約歸納起來可以分爲三種：

一，由於民衆失慎或走電所起的火災。

二，由於敵方炮火攻擊，或敵機投下炸彈燃燒所起的火警。

三，由於敵機投下燒夷彈所起的火警。

乙，空襲火災的預防

空襲火災的預防，主要的是在使全體民衆理解火災的危險及發火的原因，而能夠於平時各自都有一種消防的智識和準備，其要領如左：

一，容易引火的物料如洋油，汽油，火酒及化學品等，務必妥爲安置，並須與廚房爐灶等處隔離，避免強烈日光之直接晒射。

二，使用爐灶須有專人看守，用後不得留殘火，烈風和氣候乾燥時，更要特別注意。

三，建築房屋，須有適當的隔離，對於有燃燒性的物料，格外要設法少用。

四，現有自備的水井或公井池塘等，都要妥爲保存並須各有備置砂包若干於適宜的地點以爲撲滅燒夷彈所引起的火災之用。

五，房屋附近須多備水及細砂包，並須購買化學滅火器。

丙，火災報警之方法

一，火警發生時，即用電話直接報告消防隊，或附近消防隊及救火會。

二，如電話已被炸燬，或發生其他故障，不能傳達警報與消防隊時則即報告附近崗警或佩有消防臂章之童子巡邏隊。

丁，火災救護要領

一，如遇火警，切勿慌亂，應卽一面報告消防隊，一面會同鄰舍將屋內人員先行救出

二，如遇電綫走火，應卽關閉電門，斷絕電流以免蔓延，

三，如係小部份着火時，可用棉被蓋壓，或用水撲滅；否則至少將火路折斷，以免火勢擴大。

四，救護火警時，應注意被炸燬或燒斷之電綫以免觸電之危險。

五，應注意救護被燒房屋之下風等處以免延燒。

六，樓梯燒斷，被困於樓上時，應由窗門向外呼救俟消防人員，張羅救生網於下方時卽可跳下；或將床被及窗幕等結成一長條，自己墜下。

七，如被困濃煙火場內，不能直立行動時，可伏在地板上爬行，

八，火勢近身時，切勿冒險貪攜物件，以免危險，且不得在火場徘徊，以免妨礙消防人員的動作。

九，凡被災害之民衆應遵守消防隊救護人員之指導。

戊，燒夷彈的威力及撲滅方法

燒夷彈係一種極高的化學劑，無論何種物體，遇之卽燃，每彈的重量，自一公斤至二十公斤。一公斤的燒夷彈其威力可以燒盡一百平方公尺的任何物體，且因化學作用的關係，若以水澆救反而助其燒，祇有用細砂可以壓滅，或用化學藥沫滅火機以撲滅之，但其他部份可以用水撲滅之。

（未完）

幽靈的悲哀（續）

魯橋公

多年離愁又重新與發起來了。我像瘋魔了地一般，擁抱她，吻她，她仍舊不輟她的工作。像不知道有人在抱她吻她一樣。

吃驚又在打擾我的心弦了。從前我每每回家時，她都是多遠就迎了上來和我吻，親，今日不知怎麼她卻恁般怠我，疏遠我，不答理我呢？

『玲！愛的……』我大聲招呼着：『我回來了，遠征歸來了！……喂……』不應一串串淚掉了下來！

我呆呆的站着：什麼原因呢？……

孩子掛着書包跳跳的來了，霍的一聲撲在妻子身上，妻放下針黹裝着笑臉，吻着孩子：

『放學了嗎？孩子！』她笑嘻嘻的安慰着『去作飯。餓了嗎？』

『不，不餓。』孩子反對：『爸爸打日本不餓，我餓什麼！』妻苦笑了。

『爸爸幾時得勝，騎着大馬，吹着洋號，回來呢？』孩子問。『先生對我們說：「昨天××地方一戰，我軍死了百餘呢」？』

妻子眼中又吊下一串串的淚珠。

『你爸爸不能回來了！』妻苦喪着臉『昨天……』哽咽住，他不能再說下去了。我是如何的急，我大聲疾呼的告訴他，我沒有死，我已經回來了，我已經站在她的面前。但是妻和孩子依然本着苦愁的臉兒，一眼也不看我一下。

我有什麼辦法表示我呢？我！母親進來了，我迎上去，喚了聲母親，如幼兒吃乳的撒着嬌，告訴她我已經回來了。回來看望年邁的老年人，安慰安慰她風燭殘年的生活。但憑我怎生喊拉，給予我的，祇是不理。

一家人不識一家人了嗎？我悲哀，不由得揮着一束淚！

我爲什麼給他們這樣的不了解？儘管給我些不能容忍的白眼？難堪？我並不是臨陣脫逃！我沒有安着那樣的心！母親總知道，我的從軍，是我母子倆商妥的。眞是國家不到如此地步，她肯放開她惟一的孩子嗎？我爲了爭祖國的自由的奮鬥出了不少的血汗！因爲特殊的事故，道經故鄉，我不得不看望看望，先賢的「三過其門而不入」咱的確修煉不到。卻爲什麼不答理我？不了解我？不理我？我究竟犯些什麼罪呢？我……

妻和母親談着話。我又氣又猜疑，已經疲倦了，便坐在一張椅子上休息。靜靜的看着她們。

『笙兒可有信來』？媽問妻：『我希望他能爲國家出力報効！……』淚珠不自主的落下。

『沒！……』妻悲咽着：『昨天報上載着一段新聞，中日在××一戰，我陣亡將士百餘，中有名逄玉笙的，……已經死了……可憐他的……』妻大哭了。

這句，斷斷續續的話，使我和母親吃驚不小。我眞的死了嗎？不，不會死，我還有許多慾望！……我的心尚在掛念着多難的祖國！我和母親都還希望我形體帶回到故鄉來！再爲國家出力！我相信……

母親，妻，孩子，默默地，含着滿眶熱淚的六隻眼睛，互相瞪着，大家都有一種難以抑止的悲哀，悲哀和愁鬱籠罩着整個的家庭。

已經證明我已是死了。回來的不是我的形體，而是我的幽靈！

我該有多少悲哀哭訴！誰又接受這哭訴？

（不知在什麼時候，我曾經在某報上或某雜誌書籍上曾經看到過一篇幽靈，也是如此用第一人稱，我性健忘，然已有一個印象在腦中，現在信手寫成此篇，大意與他稍有略同，而文義則已改變，想不爲諸公訴病，目爲「文抄公」者也！魯橋公附誌）（完）

招魂

段震

去了——我天眞的爛漫的純潔的靈魂。

我遙望着悠然而去的魂悲哀，我遙望着悠然而去的魂惆悵，我遙望着那悠然而去的魂啊！眞欲號陶痛哭一場。

讓他去吧！那純潔之魂！不，我要奮起我已失了魂的「魂」，向着魂的去處追逐。將我的神經化作一團烈火，將我的兩眼化作兩盞明燈，我要飛去，飛向羣仙遨遊的蓬萊，飛向聚集神祇的峨耳普斯之巔，飛向千丈高城的拉薩大宮，飛向我魂的歸途。

歸來吧！我純潔的靈魂！歸來吧！我神聖的靈魂！我高擎着我血殷的胸殼高呼。來了，我純潔之魂，於雲靄繚繞中來了！然而還是縹渺！我默然失望。來了，依然是不可思議的「玄虛」。怒惱激蕩着我沸騰的血，鼓舞着不可抑的勇氣，我於是前進吶喊。我神祕的魂於雲靄繚繞中微笑着向我歡躍，歡躍，整個的宇宙歡躍！

秋夜口占

子逸

青氈坐倦夜迢迢，
乍捲湘簾放寂寥。
幾點漁燈依雁戶，
一泓星月灑溪橋；
長風何處生靈籟，
隔院誰家弄玉簫？
莫把良宵閑裏過，
金經鈔罷檢詩瓢。

編輯室的廣播電台

小編者

一，今天的一首五言長詩「飲鴆毒」，作者青田先生是劉宗信君的祖父，非劉伯溫。

二，平庸女士的「儂胡薄命」一文，擬在本星期四或下星期二在本刊陸續發表，因爲恐怕雲章一來，就要再延擱，但望平庸女士，示及眞姓名。

三，以後諸君賜稿，請詳細寫明地址及姓名，這點非但是法律上應具有的手續，也是投稿者自身之道德。

四，今天淮花館主京劇談和古今名人讀書法稿未來，暫停。

總理遺訓

國家之富，在於鑛。今中華煤鑛，甲於全球，英美亦所未及，如能合全國之資與力，分頭開採，並多築鐵路，以便轉運，能如是，則民富矣。

縣黨部無綫電收音室開放節目

二月十二日　星期三

八，四〇　西樂　提鋼獨奏
九，〇〇　新聞
一一，五〇　平劇報時氣象　商情
法門寺　柳如是　賣馬　打鼓罵曹　燭影記　十道本　發配　迴龍閣　三進士
一九，〇〇　平劇
程豔秋　呂慧君　王又宸　王少樓　合唱　汾河灣　武襄侯　受禪台
二〇，〇〇　報時氣象水位　簡明新聞
二〇，一〇　時事述判　關於賑災問題
二〇，四〇　新聞

鳳鳴塔

◀第一八二期▶

一、本刊內容分科學常識論著詩歌小說戲劇散文書信書報介紹及批評等項
二、本刊歡迎投稿來稿文言白話均可
三、來稿本社有修改權不願者應先聲明
四、未經登載之稿除預先聲明者外概不退還
五、本刊編輯部設豐報社內

漫談

亡國之預備

小編者

亡國也要預備嗎？做亡國奴還要練習嗎？要！亡國時要預備，未做亡國奴的一剎那間，尤其要預先準備！這話怎麼講？請聽一幕喜劇！

當一二八淞滬戰起，暴日不絕施行猛烈的攻擊，火器銳利，預料十九路軍終非其敵，帝國主義者的軍隊，我在五卅慘案發生之後已經完全領教，亡國的痛苦，我在歷史的書本子上也大概略知一二，於是我不等待日軍在數小時內可以到臨的期前，自己細細的打算一番，便把最恨侵略者綽號瘋子的江西吳邁贈我的四個大字『氣吞胡虜』的中堂和對聯，掛了起來，我對母親說：『杭州飛機場也被炸燬，說不定旦夕之間可以達到此地，我們同胞雖多，但都無用，要和地方上父老組織抵抗，又礙於功令，現在只有一路，如日軍到此地，假如有一個一脚踏進大門，我便要把劍劈他，此後我不問，做亡國奴也是死，你們應當準備！』

自此以後　母親每天坐在廳上等死神光降，我末每朝晚專練劈刺，以强手腕，好斷帝國主義者走狗的頸項，內子蔚則每天細細看報，看見前方勝利了，笑起來了，看見前方失利了，連說好了好了，我們逃罷！我說：『你逃那裡去？』她說：『……』

終究日軍祇到南翔爲止，後來停戰令下又轉開到東三省去另殺我同胞了。

熱河省會承德之失，不過日軍二十五人，我有守軍萬餘，就是民衆也有數十萬，豈不能一戰？實在原因，當時保甲制度尙未施行，一盤散沙，人雖衆多，毫無力量，所以東北四省祇得完全拱手送人！東北如此，江浙也是如此，一二八之戰，人民要想盡力不能，惟有如記者般的消極找死方法。

現在日本亡我的急劇的侵略，如箭出弦，我們國家將亡，我們在國家未亡之先，我們急中生智，忙中生巧，也來不及細細斟酌思量，我們祇有實行亡國的簡單預備：大家知恥，同心協力，在一個有組織的領導之下，拾命奮鬥，作預備亡國的殊死戰！

古哲云：『置之死地而後生。』土耳其的復興是如此，阿比西尼亞的苦戰是如此；中華民族的光榮史，我們要保存他，也惟有走這一條路！

從廣西來的一封信

本縣王委員赴粵參加社敎年會，並轉道赴桂參觀，現在已離縣一月多了。頃在縣黨部看到王委員從廣西來的一封信；是寫給他的諸位友好的。這封信本沒有在報上發表的意思，編者覺得很有公開給大家看看的價值。特商得收信的諸位先生的同意，把不必要的兩段略去，發表在這裏。　小編者

○　○　○

入桂境已六日，沿途參觀梧州鬱林貴縣等處，到南甯後，曾於昨日往西北一百二十里的武鳴縣，參觀南甯區十七縣民團總指揮部，及表證中心國民基礎學校等廣西新設施之精華。今日上午全體被邀請出席普及國民基礎教育研究院之第四次學術會議，討論廣西省二十五年元旦頒佈普及教育（强迫）命令之「互教共學」實施問題，下午分組考察。明日上午仍出席學術會議，討論成人教育實施問題及合作教育實施問題等提案。二月二日下午，或三日上午，即離邕赴柳州，路經盤桓，即轉往桂林。二月十日前後仍取道梧州廣州北返，預計二月二十以前可抵上海。至是否轉赴浙江蘭谿，擬到滬後再行確定。

兩廣盛產水果，橙橘柑柚洋桃文旦等新鮮（新由樹上摘下尙帶綠葉者）果品，觸目皆是，每至鄉間，更滿筐滿籮，排列道旁；而香蕉（芭蕉）甘蔗，隨處可見，綠蔭遍野，一望無際，如×哥同來，必食指大動，以飽其水果之癮。

桂省自實行其三自政策（自衛自治自給）及三寓政策（寓兵於團，寓將於學，寓徵於募）以來，確有顯著之成績，如全國皆能如此，對外非無辦法。此間口號是「建築廣西，復興中國。」以省行政會議（出席者爲第四集團之總副司令參謀長省政府省黨部全體委員及高等法院院長）爲該省之立法機關，縣以下爲三位一體之組織，區鄉鎮村街公所國民基礎學校及民團隊部，合爲一機關；區鄉鎮村街長校長隊長，由一人擔任，各項事業之推行，極爲便利。一入廣西境，即可見各處山巔道旁之碉堡崗亭，要隘處均有民團守望，以前多匪之區，現已變爲夜不閉戶路不拾遺矣。其特殊現象，則爲往來行旅田間農夫，以及男女公務人員學生，均一律灰色粗布軍服，生氣勃勃，全省皆兵，凡兵又皆爲生產份子，蓋其步驟，由軍事（自衛）建設，經過政治建設（自治）進而至於經濟建設（自給）矣。其現階段之設施，以民團推動各項生產事業，黨政軍當局，傾全力以赴之，先致力於農礦，再繼之以工商。且公務人員，均能埋頭苦幹，省府主席之待遇，竟不如吾省之一等縣長，而縣長薪俸最多者一百八十元，最少者九十元者，亦無怪其穿粗布也。卽頌

公安！

子闓，一月三十一日夜，于南甯。

幽感

磊

在一個寂寞的教室裡，寂靜無聲，除予之嘆息，沒有別的聲響了。在嘆息的聲浪中，電燈油然作光，耀耀也似的照至我的面前，又好似創造一個新的世界似的。啊！我麻醉了，優美的人生是……是……是不能再存在的了，但我的靈魂也不能存在于鬼神的世界中。啊！啊！那麼如此荒唐的世界，叫我怎樣好呢？我一切的悲哀，只是在哀求，那書傳上所說的詩人，我努力要搜尋詩境，須一篇之寫出，直至于不使有一個人見了我那無數的詩之後，不讚美流淚感動！哦！這是我的夢想麼？

淮花館京劇雜談（續）

一般入學劇，平常好以捉放曹武家坡等爲開蒙功課。捉放曹西皮二簧並重，劇情雖佳，歌調雖深，然總嫌前後兩樣，初學者未必能應付裕如，事倍功半，就是吃力不討好之謂。前與曹雪鶴女士談及，亦謂『一輪明月』句，竟學了三個鐘點，足見看似容易唱則難也。武家坡腔調向稱皮簧上乘，惜中間與青衣對唱快板一段，極難工穩，且全劇非生旦同唱不見精采，所以調雖好聽，戲雖普遍，也不合於一般初學戲劇者之場情。

然則初學京劇，究以何者爲入手乎？余曰：當以『洪羊洞』爲第一。洪羊洞全齣祇由老生一人獨唱，此外雖尙有八賢王之生，老令婆穆桂英之旦，然詞句短，腔調簡，任何人都能搭配。統檢全劇，老生楊六郎說白僅有『攙扶』，『哦』，『宗保』，『噯千歲呀』，『娘呀』五個短詞；更兼全局二簧，組織淨練，行腔柔圓，誠皮簧佳劇之基礎也。（未完）

鄉村農夫

瑞恆

我在鄉村裏種了幾畝地，一家數口，都指望着這點田地生活。年年忙兩頭，逢到春秋這兩季，收得惟可糊口。然而每年不是遭了旱災，就是遭了水災，今麥季收得很好，秋季不惟田地被水淹沒了，連居家也被水包圍起來了！農村受了這這樣的打擊，商業不振，生路眞是難極了！全家大小數口，大的哭小的叫，唉！極的沒有法子了！此地離城還有二三十里路，半夜裡未曾安眠，直奔進城投奔親友，未曾天明，趕到城東門了，找了我的好朋友，他姓張，名是好成，他是在城裏拉黃包車生活，他家中也有妻子老小數口。好成一見了我抱頭大哭起來，『弟弟！你那時來的？』『我……我……我才來到。』『弟弟！鄉下什麼樣了？』『唉！不能提了。春季收點糧食，早已吃完，向東家

借西家轉，專等秋季償還人家，秋也未收，黃水來到了，不惟田地淹沒了，連同居家也被水包圍起來了。我特來託你替我找點小事好糊口。』『弟弟！你看看城裏這樣子，那裏去謀事？弟弟！這樣吧，老王昨天才買了一輛洋車子，你也拉車吧，每日車租大洋三毛。』

我把車子拉到街上，不料穿黃衣服站崗的先生們，說要整頓市容，不准在街上橫跑，一下把我的車桿打斷一根，唉！看起來世界沒有輕易之事！祇好把車子仍拉回家去。

◈　◈　◈

防空常識（續）

卿

已，防空演習與民衆消防訓練

防空消防的重要，在歐戰的當中，已經就很明白證實了，最近一二八淞滬戰役閘北的毀炸，至今痕跡依然，假使當時的一般民衆，有了相當消防訓練，政府機關有了相當的消防準備，那末燒害的程度，或許不會受這樣巨大的損失。

儂胡薄命

平庸女士

蘭釭黯黯，玉漏遲遲；殘月窺簾，寒風撼壁。碧幢窗上，映一亭亭玉影，窗內時聞嘆息聲，幽怨殆極。噫！誰家女子，深夜不眠，獨坐愁苦？而女子以手支頰，若有所思，兩頤間淚痕尤溼，直如帶雨之嬌花，不勝憔悴可憐之色。

但見淚痕溼，不知心爲誰？女子之心誰知之，女子之淚亦誰能止之？

『儂胡薄命！』『儂胡薄命』！此四字出於女子嗚咽嚶嚶呀呀之口中，眞是一字一滴淚，舞蛟泣嫠，殆非虛語矣。

女子何人，予嫂氏也，適擀兄葛歸，乃引起傷心血淚，天乎，儂胡薄命！此四字印我腦中，已有根蒂。過嫂闌閨，又聞嚶嚶之聲曰：儂……急入慰之者再，强入其幃，予亦就去。噫！枕上之淚不知溼到何時也？

吼風徒起，殘月已沉，雪花輕飄太空，如飛瓊屑，尖風驟掠樹過，如千軍萬馬，絕塵而馳。長鐘已鏗然而動，聲沈而弗揚。披衣而起，推窗眺望，斯時斯景，與昨夜嫂悲時，又重佈一幅哀景。嗟乎！今夜嫂不知若何耶？高堂老母，又日日淚掛腮邊，傷子心切；老父外遊，爲貧寒之家，謀生之計，遂致一家之中，終日昏然。嗟夫！慰母而嫂哭，勸嫂而母悲，儂腸寸斷矣。

心潮起落，情緒棼紛，加此悽慘悲慘之日月，不知何時消磨盡也？乃於愁苦傷懷之際，捉筆將我一段傷心之事寫出，告我苦思閨中之友而知未亡人之苦哀耳。

朱氏者，我家遠戚，世居本邑，門推望族。朱父爲本邑忠誠有名之士，不幸中年喪妻，有女曰雪梅，是我家嫂，噫！無母之女兒良可哀矣！

草輭鋪碧，杏嬌滴紅，正大好踏青之時，予兄與友二三，提壺攜盒，作郊外遊，行復行又前行，時至杏花村裡，瞥見一姝，黑紗半臂，粉紅衫兒，飄飄欲仙。度其芳齡，年十允。手中杏花一束，彷彿與人面同，纖腰如春風之柳，媚眼如秋水之波，緣鬟堆雲，兩點微嫣，幾分紅暈，斯時予兄眼福爲之一飽，訝其面善，意爲朱氏女，蓋曾一面于某戚，彼姝者子，忽回其猶蟒之領，不覺微慍于色：何處狂生，向儂熟視！輕薄兒徽號，予恐出其心而加諸我兄之身矣。（未完）

幾點淚水

堅

他的聲音哽咽了，眼淚汪汪的含在眼皮裏。身體戰慄了。他要哭，要自殺，或者殺掉他的敵人。

全體的惡狠沸騰了，瞪着大喝，想吞掉他，怒氣充滿了他的胸中，把血擠出來，他想他不能屈服，要奮鬥，用他最微弱的力量去奮鬥，與那些有聯絡的，不講理的，野蠻的，狠一般的東西去奮鬥。

上課鐘響了，他的口又被截止住了，他在那多層階級兩種威力下屈服了。專束縛弱小者的法律一次再一次的加到他身上，使得他沒有反攻的餘地。

他不知他爲什麼，他的臉發燒，怒氣充滿了胸腔，身體在戰慄，眼淚會不自由的流出來滴到他模糊的眼前，耳朵專會聽到他們的獰笑，增加自己的傷心！

一個農夫的自述

樵

余今年四十六歲，不，屬牛的四十七了吧？余自二十幾歲廢讀爲農，至今已二十多年了。在這二十幾年當中，沒有一年不是盼望着來年好，結果來年的袍子改成襖，唉，一年不勝一年！直到多事的今日 天災人禍一齊來，我因之積勞成疾，內憂外感，交相並至，竟至一臥不起，又加前年不順，頭魂兒終日不在家，糊裏糊塗，但是害這種病的不知有多少呢？

余在病中，所最討厭的，就是雞犬之聲不絕于耳，問其原因方知是僱工的，要捐款的……時常在戶，嗚呼！余命休矣！余在此奄奄待斃之際，忽然來了一位執友，經過半小時之談話後，伊講講你的病尚有一綫之希望，但是第一要靜養，第二還得多弄補品，第三要一個慈愛的看護，好好的扶侍你，如能將此三項做到，那麼你的健康可以慢慢的恢復。余聽到之後又作了一個長嘆，遂言道，時間是否容許，經濟方面能否來及，這又是一個重大的問題，

初出的太陽

磊

晚上在松林徘徊，舉頭望明月，低頭思太陽。啊！啊！太陽死了，整個的宇宙黑暗了，一切的事物都死寂了，人間的眞像也無從辨識了，在這時候，就好像象徵着我們中華民國的前途吧？

在朝陽發生的時候，明亮的陽光普照到人間，宇宙上的黑暗整個的滌去了。一切的眞像都極清晰的分辨明白了。這時我心中便不禁又發生一種感想：「我們中華民國，現在正是國難當頭，正在生死存亡的關頭了，這種原因，都是由于帝國主義經濟的侵略，武力的壓迫，以及國內軍閥的搗亂，鬧的社會國家都暗淡無光，有如漫漫的長夜，無絲毫光明可尋，什麼時候能使中國像初

編輯室的廣播電台

小編者

一，平庸女士的『儂胡薄命』一文，決由今日刊載本欄，敬請讀者諸君予以公正的批評！

二，雲章先生告假已久，小編者亟思擺脫羈勒，望眼欲穿，同時雲章先生的夫人，也在前日親自出外去尋找了。

三，本刊上期「禁煙毒」的作者劉青田先生，是本縣的老名上，銀髯飄飄，健飯健步，可稱本縣之馬援。

四，袖裡君；你和令甥寄來的一張大稿，已收到了。

總理遺訓

鑛業產原料以供機器，猶農業產食物以供人類。故機器者實爲近代工業之母，而鑛業者又爲工業之根。如無鑛業，則機器無從成立，如無機器，則近代工業之足以移轉人類經濟之狀況者，亦無從發達。總而言之，鑛業者爲物質文明與經濟進步之極大主因也。

縣黨部無綫電收音室開放節目

二月十四日　星期五

八，四〇　西樂　提鋼合奏

九，〇〇　新聞　平劇報時氣象　商情

一一，五〇　逍遙津　玉鐲記　大慈庵　長板坡　漢津口　劉倩倩　除三害　暗渡陰平　路遙知馬力

一九，〇〇　平劇　梅蘭芳唱：宇宙鋒　草船借箭　史可法

二〇，〇〇　報時氣象水位　簡明新聞

二一，四〇　新聞

豐中週刊　第一七期

談話

我們的小天地

我們是古之所謂「士」，今之所謂「知識份子」。我們不直接生產，也不直接指揮生產。我們常自以爲是合天下最有見識的人，其實對社會生活的複雜的過程是一無所知。我們不知道農夫怎樣耕種，工匠怎樣織布，社會的黑暗角落裏的各色的人物，我們認不清他們的面貌，叫不清他們的名字。我們住在自己的狹小的天地。這天地裏有母親的愛，孩童的天真，秋月的皎潔，春花的豔麗。假使我們是「豪傑」，我們面前便浮動着「英雄駿馬與美人」的幻像；假使我們是「才子」，我們又會詩人般地發人生如夢的嘆息。

生活有自己的爭扎和慘痛。我們想像中的世界不是現實的世界；反之，即令我們說世界是夢，世界決不會就真在夢裏。我們所需要的一個基本的修養條件，是：首先認清自己對現實世界的無知。離開自己的小天地，面向着遼闊的大天地，對天地中的形形色色提出深刻的執問，這樣，你便會作求知的努力！

記載

第二次總理紀念週　校長報告

本月十日，本校舉行第二次紀念週，主席校長李貞乾，行禮如儀，報告如次：

這是第二次的紀念週，我提出一個很值得注意的特殊問題向大家講。上學期停學的三個學生，學校因爲他們拿着極覺悟的熱情，再三向學校要求復學，經會議議決，准予給他們一個悔過的較好的機會，改成留校察看。這個經過情形，上週已經說過。不料有幾個不明事理的學生，不聽師長的教訓，不顧學校的紀律，不明關係之重大，竟然鬧同學間的意氣，自動離校休學，這是這個特殊問題的簡單事實。現在學校已給他們的家長去信，說明他們休學的事，是否家長同意，不同意的話，在三日內送來悔過復學。

各位導師學生，這是一個很嚴重的問題，我感覺到異常的傷心！現在我們應有以下的幾點認識：

一，理性與意氣　一個人還是該服從理性，還是該任意氣？任何人都知道，該服從理性。但是有些人明知道該服從理性，偏去鬧意氣，這却是所以要學問之點；所謂「涵養性情之學，變化氣質之功」。我們所最痛心的是那種一脫衣服，一拍胸口，就給人家拚命的劣根性，一直到中學學生都不能沒那種味道，這還教學什麼，教育還有什麼用！現在外邊的學生，都在那裡做着愛國運動，我們這是什麼運動！這種地方，我們要認識。

二，犯過與悔過。學生除非是犯了非開除不可的大過，我總覺着讓他悔過是對的。事實證明，確不能悔過的，[illegible]當然要執行紀律。要知道這個「過」的造成，犯過者固然要負直接的責任，「同學有勸善規過」之義，所以他的同學也得負責，學校主維「教訓」，所以學校也得負責，這樣講，讓他悔過，同學與導師，一致匡救他才對。然而現在竟有學生，把自己的責任，完全不講，只怪學校人家，這是不對的。這種現象，也有他的普遍性，這個也要認識。

三，主動與盲從。學生的鬧事，我們很知道，一定是少數主動，多數盲從或被挾從。這一次的事情，當然不能例外。大家想，這種盲從或被挾從，是不是可恥的行爲？都會知道的，我們中華民族正在受着人的輕視，他們把我們比爲豬。比爲綿羊，是一個劣性民族。他們說過，中國人的私人生活，是好私鬥，鬧意氣；他們的團體生活，就是惟樂公敵最容易盲心相從；彷彿像一羣綿羊一樣，數目雖多，可以用一個小孩子拿一條鞭，趕到任何地方去。這樣侮辱人的話，我們當然很反對；但是一般被人挾從或盲從的人，是不是有當羊羣的可能？我們還有勇氣罵人麼？還能開口說什麼話？這是不是[illegible]問題。以上三點，是我們應該有的認識。我很相信，他們馬上都覺悟回校。我在事先就向他們講，休學是可以的，但是這樣的休學是不對；同時這條路也走不通。學校的意見是如此，就是你們以離校表示決心，學校還是如此，決不姑息通融，以一時學校表面的好看，而接受你們的意見。不能匡救你們的過錯但是他們當時就不能覺悟，這足見我們從前教育之失效，很難挽救於一時。「失之東隅，收之桑榆」，現在是我們補救的時候。我們全體導師學生應一致作以下的努力：

一，領導方面　在導師方面　積極方面，要建設學生的思想中心信念；多向學生介紹些古今中外名人他們立身處業的事實經過，使他們各自找尋人生的價值，知道做那些學是「有出息」的，以改變他們狹隘的心胸。消極方面要消滅學生的封建意識，多糾正些講面子，好虛榮，支配慾，領袖慾，英雄思想等錯誤觀念；使這些像毒菌似的在青年血液流行的封建意識，要給他斬釘截鐵地去掉，像一「像他」似的去消滅這些「情節」纔身。

二，執行紀律　中國人的散漫，是個大病，有許多事，誤到這上邊。所以中國人現在需要的是堅固的團體組織、一般的紀律。現在的學生訓練，當然離不開這個，但是光說空話是不行，必須實際去做；我們以後應當多努力於執行紀律，抱定決心不姑息不寬容，假若不能做到，何貴乎培植些不能守紀律的學生，使他到社會上去有損無益？何貴乎我們來辦這個無用的學校？不能嚴厲執行紀律，我們應引以爲恥！

三，聯絡學生家長　以後與學生家長更取秘切的聯絡，好能知道各個學生在家庭的情形，好定個別訓練的標準。我們除在適宜的時候，舉行學生懇親會外，希望學生向家長講，有機會到學校來幾次，給先生談話，學要多擴大範圍，希望各個學生有話盡管向導師講，不要與導師表示一點疏遠，這樣與你們的品行，學問，思想，體[illegible]都能有很大的利益。

五，在學生方面[illegible]向外解釋[illegible]事[illegible]同學們[illegible]不知道[illegible]顯然是反對學校[illegible]在外[illegible]人家固然可以揣想[illegible]

六，[illegible]各自檢驗自己的這種學問。從絕不鬧意氣到親愛精誠，從服從理性到服從眞理，[illegible]都是應該勉力的。

七、要負責任守紀律　堅固的組織與鐵般的紀律所以能實現。必須大家負責任守紀律。我們學校現在是徹底的童子軍訓練，當隊長的要負責，但是要負大總統式的責任，不要負皇帝式的責任。全體童子軍要服從，要作公民式的服從，不要作奴隸式服從。

總之，我們學校發生了這樣的一件不幸的問題，我們大家應該知恥，「知恥近乎勇」，我們都徹徹底底地覺悟，努力向前邁進，爲知「塞翁失馬，安知非福」，一開學來個這樣的刺激，正是我們很好的一個興奮劑，促成我們的進步。假若我們全體師生再不能振作的話，那我們眞不佩開口說話、不佩再教書，不佩再上學！

學校新聞

（一）七三五團隊長聯席會議通過訓練計劃及活動歷定期舉行春季越野賽跑

七三五團于本月十二日下午六時召開隊長聯席會議，通過本學期訓練計劃及活動歷，並決定于三月十五日舉行春季越野賽跑。

（二）各級膳食委員於本月十四日下午七時，開委員會，選定各股負責人員。

（三）本月十三日，本校借城市民衆教育館之標本及儀器共三十餘件。

（四）二級學生於本週內有違犯學校紀律者十餘人，業經深知反悔，恭受處罰，努力改過。

研究

怎樣過一學期

關於功課方面及訓導方面，本學期學校所要採取的方針，以及你們學習和修養應當依照什麼方針，都已由校長說的很詳盡，所以在這上面，我已無話向大家再說，現在僅把大家所切要知道的幾件事項報告出來，希望大家注意！

（一）這學期內我們能上多少時間的課呢？這個問題很值得我們注意，因爲這學期一過去，三年級的學生便要去升學，或者到社會上去做事；一二年級的學生，便要由一二年級的學生一變而爲二三年級的學生，那末，各級的學生都要在這一學期內急不容緩的去準備升學，服務或升級，既然在本學期必須急不容緩的來作準備，那末就必須要知道本學期究竟還有多少準備的時間——在校上課的時間——自今日開始上課起，至放暑假止，算來還有二十一週之多，但是中間還要除去紀念假，春假或麥假，又要除去考試或準備考試的停課時間，這樣七折八扣，下餘僅不過十八週的課了。三年級因爲準備畢業抽考或會考，更須提早兩週，而其上課的時間，也止不過還有十六週。大家聽到這話，都感覺本學期時間太短了吧！在這很短的時間，而又必須急不能再緩的去準備升學，服務或升級，那末大家究應怎樣去應用自己的時間呢？莫謂學期方始，須知轉瞬卽過！

（二）這學期內在課業方面我們要做些什麼？本學期內擬舉行四種比賽，一爲算術比賽，二爲時事知識比賽，三爲自然比賽，四爲社會比賽。除比賽外，更擬舉行幾種成績展覽：一爲圖畫勞作成績展覽，二爲作文書法週記展覽，三爲各科練習簿展覽。把各種比賽和展覽均匀分配在本學期舉行。其目的在引起大家競進的心理和學習的興趣，大家如欲一顯成績，務須及早努力。今天特意預先報告出來，希望各人早作準備。

（三）生活週記及各科練習簿，應立求工整清潔　在過去一學期，曾一再告訴大家：要把週記及各科練習簿寫的整齊清潔，但迄未能做到好處，眞是一件憾事。我們要知工整清潔與否，不僅是美觀與否的關係，而實是因爲不工整清潔很足以浪費我們的精神腦力及時間，並且影響到我們的學習和進步，所以我們應力矯前弊，今天是上課的第一天，希望大家下決心把自己的各種簿子弄得工整清潔，並且始終如一的做下去。

（四）訓練方法和以前有了變更　大家日常生活的管理，要力求大家自治，不要再專靠先生管理。學生有過失，要使團體去制止他。例如在某一寢室門前有人撒尿，這一室內的人，都應負制止他報告他的責任。設有人在某室前撒尿，這室內的人如果不肯報告他，則這全室人都應負受責罰，都須抬尿桶刷尿桶。這樣辦法，成績自然比較靠先生管理好的多，並且一人作過而就累及全體，由此更可訓練學生知道個人和團體的關係。這種辦法本學期就要開始實行。

（五）補考問題　上學期不及格學生有十八人之多，決在本週星期六下午晚飯前後分兩個時間補考，各科應補考學生均聚一教室內同時舉行補考。

（六）大家目下要注意秩序　爲什麼這幾天要注意秩序呢？因爲這幾天開學伊始，無論在生活方面在精神方面都還未能鎭靜下去，未能規律下去，所以大家要趕快的把心收回來，不要再讓他飄搖不定；要趕快的準時作息，服裝整齊，不要再漫無秩序。

寫作

來校

胡宗傑

十四天的寒假，已經靜悄悄的過去。

我爲了經濟的困難，並沒能準時到校。開學期迫了，我的父親，求親拜鄰的爲我籌辦學費，學費剛剛籌妥，那慣與人爲難的老天，又一聲不響的下了大雪，於是我又被隔在家裡。

第二天，天氣算是晴了，我的父親又忙了，東家去借牛，西家去借車，把我的些東西搬到拖車上，我的父親拿起了一隻皮鞭，於是便踏上了來校之途。

車本很小，堆上了我的一些雜東西，我又爬到了車上，已經塞得滿滿的了，所以我的父親只得在車下跟着跑。車在地上磨得嘍嘍的作響，我的父親持着那隻大鞭，跟蹌的向前奔跑，我一看見父親凍得赤紅的臉，就不禁一陣酸心淚下。

遠遠的望見我們巍峨的校門了，我的父親也說：「啊！快到了！」他接着又說：「你看我們上學這麼的不容易。你應該好好的讀書啊」！這一句話，把我柔弱的心靈打動了。不錯呀！我的確感到我求學的困難！

到了校門前，我將行李撇下，送到門房裏，回過頭去，不知向父親說些什麼才好，他向我問道：「你沒有事吧！」我說：「沒有事。」於是他仍舊的拿起了那隻鞭，跟跟蹌蹌的回去了，我立在校門，一直到望不見我父親的影子時，方才呆呆的回轉。要不是應敷同學們的寒喧，眼淚是抑制不住的。一直到現在，上課時，吃飯時，睡覺時，眼前彷彿都有我父親的影子，都有我父親的聲音在我耳邊盪迴着。

雜俎

吳三桂和陳圓圓

吳三桂引清兵入關，歷史家一向說是爲的陳圓圓。我早些年也跟着發過「天下女子皆禍水也」的感慨。及至看到三桂給多爾袞的信，才知道不是都麼一回事。我們還是請他自己說自己的心事。

「今賊僭稱尊號，虜掠婦女財帛，罪惡已極。……天人共憤，衆志已離，其敗可立而待也。我國稱德累仁，謳思未泯；各省宗室，爲晉文公漢光武之中興者，容或有之。遠近已起義兵，羽檄交馳，山左江北，密如星布。」

吳三桂估量當時的形勢，認爲李自成未必便坐得穩，自己是不敢冒險投降的。

「三桂受國厚恩，憫斯民之罹難；拒守邊門，欲興師以慰人心。……乞念亡國孤臣忠義之言，速選精兵，直入中協西協。三桂自率所部，合力以抵都門，滅流寇于宮庭，示大義于中國」。

原來吳三桂把引清兵入關當作救國救民的義舉，吳三桂算盤并沒打錯，史可法在覆多爾袞書上，居然還稱他爲「我吳大將軍」并且誇獎他的功績呢。

所以，吳三桂的引清兵入關決不是爲陳圓圓；假使是眞的，那洪承疇孔有德尚可喜的投降，又是爲的那些女子呢？

前期正誤

「這一節」爲「這一篇」之誤；「成紀」爲「成化」之誤；「不算田」爲「不算田。」之誤；「耕官田」爲「種官田」之誤。

古人箴言

「毋設一事，一事錯而流禍無窮矣；毋忽一言，一言舛而貽害莫救也；毋輕一念，一念乖而釀患匪小也。究竟謹於念，則自言不忽，而治事不慢矣。」

縣黨部無線電收音室開放節目

二月十六日　星期日

一二，○五　平劇　逍遙津　水鏡莊　孔雀屏　迴龍閣　蘇武牧羊　埋○香　諸葛亮安居平五路　男起解　庚娘　春○鬧學

一三，三五　樂隊奏樂　京市政府樂隊奏播：國樂　梅花三弄　錦庭樂

一九，○○　平劇　李多魁唱　行隊哭靈　華容道　洛神

二一，三○　新聞

二月十七日　星期一

八，四○　西樂　提琴獨奏

九，○○　新聞

一一，五○　平劇報時氣象　商情　珠簾寨　硃痕記之團圓　二本狸貓換太子　霸王別虞姬　四郎探母

一九，○○　平劇　劉備託孤　梅蘭芳　荀慧生　得雪豔　馬連良　程國斌　合唱　審頭刺湯　四本狸貓換太子　黑風帕

二○，○○　報時氣象水位　簡明新聞

二○，二○　時事述評　關於提倡國貨問題

二一，四○　新聞

豐中週刊

第一八期

談話

文章瑣談（一）

平

做文章不是神奇的事。

寒假過了，你在農村中住了半個月。你每天決不會一個人悶在屋裡，和你接觸的，有你的家人，你的鄰居。假使你有好動的天性，不斷的趕集，走親戚，那你當然會看見更多的人和更多的世事；一句話，農村生活的各種現象都呈現在你的眼前。你是學生，就應該做一個懂事的學生，這就是說，你對這些現象要加以觀察、記取。飯吃到肚裡，你必須用胃去消化；現象映到心裏，你便要用思索力去分析。世間有我們的胃難于消化的食物，同樣，也有有我們的思索力所不能解決問題。一個問題難住了你，假使你真是一個「學生」，你一定要向人向書去問，直到得到滿意的答覆爲止。這個答覆就是你對現象的「認識」。不管用什麼文體，把你的「認識」寫出來，都是我們所要求的文字。

對社會現象的觀察和由觀察而得的材料和認識，是寫作的前提！離開牠，你只會寫些老套，那道理可以大無不包，但和活生生的事實完全不生關係。

記載

童子軍七二五團中小隊長

舉行宣誓就職典禮

上星期一上午八時，本校童子軍（七三五團）舉行中小隊長宣誓就職典禮。童子軍縣理事會常務理事李貞乾監誓，縣長王述先蒞誓。如儀宣誓後，監誓員致訓，着重在說明童子軍中小隊長的任務及執行任務的態度與方法，主要之點爲：

（一）中小隊長執行任務時應根據童子軍組織所給予的權限，不能一任私意。

（二）中小隊長應服從盡職，爲團員表率，英雄思想及領袖慾足以破壞組織。

最後更望隊長團員，共同負責，使本學期童子軍活動得到更好的成績。詞畢後證誓員王述先致訓：首先解釋童子軍誓詞，闡明我國固有道德的精義，其次又將「明禮義，知廉恥，負責任守紀律」等條律，詳加解說，歷一小時始畢。十時禮成。

學校消息

一，童子軍儲蓄箱自本週起開始儲蓄，每週星期六下午三時，由值日中小隊長，開箱檢點。

二，本校職教員及全體同學，籌劃最近組織消費合作社。

三，職教員本週新訂立公約，每人必須參加早操及課餘勞作等活動　不參加或在辦公時間無故離校，罰金二角，罰金作有益團體之事務用。

四，冬去春來，萬象更新，一年級勞作，製造大批風箏，各色各樣，無奇不有，準備於惠風和暢之日，在綠柳垂楊行中縱放，陳先生雪樵手造飛機一架　無異於真，不日即可盤旋於天空矣。

五，本月二十一日舉行算術比賽，測驗題廿四，算題八。

研究

月全蝕時何以仍現暗淡的輪廓

信賢

當月球地球和太陽走在一條直線上，並且地球居在中間時，地球的本影便把月球遮蔽，這時的月，既然受不到太陽的光，所以也就沒有反射的光射到人的眼睛裡，於是人便說她是蝕了，那末，這時的月球既是在地球的本影內，理當一點也看不見她，何以事實上仍然能看見她隱約的輪廓呢？這原因卻又由於光綫屈折的關係了。

以上所謂地球的本影，是由光綫直進所造成的幾何學上的本影，可是地球周圍還有很厚的氣層，這氣層上疏下密，太陽光綫經過這疏密不同的氣層裡，便發生屈折的現象，這種屈折的光綫，把躲在地球幾何本影內的月球也照着了，所以走在地球本影的月球，依然露出她蒙上羅底似的臉來。

○　○　○

地球東轉飛機何以不遺落於起飛地點之西

信賢

教師和學生研究起來這個問題：

教師：地球繞着他自己的軸，以很大的速度，自西徂東的自轉，地表面上的一切物體，也都隨着他很速的向東轉，不過人不覺得罷了。

學生：既然如此，飛機起在空中，離開了地球，不是不能隨着球轉了麼？那末，飛機縱然是向東飛，也比不上地球向東自轉的速度大，何以不見飛機遺落在起飛地點的西邊呢？

教師：你的發問很有道理，可是你承認『若不加以阻力，動者恆動。』的定律嗎？

學生：承認的。

教師：當飛機將起飛時，是否和地球一樣向東轉？

學生：是的。

教師：飛機起飛後，加以阻力阻止他向東轉了嗎？

學生：沒有加阻力阻止他向東轉。

教師：既沒有加阻力，當然他還是依照『動者恆動』的定律，以原來的速度向東轉（和地球同速度的向東轉）所以他不會遺落在起飛地點的西方的。他若是自己也向東飛，則他東進的速度，就是自己飛行的速度，再加上地球向東轉速度，所以這時比地球向東轉的速度大，所以他能夠飛到起飛地點的東方　他若是以某速度向西飛，就是從他向東轉的速度內減去向西飛的速度，換句話說，就是他向東轉的速度比地球向東自轉的速度減少了一點，（減了向西飛的速度）所以他能夠任意的飛到他起飛地點的西方。

寫作

寒假漫憶

趙道坤

（一）回家的一晚

寒假放了！照例回家去；跑了三十多里的路途，走入了水災區域。

天黑了！風特別冷起來，月亮慢慢地從東升起。一片片白的薄冰鋪在荒了的地上；腳踏着，鏘然有聲，我對着這悲涼的災區狀況，不覺眼淚奪眶而出了！

走近莊頭　狗懶懶地叫了兩聲，搖尾迎來；破垣頽壁，村舍亂得不成樣子，推開自己的大門，父親還沒有睡，見了我喜得什麼似的，面孔是較前更蒼老了！使我見了，心中不安起來，胸中隱隱作痛。

父親這麼大的年紀，仍然操持家事，勞苦終日，是自己的不長進，是自己的罪過！

（二）母親的談話

母親臉上的皺紋加深了！這足以證明她的愁苦是與時俱進，她感到年紀老了，生活益加緊迫的痛苦，向我訴說生活苦難情形，說着，流淚了！

我的頭昏昏的，眼淚又流出了！父母的困難，勞頓，極應有一種安適休息了！然而我的能力夠嗎？

（三）村中狀況

因黃水的侵襲，村中窮苦不堪！有好些鄰居爲了求生而家庭分散了！寂寞，悽涼，充滿全村；尤其是年前數日，特別顯著，以前對於年都是『笑臉相迎』『隆重慶祝』而現在卻對之嘆氣，怨恨了！『過個什麼味的，倒不如廢了好。』整個的村莊，充滿了這樣的聲息。

時至舊年，麥仍未購，各人心中都在急燥着；如同餓了的嬰兒，急燥着不得乳吃一樣。

在夜中有人說地可構了！於是每家都牽牲口，扛着構子，向田野出發。

在黑漆的夜裏，在冰天雪地的寒風裏，我們在提着燈構地，寒風吹着，然而我們沒覺到冷，我們的面前現出了生的希望，我們慶幸着將來的麵包已有着落。

（四）自身問題

開學日期的加近，愈使我感至學費的困難，災後的家庭，那的有此巨款呢？終止了吧！父親和自己都有些不甜，於是最後的辦法是賣馬。

馬是賣了！然而錢總難要，費了幾次的奔跑，才把學費弄來。

好在現在入學了！然而使我吃了一驚：在家鄉中所見的是些：瘦黑的穿着破棉襖吃着黑窩窩在生命線上掙扎的人羣，目前呢？儘是些服裝華麗的密司，不學無術的哥兒，校長先生們的大皮襖，啊！是了！這是另一個世界。

寒假中的學習

夏愼行

天還沒有大亮，我便爬起來摸摸着了籃子去趕集。天空掛着疏疏的星，刺骨的風迎面吹着；小狗從籬笆中竄出來，對着我汪汪的咬，我急忙的沿着小路往前走。路上的行人已經很多了。擔挑的，推車的，背籃子的，繼續不斷的往前走着。他們並沒有什麼貴重的東西可以賣，只有自己地裏出的紅芋，花生，蘿蔔等。

天已大明了，我也走到了。在古老的破寨中，擁滿了許多的人。賣東西的，爲了賺幾個錢，撕破了喉嚨的叫着：

「熱包，吃不？先生！」可是趕集的只是嗅了嗅就走了。

再往東走 只見肉行，一堆堆肥白的豬肉，放在賣主前面的車子上，大家都對着肉發愁。

五百錢斤，四百錢斤的喊着。

我記着在小時，也隨着父親來趕年集，那時的豬肉九百錢斤還買不着呢？當時我還怨父親起的太晚，後來我哭了場，又被父親打了一頓，然後才託面子買了塊肉。我當時去問他們爲什麼豬肉這麼賤還沒有買的，他只是搖頭低聲說道；現在糧食這麼賤，農人那有這麼多的錢，買這些貴重的東西。

現在肉賤了，人們還是買不起。我猜不透這個謎。

罷擺賣果子的，也照樣的發了慌。他們才從城裏發來各色的果子，預備來發個洋財，誰知道今年的生意這麼淒涼，大街上的久和號，克利華號現在都關門了呢！

我看見這年集的景象，與我小時的景象相差很多了。

到了年初二，拜年的也拜罷了。都集在屋角前面推牌九，雖說抱着餓肚子，牌九是不能不推的，可是沒有從前當的那樣大，不過是幾百錢的出息。

「唉！八點，兩道通吃。」王二在裡面聲音最高，擠着滿頭是汗。

一會王二的洋錢滿了手掌一會只落了幾個銅子。一抬頭看見我，便笑嘻嘻的說道：

「打牌不？洋學生。」

「不！」我出去了。

正在來的高興時，猛聽一個人說：「有兵！有兵！」只聽裡面的碰碰把牌拾起來了。打牌的人都忙着，裝腔作勢的遛開了。

「哈！小二，什麼時候來的？」一個很尖銳的聲音。

「今們來的，大叔我與你拜個年罷。」

「不要！咱爺們見面發財。」

「小二，我入你媽，把老頭我嚇死了。」王二大膽的說起來了。

「不要瞎罵，又當抓賭催糧的來。」西院大叔說。

小二覺着沒趣，回家走了。

許多打牌的怕被兵抓去，各自回家去了。

村上的婦女和小么，提着籃子剜薺菜去了。小孩也沒有大闊 只是頭上加了半新半舊的帽子，但要是叫文學家見了一定說：「農人眞無思無慮，到春天又吃青青的薺菜，眞是快樂到極點了。」但是文學家沒跑到他家去看，家中沒一粒糧食，她們是抱着餓肚剜菜，剜不來定要挨餓的。

「咱上西南地去罷！那天我見有人在那裏剜……娘！」一個十二歲的女孩說。

「好！咱去。——不要遠去，二嫂，咱一塊去罷？」一個中年的婦人說。

「好！咱一塊去？」一個麻臉的女人答。

娘們幾個一同剜薺菜去了。雖說到了春天，可是風吹在面上還是很冷的。她們在地裏瞧着那塊薺菜多，那塊麥苗稠，好容易跑到了一塊多的地裏，便爭先的去剜。

「娘！這個地方多。」一個女孩說。

「好！」蹬蹬的跑過去了。

我這時要用照像的手術，把他們照下來，眞是很好看的一幅風景畫，可是你要看看畫中人物的生活，他們還是抱着餓肚剜菜呢！

寒假是過去了。假如觀察「世相」也算是學習的話，以上便是我在寒假中的學習。我沒有很高深的議論好發，但我也有一點意見：研究這些現象的根源 非常必需。

雜俎

國難統計

（見世界知識）

一，日本從中國攫取的領土面積

琉球羣島	二、三八六•二九方公里
台灣（澎湖島在內）	三五、九七三•五五方公里
南庫貢島	三六、〇八九•七七方公里
關東州租借地	三、四六二，四五方公里
朝鮮	二二〇、七四〇•七五方公里
東三省	一、一一一、一〇九•〇〇方公里
熱河	一七三、九六〇•〇〇方公里

二，東北三省的富源

一、東三省所產之大豆，佔全國產額百分之七〇。

二、遼甯省所產之灰絲，佔全國產額百分之七〇。

三、東三省之森林面積，佔全國森林面積總額百之三七。

四，東北四省馬牛羊三宗，佔中國邊陲四區馬牛羊總數百分之三〇。

五，遼甯省所產食鹽，佔全國產額百分之一五。

六，遼甯省鐵礦藏量佔全國總量百分之七十九，產量佔全國百分之三七。

七，東北四省煤礦藏量，佔全國百分之二，產量佔全國百分之三六。

八，遼甯省撫順石油藏量約佔全國百分之五二，產量約佔全國百分之九三。

九，吉黑二省金礦產量約佔全國百分之五〇。

十，東三省電廠之發電量，佔全國百分之二三。

一一，東三省鐵道長度約佔全國百分之四十一。

十二，東三省出口貿易，佔全國百分之三七。

（未完）

上期正誤

（一）「執問」爲「質問」之誤。（二）「怎樣過二學期」爲「怎樣過這一學期」之誤。

警策語

在這時代，我們讀書人都要有一種爲救國而學問的熱誠，已經不能爲學問而學問了。假如再要爲學問而學問，忘掉救國，那就是危險份子！反轉來說，爲救國而不學問，也是危險份子。

縣黨部無線電收音室開放節目

二月二十三日 星期日

一二，〇五 平劇 狀元譜 戰太平 西施 斷密澗 薛瓊英 四進士 馬跳潭溪

一二，三〇 樂隊奏樂 京市府樂隊奏

播

一九，〇〇 平劇 楊寶森 常立恆 馬富祿 合唱 王佐斷臂

二一，三〇 新聞

二月二十四日 星期一

九，〇〇 新聞

一一，三〇 平劇 警策語 報時氣象預報 潯陽樓 戰長沙 讓徐州 盧小翠 蝴蝶盃 黑風帕 掃松下書 安天會 挑華車 鎮潭州 洪羊洞 梅龍鎮 羣英會 史可法 八大鎚

一九，〇〇 平劇 梅蘭芳 程玉菁 馬連良 王少樓 合唱 寶蓮燈 釣金龜 太行山

二〇，〇〇 報時氣象水位 簡明新聞

二〇，〇〇 時事述評 關於提倡國貨問題

二一，四〇 新聞

豐中週刊

第一九一期

本刊每星期六出版

談話

文章瑣談（二）

平

我看過一篇「春雪」，短短的，不過二三百字。看見落雪了，首先替窮人們擔了心，請老天爺趕快別下；接着讚美一番雪景，又請老天爺冊續下下去，好永久地掩蓋着我們這「汚濁的大地」；最後又說春天到了，人們已經比從前快活得多，雪還是不下為是。

我第一遍看過後，認為作者的情緒太矛盾了，然而我分明知道這篇文章是一個人做的，裏面的情緒應該有個「矛盾的統一」。是了，這種病態情緒的根源究竟是在那裏？想起來，倒還是一句老話：對於現實生活的無知，不識不知的人是有福氣的，他到處可以找到「光明」，到處可以找到「詩趣」！祇要我們願意在不識、不知中生，不識、不知中死，那中國雖窮，總還不至連四季美景都窮掉，在任何條件下我們都可以做出讚頌自然的詩句！但假如我們還願意對身外的一切担點心，那我們就不應該只在欣賞美景之餘，來一個對上天的禱告，而應該認真的看看世事，而且歸真說起來，單看世事還不行。去年看水回來以後，不是也有人做出讚美水的文字？我們在雲端裏站着，望不見塵世的眞象；從雲端下來，用愚夫愚婦的眼去看世界，才能認識世界的實際。

「對社會生活的觀察以及由觀察而得的認識，是寫作的前提。」今天我再附加一句：站在雲端去觀察，便不會得到正確的認識。

記載

第四次 總理紀念週

本校第四次總理紀念週於本月二十四日上午八時，在本校禮堂舉行，由教導主任張信賓先生主席，領導行禮如儀後，張先生朱團長分別報告校務團務，摘錄如次：

校務報告

1、上週風紀檢查——（一）早操方面：結果各小隊成績尚優，惟十六、十七兩小隊較差，其原因爲隊員年齡大小身體高矮的不等，以致跑步時隊伍不易整齊，以後小隊長要注意糾正。（二）飯室成績：結果第一小隊和第十一小隊最差，尚有任意談笑等情形。（三）寢室成績：結果十三、十四兩小隊最優，第一、二、三、四、五小隊被褥未能摺疊整齊，雜物亦放置未安。（四）教室成績：以女生自修室和一年級教室最好。

2、級務——級內各股服務以後由股長切實督促，製定考查表，逐日考查成績，加以記載，每週交級務主席審核一次。

3、曠課統計——上週自習時間尚有不經請假曠課者，將來對品行學業均受影響，後各注意。

4、閱報室——近日閱報室報紙尚有剪裁攜出等情形，此種不顧公益行動應各自檢點。

5、上週算術比賽——尚未評閱完畢本週內定可發表。

團務報告

1、編制——本團爲適應本年全國大檢閱大露營參加規程起見，七中隊改編爲四中隊，被合併之中隊長，改任爲各該中隊之副中隊長。

2、團部辦公——團部各職員從本週起規定於每日下午課前到部辦公。事務幹事朱本良因走讀關係，改任陳德化。

3、會操——以後每週內舉行一次會操，以備將來參加全省會操，時間另定。

4、團員登記——本團團員尚未登記者，須於最近辦理登記，費一角，可由繳費項下扣撥。已登記者須繳驗登記證。

5、儲蓄——下課後各小隊長聽候招集，開啓儲蓄箱統計上週儲蓄結果。

○　○　○

本校消息

一、上週童子軍儲蓄箱儲蓄七千零四百四十文。

二、學生體格檢查，業於上週開始辦理，現正積極進行，下週當可完畢。

三、本校擬於最近着手裝置風標及溼度表。

四、成績室正在布置中。

五、本月二十八日膳食委員改選。

六、上週算術比賽結果：全校個人第一陳啓信，第二朱景思，第三鹿芸先。三年級個人第一鹿芸先，第二潘步岩，第三陳啓聲。二年級個人第一穆兆源，第二李錫武，第三蔣傳渭。一年級個人第一陳啓信，第二朱景思，第三孫岫書。各級總平均成績第一一年級，第二二年級，第三三年級。

研究

算術比賽

（一）正誤法：認爲對的在括弧內填十號錯的填一號

1, 月利八厘之利率100元每月能得8元利（一）

2, 日利一分之利率100元每日能生利實洋一分（十）

3, 2折的實價就是原數的10分之8（一）

4, 7折9扣後的實價是原數的100分之37（一）

5, 15碼除5碼＝3碼（一）

6, 12元乘4元＝48元（一）

7, 8分之7大於8分之5大於3分之2（十）

8, 5分之2大於7分之2小於8分之2（一）

9, 3分之2小於4分之3大於2分之1（十）

10－英尺＝10英寸（一）

11－碼＝[illegible]英尺（一）

12－里＝150丈（十）

13 畝＝60方丈（十）

14－英尺＝0.854尺（一）

15－斤鐵比一斤棉重（一）

16 三馬十二牛＝十五馬牛（一）

（二）填充：

1, 14－18＋10乘4＝（36）

2, 10除3乘6＝（20）

3, 華氏零下40度是（攝氏零下40度）；華氏100度是（攝氏37又9分之7度）

4, 3公里是（6里）

5, 10市斤是（5公斤）

6, 4公斗五公升是（4斗5升）

7, 把0.45，4.53，0.07，0.0405改爲最簡分數（$\frac{9}{20}$　$4\frac{53}{100}$　$\frac{7}{100}$　$\frac{81}{2000}$）

8, 把0.45，0.405，0.123改爲最簡分數（$\frac{5}{11}$　$\frac{15}{371}$　$\frac{61}{495}$）

（三）算題：

1. 五點六點鐘之間分針時針何時成直角？

五點六點之間可有兩次成直角，第一次大針在小針後十五分，第二次在小針前十五分。

第一次成直角之時間爲

(5乘5－15)除$(1-\frac{1}{12})$＝10除$\frac{11}{12}$＝10乘$\frac{12}{11}$＝$\frac{120}{11}$＝$10\frac{10}{11}$（分）　即五點$10\frac{10}{11}$分時二針成直角。

第二次成直角之時間爲

(5乘5＋15)除$(1-\frac{1}{12})$＝40除$\frac{11}{12}$＝40乘$\frac{12}{11}$＝$\frac{480}{11}$＝$43\frac{7}{11}$（分）　即五點$43\frac{7}{11}$分時二針成直角。

（未完）

雜・組

國難統計（續）

（見世界知識）

三，日本對東北經濟的控制

（對各項產業的投資）

產業別	日本投資所佔百分比	其他各國投資所佔百分比
運輸業	五一・一	四八・九
農礦林業	九二・四	七・六
工業	九〇・四	九・六
商業	七三・八	二六・二
金融	八九・六	一〇・四
其他	九三・六	六・四
總計	七三・二	二六・八

四，華北五省之富源

一，華北五省人口，共計九千萬，約佔全國五分之一。

二，華北五省的小麥，約佔全國總產量百分之二十六以上

三，華北河北山東山西三省的棉花，約佔全國總產量的百分之四十二以上。

四，華北五省大麥及雜糧，約佔全國總產量百分之十四。

五、華北五省豆類約佔全國總產量百分之二十。

六，華北五省的胡麻約佔全國總產量百分之四十四。

七，華北五省的花生約佔全國總產量百分之四十三。

八，華北五省之儲煤量約佔全國百分之五十三以上。

九，華北五省的產煤量約佔全國總產量百分之四十五。

一十，華北五省的鐵礦儲量約佔全國（東北四省除外）總儲量百分之五十二以上

一一，河北省的煤炭產量，佔全國的第二位。

一二，華北五省的羊毛產量，約佔全國總產額百分之二十五以上。

（完）

寫作

在荒村

劉純修

舊年前四五天，因看外祖母，到過災區。

清早起來，坐在門前場邊的石滾上，看見場邊的坑裏還存着許多的水，因爲天氣冷，已結了冰。場裡有亂雜的脚印和小的冰片。東方的太陽照射着破爛的房舍，枯樹和荒涼的田野，顯然是水災後的景象。

吃過了早飯，中舅領着我到後面小雜貨鋪裏去玩；這雜貨鋪本是和外祖母本族的一位表哥所開的，在往年很有利，足抵城裡的一個大店，可是今年也不行了。

一進門便看見兩個背搭子的人，坐在櫃台外面，嘴裏吸着香烟。表哥無聊的坐在帳桌上用筆亂劃。

「您坐一！這兩位客站起來向我們讓。

「不 不！」我和中舅同聲說。

「啊！純兄弟早晚來的？」表哥站起來很驚訝的問。

「昨天下午」。我一面說一面跳進櫃台。

「城裡興過年麼」？

「許興的，沒聽說呢」。

「這年也沒法過，心到神知就完啦」～麻六在那裏插了嘴。

我想這年他們實在也沒法過，連吃的都是借的。

全室靜寂了好一會，那位背搭子的才在那邊關了口：「賬眞難要，看門面還不錯哩，一問就是沒有。問他怎樣辦，不是說你地不，就是說沒錢又沒地，要他的命有，上城裏蹲班房去也行。要了兩天才要了八吊錢」。

「你不會牽他的牲口」！另一個聰明的要賬的說眼向着門外柱子上拴着的瘦毛驢，「那是我牽的姓王的」。

「這法子用不着你說，誰都會。你看看十家就有五對子沒牲口的」。

停了好一會，他們喝完了茶，便走去了。

我們剩在小鋪裏，開始談我們的家常了，談來談去只有傷心，憤恨，難過。肚子發了餓，就和舅到家去吃晚飯。

太陽沈下去了，我獨自在門前閒步着，天空沒有月，也沒有星，只有呼呼的北風和黑色的夜，使得這荒涼的田園房舍，更加了一層陰鬱。

在這樣靜寂的時候，鄰居王大開始了他高朗的喊叫：

「快點～～小二～～你扛着麥，提着燈籠，我拿着構子；趁這沒凍，正好；將就着脚，晚會就不行啦一！

「咱的麥種能夠？再去借點吧一！

「不夠也沒法子；借誰的。「你能快點不？」王大很燥的說。

他們是爲了明年的地租和本年的利債而種的，自己的吃是顧及不到了，他們沒有生畜種地了，也借不到生畜；只有用自己代替生畜。

黑暗的田野中 佈滿了燈籠燈把，充滿了喧嘩吵鬧的聲音，他們開始爲地主種地了。

「小二，很勁拉！快點，再慢燈裏的油要完了。」

「我累啦 你看我渾身是汗，頭也暈了。」

「又沒牲口，你不啦也不行！」

小二仍然拉着，但比先前慢得多了。

「唉！咱的東家早晚能死了就好啦，死了他的地咱分分去種，咱的妻子老小也就不挨餓了」。在旁邊的一個大個對着二邦說

「罵那個丈人不願意！」

「那也不中，城裏的官還要糧錢，挖河的錢……去了道，糧食又不値錢，賣賣就完啦，那怎能夠吃的。」一個聰明的壯年人一面拉着構子一面說。

「…官是不能不要的，這該怎樣？」他疑慮着，他們全體都疑慮着。

「奶奶！咱想不出法子來，咱要有法子……那咱……就……」。

一早晚誰能給咱想出法來，叫咱好有飯吃？」

一如，他只要給咱吃飯的路，叫咱做啥咱做啥。「

他們想：能出一個聰明的人，替他們想出法子來，他們一定是跟着做；立刻有了法子，他們也立刻跟着去做。

田野間的燈籠漸漸的稀少了，吵鬧的聲音也隨着減低了，片刻之間，燈籠，吵聲都沒有了，黑暗的田野中只有黑暗和靜寂。

救國號飛機

梁步庭

春天最普通的遊戲，就是放風箏，本來算不得什麼奇特。前天陳先生用他科學的理論，藝術的眼光，靈敏的手腕，教育的意味，紮成了一個飛機形的風箏，現在已經命名爲救國號了。

該機的構造：灰翼青身，雙翼畫有國徽旗，推進機異常精致靈活，不惟美而合理，而且莊嚴偉大。在星期日舉行試飛時，又裝置了一個發聲機關，一時飛翔空際，威聲遠播，而紙鳶，七星之類，頓然消聲匿跡。

現在中國的削弱，是屈服在日本飛機下的！我看到這「救國號飛機」，却激起了我極濃的興奮。想起讀過的一篇亞美利加幼童，那亞美利加幼童號軍艦，完全是一班小學生儲蓄金造成的。美利加幼童那種偉大的愛國精神，確是值得我們來欽佩！

假若我們全國學生也能如是，把每日糖果費，節省下來，作爲儲金，涓滴成流，購造眞的「救國號」飛機，將來我們的救國號，在天空中來來馳往，在中日戰爭中，去轟炸日本的東京，那是怎麼興奮的事情啊！

這是我的夢想，希望或爲將來的事實！

正誤

本刊第一七期總理紀念週報告：「就是惟禦公敵」乃『就是怯禦公敵』之誤。又師生應有之努力第三項下『來給先生談話』一句之後，漏排『這是學 非常歡迎的。四 個別談話以後對於學生的個別談話』等字句

縣黨部無綫電收音室開放節目

三月一日 星期日

一二，〇五 平劇

一二，三五 樂隊奏樂

二〇，〇〇 報時氣象水位閩粵樂曲

二一，三〇 新聞

一月二日 星期一

八，四〇 西樂

九，〇〇 新聞

一一，三〇 平劇警策語報時氣象商情

一九，〇〇 平劇 李多奎包小蝶 合唱探寒窰 言菊朋程君謀余叔岩譚小培焦寶奎 合唱賣馬

二〇，〇〇 報時氣象水位簡明新聞

二〇，一〇 時事述評 關於提倡國貨問題

二一，四〇 新聞

小朋友

第二五三期

本副刊以介紹小朋友的作品爲宗旨

本副刊全係公開歡迎投稿

本副刊編輯部對來稿有删改權

本副刊編輯部對來稿如不登載概不退還

本副刊編輯部設豐報社內

本學期的計劃

李寨中小 王俠

二星期的寒假，已在恍惚中過去了，唉！慚愧得很，回想上學期的功課，各科都落在人後，可謂壞到極點了！本想在寒假中來一個總復習，來補救一下，以減良心上的責備，可惜寒假中間，正逢廢歷新年，一些守舊份子，依然張貼對聯 燃放爆竹，所以這時的我，也無心溫習功課了。現在第二學期已開學多日，還能如從前一樣馬馬虎虎的過去嗎？我想絕對不能，陶淵明先生說：「悟已往之不諫，知未來之可追。」我還抱定：「以前種種譬如昨日死，以後種種譬如今日生。」僅將我這一學期的計劃，分述如下：

一，關於學業方面——本學期關于各科課程絕不輕易放去，每日敬聆師長的指導，下課則博覽各種書籍，要手不釋卷，體不停思的努力，這樣才能獲得高深的學問，淵博的智識。

二，關於身體方面——西人有言：「偉大的事業，寓于强健的身體。」由此句話看來，身體的强健，與作事多麼有關係呢？回憶上學期，視各種運動如同眼中之釘。以致把身體弄到這般的衰弱，所以從這一學期開始，每天要抽出一部分時間來鍛鍊身體，如籃球，足球，跳高，跳遠等，要努力練習一下。

三，關于品行方面——回憶上學期 我覺自命不凡，趾高氣昂，傲視一切，這樣的品行，真壞到極點了，所以我在這學期開始之時，無論對於何人，對於何種事業，都是表示謙虛親愛，和睦的態度，再不能目空一切，拒人於千萬里之外了。

以上所說數點，就是我本學期的計劃。

可憐的一位同學孫君建鴻

書院小學 朱慕禹

「建鴻」，本來是我五年級時的一位知友，現在他已失學了，當他求學的時候，總沒有和同學吵過一次嘴，對於同學非常和氣，對先生很有禮貌，對小同學非常愛護，更有努力求學的精神；……無論是在品性上學業上，勤勉上都可當作我們的模範，所以同學都很佩服他，羨慕他，先生時常獎勵他，他畢業時因爲他成績優良，他家庭雖然很貧寒，而且他同姓的本家，和親戚，爲了他成績優良，都願幫助他叫他考學？於是他便與幾位同學投考學費最少，設備完善學風優良，而又最難考的運河鎮鄉村師範去了。他到了那裏，因爲異地的風俗，習慣，和水土的不同，所以在那裏身體很不好，生了病，以致沒有考完就回來了。他回到家時心中是何等的悲傷，多麼使父母，親戚失望呢？所以他非常慚愧，而感則自己的學識淺薄，命途的多舛。他回家後總是流淚不止，終日埋頭苦思。開學後他很想去補習，而無情的經濟壓迫，不能不去自謀生活，不能再補習了，上學期他與我來一封信說：「我已不能求學了，因受經濟的壓迫，甚麼也不能做了，我已明了現在的社會是不容許窮人生存的，是沒有窮人讀書的地方，慕禹弟！我甚麼都……只有自恨自己的命運罷了，不過有時想看：天下的窮苦同學和我同病相憐的正不知多少呢？這也稍可自慰了，現在我只能學些家中生活的技能，處世的常識，有時跟着父親幹農事，做些家庭瑣屑事情。我祝你努力求學，將來做一番轟轟烈烈的事業，來改造社會，我是無用的了，禹弟！我祝你……………。我是無用的了……。」

我讀到此處 我的眼淚不自主的流了下來，唉！現在的社會…………可憐的同學…………失學者的心靈是多麼難過呢？建鴻兄：我除悲傷同情你以外，又能說些什麼呢？

○ ○ ○

寒假中日記五則

華山 甯淑英

一月十八日 晴 外祖父去世了

今天下午，我和淑英到學校裡去，把我的家庭報告書領來之後，我便急忙的跑到家去，叫我父親看看我的成績，父親看過之後，很是歡喜，因爲我的功課都列在甲等，父親稱讚了我幾句。我便去把母親的衣服都縫好，這時忽然聽得一個消息說：「淑英，你的外祖父死了，你趕快去罷！」我抬頭一看，夕陽還有半邊，霎時模糊一片，好不清楚，天邊只有紅紫的晚霞 映着疏林之梢，歸鴉已聲聲噪晚了。這時我們也不能到外祖父家去，天已經黑了，也沒有法子，這時母親只是啼哭不止，我看到母親老是悲傷，連我也有點酸淚欲滴呢！

一月二十日 晴 母親和伯母都哭了

吃過晚飯以後，父親把火爐點着，我就和父親母親伯父伯母我們五個人在一齊說說笑笑，父親叫我講故事給他們聽，我說：「好！我就講故事給你們聽，講一個姊妹花吧！」於是我便把這個故事從頭至尾講了一遍，講完了，這時我母親和伯母的眼淚都好像雨點一般的落下來。我說：「請你們不要哭，從前程老師講給我們聽的時候，我們雖然一時難受，眼鼻只一陣辛酸 都還沒有哭呢！現在你們都難過什麼？不要哭了，我告訴你們吧，這又不是真的，是一個故事呀！」

一月二十二日 晴 父親哼了一聲

晚上我和父親，在一塊閒話，我的父親說：「新年快到了，明天你早些起來，到集上買點魚肉。」我說：「父親，不要買東西，我們的年，不是已經過了嗎？」他說：「我們不過陽歷年，還是過舊歷年。」他說能這話，我就問道：「你爲什麼過陰歷年呢？」他哼了一聲，也不回答我就出去了，我也隨着出去，抬頭一看，天上掛着一輪明月，十分明亮 風吹的樹枝，向那點點頭，向這點點頭，搖個不停 我向西走去 那風吹來，好像刀一般的刺着我的臉兒，我回到屋子裏，便覺暖和得多了，我便默默的想着父親剛才說的話，我們爲什麼不過陽歷年，而去過陰歷年呢？

一月二十四日 晴 恢復我們的光榮啊

我們的國家，在亞洲大陸東南部，物產以農業爲主，其中米，茶。棉，麻 以長江流域出產最盛，麥以黃河流域出產爲最盛 豆以遼河流域出產爲最盛，我國在百年以前，國勢很强 自從鴉片戰爭失敗，訂立了南京條約，損失了不少的權利以後，國勢就漸漸的衰弱起來，直到現在，我國名義雖爲獨立國家，而實際上成了次殖民地，受了列强的嚴重侵略，我們必須大家聯合起來，準備實力，挽救祖國 收復失掉的河山 恢復我們從前的光榮啊！

一月 十六日 晴 好不痛苦呀

今天我吃過早飯以後，和我母親到外祖父墳上去燒紙。事先我和母親把紙箔都疊好了，我們踏着冰雪去燒紙，走到林上 母親把紙燒了以後，便哭起來了，我說：「母親！不要哭啦 別難過了，野外的風這樣大，要愛惜你的身體呀！你再哭外祖父也不知道呀！就是外祖父有知，他也不願意叫你哭呢！」這時，我的母親哭的更悲哀了，反而大哭起來 這時候黃黃的太陽 從雲中露出頭來，寒風更刮的峭厲了，路上的冰雪也都融化了，我便勸母親趕緊回家，我和母親的鞋襪都浸透了，這時路又遠，一走一滑，煞是難行，好不痛苦呀！

陽春白雪

小程 朱廣禮

飽受了隆冬的寒氣，嘗夠了大雪時的意味，殘冬已過，新春光臨了，氣候溫暖；惠風和暢，春之神帶來了春的點綴。前夜偶而刮了一夜東風。烏雲濃濃的佈滿了天空，銀白色的雪花竟然隨風飄下，

遙爲遠眺，青青的樹枝，綠綠的麥苗，三三兩兩的村舍，彎彎曲曲的籬園。大地上一切的一切都滿戴着銀白色的雪花，曠野冷清寂靜無聲，只有幾隻貪食的驢子，蠕動在雪花漫飛之下，尋食麥苗。

雪花飄舞，滴水成冰，天氣驟冷起來了。校園裏剛將抽芽的樹木，也穿起片片的雪裝。幾隻缺食的小麻雀在松樹下，來往蹦躍唧唧尋食。本來新春的景色就美了，又加上幾些短命的白雪來點綴，更覺得美麗可愛了。

中華民國二十五年三月四日　豐報　（星期三）　第六號

雪景

書小　劉濟亭

嚴厲的朔風，猛虎咆哮似的怒吼，吹在身上，冷澈骨髓。好寒冷的天氣呀！

一層層的濃雲，密密的疊在天空；小小的雪花，棉絮似的飄飄落下，一刻都不停止，一直落了一天，落得屋上，地上，樹上，……等處，都滿鋪着厚厚的雪。整個宇宙間，白茫茫的一色，好像一個白銀世界。

許多頑皮的小孩子，却不畏寒冷，在雪地裡玩雪；他們將雪堆積在一處，堆成一個雪人，他們能和寒冷奮鬥，這種勇敢的精神，真使我佩服。

一羣小小的麻雀，在這寒冷的雪地裏跳來跳去，找不着食物吃，吱吱渣渣的叫着，真是可憐呀！

春天到了

宋小　唐襄廷

日月如梭，光陰似箭，不知不覺，那嚴寒的冬日已過去，這日暖風和的春天又到了。

現在正是各種的樹木發芽生長的時候，各種草木和花在這時有的開花，有的發芽，春天是萬物生長的時期。這時的動物蛙，蛇等蟲類，也都起蟄而出。

我們青年學生在這時，應該努力讀書，把一分一秒的春光都不要空費過去；將來有點學問，好與社會上服務，與公共做點有益的事情。

水的變態

陳樓初小三年級生　李雲鶴

水是無色，無臭，無味，透明的液體，對於我們日常生活，有很密切的關係：如煮飯，洗衣等都少不了牠。牠的性質極流動，如放到器內，那一邊要是低就向那一方流，牠又沒有一定形態，放到器裏，隨器成形。它的體積大概在攝氏寒暑表上，四度時最小。

受了相當的熱，就化成目不見的汽體，上昇同空氣一樣；在空氣飄動着，也是看不出他的形狀的。再遇冷，又重新凝結成小水滴，水滴小的，受空氣的浮托，仍舊留在空中，水滴大的空氣浮托不住，就要降下來，便成雨水。

在很冷的天氣裏（攝氏寒暑表零度以下）水就要結成堅勁的冰塊，變為固體，越冷他的體積越大。

所以水在平時是液體，受熱能變成汽體，度冷能變成固體。

夜

宋小　黃斌

光明可愛的一日過去了；昏昏沈沈的暮色又充滿了宇宙。霎時，大地上的一切，都陷入無邊無際的黑暗世界，這時，只見深藍色的天空，散布着點點淡弱的星光，在一明一暗的閃灼着。徐徐的小風，颯颯的吹着，愈顯得寂寞淒涼，只有喔……喔……喔的雞啼，汪……汪……汪……汪的犬吠，別的沒有什麼聲響了。我無精打彩的跑到寢室裏，悶悶的睡眠了。

我睡在床上，閉了眼睛，但是翻來復去，總是不能入夢；於是許多憂思，一時湧上了心頭，忽然想起我的祖國來了，想到這裡，實在痛心得很！回想祖國在從前的時候，是何等的强，何等的偉大！現在呢？却被帝國主義侵略得不成樣子，好似入了黑暗之夜的世界！同胞們，起來！預備武力，充實智能，打破這黑暗之夜，向前面光明之路進攻吧！

我正胡思乱想間，忽然一線清光射到床前，好似我國已經到了光明的路上，喜不自禁的，跑出門外；只見一派月光，靜悄悄地走出雲海，傾瀉在一片寂靜的大地上。唉！月亮她能透出黑雲，放射她的光明，難道我們的祖國，就不能擺脫帝國主義者的束縛，而獨立於世界嗎？

賣荳芽

成章

老天有意為難，
寒空依舊飛着雪片。
無論怎樣都得去賣，
橫豎是不能再擱着了，
背上共過患難的囤子，
戴着打過時間印章的老舊蓆夾。
從稍片乾〇唇中，齒縫裏，
引出模糊而沉濁又短促的喊聲：
「賣綠豆芽子」
一聲，兩聲，三聲……
茫然的穿過這村到那村，
一字字的送入耳裏，
要從頭一切的怒風，
呼……呼……逞着威武，
乾枯的樹枝，
刷：刷：掙扎着，
還是我唯一的安慰者。

我們的校工

宋小　劉春山

我們校工叫懷仁，
相貌和善做事勤。
終日忙碌無休歇，
天剛黎明即起身。
半夜三更才能睡，
他的生活苦萬分。
他的態度很和藹，
大小同學一樣待。
全體師生都稱贊，
絕沒一人說他壞。

謎語欄

第六期

▲上期謎底

一、燕餵的籠　李宗源
二、當票　高德廣
三、造字　張基田
四、燈籠　高其昌
五、水烟袋　盧紹升

▲本期迷語

一、此物生來在東方　常在曹營逞剛强
雖說未掛元帥印　催動糧草晝夜忙（農具）　新莊小學李世祿

二、紅似胭州棗　黃似碭山梨　想吃他的肉
先去裏邊皮（打一食物）　新莊小學李世祿

三、九州四海一美人　十五六上正興春
二十七八得了病　三十一歲命歸陰（自然界）　崔莊初小崔尚仁

四、生來沒有種　出來向下長
吃着似脆梨　剝着沒有皮　陳樓初小李振東

五、頭像棗大　身重百斤
就是不留心　人人都吃過　陳樓初小李振東

轉載

南洋旅行記（續）

羅井花著

二九、蠻人和野蠻人

自從荷蘭人到南洋後，想法子開通他們，教育他們，現在，已有些努子開化了，走出山來，和外族人一塊兒住居，工作，可是，住在山裏的，依舊是野蠻人。

他們無論男女，都不穿衣褲，赤身露體的，只在胯下圍一塊紅布或黑布。男子頭髮剪短了，紮許多小辮子，向上豎着，插着許多紅紅綠綠的雞毛。他們的臉上，多刻着花紋，塗着各種顏色。女子更奇怪，一圈一圈的藤圈，茶杯大小的，至少有十幾個，穿成一串，掛在耳下的小洞內，從耳跟直垂到胸前，以為美觀。臉上的裝飾也奇怪，有的在鼻孔中間，掛一個大銅環，有的在鼻子外面皮上，插入一枝竹簽，長約五寸，直對着額頭，額頭上，再橫插一枝竹簽，和鼻子上的一根連起來，成一個十字架，我們看了害怕，肉麻，他們以為漂亮美麗。

警策語

物質國防所包括的，大者為政治和經濟，這也是一物的兩面，而相連繫着的，因為沒有政治國防，便談不到經濟國防，同時沒有經濟國防的確立，也愈不能使政治國防強固起來。

縣黨部播送電收音室開放節目

三月五日　星期四

八，四〇　國樂
九，〇〇　新聞
一一，三〇　平劇　警策語　報時　氣象　商情
一八，〇〇　大鼓　壹蓮枝唱哭祖廟
一九，〇〇　平劇　梅蘭芳楊曉農合唱太真外傳
二〇，〇〇　報時　氣象　水位　簡明新聞
二〇，一〇　時事述評　關於國際時事問題
二一，四〇　新聞
二二，二〇　平劇

豐中週刊

第二〇一期

本刊每星期六出版

談話

文章瑣談(三)

平

活生生的文章材料在你面前，你可以表現，可以議論，可以記敍，——這不過是體裁上的分別，骨子裏是一樣的：現象和「你」對現象的認識。

人是有意識的動物，不是照像機。照像機不能自已去拍照，背後有一個活人；活人本着自己的愛好來選擇景物，常常又在攝來的景物的影像上題出自己的觀念。完全沒有自己的主見的寫作是沒有的，就在一張攝影上，至少也表現出來攝影者的「趣味」。你或者說 你可以做一個旁觀的攝影師，完全不加己見的去拍照。那也不行，你的照像機頂多能照個容貌形勢，并照不出心裡的事。在你這樣的照片中，僞君子可以成爲模範人物，因爲他們可以辦到衣帽整齊。這樣的照片并不能傳達眞像，畫裡有的是僞君子的做作，這裏有僞君子的「自己」。談到寫作，和這是一樣。是一個寫作者，誰能拋掉自己的認識？你在你的認識下寫你見到的事物，材料選擇上先會有不同的取捨，使用同一材料也會有完全不同的主見，這是非常明顯的事實。重新說一句，不本着自己的意見去寫作的人是沒有的，但應該知道自己未必就是眞理的化身 自己的認識也未必就是現象的實際。因此，改造自己，充實自己，是我們應有的努力。

我們是尋求者，在目前，兩手還是空空的。空虛并不絕對的壞：以空虛爲空虛可以得到充實；以空虛爲充實將永遠是空虛。張開自己朦朧的睡眼，透過浮面的現象，尋找事物的核心，——不斷的發現。不斷的修正，最後我們將達到一個新的境地：認識和事實完全一致。

記載

第五次　總理紀念週

本月二日上午八時，在本校禮堂舉行第五次　總理紀念週，由敎導主任張信資先生主席，行禮如儀後，張先生朱團長分別報告校務及團務，茲分誌如次：

主席報告

(一)各科練習簿在本週舉行展覽。(二)各科學習要平均發展，不要偏重一科。升學的同學，不僅要注重國語數學，地理歷史也要注意。國語當然比較那一科都重要。學習作文並不一定要學新文章調子，只要清楚就好。如何能作得清楚，在課餘時要向國文敎員請敎。不升學的對於各科常識也是要注意的。即令不做事情，不升學，但在家或者考各種特別訓練班和短期訓練班都能用得到，所以不升學的對於各科也要一律注意。(三)校務方面：昨天參觀的寢室內有幾牀被沒摺，因此影響我校的名譽 我們不要以爲是星期日就不管，要隨時隨地摺好。又昨天來賓參觀三年級敎室 見有好幾位學生在那裏用功，就有很好的批評，我們的舉動是時時有人經意的，如在洗澡堂子裡亂說話，就有人作不好的批評，所以隨時隨地要注意維護學校的名譽。(四)內務 檢查，現在不分別報告 大致說起來比從前進步，但還有少數的人 沒有把洗臉 盆子 整理好。

團長報告

(一)課外運動有的人感覺過多。現在天氣稍暖，本校又要組織球隊。所以課外運動，今後改爲每週三節，時間在星期一、三、五。由團長自己點名。運動的方式由中隊長領導，在星期二、四，有球隊及女生的運動。(二)器械室管理人員要在上午到室內整理。一年級的體育股長陳德化因擔任的事務太多，改由副中隊長李訓模擔任。(三)五股人員每天到團部辦公，中隊長要輪流值日擔任團長職務。

本校消息

(一)童子軍儲蓄箱上週儲蓄二十三元四十文。

(二)本校各種球類校代表隊業已組織就序，本月四日，假童子軍團部，開全體大會，公推劉學新爲總隊長，王效斌爲隊副，自下週起，每日早操前練習。

(三)本月七八兩日舉行各科筆記展覽會。

(四)二十五年度學校經常費概算書，於本月六日提交敎育行政會議。

(五)本校消費合作社已於徐州訂購大批貨物，約值銀二百餘元，不日即可運到。

研究

算術比賽

2,某分數分子加一，則爲二分之一，分母加一，則爲三分之一，求此分數。

(解一)此題實盈差問之類，將分子當作梨，分母當作分梨的人，則

分子加一爲二分之一，即每人二分之一個梨，差一不夠；

分母加一爲三分之一，即每人三分之一個梨，多三分之一；

故分母應爲：$(1十\frac{1}{3})除(\frac{1}{2}-\frac{1}{3})=\frac{4}{3}除\frac{1}{6}=\frac{4}{1}\times\frac{2}{1}=8$

分子應爲：八乘二分之一減一等於三

此分數應爲八分之三。

(解二)見本校週刊第十期

3,甲乙各有銀四百五十元，甲給乙幾元，乙之銀爲甲之三倍？

甲乙共有銀爲450×2=900(元)

甲給乙若干元後，乙應爲甲之三倍，而甲乙二人應爲甲之3十1二4倍，但此時甲乙仍有九百元

所以此時甲有銀900除4二225元(元)

甲原有銀450元　故甲給乙450−225二225(元)乙方爲甲之三倍。

4,兵士一隊，排成正方形陣，若改爲長方形陣，減少十二列，則每列恰好多三十人，共有兵士多少？

A處之兵士應爲原來方陣中每列人數的十二倍，

A處之兵士和A處的人數等多，故亦應爲原來每列的十二倍，

C處之兵士應爲12×30二360人

但B處與C處兵士之和，應爲原來每列的三十倍，

故C處人數爲原來每列的30−12二18倍

故原來每列人數爲360除18二20(人)，全方陣人數爲20×20二400(人)

5,某人往返於甲乙二城之間，去時每小時行六里，返時每小時行八里，往返共用十四小時求甲乙二城相距若干里？

某人去時每小時行六里，即每行一里需六分之一小時；

返時每小時行八里，即每行一里需八分之一小時；

故每一里來回須費$\frac{1}{6}十\frac{1}{8}二\frac{7}{24}$小時；

來回共用14小時，甲乙二城相距14除$\frac{7}{24}$二14×$\frac{24}{7}$二48里。

6,某人十二日又十小時行一百三十里，三日又六小時行三十六里，求此人每日行幾小時路？

某人三日又六小時行三十六里，

則3日×4二12日又　6小時×4二24小時行36里×4二144里，(即此人12日又24小時行144里)

12日24小時−12日10小時二14小時　行路144里−130里二14里，(即14小時行14里)

故1小時行14除14二1里。

但3日6小時行36里所以3日應行36－6×1＝30里。每行一里用一小時故行十里須十除一等數十小時。即此人每日行十小時路。

7，輪船由甲城至乙城；若每小時行二十一里，則比預定時間遲到三小時，若每小時行三十五里，則比預定時間早到一小時，此船應每小時行若干里，則恰在預定時間達到乙城？

此題也是盈差之類，

如此船只准在預定之時間內行走　則此船第一次應差21×3＝63里不到乙城，第二次應多行35×1＝35里超過乙城。

二者相差爲35＋63＝98里，

但每小時二者之差爲35－21＝14里，

故98除14＝7小時內方能相差98里，　即預定之時間爲7小時，

甲乙二城相距7×21＋63＝210里，

所以每小時須行210除7＝30里能恰在預定時間到乙城。

7，兄弟二人各有洋若干元，若兄給弟二十元，則弟爲兄之四倍，若弟給兄五十元，則兄爲弟之二倍，兄弟各有洋幾元？

若兄不給弟20元，則弟必須增加20＋20×4＝100元，方爲兄之4倍；

若弟不給兄50元，則兄必須增加50＋50×2＝150元，方爲弟之2倍；

若兄增加了150元則弟必須增加100＋150×4＝700元才能爲兄之4倍，此即爲其自己2倍的4倍，即爲自己原有銀之4×2＝8倍，

弟增700元則爲原有銀之8倍，故700元爲原有銀之8－1＝7倍，

弟原有銀700除7＝100元，

兄原有銀(100＋100)除4＝200除4＝50元。（完）

寫作

我所敬仰的人物

鹿芸先

賣國求榮的軍閥，認賊作父的漢奸，榨取民脂民膏的土豪汚吏，以及中途變節的民族英雄，他們交相奏着葬樂，幾乎把中國弄得窒息了，這般毀滅民族的罪孽，毫不知恥的冷禽，爲虎作倀的不肖子，都是狗彘不食罪不容贖的人們他們已把我們祖先血的歷史糟蹋得汚穢片片幅員的疆域破碎不全四千年的光榮，已經日漸灰化了。他們已成了我們的公敵，已被愛國的勇士們遺棄了的。愛國運動的會議席上，已沒有他們的立足之地了，那能配得敬仰呢？

希式勒，黑衣宰相墨索代鼎天立地的偉人，他們把國勢治得蒸蒸日上，民族整飭得炯炯發光，在狹隘的一方面說，像是個完人了。可是在大衆方面來講，拿共存榮的觀念去評判，他們實是殺人不見血的兇手，欺弱凌小的魔王，毀滅人道的叛逆。莫氏想吞噬阿國，維持他帝國的繁榮，鞏固他在意大利的地位。實現他稱霸天下唯我獨尊的迷夢。便不顧公理正義，淆惑世界觀聽，使用他二十世紀的銳利兵器，科學戰爭，向弱小的阿國投擲侵襲的烟幕彈，擾震動世界上弱小者的心弦。這種損人利己引私爲公，以力服人的魔鬼，都引不起我的敬仰。而且在弱小攤手狂呼聲中，這都是我們的唯一對象，第一道戰線上的肉博敵人，根本談不到敬仰。

我所最敬仰的，是現在中國復興民族最需要的生力軍——熱誠救國的民族健兒。他們不顧一切，甚至忘却自己，只知站在民族自衛戰的最前線，爲國家洒血，爲民族爭存。絕不估計自己的生死存亡，地盤，權利，以及後世子孫的福祚。在那荒涼的戰場上，淒慘的殺聲中，飛馳前進。披星戴月，餐風露宿，與愛國男兒，同茹辛酸，雖爲荒村寸地，受盡千瘡百孔，亦所不惜，焚骨碎身，更所不辭，在他們腦海中，只有爲國家而生，爲民族而死，決不估量自己的損利得失。這種爲民族爭光榮爲同胞吐氣的犧牲精神，眞使我五體投地的敬仰，這種人，也是我們自上的模範人。

在瀰漫着奴隸氣息的中國現在，朝不保夕的緊要關頭，有幾種正在進行着毀滅我們民族的工作，斷喪我們國家的元氣，做他們賣國的勾當。最顯着的；一是賣國求榮的漢奸和毫無廉恥的民族變節英雄；一是拱揖相讓的新舊軍閥啊！你們不是中國人嗎？你們忍心出賣祖國，樂意摧喪中華民族嗎？不，你們一定忘却國籍了，忘却祖宗的坟墓！不然何以做出這樣的賣國勾當。試翻開唐元的版圖，民族史上所有的陳跡，眞能使你們愧死無所，還能受人們的敬仰嗎？

春雪

孫敦豐

太陽每天照例懸掛在空中，今天突然變了，黑黝黝的雲兒，密佈天空，天色越加黑起來了。昏昏沈沈，宇宙間的一切，也隨着昏暗了起來。

大概是在上燈課以前的時候吧，下雪了，我這才知道上邊的情形，是老天下雪的準備。

下了第一節自習課，我獨自站在敎室廊下，那無情的雪，已經鋪滿地面了。

唉！我豐北災區的人民，怎麼辦呢？去年被那無情的水，淹的屋塌，人亡，失了耕種；一直等到如今，無情的老天，可恨的老天，竟然一連二，二連三，總是不斷的下着雪雨。叫他們種不上麥，他們的生命線，怎樣的延續呢？我正在苦苦着老天，忽然一陣鐘聲，傳到我的耳鼓，這時我的神經中樞，馬上就知道上了第二節燈課。

回到位子上，我心裡還暗想着：『這樣綿綿不斷的下着，一夜也恐怕停止不住吧！』

次日清早，起來一看　宇宙間一切的一切，都換了一種新面目，但是雪花呢？依然做他飛舞的工作。

雪依然的下着，那東奔西走的推車夫，也停止了他們的奔波，路上行人也逐漸稀少了。

雪鋪的河面，雪壓的石橋，雪花壓低的樹枝，都好似在詛咒着雪的無情。

雜俎

眞到不能相信的眞事

崇禎二年給事中（官名）馬懋才給皇帝上一個奏本，把陝西的飢荒狀況說得非常活現。這段文章至少有作爲歷史材料的價值：

『臣陝西安塞縣人也。臣見諸臣具疏有云；「父棄其子，夫鬻其妻；或掘草根以自食，或掘白石以充飢。」然此猶不足言。臣鄉延安府，自去歲至今，一年已不見雨，草木枯焦。八九月間，人民爭相採食山間之蓬草，雖曰穀物，實類于糠，其味苦澀，食之不過免死。至十月蓬盡，則剝樹皮而食，樹皮中惟榆皮雖善，仍雜以他皮而食，亦得稍緩其死。至年終，樹皮又盡，則又掘山中之石塊而食；石冷而味腥，雖少食，亦易飽，不數日，則腹脹下墜而死。民有不甘食石而死者，始相聚爲盜。其一二稍爲積貯之民，則被剝刼不留一物。彼飢民以爲死于飢與死于盜，死相等耳；且與其坐以飢死，何不爲盜而死，尚得爲飽死鬼乎？最可憫者，在安塞城西一帶之地，每日必棄一二嬰兒，其號泣而呼父母者有之，其食糞土者有之，至翌日則棄兒無一生者。更可異者，童稚輩及獨行者，一出城外，便無蹤跡，後見門外之人炊人骨而爲薪，煑人肉而爲食，始知前此之人，皆爲飢民所食。爭食人者，必須健康，彼等亦不出數日，亦面目赤腫，發燥熱而死。因此死者相枕藉，各縣於城外掘數坑，每坑埋數百人。總之，秦地光景，慶陽延安以北，飢荒至十分之極，盜賊次之，西安漢中以下，盜賊則十分之極，而飢荒次之。』

你看過以後，怕覺這種記載未必便眞吧？其實，這在中國歷史上，是平常的事！

縣黨部無綫電收音室開放節目

三月八日　星期日

一二，〇五　平劇

一二，三五　樂隊奏樂　京市政府樂隊奏拐

一八，〇〇　無綫電雜談

二〇，〇〇　報時氣象水位閩粵樂曲

二一，三〇　新聞

三月九日　星期一

八，四〇　西樂

九，〇〇　新聞

一一，三〇　平劇警策語報時氣象商情

一九，〇〇　平劇　馬連良程豔秋荀小雲馬豔雲姜妙香　合唱御碑亭

二〇，〇〇　報時氣象水位簡明新聞

二一，四〇　新聞

二二，二〇　平劇及國樂

鳳鳴塔

第一八九期

一，本刊內容分科學常識論著詩歌小說戲劇散文書信書報介紹及批評等項
二，本刊歡迎投稿來稿文言白話均可
三，來稿本社有修改權不願者應先聲明
四，未經登載之稿除預先聲明者外概不退還
五，本刊編輯部設豐報社內

漫談

談談日本的政變與華北問題

友農

日本——牠雖是一個海島的國家，但是他們的民族性很強，而且富于組織的精神和冒險的進取心理，尤其是維新以後，更加進步得利害，這並是我們中國人所承認，實在是世界上的人民所公認的。

日本因為人口增加，領域狹小，一年之生產不足一年的所需，于是他們為人民的生存問題，和國家的安全起見，便找了一個侵略的統盤計劃——「大陸政策」。而他向那裡侵略呢？向東吧，有美，向南吧，有英，向西北吧，有俄，况且他們都是鼎立的強勝國家，那個肯讓他侵佔呢？他看到這是勢力的驅使，也沒奈何，結果只有向西進展，而我國呢？又是一盤散沙，那麼？怎樣能抵擋住他這股巨風呢？所以只好把弱若豬羊的中國，任那如狼似虎的日本吞食了。

在民國廿年九月十八日，他們突出兵瀋陽，以至佔完了東北數省，而他們的野心猶尚未足，于第二年一月二十八又調兵遣將的去襲擊上海，這種無理的橫行，足足表明了他們帝國主義的野心的鐵證。我政府因保守國聯公約，不惟不去抵抗，並且還用和平的態度，一面去求國聯制裁，一面去請日本政府限期撤兵，結果呢，國聯竟成了聾子的耳朵——虛擺飾。日本政府還是日本政府，東北的日本軍隊依舊置之不理。日本的外交官表面上雖唱着高調「撤兵，不日即要撤退。」實際上確是一日一日的向內進攻，而我們因無所依靠，只得自己發奮圖強，自己去振作了。（未完）

南牢

老渾

月光本來就是慘淡的，更加透着一塊青灰的浮雲射下來，而又照在這寂冷的南牢的窗前，弄得這一片淒涼的夜景，越發顯得格外的淒涼而暗淡了。

李欽的牀前，很寂靜；其他囚犯的呻吟聲，想來還隔幾步地，傳不到他睡着的一間斗屋裏，抵足睡着的獄頭周四哥正一聲不響的做着好夢，這時候，屋內什麼聲息都沒有，只有這深夜只有這冷月，和這冷月照耀着於怕人的小院落，在清冷的伴着他傷神的自己。

他，因為是得着獄頭的青眼，所以每晚才得着躺在他——獄頭——的床上來過夜。以一個囚犯，能躺在牀上來過夜，不是很幸福了嗎？但是他仍像有特刺着似的，在每一天的晚上，尤其這一夜，更不能安然的成寐。他在翻來覆去的輾轉，他在隔着窗隙，望着院裏的月光，在噗吁，有時，又在哭泣。

丈人的好險，縣官的貪污，他明知道這就是致他死命的惟一的對頭，但他對於他們，終是沒有什麼憎恨，終是沒有什麼尤怨，他只有自恨，自己時乖，自己運蹇，別的又說什麼呢？人窮塞了，人落魄了，是應該受社會的白眼的，殘酷的，人們的譏笑的，卑鄙的，——自己應該去死去的。

明天便是出決的日期，他料想到自己的生命無論如何再也延長不過翌午這一條夜，過去以後，太陽再移到天中時，三聲追魂炮響，自己就要與世永辭了，悠悠蕩蕩與世辭訣了。

他現在，對於死，是一些也沒有畏怯了，他的心開發的很寬，所謂很達觀，很坦然的了。明天，五花綁着，背插着標，從獄裡，在一些觀衆們的譏諷中笑中牽出去，他想，也沒有什麼可羞，可恥，總是快要死的人了。三聲追魂炮響，白刀在項上磨擦，他想這也沒有什麼可怕，也沒有什麼可悲傷啊，死，死就是死了，「大丈夫視死如歸，」「大丈夫豈惜一死，」啊！死，死就是死了，就是了。

……未完……

前途

——獻給我親愛的弟弟——

華庸

弟弟呀！我告訴您吧：
現在的中國鄉邨——
是一般荊棘普遍了的鄉邨，
充滿了瘡痍的鄉邨，
災荒饑饉的鄉邨，
內憂外患，經濟破產的鄉邨，
青年如何不苦悶？
我們要挽救這鄉邨：
須理智健全，
不泥古，不依賴，
不畏縮，不遲疑，
更須拋掉狹義的愛情，
步着俠人的後塵，
殺出一條血路，
為全人類作先鋒，
衝破黑暗的勢力，
奔向光明的前程！
弟弟呀！趕快的努力吧！

爐邊絮語

雨廬

『余外祖父之岳父，××公 安鄉北鄉之巨族也。祖居K村，有良田二千餘畝 甲第連雲。安鄉無出其右者。復有別墅一所，在距城二十餘里之T村，亦有沃田千餘畝。每當牧穫之際，田禾堆積如山，僕役成羣，牲畜人物喧鬧如市。然××公固未嘗自驕也，庭院及阡陌，必親自巡視。雖有二子，只令其就學，不願以此分其心也。及其長子婚後抱孫，人莫不爲公賀，但公每當僕婦抱其孫時，必注目審視，默然久之，乃長嘆曰：「此兒貧賤像也，後必窮困。」僕婦均非笑之，蓋××公之家產，在安鄉爲首富，此語頗不經也。此後××公每對其孫，必默然，或頻搖其首，似頗爲可惜者。然人以其常作此種態度，亦未嘗怪也。及××公卒，其家連遭非禍，K村房舍，付之炬，不得已遷居T村之別墅，其後二子亦相繼殞謝，僅餘其孫，隨侍祖母，因其祖母，愛之太甚，不加拘束，因之，鴉片成癖，不事生產，加之交接非人，亦漸作北里遊，而其家境，既因管理之人，而又連遭天災人禍，故不十年其產已去十之八九。及其祖母，母親逝世，已家徒四壁，朝不保夕，其舊日僕從友人，亦已星散無餘。余昨日親見其來城，已鳩形菜色，不復舊日之翩翩然美少年矣。此事余聽家母所言，極欽佩××公之識人，然亦未嘗不責其不與以良好之約束及教育也。故其孫之敗家，實在其游蕩嗜毒，不在其天生之面貌也。』（待續）

美秀

雪梅

美秀是一個聰明最伶俐最賢慧的鄉村少女。她具有高尚的品行，豐富的學識，美麗的容顏，窈窕的身體，健美的肌肉，萬能的雙手，活潑的性情，聰明的靈魂。雖不敢說為天下第一，但是在我所見的當中，要算數得着了。

當我第一次見她的時候，真是千嬌百美：那瓜子似的臉兒，不瘦也不甚胖；那適宜的身體，不高也不甚矮；那芙蓉似的雙頰，比擦粉點胭脂還美；那烏黑的青絲

髮，比用桂花油還亮；那額上的牙子，打在正中，那烏雲似的眉，窄長過目；尤其那一雙秋水爲神的眸子更使我沒法形容，說像花瓣上的露珠嗎？露珠沒有那樣清；說像天空中的明星嗎？明星沒有那樣亮。赤紅的朱唇潔白的皓齒，略加上微微的一笑，那正是「西子捧心」！那曼頭似的雙手，嫩筍似的十指，在關節都有淺淺的豆窩。……論人才雖不敢說「沈魚落雁，閉月羞花。」但是「增之則長，減之則短施朱則赤，塗粉則白」的句子，也足足的表現到了吧！這單就人才一面講，再說到學識上，也是足足夠用，沒有她看不懂的書籍，沒有她寫不上來的應用文，沒有她算不上來的賬目！

在說到她作活，更出乎其衆 無論是針綫活，農作活，手工活：……織啥，打啥，編啥：……總而言之，世上的活，簡直沒有她不會的，最使人稱奇的，便是又好又快，俗說：「慢工出巧將，快上出毛光。」這句話的意義就是說：「無論做啥活做好就做不快，做快就做不好。」但她却是又好又快，所以這是衆人所不比的。

她有這種非凡的本領，家庭以及大家都覺着她將來一定能得到一個絕好的境遇，「有能自負」她自己也覺着她將來走到社會上，一定能得到一個適合的環境，能使大家佩服。

事情人難料，任何人也想不到，任何人做夢也想不到，她的環境能會惡劣到如此地步，也想不到她所攤的家庭能有如此的野蠻沒有進化；暴君似的公公，閻王似的婆婆，妖精似的大姑，愚蠢的丈夫……一家子人家的壞心理都合在一塊來生法子毀她打她罵她刺諷她……

……一年三百六十五天，簡直沒有一天不生氣的，做啥做的再好，也是不好；做啥做的再對，也是不對，這識字又嫌識字啦，……處處都給她個下不來的局面，這眞是「老牛掉在苦井裏」——有力沒地方出」了。再好也是不好啦。

（未完）

淮花館京劇雜談（續）

四大名旦之荀慧生，早年在滬亦舞台掛牌，名爲白牡丹，身段色藝，頗有好譽，後北上投老伶工王瑤卿門求百尺之進，第二次南下，自謂滬人向來對伊十分同情，於是酬應工作，微見鬆懈，某大票房大約向隅獨抱，全體會員大忿，卽于某夕約齊赴觀荀劇，正當慧生唱做緊湊之際，指揮者一聲喑令，百餘人羣起大喝倒采，倒采喝完，又大笑哄堂，一湧退票出門。荀伶經此一來，知是人家故意尋釁，急忙找人關說，各不顧，後無法，祇得來同人羅君曲緣處懇求設法，當時慧生竟跪在羅君前達一小時餘之久，羅君每有所問，慧生滿口是是，羅君亦不忍，允爲努力，慧生方起，當日卽設筵百桌，至此，余方嘆世界上吃飯之難，而應付偶有失忘，則每每斷送前途之事業，可懼可懼。

羅君曲緣與蘇君少卿同爲國內第一流業餘戲劇家。羅君浙江紹興人，自言八歲卽私赴北京學藝 羅君後余四年，來華商證券交易所總務科服務，工詩文，字亦勁秀，初到時，敎我等白山樓，腔調之好聽，有世外仙音之概，惜我未幾因他事被迫，不得不離滬，良友頓失，常引以爲憾。

皮簧歌唱，最貴琴能襯托，然照余十餘年來聽劇經驗，此等佳處，實卜在琴，第一還是在於歌唱者本人發音機關之全部活動，如聲帶波動，同時喉頭，口腔，鼻中都起共鳴，則未有不動聽者，若祇注重琴之襯托，則中國樂器，全屬單調，實說不到伴奏之技術與佳處，不過拉過門使唱者歇歇力而已。

皮簧旋律，各人不同，卽一人亦宜今日之調與明日之調不同，方使聽者不感重復，免千篇一律雷同之譏。前輩譚鑫培之得名垂不朽，實由于此。然而此種功力，亦非率爾操觚，貿然可至，必也經名詞曲家幾番試驗，伴奏者幾番操練，方能登台，否則畫虎不成反成犬，未有不遺笑大方也。

戲劇職業家之能到梅蘭芳譚富英輩地位者，通國能有幾人？彼有十年苦功，捱盡鞭策，欲求一飽而不可得者，比比皆是，是則我輩見梅蘭芳之生活 可勿須再起羨慕徼倖之心，須知我輩習劇，不是爲生活而習劇，是爲藝術而習劇，果如此，已實行新生活矣。（暫停）

通信欄

編者先生惠鑒：

鄙人自幼卽嗜文學，更喜歡與各地朋友，時常往來信札，藉此以研究學問，前曾與友人組織了一個衆光學社，除定期出刊外，時時學術研究的探討，學員約三十多人，最知己最近者，肯幹努力者，有我們五人，可謂基本社員，想再在另外找幾個知己者以通信研究出版刊物。今見貴報有鳳鳴塔一欄見後頗爲歡迎，并表同情，恨不得馬上我們衆光學會，作爲永久的老友，以研究探討，但不知您老先生以爲如何？另外并想在貴報新開一欄，作爲鄙社之共同研究發表處，地方的大小或版之日期，三日五日或一禮拜或旬日半月，皆無不可，地方一版二版，甚至于半版 亦無不可，但此全祈老兄之努力，向貴報編者談談，擬定一辦法。將來還有幾本新書，或許在貴館印刷：（一）畜產學一冊（于雲若編）曾在河南縣學院及山東惠民等師範實敎過。（二）農學辭典一冊在編輯中，這乃是我國今日缺少的一書。（三）算術珍本（包括算術代數幾何三角等）專供中等學生參考用。（四）小學各科辭書，最近可以脫稿。（五）其他各種文藝專冊，或學術研究集等。假若老兄在可能範圍內盡量努力替我們新開一欄，我們是非常的感謝的，如實在地方不夠分配，與老兄合辦鳳鳴塔亦無不可，特此專祈老兄努力代辦。無論如何在最短期內，回音示知，以便從事工作爲要。

敬訊

撰安

山東省立文登鄉師張一夫上　三月一日

答覆

一夫先生：

來信和稿件收到。在信中所陳述之意見，本社本極表歡迎，但因本刊篇幅及每週次數有限，不能另闢地位。并因爲 先生異地而居，合編本刊亦非所宜。故本刊編輯室，現已決定，對 先生，及衆光學社之來稿，極表歡迎。如再有新書在本社刷印，亦所樂願，印費自當特別低廉也。　編者

編輯室的廣播電台

雲章

一，守理兄：單行本刊物，現在尚不能出，因爲必須經常時間充分之籌備，方可誕生，否則如中途夭亡，則不如不多此一舉也，以爲如何。

二，昨日雲章訪書平君于豐中，適值書平君握管瞞思，正草「文章談屑」一文，雲章急以本刊飢餓詢之，乃書平君竟直視而言曰：「我也快要關門了！」

三，投稿諸君：稿紙已印就 現已分付送報人，想日內必能找到也。

四，歌平君：你的信，下期在通信欄內解答你吧！

古人箴言

千古之聖賢豪傑，卽奸雄，欲有立於世者，不外一勤字。千古有道自得之士，不外一謙字。

豐報無線電收音室開放節目

三月十一日　星期三

八，四〇　西樂

九．〇〇　新聞

一一，三〇　平劇警策語報時氣象商情

一九，〇〇　李盛藻唱蘇武牧羊

王芸芳林樹森合唱平貴別窰

二〇，〇〇　報時氣象水位簡明新聞

二〇，一〇　時事述評

二一，四〇　新聞

二二，二〇　平劇及國樂

鳳鳴塔

第一九〇期

一，本刊內容分科學常識論著詩歌小說戲劇散文書信書報介紹及批評等項

二，本刊歡迎投稿來稿文言白話均可

三，來稿本社有修改權不願者應先聲明

四，未經登載之稿除預先聲明者外概不退還

五，本刊編輯部設豐報社內

漫談

談談日本的政變與華北問題（續）

友農

我們國民受了日本侵略的這傷打擊，大覺醒悟，並且還能團結起來，而我們的唯一領袖又加以努力的指導和訓練，實在是一日一日的有生氣了，一日一日的昂然進步了。他見到我們這種自振的精神甚爲激烈，以爲民氣不可再侮，又加政治漸上軌道，因此便有了一種恐佈的態度現出來了。

在他們的國家內，主持政治的要人有兩派，一派是「文官派」，再一派是「武官派」，「文官派」就是他國現在的元老。「武官派」就是他國現在的少壯軍人。元老派以爲中國漸有強盛之勢，因此便主張用以消極的政策來侵略中國，以免馬上激起中國人的火來，發生惡烈的衝突。而少壯軍人派，以爲待中國強勝之後，再行侵略，就難乎其難了，所以主張趁中國現在一切預備未善之時，用以積極的方針大舉進攻，把整個的華北完全佔領後 再講什麼親善啦協和啦！于是兩派因主張不同，便在政治的立場上爭執起來了 在如今的潮流時代，皆是有槍桿的人吃香，而且拿大權。結果少壯軍人派的領袖，竟然在東京的皇帝面前暴動起來，並且還殺傷六七位長于國家政治的元老。他們這種舉動雖然是對國家的事情，但是只因政見不同，驟然慘酷的動起武來，而且竟能在富于組織而馳名世界的文明政治的日本東京皇帝面前政變起來，實在是在世界上的國家裏最少見的一件事情。

我們想：他們這派少壯軍，把一般元老打下台去，他們掌握了一切的軍政大權，他們是不是能和平去呢？是不是要大舉侵略我們的華北呢？大家也可想而知了。假若他們不想拿華北的話，或許他們國內沒有此次的政變吧？照此次看來，我們可以推想到這次日本的政變，實在是華北問題的不祥之兆了。

唉！諸位同胞們！我們要知道在這中華民國的廿五年，就是西歷的一千九百三十六年了，也就是世界大戰暴發的臨邇了。但是不管鐵血鬥爭的導火綫從那裏燃起，而我們的華北問題，總可以作一種強有力的助燃啊！

：完：

南牢（續）

老渾

他在東想一陣，西想一陣，總不能睡到夢裏去，窗外的月光更慘淡了，院裡也更淒涼，「明天便是出決的日期」，不斷的在他腦中盤旋着「死，死就是死了，就是丁。」雖然這樣的來自撫着，也不能催着這煩人的憂思去趕快的歇息。他仍舊是沒有什麼憤恨，也仍舊是沒有什麼怨尤，但他死了以後他想：「母親」，自己死了以後的「母親」，將怎樣呢？自己死了以後的母親呀！又儘是縈繞在腦際，在增加着他的臨決的悲傷。

在他臨死的前夜，他最怕的，就是想起了他的母親。但是母親的龍鍾的影子，又儘是在他的心靈的左右縈迴着，母親，母親，母親今年六十多歲了，頭髮已經斑白臉上已經老了成疊的皺紋了，而他兒子却又與他長辭了。唉！母親的暮景，又怎樣能該着蕭條得如此呢？

不幸父親早年夭亡，伶仃孤苦，給他拋下了兩個小兒子，兩個小兒子，從三五歲，就只靠着一個苦命的母親來生長的，母親耗盡了心血，受盡了劬勞，才把自己兄弟倆養大。母親曾替人紡紗，常替人縫衣，賺來了錢，買米 買書，以教養他兄弟兩個成人，母親曾在望着兒子趕速的長大吧，母親曾在望着兒子長大了再爲他李家重振一振門庭吧，但是，母親呀！你的想像成了雲夢了，你的希望，是整個的失敗了，你的兒子是再也不能在你的膝前來行孝了，我的苦命的母親呀！

母親在前幾年的時候，不是常常的夜分了都不寐嗎，一種微弱的嘆吁，不是常常的從母親的床上傳過來嗎？母親是在傷感自已的命苦，母親是在想念亡過的父親，但最增加母親的憂愁的，還是她兒女的衣食，還是他的兒女的教育，母親曾經爲着兒女把心血耗盡。

哥哥是進京六載沒有還鄉，更是沒有一息音訊，母親曾爲他望穿了眼，哭斷了肝腸，才教我千里迢迢的赴京去尋找他，誰知道是能麼的不幸呢，哥哥沒有找到連自已也不能回去了。母親在倚閭把長天也望透了吧，但是那裏有他的兒子的影子呢？他哭母親，他又在恨他的哥哥，哥哥怎麼這樣的不明人道呢？唉！母親是怎樣的命苦呢？他哽咽了，他在痛哭了。

這時候，窗外的月光，依然在平平淡淡的向前移挪着，依然在把這慘淡的光輝籠罩着這淒涼的人間和深夜，月光，絕不明白這人間的細故，也不懂得這人情的殘酷，他只是那樣的平平淡淡的向前移挪着。把這增人煩愁的深更，闌夜，向着人間推送。

明天，便是李欽出決的日子。

…完…

對梅

雨廬

北風吹碎了我的心，
點點的酸淚，
洒向將開的臘梅。
她好像向我癡笑，
笑我無故煩惱。
啊！梅啊！
任你冷豔皎皎，
清香渺渺，
可是我這已斷的琴弦，
總彈不出快樂的情調！

○　○　○　○

濃霜盡覆了荒草，
梅花又儼如玉雕。
啊！想起昨宵淚，
已被霜痕遮遍了。
啊！既與人無愛無嗔，
又何事覓愁，
自促年少？

思家

雪錦

天氣晴和的這麼可愛，春來了的記號到處顯露着。小鳥們開始在枝頭啁秋相語了。溪流和河道裏的冰塊，已經衝破障礙而得到自由了：她們是十分高興地齊向低窪處流着。

獨坐靜寂的我 想起的：總是家。

自家還是第一次嘗着流浪人的滋味。一人個離開了一羣親切的，熟悉的，熱忱的聲音 到這淒涼遙遠的異鄉來看冷漠的陌生人的面孔，

生命，衹是像一張飄零的葉子。

靜靜地坐在窗前，凝視着天邊。

又在想家了。

與其說是想家，到不如說是想到那一些熟識的面孔；如果那兒的一些面孔全是陌生的，那和異鄉又有什麼分別呢？

有時使我想起那一切親切的，關心的詢問，以及那些微笑，那些緊促的眉頭，………那都不是一個陌生人可以勉強扮演像到的。

我常常想做個很長的甜夢：夢到我久別的故鄉去探望探望我那慈祥的母親——被一副生活的重擔壓瘦了的母親。但是望眼將穿，熱淚將乾，夢裏的家仍在千里的雲山之外！潛伏在我心坎裡的鄉思，你何時可以消沉呀？

周圍都是寂靜，除了風的嘆息聲之外，別無音響，只有案頭小鐘的機輪很沒力似的接應着。

室內燈火來了，我給這暖融暈圓的光懷抱着，覺得此時惟牠親切有味。

美秀

雪梅

美秀本來是一個有志氣的女子，這打駡受不了，當然想死，她懷着「人活百歲也是死，不如早死得安甯。」這樣的環境，實在是叫她太過不去了，她常常痛恨現在的媒人，是殺人不用刀，喪命不見血的利器！有人勸她離婚，不但她娘門都不願意，同時她也不願意，以為離婚後一定也是沒有好的結果，她還本着：「好女不嫁二夫男」的舊道德，情願死，也不想別的，她在娘家情願吃苦耐勞，出力作活，拾柴撈火，受飢穿破，也不願意再回家去受氣，她以為一個年幼人在世上出力做活，總能顧着自己吧！于是她決意作一個自立的女子。

「屋漏偏遭連夜雨，行船又遇頂頭風」，不幸的事件，依然儘跟着她，黃水好像害人專科學校的畢業生，時時刻刻是是想找人害的，忽然在舊歷八月十四日的晚上，黃水開了口子，把莊子完全都包圍了，幸虧堰高屋子沒有泡倒，但是這也行啦，莊稼淹完，大水圍門，上那裏出力作活去呢？

現在旁觀的人民，又要與她家庭（婆家）說說，還是叫她上家去吧，可是一與她家庭說，她家庭硬不叫進家，這是她媽的個啥理？

（完了）

淮花館詩話

榮培

廉南湖昔年入廿，在客店見壁上有題二絕：『野店連聲聞曙鷄，一勾殘月色低迷，隴山已界西陲遠，更向隴山西畔西。』其二：『〇〇〇〇〇〇〇，〇〇〇〇〇〇〇；嬌兒未慣登程早，酣睡車中喚不醒。』下署『寒厓』二字。南湖神往久之。其後思念難已，曾為文載於申報自由談，中有『寒厓乎！倘汝尚在人間者，幸以一語告我，勿謂並世無揚子雲其人耶！』之語。忽忽十餘年，余亦日未去懷。前歲讀無錫孫寒厓詩集，雖序屬南湖，而全集迄未見以上二詩，今廉先生久返道山，孫先生又無緣識面，『隴店早行』之謎，殆今生難獲解矣。

四川鄠國寺沙門果琳，去秋以詩筒寄京，其乙亥七夕感舊：『袈裟半坦坐層檐，仰看星橋香幗添；猛憶那年今夜月，如花人對讀楞嚴。』又『寶車香馬願已違，生天成佛事還非，遙憐此夜空閨月，猶拜雙星望我歸。』大慈未忘，情魔纏結，宜乎有人勸其速奮獅子雄，脫却袈裟，幸毋以青磬紅魚終老此生也。

余弱冠，初度失戀，悽愴萬分，北平朱嘏臣先生問我近作，一時無以應，然恨觸所起，隨手成一絕。後四年，某大書局徵求全國中等以上學校學生國文，余倔强寄去，迨書成，則絕句僅選余之一首。題為『自懺』，句如下：『精誠能可補情天，自願偷閒學散仙；從此不談塵海事，雪山深處伴雲眠。』

防空常識（續）

一卿

乙，毒氣侵襲時的注意事項

1，毒氣彈破裂時，聲音比較普通炸彈小，有烟霧飛出或液體四面濺散。

2，毒氣彈，到處都有特別嗅味，凡發覺毒氣的人必須跑到最近的公安分局或防毒隊報告。

3、毒氣彈落下時在其附近下風的人，必須立刻避在上風。

4，有防毒面具時，趕快戴上，沒有面具或來不及時用溼手巾掩住口鼻。

5、各家庭中，須準備無罅隙的房子以為避難室。

6，入地下室時，如出入口處沒有完善的設備，往往有受毒氣侵入的危險，反不如避至高處為宜 建築物有三四層樓以上時，跑至最上層，較為安全。

7，各家應準備漂白粉若干，以為糜爛性毒氣的消毒劑。

8，道路上行人，遇毒氣空襲時，應速入最近的避難所躲避，這時應順應風的風向，不可反跑入毒氣區域之內。

9、入避難所時，要讓老幼婦女先入，壯年的在最後，可能時，更須幫助防護及消毒各項事務的進行。

10 持久性毒氣所毒化的地區，千萬不可進入，進入時宜穿戴防毒衣服 沒有防毒衣服時至少要手套象皮手套，足穿象皮長靴。

11 器具物品，有被毒嫌疑時，切勿用手去拿，必要時宜先行消毒。

12 靡爛性毒氣，其感毒最快，但其作用，却在感毒後數小時至一二晝夜之間，在這潛伏期間最容易將毒質傳染他處，最宜注意，這時候如用手去亂抓，或擦眼睛，是最危險的。

13 身上雖穿有防毒衣具，而在被毒地上坐臥匍匐還是非常危險，最好不要以身體與被毒地面相接觸，手有感毒嫌疑時，不經洗滌切勿往便所，以免危險。

14 被毒氣中毒的人，切忌激動，宜速至救護所治療總之防毒上應注意的事項，是「不要慌慌張張」要沉着應付。

答蔚

榮培

長日易過夜奈何，瀟瀟風雨驚人多。

留春已逐東流去，底事孤鶯婉轉歌？

茶山

前人

遠島依稀落翠微，孤塚野樹雨低迷；

春來秋草山前綠，明月何時照汝歸？

通信欄

雲章先生：近來編輯鳳鳴塔很忙吧。我看「我們的園地」感到乾旱了。我在忙裡偷閒，寫了這點獻給她，算我的禮物吧。

本來「想到死」那篇，只把死的苦說一點罷了。下次還預備以人生觀及宇宙觀的見解，來解釋死能否達到，不敢許。

我想在我們的園地上，再生一顆花樹，就是每週寫一點關於名人成功的途徑，批露出來。對於青年們的不為無益吧！很願和先生抽閒討論點問題，不過太忙了。

撰安

方建

答覆

方建君：來信[illegible]「想到死」[illegible]下次就[illegible]出來。你能為本刊努力，編者極欽佩你；你所提出的意見，我們也極贊同！那麼關於「一名人成功的途徑」，我們大家就共同努力吧！至于抽閒來討論問題，我們更所歡迎！最好以後都在通信欄內發表出來！

雲章

編輯室的廣播電台

雲章

一，克林君 來信收到。所述各節，當另函答覆。單行本刊物事，最好辦請你把法擬定，我可担任印刷等事務，至於蘭生君的稿子，沒有找到，請你通知他 不要見怪！恐怕是洪橋老頭兒又作怪了吧！

二，雨廬君極努力，他現在又送來一束稿子。所以把他的『爐邊絮語』移到下期再繼續去了！

三，天君新由桂省歸來 他預備把遊記送到本刊上來發表，這樣恐怕大家都很歡迎。

古人箴言

無形之功，不必騰諸口說，此是謙字之眞工夫，所謂君子之不可及，在人之所不見也。

實業部無綫電收音室開放節目

三月十三日 星期五

八，四〇 西樂

九，〇〇 新聞

一一，三〇 平劇警策語報時氣象

一八，〇〇 樂隊奏樂

一九，〇〇 實業部合作司合作宣傳節目

二〇，〇〇 報時氣象水位簡明新聞

二一，二五 新聞

豐中週刊

第二一期

本刊每星期六出版

談話

文章瑣談（四）

—平

我最怕滿紙血淚的文字。這也許是我自己太沒熱情的原故吧，我先得抱歉一句。我常常見些雄壯的戰歌：新調的，因為作者研究過地理，大都是要用血染紅日本海；舊調的呢，那還是古行軍滿江紅的氣派，而且我們的敵人還是「胡兒」，戰場還是在「塞外」和「西域」。我頭昏了，但對這些詩人願給以應有的尊敬，因為我承認他們是有「滿腔熱血」的。直到我發現他們除了唱戰歌以外還唱戀愛唱飲酒的時候，我的敬意才完全喪失。我想：中國人要還等着這樣的戰歌來驚醒，那眞是「中國不亡，是無天理！」

受過多年的騙以後，我再不聽這樣的戰歌了，但是「奇女子鄭維華」洋洋四千言的「自述」我却不能不看：第一，文學家對我說過，自敍傳是最眞實的文藝，第二，時報編者說這篇文章「慷慨激昂，可泣可歌」，國人看過之後可以「奮發興起」！四千言的「自述」裡說些什麼呢？一位天津女學生要救國，于是改扮男裝到南京投考軍官學校；遭受了拒絕，于是因嫌坐監，後來又流落濟南；得到韓主席的打救，于是又在什麼訓練班裡「繼續自己的學業，俟畢業後再入軍校」！這裏的情節也許是眞實的吧，但決沒有所謂「客觀的眞實」。我們看過以後，還是不能了解華北婦女的生活與情緒。在我個人，不但沒有奮發興起，反而更加擔了心：華北婦女都沒有醒來，一位醒來的還不知那天才能當成軍官！華北豈不眞要「休矣」！

我寫這段文字目的不在唐突豪傑，只在證明一件小事：文藝上的眞實不是個人情緒的抒寫和皮相的紀錄，而是經個人的認識所發掘出來的社會的眞像，人民的眞意。認識了社會的「個人」，才能寫出眞實的文字。中國人也許是有血的，把事實找出來，寫到紙上去；中國人也許是有力的，把事實找出來，寫到紙上去。找不出，就把血淚收起來吧，我擔保中國不受損失！

記載

第六次總理紀念週

校長報告

略謂近來我們校內有兩種好的現象，很使我們安慰，很使我們歡心，一是三年級學生表現出特別的努力，一是二年級學生自動組織的黎明籃球隊，他們這種精神如果繼續下去，必能得到學識上或體育上的良好效果，所以他們這種精神，很可以使全體欽佩，很可以為全體學生所效法。但是，我們更要進一步的注意，我們固然對於三年級學生的努力，極力贊許，而還希望全體的學生，在二年級時，在一年級時，就要這樣的努力，不要單單等到三年級時再努力。我們知道到三年級時代，快要畢業了，快要升學了，因此不得不做加倍的準備工作，現在三年級的學生特別努力，或者這是原因之一，照不好的方面說，這未免是「臨時抱佛脚」或「臨渴掘井」的現象，所以我們要該知道，不必在三年級時才要準備才要努力，應當在二年級時，在一年級時，就要準備就要努力。推而廣之，不僅一二三年級時要準備，要努力，由校畢升學後，仍須要準備，仍須要努力，因為我們要再問一問，為什麼要畢業，為什麼要升學，莫不是為的將來要做事，那末任何時都需要準備和努力。至於體育的健康，尤為一切學業之母，而身體之訓練，尤應注意於平時，大家尤應永久的維持他運動的興趣。所以大家平時就要效法三年級的努力，平時就要效法二年級黎明隊的精神。

教導主任報告

首先報告選舉消費合作社理監事的人名各科練習簿展覽會的結果，和本週各小隊風紀成績的統計，茲從略不載，次報告對於展覽會和風紀成績統計的感想，略謂依照展覽會各級練習簿的情形看來，二年級書寫的能力確比一年級的書寫能力好三年級書寫的能力又比二年級書寫能力好；而按各級書寫努力情形講，則又和此成一個反比例。風紀成績，以寢室教室整潔情形講，大家雖是都頗知努力，然而高年級終不如一年級的成績好，這無疑的是表現着高年級學生不如一年級的學生努力。在這兩件事（各科練習簿和寢室教室整潔）的表現上，我們要追問：「何以高年級的學生不如低年級的學生努力？」「不僅本校這兩件事是如此，別的學校，也大都是如此，這固然是由於低學級學生比高年級學生守規矩，而在高年級學生心理上有一種錯誤觀念，却是致此的基本原因他們覺得什麼寢室教室整潔記分啦，什麼練習簿工整比較啦，無非是學校當局督促學生的一種方法。這種督促的方法，在低年級仍未脫掉小孩子的心理要好心盛，所以很能努力，而在高年級學生則以為得到分數多也好，少也好，受到好的批評也能，壞的批評也能，只要能躲僻過去先生的督促便可，因為有了這種「看破一切，不在乎這一些」的錯誤心理，所以他們便不肯同低年級的學生一樣的去努力。可是大家要注意，我們現在姑且

本校消息

一，[illegible]子備蓄箱上週儲蓄大錢 千 百 十文

二，本月十一日早操，全體學生練習越野賽跑，經本校之西馬路，繞農場一週。

三，本月十三日，全體師生整隊赴于堤口參加植樹。

四，本校圖書館最近託生活書店代購一批書籍，不日即可寄來。

五，本月七日消費合作社選舉理監事結果，李貞乾先生蔣傳溥先生及學生鹿芸先胡宗[illegible]德化，當選為理事，董正博李錫武當選為候補理事，張曾賢先生及學生趙[illegible]新王紹斌當選為監事，李訓謨當選為候補監事。

研究

化名

（一）幾何題目的假設：

設三角形的三邊：a=10 b=15，c=25，用三角形由三邊求高之公式求a邊上的高ha為若干？並解釋其理由（本校同學解答）

（二）受騙的眼睛：

我們都知道眼睛看見物體的原因：「物體發出（或反射出）的光線，射到眼睛上，經過眼球的屈折，造一個像於分布着視神經的網膜上，於是這視神經就把所受到的光的（像的）刺激報告於神經中樞，這中樞便認識了這物體的位置和形狀。」

但是，我們從各方面都可知道：眼球的水晶體和水樣液，相當於一個凸透鏡。又可知道：通常所見的物體，都在眼凸透鏡（眼球）的焦點距離二倍長以外。那麼，按物體光線經過凸透鏡的造像的理論和事實，應該造一個比物體小的實像倒像於凸透鏡的另一焦點和其二倍距離之間（就是網膜上）這樣說來，眼睛內網膜上的像，確是一個較實物為小的倒像了。

奇怪的很，眼睛內網膜上的像，既是倒的，依照我們普通的觀念，應該感覺物體是倒的，何以眼睛依然感覺着實物是正的呢？這個原因，却是因為受了經驗的欺騙，我們試想一個初生的小孩子他的眼睛感覺起初，並無倒和正的觀念，到後來一次二次無數次的受到訓練，事實告訴他說：「這樣的物體（在網膜上造成倒像者）是正的，這樣的物體（在網膜上造成正像者）是倒的。」因為習慣成自然，所以，此後眼睛，凡網膜上有了倒像時，他便覺得物體是正的；又凡網膜上有了正像時，他却反來覺得物體是倒的。這眞是受騙不淺。

最後還要注意，眼睛雖受了騙，但事實並未受騙，物體的倒和正，依然各照事實而存在。

不論寢教室是否應當絕對的整潔和練習簿是否應力求整潔，而單就道「看破一切，不在乎這些」一點來講，實在危險的很！這種錯誤心理，小之說，可以爲非作歹，大之說，可以危亂國家，滅亡民族。這樣說法，似乎有點故意張大其詞，聳人聽聞，但是，我們要從事實去觀察，當知話非無由。例如：人人都知道不應買外國貨，人人都知道應當相約共同愛國然後才望能救國，然而偏有一班人他們却以爲國人極多他個人不買外貨個人愛國，於國家並不能有多少利益；買外貨，不愛國，於國家也不能有若干的損失，他們並且又以爲「不買外貨，共同愛國」不過是國人的口號，誰肯實行？誰實行便誰先於自己個人有損；於是他們看破了一切，不在乎這些，於是自己便去買外國貨，便首先不愛國，這豈不是因爲「看破了　不在乎這些」的錯誤心理，而做出的惡劣行爲，推廣來說，某甲如此想，某乙也如此想，國人皆如此想，此所以我國外貨日增，金錢日少，國家和人民日窮，將不至於滅亡不止。又如就外國人做事的精神和中國人做事的精神比較（從略），從研究學問的精神來比較（從略）都可以證明「看破一切，不在乎這些」的錯誤心理，不適宜於中國人，尤不宜於現在的中國青年。望全體學生切勿爲此錯誤心理所再誤，至於這種誤謬心理之所由生，是數千年來社會環境和封建思想所養成，（此中道理，因爲時間限制，不能再說。）因爲來因已久，所以改革非易，總理說欲革命，須先用心理的建設，所以大家應力求心理之建設，莫再永久錯誤。

寫作

談革命

孫毓琛

革命這個名詞，大家大概都聽的很熟了。但是究竟什麼是革命？爲什麼要革命？怎樣去革命？說到這裡，大家恐怕一時的難以回答。平常人多說：「什麼是革命，革命就是革命，爲什麼要革命，爲要革命而革命；：……」是呀，革命是革命，別的不能是革命，爲要革命而革命，不爲別的而革命……但是；大家聽了，總不以爲然，大概道理由是不多充足吧？現在我依我個人的短見，來簡單的說一下：

一，什麼叫革命：所謂革者改也，命者制也。按此意說來，即改革制度之意，換句話說，也就是除惡換善之意，如一風紀素來不好的學校，一換了校長，即改訂校規，整頓校風，這也可以謂之革命；但這是從小的方面說，不過也和革命的定義相同。從大處說，國的改制，才眞叫革命。但是我國從前的革命，不過是朝代的變遷，對於政體社會，絕無改革。那能稱的起革命呢？

二，爲什麼要革命：革命須適合時代的需要，如天下太平，民生安適，所謂「日出而作，日入而息，鑿井而飲，耕田而食」的時代，根本用不着什麼革命；就是你偏要革命，那也沒人來響應你，所以革命是爲社會時局的需要而起。如紂時太平，自然沒有周武王的革命，秦時太平，自然沒有漢劉邦的革命。

三，怎樣革命：國家和病人一樣，革命者和醫生一樣。如醫生不知人有病無病，自然談不到什麼醫病，即知有病，而不知人爲何病，也是不能醫治的。知道人有什麼病了，並須知道怎樣醫法，然後才能下手醫治，革命也是如此，要想革命，必須知道國家害了什麼病，怎樣治方，然後下手去革命，才可；不然，雖欲革命，也不可能。

悲觀

劉正戎

有毅力的人，從不見悲觀的態度，無論環境怎樣困難，他總是鼓起勇氣毅然奮鬥，終必衝出困難的重圍。

懦弱的人，遇着稍不如意的事，精神頹喪，「悲觀」了消極了，覺得自己的前途無一綫的希望了。

有幾位同學，每聚在一塊閒談時，便把自己的悲觀主義展開了，『我算完啦！英文只考了六十多分，國文也不好，家庭的經濟又……等着吧，下學期便不幹了！』像這樣的話固然有的同學是對自己的功課謙遜，或是譏諷人，但是有的同學的確是抱着這種「悲觀主義」。

我記得我在小學剛畢業的時候，時常這樣想「將來畢業怎樣呢？考學吧，有兩層難關，一是本領不夠，考也考不取。一是即令僥倖考取，學費又感困難，考取也是不能上，那時我異常的徬徨，異常的「悲觀」了，但是我却不因此罷休，終於是奮鬭，奮鬭的結果，告了一段的成功。

一個人若是抱了悲觀主義」，那麼這個人便眞算完了，他會因此不求上進，他會因此墮落品格，他會因此犧牲了一生！

雜俎

一八七六年的事

勸民還租

——摘自申報週刊

一八七六年二月二十日，申報，有吳江縣令爐青大令勸民還租歌云：

莫欠租，莫欠租，欠租之人吳江多，我今來攝吳江篆，爲民作個還租歌。粮出於租人共曉，租不清完粮亦少，業主何嘗願送官，奈何自家不要好；誰人不是父母生　何苦公堂受苦刑，拋妻撇子坐飯歇，闔家老少盡担驚。一日不還押一日，直待還清始釋者；抗租還是要還租，枉受官刑何値得。即使不曾如數完，飯食油火費多般；在家猶有工錢趁，在押徒嗟用度難。我想此情我欲哭，我鄉無此壞風俗；業佃稱爲田親眷，休戚相關甚聯絡。我今苦勸吳江人，從此絕了欠租心；先儘租米後還債，不怕官法如雷霆。欠租不是眞好漢，刑場枷杖終身憾；積錢容易化消完，積穀何曾留一年。昔年奉委署江陰，秦八欠租頗著名；十數年來不破白，聽我勸導便還清。又有申港王春煦，賣屋還租遵堂諭；陳家業主動哀憐，田頭草屋借伊住。羣言吳俗太刁頑，租風未必能轉圓；籐條竹板追得起，好言勸化恐徒然。我未嚴刑待自省，天良何至皆喪盡，快將租米欄數及時完，莫負我一片苦心作此長歌勸爾等。

你瞧，這位先生的詩多麼通俗！

前期正誤

（一）文章瑣談

「觀念」爲「觀感」之誤，「形勢」爲「形體」之誤。

（二）雜俎

「爭食人者」爲「篡食人者」之誤。「必須健康」爲「必非健康之誤。

（三）研究

「算術比賽」後遺漏「題解」兩字。

第二項填充第八體「0.45. 0.405, 0,123」爲「0.45, 0.405, 0.123」之誤。

「$\frac{1}{15}$ $\frac{15}{371}$」爲「$\frac{1}{15}$ $\frac{15}{37}$」之誤，

第三項算題第四題圖形未能刊登，『20×20400』爲『20×20＝400』之誤，最後一題標題『7』爲『8』之誤。

古人箴言

對失意人，莫談得意事。

處得意時，當想失意時。

縣黨部無線電收音室開放節目

三月十五日　星期日

一一，五五　氣象報時雜談

一二，〇五　平劇

一二，三五　樂隊奏樂

一九，〇〇　平劇　金少山露蘭春林樹森馬富祿合唱打嚴嵩

二〇，〇〇　報時氣象水位閩粵樂曲

二一，三〇　新聞

三月十六日　星期一

八，四〇　西樂

九．〇〇　新聞

一一，三〇　平劇警策語報時氣象

一九，〇〇　平劇　程豔秋言菊朋合唱罵殿

二〇，〇〇　報時氣象水位簡明新聞

二〇，一〇　時事述評　關於國際問題

二一，四〇　新聞

鳳鳴塔

第一九一期

一，本刊內容分科學常識論著詩歌小說戲劇散文書信書報介紹及批評等項
二、本刊歡迎校稿來稿文言白話均可
三，來稿本社有修改權不願者應先聲明
四，未經登載之稿除預先聲明者外概不退還
五，本刊編輯部設豐報社內

漫談

何以如此沉寂？

苛麗歐

『鳳鳴搭實在沉寂極了。』

一天，在袖裡的小屋子裏，我向袖裡這樣說，希望他能給我一個圓滿的答覆。

『實在，鳳鳴塔靜寂得彷彿死沉沉的深夜。』他說了這麼一句，又兀自抽起他的烟捲，吞雲吐霧，剎那間，這個小小的屋子裏，瀰漫了層層的白烟。

『爲什麼這樣沉寂？以前的許多寫作家爲什麼都消聲匿跡甘心沉溺於這個死沉沉的深夜？』我終于按捺不住我內心的疑問，在雲烟瀰漫之中我繼續着追問。

我兩眼注視着正在吞雲吐霧的裡，希望他暫時停止他這種烟幕的製造。來給我一個詳細答覆。

但出我意料。他不但沒有詳細的答覆我，連個粗枝大葉的回答也沒有，却只頷首微笑。眞叫我好不氣煞？

當我啓唇剛要再追問時，他却又慢吞吞地說：

『這個問題，在我的腦海裏也翻騰。這麼久了，我屢求答覆，但未中的，正想問你，現在你又反問起我來了。』

『啊！原來如此！你也在悶葫蘆裏蹲着哩！』

×　×　×　×　×

日子溜走的眞快，「刺拉」傢伙，又過去十幾天了。

×　×　×　×　×

今天上午在飯廳裏吃飯，一位同學突然向我說：

『你見你的報了沒有？豐報，我給你放在你寢室裏的桌上了。』

『謝謝！我還沒有見。』

我聽到豐報已經寄來，心裏無限的歡喜，它不但可以給我帶來故鄉的消息，而且可以將我們豐縣的唯一文藝園地——鳳鳴塔——展放在我的面前。我胡亂的吃了點飯，就匆匆地去展讀我們的豐報，去鑑賞我們的鳳鳴塔。希望前者給我一些故鄉的佳音，希望後者給我一些精神的糧食。

跑到寢室裏，匆匆地展開豐報，首先拿起鳳鳴塔來讀，我反正的看了一遍之後，在最後的播音台上，有幾個大字，觸到了我的眼簾。

『本刊現在感到稿件的飢餓了。雲章除了自己發奮努力以外，還希望聞人征雲……諸君來共同努力　否則，本刊將要像水區的災民一般，由面黃肌瘦而死亡了。』

我讀完了這節播音，一個「何以如此沉寂？」的疑問，又重現在我的腦際。

實在，鳳鳴塔實在沉寂極了，眞彷彿死沉沉的深夜。在最近的歡月中，不但聽不到槍聲，炮聲，進攻的「殺」聲。就連一顆芳菲的佳卉也看不見了。『何以如此沉寂？』以前的許多寫作家何以都消聲匿跡甘心沉溺於這死沉沉的深夜？』我思索着來自己解答，可是，結果還是茫然。

在過去，鳳鳴塔也着實興盛了些時，回憶「文白之戰」……的時候，氣象何等蓬勃！探求眞理的熱情何等誠摯！就作品說，鳳鳴塔上確也產生了不少的肥葩。如擬三郎子君的法官的潛逃，疏影君的弔仲甫兄，樹平君的詩經今譯……雖不能比諸當代的第一流作品，但在我們這個文藝園地裡，總可差强人意。不料當日的「浩浩乎」的戰場，而今已變成了荒涼的廣野。過去的繁茂灼燦的花園，而今已走上荒蕪的道路。回首前塵，眞令我們有不勝今昔之感！

去過的讓它過去吧，未來的還在陸續的到來，留戀過去，正是一種不長進的現象。我們唯有把握着現在，希冀着將來，在現在和將來之中，來尋求我們所欲尋的目的物。我們要有『頭也不回，汗也不揩，努力的爬上山去』的勇氣，在高高的山巔之上，去做我們羅曼斯的美夢。

現在殘冬已去，陽春又來，我們要隨着這綺麗的陽光，去努力我們的寫作。不要儘是倦臥在死沉沉的深夜裡，不要儘是躲藏在喪盡生機的殘冬裡，現在正是陽春煥發的時候，願我豐的文藝作家們及時努力！及時奮發！！

夜雨寄友

黃念

毛毛的雨，綫綫的雨緊一陣慢一陣接接連連下了有十多天！窗外割了稻的田野間，已經是一片汪洋了，校內偌大的操場上　風吹起一陣積起的雨水，微波鱗鱗地，也好像能盪起了船！然而上天並不因水量是如此的充足就放棄她的職權，依然緊一陣，慢一陣，下她如毛的綫綫的細雨，牠不管爲時已近黃昏，牠不管樓頭有煩惱的思別的離人，必而我却不能再如以前的：任牠牽動了我的愁思了，我奮勇地拿起我的筆來了！

朋友，來談能，寥寂的雨夜的對話，是何等的痛快的呢，是何等痛快的呢！從前，在這同樣的雨夜裏我們豈不常常是一壺清茶幾枝洋燭，暢談達旦嗎，那時，我們所談的範圍至爲複雜在呼號的風聲中，在淅瀝的雨聲中，我們談文藝，談批評，談擾攘不息的時局，談婚姻，談人生，甚而至於談及各人故鄉裏一些瑣碎的細事，我們也不感覺着異乎尋常的趣味！現在二人雖因環境的不同，肉體上相距有迢遙的幾千路還，不得再如從前的那樣促膝而談，而在紙上，用筆談，我覺得更痛快，更有趣味些你呢？

我現時所在的地方，要依你的想像，一定是以爲處在黑烟繚繞，灰塵十丈的下面，因爲上海是那樣的，吳淞是上海的一部，吳淞自然也處在黑烟繚繞　灰塵十丈的下面了？然而你這個想像却是錯的！

你還記得嗎，當我們暑假中乘舟赴滬時船駛入吳淞口後，黃浦江岸，羅列的盡是些綠油油的原野，盡是些圍繞在青翠欲滴的樹木的莊村？現在我就住在位置於這綠油油原野中的一所學校裏，周圍的，盡是從前我們在船舷上所看見過的那樣的莊村。

在這秋雨瀟瀟，更深人靜的夜晚，我不妨就和你談談這學校的環境。

這學校是在淞滬鐵道的北面，離吳淞站約有一里，距熱鬧的上海則有四十幾里了。校舍是盡用紅瓦覆頂的層樓，然這座座的層樓，却並不相連，只是錯錯落落和鬧人家別墅似地列在那裡。

夜

春林

夜拖着人世走進寂靜，
一切的，一切
都已囚在夢中。

○　○　○

一盞無罩的煤油燈，
火苗的紅舌上噓惜着！
嫋娜絲絲的輕烟，
溶於冷僵的空氣裏，
凝着牆上印着的三隻黑影。

○　○　○

他三人感着說不出的苦痛，
工作之筆，支着幾千斤的眼皮，
一隻紅腫的手，
不時放在嘴邊呵着熱氣，
冷縮的筋肉延伸了幾個懶身，
呵欠在臉上寫着睡意。

學校的四周，沒有高牆與短垣，繞着學校的一溪灣灣的流水，却形成了學校的境限。這流水西連泗塘河。泗塘河是南通黃浦北連揚子江的，所以每逢朝潮夕汐，我們小小的校河裏，也居然波濤滾滾，發出澎湃的聲音來，很能壯人觀瞻。我前面已和你說過，這學校周圍盡是些鄉村，然而這些鄉村的風景也多少與我們北方的不同。無論再小的一個村莊，牠必有一灣流水環繞，窄窄的一塊木板架成小橋，這便是進村的走道。他們——居民——的屋大半是用稻草蓋的，他們的籬大半是用樺樹編成的，他們的住宅上大半是有翠竹撥竿 最有趣的，是有一次，我從學校裏出去散步，順過隴畝間的小道，走到一個村莊。這村莊是靠在泗塘河上，裏面也不過住有兩三家人家，有一家院裏種有一株柿樹，在這涼秋的九月，柿子恰好成熟，金黃鮮豔的果實掛了滿樹；樹的枝頭為驅逐烏鴉之類，更紮起一個驚鳥的草人，我立在村外的橋頭，看着這鄉村的幽美的背景 看着高出籬外的這結實纍纍的柿樹，看着這樹梢上滑稽的驚鳥的草人，不客氣地說，我那時眞覺得有些詩意 詩意？我還莫有告訴你泗塘河上的風景呢！（未完）

防空常識

（續）　卿

丙，遭遇毒氣時各個簡單防禦法

1 自製簡單面具，預備西藥房出售之炭酸鈉一兩及次亞硫酸鈉四兩，甘油一兩，溶解于一面盆熱水中，臨時用紗布裹棉花一大塊，浸滲該液後，稍擠乾以掩覆於口鼻，務令嚴密，使空氣由棉花內吸入，此藥液有中和毒等之效。（加入烏羅托羅賓，可防光氣即福斯珍）欲防芥毒，並須着用防毒衣靴，使以不透氣之油布製成，全個頭面均須保護。防催性毒氣，須防護兩目，戴用嚴密之風鏡，可以稍禦之。

2、如未備有此項藥劑，只好取布片一二層，內塡土壤澆以人尿使溼，然後用此布片，包於口鼻，亦可稍解毒力。

3，如上述各法，均不及辦時，可匿身於乾草堆內，或麥稿中，或埋首於木炭內，踞層中，或伏匿於青草中同時輕輕呼吸，亦可減輕毒力，即用溼手巾覆面，亦能分解去一部份毒氣。

上述數法祇可視為權宜臨時救急之用，最好每人須購買一最完備之面具，因此種面具有吸毒罐一具，內貯活性炭素及曹達石灰二物，由呼吸管子以連於支製之面具上，有此面具一副，可以防護各種毒氣。

探梅

雨廬

在舊歷十二月三十日的清早，同學王君笑嘻嘻的拿了一枝梅花來送我。當我接過來時，便親親的吻了吻那花朵，深深的吸了吸那花香。同時我便想道：「北風是多麼寒冷！濃霜是多麼殘酷！把一切的花木都摧殘了，只有梅花還敢壯着膽子，開出花來，這也可見牠的高潔和堅貞了，不過只有牠自己獨自表現顏色，也未免太覺孤單了些。這時我忽然又想到廣諸門外的梅花嶺上的梅花，現在必也盛開了。如果去探訪一番，一定是很有趣味的。想罷便急急的跑到自修室去，約了同學李君，同到梅花嶺去探梅，并且順便一吊史公可法。

梅花嶺是在史公祠內的。史可法是明朝的忠臣，因為反抗清兵而死的。死後就葬在嶺下，他的墳旁，立着許多老梅。這時花都開了，她們那種淡黃色的面孔，見了我們去好像含笑相迎似的。並且那一種清香，直透入我們的腦髓。我們想史公眞不愧「死葬梅花土亦香」的句話了。我同李君在這極沈寂的祠內，雖然飽賞了梅花，但是看了史公與多爾袞的書，並臨死的遺書，却不禁悲從中來，愴然淚下。我離了李君，獨自跑到嶺後，扶着已開的梅花，很悲哀的洒了許多酸淚。心內不住亂想著便呆了似的在那裡站了一會。

「史公你死了麼？你雖死了，但是你的精神却未死！因為我讀了你的遺書，直覺你是永在人間的了。史公！梅花已開了！你的英魂想也與梅花齊芳了呢？我的癡想未終，悲哀又來了。我的心實在悲極了，只得低頭又哭了。我的淚滴在梅花上，梅花却格外光潤的對了我。啊！梅花啊！你笑我麼？笑我太癡？你可知道，我已是被快樂棄却的人了！想到這里，因恨恨的走到牆邊，掏出筆來，便寫道：

「歲除展公墓，扶檻淚如絲。吊公復吊我，梅花笑我癡。」

我正寫着，李君在外邊喊我，我寫完了，便忙跑出來。李君見我兩眼通紅的，便問我道：你哭了麼？為什麼這半天在後面不出來呢？「沒有哭，」我免强說道：「我因為心中不快，在那裡寫了兩句歪詩，所以就躭擱了。」李君很不以為然的又說道：「寫那個有什麼用處？」「我心中此時十二分的難過，便怨忿的答道：「各有所好！」李君看我當時盛情與奮到那種樣子，也沒理我。就此我回來了。當我在路上走時，心裏還是不住的想剛才痛哭的情形，一會又感嘆光陰去的迅速。因為從去年除夕，轉眼已到今年除夕。今年除夕一過，依然又會到明年除夕了。像這樣愁苦的人生，又這般飛快的光陰，眞是令人感傷啊！因又低低的吟道：

「廿年如夢幾如烟，近日深愁更可憐！空向斜陽千萬語，霜姿俠骨兩茫然。」

通信欄

編者先生：

拙作辱蒙歎譽，無任汗顏。往事係六七年前舊作，遺失已久，此次不意於鳳鳴塔中看到，實為奇緣。想係潤哥在家中破筴內找出檢交貴報。「往事」「黃念」想亦係潤哥代題，不能確知。

此編似原名李串樓，尚有其姊妹篇走老娘家去已在學生雜誌十四卷十號發表 六七年來為衣食奔走，對新文藝荒疏已久，於貴刊恐不能多有供獻 但為服務鄉梓起見，此後將代釋德國小說若干篇奉寄，或為貴刊所樂聞也。此請

撰安

弟 黃念 三月十日於周必由巷天安里十號

又「往事」頭一段未見到祈補寄一份

答覆

黃念君：

來信收到。「往事」雖係舊作，已極流暢細膩。想現在創作必更進步。如能將最近作品及譯稿源源寄來，則本刊更加歡迎也。

「往事」頭一段報紙，已囑事務部代為檢出寄發矣。此祝

努力

編者

編輯室的廣播電台

雲章

一，現在我們預備統計作者姓名住址及職業，請投稿諸君告知吧！

二，吼風君：你的大作「劉八爺」收到了。請你把眞實姓名及住址告知，以便贈送稿紙及本報。

三，老渾君，你的大作「南牢」登過了。聽說你現正在努力創作着，我們是非常的欣幸的，那麼 請你趕快的送來吧！

警策語

凡已經離開學校到社會上服務的人，也不能自足自滿，應該隨時彌補自己的欠缺，在智識上，能力上，或體質上，都要力求進步，然後自己的學識和經驗方能與時俱進將來才能負担更大的責任

縣黨部無綫電收音室開放節目

三月十七日　星期二

八，四〇　國樂

九，〇〇　新聞

一一，三〇　平劇警策語報時氣象

一九，〇〇　平劇　林樹森唱戰長沙　程豔秋　王少樓王又宸夏山樓主合唱汾河灣

二〇，〇〇　報時氣象水位簡明新聞

二〇，一〇　時事述評　關於國際問題

二一，四〇　新聞

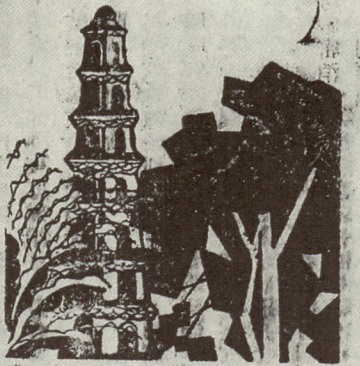

鳳鳴塔

第一九二期

一，本刊內容分科學常識，舊詩歌小說戲劇散文書信書報介紹及批評等項
二，本刊歡迎投稿來稿文言白話均可
三，來稿本社有修改權不願者應先聲明
四，未經登載之稿除預先聲明者外概不退還
五，本刊編輯部設營報社內

漫談

談「回憶」

華庸

閒暇無事，獨坐靜思，回憶起舊事來的時候，不由得一陣快樂，參着一些苦悶。機械式的，回憶必生快樂與苦悶。不時研究，其究竟如此的原因，結論大約不外二途：

所謂快樂，在眞正快樂時，並不感覺，所感覺者，乃事過後之自思也，盛宴會上，跳舞場中，雖當時表現快樂，則未及于內心，未打動其眞正情感，所最感覺快樂，眞知道內中的興味時，還是在苦悶時之回憶中。那時心思力至，點滴之樂　亦不抹煞　只有那時才眞知當時的快樂，或許亦會湧出苦痛。

苦悶亦然，回憶時才眞覺着苦痛。煙花柳巷，菸酒之局，在親臨其景時，覺得分外舒暢，無所不至。閒居無事，獨坐靜思，回憶起來的時候，才眞覺得慚愧，悲傷，無聊，苦悶，非人類的行爲。那時的心是如何苦痛，只有親臨其景的人，回憶知苦，同時也可以憶起當時的甜蜜。

所以知，回憶時不是苦悶便快樂，苦悶是眞心的，快樂也是眞情的。是不可抹煞的。

我們處事做事，要牢記着「回憶」二字。不要拋棄回憶，而樂一事之樂，免得回憶時難過。

眼前的快樂是一時的，回憶的快樂是永久的，是甜蜜有義意的，是與心不愧的。

最後我勸大家，在每事之先，要將回憶掛在面前，牢記回憶是苦悶與快樂的結晶品。

翻譯

不自由毋寧死

美國亨利柏瑞克原著　冰片譯

前言

亨利·柏瑞克（PATRICK HENRY）美國浮琴亞（VIRGINIA）人。生於一七三六年，死於一七九九年。他是美國的著名演說家。在一本英文名人文選（SELECIE ENGLISH AND AMERICAN ESSAYS）中，有一段介紹他的話，讓我抄在下面，以爲介紹。

『大都是這樣說：除了韋勃斯脫·旦尼爾（DANIEL WEBSTER）一個人外，亨利·柏瑞克可以說是美國的最偉大的演說家。他並不是一個出類拔萃的學生，也不是一個經營事業而進取成功的人；不過一准許他站在律師的位置上，他却立刻的發展他律師的才能。在開始的三年之中有一千多件案子接手。在他被選爲浮琴亞的議會的會員不久之後，他就變爲反英黨的領袖，他被選入國會，又做過本省的長官。』

這篇東西就是一七七五年在浮琴亞的議會席上的演講詞　他這篇演講，對於美國獨立運動非常重要　因爲那時有些議員們儘是猶疑，躊躇，畏首畏尾，沒有反抗英國的決心。——！這在他的演講詞中就可窺知。自他這次演講以後，大家都覺得眼前是「一團漆黑」，足下已無路可走，除了反抗那殘暴的大不列顛帝國而外。『不自由，毋寧死』是他們的口號，同時更是他們的決心，『有志者事竟成』偉大的獨立的運動就在這篇演講感力之下而得到成功。

這篇文字，雄勁動人，洵不愧爲一篇著名的偉大的作品。不過，譯者學識棉薄，不能達著者之意於萬一，這很是抱愧的。

但我爲甚麼又要譯這篇東西呢？我也有我的一點感想。我國有四五千年的悠久歷史，有四五百萬方里的肥沃土地，而今受鉗於日本，東北四省垂手失去，華北坐視淪亡，而今蒙古又告搖動，其他各省又不知暗地裡伸入多少日奴的毒爪。處此國難日益嚴重的緊急關頭之下，我們國民一份子應下如何的決心，來挽救我們國家的危亡啊！我國現在所處的地位，較諸美國當時要低下數萬倍，美國人能反抗，能求得獨立，我們就不能嗎？定能，祇要我們有決心，祇要我們有勇氣。美國的獨立，就是我們的殷鑑。美國人民的行動，就是我們同胞們的模範。『不自由毋寧死』，我們要牢記在心頭啊！

譯文

主席：沉溺於希望的幻想是人類自然的現象，對于不愉快的事實，我們往往閉着眼睛裝看不見，但却歡喜聽妖婦的歌聲，一直等到她把我們變成野獸才止。這能是聰明人在爭自由的偉大奮鬥之中應有的行動嗎？難道我們情願做對於自身的拯救事業而不聞不問的那些人嗎？照我的意見，不論精神上受多大痛苦，我一定要明瞭一切事實——明瞭劣點之所在，以謀應付的方法。我僅僅有綫指路的明燈，指示着我的步履前進。這綫明燈就是「經驗之燈」。我知道除了用過去的經驗以判斷未來的事實外，別的沒有方法；但用過去的經驗以判斷未來我想知道在最近的十年中，大不列顛政府的行爲有甚麼足以使議位先生居然自許安慰而來安慰議會呢？（未完）

創作

夜雨寄友（續）

黃念

泗塘河是北通寶山縣的西門的，所以往來於寶山縣的風帆，也無時或斷。沿河叢生着蘆葦，寂寞的蘆叢中，不時有白色的小鳥翻飛，來往的船隻，航行的方法不一：無風無潮時，或撐篙，或划雙槳；有潮無風時，搖起櫓，有微風吹動時，便掛起風帆，船上所載的貨色不一：有的載着鄉人，有的載着貨物，也有的載着白菜，泥土或磚，這許多船大半是以船爲家的，船上有鍋有灶，船舷上多晾着剛洗過的濕衣。站在我這樓窗前，亦可看到橫過泗塘河上的一座有曲欄的木橋，最有趣的是伏在橋上看下面來往的船隻，——舟子很安閑地坐在船板上吃着旱煙，不用撐篙，不用搖櫓，只憑微微的東風，吹送着一葉扁舟悄然而去。——有時，我伏在橋上看得出神，常常由午飯後看至日暮。啊，日暮時河上的風景，更是怎樣幽美動人呢，掛在蕭條的荒村枯樹梢頭，欲沉未沉的落日，發出慘淡的微弱的最後光芒，射在悠然地駛來駛去的船隻的帆上，射在河面的河水上的……你不愛吟「日暮孤舟江上」的詩句嗎，可惜，你離開我有幾千里地了，我沒法把這句詩的境地指點與你欣賞。

夜深了，燭盡了，雨仍瀟瀟地下。我細雨黃昏時存要勾起的離緒，果真因我和你暢談的原故，逃得無影無蹤了。睡覺吧，也許夢中，有我們會晤的時候。推窗外望，大地上的一切，都包圍在黑暗裡，濛濛的迷茫裏，只有泊在泗塘橋畔的漁船，仍忽明忽暗放出點點漁火的光芒。（完）

恐怖的黑夜

沈之

風呼呼，
濃雲密佈；
可怕的黑夜，
何處是光明之途？
○　○　○
我兀立在一個荒場，
四週充滿了荒涼！
處處閃爍着鬼火，
恐怖又佔據了我的整個的心房！
○　○　○
陰森森黑暗暗的夜幕，
已張遍了宇宙。
一切的一切，
都成了黑漆一團！
這漫漫的長夜，
何時才能曙光出現？

野祭

雨廬

殘月掛在中天，西風逗弄着落葉，在庭中私語。菊花搖曳在階前，好像對我哭訴她受西風摧殘的苦楚一般。我這時不由得便想到我七年前所藏的那一朵白菊花了。

那時我尚在小學校裡讀書。一個秋天的早晨，教師令我們排成一個小隊。每人衣上都戴了一朵白菊花。一齊的出校。我那時還是一個級長，在排頭走着。那街上的人都很驚奇，暗暗的議論道：「這些小哥哥們，不知有什麼事情，這般勇躍的走去？」我們也不留意他們的話。只顧低着頭走。一刻兒出了城，便到一座荒蕪人跡的所在。只見淒淒的秋草中，現出一座新墳。那時教師已先到了，也不同我們談什麼，我們心裡都不知道我們為什麼來此的？並且這墳中是誰呢？

隨後校役排了祭物也到了。我才知到我們是為祭弔墳中而來的。大家都圍在墳旁，這時教師才很悲哀的說道：

「小朋友們這幾天還見你們的月姐麼」？

這一句話一說，我們馬上便覺悟了。「好苦啊！我的月姐！前天聽說你已病了，怎麼這兩天，你就在這裏呢？你可知道你們弟妹們，現在都在這裏站着哭着麼？你為什麼只是在這裡長睡？我不解？我實在不解？人為什麼要這樣」？我自己沉思着，只聽見教師又說道：

「小朋友們！你們月姐已經是死了！」

他說着便哭了。我又想：『「死」！這件事原來如此！先前我雖聽見先生講過「死」字，但總不懂，什麼是死？怎樣才是死？教師又從哭聲中說道：

『你們的月姐，是因家庭的逼迫而死的。』

我又想道：』啊！家庭！你又何苦把你的愛女送到這地中去呢？月姐！你現在不恐懼嗎？在一個人沒有的荒野中。風雨猛烈的時候，你又怎樣呢？』想着想着我也落淚了。同學們也一齊都哭了。這時大家的小心兒或者都是一樣吧！

祭文是我讀的。內中有幾句說：

『我們親愛的月姐！與我們長別了！你怎樣竟這樣的很心，肯把我們拋却的呢！』

我讀時，簡直不能成聲了。只有「嗚嗚嗚」的哭。

祭文讀了，祭物也都收[illegible]了。我們便各把所帶的一朵白菊花一齊摘下，埋在墳旁，以作月姐的伴侶。我心中好像有無限的言語，要囑咐那朵白菊。叫她好好的相伴月姐！所以以後每逢菊花盛開時，我就想到這時的月姐，又好添許多伴侶了。

一切的一切都完了。教師們也去了。我只得也領了一小隊同學慢慢的歸去了。

我想到此處，心亂極了！這時月色更顯得慘白！西風更覺着清冷，我也禁不住的發抖了。然而腦中的兒時的小我，和小同學的影子，都還沒有消滅。奈夜色已深，我只去睡覺了。但是心中，還是不住的想：

「啊！我那已去的年華啊！

落花流水一般的不見了！

最難令人舍的，

要算兒時野祭的這一段了！」

常識

防空常識（續）

一卿

丁，各個藥劑防毒及防毒法

1，預用增加身體抵抗力之藥劑——毒氣多係酸性，事先預服曹錠，可令身體之抵抗力稍為增强，又有較服藥為佳之法，即係注射〇•五至一•百分之重曹液於靜脈內其利益同上。

預防毒氣之侵襲皮膚，可以全身各部撒布重曹粉或滑石粉，於腋窩，會陰，頸項，腹部各處。

2、住室內外之藥劑消毒法——為中和毒氣起見，可於住室內外，預先撒布多量漂白粉，可以防禦芥子氣，又將炭酸鈉與亞琉酸鈉二物溶解水中大量洒滴於室內外，亦可防禦綠氣等之侵襲 此外門窗縫隙，必一一堵塞嚴密，勿令透氣。門窗懸以毛氈棉被厚重簾幕，最好將該項簾幕，預浸於炭酸鈉之溶液中，效力尤佳。

戊，毒氣區域之消毒法

毒氣有一時性及持久性的分別，一時性者，即前述之綠氣及催淚性毒，噴嚔性毒氣等，持久性者為糜爛性毒氣的即為芥子毒氣，但芥子毒氣最能經久不散，往往沉降地面兩月之後，尚能殺傷人畜，所以經過施撒芥子氣的地域非用漂白粉嚴密消毒後，不可誤入。倘若要使有毒區域內毒氣消散，除用漂白粉，炭酸鈉等以中和毒氣外，倘有如下各法以激盪空氣亦能使毒易氣於消散。（未完）

通信欄

雲章先生：

我們在這遙遙的汴京，時時的聽到先生在播音台上的喊聲。實在，鳳鳴塔實是沉寂極了，飢餓的恐慌，已成為不可掩蔽的事實。真的，牠已走上『由面黃肌瘦而死亡』的危途了。

『鳳鳴塔何以如此沉寂？』這總是我胸中的一個悶葫蘆，前幾天寫了『何以如此沉寂』一文，交給守坦，他大概與先生寄去了。我希望這篇文字出去後 能得到一點反響。我希望愛好文藝的同志們能因這點微薄的力量而振作一下。

前幾天守坦談，擬在豐發行一種單行本刊物。他並說已商得先生同意，先生並願担任編輯事宜。此事在豐係屬首創，先生熱心贊助，領導，實屬欽服咸激！何日可實現？尚望先生示知！

「不自由毋甯死」一文，是我近來試譯的，我覺得這樣的文字在我們國家現狀之下，是很需要的。所以我不量才力居然把它譯出了，其中有不當的地方，還請先生指正！

朱子方謹上。三，七。

答覆

子方先生：

來信及稿收到。「不自由毋甯死」一文，在本刊的本期上登載出來。我覺得這篇譯筆，極其强健。不一定不如已成了名的人！望你以後更要努力的做去吧！偉大的收穫，正在期待着你！

是共同加緊的努力吧！

至于單行本刊物的事，非得有了稿件不能誕生，但是內部組織也是很要緊的，你和袖珊的意見是怎樣？請你再告訴我！

雲章

編輯室的廣播電台

雲章

一，本刊飢餓的吶喊，雖已得到少數稿件，但是還不能醫治這貧血病！投稿諸君！你們以為如何呢！

二，子方君極關懷本刊，所以他近日寄來的稿子極多！

三，書平君好像與本刊絕了交似的，不然為什麼老是不與本刊發生關係呢。

警策語

時間是生命的基礎，積了幾十年的時間，就成為一個生命的段落，所以我們浪費了一天時間，即是自殺了自己一天的生命，浪費了一分鐘時間，也即是自己消滅了一分鐘的生命 人生數十年中，如果糊塗過日，無所成就，等於自己縮短了一部分的生命，無異自殺。

縣黨部無線電收音室開放節目

三月二十日　星期五

八，四〇　平劇
九，〇〇　新聞
一一，三〇　平劇警策語報時氣象
一九，〇〇　平劇　尚小雲姜妙香荀慧生　合唱　玉堂春
二〇，〇〇　報時氣象水位簡明新聞
二一，四〇　新聞

豐中週刊

第二二期

本刊每星期六出版

談話

文章瑣談（五）

平

每篇文字應該有個中心意見。

每個寫文章的人都是為的想叫別人認識一件事，而且照着自己的認識來認識。因此，把自己的文字寫得清楚，有條理，而且圓滿，是作文的第一件要事。

這要怎樣才能辦到呢？

依我看，倒不一定要靠着到古文裡去學「起承轉合」，而要靠着訓練自己的理解能力。

我一再地說過，寫作者必須「透過現象，認識現實。」社會現象不是各不相關的。就如農村破產，那就有各種各樣的表現，而各種表現一定有個共同的基本原因，牠們中間彼此也有密切的聯系。假使你能把這種原因和聯系找出來，你一定可以寫出「有組織的文字」。所要揭露的社會現象的基本原因是文章的主題。主題確定以後，你便要緊緊不放鬆地去論證，表現。你可以羅列各種事實，但那一定要是為的從各方面來證明你的主題；你可以描寫對照的場面和人物，但那一定要是為的使你的主題更加活現。否則便是放野馬，那樣的文字會給人一種雜亂的印象，使人不能得到一點認識。

我說得太抽象了，但可以再想想讀過的有價值的文字。把好的文字的主見找出來，那常常是一兩句話；解釋一句有內容的話，常常需要一篇文字。

沒有系統的理解，沒有系統的文字。

記載

本校消費有限合作社章程

第一條　本社定名為豐縣縣立初級中學消費有限合作社

第二條　本社以購備社員課業用品及日常應用物品為宗旨

第三條　本社社員為本校全體導師與學生

第四條　本社營業區域為本校

第五條　本社社址設於本校童子軍團部內

第六條　本社資金無定額每股股金為二角

第七條　凡社員認股每人至少一股至多不得過二十股其認購股金須於入社時一次繳足

第八條　本社物品按照市價供給所有盈餘由社員大會決議處理之

第九條　本社設理事五人候補理事二人監事三人候補監事一人均由社員大會選舉之以上選定之理監事分別組織理事會及監事會並各互推主席一人主持會務

第十條　本社理監事統稱社務委員合組社務委員會

本社理事監事任期均為一學期

第十一條　本社理事會應置備社章及左列各項簿籍

1、社員簿 2、職員簿 3、社股簿 4、總賬簿 5、日記簿 6、進貨簿 7、售貨簿 8、會議紀錄簿 9. 工作日誌簿 10 發票收據黏存簿

第十二條　本社業務職員設經理一人會計一人進貨員一人售貨員一人由理事會延聘之。均為義務職。

第十三條　本社社員大會每月開會一次社務委員會每二週開會一次理事監事會每週開會一次。遇必要時均得臨時會。

第十四條　本社營業期滿應由理事會結算總賬製成事業報告書損益計算書盈餘分配案等項分類交由監事會審核後報告社員大會

第十五條　本社各項會議規則營業規則會計規則理監事會辦事規則等另定之

第十六條　本社存立日期為一學期

第十七條　本章程有未盡事宜悉依已公布之合作社法規章則辦理之

第十八條　本章程經社員大會通過施行

○　○　○

本校消息

（一）本月十四日下午舉行越野賽跑，參加者十八人，優勝六名：劉學新第一，孫兆立第二：李興善第三，孫建康第四，蔣宜德第五，史孝田第六。

（二）本月十九日下午三時舉行時事測驗，結果全校第一穆兆源，第二鹿芸先，第三趙道坤；各級總平均成績。三年級第一，二年級第二，一年級第三。

（三）科學儀器室，最近託人於徐州購買一批藥品，約值洋二三十元，不日即可運到。

（四）本校女生新加烹調課程，由陳雪棣先生指導，本月十九日，第一次烹調，成績甚佳。

（五）本月十四日舉行級任導師會議，議決要案如下：

（一）時事知識比賽於本月十九日舉行，命題由各級任先生分別擔任，分經濟，外交，建設，教育，軍事等項。

（二）下期教導中心定為「服務和植樹」。

（六）本月十八日消費合作社社務委員開會，議決要案如下：

1，三月廿三日開始營業。

2，請蔣傳溥先生擬定辦事細則及營業規則。

3，經理任職一學期，會計員，進貨員，售貨員皆任職兩週。

4，聘請蔣傳溥理事兼經理，胡宗愼為第一任會計員，陳德化為第一任售貨員，李錫武為第一任進貨員。

5，理事會推舉陳德化為主席，監事會推舉張信賓先生為主席。

（七）本月十六日紀念週，李子眞先生報告時事。

研究

時事知識測驗答案

是非法：

1，冀東偽組織業經取消，並入冀察政委會……（一）

2，綏蒙政務委員會將要成立……（一）

3，胡漢民已入京，西南與中央切實團結……（一）

4，近日勦赤的軍事以山西為最緊張……（十）

5，日本關東軍司令易人……（十）

6，日關東軍特務機關長土肥原現在華北主持日本駐華軍事……（一）

7，意阿戰爭，近日阿軍又甚勝利……（一）

8，德國佔領萊茵後，國聯行政院在日內瓦開會討論制裁辦法……（十）

9，萊茵問題對德制裁主持最力的是意國……（一）

10 中央常務委員會主席是林森……（一）

11 中央政治委員會主席是汪精衛……（十）

12 外交部長是張羣……（十）

13 日本希圖華北自治的五省，是指遼吉黑熱冀五省……（一）

14 中國駐日大使是許世英……（十）

15 日本現任駐華大使是有田……（十）

16 日本新任首相為廣田……（一）

17 德國武裝佔據萊茵河的藉口是英法協定……（一）

18 羅加諾簽約國為英法意比德五國……（十）

19 本年世界運動會將在德國舉行……（十）

20 中國童子軍總會會長是何應欽……（一）

21 李惠堂有「美人魚之稱」……（一）

22 江蘇省的最大建設工作是修築江南海塘和導淮入海……（十）

23 重修各大幹路是豐縣最近的工作……（十）

寫作

雜感

鹿芸先

國家是我們大家的棲息之所，我們也都是國家的主人，所以凡寄居在國度裏的每一個人，對這母體應負有保護的責任，和輔助其繁榮滋長的義務，爲得適應這種要求，達到這種目的，所以每人都需具有堅强的愛國心，才能獲得圓滿的善後。

中國人，對於民族的觀念，愛國的思潮，實在太薄弱太冷淡了。這是幾千年來積累的惡習，只知忠於家族宗族，對於民族的存亡，國家的盛衰，便淡然漠視，毫不關心了，以致疆土日蹙，民氣衰頹，國家之氣大爲沮喪。在這種環境下，就產生出一種寡廉鮮恥的漢奸來，公然賣國，作出不齒人倫的穢行。俗說：「國家將亡，妖孽叢生」，目前漢奸的充斥，好像雨後春筍，實是國家民族前途的凶兆。現在敵人的侵略手段來得更毒辣。惡狠的豺狼，已被漢奸引到室內來了，我們回顧過往，瞻望將來，眞不禁要驚心動魄，爲這老大的民族担憂啊。

古人說：「人必自侮，而後人侮之，國必自伐，而後人伐之。」這是千古不泯的銘言。目前的中國人，正爲這兩句話寫照哩！處在這內憂外患新仇舊恨重重壓迫的緊要關頭，有些負責的人，手足觳觫，目光迷離了，爲得片時的苟安，於是向帝國主義者搖尾乞憐，哀音不絕於耳，其實這有什麼用處，只不過換來些强暴者諷刺的獰笑，教人家更加蔑視我們罷了。要知道自助者倡，自棄者亡，我們何必這樣乞憐於人呢，如能加强我們的愛國心，忠誠的去愛戴國家，切實的去服務社會，這正在顚波中的國運，是自會轉危爲安的。

反觀外國人的愛國熱忱，是怎樣的令人欽佩啊。像「柏林之圍」的朱屋大佐，「最後一課」的法國教師，歐戰時的德國婦人。他們愛國的英勇精神，眞是充溢於宇宙，與日月之光互相照耀着。最近二二六政變中，又啓了日本婦女的愛國熱忱。當變兵闖進前相齋藤的官邸，開槍狙擊齋藤時，其婦人向變兵哀求道：「你們留下他……，你們殺了我吧，留下他的性命，好貢獻給國家。」這幾句話，在大變的刹那間，從老婦人的口中喊出來，是怎樣的悽愴，怎樣的慷慨悲昂啊！眞是血與淚的集合體，每個人聽了，都要嗚咽垂泣，都要肅然起敬，無怪他們國家强盛，民族輝煌，因爲他們，國民的每顆心，都是愛的種子呀！

我們要知道愛國家，愛民族，就是愛自身。欲求自身的自由，必須先求國家的自由，因爲國家自由了，每一個國民，不消說也就自由了。國家亡了，每一個國民，也都不能倖免，所謂「皮之不存，毛將焉附」。所以我們爲國家民族計，爲自身計，也必須洒自己的鮮血，拋擲自己的頭顱，來拯救我們多難的國家——拯救奄息的個體。

近年來，國人愛國思想漸濃，這是一個大好轉機，可是這是民族復興的曙光，國人的愛國情緒，並沒有得到正途的發展，反而到處受着壓抑。以致愛國運動在進行上大受阻撓。

我們受了極端的高壓，度着牛馬的生活，可是我們要曉得「以力服人者，非心服也」。高力的壓迫，只能代表時代，演的幕序，他不能算是最後勝利的終結。我們仍要牢牢的記着，國家是我們大家的，救亡的重責，仍在我們大家的肩頭上。我們還要知道，眞誠的拯救我們的，也只有我們自身。所以我們還要劍拔弩張，我們還要乘時急起。

雜俎

康熙時代

康熙年間是清朝的太平時代，但是在歷史記載上可以找出非常黑暗的事實，其中最利害的就是圈地。政府常常掠奪民間的土地給滿州貴族，强迫人民給他們作佃。在王登聯的奏本中有這樣幾句：『至被圈夾空民地，百姓環懸失業，尤有不忍聞者。』此外，官征科派也和亂世沒有兩樣，這在康熙六年熊賜履的奏書中可以看出一點消息：

『……伏讀詔書曰：「近聞直隸各省人民，疾苦困窮，深可憫念。或因官吏朘削，或因法制未便」，此誠二帝三王之用心也。但國家日言生聚，而凋敝愈甚；日言軫恤，而瘡痍不起，日言招集 言蠲免而流離瑣尾之狀，不可勝言。溯厥由來，誠如聖諭所云者。蓋小民終歲勤勞，僅具俯仰之資，而夏稅秋糧，朝催暮督，私派倍於官征，雜項浮於正額 設 且水旱頻仍，飢饉見告，蠲賦則吏收其實，而民得其名；賑濟則官增其肥，而民重其瘠。此不獨守令之過也。上之則監司，又上之則督府。有司之職業在地方，上官之激歡在舉動。朝廷方責守令以廉而上官實教之以貪；方授守令以養民之職，而上官實課以厲民之行。……』

他還說到當時王公貴人的生活，那是這樣的：

『……臣觀近日風俗奢侈，陵越不可殫述：一裘而費中人之產，一宴而糜終歲之需；輿隸〇貴介之衣，倡優擬命婦之飾。此飢之本，寒之源，而盜訟所由起也。……』

這一本上去，大臣鰲拜生氣了，說：「是劾我也！」這句話不好懂，翻譯出來，就是：「這是告我的」！

警策語

一個人對於自己本身，也要善用自己之所長，而補助自己之所短，更要以專心一致的精神，努力於本身職務與事業的完成，因爲無論何種職業，固然是要業經於勤，同時也要業經於專。

右列六條係擷采中委邵元冲同志於三月二日中央紀念週報告「人盡其才與財盡其用」文內之警策語

縣黨部無綫電收音室開放節目

三月二十二日 星期日

一二，〇五 平劇
一二，三五 樂隊奏樂
一九，〇〇 平劇 馬連良關魔卿子淒福李多奎
郭衡仲 合唱甘露寺
二一，〇五 國樂
二〇，〇〇 報告氣象水位閩粵樂曲
二一，三〇 聞新

三月二十三日 星期一

八，四〇 西樂
九，〇〇 新聞
一一，三〇 平劇警策語報時氣象商情
一九，〇〇 李多奎陳德霖松介眉 合唱孝義節
二〇，〇〇 報時氣象水位簡明新聞
二〇，二〇 國樂
二一，四〇 新聞
二二，二〇 平劇及國樂

鳳鳴塔

（第一九五期）

一，本刊內容分科學常識論著詩歌小說戲劇散文書信書報介紹及批評等項
二，本刊歡迎投稿來稿文言白話均可
三，來稿本社有修改權不願者應先聲明
四，未經登載之稿除預先聲明者外概不退還
五，本刊編輯部設豐報社內

漫談

讀過「談回憶」後

蘭生

理窮道達，有疑必發。今偶讀華庸君的大作，不曾拋磚引玉，有所商榷：

華庸君說「……回憶起舊事來的時候，不由得一陣快樂，參着一些苦悶。」大凡人生的事事物物，總有某一階段的實跡，在過去的歷程中，曾有實質或精神的顯露過。然而，最初的快樂並非真正的神經的收穫，最後的勝利才是千真萬確快樂的降臨。但是，華庸君何以說：「不由得一陣快樂，參着一些苦悶」呢？可是，「快樂」是純萃的勝利，同時「不由得」又將「快樂」形容的千真萬確，這足足的表現着純然的勝利，而自湧上心懷，「參着一些苦悶」平空的它又從何襲來呢？這未免有些間雜矛盾。亦非編輯先生所能允過。「苦悶」是人生失意，頹唐，敗北的表現。華庸君說：「悲傷，無聊，苦悶，非人類的行爲。」（？）所以一事之中有快樂而無苦悶；若先快樂而後苦悶，其結果終是苦悶。按華庸君之文意，一句之中「快樂」「苦悶」俱備，真使人莫明其「土帝堂」。

『所謂快樂，在真正快樂時，並不感覺；」所感覺者，乃事過後之自思也。』在某一快樂境地；自然承認是「在真正快樂時，」而何又「並不感覺」呢？一個人承認自己錯了，爲甚麼自食其言而又加否認呢？但是「所感覺者，乃事過後之自思也。」這句話又從何說起呢？在真正的快樂時候，並不感覺快樂，反而事後啦，又快樂起來，這個真令人莫明其妙，較比玄中玄，妙中妙更來得算妙些。恰如攝影然，適當花明柳暗的時候你不取景，反而等到花零枝枯的時節再去拍照，其內心還是覺着花明柳暗亦然佳絕也。事實勝過雄辯，是否亦然此景，殊知事過境遷，今之實不如昔也。此華庸君矛盾二。

「苦悶亦然，回憶時才真覺苦悶。」在人生的茫茫征途中，無論那個人決不能終身順風而馳，大小的總得有點「苦悶」產生；可是先苦後樂回憶起來並非真苦，好似「失敗爲成功之母」「苦盡甜來」一樣，事後若回想起過去之苦，實非真苦，只不過是奮鬥過程中的一階段耳！例如你解析一數學題，初則埋頭深思，一時難釋，你認爲是苦，久之，恍然題解，我問你，你說要是回憶起來，是快樂，還是痛苦？依此類推，「苦悶」回憶起來不見得是苦痛吧？

我寫這篇文章的意思，並不是吹毛求疵的來與華庸君筆戰，我純粹的站在文藝的立場上來追求真理，研究學術爲目的底。若蒙賢達不棄，不妨討論一下，但是，切以道德自道，如有村婆罵街之舉，這地先進一聲不恭了。　作者附識

創作

小春郊遊

素瀾

時光一刻不停的向東流去，流走了嚴寒的冬天，一年一度的新春又降臨人間了。

如今佳節又近清明，寥廓的天空只是那般蔚藍一碧，燦爛的嬌陽想已把乾枯的郊原，晒成一片青青的綠毯，凋零的林木，染爲鬱叢綠葉了罷，玉帶河西，本校門前，正是春色方酣的時候，當這樣的佳景，這樣的令節，我們應當怎樣的去遨遊尋樂，才不辜負這大自然賜給我們的幸福呢！

記得是　天的午後，同事的C君走來邀我說：——在校悶坐着豈不痛苦，我們還是出去跑跑也。

——好好，我們一會出去跑跑吧——我是十分對他表着同情。

灣灣曲曲的行過了幾條狹長的小道，學校一步一步的遠離，農田一步一步的展開，扶犁耕田的農夫，可以看見了，持籃拾柴的婦女和牧羊的童子也可以看見了，原來我們已經到了廣大的原野。

原野上，有的是清秀的麥苗，有的是黃金的菜花，有的是滴翠的松柏，有的青綠的楊柳，蝴蝶兒對對飛舞，黃鶯兒歌聲婉轉，陽光兒暖的照着，春風兒拂拂的吹着，我看了這些景色止不鈍足狂跑，勇敢高跳，我們躺在大自然裏安眠，哦！綠蔭做成我的帳幕，柔草裝成我的搖籃，現在我們好像已經不是現世的人，而變成了中古世浪漫時代的人了；我們已經不是現實的人，而變成了畫中的點綴人物了。

我們沿着佈滿了的野花的徑上，向前遊去，一路貪看着農田野景，飽嘗了以前所未接觸過的清新美點來，這美點倘若要精細的描寫出來抽象的文字恐怕還嫌不足，最好是用具體的繪畫　或者可以更爲接近真確些。哦，哦，那夕陽中的田野，田野中凸起着的土墩，不是許多民墓嗎？唉！我們也不過是這些東西的候補，想來什麼又何必計較呢？

——你看那蔚藍無際的天空中飛着的小鳥　唱着的風箏多麼好看呀！——正在默望的時候，傍邊站着的C君忽兒指着天上對我說。

——你看那邊的桃花，多麼鮮豔奪目呀！——他又指着西邊的桃園

——你看那……

他指着許多遠近豔麗的景色一一對我說：這在無限好的春日裏，在這大自然的懷抱中，我們應該盡量的享樂一下。于是我們又攜手前行，行到一個小河邊，才停步不再往前走了。我們便坐在草地上，瞭望四週的野景。

這兒是一片優秀的水鄉，有清可鑒人的溪流，溪中有風吹縐起的波紋，有三五成羣戲水的白鵝，你看他們在那綠水柔波之中，任他們怎樣的游泳，游到天海中，游到銀河裏，脫離這污濁腥臭的人間，永久做一個自由國裏仙人！

遊興還是很濃的。太陽却緩緩的打斜了，天色昏暗下來，我們不得不匆匆回去。

愁

唐虛

愁絲結成網，
緊緊的擁抱着受創的心，
像囚在繭中的春蠶。
○　○　○
宇宙，是一幅慘淡的圖案，
不，是人類灰色生活的反映。
○　○　○
春蠶，何時破繭，
流露，何時把天空滿佈，
我啊，時時想把愁，驅出。

重寫於楊小燈下

感懷

汪駒山

新詩妙句最堪吟，得失榮枯若夢寰，
閱徧炎涼渾似夢，爲人不必問昇沉。

春雪

連番雨雪冷非輕，遮蔽韶光萬物驚，
王謝堂前來燕晚，袁安榻上祝天晴，
梅花早訓三公白，柳眼遲開一色青，
世界如銀留不得，騷人慣惹動詩情。

自述

生平力竭愛清閒，慣臥茅廬訝洞天，
門設常關懷仲景，腰彎非折羨陶潛，
同誰智水仁山樂，解我名韁利鎖纏，
抱膝長吟聊釋悶，園林散步慶餘年。

苦齋瑣話

克林

▲K君

余友K君，幼喪其父，家境坎坷，寒難度日，輒隨其母寄籬戚屬，久之人厭。適逢凶年，十室九空，K君無以度日，與其母覓食他鄉。今憶及已有年矣。昨忽接來書，如夢如癡，眞乃朵雲之飛臨。書云：「母已逝，越一年入贅於某姓，生子一……」。讀後不勝雀躍。K君生不逢辰，形隻影單，孤兒孀婦，飄泊異鄉，感風霜之苦，飢餓之虞；可稱黃連入口，苦難言也。倖今有室有家，其終身尚可慰焉！余因與之爲友，故略述其所遭而記之。

▲文章

心有所感，書於紙。或描寫社會形色，述其身世所遭，必使其情眞神傳，雋永明晰，衆瞻之皆了然，概意略此，方稱文章；否則，則爲〇獐。

晚清中國文壇，蓋以「桐城派」方望溪等爲其巨軸，但八股文束人思想，四六相對，易引人於五里霧中，故非大衆所能領慧之文。自胡先生一脚踢倒舊書箱後，中國之文壇又一新然活躍氣象，如[illegible]讀者實罕見。

今之寫文，無束無羈，宛然自如；且文章爲反映社會之工具。如坐飛艇拍地面之景然，各有其技，各擇其取；實非昔日八股數之所能及。然而今日中國文壇，又發現「洋八股」之稱，且洋八股恐指其西洋化之文往往一句而有數十字者，其勢頗似梁任公之文，其名曰「梁腸」。文人弄波，實使吾人有苦難告。文人執筆，如不求其雅俗共賞，實屬妄費心機，故有人曰：「吾之述文必求衆解，讀之使村婆白丁皆能了然，方稱文章之不爲廢紙也。」

現代吾人均曉，文章非高級智識者所特有，亦須顧及到低級智識者之閱讀。故文章大衆化之聲浪，已高唱入雲霄。

▲失眠

近日精神不佳，頗感失眠痛苦，昨友人贈余安眠藥片服之無效。每至更深不能成寐，更加市聲擾耳，客心爲之紊亂。夜沉教寂時分，魔害尚不退縮，於此涼夜長霄，更使離人百思具至，情緒萬千。因此，日來形容憔悴，身感無力。借鏡而照，消瘦如鶴，又加半頭新霜，內心爲之一驚，吾念三歲，何以有如此之暮像也。嗟乎！吾將不久於人世乎？否，吾年未至而立，其能與齒牙動搖者較。因而偶成拙詩二，錄舊作一：（一）夜半風嘶伴孤燈，客心何事感飄零；爾來不覺身消瘦，半首新霜鏡裡生。（二）何處吹來斷續聲，悲侍離人夢難成，夜深聲息最偏好，窗外玉蟾分外明。（三）願教于飛未問津，天涯淪落浪花身，一去汴州不復返，空羨鴛鴦錦繡春。

春日獻辭（續）

孤跡

由是感動羣情，共紓財力，聞風響應，敵愾同仇，於此不難摧強敵於毀滅，斬盡倭奴，勵健兒於奮門，從我河嶽；無如事變非常，未免喪權之恥，春未盡而戰已停！未能藉此光榮偉大之春，爲我正義永恆之戰，一朝致誤，遺憾，秋，關北之廬舍坵墟，國殤含恨於九京　春光易度，於茲二年！塞外之失地未收，華北分割相繼，領土破裂　民族分崩；更以水災高里，忍看載道之流民，若是長此以往，究設想以何堪！吁嘻！春來春去，恐吾國將陷於不堪收拾之途矣；然值此豔陽天氣，芳草無邊之際，諒狂歡於春之懷抱者，自屬不免，沉醉於自然之美者　必有多人；惟於極樂之時，莫忘大憂在抱，幸勿爲兒女之情以陶醉，錯過春光，宜藉此大好春日，爲國族努力奮門耳！（完了）

常識

防空常識（續）

卿

5，飲以開水或茶——病人安臥之後，即須飲以熱開水或茶，或是加啡茶。

6、對症的處理——對於眼睛的發紅流淚，用溫開水洗拭，再用熱手巾包奄，對於喉嚨的乾燥發癢，用熱開水一大碗，覆上一個玻璃（或白鐵）漏斗，從漏斗的尖口，慢慢的吸入水蒸氣，若能在熱水中加一點小蘇打，或加入幾滴薄荷油，或玉樹油則更好。對於皮膚的起泡，千萬不要將泡弄破，應該小心用鹼水或蘇打化水冲洗，再塗上蓖油或蓖油和石灰的混合物，或凡士林，再覆上清潔的布片，對於胸部疼痛，和小腿的抽筋，可放上一個熱水袋或者用熱水手巾包奄，疼痛和抽筋，自然會停止，對於呼吸的突然停止，可行同呼吸法。

7，趕緊請醫師診治——中了毒之後一方面施行急救，一方面應該立即用電話請醫師來診治，或者送到區以外的醫院去醫治。（完）

特載

勸戒鴉片五言歌

毛宅二

中國何爲弱　弱在鴉片藥　其味最香甜
其毒最猛虐　害了多少人　轉眼成落薄
飢餓無米炊　寒冷無衣着　短短一烟槍
吞物如谿壑　房屋並田園　都在槍內撥
家產既消完　妻兒跑不脫　落魄無所依
烟癮仍如昨　盜賊也要爲　詐欺也要作
不死刑律場　便死城牆脚　民族從此衰
國運從此挫　政府挽狂瀾　苦苦設方略
頒下禁令嚴　派人到處捉　凡屬帶烟坭
邏來多盤獲　登時用火焚　罰金勝賭博
查出私開燈　懲辦更難說　我勸烟友們
終久不得活　與其做犯人　何苦早丟卻
愚下青年時　曾被烟鬼縛　每天吸三回
每回吸幾盒　越服戒烟丸　越把元氣剝
丸內有烟膏　焉能戒得落　煙癮更加深
舉疾首蹙頞　細想在世間　仰愧還俯怍
死心與煙離　忍痛一刀割　如下梗樓梯
飛步高跳躍　藥膏未曾吞　藥水未曾喝
困苦過七天　身體漸安樂　及滿一月期
精神竟活潑　食食大加多　污點盡洗濯
至今數1年　煙總不相合　莫道戒煙難
只要心堅確　我實經過來　胸中有把握
神天鑒我言　非欺亦非謊　奉勸煙癖家
不論紳商學　莫酣煙夢中　起起快驚覺

編輯室的廣播電台

雲章

一，素閒君：大作收到，你的通訊地址請速告知，以便贈送稿紙和本報。

二，歌平君：你的「想到死」，我想再詳細的看看，稍停即可刊出。

三　克林君：你近來的努力，眞使我佩服，但是單行本刊物的事，到底怎樣了呢？

四，冰片君：現在大家都盼望你的稿子！

五，黃念君：你所譯的德文小說怎樣了呢？望你快點寄來吧。

古人箴言

吾輩在自修處求强則可，在勝人處求强則不可，若專在勝人處求强，其能强到底與否，尚未可知，即使終身强橫安穩，亦君子所不屑道也。

縣黨部無綫電收音室開放節目

四月一日　星期三

八，四〇　西樂
九，一〇　新聞
一一，三〇　平劇警策語報時氣象商情
一九，〇〇　平劇　荀慧生一斗丑王芸芳　合唱　鴻鸞禧
二〇，〇〇　報時氣象水位簡明新聞
二〇，一〇　時事述評　關於國際問題
二〇，二〇　國樂
二一，四〇　新聞

豐報
第一〇四九號
社址豐縣大同街
中宣會登記證中字第一二九號 內政部登記證警字第二三二〇號
中華郵政特准掛號認爲新聞紙類

▲廣告刊例
一本報廣告以方寸計算
一每方寸以市尺長寬各一寸計算
一封面每方寸每日大洋一角
一普通每方寸每日大洋八分三方寸起碼
一登三日以上九折六日以上八折十日以上面議

每日一張半

本報價目
本報每份大洋一分四厘每月大洋三角外埠每月大洋四角郵費在內

▲總理遺囑
余致力國民革命凡四十年其目的在求中國之自由平等積四十年之經驗深知欲達到此目的必須喚起民衆及聯合世界上以平等待我之民族共同奮鬥現在革命尚未成功凡我同志務須依照余所著建國方略建國大綱三民主義及第一次全國代表大會宣言繼續努力以求貫徹最近主張開國民會議及廢除不平等條約尤須於最短期間促其實現是所至囑

侯陳氏緊要聲明

敬告請我豐各機關各團體以及父老姉妹鈞鑒 茲啓者非氏有意毀人名譽特爲氏寃苦簡直無處呼籲憤無所洩緣氏自十八歲在壽州與侯宗洲結婚憑媒大娶喜對綾條懸掛滿堂賓朋滿座次年生子乳名小毛後起學名敬久在壽州同居六年頗有積蓄及隨夫攜子回豐始置有市房兩處田地數頃所有家資全是氏同侯宗洲協力購置論實際與前子敬五毫無相干今侯宗洲病故敬九用挾天子以令諸侯故事出蓋棺束竟將氏之親生子列爲養子更將其繼母身分泯滅淨盡此事實爲世間所罕聞特登報聲明作一今古奇觀

鳴謝

本鄉公所現正籌備實施公民訓練，蒙縣城北門內翟兆德翟兆盛二位先生捐助法幣陸拾伍元，指定購置大刀、以爲公民練習武術，捍衛鄉邦之用，熱心公益，殊堪欽佩，除呈請縣政府予以嘉獎外，謹代表全鄉民衆，登報鳴謝。

豐縣中山自治實驗鄉鄉公所啓

豐縣教育局啓事

查全省兒童節省果餌費鑄劍呈獻蔣委員長佩帶一案、經本局函飭遵照後、業經多日、其有尚未遵令辦理者 限於四月十日以前、辦理完竣、以便分期解繳爲要此啓。

豐縣農民銀行通告 啓字第三號

近查本行辦理青苗貸款，連日各合作社來行申請者，日有多起，綜計已五六十社，奈本行祇專員一人，負調查之責，奔走忙碌，日無暇晷，而各社多函電分詢，急盼調查，以期早辦借款手續，茲將本行調查方針，揭示如左，維希 亮督

（一）曾經本行放款，而能先期歸還者，如社務無所變更，得値查保證人，而免查或遲緩其調查社務手續，儘先陳准放款。

（二）曾經本行放款，而能如期歸還清楚者，次之。

（三）已取得新登記證而申請借款數目與該社事業及人數有合理之分配者，又次之。

（四）凡未繳新登記證而儘送申請書或申請書各重要欄內填缺不全者不查。

（五）凡合作社經 豐縣合作指導委員會介紹來行申請借款者，亦可提前辦理。

二五、三、十二。

中外要聞

閻錫山電京告捷 入晉殘匪已分股逃竄

▲中央社南京三十一日電 閻錫山電京報告剿匪捷訊、我軍馮、楊、劉、陳、四旅、與被在孟家塌東要齋村一帶、抵抗之匪三千餘人、該四旅向西追剿 由陳旅繞敵側背並派一部側擊義牒之匪、該旅在張家塌與匪激戰、匪衆截爲兩部 向南退卻、一部向西潰竄 匪傷二百餘名、獲槍三十餘枝、俘匪五十餘名 潰散者不少、又此次共匪渡河 浩稱二萬人、能戰鬥者亦有二萬四五千人 經我後十一次激戰、匪之陣亡及受傷 逃回河西者、及東北軍被迫爲匪來歸者、統計一萬六七千人．現匪不過餘八九千人、竄晉南洪趙一股、約五六千人、由中央軍及三十二軍進剿 竄興嵐一股、約三千人 由晉綏軍追剿、匪氣已餒、殲滅當不在遠。

▲中央社成都三十一日電 剿匪軍第七縱隊指揮許紹宗、近函其友 謂敍南防務鞏固、蕭賀自在鎮雄潰敗、現暗由咸甯昭通間向東竄、敍南各屬已告弭平。

行政院昨舉行第二五六次會議

▲中央社南京二十一日電 行政院今日上午、舉行第二五六次會議 主席蔣院長 議決各案（一）財政部呈請取消省有或民營鐵路購料納稅．得通用國有鐵路分別記帳繳現辦法案 決議通過（二）外交部呈 擬將各區視察專員、及特派員．擇其事務繁般、地居衝陲之仍舊設立．並悉用特派員名義、計駐粵南特派員一人、廣東廣西特派員一人．冀察特派員一人、川康特派員一人、此外各區視察專員、擬予 律撤銷、改於部內設置專員、請鑒核轉呈國府備案案、決議通過、（三）內政、外交、軍政、海軍四部、及衛生署、審查修正中華民國紅十字會管理條例、請核示案、決議修正通過、咨立法院、（四）綏遠省府主席傅作義電呈綏蒙雪災情形嚴重、請籌撥賑款救濟案、決議撥款四萬元、由賑委會派員會同省政府散放。

刺汪案昨繼續審理

▲中央社南京一日電 行政院汪前院長被刺案、蘇高五分院、昨日下午一時、假首都地院刑庭、繼續開庭審理、訊問李懷誠、項仲霖、盧麗騎一犯、前往旁聽者 依然擁擠、李、項、盧三犯、均狡賴不諱、對本案情節、一概推稱不知、審判長以本案情重大、尚須繼續調閱卷宗、調查證據、本日不能宣告辯論終結、故諭知改日再行審理。

縣市行政講習所 第一屆學員昨畢業

▲中央社南京一日電 內政部舉辦之縣市行政講習所、第一屆學員、自三月一日開學以來、迄至昨日、已一月期滿

、該所於三十日已考試完竣、昨日下午四時、在內政部大禮堂、舉行第一屆受訓學員畢業典禮、事前特請行政院蔣院長、出席致詞、並授憑、蔣院長訓話歷一時餘、至六時攝影散會。

黃慕松趙丕廉 昨晚招待潘王等

▲中央社南京三十一日電 蒙藏會正副委員長黃慕松趙丕廉、今晚六時、歡宴由平來京之綏蒙政會副委員長潘王、及僧格林沁等三代表、潘王等擬晉謁蔣院長、現靜候傳見日期。

首部地方法院 今日開始施行公證制度

▲中央社南京一日電 首都地方法院、今日開始施行公證制度、凡商民人等、如有法律行為、或其他關於私權之事實、可依法向該院公證處、辦理公證手續、並已於日前頒布佈告、俾各商民人等、一體周知。

本年民族掃墓禮 定清明節在周陵舉行

▲中央社西安三十一日電 民族掃墓禮、定清明節在周陵舉行、西安各界、均將往參加、邵力子特電鐵部、請於是日開西安至咸陽之掃墓專車、黃帝陵在中部、因交通不便、將行遙祭禮 張繼視察武功農校後、現在鳳翔遊覽、將於日內回西安。

隴海路西段工程局全部移西安

▲中央社西安三十一日電 隴海路西段工程局、三十日全部由鄭遷西安、局長淩觀濤 率全體職員同來。

新運總會視察團 第二隊到蘇視察

▲中央社鎮江三十一日電 新運總會視察團、第二隊賀海峯等一行三十餘人、昨日來鎮、定今日召開新運幹事會議、決定日程後、分別實地視察、並將分赴武進、宜興、丹陽、等八縣視察。

淮陰等三船閘 定下月一日行啓用放水禮

▲中央社清江浦三十一日電 淮陰、邵伯、劉老澗、三船閘、加作夜工後、進行益速、現灌入海工程、亦在趕作中、四月底、全部竣工、定五月一日同時在淮陰楊莊鎮、舉行啓用及放水典禮。

九種公債券定今日起 調換統一公債丙種票券

▲中央社南京三十一日電 民國廿五年統一公債丙種票券、三萬五千萬元、現經承印之中華書局印齊、送交財政部、定明日起、開始掉換、所有舊發之十八年編遣庫券 廿年統稅庫券 廿年鹽稅庫券 廿年金融短期公債 、廿年江浙絲業公債、十八年賑災公債、軍需公債、十八年裁兵公債、廿年關稅庫券、等九種債券 均各依法掉換。

實業部長 吳鼎昌返京 ……滬漁市場下月中開幕

▲中央社南京三十一日電 實業部長吳鼎昌、日前由京赴杭、並轉滬視察該部所轄各機關、及處理漁市場開業事務、茲已公畢、於今晨由滬返京、聞漁市場商股問題、已接洽完妥、現正進行收徵股款、約下月中旬、即可開幕。

新運總會募捐消息 滬某西報載 絕無其事

▲中央社南京三十一日電 日前上海某西報載、新生活運動促進總會、在滬募捐消息、記者今以此事、向該會負責人探詢真象、據發表談話如下、新生活運動一切費用、應一律由一般發起人主持人、或當地政府籌給、不得向外募捐 此在新生活運動綱要中、已有明白規定 本會與各地新運會、向均依照辦理、過去及現在、從未向任何方面募捐、西報所載、或係傳聞之誤、希望各方注意、以免誤會。

蘭州昨晨地震

▲中央社蘭州三十一日電 蘭州昨晨五時廿五分、地震十餘秒鐘始停、蘭州本月廿六日、地震六次。

京漢長途電話 定今日正式通話

▲中央社漢口三十日電 交通部興建之九省長途電話、各大幹綫、興工已久、京漢綫各項工程、近已告竣、並已試行通話、音甚清晰、聞定 日正式通話。

國際電訊局 奉令撤銷

▲中央社上海三十一日電 國際電訊局、奉交通部令、自今日起、正式撤銷、職員給新遣散者廿餘人、餘由部調用。

贛各界籌款購機祝蔣委員長壽

▲中央社南昌三十一日電 贛募款購機祝蔣委員長壽、計政界、工商界、地方保安團隊、教育界、各一架、募款辦法、在擬定中。

青平實行直達聯運通車

▲中央社北平三十一日電 青島北平直達聯運通車、三十日開始實行。

綏蒙會在平設辦事處

▲中央社北平三十日電 綏蒙政會在平設辦事處、負責接洽一切事宜 已發表蒙和巴圖爾為處長、日內即來平籌備一切。

蘇財廳召集第六批 縣二科長等受訓 計高淳沛縣等十一縣

△江蘇社 蘇財廳由二月二十四日起、每逢星期一、分批召集各縣二科長暨會計主任來省受訓、計已達五次、共四十九縣等情、已分誌前報、茲悉定三十一日為第六批召集之期、係最後一次、計應召來省之縣份、為高淳、沛縣、蕭縣、邳縣、宿遷、睢寧、灌雲、沭陽、丹陽、奉賢、（該縣應予第三批召集、嗣因該縣長新舊交替）等十一縣云、（廿九日）

蘇建廳劃一 各縣合作社名稱 以鄉為業務者村名應予刪除 已設或解散者毋庸重辦登記

△江蘇社 蘇建廳以前頒之合作社成立登記證、此次實業部合作司所印行之登記須知、內載四聯單格式不合、又各該社社名 亦有未合、自應分別改正、惟迄今尚未接奉明令、茲以劃一合作社名稱說明書舉例殊少、為辦理登記人員 目瞭然起見、特擬劃一合作社名稱舉例、除候合頒發飭遵外 特由蘇省農業管理委員會合作課先行函知各縣合作指導員查照、妥為預備一切、茲將其劃一名稱舉例採誌如下

劃一合作社名稱舉例

原有社名 劃一名稱

儲藏 倉儲、儲押、及信用儲藏合作社、改正、信用合作社、購買及農業購買合作社、改供給合作社 繁殖合作社 改棉花生產或稻麥等生產合作社 養魚及漁業合作社、改養魚生產或漁業生產合作社、養蠶、蠶絲蠶桑、及蠶業合作社 改養蠶生產或蠶業生產合作社 森林及林業合作社 改林業生產合作社、土布、織布及棉布合作社、改織布生產或布業生產合作社、生產合作社、改水稻或麥稻或雜穀等生產合作社、運銷、推銷及農產運銷合作社、改小麥、或金針、或豬隻等運銷合作社、灌溉及水利合作社、改灌溉生產合作社 利用合作社、改人力車、或印刷等公用合作社 產銷合作社、改稻麥或金針或棉花等生產運銷合作社 信用購買合作社、改信用供給合作社 產銷、供給利用 信用、合作社、改棉花等生產供銷合作社、附註一、其他合作社類推、二學校及工廠消費合作社、得將某區某鄉等地方名稱、改換「某某校」或「某某廠」、三、棉花等生產合作社兼營他種生產業務時、應仍為單營社 不得稱為兼營社 四、社名之無限有限及保證責任應列在地名與業務名稱中間、例無錫□攻口鄉無限信用合作社、五、報廳備案時、應填具四聯單並職員名單一併呈核、六、兼營性質之合作社 其兼營業務名稱、應詳載乙聯報單業務欄、七、社名中鄉以下村名等之合作社、其業務區以鄉為範圍者、所有社名中之村名等、應予刪除、但該鄉已有同一業務之合作社時、務須予以合併或協調為要、八各縣已成立合作社準備合併或解散者、毋庸重辦登記、但在未奉建設廳明令核准解散以前、是項合作社仍視為存在、如已成立合作社月報表中、仍應將該社併計呈報、（三十日）

蘇財廳整頓各縣財政 本年度內可竣事

一切收支已能遵照規定辦理

△江蘇社　蘇省財政過去、頗爲紊乱　自繆前財廳長積極整頓後、現已漸趨正軌　記者欲明瞭最近辦理情形、昨特往該廳探悉、關於整頓本省財政辦法、財廳原規定各縣整理委員於去歲十二月辦理竣事、嗣經各委報告、情形既屬複雜、手續亦甚麻煩、辦理雖見成效、但非短時期所能澈底、故該廳按照事實　求盡善起見、乃不得不予以展期、現照目下各縣辦理情形　較前已有進步、一切收支均可遵照廳方規定辦理、約在本年度內各縣即可整頓完竣云。

蘇省禁委會通過之 煙民精神訓練辦法

△……共計七項要點

△江蘇社　各縣禁烟委員會督促並辦理戒烟所烟民精神訓練辦法草案、業經禁烟委員會議決通過、茲錄其誌下、（一……訓練辦法……）各縣禁煙委員會按照前省禁烟委員會頒發之烟民精神訓練方案所定各項辦法、每日派員調查該縣戒烟所辦理情形、（二）各縣禁烟委員會應將前項調查情形、每日列表報告、每二星期彙呈本會一次、是項調查表必須由負責調查人親塡、不得由戒煙所代爲塡寫、（三）烟民精神訓練方案訓練事項第二項之精神講話實施辦法、應改由縣禁烟委員會主持、由縣會委員或聘定人員擔任演講、並於演講時派員主持及担任紀錄、（四）每週精神講話之人數姓名、講題講詞摘要、及其他辦理情形、均須於每月呈報本會一次備查、（五）各縣禁煙委員會關於縣戒烟所辦理煙民訓練之改進意見、得函請縣政府轉飭戒烟所遵照、或呈報本會核辦、（六）各縣戒烟所如有奉行特別努力或懈怠情形、應由縣禁烟委員會呈報本會查核轉請民政廳分別獎懲之、（七）關於省立醫院附設戒煙醫院之烟民精神訓練　由鎮江縣禁烟委員會按照本辦法之規定辦理之、（廿九日）

童軍幹訓班初試 蘇省一次揭曉

△江蘇社　中國童子軍江蘇省理事會、前日舉行幹訓初試、經主任委員張公任氏詳加審核結果、正取生爲李玉生等七人、備取生爲戚存模等二人、正取生一律於三十日到京復試、仍由陳邦才宋景祁二理事率領前往云、附幹訓班初試合格人員名單於後、正取生（以姓氏筆畫多寡爲序）、李玉生、徐家柱、徐家棫、陳隱漁、稽燮魁、楊慕二、薛壽根　備取生、（以姓氏筆畫多寡爲序）戚存模　衞宋元。（廿九日）

蘇各地新運會得設 新運婦女工作會

總會設置婦女新運指導會

△江蘇社　蘇省新運會、頃奉總會通告、略以爲統籌促進全國婦女新生活運動起見、設置婦女新運指導委員會、聘蔣宋美齡女士爲指導長、戴鈺有恆女士、張馬齊英女士、王蕭德華女士、張洪希厚女士、馬沈慧蓮女士、趙懋華女士、吳貽芳女士、羅張維貞女士等爲指導委員、管梅口女士爲總幹事、負責指導全國各地婦女新運事宜、業於二月十日成立、開始工作、特印發該會組織大綱、希轉行所屬各新運會及婦女新生活勞動服務團、除仍按旬將工作情形塡表報會外、關於推行辦法及各項計劃方案、或工作困難之點、需要協助者、并可逕與該會商討、以期共策進行、至各地有發起婦女新運組織者、除由各地新運會登記外、並應報告該會以資聯繫、該會奉文後、昨已轉行所屬各新運會查照辦理、茲將新運總會婦女指導委員會組織大綱探誌如次、

組織大綱（一）名稱……本委員會依據新生活運動促進會組織大綱第七條之規定組織之定名爲新生活運動促進會婦女指導委員會（二）宗旨……本委員會以指導全國各地婦女整個生活之改進、並使德智體羣富美　各得充分的發展、共負服務社會復興民族之責任、（三）組織……本會設指導長一人、由會長聘請之、委員九人至十一人、由指導長荐請會長聘任之、副指導長一人、祕書一人、由指導長由委員中選任之（四）職責……本委員會負責計劃指導、並聯絡全國婦女新生活運動工作、（五）職員……本委員會設總幹事一人、由指導長荐請會長聘任之、在本委員會指導之下、總理本委員會一切事務、幹事助理員若干人、由本委員會視工作之需要　隨時聘任之（六）會期……本委員會每月開常會一次、遇特別事項時、開臨時會由指導長召集之　指導長缺席時、由副指導長召集之（七）各地新運婦女工作委員會、全國各地新生活運動促進會、得設新運婦女工作委員會、推進各地婦女新運工作、并向本委員會登記、并受本委員會之指導（八）經費……本委員會之開辦費及經費、均由新生活運動促進總會負擔之、（九）附則……本組織大綱如有未盡善處　得由本委員會提請總會修正之、（十）施行……本大綱提請總會會長核准施行云。（廿九日）

二十五年度省預算 削減後並無不敷

縣預算已通過淮陰等縣

△江蘇社　江蘇省二十五年度各縣地方預算審查委員會、自本月七日組織成立後、迭次開會審查各縣預算、現審查通過者、已有吳江、溧水、興化、東台、武進、川沙、江陰、揚中、淮陰等縣、關於省預算方面、前報載不敷甚鉅、茲據記者向財廳探悉、經一再會商緊縮辦法、儘量削減後、現已並無不敷云、（廿八日）

蘇建廳將派員 復查、谷縣度量衡

是否劃一隨時攷核

△江蘇社　本省各縣度量衡檢定檢查等事、日臻緊劃、建廳對於各縣長推行度政成績、認眞考核、並將每年考績情形、均呈實業部備查、茲悉本省各縣度政、業據呈報劃一者、已近半數、業經建廳於二十四年春間派員復查者計有嘉定常熟二縣、確係均已劃一、聞其他各縣、擬再陸續派員併案復查、隨時考核云。（廿九日）

倉庫人員 訓練期滿

是否繼續辦理尚未定

△江蘇社　江蘇省農民銀行與江蘇銀行、前爲訓練倉庫人員、特聯合組織「全省倉庫人員訓練班」、調本省已開業務之省倉庫人員十人及吳縣、鹽城、宜興、常熟、如皋、丹陽、江陰、沛縣、蕭縣、阜甯、金壇、揚中、江都、太倉、興化、泰興、句容、武進、嘉定、無錫等縣倉庫、每處一人、計共四十人、於本月十六日開始授課、截至昨日授課期滿、各學員已紛紛返縣、其他各縣倉庫人員、是否繼續辦省訓練、據記者向農行探悉、現尚未定云、（廿九日）

運英中國古物將啓運回國

▲中央社倫敦三十一日電　中國政府所借出在林白敦厦展覽之珠寶　現由海部縝密布置　運送回華、昨日已照會中國大使署、謂此項美術品、將於四月九日交英船臨浦拉號運華沿途有軍艦分段護衛、各品共裝九十隻鋼製之箱、裝箱之華人、亦同輪回國。

征非意軍總司令發表捷報

▲中央社羅馬三十一電　東非意軍總司令三十日公報稱、意軍行崎嶇道路二百五十公里後、佔據沃沙省之省會薩督、意國三色旗、已高懸於合沙白王宮上面、西路意軍廿八日佔據阿迪阿得莫斯、而其他軍隊已抵台開。

▲中央社開羅三十日電　意國王族畢蒙親王王妃　頃於三十日午後、乘意郵船道經賽特港、轉赴狄格里亞省前線軍事醫院中、充當看護、據稱、余此行爲國効勞、以盡余之天職。

英法意比四國 將在比京討論德國所提對案

▲中央社羅馬三十日電　關於洛加諾會議協定草案、意政府所以擬提出之對案、不日將由洛約四簽字國、在比京開會、加以研究。

本縣新聞

合作事業指導委員會召開第二次視導會議

△增聘各區區長區農會幹事長爲視導員

△四月十日至二十日爲第二次視導日期

合作事業指導委員會、召集各新舊視導員於三月三十日下午一時在縣黨部會議室、舉行第二次視導會議、出席李貞乾、王述先（裴朝永代）、董玉樹、韓韶九、高道昭、董正身、史肇修、劉美周、李效禹、董玉珏、王德明、孫建之、夏愼言、彭世亭、林禮明（魏家湘代）、曾慶霖、武襄承、主席李貞乾、紀錄武襄承、行禮如儀、

報告事項

一、本會前聘定視導員、每區三人、近因各區民敎館均行取銷、每區僅餘二人、合作事業指導委員會、爲增加視導效率起見、爰經第五次會議決議、增聘各區區長及區農會幹事長爲各該區合作事業指導員、二、視導員的責任、在第一次視導時期（十二月至二月）、注意評定各社成績、並決定各社之存在與否、三、視導員應注意事項、（一）爲視導標準、（二）爲視導辦法、四、縣政府近奉省廳令、本縣合作社數量、已達規定額數、對設立之新社、均令暫緩組織、

討論事項

一、合作事業指導委員會視導合作社辦法、及二十四年度合作社業務進行最低標準、業經擬定、請討論案、決議、交縣合作事業指導委員會議討論、二、請確定第二次視導日期案、決議、自四月十日至二十日爲視導日期、四、閉會。

教育局召開第一二六次局務會議

準備擴充義務學級

教育局於前日上午十一時、開第一百二十六次局務會議、出席董玉珏、王如塤、蔣顯琮、高世英、李效閔、朱本洛、孫建之、列席吳春芹、張兆威、、主席董玉珏、紀錄蔣顯琮、報告事項、從略、

△△△△討論事項▽▽▽▽

一、擬確定各民衆教育館館長兼鎮受訓往返旅費案、決議、每人發給二十五元、二、擬將前店子民衆教育館農場基地五畝半、撥交韓莊初小管理案、決議、通過、三、高教委世英提議、史莊私塾、大致尚合規定、擬請准予備案案、決議、暫准設立、四、省令於二十五年度擴充義務學級二十級、應如何籌設案、決議、（一）由各區教委分區勘察適宜地址、二、函請各區區公所、轉飭各鄉鎮申請設立、上午十二時閉會。

各區修路忙

本縣國民勞動服務之範圍、前經第五十九次區長會議議決、以修築各區公路爲對象、縣政府根據此項決議案、通令各區公所、督導各鄉鎮遵照辦理、各區奉令後、均已積極進行、聞第一區今日測量分工、二區已修築竣事、三四等區均正在修築云。

黃河董莊決口已合龍

專署電縣政府知照

去歲黃河董莊決口、洪水下注、本縣受災頗重、一般人士、對董莊堵口工程、莫不關懷、茲悉縣政府頃奉專署電、該口已於上月二十七日合龍、特將原電探誌如下、豐縣王縣長覽、頃准江蘇省導淮入海工程處許處長卅當開、頃准開封黃河水利委員會儉電開、董莊堵口工程已於感日（二十七日）下午五時四十五分合龍、等因、准此、合電知照、專員邵、卅、印、

實驗鄉建造涵洞

二座不日完成

四座今日開工

中山自治實驗鄉境內各河道、已於去年挑挖、公路亦已修築、惟缺乏橋樑、交通不便、特於去年擬具計劃及預算、呈由縣政府轉呈建設廳、核准建造涵洞六座、年前兩座動工、嗣因天寒暫停、現以春暖、已繼續開工、不日即可完成、其餘四座、亦將磚石運齊、於今日開工矣。

無線電技術員孫逸林奉派到縣工作

本省無綫電技術人員訓練班、已於上月訓練期滿、各畢業學員、業經省府分派各縣工作、派來本縣之技術員孫逸林、亦於前日由鐵到縣、担任收聽中央及省府電台播送之新聞政令、指導民衆業餘無綫電工作、並負一切通訊責任、孫君係浙江奉化人、現年二十歲、上海中國無綫電工程學校畢業、中興煤礦公司及大資輪船無綫電員、QSP無綫電雜誌選述、技術經驗均極豐富、將來對本縣無綫電事業、定有不少貢獻云。

司法欄

◎縣政府司法批示◎

▲刑事原具狀人焦志鈞、一件、爲圖財害命由、狀悉、仰候傳案訊奪、此批、

▲刑事原具狀人楊士良、一件、爲串證誣良、妨害家庭、訴求集證續傳、依法公斷由、狀悉、仰候續訊核奪、此批、

▲刑事原具狀人王基明、一件、爲被傷害、案已起訴、蒙恩驗明・忽約强徒兇惡暴動、懇請迅拘兇犯法辦由、狀悉、仰候定期訊奪、此批、

▲刑事原具狀人李連盛、一件、爲訴明被累緣由、叩請傳到買槍人、訊明賞釋由、狀悉、凡盜匪案件、業已奉令劃歸專員公署審理、仰候呈送訊辦、所請賞保、應毋庸議、此批、

▲刑事原具狀人田果氏、一件、爲持槍行兇、妨害權利、訴請傳案依法訊究由、狀悉、仰候傳案訊奪、此批、

▲刑事原具狀人盧丁氏、一件、爲濫用强暴、毀損器具、搶奪財物、再叩准予拼案訊辦由、狀悉、仰候傳案訊奪、此批、

▲刑事原具狀人陳寶光、一件、爲恃邪誣陷、持刀行兇、懇乞拘辦由、狀悉、仰候傳案訊奪、此批、

▲刑事原具狀人侯陳氏、一件、爲聲明誤期緣由、再請恩予續傳訊辦由、狀悉、該告訴人於庭期不到、殊屬不合、嗣後應予注意、所請續傳、姑予照准、仰即知照、此批、

▲刑事原具狀人石延海、一件、懇請賞保李廣海在外、不誤傳喚由、狀悉、准保、此批、

▲刑事原具狀人劉李氏、一件、爲遺棄嗣母、得業不養、懇求傳案訊辦、以懲不孝由、狀悉、仰候傳案訊奪、此批

◎刑事判決◎

李得勝因妨害自由案判決、

主文　李得勝教唆他人、以非法方法、剝奪人之行動自由一罪、處有期徒刑三月。

△庭期審理案件▽

四月二日審理蔣吳氏訴蔣顯尊贖案、

四月二日審理孫裕豐與張效用產權案、

▲本城糧價▼

名稱	每市斗價目
小麥	最高三千八百文　最低三千七百五十文
大麥	最高二千九百文　最低二千八百五十文
黃豆	最高三千七百五十文　最低三千六百七十文
黑豆	最高三千六百文　最低三千五百文
菉豆	最高四千文　最低三千八百七十文
江豆	最高三千九百文　最低三千八百三十文
高粮	最高二千八百五十文　最低二千七百文
穀子	最高二千三百五十文　最低二千三百文
稷子	最高二千文　最低一千九百文
芝蔴	最高五千四百文　最低五千三百文
青豆	最高三千七百文　最低三千六百五十文
花生	每斤最高二百八十文　最低二百七十文
瓜子	每斤最高七百二十文　最低七百文
生米	最高四百四十文　最低四百三十文

江蘇省豐縣測候所氣候報告　今日下午三時止

天氣	溫度 最高 攝氏	溫度 最高 華氏	溫度 最低 攝氏	溫度 最低 華氏	昨日雨量（本日九時止）	本月雨量積數
晴　西南風	二二・二度	七二・〇度	四・〇度	三九・二度		四・二公厘

中華民國廿五年四月一日　覺報　（星期三）　第五版

小朋友

第二六一期

本副刊以介紹小朋友的作品爲宗旨
本副刊全係公開歡迎投稿
本副刊編輯部對來稿有刪改權
本副刊編輯部對來稿如不登載概不退還
本副刊編輯部設覺報社內

懺悔

便集四年級　劉文周

在從前，我是很不用功的。現在，我要懺悔了，我要很澈底的懺悔了。幾年的寶貴的光陰，都被我虛擲過去了，從今以後，我要發奮的努力了！父母啊！先生啊！請您不要再譴責我了吧！我是覺悟了。

回顧以前，我實在太無益了，太不知自愛了。只好遊玩，不知用功，所以上了四五年學，仍舊是不會什麼？看一看我的一些同樣大小的小朋友們呢？那一個不比我强啊。我是「馬齒徒增」！我更虛度過黃金的歲月！我對不起父母！我對不起先生！過去的回憶，眞要使我無地自容了。

從這以後，我要努力了，我要爲着父母的希望，爲着先生的愛護，爲着同學們的慇懃的勸慰，要努力了，我再也不像那樣的馬馬虎虎了，再也不像從前那樣的好玩了。我從這以後，一定要專心學業，努力讀書了。在從前所學的功課一點都不會，先生說的話，一句都不聽，我從此以後，一定要把所學的功課，都學會，先生所勸戒我的話，都牢牢的，永不忘記的記在心裏。

我每天吃過飯以後，就到教室裏來溫習剛學會的功課，得空，再到圖書館裏去看書，看報，好增加我的應該知道的一些常識，我不能再教這寶貴的歲月，空過去了。

我從此要努力，再也不像那樣的悠悠忽忽了，過去的不咎吧，父母啊，先生啊，請您不要再譴責我了，我是覺悟了。

讀過女神纏黑紗以後

便易集四年級　劉耀東

從前法國和德國打仗，結果，法國失敗了。法國因爲向德國求和，把他的亞爾薩斯和洛林二州割讓給德國了。法國自從失去亞洛二州以後，巴黎市民，便在巴黎市中的一座女神的像的左臂上，纏了一塊黑紗，來表示他的國喪，以警惕着自己不忘國恥，努力復仇。

他們每逢亞洛二州的割讓紀念日，總就有無數的人集在這女神像下，徘徊着，留戀着，甚至有的人因爲想到國家的痛苦，割地賠款的恥辱，心裏的激奮難過，遂號啕的痛哭起來。

「有志者，事必成」，後來歐戰休止，亞洛二州終究恢復了，地們的高興，眞是不可以言諭了。

法國人是這樣的有志氣，對於恥辱是這樣激奮，對於國事能這樣的努力，所以他們終於能報仇雪恥的。

但是，我們看一看我們的中國呢？現在共計失了多少地了，而我們中國人，仍就是「醉生夢死」的昏頭昏腦的過日子，這樣，我們的國仇，怎樣去報復呢？我們的河山，怎樣去收還呢？同胞們：奮起吧！我們應該學法國人的「不忘國恥」，「誓復失地」，「臥薪嘗膽」的準備去拯救我們的國家吧，我的些同胞們。

我最崇拜的人

常小　張德周

我最崇拜的人物，要算武訓先生了，武訓先生在幼年的時候，是一個形容憔悴，飢寒交迫的窮乞丐。因爲那時候的教育太不普及，所以他在很小的時候，就立定了建立義學以普及教育。對於自己的貧苦生活，却不以爲痛苦，而對於他同樣貧寒的人們，他却極力生法救濟。

過了幾年，他的希望和決心，便成功了。他所希望的義學經他幾年堅苦的奮鬥，使一一的實現。他專們收取貧苦的孩子，使他們都有讀書的機會。

由此看來，武訓先生，並不是所謂寄生蟲般的乞丐；而是一個普及教育，救濟貧民的乞丐，像這樣的人，是怎麼可敬呢？所以我崇拜的人，便是武訓先生了。

○○○

植樹的利益

書小六年級　閻濟亭

溫和慈愛的春神，悄悄的走入人間，天氣漸漸溫暖了起來，柳條兒也發了嫩綠的葉子，掛在樹上，隨風招展，各樣的樹木花草，都發芽了。現在的時候，正是植樹木的好時候，植樹有甚麼利益呢？現在我把他分述如下：

直接的

（一）木材，樹木長大後，可以利用他的木材，來做各種農具，和各種器具等，並且可以建造房舍，用途很廣。

（二）燃料，樹木的枝葉及樹幹，都可以當燃料來燒，也有很大的用處。

間接的

（一）滑潤空氣，樹木是能散發養氣，所以栽植樹木，能使空氣特別新鮮清潔。

（二）防止天災，植樹可以防止水災，因爲樹木可以調制水的流量，還可以防止旱災，因爲天氣旱的時候，有了樹木，可以發散水分，不至於甚旱。

（三）點綴風景，假如一片荒野，無有一顆樹木，那末，風景是多麼枯燥呢。便可以點綴成很好的風景。

以上幾點便是植樹的利益。

月夜

蒲斑樓小學校　李繼寫

時當荒春，青黃不接，十室九空，哀鴻遍野。心裏常覺悶悶不樂，回轉一日的太陽，漸漸墜向西山掩沒不見了。但他的餘光返照成一片血也似的紅霞，把宇宙也照成了紅的顏色。不一會，那上弦的月懸掛在東方樹梢，露出他憂愁和善的臉兒，向着大地上的一切的一切微笑。這時天空中的小星，似明非暗，好像害羞般的對我眨眼。

在這萬籟俱寂的夜頃，獨有我寂寞無聲的徘徊院中。忽然想起每天走過的池塘，在這一瀉千里的月光裏，總該另有一番的可愛吧！月亮冉冉的昇高了，院子的外面；天眞活潑的小孩子們的嘲笑聲，早已聽不見了。

這時我復前行，走出門外，便見一個小小的池塘，四圍都是些蓊蓊鬱鬱的楊柳，岸邊鋪滿一些野生花草，開着鮮美的花兒，水中的魚兒映着月亮，也看得很眞切，猶如白晝一般，只見雙雙大魚，率領着許許多多的小魚，忽浮忽沉，忽行忽停，表示牠們白晝不能得到自由的行動，夜間寂靜無聲，所以牠們快活自由的行動。

薄薄的輕霧，浮起在花草上，又像籠罩着輕紗似的幕。雖然月光明亮，空中却還有一層淡淡的雲，所以不能朗照。但是我以爲這是到了好處，月光是隔樹照過來的，高處叢生的灌木，落下參差的黑影，樹彎的楊柳映着稀疏的清影，却又像畫在水面上一樣啊！這初春的月明之夜，眞是出我意料之外，俗說世外桃源，別人是難得觀賞的。

這時猛聽，陣陣簫聲，如怨，如慕，如泣，如訴，悠揚曲折，聽了這雜簫聲，立刻引起我心頭的感觸。想起我將來的前途是「光明」還是「黑暗」。眞是驚寒可怕呀！前有大山阻擋，後有猛獸追趕，波濤洶湧，扁舟難行，下有浪石，上有狂風，猶如深黑的夜間，渡在大海之中，是何等的艱難危險啊！

一會兒轉念勸自己道：不要灰心，只要努力向前進行，打破難關，進入樂境，超過昏暗，架着扁舟，衝破危險，走向光明的大路！尋快活，找自由。夜已深了，月色漸漸淡了，四週仍是寂靜無聲，這時我就從池塘邊，走向臥室睡眠去了。

時間與金錢

蠡口小學讀書會　劉德學

時間與金錢這兩樣東西，都是很好的。但是，時間是一去不返的，金錢呢，是去了還可以來的，俗語說：「一寸光陰一寸金，寸金難買寸光陰。」這句話，是實在不錯的，時間一過去，飛奔去追，是難得追上的。現在的一般人，都看着時間很輕，看着金錢很重，這樣的人，是沒有知識的人，以我看來，無數的金錢，也換不了一分一刻時間，天地之間，沒有比時間，再可寶貴的了。

12

自立

程小五年級　趙振武

假如有一個人生在社會上，終日不做工，不求學，吃的，穿的，全靠別人的力量，那麼，是不成功的。早晚總有失敗的時候。

我們中國，雖有四萬萬民衆，但是多半不努力做工、自己不能生產，因此實業不振，外侮日急，久而久之，總免不掉忘國滅種之禍。

反過來說，我們在少年時代，能努力讀書，將來學識優良，自能自立於社會。小之能求一人之安適生活，大之可作有益於人之偉大事業。

假使我們中國四萬萬同胞都有自立的能力，實業自振，外侮自息，國家能不富强嗎？

由這看來，我們當努力用功，爲將來自立的預備。

與友人的信

女小五年級　李法昭

靜貞妹妹：

和你分別，已經一年了，在這一年之中，看不見你的面孔，聽不見你的聲音，想念得很。前天我聽父親說：「你在開封上學來。」我心中非常快樂，想你在去年的時候，給我寫了一封信，問我爲什麼不上學，靜貞妹妹，我現在告訴你，就是在民國二十三年的春天，我的哥哥，姐姐死了，因此母親整天淚淚交流　我的父親也就教我失掉了求學的機會。

在去年的春天，我的大姐，從南京回來，聽說我失學了，他便給我的父親說道：「叔叔，你教我的妹妹上學罷，你要知道，他整天在家，字也認識不多，國家的要事，一點都不知道，俗話說：「大睜兩眼是個瞎子」！你若教他上學，將來求了高深的學問，廣博的智識，領導着一般沒有受過教育的同胞，得到受教育的機會，這不是一件很好的事嗎？」我父親聽了我姐姐的一番勸導，於是就允許教我上學了，我也就繼續在豐縣女子小學校的求學了。

靜貞妹妹，現在我報告你我學校的狀況，這個學校，在豐縣南關，和妙街，名子叫豐縣縣立女子小學校，這個學校，各地方建築的都很美觀，學校裡面，有廣大的操場，操場的四圍都是花園，裏面栽着樹木花草，每到春天的時候，長的非常茂盛。

操場裡有浪船？軒輊板，滑梯，各種遊戲器具，都非常好玩，本校分爲六級，各級的同學，平均約有四五十個人的樣子，都是很活潑玲瓏的小朋友。校中有九位老師，學業都很豐富，品行都很優良，都能慈祥親愛的對待我們，校中的狀況，大概如此。

靜貞妹妹，你有空的時候，寫一封告訴我您那學校狀況的信，你願意嗎？現在你的舅父母都很好，你在外面不必掛念，別不多敘。祝你一日千里的進步！

姐法昭啓　二月二十六日

春雨

宋小　黃斌

看啊！陣陣地春風，
推着鑲邊白雲，
遮蓋着藍靛的天空。
○　○　○
看啊！濛濛的春雨，
一剎那間下遍了大地
大地一切，
都在春雨懷抱中。
○　○　○
看啊！雨後的宇宙、
好似淚洗過的良心，
幽靜異常，
空氣盎然。

災民

傅莊初小　孫慶思

在上星期日，我的哥哥，領着我到野外去遊玩，將出莊時，看見一些災民，都很快的向南方走去，這些災民都是鄆城縣被水淹回來的人，我看他沒有衣服遮體，面色很黃，小孩子也有，婦人也有，大約共有十幾個，我看一個婦人，帶着很憂愁的樣子，在那裡坐着，我問他道：「你們那裏的水，怎樣了，」他回答道：「我村裏的被水淹得房屋都沒有了，我和婆婆便逃到這裡來，現在我的婆婆又病了，我們一家人，已經七零八散了，」他說到這裡，眼淚流個不住，唉！我看他們眞可憐呀！這時我便拉着我的哥哥，回到家裏來了，我想這些可憐的災民，應該怎樣去救濟他們呢？

春天來到

南王樓初小　王立華

和暖的春天來到，
宇宙的萬物歡笑；
堤邊的楊柳梟梟，
河邊的雜草綠了。
各種的昆蟲出世，
各種的鳥兒修巢。
草兒在山野萌芽，
花兒在枝上微笑；
蝶蜂兒到處舞蹈，
鶯燕兒且飛且叫。
人們在春之懷抱，
誰不心醉而神跑。
春呀你的手段巧！
你是革新的領導，
你能把世界改造！

謎語欄

第十期

△上期謎底

一、捉魚的網　周玉英
二、菸葉　王淑芬
三、燭　史翠霞
四、噴壺　王由武
五、簸箕　王長愷

△本期迷面

一，一物生來三個口，貧賤富貴家家有，才子缺少那等物，愁度光陰不出頭。（用物）　江莊初小　李坤山

二，看翎毛生的有限，全仗着有一文錢，你合俺眉來眼去，我叫你腳手不安。（玩物）

三，賣的不喊喚，買的不喜歡，經人說好價，買到家就使用。（一物）　江莊初小　李坤山

四，左看是三十，右看還是三十，看來看去是三十。（打一字）

五，一母所生弟兄多，先有他弟弟後有他哥，有東西都是弟弟先吃，弟弟吃能才給他哥。

轉載

南洋旅行記（續）

羅井花著

三〇　南洋的土產

恰好這時韋梅的父親，因爲有點事，要到英國去，要從南洋經過，便答應韋梅，讓他和陳伯父，菊妹和阿英等，一同乘郵船到南洋去，在陳伯父家裏住半年，等自己由英國回來時　再同路回國。

韋梅聽了，滿心歡喜，急忙請教菊妹和陳伯父，要帶些甚麼衣服，甚麼用具，甚麼食物。又和菊妹談了一些南洋的雜事，這才歡天喜地的，到朋友家親戚家去辭行，預備一兩天內到南洋去，現在恐怕早已到了。

（完了）

古人箴言

明强二字，斷不可少，但强字須從明字做出，然後始終不可屈撓，若全不明白，一味蠻橫，待他人折之以至理，證之以後效，又復俯首輸服，則前强而後弱，所謂瞎鬧者也。世路風波，翻覆莫測，惟有讓人爲妙。讓則爭者息，忿者平，怨者解。天下莫大之禍俱消於讓之一字中矣。

縣黨部無綫電收音室開放節目

四月二日　星期四

八，四〇	國樂
九，一〇	新聞
一一，三〇	平劇醫策語報時氣象商情
一八，〇〇	大鼓　董蓮枝唱造白袍
一九，〇〇	平劇　金少山郝壽臣王雨田陳月梅　合唱　審李七
二〇，〇〇	報時氣象水位簡明新聞
二〇，一〇	時事述評　關於國內時事
二〇，三五	話劇
二一，四〇	新聞

豐報

◁第一〇五〇號▷

◁社址豐縣大同街▷

中宣會登記證中字第一二九二號 內政部登記證警字第二二三〇號

中華郵政特准掛號認爲新聞紙類

▲廣告刊例

一本報廣告以方寸計算

一每方寸以市尺長寬各一寸計算

一封面每方寸每日大洋一角普通每方寸每日大洋八分三方寸起碼

一登三日以上九折六日以上八折十日以上面議

◁本報價目▷

本報每分大洋一分四厘每月大洋三角外埠每月大洋四角郵費在內

▲總理遺囑

余致力國民革命凡四十年其目的在求中國之自由平等積四十年之經驗深知欲達到此目的必須喚起民衆及聯合世界上以平等待我之民族共同奮鬥現在革命尚未成功凡我同志務須依照余所著建國方略建國大綱三民主義及第一次全國代表大會宣言繼續努力以求貫徹最近主張開國民會議及廢除不平等條約尤須於最短期間促其實現是所至囑

侯陳氏緊要聲明

敬告諸我豐各機關各團體以及父老姊妹釣鑒　茲啓者非氏有意毀人名譽特爲氏冤苦簡直無處呼籲憤無所洩緣氏自十八歲在壽州與侯宗洲結婚憑媒大娶喜對綾條懸掛滿堂賓朋滿座次年生子乳名小毛後起學名敬久在壽州同居六年頗有積蓄及隨夫攜子回豐始置有市房兩處田地數頃所有家資全是氏同侯宗洲協力購置論實際與前子敬五毫無相干今侯宗洲病故敬九用挾天子以令諸侯故事出蓋棺束竟將氏之親生子列爲養子更將其繼母身分泯滅淨盡此事實爲世間所罕聞特登報聲明作一今古奇觀

鳴謝

本鄉公所現正籌備實施公民訓練，蒙縣城北門內翟兆德、翟兆盛二位先生捐助法幣陸拾伍元，指定購置大刀，以爲公民練習武術，捍衛鄉邦之用，熱心公益，殊堪欽佩，除呈請縣政府予以嘉獎外，謹代表全鄉民衆，登報鳴謝。

豐縣中山自治實驗鄉鄉公所啓

豐縣教育局啓事

查各省兒童節省果餌費鑄劍呈獻蔣委員長佩帶一案、經本局函飭遵照後、業經多日、其有尚未遵令辦理者　限於四月十日以前、辦理完竣、以便分期解繳爲要此啓。

豐縣農民銀行通告　啓字第三號

近查本行辦理青苗貸款，連日各合作社來行申請者，日有多起，綜計已五六十社，奈本行祇專員一人，負調查之責，奔走忙碌，日無暇晷，而各社多函電分詢，急盼調查，以期早辦借款手續，茲將本行調查方針，揭示如左，維希亮督

（一）曾經本行放款，而能先期歸還者，如社務無所變更，得儘先保證人，而免查或遲緩其調查社務手續，儘先陳准放款。

（二）曾經本行放款，而能如期歸還清楚者，次之。

（三）已取得新登記證而申請借款數目與該社事業及人數有合與之分配者，又次之。

（四）凡未繳新登記證而儘送申請書或申請書各重要欄內填缺不全者不查。

（五）凡合作社經　豐縣合作指導委員會介紹來行申請借款者，亦可提前辦理。

二五、三、十二。

中外要聞

閻錫山電孫楚 嚴飭所部速搜剿餘匪

▲中央社太原一日電　閻錫山三十一日電中路縱副指揮孫楚云、匪潰竄後、人民盼大軍進剿、殷嚴飭所部　速搜剿殘匪

、以出我人民於水火之中。

中央政治委員會 昨舉行第十一次會議

▲中央社南京一日電　中央政治委員會、今舉行第十一次會議、蔣副主席主席、决議要案、（一）通過修正[illegible]院組織法原則、交立法院、（二）通過改訂各機關[illegible]報告格式　及審核辦法、（三）行政院呈送行政督察專員公署組織暫行條例、准予備案、（四）行政院擬具礦場法草案、交立法院審議、（五）教育專門委員會、審查第五次全國代表大會、確定各級教育改進方針一案報告　交行政院簽註意見、（六）特派戴傳賢爲政府代表參加世界第十一屆運動會、（七）由國民政府明令褒卹故監察委員杜曦。

宋哲元自大沽返京

▲中央社天津一日電　宋哲元一日下午二時、自大沽返津、據談：在津有數日勾留、或赴距離各地巡視、檢閱駐軍　觀察民政、冀省地方靖、各縣均由廿九軍隨時派隊梭巡、宋最後稱、津海關緝私事異常緊要、余已令林世則即日晉京、向中央報告真象、謀澈底之禁絕私貨辦法。

外部令駐俄大使館 查詢俄蒙簽訂互助條約事件

▲中央社南京一日電　日前報載蘇聯與外蒙已簽定互助條約、關外交部對此事、極爲注意、已電駐蘇大使館、及關係方面、查詢一切、在事實未明前、外部不願發表任何意見。

財部咨湘滬省市府 查禁私自發行獎券

▲中央社南京一日電　財政部據航空公路建設獎券辦事處呈報、湘省常德等縣、有私擅發行獎券情形、上海亦發行美國賑濟慈善獎券、在市面出售、現已分咨湘省府及滬市府查禁。

全國學校衞生技術會議 定今日在衞生署開幕

▲中央社南京一日電　衞生署召集之全國學校衞生技術會議、定明日上午九時、在衞生署大禮堂開幕、討論日程、

計二日學校衛生技術會議、在衛生署舉行、規定學校衛生技術人員參加、三日學校課程如何影響於學生健康討論會、在中央大學舉行、規定首都學校行政人員、及教育學家出席、六日衛生教育問題、及今後趨勢討論大會、規定衛生教育實驗工作人員、及學習人員出席、在中大舉行。

▲中央社南京一日電　教育部曾先後派員視察各地醫學教育、業已竣事、該部爲謀全國醫學改進起見、已由該部醫學教育委員會、呈請王部長、擬於本月下旬、召集全國公私立大學或獨立學院醫學院院長、在京舉行會議、討論關於課程標準設施情形、及校務改進等事項。

賈德幹赴滬候輪返國

▲中央社南京二日電　駐華英國大使賈德幹、來京分謁我政府各當局辭行已畢、昨晚偕使館參事搭乘京滬夜快車附掛花車赴滬候輪、賈氏臨行語人、定六日乘輪離滬、經坎拿大返國。

馬鴻逵陳維周 昨先後覲見林主席

▲中央社南京一日電　甯夏省府主席馬鴻逵、及兩廣鹽運使陳維周、今日下午三時許、先後赴國府覲見林主席、延見時、林主席對甯夏政情、及兩廣鹽政情形、分別有所垂詢、歷時頗久始辭出、又馬氏於今晨九時半、赴行政院訪晤秘書長翁文灝、政務處長蔣廷黻談省政、約一時許辭出。

賑委會將派員 實地視察各地春荒

▲中央社南京一日電　賑委會以近來各省紛紛報告春荒、亟須派員實地視察受災狀況、以便決定需款數額、日前特呈請行政院、發給臨時視察費一千元、行政院已於今日允准照撥。

粵治河會擬具 改良廣州進口 水道航綫計劃

▲中央社香港一日電　省訊、治河會擬具改良廣州進口水道航綫計劃、需款三百萬元、已決派羅貢華晉京、向財部請示。

在贛調查事畢 杭州粮食調查團

▲中央社南京一日電　杭州粮食調查團、在臨川等處調查事畢、一日返南昌。又據專家調查、每年產米除自給外、多餘二百萬石、浙省每年缺米約六十萬石、過去採辦洋米補充、以後採購贛米、可免金錢外溢。

南昌農民銀行 試辦不動產抵押放款

▲中央社南昌一日電　南昌農民銀行、就南昌縣境內試辦農村不動產抵押放款、章程已擬定、放款方式（一）由農村合作社轉貸社員爲原則、每人三十元爲限、放款標準、不得超過該不動產估價四分之一、借期不得過三年、月息八釐。

鄭肇經 視察四渠工程返京

▲中央社南京一日電　全國經委會、水利處副處長鄭肇經、日前赴陝、視察涇惠渠、洛惠渠、渭惠渠、眉惠渠、四大工程、刻已竣事返京報告、並發表四渠工程現狀。

彭濟羣徐世大 視察甘肅水利返津

▲中央社天津一日電　華北水利委員會委員長彭濟羣、工程處長徐世大、前奉經委會令、赴甘肅視察水利已畢、一日返津、徐談、甘多山少水、農田灌溉、唯賴開渠、目下進行之洮惠渠、係由經委會與省府合辦、工款十二萬元、本年六月即可竣工、將來可灌溉農田六七百萬畝、此外尚有通惠新固永濟三渠、正在研究分段施工辦法。

商品檢驗局 召絲商討論改進出口生絲

▲中央社上海一日電　商品檢驗局、一日召集四川蘇浙滬等地絲商、討論改進出口生絲、及徵求外銷意見、經決議原則兩項、（一）厲行品質檢驗、以杜劣貨充斥、並充分準備對內實取自由主義、（二）生絲分等問題、推派代表會同商品檢驗局與出口商、討論辦法、該局並定二日召集出口商會議。

閩省府對各機關 經費將緊縮

△中央社福州三十一日電　閩省府因財政困難、向中央中國交通三行借五十萬元應用、以鹽附稅爲抵押、對各機關經費緊縮案、將提出省府會議決定。

津市民銀行開幕

▲中央社天津一日電　津市民銀行、一日晨開幕、由施驥生代表蕭振瀛行開幕禮、紳商各界前往致賀者頗多、又新任津工務局長孫維棟、一日晨視事。

國府昨日命令

▲中央社南京一日電　國民政府今日命令、派朱學範爲出席第二十屆國際勞工大會中華民國勞工方面代表、此令。

港粵昨晨小地震

▲中央社廣州一日電　今晨十時廿分、廣州覺有小地震、僅兩秒鐘、無何損失。

▲中央社香港一日電　一日上午十時十五分、此間發生地震、據天文台報告、震源係在港外東南二八〇里地方。

洪觀濤談 隴海路西展工程近況

（鄭州通訊）隴海路西段工程局長洪觀濤、日前赴陝視察該路西展工程、並料理該工程局在西安新建之新局址事宜、業經公畢、於昨日下午八時、由陝返鄭、據洪氏談該路西展工程近況云、隴海路自通車咸陽後、即積極向西進展、並準備由咸陽向寶雞舖軌、奈因材料運輸、時感機車不敷、以致擱延至今、亦僅將咸興段之鋼軌、大部運抵、所有枕木等項、現仍存浦口、惟本局對西展工程、仍積極進行、寶雞現在土方工程、除第九段、（寶雞附近）本月底招標興工外、其餘各段、均正分別進行、各鋼軌枕木、能陸續運到工次、此類可以直鋪至武功一帶、西蘭段之寶雞至蘭州工程、前經甘陝當局建議中央、鐵道部亦正在計劃中、俟通車寶雞後、即繼續開始測量、經過路線、決由甘省商業重鎮之天水、而達蘭州、至於[illegible]之寶成段、鐵道部確有此議興修、惟外傳將由本局擔任[illegible]段測量工程、迄今未見鐵部明令、但本局人員、現因以全力進行咸寶段與西展關係工程、對寶成段工程、恐難兼顧、此段工程、將來或另由鉄部設法進行、查寶成段、由陝南越秦嶺、穿川北之劍門關、聳山峻嶺、工程艱巨、關於路綫之測量、須有精細計劃、方能事半功倍、偶而不當、則工程費時耗財、事半不利、非如平地路線測量之可比、如將來此綫完成、則我秦嶺脈與川北富源、均可開發、中原工商事業從此將突飛猛進云云、洪氏末稱、本局茲爲便利督促西展工程起見、在西安建築之新局地、大部業已完工、鄭工程局本月底即全部移陝、家俱與什物、明後日即開始運輸云、（三十日）

蘇省會婦女會第三屆理事 舉行第一次會議 推徐若萍等爲常務理事 柏佩秋等爲各股主任

△江蘇社　第三屆省會婦女會、於日昨下午四時、舉行第一次理事會議、計出席理事徐若萍、李惜陰、黃卷雲、柏佩秋、吳子我、王采瑾、許青蓮、夏孫一、任季瑤、列席者陳枝珊、黃平子、陳桂瑛、主席吳子我、（一）報告事項、（略）二、討論事項：一、查會員大會交下第四決議案、本會每週應聘學識豐富之婦女、作定期演講、應如何辦理、請公決案、決議本會有盛大集會時、敦請名流作公開演講、二、查會員大會交下第五決議案、本會應定期舉行省會婦女新生活運動宣傳週、以促進省會婦女。一致實行新生活、應如何辦理案、決議　由本會發起組織省會婦女新運促進會辦理之、三、查本會理事多係公務員、際茲航空協會入會費、應如何徵納案、決議據情函復、四、查大會交下臨時動議　應如何辦理案　決議推王采瑾同志、向省會强迫識字教育委員會洽商辦理、五、本會職務應如何分配擔任案、決議吳子我、徐若萍、任季瑤、担任常務理事、黃卷雲、王立[illegible]、擔任文書股正副主任、柏佩秋、陳枝珊担任宣傳股正副主任、李惜陰、黃平子、擔任救濟股正副主任　王采瑾　夏孫一、担任教育股正副主任、許青蓮、陳桂瑛、担任調查股正副主任、六、決議推任季瑤同志接收、七、請改推一婦女與家庭」主編案、決議推柏佩秋同志担任、八、決議任民黃錫暉爲本會秘書、九、決議本會例會規定每星期一下午四時舉行、（三十一日）

界首鄉師 教育參觀團抵鎮

△江蘇社　江蘇省立界首鄉村師範、以該校畢業年級生本年暑期畢業、特組織教育參觀團、由[illegible]領該級學生三十餘人來省作教育參觀、昨已抵鎮、寓江邊萬金樓旅社、定今日赴各校參觀、聞晚即返校云、（三十一日）

江蘇黨務過去的情形與今後推行工作的方針

周委員紹成在紀念週報告

▲江蘇社　蘇省黨政各機關第十三次聯合　總理紀念週、於昨日上午九時在省党部大禮堂舉行、計出席省黨務特派員顧子揚、曹明煥、張公任、卞宗孟　周紹成　凌紹祖、財政廳長趙棣華、省府祕書長羅時實、保安副處長李守維、暨各機關職員、約計四百餘人、主席周紹成、如儀行禮後、即作下列之報告、各位同志　今天兄弟把江蘇黨務過去的情形、和今後推行工作的方針、向各位作一簡單的報告、江蘇黨務、在一般處於黨務工作以外的人看來、祇覺得組織和人事方面時常發生變動、好像江蘇党務常在多病之中又像有很大神祕似的、這都由於不知江蘇黨務實際情形、要知一件事求其進步、使他繼續不斷的發展、在前進的過程中、制度和工作的形式方面、不期然而然會有多少的變動、這種變動的用意、就在求事業的進步、和事業的改善。江蘇黨務方面。過去究竟有怎樣的變動和進展、可以把江蘇党務自公開以後、直到現在的一段歷史、加以分析、江蘇党務在民國二十二年前、是一個時期、二十二年以後又是一個時期、二十二年前是偏重在党員和民衆組織方面、對於黨員和民衆的訓練、還祇是一種附帶的工作、也就是說二十二年前的江蘇党務　關於党員和民衆的組織方面工作多、訓練方面成分少、至於社會事業的實際工作、党同志中除了少數參加政府工作者以外、多數是不甚注意和明瞭、到了二十二年中央對於江蘇黨務有了一種新的改變、就是把黨務同社會事業、打成一片、所謂黨務不僅是組織和訓練党員的工作、而是要普及到各種社會事業方面、從二十二年開始　黨務組織　還是和以前相同、所不同者、因爲注重發展社會事業、因有七種社會事業委員會的設立、如社會教育新聞事業、合作事業、保甲運動、農村經濟　地方自治、社會調查等每個委員會裏、都聘有党內外的專門人員、担任研究設計和推行的工作、當時或許有人懷疑　組織這種委員會能不能有多少事業的成就、關於這一點我們覺得大可不必悲觀　因爲一種新事業的產生和發展、在初開始時候、目的只在造成一種新的趨向、然後漸漸求其進展決不能在短時期內、或是正當開始的時候、就會取得很大的成效、自從七種事業委員會組織成立以後、當時各種刊物和報紙的宣傳以及党員的研究工作、確是已有相當的成就、自從新的方面變動以後　江蘇党員都知道黨務工作的範圍、不單是注重在黨員本身、所包括的是整個的社會　所以有很多同志對於七種社會事業、都能選擇性之所近者從事研究、在各縣方面　也同樣有七種事業委員會的組織、分門別類　在那裏做研究的工作　我們又常派員到各縣分別指導。在江蘇黨務上。可說是展開一個新的局面、雖沒有多大的成就　但是對社會事業是有了相當的研究和準備、這個時期　可就是江蘇全省黨同志對於社會事業的研究時期、也可說是社會事業和黨務打成一片的時代二十三年四月到最近江蘇黨務之從研究社會事業而到實施社會事業的時期　因爲中央和省黨部方面、覺得單是研究而不能實踐去做還是不行　所以二十三年四月省黨部實行分區提導制度、計劃全省爲七區、每區由省黨部委員一人担任指導員　負推進各縣社會事業的責任　可是因爲力量有限、七種事業不能同時兼顧、經中央與省黨部共同研究的結果、決定先着手推行社會教育、合作事業及保甲運動三種　因爲這三種在江蘇的需要比較迫切、更因爲於江南江北地方、風俗民情等區別　除社會教育同屬急要以外　江北偏重保甲運動、江南偏重合作事業、如在各地設立小規模圖書館。閱書報室。簡易民衆學校　各種合作社、以及協助政府編制保甲、所以說這一段黨史　是從研究轉到實行的時期、但是二十二、二十三兩年、江蘇黨務由研究社會事業、到實行社會事業、開了一個新局面　不過這個新局面　究竟有沒有缺陷、他的成效又究竟多大　無可諱言的、是有幾種缺點、第一這種研究的工作　尚不能普遍於全體同志　因爲當時各區和省黨部方面、對於這種研究工作　未能注意切實訓練和組織、這是第一個缺點　第二是未能切實指導、要知道這種社會事業、研究和推行的工作　不只限於在黨部工作的同志、要能指導黨部以外的同志共同去努力、因爲我們在黨部工作同志、是極少數。而且財力也有限去辦這種繁重的事業其成效自屬微薄、我們應指導與鼓勵全省同志　一致同去做事業　才能推廣和普遍　過去未能做此、這是第二個缺點　因爲有上面兩個缺點、應該設法補救、所以現在省黨部改特派員制　名稱上雖有變更　組織方面大致無甚差異、不過在事業上有二點小的變動、第一添設一黨政聯繫的組織、就是地方自治推進委員會這個組織由省黨部省政府兩方派人參加主持、第二是在地方自治推進委員會之下、依據各項工作項目　組織各種工作團　因爲覺得過去各地黨部和政府雙方工作頗多隔閡　缺乏聯繫、本省自從陳主席主政以來、已無此種情形　其他各省、尚多存在中央鑒核事實的需要。才定有這種委會。和工作團的組織　以爲黨政兩方聯繫、共同努力的機關　從這種事業和組織上　我們可以看出今後黨務工作、注重在地方自治、所謂地方自治推進委員會、就是把黨和政雙方、應行推進的各種工作、做一整個計劃去推動、同時又恐執行時候發生困難、所以各種工作中均由雙方調人擔任職務、這種組織地方自治推進委員會、猶如一顆大樹。各種工作團、猶如大樹的樹根。我們希望這種工作團推廣各縣　使所有的江蘇同志。分訂別類、都加入工作團、而來努力某一種社會事業、工作團的工作方針、是由地方自治推進委員會計劃規定、實行到相當時期、由委員會分別視察、予以獎懲、相信必能收得實際的效果、可是這種工作、需要全省的黨同志共同努力、務使黨務與地方自治的工作　打成一片、彼此相輔而行、以期表現本黨革命的精神、完成三民主義最後的目的　在我們從事地方自治、推進工作的時候　必須深入民間、受黨部的指導和效核、一般具有高深智識和學問的同志　更應在黨部領導之下、去致力發展社會事業、我們黨同志此後要抱定一種精神、努力於學、學做教、就是要無時不在學、學了就做　做了以後就去教人、這樣才可以算是真正救國救民的革命黨的同志、這是希望各位同志的一點意見。（三十一日）

開聯席會議

▲江蘇社　蘇財廳昨舉行第六批召集高淳等縣二科長及溧陽等縣受訓二科長主任會計主任來省受訓、因此次爲最後一批、前五批中或因特殊關係、未能來省者　昨均補行報到受訓計溧陽朱仁安、上海張鹿華　高淳董成器、崇明徐世耀、嘉定張雲亭、奉賢郭祥芝、宿遷仉龍瑞、淮陰汪同、豐縣王慶麟、江浦高景樞、邳縣黃晉治、睢寧王君實、沛縣譙樹聲、銅山余應鐸、常熟許饒儂、贛榆翁長庚、東海顧承□、蕭縣宋文靖、丹陽賀崇諫（以上係二科科長）高淳戎明道、沛縣黃廷桂　蕭縣包馥　宿遷施憲民　邳縣庫文傑、睢寧高景樞、贛榆程宗福、沭陽于麟軍、丹陽徐佩琮、溧陽周雨霄（以上係會計主任）昨二科科長會議上財廳劉科長主席、會計主任會議由陳秘書主席、上午均係聽各人報告、下午討論提案　今日台開聯席會議云、（三十一日）

◎◎◎◎◎◎◎

德代表里賓特羅甫赴倫敦

▲中央社柏林三十一日電　官方宣布、政府對洛加諾四國協定所提對案、已由希特勒親信里賓特羅甫　於三十一日午後、攜往倫敦。

▲中央社柏林一日電　德對洛加諾公約四國協定草案、所提備忘錄中、建議：（一）有關係各國報紙休戰、（二）整個改組因凡爾賽和約所造之殘局　（三）以四個月爲談判期限　或即開始談判、或在法國總選舉後談判、（四）國聯盟約應與凡爾賽和約分開、並重申希特勒之希望在相當範圍內　調整殖民地、（五）設立公斷處　監視最後商定之協定、與條約之忠誠　履行備忘錄　監視最後協定之履行　備忘錄又對召集限制軍備大會一項　聲明此種限制、不只因經濟上之理由且因心理上之理由、有實行之必要、該大會應決定：一、不得以炸彈烘炸戰區外十二英里之城鎮、二、廢棄重炮隊、三　控制瓦斯戰術、四　禁用重坦克車　五、日內瓦關於非交戰國規定、應予恪遵、

北路意軍迫近公達城

▲中央社羅馬三十一日電　前方軍訊、北路意軍現已迫近公達城　不日即可攻陷　其地去查那湖不遠　爲亞國北路重鎮、至在公達城以東之沙科達城、則已爲意軍佔領。

▲中央社羅馬　日電　東非意軍總司令發來戰報　北路意軍頃向阿山吉湖一帶亞軍進攻　亞國係由該國皇帝親自指揮戰鬥之烈、爲開戰來所僅見　意軍大捷云。

俄方希望日俄局勢好轉

▲中央社莫斯科一日電　外傳外委李維諾夫、曾宣稱、日本挑釁舉動　直令和平絕望　此間當局加以否認、一般人以爲俄「滿」邊境、一再發生糾紛、雖堪婉惜、日俄兩國間　現有困難、仍望其友好解決　俄日關係　仍望其恢復常態、日政府若準備成立妥協　蘇俄自必以善意報之、

本縣新聞

黨政教三機關 籌備慶祝兒童節

確定經費及辦法

四月四日、爲兒童節、本縣黨政教三機關、爲擴大慶祝起見、特於昨日（一日）下午一時、在教育局開籌備會、出席王述先（裘朝永代）、董玉珏、王如壎、李乃正、李貞乾、報告事項（略）、決議要案、一、兒童節應如何慶祝案、決議、（一）是日上午十一時、在公共體育場開慶祝大會——由縣長主席、公安股教育局佈置會場——軍警暨童子軍維持秩序、（二）由商會通知各商店關於兒童用品及玩物、減價一天、以示紀念、（三）通知各機關團體商店、是日一律懸旗誌慶、（四）贈給兒童物品、每人一份爲原則、其兒童代表暨模範兒童、得酌量增給物品、（五）指導兒童推舉代表覲見行政最高長官、（六）由黨政機關主管人員暨兒童年實施委員會檢查兒童幸福機關——幼稚園——平民產院——孤兒所、（七）由豐報發行特刊、並印發傳單標語、（八）除學校兒童外、城廂四鎮各保須指導未進學之兒童、盡量參加、二、本會經費應如何籌措案、決議、由縣黨部縣政府教育局平均負担之、閉會。

今日下午一時、籌備處復在教育局措商詳細辦法、茲再探誌於下：

（一）通知各校各保領導兒童參加慶祝會、城廂內外各校學生全體參加、城廂內十九保、每保選送七歲以上十二歲以下之兒童二十名、屆時參加、

（二）購買兒童恩物、兒童恩物、除由會購買糖果二千包、鉛筆五十打、及手帕葡萄干外、並函請各機關團體屆時參加、並惠賜恩物、以便當場分發、以示慶祝、

（三）通知各校各保抽選優良兒童、每保抽選一人、每學級二人、該兒童等、除照得會中之恩物外、並再加贈葡萄干一盒、鉛筆一支、手帕一幅、以資鼓勵、

（四）函知各機關商會（轉飭各商店）一律懸旗、是日各機關團體、一律懸旗誌慶、

（五）指導兒童代表晉謁長官、各校學生代表、每二學級一人、計文廟四人、書院二人、女小三人、東西北關各校各一人、中山街小學五人、每二保出代表一人、共二十七人、于慶祝大會完畢後、赴縣府中山堂、晉謁縣長、並由首席代表獻詞、晉謁畢、由縣長再賜以恩物、攝影退出、

（六）籌備聚餐、晉謁縣長畢、由會中假縣政府會議室備餐招待各機關代表及兒童代表、

（七）組織檢查兒童幸福機關、各機關代表聚餐後即出發檢查兒童幸福機關、——平民產院、孤兒所、幼稚園等處

（八）印製宣傳品　由籌備處分別趕印標語　告兒童及兒童家長說、及特刊等、

以上各項、該處正在積極籌備、其形忙碌、屆時定有一翻盛況矣。

縣黨部分令各區分部 施種牛痘

縣党部以本縣四鄉民衆種痘、向由各民衆教育館辦理、本年各民敎館奉令撤消、春季種痘無公共機關負責、若只少數醫生有代價種痘、恐難普及、且貧寒兒童勢必向隅、該部爲救濟是項困難計、特分令直屬各區分部籌劃種痘、分給痘苗若干、並規定以黨員有種痘經驗者、義務施種、不收任何費用爲原則、各黨員中無此技術人員、可酌量特約醫生辦理、據聞各該區分部奉到是項命令後、多已遵照籌辦、惟因日來天氣仍忽寒忽暖、一般鄉民多未能踴躍登記、僅直屬第十區分部（在第七區）種六七十名、其第六第八兩區分部、亦種少數、將來天象和暖、定有不少兒童登記種痘云。

保安隊第一中隊 奉調赴徐檢閱

保安隊大隊部、前日奉專署電、以豫皖綏靖主任劉峙來徐、檢閱各縣保安隊、飭派隊前往、該部奉電後、即由李大隊長厚嶼、及李中隊長冊廣、率同第一中隊、已於今晨出發赴徐、參加檢閱、預計三五日即可返縣云。

縣政府派定 第一區各公路監工委員

第一區修築境內各公路、昨日測量分工、已誌本報、茲悉各路現已測量完竣、均定於明日一齊開工、縣府爲增進工作效率起見、特派定各路監工委員、計豐銅路劉冠卿、豐沛路裴碩永、豐碭路董玉琚、豐魚路孫鵬飛、豐金路王純九、豐單路方韶宣、豐碭路黃玉山、豐黃路李鼎九。

縣童軍三屆理事 開首次會議

推定李貞乾張厚坤爲常務理事 派童軍參加兒童節慶祝會服務

本縣童子軍理事會第三屆理事　於上月改選　業誌本報、茲悉該會於昨日（一日）下午三時、假縣黨部會議室、舉行第一次會議、出席理事李貞乾　張貞民、張厚坤、朱翼曾、由李貞乾主席、朱翼曾紀錄、行禮如儀、報告事項、（略）、

討論事項

一、擬推舉張理事厚坤李理事貞乾爲本會常務理事案、決議、通過　二、四月四日兒童節慶祝會、本會應派何團童子軍參加服務案、決議、四二四團、一〇三六團、五一團、各派二小隊參加服務、三、擬推張理事厚坤參加兒童節慶祝大會案、決議通過、閉會。

商人陳錫田 使用舊秤被查獲

本縣度量衡、早經宣佈劃一、建設廳將派員來縣復查、詳情已見各報、乃本縣西關商人陳錫田、仍違法使用舊秤、被縣府檢定員查獲、除當時將舊秤一支沒收外、並將該犯拘帶縣府法辦。

司法欄

◎縣政府司法批示◎

▲刑事原具狀人董曹氏、一件、爲無辜被累、據情陳明、乞恩賞保省釋由、狀悉、該具狀人業經戒烟所調驗有癮、應候核判、所請保釋、自毋庸議、仰即知照、此批、

▲刑事原具狀人許文田、一件、爲案匪匿住隣縣　懇求備文派隊往捕由、狀悉、仰候咨請山東單縣拘捕可也、此批、

▲刑事原具狀人李丁氏、一件、爲違妾滅妻、驅逐遺棄、哀懇傳案訊辦、勒令收養由、狀悉、仰候傳案訊奪、此批。

本城糧價

每市斗價目

名稱	最高	最低
小麥	三千八百五十文	三千七百文
大麥	二千九百文	二千八百文
黃豆	三千七百五十文	三千六百七十文
黑豆	三千七百文	三千六百文
菉豆	三千八百五十文	三千八百文
江豆	三千九百文	三千八百三十文
高粮	二千八百五十文	二千七百文
穀子	二千三百五十文	二千二百五十文
稷子	二千文	一千九百文
芝蔴	五千四百文	五千三百文
青豆	三千七百文	三千六百文
花生（每斤）	二百七十文	二百六十文
瓜子（每斤）	七百二十文	七百文
生米	四百五十文	四百四十文

江蘇省豐縣測候所氣候報告

今日下午三時止

天氣	溫度 最高 攝氏	溫度 最高 華氏	溫度 最低 攝氏	溫度 最低 華氏	昨日雨量（本日九時止）	本月雨量積數
晴 北風	一七·一度	七二·八度	四·一度	三九·四度		四·二公厘

鳳鳴塔

第一九六期

一、本刊內容分科學常識論著詩歌小說戲劇散文書信書報介紹及批評等項
二、本刊歡迎投稿來稿文言白話均可
三、來稿本社有修改權不願者應先聲明
四、未經登載之稿除預先聲明者外概不退還
五、本刊編輯部設豐報社內

漫談

萊因河的風波及其他

克林

萊因河的和平空氣，忽然變成了緊張的密雲；平靜的水面，陡的，掀起驚濤駭浪。這個地小國多的歐洲，眞可說是複雜而又多事；他們站在人類的高峯上，指揮着一切。握有特上的權威還不滿其所望，偏偏又在那地望風捉影的弄波。國際間地風雲因而也緊張了萬分，各帝國主義的斡旋，眞個兒千化萬變，勾心鬥角的措置，懷抱着各異的猙面，也使國聯納了悶，事實早已宣告，這顯然是二次大戰的前夜到了。

德國突然武裝佔領了萊因河畔，英法比各帝國主義，便戰戰兢兢的心寒，手忙足亂的奔走，不遺餘力的在弄着機關。然而，德之佔領萊因河，亦非一朝一夕之計劃，蓋萊因河及德國西部的富產區，同時又是名勝古跡詩文歌詠的佳絕地。大戰後劃爲國際流域。今德國復興較昔更强，鐵血宰相希特勒隻手撕破凡爾賽約後，德國更見英勇而躍於世，今復撕止洛迦諾條約，而佔據精華所萃之萊因河畔，實足證明德帝國主義之勃勃，而世界之風波越見緊張。

數週來各帝國主義對於制裁德國行爲的會議，迄今未見有效之辦法，但是，倒惹着希特勒先生怒髮衝冠，他四次向國民的演講，絕對的抱着不屈服不撤退的主張，否則便火拼以決伯仲。吾人由此看來，歐洲的國際問題漸漸的趨向尖銳化了。

帝國主義間的矛盾

帝國主義好似一羣狂狗，正在一塊兒凶咬變戰，剎那又親熱起來。故然各有其用意在，但是未免有些敵爲父了。

瀕德國自大戰後，人亡財乏，精疲力盡，更間苦於鉅額之賠款，勢如奄奄一息的國魂，眼望着飄搖不定。誰知德人多才廣智，便在世界紛紛的局中，而運用外交的手腕，悉力聯俄以維危局，在這個當兒適置英俄相抗，英恐赤化西漸，乃運用助德遭斯計劃的手段使德遠俄，故德國在這種環境中，便東張西盼，流波送眉，倒獲利不少，德國乘此機會暗鍊鐵甲，蓄養銳氣。現在才得以雄威世界與各國齊驅。所以復國德興如此之速者，實是帝國主義間矛盾現象的賜與。

英法比等是站在一個戰綫上的協定國，但是，對於此次制裁德國行爲的方針，他們反而相違起來，可之說是同床異夢，同時又是利害關係的衝突，這種事實的表現並不是臨時的動發，我們回首往後一瞧便知端底，在戰後的時候，法國佔有優越地位，慫恿許多小國而團結，眼看着法國握有歐陸的雄主，因此英國頗嫉視法國。故巧用妙法助德復興以破毀之歐陸霸權，以求歐陸均勢的實現；由此種種矛盾事情看來，他們好似一羣爭食的狗，不得上風便暗下起口來。

法俄協定後的餘波

蘇俄近來的國境，不言諱者亦可明鏡，第一個計劃已經實現，第二個計劃正在勃勃進行中，俄國的國力，實有驚人的發展，同時他的外交手腕更來得高明，英俄的好感日見濃厚，法俄的協定更使帝國主義注目，其中尤以德國極目凝神而注視之，我們知道德法是世仇，同時德俄亦非好感，問題在大戰萌芽的時候，俄出兵德使出兵相敵，因此才使星火燎原，演成空前之大戰，故德俄亦仇也。

德國看到這地，一個帝國主義與個第三國際相合，同時又是德的二個仇人，所以他越發急燥起來，於是他便運用外交的手段，遠遠的向亞洲而來，所以他便結交了一個日本。可說德國的拉攏手段也頗高明，日與俄不睦，德便用日以敵俄，於是便宗約交好，日以「滿」之大豆易德機器。同時德佔領萊因河畔，而日又因僞「滿」與俄之問題與俄起了衝突，兩兩相視頗有連帶關係的舉動。所以世界之和平實難望焉！

國聯的眞面目

國聯本來是維持和平的組織，同時又是世界說公道話的機關，在名目上是這樣的說法。但是在骨子內含的是些甚麼東西呢？我們有事實可證，在「九一八」「一二八」發生的時候，我國曾以聯盟條約第十一條請求國聯制止日本的侵略行爲。然其終果不過是一紙空洞的決議案和一本國聯調查團的報告書外，始終未看到制止日本侵略的行爲，但是，不知國聯威信用到那地去了。所以受欺的人活該，有冤也無處去伸。

在國聯規約的序言上開首便是一提倡國際協力」。同時又力主減軍。這一些現在我們相信是堂而皇的僞裝飾，惟對於弱者則以權威相逼，而對於强者則手忙足亂的無所措之。所以就是規約如毛，强者亦然逍遙不啻；例如華府會議及其他重要的會商，則與國聯毫不相關，而國聯則裝聾作啞一未言發，其威信更落千丈了。

空洞虛設的國聯，現在稍有國際常識的人都可知道，國聯慨以「圓滿」欺人，所謂圓滿，依當事者的立場而不同，如弱小者所不承認的，而强者偏偏洋洋自得。由此看來，國際聯盟實是各大强國的分贓討論機關。

三月二十一于汴

創作

苦齋瑣話（續）

克林

▲雁聲

一日薄暮，荒景寒風蕭蕭徹骨。余倦立潘楊湖畔，忽聞「哦哇」一聲響，仰視太空，雁影橫至，向北飛翔。飄渺弱魂爲之動旋，憶己；孤身異鄉，顛簸旅途，百困俱至，不啻孤雁飄零也一頓時使余愀然神傷。

是時斜陽綴墜，曾祠鐘聲徐徐而逝，晚風飛沙捲地而起，數羣水鷗由冷湖波沽荻間；余睹之，忽憶及飄飄何所是？天地一沙鷗，一之詩句，不由熱情激蕩，千思萬縷，繞住方寸，銷魂斷腸，已亦難抑，徘徊寂無人至之湖畔，久之，頹與徐歸。

▲乞翁

余友苛儷歐君，輒尋余談天，一日坐齋話長。忽至一老者，鬚鬢皓白，年可六十許。笑而揖曰：「先生慈悲，祈以餘剩飯賜僕充飢……」其狀甚憐。余立而問曰：「老者何鄉？」答曰：「吾世居豫北長安縣，乃城南之望族，家有田三百餘畝；奈累年天災，黃水泛濫，產蕩家覆，故今流離爲乞……」余聽之深爲歎息，觀老者文質彬彬，頗有儒者風骨，言行敦厚，非輕弗狂，亦非常乞者流，但，老者之所以流爲乞，蓋因黃河之水天上來一所害耶一！移時苛儷歐君給彼洋毛，老者形忽而去。夜幕漸濃，夕陽落山。苛儷歐君告去，余獨坐齋室寂然寡味；觸景生情，心爲之旋，憶乞翁之言，及其彼昔之境地致今之所遭，使余頗生滄桑無常之感。今之富鄙貧，强凌弱，在朝之上輒以冷眼，傲布衣，只知仰望雲霄，下視咫尺亦非所爲。所謂眼光如豆者，余不知指其何所人也，試觀乞翁昔爲富，今即扶杖乞門；弗知先生昔曾作居福鄙禍貧富，弱否？俗云：『貧無苗，富無根』，此語確也。

▲專科大學

憶昔余在某校時，國文教員某天向余等曰：「余將來若有錢，定要辦一專科大學，分「吹牛」「拍馬」兩科，延聘專家擔任教授，以培養成「吹牛」「拍馬」之專門人才，以供社會需要」言時，神氣儼然，余等驟聞之，不禁哄堂大笑。及今思之，某教師之言，爲亦有感而發也。（待續）

過亡姊舊舍

孤蹤初稿

胞愛春春憶昔年，徹夜悲風泣杜鵑。此來誰與話人天？梨花急雨那堪憶，

死別吞聲恨渺茫，蛛絲塵網倍淒涼，傷心問疾床前立，猶記柔聲說不妨。

笑顏猶自記眞眞，四顧無人欲放聲，愁向燈花問消息，夢中阿姊可相親。

賭博場中一瞥

王萬選

舊歷年後，人們閒暇無事，賭博好像成了他們的職業，這是多年傳下來的惡習。——現在尤其是鄉間。

一天晚上，我無意的走到廝大娘家，一看有推「牌九」的，推的，押的，看的，擠擠一屋，眞像掀開地皮的一堆螞蟻。喝喊喧擾，人音吵雜，只聽着乒乒乓乓的下錢：「二百兩道。」……「五百尖嘴」……「這是比」！……下了滿案的錢。他們搬牌的時候，都用足了精神，使着勁，瞪着眼，瞧着，對于這兩張牌，似乎有無限的希望。「八點」……「我的九點」……「扛子」……「哼！咱的鱉十」。……只見推者拿着票子銅錢來　門一門的賠人家，由這裡經濟看來，那裏能帶着「農村破產」的現象？

這個推「牌九」的是福，他家的田地很少，平常他是專靠着一個小車做生意，來顧口，現在因爲賭博，連生意也不得閒做了。

「福！你還推？通五百錢的，現在輸四五吊啦！」福的娘在那裏看着福輸，便不想再叫他推，然而管不了他，只得說兩句軟話來勸止他。

「妳別管」。他正輸到個極火，猛聽得不叫他推的話，比當頭　棒還疼，於是他囔他娘。

他娘受了攘，也暫不則聲了。

推了一會，他又比先前輸的多了。他娘還是默不住，得說得讓：」福，你不能推啦！我看你再？」他娘發厲害了。

福很氣，便一頓足「我日——」罵了個半截，一想是他娘，沒罵出來。他娘說：「我喊您媳婦去！」！福就是怕他媳婦，因爲他媳婦能打他，能罵他，能骯髒他，所以一聽說要喊他媳婦去，他吓慌啦。

特載

又也字白話歌

毛宅三

鴉片煙毒最難當　家也受傷　國也受傷
害了許多少年郎　貧也遭殃　富也遭殃
起初只說氣味香　你也要嘗　我也要嘗
橫起身子睡在床　腰也安康　腿也安康
一盞明燈照中央　手也放光　臉也放光
泡子燒起顏色黃　主也稱揚　客也稱揚
一盒兩盒吞下腸　茶也在旁　糖也在旁
吃了茶來又吃糖　精也剛强　力也剛强
叫聲堂官再換槍　冷也不忙　餓也不忙
一朝煙癮大非常　銀也空囊　錢也空囊
煙賬簿子寫多長　出也心慌　入也心慌
就到當鋪當衣裳　布也一箱　綢也一箱
恐怕親友笑洋洋　去也隱藏　來也隱藏
兩天三天又無糧　兒也淚汪　女也淚汪
妻同娘來細端詳　行也哭娘　坐也哭娘
煙鬼一人自思量　時也不良　命也不良
只得請中賣田莊　今也趕場　明也趕場
賣了田莊賣山岡　志也不昂　氣也不昂
賬主來家坐滿堂　多也難搪　少也難搪
還眼剩點稀飯湯　妻也驚惶　子也驚惶
空起鹽罐和米缸　鹽也無裝　米也無裝
煙癮發了一身光　日也想方　夜也想方
嫁妻賣子心太狠　睡也悽涼　起也悽涼
開燈過癮總不忘　偷也何妨　討也何妨
頭上虱子堆滿囊　衣也骯髒　食也骯髒
皮黑肉瘦大眼眶　貌也不颺　話也不颺
不愛乾淨像猪羊　上也生瘡　下也生瘡
喊爺喊娘喊上蒼　罪也昭彰　孽也昭彰
死期一到無主張　身也滅亡　魂也滅亡
勸君趁早上慈航　易也渡江　難也渡江
總要離開這魔王　心也堅剛　性也堅剛
戒脫煙癮就先昌．人也吉祥　事也吉祥
嚴禁煙館開城鄉　聾也莫妝　瞎也莫妝
你我定要顧大綱　賣也謹防　種也謹防
不種煙苗多種桑　田也無荒　土也無荒
我今說出這一腔　情也徬徨　景也徬徨
各位莫嫌我太狂　言也照章　行也照章
撥開雲霧見太陽　民也輝煌　國也輝煌
我國士農與工商　福也無疆　壽也無疆

通信欄

雲章先生：

看到先生在廣播電台上征稿的喊聲，把我久閉的心門，又震盪得起了絲絲的波紋，我很想在鳳鳴塔的園地上，担負一個園丁的責任，來開闢一角的荒土。

可是久疏筆墨的我，今後要寫出一個怎樣的東西，我眞不敢預定，過去的一些陳腐的拉雜文字，我現在翻出來，確有些汗顏呢？

鳳鳴塔畔，又新增了幾個生力軍，使我替鳳鳴塔慶幸，不過關於文藝作品，似乎比以前少了些！不知是什麼原因？

方建，子方，守禮，與唐一些人，爲什麼都銷聲匿跡，擱筆不寫了呢？雖然子方君的一篇翻譯，然而仍不能滿足愛讀他的文字者的慾望，應該催促這些人，多寫些才是。

先生能否將黃念，雨廬，雪梅……這一些人的眞實姓名公開的宣佈呢？

不再多談了吧！希望在鳳鳴塔畔，常常聽到先生的呼聲，喚醒死沉的豐縣文藝界的迷夢！

瘦秋上

答覆

瘦秋先生：

來信收到，你對本刊的關注我很覺着欣幸。你如眞能屈尊來充任園丁的話，我當劃一塊比較肥沃的土地，來讓你耕耘。請你努力吧！

方建，子方，守禮，近來都很努力。不過筆名換了換，我現在已去信征求他們的同意，假若他們願意公開的時候，我可以把所有的作者，都一一的介紹出來。請你稍候！

與唐近來不知在什麼地方　他也沒有稿子送來。

雲章

編輯室的廣播電台

雲章

一、四月四日爲兒童節，本報預備在這天出一期特刊，好寫作的小朋友們！和本刊的作者！你們如有稿子，請快點送來罷！

二、本刊的作者諸君，編輯室預備把你們一一的介紹給讀者　你們願意嗎？

古人箴言

黎明即起，清淑之氣充滿于天地，使人的精神，爲之一振，能於此一二時間勤勉，則事半而功倍。蓋清晨者，銳氣凝集之時也。

縣黨部無綫電收音室開放節目

四月三日　星期五

八，四〇　國樂
九，一〇　新聞
一一，三〇　平劇營業語報時氣象商情
一九，〇〇　平劇　言菊朋雪豔琴臥雲居士嚴琦
關新豔秋合唱　大登殿
二〇，〇〇　報時氣象水位簡明新聞
二〇，二〇　國樂
二一，四〇　新聞

鳳鳴塔

第一九七期

一，本刊內容分科學常識論著詩歌小說戲劇散文書信書報介紹及批評等項
二，本刊歡迎投稿來稿文言白話均可
三，來稿本社有修改權不願者應先聲明
四，未經登載之稿除預先聲明者外概不退還
五，本刊編輯部設豐報社內

漫談

我對於造林的意見

焦福祐

在這國困民貧的中國裏，又加上連年水旱天災頻仍，農村經濟破產，已到不可收拾的地步了！細攷其原因，固不止一端，然而林業不興，却佔了重要的成分，政府有鑒於此，所以極力提倡造林運動；並規定於三月十二日——總理逝世紀念日——爲造林節，每年到了那一天，各地就風起雲湧的去造林。這已經是熟見的事了。

本來我國各地方的林木，就很少了；而天然的林木，又不加保護，只有人去砍伐，而沒有人去培植；所以釀成了木荒，近年據海關的報告，木材的進口，佔了很大的數目！誰知道利權外溢這樣的多呢？

試觀造林的利益：固然可以增加生產，救濟木荒，容納勞工，助長財富，抵制外貨，促進文明。但再進一步說。如果去利用荒地，則更可以改良土壤，消除水旱天災，點綴風景，增進健康。所以造林一項實是解决民生問題的重要工作，同時造林運動，也早已被政府規定爲七項運動之一了。

現在僅就我們徐州而論，造林的運動的提倡，也不是沒有好長的歷史呀，那麼爲什麼到了現在，一點成績都沒有呢？這是很值得我們研究的一個問題！

年來造林所以收效甚鮮的原因：以我個人的愚見想來，不外下面的四大原因，今述之於下：

一，大家存着一種敷衍塞責的心理，記得三月十一日，我們就接到了上級機關的命令：『務須於三月十二日，一律到銅山公共體育場開會，並實行造林，』到啦！三月十二日到啦一大家也都興高采烈，風起雲湧的跑到開會的地點去開會。

植樹啦！不錯好大的一個雲龍山，都擠了各色各樣的人在植樹。

『老張你埋深一點，否則它還能活嗎？』王四在很鄭重的對着張說。

馬馬虎虎的事，誰還眞的似的用心用意的去栽他呢！』老張很不負責的對着王說：

據說他們還是某中學的學生呢一看！連這常常被人尊爲國家中堅的智識分子，中學生！都還存着敷衍的心理、誰敢說那一般無知識的小百姓。能青出於藍呢！上級機關的人員和長官，他們是不是也存着這種心理，我可實在不敢保。是的，也有好多都是很努力的，然而，存心敷衍的也不在少數，這是第一點所以收效甚鮮的原因。

二，五分鐘的熱度，五分鐘熱度的大毛病，已非一日了；現在早已成爲癖性了，他的心熱騰了，他的熱血擁上了心頭；怎麼都可以，雖赴湯蹈火亦所不辭，五分鐘的熱度過去，甚麼都不知了，烟消雲散，樹是把它種上了，不錯，是種上了，但是他們種了以後，可就是不負責的了！

樹是種上了，你不復過問它，修理它，由它的命運去吧！那知曾幾何時，狂風會去吹倒它；牲畜會去踐踏它，牧兒樵子會折毀它。請問：植樹有什麼用！你的責任完了嗎？五分鐘的熱度，也就是所以收效甚鮮的原因之一呀！這是第二點。

三，大家太沒有公德心了。記得去歲四月三日，個人獨步雲龍山，

『張大你怎麼任意折毀樹木呢？你太不對了！』蔣三和張大說。

『那不僅我咧！昨天李大呆已採了好多的樹苗回家去了。現在我弄了幾個大點的，可做幾個桿子，還可賣一毛多錢呢！』張大很從容的對蔣三說。

我們這幾年到種了多少樹，都弄那裏去了？原來都被他們這一些不顧公益的人偷去了！你種的再多有什麼用！還夠他們破壞的嗎？還沒有公德心，也實在是收效甚小的一大原因啊！這是第三點。

四，人民對於造林根本就沒有相當的認識，這一點是最可注意的：

『汪先生，你看政府多壞！俺年年納糧，而今他又叫俺替他栽好多樹！』一個姓馬的私塾生，向着他的先生，發出的疑問。

……看！民衆對於植樹根本沒有相當的了解，所以他們就沒把植樹當一回事去做，假若政府能派人向人民宣傳植樹的利益，和他們發生的關係，我相信人民就不會再有以上的各種懷疑，如果政府再能把所研究的結果：甚麼土壤種什麼樹，這樣保護，再進一步對於種樹成績好的人，有所獎勵，這樣，我相信不久的將來，中國的木荒一定可以救濟，或者木材還可以當作輸出品呢！人民對植樹沒有相當的認識，實在是收益甚鮮的原因最重要的呢！這是第四點。

以上四點是我個人所見到的，竊願大家對於造林運動能設法改進才好！

這篇文章收到了已有兩週了。因爲旁的稿子沒載完，所以擱到今天才登出來。時間略嫌遲了一點，請作者和讀者原諒！（編者）

翻譯

某少女

斯篤姆著　黃念譯

作者小誌：斯篤姆，德人。生于一八一六，死於一八七八。詩文以抒情寫景見勝。作品譯爲中文者有：茵夢湖，燕語，大學時代等數種。

一具窄窄圍繞着花環的薄棺，六人抬着，同二個送殯人走進墓林。

是靜悄悄的一個夏日清晨，除新掘穴的一端，沾染了幾絲陽光外，其餘地的大部，都躺在潮溼溼的樹蔭。

在這裏他們將棺材放進穴，送殯人把帽子取下，垂着頭靜默了一刻，把餘事委託給掘墓人，閑談着走了回去——不久，泥土向墓穴上擲揚了，不久又停止了，日光寂寞地照着，只有新墳前十字架，紀念碑，灰香爐的陰影，長長地移上草原。

這墓是坐落在義塚的一角。墓上無石，起初僅是一坏黃土。後來風來了，風把墓上的散沙任意吹向路上去。雨來了，雨把墓角深深地侵蝕。在夏天的傍晚，許多孩子在墓上跑來跑去。冬來了，冬天降了深深的雪，把墓密密地覆沒，以直待溶化了以後。冬去春來夏又來了。夏日許多墓上生出青青的草，許多水仙花，抽出萬年青的芽，現在這新墳也照樣叢生着了。——又是一個清晨，青青的草枯黃了，水仙花，萬年青的芽敗謝了，僅只一片衰草還掩留在那裏。在這疏疏的衰草叢中的墳前，露出一個黑色的十字架在十字架後面，靠着道路的方面，用小小的字母刻着一個少女的名字，溶塗銅色，只有在近處方能認識清楚。

○　○　○

天色夜了。城內每家人家的窗首，都已黑暗下來，一切都已入睡。只有一所高大房子裏樓上一間房內，有一個青年，沒有入睡。他把燭熄了，閉着眼睛在圈椅內坐起，諦聽着下面有無聲息。他手中拿着一個白玫瑰的花環，這樣他坐了很久很久。

外面是另外一番活躍的世界：夜間覓食的野獸，在左近周圍來往巡邏，從遠處傳來一種如泣如訴的嗚咽聲息。他把眼睛睜開的時候，屋中已亮了。由窗隙射進的慘淡月光中，他可以看見對面壁上懸的照片。于是他的思想牽引墓地裏的她去。

「那墓，定照不到一絲月光，冷清清地躺在陰處。」他自言自語。

他站起，很謹慎地開了門，拿着花圈走下樓去。在門前他又諦聽了一會，悄悄地把門閂上，便在街傍房屋陰處走出城去。街心是一道月光，一直引到他所到的墓地。

那是一如他所說的，這墓照不到絲毫月光，躺在深深的牆陰。他把花圈掛在墓前黑十字架上，把頭靠在上面。——聲柝的更夫從他面前走過，他沒有覺得，大地

的喘息。月夜的情調，墓草的蕭蕭，夜景花的跳舞，大氣中奏着美麗音樂，他沒有聽到。他這瞬間，已失掉了知覺。兩條蘊藏在他心中很久很久的少女臂膀摟抱着他，一副蒼白的面頰緊緊壓着他的，兩道蔚藍的孩子般的眼光，緊緊覷着他的。

（未完）

創作

一本舊賬

孤凝

黃老先生的病，一天比一天沉重，纏綿於床褥已有一百多天了。起初他還能倚杖慢步，扶着他的愛子黃華在庭前談談說說，在病中尚不感到怎樣苦惱；但是他的病總不會有轉機，一天一天的沉重下去，雖搜盡了奇方妙藥，也不見有效驗；再因為他家庭人口衆多，兄弟們時常因為些小事故而大動爭吵，他每次在病房裏聽到了這些動作，總使他緊鎖眉頭，咳聲不止，使他添了無限的心病，減了許的飲食，俗語說：「心病難醫。」黃老先生病不好的原因，大約也是這種道理吧。

提起黃老先生的兄弟，說來倒也奇怪！自家兄弟因事能以拚命的鬥爭，家中什物任意毀壞，他們絕不顧慮到祖宗創業的艱難，也並不念及自家是骨肉兄弟，像他們這樣蠻橫無理的自相火拚，對於鄉里，當然也是強霸一方了；然而却適得其反，他們只有勇於私鬥的惡習，却無毅然外抗的精神，所以鄰居們時常對他們施以無理的欺辱，任意侵佔他們的田畝，他們誰都不敢出來反對；；尤其是他們的芳鄰楊基，更是好攻擊他們的弱點，知道他們兄弟離心離德，常常的藉故打的他們的門，後來看他們步步退讓，更是變本加利，有一次竟毫無忌憚的跑到他們的廳堂裡硬拿去許多珍貴的物品，有幾個小兄弟看着過意不去，用着小手小脚去和楊基較量，想阻止他無理的行動；但是那裏是楊基的對手，老輩們又都躲在內室，沒有一個敢出來協助，楊基放開拳脚，一頓把小兄弟們打得落花流水，五零四散；從此楊基更是任所欲為，假借許多名目來到黃老先生的家裏來支武揚威，目空一切的搗亂了。

◆◆◆◆

賭博場中一瞥

王萬選

「你老家能不去不？」一

他一把把他娘推在床上，他娘是一個年近六旬的老嫗，臉上的皮，同風乾的橘子一樣，額上的紋，似刻着生活的艱難，渾身瘦的沒有四兩勁，那能撐得住她那虎背熊腰的兒子一把呢？于是她倒在牀上，也沒法了。

福放下膽來了。

又推了，

「走！喝茶去。」說話之間，他媳婦來到了，充的跟真的樣。

「昂——」福答應着，帶着愁容。

「走！」她很急緊的逼迫着。

「推過一方吧！」他帶着懇求的嗓子，與她商量着，還想撈錢。

「你的個小舅子羔子，我看你不走？」「撲通！撲通！」連罵加打是真厲害：

下就擱下擺！」

「快着走！」福還是遲延不想走。「妻姪態……」接着又是「扑通！扑通！」的打。

如此打罵了三次，福也沒敢還一下。雖說穿着一身棉衣裳，打的不甚疼，罵的沾不身上，恐怕也不大好受吧！

結果被他打罵走了。

福在頭裏走着，看樣很不是味，很像剛要出決的囚犯，心裏有說不出的痛苦。

一屋子人，也像散會似的，各不商議的回去了。

「先會他娘嚷他罵他不叫他推。他終于不肯，然而却被他媳婦打罵走了。這怎的？……」這疑問在我的心中起了旋渦，旋得不叫我安靜，我苦悶極了。忽然大腦中樞給我一個急速的回答：「現在的媳婦，比任何人

苦齋瑣話（續）

克林

▲沙門

某君善文藝，精詩詞，惟性詼怪，素不與人笑談。每讀一書必錄概義。每作一事必三思後行；頗有高深之風。頻年境地不遂，輒感負薪之苦。乏諂術，終陷赤貧。奈秉性超衆不求感不依朋。毅然一身奔波窮途。如今壯志未酬受戒沙門。彼常以蘇玄英自喻曰：「曼殊異種隨義父入中土，旋為人棄，惡境相逼，十二歲入沙門，越數年受三壇大戒坐關三閱月。一塵莫染，飄然自得，善詩文旋為中國文壇之人物。吾雖不能與玄英較，自少亦可免觸惡境：……」某君迫於環境身入沙門，亦非彼之志高，實屬甘敗下風，天演之奴隸，頗為貽人笑談。實非今之青年所應取之道也。

▲莊堅

莊堅余在彭之同學，其人性剛直，好國術，「九一八」事變東鄰進侵，君乃義氣憤發聯略同學組織敢死隊，終而被阻，越明年修業期滿，旋投筆以軍旅。別後音信杳然兩不相知、今忽接友人谷覺來函，方知莊君染惡疾永訣人間。真乃「壯志未酬身先死，常使英雄淚滿襟」。余得息後頗為痛惜，深感人生之不常，如此中途夭折之健兒，真不知更有幾許耶！

通信欄

雲章先生：

前天我在縣黨部圖書館裏借到一本世界文庫第一，看了一遍，使我發生了幾種不好的感覺，不知你也有同感嗎？

1.每一種書，都是照原樣的節錄。中間，和後邊，并不加上編者的意見，編者也并沒有指出此書的特點。好像是跑到圖書館裏，東一本，西一本乱看一起一樣。每一樣看一段，不能窺其全豹，雖然後邊第二第三以至於第八十冊上續載出來。可是每冊是一元，八十冊是八十元，誰有這些閒錢呢？

2.中間翻譯的文字，全是旁人的譯文，鄭先生并沒有一篇，并且連作者的原文名字都不附印上，難道說看書的人都和鄭先生一樣的程度嗎？

3.編輯的標準不知道在那裡？中國的一部分是從唐至明。然則唐以前，明以後的都不好嗎？或者以後第

着鄭先生的取材是以低級興味入手。迎合社會一般人的心理，好來暢銷此書。

4.一部書分多少段來印。到不如鄭先生列一個目錄，那些書是研究文學的人必須要看的。指示青年人一條明路，好到圖書裏去借閱，不比這樣費八十元才窺全豹的時間金錢經濟得多嗎？

5.此書的名字到不如改為「世界文刊」的好。因為他是一段一段的稿載出來的。

雨廬四、六。

編輯室的廣播電台

雲章

一，老渾君：春花開了，春草青了，枝頭花間，水濱草上，都增了不少的詩料。想你必有不少的創作吧！那麼就請你送來吧！因為你的酬舞的華調，細膩的描寫，和潦倒的情緒，我們都很盼望着來欣賞呢！

二，老王這兩天又沒有稿子送來了。這大概是他又正在教襲王二徒的不劇忙吧！

三，書平君，現在真與本刊絕交了，不然，他為什麼只是不理我們的呼喊呢？

四，黃念君的譯稿，已道來一篇，據聽說他還有大批的譯稿，以後當源源的送來呢！

縣黨部無線電收音室開放節目

四月八日 星期三

八，四〇 國樂

九，〇〇 新聞

一一，三〇 平劇警策語報時氣象商情

一九，〇〇 平劇 梅蘭芳馬連良蕭長華荀慧生 潘雪豔 合唱審頭刺湯

二〇，〇〇 報時氣象水位簡明新聞

二〇，一〇 時事述評 關於國際問題

二一，四〇 新聞

中華民國二十五年四月九日 豐報 （星期四） 第一版

豐報

第一〇五六號
社址豐縣大同街
中宣會登記證中字第一二九二號 內政部登記證警字第二二三〇號
中華郵政特准掛號認爲新聞紙類

△廣告刊例
一本報廣告以方寸計算
一每方寸以市尺長寬各一寸計算
一封面每方寸每日大洋一角普通每方寸每日大洋八分三方寸起碼
一登三日以上九折六日以上八折十日以上面議

△本報價目
本報每份大洋一分四厘每月大洋三角外埠每月大洋四角郵費在內

△總理遺囑
余致力國民革命凡四十年其目的在求中國之自由平等積四十年之經驗深知欲達到此目的必須喚起民衆及聯合世界上以平等待我之民族共同奮鬥現在革命尚未成功凡我同志務須依照余所著建國方略建國大綱三民主義及第一次全國代表大會宣言繼續努力以求貫徹最近主張開國民會議及廢除不平等條約尤須於最短期間促其實現是所至囑

豐縣農民銀行通告 啓字第二號

近查本行辦理青苗貸款，連日各合作社來行申請者，日有多起，綜計已五六十社，奈本行祇專員一人，負調查之責，奔走忙碌，日無暇晷，而各社多函電分詢，急盼調查，以期早辦借款手續，茲將本行調查方針，揭示如左，維希 亮詧

（一）曾經本行放款，而能先期歸還者，如社務無所變更，得僅查保證人，而免查或遲緩其調查社務手續，儘先陳准放款。
（二）曾經本行放款，而能如期歸還清楚者，次之。
（三）已取得新登記證而申請借款數目與該社事業及人數有合理之分配者，又次之。
（四）凡未繳新登記證而僅送申請書或申請書各重要欄內填缺不全者不查。
（五）凡合作社經 豐縣合作指導委員會介紹來行申請借款者，亦可提前辦理。

二五、三、十二。

本社營業部啓事

本縣各機關均鑒：蒙訂印之現金日記簿，收支分類簿，請款書，領欵四聯單，今已印就希卽遣人來取爲荷，此啓。

豐縣縣政府佈告 第 號

案奉
江蘇省財政廳賦字第一六二六號訓令：飭清理歷年積欠田賦，原係按有成數，分限追繳。現計第一限，業經屆滿，第二限又轉瞬卽屆，稽核繳解之款，仍屬寥寥，應由縣明白佈告，一面趕緊積極嚴催，如果任[illegible]，卽應遵照[illegible]委員[illegible]科[illegible]電實行拘拿押繳。切勿[illegible]貽誤。等因；奉此，除督飭糧警認真嚴催，並擇大戶拘押追繳外。合亟剴切佈告，仰闔境糧戶，一體知悉。省令規定，限期綦嚴。任憑延宕者，定卽依法拘押嚴追。自此佈告之後，凡有各該糧戶，欠完本名下，歷年舊賦，及民國廿五年新糧，務於四月二十日以前，掃數清完，無事安業，毋得延誤，致干拘拿押究。切切！特此佈告。

中華民國二十五年四月 日 縣長 王適先

豐縣縣政府通告 第 號

案查本縣合作社數目已逾限額，遵令暫緩組織有案，凡自上年十二月份起至現在止新成立之各合作社一概暫從緩議。[illegible]登記之各合作社除業經登記者由廳頒下已轉發外，所有二三兩批之登記證尚未奉到合并聲明此告。

中外要聞

攻襄陵匪已被擊散 豐縣殘匪在三面夾擊中

▲中央社太原八日電 日前殘匪數千餘人、猛攻襄陵縣城，[illegible]由臨汾進剿、當與匪發生激戰，匪受創甚重，[illegible]南北各部[illegible]，現我軍正分頭追擊中。

▲中央社太原八日電 寶興縣屬康家鎮一帶之殘匪，我傅部各旅，於五日早向該匪進攻，激戰甚烈，五日午克復康家鎮，現正向白文鎮進攻，我興縣臨縣方面之楊旅各部，及騎兵大部，已向匪三面包圍，協助夾剿，可將該股殲滅。

▲中央社北平八日電 入晉共匪分頭竄擾，竄興縣者，爲徐海東股，竄襄陵者爲林彪股，正太路改裝鐵甲車多輛，與同蒲路協助剿匪，冀北防務，有新布置，防散匪入境。

▲中央社北平八日電 據報，晉北[illegible]縣徐海東部匪共，有繼續北竄形勢，綏方已加緊戒備，惟外傳平綏車因勦匪軍事受影響說不確。

▲中央社昆明八日電 軍息，竄匪四五千，五日晨竄尋甸羊田，經攀玉山向祿勸北竄，僞匪全部，六日晨抵尋甸一帶竄羊田，我軍仍跟追中。

▲中央社福州八日電 張發奎返防後，對清剿殘匪計劃，已擬劃就緒，部署佈置始進擊。

▲中央社福州八日電 浙江邊境殘匪千餘，自前潰竄崇浦交界，經擊退後，浦西浦北崇安北區，尚有匪蹤，該師擬再分路進剿中。

我政府對俄抗議事件 駐華俄使暫不願有所表示

▲中央社南京八日電 蘇聯與外蒙簽訂互助協定後，外部已於昨日提出嚴重抗議，聞抗議書共兩份，一份送交駐華俄大使鮑格莫洛夫，請其轉達該國政府，一份電達我駐俄顏大使，轉送正式送達俄政府，均於昨日下午發出，聞駐華俄大使，在未奉到該國政府復訓前，不願作任何表示。

▲又訊，我政府對俄抗議事件，昨經行政院會議時，曾提出討論，依照法律觀點，認爲應向俄提出抗議，張外長加以說明後，一致通過，於下午發出。

▲中央社上海八日電 東京電，日政府認俄蒙援助條約之訂定，爲違反國際條約之行爲，中國外長張羣，對蘇總領事言明，該協定違反中俄北京條約，張氏並言中國對蘇提出嚴重抗議，日政府以爲中國務必出於打破俄蒙協定態度、決定暫靜觀情形。

蔣總監通令各省市 檢舉黨政軍服務人員吸食鴉片

▲中央社南京八日電 禁烟總會蔣總監，今日通令各省市政府，並呈國府轉令各院部署會，嚴行檢舉黨政軍服務人員吸食鴉片，並依規定懲處辦法，以肅禁政。

22

蔣委員長昨赴漢巡視

▲中央社南京九日電　蔣委員長爲巡視各省政務、於昨日離京赴漢、約一星期左右返京。

日政府在台灣現忙於加緊擴充兵力

▲中央社上海八日電　台北訊、當地日政府、現在忙於加緊擴充兵力、預定於半年後、使台灣成爲一軍力極高强度之軍事根據地、第一期計劃改進要塞砲台、封鎖軍事要塞、第二期計劃增加陸軍二萬五千人、增加空軍一倍以上、同時在沿海設飛機場若干處、海軍亦擬增加二倍、第三期計劃、積極充實陸地內容。

孔財長昨接見日總領須磨等

▲中央社南京八日電　行政院副院長兼財長孔祥熙、今晨在部接見駐京日總領須磨、正午在邸宴津海關監督林世則等、席間對華北緝私問題、有所商討、晚間復在邸宴俄大使鮑格莫洛夫、並邀外長張羣、次長徐謨等作陪、盡歡始散。

陳光甫與美財長會談

▲中央社上海八日電　華盛頓電、中國銀行董事陳光甫、來此攷查、已與財長摩根索開始會談、以謀中美兩國財政政策獲得深切諒解、陳氏謂、彼之來此、係欲討論全世界一般財政問題、而非向美借款、中國之管理通貨制度、成績美滿、故並無改變之意云　摩根索財長曾以中國之通貨計劃、及其運用方法、面詢陳氏、昨日之會談、全部時間、幾盡爲討論此項問題。

▲中央社倫敦八日電　太晤士報頃發表一文、評論中國幣制改革、略謂、自中國政府實行幣制改革計劃以還、成績之佳、進行之順利、遠出逆料之外、即英法德比各國、在滬所設銀行、亦以各該銀行所存銀貨、移交中國中央銀行、中國銀幣之禁用、有如此之成績、唯有日本對中國採此政策、疑爲某國所慫恿、不無誤會。

陳布雷談

蔣對個人生辰不願各界慶祝

▲中央社南京八日電　各界捐購飛機紀念蔣委員長五十生日、現各地分別進行、至爲踴躍、頃據委員長侍從室第二處主任陳布雷語記者、蔣委員長對個人生辰、決不願各界有慶賀之舉、因購機係奉贈國家、故暫不欲有所表示、現聞各地有機關按薪攤捐者、委員長認爲甚不妥當、切望各地主持其事者、務必避免任何近於强制之方式、委員長並曾表示、對國家捐機、爲另一回事、而個人絕不敢接受祝賀名義。

▲中央社上海八日電　中華海員黨務特派員辦事處、與中華海員工會、聯合發起海員醵資購機、爲蔣委員長祝壽、決以十萬元爲標準。

某要人談百靈廟與綏境兩蒙會職權並立

▲中央社南京八日電　關於百靈廟蒙政會、與綏境蒙政會權限問題、外間頗多誤解、今據某要人稱、兩蒙政會成立時間、雖有先後、而職權並立、同隸於行政院管轄區域、在兩會組織大綱亦有明文規定、百靈廟蒙政會、以錫林格勒盟及察境各旗爲限、綏蒙會以烏蘭察布盟、伊克昭盟、土木特旗、及綏東五縣右翼四旗爲限、故權限分明、並無主屬之分、至綏蒙會與綏省府關係、亦處並立地位、並無上下之分。

王寵惠鼻須兩週後方可痊愈

▲中央社上海八日電　王寵惠七日先後接見傅秉常、及友好多人、據醫言、王鼻中仍有濃血、須兩週後方可痊愈。

四川等六省下年度可施行法院新組織法

▲中央社南京八日電　司法行政部於上年七月一日、施行法院組織法後　山東等十五省、已如期實行、至廣東、廣西、綏遠、青海、四川、貴州、雲南、新疆　等八省、不及籌備、已呈明法部、准予展緩一年實行、現展緩期、轉瞬即屆、而未改制之八省、除廣東廣西尚難施行外、其他四川等六省、於本年七月一日　決可施行新法院組織法。

孔祥熙電黃河水利會對各項工作詳加指示

▲中央社南京八日電　全國經委會主辦水利事宜之常委孔祥熙、今日特電黃河水利委員會代委員長孔祥榕、對當莊堵口合龍後、應行注意各事、詳加指示、並謂應未雨綢繆、先事妥籌、於險要地點、預儲材料、以備遇事急出、免致無所措手、無論如何、必須設法不使今年再有事發生、重苦人民云云。

永定河水昨又飛漲

▲中央社北平八日電　蘆溝橋電話、永定河八日晨水又漲至一丈四尺、大溜湍急、洶湧異常、水勢猛漲　有再泛濫之虞　河務局已急電各段　督工嚴防。

疏浚南運河下游即興工

▲中央社天津八日電　南運河下游　河身淤塞、船舶蟻集、關係沿河各縣繁榮甚鉅、津市府八日召集冀建設廳、華北水利會、各河務局代表開會、決定（一）組織疏浚南運河下游委員會、（二）工款估計須三十餘萬元、（三）即日設計施工。

鄂省行政區歸併爲八區

▲中央社漢口八日電　鄂省前劃分十一行政區、現以匪患漸告敉平、公路亦多漸次完成、特將各區酌量裁併爲八區、並經省府呈奉行政院指令、准予照辦。

蘭州昨晨大地震其聲隆隆屋瓦搖落

▲中央社蘭州八日電　蘭州八日晨一時五十分、發生較强烈地震、一分鐘連震兩次、雖時在夜半、多被驚醒、該處四時五十三分、地忽大震、其聲隆隆屋瓦搖落、鷄鳴犬吠、歷時一分鐘。

居正由萍鄉到南昌

▲中央社南昌八日電　居院長正、八日晚由萍鄉乘汽車抵南昌、擬十日經浙贛路車赴杭轉京。

實部發表全國農會統計

▲中央社南京八日電　實業部茲發表全國各地農會統計如後、經核准備案之農會、已達一萬二千零六十九會、其分布狀況、以河北省爲最多、江蘇第二　安徽福建較少、農會會員約在一百三十萬人以上、以自耕農爲最多、半自耕農次之、佃農又次之、地主與僱農爲數較少。

王正廷昨訪翁文灝

▲中央社南京八日電　中委王正廷、今晨由滬抵京、因席膠濟鐵路理事會議、旋於下午三時、至政院訪秘書長翁文灝　有所晤談。

財部派員分赴各省調查捐稅徵收情形

▲中央社南京八日電　財政部爲攷查關鹽統及烟酒印花等稅收機關、行政利弊、征收人員之勤惰、以謀改進稅收起見、特分派員、赴蘇、浙、皖、閩、魯、豫、冀、察、湘、鄂、贛、等省調查、各員日內即可出發。

東北青年教育救濟處定期攷選三屆留學歐美公費生

▲中央社南京八日電　教育部東北青年教育救濟處、本年招攷第三屆東北留學歐美公費生、名額定四名、留英美者各二名、招攷簡章、已經該處擬定、呈經教部核定、報名日期自五月一日起、至五月十四日止、報名地點、在駐北平辦事處、初試五月廿五日起、在平舉行。

工場建築取締辦法四項實部咨各省市查酌辦理

▲中央社南京八日電　實部中央工場檢查處、爲保障工人安全起見、特擬定工場建築取締辦法四項、現經實部核准、分咨各省市政府、查酌辦理。

荷使館祕書歡宴金問泗

▲中央社南京八日電　駐荷公使金問泗到京後、分謁各當局、報告一切、今日中午赴荷蘭公使館祕書包斯之宴會、張外長定明晚七時半、在外部官舍、歡宴金氏、又金氏曾請外部交際科、轉向國府請示覲謁林主席日期、聞現經林主席批定、下星期一上午十時半、在府延見。

蘇省府將運用保甲制充實小學學額

△江蘇社　蘇省府前據灌雲縣縣長，呈以該縣各鄉村小學每級學生數，多有不能達到規定標準，似此不獨虛耗公帑，抑且影響普及教育之本旨，現當厲行義務教育推廣之時，於各原有學級，自應首先加以整頓，爰特利用保甲組織　依據歷次通令規定，特擬訂運用保甲制度、充實小學學額暫行辦法九條、呈請省府核示，省府據呈後，以所擬辦法，大致可行、除指令該縣准予備案外，並將令飭其他各縣試行，茲將灌雲縣所擬運用保甲制度充實小學學額暫行辦法一份、探誌如次：一、本縣為運用保甲制度，施行強迫教育、充實小學學額起見，特訂定本辦法，二、各區長鄉鎮長保長甲長，對於本辦法之推行，應負絕對責任，三、各小學學生，應遵照教育廳之規定，高級以四十人為定額，不足二十五人，不得開班，初級以五十人為定額，不足三十五人不得開班，其有未達定額者，應運用保甲制度，充實學額，四、各小學校長，於每學期開學一週內，如學生數不足定額，或由縣督學及教育委員視察時、認為某級學額尚須充實時、均應以書面通知所在之區長，及鄉鎮長，說明情形，由區長責成鄉鎮長，督同保甲長，挨戶查調學校附近二里以內未入校之學齡兒童，或取締學校附近三里以內之私塾　責令學童入校　五、各區長對於未入校之學生家長，（即戶長）及應受取締之私塾，由鄉長勸告無效、經查屬實，得照下列規定議處，呈請縣政府核辦　1.未入校之學生家長（即戶長），經勸告無效，得處以二元以上，十元以下之罰金、2.應受取締之塾師　經勸告無效，得處以十元以上二十元以下之罰金，或送縣懲辦，六、前項罰金，由區長繳呈縣政府　至學期終了時、以五成置辦教具，分發各校應用，以五成分給成績優良之塾師，作為獎勵金　七、各小學校長及各區長辦理充實學額情形，應於每學期開學一個月後，詳敘事實，分別具報備查，八、各區長鄉鎮長，辦理充實小學學額事宜，經縣政府考核，其成績照下列規定施以獎懲1.獎勵辦法三項　甲、由區長充實不足額之各小學學級、平均每級學生數達五十者、區長應予傳令嘉獎、乙、由區長充實不足額之各小學學級平均每級學生數達六十人、區長應予記功、丙、各鄉鎮長如有辦理充實小學學額事宜，異常努力者、應由區長呈報經縣政府考核，予以嘉獎或記功，丁、各鄉鎮長如有辦理充實小學學額事宜，奉行不力者，得由區長呈報縣政府核定予以記過或免職，九、本辦法由灌雲縣政府呈請省廳核准施行，（七日）

疏浚香草河工程本月中旬可完竣

運河陵口段工程告成　黃田港工程尚在計劃

△江蘇社　江南水利工程處、前為疏浚丹陽陵口段運河工程、飭派該處工程師、組織事務所　從事工作、迄今業將四月、茲悉陵口段疏浚工程、現已完工、並呈請建廳派員驗勘香草河工程、入春以來、工作進行、頗為順利、巳完成全部工程十分之八、約於本月中旬可竣工、丹徒支河疏浚工程、亦於日前完成、現正積極從事橋樑工作、前報載江陰黃田港疏浚、即將開始、現此項工作、較為浩大、故尚在審慎計劃中云、（六日）

蘇省礦產數量不豐

地勢平坦蘊藏有限　耀徐玻璃公司停辦後現僅有宿遷職校試製

△江蘇社　蘇省礦產除鹽與煤外、餘均屬零星小量、殊不重要、蓋以地形平坦　蘊藏有限、本社記者近訪建廳某負責人、探詢蘇省礦產概況、併誌如後　以供參考

煤　煤有南系北系之分、北系煤田分布於銅蕭一帶、南系煤田分布於甯鎮及宜興蘇州等處、惟範圍均小、品質亦差、北方以銅山縣之賈汪煤田及蕭縣之白土塞煤田為著、江南煤層產量更少、亦無大規模公司從事開採、

鐵　蘇省產鐵以江甯之鳳凰山及銅山之利國驛較著、鳳凰山南京城南六十里、礦物屬赤鐵礦、含鐵達百分之五九、一、可靠礦量約四百二十萬噸、現尚未正式開採、利國驛在江蘇之西北邊境、為津浦路之一站　礦質為結晶赤鐵礦、含鐵達百分五九、八、總量約有三百萬噸、他如江甯之靜龍山中營山、六合之冶山、句容之西堰崗、銅山之王家營等地　亦間有礦鐵凝驟、惟礦量太少、無開採之價值、

銅　下蜀與龍潭間之含頭鎮北有銅山、曾有人於此開採黃銅礦、今已絕跡、

鉛　句容縣東壩岡土山、有筆鉛礦、江甯宴公廟、有鉛礦、[illegible]經開採、民國十五年溧水發現銀鉛　但面積甚小、故迄未開採

錳　錳產於東海之胸山、與燐礦共生、礦產屬硬錳礦及錳土、含錳百分之廿二、錦屏公司、曾經開採、現以銷路不旺停開、

燐　東海胸山之燐灰石、為我們唯一燐礦　礦石之佳者燐酸成分、在百分之四十左右、民國十二年出產最多、每日可產燐數十噸　成運銷日本、

玻璃砂　宿遷城北土山嶺　帶地層為疏鬆之砂岩、與細礫岩、一經風水之侵蝕、即成石英質之砂粒、集採掏淨　可容製玻璃、清光緒末年、有耀徐玻璃公司之創設　規模頗大、清末停辦、現僅有省立宿遷職業學校、從事試製、成績尚佳、

粘土　蘇省所產粘土、可分磁土陶土二種　磁土僅松江張堰之泰山、及六合黃泥壩之白土山產之、惟為量均少、難資利用、陶土以宜興所產為最著、分白紫青二色　質細色美、是其特點、無錫南鄉石塘鎮、白色耐火粘土　可製耐火磚之用、下蜀高資間、及丹陽泥山、所產陶土、砂性甚著　但只適宜製粗陶器、

石灰石　江南石灰石產地、有張緒龍潭與吳縣三處、以張緒產最尤豐　江北則唯甯之官山、灰質最佳、含灰成分達百分之五十四、徐州之東北一帶、及灌雲大伊山亦產之、惟品質較次耳、蘇省已成立水泥公司有二、一為上海水泥公司、一為龍潭水泥公司、

建築石材　吳縣花崗石、自昔著名　開採極盛、為太湖流域應用之建築材料、他如青浦之辰山　松江之赤壁山、均有大規模之石場、

鹽　江蘇沿海一帶、均產食鹽　江北分淮北淮南二區、江浙則為兩浙鹽區之一部、淮北製鹽用池晒　淮南製鹽以草煎、兩浙則廣用板晒、製法各異、現以淮北產量最豐、年產約在四百萬担以上云云　（七日）

蘇省會婦女會決定五個月中心工作

該會理事會議決議

△江蘇社　省會婦女會第二次理事會議、於昨日下午三時舉行、計出席理事徐若萍、任季璠　李惜陰、黃卷雲、吳子我（任代）許青蓮（徐代　夏孫一、柏佩秋（夏代）列席者陳桂瑛、主席任季璠、紀錄徐若萍、（甲）報告事項（略）、（乙）討論事項、（一）請決定本會中心工作案、決議規定：1。婦女新生活運動 2，婦女識字運動、3。婦嬰健康運動、4，救護訓練運動、5，破除迷信運動等五項、為本會五個月中心工作、（二）請規定日期召開江蘇省會新運婦女工作委員會、發起人談話會案決議定於四月十八日（星期六）下午一時半舉行、並推本會理事任季璠　吳子我、徐若萍負責召集、（三）請推定草擬救護訓練班章則並預算負責人案、決議推柏佩秋理事、負責草擬、提下次理事會審核、（四）請改推江蘇省會婦女新生活勞動服務團團長案、決議仍推黃卷雲理事擔任、並呈報新運促進會備案（五）請改推國民國貨年實施委員會委員以專職責案、決議仍推徐若萍理事擔任、（六）李惜陰理事因生產期近、請假二月、所有工作、由王采蓮理事代理　請予通過案、決議通過、（六日）

蘇財廳繼續審查高郵等五縣預算

審查會通知各委出席

△江蘇社　江蘇省財政廳對審查各縣地方預算工作、辦理極為認眞、關於二十五年度各縣地方預算、財廳為審慎將事起見、特召集各關係當局組織江蘇省各縣地方預算審查委員會、專司其事、其吳江、武進等念餘縣念五年度地方預算、業經先後審查完竣、茲該會特訂於六日下午[illegible]在財廳會議室、舉行委員會議、繼續審查高郵、邳縣、常熟、句容、奉賢等五縣念五年度縣地方預算、召集各委員出席與議之通知書、已於先一日發出云、（六日）

本縣新聞

縣政府催徵田賦
糧警會同兵警挨戶催收
如有疲頑定予帶縣嚴辦

縣政府以納稅爲國民應盡之義務、乃鄉民昧于此義、對應納田賦、往往遲延觀望、甚有累年不能清完者、以致庫收疲滯、影響事業至鉅、茲爲整頓稅收起見、當經政務會議議決、每區指定較大之三村或五村、由糧警會同縣府所派之兵警、挨戶催收、如再疲頑、定予帶縣嚴辦云。

民有槍枝
須向主管官廳登記
否則以私藏軍火論
縣政府奉警備司令部函

津浦警備司令部、以各縣民有槍枝、未辦登記領照者甚多、爲嚴防盜匪私藏武器起見、特致函各縣、辦理民有槍枝登記、以免流弊、茲將本縣縣政府接奉該部原函、探錄如下：逕啟者、現値國難嚴重、各地盜匪出沒無常、對於人民武器、亟應澈底清查、以維治安、近查警備區內各縣人民、所購自衛槍枝、尚有未經呈報縣府請領槍照者、似此流弊叢生、爲害匪淺、茲爲嚴防盜匪私藏武器起見、用特函請貴縣、即日張貼佈告、並轉飭各區鄉鎮保甲、所有無照私槍、自佈告日起、統限於二十日內、向各縣府登記領照、否則、除沒收外、并以私藏軍火論罪、除由本部隨時派員覆查并分函外、相應函達、即煩查照辦理、并希將登記總數見覆爲荷。

教育局奉令擴充義務學級
函區公所襄助辦理

本縣教育局奉教育廳令、于二十五年度增設義務學級二十級、教育局特函請各區區公所選擇適宜地點、飭各該地鄉鎮長申請設立、茲探錄其原函如下、案查本局第一二六次局務會議、討論事項第四案、「省令于二十五年度擴充義務學級二十級、應如何籌設案、決議、（一）函請各區區公所擇定適當地點、飭各該地鄉鎮長申請設立、（二）略一」、記錄在卷、相應函請貴區公所、擇適當地點、並飭各該地鄉鎮長申請設立、至爲公誼。

專署電縣
查報浚河名稱及長度
縣政府奉令遵照辦理

銅山區專員公署、爲明瞭各縣疏浚河道名冊、及長度起見、特電令所屬查明具報、茲將本縣縣政府奉到專署原電、探錄如下：豐縣王縣長覽、爲統計各縣浚河成績、仰迅將該縣已浚河名、共浚河長度公里數、共挑土方數三項、切實查明、電復毋忽　專員邵[illegible]印。

重行登記之[illegible]樓等[illegible]合作社
建廳准予備案
縣政府轉飭知照

縣政府前將第二批重行登記之合作社、[illegible]呈請備案、現已奉到指令、准予備案者、計有孫三樓、葉樓、侯集鎮、畢樓鄉楊樓、畢樓鄉劉樓、店子鄉宋寨、仇集鄉仇集、店子鄉店子、店子鄉後炮樓、店子鄉孟莊、郭集鄉沿坊莊、窩口鎮後常莊、常店鎮、周郭樂、蔣單樓、大許集、趙廟鄉、許廟鄉、華山鎮等十九所、登記證亦隨發到府、聞縣府不日即可填發各該社收執矣。

第一批受訓保長
舉行畢業考試

縣政府籌辦之保長訓練所、原定將全縣保長分三批訓練完畢、每批受訓期間、爲三星期、現第一批受訓保長、已將規定課程、學習完竣、時屆畢業之期、該所教務股爲考查保長成績起見、特定于九十兩日、舉行畢業考試、關於考試方法、依採取問答式、一俟考完、即舉行畢業典禮云。

專署定期
召開各縣區長談話會
電縣轉飭各區長準時參加

銅山區專員公署、以區長爲接近民衆之長官、縣政之良窳、悉視區長之賢健與否以爲斷、茲爲推進所屬各縣政務起見、特定於本月十八日、召開區長談話會、當電令各縣縣政府、轉飭所屬區長、屆時參加、並規定參加談話會之區長、須有書面報告、及口頭報告、關口頭報告、至多不得過十分鐘、本縣縣政府奉令後、已轉飭各區長知照矣。

教育用品消費合作社
定期召開成立大會
呈請縣黨部派員指導

本縣教育用品消費合作社、自籌備以來、迄已多日、現各種手續、業已籌備完竣、特定于明日（十日）上午十一時在縣教育會議室、召開成立大會、並選舉職員、當呈請縣黨部派員指導、聞該社社員有一五五人、社股爲二百二十四股云。

專署召集之
縣長及黨部常委會議
于科長王監委代表黨政參加

銅山區專員公署、前分別通令各縣縣長及黨部常委于本月九日舉行會議、商討一切、聞因雨阻、王縣長李常委未能前往、適縣府于科長、黨部王監委、均在徐未回、聞黨政兩方、已電知[illegible]君代表參加矣。

司法欄

◎縣政府司法批示◎

▲民事原具狀人孫某成、一件、爲行强霸地、訴請傳案判追由、狀悉、仰候通知答辯、傳案訊奪、此批。

▲刑事原具狀人邵彥清、一件、爲遵傳投訴、確鑿實據、再陳屠慘情形、懇恩訊明、扎傷民弟眞情原因、按法究辦由、狀悉、仰候庭期訊奪、此批。

▲刑事原具狀人徐孝廉、一件、爲賄串僞證、希圖脫罪、再懇嚴密審辦、免被朦蔽、並乞速拘共犯、一併法辦由、狀悉、仰候偵訊明確、再行核奪、此批。

▲刑事原具狀人李吉貴、一件、爲遵處龍訟、懇請撤訴銷案由、狀悉、此批。

▲刑事原具狀人丁逢源、一件、爲陳明誤匠理由、請求撤銷拘票、定期審理、以便遵期到庭應訊由、狀悉、仰候定期訊奪、此批。

▲刑事原具狀人李丁蘭若、一件、爲被告即將遠行、再叩速拘訊辦、以結懸案、而安孀苦由、狀悉、仰候定期訊奪、此批。

△庭期審理案件▽

四月十日審理師郭氏訴孔邢氏拐賣案。

▲本城糧價▼

名稱	每市斗價目
小麥	最高三千九百文　最低三千八百文
大麥	最高二千九百文　最低二千八百文
黃豆	最高三千七百五十文　最低三千七百文
黑豆	最高三千六百文　最低三千五百文
菉豆	最高三千九百文　最低三千八百文
江豆	最高三千九百文　最低三千八百三十文
高粮	最高二千九百文　最低二千八百文
穀子	最高二千四百文　最低二千三百文
稷子	最高二千文　最低一千九百文
芝蔴	最高五千五百文　最低五千四百文
青豆	最高三千八百五十文　最低三千八百文
花生	每斤最高二百八十文　最低二百七十文
瓜子	每斤最高七百四十文　最低七百三十文
生米	最高四百五十文　最低四百三十文

江蘇省豐縣測候所氣候報告

今日下午三時止

天氣	溫度 最高 攝氏	溫度 最高 華氏	溫度 最低 攝氏	溫度 最低 華氏	昨日雨量（本日九時止）	本月雨量積數
晴　北風	一三・四度	五六・〇度	三・二度	三三・七度	一・二公厘	三六・九公厘

一，本刊內容分爲學術論著詩歌小說戲劇散文書信雜俎介紹及批評等類
二，本刊歡迎投稿來稿文言白話均可
三，來稿本社有修改權不願者應先聲明
四，未經登載之稿除預先聲明者外概不退還
五，本刊編輯部設豐報社內

漫談

「憨子」和「刁子」

焦福祐

日本文人廚川白村，對于獃子的解釋，都很可以拿來當作參攷。我們可以說：『所謂憨子者，就是踢開利害的打算。專憑不僞不飾的自己的本心而動的人；是決不妥協和敷衍的，是本質底，徹底底來思索事物而能將這實現于自己的生活的人，是在炎炎地燒着的烈火似的內部生命的，光燄裡常常增添薪柴而不怠于自我的充實的人。』從一般刁子的眼睛看來，會見得他們是愚物吧！是任性吧！朋友！你們是刁子吧！那麼哥謂刁子？想你們都是很明白的了，不用我再說了，假若你們還不十二分明白的話，則我還有個較恰當的解釋告訴你：『所謂刁子者，就是他不去辭別利害的打算，而是把本心僞飾了的，可以姑且妥協，或姑且敷衍的，姑且妥協了，敷衍了，他的事就算完了的人，他是生在炭灰裏的，終日就是在炭灰裏過着的，炭是早巳就不燬了；是怠于自我充實的人……………。』像這樣的人，你們會很贊同他，說他是一個精明的人吧！現在你也許會不贊同他，絕對的反對他，那你若再仔細的想想，你終日都是在那樣的，一天天的在過着呢！今天的事，沒有做完。好！明天再做吧！這件事做的很壞！好！馬馬虎虎的事，可以啦！要知道，你還就是姑且安協，姑且敷衍啊！這樣以後，你會以爲你的工作算完了吧！請你反省一下。

以上所說的所謂刁子，在現在的中國總佔了百分之九十九以上；而那所謂憨子的，在現在的中國裏面，大概也祇能在百分之一或千分之一，或者竟完全的絕跡了。

朋友！要知道，時代是不時的在變遷的，演變的啊！現在已經不是過去的時代了，現在大衆的時代，社會事業是要集體去作的了，你們要知道，社會是由憨子們的憨力氣而改造的，社會的輪子就是靠着他們的憨力氣而推動的呢！國家中充滿了刁子，大概是沒有甚麼用的；尤其是在現在的中國裏面，更是不需要的，也就是說刁子在現今的社會裏面是不會存在的！

是的，在你們看了那些近乎憨子的人，你們就很不高興的，而更會罵他們爲愚的，但是你們可知道，他們看見你們更如何的看不上眼，而在咒罵？你們是對峙着的，或者已成爲了仇敵。大多數的刁子啊！你們屈服吧！你們一起和那些近乎憨子的人攜手吧！去竭全力做那變成憨子的事。不然，現在的國家是無可救的。

（完）

翻譯

赴戰

Louis Kossuth　老王譯

同胞們！

我們大家上戰場去呀！我們的祖國是在萬分的危急之中了。上戰場去，除非全國一與起來，大家預備流着寶貴的血液去抵抗是沒有一致效力的。

匈牙利的同胞們，你們願意戮死在暴俄的刀刃槍尖的底下嗎？假如不願意，你們快起來抵抗！

你們樂意於袖手傍觀你們的父母妻子的身體踐踏在北方野蠻的哥薩克騎兵的腳下嗎？假如不樂意，你們快起抵抗！

你們甘心看着你們的一羣同胞，驅逐到西比利亞荒原去，替暴虐的沙皇的軍隊做苦工　捱着拜占庭的皮鞭流血嗎？

如若不甘，你們趕快起來抵抗！

你們願意看着你們的村莊燒毀，看着你們的物產消滅嗎？

你們願意餓死在這塊你們自已用血汗來造成的這塊膏腴肥沃的土地上嗎？

假如不能，快快一致起來抵禦！

（註：勞易士科休茲爲匈牙利愛國志士，一八四八年發生革命，與奧國戰，初甚得勢，繼奧國獲俄國軍隊之援，革命軍遂失敗。此是一篇演說。）

創作

星期六的一個傍晚

顯惠

有幾個欣賞的軍官，攔住了她——花船——的進行，想叫她唱一個調兒，欣賞欣賞這不易遇到的中國邊境的戲調兒。我是聽不懂她的歌調，但是她那清幽爽脆的妙音兒，一經鼓動了我這久未曾聽過曲調兒的耳膜，更使我百倍的留神，細細的欣賞。一面欣賞這清幽揚揚的佳音，一面又想細察她所唱的調兒，只恨她那尖而又雅的佳音，終于敵不過四周觀衆的喝采聲。我也知不道他們爲什麼叫好，也不知道她何時的曲情，竟能值得他們拚命的喝彩。但是只見她跑動花船如風舞柳楊，飄飄如月裏嫦娥的下降，更映射在汽燈光下，益復窈窕。誠嘆『翩若驚鴻矯如游龍』者亦不足倣此。其舞動進退之疾，更蹈踏着韶合的樂聲　愈增觀者之下拜。她這樣天翻地覆的舞了一會，觀衆好似尚沒欣賞滿足的樣子，可是也不好意的再叫她唱了。最後從他那清潔潔的流動的又溫暖又柔和使得人的全身全體四體百骸都沉醉的眼睛中，由着兩顆漆黑黑的眼珠，微妙的一轉，身體也跟着一振動，鮮紅的嘴唇邊，在粉紅的頰上卷起了兩個酒渦，望了望這一羣的醉漢，羞答答的微微的嫣然一笑，眼角裡好似尚留情的過去了。後邊緊跟着的還是一些鮮豔可愛的荷花式的燈籠。一個奇裝的異人，挑了兩個好似走馬式的燈籠惡恨恨的看了看這一羣的酒漢過去了。兩個小孩子各背「蠻燈笑迷迷的向着這些醉漢過去了。……轟轟烈烈的觀衆，好似不捨的緊跟了過去。很慈祥的白髮老先生，扶了他的孫孫的肩膀　也夾擠在這人叢的中間。幼年婦女隨了一羣年齡較小的小姑娘也夾擠在這人叢中。富家人的小姐太太以及很時毛的女郎也都不自主的同樣的夾擠在這人叢中間。還有那挑水的阿二，討飯的毛三，出苦力的阿四，好似得了自由的平等，也同樣現出悽涼的笑容，不分階級的夾挾在一處。這三三兩兩的男的女的老的幼的：……………都一齊的望了望這一羣的醉漢奔擠過了。最後是十八人掌持的一條靑龍，

春

病春

重返大地的春天，
將人間裝點成綺麗的，
明媚的，美妙的容顏，
紅紅地，綠綠地，
紅桃綠柳，
燦爛地　縷縷地，
彩霞炊烟，
交織成陽春美景，
象徵着繁華少年
朋友莫要陶醉任，
綿軟地　迷八地春神，霓裳之下，
忘却了現實地悲慘地目前難關，
呀！醉人的鶯歌燕語，
應和着礮聲槍彈，
春擺動的翠柳碧桃，
交糾着綠氣毒烟，
朋友！應該擺脫羈絆，
醉臥沙場，從軍征戰，
去向邊關，志在擎天，
才是時代的少年。

兩隻眼珠放出那可怕光來，滴溜溜的現出在眼皮的外邊。牠的嘴是張開的，彎勾式的兩根牙，夾住了血紅色的舌頭好似欲發那暴雷似的聲去奔撲那現于面前而又不到手的紅色的珠球。他的頭他的身子他的尾巴，整個的身子，是跟隨了這一個珠球的引誘上下左右前後不停留追隨着。由着他本地的風俗，點了一辮的爆竹，作爲慶賀的禮物，促使一聲的胡哨，勢如風捲殘雲般的前後轉了一個大大的翻身，還不能不使觀衆們更注目于龍頭龍尾的活躍，一連三個的翻身。兩個旋轉，他那騰害似的飛舞，張口瞪目的威武，鼻鬚的卷曲，後身灣轉擺尾勢如翻海鮫龍　那珠球引誘的活躍，更顯得爽利，好似蝴蝶的飛舞花叢。左三右四忽高忽低的跳躍，這又不能不使觀衆喝彩了。這可怕而又引人注目的青龍，也張大了眼睛向了這一羣的醉漢點了點頭飛也似的過去了。啊！過去了完全的去了。最後的幾個老太婆手拿着手杖，也望了望這一羣的醉漢過去了。鬆啦；不擠啦！會場也似的街道此時只落了崎嶇不平的亂石所鋪的狹而又窄的路途，幾盞半明不滅的路燈，發出殘淡而又淒涼的微光，伴着幾個醉漢還是呆的站在那裏。他們此時仍是不知他們自身的所在，耳中也聽不到什麼吵雜啦！眼中也看不出什麼模糊啦！只有一股的冷氣吹到他們的臉上。(未完)

常識

天花與種痘

曼

今天將各處所看到的轉載起來，拉拉雜雜向大家貢獻一點：

我們人類不幸而生在這齷齪的世界，常常有許多病魔來侵犯，今天很健康的一個人，明天也就許病了，病的種類很多，我現在提起一種很可怕的病症，就是……「天花」，也叫「痘瘡」。天花這個病症，是自古就有的，有人說發源印度，傳到中國，他究竟怎樣起源，怎樣傳播，我們暫且不去考究他，我先把天花的病狀來說一說。明朝有一個兒科醫生，叫朱慮我，精於治痘，著了一部摘星樓治痘全書，把痘症當作小兒的人鬼關，可見這病是很危險，很可怕的。照現今有實驗有證明的新醫學看來，天花的的確確是一種傳染病，不但是病人的痂皮有傳染力，就是病人的衣服器具也有傳染力，古時候的醫生，以痘爲胎毒，是靠不住的　那些鄉下老婆子認爲是痘神娘娘作怪，自然更不可信了，天花的病毒，是很小很小用顯微鏡也難看見的東西，飛到人的呼吸器裏面，或皮膚破碎的地方，那人就要出天花，人受傳染十天半月之後，先發熱，頭痛，腰酸，氣急，身上發出紅斑來，一兩天後那紅斑退了，先從面上起，漸到下身或多或少發一種小紅點，這紅點漸大起來，變成一個水疱，和豌豆一般大，疱內有漿水慢慢變成膿，那水疱中央凹下去，周圍發紅，從此疱內的膿漸漸乾了，周圍的紅漸漸退了，就結成痂皮，痂皮脫落之後，便是人人討厭的麻子，這算是好的，出天花的人變成麻子仍能活世上的百個中不過有五六十個早到鬼門關去了，所以自古來因天花送的性命不知幾千幾萬哩。但是一般的人，多以爲天花是小孩的病，大人不會出花的，其實不然，三四十歲人不必說，就是六十多歲的人也能出天花，相天花如此利害，如此可怕，我們有什麼好方法可以避去他嗎？有！有！有！種牛痘。

種痘的法子，中國早就有的，醫宗金鑑上有種痘門，黃晟集驗良方上說：「嬰兒痘症，個個不免；或週歲或二三歲，以至數十歲，必要出痘，但係天行時氣而出，若本年時氣好，出痘保全者多，嘗見一鄉之中，因痘而殤，比戶皆然，甚是可傷，福建廣東江西地方，向有種痘之法，每當天時溫和之氣，遇人家嬰孩出痘之稀少者，取有痘轂四五粒，研爲細末，用棉包裹，男左女右，塞在嬰兒鼻內，二三日後，自然身熱出痘，輕者七八粒，重者數十粒，痘稀毒亦稀，萬安萬穩。」

這個法子在中國已經行了數百年，叫作吹苗，或叫鼻苗，俗稱種花，是宋朝眞宗皇帝在位，大丞相王旦生了數子，都出天花而死，後來晚年又生了個兒子，起名王素，王丞相心甚憂急，徧訪當代名醫，有什麼可以避免天花的法子，後來聽說，四川峨眉山有一神僧　能種痘　百無一失，王丞相聽了大喜，就派人去敦請，不到一月把那神僧請到了，就替王素佈種，七天發熱，十二天正痘結痂，安無無事，王丞相大喜　送他許多金帛，他不要，他說「世外之人，要金帛何用？但求丞相許我傳播此法，那就算功德無量。」王丞相當即允准，這神僧回到峨眉山，命他徒弟們下山來，大江南北用這法子替人種豆，於是這個法子就傳開了，在風氣未開的封建時代，這種特別的法子，不經官家許可，算是妖法，所以那和尙未來與丞相的兒子種豆之先，不敢下山亂試。

如今我們看起，那人也不是什麼神僧，他無非是因爲豆是人免不了的，與其等那危險的天花來傳染，不如先期選擇輕症的天花，特叫他傳染，或可以輕一點，況且先知道要出豆了，一切都有準備，看護也可以周到，他的立意不能說不好，但是往往有因爲種花，反而發得很重的豆症，把性命送掉的也不少，要說萬安萬穩實在不見得，所以反對排斥的很多，如今行了牛豆，這鼻苗就沒有人相信了。

(未完)

通信欄

雲章先生：

你和雨廬君討論世界文庫的價值的信，看過了，覺得你們的感覺很對，在我好久就覺到現在書局裏的投機，和文丐們的巧立名目，眞使我們窮學生沒辦法。買書沒有錢，借書借不到。有時借到了，又簡直是鑽黑洞。啊！他們的罪惡是多麽重大啊！

我記得郭沫若先生在「黑獄獄的文字窖中」一詩中好像說：

「你們一文不值的文學，值不得排字的工人受苦！……

……………」

爾攏！一文不值的文字，不但使排字的工人受苦，還和寂藏的窮學生開心啊！這樣我又想起希林君的「秦始皇焚書坑儒有時也應該」的大作了。不錯！有時眞是應該的！

露厂四，十三日

編輯室的廣播電台

雲章

一，昭祥昨日來此，我問他爲什麼近日消聲匿跡？他說異！經他解釋，原來他的筆名又換了「病春」了。

二，春林君！你的地址請示知！

三，孤躍君近日極努力；昨又寄來長篇小說一篇，名字是「一牛肉的慘劇。」不日即可刊出，特此預告。

四，無所不能的百事通王君，近來又從事翻譯了。他的好學，和肯作，眞是別人所不能及的。

五，病鷺君，你批評李閔作品的信，讓我攷慮一下再回答你　所以遲你的信，也遲遲的沒有刊出。

總理遺訓

爲農，爲工，爲商者，因各有所事，不能躬執干戈，故有待於軍人之保護，而軍人之生活，則皆取給與彼　衣食住行四者，皆不須自爲，而有人代爲之。然則軍人所爲何事？對於社會所担任之職務何在？是在乎保護人民，與保衞國家。

縣黨部無線電收音室開放節目

四月十五日　星期三

八，一〇　西樂
八，三〇　新聞
一一，三〇　平劇警策語報時氣象商情
一八，〇〇　國樂
一九，〇〇　平劇　梅蘭芬蕭長華尙小雲茹富蕙
二〇，〇〇　合唱女起解　報時氣象水位簡明新聞
二〇，一〇　時事述評　關於國際問題
二一，三五　預報明日節目
二一，四〇　新聞
二二，二〇　轉播本京戲院平劇

小朋友

第二六六期

本副刊以介紹小朋友的作品爲宗旨

本副刊全係公開歡迎投稿

本副刊編輯部對來稿有删改權

本副刊編輯部對來稿如不登載概不退還

本副刊編輯部設豐報社內

兒童節的新希望

宋小 劉春山

內政部，把每年的四月四日定爲兒童節，兒童節的意義，是促醒全國人民，都注意「兒童幸福」，爲什麼政府這樣做呢？就因爲將來國家的進步和落伍，都在我們兒童的雙肩上。所以革命政府看穿了這一點，特別的爲兒童謀幸福，就定四月四日爲兒童節。

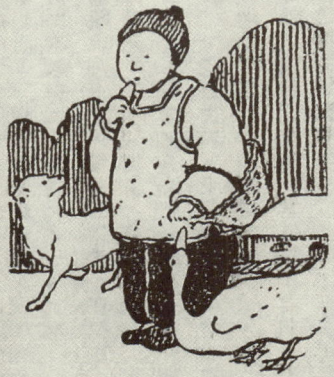

政府這般的看待我們兒童，和這樣努力的提倡，我們兒童應當怎樣呢？我自然不能決定全國兒童心理怎樣，但是我對于兒童節的新希望有下列各點：

一，希望兒童們努力求學，要想有豐富的智識，必須努力讀書，讀書多，智識就高，才能爲一個健全的兒童。

二，希望兒童有强健的身體，如果有了豐富智識，沒有强壯的身體，也是不能做出大的事業，所以要鍛鍊身體。

三，有了智識和健全的身體，若沒有良好的品行，也不能成一個完全的人，所以我們必須修養品行。

以上三點，每個兒童都能做到，那末我們落伍的祖國，便能成爲一個强有力的國家，這是我在這兒童節對於兒童的希望啊！

國難期間的小學生應負些什麼責任

傅莊初小 鄭英俠

唉！河山破碎，荊棘滿途，我國國際地位已低落到何等地步現在正處在風雨飄搖的時期，內亂外患交迫之下，失地喪權，已至無可讓步之地。若不發奮圖强，竭力拯救，眞是「國亡無日了」，我四萬萬同胞，將作亡國之民，我們還能不力圖自拔嗎？

然而復興民族，振興國家，這種重大的使命，誰來擔負呢？是那些年邁力弱的老人嗎？是那些沉醉聲色貨利的壯年人嗎？不是，絕對不是，要想恢復我萬里錦繡的河山，拯救火深火熱的民衆，奠定國家的根礎，這種重大責任，還得我們小學生來擔負啊！

小朋友們！我們是國家的中流砥柱，將來的主人翁—：現在正是國難當頭，我們應該怎樣的來挽救危亡的中國呢？現在我們應及時努力讀書，埋頭苦幹，鑽研探討，將來求得高深的知識，精美的技能，再把身體鍛鍊成鋼鐵一般的健壯。一旦機會到來，我們拿着熱血，拚着頭顱，本着壯志，仗着雄心，赴前綫殺敵。頭顱不妨掛在敵人的槍尖，熱血不妨濺染敵人的軍衣，白骨不妨暴在塞外的沙場，尸體不妨堆積邊遠的邊疆，但不許敵人欺侮我們的民族。期待着，我國總有發奮爲雄的一日。

○ ○ ○

愛國

鐵口小學求知社 胡秀峯

今日在圖書館內閱書，忽然看到一株大樹，倒在地上，樹上的窠巢脫掉，幾隻悲哀的小鳥繞着泣鳴的一幅畫。我看後，心中不覺有點詫異，這不是比喻國家嗎？國是樹，巢是家，鳥是人民。一旦國亡了，家沒有了，人們也不能生存。由此看來，國正是我們生存的所在，欲生存必先要愛國。現在我把愛國的方法，一一說明如下：

（一）不買外貨 服用土貨。這樣金錢，就不至於外溢。錢是國家的命脈，如果金錢充足 國家便要富强。因爲有了金錢，甚麼樣的軍事利器，甚麼樣的飛機，都可購造甚麼大規模的工廠，都可開辦，這樣便能振興實業，挽回利權，自然可以國富國强。

（二）喚醒國民，熱心愛國 使大家明瞭，國家滅亡的痛苦，在他方面，還要革除『賣國求榮』，『國家雖亡，個人還可活着。』等等卑鄙可恥的心理。

奮鬥與自由

王立華

『自由是從奮鬥中得來的。』換句話說：就是能奮鬥；便可得到自由。不能奮鬥便得不到自由。像一七八九年的法國革命；和一七七四年的美國獨立，都是最顯著的鐵證。

當法國未革命以前，那時法國人民，受專制的壓迫，痛苦不堪，很不自由。那時法國人民，便起來革命，血戰數十年之久，終久把皇帝推翻，建立民國。從此以後，法國人民，便得到自由了。

美國獨立。當美國未獨立以前，那時美國人民，在英國鐵蹄之下生活着。海關不能自主，生活不能自由，美國人民所受的痛苦，不堪言狀。那時美國便聯合十三洲的人民，和英國開戰，血戰八年，把英國打得大敗，美國才得獨立。

由此看來，凡是自由，都是從奮鬥中得來的。我中華人民，現在受强鄰的壓迫，很不自由，難道就不能奮鬥了嗎？我中華民族呀！趕快起來和强敵奮鬥吧！好挽回我們的自由。

我將來選擇那一種職業

書小 六年級 楊傳文

凡是一個人所以能生活在社會上，他必須有一種職業。但是社會上的職業很多，有好的，有壞的，那眞是五花八門，甚麼樣的職業都有 只在人們的選擇。

現在我們在小學讀書，已經快滿六年了，有的去升學；也有的不能升學，便要就業了，就是能升學，將來也得就業。那末我將來就甚麼職業呢因爲社會有很多的職業，所以我們不能不選擇一下，那末我到底將來選擇那一種職業呢？我想我是農家子弟，我便以「農」，當我終身的職業吧。

我國是以農立國，同時幹這一種職業的人也最多。我國的四萬萬同胞 所吃的麵，所吃的菜 都是農人們一滴汗一滴血的種了出來的，製了出來的。如果農業不好，小則我國同胞要餓死一些；大則我國在世界上便不能生存。便不要別國來滅我國，我國使自己滅亡了。因爲農業對國家對社會，有了這樣大的關係，所以我要選擇農業，我並希望農業一步一步的發展起來。

費宮人刺虎

歷史故事

便集小 四年級 劉一德

明末的時候 李闖王作乱，把北京也打破了。思宗皇帝，自縊死了，宮中的人，亡的亡，逃的逃，眞是悽慘到了萬分。

李闖王就領兵跑到宮裏 大肆殺戮掠奪，尤其他的一員大將羅某，外號一隻虎的，更形殘暴，他走到宮裏想去奸淫些宮娥彩女，這時許多宮女有的跳池死了，沒有死的都出來迎接他。

這許多女兒中，有一個很聰明的人，就是費宮人，他穿了公主的衣服假裝公主，便和一隻虎——羅某——結婚了。結婚的花燭夜裏，他殷勤的勸羅將軍酒喝，想把一隻虎灌醉，殺了他，好洩洩胸中的憤恨。不一會一隻虎就喝醉了，她用她纖弱的手，她不顧自己的性命，束一束腰，壯了壯氣，一連三刀就把羅某殺死了。

費宮人抽出刀來，看見刀上帶了一些鮮血，他知道自己爲着報答先皇帝，爲着盡忠國家已經把一隻虎殺死了。僅把一隻虎殺死了，沒有得殺這罪惡滔天的李闖王，不大可惜嗎？他對着天空嘆了一口氣說：「可惜我的大才却小用了，可惜呀！」於是他就自刎死了。

春晨

書小 張金門

雞鳴報曉，東方一帶的曙光，衝破了黑暗之夜，暖和的太陽，也露了半個紅臉兒對人微笑 鳥兒們，出了巢 在天空中盤旋，在樹上查查叫！好像說：「時候不早了！」

一條冷靜的大街，來往的人也漸漸多了，人聲漸漸吵雜起來，小販的叫賣聲，也漸漸高起來了。

小草，樹木，漸漸發綠了，不像冬日的那種枯萎，頹唐……一切都像剛睡醒的樣子。

同時小鳥拍着翅膀，振作精神，好像已受完冬日的苦罪，在迎接春神，歡迎春天，對春天發生很大的快感！

轉載

木偶奇遇記（續）

意大利卡維勞倫西尼著　朱宜生譯

第二章

在這個時候，門外有人在打門。

「進來！」櫻桃先生。他簡直沒有力量站起來了。

於是，一個精神栩栩的小老頭走進店裏。他的名字叫機柏托。他還有一個渾號叫波崙汀拿，因爲他的黃色的假髮，活像一個用印地安的玉蜀黍所製的蛋糕。當隣右的孩子們想使他發怒的時候，他們就喊他的諢號波崙汀拿。

機柏托是個好生氣的人。誰喊他波崙汀拿，誰就要遭殃！他一生氣就很暴戾，是沒有方法來遏止他的。

「日安，安多尼老板。」機柏托說。「你坐在地上幹什麼呢？」

「我教螞蟻認字母哩。」

「上帝降福與你！」

「什麼使你到我這裏來？機柏托鄰居！」

「我的腿。說正經話，安多尼老板，我有點事情來請求你。」

「我願爲你效勞。」櫻桃先生跪了起來，這樣回答。

「今天早晨，我打了一個主意。」

「讓我聽聽。」

「我打算做一個美麗的木偶，一個奇妙的木偶，它會舞蹈，會舞劍，會跳躍，像一個賣藝者一樣。帶了這個木偶我要走遍世界，爲我自己賺一些麵包和美酒，你以爲怎樣？」

「好極！波崙汀拿！」這說話的聲音是和以前同樣的輕微的聲音，但不能說出是從那兒發出來的。

機柏托一聽到叫他波崙汀拿，他氣得好像紅燒雞似的，很憤怒的向櫻桃先生說：

「你怎麼侮辱我？」

「誰侮辱你？」

「你叫我波崙汀拿！……」

「那不是我！」

「你這樣說，那難道是我？我？我看，一定是你！」

「不是！」

「是！」

「不是！」

「是！」

他倆越噪越生氣，於是就打起來了。好像老鷹捕雞似的互相猛撲，互相撕打。

打過出後，安多尼手裡拿着機柏托的黃色的假髮，而櫻桃先生的灰白的假髮，却啣在機柏托的嘴裏。

「還不給的假髮！」安多尼喊。

「那麼，你也還給我的，我們以後仍然做朋友。」

這兩個老頭兒交換了假髮，並宣誓他們永遠做好朋友，直到他們死的時候。

「好了，機柏託鄰居！你想向我求些什麼？」櫻桃先生說。從這裏可以證明他倆已經和好。

「我要一塊木頭，去做我的木偶，你願給我嗎？」

安多尼很是快活，他立刻拿起那塊使他駭怕的木頭。但當他要遞給他的朋友的時候，那塊木頭哭然一跳，驀地從他的手裡滑了出來。恰巧打在可憐的機柏託的乾〇脛骨上。

「呵！這是您的殷勤的禮物，安多尼老板？你幾乎把我的脚打斷了！……」

「我敢向你咀咒，那不是我……」

「既不是你，還是我不？……」

「那是這塊木頭的罪過……」

「我知道那是一塊木頭，但你用它來打的我的脚啊！……」

「我並沒有用它來打你的脚……」

「說慌者！」

「機柏託，不要侮辱我，不然，我要喊你波崙汀拿了！……」

「驢！……」

「波崙汀拿！」

「驢！」

「波崙汀拿！」

「〇〇！」

「波崙汀拿！」

機柏託聽見第三次叫他波崙汀拿的時候，他氣得不知怎樣才好，兇猛的撲向櫻桃先生，他倆又拼命的打起來了。

打過之後，安多尼的鼻子上添了兩三條搔痕，而他的敵手的背心上却了兩個很小的紐扣。他倆的賬就這樣算了。他們握了握手，又宣誓他倆在未死之前，要永遠做好朋友。

機柏記謝了謝安多尼，拿起這塊木頭，一拐一拐的回家去了。（未完）

窗外的桃柳

華山小學 尹建義

我們教室的前面，是一個小花園，近年來在西間的窗下，生出了一顆垂柳，兩株桃樹，現在枝幹頗肥大，高有數尺了。俗語說：「梅竹未報江南信，桃柳先知天下春。」這話說得眞不錯啊！

現在那顆垂柳青青，嫋娜的細枝，在微風中擺動她的纖腰，好像活潑的安琪兒舞蹈。那兩顆夭桃，直亭亭的傲立在楊柳的西邊，更露出有睥睨一切的氣概。胭脂似的鮮花，將要放蕊，正在含羞。我們的書聲，常和枝上流鶯相酬答，其天然之樂趣，爲我筆墨也難以盡述了。

我每日課，精神乏倦時，常常散步其間，覺得空氣清新，觀不盡桃柳的嬌豔呢。

窗外的桃柳，眞是我恢復精神的好友，調濟空氣的工具哩。

怎樣過國貨年

趙三小級 王世訓

現在我們中國很衰弱，因爲外國貨運到中國來，他們賣的很賤，所以我們中國人都買外國貨，因爲這，我們中國的錢都叫外國人賺去了，但是，我們中國的貨物也能用，不過沒有外國貨好看，我想我們當小學生的。應該勸我們的親戚朋友，一齊買中國貨，我們在國貨年，做提倡國貨的工作，最低限度，自已不用外國貨，還要勸五個小朋友，也不用外國貨。

小朋友們，如果能都依照我的話去做，那麼，全國的同胞們，將都不用外國貨了。中國馬上就會富強起來。

偉大的兒童

宋小五年級 李忠友

現在的一般兒童，
就是將來國家的主人翁；
國家整個的國運，
完全在兒童手中。
兒童，兒童，
要鍛鍊如鋼鐵般的體魄，
兒童，兒童，
要養成如龍似虎的兒童。
一致對外，爲國爭光榮；
把垂亡的中國，要復興，
才算是偉大的兒童。

歷史小常識

歷代興亡小概念（續）

便集四年級 劉耀東

始皇稱帝以後，改諸侯之制爲置郡縣，築長城以禦匈奴，又焚書坑儒，禁止人民用武器，這是他的最使人注意的幾件事情。

秦政甚苛，人民多擁背竿揭革命[?]，陳涉，吳廣，項〇，劉邦，一時並起。陳涉吳廣，以兵敗俱早死，惟項〇劉邦的勢力逐漸擴大。項〇卒，其姪羽繼之，羽重瞳子，有神力，能舉千斤鼎，以亞父范增參軍機，與劉邦同事楚義帝，戮力攻秦。滅秦後，羽弒義帝自僭伯王，遂與劉邦分立。劉邦有韓信，蕭何，張良輔佐，伐羽逼之自刎烏江，劉邦遂稱帝，建都長安，西漢乃興。

計秦始皇在位三十七年，傳於次子，胡亥，在位三年。始皇孫子嬰繼位，祇數日，遂降於漢。秦統一，傳四十年，滅。

……（未完）……

總理遺訓

人生不過百年，百年而後，尙能生存否耶？無論如何，莫不有一死，死既終不可避，則當乘此時機，建設革命事業，若僅貪圖俄頃之富貴，苟且偷活，於世何裨，故死有重於泰山，有輕於鴻毛者，死得其所則重，不得其所則輕。

縣黨部無線電教育室開放節目

四月十八日　星六期

八，一〇	國樂
八，三〇	新聞
一一，三〇	平劇警策語報時氣象商情
一九，〇〇	崐曲　附報氣象水位
二〇，三五	演講
二一，三五	預報明日節目
二一，四〇	新聞
二二，二〇	轉播本京戲院平劇

豐中週刊

第二五期

本刊每星期六出版

小言論

教育上的一點補劑

——滌

近報載教育部提請行政院令飭全國學校設置免費及公費學額，以獎進優秀而無力就學之學生，其所定原則分免費及公費兩種：關於免費者：（一）小學應督促實施免費原則，即仍有收費者，亦當督令逐年多設此項學額。（二）中等及專科以上學校，至少應各置學生全數之百分之五以上之免費學額。關於公費者，爲免除學費外，供給學生以最低限度之制服，膳食，書籍等費，二十五年度定爲全校學生數百分之二至四。

上項辦法，業經行政院會議通過，不日當可接得通令，茲對此項辦法，略述意見如次：

一，國家方面——近年來之教育，已形成貴族式之教育，學校多集中都市，用費浩大，致使學生家庭，不堪負荷，即中產之家，已失其教育深造之機會，而赤貧無產者，更與教育絕緣，在此教育制度之下，已不知埋沒多少聰穎子弟，以致具有才智之青年，出身無路，挺而走險，亦或呻吟憤慨於經濟壓迫之下。此誠爲國家亂源之一，希國家循此動機，擴大籌劃，以補救整個國家教育之缺欠。

二，本校方面——豐縣因地處偏僻，教育本屬落後，更加近年來農村破產之故，一般家庭，縱然令子弟求學，亦往往破產中輟　此種現象之波及，隨造成一般人對求學消漠之心理；而正在求學之青年，一多因家庭經濟之無源，徬徨消極，不作深造之圖，本校爲本縣培育人才之最高學府，希望學校當局一俟接得通令之後，即努力籌謀基金，規劃精確之考核辦法等，以資實施。

上述兩點意見，因感於政府上項政令，對國家對地方均爲針對時疾之一種補劑。雖嫌其額數至狹，有如杯水車薪，但藉此發軔，漸次擴充，將來不無良好希望，故略述於此，以冀共同注意！

研究

科學界的新發現

（轉錄大公及新聞兩報二則）

科學的進步，着實驚人，人類急乎可以憑仗科學的發明爲所欲爲能所未能了。例如：人們以前幻想「騰雲駕霧」，現在居然有飛跳千里的飛機出現；以前冥想「千見透視」，現在居然有遠觀千里的電視法術；以前所虛擬的神仙的「天羅地網」以及妖道的「妖法怪寶」，現在居然有什麼「天空無形之網」「死光」「電馭飛機」等等的方法，與之一般無二。總之，人類的科學發明，可謂日臻極境。然而須知自然現象的道理無窮，人們的所以發現者仍屬微乎其微，若要想進步，則隨處仍然都是蘊藏着的道理，而且正待發現，茲見四月十一日大公報及四月十二日新聞報所載科學新聞二則，誠足以證明此語非虛，茲特轉錄於此，以冀引起愛好研究者之興趣。

（一）利用電流規定動物的性別

這個消息，在一九三四年就已傳出了。可是一般中國人，到現在還是不知道。堪稱遺憾。

俄國生物學家尼古高爾蹉夫教授，他發明了用電流來規定動物性別的方法。經過實驗以後，很知道：我們要貓生公的，牠就生公的；要牠生母的，牠就生母的。別的動物和牛羊等，也是一樣。這些事，都可辦到。現在我把牠的原理和實驗，簡述於下：

（一）原理　大家也許知道了，人所以有男女之分，就是由於那小小精蟲所含的染色體的條數，有二十三和二十四的不同。別的動物所以有雌雄之別，也是因爲這個道理。不過牠們的卵子和精蟲所含的染色體之條數，與人不同就是了。

1，高氏發明動機：他見到動物的身體細胞，都有電性的感應。比如說：沙魚的血髮會被電的陰極吸引，其他動物的血球則被電的陽極吸引。難道動物的精蟲，就不會被電所吸引嗎？於是高氏遂由此疑問，而進於猜想：他以爲假設染色體數目不同的兩種精虫，一經通電，而能分析開來，那末，動物的性別，便可由人來規定了。

2，試驗：根據他的這種猜想，就來做這種驚人的試驗了。

他把兔子的精液，放到一個U形的玻璃管裏，通以電流，玻管的兩端，就變成了陰極和陽極。立刻管內的精液，就開始動拗了。那些肉眼不能看出的精虫，都用極快的速度像蝌蚪般的游泳有的向陰極跑去，有的向陽極跑去。到兩小時的終了，管內的精虫便被分兩部了。

這兩部分的精虫，經過高氏在顯微鏡下的觀察，知道牠們是確乎不一樣的。但是那種是產生雄兔的，那種爲產生雌兔的？當時是不明了的。只要留心他的「實驗」，便可知曉了。

（二）實地試驗　高氏運用這兩種不同的精虫，去做雌兔的人工受精。過了六個星期，雌竊兔子果然奏了效。

最初的一窩，有六個小兔子，全都是雌的。因爲這母兔是和陽極管裏的精虫相遇而受精的。第二窩有五個，只一個是雌的，其餘都是雄的，因爲母兔是與陰 管的精虫相遇而受精的。第三窩是由兩管混合的精子受精的。所以生產了四個之中，有兩個雌的，兩個雄的。由此看來，好像陰極的精虫，一定產牛雄的。陽極精蟲，一定產生雌的。

高氏這種方法，不只僅用到兔，猫，等小的動物身上而已，還能用到牛，羊，馬等大的動物身上。經其他的方法實驗證明：雌的牛馬等精蟲，也和兔子一樣的容易分開。近來俄國的畜殖場裡，已有二百萬以上的動物用人工受精了。眞是免去許多沒有大用的雄性動物。可謂造福不淺了。

依着我們最近的觀察，這種「電流規定性別」的方法，說不定就會應用到我們人的身上。到那時　我想有女無兒的，或是有兒無女的家庭裏，決不會再惆得東廟燒香，西廟叩頭去了。

（二）無線電界新奇發現

每五十四日發生一次障礙

須數十分鐘不能通信

據同盟社十一日東京電訊：美國標準局無綫電部長迪林約博士，去年秋季發見地球上之無線電波　以每五十四日爲一週期，受不知原因之障礙，不能通信，其當間達數十分鐘　迪博士發表此宇宙奇怪現象後，日本遞信省工務局警戒其現象之發生，而於上月八日及四月二日果然發見此現象，於是惹起學界興味，電氣物理天文學各方面以爲頗值研究之問題，帝國學士院十日下午一時半特開會議，由各權威者參加討論此問題，據長岡半太郎博士報告　帶陽電之愛爾佛粒子，由太陽內部噴出，降注於地球，因其速度甚大，雖受地球磁力，不致發生彎曲，故攪亂電離層　使電波不能反射，以致通信斷絕，其五十四日週期，略與太陽自轉週期二十七日相同云云。

寫作

春雨記

孔繁玉

很多天沒下雨，田裡的麥苗兒有些已經枯黃了，柳樹雖發了芽　可是沒有一點生氣。

在早晨時，已經佈滿了雲，天上白茫茫的，陰沉沉的，不落雨也不出太陽，一直到早飯還是那麼樣。

大概八點的時候，天上像似起了風，雲都在移動着，不久，「拍答」「拍答」……的落下了幾個大雨點，這就是所謂春雨的先鋒，接着牛毛細雨互相串×着，交織着落了下來。像用絲織成的羅幕，不，說她是霧那更像了。後來雨越下越大了，十來丈遠的東西都看不清楚。

哼！也不知雨幾時竟停止了下來，我想一哈哈！看一看雨後大自然的春是多麼好啊！」於是便走出了屋子，站在院子裡，仰着臉看一看天，「嗤」我不自主的笑了出來，春雨眞是太滑稽！，還下着　便把我哄了出來，因爲剛仰才仰臉時覺得麻癢癢地，這個祕密才叫我發現了。這時我想到「沾衣不溼杏花雨」改作「沾膚徵㾓杏花雨」不也很有趣麽？正在想着，忽聽得雀兒「吱嗟」「吱嗟」……的在叫，我急速的將眼光移向發音的地方，那地方便是正被春雨洗着的柳行，好像是在發着綠光，哈哈！看見了！看見在那柳枝上兩個麻雀正在叫，鬧着，不知他們是怎樣的快樂啊！忽而雨又轉大了，我不得不割愛的回到了屋子裏。

在屋裏想到「那雨後的麥苗不知要綠到什麽色呢！小苗兒一定越發的嫩了，大了，更不知有多少嫩黃的小草芽兒趁這時候要攢出了地皮。」我這時決議，雨後一定去拜訪他們。

遊華山

中二王以周

是清明，天氣晴朗，比較暖和。在這明媚的春光中，我很想看點閒書，却沒有帶來，別的又沒有事做，只有酣睡在床上，或是和小孩子談些無意義的閒話，精神上頗覺寂寞無聊，於是便約定了本村的兩三知己，到華山去玩一玩。

午後三點鐘便出發了，攜手談笑約二里許便到沙河。河上横着一座破橋，潺潺的水向橋下瀉去，來往的魚兒一聽見脚步聲，便匆匆的沉入水底，只留下團團的水花和漂湯着的幾株暗綠色的水草。水中的蘆葦已有四五尺高了，裏面隱藏着許多黑色的水鳥，獵夫們拿着長槍，撑着小舟，暗暗的躲在裡面，偷偷的移動着。在這裏留戀許久，便又直奔我們的目的地了。走過寬濶的沙河，便見高出地面的華山聳立在我們面前。這時我遊山的心便更加振作起來，我唱着，跳着，牽着他們的手，如飛般的跑去了。陣陣涼風迎面吹來，愈覺得高興，剎那間到了一個熱鬧的市鎭（華山鎭），四週土寨環繞，寨就是些楊柳雜木。這時也不顧得休息，一直衝上山去（山就在這寨裏），將至半山腰處見：碧草鮮嫩，樹木翠綠，垂柳之間，雙燕呢喃，花叢之中蝴蝶飛舞，一條清徹的山溪，在山脚下蜿蜒地流着。休息片刻，勉强爬上觀雲峯，涼風襲來，皮膚上的汗珠兒霎時便乾了。縱目四望，左右皆是綿綿的遠山，高高低低躲在瀰濛的天邊下。仰望天空則是層層白雲，有的如朵鮮花，有的像翠小羊，形形色色的堆在天空，非常有趣。下則數丈懸崖，黑色的岩石縫裏還藏着幾株野草，開着幾朵小花。我這時精神上雖很愉快，而筋骨已累酸了。我們臥在頑不上靜聽小溪的水聲，似寂靜的音樂般，又聽那遠遠的嬌鶯喚人之聲，婉轉悅耳。一會兒我們便手牽手，輕輕的舞着，低聲唱着山歌，一時竟不知身置何地。回首遠望，遠遠的來路已隱約看不清了。疲乏夕陽漸漸的沉落下去，勞苦的農夫們牽着耕牛，唱着唱曲回家休息了。疲倦的我們便走下山來，帶了遍身花香，沿着溪流照原路歸家。

春雨後的農場

中一孫毓琛

地上間斷的還有泥水，但在小路的較高處，却平坦而光滑，要騎脚踏車，還可算適宜了。路兩旁的麥苗，爲大自然披上一件綠油油的絨衫。四圍看去，灰白色的天空裏交叉着楊槐樹的柔條，微微的風，尤可人意，一陣陣送來了迎春花香。

短垣緊緊的擁抱着，垣東的嫩柏，擠得光也不透只肅靜的立着，好像一羣貯立凝神的思想家，雨水浸透了全世界，萬物都行了一個冷水浴，在涼爽的天幕下微笑着，我們同學，三三兩兩的在說笑着遊逛——遊逛這世外桃源似的農場。

喔喔——這是西部養雞所內的鷄鳴。

幾隻母雞在吃米一隻白色的——據說是美國鷄——雄鷄，用一隻脚圍着他們跳舞，嘴裡還唱着咯咯咯的歌。

「你看！他做什麽來？」A君拉了我一下，左手指雄鷄，我們大家相視一笑，雄鷄似怕羞的趕緊停着脚吃了幾口米。

回來的時候，我們却不像來時那樣的緩步了。這是A君提議的，要像早操時那樣的跑法，農場前的那些藏雨的小樹，雖是很稠密，在我們却似毫無所見的閃了過去。

一封信

縣中的同學們：

我在好久好久就想與你們談談文藝的問題了，可是因爲時間的關係，始終沒有如願，現在既乘你們到華山去旅行的當兒，又值你們的週刊稿件不夠，所以我便不自量力，便向你們班門弄斧了。以下的幾個意見，請你們採納：

一，我認爲你們現在是需要工具的因爲文學家，科學家，種種名目，現在你們，還只是準備，談不到去實驗，可是工具，就是將來實驗的初步，如若你們對工具沒有充分的準備，將來的收穫，一定是沒有希望的，所以我現在對于你們的希望：無論是文學 科學，藝術，工具是第一要先準備的，如若沒有工具，那是不會有良好結果的。

二，你們要有涵養無論是社會上，對於你們是如何的不平，你們總要有相當的涵養，工具完善以後的忍奈是業需要的，你們假若沒有忍奈，那是你不會走到完善的道路的。

三，你們要修養偉大的人格。因爲偉大的作品，都是有偉大的人格的人，才能創作出來的，如若你們的人格鄙汚了，那你們無論如何，不會有偉大的創作出來的，所以你們要有偉大的人格的修養，這是你們在求學時代所急切準備的。

現在因爲時間的關係，就此結束，以後有暇，再與你們細談。

謹祝

你們進步！

霧亭　四，十八日

本校消息

四月十六日校務會議，議决本校童子軍於十八日赴華山露營，就地練習童子軍各種課程，二十日返校。

古人箴言

天下事未到手時，俱如海洋，茫茫無可濟渡，若步步踏實，漸漸理解，自然有安頓處所。

●事勢已成敗局，就該撇下，留在胸中，越添煩腦

●事機未有頭緒，當聽自然，强去營謀，多遺悔恨

縣黨部無綫電收音室開放節目

四月十九日　星期日

一一，〇〇　歌曲
一一，二五　科學新聞
一一，五五　報時氣象雜談
一二，〇五　平劇
一二，三五　樂隊奏樂
一九，〇〇　平劇及歌曲
金少山王鳳卿林樹森蕢俊峯　合唱
華容道
二〇，〇〇　報時氣象水位閩粵樂曲
二〇，三五　廣州語一週大事述評
二一，二五　預報明日節目
二一，三〇　閉新

四月二十日　星期一

八，一〇　西樂
八，三〇　新聞
一一，三〇　平劇醫藥講話報時氣象商情
一九，〇〇　平劇
程豔秋唱文姬歸漢
二〇，〇〇　報時氣象水位簡明新聞
二〇，一〇　時事述評　關於國際問題
二〇，二〇　國樂
二一，三五　預報明日節目
二一，四〇　新聞
二二，〇〇　平劇及國樂

鳳鳴塔

第二〇二期

一，本刊內容分科學常識論著詩歌小說戲劇散文書信書報介紹及批評等項

二，本刊歡迎投稿來稿文言白話均可

三，來稿本社有修改權不願者應先聲明

四，未經登載之稿除預先聲明者外概不退還

五，本刊編輯部設覺報社內

漫談

戰後的歐洲及現階段的國際形勢

程克林

緒言

社會一切現象的變化，皆以物質——經濟為轉移；吾人如果欲曉其廓清，必須在社會現象的變動中，矛盾中去探討，在數量到質底過程中，舊階段至新階段的相易相變的關係中去把握。

十八世紀的產業革命，把歐洲從封建的農業時期，促進到資本主義初期的商業時代。從這個空前的變易中漸漸的進展到工業時代的各帝國主義的海陸爭霸，經濟利害的衝突。物極必反，在那個工業競爭各不相下的高浪中　實足促進帝國主義吹沙求孔的心腸。所以古哲說：「進展即破裂」。但是我們拿科學的頭腦來分析，我們相信社會不是靜止的，而是活動的，不是常態的，而是流變的。然而在這個千化萬變的社會交流中，最容易促成人與人的衝突，國與國的鬥爭。所以在撒拉烏屋事件發生的時候，便牽動的全歐洲的神經都緊張起來。為着暗殺案的風波　終而掀起世界空前的大流血；四年零四月的鏖戰，犧牲了九百餘萬的生靈，殘傷了二千餘萬的兩足動物，蕩盡了四千萬萬的鉅資。這種狂暴殺戮的破壞，顯然的呈露着資本主義間衝突的真像。

各帝國主義經過了相當激烈的競爭，迄今恰恰又是帝國主義重分殖民地的年頭。不是麼？事實早已告訴我們，式觀現在各帝國主義的軍整，及其目前正在進行着的風波，在在的都顯露着帝國主義間的衝突已達沸點。這種紊亂的狀態必然的要觸起二次大戰的流血。

現在我們就來開始分析一下：

戰後經濟的恐慌

大戰後的歐洲經濟，深深的陷入尖銳化的恐慌。德國戰敗後的賠款，已達一千三十九億馬克。在這個精疲力盡的德國，負着驚人數目的賠款、足足的使他無路可馳。同時戰勝的協約國家，也個個感到戰債累累的恐慌。法比為着賠款的關係，便佔領了德國富源的煤礦魯爾以來抵押。所以在這個時期各國皆感到經濟的恐慌無所措手。如法國因為大戰而負着三千億法郎的國債，英比等國也負着鉅額的外債。所以大戰結束後無論戰勝國戰敗國都深深感到經濟的恐慌。

在大戰的時期，最發財的國家便是美國，他便成了世界經濟的主宰者，凡是舊協約國家沒一個不欠他款的。那時各帝國主義都在忙於戰爭；一切軍用商品等，均被美國獨霸去了。所以他便成了世界的債權者。雖然協約國曾一度向美國要求削減戰債，終而被美拒絕了。但是美國金融又弗向外溢在這種狀態中，經濟的恐慌愈呈現的露骨。(未完)

創作

牛肉的慘劇(續)

潔忱

王麻子說了第二段話，那笑容可掬的麻臉，現着那種揚揚得意的狀態，就是最好的丹青家都不能描寫萬一，並且他兩隻粗大的眼睛，直頂着李婆蒼老的面孔，他的心裏似乎在說：「這杯喜酒　總是可以吃定的了，」李婆也似乎很能了解他的心理　馬上就回答說：「劉家我是曉得的，她能低俯屈就，這完全是你這大媒的力量，將來小李娶親過門，我一定叫他小夫婦倆給你多磕幾個頭謝謝你！也不枉勞你吃力奔走。你今天不要走了，在這裏吃便飯罷！我叫小李預備一點菜蔬。」隨轉身叫小李道：「小李今天你王伯伯已經將你親事說好，你好好的弄幾樣菜留他在這裏吃午飯，並且那高粱酒也煨一壺，因為他平常也是很好飲幾杯的。」小李聽了他媽說完，答應了一聲「嗷」。就去預備午飯了。這天王麻子吃得「酒醉飯飽」，又自誇張已往作媒的偉績；到太陽平西，他才踉踉蹌蹌的歸去。

匆匆的過去了兩三個月，這天是李劉兩家嫁娶的日子，王麻子由李家到劉家，由劉家回李家，在當中有如走馬燈似的，來去奔跑了好幾遭，終於是「彩轎紅燈」，新夫新婦成就了大禮。李劉兩家都喜不自勝，王麻子也得了幾桌酒席的酬報，吃得「東倒補歪」的，連回家的道路都認不得。

看看小李結婚已滿一月。劉家這天派了兒子牽了一頭驢來接女兒去家過月，李婆留新婦的弟弟吃過了午飯，預備媳婦歸省；但是覺得媳婦回家，總不能叫她空手而去，必定帶了一點食品才對；然而鄉間不便，也沒有什麼相當東西可帶，最後祇得將自己家中醃的牛肉，用繩子拴了幾塊，交與媳婦帶回家去。她媳婦騎了驢子，提着肉，和弟弟辭別了婆婆，順着大道一直向他娘家，剛走到半路，倏然這時候風起雲湧，頃刻間一陣大雨過來，道路溼了。驢子因泥濘滑足，行走很是艱難，劉家這孩子愛惜驢子心重，叫我姐姐下來頭裏先走，他已牽着驢子隨後跟來，他姐姐下了驢子，提着牛肉，便匆匆的冒雨而去。到家裏前屋中一站，聽得屋裏談話的人很多；覺得這樣衣服全溼，鞋襪骯髒；若是冒昧的跑到後屋去，太不雅觀！因此她就坐在前屋的一條木凳上，慢慢的脫去了外面的溼衣，整理已髒的鞋襪，這時候外面雨下得更大，她的弟弟還沒有回來，已不知躲到什麼地方去了。她在俯首整理鞋襪的當兒，猛抬頭望見門前有一個人在站着，身上衣服已溼得水淋淋的，面向外背對着裏，很有點斯文態度。他雖然站近門前，但斜風大雨仍然可以淋到身上，她看了很是可憐！她因此竟忘了如男女的嫌疑，隨由慈念中發出柔和的聲音，說道：一那先生站在前門，不是仍然被雨淋着嗎？請到屋子裏面來休息一時。」那先生姓黃，因為在長淮街教書，昨日回鄉鎮離去弔祭亡友，今天下午才得返校，由此經過，為大雨所阻，欲找躲避之地；不巧到這家門前一看，見裏面坐着一個青年婦人，正在整理衣物，他因避男女之嫌，隨背身站在門前，暫時躲避，不想那少婦竟看到他在斜風斜雨中站着，叫他到屋子裏休息，他很覺得不好意思，祇得轉回頭去說了一聲「謝謝！」仍然背門而立，(未完)

寄

虹影

燈！惝怳，似表現出萬分淒涼，
影！瘦長，正呈露着心中哀傷，
窗外，風颯颯，牽動舊恨，
簷前，雨淅瀝，引人斷腸，
倚柴扉瞭望、
四週不辨樹木穹蒼。

○　○　○

往常，心中言，向你傾訴，
而今，眼前苦，對誰談吐。
我只有對孤燈，短歎長吁，
倚書案，呆視燕路。
懷恨愁，和衣就枕，
醒覺後，淚眼模糊。

○　○　○

堤外，綠柳迎風，何與攀折，
只恐又搔愁恨，
園中，紅桃映日，欣賞無心，
堪歎良景不逢辰，
憶起去歲春朝，
伴伊郊外遊春，
踏青南浦，尋香東林，
眼前　伊人何處棲存。

○　○　○

而今，幸福已與我無分，
徒惹煩惱，空自追尋，
難溫，黃金舊夢，
深鎖，海樣侯門。
我只希冀，希冀多情鶯聲，
聲聲喚引，指示迷津。

清明節

王萬選

「歲月不居，時光如流」。當春神降臨人間不久的時候，後面又悄悄地跟來了一個清明節。牠帶來了冷暖平均的氣候，牠帶來了五光十色的風景，牠帶來了一切生物的養料，牠帶來了人們心中的快樂，人們想起了牠，腦海裡都要漾起美妙的波紋。

在清明這一天，家家都要照例的到林上去掃墓，在門上插柳條；人人清早都要吃雞蛋，喝蜀米湯。……這一天的行動，真是異乎尋常而最有趣呢！

當這時候的風景，真真令人可愛而不捨：綠油油的麥苗，鋪滿大地，嫩綠色的楊柳，掛在天空。菜花開得像一地黃金，梨花開得似滿樹白銀，杏花像帶笑的兒童，桃花似含羞的女郎。蹁躚的蝴蝶，在花間跳那優美的舞；呢喃的燕子，在樑上唱那快樂的歌。羣芳鬥豔，萬物爭榮。以及那空中的紙鳶升起，田裏的農夫耕地，採桑者的纖手，踏青者的倩影。……這一種美麗的景象，任何人也想不完全。尤其是再加上粉紛的細雨，把楊柳麥苗地上的一切，都洗滌得一乾二淨，空氣清潔，氣候涼爽 鮮豔奪目，香氣撲鼻。再在樹林中花叢內蕩漾着絲絲的輕烟薄霧，遠村近郭，縷縷地炊烟升起；這時整個的大地，彷彿都變成了「世外桃源」！

今天，今天清明節又來到了。

我正作着夢鄉的遊子，忽聽母親喊我：「X！起吧。起來好打柳去！」我隨聲應了一聲「昂！」翻了翻身，揉了揉眼，已離開夢鄉八千里路開外了。我睜開眼睛一看，屋裏已充滿了陽光。從窗隙中看去，東半壁天緋紅，我幾乎疑心是失火。原來是剛出的旭日和嫩雲共織成的胭脂般的朝霞。

我起來就去打柳，到了門口一看，家家戶戶的門上，已不用通知的一齊插上了柳枝。一些遊玩的小孩子，頭上都帶着柳花柳圈，他們也會編個柳圈，帶在狗貓的頸上，有時還唱着「清明不帶柳，死了變個老黃狗」的歌謠。真現出異常快樂的情態。

打柳回來，也和人家一樣的插在門上。我父親就喊我到林上去掃墓去了，父親拿着壘好的紙箔，我扛着鐵掀，預備到那裏掘土添墳。

今天的早晨，特別的清爽，陰雲密佈着天空，涼風遊蕩于大地，一些掃墓的人們，絡繹不絕。林樹下可以看到他們添坟的舉動，微風中，可以聽到婦女的哭聲。我觸「這樣情景，心中也起了悲哀，四週的風景，我也無心去看，只向目的地——林上——走去。

到了那裡，把一些祖先的墳，一個一個挨次的焚了紙錢。古人說：「祖宗雖遠，祭祀不可不誠。」我們這時雖然沒哭但是內心也是蘊藏着悲哀，必恭必敬的。我又拿起鐵掀掘土向墳上添，直添到墳上蓋滿了新土才算完。我心裡想着：我們這些人，都在墳前燒紙添坟，心裏都含着無限的悲哀坟中的祖先們也會曉知嗎？又是個啥味呢？

我把一個一個的墳，都添滿了新土才回家，天陰得怪很紛紛地下雨了，幾乎沒把我的衣服淋溼 看起昨天的天來，誰也想也到今天能會下，無怪說：「清明時節雨紛紛……」作這詩的人，畢竟是有經驗的，不然他怎能知道這「雨紛紛」呢？（未完）

是誰叫我這樣

素園

是這樣孤燈殘影，
淚珠兒點點溼透衣裳；
雙眉緊鎖，在默默的想，
是誰叫我這樣？

○　○　○

「你去了，親愛的！我倆是無緣見面了。
你莫要爲我這殘創的人兒流淚，
你莫要爲我這殘創的人兒悲傷；
你正在青年，志氣軒昂；
你只要努力前程，就同愛我一樣！」

○　○　○

美麗的　美麗的姑娘呀！
我當初和你分別時，你是這樣向我哭訴着。
我那時，心兒裂開，淚兒流盡，
無言無語地抱着你緊緊的吻。

○　○　○

到而今，好夢何往？可愛的人兒呀！
你是憔悴，還是豔麗得如當年一樣？
我是流落異地，心中充滿了惆悵淒涼，

○　○　○

是這樣的孤燈殘影，
淚珠兒點點溼透衣裳；
雙眉緊鎖，在默默的想，
是誰叫我這樣？

通信欄

雲章先生！

連次寄上詩文稿十數件，除春日獻詞已見披露半段外，其餘因七八天未見豐報，不知有否寄到或有無披露？請煩先生代爲檢查，並盼按日寄與豐報一份！報費若干？容於月底奉上。

近日又抽暇寫獻給寫作者的芻蕘一文，費兩個半夜所成，這種文字，要算我的處女作 所以對於牠的成份好壞，自己很少把握，不過已經臨時寫成了，祇好奉上，請爲教正！再者因爲時間關係，也未能謄清，這點請予原諒！還有昨夜風雨瀟瀟，百感麕集，新愁舊恨，紛至沓來，對燈伏枕苦吟七絕十章，一時所就，未護推敲，附寄請爲校正！

專忙未能多談，尚希賜教爲荷！此頌

撰安

孤蹤敬上四月八日

答覆

孤蹤君：

所收之稿件，已經次第刊出，你在本刊上，可以看到的。至寄報地點已通知事務部改變。係贈送，不收報費。「獻給寫作者的芻蕘」一文，極透澈，在下期本刊上可以在「漫談」欄中發表。

七絕十章，亦當次第刊出，請忽以爲念。此祝

雲章四月二十二日

編輯室的廣播電台

雲章

一，克林君：苦齋瑣話還有續稿嗎？

二，黃念君的翻譯，近來如何了？何以老不見你的回音呢？

三，編輯室本來預備把作者一一的都介紹給讀者的，可是近來收到不少作者的信，大多數都不願意把筆名公開，所以編輯室的這個計劃，就此打消了。

四，書祺榮培二君，你倆對於討論世界文庫的價值的信，下次可以刊出。

古人箴言

無事常如有事，提防，方可弭想外之變。有事常如無事，鎮定，方可消局中之危。

縣黨部無綫電收音室開放節目

四月二十四日　星期五

八，一〇　西樂
八，三〇　新聞
一一，三〇　平劇 警策語 報時 氣象 商情
一九　〇〇　平劇　金少山譚小培譚富英程君謀 張如庭　合唱 空城記
二〇，〇〇　報時 氣象 水位 簡明新聞
二〇，二〇　國樂　哭顏回　念奴嬌
二〇，三五　音樂談叢
二一，三五　預報明日節目
二一，四〇　新聞

豐中週刊

第二六期

本刊每星期六出版

談話

無題

平

我偷閒讀了一部「死魂靈」，其中每頁每自都寫着使我驚心的日常生活中的悲劇。當果戈里（作者）論到上流人每日的言談的時候，他寫的是：

塵世的凡人——唉唉，怎麼凡人竟會這樣的呢，可實在難解。一有極其昏妄極其無聊的新聞，祗要是新聞，他就無條件的散布到別一個凡人那裏，雖然也說：「又起了多麼大的謠言了呀！」那別一個凡人也就尖起耳朵，聽得很高興，後來固然也說道：「然而這是一個大謊，完全不必相信的！」于是連忙出來，去找第三個凡人，告訴他這故事，之後又因了義憤，同聲叫喊道：「多麼下賤的謊話呀！」而消息就這樣的傳遍了全市鎮，所有在此的凡人們，每日談論着這件事，一直大家弄得厭倦，這才說，這故事沒有談論的價值的。』

就這樣，人叢中讓讓起來了，我們就在讓讓中度日。

偉大的藝術家，卽令不是全世界最最勇敢的人　也總是最勇敢的人們中的一個，他剝掉凡俗生活的華美的外衣，揭出牠醜惡的實際。有深深的愛才有深深的憎，我分明看到，果戈里在無情地譏笑的時候，眼裏閃爍着晶瑩的淚滴。含淚的笑，這或者并不健全；然而對于我們的痲木，實是鋒利的一刺。

研究

談研究（轉載）

愷悌

研究一事，非同小可。因為我們看見用這兩個字的都是名人，科學家，不是遭際好，就是有天才。譬如說，有某某要人，新任某要職，到任第一天的訓話，常說『本人對某某事是外行，但是政府委任之後，所以很有興趣的研究研究』。看來研究的事情，好像非常人所能勝任！此外失意的人們，到海外去走一遭，也是研究政治或某種專科。

機關或是會社上面，用研究名義的，也很多，牠們的使命很重大，經費也很浩繁，人材更是豐富了！

因為這種原因，所以我們對『研究』的態度，異常隆重，我們就想沒有那天才和命運，沒有那充實的經費，完美的設備，就根本不必提『研究』二字。

在另一面，確有走極端的人，他們想研究太不尊重了！分明是要飯碗，卻美其名曰：很願意研究研究；分明是騈枝機關，却號稱研究；分明是集社結黨，却標稱某種專門的研究會。那末這一派的人，根本就看不起研究的！

上面的雖是閒話，確很可以代表現在一般人對於『研究』的兩種態度。我對於這種人的看法，沒有什麼重大的意見。因為事實告訴我們，歐美各國的研究機關比我們多，經費也比我們充足，結果因為他們歷史長久，也比我們有成效，所以我們決不能說是騈枝機關。同時近代文明，科學進步，人類幸福，日見增加，都是研究之賜！我們決不能否認研究的重要，在中國科學和工業都如此落後，更應該提倡「研究」。只是可惜的，我們的態度和精神，都沒有走上正則合理的路。下面讓我分析一下：

第一件，我們不要覺得研究是太難的事，時時刻刻要抱着研究的態度，平常我們把研究看得太隆重了，所以反而忽略牠。在學校的人，教員對於所教的課，應該要計算如何增進學生興趣，如何增加新材料，如何改善實驗的方法。這事情看來簡單，我覺得很少人抱此種精神，墨守成規，是最大毛病。

我們不妨揭開來說：在大學的人們，因為比比自己的儀器沒有國外好，所以只有嘆口氣拋棄了研究的計劃，在讀書時所培植的一點精神，很容易消失的。在中學的人，都是大學出身，比在大學時所用的儀器差的很多，所以一到中學也只能嘆口氣，說這樣設備，怎樣可以教書，若不拂袖而去，就得勉强空口說白話，把理化等科變成不明眞象只記公式的科學。這種情形的確是目前的不良現象；而最大的原因，卻是缺少苦心孤詣的研究精神。

我不是責備別人，我也明知有些地方設備太壞『巧婦難作無米之炊』，我亦係個中人，不過有些時候也根本沒有費心思去想。我們應該以最少的材料和儀器，作最大的用處，有些時候的確不必待精美儀器而能表演的現象，所以要靠自己去研究。

歷史告訴我們，大科學家發明一種新現象的時候，儀器也異常馬虎簡陋，只是原理清楚，神而明之，在乎其人了！

歐洲的景況，一般都很窮，在研究室等一個電表要一兩星期，拿到手還是十幾年的古董，需要自已去校正。然而人家為什麼能改善環境，產生新結果，我們為什麼不能？這決不是人的問題，我不承認我們民族較劣。我們所缺乏的，乃是研究的眞精神，尤其是在草創一切，遍地荆棘的時候。

所謂研究，的確沒有深文大義，時時用實驗的精神，改善看自己所任的事。於是最後研究的途徑可以找着，研究的方法可以得到！天下事只待人為，有名的科學家也不是三頭六臂的人，然而人家抱「繼續不斷的精神」，集二三十年的經驗，總可以有相當成就的！

如果每一個人在他的職務上，都肯用心去想。教書的人，一心想法改良教材及方法？服務機關的人，想法對那一門細心研究，增加效率，以最少的人，作最多的事；辦工業的，日日注意出品的優良，和新方法的改善，經商的人，注意廣告方法及品質的增進。每一點小事都值得研究的，都可以改善的，我們看一看西洋各國新奇的出品，機械的利用效率的優良，人家都在用着心思。心思，只有用研究結果的表現。

所以我說研究的精神要普遍，作事就應為事着想。我們應該想到來日的大難，今日更應該努力去研究，不能存五日京兆之心！我們應該有一切準備應付將來的大難。大戰的時候，人家工廠的可以改成軍用品的進造所，人家的科學家都對國防上有所幫忙，我們怎麼樣，這是準備的時候了！

第二件，研究既如此重要，我們每一個人都應該抱研究態度是不錯的。但各人的智識有限，經大家的合作可以有更好的效果。研究的機關設立不錯的，但是應該統一化，合理化，所以我們應該注意研究機關和研究學會的組織！

我們的機關有的，學會有的，但是不太多，同時不完善，而一般人對他們太不注意，政府也覺得是「閒差」，拿研究機關當作養老院，有時想想錢花的不值得，又想裁撤，這都是錯誤！

我現在要說明的：研究機關是必要的，同時要更加認眞一點。要把全國的研究機關不論是科學，工程，工業，農業的，有整個的組織，不重複，集中人材，集中經費，確立計劃，成為最高的學術組織，最重要的國家智囊，和最上的學術權威！

（未完）

寫作

春雨後的農場

一年級李啓亭

連日的春雨，將我限制在人多空氣污濁的教室內，使我感到十分苦悶。

雨止了，乘課餘時邀了數位摯友，作農場之遊，剛出後門，覺得一陣微風，拂拂的吹過，頗帶些寒意。步入農場，見路旁的楊柳，經過這春雨的洗滌，尤其潔淨青綠，一些的鳥兒，在林中亂飛亂叫，新到的燕子，也在空中上下翻飛，語聲喃喃，微風吹着灰白色的浮雲，在空中馬也似的飛跑，數日未見的太陽，也在飛跑的雲縫中，閃閃的發光。碧色的天，也像害羞似的半隱半露。

到了農報的花園，我們從後而過去，只見柏樹，冬青，及各種樹木都是青綠而美麗。又有數株的花兒，却在含苞未開。那粉紅色的花苞，襯着那銀白色的水珠，微風一過，點點的落下。有如美人跳舞的汗珠兒，耐人欣賞。

有一位同學，喊着我的名字說：「到這邊來看」。我走了過去，將身靠在一株小樹旁邊，兩眼用力的向四週張望，忽聽拍的一聲，接着便是一陣子的雨滴。弄得我頭上，面上，頸上，都如水洗的一般。「哦！好冷」。同學們哈哈的大笑起來。這時我才知道他喊我的用意了，「好……」。

我們走出園門，當頭便是一大區麥單，風吹成浪，好似水波一樣。蹲在逆風之處，遠望麥苗，只見一明一唔的向自己這邊展來。這時的我們，直陶醉在溶化在這春的懷抱裏了。

同學們說說笑笑，尋路歸來，這次農場之遊。將我數日的悶倦，馬時的消失到無影無蹤了。

春假的回憶

胡宗傑

三天的春假，已從我眼前悄悄溜走了！

在這三日的經過中，却有三個較深刻的印象，還留在我的腦際：

1，在我回家那日的上午，本是晴天，不只沒下雨連風也沒有刮，眞是所謂：「風和日暖」了。可是到了下午，那老天爺，却變了臉，天上的黑雲，也幾乎佈滿了，雖然沒有下雨，可是那風却越起越大，拔山倒樹而來，把我也吹得兩步併作一步的往前直跑，眞如順水行舟一樣的快。我走過了幾個大的村莊，但見家家都閉了門，門前連一個人，甚至一隻狗一隻雞都沒有眞比我們在學校裏打過息燈鈴後，還要安靜得多呢！

惟有田地裏，却仍有許多的農夫正在耕地，怕冷的人，也有趕着牲口回家的，連那素來不怕風雨的八九歲的小孩子，也攜着籃子，拚命的往家跑，嘴裏喊着：「啊！我的娘呀！風又來了！趕快的走啊！」

及至到了我家裏，我的兩扇破大門，也和人家一樣的關着，我推門進去，院子裏一個人也沒有，連那愛喧嘩好跑好跳的小弟弟，也不見了，原來都躲到屋裏去了。

我一到了屋裡，看見他正在玩着什麼小東西，一看見我，便把一切都丟了，迎面撲上來：「啊！哥哥來了！哥哥來了！」接着便說些不成言語的幼稚話，後來我祖母也從他房裏走出來了。

我們正在談話之間，我的祖母，往外一望，慈詳的臉，驟然現出笑容，哈：：哈……大笑了，我似乎覺得他笑得太奇怪了，檢查我自己並沒有什麼可笑的事，不過身上添了些沙土，啊！却原來是笑得我叔父，因為他耕地才回來，帶了許多的沙土，幾乎連嘴，眼，鼻子都塞滿？把頭髮眉毛也蓋沒了，我叔也笑着說：「唉！當莊稼人當然是要吃苦的，是不能和那些好戶人家比，他們坐在高高的堂屋裏，怕什麼風，怕什麼雨，咱是決不能比的。」我祖母說：「你怎麼不早來一點？」他又說：「唉！休說是被風刮，就是被雨淋，也是常有的事，總比挨餓的味道，要好得多呢！」

啊！我叔父並沒有什麼學識，連一天的書都沒唸過，他為什麼要說這樣的話呢？啊！他是被餓鬼餓怕了吧！

2，在我回家的第二天，却照樣的刮着大風，村後的幾株大樹，被風搖洩得幾乎要拔下來了，樹底下却早已堆滿了許多鬧着燃料恐慌家的小孩子，還有一個四十幾歲走着一趟一跌的婦人，也坐在那些孩子的中間，一陣的大風過來 那些小孩子便都站起，眼巴巴的望着樹上，像要出神似的，專候着那枯枝的落下，呵……父：……一聲，掉下來了一個半死而帶着一點葉的樹枝。那些小孩子便都拚命的搶上去，那個婦人，也一趟一跌的搶上去，可是待他走到時，却已被人家搶走了，只落了一場空，她呆呆的望「那些孩子幾眼，凝神似的却又坐在那兒，一連如此的好多次，可是連一個細小的乾枝也也沒有拾到，我眞有些看不上眼，我似乎要詛咒這些小孩子了，你們為什麼故意的玩他呢？故意的難為他呢？他是一個不能走路的人，為什麼不叫他拾一點呢？可是那些小孩子，却仍然和他爭搶。

後來他沒有法子，只得提着他那個破籃子，慢慢的走開，自他走了以後，我心裡只與他計劃着午飯怎樣的吃法，我知道他是沒有別人的，他是一個寡夫人家，又沒有兒子，只他自己孤獨的生活着，他的午飯，或者要因燃料的缺少而停頓了吧！

3、第三天一早，又是大風，我吃過了午飯，父親便叫我跟他到墳上去燒紙，一路上，雖有大風的侵襲，可是我卻絲毫不感痛苦，我經過一個杏林，便看見，樹一樹滿載着紛紅色的杏花，還有金黃色的蜜蜂，正在那花國裡跳舞，彈奏着細細的音樂，他們好像都在故意的引誘我 去領略他的花香，我走進一片麥田，一腳一腳的踏着柔嫩的麥苗，我覺得腳下痛快極了，我幾乎要醉倒了 到了我先人的墓前我父親便忙着往墓上添土，我忙着燒紙 那討厭的風，如故意與我為難似，我剛說點着火，他撲的一聲，給我吹滅了，我急得要詛咒他了，後來點着火了，我也不知說什麼好，只是把那些燜紙，一堆堆的倒上去燒。

在我們去時，地裏還很寂靜，可是到了來時，地裏卻佈滿了不少的遊人和祭祖的賢孫孝子，有的三兩知友，並肩攜手，低低切切，且走且談 有的卻在墳前號淘不止，我曾記得有一個二十幾歲的中年婦人，在一個光白的新墳前，哭得令人心痛腸斷，他聲聲的哭道「啊！天哪！天呀，沒人的人，真難過呀！沒人的人，什麼人都來欺侮呀！」還有個會跑而跑不穩的小孩子，在那婦人的旁邊，含着兩眼晶瑩的熱淚，有時見他娘哭得太痛心了，他也悲悲切切的在說：「啊，娘……我餓……走……」這麼哭得死去活來的母子兩個，是如何的使人悲痛啊！當時我灑了無數的同情淚呢！並且在他的哀悽聲中，還可以知道他是死了丈夫，啊！一個婦人死了丈夫，還有一個可憐的小孩子，真是難過，並且他又說：「沒人餓人，什麼人都來欺侮。」難道他在社會上，還有人欺侮他嗎？一個這麼苦的婦人，不但不與他表同情，不幫助他，反要欺侮他，這是什麼人？這種人還值稱做人嗎？

啊！世界上有這種人媽？我始終不明白。

本校消息

一，全體童子軍赴華山露營三日夜

本校全體導師領導全體童子軍於十九日出發赴華山露營，軍容頗壯，興味極高，除舉行童子軍各項活動外，並遊覽華山栖山勝景，於二十一日回校，茲將經過情形摘誌如次：

1，紮營地址——出發之先，由先遣隊乘腳踏車到達華山，營地查看結果的決定華山腳下之廣場。

2，活動事項——除紮營，守衛，各項露營之普通活動外，並舉行追蹤旅行，（赴栖山）小隊操法及營火會等。

3，地方聯絡——經分別訪問華西政教各界後得華山小學諸位先生之殷勤招待，及第七區公所與韓隆允尹克紹諸位先生之妥慎保護，至為可感。特於二十日晚舉行營火會，[illegible]演唱歌舞劇 京 柳清唱 說的專舞棍疊羅漢等節目，以與民衆聯歡到觀衆千餘人，甚歡暢。

二，舉行國文成績展覽共分作文週記寫字三項於二十一日起至二十三日止。

三，二十四日下午舉行小隊操法比賽。

更正

童子軍第七三五期訓練計劃第七條，排印錯誤，更正如次：

本團分四中隊，共轄十九小隊，各設隊長一人，副隊長一人主持隊務，各中隊長之下，各設書記庶務，司庫各一人 由隊長指派或選舉，辦理各該中隊隊務，小隊之下各設文書 會記，旅行，軍需 火飲 歡呼等各主任，由全體隊員分工合作，發展各該小隊隊務。

縣黨部無綫電收音室開放節目

四月二十六日　星期日

一一，〇〇	歌曲
一一，一五	科學新聞
一二，〇五	平劇
一二，三五	樂隊奏樂
一九，〇〇	平劇　王琴農張榮奎合唱武昭關
	除三害　潯陽樓　戰長沙
二〇、〇〇	報時氣象水位閩粵樂曲
二〇，三五	廣州語一週大事述評
二一，二五	預報明日節目
二一，三〇	聞新

四月二十七日　星期一

八，一〇	西樂
八，三〇	新聞
一一，三〇	平劇警策語報時氣象商情
一九　〇〇	平劇言菊朋郝壽臣裘桂仙張如庭
	合唱　上天台
一九，三〇	兒童教育
二〇，〇〇	報時氣象水位簡明新聞
二〇，一〇	時事述評　關於國際問題
二一，三五	預報明日節目
二一，四〇	新聞
一二，二〇	平劇及國樂

豐報

第一〇二七號

社址豐縣大同街

中宣會登記證中字第一二九二號 內政部登記證警字第二二三〇號

中華郵政特准掛號認為新聞紙類

▲廣告刊例

一 本報廣告以方寸計算
一 每方寸以市尺長寸為準
一 一寸計算
一 封面每方寸每日大洋
一 角普通每方寸每日
大洋八分三方寸起碼
一 登三日以上九折六日以上八折十日以上面議

（今日一張半）

本報價目

本報每份大洋一分四 每月大洋三角 外埠每月大洋四角郵費在內

▲總理遺囑

余致力國民革命凡四十年其目的在求中國之自由平等積四十年之經驗深知欲達到此目的必須喚起民眾及聯合世界上以平等待我之民族共同奮鬥現在革命尚未成功凡我同志務須依照余所著建國方略建國大綱三民主義及第一次全國代表大會宣言繼續努力以求貫徹最近主張開國民會議及廢除不平等條約尤須於最短期間促其實現是所至囑

恕訃不週

哀啓者謹擇於

中華民國二十五年五月三日（即廢歷閏三月十三日）安葬

先考祥光府君於　祖塋之側先期前二日在北門外本宅家祭成禮

啓門受弔屆期已刻發引恐訃不週哀此奉

聞

孤哀子李峯謹啓

慈下 雁奇雲蘭桂

徐州農民銀行通告

查豐縣第二區蕭莊鄉蕭堰鄉徐樓鄉第三區葦橋鄉路莊鄉等借款聯合會曾借本行款項逾期已久迄未清結一再催追置若罔聞其或因水災影響無力償還情尚可原聞亦有狡猾者流從中把持需知此種省款決不容私人侵佔爲特通告上開各借款聯合會負責代表於二十天內就近赴本行豐縣辦事處接洽如果實欠在民當可商轉期辦法如係私人侵用定當提縣押追决不寛貸特此通告

二五、四、廿二。

國貨香烟

老牌 白金龍 大長城

價目低廉 色味俱佳 品質高上 無與比倫

南洋兄弟烟草公司出品

豐縣德嚴祥經銷

豐縣農工銀行啓事

啓者查本行存儲小麥業經監理委員會決議按現市作價限期至多六個月利率一分五厘用殷實店保辦法出借凡本縣合作社及工商各界欲借用者請於五月一日至十日來本行接洽此啓

鳴感豐縣七師招募處北關外八十趙委員啓事

趙委員文趙來此招募已歷月餘凡年齡相當體格健全者備極歡迎招待周至間有親老家貧形單影隻者給養悉歸自備立即令其歸家安業其急公尙貧老老及人若趙公者誠國定能忠實在家必爲孝子民等目睹鳴感特此聲明俾衆周知以彰有德云

豐縣北關外商農公啓

豐縣教育局啓事

查本年度二月份教費及教廳核准之勞績金與獎金、業由縣府領出、定於四月二十九日開始發放、希各教育機關、屆時按照以前手續、來局具領爲要！此啓。

中外要聞

蔣委員長昨飛抵長沙

湘各界設宴歡迎

▲中央社[illegible]廿七日電　蔣委員長廿七日晨九時在警察部舉行擴大紀念週、[illegible]委員長主席、行轅長官訓話畢、即偕錢大鈞等至[illegible]清鎮飛機場、自十一時五十分起飛長沙、[illegible]

▲又長沙電、蔣委員長廿七日下午四時到達長沙、[illegible]降落、蔣委員長於萬人歡迎中下機、時軍樂大作、[illegible]鍵率全體歡迎人員敬禮、蔣向各歡迎人員及民衆[illegible]答禮、蔣着黄色中山制服、精神奕奕、旋[illegible]何鍵回車入城、與蔣同來之侍從室主任錢大鈞等、分乘汽車入城[illegible]私邸休息、湘黨政軍各界　廿七日下午六時設宴[illegible]員長、各高級長官及代表約五百餘人、席間[illegible]及民財教建各廳長最近政務情形。

憲法草案條文整理竣事

將提下次立法院大會討論

▲中央社南京廿七日電　關於憲法草案　立法院曾批交該院祕書長梁寒操、法制委員會委員長傅秉常委員林彬馬寅初等、負責審查、今晨十時傅等在立法院舉行會議　討論憲法草案、依照中央所規定原則、對條文加以整理、業已竣事、並無如何變更　擬提出下次立法院大會討論、

立法院國民大會兩法委員會

增修代表選舉法原則

▲中央社南京廿七日電　立法院廿四人委員會　召集起草國民大會兩法委員林彬等五人　今日下午在院開會　已根據中央所頒國民大會代表選舉法原則　將該法初稿關於代表名額支配問題及附表　即日提請廿四人委員會　於後日開第四次會議討論、以結束起草國民大會兩法全部工作。

陝劉匪殘部北竄太和山

▲中央社西安廿七日電　劉匪子丹殘部約七八百　廿日經商縣姜南痛剿、斬獲頗多　廿一日該匪北竄太和山附近、高師正派隊分途進剿中。

潘王昨返綏

▲中央社歸化廿七日電　潘王廿七日晨由并返綏、沙巴阿三王代表倫格林沁等　因由并至大同途中所乘汽車損壞、未同來、擬該在并謁主任閻錫山、係報告赴京經過、并請示防共機宜。

中央昨舉行總理紀念週

▲中央社南京廿七日電　中央黨部今日上午九時、舉行第廿一次總理紀念週、出席中委葉楚傖、林森　馮玉祥　于右任　張繼等及全體職員　共約七百餘人、由于委員右任主席、領導行禮如儀後、並即席報告　如何走入憲政　略云　憲法草案即將公佈　國民大會亦將召開、憲政即始[illegible]

即在眼前、建國程序進步、同志責任加重、並非減輕責任、憲政時期、可謂國家開創時期、非有精密研究、不能領導和平、但欲國民入憲政、當政府先入憲政、欲政府入憲、當必黨人先入憲政。

司法院昨舉行擴大紀念週
居院長訓勉所屬努力工作

▲中央社南京廿七日電 司法院今晨十時半在最高法院大禮堂召集所屬各機關高級職員、舉行擴大紀念週、到司法院、司法行政部、最高法院、行政法院、中央公務員懲戒委員會長官居正王用賓等 及高級職員多人、由居院長主席、行禮如儀後、並即席報告 大意勉勵司法界同人努力、現行政方面、工作頗緊張、司法界自應奮起云。

發現烟苗不論多少
概須依法懲處
蔣總監電各省市府及專員遵照

▲中央社南京廿七日電 禁烟委員會蔣總監、近據各省報告查獲烟苗時、地方保甲咸以自出爲詞、希圖無罪、此端一開、必至禁政成爲具文、種禁等於虛設、故今日特電各省市府 各省查禁種烟特派員、嗣後查獲烟苗、除立予剷除外 不論畝數多少、概須依法懲處。

▲中央社杭州廿七日電 浙省府奉到禁烟總監令、指示禁民查禁種烟苗辦法四項、對主持禁毒官吏獎懲事項、加以嚴格之規定、如再發現私種、定即依法嚴懲、沒收田地、不得徇隱。

經委會派傅汝霖
主持董莊堵口合龍驗收典禮

▲中央社南京廿七日電 全國經濟委員會爲舉行董莊堵口合龍驗收典禮、前曾派定揚子江水利委員會委員長傅汝霖前往主持、傅氏現已赴蘇北視察導淮工程、定明晚返京、擬於晚乘車赴開封、主持典禮。

教育部通令各省市教育廳局
增籌義務教育經費

▲中央社南京廿七日電 教育部前曾通令各省市教育廳局、廿五年度行將開始、各該省應增籌義務教育經費、比較本年增加一倍以上、並將增列確數、限期報部備核、該部今日又令各教廳局、所有各縣市下年度應籌之義教經費、應迅定詳細籌措辦法、認眞籌措、並將新增義務教育經費列入廿五年度預算、以利進行。

鄂趕築中強襄堤
蔣嚴令曉諭糧商
不得屯積居奇影響工程

▲中央社漢口廿七日電 鄂省府以中強襄堤工程至爲艱鉅、集十萬以上工夫、積極趕築、以人數甚多、需大批糧食源源供給、以免工人斷炊、前特派督修姚堤工程專員呈報、以該地糧食商人頗多屯積居奇者 近奉蔣令 如有糧食商人胆敢壟斷、即以軍法從事、曾即由范專員等公佈曉諭。

韓復榘昨派員
接收河務局

▲中央社濟南廿七日電 韓復榘廿七日晨派員接收河務局事務。

重慶昨晨
發生地震

▲中央社重慶廿七日電 渝市廿七日晨七時發生地震、初起時震動甚烈、門窗均震動、歷時廿秒即稍緩、約經數分鐘後始止。

北甯路局計劃
修築灤縣朱各莊間雙軌

▲中央社天津廿七日電 北甯路局、爲便利客貨車行駛、特由公路處計劃修築灤縣朱各莊間雙軌。

津海關收入
本年度將減少

▲中央社天津廿七日電 海關息、近海關緝私科、對走私案日有破獲、海關收入、上年度四千餘萬、本年度即將終了、雖尚無正確統計、大致必將減少。

甘郵包稅
限月底結束

▲中央社蘭州廿六日電 甘省府准郵政管理局稱、截至五月一日止 停止郵包稅、郵包稅處限月底結束。

京市婦女文化促進會
託兒所
定期舉行
成立週年紀念會

▲中央社南京廿七日電 京市婦女文化促進會、所辦之第一托兒所、自去年五月一日開辦以來、對於保育方法、力求科學化、除養成兒童優良習慣外、對兒童衛生、尤特別注意、該所成立已近一週年、婦女文化促進會、爲舉行紀念以便一般人明瞭起見、定於是日上午舉行紀念大會。

菲華僑回國
考查團昨抵滬

▲中央社上海廿七日電 菲島華僑回國考查團、由團長王全昇率領、一行廿八人、廿七日抵滬、王談返國考查、注重工商業與教育、此外並參觀祖國各項建設、轉告僑胞、以增愛國思想、據謂在菲華僑、總計十四萬人、中菲間感情尚稱融洽。

蘇省府委員會開例會

▲江蘇社 江蘇省政府於廿四日上午八時、舉行第八二五次委員會議、出席委員余井塘、趙棣華 周佛海、沈百先、葉秀峯 鄭亦同 列席羅時實、項致莊 主席余井塘、紀錄萬君默、開會如儀 宣讀上次會議紀錄、報告事項（略）決議事項、（一）受軍事委員會委員長、委託代核軍事機關處理盜匪案件五件、（二）各縣無線電收音經費在二十四年度由財政廳縣地方預算審查委員會指定、歸縣建設費開支者計三十四縣、支費一萬四千六百餘元、二十五年仍照案辦理、其餘未經指定各縣、二十五年度由縣地方建設教育及縣產款項下支撥（廿五日）

蘇省禁煙禁毒事務
由黨部協助調查
舉出證據請地方政府嚴辦

▲江蘇社 蘇省党部通令各縣党部云、案奉中央執行委員會慮字第三一七一號訓令內開、案據秘書處簽陳、准國民政府文官處函開、案奉國民政府交下軍事委員會委員長兼禁烟總監蔣中正呈、爲禁烟總會第一次大會李委員其鴻提議、酌擬實行推進各項禁政辦法、案經議決通過 案內有關於禁煙禁毒事務 請由中央通飭各級黨部切實調查 舉出證據、請地方政府嚴辦一項、不爲無見、呈請鑒核轉請通飭遵辦等情、奉此、除函中央黨部通飭遵辦等因、除由府指令知照外、相應抄同原呈函達查照 轉陳等由、准請鑒核等情據此、事關禁烟禁毒、自應照辦 除分行外、合亟抄發原呈件令仰該會遵照辦理、并轉飭所屬一體遵照爲要、等因、附抄發原抄呈 件奉此、案關禁烟禁毒、自應切實遵行、合亟抄發原附件、仰即遵照辦理、并仰轉飭所屬一體遵照辦理爲要、此令。（廿五日）

黨員黨證
應加意保存
如疏忽遺失應予嚴重警告

▲江蘇社 蘇省黨部訓令各縣黨部、及各直屬區黨部、及直屬黨政學院區黨部、查黨員領得黨證、所以表明信仰本黨主義、誠意爲黨犧牲、此項證件、應如何妥愼收執、加意保存、乃近查各該黨員、時有遺失情事 不予愛護、實屬疏忽 爲此特令仰各該黨部、仰仿所屬黨員、嗣後務須將證妥爲保存、勿使疏忽、否則應予嚴重警告、以昭鄭重、設有兵災水火意外遭遇、因而遺失者、亦應呈明緣由、並登報聲明、連同證件呈候核奪、除分令外、合行令仰轉飭遵照爲要、（廿五日）

江蘇銀行派員赴江北
調查金融狀況
籌放小貸款拯救內地工商業

▲江蘇社 江蘇銀行 爲謀本省工商事業發展、及拯救內地金融 擬辦工商業小額款款借款、並呈請省府令縣轉飭各市鎮商會協助等情、已誌前報、茲悉該行鑒於江北數縣水患之後、金融定形呆滯、亟應從事着手籌放、以拯農民、刻已派員赴灌安等縣 先行從事調查各該縣金融狀況、暨抵押品與担保人之手續再行組設云、（廿五日）

蘇民廳
嚴密保甲組織
限五月底取銷守望所僱丁

▲江蘇社 蘇民廳以於全省保甲編制、先後已將告竣、地

方治安鞏後應依照保甲方法維持、前各縣中多有設備守望所者、此項所丁、太半雇用外省或外縣籍人員充任、組織既多不良份子亦複雜、且妨礙保甲工作之進行 民廳特令各縣、限於五月底裕將所有守望所暨僱丁一律取銷、如有需要 可用壯丁隊代理守望、以資防衛云、（廿五日）

蘇高郵兩私造槍械機關 爲水四區二大隊破獲

將人犯十二名口解省

△江蘇社 駐高郵水上公安第四區第二大隊長劉天漢、前據密報該隊防地內、高郵縣第三區海溪鄉地方楊元成、及第六區萬福鄉地方楊兆麟、集合多名工匠分別在各地私造槍械出售匪人、該劉大隊長據報後、當以私造軍械、爲害地方、殊爲可惡、即密派巡官涂崇鈺赴三區、湯伯龍倪本源赴六區、化裝前往、

各率幹警

湯巡官等於十六日在萬福鄉破獲造槍機關、惟要犯楊兆麟已逃走、僅獲其姘婦余張氏一口、該甲甲長居榮喜一名、及搜出自造快槍二枝、零件甚多、及賬簿等件、涂巡官等則於十八日在海溪鄉將楊元成製造機關破獲、楊已事先潛匿、僅獲到匠工沈文高、顏順和、繆榮華、劉恆有、喬慶成、趙熊、王普照、楊生身、謝有來、謝金寶等十名帶隊訊問、均

供認不諱

備文申解四區區部、由區部仍派往該隊湯巡官、解至省府、由省府飭保安處軍法處收押研訊、據該隊調查所得、該項造槍機關、似有背景、三區海溪鄉保長李德修包庇不報、造槍楊元成、事前已得悉、現逃匿無蹤 六區萬福鄉代理鄉長盧安國 亦包庇不報、造槍老板楊兆祥、亦在逃未獲、故劉正由該隊繼續

嚴密追緝

中、該二處造槍機關 三區較大、每月可造二十餘枝、其價亦頗低廉、統計此次破獲斯案事前頗費精力與金錢 並在緝捕時、在船上凡三晝夜、可見該隊之精神與辦事云、（廿五日）

蘇農技人員 二屆訓練班 下週畢業

△江蘇社 蘇建廳舉辦之各縣現任農業技術人員合作暨度量衡檢定人員訓練班 第二屆業將受業期滿 現已開始各種畢業考試 約於下週內完竣云、（廿五日）

蘇財廳開地方預算 審查會議

通過靖江等縣預算

△江蘇社 江蘇省財政廳二十五年度縣地方預算審查委員會、於昨日下午二時召開第十四次會議 繼續審查、計通過靖江、金壇、宜興等三縣預算云、（廿五日）

蘇各縣已有救濟院者 四十九縣

尚有十一縣未設

△江蘇社 本省六十一縣中、已有救濟院者、計四十九縣、其餘十一縣、因經費關係、一時尚難實現、刻民廳爲督促各縣私立慈善機關辦理救濟事業起見、已分別派員實地調查各私立慈善機關情形、現聞關於調查結果、業經彙齊整理、以備將來改進救濟事業之參考云、（廿五日）

教部將派員來蘇 調查助產職校狀況

蘇教廳將派員協助辦理

△江蘇社 蘇教廳頃奉教育部令知、該部爲欲明瞭蘇浙滬省市地方助產職業學校狀況起見、特指派該部助產專門委員會秘書屈錦琴、分赴上列等處調查、希各省市教廳局、屆時予以協助 現該員已由京出發先行赴浙、繼至上海、不日即來江蘇、聞蘇教廳屆時幷將派員協助調查云（廿五日）

蘇省小實驗研究會 在滬開第二次會議

△江蘇社 江蘇省立各小學、爲謀改進各校實驗研究工作起見 特組織實驗研究委員會、並訂於四月二十五日、上午九時、假省立上中實小第三部大禮堂舉行第二次研究會議、現已分函南京中實小 鎮中實小、鎮師附小、上中實小 錫師附小 蘇中實小等各校長、及各校研究部主任、屆時赴滬參加研究云、（廿五日）

蘇各縣核准之借款 本息到期應先行償還

以免遲延而維信譽

△江蘇社 江蘇省財政廳、以各縣在徵收清淡 庫款不敷發放經費時、往往進行舉債、以資應付、迨至借約到期、復須呈准償還、手續繁復、輾轉須時、致每多延期償付、有爽信約、殊非所宜、茲爲便捷起見、嗣後凡經廳方核准之借款、如在借約期滿之日、得由縣先行償還本息 補報備案、以免遲延、而維信譽、該廳特通令各縣長知照云、（廿五日）

中英庚款會 招攷留英生揭曉

錄取二十名共十五學科 七月集京八月初可放洋

（京訊）管理中英庚款董事會第四屆留英考試、已於本月四五六三日在京平兩地分別舉行 試卷連日由攷試委員評閱完竣、於廿四日召開攷試委員會議 將應考人分數詳加審核後、按及格標準錄取二十名、該會擬即分別爲各錄取人聘請導師、預定出國研究計劃、並於七月召集來京談話、八月初放洋、茲將錄取人名單開列如後：地理二名、任美鍔、（中央大學地理系畢業 現在資源委員會担任研究工作）李旭旦、（中央大學地理系畢業 中央大學地理系助教）經濟二名、羅鳳超、（清華大學經濟系畢業 清華大學經濟系教員）黎名郇（燕京大學經濟系畢業、廣州學海書院經濟系助教）西洋史一名、王繩祖、（金陵大學史學系畢業、金陵大學史學系講師）法律二名、樓邦彥、（清華大學法學院畢業、清華大學法科研究所研究員）李浩培、（東吳大學法學院畢業、現在司法院法官訓練所研究）土木工程一名、俞調梅、（上海交通大學土木工程學院畢業、現任上海東亞工程公司工程師）航空工程一名、李登科、（北洋工學院機械系畢業、北洋工學院機械科工程教員）造船一名 辛一心、（上海交通大學電機系畢業、現任上海市公用局技士）化學一名 吳徵鎧 金陵大學化學系畢業、金陵大學化學系助教 算學一名、許寶□、（清華大學算學系畢業、現在清華大學算學研究所研究）張宗燧 （清華大學物理系畢業、現在清華大學物理研究所研究）理論醫學二名、胡啓勛、（香港大學醫科畢業、廣州博濟醫院助教）黃克維、（北平協和醫學院畢業、中央醫院內科醫師）機械工程一名 王自新、（上海交通大學機械工程學院畢業 平綏路工務員）地球物理一名、翁文波、（清華大學物理系畢業 北平研究院物理研究所助理員）英語學一名 賴寶勤、（香港大學文學士、畢業後研究英語學及英國文學）生物一名、朱壬葆、（浙江大學心理系畢業、浙江大學生物系助教）物理一名、周長甯、（清華大學物理系畢業 清華大學物理系助教）

各校兒童 體格疾病檢查

蘇教廳令各縣督同辦理

（鎮江訊）江蘇省教育廳訓令各縣教育局云、案據省立南京實驗小學校長馬客談等、呈請轉飭各縣教育局、負責舉辦各校兒童體格檢查、疾病檢查等情前來、查各縣衛生教育第一步工作、前經規定七項 通飭遵辦 其中兒童體格檢查、已列在內、亟須該局認眞舉行、至疾病檢查 項、亦關急要、省會業經施行 應由各該局督同衛生教育指導員一體辦理 庶兒童健康、日益增進幸勿視爲具文此令。（二十五日）

駐英倫亞公使 否認亞王將出走

△中央社巴黎廿七日電 聞駐倫敦亞公使正式否認亞王出走說、其內部人員謂亞王已決定甯願與士兵同死、不願受戰敗之辱。

國聯發生改組問題

△中央社日內瓦廿七日電 國聯既未能阻止亞軍戰事、現發生改組國聯問題、多人主張廢止盟約上關制裁戰事第十六條之規定。

本縣新聞

第十七次總理紀念週 昨在縣黨部舉行

彭委員張科長分別報告黨政工作

党政各機關暨各人民團體、于昨日上午十時、在縣黨部大禮堂、聯合舉行第十七次總理紀念週、到黨員公務員、及各人民團體代表九十餘人、由縣黨部彭委員世亨主席、領導行禮如儀後、并報告

黨務工作　略謂、上週縣黨部的工作、簡單的有三項、一、召開第五十七次黨政談話會、其重要決議案、甲、擴大禁烟拒毒宣傳、由縣黨部、縣政府、教育局、禁烟督　款產處　公園、第一區公所、各出一人、組織籌備委員會、乙、各機關派出一人、分赴各區催徵、丙　決定各機關公務人員軍事訓練之編組及職員、本縣軍事訓練已開始兩週、全縣編為兩分隊、每分隊編為三班　學術科均有、此次軍事訓練　實含有重大之意義、不但可以鍛鍊身體、並可增加軍事智識、及養成作戰之技能　以應付此非常時期、一旦國家有事、均能荷槍實彈、殺敵致果、希望各位同志　努力學習、以達到最後之目的、二、本會工作人員、派四人赴松受訓、已於本月二十二日起程、三、婦女會所主辦之婦女民衆學校、本週內即可結束、擬繼續開辦高級婦女班、嗣有縣政府第三科科長張國權報告

政治工作　略謂、本府上週工作、約有四件、特提出向大家報告、一、關於禁烟方面、本縣在前禁烟委員會時期、曾有二年完成禁政之計劃、今仍本過去目標、努力去做、本府特定於本月十五日起、至五月五日止、傳戒全縣烟民、現各區對傳戒工作最努力者、首推六區、預計禁政大約在九月底、即可完成、二、修築公路、本縣過去修築之公路、多不合規定尺寸、特于國民勞動服務時期、將全縣公路、重行修築、照原路綫、加高加寬、縣府特于昨日派員分赴各公路視察、三、關於財政方面、本縣田賦、近來徵收清淡、影響稅收及專業、至為重大、前經黨政談話會議決、由各機關派員分赴各區坐催、藉裕稅收、現徵收數、較前盛旺、四、奉令實施公務人員軍事訓練　現已實行多日、本縣公務員共編為一中隊、統轄兩個分隊、中隊長為王縣長、隊副為李常委、報告畢、並講述公務人員實施軍訓之重要、略謂、軍事訓練　不僅鍛鍊身體而已　尤須養成其參加戰鬥能力、如國家一旦有事、便可效命疆場、殺敵致果、試觀阿比西尼亞雖當敵兵臨城　猶收拾餘燼、作最後之奮鬥、吾人姑無論其勝敗如何、即其團結精神、倘非訓練有素　何克臻此、故軍事訓練之目的、第一要服從、第二要勇敢、對上級命令、絕不懷疑、對於作戰、絕不怯懦　所謂養成鐵的體魄、鐵的精神、鐵的紀律、迎才是軍事訓練的真意義云云、至十一時禮成。

宋樓小學協進團舉行第一次會議

本縣宋樓小學協進團、前日在宋樓小學大禮堂、舉行第一次會議、出席宋樓小學教職員王蕙厂、王由義、張明瑛、朱養德　李瑞白、劉王樓小學孫敦昌、葛芭草集初小校谷照青　劉大屯初小校李書文、蔣橋初小校王志道、陳樓初小校趙心正、李大樓短小李桂香　季莊初小校蔣蔚然、龍泉寺初小校李方正　魏莊初小唐益品、渠坑初小路光前、畢樓小學張子厚、列席教委李效閔、主席張明瑛　紀錄朱養德

▷▷▷▷▷報告事項◁◁◁◁◁　一、省廳頒行組織小學協進團之緣起、二、宣讀本縣協進團組織大綱、三、本縣小學協進團劃分的情形、四、本縣小學協進團首席學校校長談話會的經過、

▷▷▷▷▷教委訓詞◁◁◁◁◁　一、關於協進團者、甲、協進團在學校間橫的方面功能之偉大、乙、協進團開會日期、假星期日之用意為愛惜兒童的光陰、二、關於各校同人應注意之點、甲、須犧牲教師的方便、切實施行生活教育、實行生活教育、能救濟本身生活之困難、實行生活教育可儉省學校辦公費用、乙、欲充實學額、必須使兒童學能致用　以取信於社會、

▷▷▷▷▷討論事項◁◁◁◁◁　一、各校應充分置備獎品案、決議、通過、辦法在可能範圍內盡量購置、最好本團各校聯合訂購　至各校所需數目、由首席學校統計主辦　二、各校應置辦之最低限度藥品案、決議、通過　辦法同一案、三　各校應指導兒童自行洗滌案、決議　通過、四　本團各校應實行交互參觀案、決議、通過●並定於五月十日舉行、五、應確定第二次值日學校案、決議　劉王樓小學、六、應否定期舉行演說表演案、決議、定于五月十日舉行、閉會。

牲畜經紀張朋行使偽幣 被公安警察拘獲

將嚴予懲辦

五區王藏樓人王建行、年六十四歲、務農為業、畜有耕牛一頭、于前日牽赴許廟會售賣　牲畜經紀有張朋者、領一客人、意欲購買王牛　復有其他經濟、從中說合、當言明售價大洋六十二元、買牛者、先付鈔幣十七元、復又取出五元之紅色紙幣交通銀行九張　共為六十二元之數、王以該幣顏色鮮豔　恐係偽造、當尋人代為識別、詳細驗偽、結果該客所付之九張紙幣、無一真者　王大驚失色、遂將經紀張朋找獲、向之理論、張謂此幣如假、須負全責　時買牛者已牽牛而去、王欲將所賣之牛追回、而張不令追趕、並與王　同來城、兌換好票　比抵城內、張盡食前言、謂余與買牛者、向不識面、今彼已遠去、無處尋覓、只得自認霉氣而已、王以張某詞涉狡猾、即以局謀行使偽幣罪、報告于公安股、從股長據報後、以值此推行法幣之際、張某竟敢行使假票、以偽亂真、不予嚴懲、難儆效尤、當將張朋拘押、聽候予依法嚴辦云。

保長訓練所舉行總理紀念週

王縣長講中國固有道德 對忠孝仁愛信義和平闡述極詳

本縣保長訓練所、于昨日上午十時、在該所講堂、舉行總理紀念週　共到教職員及保長二百六十餘人、由王兼所長主席、領導行禮如儀後、並講中國固有道德、對忠孝仁愛信義和平、闡述極詳、略謂、總理鑒于中國人心陷溺　由于固有道德之淪喪、以致社會擾攘不安　故欲謀安定必須恢復中國固有道德、所謂固有道德、即忠孝仁愛信義和平是、忠者盡心之謂、凡事須盡心去做　一秉大公、毫無私見、孝者即孝順恭敬之謂、如孝順父母　恭敬長輩、「孔子曰「孝者無違也」　又曰「三年無改於父之道　可謂孝矣、」仁者　愛人之謂、如己欲立而立人、已欲達而達人、處處為大衆着想、愛者有同情之謂、對人接物　須加以愛護　但須合乎忠、信者不欺之謂　無論處世交友　本不欺、則得之矣　否則無信不立　君子恥之　義者事之宜也、如物非吾有　雖一毫而莫取　所謂見得思義　擴而大之、則見義勇為、舍生取義、和者和氣也●無論處鄉里、處社會、均以和為貴、所謂和氣致祥　平者公平也　處人要和平、對事要公平　旋即禮成、

司法欄

△庭期審理案件▽

四月二十九日審理謝李氏訴謝五等傷害案件、

△本城粮價▽

名稱	每市斗價目
小麥	最高三千六百文　最低三千五百文
大麥	最高二千八百文　最低二千七百文
黃豆	最高三千五百六十文　最低三千五百文
黑豆	最高三千五百文　最低三千四百五十文
菉豆	最高三千七百文　最低三千六百五十文
江豆	最高三千八百文　最低三千七百文
高粮	最高二千七百文　最低二千六百文
穀子	最高二千二百文　最低二千一百五十文
稷子	最高二千文　最低一千九百文
芝麻	最高五千六百文　最低五千五百文
青豆	最高三千五百文　最低三千四百七十文
花生	每斤最高二百八十文　最低二百七十文
瓜子	每斤最高八百文　最低七百八十文
生米	最高四百六十文　最低四百五十文

江蘇省豐縣測候所氣候報告

今日下午三時止

天氣	溫度 最高 攝氏	溫度 最高 華氏	溫度 最低 攝氏	溫度 最低 華氏	昨日雨量（本日九時止）	本月雨量積數
陰　西北風	一五・五度	五九・九度	一〇・三度	五〇・五度		四・四公厘

鳳鳴塔

第二〇三期

一、本刊內容分科學常識論著詩歌小說戲劇散文書信書報介紹及批評等項
二、本刊歡迎投稿來稿文言白話均可
三、來稿本社有修改權不願者應先聲明
四、未經登載之稿除預先聲明者外概不退還
五、本刊編輯部設豐報社內

漫談

戰後的歐洲及現階段的國際形勢（續）

釋克林

道威斯與楊格計劃

爲着德國的賠款，便成立了兩種專門委員會；一方面從事整理德國財政及通貨。另一方面來計劃德國賠款的方法。這個專家的任務，就由美國副總統道威斯担任了起來，故名曰「道威斯計劃」。該計劃的內容，則依十億的外債及德國的自籌來支付二十五萬萬馬克爲標準在五年之中，同時則以道威斯計劃的德國經濟的情形而逐漸的繁榮增加爲數之基礎。這個計劃便在倫敦會議中通過，旋即實行 然而在德國的破落戶的情形中確感到付款的困難，終而使德國無法馳過，頗感到債務總額的缺陷。

一九二九年二月，法，比，意，德，英，日，美等國在巴黎便開了一個列國會議。經過了相當的討論，使由美國專家楊格起草計劃。故名「楊格計劃」。這個計劃便是來補充道威斯計劃的缺陷。這個新計劃的要點：則將賠款的總額一千三十九萬萬馬克，減到三百五十八萬萬，分三十七年付之以資救濟德國賠款之困難，同時來維持歐洲的紊亂狀態。

復興的氣象及反動的時期

歐洲的政局，依洛迦諾的非戰公約漸漸的表現着緩和的空氣，魯爾佔領的事件使法國覺悟到枯枝取水之愚，德國顧及到賠款的困苦深恐民衆生活的崩潰，雙方便趨向善的妥協。

歐洲的政治家麥唐納，他便主張國際紛爭的解决，應施行强硬的制裁辦法，來安定紛亂的局勢。同時英主張伸裁軍備，實行軍縮，安全保障，然而這完全是自欺欺人的策略，若不先實行安全保障，總然高唱軍縮亦是無濟於事實。但實際上歐洲各國埋頭軍備的事實已在骨子內顯現着。在這時期美國便是一個關心世界和平的孤立政策國家，可說美國是一個轉換到國際協調政策的第一個。

一九二九年的經濟恐慌，便是預告世界不景氣的先聲，美國資金的抑制，世界各投資國的資本被阻。國際金融的動脈逐見停止，其波浪直接的影響到全世界。而最受衝動的國家便是德國，因此外資便漸漸的從德國逃脫。

然而，經濟的恐慌與政治的不安並進而至，一九三〇年的德國總選。掀起右黨與左派的爭端，結果希特勒握有了權威。經過了一個過程，投票約增至五十餘萬，這投票的所示，依道威斯案，洛加諾，楊格案所代表的德國政治與協調精神；事實上已次第的喪失。歐洲隨又漸漸的被不安定包圍。所以便肇始了反動時代。 （未完）

創作

牛肉的慘劇（續）

潔忱

那新婦實在看他被雨淋得可憐！再三要他到屋子裏面去休息；他推辭不得，祇得轉身走進屋裏面來。說了兩句感謝的話，隨即坐在靠門的一條長凳上，眼光向外面瞧着風雨。靜默了約有十餘分鐘，見風雨漸漸的細微，他預備即要趕路；無意間偶抬頭向上一看，見對面低樑的鉤子上掛了幾塊牛肉，那種紅油油的顏色，實在可愛！他不禁脫口說出一句「這牛肉眞醃的好！」的贊語，那少婦很坦然的隨答道：「沒什麼好，如果先生愛吃，請你帶一點回去下酒。」她說着隨起身從鉤子上面取下一塊遞了過來。他推辭不要，那新婦重又說道：「這牛肉我家裏還醃了一缸，這一小塊竟算一回什麼事，請你不要客氣帶去吃酒。」他最後祇有再三感謝而接受了。恰巧這的風雨已告停止，他便匆匆的辭別了那新婦，提着重約四斤的一塊牛肉，上路而去。

不料他走了七八里路，天又陰暗起來，他看這種光景，大雨的來臨一定是很難免的了。並且時候已將近黃昏，到長淮的路還有十七八里；如果冒雨前去，必須到夜深纔能到；他想不必吃這樣的苦，還是找一個宿處，暫且休息一夜，明日再去。

後來他就借宿在李婆家，並購了一餐夜飯。

當他進門的時候，李婆已看到他手中提的那塊紅油油的牛肉，她非常的注意。她注意這牛肉是她家醃的「不是今天叫我媳婦帶回家去的幾塊牛肉其中的一塊嗎？怎麼會弄到他的手裏呢？這眞奇怪！」她心裏是這樣的想。並且還將她心裏所想的話告訴她的兒子——小李——小李也早留意到那塊牛肉，但未便相問，此時聽他媽說，他更加注意而且疑惑起來。隨走到黃先生的面前，指着那塊牛肉說道：「黃先生！這塊牛肉從那裏買來？怎麼醃得這樣的好！」黃先生坦然答道：「這牛肉是別人送我的，不是買的。」一小李聽了這兩句話，心頭好像受了刀劍一般，臉上顏色頓時變得難看，憤恨中帶着一層殺氣，不問以下情由，便轉身走了開去。當小李不語的時候，黃先生並沒有留意到他臉上的顏色，不然，一定會奇怪他什麼要作這種狀態？

暮色漸漸的籠罩了大地；夜神開始在施行牠黑暗陰森的伎倆，茅簷上的雨水，一點一滴的落到地下的水汪中；激起了吧搭的反響，好像只有牠在作怪，使人聽了，發生無限寂寞和愁煩，這時是黃先生躺在一個矮脚的繩床上，爲簷前雨聲擾亂不得入夢；忽無意聽到隔壁主人母子在說：「那客人的牛肉，一定是那淫婦送把他的：……：……」這是男人的聲音。「不要臉的東西，眞該死；該死！……」這是女人的聲音。「……一「…………一好！就這樣辦！諒那東西也沒處逃跑，我現在就去將那淫婦找回，將他兩個不要臉的東西，死死放在一起！明天我看劉家他有什麼話說？」一隨着就聽到向外走去的脚步聲。黃先生這時眞如頭上澄了一盆冷水，渾身都涼了起來。怔了半響，才從繩床上坐了起來，心想這件事眞

謁墓

孫子美

一陣陣的春風，
刮綠了野草，
吹放了鮮花，
又吹起了我胸中的悲哀。
折了一枝緋紅的桃花，
插在祖父的墓旁，
胸中的悲哀便和桃花兒擱在一起了。

○　○　○

祖父啊！
你已久離開人間了！
獨居在這蜿蜒的河岸旁；
願你不要感覺寂寞，
有月來做你的伴侶。

○　○　○

祖父啊！
你離開我們己幾個月了！
我栽在你塋前的青竹兒，
已經抽出鮮綠的新芽了！
芽兒沐着光耀閃爍的露珠；
好像我受着祖父慈祥和藹的教訓，
是祖父教訓我走入光明大道。

○　○　○

渺茫的長空，
潺潺的流水，
清森的松園，
平平的河岸，
青綠的麥田。
祖父啊！
願你平安的在這裏長眠吧！
孫們去了。

蹊蹺！怪道他先前問我這牛肉的來路，原來他在疑心我與那少婦曖昧，想不到爲了一塊牛肉鬧成這樣大的事，我若在此，一定沒有好處，三十六策，走爲上策，隨不假思索地下床穿上了衣服鞋襪，悄悄的從側門中溜出了屋，放大了步，匆匆的向長淮街而去。可憐竟因他這匆匆的一去，就造成了兩樁殺人的命案。他的罪過也可謂不小了。

陸莊劉家，這天晚上吃罷飯，一家人都在談論李家那孩子，怎樣的忠實，怎樣的有希望，尤其是那新婦的媽媽，在自誇自家擇壻的眼力，要是別人絕對不能找到這個如意的女壻。越說越是起勁；他的聲音可以說已完全佔滿了那屋子的空氣。忽然間聽到有人在敲大門，敲的聲音是非常的急捉，趕快開門一看，進來的原來是他們正在談論的新壻；大家爲之一怔。心想「他爲什麼黑夜前來？一定有什麼特別事故，小李不等衆人問話，他就說道：「今晚我媽不知怎的忽然生了急症，現在非常危險！她叫我來接她媳婦回去見一面，雖死也瞑目了！」衆人聽了這個消息，都很替他憂愁，他妻子心裏更是難過，匆匆的辭別了她的家人，跟着丈夫走了出來。這時細雨久已停止，鳥雲散成了一片一片，月兒時時從雲隙中露出她的嬌臉來窺探人間的神祕。（未完）

清明節（續）

王萬選

過了一會，雨雖然停止了，但是陰雲還是依舊的瀰漫着天空，眞現出今天清明的意義。

樹上的小鳥，歌轉不已；花間的蜜蜂，來往不停；田間的草兒，生氣勃勃；溪裏的魚兒，游泳不息。今天的景象，的確美妙得叫我沒法去寫，煙村水郭，紅林綠野，花香草芳，鶯歌燕語。可惜不一會竟起了大風，刮的人睜不開眼，因此減少了遊春者的興趣，稀疏了踏青者的足跡。這是我們引以爲微憾的。

啊！佳節清明逝去了，箭頭般的逝去了。一些的人們啊！鼓起欣賞的心吧，向着人生的大道上奔去。美麗的日子，定會享受的！

……完了……

犧牲者

漱冰

在一個淒風冷雨的黃昏裏，忽然得到我的好友——全民自殺的惡耗。眞如晴空霹靂，我頓時失去了知覺，不知過了多少時候、才漸漸動着。我希望這是一場惡夢，但又有什麼用呢，分明這消息是確實的——他哥哥的來信。

這就是你最後的結局麼

我和全民的相識，是在四年前的初秋，一同考入縣立中學的時候。他那少年英俊的體態，天眞活潑的性情，處處使人愛慕；靈敏聰慧的頭腦，勤於學業的精神，在在令人佩服。因了情感容合，意見相投，所以我兩不久便由同學的關係，而成爲極好的朋友了。

在那三年中的我倆，可以說沒有片刻的分離過，所以彼此的境遇　彼此的志願，都能互相了解。

記得是一個春天的晚上，銀色的月光，洒滿新綠的樹林，碧青的草，以及平靜的河面，蒼茫的原野。這時我和全民徘徊在學校園裡的草地上，微風陣陣，拂面不寒。忽然全民激昂慷慨熱情橫溢的說：「惡劣的環境，那能限制着我們的前途，只要努力奮鬥，總可以得到圓滿的結果。」那皎潔的月兒，也好像被感動似的說：「好孩子！努力吧，勝利終歸是你的。」

時光如流，瞬屆畢業，不得不分別了。但想到這是前途進行中的一個階段，別離又算了什麼？所以也不覺得怎樣難過。唯有臨別時互囑努力奮鬥而已。

誰能知道就在這一別之後，他竟因爲受了無上威力的環境的壓迫，失去了當日那種英勇的志向，而漸趨消極呢？又誰能知道，他最後竟出於自殺呢？

我可憐的好友啊！到底誰害了你呢？……

篇短短的絕命書。這上面雖然非常模糊，但可想像出那種種的力量——失學失業及婚姻的不滿意——把他一步一步逼到自殺的路上去。我對他不知痛哭了多少次，現在把他寫在這裡，希望多情的讀者們，也對我這位可憐的朋友，洒一點同情的淚眼。

全民的絕命書

母親！世界已不許我再存在了。他把種種殘酷的刑具，都加在我的身上，意圖把我驅逐。那麼我何故再留戀他呢？我要去了，母親！但是你切莫爲我悲傷，你要和從來沒有這個兒子的一樣，我希望。

你的民兒

通信欄

雲章兄：

關於世界文庫的價值，弟現在舉一二條爲例。最近第十冊第一篇岑嘉州詩集序前有鄭振鐸小跋，他說：

『今參集有作八卷者，有作四卷者，惟無「十卷」的一本。此本以影宋本爲根據，而校以：

（一）士禮居鈔本；

（二）全唐詩本；

（三）明，關中李本芳刊本。

（四）江南圖書館藏明正德蜀中刊本；

（五）簫山朱氏藏明正德濟南刊本；

……』

第三篇「大目犍連冥間救母變文」的小註：『大目犍連冥間變文，唐末寫本，現藏倫敦不列顛博物院（S2614）。北平圖書館藏目連變文二卷皆殘闕，僅存數十分之一；此獨首尾完全，殊可慶幸。（下略）』

其餘外國部份，弟亦認爲確實是世界著名文學，譯者亦是我國當代第一流作家，若說他低級趣味沒有大價值，不大合式一類話未免太利害吧！尊意尚有補充處否？

榮培　四月二十日

雲章先生：

最近幾個星期，鳳鳴塔很有生氣，大家都很努力，甚爲可喜！

對於鳳鳴塔的編輯和排版，我有一點意見，現在貢獻給先生，來和先生商討：

一，漫談欄中的文字不可過長，至多不能超過八百字。至於選稿的標準，應以短小精悍　言之有物爲準繩。

二，常識欄應刊在末尾　不可與文藝雜在一起。

篇論文，（文藝論著不在此限）最好在新聞欄內另闢專欄專登。大公報可供參閱。

四，排版不可太呆板。

這是我的一點意見，僅恭誠地獻給先生，不知先生尊意若何？

匆草，順頌

撰安

冰片啓　四，一九。

編輯室的廣播電台

雲章

一，書祺君，你的信，編者還正在攷慮中，所以先把榮培的信發表了。請勿燥！

二，克林君：你的「戰後的歐洲，及現階段的國際形勢，」發表了。你說「他有不合時的地方」，這也沒有什麼要緊。因爲在最後，曾註明著作的時間的，在瞬息萬變的現在國際局面，要想著作切合時勢，也不容易的，你以爲然嗎？

四，二八。

縣黨部無綫電收音室開放節目

四月二十九日　星期三

八，一〇　西樂

八，三〇　新聞

一一，三〇　平劇　警策語　報時　氣象　商情

十八，〇〇　國樂

一九，〇〇　平劇　楊小樓　露蘭春　鮑吉祥　合唱　落馬湖　王堂春　哭祖廟

一九，三〇　兒童教育

二〇，〇〇　報時　氣象　水位　簡明新聞

二一，三五　預報明日節目

二一，四〇　新聞

鳳鳴塔

第二〇五期

一，本刊內容分科學常識論著詩歌小說戲劇散文書信書報介紹及批評等項

二，本刊歡迎投稿來稿文言白話均可

三，來稿本社有修改權不願者應先聲明

四，未經登載之稿除預先聲明者外概不退還

五，本刊編輯部設豐報社內

漫談

戰後的歐洲及現階段的國際形勢（續）

程克林

和會後的各種條約

四年零四個月的大戰；終而在巴黎和會席上得到了解決；這個和會不僅改變了歐洲形勢，確是把世界地圖又重新的修正了一下。

爲着瓜分戰敗國的領域及人口，於是就產生了一個凡爾賽條約。其結果便將德國的領土分割與戰勝國，如將阿爾撒斯，洛倫二州割讓給法。有爾美底割與比，西里西亞及波森割與波蘭………。但是德國海外權利遠得一律放棄，同時又限制軍備及一切海空戰具。這個條約純粹的是壓抑德國的復興。

還有甚麼聖澤門，得里阿奴，牛伊里等條約，總之這一切的條約都是在併吞弱小，相商分贓的討論會議，限制弱者發展的手段，强制條約的眞面目在在的都呈露着凶殘。

國際聯盟

在巴黎和會的席上，經美總統威爾遜的提倡；於是就在一九一九年的一月十三日開了一個五大强國的會議，決定了聯盟的創設，其組織的代表强國二人，弱小一人。國際聯盟的中樞機關便是聯盟大會，理事會，祕書處，爲着處理國際之紛爭又設了國際法庭於海牙。

國際聯盈的規約在形式空洞的白紙黑字上看來，確是維持世界和平的寶鑑。然而在事實上確不是這樣的，從國聯產生後國際間的紛爭例有三十餘件，其中對於弱者則施以强制的手腕處理之，對於强國便無力干於了。這個便表現着國聯的信用已落千丈

現在我們無論從縱的橫的方面去觀察，事實在那地擺着，千眞萬確的表現着國聯是一個强盜的集團，僞和平的機關。同時又是一個恫嚇弱小的權威者。

日本的新局

這個不顧肚飢，一味侵略的東鄰，終而變易了政治臺上的角色，法希斯蒂派的軍人，採用了最後的手段解决了幾個元老重臣。日本的局勢顯然露着軍人把持的面目，同時遠東的緊張空氣又加上了一層濃雲，侵我的策略不要說較昔更來得凶速了。

日本在維新以前，是一個混乱的集體，也和我們的「一盤散沙」一樣。自從各藩王與皇家軍合作後，便產生了勃勃的王皐維新。日本的政治便由紊乱而集中，軍人由團結而外侵，一直到了現在又來了一個政局的鉅變，呈露着積極重分世界的凶殘。

（未完）

創作

牛肉的慘劇（續）

潔忱

她的光線斜射到新婦的面上，非常顯得慘白而可怕！四野唧唧的虫聲，似乎都含有淒涼的意味！牠們爲這新婦的生命前途而慨嘆嗎？牠們爲人間的殘酷和陰險而咀咒嗎？唉！人生的禍福，眞是不可逆料啊！那新婦這時候的心裏，除了爲她婆婆急症的憂懼而外，萬也想不到她的生命就結束在這一個夜裡。永久的沉冤於地下，落了一個不白之名，眞是可憐啊！

「媽！那淫婦已爲我找回來殺在門外了，那東西待我去結果他。」小李轉身向這側屋走來，借着月光向裏一看，屋子裏僅剩了一隻空床。他怔住了！他半天才叫出一聲來「哎呀！這東西怎……………樣逃跑了？」他的心不由的恐懼起來，身子也搖搖欲動了。李媽在正屋裏聽了「這：東：西：怎：麼：逃：了：」八個斷續的字！立刻從床上跳了下來。問道：「怎麼？怎麼？那怎麼辦？那怎麼辦？」她想走出去，祗覺得脚下發軟，不能舉步；她掙扎了好一回，才能轉動。這時她兒子—小李—已哭喪着臉站在她的面前 他臉上那種驚慌的神色，完全表現他現在是一個殺人的罪犯 簡直沒有辦法可以逃脫法網。他心緒是怎樣的緊張，紊亂，恐懼，非作者粗拙之筆可能形容盡致。李婆到底是一個老年人，雖然受了這重大的殺人罪案所恐嚇；但是經過半小時之久，神經已漸漸的清醒過來。她在想「那個男人已逃脫，祇有一個女兒在家；明天爲人告發，坐牢抵命，都是所難免的事。但是我守寡十多年，費盡心機。祇有這點骨血；若果任其論罪抵命那豈不是絕了我李門的後代，我十餘年的苦心不是屢於一旦嗎？然而又有什麼辦法可想呢？她靈機一動，忽然想起了長灌街南頭的汪老先生；汪老先生是這百里內的一個負有名望的刀筆訟師，他對於這件事或有點辦法可想，我祇有叫我兒子趕快去求他。」隨對小李道：「現在事情已到這步田地，害怕也是無益了。你趕快去到長灌汪先生那裏求他設法或者還有一綫之路。」小李聽了他媽說畢，不敢怠慢，便轉身走出了門；急促的飛跑而去 約有一個鐘頭的時間，他已到了汪老先生的門口，迫切的去打門，這時候汪老先生還未就寢，斜臥在烟榻上面；眼光向着烟燈正在思索趙家託付他那件鬥毆的官事 忽然聽到門響，他以爲趙家的訟費業已借到夜裏送來，因此他很高興的去開門，那知道進來的這個人，並不認識 他問他來由，小李就將他夜晚所作的事，詳詳細細的說了一遍；並且申述了他媽媽叫他來的意義，而且跪下給汪老先生磕了幾個頭，邀求他費心幫忙；但並完說將來怎樣感謝。不料汪老先生滿口推辭的說：「這是人命關天的大事，我怎能喪心替你設法幫忙，並且我也沒有法子可設，請你另求高明好了。」這真給小李一個重大的打擊！他怔了半晌：祇得慢慢的退出門來，垂頭喪氣的上了來時的道路。他似乎聽到汪老先生有點氣惱的樣子在說：「我以爲是趙家送款來的呢？那知深更半夜碰了這東西！一點謝儀都沒有出口，也想求我替他完結那樣的大事！真是夢想！倒霉！倒霉！倒霉！枉爲他糾纏了一回。」他真不知如何是好，又有一個多鐘頭，他已回到家裡了。（未完）

病春

虹影

遠望，大地展開綠茵，
油菜，錦上添花紋，
春朝明媚，
引誘，士女如雲。
○
小園，蜜蜂低低歌吟，
粉蝶，翩翩舞花陰；
節期溫存，
重惹，昔時愁恨。
○
堤頭，楊柳輕搖款擺，
黃鶯，枝頭囀巧音，
風光都麗，
挑撥病魂傷春。
○
東林，紅桃燦爛堆錦，
李枝，白雲巧托襯；
良辰醉人，
撲歎，舊夢難溫。
○
漫誇，春朝明媚，節期溫存，
休羡，風光都麗，良辰醉人；
俺可也，擁被高臥，重門隔春，
南窗緊閉，深恐醉春。
○
爲的是：愁春，惱春，
傷春，病春。

不幸的麟兒

瘦鶴

「乖乖！這會兒心燒輕減不？想吃點東西嗎？」一個約莫三十多歲圓胖菸黃滿積枯愁臉的婦人，曲着腰立在病榻前，兩眼凝視着榻上躺的十多歲的孩子－麟兒，很摯切的希望得着圓滿的答覆。

「不輕減，一點東西不想下咽，」病榻上的麟兒喘嘘着，從睜火紅臉上凸嵌的倦眼向伊答覆，隨將雙眼又閉上了，使伊心坎中添了幾分失意。

「那麼，煎些大米汁喝好嗎？」伊的頭更逼近他的臉，作退一步的商榷。

他祇是閉着眼，搖搖頭，不願做聲了。伊癡呆的站立一會，用自己的右手，翻來復去的拂摸他的額顬，又替他按按肩膀的棉被，不自知的嘆息了一聲坐在榻上。

室內陰森森的，空氣像死一般的靜寂，除病榻上他很均勻的呼吸外，更無別的聲音了。抑鬱悲憤愁想，失望都一齊攻進伊心窩來。使伊看着滿室的東西，那是淒殘暗淡，即是平日最愛見的兩隻花猫，却都蹲在窗口，向伊猙獰起來。

「您大嬸！麟兒的病疾，稍愈些嗎？吃點什麼沒有？」

這尖柔的聲音，衝破了室內原來的靜寂，伊猛抬頭，見是東院王二嫂，便立起身來迎了一步道：「二嫂子，你怎得抽閒出來？」

「這些天想來探望麟兒，無奈我那孩子，鎮日不讓我出門一步；方才睡了，我得乘隙出來的。」將話說完，她們各自坐下。

「今天吃點什麼食物？」

「什麼沒有吃呢，昨日倘喝碗多麵湯，今日滴水還沒下咽哩，我看他精神呼吸，都不及昨日強大了，看來……………」伊說着聲音唏歔，淚珠溢出眼眶來，接着扭了一把鼻涕。

「您大嬸，不必悲傷，自己沒静下斷心事，麟兒的病，是無要緊的，還是快點請人調治才是呀。」

「是的，我還沒有決定請那個呢。」

「呀！你看他臉兒紅紅的，雙眼緊閉，精神萎靡，想是中邪。」她這時的視線，已將伊的視綫一同牽引注射在病榻上了。

「不錯呀，夜間還常作囈語呢。」

「那定是中邪了。大柳村×先生壇裡極靈，在陰司處最有情面，無論什麼病症都能調治；鎮日裏這家請那家請，雖極沉重的病症，他一着手就能回春，快點着人請吧。」她一口氣說了下來。

「就是給張家治病的×先生嗎？」

「是呀！張家女兒的病，那樣利害，他都可以治好。」

「那麼，明日就着人請來。」

○　○　○

「這托髮辮長臉聳肩的是×先生嗎？」

「是呀！這位先生治病沒有再靈的了。」

「張家的女兒就是他治好的。」

「他穿的皮袍子，還要張家給他買來的呢。」

這是在夜霧沉沉萬籟俱寂的傍晚，幾個少婦躋在一座新草房的門外，一面咕嚕着，一面向屋裡探頭

×先生坐在室內當陽椅子上，一手托着水烟袋，一手捻着火紙捲，做他吞煙吐霧的生涯，條時滿室裏烟雲瀰漫了。桌上的煤油燈，亦被這烟雲侵襲的　消失了原來光暉，奄奄一息行將自命不保了。

「×先生！你看他是中邪嗎？」伊帶了十二分信仰的問。

「是帶中邪的情狀，但這時還沒把握，請神落宮，便可明瞭了。」×先生說這話時，已將嘴裏烟袋取出，走近病榻一步，雙眉緊皺的凝視一下。

「室內外切勿作響，恐衝神怒。」×先生一面說着，一面放在桌上一個大香爐，接着在黃色紙裏內抽出三枝香燃着，夾門外版着臉，水平綫的向南視着，口中唸唸有詞，約莫五六分鐘後，轉身走到桌前，將香插在香爐裡，再抽三枝到門外唸咒語後插在爐裏，如此的一連七次，然後坐在椅子上，微合着眼，似在凝思一會，呵欠來了，接着兩個三個，×先生神情古怪，姿態異常了，伊在地下只是匍匐叩頭。

「妳家本年建造屋子，壓了太歲的頭，他已控准張玉皇，又有男女兩個寃魂纏繞，必要致妳兒子死地，是不易拯救的了。」

（未完）

春又歸來

——時令漫筆之一——

冰片

春，又歸來了。

春，披着綠色的輕紗，悄悄地歸來了。

鳥兒弄着嘹亮的歌喉，唱着妙麗的樂曲——天真的，活潑的，好像嬰兒的笑靨；淒涼的，婉轉的，正如嫠婦的夜哭；湍急的，洶湧的，彷彿江水的奔流，縹渺的，輕鬆的，恰似風吹的柳絮。

在這聲調抑揚的音樂中，楊柳扭動了苗條的纖腰，按着這音樂的節奏，飄飄地迎風起舞，婀娜的姿態，楚楚動人。

住在水國裏的魚兒，穿梭般上下往來的游泳。於是，平靜的水面，起了一層微微地漣漪，彷彿嫣然的笑容。

……………

他們——鳥，楊柳，魚……………——各自表演着各自的絕技，在這宇宙的大舞臺上，以迎春的來歸。

於是，慈愛的春，嫣然的微笑了，在擁抱着他們，狂吻着他們，給他們以「光」和「熱」，給他們以慈祥的「愛」給他們以「生命之力」。

他們在這慈愛的春的柔懷裏，更游，歌，舞得起勁了。他們爲春祈禱，爲春祝福，希冀這慈愛的春，永恆的留在人間。

通信欄

榮培兄：

雨廬，雲章二君所討論世界文庫的價值的信，和你的信，中間雖然主張不同，可是因爲你們的立場相異了，所以才有見仁見智的差別。我的主張是研究文學，不是漫駡。無論是站在讀者的經濟關係上，和站在作者的文藝技巧上，只要說得是合理的，我都表同情！

至于我參加的一封信，并不是否認世界文庫中文章都是沒有價值的。我是說他這樣整個的分段抄書，太覺無味了。至於中間的所有的書，當然大多數是有數的文字。你所舉的例，和意見，我可以接受補充。

雲章　四，二九

編輯室的廣播電台

——雲章——

冰片先生：

一，漫談欄中文字，以後可依照尊意選稿，但不得已時，亦不能因其過長拚棄。

二，本刊本來是容納常識的。在稿例的第一條上就說「本刊內容分科學常識……………等」所以我們設常識，欄，如放在末尾，也有不合式的地方。這點請你原諒！

三，長篇論文的在新聞欄內另闢專欄問題，須候社長還社後，再作答覆。

四，排版問題，以後當指導手民改良。

努力

敬祝

雲章　四，二九。

一，本社稿紙，每月初間寄發各投稿者一次，現在還有多數作者，不知通訊地址，請速告知本社，以便寄發稿紙。

二，本社寄贈作者的報紙，現在尚未普遍，如有尚未收到贈報者，亦請告知。

四，二十九。

縣黨部無綫電收音室開放節目

五月一日　星期五

八，一〇　西樂
八，三〇　新聞
一一，三〇　平劇警策語報時氣象商情
十八，〇〇　樂隊奏樂
一九　〇〇　平劇　杜麗雲徐碧雲貫大元郭仲衡
　　　合唱　蘆花河
一九，三〇　兒童教育
二〇，〇〇　報時氣象水位簡明新聞
二一，三五　預報明日節目
二一，四〇　新聞
二二，二〇　平劇及國樂

小朋友

第二七〇期

本副刊以介紹小朋友的作品爲宗旨
本副刊全係公開歡迎投稿
本副刊編輯部對來稿有刪改權
本副刊編輯部對來稿如不登載概不退還
本副刊編輯部設豐報社內

研究

華山的研究（續）

華山小學　尹建寅

三、我們研究的要項

（一）華山的位置——在豐縣城東南三十里第七區華山鎮

（二）華山的形勢——華山共有三座小山，1.華山2,嵐山3、駝山，總稱華山，華山，嵐山合稱前山，駝山又名龜山，或稱後山，華山高三百餘尺，晝壁屏列：奇石插雲，嵐山山頂，巨石縱橫，有若怪獸，駝山形狀像龜，故又名龜山。

（三）華山的岩石，——大部分是火成岩中的花崗岩（花崗岩是雲母長石石英合成的，據巳開鑿的嵐山可以知道）惟華山的上層，石質鬆軟作層層片狀，又似乎是經過水的積壓了。至於岩石的顏色，那眞是複雜極了，有紅的，有黑的，有黃的，有紫的，有白的有青的……有各種淺淺深深不同的色彩，並有樹影的美麗的岩石。

（四）華山的勝跡——相傳有華山八景，但至今已竟湮沒不存者，茲舉其要：

1,松巖滴翠——在華山前麓，懸崖石縫中，有古柏三株，老幹虬緊，枝葉蒼翠，蟠根突兀，下臨小池，眞是奇景。

2,盤石住月——從松巖滴翠而上：便有一片大石盤亙在山腰中，晚上坐在上面望明月東升，頗饒風趣。

3、臥石觀雲——在嵐山之巔，是許多巨石堆成，旁邊並有許多大石，如獅如虎的蜷伏着，我們倘使臥在平滑的大石上，仰觀天上靄靄的白雲，也非常有趣。

4,秦溝——就是華山和嵐山中間一道低窪的山地，相傳秦始皇曾經從這裡走過，現在卻是由山東到山西的捷徑了。

5,雷峯插天——據說在臥石觀雲西北，巨石矗立，好像塔石，不過現在已被無知的石匠破壞了。

6.巖洞——據明朝萬恭記華山（碑在嵐山上）上說華山的巖洞有三：一叫歸雲洞，一叫偃月洞，一叫來薰洞，不過現在都已湮沒無跡了，以上八處，據云爲華山八景。

7華清泉——在華山西麓，這泉水從石縫裏流出來，泉水很清，以前無人注意，經我們發現後，始在那裡砌了一個方池，給他起了這樣一個名子。

8,飛來石——也在華山的西面，有一塊大石頭，立在一塊很小的石頭上，看來是很危險的樣子，我們名他爲飛來石。

（五）華山的特產

（甲）植物

1、蒙山茶——各座小山上都有，可以焙製茶葉，味道也很清香，不過因爲無人保護，現在巳不很多了。

2,大黃——葉很大，掌狀淺裂，是多年生草，根爲藥材。

3,地黃根——花漏斗狀，葉上有毛茸，花的顏色，有黃，有紫，有深紅，有淺紅，每逢春天，開滿山坡，非常美麗，根可供藥用。

4,臭梧桐——叢生華山石縫中，葉橢圓形，花淺紅色，有香，久嗅之，則有臭氣，此種植物，除華山外，並不多見。

5,山棗——生在駝山之上，山棗叢生，棗小而核大，味酸，倘用好棗苗加以接木，則數年之後，當有很多的收入。

6,瓜蔞——蔓生石縫中，葉狹長而光滑，莖匍匐，果實橢圓形，成熟時爲黃色，其仁及皮，可爲藥用，根可製澱粉。

7,石衣——是一種隱花植物，不開花不結果，生于石上，色青綠，可爲染料。

8,薺菜——滿山都是，葉羽狀分裂，嫩時可供食用，老後開花，花四瓣色白，果實是扁平三角形。

9,香菇——雨後滿山都是，形狀如耳，土名雞蛋皮，可供食用。

（乙）動物

1,鳳蝶——是蝴蝶中最美麗的，春夏秋三季常蹁躚花叢中，體長寸許，翅很大，後翅有一部分突出，爲尾狀，俗稱梁山伯，黃翅的叫祝英台，我們採到的，非常之多。

2,山貓——形似貓，性很猛，毛黃色，有斑紋。

3,鴟鴞——晝潛山洞中，夜出尋食，鳴聲很逆耳。

4,蝙蝠——喜居黑暗地方，晝伏山洞中，薄暮始飛出。

5,兔子——藏于山洞中，顏色土黃。

6,蛇——體爲圓筒狀，有鱗紋透明的表皮，常常蛻皮，常見的都是無毒蛇。

7,蝸牛——華山上的蝸牛很大，每逢陰雨之後，常背殼而出。

8、鼬鼠——俗名黃鼠狼，善拉雞，會放出惡臭，使人難耐，其毛可製筆。

（丙）鑛物

1,赭石——產於石上，爲天然顏材，可供繪畫之用，顏色也很鮮明。

2,土黃——色土黃，也可用爲顏料。

3,黏土——山上黏土黏性很大，製能器物，乾後非常堅固。

4.鐵鑛，顏色棕赤，或作黑色，可以鍊鐵。

5,火石——華山的巖石，有一部分可用爲火石，用鐵或銅一擊，便有火星冒出，借以生火，在從前沒有發明火柴的時候，也是一種重要的東西啊！

創作

雨中的我

宋小　黃斌

這幾天霏霏的春雨，歷潤了一切生物，老天的晦暗，使我的心境，漸漸的變成狹窄，這意外又平添了不少的愁悶。

我心中很感不安，覺得有無限的難過，要哭，沒有眼淚。要說，無從說起，在這種情形之下，忽然想起一陣酸心的國事來了啊，隱隱約約的似乎聽見關外飄來一陣哀慘的殺敵聲，與敵人的飛機聲，隨着風聲雨聲傳了過來；同時，股血的腥氣，刺入鼻孔，啊！這是中華國魂的復活，人心未死的表現吧？不然，東北四省淪亡了已經五年，爲什麼還有一片殺聲，刺鼻的血腥呢？隱約地又聽得邊關同胞的哀聲，和敵人殘暴的槍聲，啊！我知道了，原是東北的民衆，不堪鐵蹄之踐踏，在起來作最[illegible]？

青年們！莫要在這佳節和你們的伴侶，消磨春光，青年們！再不要渡那小姐少爺的生活了，再也不要渡那美滿團聚的生活了，你們難道忘了關外的同胞在受苦嗎？他們簡直過的是非人生活，他們再不能在這色情狂愛的景況中，再不能在粉紅色的春夢中了，你們莫要像往年的醉狂似的盡情享樂吧！你想倭寇侵襲，邊關破壞，河山失守，人民塗炭，在這國家存亡之秋，那有閒工夫去遊蕩自在呢，看呀！關外死尸積山了，血流成河了，難道我們就能袖手旁觀嗎？國難當前，我們就能忍心貪戀春色嗎？

同胞們！趁此春光明媚，鼓起我們的勇氣，像春一般的有生氣，像春一般的奮鬥努力吧！

夕陽西下的時候

文小　李蔚森

夕陽漸漸的落了，西方一抹晚霞，映照着太空。

這時我在一條大堤旁散步着，我不自由的走上了堤，堤上沒有鮮豔的花草。有的是塵土與飛沙的瀰漫。

堤上有一個乞兒，在地上坐着，癡呆的望着將歸西國的夕陽。

一羣遊春的孩子們，從東面來了，這些孩子，都穿着黑色的服裝，剪着新式的平頭，他們的態度是天真的，脚步是輕快的，他們欣賞着美景，不知什討論着些什麼。

他們漸漸的走近乞兒的身旁。

乞兒這時似乎在羨慕着這羣孩子，心裏驟然快樂與悲哀交集。想到自己在幼年時，也是同他們一樣的快樂呀！悲哀的就是再得不到過那童年的天眞爛漫的生活。又想到自己的身世，就抽咽起來。

夕陽已沉入大地，這時堤上靜靜的，沒有人聲，亦沒有鳥語，只有乞兒的啜泣聲，打破了這裏的岑寂。

鴉片歌

李大莊初小三年級 李宗舜

一，頭頂牆，脚登空，臉前放着照尸燈，嘴裏啣着烟槍管，傾家蕩產在此中。

二，鋪狗皮，枕磚頭，雞蛋殼裏點豆油，噴雲吐霧樂無比，亡國滅種烟斗裏。

戒煙歌

李大莊初小四年級 李宗昌

鴉片煙，是毒物，十人染上九人苦，身體弱，精神靡，損失金錢壞名譽。一生事，耽過去，自己人格不能提。失妻子，拋兒女，落魄無所依，志氣消，豪氣失，親戚朋友疾笑你，府裡捉，區裏拘，形如漏網魚。一朝間，捉了去，脚鐐手梏全試試。到那時，烟癮來，艱艱窘窘過了去。三星期，出烟所，吃的肥胖精神發。回想起，戒斷難，自己不由心悲酸，費金錢，沒幾何，數年烟癮全戒絕。烟戒絕，身體强，自己造福自己享，經濟裕，元氣復，又與家庭造幸福，百事吉，造福社會不用提。烟戒後，身體康，造福民族量無疆。

介紹

木偶奇遇記（續）

意大利卡羅勞倫西尼著 朱宜生譯

品諾巧跑到近前的時候，看見這個兵士攔着他的去路，就想乘他不備，從他的兩腿中間穿過去，可是他沒有失敗了。

這個兵士也沒有移動一下，就捉了木偶的鼻子。——這鼻子長得又大又怪，好像生來專給兵士捉他用的一般——把他交給機柏托。機柏托想提着他的耳朵，訓斥他一番。可是他覺找不到他的耳朵。你們明白這個緣故嗎？原來 剛才因爲急於做成這個品諾巧，他忘記給他裝耳朵了。

機柏托就抓住他的頭頸，預備把他帶回家去。這時，他搖着木偶的頭，向他說道：

『我們這就回家去了，到家我再給你算賬！』

品諾巧被這話嚇住了，就連忙躺在地上，不願走一步了。這個時候，那許多好奇的人和遊蕩的人都聚攏來把他們圍着。

這些人都紛紛議論着。

『可憐的木偶！』其中有一個人說。『他不回家是不錯的，誰知回到家後那個老機柏托將怎樣毒打他啊！……』

於是其餘的人接着惡意地說道：

『機柏託外貌雖然很和善，其實他對于孩子們却是一個殘暴的人呵！如果這個可憐的木偶被他帶回去 他一定要把他打成粉碎了』

他們全這樣吵鬧着，那個兵士不得不放了品諾巧，讓他自由，反而把這個可憐的機柏托送去關在牢裏了。

這個可憐的老頭說不出一句辯護的話來，儘是哭着，哭得好像牛叫。等他被帶到牢裏了，他才嗚咽的說出：

『可惡的孩子！我辛辛苦苦的做成了這樣一個好木偶，這是我的報應！我預先就該想到這層的：……』

以後怎樣呢？這眞是一個奇怪的不可思議的故事。在下面幾章裏，我就要告訴你們了。

第四章

孩子們，現在我要告訴你們，當這位可憐的機柏託沒有一點罪而被帶到牢裡去的時候，那個頑皮的品諾巧從兵士的手中得了自由，就拚命的快跑。因爲他想早點到家，所以就一直向田裡跑去（從田裡跑離家近點，可以早點到家）在他匆匆忙忙奔馳的時候，跳過高的土堆，跳過荊棘的籬笆，跳過滿水的河溝，好像一個小山羊或是一個小野兔被獵人在後面追趕着。

當他走到屋子前面的時候，他看見那扇靠街的門半掩着。他把它推開，走進屋子，又緊緊的把門門上。他就往地上一躺，很高興的喘了一口長氣。

然而他高興沒有多久，他聽見有人在屋裏叫着——『唧唧——唧唧——唧唧——』

『誰和我說話？』品諾巧吃了一驚。

『是我啊！』

品諾巧向四週一望，看見一隻大蟋蟀在牆上慢慢的爬着。

『告訴我，蟋蟀，你是誰呢？』

『我是能言的蟋蟀，我住在這個屋子裡一百多年了。』

『可，現在這屋子是我的。』木偶說。『假若你要討我的好的話，那麼，請你也不要轉彎，一直離開這屋子吧。』

『我不打算離開這裏，』蟋蟀回答。『且等我講一段眞理給你聽吧。』

『好吧，快講給我聽。』

『孩子們背叛他的父母，愚蠢地從家裏逃走，一定要遭遇到禍患。他們將永遠做不出好事來 遲早他們總有懊悔的一天的。』

『唱下去吧，蟋蟀，只要你高興，你想唱到早晚就唱到早晚。可是我決意在明天天亮的時候，就要離開這裏了。因爲我如果留在這裏，我一定要遇到一切孩子們所遇到的事情了。我一定被逼到學校裡去，被逼着讀書。說句實話，我一點也不願意讀書，我喜歡追撲蝴蝶，或者到樹上去摸鳥窠裏的小鳥。』

『可憐的小蠢貨呵！你不知道你這樣做就會變成一個驢子，人人都要拿你來開玩笑嗎？』

『住嘴！你這個不吉利的小蟋蟀！』品諾巧喊。

然而這個蟋蟀是個有耐性的哲學家，聽了這句無禮的話，一點也不生氣，仍用原來的聲調繼續說道：

『你如果不願意進學校，你就不能學一點生意，來老老實實的賺一點麵包嗎？』

『你教我告訴你嗎？』品諾巧有點忍耐不着，幾乎要發怒了。『世界上的生意僅有一種是合我的皮氣的。』

『那是什麼生意呢？』

『那就是吃，喝，睡，玩，並且整天過着流浪的生活。』

能言蟋蟀仍保持着原來的安靜態度，說道：『過這種生活的人，結果常常住居在醫院裡或牢獄裡。』

『留神，你這個不吉利的預言者！……我一動怒，你就要倒霉的：……。』

『可憐的品諾巧！我眞可憐你：……』

『爲什麼可憐我？』

『因爲你是一個木偶，更糟的是你還有一個木頭。』

聽到這話，氣得怒氣冲天，從長凳上拿起一個木錘照蟋蟀擲去。

大概他起初沒有打死這個蟋蟀的意思，可是不幸的很，那錘正打在它的頭上，所以那個蟋蟀僅唧唧了幾聲，就死挺挺躺在牆上了。

第四章完

編輯消息

一，送各學校小朋友的稿紙，在五月五日以前，可以到達。請各校小朋友們向你們的先生那裏去領吧

二，劉耀東君，你的歷史小常識，還有稿子麼，請你快點送來

紅燈

警策語

看了近日報紙上所載的意大利侵亞捷報，可知阿比西尼亞的大勢已去了，可是我們決不可看輕亞國，他微弱的力量，能夠和最現代化的意國陸軍抗戰半年以上，已算難得，而其始終不餒的抗敵精神，更值得我們景仰。

民族間的深仇宿恨，決不是殺人利器所能消滅的。亞國民族具此抗戰精神，卽使滅亡，誰能說將來沒有復興的機會？目前的現象只是歷史中的一片段，不一定是歷史上的定局。只要亞人努力奮鬥，前途一定還有希望。

我們對外問題，無論其演到如何地步，我們不可絕望，目前的情形決不是定局，也許要幾十年纔可獲得澈底解決，只要我們作長時期的鬥爭，一定不會亡國。

縣黨部無綫電收音室開放節目

五月 日 星期六

八，一〇 國樂

八，三〇 新聞

一一，三〇 平劇警策語報時氣象商情

十八，〇〇 詞彈

一九，〇〇 崐曲 附報氣象水位

一九，三〇 演講

二一，三五 預報明日節目

二一，四〇 新聞

二二，二〇 轉播本京戲院平劇

豐中週刊
第二七期
本刊每星期六出版

談話

感情和是非

我們處人處事　應當注重感情呢還是應當注重是非呢？

有許多人甚重感情，朋友有求於他時，他無不忠心協助，所以我們常稱此種人爲「老好好」，這種人很值得敬佩。但是這種人常會助惡作歹，因爲他囿於感情不能拒絕非理之慫恿和懇求。

又有許多人，甚重是非，毫厘必辨，任何事件，必求一個青紅皂白的解決，這種人能使事事認眞，班班清楚，是現代不可缺少的人，所以也很值得我們的贊許。但是他常會增進人們刻薄的心理，由爭小的是非而釀成大的錯誤，因爲他太拘泥於是非而不能原諒他人。

人是感情的動物，人之所以異於其他動物的，也就是由於有豐富的感情。家庭中，朋友間，社會上，若非有感情的維繫，世界馬時便要變做個冷酷的世界。親愛的人類，馬時便會變成功各不相關的獸羣，所以我們應當注重感情。但是社會事件繁多，人類關係複雜，若無是非的規定，應否的分辨，事實上社會亦必不可維持，所以我們也要注重是非。既然感情是非都要注重而又有時會互相矛盾，那末，必有人問，究應怎樣重感情，怎樣重是非呢？在我以爲應依照下列的原則：(一)假若這事件僅關係個人的利害時，你便應注重感情。你要抱着「人非聖賢孰能無過」及「小小是非，無大關係」的態度去原諒人，去原諒事，抱着「爲人謀而不忠乎」「鞠躬盡瘁死而後已」及「勿以善小而不爲」之精神去助人去盡職。這樣才是有用之感情。(二)假若這事件是於別人或公衆有利害關係的，你便應注重是非你要抱着「勿以惡小而爲之」「錙珠計較」的態度去審愼自已的行爲，辨別事件之是非。這樣才不至流於刻薄，才不至助歹爲惡，才足以矯正弊端而有利於大衆。

「老好好」「無所不可」的人們，你們要愼重，不要助人爲惡！「是非必辯，毫厘必爭」的人們，你們莫要流於刻薄，你們要注重關係共衆利害的是非。

記載

十三次　總理紀念週

四月廿七日在本校禮堂舉行第十三次　總理紀念週，由校長領導行禮如儀後，報告如次：

這是本校本學期第十三次的　總理紀念週。本學期——一共二十一週，現在已過去——一大半。回想過去的情形，有幾點值得報告的：

一，服從　學生的服從精神，是與時俱進的振作，如各項嚴格考試，都是竭誠接受；各項嚴格訓練，都是竭誠擁護；他如學生對學校有所請求，一經學校審議決定，均能絕對遵守。絕無時下散漫隨便之惡習，這種精神，在童子軍教育上，有他很高的價值，我們做得到，是我們全體師生應引爲快慰的。

二，禮節　學生都很重視禮節，已養成有禮貌的習慣。如上課下課，都很正重的實行，又如升降旗禮，沒一人不是誠心敬意的，路上遇見師長，也是如此。這一項好在何處呢？並非受禮之人榮耀，是表現着我們的學生已養成禮節的習慣。這個，雖沒有像「服從精神」做得圓滿，也只是遺憾在很少數的學生啦。我們全體師生，也是以引爲快慰的一點。

三，誠實　有好多的學生，使我得了深刻的印像，就是「誠實」的表現。這是在處罰犯過的學生的時候得到的，他們幾乎是明知道說實話是要受責罰的，但是甯願受責罰也要說實話。還有拾了東西，交給童子軍團部，及師長有所詢問，都盡量地回答，所可惜的是少數不誠實的學生，他們想避過他的過而說謊，他不知道說謊有損於一個青年的價值人格有甚於犯一次過！學校當然很重注地處罰他。

以上三點，是童子軍規律的三條，大家都能做得到，或是多數能做得到，這確是值得我們全體師生快慰的。希望能做到的學生，在中小隊長領導之下　更加奮勉，那少數不能做到的學生，更要加倍努力。

「準備」是童子軍三項銘言之一。一個童子軍隊員（即任何一個青年學生）想着求他知識道德體格之健全，將來到社會上做個有價值的人，那必須在現在做到「正常的準備」工作。在準備工作上，最怕的是忽作忽停及傾向畸形發展，忽視一般訓練。本校學生有好多犯了這個毛病！在實際上觀察，是年級愈高，人愈多。知道這「準備」決不該隨着某一個學習階段而變更。大家都讀過「最後一課」那篇小說，教法文的教師與他的學生，雖學到最後一課法文——以後在異國統治之下，永不再學這科目啦，但是他們還是一字不苟地學，而且比平素還認眞還努力。我們要認爲這種精神對的話，就知道我們不能保持「正常的學習態度」是錯誤了。還有明朝方孝儒，大家知道的，他臨死於　次政變時殉國，他在死的前一天，還料理家政，井井有條，絕不因爲他的將死，而改變他生活的常態。現在看我們，讀書到了一個階段　便變了讀書精神及態度，我們能對麼？開學時鬆，放學時鬆，初上學時鬆，畢業時又鬆（就一般訓練言）我們的學習時間還有幾何呢？所以我們要確切地注重這一點，保持我們「正常的準備態度及學習精神」。（餘略）

○　○　○

本校消息

一、本月二十五日教導會議議決要案如左：

1，學生以穿草綠色之制服及童子軍服爲原則，缺少者暫穿短裝，督促製備。

2，推張信齋陳雪樓蔣傳溥先生負責更換佈置成績室。

3，本月十六日舉行運動會推李貞乾先生爲會長，張信齋先生爲副會長兼田賽裁判長，劉爾紋先生朱翼曾先生總裁判兼發令員，陳雪樓李子異孫裕澄蔣傳溥先生徑賽裁判長，先生終點裁判員，孫書平陳雪樓先生丈量員，監境濂先生紀錄員。

二，本刊編輯孫書平先生因要事旋里，下星期可返校。

研究

談研究（續）

（轉載）　愷悌

一般人說，研究院的人們，清閒的很，會見面就問，你有什麼發明？神話似的問一問。還有抱非笑的態度，譬如說氣象報告　常受報紙的批評　這種種誤解，應該要革除。我們知道，研究的目的　只是爲眞理，『不問收穫，只問苗耘』：結果也許於人們有用　但是我們不是爲有用而研究！舉一個最近的例子，現在研究物質，有一部分物理學者研究原子核。要知道原子核的內容，看是看不見，問也問不應，所以現在用轟炸原子的辦法，到底看有什麼東西可也打出來。原子很小，所以用的炮彈也很小，像　原子核，a質子，中和子等等，打出來的東西，很是好玩，這是眞理的研究！然而最近又有人用重○核打鈉原子，可以變成一種人造的放射物質，有極強的γ射綫，比用鐳便宜的多，現在正研究着，預料在醫學上有重大的用處，因爲來源很經濟　窮人可以用的起　造福人類又豈物理學家所能想到！同時近代結晶學的研究，把原子排列，和材料强弱，物體性質弄的異常清楚，預料將來，我們的衣服，日用品，以及其他　切和衣食住行有關係的，都可以按需要而排起原子來！

庇護研究而說研究的重要，不容易得人同情　哲人如法拉第，當他在英國皇家學院表演電磁感應現象時，尚有貴婦人問他『這有什麼用處』，他不慌不忙的說『太太你生孩子作什麼用』。

正如我們不知道所生的是敗子，是孝子。每一個新發現，不知道是造福人類，還是毀滅文明，然而發明的人是爲眞理！

我們在這時代立國再不能落人後了，所以我們的研究機關，負了更重的使命，而研究機關的設立和擴充更是刻不容緩的！

康甫登(Compton)博士最近對美國政府發表一篇報告，他的話很可以供我們參考的，他說：『我願意對政府計劃作一個批評，我覺得在政府的計劃中，因爲牠忽略科學工作，所以顯出缺乏平衡和欣賞相對的價值。如果同別的國家比一下，就更加明顯了！

『俄國看見科學在別的國家可以提高人民生活程度，所以把她的整個經濟計劃建造在科學上。她利用彼得大帝所創立的科學研究院作計劃的主腦。在此之下，成立二百多個研究所，所以她在這方面每年預算比較任何軍事和國防的預算都大。她的科學實驗室在世界上已是首屈一指了。她雖然缺乏有經驗的專家，然而已產生了不少第一流的工作，她已有極完美訓練研究人材的組織。（未完）

讀書救國

寫作 呂建鼎

一個強盛的國家，必有一個組織堅固的團體。這個堅固團體的組織，必要包含着些知識份子。由此可知知識份子實是民族圖存國家強盛的必要條件，欲有大量的知識份子，惟一的方法只有讀書。

我國之所以衰弱到不堪的地步，其最大的原因，就是由於自己不能團結，只知自私自利，毫無國家民族的觀念。以致遭外人的侵略土地被外人一割再割，幾乎亡國。人民已被陷入非常悲慘況中去過生活。

在這國運危急，民命倒懸的今日，欲想突破危難，求得民族的生存，國家的存在，最完善的方法，就是讀書，因爲讀書的人，能瞭然於世界的大勢，知道民族的危險，由之養成他的國家觀念，去喚醒大家，團結起來，一致反抗侵略者。

在學校讀書的時候，能訓練得一般青年學子，脫掉懦弱的積病，變爲勇往直前的精神，改去自私自利的惡習，變成急公好義的美德，一切課外活動 又能訓練服從的心理，高尚的品格，健全的身體 校內的各種組織，能練習做事服務的能力，慣於團體的生活。再如校內的勞動服務，能使人漸漸的重視勞動，從事於生產，以期能自己獨立生活。待訓練後，每個人藝術化，生產化，軍事化後，他的生活自然高尚，自然富足，自然鞏固；所以欲民族成一個堅固的團體，讀書實是唯一無二的方法。

就如冀察的僞組織，所引起來的，只有一班讀書人的反對，遊行，示威，到處講演，說明冀察僞組織與我國的不利。雖然他們受到水龍的噴射，槍彈的轟擊，木棒大刀的亂打亂砍，有的受到了重傷，流出鮮紅沸騰的熱血，有的死在槍刀之下，但他們還做他們的救國工作，高呼着：「我們只有我們最後的一口氣，還是不停止我們的運動。」由此看來讀書的人大多數却有爲國效死的精神。由此更知讀書救國更其重要了。

如果，我國人民都能受到相當的教育，讀過許多的書，雖國家危險到萬分，就是亡了，再謀獨立，也是十分容易的事。

○ ○ ○

露營之夜

孫岫雲

我們到華山的第一天，從上午十點鐘一直到晚上，「席不暇暖」的奔跑；幾乎把整個的華山如解剖似的細細觀察了一遍，我們的確疲乏了。

晚飯後我們還想再到野外的麥田裏去玩玩，但那一羣羣的烏鴉（因爲我們住的地方，靠近許多的楊樹。）已由遠處飛來，到巢中去休息了。那血紅的太陽，雖已落下，但還留下火般的光芒，噴射到宇宙間，是在告訴我們天快黑了。我們只好回到帳幕裡。

天的確是黑了，一團團的黑氣逼人，實在令人可怕！這時除了我們團部的一個提燈和同學們的電燈外，別的一點光也沒有了，更顯得我們帳幕周圍的黑暗。

各隊的同學都說睡不開，擠得很，我們也是如此，但只好將就一點睡下去。息燈號吹過之後，說話聲驟然停止了，只有鼾呼的聲音，大概是因爲疲乏了吧！除了這聲音之外，宇宙間如死的一樣。但我此時還沒有睡着，抬頭看看天空，見那一顆顆明晶的小星，直射到我們的帳幕，我竟不知何時才入了夢鄉。

「……四，五，六，七，八，九，十。」是守衛報數的聲音，把我從夢中驚醒，頓時把死般的寂寞衝破。

「……十八，十九，二十！」又是一次的喊叫，這是守衛的連續的報數。（使外人疑惑我們守衛的人多。）

「那有這些人？」一位被驚醒的同學這樣說。

我又沉入了夢鄉，大地仍舊和死的一樣。

「起吧！起吧，該站崗啦！快點！」一位同學呼喊說。

「天剛黑 那能就輪到咱啦？」一位同學還正在睡得甜的時候，被他們 吵，很不願意的說。

眞的到時間了，於是我便起來披上大衣，走上崗位，老師同工友們仍舊巡遊着，我們並不害怕。

南方一個紅燈 跳跳的自東而西。我們看不出是否是一個人，還是一個燐火，此時我有些發抖，但並不做聲，他在那裏轉一個圈，便又回到東邊去了。被房屋遮着看不見了。

我雖在黑暗中，但並不感覺討厭，因爲我能看到夜的祕密。我在放大了眼睛，讓那夜中的一切景像，從我的眼中溜過時，忽然聽到啞！啞！的叫聲及拍……拍……拍……拍翼的聲音，回頭看時，才知道是同學用手電照的烏鴉。我很想說，不要驚醒他們的甜夢，但也沒有出口。

晨光曦微，天已漸漸的明了。

「您是第幾班？」一位同學還沒有起來，這樣的問我們。

「末了的一班！」

「天明了沒有？」

「明啦！」

「我今天醒了兩次，一次是熱醒的，一次是凍醒的。」一位同學從帳幕裏出來說。

又有的同學說！許多在帳幕裏鬧的許多笑話，不禁使我大笑。

是夜同學雖然沒有得到平安的熟睡，但大家都非常高興。非常感覺到有趣味。

警策語

俄蒙訂結互助協定後，日俄兩國衝突愈見尖銳，不幸在我國領土以內，彼方尚未開戰，我國已受了夾攻，絕對不容許我們袖手旁觀，坐收漁人之利，而力量又不足貫徹自主的立場，這局面是最感苦悶的，但要努力打破這局面方好。

俄蒙協定的成立，表面上雖是含有對日威脅與戒備意味，可是蘇俄這種行爲，又不啻對中俄邦交恢復後的中國踢了一脚，將民國十三年的中蘇協定否認，中國在外蒙主權被他抹殺。影響到中國，比日本更加嚴重，我們不可錯認爲有利於我而甘心讓步的。

縣黨部無綫電收音室開放節目

五月三日 星期日

一一，〇〇 歌曲
一一，一五 科學新聞
一二，〇五 平劇
一二，三五 樂隊奏樂
一九，〇〇 平劇 露蘭春劉鴻聲合唱斬黃袍 荀慧生馬富祿合唱探親家
二〇，〇〇 報時氣象水位閩粵樂曲
二〇，三五 廣州語一週大事述評
二一，二五 預報明日節目
二一，三〇 新聞

五月四日 星期一

八，一〇 西樂
八，三〇 新聞
一一，三〇 平劇警策語報時氣象商情
十八，〇〇 樂隊奏樂
一九 〇〇 平劇 陳德霖姜妙香高慶奎 合唱孝感天
一九，三〇 兒童教育
二〇，〇〇 報時氣象簡明新聞
二〇，一〇 時事述評 關於國際問題
二一，三五 預報明日節目
二一，四〇 新聞
二二，二〇 平劇及國樂

中華民國二十五年五月四日　豐報　（星期一）　第一版

豐報

第一〇七七號
社址豐縣大同街
中宣會登記證中字第一二九二號 內政部登記證警字第二二三〇號
中華郵政特准掛號認爲新聞紙類
今日一張半　售洋一分四厘

本報價目

本報每份每月大洋三角外埠每月大洋四角郵費在內 費須先惠 空函不覆

廣告刊例

本報廣告以方寸計算每方寸以市尺長寬各一寸計算

（新聞欄）每日三方寸三天起碼每日每方寸一角二分

（封面）每日三方寸二天起碼每日每方寸一角

（普通）每日三方寸二天起碼每日每方寸八分

登二日以上九折六日以上八折八日以上七折十日以上六折常期面議

豐縣農工銀行啓事

啓者本行存儲小麥業經監理委員會決議按現市最底價目每市斗六角七分作價限期至多六個月利率月息一分五厘用殷實店保本縣合作社及工商各界辦法出借凡欲借用者請於五月一日至五月十五日來行接洽此啓

徐州農民銀行通告

查豐縣第二區蕭莊鄉蕭堰鄉徐樓鄉第三區鞏橋鄉路莊鄉等借款聯合會曾借本行款項逾期已久迄未清結一再催追置若罔聞其或因水災影響無力償還情尚可原聞亦有狡猾者流從中把持需知此種省欵決不容私人侵佔爲特通告上開各借款聯合會負責代表於二十天內就近赴本行豐縣辦事處接洽如果實欠在民當可商轉期辦法如係私人侵用定當提縣押追決不寬貸特此通告

本社營業部啓事

本縣各機關均鑒：

蒙訂印之現銀日記簿，收支分類簿，請款書，領款四聯單，今已印就希卽遣人來取爲荷，此啓。

國民政府軍事委員會禁煙委員會總會警告種運售烟犯並勸誡吸烟領照戒烟通告

全國種烟、運烟、售烟、吸烟的人們呀！鴉片烟的末日快到了，中國受鴉片流毒，將近百年，吸鴉片煙的人，志氣頹廢，金錢消耗，至於種煙運烟售烟的更是昧良害人，近年蔣委員長嚴厲禁煙，已接受了中央政治會議決議任禁煙總監的兼職，頒布了很多法令 從民國二十四年起限定六年禁絕，腹地省份都已絕對禁種 邊遠省份如四川、雲南，貴州，陝西，甘肅，寧夏等處，也劃定了許多縣份自二十四年秋冬起 禁止種烟，以後種烟的縣份，逐年遞減，產煙就逐年減少，限到二十八年秋冬，就一律不准再種，這三四年中，雅片烟的來源日少，就是這一年減少一年的產土，也要實行統制，嚴禁私運、私售 祇准年老疾病不能驟戒，領有限期戒煙執照的烟民 暫時憑照購吸，沒有領照的就沒有烟購，一切私種，私運，私售 私吸的 都要辦罪，已於上年頒行的禁烟治罪暫行條例，定得明明白白。這條例有二十多條，早已由政府公佈過了，恐怕大家不甚注意，今再簡單的錄了幾條出來：

（一）已禁種鴉片煙的地方，再行偷種的，處死刑，無期徒刑，或十年以上有期徒刑，並沒收其財產。

（二）私運私售本國的烟土在五百兩以上者，處死刑，在五百兩以下者，處無期徒刑，或三年以上有期徒刑，及併科三千元以下罰金 若私運私售本國的烟種，處一年以上七年以下有期徒刑得併科一千元以下罰金，倘自外國私運烟土或烟種入口，或由本國私運出口者，處死刑無期徒刑，或十年以上有期徒刑。得併科五千元以下罰金，並沒收其財產。

（三）私開烟館營利的 處無期徒刑，或五年以上有期徒刑 得併科三千元以下罰金，並沒收其財產、雖沒有開設多數舖位的烟館，但利用限期戒烟執照供人私吸營利，處三年以上七年以下有期徒刑，得併科一千元以下罰金，若單是自己私吸鴉片的，也要處六月以上二年以下有期徒刑 得併科三百元以下罰金。有癮的，還要限期交醫勒令戒絕。凡私吸鴉片的，若是戒絕後再吸，就要處五年以上十年以下有期徒刑，得併科五千元以下罰金。再限期交醫勒令戒絕 三犯者，處死刑。

以上所定私種，私運，私售，私吸的罪名，這樣的嚴厲，奉勸種煙的，趕快改種食糧或棉花，運烟、售烟的，也趕快改營別業，何必私種，私運，私售，以身試法，後悔莫及呢？至於吸烟的人，最好是痛下决心，趕緊自行戒絕，脫離黑籍。恢復人格，各地方不少戒烟的醫院，有錢的出費不多，細錢的并可免費施戒，就是中藥戒烟經驗良方，也可以自製，自服，自戒，只要果有決心就不服藥也可以戒絕，倘實在因年老疾病，不能急急戒斷，也應該服從政府章程，登記領照，限期遵戒 要知政府禁烟，現行的限期戒烟辦法 眞是人道主義 特准煙民有逐年減吸，從容自脫的機會，但自上年舉辦烟民登記以來各省市烟民沒有登記領照的，還是不少。大概都是意存觀望 或圖省照費的緣故。吸煙人數和吸量統計，若是不能精確，則政府對於邊省減種鴉片，和運售的統制，也就沒有標準，整個禁烟計劃，更不能完成，這關係多麼重大，所以現又趕辦檢舉烟民登記，這次期限，最多只有三個月，要使區保團甲，快快檢舉，在檢舉期內，仍許從寬補行登記，暫不辦罪，若是力量貧乏的，儘可請貧民戒烟執照，奉勸烟民不要再觀望了，三個月最後的期限，轉瞬過去，就沒有登記的機會了，沒有執照再行私吸的，也就要實行辦罪了。若不在這時領照，除非是立即戒除，若不能立即戒除 必待從容漸戒，又何必有照不領，定要犯法呢？就是領了照的，也都要在最短期間 立志從容戒掉，萬不要等到官廳勸戒才好！政府禁烟，已抱定最大決心，對於邊省禁烟，都有一定限期，預定民國二十八年秋冬都可一律禁絕，在這三四年中，對於統制運售，嚴厲查緝 和檢舉烟民登記完畢，以後的限期禁烟都預定最嚴厲最有效的辦法，一步一步加緊，以後無照吸烟，絕對沒有私土可購 不要再想僥倖，到民國二十九年，不論種運售吸概要禁絕，倘若犯了上列的罪名，不但死者不可復生，就是無期徒刑，也要坐穿牢底，再如十年以上或三年五載的有期徒刑，和併科罰金，沒收財產等等，也儘夠受的了，一切種運售吸的人們，切勿因循自誤吧！

中華民國二十五年三月　日

鳴謝救濟院院長暨康牛二位醫師

犯人李朝章陳廣者劉勝佳等患臁瘡及胸部生瘡均甚沉重難治經救濟院康醫師牛醫師妙術割治眞是着手成春藥到病除並憐囚犯之困苦豁免手術費誠乃婆心濟世善念普及矣是以犯人等銘感無際用特登報鳴謝

豐縣監獄犯人　李朝章　陳廣者　劉勝佳　謹啓

中外要聞

立法院接開第五十九次會議
繼續審議國民大會代表選舉法
對山西等省選舉區劃分另有修正

▲中央社南京二日電 立法院今晨九時接開第四屆第五十九次會議、繼續審議國民大會代表選舉法案、到委員六十一人、主席孫科、祕書長梁寒操、並將憲法草案全文六十二條、及附表四種、照廿四人委員會審查報告修正通過、惟對附表關於各省選舉區域劃分問題、由張維漢王公達等各委員、對於山西冀南四川等省選舉區域之劃分、另有修正案提出、已由院會廿四人委員會另推舉起草該案初稿委員等五人審核、張王各委員所提修正案、要求內政部代表會商重加整理、然後將本案呈請國府公佈。

▲中央社上海三日電 孫科三日晨由京抵滬、據談、草憲決於五月五日公佈、國民大會組織法及代表選舉法、可同時公佈、此次憲草擬訂、歷時三年有半、擬稿共七次之多、各方所貢獻之意見、亦經一一採納、我國憲法特點、即為以三民主義立國、政府組織根據總理遺教、採取五權制度、至於憲法實施日期、則須待國民大會決定、國民大會十一月十二日當可如期召開。

閩浙邊匪遭痛擊後
損失甚重向附近大山中逃竄

▲中央社福州二日電 閩浙邊境勦匪軍事、自經軍事當局嚴密計劃、舉行大包勦以來、閩浙軍隊已按照預定計劃、積極推進、偽第七軍團因遭痛擊、由泰順一帶逃竄壽甯、保安隊第三團饒大隊長與第九師何督長迎頭擊敗後、損失甚重、該匪向附近大山中逃竄。

▲中央社福州三日電 綏靖公署以近來各縣散匪雖經各軍嚴切兜勦、漸漸肅清、但一般狡匪、仍多伏匿各處、此勦彼竄、不易撲滅、為澈底清勦計、特通令各縣區駐防軍、舉清勦散匪工作、定須加緊進行、無分界域、遇匪即勦、並飭各行政區保安司令部轉令各縣長、及所屬區保安隊壯丁隊、不論何時何地、遇見匪蹤、即行猝勦、勿俟報告上峯、以免誤事、而利戎機。

▲中央社漢口三日電 竄擾禮山夏店之殘匪、經我胡協南部痛勦後已逃竄、保安團正搜勦中、不難殲滅盡淨。

▲中央電榆林二日電 張學良乘機飛洛川督勦後、向宜川甘泉一帶推進搜勦、數日以來、進展甚速、殘匪迭遭擊潰。

中懲會懲戒兩縣長
一警察大隊長

▲中央社南京二日電 中央公務員懲戒委員會、今日發表懲戒案兩起、江西甯沂縣長沈朱因違法失職案、決議降級待敘、前任福州羅源縣長張漢良、警察隊長邢武、因違法失職、決議、張記過二次、邢降級改敘。

中央黨部招待
菲華僑經濟考查團
及暹中華中學觀光團

▲中央社南京三日電 中央黨部於昨日下午六時、在中政會議廳、招待菲律濱華僑經濟考查團。及暹羅華僑、由葉祕書長楚傖致歡迎詞後、即由菲華僑總領隊暹羅中華中學校長[illegible]後、並參觀國內影片、至九時始盡歡而散。

教部電令鄒魯
出席世界大學校長會議

▲中央社香港三日電 省訊、世界大學校長會議、定六月一日在倫敦舉行、鄒魯三日奉教育部電令、準備出席、粵各大學校長擬推鄒任領隊、鄒已籌裝準備出發。

整理運河計劃審查竣事
七月間分段施工

▲中央社天津三日電 全國水利工程界所研究之整理運河計劃、已由李儀祉等審查竣事、該項計劃預算工款需三千萬元、均請經濟委員會籌撥、聞將於本年秋季分段施工。

我參加世運足球代表隊
啓程出國

▲中央社上海二日電 我國參加世運足球代表隊、由總領隊顏成坤率領、乘決輪阿拉米司號、昨日下午四時離滬出國、一行二十人、除顏成坤外、隊長李惠堂隊員包家平等先行回港。在新加坡待輪同行、一行擬在南洋各埠作練習比賽三十場、於七月八日在印度孟買會同其他選手乘意輪赴意由意轉德、出席大會、至於陣線在南洋比賽後始能排定。

▲中央社柏林一日電 此間中國大使館宣佈中國決派考試院院長戴季陶參加柏林第十一屆奧林運動大會、此間聞之、頗感滿意、蓋戴氏不僅是政治家、且係一般文化及哲學著名學者、中國政府派其負此使命、足見對於世界運動大會之注視。

翁文灝飛漢轉湘
參加丁文江安葬禮

▲中央社南京二日電 行政院祕書長翁文灝、以中央研究院總幹事丁文江遺骸定四日在長沙安葬、今日下午二時、由京乘中國航空公司郵辦機到漢、再轉車赴湘、參加葬禮、並襄助一切、事畢即回京。

▲中央社長沙三日電 湘教育界等六團體、發起追悼丁文江先生、於三日十時翁文灝及丁友丁巽甫等、由漢乘快車抵湘、當乘汽車赴追悼會場休息、即舉行追悼儀式、何鍵主席獻花圈、次翁文灝報告丁氏歷史、末由丁家屬丁文淵、丁夫人史久元答詞、散會後丁氏靈櫬四日安葬岳麓山。

▲又長沙二日電 丁文江遺櫬定四日安葬、湘垣各學術團體、定三日假國貨陳列館大禮堂開會追悼。

冀察政委會成立法制委員會
聘鄧哲熙等五人為委員

▲中央社南京二日電 冀察政務委員會、今根據該會組織大綱、成立法制委員會、發表鄧哲熙等五人為委員、以鄧哲熙為主席委員、並聘石志泉李熙秀為顧問、現正從事籌備、希擬月內成立。

國府特派孔祥榕為
黃河水利委員會委員長
張惠長為慶賀巴西恢復憲法專使

▲中央社南京二日電 國民政府今日命令、(一)特派孔祥榕為黃河水利委員會委員長、此令、(二)派張惠長為慶賀巴西恢復憲法專使、(三)派胡田石為出席第二十屆國際勞工大會政府代表、(四)朱寶田為出席第二十屆國際勞工大會僱主方面代表秘書。

交通部將架設陝豫長途電話

▲中央社西安三日專電 交通部為發展電訊、決架設陝豫長途電話、由鄭州至陝州、由陝州至西安、全線分兩段架設、限六月底完成、各材料已備齊、工程人員、日內由京西來。

展長滄石路在研討中

▲中央社天津三日電 滄石鐵路修築計劃、刻正由關係方面修訂中、聞當局有將路綫稍展意、連日正在研討中。

魯省黨部昨舉行
五三慘案紀念會

▲中央社濟南三日電 省党部三日晨、在大禮堂舉行五三慘案九週紀念會。

冀察平津中小學赴日教育參觀團
昨由塘沽乘輪啓程

▲中央社北平三日電 冀察平津中小學赴日教育參觀團、一行十四人、三日下午赴塘沽、乘輪赴日參觀。

武漢三鎮禁煙拒毒宣傳週
今日分別開幕

▲中央社漢口三日電 武陽漢禁煙拒毒擴大宣傳週、決定四日上午九時分別在武昌省党部漢市黨部、於黨政聯合紀念週時、舉行開幕禮。

蘇建廳長沈百先在淮視察劉老澗船閘

赴馬廠御湖等處視察入海工程

（靖浦江三十日電）蘇建廳長沈百先、偕導淮委員會同工程師須愷、二十九日、已將劉老澗船閘視察完畢、據沈談、劉老澗船閘已成十之九、再需月餘可完成、三十日晨、由此間出發赴馬廠御湖等處視察導淮入海工程、（一日）

蘇省府令各縣防除麥類黑穗病

利用炭酸銅粉拌種 悉數焚燬免再發生

△江蘇社 蘇省府以麥類發生黑穗病、足使產量減少、品質低劣、與農村經濟、影響至巨、其防治方法、除於播種時用炭酸銅粉拌種及冷水溫湯浸種外、在麥苗已秀、黑穗病病穗尚未成熟飛散以前、使能巡視田間、將所有病苗、悉數拔除焚燬、即可免來年之發生、該省前於二十四年十一月、爲遵建廳印發麥類黑穗防病法、通令各縣、一體指導防除在案、茲因麥苗將秀之時、爲懲前毖後起見、昨分令各縣長、切實辦理云、（一日）

「六三紀念」各縣應立即籌備

組織方面：由縣政府縣黨部等組籌委會
宣傳方面：演講、劇戲、展覽 電影
利用報紙編印特刊登載禁烟毒文字圖畫

△江蘇社 蘇省六三紀念籌委會、日前舉行第二次籌委會議、曾通過各縣紀念辦法、茲探誌其原文於下、一、各縣應立即組織六三禁烟紀念大會籌備委員會、以縣黨部縣政府縣禁烟委員會之代表爲主幹、并得會同當地各機關團體代表組織之、由縣政府負責召集、二、各縣小學學生之禁烟演說決賽、應於六月二日行之、（辦法另由教育廳頒發）、三、各縣應於是日上午九時舉行紀念大會、并焚燬烟具及遊行、（辦法另訂）、（鎮江縣與省會各界合併舉行）四、各縣各級機關、各自治機關、各中等以上學校、各團體、須組織宣傳隊、於是日下午分赴城區鄉區宣傳禁烟禁毒、（宣傳大綱另訂）五、是日下午須向領照烟民在戒烟所之烟民及扣押烟犯分別舉行精神訓話（辦法另訂）六、各劇場及游藝場所、均須於是日加演禁烟禁毒戲劇、其劇本并須於事先呈請籌委會核定、七、是日須於城鄉各地廣貼標語、并於電影院中製就標語插圖放映、（標語及圖畫另定）八、自六月二日起至六月四日止、應搜集材料、擇定適宜地點舉行禁烟禁毒展覽會三日、當地有省立民衆教育館者會同辦理之、九、利用報紙刊物、編印特刊、登載有關禁烟禁毒之文字及圖畫（一日）

請定五五為母親節

蘇省婦女會代電各婦女團體 請一致主張

喚起人民對母親觀念之重視 使爲母親者知其責任之重大

△江蘇社 蘇省婦女會以母親對於國家民族責任之重大、特於日前呈江蘇省黨部、請轉呈中央、明定五月五日爲母親節、以資喚起全國人民對母性觀念之轉變與重視、及使爲母親者知其責任而有深切之覺醒 該會又於日昨代電各省縣市婦女團體、請一致主張、以期實現之目的、茲將該會致各省縣市婦女團體代電原文探誌於下、（銜略）公鑒、查兒童爲民族之幼苗、國家之元氣、亦即未來國家之主人翁、在此國難時期中 應如何給以培養、應如何使之健全、皆目前急待研究之重大問題、母親乃兒童家庭之教師、家庭教育是兒童教育之基本教育、基本教育之良否、影響社會國家民族前途甚大、有健全之母親、然後有健全之兒童 有健全之兒童、然後有健全之民族、有健全之民族、國難不難立解、且當此世界風雲大轉變到非常時期之現在 任何國家 莫不重視民族之新生命、而有「兒童節」之規定、重視兒童母親之健全、而有「母親節」等之節日、加以提倡培養與保護、以喚起全國人民對母性觀念之轉變與重視、使爲母者知責任之重大、而有深切之覺醒、肩荷時代母親之重任、培養民族幼苗之繁榮、與國家元氣之充實、而作復興國家民族之準備、本會有鑒於此、爰依上海婦女團體呈請中央規定五月五日爲母親節之建議、經第三次理事會議決議、「呈請省黨部轉呈中央明文規定五月五日爲母親節、並通電各地婦女一致主張」、等語、紀錄在案、相應電請一致主張爲荷、江蘇省會婦女會陷印、（一日）

以後各縣經濟農場應栽培優良品種

不得任意種植普通作物

△江蘇社 蘇建廳頃調令省立稻作試驗場、及各縣縣長云、案查各縣二十五年份 農業生產中心工作表、業經本廳令發飭遵在案、嗣後各縣每年推廣之稻麥棉等優良品種、其數量面積、既須逐年增加 所有各縣經濟農場 自二十五年分起、應一律栽培各該縣中心工作表內規定之優良品種 以供需要、不得任意種植普通作物、致失推廣之效能 除分令外、合行令仰遵照辦理爲要云（一日）

區訓所畢業學員

有充任縣行政人員之資格

△江蘇社 蘇省府以准內政部咨 曾經內政部備案之區長訓練所等訓練機關、一律認爲縣政訓練機關 其畢業學員尚有充任縣行政人員之資格、省府已轉令各專署知照。（一日）

蘇財廳又決定沛縣等四縣建省倉庫

其餘一所攷須慮後決定

蘇省府、謀盡量救濟農村經濟起見、曾決定於本年份內、增設省農倉四十所、業經由財廳決定江寧等五縣、先行籌備建築、已誌前報、茲聞財廳繼續決定沛縣、邳縣、豐縣、興化等四處、建設省倉庫 業經呈報省府備案、聞尚有一所地點、須考慮後始可決定云、（一日）

蘇省府通令各縣辦理二期治螟

遵照辦法設立台式秧田

△江蘇社 蘇民政建設兩廳以二十四年度各縣治螟運動辦法大綱、前經提奉省府委員會議決通過、即經令飭各縣遵辦、並經派員分往各縣查勘第一期辦理成績、暨令飭遵照規定辦法、認眞辦理第二期治螟工作暨核各在案、茲因第二期實施時間轉瞬即逝、所有辦法大綱內規定之指導設立台式秧田並焚燬剩餘稻草等工作、對於治螟前途至關重要、亟應切實辦理、未便稍事遲延、特呈請省府通令遵照、省府據呈後、已通令各縣長、遵照前頒辦法、督飭所屬、認眞舉辦、隨時填報察核、毋稍忽延云、（一日）

理教團體如滋長迷信應加取締

設支會於法無據斟酌情形改組或解散

△江蘇社 江蘇省黨部、近訓令縣黨部云、案奉中央民衆訓練部第一七五〇號函開、案准貴部呈、爲據東海縣黨務特派員呈報、該縣第一區理教支會設立經過 請取締其組織等由、准此、查理教團體、如有以燒香拜佛爲號召、滋長迷信情事、應即嚴加取締、至前中央民衆運動指導委員會核准中華理教總會分會簡章 并無設立支會之規定、該會設立於法既屬無據 應由當地黨部 斟酌情形 將其改組、或予以解散、該葛莜山等如有擅改簡章 蓄意朦蔽情事、應將詳情呈報 并附呈該支會簡章來部以憑核辦相應函復 即希查照轉飭遵照爲荷 等因 奉此、除分令外 合行令仰遵照爲要、此令、（一日）

義軍逼近亞京

亞后及公主已走出

△中央社上海三日電 羅馬電、政府公報宣佈 義軍前鋒三日已距亞京僅廿五里 此間盛傳亞王已出走華勒迦省、在彼另建新都。

△中央社上海三日電 吉布第港電、亞國御用花車、三日已載亞后及公主安抵第里達華、據可靠消息 亞王仍在首都附近 設法擬作最後之抵抗。

△中央社倫敦三日電 據駐亞美使十時來電 亞京着火、現在延燒中、難民數千陸續離京。

本縣新聞

第二期受訓保長 昨舉行畢業典禮

王兼所長致訓 對各保長勗勉有加

第二期受訓保長、業已訓練完畢、特於昨日（三日）上午十時、舉行畢業典禮、共到該職員及保長二百餘人、由王兼所長主席、循禮行禮如儀後、並訓話、對各保長勗勉有加、後有縣黨部常務委員李貞乾、縣政府秘書裴朝永、相繼致詞、語多勉勵、至十二時禮成、各保長均紛紛旋里。

第五區公所 召開第六十一次區務會議

第五區公所、於本月一日上午十時、在該所會議室、召開第六十一次區務會議、出席區長董玉樹、助理員蕭運遐、孔店鄉鄉長劉本源、小樓鄉鄉長張明鄉、張河鄉鄉長齊仰參、齊同鄉鄉長王汝鴻、許廟鄉鄉長丁逢清、趙集鄉鄉長蔣作連、蔣集鄉鄉長蔣顯耀、單樓鄉鄉長卜斯昭、程集鄉鄉長丁厚基、周莊鄉鄉長張鴻大、大同鄉鄉長董玉芬、趙廟鄉鄉長劉敬啓、主席董玉樹、紀錄蕭運遐、

△▷▷▽報告事項▽◁◁◁ 一、本區倉穀奉令暫緩外放、二、各鄉民有槍枝、如擬變動、須先呈縣核示、三、奉令調査各鄉田產賣典價格、希即辦理、四、奉令陸地測驗總局派員來縣測量希妥爲協辦、五、本區公所添建樓房 業經落成、關於經費之收支、另有建築委員會清算報核、

△▷▷▽討論事項▽◁◁◁ 一、敎育局函託擬定二十五年度擴充之義務學級地點 如何辦理案、決議、大同鄉三十里廟、小樓鄉陳樓、蔣集鄉顧樓及程集鄉之周十塲口各設一處、並即報請敎局備核、二、各鄉民衆識字班、行將畢業、亟應規定視察辦法、以收成效案、決議、自五月二日起、至十日止、各鄉鄉長應將各該鄉民校至少視察二次、三、鄉長提議、各保豐報電話等費、多未繳納、應如何辦理案、決議、由鄉務會議切實討論催討辦法、如再玩延、報請區公所代催、閉會。

趙莊集小學協進團 舉行第一次團務會議

趙莊集小學協進團、于前日舉行第一次團務會議、出席王傳德（崔老家初小）、袁心廣（彭莊初小）、李學潛、顏世勛、渠伯奎、陳蘭貞（趙莊集小學）、吳正憲（吳莊初小）、王隆恩（王學屋初小）、李心傳（轆灣初小）、張昌五（趙廟初小）、劉廣成（單莊初小）、請假：趙守良（丁廟初小）、渠運展（扁崔莊初小）、劉德潤（夏莊初小）、列席敎育局代表朱瑞書、主席渠伯奎 紀錄顏世勛、

▽……報告事項……△ 一、本團組織的緣起及意義、二、本團的任務及中心工作 敎育局代表朱瑞書先生報告 一、小學協進團的意義、三、民衆識字班畢業考試的辦法、三、常識科自製敎具展覽辦法、四、小學衛生演說競賽辦法、

▽……討論事項……△ 一、本團各校學生如何種痘案、決議、各校統計各該校人數、由首席學校負責購買痘苗 敦請醫生、赴各校施種、費用按各校人數均攤、二、清潔用具如何置備案、決議 各校清潔用具最低標準、須置備撣帚、土簸箕、鷄毛帚、痰盂、字簍、噴壺等 經濟寬裕者酌量增加、三、藥品如何購備案、決議、公推王傳德劉廣成調査需要藥品 開列清單 提交下次會議討論、四、如何舉行成績展覽案、決議、舉行三四年級作文展覽、五、各校簿籍應如何置備案、決議、以本團名義呈請敎育局轉商合作社印刷、由各校自行購買、六、値月學校如何確定案、決請、下次値月學校爲北趙廟小學、日期已由敎育局規定、但開會時間定於當日上午十時、不另函通知、七、本團開會時膳費如何分担案、決議、每次每人膳食至多不得過二角、由値月學校負責籌備、攤款以學級爲標準、不出席學校、亦得照數分攤。

劉王樓小學 新校舍建築落成

需款約四百餘元 由校董熱心捐助

本縣劉王樓小學、前以校舍不敷應用、當在本年度開始時、議定重新建築校舍、校董劉秉乾劉德英諸先生對於敎育、素具熱心、慨解義囊、捐助四百餘元、添建瓦房三間、已於去歲十月間、開始動工、嗣因入秋後陰雨連綿、以致工作停頓、在上學期內、未克告成、今春復繼續建築、投費經營、已於四月二十日落成、並於學校四週、新築圍牆一匝、長約四十餘丈、該鄉劉鄉長潤德領導各保長分工建築、不久亦將竣工、其熱心敎育、殊堪欽佩、聞該校經此次建設、氣象爲之一新云。

便集小學協進團 開第一次團務會議

議決於本月舉行 各小學聯合國語比賽會

本縣各小學協進團、近皆先後成立、已屢誌本報、茲悉便集小學協進團、亦於前日上午十時、假該團首席學校（便集小學）、舉行第一次團務會議、計出席張繼文（北宋集）、王敬尊（王龍莊）、與和中（首莊集）、郭肇元（北崔莊）、黃佑文（黃莊）、趙守品（張集）、袁業全（娥墓固）、張榮安（渠三廟）、陳慶忠（鬼莊）、劉德著、渠時彬、馬樂三（便集）、等十二人、列席蔣耀之、主席蔣耀之、紀錄馬樂山、行禮如儀、主席報告從略、計論事項一、擬呈請敎育局酌撥款費、購置衞生動植物掛圖、以便本團各小學巡迴展覽敎學利用案、決議、以本團名義備文呈請 二、現値春季 時疫流行、本團各學校應如何籌辦施藥、以防治兒童時疫案、決議、以本團名義、備文呈請敎育局於社敎費項下酌撥資舉辦、或由局轉請各民敎館所備藥品、分發各小學協進團施用 以利兒童 三、現値春季時疫流行、應如何與二先生赴救濟院交涉、請酌予牛痘苗及各種消毒藥品、分發各校、自行設法施種、四、應如何舉行本團各小學聯合學術會、以便鼓勵兒童努力求進案、決議、於五月二十四日假本團中心學校首莊集小學、舉行三年級選手國語比賽會、以作兒童努力求進之鼓勵、五 本團各小學國語比賽會優勝獎品、應如何徵集案、決議、以本團名義、備文呈請敎育局、酌予頒給、另由本團各同人任意贈送 六、本團各小學國語比賽會評判員、應如何聘請案 決議 本團各小學國語比賽會評判員如社會外聘請、誠多不便、決推定渠時彬、趙立品、王敬尊三先生担任、七、本團經常費用、應如何攤派案、決議、以學級爲單位、每級担負八角、八 應確定何校爲下次會議地點案、決議、確定首莊集小學、二時閉會。

司法欄

◎縣政府司法批示◎

刑事原具狀人劉李氏一件、爲抗傳庭諭不遵調處請求補傳訊斷由 狀悉仰候補傳訊辦 此批。

本城糧價

名稱	每市斗價目
小麥	最高三千四百五十文 最低三千三百五十文
大麥	最高二千五百文 最低二千四百文
黃豆	最高三千四百文 最低三千三百文
黑豆	最高三千二百五十文 最低三千一百文
菉豆	最高三千七百文 最低三千六百文
江豆	最高三千六百五十文 最低三千五百五十文
高粱	最高二千六百文 最低二千五百文
穀子	最高二千一百七十文 最低二千一百文
稷子	最高二千文 最低一千九百文
芝蔴	最高五千六百文 最低五千五百文
青豆	最高三千四百文 最低三千三百文
花生	每斤最高一百八十文 最低一百七十文
瓜子	每斤最高八百文 最低七百八十文
生米	最高四百六十文 最低四百五十文

氣象

天氣	晴
風向	西北風
最高溫度	七五度
最低溫度	五八度

教育週刊

第六四期目錄

編輯處徵稿啓事

本刊以溝通教育消息，交換教育心得，討論教育實際問題爲任務。定於每週星期一出版，務望全縣教育同志，將各種教育論述，實施報告及其他有關教育之材料隨時錄寄，無任歡迎，惟因篇幅狹小，事實務求新鮮而具體，文字務求簡要而靈活，統希鑒察是幸！

投稿簡章

一，來稿以合於小學教育及社會教育之實際需要爲標準，約分論述，報告，設施計劃，教師常識，教材教具，介紹，教育學術講話等項。

二，來稿不分文體，但須繕寫清楚，除特屬性質者外，均須直行右起。

三，來稿非經聲明，編者有删改權。

四，來稿不論登載與否，概不退還。

五，來稿須註明真姓名，及通信處，但發表時，別署聽便。

六，來稿寄豐縣教育局，稿封上須註明「教育週刊文稿」。

論述

鄉村小學實際問題的研究

轉載

緒言

我因爲職務及興趣的關係，曾經對於鄉村教育有了長時期的觀察；和鄉村小學教師，也有過很親密的接觸。我覺得現在的鄉村教育。應有很大的改革，同時對於中國的教育問題，發生了多少感想。回憶我國實施新教育，已有三四十年的歷史，中間學制的改革，方針的變換，效法的演進，經過了好幾次，而效果的表現，很令人失望！試一展望現在社會上的事實，受有相當教育的人，研究數理的，對於科學上有何貢獻？研究農業的，對於農業有何改良？……推究他的原因，就可明白了！完全因爲這三四十年來，各種教育思想和方法，紛然而至，我國人不知斟酌國情，爲適宜的採取，只知一味抄襲，無論目標上，制度上，教學方法上，都沒有一貫的中心思想，徘徊歧路，當然是要失敗的！

談到中國的鄉村教育，更是有趣，以外國資本主義工業社會的教育，抄到中國來，已不適用；一樣的推行到鄉村，格外的沒有好結果了。一般教育行政人員，更多注意城市教育，而忽略鄉村教育，不知城市教育辦的好，不過裝點門面吧了！想解決整個的社會問題，以復興中華民族，就要注意鄉村教育的推廣與改進。因爲中國的社會，農民佔百分之八十以上，鄉村的農民，沒有相當的教育，整個的民族，也就受很大的影響了！在這一般人忽視鄉村教育的時候，鄉村教育的現狀，也就弄得一團糟！謹就觀察得到的，提出幾個問題來討論研究，以期喚起教育界同人的注意與努力！

一　鄉村教育的現狀

一般辦理教育行政的人，大都重視城市，忽略鄉村，大多數學校均設在城鎮。以鄉村的面積，戶口，兒童數，與城市比較超過很多；而學校的設立，反不如城市的普遍，鄉村的人，真太吃苦了。現在的鄉村學校，在一般人輕視之下，內容也就不好了，有能力的教師，因鄉村小學待遇較低，設備簡陋，也不到鄉村裏來；一般辦理鄉村小學的人，更不知視環境需要，爲順應的設施，課程與城市一樣，教法與城市一樣，假期也和城市一樣，因此鄉村小學的設施，常得不着民衆的好評，普遍的情形，約有四種：

（一）小學教師厭惡鄉村：一般小學教師，因鄉村交通閉塞，待遇低薄，並且除了和農夫農婦談談農事以外，差不多談心的人也找不着，因此覺得鄉村太岑寂了，太無聊了！對於他的工作，也就不能安心從事了。常見一般鄉村小學教師，不問是否假期，不住的跑到城裏，你問他爲什麽離開學校？總說是鄉村裡無聊，到城裏來玩玩；這樣的厭惡鄉村，還能希望他對於職務有所貢獻嗎？不知鄉村的自然環境，真優美極了，不過要你能利用牠，領略牠吧了！農夫農婦的學問，我們也需要學習呢！

（二）家庭不信仰學校：鄉村人家在農忙的時候，總要兒童幫助做事，或帶領小弟妹，到農事停下來，才叫學童上學。現在辦理鄉村教育的人，不知適應這種環境，同城市一樣的放假，農忙的時候，又自由的放假，星期日，紀念日，更有各種例假：教師落得偷閒，兒童每年的學習時間就很少。農人在閒的時候，看見學校不住的放假，就認爲不對了，並且因教學方法的不良，教師的濫芋充數，更沒有好的成績；一般家庭，常有極端的論調，說學校沒有私塾能識字。對於學校絲毫沒有信仰。新教育實施三四十年，而結果如此，怎能說不是失敗！

（三）課程多不實用：鄉村的環境是特殊的，鄉村的兒童，大半只是受了義務教育，或延長到小學畢業就去過他農人生活了。而現在鄉村小學的課程，是同城市一樣的，有些課程在鄉村是不受歡迎的，還有些課程是感覺缺乏之的，所以經過幾年教育的結果，與生活上毫無關係，這種教育有什麼用處？又如何能得着社會信仰呢？

（四）學校不能轉移環境：教育的最大效果，在能轉移環境，現在想改造社會，要以學校爲中心。一鄉有了優良的小學教師，很可領導農民去做種種活動，組織自治團體，改進生產方法，灌輸政治常識，皆能使農民在鄉村小學領導的下面，將一鄉的事情做好起來，現在鄉村小學與農民，是沒有聯絡的，各做各的事情，環境是不會改良的，雖然設了學校，而社會的種種惡俗，依然存在，農民對於國家政治情形，依然莫名其妙：這樣的教育，在社會上影響很小，兒童在學校所學的好習慣，一到社會上，就維持不住了。

一　鄉村教育的實施原則

我們做一件事情，必先決定了理想的目的，然後選用各種方法去實現他的理想，達到所求的目的，教育爲立國大計，更必確立理想標準，才不致漫無所歸，我國興學數十年，成效未著，就是沒有確定目標的原故，東抄西襲，自家沒有主張，所謂理想目標，就是在一時代內適應社會需要，所產生的主義思潮，談到最近的教育思潮，重要的有二：

（一）教育即生活：提倡這種學說的，首推美國杜威氏，他說，教育是社會生活的存續發展，必然發生的。康亞氏（譯音）更於所著何謂教育（譯音）裏面，儘量發揮教育即生活的意義，謂教育是生活的過程，教育要注重實際生活，要使學生自發活動。教育的工作，本是指導人們在環境當中，去求圓滿的生活；教師和學生所要研究的，就是社會經驗的連續。進一步講，教育不是爲的生活，他的本身就是生活。我國陶知行氏提倡「做學教合一」，更謂「生活即教育」，格外的切實了！但所謂生活，不是準備將來的生活，也不是成人世界的生活，乃是兒童自身有價值的生活；要在兒童現實的生活裡，提出問題去研究解決。

（二）學校社會化：教育爲社會的機能，學校的作用，不過將社會上的實際生活，使兒童加以實驗，可以知道社會上的種種情況，做將來去改進社會的張本。美國朱德（譯音）教授謂：「學校不過是社會生活的一部份，成爲個人陶冶的過程；所以要擴充學校實際生活，以促進教育組織的發展」。簡單說起來，就是學校的設施，一定要和社會打成一片。社會上的活動，不外六種：（一）維持自己身體的健康；（二）養育他的子女；（三）圖謀經濟上的需要；（四）參加團體的生活；（五）求娛樂方法，（六）滿足他道德的慾望。現在美國爲求學校社會化的起見，更有勃拉順學

中華民國二十五年五月四日　豐報　星期一　第六號

校（譯音）的產生，實行教育革新運動，特別注重職業課程。這種學校的特點，是在學校內設有公會堂（譯音），以實施社會化課程，公會堂內一切事務，都含有社會的機能，教師就在這種環境的下面，去教導兒童，使向社會生活公民生活進展。

上述兩種教育思潮，他的價值為人所公認，一切新的方法，均從此產生，我們根據現代教育思潮，觀察我國鄉村情況，覺得鄉村教育的設施，應注意下面幾條原則；

1、教育須注重生活問題：根據教育即生活的理論，各科教材應儘量搜集實際生活上的問題，加以研究，使兒童在學校所獲得的經驗，將來到社會上，能去順應環境的變化。

2、學校與社會冶為一爐：普通的鄉村小學，和鄉村社會皆隔離太遠，教師自命為士人階級，不願和泥腿赤足的農人相往還，一般農人，也不知學校教的什麼？現在的鄉村小學要做社會的中心，小學教師，不僅要有農業的常識，並且要貢獻農人至好的方法。鄉村的不良風俗，要由學校去領導改良；利用學校場所，作種種社會活動，學校與社會，一定要打成一片，互相協助，去從事鄉村的改進。

（未完）

豐縣各小學學生衛生演說競賽會辦法

實施辦法

一，豐縣教育局為提倡衛生教育，擴大衛生宣傳起見，特舉行小學學生衛生演說競賽會。

二，本縣各公私立小學均須參加，非有特殊情形經教育局核准者，不得缺席。

三，演說題目，由各校自定，但以關於衛生者為範圍。

四，競賽會分高級初級兩組。

五，高級組由全縣小學高級部學生選手競賽；初級組由全縣小學初級部及初級小學學生選手競賽。

六，競賽程序如左：

1，初賽　各校於校內舉行級際競賽選出校代表。

2，預賽　初級組分團舉行。各校初選代表，集中於各小學協進團首席學校舉行預賽，高級組因人數不多，逕舉行決賽。

3、決賽　初級組預賽當選者及高級組初賽當選者，集中城市民衆教育館舉行決賽。

七，初級組預賽及高級組決賽選手人數，均以二學級選出一人為原則，但學級成奇數者，得進為偶數計算（如一學級可出一人，三學級可出二人。）

八，各小學協進團預賽，約選手七人錄取一名。

九，決賽初級組取八名高級組取六名。

十，預賽日期，定於六月二十一日上午九時。

十一，決賽日期，定於六月二十八日上午九時。

十二，參加初級組預賽及高級組決賽選手姓名，各校須於六月十五日以前呈報教育局，以便編號。

十三　初級組預賽及高級組決賽，各校除正式選手外，得另報預備選手一名，以備補充各該校正式選手之臨時缺席，選手報名單格式如左：

豐縣各小學學生衛生演說競賽會　學校選手報名單

組別	姓名	性別	年歲	籍貫	年級	演說題目	正選手或預備選手

十四，演說時間，初級組定為四分鐘，高級定為六分鐘。

十五，評判員由教育局負責聘請。

十六，評判標準由教育局另定之。

十七，評判結果，當日公佈之。

十八，獎勵分個人學校二種詳細辦法，由教育局另定之。

十九，預賽及決賽應擇廣大場所舉行並須事先宣傳，任人參觀。

二十，預賽及決賽參加學生，飲食住宿等事項，由各校自理。

二十一，各校補習生，不得參加。

二十二，本辦法由豐縣教育局務會議通過施行。

專載

產婦須知（續）

第三章　孕期健康檢查

孕期健康檢查的意義及次數

婦人受了孕，就要到醫院或診所去趁察，前面已經說過。但是檢查一次，是不可以的，因為在受孕而發生變化的，實在也很多，如以為本人身體健康，不必施行產前的檢查，更是大錯。況且在懷孕時候，有很多的危險疾病，如胎位不正，骨盤狹窄，血中毒症，腎炎等等，都要經過產前檢查，俾便院範於未然倘不幸有意外情事發作，也可及早加以矯治，所以必須定期檢查，以謀母親及胎兒的安全　孕期健康檢查的次數如後：

一，懷孕後前六個月，每月檢查一次；

二，懷孕至七八個月，每兩星期檢查一次；

三，懷孕至九個月，每一個星期檢查一次；

四，如遇患病，隨時都要診查。

五，經檢查以後，如有特別情形，醫師囑咐怎樣休養或再來復查，當然要遵照施行

孕期健康檢查的益處

一，經檢查以後，發覺骨盤狹窄，可以預先想法子提早引產，或預先作臨產時的種種必要的準備，免得有難產的危險。

二，胎位不正，一經檢查發覺，可以從早設法加以矯治或作其他的準備，以謀母子的安全。

三，孕婦的身體不強壯，或發現心，肺有病，得醫師或助產士的指導照料，可以免去臨產的危險，或因懷孕及生產而使舊病加劇。

四，檢驗時，要檢驗小便和血壓，更可以從早發覺孕婦有沒有發生血中毒，驚厥，或腎炎等病症。

五，孕婦平日起居飲食，可由孕期檢查得到醫師或助產士的指導，藉以保持母子的健康，還可以免得發生因受孕所得的種種疾病。

六，孕婦的乳和乳頭的形狀及發育狀態，可以因產前檢查，得到一種指示和合理的保護方法。

第四章　孕期衛生

飲食和睡眠

孕婦應當多吃牛奶，青菜，水菓，一類的食品，茶，酒，和其他有刺激的東西，不要吃。肉類和蛋類的食品，在孕期前後九個月最好少吃，假如醫師告訴你不能吃肉和蛋，那末絕對的要遵守。睡眠至少要有八點鐘，白天也要有一點的午睡，在臨產一個月的時候，更應該多休息，但是也不可完全躺在床上，要稍微有點運動才好。

運動

處理家庭間極輕的事務，就是一種良好運動，但是切不可搬運笨重的物品，每天早晨，最好在庭院裏，隨便散步，那是最有益處的。在孕期裏，並應常常洗澡，在七個月以後，不應在盆裏洗，只要用溼潤的手巾，擦擦全身好了。

排瀉

每天大便一次，是常人應有的衛生習慣，孕婦也要照樣。倘若大便不通的時候，可以多吃些水菓，青菜，開水等，但是千萬不可吃瀉藥。

警策語

現在都說國困嚴重。然可說尚無內難　而國外難處的境遇，紛至沓來，若不快充實國力　團結民心，一致尋找九死一生之路　結束比阿比西尼亞可怕，惟我國人心倘不致奴化到願意做亡國奴，愈受壓迫　愈知愛國　國難終可度過，決不被世界民族笑我們比上上亞國人民。

縣黨部無線電收音室開放節目

五月五日　星期二

八，一〇　國樂
八，三〇　新聞
一一，三〇　平劇警策語報時氣象商情
十八，〇〇　大鼓　薏蓮枝唱賈母探病
一九，〇〇　音樂會
一九，三〇　兒童教育
二〇，〇〇　報時氣象簡明新聞
二〇，一〇　時事述評　關於國內實業
二一，三五　預報明日節目
二一，四〇　新聞
二二，二〇　平劇及國樂

鳳鳴塔

第二〇六期

一，本刊內容分科學常識論著詩歌小說戲劇散文書信書報介紹及批評等項
二、本刊歡迎投稿來稿文言白話均可
三，來稿本社有修改權不願者應先聲明
四，未經登載之稿除預先聲明者外概不退還
五，本刊編輯部設豐報社內

漫談

戰後的歐洲及現階段的國際形勢（續）

程克林

事實上日本並不是一個國庫充裕的國家，她的外債已達到十二億八百餘萬元，又加銀行界的恐慌，農民稅緊將趨向赤貧，日軍人的黷武，高喊着「非常時」的曲調，蕩戰着日本國民的耳鼓，在這種瘋狂的狀態下，他們便認爲是「非常時」的民族，「非常時」的國家，「非常時」的政治，財政……………又產生了她野心勃勃的「非常時」的積極侵略；强硬視外的態度意欲將世界的危機更使他尖銳化。

「九一八」事件後，日本甘冒不韙　毀壞了九國公約，從中國的活體上攫去東四省。一直到了現在又形成了軍部專政的國家；對外的侵略較昔加緊了數倍，如華北的增軍，僞「滿」與俄蒙邊界的衝突，在在的都顯現着日本新局是個侵略弱小，煽動世界火拚，破壞東西和平的罪魁。

俄日的衝突

凡是稍留心國際形勢的人，都可以觀察到日俄的衝突是可能性的，但是在目前俄國是絕對的運用外交手腕來維持危局；這是事實的表現，同時又是俄國愛護和平，避免戰爭的方略。爲着「金廠溝」的事件日人曾向俄再三挑釁，緊接着便是僞滿邊界問題，使館事情，及片面的小衝突……………這一些都是在表現着日俄衝突越發可能。

蘇僞與蒙僞的邊界衝突，是促成日俄最近衝突互相仇視的動力，同時日欲併吞滿蒙滅亡中國，無論是在消極方面積極方面，勢必與俄衝突，這種潛伏的原素久在世人所料。日本旣攫有僞「滿」復進兵華北，繼又越境武力擾亂外蒙，暗運手腕入蒙宣傳反俄運動。故日之吞蒙，寤寐不忘，與俄戰爭之事時時表現。若日攫有外蒙而俄勢必受日之威協，同時在實際上又與俄絕大不利，而且現在外蒙已經赤化成熟，形勢已爲俄有如日果出兵進犯，俄定率力相援。

我們無論在任何場合上看去，日俄在遠東地理上的衝突，是無法避免的，日欲現她的大陸政策，必須來壓抑俄國，以便獨霸無慮，同時日本的革命危機深深的受到俄之宣傳赤化的影響。又加俄國首次計劃實現，二次正在進行，最近俄之邊界軍備，又與日之利害息息相關。同時日俄又是遠東競爭場上的對手，所以日本之屢次向俄挑釁，的確是在與俄決鬥，日本所以有如此之火速者，是深恐俄之二次計劃成功，日恐已力不是對手，便運用早下手爲强的法子與俄一戰。但是俄國爲着避免目前的火拚，速現自己的計劃，換句話說就是努力國防增加門力，所以現在他便抱着和平的外交以應付日人的挑釁。但是我們在不久的將來便可以看到日俄的血拚。現在的階段是備戰的時期。（未完）

創作

牛肉的慘劇（續）

潔忱

對他媽媽將汪老先生拒絕設法及所說的話說了一遍。他媽媽說：「你沒有說將來事完以後，怎樣的感謝他嗎？」小李道：「沒有！」「這孩子眞獃！他是幹什麼事的？你不多多的允許他一點謝儀，他能爲你出力設法嗎？你再去　你就將那地契拿着，到他那裡你就說：『對這地契收下吧！就當還上面的地是你的了，總要求你大發慈悲，救救活命，』快去不要躭擱了！」

小李二次帶了地契走到汪老先生家裏來，汪老先生仍在打算趙家那件鬥毆爭，及所允許他的訟費。又見小李吾來邀求設法擾乱他的心思；他眞有點動火。正想拿話來指責小李不該屢次前來麻煩他。恰好這時小李將那地契送到他的手裏，並且敍述他媽媽二次告訴他的話。汪老先生向紙上望了一眼，抬頭對小李說道：「本來我們還行事業，完全爲人解除急難，什麼人都應該一樣看待，有沒有謝儀倒是小事。但是事情不能不分輕重，你想你所說的那件事，是何等的重大！我如何就敢冒昧承擔呢？你既二次前來，我祇得在無辦法中替你想一個辦法。可是這地契不必送他，你家裡也是很困難的，不容易買這畝地。」他看了那地契，立刻改變了話鋒，顏色也顯得和靄了。並且假意要將地契交還小李，小李聽他能允許替他設法，已是不勝感激！那裡還肯拿回地契呢？汪老先生看他不肯收回，就很自然的摺摺放到衣袋裏去。他讓小李坐在對面的床上，開始宣佈他的辦法、他說：「女人既已殺死，男人也不得不找一個，我告訴你明天五更你將家中的牛肉燒了一鍋，放到棚下去賣，如遇有單行人前來吃肉　你乘他冷不防給他一刀殺死，把屍自放在女屍　處　告訴劉家就說：『你家閨女與人通姦，男女都被我捉住殺死，請你家怎樣辦吧？』她家一定覺得這件事，關於名譽很大，不致聲揚同你交涉，你就可安然無事了。你就這樣辦！包管與你無事，你趕緊回去準備吧，天已不早了。」小李謝記了汪老先生給他的辦法　道了一聲謝！就辭別了走回家去。

……未完……

謝著撫問

老渾

此生坎坷本由天？憂憤誠然是枉然！
多謝殷懃撫慰意，定留微命自周旋。

醉後偶吟

昨日矯紅今日殘，如飛堪嘆是流年，
瓶中有酒且歡醉，那得半杯到九泉。

自勸

無端悲憤幾時休？命也如斯何怨尤？
應把榮枯丟腦後，烟簑雨笠葬扁舟。

眺晨船海

孤蹤

習習無力的晨風，
綿綿如絮的浮雲；
放眼四望啊！
碧波萬里，遠接青空。

○　○　○

朝曦如一團紅錦，
浪花如一片白雪；
眞美景啊！
光彩奪目，豔麗欲絕。

○　○　○

幾隻閒適的白鷗，
萬里浩蕩的碧波；
渺小與偉大啊！
令人欲唱天空海闊之歌。

○　○　○

何處是祖國？
何處是故鄉？
飄萍斷梗啊！
天涯流浪　四望茫茫，

牌場一瞥

軾儉

生意興隆去打牌，弄得生意不發財；老廣天天打牌去，部問生意發財事，這是說老廣做生意和打牌的幾句話。

老廣是個生意人，他最喜打牌，天天邀幾個人在他雜貨店裏打牌。

一天我走到老廣店裏，老廣正和三個人打牌　口裏喊道：「老千「八萬」一八條」一紅花」一對啦」一不吃」。

四個人這樣喊着，看牌在旁邊一動也不動

有一個四五十歲的女人，走到店裏說：「小二滿裏打牌　哼！好孩子　學會打牌」，」

老廣航起來說：「大嫂，今天我與小二打這小牌算什麼？要輸不過輸兩三千錢。」

部個女人沒法，只得回家去了。

他們四個人口裏又喊道：「我八胡」「我十胡」「我一胡」「我一胡也沒有一他們數錢的聲音「吁叮」的響。

他們數的時候，不知小二的爸爸去到店裡，氣得不

得了的樣子，小二只顧的數錢，數好了錢，又習牌，那能看見他的爸爸。

小二習好了牌一張一張的拿到手裏，小二口裏喊道：「四丙」老廣才一張口，小二的爸爸說：「四丙，還五丙了，趕快家走，哼哼哼！你這孩子，叫你上學也不上學，學會打牌了。」小二出的極火，他不回家去，還是打他的牌。

小二的爸爸的話也不能說了，說了怕的得着老廣。弄的老廣不耐煩，怕的是生起氣來，他沒法回家去了。

小二打了一天牌，輸了五六千錢，也回家去了。

不幸的鱗兒（續）

瘦鶴

「萬望你老人家說情解救，這是我的獨子，我丈夫僅遺這條根，若沒有命，我家說不絕嗣了嗎，懇祈你老人家哀憐！」

「念妳祖宗陰德及妳誠意，我可免强設法拯救；，須青箔五百塊，方可贖回但此外絕無　點救法。」

「你老人家若能救他不死，何止五百塊，一千塊兩千塊箔亦所不惜，但；幾時燒化，在何處燒化？」

「想妳兒子早時好，當然燒化愈早愈好，期限五日，每日晨夕燒化兩次；紙錢由我分送各鬼神，必要到我壇裏去燒化的，不然，還是沒救法。」

「伊一面叩頭，一面答：「是，是：……全照你老人家的分付。」

一會兒×先生，雙眼復睜，委態反常神已離體了。便向伊問：「方才神怎樣與妳說？」

伊將方才的神話說了一遍。×先生說：「神命不可違，妳不照樣做的話，我再不能請來與你們療病了。」

「五百塊五日期，都容易辦到，惟每日到壇燒化兩次，距先生壇裏廿多里路，我又女流，病人還要人看護，這一點實係難題。」

「妳的誠心感動神聖，不免我與妳分任勞悴，替妳代買代燒化吧。」

伊毫不遲疾的轉進暗室，在牆縫中摸出一個藍布捲來，剝開三四層邊緣極不整齊的破布，現出白花花的二十塊注錢說：「這是前日賣的牛價夠與不夠？」

「我看妳母子零丁孤苦，經濟拮据，不夠的話，我在神處與妳說情吧，病人好了切莫忘了給我傳名！」

「還要請醫生診察服藥嗎？」

「他是衝創神怒及冤魂的纏繞，俗醫凡藥是不能治療的，請他們治療不但白白化錢，還恐陷誤了孩子的。」

○　○　○

伊微弱的心區，是時時被焦灼希望攻擊着的，好不容易的挨過五六日，他的病仍不見輕、於是又將×先生請來，照樣的焚香，獻神，叩頭；神又落宮說，「玉皇，太歲，嚴羅各方面都已了結，惟嚴羅左右鬼卒，不願將他的魂開釋，還須向他們燒化些紙箔才能了事。」

伊家中的錢是淨光了，又在隣人處多方湊集了四五元與了×先生，並囑其神前代訴自己的苦況。

○　○　○

在一日夕陽斜照羣鴉歸巢的時候，躊躕的向西走着一羣婦人，在每人肩膀上，搭着一條雜色面巾，像仰弔喪的形狀，他們走着而且互相顧盼着說：

「麟兒這孩子多麼精明呢！」

「他家宅院不淨，所以常死幼年人。」

「不是請×先生看過嗎？」

「無論怎樣好的先生，是能治病不能治命的呀。」

（完了）

春風桃李花開日

虹影

旭日照在桃李園，
春風吹拂蜂蝶翩翩，
柳舒青眼，
枝頭鶯舌巧囀，
梁堆紅泥，
巢中燕語呢喃。
時候！已是春天。

○　○　○

桃花人面，李朵嬋娟，
一樣使人憐，
春風掠過，
又是一陣蝶鬧蜂喧。
郁李碧桃，
總是一般，
惹得墨客留戀。

○　○　○

桃花命薄，薄命紅顏，
年華似水，似水流年，
何似去年，
伴伊遊春水邊。
碧波蕩落花，
落花似紅顏，
水渦旋轉，忒也多情；
故意俄延，任儂飽看。

○　○　○

李朵玲瓏，玲瓏嬋娟；
煙景迷漫，迷漫炊烟。
恰如烽煙，
去歲攜手園畔，
伊作嬌憨，
嬌憨臥花前，
落紅如茵，碧草似氈；
與花爭豔，羞怒容顏。

○　○　○

而今，孤燈照壁，
寂寞如僧，任人笑○，
屈指數日，昂頭望天。
似這般囚牢生活，
俺何曾過慣，
不知春朝伊人，
踏青芳園，桃李花前，
何人爲伴，
似這春風桃李花開日，
何心眷戀，何與眷戀。

通信欄

雲章先生：

好長時間，沒有寫稿子請先生斧正了，就像久違了沒有見面似的，頗感想念。

前嘗蒙先生幾次的下顧，鄙人眞是感激不勝。愧我久未有動筆了，所以一點小作沒有奉上，務祈先生鑒原。

今天我胡歪了幾首舊詩，請先生爲我指正。務望先生，殊不客氣的，把他的不妥處指示出來　我雖然不敢比仲子先生那樣的「聞過則喜」，但別人給我的有理的指譏，我亦是絕對不生氣的。

還有，關於本刊的幾點鄙見，想供獻給先生，不知肯採納嗎？

（一）本刊上，言論的文字，應力求增加，非然的話，我們的鳳鳴塔，雖然是豐縣惟一，將來也要沒有一個讀者，來理他一理了。

（二）排版時，掉字，錯字，以及顛倒的字，務要莫有發現，使讀者們，也少費一些腦子。

（三）本刊文字上的標點符號，盆要求精確。連文內的人名，地名和書名，都宜生點法子，把他標上。

（四）文稿收到後，與否刊登，宜在電台上告訴一聲，使作者知道，稿子在途上沒有遺失。

誠是不揣冒昧的很，敬請

撰祺

老[illegible]

編輯室的廣播電台

雲章

一，本月份稿紙已印就，現正分發，作者日內即會接到的。

二，忠信，瘦鶴，王萬選，仿呆四君，請將通信地址告知，以便寄奉稿紙。

三，軾儉君，你的大作很多，現正在審閱看，以後當慢慢的刊載出來的，請勿以爲念。

五，五。

警策語

我們知道中國幾千年來，是世界上頭等的强國，我們的文明進步，在各國之先。到了現在怎麼樣呢？現在的時代，我們的中國，是世界頂弱頂貧的國家。爲什麼我們從前頂强的國家，現在變成這個地步呢？這就是我們中國近來幾百年，我們國民睡着了，因爲睡着了，所以我們幾百年來文明退步，政治墮落，變成現在不得了的局面。

縣黨部無線電收音室開放節目

五月六日　星期三

八，一〇　西樂

八，三〇　新聞

一一，三〇　平劇　警策語　報時　氣象　商情

一八，〇〇　國樂

一九，〇〇　平劇　楊小樓王少樓傅筱山侯喜瑞合唱長板坡

一九，三〇　兒童教育

二〇，〇〇　報時　氣象　簡明新聞

二一，三五　預報明日節目

二一，四〇　新聞

二二，二〇　轉播本京戲院平劇

小朋友

第二一七期

本刊以介紹小朋友的作品為宗旨
本副刊全係公開歡迎投稿
本副刊編輯部對來稿有刪改權
本副刊編輯部對來稿如不登載概不退還
本副刊編輯部設豐報社內

研究

寫與作

綠蒂

大家都認爲文章是作的，詩歌也是作的，所以說是作文章，作詩，作歌。但是作者絞腦汁，抽心思，沈思默慮，才能作出來的，這樣未必如見到就寫，聽到就寫，和想到就寫，接于外，動于中，振筆直書的文章，和詩歌，能把作者的眞生命表現出來。

所以說作文章，作詩，作歌，是不想作，硬作。而寫文章，寫詩，寫歌，是自然的流露。我們看看古今名人的作品就可知道了：

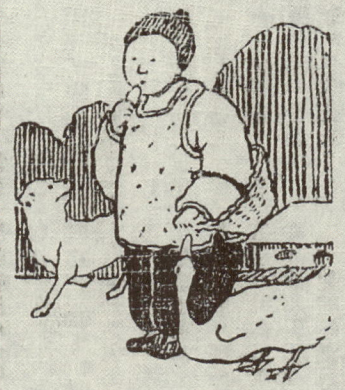

像屈原的離騷，是被放以後的作品，所以充滿了悲憤。蘇李贈答的詩，是去國懷鄉的流露，所以簡紙淒涼。杜甫的抑鬱，不得志，所以愁苦形于詩歌。李白的心與自然化台，所以詩情如仙。張若虛的春江花月夜；是陳後主的金迷紙醉的場台中的產物。李後主的虞美人詞，是亡人以後的著作。其他像這樣接于外，動于中，振筆直書的有數作品眞不可勝數。

所以蘇東坡認爲山林川澤間到處都放着好的詩句，只在有心人去拾取。孟浩然的詩，就是在自然界中拾取所得的結果。

悲多汶的月光曲，也是成功在不知不覺中。

小朋友們，你們假如寫的工具還沒有完備的話，請你們充分的準備吧！偉大的創作，也正在期待着你們來寫呢！

創作

關於清明節的一種傳說

四年級 王作善

在戰國的時代，晉國的公子重耳，因變故出奔他國。隨他出奔的人，有狐偃，趙衰，和介子推等人，行至中途，斷糧絕食，公子重耳餓得不能行走，介子推把股上的肉割下，奉給公子重耳充飢。啊！他可算一個忠耳。及至重耳回國以後，稱晉文公，分封隨難出奔的忠臣，一時竟把介子推忘了。及至想起，到他家去找他，他不在家，問鄰人說：「介子推背着他的母親，向綿山去了。」晉文公令人上山尋找不出，晉文公無法，心想用火燒山，他是一個孝子，不忍母親燒死，准要出來的。誰知燒了三日夜，還不見他出來，後來在山上一個大樹下，有兩個屍首，一個是介子推，一個是他的母親，晉文公非常的悲痛，這燒山的一天，正是清明節，晉文公因此念他，後來每年在清明節日，令家家門上插着柳條，意思是想把他的魂招回來，並在這天，不准熟食。這是因介子推是燒死的，不忍舉火，每年一到這天，家家門上都插着柳條，不熟食。這樣的習俗，一直到現在還流傳着。

由這個故事看起來，介子推他可算是一個千古的功高不受賞，淸廉高尚的人了，現今的一般貪官汚吏，趨炎附勢的人們，你們將怎樣的羞殺啊！他的母親，能成全他兒子的廉名，也是不可多得的一位賢母。

○　○　○

雨夜憶表兄

王隆莊 四年級 楊鴻謨

在一個寂無聲的深夜裏，陰雲密佈，細雨紛紛的下着，這時候院庭中人跡俱無，只有細雨霏霏下個不斷的聲音，和滿水簷下的雨搭，被雨點打在了上面，低答，低答的響聲，震入了我的耳鼓。這時我便步到院中，仰視天空，黑如鍋底似的烏雲，佈滿了天空，細雨淋淋仍然下個不止，還襯着陣陣的涼風，迎面吹着，身上也有些寒冷。這時候我便走回了斗室，仰臥在床上，對着灰黃的孤燈，這時候我昔日的往事，便從我腦海裏，一件一件的走了出來。偶然想起了許久未見面未相逢的德民表兄，眞使我一陣心酸，想過去一塊兒遊玩散心，有時坐在草地上談談天，講講故事，是多麼快樂的事啊！

現在呢！我那親愛的哥哥，自入伍去後，至今未返，遠隔千里在貴州和四川一帶，晝夜追剿赤匪，也沒有返里的機會，來和我遊玩談天了。我獨自孤單的一個人兒，坐在斗室，是多麼寂寞！多麼孤單啊！

唉！思兄遠隔千里路，盼斷肝腸是枉然！在這時候，我的眼淚已汪汪的欲滴了。

入春猶寒

宋小 李振斗

光陰荏苒，日月蹉跎，眨眼之間，春又來到人間了。

回想去年的此時，百花爭放，野草萌生，蟲兒起蟄，鳥兒齊鳴，一般人們，也都脫棉換夾，天氣很是和暖，所謂：「天朗氣清，惠風和暢。」大地上的生物，無不生氣勃勃，然而現在呢？雖然是春天，可是寒威未退，氣候依然冷酷，雖其天氣冷酷，致使花木未能開放，草木猶沒萌蘗，他如蟲兒，鳥兒也都不敢出頭，世界依然是冷清的。所謂「春光明媚，春色宜人。」這兩句話，我眞有點不相信了。

我校的小農場

劉王樓 三年級 王華武

我校的南面有一塊廣大的空地，從前是我們的操場，現在操場已移到校的西面去了，這地沒有用處，開墾成一個小農場，現在老師們指導我們開墾了。當開墾的時候，大家十分努力，每天課餘無事，我們就拿了農家用具在那裏開墾，現在已經快要開好了，我想將來墾好，築埂分畦，然後種花種菜，種花可供我們看，種菜可供我們吃，這是多麼好呀！

到圖書館裏去

常莊初小 楊瑞元

在上學期以前，我的作文簡直說不成套！自從上學期到現在，我的作文已經增加了不少的進步。這是什麼緣故呢？就是我天天不斷的到圖書館裏去；因爲圖書館裏有許多書籍報紙等，那裏面有一些故事啦！詩歌啦！笑話啦！謎語啦　各種作文等等；內容非常豐富，又極適合[illegible]的程度，因爲我時常到裏面去看，所以我的作文進步[illegible]，那裏面實在是我們的好教師，請諸位同學們，要[illegible]那裏面去才好！

往事

文小 高化民

我回想起七八歲的生活直覺得如同夢似的。

記得有一次，是在母親的懷裏坐着，忽聽得一羣孩子的打罵聲，我便要看一看去。但母親不叫我去，我哭了，母親要打我，我放聲的大哭了，母親那裡肯打我呢！不過是嚇我一嚇能了。

她見我放聲的哭，便挐着我的手慢慢的一同去，我那裏能忍得住那樣的慢慢的走，一時不經母親知道，偷跑了。不知怎的，忽然跌倒，額與鐵盆相碰，乓的一聲，鮮血淋漓，疼痛的很，母親抱我回去，一個月多才全愈，落了一個大瘢痕，到現在還存留呢。

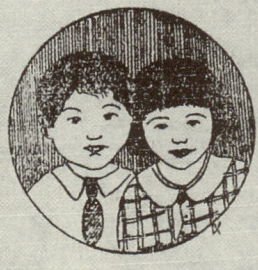

現在我回想起來，眞使我悲傷，自恨，悲傷那跌倒時的可憐，恨我那時不聽慈母的話，以致使母親傷心。

狗爭肉

南王樓三年級　王鳳雲

有一天，我上學來的時候，走在路上，看見一塊壞肉，在地上擱着。打圈子有十幾個大狗，爭着吃肉，吃不成，便咬起架來。後來咬得頭破血流，幾個大狗，堪堪要不能活了，後來連那塊肉也沒有吃，就各自走跑了。

因此，我便推想到，現時世國的國家，又何常不是這狗爭肉呢？向英法德美日……强國，好似一羣大狗，而我國呢？好似一大塊肉，在地上擱着，這一羣大狗，圍着肉打圈子，那一個狗，都想吃這塊大肉，可是總不敢吃，恐怕打起架來，因此我國才不能滅亡。

我中華同胞呀！趕快團結起來，一致對外，共同奮鬥。把這塊地上的大肉，快拾起來擱牢；別被那一個偷吃了。

詩歌

窗外春柳

華山小學　尹克健

時來時去匆匆，
和暖又屆春風；
梅花未報好信息，
楊柳早知春意濃！

○　○

楊柳青，
楊柳綠，
楊柳能使我的腦筋靈；
楊柳能使我的精神足。
楊柳！楊柳！
你的姿態幽秀，
惟情溫柔，
處處表示和藹；
消我沉思，滌我愁！
春柳眞是我的好侶伴，
春柳眞是我的莫逆友！

街燈明了

宋小五年級　李忠友

遠遠的街燈明了，
好像閃着無數的明星。
天上的星是現了，
好像點着無數的街燈。

○　○　○

我想潔白的空中，
眞似美麗的街市。
街上陳列的一些物品，
定然是天上沒有的珍奇。

○　○　○

你看，那淺淺的池塘，
照映着殘星的明光。
忽然幾陣微風，
皺起紗也似的波紋，
彷彿曲終舞罷的女郎。

○　○　○

冉冉上升的如鉤的明月，
籠罩着我的臉兒，
對着我微笑。

謎語欄

第十五期

△上期謎底

一，人呼的氣　　張金良

二，榆葉榆錢　　周德勝

三，紡棉車　　高德廣

四，杓，磨，壺，紅車，熬子，船　　李宗元

五，高粱　　張啓其

六，蜘蛛　　楊紅扇

△本期迷面

一，長腳小兒郎，吹簫入洞房，愛喝紅花酒，拍手命喪亡。　　盧紹升

二，上頭去下頭，下頭去上頭，兩頭去兩頭。（打一字）　　劉德華

三，劉備打罵出城西，貂蟬拉住呂布衣；蕭何月下趕韓信，霸王江邊別虞姬。　　李大莊初小李宗美

四，湘子門前一道溝，張敞提筆上彩樓；梁灝得中八十二，關二爺思念劉豫州。　　李大莊初小李玉英

五，小時像胡椒，大時像蒲包；人人都吃過，不用筷子刀。　　李大莊初小李德孝

介紹

木偶奇遇記（續）

意大利卡羅勞倫西尼著
朱宜生譯

第五章

這時天要黑了。品諾巧想起他這一天還沒有吃一點東西，他覺得有個東西在他的胃裏亂咬，這明明是食慾呵。

食慾的增加，在孩子們是很快的。幾分鐘之後，他的食慾就變成了饑餓。一會兒，由飢餓而變成饕餮。——他餓得簡直不能支持了。

可憐的品諾巧連忙跑到火爐邊去，這火爐上面有一個小鍋，正在沸騰着，噴着蒸氣。他想打開鍋蓋，看看裏面究竟是什麼東西。但是，那火爐，那小鍋都是畫在牆壁上面的，你想他是多麼驚奇啊。他的鼻子本來就很長，現在又更加長長了，差不多又長長了三四指。

他在滿屋子裏亂跑，翻箱倒篋，各個盛東西的地方他都找到了，他想找一塊麵包。祇要一塊乾麵包，一點麵包皮，一根狗肯剩的骨頭，一些生霉剩飯，一根魚骨，一粒櫻桃核，——其實不管什麼東西都可以，祇要是他能吃的。可是他沒有找着一點任何的東西。

這個時候，他餓的更加利害了，他除了打呵欠以外，別的沒有一點救濟的辦法。他打呵欠打得這樣的可怕，兩個嘴角一直的張到他的兩隻耳朵根。在他打呵欠的時候，同時又流了許多口水。於是他覺得他很疲乏而且有些昏迷了。

這時，他很失望的大聲說道：

『能言蟋蟀是不錯的。我背叛了我的爸爸，離家逃走是做錯了……倘若我的爸爸在這裏，我決不能餓得這樣要死了。啊！飢餓是多麼可怕的病症呀！』

正當這個時候，他忽然看見在垃圾堆裡有個圓而白的東西，好像一個雞蛋。他即刻跳起來拿起那個東西一看，果眞是一個鷄蛋。

品諾巧的快活，實在難以形容，只有想像和體味，才能知道他這種快活。他幾乎相信他這是一個夢，他把這個鷄蛋放在手掌裡盤玩着，並且撫摩它，吻它，當吻它的時候，他說：

『現在我怎樣烹調它呢！做一盤炒蛋吧？……不，還是煮吃的好！……呵，是用油炒炒吃着有滋味呢？還是煮了吃好呢？不，最好還是放在一個鍋裏敦。因爲我現在是這樣飢餓，是這樣急等着吃它。』

（本章未完）

編輯消息

一、在第二六八期本刊的通訊欄內，紅燈覆子方的信中：

三、Gullive.s Travels 係 Gullivers Travels 之誤

四、Wonber Book 係 Wonder Book 之誤特此更正

二、關於研究，欄內的作品太少了，請關心兒童教育的人們來共同耕耘這塊園地。

三、稿紙已奉送輸入了。

紅燈

警策語

我們中國人，應該要知道我們現在的地步，要趕快想法子，怎樣來挽救。那末，我們中國還可以有救；不然，中國就要成爲亡國滅種的地位。現在世界的潮流，都進到新的文明。我們如果家能醒起來，向新的文明這條路走去，我們才可以跟得到各國來進向前去。那末要醒起來，中國才能有望。

縣黨部無綫電收音室開放節目

五月七日　星期四

八，一〇　國樂
八，三〇　新聞
一一，三〇　平劇警策語報時氣象商情
一八，〇〇　董濟枝唱三堂會審
一九，〇〇　平劇　程豔秋　尙小雲　言菊朋　茹富蕙
一九，三〇　兒童教育　合唱硃痕記
二〇，〇〇　報時氣象簡明新聞
二〇，一〇　時事述評　關於國內時事
二〇，三五　話劇
二一，三五　預報明日節目
二一，四〇　新聞
二二，二〇　平劇及國樂

豐報

第一〇八〇號

社址豐縣大同街

中宣會部記登中字[illegible]一二九二號 內政部登記證警字第二二三〇號

中華郵政特准掛號認爲新聞紙類

每日一張　零售　洋一分四厘

本報價目

本埠每份每月大洋三角　外埠每月大洋四角郵費在內　費須先惠空函不覆

△廣告刊例

本報廣告以方寸計算　每方寸以市尺長寬各一寸計算

（新聞欄）每日三方寸三天起碼每日每方寸一角二分

（封　面）每日三方寸二天起碼每日每方寸一角

（普　通）每日三方寸二天起碼每日每方寸八分

登三日以上九折六日以上八折八日以上七折十日以上六折常期面議

叩謝

竊僕側身戎行，已逾廿年，對於親友往來，諸多疏略，一念及此，抱歉殊深，近因先嚴壽終，卜期殯葬，辱蒙諸親友弔唁股奉，感荷隆情，益滋慚怍，特此鳴謝，伏祈宥鑒

棘人李奇峯稽首

徐州農民銀行通告

查豐縣第二區蕭莊鄉蕭城鄉徐樓鄉第三區鞏橋鄉路莊鄉等借款聯合會曾借本行款項逾期已久迄未清結一再催追置若罔聞其或因水災影響無力償還情尚可原聞亦有狡猾者流從中把持需知此種省款決不容私人侵佔爲特通告上開各借款聯合會負責代表於二十天內就近赴本行豐縣辦事處接洽如果實欠在民當可商轉期辦法如係私人侵用定當提縣押追決不寬貸特此通告

國貨香烟

老牌　白金龍　大長城

價目低廉　色味俱佳　品質高上　無與比倫

南洋兄弟烟草公司出品

豐縣德履祥經銷

豐縣農工銀行啓事

啓者查本行存儲小麥業經監理委員會決議按現市場底價目每市斗六角七分作價限期至多六個月利率月息一分五厘用殷實店保本縣合作社及工商各界辦法出借凡欲借用者請於五月一日至五月十五日來行接洽此啓

豐縣普及識字教育委員會通告

第四號

本縣各區民衆識字班於本月十日前一律將課業辦理結束。茲訂於本月十日十一日兩日爲各識字班舉行畢業考試日期。除將各識字班考試時日交由區公所轉飭外，合行通告，仰該縣各鄉鎮保長一體知照，先期嚴催學生到校，準備應試爲要！

中華民國二十五年五月四日

主席委員王迹先

豐縣教育局啓事

查本年度義務學級三月份、省款補助、業由教廳領出、希各校來局具領、又二月份教費尚有未經領出者、統限于本月十二日以前結束、祈即注意爲要！此啓。

恭頌豐縣監獄看守主任張德方先生德行

豐縣監獄看守主任張德方先生，對疾病犯人，親侍湯藥，并注重衞生，撿查認眞，犯人均感，對上奉公，無任信用，如此忠信君子，德及犯人，學倫等在押時，均身受目睹，感激之餘，無以爲報，特登報端，恭頌德行。

楊學倫　盧振起　謹啓

中外要聞

晉匪大部渡河竄回陝北 殘匪指日即可肅清

▲中央社太原六日電　徐毛林各匪經我軍進勦壓迫　其大部已由永和關渡口連夜西渡、竄回陝北、其未渡河西殘匪、尚有一二千人、五日經我軍擊斃多數、沿岸之匪、紛紛竄匿、現我進勦各部、已尾追至黃河沿岸、正在搜勦殘匪、並俟將晉境殘匪肅清後、我軍將撥一部過河協助陝軍清勦。

▲中央社太原六日電　永和境內徐毛林各匪、已完全渡河西竄、大甯境內、尚有殘匪、五日晨經楊澄源師梁旅在黑城一帶與匪接戰、匪傷亡甚多　即向二郎山一帶潰竄　見我軍分路圍勦、並已在沿河派隊截擊、殘匪指日即可肅清。

蔣院長昨宴請各院部會長官

▲中央社南京六日電　行政院蔣院長、於三月初旬出發黔川滇湘鄂贛視察直至昨晨返京、茲悉蔣院長以離京數月、與各院部會長官分別已久　特於今日下午一時在陵園孔財長私邸宴請在京各院部會長官。

立法院商法委員會 商修改保險法保險權益問題

▲中央社南京六日電　立法院商法委員會、以我國保險法實行已有多年、現急待修改　特於今晨開會討論修改辦法、並於事前邀關保險團體派員來會列席、關此次修改要點、將側重保險權益問題、以現行法並無此項規定也。

滬甯波同鄉會 獨購機祝蔣壽

▲中央社上海六日電　甯波同鄉會六日執監聯席會議決、獨立購機一架、呈獻政府、恭祝蔣委員長五十壽辰。

湘省府決定衡山縣爲實驗縣

▲中央社長沙六日電　湘省府五日常會、決定以衡山縣爲實驗縣　實驗縣政委員會委員決定爲十五人。

翁文灝由湘返京

▲中央社長沙六日電　翁文灝偕蔣夢麟及京滬各學者送丁文江遺櫬安葬、五日下午乘專車赴漢轉京、敎育廳長朱景龍同行到京、出席十省行政會議。

中國經濟學社京分社成立

▲中央社南京六日電　中國經濟學社、自成立以來、已有十九年歷史、現有社員七百餘人、大都爲當今知名之士、總社設首都、先後成立分社、計有上海、杭州、平津、長沙等地、近來該社旅京社員馬寅初、陳其采、梁寒操等、以留京社員甚多、有成立分社之必要、特發起組織分社、日前開會、票選孔祥熙梁寒操等七人爲理事、會養甫等三人爲候補理事。

司法行政部規定辦公時間應有服裝 通飭各級法院遵照

▲中央社南京六日電　司法行政部以法官書記官出庭時、已有着制服之規定、在辦公時間服裝尚未規定、殊欠整齊嚴肅、近特參照行政院辦法、通令法院職員在辦公時間男職員一律着中山裝、女職員律着衫裙、已飭令各級法院遵照。

韓復榘赴荷澤視察

▲中央社濟南六日電　韓復榘六日晨六時由泰安乘車南下、九時五十分抵滋陽未下車、十時五十分到濟甯、七日擬赴荷澤視察。

熊式輝召開各專員談話會

▲中央社南昌六日電　熊式輝五日午後召集各專員開談話會、聽取各專員之報告、並討論（一）赴京出席專員會議之提案、（二）保甲制度之詳細實施辦法　民政廳長王次甫、教育廳長程時煃、准七日率專員邵鴻基等赴京、出席會議、熊式輝八日晨離省赴京。

……討論出席專員會議提案……

苗培城返省 將繼赴各縣巡視

▲中央社南昌六日電　苗培城五日赴臨川視察水利吏治事畢　於六日返省　據談特別注意事項、（一）各地方是否按照預定水利計劃切實做到　及有無偷工減料之弊、（二）保甲組織及經費、（三）地方金融及人民痛苦、（四）法院案件情形、並定日內繼赴各縣巡視。

豫汲縣昨舉行 比干誕辰紀念會

▲中央社鄭州六日電　豫北汲縣六日舉行殷太師比干誕辰紀念會、劉峙派代表黃鍾麟致祭。

津保路仍照舊綫

……橋樑涵洞月底一律完成……

▲中央社保定六日電　津保路北段、前擬改經安新徐水來保、現因地勢窪下、決仍照舊綫經高陽修築、即開工、全路橋樑六處、涵洞十八處、已竣一部、限月底一律完成。

中央運大批輔幣到蓉

▲中央社成都六日電　中央銀行六日續由滬到中航公司機運大批輔幣券運到蓉、六日全日約兌出五十萬元、該行尚將續運二百萬輔幣到蓉、金融刻已活動。

第三十四師長辭職蔣電慰留

▲中央社長沙六日電　陳渠珍辭三十四師師長職、蔣委員長覆電慰留。

美遠東商業考查團到平

▲中央社北平六日電　美洛杉磯商會組織之遠東商業考查團、一行廿八人、由團長馬克帶領六日晨由瀋抵平。

挪威駐中日暹公使高蘭來京 定明日謁林主席呈遞國書

▲中央社南京六日電　新任挪威駐暹華日公使高蘭、定於今日下午由滬乘車來京、下午十一時可到下關、外部屆時派員到站歡迎、高使定八日上午十一時晉謁林主席呈遞國書。

蘇省黨部常委張公任冒檢閱童軍 成績優良者省理事會將嘉獎

▲江蘇社　江蘇省黨部常務委員、兼江蘇省童子軍理事會常務理事張公任氏、日前偕陳理事邦才、經吳縣、吳江、常熟、崑山、太倉、寶山、嘉定等七縣、冒雨檢閱童軍、准五日晚返省、玆將檢閱情形誌後、上月廿六日檢閱吳縣童子軍、實到二十二團、計八百餘人、總指揮聞言元、結果以一〇六女五五女三三等團成績爲最優、廿七日檢閱吳江童子軍、實到六團、計一百餘人、總指揮李世鐸、結果以六一團成績爲最優、廿八日檢閱常熟童子軍、實到五團、計二百餘人、總指揮沈重光、結果以二七七女四一等團成績爲最優、廿九日檢閱崑山童子軍、實到五團、計三百餘人、總指揮盛文修、各團成績均差、本月一日檢閱太倉童子軍、實到四團、計二百餘人、總指揮張書文、結果以二一〇團成績爲最優、二日檢閱寶山童子軍、實到八團、計五百餘人、總指揮徐國華、結果以四七一、三七二等團成績爲最優、三日檢閱嘉定童子軍、實到十二團、計五百餘人、總指揮陶保霖、結果以九九一、九一五等團成績爲最優、據張氏語記者云、此次往各縣檢閱、以吳縣童子軍成績爲最優、嘉定次之、太倉寶山常熟又次之、崑山又較差、聞江蘇省理事會、將分別予以獎懲云。

導淮工程將完成 定六月中行竣工典禮

▲江蘇社　導淮入海工程、以及淮陰邵伯等建閘工程、均將於短期內竣工、玆悉蘇省府暨南京導淮委員會、以此項工程之鉅、近百年來所僅有、爲謀鄭重及紀念起見、擬於竣工時舉行一盛大之竣工典禮、由導淮委員會暨蘇省府會同籌備、地點決定鎮江、日期約在六月下旬云。（五日）

蘇教廳粵桂浙贛 四省教育考察團月底返省

▲江蘇社　蘇教育廳前派潘仁□、□□□、金鑑元等三人、組織粵桂浙贛四省教育考察團、於月前由鎭出發赴滬、轉道粵桂兩省等情、曾誌前報、玆據教廳息、該團現已由粵桂返滬、日內卽赴浙入贛考察輔導教育、及特種教育、訂本月底返省、報告攷察所得云。（五日）

浜海墾殖區測量隊 清丈班已出發

▲江蘇社　蘇省浜海墾殖區測量隊土地隊之圖根班、已於上月下旬由滬出發、工作情形曾誌本報、玆該隊之清丈班、業已組織就緒、日前由總隊長徐角驥率領一行五十餘人、由鎭赴工次實施清丈工作、據云約八月後土地隊之工作始能全部竣事云。（五日）

乘泗列島漁產量 每年約在千萬元以上

▲江蘇社　乘泗列島位於揚子江口、爲吾國產魚最豐富之區、統計每年水產品之價值、在千萬元以上、實業部魚市場曾派員前往調查、玆將該島漁業狀況如次、

乘泗列島　爲羣島之總稱、大別之分爲馬鞍羣島、巴克羣島、乱形羣島等、其中以馬鞍羣島之乘山嵊山兩島面積最廣、更爲漁業上之重要根據地、附近出產之水產品、常年滋生繁殖、爲吾國海產最豐富之區、其中出產著名者、有大黃魚、黃花魚、烏賊魚、帶魚等、該島

每年產魚　之總量約四百二十九萬一千一百担、價值約一千一百二十一萬元、計黃花魚二百萬担以上、値三百萬元、大黃魚六十萬担强、値二百四十萬元、烏賊魚五十萬担强、値一百二十萬元、帶魚一百萬担强、値二百萬元、□魚十萬担强、値八十萬元、馬鮫魚八千担强、値十萬元、□魚五百担强、値二萬元、鮭底魚二千担、値三萬元、梭魚二萬担强、値十六萬元、海蜇製品一萬担强、値十二萬元、鮑魚一萬八千担、値二十七萬元、淡菜製品二千担、値十萬元、紫菜製品六百担强、値四萬五千元、蝦一萬担、値四萬元、鰳魚萬担强、値六萬元、

禁煙實施狀況 蘇省府通飭各縣

隨時報由縣禁會查考

▲江蘇社　蘇省府頃訓令各縣縣長云、案准禁烟委員會第三二二號公函、以據川沙縣禁烟委員會呈請、轉函省政府令飭所屬將禁烟實際工作狀況、儘量供給縣會等情、除分令各縣外、合行令仰該縣長遵照、嗣後關於禁煙實施狀況、應隨時報由各該縣禁烟委員會、以備查考、毋稍誤延此令、（四日）

蘇省農倉管理處派員分赴南銅等縣

察勘設置省倉庫地點

△江蘇社 江蘇省農業倉庫管理處、積極擴展農倉事業、即日派幹事朱玉吾、王樹蒂、分赴上海南匯銅山豐沛蕭碭等縣、會同察勘省倉庫設置地點、以定案與建云、（四日）

蘇省第三批縣局長赴京受訓

△江蘇社 內政部行政人員訓練班第二期各省市受訓人員訓練期滿、即日結束、蘇省受訓人員、除崑山縣長彭百川、東台縣長鐘竟成、因公先行返縣外、其餘人員、則日內亦可返省歸原任視事、茲蘇省第三批受訓人員、計縣長有南通洪聲、如皋章駿、南匯張崇基、崇明顧鴻熙、吳縣鄧翔海、銅山鄧必興、公安局長計有崑山張達、江都張澍等、業已先後赴京報到入班云、（四日）

財部裁撤淮南運副揚州稽核所改為支所

△江蘇社 財政部頃以部令裁撤淮南運副、并將揚州鹽務稽核分所改為支所、原有淮北鹽務稽核分所、改為兩淮鹽務稽核分所、仍以南淮運使姚綸兼任該分所經理、（四日）

汽車匠徒考驗規則

△江蘇社 蘇建廳公路管理處、依照蘇浙皖京滬五省市管理汽車技師匠徒章程、暨汽車匠徒考驗規則、定期考驗技師匠徒、並定昨日起至二十二日為登記日期、各情已誌本報、茲將該考驗規則探誌於後、（一）凡五省市內汽車匠徒均依本規則考驗之、（二）考驗科目分為初中高三級、初級考驗為筆試、中級考驗為實作與口試、高級考驗則全為口試、（三）匠徒考驗之程度規定如次、一、工匠須經初中高三級考驗均行合格、二、副匠須經初中兩級考驗合格、三、藝徒須經初級考驗合格、（四）初級考驗科目規定如次、一、淺近文字、二、簡易算術、（五）中級考驗科目就各種工別規定如次、一、機械工、工作技能、機械常識、二、裝配工、工作技能、汽車常識、三、銅工、工作技能、銅工常識、四、鉄工、工作技能、鐵工常識、五、木工、工作技能、木工常識、六、電工、工作技能、電氣常識、七、漆工、工作技能、漆工常識、八、胎工、工作技能、輪胎常識、九、縫工、工作技能、縫工常識、（六）高級考驗科目亦就各種工別規定如次、一、機械工、圖樣常識、機械工作法、二、裝配工、圖樣常識、汽車原理、汽車較準修理法、三、銅工、圖樣常識、車身零件構造、四、鐵工、圖樣常識、鋼鐵淬火法、五、木工、圖樣常識、車身構造、模型常識、六、電工、汽車電學、電池修理、汽車電器構造、七、漆工、底漆面料色調和、八、胎工、輪胎修理、九、縫工、圖樣常識、坐墊等織造、（七）考驗費初級免費中高級每種工別每次五角、（八）一人兼習數種工作者、均得請求考驗、如均能合格得於執照上註明可充數種工作、（九）考驗不合格者、得於修習後再請覆考惟同一科目經五次考驗仍不能合格者不再覆考、（十）已經執業之工匠司匠因幼年失學於高中兩級考驗、均能合格而初級考驗不能合格者、得暫先發給執照責令補習以資補救、（十一）本規則如有未盡事宜得由五省市交通委員會議決修正之、（十二）本規則經五省市交通委員會通過後、函請全國經濟委員會轉函、各省市政府公布施行、（四日）

義軍進入亞京全國空前歡忭

任波泰為亞京總督

美政府不承認武力佔領土地政策

▲中央社羅馬五日電 政府頃於本日午後、接到東非義屬總督委員兼遠征軍總司令拔道提報內稱、本總司令今已於本日午後四時率勝利軍入亞京、至五時半羅馬城氣笛齊鳴、全國各地均奮宣佈公民總動員、各屋升旗、工作停止、歡忭之狀、實屬空前 各法斯蒂團體集合指定地點、以聆首相播音演說。

▲中央社羅馬五日電 羅馬卡必德利安丘高樓鼓鐘、及全國各地警鐘、按照墨索里尼首相向衆院宣佈辦法、於五日午後四點四十五分皆鏗然齊鳴、召喚全國民衆、舉行普通點名、各地民衆聞聲咸向指定地點集合、各該處均裝無綫電報收音機俾億萬民衆得傾聆首相演詞。

▲中央社羅馬六日電 政府頃任用羅馬總督波泰、為亞京總督。

▲中央社倫敦五日電 據駐英亞使馬爾甯宣稱 亞王大約將其眷屬置於巴勒斯坦一寺院中、然後至倫敦奮鬥。

▲中央社吉布地港電 亞國軍事領袖最後逃此間者、姆賽玉將軍、於五日晚到此。

▲中央社上海六日電 巴黎電、亞比西尼亞駐法公使兼國聯方面代表摩良、六日謂亞王之出亡、實非得已 蓋對意實施制裁之國、袖手旁觀、對於亞國人民之慘遭炸彈瓦斯慘殺、不加援手、則雖繼續奮鬥、亦無結果、但現在黑霧之中、仍有一綫曙光、蓋以美國務卿賀爾、曾首先宣稱不能承認侵略所得之勝利、余願美國輿論、或尚感動道德意識未完全消失之國家、出而制止宰割亞國之行動也。

▲又上海電、耶路撒冷電、此間亞比西尼亞代理領事蒙諾摩稱、亞王擬在耶路撒冷小住六星期、再往倫敦半月、然後前往日內瓦、以觀英義兩國瓜分亞國。

▲中央社上海六日電 華盛頓電、官方五日表示美政府將根據迭次不承認武力侵佔領土地政策 同樣對付義國所佔亞國土地、美國仍將維持史汀生主義、惟政府須視義國如何統治亞國、然後再作決定 在另一方面、美國對亞利害關係甚小、故其政策或將隨環境而異、亦未可知。

▲中央社羅馬六日電 政界人士均對墨索里尼五日所發表之演說、言外有意、及對亞國問題解決辦法、據其在日內瓦討論事宜、英使德維門與外相蘇維治會談此事、曾主張合一談判、應當在國聯範圍內舉行之、

雷司德在國聯演說遠東情形

▲中央社日內瓦五日 最近由遠東國聯之雷司德女士應國聯各機關之邀、連日演說遠東情形、昨晚演說中涉及中國農村生活、及日本最近危害中國情形、聽衆多為感動、又雷司德女士對農村生活、極表同情 謂各地農村雖無外籍專家建設、成績斐然、禁毒問題、女士稱日本及朝鮮人民、籍領事裁判權及武力為護身 在華北私販毒物 有日漸伸長之勢、福建方面亦有同樣情形、日本此種危害中國情形深盼引起國聯方面在人道上加以糾正云。

挪威芬蘭等五國將集議攷慮退出國聯

▲中央社丹麥京城六日電 國聯之命運將於今後數日內在日內瓦決定之 聞星期六挪威 芬蘭 瑞典、丹麥 荷蘭五國外交當局、將集議日內瓦、以攷慮退出國聯與否之問題、

巴爾幹協約各國常設政治會攷慮維繫國境完全

▲中央社南斯拉夫京城六日電 巴爾幹協約各國常設政治會議、六日午後繼開會後、發表公報稱、關係四國對於議程所載各項問題、已完全同意 旋攷慮各項有效辦法 用以維繫各關係國邊境完全。

埃及新王已抵京

▲中央社開羅六日電 新王法魯克、已由英倫返國六日抵京。

英埃條約談判宣布延期

▲中央社倫敦六日電 據此間得開羅電、英埃條約談判、宣布延期至五月十三日再議。

英對德備忘錄提問題表已寄交駐德大使

▲中央社倫敦六日電 據悉英國對德國備忘錄所提問題表、業於五日寄交駐德大使北浦士 並告以詞題表之詞句最後或尚有修改之處、故待至七日始能送德政府。

本縣新聞

第三期受訓保長 昨舉行開學典禮

王兼所長主席並報告 董鄉長秦秘書相繼演說

本縣保長訓練所、自開辦迄今、已先後畢業兩期、種種情形、曾迭誌本報、茲悉第三期受訓保長、已於前日開始、該所特於昨日上午十時、舉行開學典禮、共到保長及各界來賓二百餘人、由王兼所長主席、領導行禮如儀後、並作報告 首述保長集城訓練之意義、次述吾人之生活要紀律化、無論起居飲食、處處都要合乎規矩、一掃過去萎靡、頹惰、懈弛、散漫之心理、末述軍事訓練之重要、非但鍛鍊身體、並能養成勇于任事之精神、希望大家在此短促訓練期間、務須悉心聽講、切勿敷衍了事云云、繼有實驗鄉鄉長董雪山演說 大義約分三點、一、保長爲義務職、爲保長者 不當因無權利而辭職或擺脫、須知保事如家事、既被推爲保長 應當不辭勞苦、黽勉任事、具有舍我其誰之精神 二、人生在世 富貴不足爲樂、安適不足爲樂、惟能完成事業、才是人生真正快樂、保長如能將本保的事業、一一完成、其心中是何等愉快、三、保長應當認清自己的地位、不要妄自菲薄、也不要妄自尊大、尤其對本身職務 須切實明瞭、後有縣政府秘書裴朝永報告該所組織及規則 並聲明如有冒名頂替之保長、一經查出、決予嚴辦、希望各位注意云云、旋即奏樂禮成、

民衆識字班 定期舉行畢業考試

由各學校教職員及各機關公務員爲主試委員

本縣自去年八月奉令辦理强迫識字教育後、即由縣政府會同教育局積極進行、計成立民衆識字班六百五十九所、於十二月十六日、一律開學、按照學歷規定、於本月五日結束、各情已誌本報 現普及識字委員會爲切實考核各民衆識字班學生成績起見、擬派員主持畢業考試事宜聞已聘定各學校教職員及機關公務員二百餘人爲主試員、定於五月十日分別出發、主持指定之民衆識字班畢業考試云。

同樂舞台整理委員會 召開第二次會議

通過招包辦法及各種規則 推王漢卿暫兼該台管理員

本城同樂舞台整理委員會、于本月五日上午十二時假縣黨部會議室 召開第二次會議、出席彭世亭、崔有慶、董玉珏 王漢卿、李效禹、列席李貞乾 武襄承、主席彭世亭、紀錄武襄承、

△△▽報告事項▽▽△

一 同樂舞台整理委員會、組織簡章內容二、同樂舞台整理辦法內容、三、同樂舞台招包辦法內容、四 同樂舞台營業規則、五、管理員服務規則、

△△▽討論事項▽▽△

一、同樂舞台整理辦法、招包辦法營業規則 管理員服務規則、及本會簡章、均經擬就、請討論案、決議、修正通過、二、應如何派人管理同樂舞台案 決議、推王委員漢卿暫兼管理員、三、本會事務員應如何聘請案 決議 聘請李欽讓担任 閉會

附招包辦法、一、凡戲班或承包人招戲入園演唱、均須依照本辦法辦理之、二、戲班願入園演唱 或承包人召戲入園演唱時 均須先向本會接洽、經許可後 方得入園演唱、出園時亦須向本會聲明後 方得出台 前項入園手續另定之、三 園租在開演時期 規定每日一元（開鑼前須繳租）、按日繳納之 四 園內營業 及一切衛生 維持秩序等事項、均應依照本會規定及臨時指導辦理之 五 園內如有演唱反革命及帶有迷信傷風敗俗戲劇 本會得隨時令其停演 或驅逐出園 六 園內用具 除由本會派管理員管理外 戲班或承辦人、有負保護之責任 七、本辦法有未盡事宜 得由本會修改之、八 本辦法經本會委員會議通過施行。

實驗鄉五五大會之第二日

實驗鄉五五大會第一日之情形 已誌本報、昨日爲該會第二日、記者於上午九時前往 見會場人數、較第一日更多、交易場中、貨物堆積如山 緣該會不用行人、不收地皮租、不容叫花子 商民可以減少剝削、均樂於前往也 戲台前之觀衆 較前更爲擁擠、縣政府、派警士數人、往來巡查、台下賣牌攤、被警士逐散、小 之高聲叫賣者 亦被申斥制止、是以人數雖多、秩序[illegible]、下午七時仍表演新劇、該鄉教育股長王汝鑒先生、於 開演前、先向民衆作精神講話、講題爲「孝順」、關於子女孝順父母之理論及方法 闡述極詳、並敍述本縣先賢丁蘭故事 以資激勸聽衆咸謂當此世風衰頹之際、忤逆之子、無村無之 此種講演、誠爲對症下藥、本日劇目、以該鄉各校全體教師合演之「三姊妹」爲主、劇情是某翁生女三人、性情各異長女溫柔和順 精於女紅、繡戶當窗 不出閨門、次女活潑伶俐、長於交際、裝飾趨時、行爲浪漫、三女質樸耐勞、擅長運動 具有愛國思想、熱心社會服務 某大學教授託人向之求婚、調查三姊妹性情後 三女獨得膺選、飾三姊妹者爲張莘鏡、袁光祖、李子正三位先生 裝束行動表情 均能極合身分、惜一般民衆欣賞程度太低 未能完全領會旨味、除此劇外、尚有二官廟小學及中心小學學生表演之「窮途」「誤會」「老虎叫門」諸獨幕劇及國術、最後爲林靖夷谷建模王汝鑒三位先生主演之趣劇一笨賊一幕、裝束行動、處處引人發笑 下時午九三十分閉幕、觀衆皆喜笑而散、聞第三日適值五七國恥紀念日、主要劇目爲「臥薪嘗胆」及「團結御侮」兩愛國劇云。

司法欄

◎縣政府司法批示◎

▲刑事原具狀人即訴人楊大存、一件、爲遊處罷訟、懇予撤訴由、狀悉、此批、

▲刑事原具狀人田萬靈、一件、爲傷痕甚重 飲食不下、再懇通傳訊究法辦由 狀悉 本案業據田玉鑾撤回告訴在案、所請傳訊 應毋庸議、此批、

▲刑事原具狀人陳明川、一件、爲逆子毆父、棄親不養、請求立拘、依法訊辦、以儆兇横由 狀悉、仰候傳案訊奪、此批、

▲刑事原具狀人焦志鈞、一件 爲殺人重犯、傳訊未押、再叩拘案嚴追伏兇、一併法辦、以伸命寃由、狀悉、仰候訊明核奪、此批、

▲刑事原具狀人王萬芝 一件、爲强霸宅基、阻撓刨樹、懇請傳案訊判由、狀悉、仰候通知答辯、傳案訊奪、此批

▲刑事原具保人張慈靄、一件爲懇請賞保淡學安、回家安業由、狀悉、准保、此批、

▲刑事原具狀人劉永安、一件、爲架唆誣告、毀損種物、訴請提案究辦由、狀悉 仰候稽傳訊奪、此批、

◎刑事判决◎

孫子氏穆秀蘭和姦案判决、主文 本件不受理、

△庭期審理案件▽

五月八日審理黃氏等訴高伯嶺害傷案、

五月八日審理焦元柱訴伊子被架案

△本城粮價▽

名稱	每市斗價目	
小麥	最高三千三百文	最低三千　百文
大麥	最高二千五百文	最低二千四百文
黃豆	最高三千四百文	最低三千三百文
黑豆	最高三千四百文	最低三千三百文
菉豆	最高三千七百文	最低三千六百文
江豆	最高三千六百文	最低三千五百五十文
高粮	最高二千六百文	最低二千五百文
穀子	最高二千一百文	最低二千文
稷子	最高二千文	最低　千九百文
芝蔴	最高五千六百文	最低五千五百文
青豆	最高三千四百文	最低三千二百五十文
花生（每斤）	最高二百八十文	最低二百七十文
瓜子（每斤）	最高八百文	最低七百八十文
生米	最高四百六十文	最低四百五十文

△△氣象▽▽

天氣	風向	最高溫度	最低溫度
陰	東南風	七一度	六五度

第二〇七期

一，本刊內容分爲專常論論著詩歌小說戲劇散文書信實事介紹及批評等項
二，本刊歡迎投稿來稿文言白話均可
三，來稿本社有修改權不願者應先聲明
四，未經登載之稿除預先聲明者外概不退還
五，本刊編輯部設豐報社內

漫談

戰後的歐洲及現階段的國際形勢（續）

程克林

日德的攜手

一個歐洲的黷武國家，與一個東亞的侵略者，他倆便在國際風雲緊張的時候發生了戀愛。這可以說是兩個戰神結拜了。日德的結合實在是焚燼世界寶藏的火手。

德國爲着擴充疆域和收復失地，便以武力爲前鋒。我們看到希氏與戈林的演說，就可以知道德國是歐洲的第一個好黷武的國家，他們在那種瘋狂態度中的嘶吼，倒把世界的人民從沈寂緩和的空氣中，轉移到緊張可怕的烟霧間。總之武力行動第一步就涉及到法，比等國，所以法比等的設防緊急辦法，同時與德爲鄰的小協約國，便在瘋狂備戰的聲中，更堅固的團結了起來。這一些國家都是德的對頭，同時也是德國侵略的目的地，所以德就形成了一個孤立好武的國家。在這種局勢中希特勒便運用了外交的手腕 來聯絡與他道同義合的日本，藉此以實現他們的侵略政策，互相的來肉食弱小民族。日本與德國無論是在形勢上和侵略的政策上，都好似一個同生的兄弟，凶惡的面孔足足的使人生懼。

日本近年在國際上的情形，在在的都表現着孤立的異像，她在華與英之衝突，已破壞了他們過去的友好。太平洋上的爭霸與美國形成了勢不兩立的局面。海軍會議的退出又惹得英美法生惜，所以她只有與德友好才是她的出路。但是德國又更進一步的去聯意。所以現在的德意正在眉來眼去的進行着秘密會議，黑衫黨的墨索里尼與一個鐵血宰相希特勒攜了手，眞不啻是一對指使戰神的主宰者，這樣看來德意日三個黷武者已經打成了一片，同時德又聯匈，奧等來敵抗法俄和小協約國，這個局勢又與大戰的時候相差無幾。同時又是一個血拼的胚胎。

英美的積極備戰

大戰後的英美，他們便在炮火剛熄的時候，就迅速的走向工廠擴充的道上，從事他們發財的門徑，在美國他認爲他的經濟力量能直接的支配着世界。英國呢他便以「日不沒的英吉利」的舊想法而自豪。所以他們對於軍備，頗有點鬆懈。但是事實不讓他們過着這樣的痛快日子，終而被近年來的備戰聲濤，將他們從美麗安逸的夢中驚醒。

▲▲▲未完▼▼▼

創作

牛肉的慘劇（續）

潔忱

夜神爲創造黑暗，現在已漸漸疲倦了，東方微現着一線曙光，表示着白晝來臨的開始。這時候小李已將牛肉燒好，期待着來人購買；他正在盤算怎樣實行昨夜汪老先生所接給他的辦法。猛然間有個人走來要買牛肉湯，他想機會來了，隨於黑暗中讓那客人坐下 他便盛了一碗牛肉放到客人的面前。那客人就俯首慢慢的在吃牛肉，小李轉身提了刀，悄悄的走到客人的身後，用盡十分力氣給他 個破瓜！只聽得赤乂一聲！那客人的頭就離了原有的位置側垂在左側，身子也就隨着一歪倒了下去。小李的要事實行了，胸中很舒適的嘆了一口氣！才將兩個屍首放在一處，預備去到劉家報告捉殺淫婦的一段事，不料他媽媽將燈拿來向男屍一照，可巧殺的不是別人，原來是他所求的那位負有名望的詞訟家汪老先生的大兒子汪賭鬼！小李母子可嚇壞了，急得上天無路！入地深門！想起來汪老先生的刀筆，更是怕上加怕！簡直不知道怎樣才好；這眞是一福無雙至」「禍不單臨一。最後李母含淚向小李道：「這件事越弄越糟，這總算我的命苦！你去到汪老先生家裏請罪吧！免得叫學找你給他兒子抵命，橫豎這也是他替我們設的法子，或者他能寬恕你的罪過？這倒看你的命運了。」小李那裏經過這樣反復重大之事。眞是手足無措！心膽皆寒！他第三次到汪老先生家裏來，汪老先生已是高枕而臥了。經他叫醒之後 隨將誤殺汪賭鬼的事情訴說一遍，伏罪的跪在床前，求他寬恕 汪老先生在朦朧裏聽說他大兒子被小李誤殺的大段事；已嚇得異常清醒，他想「爲了幾畝地，竟將兒子命送掉，眞是太不值得！但是叫小李殺人的辦法，是我傳授的；他誤將我兒子殺死，那還有什麼話說呢？哎！算了！他也該死！整天整夜在外濡賭，一點不務正業，也不知叫我費了多少心，死了倒也乾淨！」他開言向小李道：「殺死算了！他該死！不怪你！你趕緊回去將他們安置好了，免得再生枝節。」他說了這句話，臉上顏色雖然很帶着悲哀 但是聲音倒還乾脆，小李似乎不很相信他這些話可作算，疑爲他是在發氣倒說 他不敢就走 仍然哀求他恩點恩點！汪老先生也看出他的懷疑態度隨再 安慰他，叫他不要害怕，絕對不怪他，他才千恩萬謝的辭了出去。

時光很快，轉眼間太陽已升上了大地。李家門口圍集了好幾十個人，都在看姦夫淫婦的屍體，不久劉家也知道了；因爲專顧名譽，竟無人出頭交涉，到下午，這件重大的命案，就很平凡的結束了，

尾詞

雪寃何處！白楊蕭蕭雨。千秋銜恨對誰語！魂來往家山路，秋墳風露清清，淒涼誰奈此情！萬古難平哀怨，泉臺夜夜燐青。

（完）

訪客

春林

我曾來過一次，
在一月前的星期六晚上，
從鄉下帶來了滿身的泥土，
沒仰見失意的又回到鄉間去。

我這次又訪過了好幾個地方，
才在這裡遇見你。
這次也是從鄉間來的，
不信，嗅嗅我身上的土氣。

我要向你詢問的是：
街上摩登女郎服裝換了什麼式樣？
戲院裏聽衆是否還擁擠？
更有少爺們的八兒吃的還是牛肉否？
太太脣上的胭脂是否還是那樣紅？
文明進到什麼成度裏？

至於我要向你說的是：
門前白楊葉又在深夜悲泣，
村後池邊弱柳在吐絮，
池水碧波又興起，
田野已成一片綠，
鳥鴉折枝重築巢，
樑上燕子啣新泥，
只有那人臉黃瘦不是昔，
整個的鄉村沉淪在飢餓的恐慌裏！

五，一，

○○○○○○○○○○○○○

海潮

孤蹤

洶湧的海潮來，
你看牠如萬馬奔騰的聲威！
瞬息間逼近了大陸，
牠想放縱牠的行跡，
來佔徧這偉大的寰宇。

大陸不容牠肆威，
已高高築起一道偉岸；
任他狂猖與澎湃，
牠碰到了偉岸牠就得回還。
但是牠已蹂躪過沙灘。

○○○○○○○○○○○○○

春日寄鳳陽諸同學

鳳城一別又經春
聊賦新詩寄故人
昔日尋芳聯袂處
楊柳於曉可垂青

膳費

春林

他感覺這幾天自己的眉梢比別人都鎖得緊。眞沒有辦法，一期膳費時時在焚燒他的心，他覺得這是目前最大的難關，沒有一時能得安靜，儘在想。

「怎麼辦呢？二期膳費」！

同學中，他是很活潑的一個，最好說笑話，無論什麼時候，什麼地方遇見人，那張橢圓形的臉上，總是含着無限的笑。尤其他在家中，沒有一時不在跳着笑着，雖家人很多，祖父母眼裡只有他自己，看作掌上明珠，父母叔父嬸母，從來也沒罵過他一句，見了他都是笑迷迷的，把他看做很小的孩子。自從入了中學，智識深了，年齡也大了，家境更不如從前，他潔白的心也漸漸印上哀怨。在每次回家去，看到祖父母頭上的白髮，父母臉上的皺紋，便增加一層悲哀。在今年寒假裡，父親爲了他的學費，在外邊跑了好幾天，忙東忙西的找親戚朋友，總是蹙着眉，臉上更增了幾條皺紋。他看到父親這樣，也曾流了幾次淚。

「爸爸！弄不出錢就不上吧」？

「不，絕對不能，無論怎樣都教你去上」。

這幾天，父親的蹙眉奔走的情形，弄得他時時在呆想。在教室裏坐不住，寢室裏也睡不下，同學的談天中，更少了他的影子，只有校園裏多了個逛走的人。同學愈驚奇了，他這幾天的態度轉變得太劇烈，以爲是生了神經病，但都沒有親自問過他，只深存在各人的心裏。可是他遇見同學仍是笑着，不，是强笑，含着悲哀的强笑。

「我們去與校長商量，這期膳費實在弄不出，用保證金抵押好啦。」

天陰沉沉的，眞悶得慌。上課時，他不得不勉强坐在教室裏，先生講的什麼，他是不知道，眼直望着窗外，連他自己也不知是做什麼。他的胸腔空洞得很，心好像飛出去了飛回家去在緊跟着他的父親。下第三課的鐘響了，他隨着「一，二，三，」的呼聲，站起來，而點了一下頭，仍呆坐着。門房在窗外走過，他敏感的預料着家中來了人，忙到窗前外望，見門房前站着的人不認識，失望的心終於退回位上，還沒有坐下時，耳膜鼓盪着：

「S！外邊有人找你」。

笑容立刻璧上他的面頰，迅速的跑出。他在接待室裏，看見時時掛念着的父親。

「爸爸！……」他低了頭說不出了，心中泛濫着不知是怎個滋味？

「給你……」拿出花邊的小包袱。

「寢室裡歇歇去吧？」

「不，我這就回去，送來你的幾件衣服，還有兩塊錢」。

「還有別的事嗎？」

「沒有，特意與你送錢，看看你還要錢不？好早預備。這幾天你奶奶就叫我來，總弄不着錢，昨天才借二斗麥賣了。」

「……：」

他從父親手裏，接過兩冷冰冰的錢，明明是白的，在他眼中成了兩塊血餅，染着父親的點點血痕。他的心狂跳了，顫動着無限的悲哀，爲怕父親看見難過，眼淚終於沒跳出來，喉頭强止住嗚咽，他不安的神色，也許被父親看出了。

「你不要錢，我回去就不愁了，只有居家吃。」、

天快到正午了，太陽還盡在雲中躲着，總不與人見面，牠也許在悲哀，或者正在流淚。父親走了，他儘在後邊送着。

「小福家！這幾天就不動鍋了，麵缸老是空空的。」

「……………」

「家後的老孫，也往南方逃荒去了。」

「……………」

在說話中，已走了二里多，父親總沒有談到近來家中的情形，他沒有向父親問，即合問，父親恐怕不說出家中的困難。他一聲不語，只是靜聽着，不，他儘在想着：自己家中也許幾天沒有動鍋吧？麵缸裡或者只滿盛着空氣？他的眼圈漸漸有點紅了，可是在父親面前仍沒有哭出來！

「你回去吧？你們學校裏快要吃飯了」。

「爸爸！你到哪處吃飯？」

「他在路旁直立着，好像木雕泥塑，儘望着父親龍鐘的背父親回過好幾次頭望他，總是不動，直到父親的身軀漸漸消失在遠處的空氣裏時，他才慢慢的走回來，心跳得更劇烈了，好像不是他的，要想跳出來，喉頭儘在顫動，淚已溼了胸前的衣襟！

覺醒

素閩

是太平洋的急潮怒號，
是喜馬拉雅山的鬼狂嘯；
美滿呀！美滿的人間，
已充滿飢餓的呼號。

○　○　○

餓鬼的寃魂，
充滿荒郊；
父哭子，子哭父，
血淚滔滔！

○　○　○

佃戶們喲！
爲什麼進了富人的牢窖；
他們的良心早泯，
想把你們作肉食血飲。

○　○　○

我沒有糧食，
果你們的飢腸肚鳴；
我沒有力量，
打破囚你們的牢籠；
想恢復自由幸福，
惟有自己的覺醒。

雨夜

漱冰

細雨瀟瀟，
夜寒料峭，
斜風入窗燈影搖。
院落悄悄，
天涯杳杳，
縷縷愁思心頭繞。
犬吠聲遠，
雁啼聲高，
陣陣心酸淚暗拋。
細雨瀟瀟，
夜寒料峭，
斜風入窗燭影搖。

春雪

前人

小樓一夜覺衾單，
庭園朝來驚變幻；
瓊樓深掩翡翠樹，
大地工鋪白瑤氈。
若非啼鳥來相擾，
幾疑羽化入廣寒。
遙想牆角數株杏，
花枝嬌小太可憐！

通信欄

老潭君：

來信敬悉。附稿亦已閱過，詩意極深刻，至平仄音韻問題，現在本不主張過于講究，如太爲平仄音韻所限制，往往失之于板滯。以爲然否？至對本刊所供獻之意見，當完全採納。惟論文作者太少，如君願作一台壯的話，我們當極表歡迎！

敬祝

努力

雲章　七日

編輯室的廣播電台

雲章

一，虹影君：你的「自白」，下次登出。你要我做序，我很願意，但是我的文筆太粗劣了，不知你嫌壞不？

二，春林君的「膳費」一文，極深刻，極沈痛！確是能表現窮學生的生命。

三，稿紙付郵了。

警策語

爲什麼呢？怎樣麼說法呢！就是我們醒起來，我們大家才有思想，有動作，大家才能立志來救這個國家，大家能知道這一件事，中國不難不救的。

縣黨部無綫電收音室開放節目

五月八日　星期五

八，一〇　國樂
八，三〇　新聞
一一，三〇　平劇警策語報時氣象商情
一八，〇〇　樂隊奏樂
一九　〇〇　平劇　袁桂仙董俊峯張月樓　合唱
　　牧虎關
　　王芸芳林樹森　合唱平貴別窰
一九，三〇　兒童教育
二〇，〇〇　報時氣象簡明新聞
二一，三五　預報明日節目
二一，四〇　新聞
二二，二〇　平劇及國樂

豐中週刊
第二八期
本刊每星期六出版

言論

智仁勇

智仁勇這三個字的含義，可說是中國童子軍的精神信條，——是的，這不祇童子軍，拿他用在正式軍人身上，也是頂須要的。

一個青年，一個有為的青年，我以為對於這個精神信條，應該看得很重。

智仁勇是什麼呢？拿他的字面解釋，智是精明，仁是慈愛，勇是果敢。但看孔子的所謂「成仁」，孟子的所謂「取義」，以及古人所極端推崇的「大智大勇」，都是包括全部人生價值的名詞，決不是拿隨便幾個語句，所能說透的。淺學如我，對於這上邊，也實在弄不清，而且短短的幾行字，也不准許談這樣大的問題。我只記得古人曾這樣說：「好學近乎智，力行近乎仁，知恥近乎勇。」可見智仁勇的一個「近乎」的意思，是好學，力行，知恥。

因為這，我想現在的童子軍——尤其是在初級中學這個階段，拿好學，力行，知恥三件事當達到智仁勇信條的第一個步驟，是很應該的。

為什麼？

好學的學生，應該好問，應該很客觀地研究真理，犧牲成見，應該很小心地運用思考，不武斷不違背科學方法。

力行的學生，應該很朋友地待人，不虛不偽，應該很認真的做事，負責任，守紀律，決不敷衍散漫。

知恥的學生，應該自强，應該很坦白地改過，很努力的向上，應該從大處着眼，小處着手，不把自己的責任忘掉，妄去責備別人。

這樣做，便會漸漸地智，不為偏見所固蔽；便會漸漸地仁，不為淺薄所汚染；便會漸漸地勇，不為陰私所自餒。——這不是實踐智仁勇的初步麼？

研究

談研究（續）（轉載）

愷悌

『英國雖然在戰時元氣損失不小，失業問題很嚴重，課稅很繁多，然而她仍是胸有成竹的利用科學謀社會經濟的發展。她敦請了國內第一流的科學家，作政府樞密院的科學和技術問題的顧問，把他們羅致在一個顧問團裡，經他們的審定和建議，政府才決定，一切科學研究機關的計劃和預算。每年政府出一百萬磅（國幣一千三百萬）專作鼓勵研究之用。經顧問團的建議，可以頒發獎勵金給教育機關，科學團體，政府機關，私人研究，還有許多工業研究會，只要他們自己能夠另外拿出一半錢來，譬如紡織的研究就是這樣開始的。

『意大利把她的研究設備完全後，就大規模的動員來恢復經濟地位，用『腦力』彌補原料之不足，務使物盡其用，人盡其材。政府用大量金錢補助大學研究室。在這些機關和國立實驗室裏的工作由國立研究院主持指導，要研究院證明工業研究方面確有積極的研究計劃，才予他們相當的津貼。

『再說德國吧，她一向是站在世界最前面，用全力注意科學研究來維持經濟地位的，從化學和冶金的研究就可以看出，雖是戰後元氣大損，然而她的科學力量可以說是最重要的一種經濟資產了。

『東方的日本盡力介紹西方的技術在她的工業方面，起始立下仿效專門技術的決心，最近却將她自己的學者有充實的訓練，所以她在優良的科學工作上已經不落人後了。

『把這個世界觀來看我們的國家（美國），在我們不景氣的時候，政府反而盡力緊縮科學工作的經費，我們對於失業的科學家完全不顧，尤其可惜的是在用急切手段解決失業和經濟復興問題中，他們的貢獻也沒有顧到，但是我們還自豪最進步的國家……』。

康甫登是美國的麻省理工大學校長，美國的第一流科學家，上面的文章是羅斯福總統請他作政府科學顧問委員會的主席，他作的報告。在科學落後的中國，讀了他的文章感覺到眞是春秋責備賢者了，我們怎樣談到和他們比較，所以我想看了這種話，不用說的要在背地裏傷感，因為我們的確沒有很健全的統一研究計劃，各部設各人的機關，背道而行，精力人材都不集中，經費又不充裕，有一大部份問題根本還沒有人注意到，所以著者在此處要特別提出這一點，促國人注意。我們的希望是有整個的計劃，有充實經費去設備和訓練人材。

在學會一方面，那要科學界同志自動的將組織整全起來，大家對於公共事業要有十二分的熱忱去辦理，去赴會討論，別老以為聚會不過是那麼一回事，拿幾次筵席來表現一切的研究精神，那是不成的！

現在各國都有國家的研究院，我們也有，但是研究院和國家的關係沒有他們的密切，計劃沒有他們的統一，這當然因為成立的年限短，同時我們也希望組織合理化。康甫登所介紹的英國辦法，著者願意寫出他們的精密『研究網』。所以下面我序述英國『科學工業研究部』(Department of Industrial and Scientific Research)的組織，供國人的參考！

科學工業研究部的範圍很大，在上議院裏有特委的該部樞密院，樞密院另聘顧問團委員會主持其事，樞密院的報告由上議院院長包德溫(Baldwin)負責，顧問團盡是專門學者，主席是羅賽法勳爵(Lord Rutherford)，裡面十一個委員都是第一流的理工專家，因學術貢獻而封有爵位的。團裡另由各部派輔官一人，所以各項問題都有接頭的機會。各部所派，不是應酬門面不到會的，而是對該部的技術問題有認識的專家。所以全國的研究，在如此完備的合作下面，絕對沒有駢枝機關設立的可能。顧問團用該部名義組織和委任各項研究所的委員會，下列二十個機關都有管理的。

1，國立物理實驗室
2、燃料研究部
3、食料研究部
4、地質調查部
5、建築研究部
6、鋼鐵結構研究部
7，道路研究部
8，林產研究部
9、冶金研究部
10電鍍研究部
11水道清潔研究部
12化學研究部
13無綫電研究部
14齒科研究部
15光源研究部
16機械加油研究部
17空氣清潔研究部
18纖維質研究部
19X光綫應用研究部
20鑛療研究部

這是二十個大的組織，在每個委員會下面還有各種專門問題研究委員會。譬如食料研究部裏面還分低溫實驗場，工程委員會等。國立物理研究室裡包括的範模大極了，有物理部，電氣部，無綫電部，放射學部，工程部，航空術部，冶金部，聲學部等等組織很大；有些研究部的實驗室都在這裏，譬如說，上面所寫的第十三是無綫電研究部，指導的研究仍在國立物理實驗室裡，只有合作的縝密，沒有重複的可能！（未完）

寫作

寄給哥哥的一封信

孔繁玉

哥哥：

你不是在家過的年嗎？過年時咱吃的是白饃，還有肉，那是多麼好啊！

自你走後便換成黑白相間的了，最近呢，完全黑黑的了，每頓飯我都少吃些（比從前），因為是不大好吃啊！可是現在我也不敢說了，因為一說，母親是要哭的！

哥哥！你不要看咱這樣子，但是人家還說咱是好戶呢！因為他們吃的也沒有，借也借不着啊！

我差點兒忘了告訴你這件事，就是咱娘的臉變了，不像從前那樣的常的微笑着了。我有時跑到他跟前，問：『娘，你怎的？這樣子？笑也不笑一笑，娘！娘來！』於是她慌忙的抱起了我，吻我，她的淚珠滴在了我的臉上。這時我哭了，可是她戰動着說：『乖乖喲！不要哭：……哭：……不……不……』她的眼淚連成了串，接連的滴在了我的臉上。我更哭得厲害了，這時她再也忍不住了，終於也哭了起來，但是手終於沒有放，而且抱的更緊了。

父親呢！吃罷飯便到外面走了，他回來時總是帶着副愁苦的臉。

哥哥！這是什麼原因，你能告訴我嗎？

哥哥！你吃的是白饃吧！

祝您享福

你的小弟弟 在春黃不接時

登華山

王家文

四月十八日的上午，我們全隊童子軍出發赴華山露營，爲了要遊覽名勝，古蹟，便急于登山。

登山的時候，大概是十二點剛過吧！那時我們像螻蟻似的爬上山巔，這山雖沒有泰山那樣高，但三起三落，路程也有三里許，我們沿着羊腸般的石徑，好容易走到山的最高峯，雖然是疲，精神是勝利的。

「天初暖，日初長，萬彙此時皆得意，競芬芳。」這幾句話眞是此時的寫照了。

呀！天空中一點兒翳雪也沒有，只有美麗的太陽，放出五色的光芒，射在草地上，清溪上，我們的身上，這是如何的美麗，如何的快樂。

遠看便是無窮的綠波在蕩着，大的馬路已變爲羊腸小徑，山下的人也覺得矮了。

躺着，躺着，躺在石塊上，伏首下看，一株古松從那一二指寬的石隙中生出，矗立在我們的面前，那便是「松崖滴翠。」的名勝。

據陳先生說：「這樣的山是徐州八縣所找不到的。」如這樣的陡崖峭壁，和地面成一垂直線的，令人看了眞有毛骨悚然地意味呢！

過了一會兒，我們又走向了後山去，這較前山的山峯，低了一些，在牠的西邊是個小溪，我們故意的投石其中，一時激起白沫濺。

由下而上的走到第二山的高峯，四分五裂的幾塊大石 堆成了一個三角形 在仰首看時，却發見了「臥石觀雲」四個秀而健的大字，據說是三國時趙雲寫的，這也是不可考的事情。

這次的登山，雖說得了無限的快感，但最使我不滿意的便是樹木不多，若將來把樹木加多起來，那就更覺得好了。

登華山

張佩嫻

大約是正午的時候，我們在軍樂悠揚聲中走到了華山，雖然是三十多里的路程，但還不覺得疲乏，我們吃過飯稍事休息，就開始登山遊玩了。

半山之間，有的同學牽着手的向上爬，有的並肩坐在那裏，談談笑笑，三個一堆，兩個一堆的布滿全山，充滿了愉快的氣象，有的同學喊着：「走！咱去找『臥石觀雲』去！」又有的喊着：「那邊是『松崖滴翠』呢？」

我們幾個不知不覺慢慢的也走上了山的最高峯了，上面有幾塊很平滑的大石頭，坐下來向下一看，有數丈的懸崖，心裏不由危懼起來。

陳先生說：「這個山眞不錯！在頂上向四週一望，的確開味！山雖小但長的不醜，也有懸崖，也有松樹，也有野花綠草，除了少一樣子泉水，我們看不到，就是徐州的山也不能比這好多些……」

又一位先生說：「在這裏札營，確也不錯……」接着我們也主張在這裏札營！認爲這裡保險！就是有匪，也不怕的……」

輕風陣陣的吹來，我們更覺得精神爽快異常，看啊！四周的美景，遠處，近處，眞使人一眼難盡，西邊是個寬闊的大沙河，曲曲的蜿蜒着，望去一片汪洋，似乎有幾個漁夫隱約的在那裏捉魚呢！近處便是橫三豎四的麥田，中間夾着綫也似的彎彎曲曲的小路，看去實使人的眼睛迷離。尤其是那一團團的村莊，被嫩綠色的垂柳層層的掩着，露出半藏半露的茅草小屋，這許多綠柳包圍的村莊之中，有一個白色的村莊，却正是我村的梨花正開呢！這時，我更增加了說不出的快慰，不由的，喊着同學說：「您知道我在那裏住麼？我對您說吧！正南那個白色的小莊就是的，那不是俺的，梨花正在開着哩！」同學說：「明天咱們去採幾枝拿着，以作旅行的紀念：……」

正在快樂忘情的當兒，忽然瞥見我村西邊的一個柏林，唉！我的……慈母……就在那裏葬着呢！清明節新添的墳墓 好似浮現在我的眼前，我迅速的轉移了視綫，不敢再向這邊看了。

同岫雲走向那山的東南角去，一人還採了一把野花拿着，我們坐在一株柏樹下，下邊是一個小池子，池裏的水，綠的可愛，我倆拾了小石頭向裏去去，較量誰去得准確，每去下一個石子，池中便起了一個小浪花，無數圈的小浪花，漸漸的才把我母親的墳影兒蕩去了。

學校消息

記載

本校運動會定於本月十六日舉行，分甲乙丙三組，項目繁多，一日內恐難比賽完畢，故於會前課餘時間，先期舉行預賽，並少數項目舉行決賽，茲將比賽次序就結果如左：

（一）運動項目順序單

五日 急行跳遠預賽……（甲）

五十米預賽……（乙）

六六 急行跳遠預賽……（丙）

五十米預賽……（女）

八百米決賽……（甲）

七日 急行跳遠預賽……（乙）

千五百米決賽……（甲）

八日 鉛球預賽……（甲）

原地跳遠預賽……（丙）

百米預賽……（乙）

九日 四百米決賽……（乙）

四百米低欄預賽……（甲）

十一日 百米障礙物預賽……（丙）

棒球擲遠預賽……（乙）

撐竿跳高決賽……（甲）

十二日 八百米決賽……（乙）

五千米決賽……（甲）

十三日 四百米決賽……（甲）

棒球擲遠決賽……（丙）

十四日 三級跳遠決賽……（乙）

標槍擲遠決賽……（甲）

十五日 二百米決賽……（丙）

棒球擲遠決賽……（乙）

四百米低欄決賽……（甲）

二，比賽結果

八百米決賽結果：第一劉學新，第二朱本良，第三王效斌，第四周建功成績二分三十九秒。

千五百米決賽結果：第一劉學新，第二朱本良，第三孫兆立，第四張德然，成績五分十九秒。

正誤

第二十六期寫作「春雨後的農場」的作者姓趙誤作李。

第二十七期本校第十三次 總理紀念週，報告事項內：「引爲」誤爲引來，「也足以」誤爲也是以，「幾乎全是」誤爲幾乎是，「要知道」，誤爲知道。

縣黨部無綫電收音室開放節目

五月十日 星期日

一一，〇〇 歌曲

一一，一五 科學新聞

一二，〇五 平劇

一二，三五 樂隊奏樂

一九，〇〇 平劇 露蘭春劉鴻聲合唱斬黃袍 夏山樓主程君謀合唱舉鼎觀畫 陳德霖張遏雲合唱虹霓關

二〇，〇〇 報時氣象水位粵樂曲

二〇，三五 廣州過一週大事述評

二一，二五 預報明日節目

二一，三〇 新聞

五月十一日 星期一

八，一〇 西樂

八，三〇 新聞

一八，〇〇 樂隊奏樂

一九，〇〇 平劇 王又宸余叔岩夏山樓主合唱戰太平 程硯秋言菊朋合唱罵殿

二一，三五 預報明日節目

二一，四〇 新聞

豐中週刊

第二九期

本刊每星期六出版

言論

貫徹始終

尙書上說：「靡不有初，鮮克有終。」這兩句話正道出中國人的最大病源。從先秦一直到現在，還一點沒有減輕。中國雖擁有五千年的光榮歷史，可是一切所以不免都落人之後的，實因乎此，豈不可嘆！又復可惜！

無論做什麼，在開始要有精密的計劃　和最大的努力，然後才有成功的希望。前人有鑒於此，揭出「愼始」二字，這可說是基乎經驗的銘言。但是中國人做事的效力和精神，什九都與物體進行的等減速率相合。所以無論在開始時怎樣的鑼鼓喧天，結果鬧得都是虎頭蛇尾。畫出的餅子雖多，眞正一點也不能充飢。

中國人的智力，並不弱於白人，我們看指南針，印刷術，混天儀等等的科學發明，無一不是驚人的。至於現在的科學落後，實由於中國人缺少「貫澈始終」的研究精神所致啊！

中國人因缺少貫澈始終的精神，所以歷史上少有革命到底的好漢，奮鬥到老的英雄，和死節殉名的烈士，克苦成功的發明家。一國中少有這樣的人物！就和大廈沒有脊樑一樣的危險。我國國勢之日漸衰弱，主因亦即在此。

外國人看透了我們的這種病源，於是加緊他們的對我侵略工作，割地啦，賠款啦，辱國啦，喪權啦，就接二連三的壓到我們頭上。我們雖也不斷的去表示反抗，可是曾幾何時，卽歸烟消雲散，除白落一個五分鐘熱度的冷刺熱嘲外，又有什麼效果呢？魯迅說開運會時最後達到終點的人，和不譏笑他的看客，才是中國的脊樑，却也有些至理。

我們要想成就自己的事業。完成救國的工作，第一就要養成貫澈始終的精神，不然，一切都是假的，無效的。

研　究

談研究（續）（轉載）

愷悌

國家一方面設立這許多機關，研究這整個關於國計民生的問題；此外還爲鼓勵各工商業的發展　指導着很多的研究會，由科學工業研究部津貼牠們，或是大工廠津貼牠們，代替解決工業上的問題，成效也很卓著。下面的一個單子，讀者見了也許要笑話的，那眞是三百六十行、行行研究了！重要的有

1、英國科學儀器研究會
2、羊毛工業研究會
3、英國鞋業研究會
4、毛織工業研究會
5、橡皮製造廠聯合研究會
6、可可，巧格力，糖食，果醬研究會
7、非鋼鐵金屬研究會
8、[illegible]材料研究會
9、蘇格蘭豆油研究會
10、洗衣作研究會
11、皮業研究會
12、電及有關事業研究會
13、絲業研究會
14、熱鐵站究會
15、煤業研究會
16、食物製造廠聯合研究會
17、顏料染色研究會
18、印刷業研究會
19、汽車工業研究社
2）鋼鐵合作社研究部

關於這許多重要的研究會，科學工業研究部每年要給他們幾萬磅到幾十萬磅的津貼，因爲他們雖是發展與本身有關的事業而組織的，但是整是個爲全國人謀幸福的。看看他們一年工作的成績報告和立會宗旨，可以說是無微不至了。

記者在談他們的報告時很感覺得他們的民族奮鬥之苦心，他們所享受的，自然是所應得。英國是島國她如沒有海外糧食的接濟就絕對不能生存，因爲國內這小地方，人口既密，工業化又利害，田是很少的點綴品，牧場比菜田多，如此情形她如不盡力想法把她殖民地的東西運來，就極感恐慌。所以在英國市上，南非洲的橘子葡萄，紐西蘭的牛羊肉，牛油，西印度的水果等等觸目皆是。爲的輸入食料所以在食料研究部下低溫實驗場。從前海外運食物來是不容易保存的，有一次從澳洲運來一船的牛羊肉，完全爛了，但是現在極遠的東西都能運來，而且保持着肉色的豐潤，水菓的鮮麗。想起唐明皇當年派驛馬到南方取鮮荔枝進貢貴妃的難辛，然而他們能享受到萬里外的鮮果，這是人家的研究，人家的努力！我們只有用高價去買美橘，但是很好的廣橘川橘却吃不到。

研究會方面也很著成效，比如說鞋業研究會，立會宗旨以求製鞋合宜，舒適，雅緻，價廉爲鵠的；立會以來，已經努力研究皮的物理性質；發明四種儀器　測皮的密度，測空氣穿透性，皮性測驗器等等。近來注意皮的熱傳導，乾溼皮法。不是著者的勞叨，個人的確感覺研究的問題俯拾皆是！

如此看來研究固不必看的那樣隆重，只是大家在一處通力合作，人人費腦筋去想，事情雖微，都可以求得進步的！

上面所說只是在國家指導之下的一個系統組織，各大學研究所，各工廠研究所，更是不一而足。前者多半作純粹科學研究和設計，科學工業研究部也有津貼獎金給他們，後者爲發展本身營業而組織，最著名的有英國奇異電氣公司，威克斯公司，郵政電話局等等，記者希望以後有更詳細的調查報告。

這只是說英國一國，其他各國的情形相差也有限，大致的趨勢，純粹研究是有歷史基礎了，工業應用研究也走上和科學攜手的程度！

所以我說爲國家的前途，爲民族的幸福，爲我們自己在世界上的地位，我們要有獨立的研究，我們自己的切身利害，只有我們自己去解決，只有我們自己去努力。我們決不能一輩子坐福特汽車，穿K式皮鞋，用外國留聲片，收音機。要謀民族的生存，國家的繁榮，現在就是最後的機會了！

話已寫了不少，還有別的意見，容他日另題討論，我在這一篇的結論是：

第一：希望人人抱科學研究的態度和精神，在堅苦卓絕中改善自己的事業；

第二：希望國家有整個的研究計劃，充實經費，嚴密組織，訓練人材；大學裏將研究所逐漸成立，充實已有學會的精神，工商界注意用研究來發展自己的前途！

我願意鄭重的說：

第三：爲民族國家的前途我們應該努力振起我們的研究精神！（完）

寫　作

悲痛的五月

一年級馬益三

一年的時光極容易過，轉瞬又是五月了，這五月給我們的影像是多麼的慘痛啊！你看五三，五四，五五，五九，五卅：……一件件，那一件不是我們的一種極度的刺激，每當國恥來的時候，全國上下總是羣情憤激，東也開會，西也呼口號，鬧得鬨動一時，可是事已過去，那就烟消雲散，所以外國人常譏笑我們只有「五分鐘的熱度」，唉！我們只有五分鐘的熱度嗎？「還我河山」「雪我國恥」這種口號已聽得爛熟。一年喊，年年喊，國恥還是國恥，帝國主義者非但不怕我們的報復（並且加緊的壓迫着）你看東北四省不是被日本硬搶去而至無辦法收回嗎？冀察不又是變像的「自治」「獨立」嗎？這足以證明我們過去紀念方法的錯誤，以致我們的國際地位，比以前更低落了，我們的國民經濟，比以前更危險了，我們的恥辱，比以前更加重了，我們的國土，我們的人民比以前更削弱更痛苦了，要是我們只這樣唱高調，不重實際的遷延下去，我想不久的將來，恐怕連喊「雪恥」「救國」的機會也要得不到了，我們現在要認清現勢，應當抱定「苦幹」的精神，各在自身上努力的做起，況現在又是世界第二次大戰行將爆發的時候，尤其我們青年學生應當實際努力去讀書，足踏實地的培養些實力，將來才可以爲國家雪恥。

奮鬥的快樂

一年級李本鴻

「天下事有難易乎，爲之難者亦易，不爲則易者亦難。」這是彭端淑先生說的，事在人爲，又要你能奮鬥

，再難的事總有成功的一天。你想做一件難事，如果受了許多挫折，自己仍是幹，一旦成功，那是多麽令你快樂的事啊！

奮鬥的反面就是「宴安」。做起事來，只有苟且了事，求眼前的一點快樂，終久會墮落到無法收拾的一步去。「宴安鴆毒，不可懷也。」古人以宴安比鴆毒，其害是多麽大喲！

現在我再拿事例來說一說：

大家公認為有奮鬥精神的，當然要算是孫中山先生了。可是在他初運動革命的時候，乃是一個「人人得而誅之」的人。他是當時四大寇之一。但他總是奮鬥，一但成功，是如何的快樂啊！

再請看從前的皇帝，那一個只知「宴安」，就終於亡國。

由這看來，我們要有奮鬥精神，奮鬥雖然痛苦，但他的背後，却隱藏着快樂。

◈　◈　◈

回顧與前瞻

三年級　楊銘座

在這個時候——在這個國家民族危如累卵，人民心裏驚惶，社會陷入混乱狀態的時候，我所回顧前瞻的一部分是我個人的往事和前途；一部分是國家民族近年來不幸的遭遇和命運的延續情形。提起了這兩點，平靜的心潮上，湧起了不可遏止的波紋，拍拍地在敲打着自己的心，一點不容情的責備着自己。

不過這樣，更能增加我回憶的决心和前進的勇氣；更能使我毫不客氣的清算已往的錯誤和我們今後應當努力的程度。

三年前的今日之我，正是英氣勃勃，向上的心理達到白熱點的時候。終日興趣決然，不懂得什麽學生的悲觀消極論調，只知道除了辛苦忠誠的農夫外，學生要是最眞純的，心地是最坦白的精神是最尙武的。可是現在確不能自解了。就拿自已來說吧自從進了中學的門梯，心理是一年一年，變化，思想是一年一年的相殊，終是隨波逐流，乱撞木鐘，沒有一點正確的觀念，自我的認識。對功課只求其敷衍，對品德只求其掩飾，直到現在——初中階段將完的今日——竟造成了我「失足成恨」的遺憾！「懊喪莫及」的悲哀！

這些，也可說是現在中國一般學生的通病。這樣很足以表示教育的失敗，因而愈能引起學生的反感，致思想愈趨于紛歧，因之而不滿於一切。若意志不堅的學生，初出學校，走入社會，便會趨于悲觀消極之途。所以現在在行將畢業的一剎那，若不升學的話，走入錯綜，複雜，狡猾的社會裏，直如大海中失了指針的一葉扁舟，不知向何方航駛才好，稍一不愼便給你一個嚴厲的教訓，驅使到滅亡的絕境，使你底前途永遠無光明的復現。危險啊！今後！

所以在這個時候，應當把握着自己的心，緊抓着自己的腦，集中思想，展開眉睫，認識清楚目前的一切。尤其在國家四面楚歌的今日更應當知道自已責任的重大。一切的一切，首先從自己革面洗心做起，用吃苦和勇敢，砍除眼前的荊棘，推倒前面的牆壁，才能闢出一條便利的康莊大道。

現在再開我們的近代史看看，五四運動，雖然替歷史上添上了最燦爛的一頁，可是運動後對民氣如何？當時激昂慷慨的參加運動的學生，到今天如何？還有自從五四以後的內政外交又如何？這一些我們現在回想起來，眞是覺着羞愧。我們看看：五四以後的學生，有的不少已坐了今日之高官；五四以後的內政，未見修明，外交未見轉變，貪官汚吏，仍然是敲剝小民，土豪劣紳，仍然是橫行於社會之上，這還不足為要緊。尤其令人痛心的，是起了幾次同志相殘的戰爭，故意的削弱國家的實力，戕害民族之元氣，生本同根，相煎何急？此乃自種禍因，自開亂源，招致九一八浩刼，增友邦之諷笑。於是自九一八慘劇以後，民氣益發渙散，精神益發消沈。而我們還是迷夢不醒，仍在向國聯講仁道義，請國聯制裁强敵。豈不知國聯只是一個紙糊老虎。計劃書怎能抵過侵略者的野心，報告裏怎能充飢者的食糧呢？等到敵人又逼近一步的時候，就要慌得手忙脚乱，不知若何措施。這樣演下去，恐怕在不久的將來，就把整個的民族生命，斷送到日本的手中了！

所以今天回想起來，覺得中國以前所走的道路完全錯了。所以現在為我們底生命計，為國家民族計，必須人人先從自己的「心」救起，把一個錯綜複雜的「心」，換上一個單純的「赤心」。然後人人各盡其責，各安其分，各盡其能，待上下一致，三軍同力，用鐵與血剷除我們的仇敵，挽救暗淡的前途，扶大廈之將傾，挽民族于未死，「回頭是岸，尚未為晚，」願全國人民共勉之！

學校消息

記載

（一）本週各項運動比賽結果：

四百公尺（甲組）：李興善第一，成績一分，五秒。

四百公尺低欄（甲組）：董正博第一，王效斌第二，史孝由第三，成績一分十一秒。

五千公尺（甲組）：朱本良第一，劉學新第二，趙保良第三，史孝由第四，成績二十六分坐十一秒。該項競賽精神殊覺欠缺。

撐竿跳高（甲組）：仇心從第一，彭方城第二，李乃耀第三，蔣傳湄第四，成績二公尺十公分。

標槍（甲組）：蔣宜德第一，孫秀章第二，陳啓升第三，路光源第四，成績二十八公尺七十公分。

四百公尺（乙組）：王汝漢第一，邱愼微第二，劉青蓮第三，崔向士第四，成績一分十秒。

八百公尺（乙組）：孫建康第一，邱愼微第二，尹文光第三，孔繁玉第四，成績二分四十五又分之一秒。

三級跳遠（乙組）：包仝修第一，渠運美第二，邱愼微第三，王賜廣第四，成績九公尺五十公分。

棒球擲遠（乙組）：劉子澄第一，陳德化第二，包仝勛第三，常敬海第四，成績五十公尺四十公分。

二百公尺（丙組）：李訓謨第一，孫式性趙榮亭第二，梁步庭第三，成績三十秒。

（二）本月十五日校務會議重要決議：

1、推張信資先生擬定運動會程序。

2、推朱翼增，陳雪樓，劉爾紋，三先生負責支配獎品。

3、推李貞乾，蔣傳溥兩先生招待來賓。

4、會場秩序由團長分配第三中隊童子軍輪流服務。

縣黨部無綫電收音室開放節目

五月十七日　星期日

一一，〇〇　歌曲
一一，一五　科學新聞
一二，〇五　平劇
一二，三五　樂隊奏樂
一九，〇〇　平劇　言菊朋焦寶奎夏山樓主余叔岩程君謀合唱賣馬
二〇，〇〇　報時氣象水位閩粵樂曲
二〇，三五　廣州語一週大事述評
二一，二五　預報明日節目
二一，三〇　新聞

五月十八日　星期一

八，一〇　西樂
八，三〇　新聞
一一，三〇　平劇警策語報時氣象商情
一八，〇〇　樂隊奏樂
一九，〇〇　平劇　言菊朋嚴琦蘭臥雲居士雪豔琴新豔秋合唱大登殿
一九，三〇　世界兒童親善節特別節目
二〇，〇〇　報時氣象簡明新聞
二〇，一〇　時事述評　關於國際問題
二〇，三五　學術演講
二一，三五　預報明日節目
二一，四〇　新聞
二〇，三五　平劇及國樂